LEIS PENAIS ESPECIAIS

Volume Único

GABRIEL HABIB

LEIS PENAIS ESPECIAIS

Volume Único

INCLUI as seguintes Leis Penais Especiais:
• Abuso de Autoridade • Atividades Nucleares • Código de Trânsito Brasileiro • Crimes contra o Meio Ambiente • Crimes contra o Serviço de Telecomunicações • Desobediência na Lei da Ação Civil Pública • Discriminação de Gravidez • Estatuto da Criança e do Adolescente • Estatuto da Pessoa com Deficiência • Estatuto do Desarmamento • Estatuto da Pessoa Idosa • Falência • Finanças Públicas • Genocídio • Hediondos • Interceptação Telefônica • Juizados Especiais Criminais • Lavagem de Dinheiro • Lei Antiterrorismo • Lei de Drogas • Lei de Improbidade Administrativa • Ordem Econômica • Ordem Tributária • Organizações Criminosas • Planejamento Familiar • Portadores de Deficiência • Preconceito de Raça ou de Cor • Propriedade Intelectual de Programa de Computador • Proteção a Vítimas e a Testemunhas Ameaçadas • Relações de Consumo • Retenção de Documento • Sistema Financeiro Nacional • Tortura • Transplante de Órgãos e Tecidos • Violação de Sigilo das Operações de Instituições Financeiras • Violência Doméstica e Familiar contra a Mulher • Violência Doméstica e Familiar contra a Criança e o Adolescente.

15ª edição
revista, atualizada
e ampliada

PREFÁCIO
Rogério Greco

2025

EDITORA *Jus*PODIVM
www.editorajuspodivm.com.br

EDITORA *Jus*PODIVM
www.editorajuspodivm.com.br

Rua Canuto Saraiva, 131 – Mooca – CEP: 03113-010 – São Paulo – São Paulo
Tel: (11) 3582.5757
• Contato: https://www.editorajuspodivm.com.br/central-de-relacionamento

Copyright: Edições *Jus*PODIVM

Diagramação: Isabella Giordano *(giordano.bella@gmail.com)*

Capa: Maitê Coelho *(maitescoelho@yahoo.com.br)*

H116l Habib, Gabriel
Leis Penais Especiais - Volume Único / Habib, Gabriel – 15.ed., rev., atual. e ampl. - São Paulo: Editora JusPodivm, 2025.
1.080 p.

ISBN: 978-85-442-5895-8

1. Direito Penal. I. Habib, Gabriel. II. Título.

CDD 341.5

Bibliotecária responsável:
Ana Carolina Ribeiro Mois – CRB7 – RJ 007348/0

AGRADECIMENTOS

Aos meus pais, que plantaram a semente e souberam cultivar, me permitindo colher os frutos. Eternos amores. Nada neste mundo nunca será capaz de mensurar o tamanho do amor que tenho por vocês. Nada disso seria possível sem vocês. Nada disso faria sentido sem vocês. Nada disso teria graça sem vocês. A vocês, que me transmitiram, pela união, a vida; pela genética, o amor; pelas palavras, o aprendizado; pelo olhar, a ternura; e pelos atos, o exemplo, o meu muito obrigado por me fazerem acreditar sempre que todo o meu esforço seria bem recompensado.

Às minhas irmãs, Priscilla e Aline, amigas de todas as horas, verdadeiras e sinceras torcedoras, que sempre me fizeram acreditar que tudo isso, um dia, seria possível, muito obrigado pelo apoio incondicional e pelo amor fraternal.

Aos meus professores, Rogério Greco e Sheila Bierrenbach. A vocês, minha admiração e gratidão silenciosa e eterna.

À Patrícia, "e no meio de tanta gente eu encontrei você. Entre tanta gente chata sem nenhuma graça, você veio. E eu que pensava que não ia me apaixonar nunca mais na vida. Eu podia ficar feio, só, perdido. Mas com você eu fico muito mais bonito, mais esperto. E podia estar tudo agora dando errado pra mim, mas com você dá certo. Por isso não vá embora. Por isso não me deixe nunca, nunca mais. Por isso não vá, não vá embora. Por isso não me deixe nunca, nunca mais. Eu podia estar sofrendo, caído por aí. Mas com você eu fico muito mais feliz, mais desperto. Eu podia estar agora sem você, mas eu não quero, não quero." (Não vá embora – Marisa Monte).

Aos meus filhos, Sofia, Matheus e Lucas, que me fizeram descobrir o que é o amor.

"Pedras no caminho?
Guardo todas, um dia vou
construir um castelo"
(Fernando Pessoa).

Nota do autor à 15ª edição

A 15ª edição foi atualizada com as seguintes leis: Lei nº 14.857/2024, Lei nº 14.887/2024 e a Lei nº 14.994/2024, que alteraram a Lei de Violência Doméstica e Familiar contra a Mulher; Lei nº 14.858/2024, que alterou a Lei de Transplante de Órgãos e Tecidos; Lei nº 14.944/2024, que alterou a Lei de Crimes Ambientais. Lei nº 14.967/2024, que alterou o Estatuto do Desarmamento; e Lei nº 14.994/2024, que alterou a Lei de Crimes Hediondos.

Além dessas atualizações legislativas, foram inseridos os Informativos do STF e do STJ publicados até dezembro de 2024, que tratam das leis comentadas no livro.

As leis são comentadas artigo por artigo. Mantivemos a linguagem clara, direta e objetiva, sem perdermos a dogmática e a técnica do Direito.

Como a obra propõe-se ao tratamento das Leis Penais Especiais, não ficamos a todo tempo repetindo conceitos e definições da parte geral e da parte especial do Direito Penal. E assim fizemos porque pensamos que essa repetição é desnecessária, pois retira o foco da obra e torna a leitura sem propósito e repetitiva. Além disso, optamos por não inserir notas de rodapé no texto.

Continuaremos a receber as críticas construtivas e as sugestões dos leitores para o aprimoramento da obra. Bons estudos!

Rio de Janeiro, janeiro de 2025.

Gabriel Habib

Apresentação

O presente trabalho tem por finalidade proporcionar aos estudiosos das Leis Penais Especiais uma visão global do tratamento das leis especiais, dando ênfase à parte doutrinária e, sobretudo, à parte jurisprudencial.

A linguagem é direta. Não ficamos a todo tempo repetindo conceitos e definições da parte geral e da parte especial do Direito Penal. Isso é simplesmente desnecessário, retira o foco da obra, que são as Leis Penais Especiais, e torna a leitura enfadonha e repetitiva.

Buscamos manter sempre uma linguagem objetiva e clara, sem perder a necessária dogmática nos temas.

Na parte de legislação, fizemos comentários artigo por artigo, em tópicos, para facilitar a leitura da obra. Em relação à doutrina, procuramos abordar as opiniões dominantes e as mais modernas entre os autores.

Na parte de jurisprudência, atentos à sua extrema importância, procuramos trazer as notícias publicadas nos Boletins Informativos de Jurisprudência do STF e do STJ, bem como acórdãos variados que tratam sobre as leis especiais, para que o leitor esteja atualizado com a jurisprudência atual. Para facilitar a leitura e não cansar o leitor, optamos por colocar os informativos e acórdãos no corpo do texto, suprimindo as notas de rodapé.

Esperamos ter cumprido nossos objetivos. Boa leitura.

O autor.

Prefácio

É com muita satisfação que faço a apresentação do livro sobre Leis Especiais de autoria do amigo, professor e Advogado, Dr. Gabriel Habib.

O autor é uma daquelas pessoas obstinadas pelo estudo do Direito Penal e suas implicações práticas. Como não poderia deixar de ser, na presente obra, procura analisar os detalhes mais importantes, e as discussões mais atuais sobre os temas que se propôs a enfrentar.

Percebe-se, com toda clareza, que o autor trouxe ao conhecimento do público o que há de melhor sobre os temas, enfrentando questões complexas que, após a sua explicação, tornaram-se simples, tendo em vista a clareza, a didática e a profundidade com que as resolve.

Gabriel Habib, sem qualquer dúvida, pertence a uma "nova safra" de penalistas, que não se limita a transcrever pensamentos já exaustivamente discutidos por outros doutrinadores. Trata-se de um verdadeiro pensador das ciências penais, um professor que procura, de acordo com uma ótica nova, moderna, trazer as soluções aos problemas enfrentados no dia a dia do penalista.

Para mim, portanto, é uma honra inigualável poder apresentar esta obra que, certamente, se encontrará entre aquelas de consulta obrigatória para os estudantes e profissionais do direito.

Ficam aqui registrados os meus agradecimentos ao grande amigo Gabriel Habib por nos ter brindado com um trabalho digno de sua capacidade intelectual. O mercado se ressentia de uma obra com esse estilo. Tenho certeza de que todos apreciarão cada linha escrita, cada raciocínio desenvolvido. Fiquem na paz.

Rogério Greco
Procurador de Justiça.
Mestre em Ciências Penais pela UFMG.
Doutor pela Universidade de Burgos (Espanha).

Abrangência da Obra

Esta obra tem a finalidade de ser a mais completa e abrangente da literatura específica brasileira, com 39 Leis Penais Especiais.

A obra é composta pelas seguintes leis: **1.** Abuso de Autoridade - Lei 13.869/2019; **2.** Atividades Nucleares - Lei 6.453/1977; **3.** Código de Trânsito Brasileiro - Lei 9.503/1997; **4.** Crimes contra o Meio Ambiente - Lei 9.605/1998; **5.** Crimes contra o Serviço de Telecomunicações - Lei 9.472/1997; **6.** Desobediência na Lei da Ação Civil Pública - Lei 7.347/1985; **7.** Discriminação de Gravidez - Lei 9.029/1995; **8.** Estatuto da Criança e do Adolescente - Lei 8.069/1990; **9.** Estatuto da Pessoa com Deficiência - Lei 13.146/2015; **10.** Estatuto do Desarmamento - Lei 10.826/2003; **11.** Estatuto da Pessoa Idosa - Lei 10.741/2003; **12.** Falência - Lei 11.101/2005; **13.** Finanças Públicas - Lei 10.028/2000; **14.** Genocídio - Lei 2.889/1956; **15.** Hediondos - Lei 8.072/1990; **16.** Interceptação Telefônica - Lei 9.296/1996; **17.** Juizados Especiais Criminais - Lei 9.099/1995; **18.** Lavagem de Dinheiro - Lei 9.613/1998; **19.** Lei Antiterrorismo - Lei 13.260/2016; **20.** Lei de Drogas - Lei 11.343/2006; **21.** Lei de Improbidade Administrativa - Lei 8.429/1992; **22.** Ordem Econômica - Lei 8.137/1990; **23.** Ordem Tributária - Lei 8.137/1990; **24.** Organizações Criminosas - Lei 12.850/2013; **25.** Organizações Criminosas - Lei 12.694/2012; **26.** Planejamento Familiar - Lei 9.263/1996; **27.** Portadores de Deficiência - Lei 7.853/1989; **28.** Preconceito de Raça ou de Cor - Lei 7.716/1989; **29.** Propriedade Intelectual de Programa de Computador - Lei 9.609/1998; **30.** Proteção a Vítimas e a Testemunhas Ameaçadas - Lei 9.807/1999; **31.** Relações de Consumo - Lei 8.078/1990; **32.** Relações de Consumo - Lei 8.137/1990; **33.** Retenção de Documento - Lei 5.553/1968; **34.** Sistema Financeiro Nacional - Lei 7.492/1986; **35.** Tortura - Lei 9.455/1997; **36.** Transplante de Órgãos e Tecidos - Lei 9.434/1997; **37.** Violação de Sigilo das Operações de Instituições Financeiras - Lei Complementar 105/2001; **38.** Violência Doméstica e Familiar contra a Mulher - Lei 11.340/2006; **39.** Violência Doméstica e Familiar contra a Criança e o Adolescente - Lei 14.344/2022.

Sumário

Abuso de Autoridade. Lei nº 13.869, de 5 de setembro de 2019

CAPÍTULO I
DISPOSIÇÕES GERAIS

Art. 1º Esta Lei define os **crimes de abuso de autoridade**, cometidos por agente público, servidor ou não, que, no exercício de suas funções ou a pretexto de exercê-las, abuse do poder que lhe tenha sido atribuído.

§ 1º As condutas descritas nesta Lei constituem crime de abuso de autoridade quando praticadas pelo agente com a **finalidade específica** de prejudicar outrem ou beneficiar a si mesmo ou a terceiro, ou, ainda, por mero capricho ou satisfação pessoal.

§ 2º A divergência na interpretação de lei ou na avaliação de fatos e provas **não configura abuso de autoridade.**

1. **Fundamento constitucional.** O direito de petição contra qualquer abuso de poder por parte dos agentes públicos está previsto no art. 5º, XXXIV, alínea *a,* da Constituição da República, nos seguintes moldes: "XXXIV – são a todos assegurados, independentemente do pagamento de taxas: a) o direito de petição aos Poderes Públicos em defesa de direitos ou contra ilegalidade ou abuso de poder". Trata-se de um instrumento que o legislador constituinte deixou à disposição de qualquer cidadão para que seja noticiado aos órgãos e entidades com atribuição para investigação e sanção de qualquer tipo de abuso de poder. Contudo, em se tratando de crimes de abuso de autoridade, para efeitos penais somente pode ser consideradas delito as condutas abusivas previstas na presente lei (arts. 9º ao 38), à luz do Princípio da Legalidade.

2. **Bem jurídico tutelado.** Esta lei é pluriofensiva, uma vez que protege diversos bens jurídicos, quais sejam: o regular funcionamento da Administração Pública, os direitos e garantias fundamentais dos cidadãos e a moralidade administrativa.

3. **Revogação da lei nº 4.898/65.** A lei nº 4.898/65 previa os delitos de abuso de autoridade. Contudo, em razão de vários fatores, já se via a necessidade de uma nova lei sobre essa temática. Assim, a lei ora comentada foi editada e no seu art. 44 revogou expressamente a lei nº 4.898/65.

4. **Princípio da Continuidade Normativo-Típica *versus abolitio criminis*.** A presente lei tipificou as condutas que configuram abuso de autoridade. Alguns tipos penais já figuravam na revogada lei nº 4.898/65, outras não. Se a conduta já era prevista na lei revogada, não ocorreu a figura da *abolitio criminis,* tendo em vista que a conduta não deixou de ser criminosa, apenas foi prevista em outro tipo penal da presente lei. De outro giro, com fundamento no Princípio da Continuidade Normativo-Típica se a conduta prevista na presente lei não estava prevista na lei nº 4.898/65, trata-se de *novatio legis in pejus,* não podendo retroagir para alcançar fatos praticados antes do seu início de eficácia, por força do princípio da irretroatividade da lei penal mais severa.

5. **§1º. Especial fim de agir.** O legislador previu como especial fim de agir a *"finalidade específica de prejudicar outrem ou beneficiar a si mesmo ou a terceiro, ou, ainda, por mero capricho ou satisfação pessoal."* Portanto, não é qualquer conduta que configura abuso de autoridade. O agente, no momento da prática da conduta, deve ter essa finalidade específica em mente, além do dolo. Caso essa finalidade específica esteja ausente, a conduta será atípica. O *prejuízo* ou o *benefício* descrito no § 1º pode ter natureza econômica ou não. Tendo em vista que o legislador não especificou, a interpretação a ser dada é no sentido de abranger qualquer espécie de prejuízo ou de benefício. *Mero capricho* é a ausência de motivo relevante para a prática do ato, ou seja, a prática da conduta para afirmar a mera vontade do agente público. Por fim, *satisfação pessoal* significa o interesse próprio, que atenda tão somente à vontade do agente, a sua autossatisfação, desprovido de qualquer motivo ou justificativa, ou seja, algo que atenda somente o interesse interno do agente. Note-se que o legislador foi redundante, tendo em vista que o *mero capricho* está abrangido pelo *interesse pessoal.*

6. **Especial fim de agir e denúncia.** Por ser elemento do tipo, a denúncia deve descrever expressamente esse especial fim de agir, sob pena de ser rejeitada por inépcia, com fundamento no art. 395, I, do Código de Processo Penal.

7. **§2º Causa de atipicidade.** Tendo em vista que o legislador dispôs "não configura abuso de autoridade", estamos diante de uma causa de atipicidade formal. Esse parágrafo é desnecessário, tendo em vista que a "divergência na interpretação de lei ou na avaliação de fatos e provas" é o dia a dia de todo operador do Direito. O agente público está a todo momento interpretando leis e avaliando fatos e provas. Não fosse assim, a tipificação desse delito seria algo banalizado e todos ou quase todos os agentes públicos praticariam esse crime. Ademais, nessa divergência não se enxerga o especial fim de agir descrito no §1º.

CAPÍTULO II
DOS SUJEITOS DO CRIME

Art. 2º É **sujeito ativo** do crime de abuso de autoridade qualquer agente público, servidor ou não, da administração direta, indireta ou fundacional de qualquer dos Poderes da União, dos Estados, do Distrito Federal, dos Municípios e de Território, compreendendo, mas não se limitando a:

I – servidores públicos e militares ou pessoas a eles equiparadas;

II – membros do Poder Legislativo;

III – membros do Poder Executivo;

IV – membros do Poder Judiciário;

V – membros do Ministério Público;

VI – membros dos tribunais ou conselhos de contas.

Parágrafo único. Reputa-se agente público, para os efeitos desta Lei, todo aquele que exerce, ainda que **transitoriamente ou sem remuneração**, por eleição, nomeação, designação, contratação ou qualquer outra forma de investidura ou vínculo, mandato, cargo, emprego ou função em órgão ou entidade abrangidos pelo *caput* deste artigo.

1. **Sujeito ativo. Crime próprio.** O legislador elencou no art. 2º quem pode ser sujeito ativo do delito de abuso de autoridade. No *caput* fez uma previsão bastante abrangente e nos incisos especificou os membros de algumas Instituições, o que nos leva a concluir que o rol não é taxativo. E arrematou a abrangência no parágrafo único. Assim, todos os delitos da presente lei configuram crimes próprios.

2. **Redundância do legislador.** Não precisa ir muito longe para concluir que o legislador foi extremamente redundante no artigo ora comentado. O dispositivo é absolutamente autoexplicativo e qualquer tentativa de comentá-lo implicaria repetição desnecessária, uma vez que é consabido o significado de agente público, servidor, Administração Pública Direta, Indireta ou Fundacional, Poderes da União, dos Estados, do Distrito Federal, dos Municípios e de Territórios, servidores públicos e militares ou pessoas a eles equiparadas, membros do Poder Legislativo, Executivo, Judiciário, do Ministério Público, Tribunais e Conselhos de contas. No parágrafo único o legislador foi ainda mais abrangente para dispor sobre as diversas formas de vínculo, quais sejam: eleição, nomeação, designação, contratação etc, e deixou claro que poderá ser autor de abuso de autoridade até mesmo quem não tenha estabilidade, nem remuneração. Em síntese, basta que o agente tenha um vínculo formal com o Poder Público que será considerado autoridade para fins dessa lei.

3. **Agente público de férias ou de licença.** Pode ser autor do crime de abuso de autoridade, uma vez que, mesmo de férias ou de licença, a pessoa mantém o vínculo formal com o Poder Público.

4. **Agente público aposentado.** Não pode praticar o delito de abuso de autoridade, pois o aposentado não mantém mais o vínculo formal com o Poder Público.

CAPÍTULO III
DA AÇÃO PENAL

Art. 3º Os crimes previstos nesta Lei são de **ação penal pública incondicionada.**

§ 1º Será **admitida ação privada** se a ação penal pública não for intentada no prazo legal, cabendo ao Ministério Público aditar a queixa, repudiá-la e oferecer denúncia substitutiva, intervir em todos os termos do processo, fornecer elementos de prova, interpor recurso e, a todo tempo, no caso de negligência do querelante, retomar a ação como parte principal.

§ 2º A **ação privada subsidiária** será exercida no prazo de 6 (seis) meses, contado da data em que se esgotar o prazo para oferecimento da denúncia.

1. **Ação penal.** Mais um dispositivo legal desnecessário. Bastaria que o legislador nada dissesse, caso em que a ação seria pública incondicionada, não sendo necessário que isso esteja previsto em lei.

2. **§ 1º. Ação penal de iniciativa privada subsidiária.** A ação penal privada subsidiária da pública está prevista no art. 5º, LIX, da Constituição da República (LIX – será admitida ação privada nos crimes de ação pública, se esta não for intentada no prazo legal. O "prazo legal" a que o legislador faz menção está previsto no art. 46, do CPP (5 dias para indiciado preso e 15 dias para indiciado solto). O legislador deferiu ao particular a possibilidade de oferecer a queixa-crime caso o Ministério Público não ofereça a denúncia, como forma de impedir que o delito não seja apurado em caso de inércia do Ministério Público. Note-se que deve ficar clara a inércia, de forma que se o Ministério Público não oferecer a denúncia porque requisitou diligências ou tomou alguma outra atitude investigatória ou até mesmo arquivou o procedimento investigatório, não há inércia e não estará justificado o oferecimento da ação penal privada subsidiária da pública.

3. **§2º. Prazo para o oferecimento da queixa-crime.** De acordo com o §2º, o prazo para oferecer a queixa-crime é de seis meses após esgotado o prazo para o oferecimento da denúncia, ou seja, seis meses após o esgotamento dos 5 dias em caso de indiciado preso ou 15 dias em caso de indiciado solto, conforme o art. 46 do CPP. É importante destacar que o fato de a vítima não oferecer a queixa-crime no prazo de seis meses não impede que o Ministério Público ofereça a denúncia posteriormente, enquanto não ocorrer a prescrição.

CAPÍTULO IV
DOS EFEITOS DA CONDENAÇÃO E DAS PENAS RESTRITIVAS DE DIREITOS

Seção I
Dos Efeitos da Condenação

Art. 4º São **efeitos da condenação**:

I – tornar certa a obrigação de **indenizar o dano causado pelo crime**, devendo o juiz, a requerimento do ofendido, fixar na sentença o valor mínimo para reparação dos danos causados pela infração, considerando os prejuízos por ele sofridos;

II – a **inabilitação** para o exercício de cargo, mandato ou função pública, pelo período de 1 (um) a 5 (cinco) anos;

III – a **perda** do cargo, do mandato ou da função pública.

Parágrafo único. Os efeitos previstos nos incisos II e III do *caput* deste artigo são **condicionados** à ocorrência de reincidência em crime de abuso de autoridade e não são automáticos, devendo ser declarados motivadamente na sentença.

1. **Efeitos da condenação.** O art. 4º trata de efeitos da condenação, que só ocorrem após o trânsito em julgado da sentença penal condenatória.

2. **Inciso I. Indenização.** A intenção do legislador foi a recomposição financeira da vítima do abuso, por meio da indenização. O valor da indenização deverá ser fixado na sentença a requerimento da vítima. Essa indenização fixada na sentença não é novidade em nosso ordenamento jurídico, uma vez que essa previsão já existe no art. 387, IV, do CPP (*O juiz, ao proferir sentença condenatória: IV – fixará valor mínimo para reparação dos danos causados pela infração, considerando os prejuízos sofridos pelo ofendido).*

3. **Requerimento do ofendido.** Questão relevante versa sobre a necessidade de requerimento expresso do Ministério Público na denúncia. Poderia o Juiz fixar esse valor de indenização sem pedido expresso do órgão acusatório na denúncia? No sistema do CPP está sedimentada a orientação jurisprudencial no STJ no sentido de que o Juiz não pode fixar a indenização na sentença sem requerimento expresso do Ministério Público na denúncia. Na presente lei, o legislador não fez exigência expressa, apenas mencionou a necessidade de requerimento do ofendido. Cremos que a solução dada para o CPP valha, também, para a presente lei. Se o legislador, nos dois diplomas legais teve a mesma intenção, que foi a indenização financeira fixada na sentença criminal, nada mais coerente do que aplicar o mesmo entendimento para ambas as previsões. Porém, há um ponto de distinção, qual seja, no CPP não se exige o requerimento da vítima. Na presente lei, esse requerimento é exigido. As situações diferentes devem ter soluções diversas. E onde o ofendido faria esse requerimento? Cremos que ele possa ser feito até a audiência, informando ao Ministério Público ou até mesmo peticionando nos autos na condição de vítima. Ou então na própria audiência (ao ser ouvido na condição de vítima). E aqui teríamos que flexibilizar a exigência do pedido do Ministério Público na denúncia porque a vítima teria até a audiência para fazê-lo. Assim, nesse caso, o requerimento expresso do Ministério Público poderia ser feito nas alegações finais. Em síntese, a indenização do ofendido dependeria de requerimento dele até a audiência e de pedido expresso do Ministério Público nas alegações finais. Por fim, na hipótese de o ofendido peticionar no processo para fazer o requerimento de indenização antes da audiência, poderia ser questionada a legitimidade do ofendido para peticionar nos autos, tendo em vista que ele não é parte. Porém, tal questionamento seria inócuo, pois o ofendido peticionaria nos autos apenas para fins desse inciso, informando que deseja a indenização, e não para praticar algum ato processual reservado à parte no processo.

4. **Momento para o requerimento.** Em relação ao tempo para que o ofendido faça esse requerimento, cremos que ele deva ser feito até o início da Audiência de Instrução e Julgamento (momento em que a vítima do delito é ouvida) que é quando

a instrução criminal se inicia, para que se obedeça ao princípio do contraditório e o réu possa impugnar esse requerimento.

5. **Título executivo judicial.** A sentença condenatória com o trânsito em julgado já valerá como título executivo judicial nos moldes do art. 515, VI, do CPC e, em caso de não cumprimento, o ofendido poderá executá-la na esfera cível.

6. **Inciso II. Inabilitação para o exercício de cargo, mandato ou função pública.** Essa inabilitação é um impedimento temporário, que dura entre um e cinco anos. Não se trata de perda do cargo, mandato ou função. O legislador não fixou o critério de escolha para o Juiz ente um e cinco anos. Cremos que esse intervalo de tempo deva ser fixado de acordo com o art. 59 do Código Penal. Nos moldes do parágrafo único, esse efeito da condenação não é automático, devendo ser decretado na sentença e é condicionado à reincidência específica em crime de abuso de autoridade.

7. **Inciso III. Perda do cargo, do mandato ou da função pública.** A perda do cargo é definitiva, diferente na inabilitação contida no inciso II. Aqui exige-se a relação de contemporaneidade, ou seja, o agente perde o cargo, mandato ou função pública que exercia no momento da conduta, e não o que exercia no momento da condenação, caso sejam diversos. Nos moldes do parágrafo único, esse efeito da condenação não é automático, devendo ser decretado na sentença e é condicionado à reincidência específica em crime de abuso de autoridade.

Seção II
Das Penas Restritivas de Direitos

Art. 5º As penas restritivas de direitos **substitutivas** das privativas de liberdade previstas nesta Lei são:

I – prestação de **serviços à comunidade** ou a entidades públicas;

II – **suspensão do exercício** do cargo, da função ou do mandato, pelo prazo de 1 (um) a 6 (seis) meses, com a perda dos vencimentos e das vantagens;

III – (VETADO).

Parágrafo único. As penas restritivas de direitos podem ser aplicadas **autônoma ou cumulativamente**.

1. **Penas restritivas de direitos.** Conforme expresso no *caput,* as penas restritivas de direitos são substitutivas das penas privativas de liberdade. Portanto, primeiro o Juiz aplica a pena privativa de liberdade e depois a substitui pela pena restritiva de direitos.

2. **Requisitos.** Tendo em vista que a presente lei não estabeleceu os requisitos para a substituição, devem ser aplicados os requisitos previstos no art. 44 do Código Penal. Aliás, não apenas os requisitos do art. 44, mas, também, toda a normatização contida no Código Penal acerca das penas restritivas de direitos.

3. **Princípio da Especialidade em relação ao Código Penal. Obrigatoriedade imposta ao Juiz.** No Código Penal, o Juiz é livre para escolher a espécie de pena restritiva

de diretos que irá aplicar em substituição à pena privativa de liberdade, entre as opções do seu art. 43, sempre norteado pelos princípios da individualização da pena e da proporcionalidade, atendendo às particularidades de cada caso concreto. O presente dispositivo confere um tratamento legal diverso, uma vez que impõe ao Juiz a obrigatoriedade de substituir a pena privativa de liberdade especificamente pela pena prestação de serviços à comunidade ou a entidades públicas e a pena de suspensão do exercício do cargo, da função ou do mandato, pelo prazo de 1 (um) a 6 (seis) meses, com a perda dos vencimentos e das vantagens. Trata-se de uma imposição legal ao Juiz, e não de uma faculdade.

4. **Inciso I. Prestação de serviços à comunidade.** Como a presente lei não regulamentou essa pena, deve ser aplicado o art. 46 do Código Penal, que regulamenta a pena de prestação de serviços à comunidade.

5. **Condenações superiores a 6 meses.** O art. 46, *caput,* do Código Penal dispõe que a pena de prestação de serviços à comunidade é aplicável somente nas condenações superiores a 6 meses de pena privativa de liberdade. É bem verdade que alguns tipos penais da presente lei possuem pena mínima de privação de liberdade de 6 meses e outros de 1 ano. Seja como for, é possível que alguma condenação seja estabelecida abaixo de 6 meses, com a incidência, por exemplo, da tentativa. Nesse sentido, caso a pena privativa de liberdade fique abaixo do mínimo legal de 6 meses, seria possível a aplicação da pena de prestação de serviços à comunidade ou o Juiz esbarraria no óbice temporal imposto pelo art. 46, *caput,* do Código Penal? Pensamos que a restrição de 6 meses prevista no Código Penal não possui razão de ser e não se justifica. Com efeito, não há nenhuma razão dogmática para que a prestação de serviços à comunidade seja cabível nas condenações superiores a 6 meses, mas não o seja nas condenações inferiores a esse *quantum*. Se a motivação do legislador ao criar as penas restritivas de direitos foi a descarcerização, evitando-se a pena privativa de liberdade, não se justifica ela ser cabível nas penas superiores a 6 meses, mas não o ser nas inferiores. Aliás, se é cabível nas condenações acima de 6 meses, com muito mais razão deve ser cabível nas condenações inferiores a 6 meses, pois, independentemente do *quantum,* trata-se de pena de prisão. Ademais, a presente lei não estabeleceu essa restrição temporal, e, pelo princípio da especialidade, o silêncio da lei denota que o legislador não quis esse limite, devendo, assim, prevalecer sobre o Código Penal. Portanto, cremos que essa limitação estabelecida pelo Código Penal não deve ser aplicada.

6. **Inciso II. Suspensão do exercício do cargo, da função ou do mandato.** Esta espécie de pena restritiva de direitos não tem previsão no Código Penal. Logo, ela deve ser aplicada nos moldes previstos na presente lei. Como não é perda do cargo, mas sim suspensão, ela tem prazo determinado de um a seis meses. Como o legislador não estabeleceu o critério para a definição do tempo da suspensão, cremos que ele deva variar de acordo com o *quantum* de pena privativa de liberdade aplicada, ou seja, quanto mais a pena privativa de liberdade se aproximar do mínimo legal, menos deve ser o prazo da suspensão. De outro giro, quanto mais a pena privativa de liberdade se distanciar da pena mínima, mais o prazo de suspensão também se distanciará do mínimo. Claro que não se trata de aplicar famosa "regra de três" da matemática, mas sim, de estabelecer o prazo com proporcionalidade.

7. **Parágrafo único.** O legislador permitiu a aplicação das duas penas de forma alternativa ou cumulativa, deixando para o Juiz a forma de aplicação, sempre norteado pelo princípio da individualização da pena e da proporcionalidade.

CAPÍTULO V
DAS SANÇÕES DE NATUREZA CIVIL E ADMINISTRATIVA

Art. 6º As penas previstas nesta Lei serão aplicadas **independentemente** das sanções de natureza civil ou administrativa cabíveis.

Parágrafo único. As notícias de crimes previstos nesta Lei que descreverem **falta funcional** serão informadas à autoridade competente com vistas à apuração.

1. **Independência das penas.** Não há *bis in idem* na aplicação cumulativa das sanções penal, civil e administrativa por possuírem naturezas diversas. Contudo, as responsabilidades civil e administrativa devem ser apuradas pelos órgãos próprios, e não dentro do processo criminal.
2. **Parágrafo único. Notícia-crime.** O parágrafo menciona expressamente a "falta funcional", o que nos faz concluir que essa autoridade competente a que o dispositivo faz menção é a autoridade administrativa com atribuição para apurar a infração funcional.

Art. 7º As responsabilidades civil e administrativa são **independentes** da criminal, não se podendo mais questionar sobre a existência ou a autoria do fato quando essas questões tenham sido decididas no juízo criminal.

1. **Independência das instâncias.** O legislador praticamente repetiu o que disse na parte inicial do art. 6º, ou seja, que as responsabilidades penal, civil e administrativas são distintas. E vedou a rediscussão do mérito da infração penal nas instâncias administrativa e civil. Trata-se de previsão lógica, uma vez que a prova da existência e da autoria de um delito só pode ser apurada na instância penal mesmo. Não existe apuração de infração penal em processo cível ou administrativo. Portanto, esse dispositivo é absolutamente desnecessário.

Art. 8º Faz **coisa julgada em âmbito cível**, assim como no **administrativo-disciplinar**, a sentença penal que reconhecer ter sido o ato praticado em estado de necessidade, em legítima defesa, em estrito cumprimento de dever legal ou no exercício regular de direito.

1. **Coisa julgada da sentença criminal.** Ao dispor que a sentença penal que reconhecer alguma causa de exclusão da ilicitude faz coisa julgada na esfera cível e na esfera administrativo-disciplinar, este dispositivo legal proíbe que a questão seja rediscutida naquelas duas esferas. Só que isso seria muito lógico para vir escrito na lei (embora não seja raro a lei dizer o óbvio). Porém, a intenção do legislador foi evitar a discussão naquelas duas esferas acerca da possível indenização pelo ato praticado. Em suma, se o agente praticou a conduta acobertado por alguma

causa de exclusão da ilicitude, não seria possível discutir eventual indenização nas esferas cível e administrativo-disciplinar. Entretanto, como é consabido, os atos líticos também podem gerar o dever de indenizar (como no exemplo clássico do estado de necessidade agressivo). Assim, pensamos que, apesar de previsão legal, quando se tratar de um ato lícito que gere o dever de indenizar, esse artigo deve ser desprezado e, por conseguinte, não aplicado.

CAPÍTULO VI
DOS CRIMES E DAS PENAS

Art. 9º Decretar medida de **privação da liberdade** em manifesta desconformidade com as hipóteses legais:

Pena – detenção, de 1 (um) a 4 (quatro) anos, e multa.

Parágrafo único. Incorre na mesma pena a **autoridade judiciária** que, dentro de prazo razoável, deixar de:

I – relaxar a prisão manifestamente **ilegal**;

II – **substituir** a prisão preventiva por medida cautelar diversa ou de conceder liberdade provisória, quando manifestamente cabível;

III – deferir liminar ou ordem de *habeas corpus*, quando manifestamente **cabível**.

1. **Sujeito ativo.** A autoridade judiciária. Trata-se de crime próprio.
2. **Sujeito passivo.** A pessoa que está prestes a ter a sua liberdade cerceada.
3. **Decretar.** Significa determinar, ordenar.
4. **Medida da privação de liberdade.** O legislador não fez qualquer distinção, bem como não especificou a medida de privação de liberdade. Dessa forma, entenda-se por medida de privação de liberdade qualquer forma de restringir a liberdade de alguém, que não seja adequada aos moldes legais, como uma prisão civil que não seja hipótese de devedor de alimentos, prisão de natureza cautelar (preventiva ou temporária) ou, até mesmo, prisão definitiva que decorra de sentença condenatória transitada em julgado. O legislador quis dar efetividade ao direito fundamental à liberdade previsto constitucionalmente no art. 5º, LXI, da CF, bem como o art. 283, do Código de Processo Penal, que dispõem que ninguém será preso senão em flagrante delito ou por ordem escrita e fundamentada de autoridade judiciária competente. Assim, a decretação de qualquer forma de privação de liberdade fora desses casos configura o delito ora comentado. Note-se que o crime é tão somente decretar a medida, não precisa haver a efetiva privação da liberdade.
5. **Consumação.** Com a efetiva determinação da privação da liberdade, mesmo que a liberdade não seja efetivamente privada. Crime formal.
6. **Classificação.** Crime próprio; formal; doloso; comissivo; instantâneo; admite tentativa.
7. **Suspensão condicional do processo.** Cabível, pois a pena mínima cominada não ultrapassa 1 ano (art. 89 da lei 9.099/95).

8. **Parágrafo único.** O legislador trouxe condutas equiparadas praticadas pelo Juiz. Todas as condutas configuram crimes omissivos próprios. A expressão *prazo razoável* é um elemento normativo do tipo, que demanda interpretação. Cremos que não seja possível quantificar em dias ou horas, tendo em vista que o legislador não especificou, como fê-lo em outros dispositivos legais do Código de Processo Penal. Assim, entendemos que esse prazo deve ser analisado caso a caso, de acordo com as peculiaridades do caso concreto.

9. **Inciso I. Deixar de relaxar a prisão ilegal.**

10. **Sujeito ativo.** A autoridade judiciária. Crime próprio.

11. **Sujeito passivo.** A pessoa presa ilegalmente.

12. **Deixar de relaxar e prisão ilegal.** Segundo o art. 5º, LXV da CF e o art. 310, I, do CPP, a prisão ilegal será imediatamente relaxada pela autoridade judiciária competente. O relaxamento da prisão ilegal é o reconhecimento, pelo Juiz, que a privação de liberdade foi determinada ou efetivada fora dos ditames constitucionais e legais, com o restabelecimento da liberdade do indivíduo. Assim, tão logo o Juiz tome conhecimento da ilegalidade da prisão e não a relaxe, comete esse delito. Trata-se de crime omissivo próprio.

13. **Princípio da especialidade.** Caso a vítima seja criança ou adolescente, o delito praticado será o do art. 234 da lei 8.069/90, Estatuto da Criança e do Adolescente – ECA, que dispõe *"Deixar a autoridade competente, sem justa causa, de ordenar a imediata liberação de criança ou adolescente, tão logo tenha conhecimento da ilegalidade da apreensão: Pena – detenção de seis meses a dois anos".*

14. **Consumação.** Com a simples omissão da autoridade judiciária. Crime formal.

15. **Classificação.** Crime próprio; formal; doloso; omissivo próprio; instantâneo; não admite tentativa por ser omissivo próprio.

16. **Inciso II. Deixar de substituir a prisão preventiva por medida cautelar diversa ou de conceder a liberdade provisória, quando manifestamente cabível.**

17. **Sujeito ativo.** A autoridade judiciária. Crime próprio.

18. **Sujeito passivo.** A pessoa presa.

19. **Substituição da prisão preventiva por medida cautelar diversa ou concessão da liberdade provisória.** A possibilidade de substituição da prisão preventiva por medida cautelar diversa prevista no art. 318, 318-A e 319, do CPP, bem como a concessão da liberdade provisória (que é um substituto da prisão em flagrante) depende da análise de alguns requisitos pelo Juiz, como, entre outros, a ausência do *periculum libertatis*. Não se trata de uma consequência obrigatória. É claro que essas duas possibilidades vão depender da interpretação e do convencimento do Juiz, por isso o legislador utilizou as expressões *quando manifestamente cabível*, ou seja, quando o cabimento for patente e não deixar nenhuma dúvida sobre a sua possiblidade de acordo com o caso concreto.

20. **Consumação.** Com a simples omissão da autoridade judiciária. Crime formal.

21. **Classificação.** Crime próprio; formal; doloso; omissivo próprio; instantâneo; não admite tentativa por ser omissivo próprio.

22. **Inciso III. Deixar de deferir liminar ou ordem de *habeas corpus*, quando manifestamente cabível.**

23. **Sujeito ativo.** A autoridade judiciária. Crime próprio.

24. **Sujeito passivo.** A pessoa presa.

25. **Liminar ou ordem de *habeas corpus*.** Ao tratar da *liminar*, o legislador quis referir-se à liminar em ordem de *habeas corpus*, e não a qualquer liminar. Da mesma forma que dissemos em relação ao inciso II, o deferimento da liminar ou do mérito na ordem de *habeas corpus* não é algo automático. Depende do convencimento do Juiz e das provas produzidas, sobretudo nesse tipo de ação em que se exige prova pré-constituída. Por essa razão que o legislador utilizou as expressões *quando manifestamente cabível*, ou seja, quando a concessão da liminar ou do mérito na ordem de *habeas corpus* for patente e não deixar nenhuma dúvida sobre a sua possiblidade, a depender do caso concreto.

26. **Consumação.** Com a simples omissão da autoridade judiciária. Crime formal.

27. **Classificação.** Crime próprio; formal; doloso; omissivo próprio; instantâneo; não admite tentativa por ser omissivo próprio.

Art. 10. Decretar a **condução coercitiva** de testemunha ou investigado manifestamente descabida ou sem prévia intimação de comparecimento ao juízo:

Pena – detenção, de 1 (um) a 4 (quatro) anos, e multa.

Art. 11. (VETADO).

1. **Sujeito ativo.** O agente público com competência ou atribuição para decretar a condução coercitiva, ou seja, o Delegado de polícia e o Juiz. Trata-se de crime próprio.

2. **Sujeito passivo.** A testemunha ou o indiciado.

3. **Decretar.** Significa determinar, ordenar.

4. **Condução coercitiva manifestamente descabida ou sem prévia intimação de comparecimento ao juízo.** Condução coercitiva é a condução forçada à presença do Juiz. De acordo com o art. 218, do CPP, a testemunha pode ser conduzida coercitivamente caso seja intimada e não compareça. Já em relação ao investigado, cremos que não pode haver a sua condução coercitiva, em razão do princípio do *nemo tenetur se detegere*. Tradicionalmente, no processo penal brasileiro, a condução coercitiva da testemunha somente pode ser realizada após a sua regular intimação. Por isso o legislador utilizou as expressões *manifestamente descabida ou sem prévia intimação de comparecimento*, ou seja, fora dos casos legais, sem necessidade e sem que haja a prévia e regular intimação.

5. **Testemunha ou investigado.** O legislador limitou o alcance do tipo penal a esses dois personagens. Note-se que o tipo não abrange a figura do réu no processo

criminal, mas, tão somente o investigado, razão pela qual a incriminação do presente tipo penal não abrange o réu, em razão do princípio da legalidade. Interpretar o tipo penal no sentido de abranger o réu seria analogia *in malam partem*.

6. **Comissão Parlamentar de Inquérito – CPI.** A CPI não pode determinar condução coercitiva. Embora a constituição da República disponha no art. 58, §3º, que a CPI tenha poderes investigatórios próprios das autoridades judiciárias, a lei 1.579/52 (que trata das CPIs), em seu art. 3º, § 1º dispõe que em caso de não comparecimento da testemunha sem motivo justificado, a sua intimação será solicitada ao Juiz criminal da localidade em que resida ou se encontre, nos moldes dos arts. 218 e 219 do CPP. Assim, o presente tipo penal não abrange o presidente da CPI.
7. **Consumação.** Com a efetiva decretação da condução coercitiva. Crime formal.
8. **Classificação.** Crime próprio; formal; doloso; comissivo; instantâneo; admite tentativa.
9. **Suspensão condicional do processo.** Cabível, pois a pena mínima cominada não ultrapassa 1 ano (art. 89 da lei 9.099/95).

Art. 12. Deixar injustificadamente de **comunicar** prisão em flagrante à autoridade judiciária no prazo legal:

Pena – detenção, de 6 (seis) meses a 2 (dois) anos, e multa.

Parágrafo único. Incorre na mesma pena quem:

I – deixa de comunicar, imediatamente, a execução de prisão **temporária** ou **preventiva** à autoridade judiciária que a decretou;

II – deixa de comunicar, imediatamente, a **prisão** de qualquer pessoa e o local onde se encontra à sua família ou à pessoa por ela indicada;

III – deixa de entregar ao preso, no prazo de 24 (vinte e quatro) horas, a **nota de culpa**, assinada pela autoridade, com o motivo da prisão e os nomes do condutor e das testemunhas;

IV – **prolonga** a execução de pena privativa de liberdade, de prisão temporária, de prisão preventiva, de medida de segurança ou de internação, deixando, sem motivo justo e excepcionalíssimo, de executar o alvará de soltura imediatamente após recebido ou de promover a soltura do preso quando esgotado o prazo judicial ou legal.

1. **Sujeito ativo.** A autoridade policial, que é a pessoa com atribuição legal para fazer a comunicação da prisão em flagrante de qualquer pessoa à autoridade judiciária, conforme o art. 306, do CPP. Crime próprio.
2. **Sujeito passivo.** A pessoa presa.
3. **Deixar de comunicar injustificadamente à autoridade judiciária.** De acordo com o art. 306 do Código de Processo Penal, a prisão de qualquer pessoa e o local onde se encontre serão comunicados imediatamente ao Juízo competente, ao Ministério Público e à família do preso ou à pessoa por ele indicada. Este tipo penal consiste justamente na ausência de comunicação da prisão em flagrante ao Juízo. Trata-se de conduta omissiva, que configura crime omissivo próprio. A expressão

injustificadamente denota a ausência de algum motivo relevante. Dificilmente a autoridade policial terá um motivo justificável para não fazer a comunicação.

4. **Prazo legal.** É o prazo de 24 horas após a lavratura do Auto de Prisão em Flagrante, conforme expresso no art. 306, §1º, do Código de Processo Penal.

5. **Princípio da especialidade.** Caso a vítima seja criança ou adolescente, o delito praticado será o do art. 231 da lei 8.069/90, Estatuto da Criança e do Adolescente – ECA, que dispõe: *"Deixar a autoridade policial responsável pela apreensão de criança ou adolescente de fazer imediata comunicação à autoridade judiciária competente e à família do apreendido ou à pessoa por ele indicada: Pena – detenção de seis meses a dois anos".*

6. **Consumação.** Com a simples omissão da autoridade policial. Crime formal.

7. **Classificação.** Crime próprio; formal; doloso; omissivo próprio; instantâneo; não admite tentativa por ser omissivo próprio.

8. **Suspensão condicional do processo.** Cabível, pois a pena mínima cominada não ultrapassa 1 ano (art. 89 da lei 9.099/95).

9. **Parágrafo único.** Condutas equiparadas.

10. **Inciso I. Deixar de comunicar, imediatamente, a execução de prisão temporária ou preventiva à autoridade judiciária que a decretou.**

11. **Sujeito ativo.** O agente público que executou o mandado de prisão temporária ou de prisão preventiva, que normalmente é o Delegado de Polícia. Crime próprio.

12. **Sujeito passivo.** A pessoa presa.

13. **Deixar de comunicar imediatamente ao Juízo que decretou as prisões.** É a ausência de comunicação da execução da prisão preventiva ou temporária. Note-se que não é a comunicação a qualquer Juízo, mas, sim, ao Juízo que a decretou. Assim, se a comunicação for feita a outro Juízo, o crime estará configurado, desde que haja dolo do agente. Por exemplo, se a prisão preventiva foi decretada pelo Juízo da 10ª Vara Criminal do Rio de Janeiro, a comunicação deve ser feita esse Juízo. O mesmo ocorre se a prisão for decretada por Juízo de 2ª grau de jurisdição, seja no caso de recurso, seja no caso de foro especial por prerrogativa de função. Trata-se de conduta omissiva, que configura crime omissivo próprio. A expressão *imediatamente* significa sem demora, ou seja, assim que o mandado de prisão for cumprido.

14. **Consumação.** Com a simples omissão do agente. Crime formal.

15. **Classificação.** Crime próprio; formal; doloso; omissivo próprio; instantâneo; não admite tentativa por ser omissivo próprio.

16. **Suspensão condicional do processo.** Cabível, pois a pena mínima cominada não ultrapassa 1 ano (art. 89 da lei 9.099/95).

17. **Inciso II. Deixar de comunicar imediatamente à família ou à pessoa por ela indicada.**

18. **Sujeito ativo.** A autoridade policial ou o agente público que efetivou a prisão. Crime próprio.

19. **Sujeito passivo.** A pessoa presa.

20. **Prisão.** No presente tipo penal o legislador não especificou qual o tipo de prisão, o que nos leva a crer que todos os tipos de prisão estão abrangidos.

21. **Deixar de comunicar imediatamente à família ou à pessoa por ela indicada.** De acordo com o art. 306 do Código de Processo Penal, a prisão de qualquer pessoa e o local onde se encontre serão comunicados imediatamente ao Juízo competente, ao Ministério Público e à família do preso ou à pessoa por ele indicada. Este tipo penal consiste na ausência de comunicação da prisão (seja ela qual for) à família do preso ou à pessoa por ele indicada. Trata-se de conduta omissiva, que configura crime omissivo próprio. A expressão *imediatamente* significa o prazo de 24 horas após a lavratura do Auto de Prisão em Flagrante, conforme expresso no art. 306, §1º, do Código de Processo Penal.

22. **Princípio da especialidade.** Caso a vítima seja criança ou adolescente, o delito praticado será o do art. 231 da lei 8.069/90, Estatuto da Criança e do Adolescente – ECA, que dispõe: *"Deixar a autoridade policial responsável pela apreensão de criança ou adolescente de fazer imediata comunicação à autoridade judiciária competente e à família do apreendido ou à pessoa por ele indicada: Pena – detenção de seis meses a dois anos".*

23. **Consumação.** Com a simples omissão do agente. Crime formal.

24. **Classificação.** Crime próprio; formal; doloso; omissivo próprio; instantâneo; não admite tentativa por ser omissivo próprio.

25. **Suspensão condicional do processo.** Cabível, pois a pena mínima cominada não ultrapassa 1 ano (art. 89 da lei 9.099/95).

26. **Inciso III. Deixar de entregar a nota de culpa ao preso.**

27. **Sujeito ativo.** A autoridade policial, que é a pessoa com atribuição legal para fazer a entrega da nota de culpa ao preso, conforme o art. 306, §2º, do CPP. Crime próprio.

28. **Sujeito passivo.** A pessoa presa.

29. **Deixar de entregar a nota de culpa ao preso.** De acordo com o art. 306, §2º, do Código de Processo Penal, em 24 horas será entregue ao preso, mediante recibo, a nota de culpa, assinada pela autoridade, com o motivo da prisão, o nome do condutor e os nomes das testemunhas. O delito consiste justamente na violação desse comando normativo.

30. **Consumação.** Com a simples omissão da autoridade policial. Crime formal.

31. **Classificação.** Crime próprio; formal; doloso; omissivo próprio; instantâneo; não admite tentativa por ser omissivo próprio.

32. **Suspensão condicional do processo.** Cabível, pois a pena mínima cominada não ultrapassa 1 ano (art. 89 da lei 9.099/95).

33. **Inciso IV.** Prolongamento da execução de pena privativa de liberdade, de prisão temporária, de prisão preventiva, de medida de segurança ou de internação, deixando, sem motivo justo e excepcionalíssimo, de executar o alvará de soltura imediatamente após recebido ou de promover a soltura do preso quando esgotado o prazo judicial ou legal.

34. **Sujeito ativo.** A autoridade policial, o diretor do estabelecimento prisional, o diretor do estabelecimento de cumprimento da medida de segurança e o diretor do estabelecimento de internação de menores infratores. Crime próprio.

35. **Sujeito passivo.** A pessoa presa.

36. **Prolongamento da restrição da liberdade.** Em todas as hipóteses deste inciso há uma privação de liberdade. O legislador criminalizou o prolongamento indevido dessas restrições de liberdade.

37. **Deixar, sem motivo justo e excepcionalíssimo, de executar o alvará de soltura imediatamente após recebido ou de promover a soltura do preso quando esgotado o prazo judicial ou legal.** É a conduta por meio da qual o agente prolonga a privação de liberdade indevidamente. Trata-se de conduta omissiva, que configura crime omissivo próprio. Por *motivo justo* entenda-se motivo plausível, de acordo com a ordem jurídica, que deve ser apurado em cada caso concreto. Assim, por exemplo, imaginemos que foi expedido um alvará de soltura em favor de uma pessoa presa preventivamente. Porém, ainda não foi verificado se há outro mandado de prisão expedido em seu desfavor no Banco Nacional de Mandados de Prisão - BNMP. Nesse caso, o diretor do estabelecimento prisional não poderá cumprir o alvará de soltura sem que seja feita a prévia consulta ao BNMP pelo Juízo que expediu o alvará e, nesse caso, não estará praticando esse delito. A expressão *"excepcionalíssimo"* denota nada mais, nada menos, do que motivo excepcional. Essa palavra nada mais é do que um destaque que o legislador deu ao motivo excepcional.

38. **Princípio da especialidade.** Caso a vítima seja criança ou adolescente, o delito praticado será o do art. 235 da lei 8.069/90, Estatuto da Criança e do Adolescente – ECA, que dispõe *"Descumprir, injustificadamente, prazo fixado nesta Lei em benefício de adolescente privado de liberdade: Pena – detenção de seis meses a dois anos"*.

39. **Consumação.** Com a simples omissão do agente. Crime formal.

40. **Classificação.** Crime próprio; formal; doloso; omissivo próprio; instantâneo; não admite tentativa por ser omissivo próprio.

41. **Suspensão condicional do processo.** Cabível, pois a pena mínima cominada não ultrapassa 1 ano (art. 89 da lei 9.099/95).

Art. 13. Constranger o preso ou o detento, mediante violência, grave ameaça ou redução de sua capacidade de resistência, a:

I – **exibir-se** ou ter seu corpo ou parte dele exibido à curiosidade pública;

II – submeter-se a situação **vexatória** ou a **constrangimento** não autorizado em lei;

~~III – (VETADO).~~

III – produzir **prova** contra si mesmo ou contra terceiro:

Pena – detenção, de 1 (um) a 4 (quatro) anos, e multa, sem prejuízo da pena cominada à violência.

Art. 14. (VETADO).

1. **Sujeito ativo.** O agente público descrito no art. 2º da lei. Trata-se de crime próprio.
2. **Sujeito passivo.** O preso ou o detento.
3. **Constranger, mediante violência, grave ameaça ou redução de sua capacidade de resistência.** O verbo *constranger* significa obrigar, submeter a vontade de outrem à sua própria vontade, retirando da vítima a capacidade e a liberdade de agir voluntariamente. *Violência* é a violência física, corporal. *Grave ameaça* consiste na promessa de mal injusto e grave. Por fim, a *redução da capacidade de resistência* é a denominada *violência imprópria*, que é aquela em que o agente usa de algum meio para diminuir na vítima a sua capacidade de entendimento e de reação, como o uso de drogas lícitas ou ilícitas, substância química, álcool, entre outros.
4. **Preso ou detento.** Embora o legislador tenha usado as expressões *preso* ou *detento*, cremos que ele quis referir-se a qualquer pessoa que esteja custodiada pelo Estado, desde a prisão em flagrante, preventiva ou temporária até a prisão definitiva que decorre do trânsito em julgado da sentença penal condenatória.
5. **Inciso I. Exibição do corpo.** O legislador quis coibir a prática de a pessoa presa ser obrigada por agentes públicos a mostrar o seu rosto à imprensa para satisfazer a curiosidade pública.
6. **Inciso II. Situação vexatória ou constrangimento.** Situação vexatória é a que causa vergonha ou expõe o preso ao ridículo sem nenhum fundamento legal ou justo motivo. Constrangimento não autorizado em lei é o constrangimento sem base legal. Em regra, todos os direitos do preso estão na Lei de Execução Penal (7.210/84). Assim, basta que o custodiado seja submetido a um ato que não tenha previsão na LEP, como na hipótese de o diretor do estabelecimento prisional não abrir as celas no horário regulamentar, impedindo os presos de tomarem o banho de sol, impedir o recebimento de visitas nos dias e horários regulamentares, colocação do preso no Regime Disciplinar Diferenciado sem fundamento na LEP ou sem que haja ordem escrita do Juízo competente, dentre outros exemplos.
7. **Inciso III. Produção da prova.** Em homenagem ao princípio do *nemo tenetur se detegere*, o legislador incriminou a conduta de obrigar o preso a produzir prova contra si mesmo, como no caso de constranger o preso a confessar o delito. Da mesma forma, o legislador quis impedir que o preso fosse obrigado a produzir prova contra terceiro de forma contrária à sua vontade. Está abrangido nesse inciso qualquer elemento de prova, como prova testemunhal, documental ou outras previstas em lei.
8. **Cumulação de penas.** No preceito secundário do tipo penal está a determinação da cumulação de penas, ou seja, as penas do presente tipo penal serão aplicadas em conjunto com as penas do tipo penal de lesão corporal, somando-as. Não se trata de concurso de crimes, mas, sim, de cumulação de penas.
9. **Princípio da especialidade.** Caso a vítima seja criança ou adolescente, o delito praticado será o do art. 232 da lei 8.069/90, Estatuto da Criança e do Adolescente – ECA, que *dispõe "Submeter criança ou adolescente sob sua autoridade, guarda ou vigilância a vexame ou a constrangimento: Pena – detenção de seis meses a dois anos"*. Da mesma forma, caso o dolo do agente seja, além de submeter o preso à prática de ato não previsto em lei, causar-lhe sofrimento físico ou mental, sua conduta estará tipificada no art. 1º, § 1º da lei 9455/97 (lei de Tortura).

10. **Consumação.** O delito consuma-se com a realização das condutas descritas nos incisos, não bastando o mero constrangimento. Crime material.

11. **Classificação.** Crime próprio; material; doloso; comissivo; instantâneo; admite tentativa.

12. **Suspensão condicional do processo.** Cabível, pois a pena mínima cominada não ultrapassa 1 ano (art. 89 da lei 9.099/95).

Art. 15. Constranger a depor, sob ameaça de prisão, pessoa que, em razão de função, ministério, ofício ou profissão, deva guardar segredo ou resguardar sigilo:

Pena – detenção, de 1 (um) a 4 (quatro) anos, e multa.

Parágrafo único. Incorre na mesma pena quem **prossegue** com o interrogatório:

I – de pessoa que tenha decidido exercer o direito ao **silêncio**; ou

II – de pessoa que tenha optado por ser **assistida** por advogado ou defensor público, sem a presença de seu patrono.

1. **Sujeito ativo.** O agente público descrito no art. 2º da lei, que tenha competência ou atribuição constitucional ou legal para realizar uma oitiva ou um interrogatório, como o Delegado de Polícia, o membro do Ministério Público, o parlamentar em uma CPI, dentre outros. Porém, deve ser um agente público que tenha a autoridade para determinar a prisão da vítima, tendo em vista que o legislador especificou "sob ameaça de prisão". Trata-se de crime próprio.

2. **Sujeito passivo.** A pessoa proibida de depor prevista no art. 207 do Código de processo penal.

3. **Constranger.** Constranger significa *coagir,* forçar alguém a fazer alguma coisa não desejada ou que a lei não determine ou até proíba, como corre no presente tipo penal.

4. **Natureza do procedimento.** Tendo em vista que o legislador não especificou, o delito pode ser praticado no âmbito de qualquer processo ou procedimento, independentemente de sua natureza, como o processo ou procedimento cível, criminal, trabalhista, tributário, dentre outros.

5. **Pessoas proibidas de depor.** Essas pessoas às quais o legislador fez menção são, na verdade, proibidas de depor. Ainda que elas queiram depor, eles não podem em razão da proibição legal, nos moldes do art. 207, do Código de Processo Penal, que possui a seguinte redação: *"São proibidas de depor as pessoas que, em razão de função, ministério, ofício ou profissão, devam guardar segredo, salvo se, desobrigadas pela parte interessada, quiserem dar o seu testemunho."* É bem verdade que na parte final o legislador dispõe que se elas quiserem depor, será admitido o seu depoimento, desde que desobrigadas pela parte interessada. Porém, ainda que desobrigadas, elas depõem se quiserem, ou seja, não basta a desobrigação pela parte interessada, esse fator deve ser conjugado com a vontade da parte de prestar o depoimento, não podendo ser coagidas a tal. Assim, ainda que a parte

interessada as desobrigue, o crime pode existir caso a pessoa proibida de depor não queira prestar o depoimento. Estão abrangidos pelo tipo penal o advogado (art. 7º, XIX, da lei 8.906/94 c/c art. 26 do Código de Ética e Disciplina da OAB), o médico, o parlamentar (Art. 53, §6º, da CF), o psicólogo (art. 9º do Código de Ética da Psicologia), e o padre, dentre outros profissionais.

6. **Princípio da especialidade.** O presente tipo penal configura especialidade em relação ao delito de constrangimento ilegal previsto no art. 146 do Código Penal.

7. **Consumação.** Com a coação, sob a ameaça de prisão. Crime formal.

8. **Classificação.** Crime próprio; formal; doloso; comissivo; instantâneo; admite tentativa.

9. **Suspensão condicional do processo.** Cabível, pois a pena mínima cominada não ultrapassa 1 ano (art. 89 da lei 9.099/95).

10. **Parágrafo único.** Condutas equiparadas.

11. **Inciso I. Prosseguimento no interrogatório. Direito ao silêncio.**

12. **Sujeito ativo.** O agente público descrito no art. 2º da lei, que tenha a competência ou atribuição constitucional ou legal para realizar interrogatório. Trata-se de crime próprio.

13. **Sujeito passivo.** A pessoa que está sendo interrogada.

14. **Constrangimento. Direito ao silêncio.** Nesse inciso o legislador incriminou a conduta de constranger o interrogando a prosseguir no seu interrogatório, mesmo diante da opção de exercer o direito constitucional ao silêncio (art. 5º, LXIII, da CF). É necessário que o interrogatório tenha se iniciado, uma vez que o legislador usou o verbo prosseguir. Caso contrário a conduta será atípica.

15. **Princípio da especialidade.** O presente tipo penal configura especialidade em relação ao delito de constrangimento ilegal previsto no art. 146 do Código Penal.

16. **Consumação.** Com a coação, sob a ameaça de prisão. Crime formal.

17. **Classificação.** Crime próprio; formal; doloso; comissivo; instantâneo; admite tentativa.

18. **Suspensão condicional do processo.** Cabível, pois a pena mínima cominada não ultrapassa 1 ano (art. 89 da lei 9.099/95).

19. **Inciso II. Prosseguimento no interrogatório. Opção por ser assistido por advogado ou Defensor Público.**

20. **Sujeito ativo.** O agente público descrito no art. 2º da lei, que tenha a competência ou atribuição constitucional ou legal para realizar interrogatório. Trata-se de crime próprio.

21. **Sujeito passivo.** A pessoa que está sendo interrogada.

22. **Constrangimento. Assistência por advogado ou Defensor Público.** Nesse inciso o legislador incriminou a conduta de constranger o interrogando a prosseguir no seu

interrogatório, quando ele, sem estar assistido por advogado ou Defensor Público, manifestar o desejo se assistido por qualquer desses profissionais (art. 5º, LXIII, da CF), por ser direito seu. É necessário que o interrogatório tenha se iniciado, pois o tipo penal traz o verbo prosseguir. Caso contrário a conduta será atípica.

23. **Princípio da especialidade.** O presente tipo penal configura especialidade em relação ao delito de constrangimento ilegal previsto no art. 146 do Código Penal.

24. **Consumação.** Com a coação, sob a ameaça de prisão. Crime formal.

25. **Classificação.** Crime próprio; formal; doloso; comissivo; instantâneo; admite tentativa.

26. **Suspensão condicional do processo.** Cabível, pois a pena mínima cominada não ultrapassa 1 ano (art. 89 da lei 9.099/95).

Violência Institucional.

Art. 15-A. Submeter a vítima de infração penal ou a testemunha de crimes violentos a **procedimentos desnecessários, repetitivos ou invasivos**, que a leve a **reviver**, sem estrita necessidade:

I – a situação de **violência**; ou

II – outras situações potencialmente geradoras de **sofrimento ou estigmatização**:

Pena – detenção, de 3 (três) meses a 1 (um) ano, e multa.

§ 1º Se o agente público permitir que **terceiro intimide a vítima** de crimes violentos, gerando indevida **revitimização**, aplica-se a pena aumentada de 2/3 (dois terços)

§ 2º Se o agente **público intimidar a vítima** de crimes violentos, gerando indevida **revitimização**, aplica-se a pena em dobro.

1. **Sujeito ativo.** O agente público descrito no art. 2º da lei, comumente a autoridade policial, os agentes policiais e a autoridade judiciária. Trata-se de crime próprio.

2. **Sujeito passivo.** A vítima de infração penal ou a testemunha de crimes violentos.

3. **Submeter.** Significa subjugar, dominar. No presente tipo penal o autor faz com que a vítima de infração penal ou a testemunha de crimes violentos sejam levados a participar de procedimentos desnecessários que impliquem situação de violência ou outras situações potencialmente geradoras de sofrimento ou estigmatização.

4. **Vítima de infração penal ou testemunha de crimes violentos.** O legislador separou as duas hipóteses, quais sejam: 1. A vítima de infração penal (crime ou contravenção) com ou sem violência; e 2. Testemunha de crimes violentos. Assim, em se tratando de *vítima* de infração penal, tal infração pode ter ou não violência. De ouro giro, em se tratando de *testemunha*, o crime (não abrange contravenção) precisa conter violência. À luz do princípio da legalidade, o tipo penal não abrange os informantes.

5. **Procedimentos desnecessários, repetitivos ou invasivos sem necessidade.** São procedimentos que são determinados ou repetidos sem que haja justificativa de acordo

com o caso concreto. É evidente que a necessidade de realização dos procedimentos é um juízo exercido pelo agente público que os pratica, razão pela qual esse elemento do tipo deve ser visto com razoabilidade, sob pena de inviabilizar a investigação criminal.

6. **Inciso I. Situação de violência.** A situação de violência que o tipo penal faz menção é a violência sofrida pela prática do delito da qual a pessoa é vítima ou testemunha. O tipo penal deve conter a violência como elemento.

7. **Inciso II. Outras situações potencialmente geradoras de sofrimento ou estigmatização.** São situações que não estão ligadas à violência, conforme o inciso I, mas que causam sofrimento psicológico à pessoa, causando-lhe sofrimento.

8. **Princípio da especialidade.** O presente tipo penal configura especialidade em relação ao delito de constrangimento ilegal previsto no art. 146 do Código Penal.

9. **§1º. Causa de aumento de pena.** O §1º traz uma causa de aumento de pena que será aplicada quando o sujeito ativo do delito permitir que uma terceira pessoa gere na vítima de crimes violentos a chamada *revitimização secundária*, que ocorre quando os órgãos estatais, por meio de seus agentes, geram na vítima o ato de reviver a infração penal da qual foi vítima, gerando-lhe sofrimento psicológico com os atos de investigação. Note-se que, nesse caso, não é o agente público que causa a *revitimização secundária*, mas, sim, um terceiro. Na realidade, o agente público permite que um terceiro a cause.

10. **§2º. Causa de aumento de pena.** Nesse parágrafo, diferente do anterior, é o próprio agente público que causa na vítima a *revitimização secundária* indevidamente, por meio de intimidação, que significa algum tipo de constrangimento pelo qual a vítima seja obrigada a passar.

11. **Consumação.** Com a efetiva submissão da vítima ou da testemunha aos procedimentos descritos no tipo penal. Trata-se de crime de perigo concreto. Crime formal.

12. **Classificação.** Crime próprio; formal; doloso; comissivo; de perigo concreto; instantâneo; admite tentativa.

13. **Suspensão condicional do processo.** Cabível, pois a pena mínima cominada não ultrapassa 1 ano (art. 89 da lei 9.099/95).

Art. 16. Deixar de **identificar-se** ou **identificar-se falsamente** ao preso por ocasião de sua captura ou quando deva fazê-lo durante sua detenção ou prisão.

Pena – detenção, de 6 (seis) meses a 2 (dois) anos, e multa.

Parágrafo único. Incorre na mesma pena quem, como responsável por interrogatório em sede de procedimento investigatório de infração penal, **deixa de identificar-se** ao preso ou atribui a si mesmo falsa identidade, cargo ou função.

Art. 17. (VETADO).

1. **Sujeito ativo.** O agente público descrito no art. 2º da lei, que tenha a competência ou atribuição constitucional ou legal para efetuar prisão de alguém. Trata-se de crime próprio.

2. **Sujeito passivo.** A pessoa presa.

3. **Deixar de identificar-se ou identificar-se falsamente.** O tipo penal traz uma conduta omissiva própria (*deixar de identificar-se*) e uma conduta comissiva (*identificar-se*). Na primeira hipótese, o agente não se identifica ao preso, deixando de fornecer qualquer elemento referente à sua pessoa. Na segunda hipótese, o agente se identifica, porém o faz falsamente, por exemplo, fornecendo um nome que não é o seu verdadeiro. O legislador quis que o preso tivesse ciência de quem está efetuando a sua prisão.

4. **Identidade.** Identidade significa qualquer dado identificador da pessoa do agente, abrangendo o nome, o estado civil, a idade, o sexo, a profissão etc.

5. **Princípio da especialidade.** O presente tipo penal configura especialidade em relação ao delito de falsa identidade previsto no art. 307 do Código Penal.

6. **Consumação.** Na conduta omissiva própria *deixar de identificar-se* o delito se consuma com a mera omissão do agente. Na conduta *identificar-se* o delito se consuma no momento em que o agente público fornece ao preso algum elemento identificador da sua pessoa de forma falsa. Crime formal.

7. **Classificação.** Crime próprio; formal; doloso; omissivo próprio na conduta *deixar de identificar-se* e comissivo na conduta *identificar-se*; instantâneo; admite tentativa só na conduta comissiva.

8. **Suspensão condicional do processo.** Cabível, pois a pena mínima cominada não ultrapassa 1 ano (art. 89 da lei 9.099/95).

9. **Parágrafo único.** Traz conduta muito parecida com o *caput*, porém, a falsa identidade ocorre especificamente no ato de interrogatório na fase investigativa. Além da identidade, a falsidade pode dar-se em relação ao cargo ou função, como no caso em que o inspetor de polícia realiza o interrogatório do preso dizendo que é o Delegado de Polícia.

Art. 18. Submeter o preso a interrogatório policial durante o **período de repouso noturno**, salvo se capturado em flagrante delito ou se ele, devidamente assistido, consentir em prestar declarações:

Pena – detenção, de 6 (seis) meses a 2 (dois) anos, e multa.

1. **Sujeito ativo.** O Delegado de Polícia. Trata-se de crime próprio.

2. **Sujeito passivo.** A pessoa presa.

3. **Submeter.** Significa subjugar, fazer a pessoa praticar algo. No presente tipo penal o legislador quis proibir que a pessoa presa seja levada a participar do seu interrogatório policial no período de repouso noturno, salvo se se tratar de prisão em flagrante, ou, sendo outro tipo de prisão, o preso consentir na realização do interrogatório, conforme previsão expressa.

4. **Período de repouso noturno.** O conceito de *período de repouso noturno* deve ser entendido de acordo com o costume local, nos mesmos moldes em que ocorre com

o art. 155, §1º, do Código Penal. Assim, a depender da localidade da efetivação da prisão, será ou não período de repouso noturno.

5. **Princípio da especialidade.** O presente tipo penal configura especialidade em relação ao delito de constrangimento ilegal previsto no art. 146 do Código Penal.

6. **Consumação.** Com o início do ato de interrogatório policial, mesmo que ele não seja concluído. Crime material.

7. **Classificação.** Crime próprio; material; doloso; comissivo; instantâneo; admite tentativa.

8. **Suspensão condicional do processo.** Cabível, pois a pena mínima cominada não ultrapassa 1 ano (art. 89 da lei 9.099/95).

Art. 19. Impedir ou retardar, injustificadamente, o envio de **pleito de preso** à autoridade judiciária competente para a apreciação da legalidade de sua prisão ou das circunstâncias de sua custódia:

Pena – detenção, de 1 (um) a 4 (quatro) anos, e multa.

Parágrafo único. Incorre na mesma pena o **magistrado** que, ciente do impedimento ou da demora, deixa de tomar as providências tendentes a saná-lo ou, não sendo competente para decidir sobre a prisão, deixa de enviar o pedido à autoridade judiciária que o seja.

1. **Sujeito ativo.** O agente público descrito no art. 2º da lei, que tenha a atribuição constitucional ou legal para encaminhar o pleito do preso à autoridade competente, a exemplo do diretor do estabelecimento prisional. Trata-se de crime próprio.

2. **Sujeito passivo.** O preso.

3. **Impedir ou retardar.** *Impedir* significa obstar, não permitir. Trata-se de crime comissivo. *Retardar* é atrasar, demorar, e configura crime omissivo próprio.

4. **Pleito de preso.** O art. 41, XIV, da LEP garante ao preso o direito de representar e peticionar a qualquer autoridade qualquer pleito em defesa de direito seu. Assim, nos moldes da LEP, por pleito de preso deve ser entendido qualquer espécie de requerimento em que o preso pleiteie algum direito seu que não esteja sendo observado dentro da unidade prisional em que se encontra. Normalmente, essa solicitação é feita por escrito, contudo, nada impede que seja verbal. Embora a tendência de quem lê o tipo seja achar que somente estaria abrangido o preso com condenação definitiva com trânsito em julgado, deve ser destacado que o legislador não especificou qual tipo de prisão está englobada no tipo penal. Assim, cremos que qualquer espécie de prisão esteja abrangida, seja a prisão definitiva, seja a prisão provisória (lembre-se que de acordo com o art. 2º, PU, da LEP, ela se aplica ao preso provisório), inclusive a prisão civil do devedor de alimentos.

5. **Autoridade judiciária competente.** A sua definição dependerá do tipo de prisão, se decorrente de sentença condenatória definitiva (caso em que será o Juízo da Execução Penal), prisão provisória ou prisão civil (caso em que será o Juízo que decretou a prisão, em qualquer instância ou Tribunal).

6. **Consumação.** Na conduta *impedir*, com a prática de qualquer ato que configure um obstáculo ao pleito do preso. Na conduta *retardar*, o delito consuma-se no momento em que o agente público deveria encaminhar o pleito do preso à autoridade judiciária e não o faz, se omitindo. Nas duas condutas o crime é formal.
7. **Classificação.** Crime próprio; formal; doloso; comissivo na conduta *impedir* e omissivo próprio na conduta *retardar*; instantâneo; admite tentativa somente na conduta comissiva.
8. **Suspensão condicional do processo.** Cabível, pois a pena mínima cominada não ultrapassa 1 ano (art. 89 da lei 9.099/95).
9. **Parágrafo único.** Tipifica a conduta do Juiz que, ciente da prática da conduta do *caput* por outra pessoa, não toma as providências para que o pleito chegue até ele. Essa ciência por parte do Magistrado pode dar-se por qualquer meio. Ou então a conduta do Juiz que não seja competente para tomar a providência correta para aquele pleito, deixa de encaminhá-lo ao Juiz com competência para tal. Trata-se de conduta omissiva própria.
10. **Sujeito ativo.** O Magistrado. Crime próprio.
11. **Sujeito passivo.** O preso.
12. **Consumação.** Por se tratar de crime omissivo próprio a consumação ocorre quando o Juiz deixa de agir nos moldes do tipo penal. O crime é formal.
13. **Classificação.** Crime próprio; formal; doloso; omissivo próprio; instantâneo; não admite tentativa por ser omissivo próprio.
14. **Suspensão condicional do processo.** Cabível, pois a pena mínima cominada não ultrapassa 1 ano (art. 89 da lei 9.099/95).

Art. 20. Impedir, sem justa causa, a **entrevista pessoal e reservada** do preso com seu advogado:

Pena – detenção, de 6 (seis) meses a 2 (dois) anos, e multa.

Parágrafo único. Incorre na mesma pena quem impede o preso, o réu solto ou o investigado de **entrevistar-se pessoal e reservadamente** com seu advogado ou defensor, por prazo razoável, antes de audiência judicial, e de sentar-se ao seu lado e com ele comunicar-se durante a audiência, salvo no curso de interrogatório ou no caso de audiência realizada por videoconferência.

1. **Sujeito ativo.** O agente público descrito no art. 2º da lei. Trata-se de crime próprio.
2. **Sujeito passivo.** O preso.
3. **Impedir.** *Impedir* significa obstar, não permitir.
4. **Entrevista pessoal e reservada.** A entrevista do preso com o seu advogado, de forma pessoal e reservada, é um dos direitos mais caros ao Estado Democrático de Direito e está prevista em diversos dispositivos legais espalhados pela ordem

jurídica brasileira. A título de exemplo, podemos citar o art. 41, IX, da LEP, bem como o art. 7º, III, do Estatuto da Advocacia (lei nº 8.906/94), demonstrando que esse direito é, também, do advogado. Qualquer forma de impedir o livre exercício desse direito, configura o presente tipo penal. Cremos que o tipo penal do *caput* também se aplica quando o preso tiver assistido por Defensor Público, tanto é que o parágrafo único fez menção a ele.

5. **Sem justa causa.** Significa sem motivo justificável legalmente ou de acordo com o caso concreto. Caso haja um motivo justificável, o preso poderá ser impedido de se entrevistar com o seu advogado, como no caso de estar havendo uma rebelião no presídio no momento em que o advogado chega para conversar com o seu cliente ou, então, por algum motivo relevante para garantir a segurança da unidade prisional. Porém, essa ressalva deve ser aplicada com muito cuidado e sempre calcada em uma justificativa forte de acordo com o caso concreto.

6. **Consumação.** Com a prática de qualquer ato que configure o impedimento da entrevista pessoal e reservada. Mesmo que depois do impedimento a entrevista aconteça. Crime formal.

7. **Classificação.** Crime próprio; formal; doloso; comissivo; instantâneo; admite tentativa.

8. **Suspensão condicional do processo.** Cabível, pois a pena mínima cominada não ultrapassa 1 ano (art. 89 da lei 9.099/95).

9. **Parágrafo único.** Tipifica a mesma conduta do *caput*, porém, abrange o réu ou o investigado solto e refere-se ao momento anterior à audiência, bem como abrange a conduta de o agente impedir que o preso, o réu solto ou o investigado solto sente ao lado do seu advogado ou Defensor Público durante a audiência e se comunique com ele. A ressalva justifica-se porque, em se tratando de videoconferência, é inviável que o preso, o réu ou investigado solto sente-se ao lado do advogado ou do Defensor Público. E no interrogatório justifica-se porque nesse ato o réu é interrogado diretamente pelo Juiz sem interrupções pelo advogado ou Defensor Público, apesar de eles poderem orientar o réu a não responder alguma pergunta usando o direito constitucional ao silêncio ou interromper para impedir qualquer abuso por parte do Juiz interrogante.

Art. 21. Manter presos de ambos os sexos na **mesma** cela ou espaço de confinamento:

Pena – detenção, de 1 (um) a 4 (quatro) anos, e multa.

Parágrafo único. Incorre na mesma pena quem mantém, na mesma cela, criança ou adolescente na companhia de maior de idade ou em ambiente inadequado, observado o disposto na Lei nº 8.069, de 13 de julho de 1990 (Estatuto da Criança e do Adolescente).

1. **Sujeito ativo.** O agente público descrito no art. 2º da lei, que possui atribuição constitucional ou legal para a organização dos presos em qualquer estabelecimento prisional ou local onde os presos ficam alojados. Trata-se de crime próprio.
2. **Sujeito passivo.** Os presos.

3. **Manter.** O verbo típico *manter* significa tanto a *inserção* dos presos de ambos os sexos na mesma cela ou espaço de confinamento (conduta comissiva), quanto *não os retirar*, quando ciente desse fato (conduta omissiva própria). A razão do tipo penal é óbvia e dispensa qualquer comentário a respeito.

4. **Cela ou espaço de confinamento.** Cela denota o espaço onde ficam os presos no presídio. Espaço de confinamento quer dizer qualquer espaço destinado aos presos fora da unidade prisional, como veículos oficiais durante o transporte, locais no Fórum destinados aos presos que vão para as audiências criminais, dentre outros exemplos.

5. **Princípio da especialidade.** O presente tipo penal configura especialidade em relação ao delito de constrangimento ilegal previsto no art. 146 do Código Penal.

6. **Consumação.** Com a inserção ou com a não retirada, já que, como dito acima, ambas as hipóteses configuram o verbo manter. Basta a manutenção, não sendo necessário que ocorra qualquer tipo de constrangimento entre as pessoas de ambos os sexos. Crime formal.

7. **Classificação.** Crime próprio; formal; doloso; comissivo na conduta manter pela inserção e omissivo próprio na conduta manter por não retirar; instantâneo; admite tentativa só na conduta manter pela inserção por ser crime comissivo.

8. **Suspensão condicional do processo.** Cabível, pois a pena mínima cominada não ultrapassa 1 ano (art. 89 da lei 9.099/95).

9. **Parágrafo único.** Tipifica a conduta quase idêntica ao *caput,* porém, refere-se a menor na mesma cela com um maior ou em ambiente inadequado forma dos moldes definidos no Estatuto da Criança e do Adolescente.

Art. 22. Invadir ou adentrar, clandestina ou astuciosamente, ou à revelia da vontade do ocupante, imóvel alheio ou suas dependências, ou nele permanecer nas mesmas condições, **sem determinação judicial** ou fora das condições estabelecidas em lei:

Pena – detenção, de 1 (um) a 4 (quatro) anos, e multa.

§ 1º Incorre na mesma pena, na forma prevista no *caput* deste artigo, quem:

I – coage alguém, mediante violência ou grave ameaça, a **franquear-lhe** o acesso a imóvel ou suas dependências;

II – (VETADO);

III – cumpre mandado de busca e apreensão domiciliar após as **21h** (vinte e uma horas) ou antes das **5h** (cinco horas).

§ 2º **Não haverá crime** se o ingresso for para prestar socorro, ou quando houver fundados indícios que indiquem a necessidade do ingresso em razão de situação de flagrante delito ou de desastre.

1. **Sujeito ativo.** O agente público descrito no art. 2º da lei. Trata-se de crime próprio.

2. **Sujeito passivo.** O morador do imóvel.

3. **Invadir, adentrar e permanecer.** O tipo penal menciona *invadir ou adentar* (condutas comissivas), que possuem o mesmo significado, qual seja: ingressar no imóvel. O tipo ainda dispõe que o ingresso deve ser *clandestina ou astuciosamente, ou à revelia da vontade do ocupante,* que significa de forma não autorizada, contra a vontade do ocupante do imóvel. Já o verbo *permanecer* (conduta omissiva própria) significa o agente manter-se no imóvel após o ingresso regular, igualmente de forma não autorizada, contra a vontade do seu ocupante. O presente tipo penal protege a inviolabilidade domiciliar, garantia constitucional por todos conhecida.
4. **Princípio da especialidade.** O presente tipo penal configura especialidade em relação ao delito de violação de domicílio previsto no art. 150 do Código Penal.
5. **Consumação.** Com o efetivo ingresso (invadir ou adentrar) ou a permanência, independentemente de o agente sair logo após o ingresso ou a permanência. Trata-se de crime de mera conduta.
6. **Classificação.** Crime próprio; de mera conduta; doloso; comissivo nas condutas invadir ou adentrar e omissivo próprio na conduta permanecer; instantâneo nas condutas invadir ou adentrar e permanente na conduta permanecer; admite tentativa nas condutas comissivas.
7. **Suspensão condicional do processo.** Cabível, pois a pena mínima cominada não ultrapassa 1 ano (art. 89 da lei 9.099/95).
8. **§1º. Condutas equiparadas.**
9. **Inciso I. Coação para o ingresso.** Trata-se da mesma conduta do *caput.* Contudo, nesse inciso o legislador inseriu a coação mediante violência ou grave ameaça. Trata-se de previsão legal desnecessária, uma vez que, em havendo o emprego de violência ou grave ameaça para o ingresso no imóvel, essa conduta já configura a conduta descrita no *caput.*
10. **Inciso III. Cumprimento de mandado de busca e apreensão.** Com essa incriminação, pode parecer que o legislador teria estabelecido um horário para o cumprimento de mandados de busca e apreensão. Contudo, cremos que essa previsão típica não afeta em nada o critério físico-astronômico, que já é mais do que conhecido e adotado para o cumprimento de mandados de busca e apreensão.
11. **§2º. Causa de atipicidade formal.** Cremos que o §2º (de redação autoexplicativa que dispensa qualquer comentário) configura causa de exclusão de tipicidade formal. Isso porque se o *caput* do artigo traz a incriminação e logo abaixo o §2º dispõe "não haverá crime", é sinal de que o próprio legislador não quis abranger a hipótese ali tratada na incriminação do tipo penal.

Art. 23. Inovar artificiosamente, no curso de diligência, de investigação ou de processo, o estado de lugar, de coisa ou de pessoa, com o fim de eximir-se de responsabilidade ou de responsabilizar criminalmente alguém ou agravar-lhe a responsabilidade:

Pena – detenção, de 1 (um) a 4 (quatro) anos, e multa.

Parágrafo único. Incorre na mesma pena quem pratica a conduta **com o intuito de**:

I – **eximir-se** de responsabilidade civil ou administrativa por excesso praticado no curso de diligência;

II – **omitir** dados ou informações ou divulgar dados ou informações incompletos para desviar o curso da investigação, da diligência ou do processo.

1. **Sujeito ativo.** O agente público descrito no art. 2º da lei. Trata-se de crime próprio.

2. **Sujeito passivo.** Qualquer pessoa que possa ser prejudicada com a conduta.

3. **Inovar artificiosamente.** Inovar artificiosamente significa criar uma situação nova, por meio da alteração do estado de lugar, de coisa ou de pessoa, como alterar a posição de um cadáver de lugar para fazer parecer que a morte ocorreu por causa diversa da que realmente ocorreu. É crime comissivo. Trata-se de uma espécie de fraude processual, em que o agente promove a alteração para que um novo quadro dos fatos se forme, com a ocultação da real situação fática. O legislador pretendeu, com o tipo penal ora comentado, manter a real situação fática, para que a investigação sobre o fato delituoso seja a mais completa e a mais eficaz possível, para que se apurem as responsabilidades penais de todos os agentes envolvidos. Isso porque qualquer alteração que se faça no estado de lugar, de coisa ou de pessoa, pode alterar a apuração da responsabilidade penal.

4. **No curso de diligência, de investigação ou de processo.** Como a intenção do legislador, como dito acima, é manter a real situação fática, para que a investigação seja a mais completa e a mais eficaz possível, ele exigiu que houvesse alguma diligência, investigação ou processo em curso, que pode ser de qualquer natureza, uma vez que o legislador não especificou.

5. **Especial fim de agir.** O tipo penal exige o especial fim de agir por parte do agente, no sentido de eximir-se de responsabilidade ou de responsabilizar criminalmente alguém ou agravar-lhe a responsabilidade. Portanto, não é suficiente para a consumação do delito ora comentado a alteração do estado de lugar, de coisa ou de pessoa. O agente deve promover a alteração com essa finalidade específica, sob pena de atipicidade da conduta.

6. **Princípio da especialidade.** O presente tipo penal configura especialidade em relação ao delito de fraude processual previsto no art. 347 do Código Penal.

7. **Consumação.** Com a efetiva alteração do estado de lugar, de coisa ou de pessoa, associada ao especial fim de agir. Crime formal.

8. **Classificação.** Crime próprio; formal; doloso; comissivo; instantâneo; admite tentativa.

9. **Suspensão condicional do processo.** Cabível, pois a pena mínima cominada não ultrapassa 1 ano (art. 89 da lei 9.099/95).

10. **Parágrafo único. Condutas equiparadas.** No parágrafo único o legislador trouxe condutas equiparadas, com outros especiais fins de agir diferentes da conduta do *caput*.

11. **Inciso I. Excesso na diligência.** Neste inciso, o agente pratica a inovação para eximir-se da responsabilidade civil e administrativa que lhe possa ser imputada, em razão de excesso praticado no curso de alguma diligência. A diligência praticada pelo agente foi lícita, dentro dos moldes legais. Contudo, o agente incorreu em excesso durante o seu cumprimento.

12. **Inciso II. Falsidade de dados e informações.** O legislador trouxe a conduta do agente público que pratica a inovação e omite dados ou informações ou os divulga de forma incompleta com a finalidade de dar outro rumo à investigação, diligência ou processo.

Art. 24. Constranger, sob violência ou grave ameaça, funcionário ou empregado de instituição hospitalar pública ou privada a admitir para tratamento pessoa cujo óbito já tenha ocorrido, **com o fim de** alterar local ou momento de crime, prejudicando sua apuração:

Pena – detenção, de 1 (um) a 4 (quatro) anos, e multa, além da pena correspondente à violência.

1. **Sujeito ativo.** O agente público descrito no art. 2º da lei. Trata-se de crime próprio.
2. **Sujeito passivo.** Qualquer pessoa que possa ser prejudicada com a conduta.
3. **Constranger.** Constranger significa *coagir*, forçar alguém a fazer alguma coisa não desejada ou que a lei não determine ou até proíba, como ocorre no presente tipo penal. O agente pratica o constrangimento com o emprego de violência ou de grave ameaça. Nesse tipo penal, o sujeito ativo constrange a vítima para que ela admita para tratamento pessoa cujo óbito já tenha ocorrido, induzindo em erro as autoridades fazendo-as pensar que a vítima não morreu e estava em tratamento, quando, na realidade, ela já estava morta.
4. **Especial fim de agir.** O tipo penal exige o especial fim de agir por parte do agente, no sentido de alterar local ou momento de crime, prejudicando sua apuração. Dessa forma, para a consumação desse delito não basta o constrangimento. O agente precisa constranger com essa finalidade específica, sob pena de atipicidade da conduta.
5. **Princípio da especialidade.** O presente tipo penal configura especialidade em relação ao delito de fraude processual previsto no art. 347 do Código Penal.
6. **Cumulação de penas.** No preceito secundário o legislador estabeleceu o cúmulo material das penas correspondentes à violência. Trata-se de cúmulo material de penas, e não de concurso material de crimes, ou seja, o Juiz deverá aplicar a pena do delito ora comentado e a ela somar a pena da lesão corporal (art. 129 do Código Penal).
7. **Consumação.** Com o constrangimento, associado ao emprego de violência ou grave ameaça, mesmo que o coagido não realize a admissão para o tratamento. Crime formal.
8. **Classificação.** Crime próprio; formal; doloso; comissivo; instantâneo; admite tentativa.

9. **Suspensão condicional do processo.** Cabível, pois a pena mínima cominada não ultrapassa 1 ano (art. 89 da lei 9.099/95).

Art. 25. Proceder à **obtenção de prova**, em procedimento de investigação ou fiscalização, por meio manifestamente ilícito:

Pena – detenção, de 1 (um) a 4 (quatro) anos, e multa.

Parágrafo único. Incorre na mesma pena quem **faz uso de prova**, em desfavor do investigado ou fiscalizado, com prévio conhecimento de sua ilicitude.

Art. 26. (VETADO).

1. **Sujeito ativo.** O agente público descrito no art. 2º da lei. Trata-se de crime próprio.
2. **Sujeito passivo.** A pessoa prejudicada.
3. **Proceder à obtenção de prova por meio ilícito.** Pune-se a conduta de produção de prova por meio ilícito. Não se trata de usar uma prova obtida por meio ilícito, mas, sim, de produzi-la. Parece-nos que, embora não esteja expresso, por interpretação teleológica, o legislador abrangeu na incriminação a prova ilícita e, também, a prova ilegítima, não havendo distinção para efeitos do presente tipo penal.
4. **Consumação.** Com produção da prova ilícita, mesmo que o agente não venha a utilizá-la. O crime é formal.
5. **Classificação.** Crime próprio; formal; doloso; comissivo; instantâneo; admite tentativa.
6. **Suspensão condicional do processo.** Cabível, pois a pena mínima cominada não ultrapassa 1 ano (art. 89 da lei 9.099/95).
7. **Parágrafo único. Conduta equiparada. Uso da prova ilícita.** O parágrafo único trata da conduta de fazer uso da prova ilícita ou ilegítima, desde que o agente tenha o efetivo conhecimento da sua ilicitude.
8. **Não admissão de dolo eventual.** Na conduta prevista no parágrafo único, como o legislador exigiu o prévio conhecimento da ilicitude, cremos que esse tipo penal não abrange o dolo eventual.
9. **Prova ilícita por derivação.** Está abrangida pela incriminação do parágrafo único, tendo em vista que se trata igualmente de prova ilícita, desde que o agente conheça a ilicitude previamente.
10. ***Post factum* impunível.** Caso o mesmo agente, em um mesmo contexto fático, *obtenha* a prova por meio ilícito e depois venha a *usá-la*, cremos que ele deva responder apenas pelo delito do *caput* (proceder à obtenção da prova), devendo o delito do parágrafo único (fazer uso) ser considerado um *post factum* impunível, com fundamento no Princípio da Consunção, tendo em vista que os dois delitos tutelam o mesmo bem jurídico e quando o agente usa a prova ilícita não há nova lesão ao bem jurídico penalmente tutelado.

Art. 27. Requisitar instauração ou instaurar procedimento investigatório de infração penal ou administrativa, em desfavor de alguém, **à falta de** qualquer indício da prática de crime, de ilícito funcional ou de infração administrativa:

Pena – detenção, de 6 (seis) meses a 2 (dois) anos, e multa.

Parágrafo único. **Não há crime** quando se tratar de sindicância ou investigação preliminar sumária, devidamente justificada.

1. **Sujeito ativo.** O agente público descrito no art. 2º da lei, que tenha a competência ou atribuição constitucional ou legal para requisitar instauração ou instaurar procedimento investigatório de infração penal ou administrativa. Trata-se de crime próprio.
2. **Sujeito passivo.** A pessoa investigada.
3. **Requisitar instauração ou instaurar procedimento investigatório.** O tipo penal traz duas condutas: *requisitar* e *instaurar*. Na primeira hipótese, o agente determina a instauração do procedimento investigatório, como no caso de o membro do Ministério Público requisitar ao Delegado de Polícia a instauração de inquérito policial ou o chefe de um órgão público requisitar ao subordinado a instauração de procedimento para apurar infração administrativa de um servidor público. Já na segunda hipótese, o sujeito ativo instaura diretamente o procedimento investigatório, como no caso do Delegado de Polícia que instaura de ofício um inquérito policial ou o membro do Ministério Público que instaura de ofício um Procedimento de Investigação Criminal no âmbito ministerial ou então, o Corregedor de um órgão público que instaura de ofício um Processo Administrativo Disciplinar para apurar falta funcional de um agente público.
4. **Infração penal ou administrativa.** Em homenagem ao princípio da legalidade, o tipo penal não abrange infração civil, tributária, trabalhista ou qualquer outra que não seja penal ou administrativa.
5. **Falta de qualquer indício da prática de crime, de ilícito funcional ou de infração administrativa.** É a denominada justa causa, seja no âmbito criminal, seja no âmbito administrativo. Para que seja instaurada qualquer investigação, faz-se necessário um quadro mínimo de elementos que denotem a existência da infração (penal ou administrativa), e indícios de autoria em relação à pessoa em face de quem a investigação é instaurada. Isso é uma garantia que existe dentro do Estado Democrático de Direito, no qual se prima pela segurança jurídica. Com efeito, o cidadão não teria nenhuma segurança jurídica se pudesse ver instaurado contra si uma investigação sem absolutamente nenhum indício, ao bel prazer do órgão apurador da suposta infração, o que resultaria em evidente constrangimento ilegal. Demais disso, não podem ser desprezadas as consequências nefastas para o cidadão que tem instaurada contra si uma investigação sem justa causa, tendo em vista que isso fica anotado na folha de antecedentes criminais dele, além do estigma negativo que isso gera. No âmbito administrativo, a investigação por alguma infração administrativa fica igualmente anotada nos registros do funcionário

público, gerando-lhe evidente constrangimento ilegal. Por essas razões, o legislador exigiu a presença de indício da infração.

6. **Denúncia anônima.** A denúncia anônima sempre despertou alguma discussão. Nesse ponto, questão relevante versa sobre a possibilidade de uma denúncia anônima poder dar causa à instauração do procedimento a que alude o presente tipo penal. Em outras palavras, a denúncia anônima valeria como o indício a que o tipo faz menção? Cremos que a resposta não possa ser meramente sim ou não. Temos que isso dependerá muito do caso concreto e do conteúdo da denúncia anônima. Ser anônima não significa ser infundada, mas, sim, não possuir um emissor identificado. Ser anônima não quer dizer que qualquer conteúdo da denúncia anônima seja suficiente para instaurar o procedimento. Assim, o destinatário da denúncia anônima deve analisá-la com todo cuidado e, se dali extrair algum indício, cremos que a instauração do procedimento a partir dela, não configuraria o delito ora comentado. Isso porque uma denúncia pode ser anônima e ter algum conteúdo que gere credibilidade, a exemplo de uma denúncia anônima com uma narrativa que guarde coerência com algum acontecimento recente naquela localidade. Ou então, uma denúncia anônima acompanhada de um documento que desperte a atenção para a prática de alguma infração penal. Pode acontecer, ainda, uma denúncia anônima contendo fotografias de situações comprometedoras. Da mesma forma, imagine-se uma denúncia anônima contendo uma fotografia do indivíduo conduzindo um veículo que fora furtado há três semanas naquele bairro. O que não podemos aceitar é uma denúncia anônima que apenas contenha uma narrativa desprovida de qualquer probabilidade ou documento que possa parecer um indício de infração penal ou administrativa. Repita-se: ser anônima não significa ser infundada, mas, sim, não possuir um emissor identificado.

7. **Parágrafo único.** Cremos que o parágrafo único configura causa de exclusão de tipicidade formal. Isso porque se o *caput* do artigo traz a incriminação e logo abaixo o parágrafo dispõe "não há crime", é sinal de que o próprio legislador não quis abranger a hipótese ali tratada na incriminação do tipo penal.

8. **Princípio da especialidade.** O presente tipo penal configura especialidade em relação ao delito de denunciação caluniosa previsto no art. 339 do Código Penal.

9. **Consumação.** Com a efetiva requisição (crime formal) ou com a efetiva instauração do procedimento investigatório (crime material).

10. **Classificação.** Crime próprio; formal na conduta requisitar e material na conduta instaurar; doloso; comissivo; instantâneo; admite tentativa.

11. **Suspensão condicional do processo.** Cabível, pois a pena mínima cominada não ultrapassa 1 ano (art. 89 da lei 9.099/95).

Art. 28. Divulgar gravação ou trecho de gravação sem relação com a prova que se pretenda produzir, expondo a intimidade ou a vida privada ou ferindo a honra ou a imagem do investigado ou acusado:

Pena – detenção, de 1 (um) a 4 (quatro) anos, e multa.

1. **Sujeito ativo.** O agente público descrito no art. 2º da lei, que tenha o dever de guardar o sigilo das gravações, a exemplo do Juiz, membro do Ministério Público, Delegado de Polícia, Defensor Público, serventuários da justiça, entre outros. Trata-se de crime próprio.
2. **Sujeito passivo.** A pessoa investigada.
3. **Divulgar.** Significa publicar, levar ao conhecimento de terceiras pessoas. O presente tipo penal protege o direito ao sigilo das comunicações assegurado constitucionalmente. É bem verdade que a legislação brasileira permite a interceptação do fluxo das comunicações telefônicas e em sistemas de informática ou telemática (lei nº 9.296/96). Entretanto, o acesso à informação colhida com a interceptação deve ser mantido restrito aos personagens que compõem o processo em que a interceptação ocorreu, não podendo haver a sua indevida divulgação, sob pena de violação da intimidade e vida privada dos envolvidos, ferindo-lhes a honra e a imagem com a divulgação indevida. Contudo, é de se notar que o tipo não incrimina simplesmente a divulgação indevida, mas, sim, a divulgação indevida sem que haja a relação com a prova que se pretenda produzir.
4. **Princípio da especialidade.** O presente tipo penal configura especialidade em relação ao delito previsto no art. 10 da lei nº 9.296/96.
5. **Consumação.** Com a divulgação, por qualquer meio (delito de livre execução), independentemente da ocorrência de qualquer resultado ulterior. Crime formal.
6. **Classificação.** Crime próprio; formal; doloso; comissivo; instantâneo; admite tentativa.
7. **Suspensão condicional do processo.** Cabível, pois a pena mínima cominada não ultrapassa 1 ano (art. 89 da lei 9.099/95).

Art. 29. Prestar **informação falsa** sobre procedimento judicial, policial, fiscal ou administrativo com o fim de prejudicar interesse de investigado:

Pena – detenção, de 6 (seis) meses a 2 (dois) anos, e multa.

Parágrafo único. (VETADO).

1. **Sujeito ativo.** O agente público descrito no art. 2º da lei, que tenha a competência ou atribuição constitucional ou legal para fornecer informações sobre procedimento judicial, policial, fiscal ou administrativo. Trata-se de crime próprio.
2. **Sujeito passivo.** A pessoa investigada no procedimento.
3. **Prestar informação falsa.** Significa fornecer a alguém a informação que não corresponda à realidade de um procedimento judicial, policial, fiscal ou administrativo. Note-se que não se trata de uma modalidade de falso testemunho. A incriminação não é prestar informação falsa sobre fatos investigados nos procedimentos descritos no tipo, mas, sim, prestar informação falsa sobre os procedimentos em si, ou seja, a falsidade da informação incide em alguma característica, conteúdo

ou informação acerca dos procedimentos descritos no tipo penal. Não é raro um funcionário público ter o dever de prestar informações sobre um procedimento. Basta pensar na hipótese de um Delegado de Polícia ter que prestar informações sobre um inquérito policial por requisição de um Juiz. Ou, então, o Juiz ter o dever de prestar informações ao Tribunal sobre um processo objeto de Ordem de *Habeas Corpus* (embora o legislador tenha utilizado a expressão "procedimento", cremos que ele disse menos do que queria e, portanto, deve ser abrangido, também, o processo). Ou, então, um auditor-fiscal da Receita Federal que tenha o dever de prestar informações ao membro do Ministério Público acerca de um Procedimento Administrativo Fiscal.

4. **Especial fim de agir.** O tipo penal exige o especial fim de agir por parte do agente, qual seja, o fim de prejudicar interesse de investigado. Assim, para a consumação desse delito não basta apenas prestar a informação falsa. O agente deve ter essa finalidade específica, sob pena de atipicidade da conduta.
5. **Princípio da especialidade.** O presente tipo penal configura especialidade em relação ao delito de falsidade ideológica previsto no art. 299 do Código Penal.
6. **Consumação.** Com a prestação da informação falsa, independentemente de qualquer resultado ulterior. Crime formal.
7. **Classificação.** Crime próprio; formal; doloso; comissivo; instantâneo; admite tentativa.
8. **Suspensão condicional do processo.** Cabível, pois a pena mínima cominada não ultrapassa 1 ano (art. 89 da lei 9.099/95).

Art. 30. Dar início ou proceder à persecução penal, civil ou administrativa **sem justa causa** fundamentada ou contra quem sabe inocente:

Pena – detenção, de 1 (um) a 4 (quatro) anos, e multa.

1. **Sujeito ativo.** O agente público descrito no art. 2º da lei, que tenha a competência ou atribuição constitucional ou legal para iniciar ou proceder à persecução penal, civil ou administrativa. Trata-se de crime próprio.
2. **Sujeito passivo.** A pessoa contra quem é instaurada a persecução.
3. **Dar início ou proceder à persecução penal, civil ou administrativa.** *Dar início* significa fazer nascer, dar o impulso inicial à persecução. *Proceder* quer dizer dar sequência, prosseguir. Na conduta proceder o agente não age com o dolo inicial. Pelo contrário, depois que ele assume a persecução, percebe que não havia justa causa fundamentada ou que a vítima era inocente e, ainda assim, prossegue com a persecução. O legislador quis reprimir tanto a conduta de iniciar a persecução, quanto a de nela prosseguir. A palavra persecução nos remete à persecução criminal. Contudo, ela denota o ato de perseguir. Portanto, o início ou continuação de um processo cível ou administrativo contra alguém é um ato de persecução.

4. **Sem justa causa fundamentada ou contra quem sabe inocente.** O legislador previu duas hipóteses. A primeira é a ausência de justa causa fundamentada. A segunda é sabendo que o agente é inocente. A justa causa fundamentada consiste na presença de elementos que denotem a existência da infração e indícios de autoria em relação à pessoa em face de quem a investigação é instaurada. Em relação à segunda hipótese, o agente deve saber que a pessoa contra quem se instaura, ou se procede à persecução, é inocente. Com isso conclui-se que o agente deve ter a certeza da inocência da vítima, razão pela qual nessa modalidade exige-se o dolo direto do agente, não se admitindo, portanto, o dolo eventual.
5. **Princípio da especialidade.** O presente tipo penal configura especialidade em relação ao delito de denunciação caluniosa previsto no art. 339 do Código Penal.
6. **Consumação.** Com o início ou a continuação da persecução de natureza penal, cível ou administrativa. Crime formal.
7. **Classificação.** Crime próprio; formal; doloso; comissivo; instantâneo; admite tentativa.
8. **Suspensão condicional do processo.** Cabível, pois a pena mínima cominada não ultrapassa 1 ano (art. 89 da lei 9.099/95).

Art. 31. Estender **injustificadamente** a investigação, procrastinando-a em prejuízo do investigado ou fiscalizado:

Pena – detenção, de 6 (seis) meses a 2 (dois) anos, e multa.

Parágrafo único. Incorre na mesma pena quem, inexistindo prazo para execução ou conclusão de procedimento, o estende de forma imotivada, procrastinando-o em prejuízo do investigado ou do fiscalizado.

1. **Sujeito ativo.** O agente público descrito no art. 2º da lei, que tenha a competência ou atribuição constitucional ou legal para investigar, a exemplo do Delegado de Polícia ou do membro do Ministério Público. Trata-se de crime próprio.
2. **Sujeito passivo.** A pessoa investigada.
3. **Estender injustificadamente.** Estender significa alongar, ampliar. Nesse tipo penal o legislador quis impedir que a investigação contra alguém se alongue além do prazo razoável. É bem verdade que em alguns casos o legislador estabelece um prazo para a investigação. Entretanto, em muitos casos, embora a investigação deva durar um prazo razoável, o prazo estende-se devido à complexidade da causa ou do número de investigados. Não se trata de conta matemática, mas, sim, de analisar o caso concreto. Cremos que o presente tipo penal deve ser lido à luz da jurisprudência dos tribunais superiores, no sentido de que o excesso de prazo que dá causa a extensão injustificada da investigação ocorre quando a demora for imputável ao próprio Judiciário ou ao órgão acusatório. Temos para nós que o prejuízo ao investigado ou fiscalizado a que o tipo penal faz menção é ínsito à extensão injustificada, ou seja, no processo penal, ela sempre ocorrerá com a demora na conclusão da investigação.

4. **Consumação.** Com a extensão injustificada da investigação, independentemente de qualquer resultado lesivo ulterior, pois como dissemos acima, o mero ato de procrastinar injustificadamente já causa automaticamente o prejuízo ao investigado ou ao fiscalizado. Crime formal.

5. **Parágrafo único.** Traz conduta praticamente idêntica à do *caput*. Porém, faz menção à inexistência de prazo previsto para a execução ou conclusão de procedimento. Essa previsão nos leva a concluir que o *caput* trata das hipóteses em que há prazo fixado em algum ato normativo, enquanto o parágrafo único trata de hipóteses nas quais não há prazo fixado.

6. **Classificação.** Crime próprio; formal; doloso; comissivo; instantâneo; admite tentativa.

7. **Suspensão condicional do processo.** Cabível, pois a pena mínima cominada não ultrapassa 1 ano (art. 89 da lei 9.099/95).

Art. 32. Negar ao interessado, seu defensor ou advogado **acesso aos autos** de investigação preliminar, ao termo circunstanciado, ao inquérito ou a qualquer outro procedimento investigatório de infração penal, civil ou administrativa, assim como **impedir a obtenção de cópias**, ressalvado o acesso a peças relativas a diligências em curso, ou que indiquem a realização de diligências futuras, cujo sigilo seja imprescindível:

Pena – detenção, de 6 (seis) meses a 2 (dois) anos, e multa.

1. **Sujeito ativo.** O agente público descrito no art. 2º da lei, que tenha a competência ou atribuição constitucional ou legal para presidir os procedimentos descritos no tipo penal, como o Delegado de Polícia, o membro do Ministério Público, o responsável pela condução de um processo administrativo, dentre outros. Trata-se de crime próprio.

2. **Sujeito passivo.** A pessoa que figurar nos procedimentos descritos no tipo penal.

3. **Negar e impedir.** O tipo penal traz duas condutas: *negar acesso aos autos* e *impedir a obtenção de cópias*. Negar e impedir são expressões sinônimas. A autoridade que *nega* o acesso aos autos, está a *impedir* o acesso aos autos. Da mesma forma, *impedir* a obtenção de cópias é a mesma coisa que *negar* a obtenção de cópias.

4. **Direito de acesso aos autos.** Evidentemente, o interessado tem direito de ter acesso aos autos de um procedimento que o envolva, pois ele precisa saber o teor da investigação que pende contra ele. O advogado, como profissional atuante na defesa do investigado, tem o direito previsto em lei de ter acesso e obter cópias do procedimento. Esse direito está previsto no art. 7º, XIII, XIV e XV, da lei 8.906/94. Note-se que a lei dispõe "mesmo sem procuração". Na jurisprudência, o STF já editou a Súmula Vinculante nº 14 garantindo o direito de acesso ao advogado.

5. **Interpretação analógica.** O legislador fez previsão expressa de vários procedimentos (investigação preliminar, termo circunstanciado e inquérito) e depois utilizou a interpretação analógica para abranger qualquer procedimento, além

dos já previstos, por meio das expressões "ou a qualquer outro procedimento investigatório de infração penal, civil ou administrativa", deixando claro que quis assegurar a ampla defesa e o contraditório em qualquer âmbito de um processo ou procedimento.

6. **Ressalva.** A ressalva prevista no tipo penal é autoexplicativa, pois se há diligências em curso ou futuras, nas quais o sigilo é imprescindível, a concessão do acesso comprometeria o sigilo e, eventualmente, o resultado da diligência. Mas é de se notar que o legislador foi bem claro ao afirmar expressamente que o sigilo é imprescindível. Caso ocorra a negativa e não seja caso de sigilo da diligência a ser praticada, o agente comete esse delito.
7. **Mandado de Segurança.** Em caso de negativa injustificada de acesso aos autos ou de obter cópias, o advogado pode impetrar Mandado de Segurança apontando como autoridade coatora o agente público que negou o acesso ou impediu a obtenção de cópias. E no próprio *mandamus* o impetrante pode pedir ao Juiz que extraia peças ao Ministério Público para a apuração da prática do delito ora comentado, nos moldes do art. 40 do CPP.
8. **Cópia virtual: fotos e digitalização.** Cremos que na expressão *cópias*, está abrangida não apenas a cópia física, mas, também, o registo por fotos de um telefone celular, bem como a digitalização feita diretamente no próprio telefone celular em um aplicativo que exerça essa função. Embora virtual, é inegável que se trata de cópia.
9. **Consumação.** Com a simples negativa ou o simples impedimento. O crime estará consumado mesmo o que posteriormente à negativa ou ao impedimento, o interessado ou o advogado consiga ter acesso aos autos ou obter cópias, pois o crime é formal.
10. **Classificação.** Crime próprio; formal; doloso; comissivo; instantâneo; admite tentativa.
11. **Suspensão condicional do processo.** Cabível, pois a pena mínima cominada não ultrapassa 1 ano (art. 89 da lei 9.099/95).

> **Art. 33. Exigir** informação ou cumprimento de obrigação, inclusive o dever de fazer ou de não fazer, **sem expresso amparo legal:**
>
> Pena – detenção, de 6 (seis) meses a 2 (dois) anos, e multa.
>
> Parágrafo único. Incorre na mesma pena quem se utiliza de cargo ou função pública ou invoca a condição de agente público **para se eximir de** obrigação legal ou para obter vantagem ou privilégio indevido.
>
> **Art. 34.** (VETADO).
>
> **Art. 35.** (VETADO).

1. **Sujeito ativo.** O agente público descrito no art. 2º da lei. Trata-se de crime próprio.
2. **Sujeito passivo.** A pessoa constrangida a fornecer a informação ou a cumprir a obrigação.

3. **Princípio da legalidade.** O presente tipo penal configura a violação clara do princípio da legalidade constitucional, previsto no art. 5º, II, da CF, segundo o qual ninguém pode ser constrangido a fazer ou deixar de fazer algo, senão em virtude de lei, como pilar fundamental do Estado de Direito.

4. **Exigir.** No contexto do presente tipo penal, a conduta *exigir* significa impor, determinar. Assim, a conduta delituosa é justamente o agente, na condição de autoridade, determinar que lhe seja fornecida alguma informação ou que a vítima faça algo ou se abstenha da fazer, sem que seja por determinação legal. A autoridade não é o Estado corporificado. A autoridade é um agente que pertence ao Estado de Direito e que deve praticar as suas condutas amparado pela legalidade dentro da atribuição que a lei lhe confere.

5. **Princípio da especialidade.** O presente tipo penal configura especialidade em relação ao delito de constrangimento ilegal previsto no art. 146 do Código Penal.

6. **Consumação.** Com a exigência, independentemente de conseguir obter a informação ou qualquer outro resultado. Crime formal.

7. **Classificação.** Crime próprio; formal; doloso; comissivo; instantâneo; admite tentativa.

8. **Suspensão condicional do processo.** Cabível, pois a pena mínima cominada não ultrapassa 1 ano (art. 89 da lei 9.099/95).

9. **Parágrafo único.** Traz conduta equiparada, bem parecida com a conduta do *caput,* ou seja, a autoridade se vale do cargo público para se eximir de obrigação legal ou para obter vantagem ou privilégio indevido. Obrigação legal, vantagem ou privilégio indevido pode ser entendido como qualquer benefício ao qual o agente não tem direito pela simples condição de funcionário público, como não pagar passagem de ônibus, não entrar na fila, almoçar de graça em estabelecimentos, não pagar a ingresso em eventos esportivos, não ser multado no trânsito, exigir que determinada vaga de garagem seja reservada a ela no prédio onde reside e coisas do gênero. O delito do parágrafo único consuma-se no momento em que o agente se utiliza de cargo ou função pública ou invoca a condição de agente público, mesmo que não chegue a obter a vantagem ou o privilégio ou não se exima da obrigação legal.

Art. 36. Decretar, em processo judicial, a **indisponibilidade de ativos financeiros** em quantia que extrapole exacerbadamente o valor estimado para a satisfação da dívida da parte e, ante a demonstração, pela parte, da excessividade da medida, deixar de corrigi-la:

Pena – detenção, de 1 (um) a 4 (quatro) anos, e multa.

1. **Sujeito ativo.** O Magistrado, que é quem tem competência para determinar a constrição que o tipo penal menciona. Trata-se de crime próprio.

2. **Sujeito passivo.** A pessoa que tem os ativos indisponibilizados.

3. **Decretar e deixar de corrigir.** *Decretar* significa determinar, ordenar. O Juiz determina a indisponibilidade dos ativos financeiros que estavam, até então, livres e disponíveis. Trata-se de conduta comissiva. *Deixar de corrigir* caracteriza conduta

omissiva própria. Nessa segunda conduta, os ativos financeiros já se encontram indisponíveis. Em qualquer caso, por exigência legal, é necessária a existência de um *processo judicial*, não havendo a prática desse delito caso o Juiz pratique a conduta típica como medida cautelar no curso de um inquérito policial ou qualquer procedimento investigativo.

4. **Quantia que extrapole exacerbadamente. Excessividade da medida.** O legislador empregou expressões de difícil interpretação que acabam por comprometer o princípio da legalidade, na vertente da taxatividade. A noção de valor exacerbado e de medida excessiva devem ser analisadas em cada caso concreto, sempre à luz do princípio da razoabilidade. Não temos como fixar um critério ou um parâmetro abstrato do que venha a ser valor excessivo ou medida exacerbada.

5. **Consumação.** No momento em que for proferida a decisão que decreta a indisponibilidade dos ativos financeiros (conduta comissiva), ou, então, no momento em que, demonstrada pela parte a excessividade da medida, com a simples omissão do Magistrado. Nas duas condutas o crime é formal.

6. **Classificação.** Crime próprio; formal; doloso; comissivo na conduta *decretar* e omissivo próprio na conduta *deixar*; instantâneo; admite tentativa apenas na conduta comissiva.

7. **Suspensão condicional do processo.** Cabível, pois a pena mínima cominada não ultrapassa 1 ano (art. 89 da lei 9.099/95).

Art. 37. Demorar demasiada e injustificadamente no exame de processo de que tenha requerido vista em órgão colegiado, **com o intuito de** procrastinar seu andamento ou retardar o julgamento:

Pena – detenção, de 6 (seis) meses a 2 (dois) anos, e multa.

1. **Sujeito ativo.** O agente público descrito no art. 2º da lei que atue em órgão colegiado, como Tribunais de Justiça, Tribunais Regionais Federais, Tribunais Superiores, Supremo Tribunal Federal, Tribunais de Contas, Conselho de Contribuintes, dentre outros. Trata-se de crime próprio.

2. **Sujeito passivo.** A parte que figurar no processo, seja autora, seja ré.

3. **Demorar.** No presente tipo penal, o verbo demorar significa atrasar, retardar, ou seja, o sujeito ativo do delito retarda a devolução dos autos ao colegiado para que tenha o regular prosseguimento. Trata-se de crime omissivo próprio.

4. **Pedido de vista.** É importante notar que não é qualquer movimentação processual que irá gerar a prática do presente tipo penal, mas, sim, o requerimento de vista do processo, como exige expressamente o legislador. Assim, outras causas de demora não estão abrangidos no presente tipo, como o processo ter ido para o Magistrado concluso para relatório e voto, ou, então, por oposição de Embargos de Declaração ou de Embargos Infringentes, ou, ainda, porque a parte fez um requerimento e está pendente de análise pelo Magistrado, dente outras situações semelhantes.

5. **Natureza do processo.** Tendo em vista que o legislador não especificou a natureza do processo, cremos que qualquer espécie de processo esteja abrangida no tipo penal (cível, criminal, administrativo etc.).

6. **Demasiada e injustificadamente.** O legislador empregou as expressões *demasiada* e *injustificadamente*. São expressões de difícil interpretação e que comprometem o princípio da legalidade, na vertente da taxatividade. Afinal, o que se entende por demora *demasiada*? Não há como estabelecermos um critério temporal para tal, como também não temos como antever todas as possibilidades de demora *injustificada*. Não existe outra alternativa a não ser considerar essa demasia e a não justificativa da demora em cada caso concreto. É evidente que deve ser levado em consideração o excessivo número de processos que tramitam atualmente em todo país, seja no Judiciário, seja na esfera administrativa (a título de exemplo: na Receita Federal) bem como o reduzido número de Magistrados e servidores do Judiciário e de outros órgãos, fatores que acabam interferindo na demora.

7. **Especial fim de agir.** O tipo penal exige o especial fim de agir por parte do agente, qual seja, procrastinar seu andamento ou retardar o julgamento. Assim, para a consumação desse delito não basta apenas demorar de forma demasiada e injustificada. O agente deve ter essa finalidade específica, sob pena de atipicidade da conduta.

8. **Consumação.** Com a demora em devolver processo para o regular prosseguimento. Trata-se de crime omissivo próprio e formal.

9. **Classificação.** Crime próprio; formal; doloso; omissivo próprio; instantâneo; não admite tentativa por ser omissivo próprio.

10. **Suspensão condicional do processo.** Cabível, pois a pena mínima cominada não ultrapassa 1 ano (art. 89 da lei 9.099/95).

Art. 38. Antecipar o responsável pelas investigações, por meio de comunicação, inclusive rede social, atribuição de culpa, antes de concluídas as apurações e formalizada a acusação:
Pena – detenção, de 6 (seis) meses a 2 (dois) anos, e multa.

1. **Sujeito ativo.** O agente público descrito no art. 2º da lei, que tenha a atribuição para conduzir uma investigação, como o Delegado de Polícia ou o membro do Ministério Público. Trata-se de crime próprio.

2. **Sujeito passivo.** Qualquer pessoa.

3. **Antecipar.** Significa revelar antes do tempo necessário ou adequado, ou seja, antes de concluídas as apurações e formalizada a acusação. O legislador quis evitar que fosse feito um pré-julgamento por parte da autoridade pública que conduz as investigações, uma vez que essa antecipação representa uma exposição desnecessária e infundada da pessoa investigada, com afronta clara à sua presunção de inocência, gerando estigma social.

4. **Consumação.** O delito consuma-se no momento em que o agente revela a sua opinião acerca da culpa do agente investigado, independentemente de posteriormente ser considerado culpado ou não pelo Poder Judiciário. Crime formal.

5. **Classificação.** Crime próprio; formal; doloso; comissivo; instantâneo; admite tentativa.

6. **Suspensão condicional do processo.** Cabível, pois a pena mínima cominada não ultrapassa 1 ano (art. 89 da lei 9.099/95).

CAPÍTULO VII
DO PROCEDIMENTO

Art. 39. Aplicam-se ao processo e ao julgamento dos delitos previstos nesta Lei, **no que couber**, as disposições do Decreto-Lei nº 3.689, de 3 de outubro de 1941 (Código de Processo Penal), e da Lei nº 9.099, de 26 de setembro de 1995.

1. **Aplicação subsidiária.** Este dispositivo legal determina a aplicação subsidiária do Código de Processo Penal e da lei 9.099/1995, naquilo em que não conflitarem com a presente lei, em razão do princípio da especialidade. Trata-se de norma desnecessária, tendo em vista que tais diplomas legais são normas gerais que se aplicam a qualquer lei quando não houver previsão específica conflitante.

CAPÍTULO VIII
DISPOSIÇÕES FINAIS

Art. 40. O art. 2º da Lei nº 7.960, de 21 de dezembro de 1989, passa a vigorar com a seguinte redação:

"Art.2º ....

....

§ 4º-A O mandado de prisão conterá necessariamente o período de duração da prisão temporária estabelecido no *caput* deste artigo, bem como o dia em que o preso deverá ser libertado.

....

§ 7º Decorrido o prazo contido no mandado de prisão, a autoridade responsável pela custódia deverá, independentemente de nova ordem da autoridade judicial, pôr imediatamente o preso em liberdade, salvo se já tiver sido comunicada da prorrogação da prisão temporária ou da decretação da prisão preventiva.

§ 8º Inclui-se o dia do cumprimento do mandado de prisão no cômputo do prazo de prisão temporária." (NR)

Art. 41. O art. 10 da Lei nº 9.296, de 24 de julho de 1996, passa a vigorar com a seguinte redação:

"Art. 10. Constitui crime realizar interceptação de comunicações telefônicas, de informática ou telemática, promover escuta ambiental ou quebrar segredo da Justiça, sem autorização judicial ou com objetivos não autorizados em lei:

Pena - reclusão, de 2 (dois) a 4 (quatro) anos, e multa.

Parágrafo único. Incorre na mesma pena a autoridade judicial que determina a execução de conduta prevista no *caput* deste artigo com objetivo não autorizado em lei." (NR)

Art. 42. A Lei nº 8.069, de 13 de julho de 1990 (Estatuto da Criança e do Adolescente), passa a vigorar acrescida do seguinte art. 227-A:

"Art. 227-A Os efeitos da condenação prevista no inciso I do caput do art. 92 do Decreto-Lei nº 2.848, de 7 de dezembro de 1940 (Código Penal), para os crimes previstos nesta Lei, praticados por servidores públicos com abuso de autoridade, são condicionados à ocorrência de reincidência.

Parágrafo único. A perda do cargo, do mandato ou da função, nesse caso, independerá da pena aplicada na reincidência."

Art. 43. A Lei nº 8.906, de 4 de julho de 1994, passa a vigorar acrescida do seguinte art. 7º-B:

"Art. 7º-B Constitui crime violar direito ou prerrogativa de advogado previstos nos incisos II, III, IV e V do *caput* do art. 7º desta Lei:

Pena - detenção, de 3 (três) meses a 1 (um) ano, e multa."

Art. 44. Revogam-se a Lei nº 4.898, de 9 de dezembro de 1965, e o § 2º do art. 150 e o art. 350, ambos do Decreto-Lei nº 2.848, de 7 de dezembro de 1940 (Código Penal).

Art. 45. Esta Lei entra em vigor após **decorridos 120 (cento e vinte) dias** de sua publicação oficial.

1. **Alterações legislativas.** Os arts. 40 a 44 tratam de alterações legislativas, razão pela qual não serão objetos de comentários. E o art. 45 tratou da *vacatio legis*, que não demanda comentários.

Atividades Nucleares. Lei nº 6.453, de 17 de outubro de 1977

CAPÍTULO I
Das Definições

Art. 1º - Para os efeitos desta Lei **considera-se:**

I - "**operador**", a pessoa jurídica devidamente autorizada para operar instalação nuclear;

II - "**combustível nuclear**", o material capaz de produzir energia, mediante processo auto-sustentado de fissão nuclear;

III - "**produtos ou rejeitos radioativos**", os materiais radioativos obtidos durante o processo de produção ou de utilização de combustíveis nucleares, ou cuja radioatividade se tenha originado da exposição às irradiações inerentes a tal processo, salvo os radioisótopos que tenham alcançado o estágio final de elaboração e já se possam utilizar para fins científicos, médicos, agrícolas, comerciais ou industriais;

IV - "**material nuclear**", o combustível nuclear e os produtos ou rejeitos radioativos;

V - "**reator nuclear**", qualquer estrutura que contenha combustível nuclear, disposto de tal maneira que, dentro dela, possa ocorrer processo auto-sustentado de fissão nuclear, sem necessidade de fonte adicional de neutrons;

VI - "**instalação nuclear**":

a) o reator nuclear, salvo o utilizado como fonte de energia em meio de transporte, tanto para sua propulsão como para outros fins;

b) a fábrica que utilize combustível nuclear para a produção de materiais nucleares ou na qual se proceda a tratamento de materiais nucleares, incluídas as instalações de reprocessamento de combustível nuclear irradiado;

c) o local de armazenamento de materiais nucleares, exceto aquele ocasionalmente usado durante seu transporte;

VII - "**dano nuclear**", o dano pessoal ou material produzido como resultado direto ou indireto das propriedades radioativas, da sua combinação com as propriedades tóxicas ou com outras características dos materiais nucleares, que se encontrem em instalação nuclear, ou dela procedentes ou a ela enviados;

VIII – "**acidente nuclear**", o fato ou sucessão de fatos da mesma origem, que cause dano nuclear;

IX – "**radiação ionizante**", a emissão de partículas alfa, beta, neutrons, ions acelerados ou raios X ou gama, capazes de provocar a formação de ions no tecido humano.

Art. 2º – Várias instalações nucleares situadas no mesmo local e que tenham um único operador poderão ser consideradas, pela Autoridade Nacional de Segurança Nuclear (ANSN), como **uma só instalação nuclear**.

Art. 3º – Será também considerado dano nuclear o resultante de acidente nuclear **combinado com outras causas**, quando não se puderem distinguir os danos não nucleares.

1. **Norma penal explicativa.** Os arts. 1º, 2º e 3º trazem uma norma penal não incriminadora, que pode ser classificada como *norma penal explicativa*, que consiste na norma que tem por finalidade não a incriminação de uma conduta, e sim trazer ou esclarecer algum conceito jurídico previsto na legislação penal. Assim, o art. 1º traz os conceitos de *operador, combustível nuclear, produtos ou rejeitos radioativos, material nuclear, reator nuclear, instalação nuclear, dano nuclear, acidente nuclear* e *radiação ionizante*. Da mesma forma, os arts. 2º e 3º esclarecem, respectivamente, o que pode ser considerada como uma só *instalação nuclear* e *dano nuclear*.

CAPÍTULO II
DA RESPONSABILIDADE CIVIL POR DANOS NUCLEARES

Art. 4º – Será **exclusiva do operador da instalação nuclear**, nos termos desta Lei, **independentemente da existência de culpa**, a responsabilidade civil pela reparação de dano nuclear causado por acidente nuclear:

I – ocorrido na instalação nuclear;

II – provocado por material nuclear procedente de instalação nuclear, quando o acidente ocorrer:

a) antes que o operador da instalação nuclear a que se destina tenha assumido, por contrato escrito, a responsabilidade por acidentes nucleares causados pelo material;

b) na falta de contrato, antes que o operador da outra instalação nuclear haja assumido efetivamente o encargo do material;

III – provocado por material nuclear enviado à instalação nuclear, quando o acidente ocorrer:

a) depois que a responsabilidade por acidente provocado pelo material lhe houver sido transferida, por contrato escrito, pelo operador da outra instalação nuclear;

b) na falta de contrato, depois que o operador da instalação nuclear houver assumido efetivamente o encargo do material a ele enviado.

Art. 5º – Quando responsáveis mais de um operador, respondem eles **solidariamente**, se impossível apurar-se a parte dos danos atribuível a cada um, observado o disposto nos artigos 9º a 13.

Art. 6º – Uma vez **provado haver o dano resultado exclusivamente de culpa da vítima**, o operador será exonerado, apenas em relação a ela, da obrigação de indenizar.

Art. 7º – O operador somente tem **direito de regresso** contra quem admitiu, por contrato escrito, o exercício desse direito, ou contra a pessoa física que, dolosamente, deu causa ao acidente.

Art. 8º – O operador não responde pela reparação do dano resultante de acidente nuclear causado diretamente por **conflito armado, hostilidades, guerra civil, insurreição ou excepcional fato da natureza.**

Art. 9º – A **responsabilidade** do operador pela reparação do dano nuclear é **limitada**, em cada acidente, ao valor correspondente a um milhão e quinhentas mil Obrigações Reajustáveis do Tesouro Nacional.

Parágrafo único – O limite fixado neste artigo não compreende os juros de mora, os honorários de advogado e as custas judiciais.

Art. 10 – Se a indenização relativa a danos causados por determinado acidente nuclear exceder ao limite fixado no artigo anterior, proceder-se-á ao **rateio entre os credores**, na proporção de seus direitos.

§ 1º – No rateio, os débitos referentes a danos pessoais serão executados separada e preferentemente aos relativos a danos materiais. Após seu pagamento, ratear-se-á o saldo existente entre os credores por danos materiais.

§ 2º – Aplica-se o disposto neste artigo quando a União, organização internacional ou qualquer entidade fornecer recursos financeiros para ajudar a reparação dos danos nucleares e a soma desses recursos com a importância fixada no artigo anterior for insuficiente ao pagamento total da indenização devida.

Art. 11 – As ações em que se pleiteiem indenizações por danos causados por determinado acidente nuclear deverão ser processadas e julgadas pelo mesmo **Juízo Federal**, fixando-se a **prevenção** jurisdicional segundo as disposições do Código de Processo Civil. Também competirá ao Juízo prevento a instauração, ex-officio, do procedimento do rateio previsto no artigo anterior.

Art. 12 – O direito de pleitear indenização com o fundamento nesta Lei **prescreve em 10 (dez) anos**, contados da data do acidente nuclear.

Parágrafo único – Se o acidente for causado por material subtraído, perdido ou abandonado, o prazo prescricional contar-se-á do acidente, mas não excederá a 20 (vinte) anos contados da data da subtração, perda ou abandono.

Art. 13 – O operador da instalação nuclear é obrigado a manter **seguro ou outra garantia financeira** que cubra a sua responsabilidade pelas indenizações por danos nucleares.

§ 1º – A natureza da garantia e a fixação de seu valor serão determinadas, em cada caso, pela ANSN, no ato da licença de construção ou da autorização para a operação.

§ 2º – Ocorrendo alteração na instalação, poderão ser modificados a natureza e o valor da garantia.

§ 3º – Para a determinação da natureza e do valor da garantia, levar-se-ão em conta o tipo, a capacidade, a finalidade, a localização de cada instalação, bem como os demais fatores previsíveis.

§ 4º – O não cumprimento, por parte do operador, da obrigação prevista neste artigo acarretará a cassação da autorização.

§ 5º – A ANSN poderá dispensar o operador da obrigação a que se refere o caput deste artigo, em razão dos reduzidos riscos decorrentes de determinados materiais ou instalações nucleares.

Art. 14 – A União garantira, até o limite fixado no artigo 9º, o pagamento das indenizações por danos nucleares de responsabilidade do operador, fornecendo os recursos complementares necessários, **quando insuficientes os provenientes do seguro ou de outra garantia.**

Art. 15 – No caso de acidente provocado por material nuclear ilicitamente possuído ou utilizado e **não relacionado a qualquer operador**, os danos serão suportados pela União, até o limite fixado no artigo 9º, ressalvado o direito de regresso contra a pessoa que lhes deu causa.

Art. 16 – Não se aplica a presente Lei às hipóteses de dano causado por emissão de radiação ionizante **quando o fato não constituir acidente nuclear.**

Art. 17 – As indenizações pelos danos causados aos que trabalham com material nuclear ou em instalação nuclear serão reguladas pela **legislação especial sobre acidentes do trabalho.**

Art. 18 – O disposto nesta Lei **não se aplica às indenizações relativas a danos nucleares sofridos:**

I – pela própria instalação nuclear;

II – pelos bens que se encontrem na área da instalação, destinados ao seu uso;

III – pelo meio de transporte no qual, ao produzir-se o acidente nuclear, estava o material que o ocasionou.

1. **Responsabilidade civil por danos nucleares.** Os arts. 4º ao 18 tratam da responsabilidade civil por danos nucleares, tema que não é objeto deste livro, razão pela qual não teceremos comentários.

CAPÍTULO III
Da Responsabilidade Criminal

Art. 19 – Constituem crimes na exploração e utilização de energia nuclear os descritos neste Capítulo, além dos tipificados na legislação sobre segurança nacional e nas demais leis.

1. **Norma penal desnecessária.** O art. 19 dispõe que todos os tipos penais da lei constituem crimes, além de outros tipificados na legislação de segurança nacional e nas demais leis. Trata-se de norma penal absolutamente desnecessária. O que é considerado crime ou não é o que a lei dispuser, à luz do princípio da legalidade penal positivado no art. 5º, XXXIX da CF/88. Não precisa essa lei dispor que as condutas nela previstas, além das condutas previstas em outras leis, constituem crime.

Art. 20 – Produzir, processar, fornecer ou **usar** material nuclear sem a necessária autorização ou para fim diverso do permitido em lei.

Pena: reclusão, de quatro a dez anos.

1. **Sujeito ativo.** Qualquer pessoa. Trata-se de crime comum, pois o legislador não exigiu nenhuma condição especial do sujeito ativo.
2. **Sujeito passivo.** A coletividade.
3. **Produzir, processar, fornecer ou usar.** *Produzir* significa criar, gerar, fazer o material nuclear nascer. *Processar* consiste em submeter a energia nuclear a um processo de transformação. *Fornecer* é dar, distribuir o material nuclear. *Usar* é fazer uso, manipular o material nuclear.
4. **Material nuclear. Norma penal em branco.** O presente tipo penal configura uma norma penal em branco homogênea homovitelina, pois para a sua aplicação e sua interpretação precisa ser complementada pelo art. 1º, IV, desta lei, que traz o conceito de material nuclear, ao dispor que se considera material nuclear "o combustível nuclear e os produtos ou rejeitos radioativos".
5. **Ausência de autorização ou desvio de finalidade.** O delito está ligado à manipulação genérica do material nuclear sem autorização ou com desvio de finalidade. Como tais elementos integram o tipo penal, caso haja a autorização ou o material nuclear seja empregado para o fim contido na lei, a conduta será atípica.
6. **Tipo penal misto alternativo.** Caso o agente pratique mais de uma conduta descrita no tipo penal, responderá por um delito apenas, não havendo concurso de crimes.
7. **Consumação.** O delito consuma-se com a prática dos verbos típicos descritos no tipo penal.
8. **Classificação.** Crime comum; material; doloso; comissivo; instantâneo; admite tentativa.
9. **Suspensão condicional do processo.** Incabível, pois a pena mínima cominada ultrapassa 1 ano (art. 89 da lei 9.099/95).

Art. 21 – Permitir o **responsável pela instalação nuclear** sua operação sem a necessária autorização.

Pena: reclusão, de dois a seis anos.

1. **Sujeito ativo.** Somente pode ser sujeito ativo desse delito a pessoa que seja o responsável pela instalação nuclear. Trata-se de crime próprio.
2. **Sujeito passivo.** A coletividade.
3. **Permitir a operação.** O delito consiste em o agente permitir a operação da instalação nuclear por outrem. Não se trata de o próprio agente responsável pela

instalação nuclear operá-la sem a autorização, mas, sim, de ele permitir a operação da instalação nuclear por outra pessoa.

4. **Instalação nuclear. Norma penal em branco.** O presente tipo penal configura uma norma penal em branco homogênea homovitelina, pois para a sua aplicação e sua interpretação precisa ser complementada pelo art. 1º, VI, desta lei, que traz o conceito de instalação nuclear.

5. **Consumação.** O delito consuma-se com a prática de qualquer ato inequívoco que denote a permissão para a operação da instalação nuclear, mesmo que a outra pessoa não chegue a operar a instalação nuclear.

6. **Classificação.** Crime próprio; formal; doloso; comissivo; instantâneo; admite tentativa.

7. **Suspensão condicional do processo.** Incabível, pois a pena mínima cominada ultrapassa 1 ano (art. 89 da lei 9.099/95).

Art. 22 – Possuir, adquirir, transferir, transportar, guardar ou **trazer** consigo material nuclear, sem a necessária autorização.

Pena: reclusão, de dois a seis anos.

1. **Sujeito ativo.** Qualquer pessoa. Trata-se de crime comum, pois o legislador não exigiu nenhuma condição especial do sujeito ativo.

2. **Sujeito passivo.** A coletividade.

3. **Possuir, adquirir, transferir, transportar, guardar ou trazer consigo.** *Possuir* significa ter em seu poder, na sua posse. *Adquirir* consiste na conduta de obter, conseguir, comprar. *Transferir* quer dizer transferência da titularidade. *Transportar* significa levar o material nuclear de um local específico para outro local específico. *Guardar* é conservar, preservar, manter em local seguro. Por fim, *trazer consigo* consiste na conduta do agente que conduz junto a ele o material nuclear. Percebe-se que, pela diversidade de condutas típicas, o legislador procurou de todas as formas coibir qualquer espécie de manuseio de material nuclear, sem a autorização necessária.

4. **Material nuclear. Norma penal em branco.** O presente tipo penal configura uma norma penal em branco homogênea homovitelina, pois para a sua aplicação e sua interpretação precisa ser complementada pelo art. 1º, IV, desta lei, que traz o conceito de material nuclear.

5. **Tipo penal misto alternativo.** Caso o agente pratique mais de uma conduta descrita no tipo penal, responderá por um delito apenas, não havendo concurso de crimes.

6. **Crime permanente.** Nas condutas *possuir, transportar, guardar* e *trazer consigo* o crime torna-se permanente. Logo, a prisão em flagrante pode ocorrer a qualquer momento.

7. **Consumação.** O delito consuma-se com a prática das condutas típicas descritas no tipo penal.

8. **Classificação.** Crime comum; material; doloso; comissivo; instantâneo nas condutas *adquirir* e *transferir* e permanente nas condutas *possuir, transportar, guardar* e *trazer consigo*; admite tentativa.

9. **Suspensão condicional do processo.** Incabível, pois a pena mínima cominada ultrapassa 1 ano (art. 89 da lei 9.099/95).

Art. 23 – Transmitir ilicitamente **informações sigilosas**, concernentes à energia nuclear.

Pena: reclusão, de quatro a oito anos.

1. **Sujeito ativo.** Qualquer pessoa. Trata-se de crime comum, pois o legislador não exigiu nenhuma condição especial do sujeito ativo. Ao contrário do que possa parecer, o sujeito ativo deste delito não é apenas a pessoa que tenha o dever de guardar a informação sigilosa, mas, sim, qualquer pessoa. Até pode ser quem tenha o dever de guardar as informações sigilosas, mas pode ser também que não tenha esse dever e não seja sequer destinatário de tais informações. Basta pensar na hipótese em que uma pessoa qualquer saiba onde estão guardadas as informações sigilosas sobre energia nuclear e transmita-as ilicitamente a qualquer pessoa.

2. **Sujeito passivo.** A coletividade.

3. **Transmissão ilícita e informações.** Por *transmissão ilícita* entenda-se o ato de passar qualquer espécie de informação que esteja coberta pelo sigilo a outrem que não seja o destinatário da informação. Ao transmitir a informação, o agente acaba com o sigilo e torna a informação pública.

4. **Consumação.** O delito consuma-se no momento em que a informação é transmitida a terceiros, sendo desnecessário qualquer resultado ulterior decorrente disso. Trata-se de crime formal.

5. **Classificação.** Crime comum; formal; doloso; comissivo; instantâneo; admite tentativa.

6. **Suspensão condicional do processo.** Incabível, pois a pena mínima cominada ultrapassa 1 ano (art. 89 da lei 9.099/95).

Art. 24 – Extrair, beneficiar ou comerciar ilegalmente **minério nuclear.**
Pena: reclusão, de dois a seis anos.

1. **Sujeito ativo.** Qualquer pessoa. Trata-se de crime comum, pois o legislador não exigiu nenhuma condição especial do sujeito ativo.

2. **Sujeito passivo.** A coletividade.

3. **Extrair, beneficiar ou comerciar.** *Extrair* minério nuclear consiste em retirá-lo do seu local originário. *Beneficiar* significa retirar algum benefício do minério nuclear.

Comerciar é comprar e vender. A extração, o benefício e o comércio devem ser irregulares, ou seja, de forma contrária às normas que regem o tema.

4. **Minério nuclear. Norma penal em branco.** O presente tipo penal configura uma norma penal em branco homogênea heterovitelina, pois para a sua aplicação e sua interpretação precisa ser complementada pelo art. 2º, da lei 4.118/1962, que traz o conceito de minério nuclear nos seguintes termos: "Art. 2º Para os efeitos da presente lei são adotadas as seguintes definições: Minério nuclear: É toda concentração natural de mineral nuclear na qual o elemento ou elementos nucleares ocorrem em proporção e condições tais que permitam sua exploração econômica".
5. **Tipo penal misto alternativo.** Caso o agente pratique mais de uma conduta descrita no tipo penal, responderá por um delito apenas, não havendo concurso de crimes.
6. **Consumação.** O delito consuma-se com a prática das condutas descritas no tipo penal. Trata-se de crime material.
7. **Classificação.** Crime comum; material; doloso; comissivo; instantâneo; admite tentativa.
8. **Suspensão condicional do processo.** Incabível, pois a pena mínima cominada ultrapassa 1 ano (art. 89 da lei 9.099/95).

Art. 25 – Exportar ou importar, sem a necessária licença, material nuclear, minérios nucleares e seus concentrados, minérios de interesse para a energia nuclear e minérios e concentrados que contenham elementos nucleares.

Pena: reclusão, de dois a oito anos.

1. **Sujeito ativo.** Qualquer pessoa. Trata-se de crime comum, pois o legislador não exigiu nenhuma condição especial do sujeito ativo.
2. **Sujeito passivo.** A coletividade.
3. **Importar ou exportar.** *Importar* consiste em fazer o produto entrar no país, proveniente do exterior. *Exportar,* por sua vez, consiste em fazer o produto sair do país para o exterior.
4. **Tipo penal misto alternativo.** Caso o agente pratique mais de uma conduta descrita no tipo penal, responderá por um delito apenas, não havendo concurso de crimes.
5. **Consumação.** O delito consuma-se com a entrada (importação) ou a saída (exportação) do produto do território nacional. Trata-se de crime material.
6. **Classificação.** Crime comum; material; doloso; comissivo; instantâneo; admite tentativa.
7. **Suspensão condicional do processo.** Incabível, pois a pena mínima cominada ultrapassa 1 ano (art. 89 da lei 9.099/95).

Art. 26 – Deixar de observar as normas de segurança ou de proteção relativas à instalação nuclear ou ao uso, transporte, posse e guarda de material nuclear, expondo a perigo a vida, a integridade física ou o patrimônio de outrem.

Pena: reclusão, de dois a oito anos.

1. **Sujeito ativo.** Qualquer pessoa. Trata-se de crime comum, pois o legislador não exigiu nenhuma condição especial do sujeito ativo.
2. **Sujeito passivo.** A coletividade.
3. **Crime omissivo.** A conduta típica consiste em "deixar de observar". Trata-se de crime omissivo próprio, uma vez que o agente deixa de agir, omitindo-se quando deveria observar as normas de segurança ou de proteção.
4. **Crime de perigo concreto.** O legislador exigiu que a omissão do agente expusesse a perigo a vida, a integridade física ou o patrimônio de outrem. Ao fazer tal exigência, o legislador deixou claro que se trata de um delito de perigo concreto. Assim, para a configuração desse delito, não basta que o agente deixe de observar as normas de segurança e de proteção. É necessária a prova de que a sua conduta omissiva ofereceu um efetivo perigo ao bem jurídico.
5. **Consumação.** O delito consuma-se com a mera omissão do agente, pois se trata de crime omissivo próprio.
6. **Classificação.** Crime comum; formal; doloso; omissivo próprio; instantâneo; não admite tentativa por ser omissivo próprio.
7. **Suspensão condicional do processo.** Incabível, pois a pena mínima cominada ultrapassa 1 ano (art. 89 da lei 9.099/95).

Art. 27 – Impedir ou dificultar o funcionamento de instalação nuclear ou o transporte de material nuclear.

Pena: reclusão, de quatro a dez anos.

1. **Sujeito ativo.** Qualquer pessoa. Trata-se de crime comum, pois o legislador não exigiu nenhuma condição especial do sujeito ativo.
2. **Sujeito passivo.** A coletividade.
3. **Impedir ou dificultar.** O delito consiste em o agente impedir ou dificultar o funcionamento de instalação nuclear ou o transporte de material nuclear. A conduta *impedir* significa o agente criar obstáculos. A conduta *dificultar* consiste em o agente criar dificuldades, embaraçar o funcionamento.
4. **Tipo penal misto alternativo.** Caso o agente pratique mais de uma conduta descrita no tipo penal, responderá por um delito apenas, não havendo concurso de crimes.
5. **Instalação nuclear e material nuclear. Norma penal em branco.** O presente tipo penal configura uma norma penal em branco homogênea homovitelina, pois para

a sua aplicação e sua interpretação precisa ser complementada pelo art. 1º, IV e VI desta lei que traz os conceitos de *instalação nuclear* e de *material nuclear.*

6. **Consumação.** O delito consuma-se com o efetivo impedimento ou com a criação da dificuldade em relação ao funcionamento de instalação nuclear ou o transporte de material nuclear.

7. **Classificação.** Crime comum; material no verbo *impedir* e formal no verbo *dificultar*; doloso; comissivo; instantâneo; admite tentativa.

8. **Suspensão condicional do processo.** Incabível, pois a pena mínima cominada ultrapassa 1 ano (art. 89 da lei 9.099/95).

Art. 28 – Esta Lei entrará em vigor na data de sua publicação.

Art. 29 – Revogam-se as disposições em contrário.

Código de Trânsito Brasileiro. Lei nº 9.503, de 23 de setembro de 1997

CAPÍTULO XIX
DOS CRIMES DE TRÂNSITO

Seção I
Disposições Gerais

Art. 291. Aos **crimes cometidos na direção de veículos automotores**, previstos neste Código, aplicam-se as normas gerais do Código Penal e do Código de Processo Penal, se este Capítulo não dispuser de modo diverso, bem como a Lei nº 9.099, de 26 de setembro de 1995, no que couber.

§ 1º Aplica-se aos crimes de trânsito **de lesão corporal culposa** o disposto nos arts. 74, 76 e 88 da Lei nº 9.099, de 26 de setembro de 1995, exceto se o agente estiver: (Renumerado do parágrafo único pela Lei nº 11.705, de 2008)

I – sob **a influência de álcool ou qualquer outra substância psicoativa** que determine dependência; (Incluído pela Lei nº 11.705, de 2008)

II – participando, em via pública, de **corrida, disputa ou competição automobilística**, de exibição ou demonstração de perícia em manobra de veículo automotor, não autorizada pela autoridade competente; (Incluído pela Lei nº 11.705, de 2008)

III – transitando em **velocidade superior à máxima permitida** para a via em 50 km/h (cinqüenta quilômetros por hora). (Incluído pela Lei nº 11.705, de 2008)

§ 2º Nas hipóteses previstas no § 1º deste artigo, **deverá ser instaurado inquérito policial** para a investigação da infração penal. (Incluído pela Lei nº 11.705, de 2008)

§ 3º (VETADO).

§ 4º O juiz fixará a **pena-base** segundo as diretrizes previstas no art. 59 do Decreto-Lei nº 2.848, de 7 de dezembro de 1940 (Código Penal), dando especial atenção à **culpabilidade do agente** e às **circunstâncias** e **consequências do crime.** (Inserido pela lei 13.546, de 2017).

1. **Tratado Internacional. Convenção de Viena.** O Brasil foi signatário da Convenção de Viena sobre o Trânsito Viário, na qual se obrigou, perante a comunidade jurídica mundial, a regulamentar a segurança viária, assumindo o compromisso de garantir

a segurança viária de forma eficaz. O Tratado foi internalizado pelo Decreto 86.714, de 10 de dezembro de 1981.

2. **Bem jurídico tutelado.** Nos delitos previstos no CTB, o bem jurídico tutelado primário é a segurança viária, bem de interesse coletivo, supraindividual, que transcende o interesse de apenas um cidadão ou um grupo de cidadãos, atingindo o interesse genérico de toda uma coletividade, sendo, portanto, um bem indisponível. Secundariamente, protegem-se os bens jurídicos vida humana, saúde, paz social, entre outros.

3. **Trânsito.** Trânsito significa a movimentação e a imobilização de veículos, pessoas e animais nas vias terrestres.

4. **Veículo automotor.** "*Todo veículo a motor de propulsão que circule por seus próprios meios, e que serve normalmente para o transporte viário de pessoas e coisas, ou para a tração viária de veículos utilizados para o transporte de pessoas e coisas. O termo compreende os veículos conectados a uma linha elétrica e que não circulam sobre trilhos (ônibus elétrico).*" CTB, Anexo I.

5. **Crimes de dano, de perigo abstrato e de perigo concreto.** Umas das diversas formas de se classificar os delitos consiste na classificação em crimes de dano e crimes de perigo, sendo que a última modalidade ainda se divide em crimes de perigo abstrato ou presumido e crimes de perigo concreto. É sabido que o Direito Penal brasileiro trabalha com a noção de lesão ao bem jurídico penalmente protegido, bem como a sua exposição a uma situação de perigo. Por essa razão, o Direito Penal brasileiro tem por finalidade a proteção dos bens jurídicos mais importantes, mais relevantes para coletividade. A partir dessa noção, surgiu a classificação dos delitos em crimes de dano e crimes de perigo. Crimes de dano são aqueles em que, para a sua consumação, exige-se um efetivo dano ao bem jurídico tutelado, a exemplo do homicídio (art. 121 do Código Penal), lesão corporal (art. 129 do Código Penal) e roubo (art. 157 do Código Penal). De outro giro, crimes de perigo, como o próprio nome está a sugerir, são aqueles em que o legislador apenas exige, para a consumação, que o bem jurídico seja exposto a uma situação de perigo pela conduta do agente, ou seja, configuram-se independentemente de haver a efetiva lesão ao bem jurídico protegido, bastando, portanto, a probabilidade de dano. Nesses delitos, o dolo do agente está limitado à criação de uma situação de perigo ao bem jurídico penalmente protegido. A diferença entre os crimes de perigo abstrato ou presumido e os crimes de perigo concreto reside na necessidade de provar- se, nos autos do processo, que o bem jurídico ficou efetivamente exposto a uma situação de perigo. Com efeito, nos delitos de perigo abstrato ou presumido, como o próprio nome está a sugerir, o legislador presume a situação de perigo ao bem jurídico, isso é, basta a prática da conduta pelo agente, que ela, por si só, já gera uma situação de perigo ao bem jurídico, não sendo necessária, portanto, a produção de prova do perigo. O perigo gerado pela conduta do agente não integra o tipo legal de crime; é mera motivação do legislador para a criação do tipo. Exemplo de crime de perigo abstrato ou presumido reside no delito de omissão de socorro previsto no art. 135 do Código Penal. Trata-se de presunção *jure et de jure*, bastando, assim, a prova da conduta do agente. De forma diversa, nos delitos de perigo concreto, ao contrário do anterior, não basta

a prática da conduta pelo agente, sendo necessária a prova, nos autos do processo, da produção de um efetivo perigo ao bem jurídico. Nesses delitos, a situação de perigo ao bem jurídico não é presumida, devendo, assim, ser provada, a exemplo do delito de perigo para a vida ou saúde de outrem, previsto no art. 132 do Código Penal. A consequência da ausência de prova da situação de perigo ao bem jurídico é a atipicidade formal da conduta do agente, gerando a absolvição do agente com fundamento no art. 386, III do Código de Processo Penal (*Art. 386. O juiz absolverá o réu, mencionando a causa na parte dispositiva, desde que reconheça:... III – não constituir o fato infração penal*). Assim, pode-se criar a seguinte fórmula: nos crimes de perigo abstrato ou presumido, prova-se a conduta do agente; nos crimes de perigo concreto, prova-se a conduta do agente e a situação de perigo ao bem jurídico.

6. **Crimes de perigo abstrato-concreto ou de perigo hipotético.** Os delitos de perigo abstrato-concreto, também chamados de delito de perigo hipotético, constituem uma subclassificação dos delitos de perigo abstrato. Nessa espécie de delito, a conduta do agente deve gerar uma situação de *perigo possível* ao bem jurídico. Não basta a prática da conduta do agente (como ocorre nos crimes de perigo abstrato), sendo necessário que se possa identificar, como consequência da conduta, uma hipótese de *perigo possível*, uma probabilidade ou uma potencialidade de causar algum resultado lesivo ao bem jurídico tutelado pela norma penal. Exige-se, portanto, uma conduta idônea a produzir uma situação concreta de perigo ao bem jurídico. Note-se que os delitos de perigo abstrato-concreto ou de perigo hipotético constituem um *plus* em relação aos crimes de perigo abstrato. Isso porque nos crimes de perigo abstrato, basta a conduta do agente para o delito estar configurado, uma vez que o perigo gerado ao bem jurídico é presumido de forma absoluta pelo legislador. De outro giro, nos delitos de perigo abstrato-concreto não basta a prática da conduta por parte do agente. Além da conduta, é necessária a geração de uma situação de *perigo possível* ao bem jurídico. Caso haja a conduta do agente, mas não haja uma situação de *perigo possível*, a conduta será atípica. Também não se pode confundir os delitos de perigo abstrato-concreto ou de perigo hipotético com os delitos de perigo concreto, pois, como dito, nos delitos de perigo abstrato-concreto ou de perigo hipotético basta que a conduta do agente gere uma situação de *perigo possível*, mas não se exige a efetiva prova do perigo gerado no caso concreto, bastando a prova da conduta do agente e a prova dessa situação perigosa gerada. Note-se que o que se precisa provar é a *possibilidade de perigo* ao bem jurídico. Já nos delitos de perigo concreto, faz-se necessária a prova do efetivo perigo gerado ao bem jurídico, sob pena de atipicidade da conduta. Um exemplo em que essa classificação fica muito clara é o delito do art. 310 do CTB, que incrimina a conduta de "*permitir, confiar ou entregar a direção de veículo automotor a pessoa não habilitada, com habilitação cassada ou com o direito de dirigir suspenso, ou, ainda, a quem, por seu estado de saúde, física ou mental, ou por embriaguez, não esteja em condições de conduzi-lo com segurança*". Imagine-se a hipótese de um pai que entrega a chave do carro ao filho de 17 anos (portanto, não habilitado), para conduzi-lo. O menor, embora não habilitado, já sabe dirigir porque o pai o ensinara dentro das ruas do condomínio onde moram. Imagine-se, ainda, que o menor dirija por uma distância de 300 metros, de madrugada,

sem ninguém na rua naquele momento, e dirija de forma totalmente correta e prudente. Pergunta-se: o menor gerou alguma situação de perigo ao bem jurídico segurança viária, vida humana, saúde ou paz social? Na situação em que os fatos ocorreram, a resposta é negativa, justamente porque não havia ninguém na rua naquele momento. A situação seria bem diferente se o menor tivesse conduzido o veículo automotor durante o dia, com outros carros na rua, com pessoas por perto, crianças brincando nas calçadas etc. Mas o fato é que como os fatos ocorreram, não houve a geração de perigo ao bem jurídico tutelado pela norma.

Nesse caso, se considerarmos que o art. 310 do CTB é um delito de perigo abstrato, o crime configurou-se, tendo em vista que basta a conduta do pai em entregar a chave do carro para o filho não habilitado dirigi-lo. Contudo, se considerarmos que se trata de delito de perigo abstrato-concreto ou de perigo hipotético, não houve crime, justamente em razão de a conduta do pai não ter gerado uma situação de *perigo possível*, uma probabilidade ou uma potencialidade de causar algum resultado lesivo ao bem jurídico tutelado pela norma penal.

Apesar de delito do art. 310 do CTB ser um delito de perigo abstrato (súmula 575 do STJ), esse exemplo deixa muito clara a consequência da adoção dessa classificação. É necessário frisar que essa classificação ainda não é aceita de forma majoritária pela doutrina e pela jurisprudência brasileiras.

7. **Natureza dos delitos de trânsito.** Os delitos de trânsito, em sua maioria, constituem crimes de perigo abstrato, razão pela qual para a configuração do delito, basta a prática da conduta pelo agente, que ela, por si só, já gera uma situação de perigo ao bem jurídico, não sendo necessário, portanto, a produção de prova do perigo. Entretanto, há algumas exceções, a exemplo do delito de homicídio culposo no trânsito (art. 302) e o delito de lesão corporal culposa no trânsito (art. 303). Esses delitos configuram crimes de dano e para a consumação desses delitos exige- se um efetivo dano aos bens jurídicos vida humana e integridade corporal.

8. **Crítica aos crimes de perigo abstrato.** Os delitos de perigo abstrato sofrem, atualmente, severa crítica da doutrina moderna, quando analisados à luz do princípio da lesividade. Para que se bem compreenda o teor da crítica, faz-se necessária uma breve exposição do princípio da lesividade. O princípio da lesividade tem total e direta ligação com a finalidade protetiva do Direito Penal. Segundo o mencionado princípio, se o Direito Penal tem a finalidade de proteger bens jurídicos, uma conduta só pode ser criminalizada se ela efetivamente causar uma lesão ou uma ameaça real de lesão ao bem jurídico penalmente tutelado, sem o que não se poderá falar em crime, justamente pela ausência de lesão ou perigo ao bem jurídico tutelado. O princípio da lesividade possui algumas vertentes: *Em primeiro lugar*, o referido princípio visa a proibir a incriminação do pensamento humano. Com efeito, quando o agente pensa em cometer um delito, não está causando lesão, tampouco expondo a perigo qualquer bem jurídico protegido, uma vez que *cogitationis poenam nemo patitur.* É justamente por isso que a cogitação, primeiro momento do *iter criminis,* não é punida. *Em segundo lugar*, quer-se, com o princípio da lesividade, proibir a incriminação de condutas que não transcendam o seu próprio autor. Com efeito, a conduta praticada pelo agente até pode causar-lhe um sério e grave dano, mas, se não exceder a sua pessoa, lesionando

ou expondo a perigo qualquer outro bem jurídico, não se poderá ter tal conduta como delituosa. Essa é a razão pela qual o suicídio não é crime, mas, tão somente o seu induzimento, instigação ou o seu auxílio. Pergunta-se: qual o bem jurídico que o suicida lesiona, além de suprimir a sua própria vida? Nenhum. Da mesma forma, essa é a razão pela qual o art. 127 do Código Penal (que traz uma causa de aumento de pena para o crime de aborto quando dos meios abortivos resultar lesão corporal grave ou morte da gestante), dispõe que se aplica somente aos delitos previstos nos art. 125 (aborto sem o consentimento da gestante) e 126 (aborto com o consentimento da gestante), não se aplicando, portanto, ao art. 124 do Código Penal, que traz o delito de autoaborto. E por que não se aplica ao autoaborto? Porque se a gestante realizar manobras abortivas, gerando, com isso, lesão corporal em si mesma, ela não estará lesionando nem expondo a perigo nenhum bem jurídico protegido, a não ser a sua própria integridade física. Não há, portanto, lesividade a nenhum bem jurídico de terceiros. *Em terceiro lugar*, o princípio da lesividade proíbe a punição de estados existenciais ou simples formas de ser da pessoa, que, obviamente, não causam lesão a nenhum bem jurídico. A pessoa somente pode ser punida criminalmente pelo que faz, e, não, pelo que é. Essa vertente tem como consequência o abandono do odioso direito penal do autor. Com efeito, ninguém pode ser punido pelo que é, mas, sim, pela conduta que praticou em desconformidade com a norma penal. O Direito Penal atual é o Direito Penal da conduta, e, não do autor. *Em quarto lugar*, o princípio da lesividade tem como vertente a proibição da incriminação de condutas que não causem lesão ou não exponham a perigo nenhum bem jurídico. Trata-se da vertente mais genérica, que acaba por englobar todas as anteriores. É com base nessa vertente do princípio da lesividade que os atos preparatórios, segundo momento do *iter criminis*, não podem ser punidos, pois não há qualquer lesividade a nenhum bem jurídico tutelado, salvo se constituir um crime autônomo, quando então deixará de ser mero ato preparatório e passará a ser efetivamente ato executório do delito autônomo. É por força dessa vertente, também, que o crime impossível não é punível, uma vez que, se o agente ingressar nos atos executórios, mas o objeto material do delito for absolutamente impróprio ou o meio empregado pelo agente for absolutamente ineficaz, não haverá lesão, nem perigo gerado ao bem jurídico. Como visto acima, nos delitos de perigo abstrato ou presumido, o legislador presume a situação de perigo ao bem jurídico, bastando, portanto, a prática da conduta pelo agente, para que se tenha, por si só, uma situação de perigo ao bem jurídico, não sendo necessária, portanto, a produção de prova do perigo. Trata-se, como visto, de presunção *jure et de jure*, que não admite prova em sentido contrário. Assim, basta a prova da prática da conduta do agente que o delito já estaria consumado, independentemente de qualquer lesão ou efetivo perigo ao bem jurídico protegido. Daí surgir toda a crítica que se faz atualmente a esses delitos. Se pelo princípio da lesividade se exige lesão ou perigo ao bem jurídico, não pode essa situação de perigo ser presumida pelo legislador, sob pena de punirem-se condutas que, mesmo que praticadas, seriam inócuas em termos de lesão ou perigo ao bem jurídico. A figura típica seria parcialmente realizada pelo agente, uma vez que ele praticaria a conduta, mas, de outra parte, a geração do perigo ao bem jurídico tutelado seria presumida pelo legislador, e não provocada pelo agente. A figura típica, portanto, é composta de duas partes: uma parte que é a conduta do agente; outra parte que é trazida de forma absoluta e incontestável pelo legislador. Estar-se-ia punindo o agente por toda a realização típica, sendo que ele apenas praticou uma parte da figura típica. Em outras palavras, o agente estaria sendo punido pela parte do delito que praticou, bem como pela outra parte do delito que não praticou, mas foi trazida, de forma incontestável, pelo legislador. Nos delitos de perigo abstrato ou presumido não se permite ao agente a produção de prova no sentido de que o resultado era absolutamente imprevisível no caso concreto, e, portanto, não teria agido com vontade e consciência de estar gerando um perigo ao bem jurídico, isto é, não teria dolo ou culpa em relação à causação do perigo ao bem jurídico penalmente tutelado, o que vai de encontro, também, a uma das vertentes do princípio da culpabilidade, segundo o qual, sem dolo ou culpa por parte do agente não há responsabilidade penal, sob pena de incidência em responsabilidade penal objetiva. Dessa forma, a conduta do agente não possui nenhuma lesividade. Ao contrário, a lesividade ao bem jurídico é presumida pelo legislador. A lesividade ao bem jurídico pertence à lei, e não à conduta do agente. A exposição da situação de perigo está na lei, e, não, na conduta do agente. Note-se que a incriminação desses delitos constitui também violação ao princípio da presunção de inocência positivado no art. 5º, LVII, da CF/88, uma vez que o próprio legislador estaria presumindo a responsabilidade penal do agente, quando, na realidade, a presunção é de inocência. Em face do exposto, temos que os delitos de perigo abstrato são inconstitucionais por consistirem direta violação aos princípios da lesividade e da presunção de inocência.

9. **Sujeito passivo.** Coletividade.

10. **Aplicação subsidiária do Código Penal e do Código de Processo Penal.** O *caput* do artigo 291 trata da aplicação subsidiária do Código Penal e do Código de Processo Penal ao CTB, naquilo em que esse não dispuser de modo diverso. Trata-se de positivação do Princípio da Especialidade. Assim, às situações fáticas que deveriam ser reguladas pelo CTB, tendo esse silenciado sobre o tema, o Código Penal e o Código de Processo Penal terão aplicabilidade, desde que não conflite com outra norma contida no próprio CTB.

11. **Infração administrativa.** Quase todos os tipos legais de crime positivados no CTB correspondem a uma infração administrativa prevista, também, no CTB. Assim, uma mesma conduta pode perfeitamente configurar, a um só tempo, uma infração penal e uma infração administrativa. Por exemplo: a conduta criminosa prevista no art. 305 do CTB (*"Afastar-se o condutor do veículo do local do acidente, para fugir à responsabilidade penal ou civil que lhe possa ser atribuída: Penas – detenção, de seis meses a um ano, ou multa."*) configura, também, a infração administrativa descrita no art. 176 (*Deixar o condutor envolvido em acidente com vítima: I – de prestar ou providenciar socorro à vítima, podendo fazê-lo; II – de adotar providências, podendo fazê-lo, no sentido de evitar perigo para o trânsito no local; III – de preservar o local, de forma a facilitar os trabalhos da polícia e da perícia; IV – de adotar providências para remover o veículo do local, quando determinadas por policial ou agente da autoridade de trânsito; V – de identificar-se ao policial e de*

lhe prestar informações necessárias à confecção do boletim de ocorrência: Infração – gravíssima; Penalidade – multa (cinco vezes) e suspensão do direito de dirigir; Medida administrativa – recolhimento do documento de habilitação.").

Questão relevante versa sobre a configuração de *bis in idem,* uma vez que se estaria punindo o agente duplamente pela prática do mesmo fato. Parece-nos que a resposta é negativa. Com efeito, não há *bis in idem,* uma vez que as sanções possuem naturezas diversas, sendo uma de natureza penal, e, a outra, de natureza administrativa. A duplicidade de naturezas das sanções impede a configuração de *bis in idem.*

12. § 1º. Aplicabilidade das medidas despenalizadoras previstas na lei 9.099/95. Este parágrafo trata da aplicabilidade, ao CTB, das *medidas despenalizadoras* positivadas nos arts. 74 (composição civil dos danos), 76 (transação penal) e 88 (representação) da lei 9.099/95. Contudo, há ressalvas no sentido da impossibilidade de aplicação das medidas despenalizadoras nos casos previstos nos incisos I, II e III, caso em que deverá ser instaurado o Inquérito Policial, conforme determina o § 2º.

▶ **STJ**

RECURSO ORDINÁRIO EM HABEAS CORPUS. LESÃO CORPORAL CULPOSA NA DIREÇÃO DE VEÍCULO AUTOMOTOR, SOB A INFLUÊNCIA DE ÁLCOOL. REPRESENTAÇÃO. DESNECESSIDADE. AÇÃO PENAL PÚBLICA INCONDICIONADA. ART. 291, § 1º, INC. I, DO CÓDIGO DE TRÂNSITO BRASILEIRO. 1. Em regra, o delito de lesão corporal culposa na direção de veículo automotor é considerado de menor potencial ofensivo, conforme dispõe o art. 291, § 1º, do Código de Trânsito Brasileiro. 2. No entanto, a aplicação da regra prevista no art. 88 da Lei nº 9.099/95 – necessidade de representação da vítima nos casos de lesões corporais leves e lesões culposas – é excepcionada quando ocorrerem as hipóteses elencadas nos incisos do § 1º do art. 291 do Código de Trânsito Brasileiro, dentre elas, quando o delito é cometido sob a influência de álcool. 3. In casu, tendo a denúncia narrado que o recorrente estaria sob a influência de álcool quando da prática do fato delituoso, a ação penal será pública incondicionada, não havendo que se falar em representação da vítima. (...). RHC 33.478. Rel. min. Jorge Mussi, julgado em 09/04/2013.

13. § 4º. Dosimetria da pena. O § 4º, inserido pela Lei nº 13.546/2017, determina que na dosimetria da pena-base o Juiz deverá seguir as diretrizes do art. 59 do Código Penal, com especial atenção à *culpabilidade do agente*, as *circunstâncias* e às *consequências do crime.* Trata-se de norma absolutamente desnecessária. Em primeiro lugar, seguir as diretrizes do art. 59 do Código Penal na fixação da pena-base é um mandamento legal conforme a norma contida no art. 68 do Código Penal. Assim, em qualquer hipótese, no momento da condenação o Juiz sempre deve observar os elementos do art. 59 do Código Penal. Em segundo lugar, o próprio art. 291, *caput,* determina a aplicação das normas gerais do Código Penal. Assim, com ou sem esse parágrafo ora comentado, na aplicação da pena-base o Juiz não tem outra alternativa a não ser seguir as diretrizes do art. 59 do Código Penal. Ademais, esse parágrafo dispõe que o Juiz dará especial atenção à culpabilidade do agente, as circunstâncias e às consequências do crime. Cremos que também se trata de norma desnecessária. O art. 59 do Código tem oito elementos. Diante de um caso concreto, o Juiz obrigatoriamente passará por esses elementos para a fixação da pena-base. Ou seja, além de analisar os demais cinco elementos, ele analisará também esses três mencionados nesse parágrafo. Nisso não há nenhuma novidade. É claro que a culpabilidade do agente, as circunstâncias e as consequências do crime são fatores de alta importância na fixação da pena nos crimes de trânsito, como a maior reprovabilidade do agente por ter causado a morte de crianças, por ter causado um acidente de grandes proporções, por ter provocado o acidente em local onde haja grande circulação de pessoas, por estar em velocidade muito acima da permitida etc., mas isso o Juiz obrigatoriamente já deve levar em consideração no momento da fixação da pena-base. Afinal, o que o legislador quis dizer quando dispôs *"especial atenção"*? Em nossa opinião, o legislador fez um alerta ao Juiz para ficar atento a esses elementos. Sucede que isso já ocorre normalmente na atividade judicial de dosimetria da pena, uma vez que o Juiz deve analisar todos os elementos do art. 59 do Código Penal. Logo, esse parágrafo não traz nenhuma novidade. Até poderia ser dito que o legislador quis que esses três elementos fossem preponderantes sobre os demais do art. 59, como fê-lo, por exemplo, no art. 42 da lei de drogas. Contudo, quando o legislador quer trazer algum elemento como fator preponderante, ele diz isso expressamente, como no caso mencionado da lei de drogas, mas não foi isso que ocorreu no presente parágrafo. O legislador apenas determinou que o Juiz conferisse atenção especial para esses três elementos, o que, de fato, não muda nada na atividade de dosimetria da pena.

Art. 292. A suspensão ou a proibição de se obter a permissão ou a habilitação para dirigir veículo automotor pode ser **imposta isolada ou cumulativamente** com outras penalidades.

Art. 293. A penalidade de suspensão ou de proibição de se obter a permissão ou a habilitação, para dirigir veículo automotor, tem a **duração de dois meses a cinco anos**.

§ 1º Transitada em julgado a sentença condenatória, o réu será intimado a **entregar à autoridade judiciária**, em quarenta e oito horas, a **Permissão para Dirigir ou a Carteira de Habilitação**.

§ 2º A **penalidade** de suspensão ou de proibição de se obter a permissão ou a habilitação para dirigir veículo automotor **não se inicia** enquanto o sentenciado, por efeito de condenação penal, **estiver recolhido a estabelecimento prisional**.

1. **Suspensão ou proibição de se obter a permissão ou a habilitação.** Trata-se da aplicação dessa penalidade de forma isolada ou cumulada com outras penas. Essa pena tem a sua incidência nos delitos previstos nos arts. 302, 303, 306, 307 e 308.
2. **Tratado internacional.** Trata-se de obrigação assumida na Convenção de Viena sobre Trânsito Viário, conforme o art. 42 do Decreto 86.714/81, que tem a seguinte redação: *"Artigo 42. Suspensão da validez dos documentos de habilitação para dirigir. 1. As Partes Contratantes ou suas subdivisões poderão suspender um condutor do direito de fazer uso em seu território da habilitação para dirigir, nacional ou internacional, de que seja titular, se esse condutor cometer, no território dessa Parte Contratante, uma infração que, de acordo com sua legislação, justifique a retirada da habilitação para dirigir. Em tal caso, a autoridade*

competente da Parte Contratante ou de suas subdivisões que haja suspenso o direito de fazer uso do documento de habilitação poderá: a) recolher e reter o documento até que expire o prazo de suspensão do direito de fazer uso do mesmo ou até que o condutor saia de seu território, se a saída se proceder antes da expiração do citado prazo; b) comunicar a suspensão do direito de usar o documento de habilitação à autoridade que o expediu ou em cujo nome foi expedido; c) se se tratar de um documento de habilitação internacional, indicar, no local previsto para essa finalidade, que o documento já não é mais válido em seu território; d) no caso de não haver aplicado o procedimento previsto na alínea a do presente parágrafo, completar a comunicação mencionada na alínea b pedindo à autoridade que expediu o documento de habilitação, ou em cujo nome foi expedido, que notifique ao interessado a decisão adotada."

3. **Prazo de duração.** A pena de suspensão ou de proibição de obter-se a permissão ou a habilitação tem o prazo de 2 meses a 5 anos, tendo como termo *a quo* o trânsito em julgado da sentença penal condenatória, momento em que o condenado deverá entregar a permissão ou a habilitação ao Juízo. Por óbvio, de acordo com o § 2º, o prazo não tem o seu curso enquanto o condenado estiver recolhido ao cárcere, uma vez que, preso, há uma impossibilidade natural de dirigir veículo automotor, e tal impossibilidade não decorreria da pena de suspensão ou proibição de se obter a permissão ou a habilitação imposta, mas, sim, do próprio recolhimento ao cárcere. Note-se que tal hipótese somente ocorrerá se o condenado estiver encarcerado em razão de uma condenação com o trânsito em julgado, isso é, cumprindo pena, uma vez que o legislador empregou as expressões "condenação penal", não abrangendo, portanto, a prisão provisória.

Art. 294. Em qualquer fase da investigação ou da ação penal, havendo necessidade para garantia da ordem pública, poderá o juiz, como medida cautelar, de ofício, ou a requerimento do Ministério Público ou ainda mediante representação da autoridade policial, **decretar, em decisão motivada, a suspensão da permissão ou da habilitação para dirigir veículo automotor, ou a proibição de sua obtenção.**

Parágrafo único. Da decisão que decretar a suspensão ou a medida cautelar, ou da que indeferir o requerimento do Ministério Público, caberá recurso em sentido estrito, sem efeito suspensivo.

1. **Medida cautelar.** De forma diversa do artigo anteriormente comentado, nesse artigo a suspensão ou proibição de se obter a permissão ou a habilitação não é uma medida definitiva. Trata-se de medida cautelar que possui, naturalmente, natureza provisória. Não se trata de uma pena, mas, sim, de medida de cautela, para a garantia da segurança viária. Como toda medida cautelar, deve ser regida pelos princípios da necessidade e da excepcionalidade, podendo ser revogada a qualquer tempo caso desapareçam os motivos que levaram o Juiz a decretá-la.

2. **Fundamento.** Necessidade para a garantia da ordem pública. Embora o legislador tenha empregado essas expressões, por "garantia da ordem pública" entenda-se garantia da *segurança viária*.

3. **Momento.** A medida cautelar pode ser decretada em qualquer fase da persecução penal, isso é, na fase investigatória ou na fase da ação penal, de ofício pelo Juiz, a requerimento do Ministério Público ou mediante representação da autoridade policial.

4. **Recurso cabível.** Recurso em Sentido Estrito.

5. **Cassação, proibição ou suspensão da habilitação ou da permissão. Veículo utilizado como meio para a prática de crimes.** A lei 13.804/2019 inseriu no Código de Trânsito Brasileiro o art. 278-A, que trata da cassação, da proibição ou da suspensão da habilitação ou da permissão, em casos de utilização de veículo automotor para a prática dos seguintes crimes do Código Penal: receptação (art. 180), descaminho (art. 334) e contrabando (art. 334-A). Trata-se da utilização de veículo automotor como meio para a prática desses delitos.

   No *caput* do art. 278-A, o legislador prevê a cassação da habilitação ou a proibição de sua obtenção pelo prazo de 5 anos, desde que haja o trânsito em julgado da condenação por um desses crimes, razão pela qual tais medidas têm natureza jurídica de efeito da condenação.

   De outro giro, no §2º o legislador trata da suspensão da permissão ou da habilitação para dirigir veículo automotor, ou da proibição de sua obtenção, como medida cautelar, em qualquer fase da investigação ou do processo, caso haja prisão em flagrante do condutor por algum daqueles crimes acima elencados, em caso de necessidade para a garantia da ordem pública. Nesse caso, a medida cautelar pode ser imposta de ofício pelo Juiz, a pedido do Ministério Público ou mediante representação do Delegado de Polícia.

   Assim, a cassação, a proibição ou a suspensão prevista nesse artigo tem dupla natureza jurídica: efeito da condenação ou medida cautelar.

   Por fim, caso a medida seja imposta como efeito da condenação (*caput*), trata-se de obrigação legal imposta ao Juiz, tendo em vista que o legislador utilizou a expressão "terá". Contudo, se imposta como medida cautelar (§2º), trata-se de faculdade do Juiz, uma vez que o legislador empregou a expressão "poderá".

Art. 295. A **suspensão** para dirigir veículo automotor ou a **proibição** de se obter a permissão ou a habilitação será **sempre comunicada** pela autoridade judiciária ao Conselho Nacional de Trânsito – CONTRAN, e ao órgão de trânsito do Estado em que o indiciado ou réu for domiciliado ou residente.

1. **Dever de comunicação.** O legislador impôs ao Juiz a obrigação de comunicar a medida ao Conselho Nacional de Trânsito (CONTRAN) bem como ao órgão de trânsito do Estado em que o indiciado ou réu for domiciliado ou residente (DETRAN). Trata-se de medida salutar, uma vez que a comunicação permitirá maior fiscalização e controle da segurança viária.

2. **Desnecessidade do dispositivo.** Temos que o dispositivo comentado é absolutamente desnecessário, em razão do dever de colaboração que existe entre os órgãos públicos. Com efeito, ao decretar a medida, qualquer Juiz prudente determinaria a comunicação aos órgãos públicos de trânsito. Qualquer operador do Direito que

opere o Direito na prática deduziria tal medida, bastando, para tanto, que do final de decisão judicial conste as expressões *"Comunique-se a decisão ao CONTRAN e ao DETRAN"*.

Art. 296. Se o réu for **reincidente na prática de crime previsto neste Código**, o juiz aplicará a penalidade de suspensão da permissão ou habilitação para dirigir veículo automotor, sem prejuízo das demais sanções penais cabíveis. (Redação dada pela Lei nº 11.705, de 2008).

1. **Reincidência na prática de delito de trânsito.** Pela redação legal, percebe- se que os dois delitos devem ser tipificados no CTB, o que nos leva a concluir que a reincidência só pode se operar nos delitos de trânsito, e, não, em qualquer delito.
2. **Aplicabilidade.** O legislador determinou a aplicação da suspensão da permissão ou habilitação para dirigir veículo automotor aos demais delitos nos quais não há a cominação dessa pena, quais sejam: arts. 304, 305, 309, 310, 311 e 312. Pensamos que houve grande atecnia na redação do dispositivo comentado, refugindo à técnica legislativa brasileira. Com efeito, no Brasil a sanção penal vem descrita no próprio tipo legal de crime. O tipo legal tem dois preceitos, o preceito primário, no qual há a conduta proibida ou mandada, e o preceito secundário, em que se tem a sanção penal cominada. No presente dispositivo, o legislador cominou uma pena a algumas infrações penais em um dispositivo separado e distante dos tipos legais de crime, o que não é compatível com a tradição legislativa.

Art. 297. A penalidade de **multa reparatória** consiste no pagamento, mediante depósito judicial em favor da vítima, ou seus sucessores, de quantia calculada com base no disposto no § 1º do art. 49 do Código Penal, **sempre** que houver **prejuízo material resultante do crime.**

§ 1º A multa reparatória **não** poderá ser **superior** ao valor do prejuízo demonstrado no processo.

§ 2º Aplica-se à multa reparatória o disposto nos arts. 50 a 52 do Código Penal.

§ 3º Na indenização civil do dano, o valor da multa reparatória será **descontado.**

1. **Multa reparatória. Natureza.** Muito se discute sobre a natureza da multa reparatória, se possui natureza civil ou penal. As opiniões doutrinárias e jurisprudenciais dividem-se sobre o tema. Temos que a multa reparatória possui natureza civil, e, não, natureza de pena criminal. Com efeito, em primeiro lugar, no *caput* do dispositivo o legislador estabeleceu como critério para se calcular a multa reparatória o prejuízo material resultante do crime, critério que não se aplica às penas criminais; em segundo lugar, no § 1º estabeleceu o teto da multa reparatória, ao dispor que ela não pode maior do que o prejuízo demonstrado no processo. A pena criminal não tem como critério o prejuízo sofrido pela vítima; em terceiro lugar, estabeleceu o desconto de eventual indenização civil, o valor pago a título de multa reparatória. Dessa forma, a natureza da multa reparatória é civil, e, não, penal.

2. **Fixação de indenização na sentença condenatória. Compatibilidade com o atual sistema processual penal.** Quem aplica a multa reparatória prevista no dispositivo comentado é o Juízo criminal. Essa fusão de competências poderia gerar no intérprete uma situação de estranheza. Entretanto, temos que a previsão do CTB está em perfeita compatibilidade com o sistema processual penal atual, tendo em vista que o art. 387, IV do Código de Processo Penal, com a redação que lhe deu a lei 11.719/2008, determina que o Juiz fixe, na sentença penal condenatória, o *valor mínimo para a reparação dos danos causados pela infração, considerando os prejuízos sofridos pelo ofendido.*

3. **Beneficiários.** A vítima do delito ou seus sucessores.

4. **Forma de cálculo.** O cálculo será feito de acordo com o sistema de aplicação da pena da multa previsto no art. 49 do Código Penal.

5. **Diferença entre a multa reparatória e a prestação pecuniária.** A multa reparatória se assemelha à pena de prestação pecuniária positivada no art. 43, I do Código Penal. A semelhança reside no fato de que ambas têm como destinatários a vítima ou seus dependentes/sucessores, ambas são fixadas pelo Juiz e ambas são descontadas de eventual ação cível de reparação de dano. Entretanto, há uma diferença crucial entre os dois institutos: a multa reparatória tem natureza civil, enquanto que a pena de prestação pecuniária tem natureza de pena criminal.

6. **Aplicação cumulativa da multa reparatória e da prestação pecuniária.** Por possuírem naturezas distintas, a multa reparatória e a prestação pecuniária podem ser aplicadas conjuntamente.

7. **Prejuízo material e dano moral.** Ao fazer menção a *prejuízo material resultante do crime,* o legislador deixou claro que a multa reparatória tem como objeto apenas o prejuízo material causado pelo delito de trânsito, não abrangendo, portanto, o dano moral, que deverá ser apurado em ação cível própria. Dessa forma, quando o § 3º determina o desconto do valor pago a título de multa reparatória na indenização do dano, está referindo-se apenas ao dano material, nada influenciando o dano moral.

8. **§ 2º**. O legislador determinou a aplicabilidade dos arts. 50 ao 52 do Código Penal, o que significa que a multa reparatória deve seguir o mesmo procedimento da pena de multa previsto no Código Penal. Consequentemente, assim como sucede com a pena de multa, a multa reparatória, uma vez não paga, não pode ser convertida em prisão. Mas isso é de uma logicidade matemática. Se a multa reparatória não constitui pena criminal, tendo natureza civil, jamais poderia ser convertida em prisão, uma vez que, se o agente não a pagar, ele passa a ter uma dívida civil, e, de acordo com a CF/88 e o atual entendimento do STF, só há prisão civil do devedor de alimentos.

9. **§ 3º.** A imposição do limite do valor da indenização tem como finalidade a vedação de enriquecimento ilícito.

Art. 298. São circunstâncias que sempre **agravam** as penalidades dos crimes de trânsito ter o condutor do veículo cometido a infração:

I – com **dano potencial** para duas ou mais pessoas ou com grande risco de grave dano patrimonial a terceiros;

II – utilizando o veículo **sem placas**, com placas **falsas** ou **adulteradas**;

III – **sem possuir** Permissão para Dirigir ou Carteira de Habilitação;

IV – com Permissão para Dirigir ou Carteira de Habilitação de **categoria diferente** da do veículo;

V – quando a sua **profissão ou atividade** exigir cuidados especiais com o transporte de **passageiros** ou de **carga**;

VI – utilizando veículo em que tenham sido adulterados equipamentos ou características que **afetem** a sua **segurança** ou o seu **funcionamento** de acordo com os limites de velocidade prescritos nas especificações do fabricante;

VII – sobre **faixa de trânsito** temporária ou permanentemente destinada a pedestres.

1. **Circunstâncias agravantes.** São circunstâncias que devem ser consideradas e aplicadas na segunda fase da aplicação da pena criminal.

2. **Aplicabilidade em conjunto com as agravantes do Código Penal.** A aplicação das agravantes previstas no CTB não afasta a aplicabilidade das agravantes previstas no Código Penal, arts. 61 e 62, desde que sejam diversas, como na hipótese de *utilizar o veículo sem placas, com placas falsas ou adulteradas* (art. 298, II do CTB) e *reincidência* (art. 61, I do Código Penal), sob pena de incidência e *bis in idem.*

3. ***Bis in idem.*** A circunstância agravante do artigo comentado não pode ser aplicada se o fato que a constitui já configurar elemento do tipo ou causa de aumento de pena previsto no tipo legal de crime, como na hipótese da agravante prevista no inciso III (*sem possuir Permissão para Dirigir ou Carteira de Habilitação*), que também constitui elemento do tipo legal de crime previsto no art. 309 (*Dirigir veículo automotor, em via pública, sem a devida Permissão para Dirigir ou Habilitação ou, ainda, se cassado o direito de dirigir, gerando perigo de dano)*; ou então na hipótese de a mesma circunstância agravante configurar causa de aumento de pena, como no caso do art. 302, § 1º, I (*"Praticar homicídio culposo na direção de veículo automotor: Penas – detenção, de dois a quatro anos, e suspensão ou proibição de se obter a permissão ou a habilitação para dirigir veículo automotor. § 1º No homicídio culposo cometido na direção de veículo automotor, a pena é aumentada de 1/3 (um terço) à metade, se o agente: I – não possuir Permissão para Dirigir ou Carteira de Habilitação")*. Nessa hipótese, para se evitar o *bis in idem* não se aplica a circunstância agravante prevista no presente dispositivo legal.

4. **Inciso I. Dano potencial para duas ou mais pessoas ou com grande risco de grave dano patrimonial a terceiros.** *Dano potencial* ou *grande risco de grave dano* significa probabilidade de dano. Logo, *perigo*. Trata-se, portanto, de agravante que trata do perigo gerado a duas ou mais pessoas ou ao patrimônio de terceiros. Esse perigo já é ínsito aos tipos legais de crime (com exceção do homicídio culposo e da lesão corporal culposa). Assim, a aplicação dessa agravante aos delitos de perigo abstrato do CTB implicaria verdadeiro *bis in idem.* Dessa forma, a agravante

comentada somente tem aplicabilidade aos delitos de homicídio culposo e de lesão corporal culposa.

5. **Inciso II. Utilização de veículo sem placas, com placas falsas ou adulteradas.** A agravante justifica-se em razão da dificuldade que a utilização de veículo sem placas, com placas falsas ou adulteradas gera para a persecução penal. Caso o próprio agente tenha falsificado as placas utilizadas no veículo, terá praticado, também, o delito tipificado no art. 311 do Código Penal.

6. **Inciso III. Não possuir Permissão para Dirigir ou Carteira de Habilitação.** Essa agravante não poderá incidir no delito de homicídio culposo (art. 302), nem no delito de lesão corporal culposa (art. 303), por já constituir causa de aumento de pena prevista no art. 302, § 1º, I, aplicável ao art. 303 por força do seu parágrafo único.

7. **Inciso IV. Com Permissão para Dirigir ou Carteira de Habilitação de categoria diferente da do veículo.** A agravante justifica-se porque se o agente não está habilitado para dirigir determinada categoria de veículo automotor, ele não está autorizado pelo Estado a fazê-lo, o que aumenta o grau de reprovabilidade de sua conduta. Confira-se as categorias de habilitação segundo o art. 143 do CTB: *"Os candidatos poderão habilitar-se nas categorias de A a E, obedecida a seguinte gradação: **I – Categoria A** – condutor de veículo motorizado de duas ou três rodas, com ou sem carro lateral; **II – Categoria B** – condutor de veículo motorizado, não abrangido pela categoria A, cujo peso bruto total não exceda a três mil e quinhentos quilogramas e cuja lotação não exceda a oito lugares, excluído o do motorista; **III – Categoria C** – condutor de veículo motorizado utilizado em transporte de carga, cujo peso bruto total exceda a três mil e quinhentos quilogramas; **IV – Categoria D** – condutor de veículo motorizado utilizado no transporte de passageiros, cuja lotação exceda a oito lugares, excluído o do motorista; **V – Categoria E** – condutor de combinação de veículos em que a unidade tratora se enquadre nas Categorias B, C ou D e cuja unidade acoplada, reboque, semi-reboque ou articulada, tenha seis mil quilogramas ou mais de peso bruto total, ou cuja lotação exceda a oito lugares, ou, ainda, seja enquadrado na categoria trailer. § 1º Para habilitar-se na categoria C, o condutor deverá estar habilitado no mínimo há um ano na categoria B e não ter cometido nenhuma infração grave ou gravíssima, ou ser reincidente em infrações médias, durante os últimos doze meses. § 2º Aplica-se o disposto no inciso V ao condutor da combinação de veículos com mais de uma unidade tracionada, independentemente da capacidade de tração ou do peso bruto total."*

8. **Inciso V. Quando a profissão ou atividade do agente exigir cuidados especiais com o transporte de passageiros ou de carga.** A agravante justifica-se pelo maior cuidado que o condutor dever tomar no transporte de pessoas ou de carga, pois o transporte constitui justamente a profissão do agente, como ocorre com o motorista de ônibus, taxistas, caminhoneiros, condutores de transporte escolar etc.

9. **Inciso VI. Utilização de veículo em que tenham sido adulterados equipamentos ou características que afetem a sua segurança ou o seu funcionamento de acordo com os limites de velocidade prescritos nas especificações do fabricante.** Todo veículo automotor, ao ser fabricado, é previamente idealizado, construído, calculado e testado por um engenheiro, que realiza todos os testes para que o veículo ofereça a segurança necessária não só ao condutor, como, também, aos demais

participantes do trânsito e aos transeuntes. A adulteração do equipamento ou característica que afete a segurança ou o funcionamento gera, por si só, um maior perigo à segurança viária, justificando-se, assim, o agravamento da pena.

10. Inciso VII. Sobre faixa de trânsito temporária ou permanentemente destinada a pedestres. Por faixa de trânsito entenda-se *qualquer uma das áreas longitudinais em que a pista pode ser subdividida, sinalizada ou não por marcas viárias longitudinais, que tenham uma largura suficiente para permitir a circulação de veículos automotores* (anexo I do CTB). A faixa de trânsito tem a finalidade de garantir a segurança ao pedestre. Assim, o delito de trânsito ali praticado revela uma maior reprovabilidade da conduta do agente, o que justifica a agravante. Esta agravante não poderá incidir nos delitos em que a sua prática configure causa de aumento de pena, como ocorre no homicídio culposo (art. 302, § 1º, I), e no delito de lesão corporal culposa (art. 303, parágrafo único), sob pena de *bis in idem*.

Art. 299. (VETADO)

Art. 300. (VETADO)

1. Perdão judicial. O art. 300, no projeto de lei, tinha a seguinte redação: "*Nas hipóteses de homicídio culposo e lesão corporal culposa, o juiz poderá deixar de aplicar a pena, se as consequências da infração atingirem, exclusivamente, o cônjuge ou companheiro, ascendente, descendente, irmão ou afim em linha reta, do condutor do veículo.*" Como se pode verificar, o mencionado dispositivo previa, na redação do projeto de lei, o instituto do perdão judicial, que possui a natureza jurídica de causa de extinção da punibilidade, positivada no art. 107, IX do Código Penal, nos delitos de homicídio culposo e de lesão corporal culposa no trânsito.
Como sabido, o perdão judicial somente pode ser concedido pelo Juiz nos casos em que a lei expressamente prever, nos moldes da redação do art. 107, IX do Código Penal. Assim, se o perdão judicial apenas pode ser concedido nos casos em que a lei expressamente prever, e, no CTB, não há previsão expressa, em razão do veto presidencial, conclui-se que não é possível a sua concessão nos delitos de homicídio culposo e de lesão corporal culposa no trânsito.

Entretanto, nas razões de veto, o Presidente da República deixou clara a sua intenção de aplicar o instituto do perdão judicial aos delitos de homicídio culposo e de lesão corporal culposa no trânsito, ao afirmar que o mencionado instituto já teria sido tratado de forma mais abrangente nos artigos do Código Penal que tratam do homicídio culposo e de lesão corporal culposa. Eis as razões de veto: "*O artigo trata do perdão judicial, já consagrado pelo Direito Penal. Deve ser vetado, porém, porque as hipóteses previstas pelo § 5º do art. 121 e § 8º do artigo 129 do Código Penal disciplinam o instituto de forma mais abrangente.*" Dessa forma, embora o Presidente tenha vetado o art. 300 do projeto de lei, verifica-se que a sua real intenção foi aplicar o perdão judicial, só que com base no Código Penal.

Assim, a jurisprudência solidificou- se no sentido da possibilidade de aplicação do instituto do perdão judicial nos delitos de homicídio culposo e de lesão corporal culposa praticados na direção de veículo automotor.

▶ **STJ**

Informativo nº 542

Sexta Turma

DIREITO PENAL. APLICABILIDADE DO PERDÃO JUDICIAL NO CASO DE HOMICÍDIO CULPOSO NA DIREÇÃO DE VEÍCULO AUTOMOTOR.

O perdão judicial não pode ser concedido ao agente de homicídio culposo na direção de veículo automotor (art. 302 do CTB) que, embora atingido moralmente de forma grave pelas consequências do acidente, não tinha vínculo afetivo com a vítima nem sofreu sequelas físicas gravíssimas e permanentes. Conquanto o perdão judicial possa ser aplicado nos casos em que o agente de homicídio culposo sofra sequelas físicas gravíssimas e permanentes, a doutrina, quando se volta para o sofrimento psicológico do agente, enxerga no § 5º do art. 121 do CP a exigência de um laço prévio entre os envolvidos para reconhecer como "tão grave" a forma como as consequências da infração atingiram o agente. A interpretação dada, na maior parte das vezes, é no sentido de que só sofre intensamente o réu que, de forma culposa, matou alguém conhecido e com quem mantinha laços afetivos. O exemplo mais comumente lançado é o caso de um pai que mata culposamente o filho. Essa interpretação desdobra-se em um norte que ampara o julgador. (...). **REsp 1.455.178-DF, Rel. Min. Rogerio Schietti Cruz, julgado em 5/6/2014.**

2. **Concurso de crimes e ausência de vínculo afetivo entre o autor e a vítima do delito.** Nos mesmos moldes previstos no art. 121, § 5º do Código Penal, para que o Juiz aplique o perdão judicial é necessário haver um vínculo afetivo entre o autor e a vítima do delito. Ausente tal vínculo afetivo, o perdão judicial não pode ser aplicado. O fato de haver concurso de crimes com duas vítimas de homicídio praticado na direção de veículo automotor não faz com que o perdão judicial aplicado ao agente em relação a uma das vítimas, com quem o agente tinha vínculo afetivo, seja aplicado automaticamente em relação à outra vítima se com ela o agente não tinha vínculo afetivo. Em outras palavras, a existência de concurso de crimes não autoriza a aplicação do perdão judicial, se ausente a comprovação do vínculo afetivo.

▶ **STJ**

Informativo nº 606

Sexta Turma

Duplo homicídio culposo no trânsito. Concurso formal. Art. 302, *caput*, da Lei n. 9.503/1997, c/c art. 70 do CP. Morte de namorado e do amigo. Perdão judicial. Art. 121, § 5º, do CP. Concessão. Vínculo afetivo entre réu e vítimas. Necessidade de comprovação. Extensão dos efeitos pelo concurso formal. Inviabilidade. O fato de os delitos haverem sido cometidos em concurso formal não autoriza a extensão dos efeitos do perdão judicial concedido para um dos crimes, se não restou comprovado, quanto ao outro, a existência do liame subjetivo entre o infrator e a outra vítima fatal. (...). **(REsp 1.444.699-RS, Rel. Min. Rogério Schietti Cruz, julgado em 1/6/2017).**

Art. 301. Ao condutor de veículo, nos casos de sinistros de trânsito de que resulte vítima, **não** se imporá a **prisão em flagrante**, nem se exigirá fiança, se prestar pronto e integral **socorro** àquela.

1. **Não exigência de prisão em flagrante, nem fiança.** Trata-se de dispositivo legal que impede a efetivação da prisão em flagrante, bem como a exigência da fiança. O que se espera do condutor do veículo automotor, nos casos de crimes de trânsito, é a prestação de socorro à vítima. O legislador entendeu ser melhor a opção de incentivar o motorista a socorrer a vítima, ao invés de prender-lhe em flagrante de delito ou exigir-lhe fiança.

2. **Requisitos.** Prestação de socorro à vítima e integralidade da assistência.

Seção II
Dos Crimes em Espécie

Art. 302. Praticar homicídio **culposo** na direção de veículo automotor:

Penas – detenção, de dois a quatro anos, e suspensão ou proibição de se obter a permissão ou a habilitação para dirigir veículo automotor.

§ 1º. No homicídio culposo cometido na direção de veículo automotor, a pena é aumentada de 1/3 (um terço) à metade, se o agente: (Redação dada pela Lei nº 12.971, de 2014)

I – **não possuir** Permissão para Dirigir ou Carteira de Habilitação;

II – praticá-lo em **faixa** de pedestres ou na calçada;

III – **deixar de prestar socorro**, quando possível fazê-lo sem risco pessoal, à vítima do sinistro;

IV – no exercício de **sua profissão ou atividade**, estiver conduzindo veículo de transporte de **passageiros**.

§ 3º Se o agente conduz veículo automotor **sob a influência** de álcool ou de qualquer outra substância psicoativa que determine dependência:

Penas – reclusão, de cinco a oito anos, e suspensão ou proibição do direito de se obter a permissão ou a habilitação para dirigir veículo automotor. (Inserido pela lei 13.546, de 2017).

1. **Sujeito ativo.** Qualquer pessoa. Trata-se de crime comum, pois o legislador não exigiu nenhuma condição especial do sujeito ativo.

2. **Sujeito passivo.** A coletividade e a vítima do homicídio.

3. **Modalidade culposa.** O CTB apenas prevê a modalidade culposa para o delito de homicídio, excluindo, assim, a forma dolosa. Assim, caso o agente provoque a morte de outrem de forma dolosa, mesmo estando na direção de veículo automotor, a sua conduta será tipificada no art. 121 do Código Penal.

4. **Caracterização da modalidade culposa.** Para que fique configurado o delito ora comentado, faz-se necessário demonstrar a inobservância do dever objetivo de

cuidado por parte do agente. O delito não surge do mero fato de o agente estar na direção de veículo automotor. Em outras palavras, a denúncia deve descrever a conduta violadora do dever objetivo de cuidado, que se manifesta pela negligência, pela imprudência ou pela imperícia, sem o que a denúncia é inepta e deve ser rejeitada.

▶ **STJ**

Informativo nº 553

Sexta Turma

DIREITO PROCESSUAL PENAL. INÉPCIA DE DENÚNCIA QUE IMPUTE A PRÁTICA DE CRIME CULPOSO.

É inepta a denúncia que imputa a prática de homicídio culposo na direção de veículo automotor (art. 302 da Lei 9.503/1997) sem descrever, de forma clara e precisa, a conduta negligente, imperita ou imprudente que teria gerado o resultado morte, sendo insuficiente a simples menção de que o suposto autor estava na direção do veículo no momento do acidente. (...) De fato, não se pode olvidar que o homicídio culposo se perfaz com a ação imprudente, negligente ou imperita do agente, modalidades de culpa que devem ser descritas na inicial acusatória, sob pena de se punir a mera conduta de envolver-se em acidente de trânsito, algo irrelevante para o Direito Penal. A imputação, sem a observância dessas formalidades, representa a imposição de indevido ônus do processo ao suposto autor, ante a ausência da descrição de todos os elementos necessários à responsabilização penal decorrente da morte da vítima. Configura, ademais, responsabilização penal objetiva, derivada da mera morte de alguém, em razão de acidente causado na direção de veículo automotor. **HC 305.194-PB, Rel. Min. Rogerio Schietti Cruz, julgado em 11/11/2014, DJe 1º/12/2014.**

5. **Culpa exclusiva da vítima.** Nessa hipótese, não se poderá imputar a responsabilidade penal ao agente. Com efeito, a violação do dever objetivo de cuidado é o primeiro elemento do crime culposo. Se houver culpa exclusiva da vítima, é sinal de que o agente observou todo o dever objetivo de cuidado, ao invés de violá-lo.

6. **Compensação de culpas.** O Direito Penal não admite a compensação de culpas. Assim, caso o agente dê causa à morte da vítima, mas fique constatado que a vítima também tenha agido de forma culposa, isso não afastará a responsabilidade penal do agente, uma vez que as culpas não se compensam. A única possibilidade de se afastar a responsabilidade penal do agente, nessa hipótese, é a culpa exclusiva da vítima conforme visto no tópico acima.

▶ **STJ**

(...) HOMICÍDIO CULPOSO NA DIREÇÃO DE VEÍCULO AUTOMOTOR. (...). ALEGADA RESPONSABILIDADE EXCLUSIVA DA VÍTIMA. COMPENSAÇÃO DE CULPAS. NÃO CABIMENTO. ACÓRDÃO EM CONSONÂNCIA COM A JURISPRUDÊNCIA DO SUPERIOR TRIBUNAL DE JUSTIÇA. 2. Este Sodalício possui jurisprudência pacificada no sentido de que no direito penal não se admite a compensação de culpas, situação que atrai o disposto na Súmula n. 83/STJ. (...). AgRg no AREsp 237618. Rel. Min. Jorge Mussi, julgado em 21/10/2014.

7. **Princípio da Especialidade.** O tipo legal de crime ora comentado é especial em relação ao tipo legal de crime contido no art. 121, § 3º do Código Penal.

8. **Local da prática da conduta.** O legislador não exigiu que a prática da conduta seja em algum local específico. Assim, conclui-se que o delito pode ocorrer em qualquer local, como ruas, avenidas, ruas dentro de condomínios, dentro da garagem etc.

9. **Perdão judicial.** É possível a sua concessão, conforme comentários ao art. 300.

10. **Excesso de velocidade e aumento da pena-base.** No delito ora comentado, o Juiz não pode aumentar a pena-base (art. 59 do Código Penal) com fundamento no excesso de velocidade em que o agente trafegava no momento do delito. Com efeito, o excesso de velocidade já configura a imprudência, que, por sua vez, caracteriza a conduta culposa, violadora do dever objetivo de cuidado. Se o delito é de homicídio culposo, o tráfego em excesso de velocidade, justamente por caracterizar a conduta imprudente, já configura elemento do tipo penal. Em outras palavras, a conduta culposa, manifestada por imprudência, consiste em dirigir o veículo automotor em excesso de velocidade. Se isso já configura elemento do tipo legal de crime, não pode, ao mesmo tempo, servir também de fundamento para aumentar a pena-base com fundamento no elemento "culpabilidade" contido no art. 59 do Código Penal, sob pena de configurar *bin is idem.*

▶ **STJ**

Informativo nº 563

Sexta Turma

DIREITO PENAL. INDEVIDA EXASPERAÇÃO DA PENA-BASE DE HOMICÍDIO E DE LESÕES CORPORAIS CULPOSOS PRATICADOS NA DIREÇÃO DE VEÍCULO AUTOMOTOR.

Na primeira fase da dosimetria da pena, o excesso de velocidade não deve ser considerado na aferição da culpabilidade (art. 59 do CP) do agente que pratica delito de homicídio e de lesões corporais culposos na direção de veículo automotor. O excesso de velocidade não constitui fundamento apto a justificar o aumento da pena-base pela culpabilidade, por ser inerente aos delitos de homicídio culposo e de lesões corporais culposas praticados na direção de veículo automotor, caracterizando a imprudência, modalidade de violação do dever de cuidado objetivo, necessária à configuração dos delitos culposos. **AgRg no HC 153.549-DF, Rel. Min. Nefi Cordeiro, julgado em 2/6/2015, DJe 12/6/2015.**

11. **Finalidade de levar droga a uma festa e possibilidade de aumento da pena-base.** Se no momento da prática do delito o agente conduzir o veículo automotor de forma imprudente e com a finalidade de levar droga a uma festa, é possível o aumento da pena-base com fundamento nos "motivos do crime" (art. 59 do Código Penal), tendo em vista que a finalidade de levar droga a uma festa não é elemento do tipo, de forma que a sua incidência não configura *bis in idem.*

▶ **STJ**

Informativo nº 563

Sexta Turma

DIREITO PENAL. MOTIVOS PARA EXASPERAÇÃO DA PENA-BASE DE HOMICÍDIO E DE LESÕES CORPORAIS CULPOSOS PRATICADOS NA DIREÇÃO DE VEÍCULO AUTOMOTOR.

O juiz, na análise dos motivos do crime (art. 59 do CP), pode fixar a pena-base acima do mínimo legal em razão de o autor ter praticado delito de homicídio e de lesões corporais culposos na direção de veículo automotor, conduzindo-o com imprudência a fim de levar droga a uma festa. Isso porque o fim de levar droga a uma festa representa finalidade que desborda das razoavelmente utilizadas para esses crimes, configurando justificativa válida para o desvalor. **AgRg no HC 153.549-DF, Rel. Min. Nefi Cordeiro, julgado em 2/6/2015, DJe 12/6/2015.**

12. **Impossibilidade de aplicação do art. 16 do Código Penal.** O instituto do arrependimento posterior, previsto no art. 16 do Código Penal, não pode ser aplicado ao delito de homicídio culposo na direção de veículo automotor diante da impossibilidade de cumprimento do requisito da *reparação do dano ou da restituição da coisa* exigido pelo Código Penal.

▶ **STJ**

Informativo no 590

Sexta Turma

DIREITO PENAL. INAPLICABILIDADE DO ARREPENDIMENTO POSTERIOR EM HOMICÍDIO CULPOSO NA DIREÇÃO DE VEÍCULO.

Em homicídio culposo na direção de veículo automotor (art. 302 do CTB), ainda que realizada composição civil entre o autor do crime e a família da vítima, é inaplicável o arrependimento posterior (art. 16 do CP). O STJ possui entendimento de que, para que seja possível aplicar a causa de diminuição de pena prevista no art. 16 do Código Penal, faz-se necessário que o crime praticado seja patrimonial ou possua efeitos patrimoniais (HC 47.922-PR, Quinta Turma, DJ 10/12/2007; e REsp 1.242.294-PR, Sexta Turma, DJe 3/2/2015). Na hipótese em análise, a tutela penal abrange o bem jurídico, o direito fundamental mais importante do ordenamento jurídico, a vida, que, uma vez ceifada, jamais poderá ser restituída, reparada. Não se pode, assim, falar que o delito do art. 302 do CTB é um crime patrimonial ou de efeito patrimonial. Além disso, não se pode reconhecer o arrependimento posterior pela impossibilidade de reparação do dano cometido contra o bem jurídico vida e, por conseguinte, pela impossibilidade de aproveitamento pela vítima da composição financeira entre a agente e a sua família. Sendo assim, inviável o reconhecimento do arrependimento posterior na hipótese de homicídio culposo na direção de veículo automotor. **REsp 1.561.276-BA, Rel. Min. Sebastião Reis Júnior, julgado em 28/6/2016, DJe 15/9/2016.**

13. **Consumação.** Com a morte da vítima.

14. **Classificação.** Crime comum; material; culposo; comissivo; instantâneo; não admite tentativa por ser culposo.

15. **Suspensão condicional do processo.** Incabível, pois a pena mínima cominada ultrapassa 1 ano (art. 89 da lei 9.099/95).

16. **§ 1º. Causas de aumento de pena.** O legislador trouxe quatro majorantes, aumentando a pena de um terço até a metade nos seguintes casos: I – o agente não possuir Permissão para Dirigir ou Carteira de Habilitação; II – o agente praticar o homicídio culposo em faixa de pedestres ou na calçada; III – o agente deixar de prestar socorro, quando possível fazê-lo sem risco pessoal, à vítima do acidente;

IV – se o agente, no exercício de sua profissão ou atividade, estiver conduzindo veículo de transporte de passageiros.

17. Inciso I. Não possuir Permissão para Dirigir ou Carteira de Habilitação. A majorante justifica-se em razão da não aptidão do agente para dirigir veículo automotor, uma vez que não possui a permissão, nem a habilitação, aumentando-lhe a reprovabilidade da conduta. Não poderá incidir a circunstância agravante prevista no art. 298, III do CTB, sob pena de se incidir em *bis in idem,* uma vez que no tipo legal de crime ora comentado a ausência de permissão ou de habilitação já figura como causa de aumento de pena.

Não haverá concurso de crimes entre o delito de homicídio culposo na direção de veículo automotor e o delito previsto no art. 309 do CTB, sob pena de incidência em *bis in idem,* uma vez que a conduta descrita no tipo legal do art. 309 já figura como causa de aumento de pena no delito de homicídio. Esse entendimento aplica-se tanto ao delito de homicídio culposo, quanto ao delito de lesão corporal culposa.

▶ **STF**

Informativo nº 796.

Segunda Turma

Crime de dirigir sem habilitação e lesão corporal culposa na direção de veículo.

A Segunda Turma concedeu a ordem de "habeas corpus" para restabelecer a decisão de 1º grau que rejeitara a denúncia quanto ao crime de dirigir sem habilitação. (...). A Turma consignou que o crime de dirigir sem habilitação seria absorvido pelo delito de lesão corporal culposa em direta aplicação do princípio da consunção. Isso porque, de acordo com o CTB, já seria causa de aumento de pena para o crime de lesão corporal culposa na direção de veículo automotor o fato de o agente não possuir permissão para dirigir ou carteira de habilitação. Assim, em decorrência da vedação de "bis in idem", não se poderia admitir que o mesmo fato fosse atribuído ao paciente como crime autônomo e, simultaneamente, como causa especial de aumento de pena. (...). HC 128921/RJ, rel. Min. Gilmar Mendes, 25.8.2015.

18. CNH vencida. Não incidência da causa de aumento de pena. A presente majorante trata especificamente de o agente não possuir a permissão para dirigir ou não possuir a CNH. Caso o agente esteja com a CNH vencida, essa causa de aumento de pena não incide por absoluta falta de previsão legal, sob pena de analogia *in malam partem.*

▶ **STJ**

Informativo no 581

Sexta Turma

DIREITO PENAL. INAPLICABILIDADE DA CAUSA DE AUMENTO DESCRITA NO ART. 302, § 1º, I, DO CTB EM VIRTUDE DE CNH VENCIDA.

O fato de o autor de homicídio culposo na direção de veículo automotor estar com a CNH vencida não justifica a aplicação da causa especial de aumento de pena descrita no § 1º, I, do art. 302 do CTB. No art. 162 do CTB, o legislador, ao definir diferentes infrações administrativas, distinguiu duas situações: dirigir veículo "sem possuir Carteira Nacional de Habilitação ou Permissão para Dirigir" (inciso I); e dirigir "com validade da Carteira Nacional de Habilitação vencida há mais de trinta dias" (inciso V). Essas situações, embora igualmente configurem infração de trânsito, foram tratadas separadamente, de forma diversa. Em relação ao crime de homicídio culposo na direção de veículo automotor, o § 1º, I, do art. 302 do CTB determina que a pena será aumentada de 1/3 (um terço) à metade se o agente "não possuir Permissão para Dirigir ou Carteira de Habilitação". Ora, se o legislador quisesse punir de forma mais gravosa o autor de homicídio culposo na direção de veículo automotor cuja CNH estivesse vencida, teria feito expressa alusão a esta hipótese (assim como fez, no § 1º, I, do art. 302, quanto à situação de "não possuir Permissão para Dirigir ou Carteira de Habilitação"). Além disso, no Direito Penal, não se admite a analogia *in malam partem*, de modo que não se pode inserir no rol das circunstâncias que agravam a pena (art. 302, § 1º) também o fato de o agente cometer homicídio culposo na direção de veículo automotor com carteira de habilitação vencida. HC 226.128-TO, **Rel. Min. Rogerio Schietti Cruz, julgado em 7/4/2016, DJe 20/4/2016.**

19. **Inciso II. Praticá-lo em faixa de pedestres ou na calçada.** A majorante justifica-se em razão de a conduta delituosa ser praticada em local destinado a pedestres. Por calçada entenda-se *"parte da via, normalmente segregada e em nível diferente, não destinada à circulação de veículos, reservada ao trânsito de pedestres e, quando possível, à implantação de mobiliário urbano, sinalização, vegetação e outros fins." (CTB, Anexo I).*

    Não poderá incidir a circunstância agravante prevista no art. 298, VII do CTB, sob pena de se incidir em *bis in idem,* uma vez que tal agravante já constitui causa de aumento de pena no delito ora comentado.

    Para a incidência da majorante não se exige que o veículo esteja trafegando na calçada, basta que o acidente ocorra na calçada.

► **STJ**

Informativo nº 668.

Quinta Turma

Homicídio culposo na direção de veículo automotor. Perda do controle do carro. Atropelamento na calçada. Causa especial de aumento de pena. Art. 302, § 1º, II, da Lei n. 9.503/1997. **A causa de aumento prevista no art. 302, § 1°, II, do Código de Trânsito Brasileiro não exige que o agente esteja trafegando na calçada, sendo suficiente que o ilícito ocorra nesse local.** No presente caso, o recorrente transitava pela via pública e, ao efetuar manobra, perdeu o controle do veículo subindo na calçada e atropelando as vítimas. (...) Nesse contexto, a norma não exige que o agente esteja trafegando na calçada, sendo suficiente que o ilícito ocorra nesse local, o que reveste a conduta de maior reprovabilidade, pois vem atingir o pedestre em lugar presumidamente seguro. **AgRg nos EDcl no REsp 1.499.912-SP, Rel. Min. Ribeiro Dantas, Quinta Turma, por unanimidade, julgado em 05/03/2020, DJe 23/03/2020.**

20. **Homicídio praticado perto da faixa de pedestres.** Não incide a causa de aumento de pena, sob pena de incidência em analogia *in malam partem.*

21. **Inciso III. Deixar de prestar socorro, quando possível fazê-lo sem risco pessoal, à vítima do sinistro .** A majorante refere-se à omissão de socorro. O dever de

prestar socorro à vítima de sinistro automobilístico é uma obrigação assumida na Convenção de Viena sobre o Trânsito Viário, que em seu art. 31, nº 1, *d,* prevê: *"Sem prejuízo do disposto nas legislações nacionais sobre a obrigação de prestar auxílio aos feridos, todo condutor ou qualquer outro usuário da via, implicado em um acidente de trânsito, deverá: ... d) se houver resultado ferida ou morta alguma pessoa no acidente, advertir à polícia e permanecer ou voltar ao local do acidente até a chegada desta, a menos que tenha sido autorizado por esta para abandonar o local ou que deva prestar auxílio aos feridos ou ser ele próprio socorrido."*

Não se deve confundir a presente causa de aumento de pena com o delito do art. 304 do CTB. No tipo legal de crime ora analisado, a omissão de socorro é uma majorante; no art. 304 ela é um tipo legal de crime autônomo. No homicídio culposo, o agente provoca culposamente a morte da vítima e nega-lhe o socorro. Note-se que o agente é o provocador da situação de perigo à vítima que necessita de socorro. De outro giro, no delito do art. 304, o agente, embora tenha alguma relação com o acidente, não é o seu causador, isto é, o agente não provoca a situação de perigo à vítima. Ele está envolvido no acidente automobilístico e não presta socorro à vítima. No homicídio culposo majorado pela omissão de socorro, tem-se duas condutas: a primeira conduta culposa de provocar o acidente automobilístico; e a segunda conduta de dolosamente omitir o socorro. Note-se que omissão de socorro que constitui a majorante decorre de dolo do agente.

Segundo o dispositivo legal, a majorante da omissão de socorro somente incide se não houver risco pessoal ao agente, como a possibilidade de linchamento ou se se tratar de um local entregue à criminalidade, havendo risco pessoal ao agente. Questão relevante versa sobre a hipótese de a vítima ter morte instantânea. Caso isso ocorra, a presente majorante não poderá incidir. Com efeito, a intenção do legislador foi incentivar o agente provocador do acidente automobilístico a socorrer a vítima, para que seja preservado, a qualquer custo, o bem jurídico vida humana. Naturalmente, somente o vivo precisa de socorro, uma vez que ainda há o bem jurídico vida humana a ser preservado. Tendo a vítima morte instantânea, não há mais o bem jurídico vida humana a ser preservado, e o socorro é inócuo, razão pela qual não incide a majorante. É bem verdade que o agente, no momento do acidente, não tem a menor capacidade para avaliar se a vítima teve ou não morte instantânea. Entretanto, a incidência da majorante será analisada *a posteriori,* e, quem dirá se a vítima teve ou não morte instantânea será o laudo pericial. Por exemplo: o agente atropelou a vítima culposamente e omitiu o socorro. Na instrução processual, o Juiz verifica se o laudo pericial atesta que houve morte instantânea da vítima. Se houver morte instantânea, não poderá fazer incidir a majorante no momento da dosimetria da pena criminal.

Outra hipótese relevante diz respeito ao caso de a vítima ser socorrida por terceiros. Como dito acima, a intenção do legislador foi incentivar o agente provocador do acidente automobilístico a socorrer a vítima, para que seja preservado o bem jurídico vida humana. Assim, caso a vítima seja socorrida por terceiros, isso já seria o suficiente para suprir a omissão de socorro do agente, uma vez que já se estaria levando a efeito a preservação da vida humana da vítima. Logo, não incide a majorante.

22. **Inciso IV. No exercício de sua profissão ou atividade, estiver conduzindo veículo de transporte de passageiros.** Trata-se de majorante que somente pode ser aplicada ao motorista profissional. A majorante justifica-se pelo maior cuidado que o condutor deve tomar no transporte de pessoas, pois o transporte constitui justamente a profissão do agente, como ocorre com o motorista de ônibus, taxistas, condutores de transporte escolar etc. Note-se que, para que incida a majorante, o agente deve estar, no momento da conduta, exercendo a profissão. Não basta, portanto, que ele seja um profissional de trânsito, sendo necessário que esteja exercendo essa função no momento da conduta. Não é necessário que no momento do delito o agente esteja efetivamente transportando passageiros, basta que esteja exercendo a profissão, como na hipótese em que um motorista de ônibus está dirigindo-o vazio em direção à garagem da empresa de transporte para guardar o veículo ou então no caso em que o motorista de taxi sai de sua residência para trabalhar e cause o acidente sem ter ainda transportado nenhum passageiro. Nesse delito, não poderá incidir a circunstância agravante prevista no art. 298, V do CTB, sob pena de se incidir em *bis in idem,* uma vez que no tipo legal de crime ora comentado a circunstância agravante já constitui causa de aumento de pena.

▶ **STJ**

> **Informativo nº 537**
> **Sexta Turma**
> **DIREITO PENAL. HOMICÍDIO CULPOSO COMETIDO NO EXERCÍCIO DE ATIVIDADE DE TRANSPORTE DE PASSAGEIROS.**
> **Para a incidência da causa de aumento de pena prevista no art. 302, parágrafo único, IV, do CTB, é irrelevante que o agente esteja transportando passageiros no momento do homicídio culposo cometido na direção de veículo automotor.** Isso porque, conforme precedente do STJ, é suficiente que o agente, no exercício de sua profissão ou atividade, esteja conduzindo veículo de transporte de passageiros. Precedente citado: REsp 1.358.214-RS, Quinta Turma, DJe 15/4/2013. **AgRg no REsp 1.255.562-RS, Rel. Min. Maria Thereza de Assis Moura, julgado em 4/2/2014.**

23. **§ 3º. Qualificadora. Condução do veículo sob a influência de álcool ou de qualquer outra substância psicoativa que determine dependência.** O § 3º foi inserido pela lei 13.546/2017, com a natureza jurídica de qualificadora, por constituir um novo tipo penal, com novos elementos típicos e patamares mínimo e máximo de pena. Pode parecer estranho o art. 302 ter o § 3º, mas não ter o § 2º. Isso aconteceu porque o § 2º já fora revogado pela lei 13.281/2016. Essa qualificadora assemelha-se ao delito previsto art. 306 deste Código. Entretanto, a partir das redações legais, nota-se uma diferença: no presente parágrafo basta que o agente esteja *sob a influência* de álcool ou de qualquer outra substância psicoativa. No art. 306 é necessário que o agente esteja com a *capacidade psicomotora alterada* em razão de álcool ou outra substância psicoativa, não bastando a mera influência. Capacidade psicomotora é a capacidade de o ser humano estabelecer relações e influências recíprocas e sistêmicas entre o psiquismo e a motricidade. A alteração da capacidade psicomotora consiste na falta de coordenação entre o psiquismo e a motricidade que toma o ser humano em razão de fatores externos, como o álcool ou as substâncias psicoativas que determinem dependência. Em outras palavras, pode ser definida como a perda de reflexos.

Dessa distinção entre o § 3º e o art. 306 podem surgir duas interpretações viáveis: uma no sentido de que o legislador efetivamente quis dar um tratamento mais rigoroso ao § 3º do art. 302 do que o tratamento conferido ao art. 306, caso em que para a incidência da qualificadora do § 3º do art. 302 basta a *mera influência* de álcool ou outra substância psicoativa; outra no sentido de que o legislador disse menos do que queria, caso em que poderia ser empregada interpretação extensiva para exigir-se que a qualificadora apenas incida se o motorista estiver com a *capacidade psicomotora alterada* em razão de álcool ou outra substância psicoativa, não bastando a mera influência. Parece-nos que a primeira interpretação é a melhor. Cremos que o legislador realmente quis empregar um maior rigor nessa qualificadora do homicídio e para tal não exigiu que o motorista estivesse com capacidade psicomotora alterada, bastando a simples *influência* de álcool ou outra substância psicoativa. Tal rigor distintivo deve-se à importância do bem jurídico protegido nos dois delitos (homicídio e embriaguez ao volante). Com efeito, no presente artigo o bem jurídico protegido imediato é a vida humana. No art. 306 o bem jurídico protegido imediato é a segurança viária. Ademais, o delito de homicídio é um crime de dano e o crime de embriaguez ao volante é um crime de perigo, sendo certo que essa distinção de natureza jurídica confirma a maior gravidade do homicídio. Dessa forma, essa diversidade de importância de bens jurídicos entre os dois tipos penais justifica um tratamento mais severo conferido à qualificadora no homicídio do que o conferido ao art. 306. Portanto, pensamos que o legislador foi preciso em suas palavras, não se exigindo a alteração da capacidade psicomotora para a incidência da qualificadora no homicídio, bastando a mera influência.

Demais disso, não nos parece que o legislador tenha dito menos do que queria. O próprio legislador já utiliza as duas formas se compararmos a embriaguez ao volante como infração penal (art. 306) e como infração administrativa (art. 165). Com efeito, como visto, no delito de embriaguez ao volante (art. 306) o legislador dispõe *capacidade psicomotora alterada*, ao passo que na infração administrativa (para cuja configuração basta a mera ingestão de álcool), o legislador dispõe *sob a influência* ("Art. 165. Dirigir *sob a influência* de álcool ou de qualquer outra substância psicoativa que determine dependência..."). Portanto, essa diversidade de tratamentos já é conhecida e, inclusive, utilizada pelo legislador, não nos parecendo que ele disse menos do que queria. Cremos que ele efetivamente utilizou as palavras precisas que queria utilizar.

Note-se que a incidência dessa qualificadora faz com que não possa incidir também o delito do art. 306, tendo em vista que os seus elementos já foram trazidos para o presente parágrafo, sob pena de *bis in idem*. Embora as redações sejam diversas e os tratamentos distintos, como demonstrado acima, isso não oferece dificuldade na não aplicação do art. 306 para evitar-se o *bis in idem*, uma vez que se o agente estiver com capacidade psicomotora alterada, é sinal de que ele *já está sob a influência* de álcool ou outra substância psicoativa. Por outro lado, o agente pode estar sob a influência de álcool ou outra substância psicoativa e não estar com a capacidade psicomotora alterada, ou seja, o fato de o agente estar sob a influência de álcool não significa, automaticamente, que ele esteja com a capacidade psicomotora alterada.

Imagine-se a hipótese em que o agente tenha ingerido *uma lata* de cerveja e conduza o veículo automotor. Essa quantidade pode gerar influência no seu organismo, mas isso não quer dizer que ele esteja automaticamente com a capacidade psicomotora alterada. Em outras palavras, a alteração da capacidade psicomotora não decorre automaticamente da influência de álcool, pois devem ser considerados, em cada caso concreto, fatores como a quantidade ingerida e os fatores biológicos de cada pessoa. Percebe-se, portanto, que o art. 306 tem um elemento a mais em relação à qualificadora do homicídio. Com efeito, em ambos os casos o agente deve estar sob a influência de álcool ou outra substância psicoativa, só que na qualificadora do homicídio a influência é suficiente, ao passo que no artigo 306 a influência não é suficiente, sendo necessário que essa influência gere efetivamente a alteração da capacidade psicomotora do agente. Em outras palavras, se estiver configurado o delito do art. 306, automaticamente já estará configurada, também, a qualificadora do homicídio (mas o contrário não é verdadeiro). Assim, se no caso concreto o agente causador do homicídio culposo estiver com a capacidade psicomotora alterada em razão da influência de álcool ou outra substância psicoativa, também estará sob o efeito dessas substâncias, já estando caracterizada a qualificadora do homicídio, confirmando a não incidência concomitante do art. 306, sob pena de *bis in idem*.

Essa diferença de tratamento também veio estampada na qualificadora do § 2º do art. 303 (lesão corporal), inserido pela mesma lei que inseriu o § 3º no art. 302. Note-se a diferença de tratamento: na qualificadora do art. 303, § 2º (lesão corporal) o legislador exigiu que o condutor estivesse *com capacidade psicomotora alterada* em razão da influência de álcool ou de outra substância psicoativa que determine dependência. No art. 302, § 3º (homicídio) basta que o agente esteja *sob a influência* de álcool ou de qualquer outra substância psicoativa que determine dependência. A nosso ver, essa distinção justifica-se em razão da importância do bem jurídico protegido. Com efeito, como no homicídio o bem jurídico protegido é de maior valor do que na lesão corporal, o legislador contentou-se com a mera influência, não exigindo a alteração da capacidade psicomotora.

Art. 303. Praticar **lesão corporal culposa** na direção de veículo automotor:

Penas – detenção, de seis meses a dois anos e suspensão ou proibição de se obter a permissão ou a habilitação para dirigir veículo automotor.

§ 1º Aumenta-se a pena de um 1/3 (um terço) à metade, se ocorrer qualquer das hipóteses do § 1º do art. 302. (Parágrafo único com redação dada pela Lei 12.971/2014, transformado em § 1º pela Lei 13.546/2017).

§ 2º A pena privativa de liberdade é de reclusão de dois a cinco anos, sem prejuízo das outras penas previstas neste artigo, se o agente conduz o veículo **com capacidade psicomotora alterada em razão da influência** de álcool ou de outra substância psicoativa que determine dependência, **e** se do crime **resultar lesão corporal de natureza grave ou gravíssima.** (Inserido pela lei 13.546, de 2017).

1. **Sujeito ativo.** Qualquer pessoa. Trata-se de crime comum, pois o legislador não exigiu nenhuma condição especial do sujeito ativo.

2. **Sujeito passivo.** A pessoa lesionada.

3. **Lesão corporal.** A lesão corporal consiste na conduta por meio da qual qualquer pessoa, sem *animus necandi,* ofende os bens jurídicos integridade corporal e saúde da pessoa humana, ou agrava uma situação já existente, produzindo, por qualquer meio, uma alteração prejudicial, anatômica ou funcional, física ou psíquica, local ou generalizada em outrem. Pode consistir na ofensa à integridade corporal (lesão que afeta órgãos, tecidos ou aspectos externos do corpo, como fraturas, ferimentos, equimoses, lesão de um músculo) ou na ofensa à saúde (perturbação das funções fisiológicas do organismo, inclusive a alteração do psiquismo, como neuroses e depressão, ainda que de forma transitória). Note-se que essas duas espécies de ofensas podem decorrer da mesma conduta.

4. **Violação do princípio da legalidade.** A redação do tipo penal ora comentado é incompatível com o princípio da legalidade, na vertente da taxatividade (*nullum crimen, nulla poena sine lege certa*), segundo o qual a lei deve conter conceitos claros e precisos, sendo vedada ao legislador a utilização de expressões vagas e que possam gerar dúvida de interpretação. O Código Penal, ao tratar do delito de lesão corporal no art. 129 *caput* dispõe "ofender a integridade corporal ou a saúde de outrem". De outro giro, o legislador do CTB utilizou as expressões "praticar lesão corporal culposa". Assim, nota-se uma falta de precisão e de clareza do legislador de trânsito ao tratar da lesão corporal. A única forma de compreender-se o tipo penal ora comentado é socorrendo-se do conceito de lesão corporal disposto no art. 129, *caput* Código Penal. É bem verdade que o art. 129, § 6º do Código Penal também faz menção genérica à lesão corporal culposa por meio das expressões "se a lesão é culposa". Contudo, pela sua localização topográfica, cremos que não haja qualquer problema, uma vez que o parágrafo é uma continuação, um desdobramento do *caput,* e, se no *caput* está descrito o que seja a lesão corporal, a interpretação sistemática resolve esse problema, o que já não acontece com o tipo penal da lei de trânsito.

5. **Violação do princípio da proporcionalidade.** Da comparação entre o delito de lesão corporal culposa previsto no art. 129, § 6º do Código Penal com esse mesmo delito descrito no art. 303 do CTB, percebe-se uma nítida desproporção em relação às penas privativas de liberdade cominadas. Enquanto o primeiro dispositivo estabelece a pena de detenção de dois meses a um ano, o segundo prevê a pena de seis meses a dois anos. Note-se que no CTB a pena mínima é triplicada e a pena máxima é duplicada. Há vozes que sustentam a perfeita proporcionalidade entre os tipos penais, em razão da maior incidência da lesão corporal no trânsito, razão pela qual deve ser punida com mais intensidade. Entretanto, discordamos desse posicionamento e para nós a violação do princípio da proporcionalidade é clara à todas as luzes. Em primeiro lugar, estamos diante da mesma infração penal, qual seja: lesão corporal culposa. Em segundo lugar, o bem jurídico protegido pelos dois tipos penais é rigorosamente o mesmo: integridade corporal. Em terceiro lugar, a forma de conduta é idêntica: culposa. Percebe-se, com isso, que se todos os critérios apontados são iguais, não há nenhuma razão para o tratamento diverso e desproporcional entre os dois tipos penais. Não há nenhum critério de distinção que justifique a triplicação da pena

mínima e a duplicação da pena máxima. Em quarto lugar – o que a nosso ver é a maior expressão da violação do princípio da proporcionalidade –, da comparação entre a pena da lesão corporal *dolosa* prevista no art. 129, *caput* do Código Penal e a da lesão corporal *culposa* no CTB, constata-se de forma absolutamente estarrecedora que o legislador puniu de forma mais grave a conduta *culposa* no trânsito (seis meses a dois anos) do que a conduta *dolosa* no Código Penal (três meses a um ano). A punição da conduta *culposa* de forma mais severa do que a da conduta *dolosa* significa reverter o caminho da lógica do razoável e privilegiar a conduta intencional de praticar um crime em detrimento da não intencional, descuidada, que gera um resultado não querido pelo agente. Parece-nos algo inaceitável.

6. **Modalidade culposa.** O CTB apenas prevê a modalidade culposa para o delito de lesão corporal, excluindo, assim, a forma dolosa. Assim, caso o agente lesione alguém de forma dolosa, mesmo estando na direção de veículo automotor, a sua conduta será tipificada no art. 129 do Código Penal.

7. **Culpa exclusiva da vítima.** Nessa hipótese, não se poderá imputar a responsabilidade penal ao agente. Com efeito, a violação do dever objetivo de cuidado é o primeiro elemento do crime culposo. Se houver culpa exclusiva da vítima, é sinal de que o agente observou todo o dever objetivo de cuidado, ao invés de violá-lo.

8. **Compensação de culpas.** O Direito Penal não admite a compensação de culpas. Assim, caso o agente dê causa à lesão corporal na vítima, mas fique constatado que a vítima também tenha agido de forma culposa, isso não afastará a responsabilidade penal do agente, uma vez que as culpas não se compensam. A única possibilidade de se afastar a responsabilidade penal do agente, nessa hipótese, é a culpa exclusiva da vítima conforme visto no tópico acima.

9. **Princípio da Especialidade.** O tipo legal de crime ora comentado é especial em relação ao tipo legal de crime contido no art. 129, § 6º do Código Penal.

10. **Local da prática da conduta.** O legislador não exigiu que a prática da conduta seja em algum local específico. Assim, conclui-se que o delito pode ocorrer em qualquer local, como ruas, avenidas, ruas dentro de condomínios, dentro da garagem etc.

11. **Perdão judicial.** É possível a sua concessão, conforme comentários ao art. 300.

12. **Consumação.** O delito consuma-se com a efetiva produção da ofensa à integridade corporal ou à saúde da vítima.

13. **Classificação.** Crime comum; material; culposo; comissivo; instantâneo; não admite tentativa por ser culposo.

14. **Infração penal de menor potencial ofensivo.** Tendo em vista que a pena máxima não é superior a dois anos, trata-se de infração penal de menor potencial ofensivo (art. 61 da lei 9.099/95).

15. **Suspensão condicional do processo.** Cabível, pois a pena mínima cominada não ultrapassa 1 ano (art. 89 da lei 9.099/95).

16. **Causas de aumento de pena.** O legislador determinou o aumento da pena de um terço até metade na hipótese de ocorrer qualquer das hipóteses previstas no

parágrafo primeiro do artigo anterior, para onde remetemos o leitor para não sermos repetitivos. Contudo, há um detalhe: se houver a incidência do aumento decorrente do parágrafo primeiro, o delito continuará a admitir a suspensão condicional do processo, porém, deixará de ser infração penal de menor potencial ofensivo.

17. **§ 2º. Qualificadora.** O § 2º foi inserido pela lei 13.546/2017, com a natureza jurídica de qualificadora por trazer novos elementos típicos e conter patamares diferentes de pena mínima e máxima. A pena passa a ser de dois a cinco anos se o agente dirigir o veículo com a capacidade psicomotora alterada em razão da influência de álcool ou de outra substância psicoativa que determine dependência e se do crime resultar lesão corporal de natureza grave ou gravíssima. Inicialmente deve ser notado que os dois requisitos são cumulativos (alteração da capacidade psicomotora e resultado lesão grave ou gravíssima), de forma que mesmo que o agente esteja com a capacidade psicomotora alterada em razão da influência de álcool ou de outra substância psicoativa, mas cause na vítima apenas lesão corporal leve, essa qualificadora não incidirá. Por lesão corporal de natureza grave deve ser entendida a lesão que gera os resultados previstos no art. 129, § 1º, incisos I ao IV, do Código Penal (*I – Incapacidade para as ocupações habituais, por mais de trinta dias; II – perigo de vida; III – debilidade permanente de membro, sentido ou função; IV – aceleração de parto*). De outro lado, configuram a lesão corporal de natureza gravíssima os resultados descritos no art. 129, § 2º, incisos I ao V, do Código Penal (*I – Incapacidade permanente para o trabalho; II – enfermidade incurável; III – perda ou inutilização do membro, sentido ou função; IV – deformidade permanente; V – aborto*).

Note-se que nessa qualificadora não basta que o agente tenha ingerido bebida alcoólica. É necessário que, além disso, ele esteja com a capacidade psicomotora alterada em razão da influência de álcool ou de outra substância psicoativa que determine dependência, coadunando-se com o que dispõe o art. 306 deste Código.

Por fim, é importante destacar que uma vez caracterizada essa qualificadora, não haverá a incidência do delito de embriaguez ao volante (art. 306) como crime autônomo, sob pena de incidência em *bis in idem*, uma vez que os seus elementos já foram trazidos para dentro da qualificadora da lesão corporal.

Art. 304. Deixar o condutor do veículo, na ocasião do sinistro, de prestar imediato **socorro à vítima**, ou, não podendo fazê-lo diretamente, por justa causa, deixar de solicitar auxílio da autoridade pública:

Penas – detenção, de seis meses a um ano, ou multa, se o fato não constituir elemento de crime mais grave.

Parágrafo único. Incide nas penas previstas neste artigo o condutor do veículo, ainda que a sua omissão seja suprida por terceiros ou que se trate de vítima com **morte instantânea** ou com **ferimentos leves**.

1. **Sujeito ativo.** O condutor do veículo envolvido no sinistro. Trata-se de crime próprio.

2. **Sujeito passivo.** A vítima decorrente do sinistro.
3. **Subsidiariedade expressa.** O preceito secundário do tipo penal expressa a sua natureza subsidiária. Assim, caso do fato ocorrido resulte algum delito mais grave, como a lesão corporal ou o homicídio, esses delitos estarão configurados, afastando-se a incidência do tipo penal ora comentado.
4. **Crime omissivo.** Trata-se de crime omissivo próprio, uma vez que o agente deixa de agir, omitindo-se quando deveria agir para prestar o socorro à vítima ou solicitar auxílio da autoridade pública.
5. **Prestação de socorro imediato ou solicitação de auxílio da autoridade pública.** Questão relevante versa sobre a obrigatoriedade de o agente prestar socorro à vítima ou se isso é uma alternatividade para ele. Pensamos que pela redação legal, o agente tem, em primeiro lugar, a obrigação de prestar socorro diretamente à vítima, e somente no caso de isso ser impossível a ele, é que poderá solicitar o socorro da autoridade pública. E tanto é que o legislador exigiu que a impossibilidade da prestação do socorro pessoal desse-se por justa causa, que pode consistir em risco pessoal ou na impossibilidade de movimentar o corpo da vítima estendido no chão, sob pena de agravar-lhe a situação, entre outras hipóteses.
6. **Princípio da Especialidade.** O tipo penal ora comentado constitui uma especialidade do art. 135 do Código Penal por também consistir em uma espécie de omissão de socorro.
7. **O condutor deve estar envolvido no sinistro.** O legislador exigiu expressamente que o autor do delito estivesse envolvido no sinistro automobilístico. Contudo, o agente não precisa ser necessariamente o causador do acidente, mas deve ter alguma relação com ele. Logo, não pode ser autor desse delito qualquer outro condutor de veículo automotor que esteja passando pelo local do acidente ou que esteja perto, sem nenhum envolvimento com ele, de forma que, caso isso ocorra, esse condutor terá a sua conduta tipificada no art. 135 do código Penal.
8. **Diferença para o art. 302, § 1º, III, do CTB.** Há duas diferenças entre o art. 302, § 1º, III e o art. 304, ambos do CTB. A primeira distinção reside no fato de que no primeiro, a omissão de socorro tem a natureza jurídica de causa de aumento de pena, enquanto no segundo constitui um tipo penal autônomo. A segunda e principal diferença está ligada a ser ou não o agente o causador do acidente com resultado morte para a vítima. Com efeito, no art. 302, § 1º, III, o agente que omite o socorro é o causador do homicídio culposo, ou seja, ao violar o dever objetivo de cuidado, ele causa o acidente e omite o socorro, gerando o resultado morte da vítima. De outro giro, no art. 304, o agente, embora esteja envolvido no acidente e tenha alguma relação com ele, não é o seu causador, mas omite socorro à vítima. Assim, por exemplo, em um cruzamento A, ao violar o dever objetivo de cuidado, causa uma colisão no automóvel de B e, logo em seguida, vem a atropelar um transeunte que atravessava a rua naquele momento e causa-lhe a morte. Ambos deixam de prestar o socorro à vítima. Nesse caso, Como A foi o causador do acidente com resultado morte da vítima e omitiu socorro, responderá pelo delito previsto no art. 302, § 1º, III. B, que também estava envolvido no acidente, mas não foi o seu causador, responderá pelo art. 304.

9. **Diferença para o art. 135 do Código Penal.** A diferença entre o art. 304 do CTB e o art. 135 do Código Penal reside, em primeiro lugar, no fato de que no primeiro, o crime é próprio, ao passo que, no segundo, o delito é comum. Em segundo lugar, no art. 304 do CTB, o agente está envolvido no acidente e tem alguma relação com ele, enquanto que no art. 135 do Código Penal, o agente que omite o socorro não tem absolutamente nenhuma relação com o acidente, mas mesmo assim omite socorro à vítima. Assim, no exemplo dado no tópico anterior, se C estivesse parado na calçada esperando para atravessar a rua e omitisse socorro à vítima, praticaria a omissão de socorro do art. 135 do Código Penal, tendo em vista que não tinha nenhuma relação com o acidente. Da mesma forma, se D estivesse a conduzir o seu veículo atrás do veículo de A e conseguisse a frenagem a tempo quando viu o acidente e omitisse socorro à vítima, ele praticaria também a omissão de socorro do art. 135 do Código Penal, pois, embora estivesse conduzindo um veículo automotor, não estava envolvido no acidente. Ainda nesse mesmo exemplo, se E estivesse em sua motocicleta há três metros de distância do acidente e não tivesse prestado o socorro? Também praticaria o delito do art. 135 do Código Penal, porque também não tinha nenhuma relação com o acidente.

10. **Local da prática da conduta.** O legislador não exigiu que a prática da conduta seja em algum local específico. Assim, conclui-se que o delito pode ocorrer em qualquer local, como ruas, avenidas, ruas dentro de condomínios, dentro da garagem etc.

11. **Infração administrativa. Art. 176, I do CTB.** O delito ora comentado também configura infração administrativa prevista no art. 176, I do CTB. Pensamos que as duas sanções (penal e administrativa) podem ser impostas concomitantemente sem que isso implique *bis in idem*, uma vez que as duas sanções possuem naturezas diversas.

12. **Parágrafo único. Omissão suprida por terceiros.** Somente haverá a tipificação da conduta do agente nesse tipo penal se ele efetivamente omitir socorro à vítima, gerando a oportunidade para que terceiros a socorram. Dessa forma, não haverá a incidência desse tipo penal se o agente tiver a intenção de socorrer a vítima do acidente, mas, por razões diversas e plausíveis, permitir que terceiros prestem o socorro, como no caso de haver um médico no local do acidente ou no caso de coincidentemente uma ambulância estar passando pelo local do acidente logo depois da sua ocorrência. Nesses casos, não se nota por parte do agente uma vontade dirigida a omitir socorro em relação à vítima.

13. **Parágrafo único. Vítima com morte instantânea.** Essa previsão de incidência do tipo penal no caso de haver morte instantânea da vítima não pode ser aplicada nos moldes em que está redigida. A intenção do legislador ao tipificar essa conduta de omissão de socorro foi fazer com que a vida humana fosse preservada a qualquer custo. Nitidamente, a preservação da vida humana foi o móvel do legislador ao criar o tipo penal ora comentado. Logo, se a vítima teve morte instantânea, não havia mais o bem jurídico vida humana a ser preservado pelo imediato socorro por parte do agente, razão pela qual nessa hipótese estaríamos diante de nítido crime impossível por absoluta impropriedade do objeto, com a incidência do art. 17 do Código Penal. É bem verdade que o agente pode não ter condições de saber,

no momento do acidente, se a vítima teve morte instantânea. Porém, isso será objeto de prova posteriormente dentro do processo penal, pois a perícia dirá se a vítima teve ou não morte instantânea decorrente do acidente.

14. **Parágrafo único. Vítima com ferimentos leves.** O legislador não conceituou o que seriam ferimentos leves. Diante da imprecisão da redação típica, podemos concluir que ferimentos leves são aqueles que não impedem a lucidez da vítima, nem os seus movimentos corporais normais.

15. **Consumação.** O delito consuma-se com a mera omissão do agente, pois se trata de crime omissivo próprio.

16. **Classificação.** Crime próprio; formal; doloso; omissivo próprio; instantâneo; não admite tentativa por ser omissivo próprio.

17. **Infração penal de menor potencial ofensivo.** Tendo em vista que a pena máxima não é superior a dois anos, trata-se de infração penal de menor potencial ofensivo (art. 61 da lei 9.099/95).

18. **Suspensão condicional do processo.** Cabível, pois a pena mínima cominada não ultrapassa 1 ano (art. 89 da lei 9.099/95).

Art. 305. Afastar-se o condutor do veículo do **local do sinistro**, para fugir à responsabilidade penal ou civil que lhe possa ser atribuída:

Penas – detenção, de seis meses a um ano, ou multa.

1. **Sujeito ativo.** O condutor do veículo envolvido no acidente. Trata-se de crime próprio.

2. **Sujeito passivo.** O Estado.

3. **Afastar-se.** Conhecido como crime de fuga à responsabilidade penal ou civil, o verbo *afastar-se* denota a conduta do agente que se distancia do local do sinistro.

4. **Especial fim de agir.** O tipo penal exige como especial fim de agir a finalidade do agente de fugir da responsabilidade penal ou civil que possa resultar do acidente. Ausente esse especial fim de agir, a conduta é atípica, como no caso de o agente afastar-se do local do acidente e ir em direção a algum hospital por estar com um parente próximo dentro do veículo em situação de risco de morte.

5. **Local da prática da conduta.** O legislador não exigiu que a prática da conduta seja em algum local específico. Assim, conclui-se que o delito pode ocorrer em qualquer local, como ruas, avenidas, ruas dentro de condomínios, dentro da garagem etc.

6. **Constitucionalidade do delito.** Discute-se acerca da constitucionalidade do tipo penal ora comentado à luz do princípio constitucional da não auto-incriminação, também denominado *nemo tenetur se detegere*. A discussão ocorre porque, de acordo com o mencionado princípio, no sistema processual penal brasileiro o autor de um delito não pode ser obrigado a produzir prova contra si mesmo. Logo, questiona-se se no delito em tela, a permanência do agente no local geraria a produção

de prova contra si mesmo, uma vez que traria elementos probatórios de autoria, como a realização de perícia, condução do agente à Delegacia de Polícia para ser ouvido, além de outras providências. O STF manifestou-se pela constitucionalidade do presente tipo penal, ao fundamento de que, nesse delito, o bem jurídico tutelado é a administração da justiça, que fica prejudicada pela fuga do agente. Ademais, a permanência do agente no local do delito não significa a assunção da responsabilidade penal por parte do agente, apenas permite a identificação dos envolvidos no evento, bem como o registro da ocorrência pela autoridade competente.

▶ **STF**

Informativo nº 923.

Plenário

Repercussão geral

Crime de fuga e direito à não autoincriminação

A regra que prevê o crime do art. 305 do Código de Trânsito Brasileiro é constitucional, posto não infirmar o princípio da não incriminação, garantido o direito ao silêncio e ressalvadas as hipóteses de exclusão da tipicidade e da antijuridicidade. Com base nesse entendimento, o Plenário, por maioria, ao apreciar o Tema 907 da repercussão geral, deu provimento ao recurso extraordinário para reformar o acórdão recorrido que declarou a inconstitucionalidade do referido tipo penal e, consequentemente, absolveu o réu. (...) **Para o Colegiado, é admissível a flexibilização do princípio da vedação à autoincriminação proporcionada pela opção do legislador de criminalizar a conduta de fugir do local do acidente**. De fato, tal procedimento não afeta o núcleo irredutível daquela garantia enquanto direito fundamental, qual seja, jamais obrigar o investigado ou réu a agir ativamente na produção de prova contra si próprio. **O tipo penal do art. 305 do CTB apenas obriga a permanência do agente no local para garantir a identificação dos envolvidos no sinistro e o devido registro da ocorrência pela autoridade competente. O bem jurídico tutelado é a administração da justiça, prejudicada pela fuga do agente do local do evento, uma vez que tal atitude impede sua identificação e a consequente apuração do ilícito, para fins de se promover a responsabilização cível ou penal de quem, eventualmente, provocar um acidente de trânsito, dolosa ou culposamente**. Essa diligência administrativa, aliás, transforma-se em meio de defesa do próprio acusado. A exigência de permanência no local do acidente e de identificação perante a autoridade de trânsito **não obriga o condutor a assumir eventual responsabilidade cível ou penal pelo sinistro** nem, tampouco, enseja que contra ele se aplique qualquer penalidade caso não o faça. O condutor, após sua identificação pela autoridade de trânsito, pode optar, quando indagado, por permanecer em silêncio e não prestar nenhum esclarecimento acerca das circunstâncias do acidente. Insta reconhecer que eventual declaração de inconstitucionalidade da conduta tipificada no art. 305 do CTB, em nome da observância absoluta e irrestrita do princípio da vedação à autoincriminação (nemo tenetur se detegere), caracterizaria evidente afronta ao princípio constitucional da proporcionalidade quanto à vedação de proteção deficiente. (...) Por sua vez, o art. 305 do CTB não acusa, impõe ou aponta que o condutor do veículo seja um criminoso. Ao contrário, o que se pretende é preservar o local do acidente para proteger a administração da justiça, razão pela qual se impõe que os condutores lá permaneçam. O que se pune é o afastamento do local de acidente. (...) **RE 971.959/RS, Rel. Min. Luiz Fux, julgamento em 14.11.2018.**

7. **Consumação.** O delito consuma-se com o efetivo afastamento do agente do local do acidente, quando já há uma distância nítida entre ambos.

8. **Classificação.** Crime próprio; formal; doloso; comissivo; instantâneo; admite tentativa.

9. **Infração penal de menor potencial ofensivo.** Tendo em vista que a pena máxima não é superior a dois anos, trata-se de infração penal de menor potencial ofensivo (art. 61 da lei 9.099/95).

10. **Suspensão condicional do processo.** Cabível, pois a pena mínima cominada não ultrapassa 1 ano (art. 89 da lei 9.099/95).

Art. 306. Conduzir veículo automotor com **capacidade psicomotora alterada** em razão da **influência de álcool** ou de outra **substância psicoativa** que determine dependência: (Redação dada pela Lei nº 12.760, de 2012)

Penas – detenção, de seis meses a três anos, multa e suspensão ou proibição de se obter a permissão ou a habilitação para dirigir veículo automotor.

§ 1º As condutas previstas no *caput* serão constatadas por: (Incluído pela Lei nº 12.760, de 2012)

I – concentração igual ou superior a **6 decigramas** de álcool por litro de sangue ou igual ou superior a 0,3 miligrama de álcool por litro de ar alveolar; ou

II – sinais que indiquem, na forma disciplinada pelo Contran, **alteração da capacidade psicomotora**.

§ 2º A verificação do disposto neste artigo poderá ser obtida mediante teste de alcoolemia ou toxicológico, exame clínico, perícia, vídeo, prova testemunhal ou **outros meios de prova** em direito admitidos, observado o direito à contraprova. (Redação dada pela Lei nº 12.971, de 2014)

§ 3º O Contran disporá sobre a **equivalência** entre os distintos testes de alcoolemia ou toxicológicos para efeito de caracterização do crime tipificado neste artigo. (Redação dada pela Lei nº 12.971, de 2014)

§ 4º Poderá ser empregado qualquer aparelho homologado pelo Instituto Nacional de Metrologia, Qualidade e Tecnologia – INMETRO – para se determinar o previsto no *caput*. (Incluído pela Lei nº 13.840/2019).

1. **Sujeito ativo.** Qualquer pessoa. Trata-se de crime comum, pois o legislador não exigiu nenhuma condição especial do sujeito ativo.

2. **Sujeito passivo.** O Estado e a coletividade.

3. **Conduzir veículo automotor.** Significa o ato de dirigir o veículo, por acionamento do seu motor. Qualquer outra forma de movimentar o veículo não configura o delito, como no caso de o agente empurrá-lo de fora dele ou então o ato de o agente ingressar no veículo, ligar o motor e não o movimentar.

4. **Capacidade psicomotora alterada em razão da Influência de álcool ou de outra substância psicoativa que determine dependência.** Capacidade psicomotora é a capacidade de o ser humano estabelecer relações e influências recíprocas e sistêmicas entre o psiquismo e a motricidade. A alteração da capacidade psicomotora consiste na falta de coordenação entre o psiquismo e a motricidade que toma o ser humano em razão de fatores externos, como o álcool ou as substâncias psicoativas que determinem dependência. Em outras palavras, pode ser definida como a perda de reflexos. Essa exigência típica significa que não basta, para a configuração do delito, que o agente dirija o veículo automotor embriagado. Faz-se necessária a prova da alteração da capacidade psicomotora.
5. **§ 1º. Constatação da condução do veículo automotor com a capacidade psicomotora alterada em razão da influência de álcool ou de outra substância psicoativa que determine dependência.** O legislador trouxe duas formas de comprovação da conduta mencionada no *caput* do artigo: Inciso I – concentração igual ou superior a 6 decigramas de álcool por litro de sangue ou igual ou superior a 0,3 miligrama de álcool por litro de ar alveolar; ou inciso II – sinais que indiquem, na forma disciplinada pelo Contran, alteração da capacidade psicomotora.
6. **Inciso I. Concentração igual ou superior a 6 decigramas de álcool por litro de sangue ou igual ou superior a 0,3 miligrama de álcool por litro de ar alveolar.** O meio mais utilizado pelas autoridades de trânsito para a verificação desta medida é a utilização do etilômetro, denominado "bafômetro". Contudo, a exigência desse exame, bem como do exame de sangue não pode ser imposta ao agente, em razão do princípio da proibição da autoincriminação. Entretanto, de acordo com o § 2º, a comprovação da alteração da capacidade psicoativa pode ser feita por qualquer meio de prova.
7. **Art. 3º da Resolução CONTRAN nº 432 de 23/01/2013.** Trata dos procedimentos a serem realizados para a confirmação da alteração da capacidade psicomotora. Confira-se a sua redação: "Art. 3º. A confirmação da alteração da capacidade psicomotora em razão da influência de álcool ou de outra substância psicoativa que determine dependência dar-se-á por meio de, pelo menos, um dos seguintes procedimentos a serem realizados no condutor de veículo automotor: I – exame de sangue; II – exames realizados por laboratórios especializados, indicados pelo órgão ou entidade de trânsito competente ou pela Polícia Judiciária, em caso de consumo de outras substâncias psicoativas que determinem dependência; III – teste em aparelho destinado à medição do teor alcoólico no ar alveolar (etilômetro); IV – verificação dos sinais que indiquem a alteração da capacidade psicomotora do condutor. § 1º Além do disposto nos incisos deste artigo, também poderão ser utilizados prova testemunhal, imagem, vídeo ou qualquer outro meio de prova em direito admitido. § 2º Nos procedimentos de fiscalização deve-se priorizar a utilização do teste com etilômetro. § 3º Se o condutor apresentar sinais de alteração da capacidade psicomotora na forma do art. 5º ou haja comprovação dessa situação por meio do teste de etilômetro e houver encaminhamento do condutor para a realização do exame de sangue ou exame clínico, não será necessário aguardar o resultado desses exames para fins de autuação administrativa".

8. **Inciso II. Sinais que indiquem, na forma disciplinada pelo Contran, alteração da capacidade psicomotora.** Há vários sinais que podem identificar a alteração da capacidade psicomotora por parte do condutor do veículo, como a falta de coordenação motora, pronunciamento de frases inconsequentes, dificuldade de ficar parado ao lado do carro, falta de postura corporal, além de outras. Confira-se, sobre o tema, a regulamentação pelo art. 5 da Resolução CONTRAN nº 432 de 23/01/2013 no próximo tópico.

9. **Art. 5º da Resolução CONTRAN nº 432 de 23/01/2013.** Regulamenta a verificação dos sinais de alteração da capacidade psicomotora: "Art. 5º. Os sinais de alteração da capacidade psicomotora poderão ser verificados por: I – exame clínico com laudo conclusivo e firmado por médico perito; ou II – constatação, pelo agente da Autoridade de Trânsito, dos sinais de alteração da capacidade psicomotora nos termos do Anexo II. § 1º Para confirmação da alteração da capacidade psicomotora pelo agente da Autoridade de Trânsito, deverá ser considerado não somente um sinal, mas um conjunto de sinais que comprovem a situação do condutor. § 2º Os sinais de alteração da capacidade psicomotora de que trata o inciso II deverão ser descritos no auto de infração ou em termo específico que contenha as informações mínimas indicadas no Anexo II, o qual deverá acompanhar o auto de infração".

10. **§ 2º. Meios de prova do delito.** Embora o legislador tenha especificado alguns meios de prova (mediante teste de alcoolemia ou toxicológico, exame clínico, perícia, vídeo, prova testemunhal), logo depois ele utilizou as expressões "ou outros meios de prova em direito admitidos" deixando clara a amplitude dos meios probatórios da alteração da capacidade psicomotora.

► **STJ**

> (...) EMBRIAGUEZ AO VOLANTE (ARTIGO 306 DO CÓDIGO DE TRÂNSITO BRASILEIRO). APONTADA AUSÊNCIA DE COMPROVAÇÃO DA MATERIALIDADE DELITIVA. ACUSADA QUE SE RECUSOU A SE SUBMETER AO TESTE DO BAFÔMETRO. CRIME PRATICADO NA VIGÊNCIA DA LEI 12.760/2012. POSSIBILIDADE DE AFERIÇÃO DA EMBRIAGUEZ POR OUTROS MEIOS. CONSTRANGIMENTO ILEGAL NÃO CARACTERIZADO. DESPROVIMENTO DO RECLAMO. 1. Com o advento da Lei 12.760/2012, o combate à embriaguez ao volante tornou-se ainda mais rígido, tendo o legislador previsto a possibilidade de comprovação do crime por diversos meios de prova, conforme se infere da redação do § 2º incluído no artigo 306 do Código de Trânsito Brasileiro. 2. No caso dos autos, o crime imputado à recorrente ocorreu em 14.09.2013, quando já vigorava o § 2º do artigo 306 do Código de Trânsito Brasileiro, com a redação dada pela Lei 12.760/2012, de modo que, diante da sua recusa em se submeter ao teste do bafômetro, admite-se a prova da embriaguez por meio de testemunhos, circunstância que evidencia a dispensabilidade do exame pretendido na insurgência. 3. Recurso desprovido. **RHC 51528. Rel. Min. Jorge Mussi, julgado em 06/11/2014.**

11. **§ 3º. Equivalência entre os distintos testes de alcoolemia ou toxicológicos para efeito de caracterização do crime tipificado neste artigo.** Trata-se de norma penal em branco, uma vez que a equivalência mencionada nesse parágrafo depende de regulamentação pelo CONTRAN.

12. **§4º. Meio de prova. Aparelho homologado pelo INMETRO.** O §4º foi inserido pela lei nº 13.840/2019 e não trouxe mudança significativa. Apenas trouxe uma questão referente ao meio de prova, permitindo genericamente que para a determinação do previsto no *caput* do presente artigo, poderá ser empregado qualquer aparelho homologado pelo Instituto Nacional de Metrologia, Qualidade e Tecnologia – INMETRO. Ao mesmo tempo em que o legislador foi genérico ao permitir "qualquer aparelho", resguardou a qualidade do aparelho ao exigir a prévia homologação do INMETRO.

13. **Infração administrativa. Art. 165 do CTB.** O delito ora comentado também configura infração administrativa prevista no art. 165 do CTB. Pensamos que as duas sanções (penal e administrativa) podem ser impostas concomitantemente sem que isso implique *bis in idem*, uma vez que possuem naturezas diversas.

14. **Recusa em submeter-se a teste, exame clínico, perícia ou outro procedimento. Infração administrativa.** A lei 13.281/2016 inseriu o art. 165-A no CTB para tratar como infração administrativa gravíssima a simples recusa por parte do agente em submeter-se a teste, exame clínico, perícia ou outro procedimento que permita certificar influência de álcool ou outra substância psicoativa. ("Art. 165-A. Recusar-se a ser submetido a teste, exame clínico, perícia ou outro procedimento que permita certificar influência de álcool ou outra substância psicoativa, na forma estabelecida pelo art. 277: Infração – gravíssima; Penalidade – multa (dez vezes) e suspensão do direito de dirigir por 12 (doze) meses; Medida administrativa – recolhimento do documento de habilitação e retenção do veículo, observado o disposto no § 4º do art. 270. Parágrafo único. Aplica-se em dobro a multa prevista no *caput* em caso de reincidência no período de até 12 (doze) meses").

15. **Local da prática da conduta.** O legislador não exigiu que a prática da conduta seja em algum local específico. Assim, conclui-se que o delito pode ocorrer em qualquer local, como ruas, avenidas, ruas dentro de condomínios, dentro da garagem, no pátio de uma concessionária de automóveis etc.

16. **Crime de perigo abstrato.** O delito de embriaguez ao volante é de perigo abstrato.

▶ **STJ**

> RECURSO ESPECIAL. EMBRIAGUEZ AO VOLANTE. ART. 306 DA LEI N. 9503/97 – CÓDIGO BRASILEIRO DE TRÂNSITO. TRANCAMENTO DA AÇÃO PENAL. CRIME DE PERIGO ABSTRATO. DESNECESSIDADE DE DEMONSTRAÇÃO DE POTENCIALIDADE LESIVA NA CONDUTA. CONCENTRAÇÃO DE ÁLCOOL POR LITRO DE SANGUE IGUAL OU SUPERIOR A 6 DECIGRAMAS. EXAME DE SANGUE. FATO TÍPICO. PRESENTE JUSTA CAUSA. PROVIMENTO. 1 – Conforme reiterada jurisprudência desta Corte, o crime do art. 306 do Código de Trânsito Brasileiro é de perigo abstrato e dispensa a demonstração de potencialidade lesiva na conduta, configurando-se pela condução de veículo automotor em estado de embriaguez. 2 – Considerando que o recorrido foi submetido a exame de sangue (Exame Toxicológico Dosagem Alcoólica n. 760/2012) e que a denúncia traz indícios concretos de que o paciente foi flagrado dirigindo veículo automotor com concentração de álcool igual a 1,6 g/l por litro de sangue – valor esse superior ao que a lei permite –, há justa causa para a persecução penal do crime de embriaguez ao volante. 3 – Recurso especial

conhecido e provido. REsp 1467980. Rel. Min. Rogério Schietti Cruz, julgado em 04/11/2014.

▶ **STJ**

Informativo nº 466.

Quinta Turma.

DIREÇÃO. EMBRIAGUEZ. PERIGO ABSTRATO.

A Turma reiterou que o crime do art. 306 do Código de Trânsito Brasileiro é de perigo abstrato, pois o tipo penal em questão apenas descreve a conduta de dirigir veículo sob a influência de álcool acima do limite permitido legalmente, sendo desnecessária a demonstração da efetiva potencialidade lesiva do condutor. (...). Precedentes citados: HC 140.074-DF, DJe 22/2/2010, e RHC 26.432-MT, DJe 14/12/2009. **HC 175.385-MG, Rel. Min. Laurita Vaz, julgado em 17/3/2011.**

17. **Consumação.** O delito consuma-se com o ato de dirigir o veículo automotor. Não é necessário provar a potencialidade lesiva da conduta ou que o agente gerou algum grau de risco para a segurança viária e das pessoas. Trata-se de crime de perigo abstrato e formal.

▶ **STJ**

RECURSO ESPECIAL. EMBRIAGUEZ AO VOLANTE. ART. 306 DA LEI N. 9503/97 – CÓDIGO BRASILEIRO DE TRÂNSITO. TRANCAMENTO DA AÇÃO PENAL. CRIME DE PERIGO ABSTRATO. DESNECESSIDADE DE DEMONSTRAÇÃO DE POTENCIALIDADE LESIVA NA CONDUTA. CONCENTRAÇÃO DE ÁLCOOL POR LITRO DE SANGUE IGUAL OU SUPERIOR A 6 DECIGRAMAS. EXAME DE SANGUE. FATO TÍPICO. PRESENTE JUSTA CAUSA. PROVIMENTO. 1 – Conforme reiterada jurisprudência desta Corte, o crime do art. 306 do Código de Trânsito Brasileiro é de perigo abstrato e dispensa a demonstração de potencialidade lesiva na conduta, configurando-se pela condução de veículo automotor em estado de embriaguez. (...). **REsp 1467980. Rel. Min. Rogerio Schietti Cruz, julgado em 04/11/2014.**

18. **A embriaguez, por si só, não caracteriza o dolo eventual.** Em caso de acidente com vítima, em que haja, por exemplo, a morte ou a lesão corporal em alguém, caso o agente esteja dirigindo o veículo automotor sob efeito de álcool, isso, por si só, não caracteriza o dolo eventual. A análise do elemento subjetivo do agente deve ser feita caso a caso, sempre levando em consideração as particularidades do caso concreto que está sob julgamento. Isso não quer dizer que não possa haver dolo eventual. Pode sim. Mas para chegar-se à conclusão de que o agente assumiu o risco de provocar o resultado, é necessária a produção de provas nesse sentido. O que não se admite é que o dolo eventual seja baseado apenas no fato de estar o agente conduzindo o veículo automotor sob a influência de álcool.

▶ **STJ**

Informativo nº 623.

Sexta Turma

Homicídio. Embriaguez ao volante. Dolo eventual. Ausência de circunstâncias excedentes ao tipo. Desclassificação. Homicídio culposo.

A embriaguez do agente condutor do automóvel, por si só, não pode servir de premissa bastante para a afirmação do dolo eventual em acidente de trânsito com resultado morte.

De início, pontua-se que considerar que a embriaguez ao volante, de *per si*, já configuraria a existência de dolo eventual equivale admitir que todo e qualquer indivíduo que venha a conduzir veículo automotor em via pública com a capacidade psicomotora alterada em razão da influência de álcool responderá por homicídio doloso, ao causar, por violação a regra de trânsito, a morte de alguém. Não se descura que a embriaguez ao volante é circunstância negativa que deve contribuir para a análise do elemento anímico que move o agente. Todavia, não é a melhor solução estabelecer-se, como premissa aplicável a qualquer caso relativo a delito viário, no qual o condutor esteja sob efeito de bebida alcóolica, que a presença do dolo eventual é o elemento subjetivo ínsito ao comportamento, a ponto de determinar que o agente seja submetido a Júri Popular mesmo que não se indiquem quaisquer outras circunstâncias que confiram lastro à ilação de que o acusado anuiu ao resultado lesivo. O estabelecimento de modelos extraídos da *praxis* que se mostrem rígidos e impliquem maior certeza da adequação típica por simples subsunção, a despeito da facilidade que ocasionam no exame dos casos cotidianos, podem suscitar desapego do magistrado aos fatos sobre os quais recairá a imputação delituosa, afastando, nessa medida, a incidência do impositivo direito penal do fato. Diferente seria a conclusão se, por exemplo, estivesse o condutor do automóvel dirigindo em velocidade muito acima do permitido, ou fazendo, propopitalmente, zigue-zague na pista, ou fazendo sucessivas ultrapassagens perigosas, ou desrespeitando semáforos com sinal vermelho, postando seu veículo em rota de colisão com os demais apenas para assustá-los, ou passando por outros automóveis "tirando fino" e freando logo em seguida etc. Enfim, situações que permitissem ao menos suscitar a possível presença de um estado anímico compatível com o de quem anui com o resultado morte. Assim, não se afigura razoável atribuir a mesma reprovação a quem ingere uma dose de bebida alcoólica e em seguida dirige em veículo automotor, comparativamente àquele que, após embriagar-se completamente, conduz automóvel na via. **REsp 1.689.173-SC, Rel. Min. Rogério Schietti Cruz, julgado em 21/11/2017.**

▶ **STF**

Informativo nº 904.

Primeira Turma

Homicídio na direção de veículo automotor e competência do tribunal do júri

A Primeira Turma, por maioria, denegou a ordem de "habeas corpus" em que se pleiteava a reforma da decisão que reconheceu a ocorrência de dolo eventual em relação a homicídio cometido por motorista embriagado na direção de veículo automotor, firmada a competência do tribunal do júri.

O impetrante apontava equívoco no enquadramento legal realizado na origem. Pleiteava a desclassificação da conduta para o crime previsto no art. 302(1) do Código de Trânsito Brasileiro.

O Colegiado considerou legítima a tipificação da conduta como crime doloso, de competência do tribunal do júri, ante o reconhecimento da evolução jurisprudencial na análise do que vem a ser dolo eventual e culpa consciente.

No caso, verifica-se a existência de dolo eventual no ato de dirigir veículo automotor sob a influência de álcool, **além de fazê-lo na contramão.** Esse é, portanto, um caso específico que evidencia a diferença entre a culpa consciente e o dolo eventual. O condutor assumiu o risco ou, no mínimo, não se preocupou com o risco de, eventualmente, causar lesões ou mesmo a morte de outrem.

Vencidos, em parte, os ministros Marco Aurélio (relator) e Luiz Fux, que deferiram a ordem para desclassificar a conduta imputada ao paciente para a prevista no art. 302 do Código de Trânsito Brasileiro, ante a aplicação dos princípios da especialidade e da legalidade. **HC 124687/MS, rel. Min. Marco Aurélio, red. p/ o ac. Min. Roberto Barroso, julgamento em 29.5.2018.**

19. **Relação com o delito de condução do veículo automotor sem habilitação (art. 309).** Questão relevante versa sobre a possibilidade de aplicação do princípio da consunção, na vertente do crime progressivo, entre o delito de embriaguez ao volante e o delito de direção de veículo automotor sem habilitação (art. 309 dessa lei). Ou seja, o delito de embriaguez ao volante é um meio necessário para o delito de direção de veículo automotor sem habilitação? Segundo a jurisprudência, a resposta é negativa, uma vez que os delitos são autônomos e o delito de direção sem habilitação pode ser praticado mesmo que o agente não esteja embriagado com a capacidade psicomotora alterada.

▶ **STJ**

Súmula 664: "É inaplicável a consunção entre o delito de embriaguez ao volante e o de condução de veículo automotor sem habilitação."

20. **Classificação.** Crime comum; formal; doloso; comissivo; instantâneo; de perigo abstrato; admite tentativa.
21. **Suspensão condicional do processo.** Cabível, pois a pena mínima cominada não ultrapassa 1 ano (art. 89 da lei 9.099/95).

Art. 307. Violar a suspensão ou a proibição de se obter a permissão ou a habilitação para dirigir veículo automotor imposta com **fundamento neste Código**:

Penas – detenção, de seis meses a um ano e multa, com nova imposição adicional de idêntico prazo de suspensão ou de proibição.

Parágrafo único. Nas mesmas penas incorre o condenado que deixa de entregar, no prazo estabelecido no § 1º do art. 293, a Permissão para Dirigir ou a Carteira de Habilitação.

1. **Sujeito ativo.** A pessoa que estiver com a habilitação suspensa ou proibida. Trata-se de crime próprio.
2. **Sujeito passivo.** O Estado e a coletividade.
3. **Violar a suspensão ou a proibição de se obter a permissão ou a habilitação.** Trata-se do crime de violação da suspensão ou proibição do direito de dirigir veículo automotor. Tem-se, por parte do agente, a desobediência a um ato emanado do Estado. A intenção do legislador foi preservar a autoridade da decisão

que imponha a mencionada suspensão ou proibição, pois se mesmo suspenso ou proibido de dirigir, o agente viesse a efetivamente dirigir um veículo automotor, de nada adiantariam tais sanções.

4. **Suspensão ou proibição com fundamento no CTB.** A suspensão ou a proibição deve ter sido imposta com fundamento no próprio CTB, como sanção pela violação de algum de seus preceitos, como na hipótese de proibição ou suspensão fundamentada em alguma infração administrativa ou penal.

5. **Pressuposto do devido processo legal.** Se o legislador exigiu que a violação da suspensão ou da proibição fosse baseada no próprio CTB, exige-se, como pressuposto, que tais sanções tenham sido aplicadas dentro de um processo, com todas as garantias da ampla defesa e do contraditório, como manifestação do devido processo legal.

6. **Suspensão ou proibição imposta pelo Poder Judiciário.** Questão relevante versa sobre a autoridade que impõe as sanções descritas no tipo penal (suspensão ou proibição), ou seja, se o tipo abrange a sanção imposta pela autoridade administrativa ou pela autoridade judiciária. Pensamos que como o tipo penal não faz distinção, o tipo penal abrange tanto a sanção imposta pela autoridade administrativa, quanto pela autoridade judiciária. Isso porque onde a lei não distingue, não cabe ao intérprete distinguir. Portanto o crime configura-se em caso de violação da suspensão ou da proibição imposta pela autoridade administrativa, como sanção administrativa ou pelo Poder Judiciário, como sanção penal.
Entretanto, segundo o STJ o tipo penal abrange apenas a suspensão ou a proibição imposta pelo Poder Judiciário, como sanção penal. Assim, caso a suspensão ou a proibição violada pelo agente tiver sido imposta pela autoridade administrativa, a conduta será atípica.

▶ **STJ**

Informativo nº 641.

Sexta Turma

Habilitação para dirigir veículo automotor. Suspensão ou proibição. Restrição administrativa. Violação. Art. 307 do CTB. Ausência de tipicidade. É atípica a conduta contida no art. 307 do CTB quando a suspensão ou a proibição de se obter a permissão ou a habilitação para dirigir veículo automotor advém de restrição administrativa. A controvérsia jurídica cinge-se a analisar se a tipicidade requerida pela descrição penal do art. 307 do CTB abrange tanto a restrição administrativa quanto a judicial que impõe a suspensão ou a proibição de se obter a permissão ou a habilitação para dirigir veículo automotor. A suspensão da habilitação para dirigir veículo automotor, antes restrita a mera penalidade de cunho administrativo, passou a ser disciplinada como sanção criminal autônoma, tanto pelo Código Penal – CP, ao defini-la como modalidade de pena restritiva de direitos, como pelo Código de Trânsito Brasileiro – CTB, ao definir penas para o denominados "crimes de trânsito". Dessarte, resta evidente que o legislador quis qualificar a suspensão ou proibição para dirigir veículo automotor como pena de natureza penal, deixando para a hipótese administrativa o seu viés peculiar. A conduta de violar decisão administrativa que suspende a habilitação para dirigir veículo automotor não configura o crime do artigo 307, caput, do CTB, embora possa constituir outra espécie de infração administrativa, segundo as normas correlatas, pois, dada a natureza penal da sanção, somente a decisão lavrada por juízo penal pode ser objeto do descumprimento previsto no tipo do art. 307, *caput*, do CTB no referido tipo. **HC 427.472-SP, Rel. Min. Maria Thereza de Assis Moura, por maioria, julgado em 23/08/2018, DJe 12/12/2018.**

7. **Princípio da Especialidade.** O tipo legal de crime ora comentado é especial em relação ao tipo legal de crime de desobediência previsto no art. 330 do Código Penal.

8. **Parágrafo único. Conduta equiparada.** O art. 293, § 1º CTB dispõe que "a penalidade de suspensão ou de proibição de se obter a permissão ou a habilitação, para dirigir veículo automotor, tem a duração de dois meses a cinco anos. § 1º Transitada em julgado a sentença condenatória, o réu será intimado a entregar à autoridade judiciária, em quarenta e oito horas, a Permissão para Dirigir ou a Carteira de Habilitação". Assim, como consequência da condenação criminal com trânsito em julgado, o condenado tem o prazo de 48 horas para entregar a Permissão ou a Habilitação à autoridade judiciária, caso em que, ultrapassado esse prazo, está configurado o delito ora comentado. Note-se, porém, que somente após o decurso das 48 horas é que o delito estará consumado.

9. **Infração administrativa. Art. 162, II do CTB.** O delito ora comentado também configura infração administrativa prevista no art. 162, II do CTB. Pensamos que as duas sanções (penal e administrativa) podem ser impostas cumulativamente sem que isso implique *bis in idem*, uma vez que as duas sanções possuem naturezas diversas.

10. **Local da prática da conduta.** O legislador não exigiu que a prática da conduta seja em algum local específico. Assim, conclui-se que o delito pode ocorrer em qualquer local, como ruas, avenidas, ruas dentro de condomínios, dentro da garagem etc.

11. **Consumação.** O delito consuma-se com o ato de dirigir o veículo automotor.

12. **Classificação.** Crime próprio; formal; doloso; comissivo; instantâneo; admite tentativa.

13. **Infração penal de menor potencial ofensivo.** Tendo em vista que a pena máxima não é superior a dois anos, trata-se de infração penal de menor potencial ofensivo (art. 61 da lei 9.099/95).

14. **Suspensão condicional do processo.** Cabível, pois a pena mínima cominada não ultrapassa 1 ano (art. 89 da lei 9.099/95).

Art. 308. Participar, na direção de veículo automotor, em via pública, de **corrida, disputa ou competição automobilística ou ainda de exibição ou demonstração de perícia em manobra de veículo automotor**, não autorizada pela autoridade competente, gerando situação de risco à incolumidade pública ou privada: (Alterado pela lei 13.546, de 2017).

Penas – detenção, de 6 (seis) meses a 3 (três) anos, multa e suspensão ou proibição de se obter a permissão ou a habilitação para dirigir veículo automotor.

§ 1º Se da prática do crime previsto no *caput* resultar **lesão corporal de natureza grave**, e as circunstâncias demonstrarem que o agente não quis o resultado nem assumiu o risco de produzi-lo, a pena privativa de liberdade é de reclusão, de 3 (três) a 6 (seis) anos, sem prejuízo das outras penas previstas neste artigo.

§ 2º Se da prática do crime previsto no *caput* resultar **morte**, e as circunstâncias demonstrarem que o agente não quis o resultado nem assumiu o risco de produzi-lo, a pena privativa de liberdade é de reclusão de 5 (cinco) a 10 (dez) anos, sem prejuízo das outras penas previstas neste artigo. (Redação dada pela Lei nº 12.971, de 2014)

1. **Sujeito ativo.** Qualquer pessoa. Trata-se de crime comum, pois o legislador não exigiu nenhuma condição especial do sujeito ativo.

2. **Sujeito passivo.** A coletividade.

3. **Corrida, disputa ou competição automobilística ou ainda de exibição ou demonstração de perícia em manobra de veículo automotor não autorizada.** A corrida, a disputa e a competição configuram a conduta conhecida como *"racha"*, onde dois ou mais veículos automotores apostam corrida em velocidade excessiva. Por *corrida* entenda-se a conduta de percorrer uma distância determinada. *Disputa e competição* significam a mesma coisa, ou seja, o ato de rivalidade, desafio, busca simultânea do mesmo prêmio. A segunda parte do *caput*, que faz menção à *exibição ou demonstração de perícia em manobra de veículo automotor e manobras arriscadas*, foi inserida pela lei 13.546/2017 e consiste em atos de manobras que fogem da normalidade da condução do veículo, com cunho exibicionista, tendo como elemento inerente o risco de causar um acidente com a manobra realizada, como a conduta conhecida como "cavalo-de-pau", conduzir o carro sob duas rodas, arrancadas bruscas e repentinas com a finalidade de "cantar pneu", andar com a motocicleta empinada, sob apenas a roda traseira, entre outros.

4. **Participar.** O verbo *participar* utilizado pelo legislador está empregado em sentido amplo, a denotar qualquer forma de tomar parte da competição não autorizada, como autor do delito ora mencionado.

5. **Local da prática da conduta. Via pública.** O legislador exigiu que a competição não autorizada fosse praticada em via pública. Assim, caso seja praticada em locais fechados, como ruas dentro de um condomínio de casas ou outro lugar parecido, esse delito não se configura.

6. **Crime de perigo concreto.** O legislador exigiu o elemento "gerando situação de risco à incolumidade pública ou privada" como resultado da conduta do agente. Assim, trata-se de crime de perigo concreto. Logo, para a configuração desse delito, não basta que o agente pratique a competição não autorizada. É necessária a prova de que a sua conduta ofereceu um efetivo perigo ao bem jurídico.

7. **Motorista não habilitado.** Caso o motorista não possua a habilitação ou a permissão para dirigir veículo automotor, há concurso de crimes com o delito do art. 309 deste Código, não havendo que se falar em absorção com fundamento no princípio da consunção, pela vertente do crime progressivo, uma vez que dirigir o veículo

sem permissão ou sem habilitação não é meio necessário para a prática do delito ora comentado.

8. **Princípio da especialidade.** O presente tipo penal configura especialidade em relação ao art. 34 da Lei de Contravenções Penais, que traz a contravenção de *direção perigosa de veículo na via pública* (*"Dirigir veículos na via pública, ou embarcações em águas públicas, pondo em perigo a segurança alheia"*).

9. **Crime de concurso necessário e eventual.** Na primeira parte do tipo penal, por meio das expressões participar de corrida, disputa ou competição, percebe-se que o agente somente pode participar desses eventos se houver outras pessoas igualmente participando dele também. O agente participa juntamente com outras pessoas. Ninguém participa de corrida, disputa ou competição consigo mesmo. Portanto, cremos que se trata de crime de concurso necessário, exigindo-se dois ou mais agentes para a sua configuração. Contudo, na segunda parte do tipo penal, que faz menção à *exibição ou demonstração de perícia em manobra de veículo automotor e manobras arriscadas*, trata-se de crime de concurso eventual, uma vez que basta uma pessoa para praticar tais condutas.

10. **Promotor do evento.** A pessoa que promove os eventos de corrida, disputa ou competição responde por esse delito na qualidade de partícipe.

11. **Infração administrativa. Arts. 173 e 174 do CTB.** O delito ora comentado também configura infração administrativa prevista nos arts. 173 e 174. Pensamos que as duas sanções (penal e administrativa) podem ser impostas cumulativamente sem que isso implique *bis in idem*, uma vez que as duas sanções possuem naturezas diversas.

12. **Consumação.** O delito consuma-se com a efetiva participação do agente na corrida, na disputa ou na competição, gerando perigo de dano, independentemente da ocorrência de qualquer resultado.

13. **§ 1º. Qualificadora da lesão corporal grave.** O § 1º trata da qualificadora da lesão corporal grave. O resultado somente pode decorrer de culpa, tendo em vista que o legislador excluiu expressamente o dolo direto e o dolo eventual por meio das expressões "e as circunstâncias demonstrarem que o agente não quis o resultado nem assumiu o risco de produzi-lo". Assim, será um delito preterdoloso. Note-se que somente a lesão corporal grave qualifica o delito, que são os resultados previstos no art., 129, §§ 1º e 2º do Código Penal. A lesão corporal leve, prevista no *caput* do art. 129 do Código Penal, não está abrangida por esse parágrafo. Caso a lesão corporal decorra de dolo, haverá concurso de crimes entre o delito ora comentado e o de lesão corporal previsto no art. 129 do Código Penal.

14. **§ 2º. Qualificadora da morte.** O § 2º trata da qualificadora da morte. Pela redação típica, conclui-se que o resultado somente pode decorrer de culpa, tendo em vista que o legislador excluiu expressamente o dolo direto e o dolo eventual por meio das expressões "e as circunstâncias demonstrarem que o agente não quis o resultado nem assumiu o risco de produzi-lo". Assim, será um delito preterdoloso. Caso a morte decorra de dolo por parte do agente, haverá concurso de crimes entre o delito ora comentado e o de homicídio previsto no art. 121 do Código Penal.

15. **Classificação.** Crime comum; formal; doloso; comissivo; instantâneo; de concurso necessário; de perigo concreto; admite tentativa.
16. **Suspensão condicional do processo.** Cabível, pois a pena mínima cominada não ultrapassa 1 ano (art. 89 da lei 9.099/95).

Art. 309. Dirigir veículo automotor, em via pública, **sem** a devida **Permissão** para Dirigir ou **Habilitação** ou, ainda, se cassado o direito de dirigir, gerando perigo de dano:

Penas – detenção, de seis meses a um ano, ou multa.

1. **Sujeito ativo.** Qualquer pessoa. Trata-se de crime comum, pois o legislador não exigiu nenhuma condição especial do sujeito ativo.
2. **Sujeito passivo.** A coletividade.
3. **Local da prática da conduta. Via pública.** Para a configuração do delito, o legislador exigiu que o agente dirigisse sem estar habilitado com o direito de dirigir cassado em via pública. Assim, caso a conduta seja praticada em locais fechados, como ruas dentro de um condomínio de casas, dentro da garagem ou outro lugar parecido, a conduta será atípica.
4. **Crime de perigo concreto.** Por meio das expressões "gerando perigo de dano", percebe-se que o legislador conferiu a esse delito a natureza de crime de perigo concreto. Assim, para a configuração desse delito, não basta que o agente efetivamente dirija o veículo automotor. É necessária a prova de que a sua conduta ofereceu um efetivo perigo ao bem jurídico.
5. **Agente não habilitado ou com o direito de dirigir cassado.** O legislador abrangeu duas hipóteses. Na primeira, o agente ainda não é habilitado e não tem permissão. Na segunda, ele já foi habilitado para dirigir, mas teve esse direito cassado, não importando o motivo ou o fundamento da cassação.
6. **Dirigir veículo automotor com a CNH vencida. Não configuração do crime.** O presente tipo penal não abrange a conduta do agente que dirige veículo automotor com a CNH vencida, por falta de previsão legal. Além disso, é indevida a equiparação entre a ausência de Permissão ou de Habilitação para dirigir veículo automotor e o fato de o agente estar com a CNH vencida por não a ter renovado no prazo legal. A diversidade de situações impede que elas sejam equiparadas.

▶ **STJ**

CRIMINAL. RECURSO ESPECIAL. DIRIGIR VEÍCULO SEM HABILITAÇÃO GERANDO PERIGO DE DANO. ABSOLVIÇÃO. CONDUTOR HABILITADO. EXAME MÉDICO VENCIDO. ATIPICIDADE. RECURSO DESPROVIDO. I. Hipótese em que o réu foi absolvido, ao fundamento de que o ato de conduzir veículo automotor com carteira de habilitação vencida não constitui a conduta tipificada no art. 309 do CTB. II. Se o bem jurídico tutelado pela norma é a incolumidade pública, para que exista o crime é necessário que o condutor do veículo não possua Permissão para Dirigir ou Habilitação, o que não inclui o condutor que, embora habilitado, esteja com a Carteira de Habilitação vencida. III. Não se pode equiparar a situação do condutor que deixou de renovar o exame médico com a daquele que sequer prestou exames para obter a habilitação. IV. Recurso desprovido. **(REsp 1188333/SC, Rel. Min. Gilson Dipp, julgado em 16/12/2010).**

7. **Infração administrativa. Art. 162, I e II do CTB.** O delito ora comentado também configura a infração administrativa prevista no art. 162, I e II do CTB ("Dirigir veículo: I – sem possuir Carteira Nacional de Habilitação, Permissão para Dirigir ou Autorização para Conduzir Ciclomotor: Infração – gravíssima. Penalidade – multa (três vezes); Medida administrativa – retenção do veículo até a apresentação de condutor habilitado; II – com Carteira Nacional de Habilitação, Permissão para Dirigir ou Autorização para Conduzir Ciclomotor cassada ou com suspensão do direito de dirigir: Infração – gravíssima; Penalidade – multa (três vezes); Medida administrativa – recolhimento do documento de habilitação e retenção do veículo até a apresentação de condutor habilitado."). Pensamos que as duas sanções (penal e administrativa) podem ser impostas cumulativamente sem que isso implique *bis in idem*, uma vez que as duas sanções possuem naturezas diversas.
8. **Consumação.** Com o efetivo ato de dirigir o veículo automotor, mais o perigo concreto ao bem jurídico.
9. **Derrogação do art. 32 da Lei de Contravenções Penais.** A lei de Contravenções Penais em seu art. 32 prevê a seguinte infração: "Dirigir, sem a devida habilitação, veículo na via pública, ou embarcação a motor em águas públicas: Pena – multa, de duzentos mil réis a dois contos de réis." Como é possível perceber, a Lei de Contravenções Penais abrange duas hipóteses de direção sem habilitação: veículo automotor na via pública e embarcação a motor em águas públicas. No que toca à primeira hipótese, o art. 32 da Lei de Contravenções Penais está revogado, em razão de o CTB ter tratado dessa conduta no seu art. 309. Contudo, em relação à segunda hipótese, o artigo da Lei Contravencional continua em vigor porque o art. 309 do CTB não tratou dela. Assim, o art. 309 do CTB derrogou o art. 32 da Lei de Contravenções Penais, que continua a vigorar apenas para o caso de dirigir embarcação a motor em águas públicas sem estar habilitado. Portanto, se o agente dirigir veículo automotor na via pública, pratica o crime do art. 309 do CTB; mas se dirigir embarcação a motor em águas públicas, comete a contravenção do art. 32 da Lei de Contravenções Penais.
10. **Súmula 720 do STF:** "O art. 309 do Código de Trânsito Brasileiro, que reclama decorra do fato perigo de dano, derrogou o art. 32 da Lei das Contravenções Penais no tocante à direção sem habilitação em vias terrestres".
11. **Relação com o delito de embriaguez ao volante (art. 306).** Questão relevante versa sobre a possibilidade de aplicação do princípio da consunção, na vertente do crime progressivo, entre o delito de embriaguez ao volante e o presente delito. Ou seja, o delito de embriaguez ao volante é um meio necessário para o delito de direção de veículo automotor sem habilitação? Segundo a jurisprudência, a resposta é negativa, uma vez que os delitos são autônomos e o delito de direção sem habilitação pode ser praticado mesmo que o agente não esteja embriagado com a capacidade psicomotora alterada.

▶ **STJ**

Súmula 664: "É inaplicável a consunção entre o delito de embriaguez ao volante e o de condução de veículo automotor sem habilitação."

12. **Classificação.** Crime comum; formal; doloso; comissivo; instantâneo; de perigo concreto; admite tentativa.

13. **Infração penal de menor potencial ofensivo.** Tendo em vista que a pena máxima não é superior a dois anos, trata-se de infração penal de menor potencial ofensivo (art. 61 da lei 9.099/95).

14. **Suspensão condicional do processo.** Cabível, pois a pena mínima cominada não ultrapassa 1 ano (art. 89 da lei 9.099/95).

Art. 310. Permitir, confiar ou entregar a direção de veículo automotor a pessoa **não habilitada**, com **habilitação cassada** ou com o **direito** de dirigir **suspenso**, ou, ainda, a quem, por seu estado de saúde, física ou mental, ou por embriaguez, não esteja em condições de conduzi-lo com segurança:

Penas – detenção, de seis meses a um ano, ou multa.

1. **Sujeito ativo.** Qualquer pessoa. Trata-se de crime comum, pois o legislador não exigiu nenhuma condição especial do sujeito ativo.

2. **Sujeito passivo.** A coletividade.

3. **Permitir, confiar ou entregar.** *Permitir* significa consentir na direção do veículo automotor. *Confiar* consiste em acreditar que a pessoa esteja em condições de dirigir. *Entregar* é passar o veículo às mãos da pessoa descrita no tipo penal.

4. **Pessoa não habilitada, com habilitação cassada ou com o direito de dirigir suspenso.** O legislador abrangeu tanto a pessoa que não é habilitada, quanto a que já foi habilitada, mas teve esse direito cassado e a que é habilitada, porém teve esse direito suspenso. Note-se que, enquanto o agente que permite, confia ou entrega o veículo à pessoa não habilitada, com habilitação cassada ou com o direito de dirigir suspenso pratica esse delito ora comentado, a pessoa que dirige sem estar habilitada ou com o direito de dirigir cassado pratica o crime do art. 309 do CTB. Da mesma forma, se essa pessoa estiver com o direito de dirigir suspenso, pratica o delito do art. 307 do CTB.

5. **Pessoa que, por seu estado de saúde, física ou mental, ou por embriaguez, não esteja em condições de conduzi-lo com segurança.** Nessa segunda hipótese, a pessoa é habilitada, mas no momento em que recebe a direção do veículo do agente não está em condições de dirigir pelas causas elencadas no tipo penal. Da mesma forma que dissemos no tópico anterior, enquanto o agente que permite, confia ou entrega o veículo à pessoa que, por seu estado de saúde, física ou mental, ou por embriaguez, não esteja em condições de conduzi-lo com segurança, a pessoa que dirige no estado de embriaguez pratica o delito previsto no art. 306 do CTB.

6. **Infração administrativa. Art. 163, 164 e 166 do CTB.** O delito ora comentado também configura as infrações administrativas previstas nos arts. 163, 164 e 165 do CTB. Pensamos que as duas sanções (penal e administrativa) podem ser impostas cumulativamente sem que isso implique *bis in idem*, uma vez que as duas sanções possuem naturezas diversas.

7. **Local da prática da conduta.** O legislador não exigiu que a prática da conduta seja em algum local específico. Assim, conclui-se que o delito pode ocorrer em qualquer local, como ruas, avenidas, ruas dentro de condomínios, dentro da garagem etc.

8. **Consumação.** O delito consuma-se no momento em que o agente permite, confia ou entrega o veículo automotor à pessoa descrita no tipo penal. Pela redação típica conclui-se que não é necessário que a pessoa efetivamente dirija o veículo, bastado, portanto, a conduta do agente. Tendo em vista que o crime é de perigo abstrato, não é necessária a prova de efetivo perigo gerado à segurança viária.

   ▶ **STJ**

   Súmula 575. Constitui crime a conduta de permitir, confiar ou entregar a direção de veículo automotor a pessoa que não seja habilitada, ou que se encontre em qualquer das situações previstas no art. 310 do CTB, independentemente da ocorrência de lesão ou de perigo de dano concreto na condução do veículo.

9. **Classificação.** Crime comum; formal; doloso; comissivo; instantâneo; de perigo abstrato; admite tentativa.

10. **Infração penal de menor potencial ofensivo.** Tendo em vista que a pena máxima não é superior a dois anos, trata-se de infração penal de menor potencial ofensivo (art. 61 da lei 9.099/95).

11. **Suspensão condicional do processo.** Cabível, pois a pena mínima cominada não ultrapassa 1 ano (art. 89 da lei 9.099/95).

Art. 311. Trafegar em **velocidade incompatível** com a segurança nas proximidades de escolas, hospitais, estações de embarque e desembarque de passageiros, logradouros estreitos, ou onde haja grande movimentação ou concentração de pessoas, gerando perigo de dano:

Penas – detenção, de seis meses a um ano, ou multa.

1. **Sujeito ativo.** Qualquer pessoa. Trata-se de crime comum, pois o legislador não exigiu nenhuma condição especial do sujeito ativo.

2. **Sujeito passivo.** A coletividade.

3. **Trafegar em velocidade incompatível.** O legislador não determinou o que seria velocidade incompatível, bem como não estabeleceu limites de velocidade para caracterizar a velocidade incompatível. Assim, pensamos que a incompatibilidade da velocidade irá variar de acordo com o caso concreto. Se houver placa de trânsito no local com a determinação da velocidade permitida, a velocidade incompatível será a que extrapolar esse limite. Contudo, se não houver sinalização, pensamos

que deva ser seguido o critério de limite de velocidade contido no art. 61, §1º, desta lei.

4. **Crime de perigo concreto.** Por meio das expressões "gerando perigo de dano", percebe-se que o legislador conferiu a esse delito a natureza de crime de perigo concreto. Assim, para a configuração desse delito, não basta que o agente efetivamente dirija o veículo automotor em velocidade incompatível com os locais descritos no tipo penal. É necessária a prova de que a sua conduta ofereceu um efetivo perigo ao bem jurídico.

5. **Local da prática da conduta.** Para a configuração do tipo penal, o legislador exigiu que a prática da conduta fosse nas proximidades de escolas, hospitais, estações de embarque e desembarque de passageiros, logradouros estreitos, ou onde haja grande movimentação ou concentração de pessoas. Portanto, se a conduta for praticada em qualquer outro lugar que não sejam esses previstos no tipo penal, esse crime não se configura.

6. **Infração administrativa. Art. 220, XIV do CTB.** O delito ora comentado também configura a infração administrativa prevista no art. 220, XIV do CTB. Pensamos que as duas sanções (penal e administrativa) podem ser impostas cumulativamente sem que isso implique *bis in idem*, uma vez que as duas sanções possuem naturezas diversas.

7. **Consumação.** O delito consuma-se com o tráfego do veículo em velocidade incompatível, mais o perigo concreto ao bem jurídico.

8. **Classificação.** Crime comum; formal; doloso; comissivo; instantâneo; de perigo concreto; admite tentativa.

9. **Infração penal de menor potencial ofensivo.** Tendo em vista que a pena máxima não é superior a dois anos, trata-se de infração penal de menor potencial ofensivo (art. 61 da lei 9.099/95).

10. **Suspensão condicional do processo.** Cabível, pois a pena mínima cominada não ultrapassa 1 ano (art. 89 da lei 9.099/95).

Art. 312. Inovar artificiosamente, em caso de sinistro automobilístico com vítima, na pendência do respectivo procedimento policial preparatório, inquérito policial ou processo penal, o estado de lugar, de coisa ou de pessoa, a fim de induzir a erro o agente policial, o perito, ou juiz:

Penas – detenção, de seis meses a um ano, ou multa.

Parágrafo único. Aplica-se o disposto neste artigo, ainda que não iniciados, quando da inovação, o procedimento preparatório, o inquérito ou o processo aos quais se refere.

1. **Sujeito ativo.** Qualquer pessoa. Trata-se de crime comum, pois o legislador não exigiu nenhuma condição especial do sujeito ativo.

2. **Sujeito passivo.** A coletividade.

3. **Inovar artificiosamente.** Inovar artificiosamente significa criar uma situação nova, por meio da alteração do estado de lugar, de coisa ou de pessoa. Trata-se de uma espécie de fraude processual, em que o agente promove a alteração para que um novo quadro do acidente automobilístico se forme, com a ocultação da real situação fática que envolve o acidente. O legislador pretendeu, com o tipo penal ora comentado, manter a real situação fática do acidente para que a investigação sobre ele seja a mais completa e a mais eficaz possível, para que se apurem as responsabilidades penais de todos os agentes envolvidos. Isso porque qualquer alteração que se faça no estado de lugar, coisa ou pessoa, pode alterar a apuração da responsabilidade penal.

4. **Sinistro automobilístico com vítima.** Pela redação legal, não basta a existência de um sinistro automobilístico. É necessário que haja uma vítima decorrente do sinistro.

5. **Pendência do respectivo procedimento policial preparatório, inquérito policial ou processo penal.** A conduta de inovação artificiosa deve ocorrer no curso dos processos ou procedimentos descritos no tipo penal (procedimento policial preparatório, inquérito policial ou processo penal), sob pena de atipicidade da conduta. Mas não é só. Exige-se que o processo ou o procedimento tenha pertinência com o acidente, ou seja, que o procedimento policial preparatório, inquérito policial ou processo penal seja aquele no qual o fato do acidente automobilístico com vítima seja apurado.

6. **Especial fim de agir.** O tipo penal exige o especial fim de agir por parte do agente, no sentido de induzir a erro o agente policial, o perito, ou Juiz. Portanto, não é suficiente para a consumação do delito ora comentado a alteração do estado de lugar, de coisa ou de pessoa. O agente deve promover a alteração com essa finalidade específica, pois, com a sua conduta de inovar artificiosamente, pretende levar o agente policial, o perito ou o Juiz a uma situação de falsa noção da realidade, o que, certamente, vai gerar consequências no terreno da apuração da responsabilidade penal.

7. **Local da prática da conduta.** O legislador não exigiu que a prática da conduta seja em algum local específico. Assim, conclui-se que o delito pode ocorrer em qualquer local, como ruas, avenidas, ruas dentro de condomínios, dentro da garagem etc.

8. **Infração administrativa. Art. 176, III, do CTB.** O delito ora comentado também configura a infração administrativa prevista no art. 176, III, do CTB. Pensamos que as duas sanções (penal e administrativa) podem ser impostas cumulativamente sem que isso implique *bis in idem*, uma vez que as duas sanções possuem naturezas diversas.

9. **Parágrafo único.** O parágrafo único traz a ressalva no sentido de que o tipo penal é aplicável mesmo que, quando da inovação artificiosa, o procedimento policial preparatório, inquérito policial ou processo penal ainda não tenham se iniciado.

10. **Consumação.** O delito consuma-se com a efetiva alteração do estado de lugar, de coisa ou de pessoa, associada ao especial fim de agir de induzir a erro o agente policial, o perito ou Juiz.

11. **Classificação.** Crime comum; formal; doloso; comissivo; instantâneo; admite tentativa.
12. **Infração penal de menor potencial ofensivo.** Tendo em vista que a pena máxima não é superior a dois anos, trata-se de infração penal de menor potencial ofensivo (art. 61 da lei 9.099/95).
13. **Suspensão condicional do processo.** Cabível, pois a pena mínima cominada não ultrapassa 1 ano (art. 89 da lei 9.099/95).

Art. 312-A. Para os crimes relacionados nos arts. 302 a 312 deste Código, nas situações em que o juiz aplicar a substituição de pena privativa de liberdade por pena restritiva de direitos, **esta deverá ser de prestação de serviço à comunidade ou a entidades públicas, em uma das seguintes atividades**: (Incluído pela lei 13.281/2016).

I - trabalho, aos fins de semana, em equipes de resgate dos corpos de bombeiros e em outras unidades móveis especializadas no atendimento a vítimas de trânsito;

II - trabalho em unidades de pronto-socorro de hospitais da rede pública que recebem vítimas de sinistro de trânsito e politraumatizados;

III - trabalho em clínicas ou instituições especializadas na recuperação de sinistrados de trânsito;

IV - outras atividades relacionadas ao resgate, atendimento e recuperação de vítimas de sinistros de trânsito.

1. **Espécies de pena restritiva de direitos.** A lei 13.281/2016 inseriu o presente dispositivo legal no CTB para determinar ao Juiz a espécie de pena restritiva de direitos que deve ser aplicada caso a pena privativa de liberdade aplicada na sentença seja substituída por pena restiva de direitos. De todas as espécies de penas restritivas de direitos previstas no art. 43 do Código Penal, a pena de prestação de serviços à comunidade deve ser a única aplicável.
2. **Natureza jurídica.** Trata-se de norma complementar, que é aquela que trazem em si uma espécie de caminho, um norte, um critério para a aplicação da lei penal. O presente artigo trata da aplicação da pena restritiva de direitos nos crimes previstos no CTB.
3. **Aplicabilidade.** O presente dispositivo legal aplica-se a todos os tipos penais previstos no CTB.
4. **Relação com os delitos de trânsito.** Todos os incisos dispõem sobre trabalho, consistente em alguma atividade e local que tenham relação com acidentes de trânsito.
5. **Distinção em relação ao Código Penal. Obrigatoriedade imposta ao Juiz.** No Código Penal, o Juiz é livre para escolher a espécie de pena restritiva de diretos que irá aplicar em substituição à pena privativa de liberdade, sempre norteado pelos princípios da individualização da pena e da proporcionalidade, atendendo às particularidades de cada caso concreto. O presente dispositivo confere um

tratamento legal diverso, uma vez que impõe ao Juiz a obrigatoriedade de substituir a pena privativa de liberdade especificamente pela pena de prestação de serviços à comunidade. Trata-se de uma imposição legal ao Juiz.

6. **Especialidade em relação ao Código Penal.** O art. 46, § 2º do Código Penal dispõe que a pena de prestação de serviços à comunidade será cumprida em entidades assistenciais, hospitais, escolas, orfanatos e outros estabelecimentos congêneres, em programas comunitários ou estatais. No dispositivo ora comentado, o legislador de trânsito foi mais específico e determinou os locais onde o serviço deve ser prestado, quais sejam: equipes de resgate dos corpos de bombeiros e em outras unidades móveis especializadas, unidades de pronto-socorro de hospitais da rede pública que recebem vítimas de acidente de trânsito e politraumatizados e clínicas ou instituições especializadas na recuperação de acidentados de trânsito. Em razão do princípio da especialidade, a norma especial de trânsito deve prevalecer sobre a norma geral do Código Penal. A especialidade reside nos locais onde o serviço é prestado, por possuírem absoluta relação com acidentes de trânsito.

7. **Prestação de serviço à comunidade ou a entidades públicas.** A sua regulamentação está prevista no art. 46 do Código Penal. ("Art. 46. A prestação de serviços à comunidade ou a entidades públicas é aplicável às condenações superiores a seis meses de privação da liberdade. § 1º A prestação de serviços à comunidade ou a entidades públicas consiste na atribuição de tarefas gratuitas ao condenado. § 2º A prestação de serviço à comunidade dar-se-á em entidades assistenciais, hospitais, escolas, orfanatos e outros estabelecimentos congêneres, em programas comunitários ou estatais. § 3º As tarefas a que se refere o § 1º serão atribuídas conforme as aptidões do condenado, devendo ser cumpridas à razão de uma hora de tarefa por dia de condenação, fixadas de modo a não prejudicar a jornada normal de trabalho. § 4º Se a pena substituída for superior a um ano, é facultado ao condenado cumprir a pena substitutiva em menor tempo (art. 55), nunca inferior à metade da pena privativa de liberdade fixada.")

8. **Condenações superiores a 6 meses.** O art. 46, *caput,* do Código Penal dispõe que a pena de prestação de serviços à comunidade é aplicável somente nas condenações superiores a 6 meses de pena privativa de liberdade. É bem verdade que em todos os tipos penais do CTB a pena mínima de privação de liberdade é de 6 meses e, por isso, não haveria nenhuma dificuldade em aplicar essa espécie de pena, uma vez que nenhuma condenação à pena privativa de liberdade seria inferior a 6 meses. Porém, deve ser lembrado que os arts. 305 ao 312 do CTB admitem a tentativa e que ela tem natureza jurídica de causa de diminuição de pena, com incidência na terceira fase da dosimetria da pena (art. 68 do Código Penal), fazendo com que a pena possa ficar abaixo do mínimo legal. Nesse sentido, caso a pena privativa de liberdade fique abaixo do mínimo legal de 6 meses pela incidência da tentativa, seria possível a aplicação da pena de prestação de serviços à comunidade ou o Juiz esbarraria no óbice temporal imposto pelo art. 46, *caput,* do Código Penal? Pensamos que a restrição de 6 meses prevista no Código Penal não possui razão de ser e não se justifica. Com efeito, não há nenhuma razão dogmática para que a prestação de serviços à comunidade seja cabível nas condenações superiores a

6 meses, mas não o seja nas condenações inferiores a esse *quantum*. Se a motivação do legislador ao criar as penas restritivas de direitos foi a descarcerização, evitando-se a pena privativa de liberdade, não se justifica ela ser cabível nas penas superiores a 6 meses, mas não o ser nas inferiores. Aliás, se é cabível nas condenações acima de 6 meses, com muito mais razão deve ser cabível nas condenações inferiores a 6 meses, pois, independentemente do *quantum,* trata-se de pena de prisão. Portanto, cremos que essa limitação estabelecida pelo Código Penal não deve ser aplicada.

Art. 312-B. Aos crimes previstos no § 3º do art. 302 e no § 2º do art. 303 deste Código não se aplica o disposto no inciso I do **caput** do art. 44 do Decreto-Lei nº 2.848, de 7 de dezembro de 1940 (Código Penal) . (Incluído pela Lei nº 14.071, de 2020)

1. **Não aplicação de pena restritiva de direitos.** A lei 14.071/2020 inseriu o presente dispositivo legal no CTB para proibir a substituição da pena privativa de liberdade por pena restritiva de direitos nos delitos ali previstos. A finalidade do legislador foi conferir um tratamento mais severo nesses delitos, quando incidirem as hipóteses do art. 302, § 3º e do art. 303, §2º.

Crimes Contra o Meio Ambiente. Lei 9.605, de 12 de fevereiro de 1998

CAPÍTULO I
DISPOSIÇÕES GERAIS

Art. 1º (VETADO)

Art. 2º Quem, de qualquer forma, **concorre para a prática dos crimes** previstos nesta Lei, incide nas penas a estes cominadas, **na medida da sua culpabilidade**, bem como o diretor, o administrador, o membro de conselho e de órgão técnico, o auditor, o gerente, o preposto ou mandatário de pessoa jurídica, que, sabendo da conduta criminosa de outrem, **deixar de impedir** a sua prática, quando podia agir para evitá-la.

1. **Fundamento constitucional.** A tutela penal e extrapenal do meio ambiente possui base constitucional no art. 225 da CF/88.

2. **Objeto da lei.** A presente lei foi editada para regulamentar a norma constitucional e possui natureza mista, tendo em vista que ela trata de normas de conteúdo civil, penal e administrativo.

3. **Competência.** Como regra geral, a competência para processar e julgar os crimes ambientais é da Justiça Estadual, competência residual. Não há nenhuma norma que determine a fixação da competência na Justiça Federal automaticamente. Entretanto, a fixação da competência na Justiça Federal segue a regra comum, ou seja, quando ficar caracterizada alguma das situações previstas no artigo 109, da CF/88, como no caso de a conduta criminosa prevista nesta lei ser praticada dentro de uma unidade de conservação ambiental que seja mantida pela União, caso em que estará presente a hipótese do art. 109, IV, da CF/88.

▶ **STF**

> (...) 3. A competência de Justiça Estadual é residual, em confronto com a Justiça Federal, à luz da Constituição Federal e da jurisprudência do Supremo Tribunal Federal. 4. A competência da Justiça Federal aplica-se aos crimes ambientais que também se enquadrem nas hipóteses previstas na Constituição, a saber: (a) a conduta atentar contra bens, serviços ou interesses diretos e específicos da União ou de suas entidades autárquicas; (b) os delitos, previstos tanto no direito interno

quanto em tratado ou convenção internacional, tiverem iniciada a execução no país, mas o resultado tenha ou devesse ter ocorrido no estrangeiro – ou na hipótese inversa; (c) tiverem sido cometidos a bordo de navios ou aeronaves; (d) houver grave violação de direitos humanos; ou ainda (e) guardarem conexão ou continência com outro crime de competência federal; ressalvada a competência da Justiça Militar e da Justiça Eleitoral, conforme previsão expressa da Constituição. (...) **(RE 835558, Relator(a): Min. Luiz Fux, Tribunal Pleno, julgado em 09/02/2017).**

▶ **STJ**

Informativo no 615.

Terceira Seção.

Art. 54, § 2º, V da Lei n. 9.605/98. Poluição. Deságue de esgoto em nascentes localizadas em área de proteção ambiental. Programa habitacional popular. Fiscalização da aplicação dos recursos públicos pela Caixa Econômica Federal (CEF). Atuação como mero agente financeiro. Contrato que isenta a CEF de responsabilidade pela higidez da obra. Competência da Justiça estadual. Compete à Justiça estadual o julgamento de crime ambiental decorrente de construção de moradias de programa habitacional popular, nas hipóteses em que a Caixa Econômica Federal atue, tão somente, na qualidade de agente financiador da obra. Discute-se se a atribuição à CEF da conduta típica descrita no art. 54 da Lei n. 9.605/1998 – no que concerne à sua responsabilização criminal por danos ambientais causados por construções de moradias realizadas na esfera do Programa Minha Casa Minha Vida – atrai a competência da Justiça Federal para julgamento do caso. (...) Dessa forma, é de se concluir que o fato de a CEF atuar como financiadora da obra não tem o condão de atrair a competência da Justiça Federal. Isto porque para sua responsabilização não basta que figure como financeira, sendo imprescindível sua atuação na elaboração do projeto, ou seja, deve ter atuado na qualidade de fiscalizadora da segurança e higidez da obra. Uma vez não configuradas as referidas premissas no contrato entabulado com a construtora, deve-se reconhecer a competência da Justiça estadual para julgamento da questão. **(CC 139.197-RS, Rel. Min. Joel Ilan Paciornik, julgado em 25/10/2017).**

▶ **STJ**

CONFLITO NEGATIVO DE COMPETÊNCIA. JUSTIÇA FEDERAL X JUSTIÇA ESTADUAL. AÇÃO PENAL. PESCA, EM LOCAL PROIBIDO DE RIO INTERESTADUAL, COM A UTILIZAÇÃO DE PETRECHOS NÃO PERMITIDOS – ART. 34, PARÁGRAFO ÚNICO, II, DA LEI 9.605/98. PREJUÍZO LOCAL. AUSÊNCIA DE LESÃO A BENS, SERVIÇOS OU INTERESSES DA UNIÃO. COMPETÊNCIA DA JUSTIÇA ESTADUAL. (...) 2. Com o cancelamento do enunciado n. 91 da Súmula STJ, após a edição da Lei n. 9.605/98, esta Corte tem entendido que a competência federal para julgamento de crimes contra a fauna demanda demonstração de que a ofensa atingiu interesse direto e específico da União, de suas entidades autárquicas ou de empresas públicas federais. Precedentes. 3. Assim sendo, para atrair a competência da Justiça Federal, o dano decorrente de pesca proibida em rio interestadual deveria gerar reflexos em âmbito regional ou nacional, afetando trecho do rio que se alongasse por mais de um Estado da Federação, como ocorreria se ficasse demonstrado que a atividade pesqueira ilegal teria o condão de repercutir negativamente sobre parte significativa da população de peixes ao longo do rio, por exemplo, impedindo ou prejudicando seu período de reprodução sazonal. 4. Tal critério tem por objetivo indicar parâmetros para a verificação da efetiva ou potencial ocorrência de dano que afete diretamente, ainda que de forma potencial, bem ou interesse da União, e não criar critério de definição de competência sem base legal, tanto mais que não se pode depreender da lei ambiental que o dano à União é presumido. 5. Situação em que os danos ambientais afetaram apenas a parte do rio próxima ao Município em que a infração foi verificada, posto que a denúncia informa que os réus foram flagrados pescando a cerca de 1.000 (mil) metros da Usina Hidroelétrica de Marimbondo, localizada em rio interestadual (Rio Grande), utilizando-se de rede de 15mm de 20 metros de comprimento, já tendo apanhado 2 Kg (dois quilos) de pescado da espécie conhecida como "fuzilim", supostamente para consumo próprio. 6. Conflito conhecido, para declarar a competência do Juízo de Direito da Vara Única da Comarca de Nova Granada/SP, o suscitante. **(CC 154.859/SP, Rel. Ministro Reynaldo Soares da Fonseca, julgado em 22/11/2017).**

4. **Princípio da insignificância.** O princípio da insignificância é amplamente aplicado nos crimes ambientais, a depender da situação concreta. Todavia, é de se notar que a sua aplicabilidade não é uma regra geral. Deve ser destacado que em se tratando de delito praticado contra a Administração Ambiental (arts. 66 ao 69-A), não se aplica o princípio da insignificância, tendo em vista que o bem jurídico protegido é a moralidade administrativa, na vertente da moralidade administrativa ambiental, nos mesmos moldes que ocorre com os crimes contra a Administração Pública no Código Penal.

▶ **STJ**

Informativo no 602.

Sexta Turma

Crime ambiental. Pesca em local proibido. Princípio da insignificância. Ausência de dano efetivo ao meio ambiente. Atipicidade material da conduta. Não se configura o crime previsto no art. 34 da Lei n. 9.605/1998 na hipótese em há a devolução do único peixe – ainda vivo – ao rio em que foi pescado. A controvérsia gira em torno da aplicação do princípio da insignificância à conduta de pescador que, ao retirar espécime do rio, não concretiza a pesca, pois realiza a devolução do peixe ainda vivo ao seu *habitat.* Sobre o tema, é cediço que a atipicidade material, no plano do princípio da insignificância, pressupõe a concomitância de mínima ofensividade da conduta, o reduzidíssimo grau de reprovabilidade do comportamento e inexpressividade da lesão jurídica provocada. Ademais, é entendimento desta Corte que somente haverá lesão ambiental irrelevante no sentido penal quando a avaliação dos índices de desvalor da ação e do resultado indicar que é ínfimo o grau da lesividade da conduta praticada contra o bem ambiental tutelado, isto porque não se deve considerar apenas questões jurídicas ou a dimensão econômica da conduta, mas deve-se levar em conta o equilíbrio ecológico que faz possíveis as condições de vida no planeta. Nesse sentido: HC 242.132-PR, Rel. Min. Maria Thereza De Assis Moura, Rel. para acórdão Min. Rogerio Schietti Cruz, Sexta Turma, DJe 4/8/2014. Desse modo, tem-se que a devolução do peixe vivo ao rio demonstra a mínima ofensividade ao meio ambiente, circunstância registrada no "*Relatório de Fiscalização firmado pelo ICMBio [em que] foi informado que a gravidade do dano foi leve, além do crime não ter sido cometido atingindo espécies ameaçadas*". Outrossim, os instrumentos utilizados – vara de molinete com carretilha, linhas e isopor –, são de uso permitido e não configuram profissionalismo, contrariamente, demonstram o amadorismo do denunciado. Assim sendo, na ausência de lesividade ao bem jurídico protegido pela norma incriminadora (art. 34, *caput*, da Lei n. 9.605/1998), verifica-se a atipicidade da conduta. **(REsp 1.409.051-SC, Rel. Min. Nefi Cordeiro, julgado em 20/4/2017, DJe 28/4/2017).**

▶ **STJ**

AGRAVO REGIMENTAL NO AGRAVO EM RECURSO ESPECIAL. CRIME CONTRA A ADMINISTRAÇÃO DO MEIO AMBIENTE (ART. 68 DA LEI N. 9.605/98). PRINCÍPIO DA INSIGNIFICÂNCIA. IMPOSSIBILIDADE. MORAL ADMINISTRATIVA. (...) 2. O Superior Tribunal de Justiça entende ser possível a aplicação do princípio da insignificância a determinados casos de crimes praticados contra o meio ambiente. Contudo, o art. 68 da Lei n. 9.605/98 encontra-se dentro da Seção V do citado diploma legal, sendo, portanto, classificado como crime contra a administração ambiental, o que torna inaplicável o citado brocador por ter como finalidade resguardar, também, a moral administrativa. (...) 4. Agravo regimental improvido. **(AgRg no AREsp 962.776/RS, Rel. Min. Nefi Cordeiro, julgado em 17/10/2017).**

5. **Responsabilidade penal em crime societário.** O art. 2º, primeira parte, traz uma norma absolutamente desnecessária relativa ao concurso de pessoas. Isso porque essa norma já existe no art. 29 do Código Penal, que pode ser perfeitamente aplicado à presente lei, por se tratar de norma geral sobre Direito Penal. Percebe-se, assim, que o artigo 2º, primeira parte, é cópia do art. 29, razão pela qual a sua previsão não tem nenhuma utilidade. Ademais, no momento da verificação da autoria do crime, o Juiz sempre analisará a hipótese do concurso de pessoas, dosando as penas dos concorrentes na medida de suas culpabilidades.

A segunda parte do art. 2º traz uma norma absolutamente inaplicável, uma vez que trata genericamente de uma conduta omissiva, sem especificar a conduta concreta do agente. Essa norma dá a impressão de que basta a posição de diretor, de administrador, de membro do conselho e de órgão técnico, de auditor, de gerente, de preposto ou mandatário da pessoa jurídica, para que dessa posição surja, automaticamente, a responsabilidade penal. Contudo, é consabido que nos crimes praticados no âmbito de pessoa jurídica, denominados crimes societários, a mera posição ocupada pelo agente não é suficiente para caracterizar a responsabilidade penal, sendo necessário provar no caso concreto como o agente teria concorrido para prática do crime. Pela leitura da norma parece que a responsabilidade penal surgiria independentemente de qualquer ato concreto por parte do agente apto a gerar a responsabilidade penal. Dessa forma, essa norma é inaplicável. Essa é a posição do STF e do STJ, conforme demonstrado no julgado abaixo que, embora refira-se aos crimes de natureza tributária, esse mesmo entendimento aplica-se aos crimes ambientais, uma vez que em ambos os casos estamos diante de crimes societários, ou seja, praticados no âmbito de uma sociedade.

▶ **STF**

Informativo nº 866

Segunda Turma

Crime societário, individualização da conduta e teoria do domínio do fato.

A Segunda Turma, por unanimidade, concedeu ordem em "habeas corpus" para trancar ação penal envolvendo ex-diretores de empresa de telefonia por crimes contra a Fazenda Pública (...) De acordo com a denúncia, os impetrantes, com domínio dos fatos na administração da sociedade anônima, teriam fraudado a Fazenda Pública de Pernambuco por meio da inserção de elementos inexatos em livros fiscais. (...) O ministro Ricardo Lewandowski (relator) asseverou que não se pode invocar a teoria do domínio do fato, pura e simplesmente, sem nenhuma outra prova, citando de forma genérica os diretores estatutários da empresa, espalhados pelo Brasil, para lhes imputar um crime fiscal que teria sido supostamente praticado no Estado-membro. O Colegiado pontuou que, em matéria de crimes societários, a denúncia deve apresentar, suficiente e adequadamente, a conduta atribuível a cada um dos agentes, de modo a possibilitar a identificação do papel desempenhado pelos denunciados na estrutura jurídico-administrativa da empresa. Ressaltou que, no caso, a acusação feita aos pacientes deriva apenas dos cargos por eles ocupados na empresa de telefonia, estando ausente descrição mínima dos supostos atos ilícitos por eles praticados. **(HC 136250/PE, rel. Min. Ricardo Lewandowski, julgamento em 23.5.2017).**

Art. 3º As **pessoas jurídicas** serão **responsabilizadas administrativa, civil e penalmente** conforme o disposto nesta Lei, nos casos em que a infração seja cometida por decisão de seu representante legal ou contratual, ou de seu órgão colegiado, no interesse ou benefício da sua entidade.

Parágrafo único. A responsabilidade das pessoas jurídicas **não exclui a das pessoas físicas**, autoras, co-autoras ou partícipes do mesmo fato.

1. **Responsabilidade penal das pessoas jurídicas.** O STF e o STJ têm posições firmes no sentido de que as pessoas jurídicas podem praticar crimes ambientais, com fundamento no art. 225, § 3º, da CF/88 e no art. 3º da lei 9.605/98.

   Em relação aos crimes ambientais, a jurisprudência do STJ era firme no sentido de que era necessária a denominada *dupla imputação* ou *imputação simultânea* à pessoa jurídica e à pessoa física que atua em seu nome e em seu benefício, ou seja, a imputação do delito deveria ser feita às duas pessoas concomitantemente. Logo, ambas deveriam figurar na denúncia.

   Posteriormente, o STJ mudou o seu posicionamento, seguindo a orientação do STF, no sentido de que não é necessária a *dupla imputação,* uma vez que a Constituição da República não fez essa exigência expressamente, ou seja, não condicionou a responsabilização penal da pessoa jurídica à responsabilização penal da pessoa física que atua em seu nome e em seu benefício. Contudo, é de se notar que o parágrafo único não exclui a responsabilidade penal das pessoas físicas.

▶ **STF**

Informativo nº 714.

Primeira Turma

Crime ambiental: absolvição de pessoa física e responsabilidade penal de pessoa jurídica.

É admissível a condenação de pessoa jurídica pela prática de crime ambiental, ainda que absolvidas as pessoas físicas ocupantes de cargo de presidência ou de direção do órgão responsável pela prática criminosa. (...) No mérito, anotou-se que a tese do STJ, no sentido de que a persecução penal dos entes morais somente se poderia ocorrer se houvesse, concomitantemente, a descrição e imputação de uma ação humana individual, sem o que não seria admissível a responsabilização da pessoa jurídica, afrontaria o art. 225, § 3º, da CF. Sublinhou-se que, ao se condicionar a imputabilidade da pessoa jurídica à da pessoa humana, estar-se-ia quase que a subordinar a responsabilização jurídico-criminal do ente moral à efetiva condenação da pessoa física. Ressaltou-se que, ainda que se concluísse que o legislador ordinário não estabelecera por completo os critérios de imputação da pessoa jurídica por crimes ambientais, não haveria como pretender transpor o paradigma de imputação das pessoas físicas aos entes coletivos. Vencidos os Ministros Marco Aurélio e Luiz Fux, que negavam provimento ao extraordinário. (...).**(RE 548181/PR, Rel. Min. Rosa Weber, 6.8.2013).**

▶ **STJ**

Informativo nº 566

Quinta Turma

DIREITO PENAL E PROCESSUAL PENAL. DESNECESSIDADE DE DUPLA IMPUTAÇÃO EM CRIMES AMBIENTAIS.

É possível a responsabilização penal da pessoa jurídica por delitos ambientais independentemente da responsabilização concomitante da pessoa física que agia em seu nome. Conforme orientação da Primeira Turma do STF, "O art. 225, § 3º, da Constituição Federal não condiciona a responsabilização penal da pessoa jurídica por crimes ambientais à simultânea persecução penal da pessoa física em tese responsável no âmbito da empresa. A norma constitucional não impõe a necessária dupla imputação" (RE 548.181, Primeira Turma, DJe 29/10/2014). Diante dessa interpretação, o STJ modificou sua anterior orientação, de modo a entender que é possível a responsabilização penal da pessoa jurídica por delitos ambientais independentemente da responsabilização concomitante da pessoa física que agia em seu nome. (...) **(RMS 39.173-BA, Rel. Min. Reynaldo Soares da Fonseca, julgado em 6/8/2015).**

2. **Responsabilidades penais independentes da pessoa jurídica e da pessoa física.** A pessoa jurídica e a pessoa física têm responsabilidades penais diversas e devem ser apuradas de forma autônoma e isolada. Até podem ser apuradas no mesmo processo, mas de forma autônoma. É possível que fique caracterizada a responsabilidade penal da pessoa jurídica, mas não a da pessoa física, e vice-versa. Portanto, a caracterização da responsabilidade penal da pessoa jurídica não induz automaticamente à caracterização da reponsabilidade penal da pessoa física (sócio ou administrador) sem outros elementos concretos que a provem, sob pena de caracterização de responsabilidade penal objetiva.

▶ **STJ**

PENAL E PROCESSO PENAL. RECURSO EM HABEAS CORPUS. REQUISITOS DA PRISÃO PREVENTIVA. SUPOSTOS CRIMES CONTRA A FLORA E CONTRA A ADMINISTRAÇÃO AMBIENTAL (ARTS. 46, 68 E 69 DA LEI 9.605/1998 E 180, 288, 299 E 304 DO CP).

INDÍCIOS DE AUTORIA EM RELAÇÃO À PESSOA JURÍDICA QUE NÃO PODEM SER ATRIBUÍDOS AUTOMATICAMENTE AOS SEUS SÓCIOS. (...) 1. O art. 225, § 3º, da CF/88, ao prever a possibilidade de responsabilização penal de pessoas jurídicas (...) absolutamente não instaurou regime de responsabilidade penal objetiva dos seus sócios. 2. A responsabilidade penal da pessoa jurídica não representa, automaticamente, a de seus sócios, sob pena de se ver esvaziada a regra básica e civilizatória da intranscendência subjetiva das sanções. Por conseguinte, não se deve admitir que os "indícios" de autoria da pessoa jurídica redundem na prisão processual de seu sócio, sem que em relação a ele haja, igualmente, "indícios" de autoria em relação aos delitos investigados. (...) **(RHC 71.923/PA, Rel. Min. Reynaldo Soares da Fonseca, julgado em 20/09/2016).**

Art. 4º Poderá ser **desconsiderada a pessoa jurídica** sempre que sua personalidade for obstáculo ao ressarcimento de prejuízos causados à qualidade do meio ambiente.

Art. 5º (VETADO)

1. **Desconsideração da personalidade jurídica.** Trata-se de instituto afeto ao Direito Civil, e não ao Direito Penal. Por essa razão, o ressarcimento de prejuízos causados ao qual o dispositivo faz menção é o ressarcimento de natureza civil, tendo em vista que no Direito Penal a responsabilidade é sempre de natureza pessoal, não podendo ser transferida a outra pessoa, física ou jurídica, por meio de qualquer outro instituto, inclusive a desconsideração da personalidade jurídica, em homenagem ao princípio da intranscendência da pena, previsto no art. 5º, XLV, da CF/88.

CAPÍTULO II
DA APLICAÇÃO DA PENA

Art. 6º Para **imposição e gradação da penalidade**, a autoridade competente observará:

I – a **gravidade do fato**, tendo em vista os **motivos** da infração e suas **conseqüências** para a saúde pública e para o meio ambiente;

II – os **antecedentes** do infrator quanto ao cumprimento da legislação de interesse ambiental;

III – a **situação econômica** do infrator, no caso de multa.

1. **Imposição e gradação da pena aplicada.** O legislador acrescentou outros elementos que devem ser considerados pelo Juiz no momento da aplicação da pena, que devem conjugados com os elementos do art. 59 do Código Penal. Trata-se de dispositivo que atende ao princípio constitucional da individualização da pena, tendo em vista que elenca elementos ligados ao Direito Ambiental para a dosagem da pena criminal. Tais critérios devem ser também analisados na dosimetria da pena criminal para a pessoa jurídica, desde que sejam compatíveis com as penas a ela aplicadas previstas no art. 21 da presente lei.

Art. 7º As penas restritivas de direitos são **autônomas e substituem** as privativas de liberdade quando:

I – tratar-se de **crime culposo** ou for aplicada a pena privativa de liberdade **inferior a quatro anos**;

II – a culpabilidade, os antecedentes, a conduta social e a personalidade do condenado, bem como os motivos e as circunstâncias do crime indicarem que a substituição seja suficiente para efeitos de **reprovação** e **prevenção** do crime.

Parágrafo único. As penas restritivas de direitos a que se refere este artigo terão a **mesma duração** da pena privativa de liberdade substituída.

1. **Natureza jurídica das penas restritivas de direitos.** No tocante à natureza jurídica das penas restritivas de direitos, o legislador manteve a regra geral do Código Penal ao afirmar que elas são penas *autônomas* e *substitutivas* das penas privativas de liberdade. Dessa forma, primeiro o Juiz aplica a pena privativa de liberdade e, depois, verifica se estão presentes os requisitos para a sua substituição pela pena restritiva de direitos, nos mesmos moldes feitos no Código Penal.

2. **Especialidade em relação do Código Penal.** O presente artigo trata de requisitos diferentes em relação ao art. 44 do Código Penal para a substituição da pena privativa de liberdade pela pena restritiva de direitos. Por tratar-se de norma especial, ela prevalece sobre os requisitos do Código Penal, devendo o Juiz ter em consideração apenas os requisitos previstos no presente dispositivo legal.

3. **Requisitos das penas restritivas de direitos.** Os requisitos previstos nos dois incisos são cumulativos, devendo ambos estar presentes no momento da substituição da pena.

4. **Inciso I.** Trata dos requisitos objetivos. O limite de quatro anos aplica-se aos crimes dolosos. Se o crime for culposo não há limite de pena aplicada para a substituição. Trata-se de norma parecida com a contida no art. 44, I, do Código Penal.

5. **Inciso II.** Trata dos requisitos subjetivos. O Juiz deve analisar todos os seis elementos de forma conjunta.

6. **Parágrafo único.** Seguindo a mesma orientação do Código Penal, na presente lei as penas restritivas de direitos devem ter o mesmo prazo da pena privativa de liberdade aplicada, que foi objeto de substituição, desde que sejam compatíveis, o que não acontece, por exemplo, com a pena de prestação pecuniária, que é cumprida de uma só vez com o efetivo pagamento do valor estabelecido na sentença condenatória.

Art. 8º As **penas restritivas** de direito são:

I – prestação de serviços à comunidade;

II – interdição temporária de direitos;

III – suspensão parcial ou total de atividades;

IV – prestação pecuniária;

V – recolhimento domiciliar.

1. **Espécies de penas restritivas de direitos.** O legislador elencou todas as espécies de penas restritivas de direitos. Em homenagem ao princípio da legalidade penal, nenhuma outra pena diversa das elencadas nesse dispositivo pode ser imposta. Todas as penas são regulamentadas nos artigos seguintes, para onde remetemos o leitor.
2. **Destinatário.** As penas elencadas neste artigo destinam-se às pessoas físicas, ao passo que as penas previstas nos arts. 21 e 22 aplicam-se às pessoas jurídicas.
3. **Princípio da especialidade.** A maioria das penas previstas nesse artigo existe também no Código Penal. Em razão do princípio da especialidade, a aplicação dessas penas deve ser regida pela presente lei, que traz requisitos e normatização própria, diversa do Código Penal.

Art. 9º A prestação de serviços à comunidade consiste na atribuição ao condenado de tarefas gratuitas junto a parques e jardins públicos e unidades de conservação, e, no caso de dano da coisa particular, pública ou tombada, na restauração desta, se possível.

1. **Pena de prestação de serviços à comunidade.** Trata-se de pena autônoma, semelhante à previsão do Código Penal, mas com algumas diferenças que a tornam especial em relação ao Código, como os locais onde as tarefas são executadas (parques e jardins públicos).
2. **Local específico da prestação de serviço à comunidade.** Nos moldes legais, o serviço deve ser prestado em parques e jardins públicos e unidades de conservação. O legislador observou a plena e absoluta pertinência entre o delito praticado e o meio ambiente lesionado.
3. **Coisa particular, pública ou tombada.** Além dos serviços prestados, o agente deve fazer a restauração da coisa particular, pública ou tombada. Embora o legislador não tenha dito expressamente, a restauração deve ser total. Além disso, o dano deve ter sido causado diretamente pela conduta do agente.

Art. 10. As penas de **interdição temporária de direito** são a proibição de o condenado contratar com o Poder Público, de receber incentivos fiscais ou quaisquer outros benefícios, bem como de participar de licitações, pelo prazo de cinco anos, no caso de crimes dolosos, e de três anos, no de crimes culposos.

1. **Pena de interdição temporária de direitos.** Trata-se de pena autônoma, que se difere dessa mesma pena prevista no Código Penal por ser mais específica com elementos próprios. Essa pena é temporária, e não definitiva.

2. **Proibições.** Os direitos proibidos são: 1. Contratar com o Poder Público; 2. Receber incentivos fiscais ou quaisquer outros benefícios; e 3. Participar de licitações. A proibição de contratar com o Poder Público não se confunde com a proibição de participar de licitações. Note-se que a proibição é de realizar contratos com o Poder Público, após o trânsito em julgado da condenação, de forma que eventuais contratos que já estejam em andamento não são atingidos por essa pena, devendo ser cumpridos até o seu término.

3. **Prazo.** O legislador estabeleceu prazos diversos para crimes dolosos e culposos. A distinção é relevante, em razão da intenção do condenado. Naturalmente, o agente que praticou a delito intencionalmente deve ter uma pena mais severa do que o que não agiu com essa intenção. E essa maior severidade veio retratada na duração da pena, atendendo-se ao princípio da proporcionalidade.

Art. 11. A **suspensão de atividades** será aplicada quando estas não estiverem obedecendo às prescrições legais.

1. **Pena de suspensão de atividades.** Esta pena autônoma consiste na suspensão parcial ou total das atividades praticadas pela pessoa física (lembrando que as penas aplicadas às pessoas jurídicas estão previstas nos arts. 21 e 22 da lei). Contudo, o legislador elencou como requisito para a sua aplicação a não obediência às prescrições legais.

2. **Atividade.** Entenda-se por *atividade* qualquer tipo de trabalho desenvolvido, que pode ou não ter natureza remuneratória, abrangendo, portanto, trabalhos filantrópicos sem fins arrecadatórios.

Art. 12. A **prestação pecuniária** consiste no pagamento em dinheiro à vítima ou à entidade pública ou privada com fim social, de importância, fixada pelo juiz, não inferior a um salário mínimo nem superior a trezentos e sessenta salários mínimos. O valor pago será deduzido do montante de eventual reparação civil a que for condenado o infrator.

1. **Pena de prestação pecuniária.** Trata-se de pena autônoma que consiste em pagar algum valor fixado na sentença condenatória, à vítima ou à entidade pública ou privada com fim social.

2. **Antecipação de indenização.** Tendo em vista que se o legislador dispôs que o montante do valor pago será deduzido do montante de eventual reparação civil, é de se concluir que o valor pago a título de pena criminal servirá como antecipação de indenização em eventual e futura condenação civil.

Art. 13. O **recolhimento domiciliar** baseia-se na autodisciplina e senso de responsabilidade do condenado, que deverá, sem vigilância, trabalhar, freqüentar curso ou exercer atividade autorizada, permanecendo recolhido nos dias e horários de folga em residência ou em qualquer local destinado a sua moradia habitual, conforme estabelecido na sentença condenatória.

1. **Pena de recolhimento domiciliar.** Trata-se da pena de recolhimento domiciliar, que se assemelha à pena de limitação de fim de semana prevista no art. 43, VI, do Código Penal, porém com regulamentação própria. A base dessa pena é a autodisciplina e o senso de responsabilidade do condenado, tendo em vista que o condenado não fica sob a vigilância permanente do Poder Público. Tanto é que o legislador afirmou expressamente que o cumprimento dessa pena ocorre *sem vigilância*.

Art. 14. São **circunstâncias** que **atenuam** a pena:

I – **baixo** grau de instrução ou escolaridade do agente;

II – **arrependimento** do infrator, manifestado pela espontânea reparação do dano, ou limitação significativa da degradação ambiental causada;

III – **comunicação prévia** pelo agente do perigo iminente de degradação ambiental;

IV – **colaboração** com os agentes encarregados da vigilância e do controle ambiental.

1. **Circunstâncias atenuantes.** O presente artigo trata das circunstâncias atenuantes, que são aplicadas na segunda fase da dosimetria da pena criminal. Além dessas atenuantes, é possível a aplicação das atenuantes previstas nos arts. 65 e 66 do Código Penal, tendo em vista que não há nenhuma incompatibilidade, nenhum conflito e não há vedação legal, sobretudo porque as normas da parte geral do Código Penal aplicam-se subsidiariamente a essa lei.

2. **Inciso I. Baixo grau de instrução ou escolaridade do agente.** O baixo grau de instrução ou escolaridade do agente é uma circunstância atenuante que se assemelha à atenuante prevista no art. 65, II, do Código Penal. O baixo grau de escolaridade ou de instrução faz com que o agente não tenha, muitas vezes, alguma noção das normas de proibição contidas nessa lei específica, gerando uma hipótese em que é possível a redução da pena. É certo que não se exclui o crime, mas reduz-se a pena.

3. **Inciso II. Arrependimento do infrator.** O arrependimento do agente previsto nesse inciso assemelha-se ao instituto do arrependimento posterior previsto no art. 16 e com a atenuante prevista no art. 65, III, *b,* ambos do Código Penal. Contudo, na presente lei o legislador estabeleceu dois requisitos, quais sejam: espontânea reparação do dano ou limitação significativa da degradação ambiental causada. Presentes esses requisitos, o réu tem direito à redução da pena pela circunstância atenuante.

4. **Inciso III. Comunicação prévia.** Embora a lei não diga expressamente, cremos que essa comunicação deve ser voluntária por parte do agente. O legislador

reconheceu a relevância da conduta do agente que faz a comunicação do perigo de dano antes que ele ocorra. Tendo em vista que essa conduta tem condão de possivelmente impedir um dano maior ao meio ambiente, o agente é merecedor da circunstância atenuante. Entretanto, segundo a redação legal, basta a prévia comunicação, não sendo necessário que agente consiga efetivamente impedir a degradação ambiental.

5. **Inciso IV. Colaboração com os agentes encarregados da vigilância e do controle ambiental.** Essa colaboração por parte do agente que praticou conduta delituosa é, na realidade, uma espécie de arrependimento por parte do agente. Contudo, o legislador foi além desse arrependimento e exigiu uma conduta positiva por parte do infrator, que consiste em colaborar com os agentes encarregados da vigilância e do controle ambiental, de forma que tal colaboração deve ter a intenção última de minorar as consequências ambientais da sua conduta delituosa. É de se notar que, da mesma forma que ocorre no inciso anterior, o legislador não exigiu que agente efetivamente consiga impedir o dano ambiental ou minorar-lhe as consequências, bastando para tanto a sua conduta positiva de colaborar com os agentes do Estado.

Art. 15. São **circunstâncias** que **agravam** a pena, quando não constituem ou qualificam o crime:

I – **reincidência** nos crimes de natureza ambiental;

II – **ter o agente** cometido a infração:

a) para obter vantagem pecuniária;

b) coagindo outrem para a execução material da infração;

c) afetando ou expondo a perigo, de maneira grave, a saúde pública ou o meio ambiente;

d) concorrendo para danos à propriedade alheia;

e) atingindo áreas de unidades de conservação ou áreas sujeitas, por ato do Poder Público, a regime especial de uso;

f) atingindo áreas urbanas ou quaisquer assentamentos humanos;

g) em período de defeso à fauna;

h) em domingos ou feriados;

i) à noite;

j) em épocas de seca ou inundações;

l) no interior do espaço territorial especialmente protegido;

m) com o emprego de métodos cruéis para abate ou captura de animais;

n) mediante fraude ou abuso de confiança;

o) mediante abuso do direito de licença, permissão ou autorização ambiental;

p) no interesse de pessoa jurídica mantida, total ou parcialmente, por verbas públicas ou beneficiada por incentivos fiscais;

q) atingindo espécies ameaçadas, listadas em relatórios oficiais das autoridades competentes;

r) facilitada por funcionário público no exercício de suas funções.

1. **Circunstâncias agravantes.** O presente artigo trata das circunstancias agravantes, que são aplicadas na segunda fase da dosimetria da pena criminal. Além dessas agravantes, é possível a aplicação das outras agravantes previstas nos arts. 61 e 62 do Código Penal, sem que isso implique *bis in idem*, desde que não haja identidade entre as agravantes, caso em que configuraria evidente *bis in idem.*

2. **Inciso I. Reincidência nos crimes de natureza ambiental.** À luz do princípio da especialidade, somente essa reincidência em crimes ambientais tem o condão de fazer incidir a circunstância agravante. Caso esteja configurada a reincidência prevista no Código Penal (art. 63), essa agravante não poderá incidir, incidindo apenas a prevista no Código Penal.

3. **Inciso II. Cometimento da infração por algumas circunstâncias.** O inciso II traz circunstâncias agravantes que são autoexplicativas e incidirão na dosimetria da pena, desde que não configurem elementos ou qualificadoras do delito praticado, sob pena de *bis in idem*.

Art. 16. Nos crimes previstos nesta Lei, a **suspensão condicional da pena** pode ser aplicada nos casos de condenação a pena privativa de liberdade não superior a três anos.

1. **Suspensão condicional da execução da pena.** A suspensão condicional da execução da pena, também conhecida como *sursis* da pena, é um instituto que está previsto e regulamentado no art. 77 do Código Penal. Trata-se de uma forma de cumprimento de pena privativa de liberdade, com nítida natureza descarcerizadora, fundamentada em política criminal, que se destina a evitar o recolhimento à prisão dos condenados a uma pena de curta duração, permitindo seu cumprimento em liberdade mediante o cumprimento de algumas condições, gerando a extinção da pena privativa de liberdade se não houver a sua revogação.

2. **Requisito.** O requisito previsto nessa lei para a incidência da suspensão condicional da execução da pena é a pena privativa de liberdade aplicada na sentença condenatória não ser superior a três anos. A lei de crimes ambientais trouxe apenas um *quantum* de pena diferente do estabelecido pelo Código Penal, de forma que os demais requisitos previstos no art. 77 do Código devem estar presentes para a concessão do instituto.

Art. 17. A verificação da reparação a que se refere o § 2º do art. 78 do Código Penal será feita mediante **laudo de reparação do dano ambiental**, e as condições a serem impostas pelo juiz deverão relacionar-se com a proteção ao meio ambiente.

1. ***Sursis* especial.** O art. 78, § 2º do Código Penal refere-se ao *sursis* especial, que se difere do denominado *sursis* simples. Um dos requisitos para a concessão do *sursis* especial é a reparação do dano prevista no dispositivo acima mencionado. Segundo o artigo ora comentado, a reparação do dano deve ser feita por meio de laudo de reparação do dano ambiental. Trata-se de imposição legal, que não pode ser desprezada pelo Juiz no momento da concessão do *sursis* especial. Além dessa exigência, as condições judiciais (a que se refere o art. 79 do Código Penal) devem guardar pertinência com a proteção do meio ambiente.

Art. 18. A **multa será calculada** segundo os critérios do Código Penal; se revelar-se ineficaz, ainda que aplicada no valor máximo, poderá ser aumentada até três vezes, tendo em vista o valor da vantagem econômica auferida.

1. **Pena de multa.** A pena de multa prevista nesta lei deve ser calculada e aplicada nos moldes descritos no art. 49 do Código Penal, de acordo com o sistema denominado *dias-multa*. Por esse sistema, em um primeiro momento o Juiz fixa o número de dias-multa, que deve variar entre 10 e 360 dias-multa (art. 49, *caput*, do Código Penal). Em um segundo momento, o Juiz fixa o valor de cada dia-multa, que deve variar entre um trigésimo e cinco vezes o valor do salario mínimo vigente no momento da conduta (art. 49, § 1º, do Código Penal).

2. **Aumento até o triplo.** Caso a multa revele-se ineficaz, ela pode ser aumentada em até três vezes, nos mesmos moldes do art. 60, § 1º, do Código Penal. Contudo, de forma diversa do Código Penal, o critério de aumento é o valor da vantagem econômica auferida, e não a situação econômica do réu (como é no Código Penal).

3. **Montante do prejuízo causado.** De acordo com o art. 19, a multa terá por base, também, o montante do prejuízo ambiental causado, devendo tal montante ser aferido por meio de perícia de constatação.

Art. 19. A perícia de constatação do dano ambiental, sempre que possível, **fixará o montante do prejuízo causado** para efeitos de prestação de fiança e cálculo de multa.

Parágrafo único. A perícia produzida no inquérito civil ou no juízo cível poderá ser aproveitada no processo penal, instaurando-se o contraditório.

1. **Perícia de constatação do dano ambiental.** Além de a perícia constatar o dano provocado, ela deve fixar o montante do prejuízo causado com a finalidade de estabelecer o valor da fiança e o cálculo da multa. Assim, ao critério previsto no artigo anterior deve ser acrescentado o previsto neste artigo.

2. **Parágrafo único. Prova emprestada.** A prova emprestada prevista no parágrafo único é válida, desde que diga respeito às mesmas partes e que sejam respeitados o contraditório e a ampla defesa. Note-se que o presente artigo determinou expressamente a realização do contraditório, como condição de validade da prova pericial emprestada, para evitar qualquer forma de violação dos princípios do contraditório e da ampla defesa.

Art. 20. A sentença penal condenatória, sempre que possível, fixará **o valor mínimo para reparação dos danos** causados pela infração, considerando os prejuízos sofridos pelo ofendido ou pelo meio ambiente.

Parágrafo único. Transitada em julgado a sentença condenatória, a execução poderá efetuar-se pelo valor fixado nos termos do *caput*, **sem prejuízo** da liquidação para apuração do dano efetivamente sofrido.

1. **Fixação do valor mínimo para a reparação dos danos na sentença.** Com base no laudo da perícia de constatação do dano ambiental (que fixa o montante do prejuízo causado pela conduta do agente), será apurado o valor mínimo para a reparação dos danos causados pela infração penal praticada pelo agente, tendo em consideração os prejuízos sofridos pelo ofendido ou pelo meio ambiente. Trata-se de norma semelhante à norma contida no art. 387, IV, do Código de Processo Penal.

2. **Parágrafo único. Título executivo judicial.** A sentença terá valor de título executivo judicial e poderá ensejar execução no Juízo Cível, nos moldes do art. 515, VI, do Código de Processo Civil. Caso não seja possível apurar toda a extensão do dano ou todas as espécies de dano (dano material ou dano moral), será efetivada a liquidação pelo Juízo Cível para a apuração do que não pôde ser apurado pelo Juízo Criminal.

Art. 21. As penas aplicáveis isolada, **cumulativa ou alternativamente** às **pessoas jurídicas**, de acordo com o disposto no art. 3º, são:

I - multa;

II - restritivas de direitos;

III - prestação de serviços à comunidade.

1. **Penas aplicáveis à pessoa jurídica.** Como o art. 21 deixa claro, tais penas criminais são aplicáveis às pessoas jurídicas. Como dito acima, as penas aplicáveis às pessoas físicas estão descritas no art. 8º da lei. Trata-se de penas perfeitamente compatíveis com a pessoa jurídica.

2. **Formas de aplicação.** Essas penas podem se aplicadas de forma isolada ou de forma cumulada. O critério para a opção entre a alternatividade e a cumulação é o disposto no art. 3º da presente lei.

3. **Princípio da legalidade.** À luz do princípio da legalidade, as penas elencadas neste artigo somente poderão ser aplicadas caso o tipo penal praticado comine tais penas. Esse artigo não traz nenhuma norma relevante, tendo em vista que, com ele ou sem ele, o Juiz somente poderá aplicar as penas descritas em cada tipo penal praticado.

4. **Inciso I. Pena de multa.** A pena de multa é fixada nos moldes do art. 49 do Código Penal.

5. **Inciso II. Penas restritivas de direitos.** Essa pena está regulamentada no art. 22, que dispõe sobre as suas espécies e a forma de execução, para onde remetemos o leitor.

6. **Inciso III. Pena de prestação de serviços à comunidade.** Ao que parece, nesta lei a pena de prestação de serviços à comunidade foi transformada em pena autônoma, diferente do Código Penal, em que ela é uma espécie de pena restritiva de direitos (art. 43, IV). Entretanto, cremos que essa pena não tem natureza de pena autônoma. Mesmo em face da redação legal, cremos que ela permanece com a natureza jurídica de pena restritiva de direitos, apenas teve um regramento específico nesse artigo.

7. **Prescrição.** O prazo prescricional das penas prevista neste artigo regula-se pelo Código Penal.

▶ **STF**

> (...) Nos crimes ambientais, às pessoas jurídicas aplicam-se as sanções penais isolada, cumulativa ou alternativamente, somente as penas de multa, restritivas de direitos e prestação de serviços à comunidade (art. 21 da Lei 9.605/98). No caso, os parâmetros de aferição de prazos prescricionais são disciplinados pelo Código Penal. Nos termos do art. 109, caput e parágrafo único, do Código Penal, antes de transitar em julgado a sentença final, aplica-se, às penas restritivas de direito, o mesmo prazo previsto para as privativas de liberdade, regulada pelo máximo da pena privativa de liberdade cominada ao crime (...). **(ARE 944034 AgR, Relator(a): Min. Gilmar Mendes, julgado em 30/09/2016).**

Art. 22. As **penas restritivas de direitos** da **pessoa jurídica** são:

I – suspensão parcial ou total de atividades;

II – interdição temporária de estabelecimento, obra ou atividade;

III – proibição de contratar com o Poder Público, bem como dele obter subsídios, subvenções ou doações.

§ 1º A **suspensão de atividades** será aplicada quando estas não estiverem obedecendo às disposições legais ou regulamentares, relativas à proteção do meio ambiente.

§ 2º A **interdição** será aplicada quando o estabelecimento, obra ou atividade estiver funcionando sem a devida autorização, ou em desacordo com a concedida, ou com violação de disposição legal ou regulamentar.

§ 3º A **proibição** de **contratar** com o Poder Público e dele obter subsídios, subvenções ou doações não poderá exceder o prazo de dez anos.

1. **Espécies de penas restritivas de direitos.** Esse artigo elenca as espécies de penas restritivas de direitos que podem ser aplicadas às pessoas jurídicas. Trata-se de regramento diverso do Código Penal, que elenca as espécies de penas restritivas de direitos no seu art. 43. À luz do princípio da legalidade, somente essas três espécies de penas previstas nesse artigo podem ser aplicadas, nenhuma outra.

2. **Inciso I. Suspensão parcial ou total de atividades.** As atividades referidas neste inciso são as atividades desenvolvidas pela pessoa jurídica, como objeto social. Nos moldes do § 1º, essa pena é aplicada quando as atividades desenvolvidas pela pessoa jurídica não estiverem obedecendo às disposições legais ou regulamentares, relativas à proteção do meio ambiente. Trata-se de pena substitutiva da

pena privativa de liberdade. Assim, para que essa pena não configure a extinção da pessoa jurídica, ela deverá ter o mesmo prazo de duração da pena privativa de liberdade aplicada.

3. **Inciso II. Interdição temporária de estabelecimento, obra ou atividade.** De acordo com o disposto no § 2º, essa interdição temporária será aplicada quando o estabelecimento, obra ou atividade estiver funcionando sem a devida autorização do Poder Público, ou seja, de forma clandestina (como no caso de ausência de alvará da Prefeitura para funcionamento), ou em desacordo com a concedida (caracterizando o desvio de finalidade), ou com violação de disposição legal ou regulamentar (de forma ilegal). A interdição ocorre em razão do funcionamento do estabelecimento, obra ou atividade fora dos moldes legais. O tempo de duração dessa pena é o mesmo tempo da pena privativa de liberdade aplicada, que fora substituída pela pena ora comentada.

4. **Inciso III. Proibição de contratar com o Poder Público, bem como dele obter subsídios, subvenções ou doações.** A proibição de contratar com o Poder Público prevista nesse inciso não se confunde com a proibição de participar de licitação, embora a licitação vá resultar em um contrato com o Poder Público. Note-se que a proibição é de realizar contratos com o Poder Público, após o trânsito em julgado da condenação. Logo, eventuais contratos que já estejam em andamento não são atingidos por essa pena, devendo ser cumpridos até o seu término. Além da proibição de contratar com o Poder Público, há também a proibição de obter subsídios, subvenções ou doações do Poder Público. O prazo de duração dessa pena é o mesmo prazo de duração da pena privativa de liberdade aplicada na sentença, que foi objeto de substituição por essa pena ora comentada. Contudo, há o limite de dez anos previsto no § 3º.

Art. 23. A **prestação de serviços à comunidade pela pessoa jurídica** consistirá em:

I – custeio de programas e de projetos ambientais;

II – execução de obras de recuperação de áreas degradadas;

III – manutenção de espaços públicos;

IV – contribuições a entidades ambientais ou culturais públicas.

1. **Pena de prestação de serviços à comunidade.** Como dito anteriormente, não se trata de pena autônoma, mas sim de espécie de pena restritiva de direitos. Os incisos, autoexplicativos, trazem as espécies de prestação de serviços. Contudo, deve ser observado que no inciso II a degradação da área deve ser oriunda ou ter alguma conexão com a conduta delituosa praticada pela pessoa jurídica.

Art. 24. A pessoa jurídica **constituída ou utilizada**, preponderantemente, com o fim de **permitir, facilitar ou ocultar a prática de crime** definido nesta Lei terá decretada sua liquidação forçada, seu patrimônio será considerado instrumento do crime e como tal perdido em favor do Fundo Penitenciário Nacional.

1. **Pessoa jurídica com objeto ilícito.** O legislador preocupou-se com a pessoa jurídica constituída ou utilizada preponderantemente, com o fim de permitir, de facilitar ou de ocultar a prática de crime definido na presente lei. Nesse caso, as consequências são severas. Além da decretação da liquidação forçada da pessoa jurídica, o seu patrimônio será considerado instrumento do crime e perdido em favor do Fundo Penitenciário Nacional, nos mesmos moldes definidos no art. 91, II, *a*, do Código Penal (com destinatários diferentes).

CAPÍTULO III
DA APREENSÃO DO PRODUTO E DO INSTRUMENTO DE INFRAÇÃO ADMINISTRATIVA OU DE CRIME

Art. 25. Verificada a infração, serão **apreendidos** seus produtos e instrumentos, lavrando-se os respectivos autos.

§ 1º Os **animais serão prioritariamente libertados em seu habitat** ou, sendo tal medida inviável ou não recomendável por questões sanitárias, entregues a jardins zoológicos, fundações ou entidades assemelhadas, para guarda e cuidados sob a responsabilidade de técnicos habilitados.

§ 2º Até que os animais sejam entregues às instituições mencionadas no § 1º deste artigo, o órgão autuante zelará para que eles sejam mantidos em **condições adequadas de acondicionamento e transporte** que garantam o seu **bem-estar físico.**

§ 3º Tratando-se de **produtos perecíveis ou madeiras**, serão estes avaliados e doados a instituições científicas, hospitalares, penais e outras com fins beneficentes.

§ 4º Os **produtos e subprodutos** da fauna **não perecíveis** serão destruídos ou doados a instituições científicas, culturais ou educacionais.

§ 5º Os **instrumentos** utilizados na prática da infração serão vendidos, garantida a sua descaracterização por meio da reciclagem.

1. **Apreensão dos produtos e instrumentos da infração penal.** Trata-se de medida que tem por finalidade a apuração da infração penal de forma mais completa, para que seja feita a perícia, a devolução ao legítimo ambiente, reinserção de animais em seu habitat natural etc. Essa apreensão já tinha previsão no art. 6º, II, do Código de Processo Penal. Contudo, a presente lei trouxe a mesma medida, só que adequada aos crimes ambientais.

2. **§ 1º. Libertação dos animais.** Imediatamente após a realização da perícia, os animais devem ser restituídos ao seu habitat natural como medida de manutenção da espécie. Caso isso não seja viável ou não seja recomendável por questões sanitárias, os animais devem ser entregues a jardins zoológicos, fundações ou entidades assemelhadas. Cremos que a primeira opção (restituição ao habitat natural) é a medida prioritária e as autoridades devem se esforçar ao máximo para conseguir

efetivá-la. Enquanto isso não acontece, o § 2º determina que o órgão autuante zele pelo bem-estar dos animais apreendidos para que eles sejam mantidos em condições adequadas de acondicionamento e transporte que garantam o seu bem-estar físico.

3. **§ 3º. Produtos perecíveis ou madeiras.** Justamente por serem perecíveis ou madeiras (que se desgastam com o tempo), que já não podem ser restituídos ao meio ambiente, para evitar a perda deles, após a avaliação eles devem ser doados a instituições científicas, hospitalares, penais e outras com fins beneficentes. Tal medida tem por finalidade evitar a perda dos bens sem nenhuma utilidade.

4. **§ 4º. Produtos e subprodutos da fauna não perecíveis.** A medida de doação dos produtos e de subprodutos da fauna não perecíveis a instituições científicas, culturais ou educacionais tem por finalidade fomentar o estudo e o conhecimento, como no caso de um animal empalhado, que pode ser doado a um museu para exposição ou a um laboratório para estudo. Ou então, caso não tenha utilidade (como um tabuleiro feito do material extraído da casca de um jacaré), a lei impõe que sejam destruídos.

5. **§ 5º Venda dos instrumentos utilizados na prática da infração.** Os instrumentos somente podem ser vendidos após a sua descaracterização, para se evitar que possam ser utilizados posteriormente para a prática de outros crimes ambientais.

CAPÍTULO IV
DA AÇÃO E DO PROCESSO PENAL

Art. 26. Nas infrações penais previstas nesta Lei, a ação penal é **pública incondicionada.**

Parágrafo único. (VETADO)

1. **Ação penal pública incondicionada.** Trata-se de dispositivo absolutamente desnecessário, tendo em vista que o art. 100 do Código Penal trata da regra geral da natureza da ação penal e dispõe que "a ação penal é pública, salvo quando a lei expressamente a declara privativa do ofendido." Portanto, basta que a lei omita sobre esse ponto que a ação penal será pública incondicionada. Essa é a regra geral. A regra geral não precisa ser a todo o momento reafirmada. Ela é estabelecida como regra e basta que a lei preveja as exceções.

Art. 27. Nos **crimes ambientais de menor potencial ofensivo**, a proposta de aplicação imediata de pena restritiva de direitos ou multa, prevista no art. 76 da Lei nº 9.099, de 26 de setembro de 1995, somente poderá ser formulada desde que tenha havido a prévia composição do dano ambiental, de que trata o art. 74 da mesma lei, salvo em caso de comprovada impossibilidade.

1. **Transação penal.** O legislador condicionou a realização da transação penal à prévia composição do dano ambiental, que nada mais é do que a composição dos danos civis prevista no art. 74 da lei 9.099/95. O legislador acrescentou um novo requisito para a realização da transação penal não previsto na Lei 9.099/95. Contudo,

o legislador abriu uma exceção para o caso de impossibilidade de composição dos danos civis, desde que tal impossibilidade seja comprovada nos autos, como na hipótese de impossibilidade financeira do autor do fato.

Art. 28. As disposições do **art. 89 da Lei nº 9.099, de 26 de setembro de 1995**, aplicam-se aos crimes de menor potencial ofensivo definidos nesta Lei, com as seguintes modificações:

I – a declaração de **extinção de punibilidade**, de que trata o § 5º do artigo referido no *caput*, **dependerá** de laudo de constatação de reparação do dano ambiental, ressalvada a impossibilidade prevista no inciso I do § 1º do mesmo artigo;

II – na hipótese de o laudo de constatação comprovar **não ter sido completa a reparação**, o prazo de suspensão do processo será prorrogado, até o período máximo previsto no artigo referido no *caput*, acrescido de mais um ano, com suspensão do prazo da prescrição;

III – no **período de prorrogação**, não se aplicarão as condições dos incisos II, III e IV do § 1º do artigo mencionado no *caput*;

IV – findo o prazo de prorrogação, proceder-se-á à lavratura de novo laudo de constatação de reparação do dano ambiental, podendo, conforme seu resultado, ser **novamente prorrogado** o período de suspensão, até o máximo previsto no inciso II deste artigo, observado o disposto no inciso III;

V – esgotado o prazo máximo de prorrogação, a declaração de **extinção de punibilidade** dependerá de laudo de constatação que comprove ter o acusado tomado as **providências necessárias à reparação integral do dano**.

1. **Suspensão condicional do processo.** O legislador tratou da possibilidade de aplicação do instituto da suspensão condicional do processo, também chamado *sursis* processual. Entretanto, nos moldes do art. 89 da lei 9.099/95 a suspensão condicional do processo é aplicável também às infrações penais que não sejam de menor potencial ofensivo. O artigo ora comentado fez uma restrição indevida do instituto às infrações penais de menor potencial ofensivo, devendo tal restrição ser desconsiderada pelo intérprete, uma vez que esse instituto, conforme a previsão do art. 89 da lei 9.099/95, tem ampla aplicabilidade, desde que obedecidos os requisitos legais.

2. **Inciso I. Extinção de punibilidade.** A extinção da punibilidade é a consequência legal do cumprimento de todas as condições da suspensão condicional do processo sem que tenha havido a sua revogação. Contudo, na presente lei, a declaração da extinção da punibilidade está condicionada à reparação do dano ambiental constante do laudo de constatação. Isso porque a reparação do dano é uma das condições a serem cumpridas durante o período de prova da suspensão condicional do processo. Note-se que há uma ressalva, tanto no inciso I ora comentado, quanto no inciso I do § 1º do art. 89 da lei 9.099/95, que consiste na impossibilidade de reparação do dano devidamente comprovada nos autos.

3. **Inciso II. Prorrogação do prazo.** A reparação do dano deve ser integral, comprovada no laudo de constatação de reparação do dano ambiental. Caso o laudo conclua

pela reparação parcial, o prazo do período de prova deverá ser prorrogado até o período máximo previsto no *caput* do art. 89 da lei 9.099/95, acrescido de mais um ano e suspenso o prazo de prescrição.

4. **Inciso III. Prorrogação do prazo. Não incidência das demais condições.** Apenas o prazo é prorrogado, com a finalidade de o agente efetivar a reparação do dano. O agente não fica obrigado ao cumprimento das demais condições da suspensão condicional do processo.

5. **Inciso IV. Nova prorrogação do prazo.** Tem-se aqui o segundo laudo de constatação de reparação do dano ambiental para a verificação da reparação integral após a prorrogação do prazo, podendo gerar uma segunda prorrogação, a depender da conclusão do laudo. A prorrogação poderá ser até o período máximo previsto no *caput* do art. 89 da lei 9.099/95, acrescido de mais um ano, sem que o agente cumpra as demais condições.

6. **Inciso V. Extinção da punibilidade condicionada.** Após a segunda prorrogação, a declaração de extinção da punibilidade dependerá de laudo de constatação que comprove ter o acusado tomado as providências necessárias à reparação integral do dano, a ser analisado pelo Juiz, levando-se em consideração o esforço pessoal do agente no sentido de reparar o dano.

CAPÍTULO V
DOS CRIMES CONTRA O MEIO AMBIENTE

1. **Divisão da lei.** Esta lei divide os crimes contra o meio ambiente em cinco partes: **Seção I:** *crimes contra a Fauna* (arts. 29 ao 37); **Seção II:** *crimes contra a Flora* (arts. 38 ao 53); **Seção III:** *Poluição e outros crimes ambientais* (arts. 54 ao 61); **Seção IV:** *Crimes contra o Ordenamento Urbano e o Patrimônio Cultural* (arts. 62 ao 65); **Seção V:** *Crimes contra a Administração Ambiental* (arts. 66 ao 69-A).

2. **Fauna.** A fauna consiste no conjunto de animais, terrestres ou aquáticos, próprios de determinada região, que se dividem em: invertebrados, mamíferos, aves, répteis e anfíbios. Os peixes estão incluídos na fauna aquática.

3. **Flora.** A flora é o conjunto de plantas de uma determinada região ou período listadas por espécies e consideradas como um todo, incluídos os fungos, as bactérias do solo, os musgos, bromeliáceas, podendo ser encontrada nas matas, nos pântanos, no ambiente marinho, (flutuante ou fixa no fundo das águas).

4. **Poluição.** Poluição é toda alteração das propriedades naturais do meio ambiente, provocada por agentes de qualquer espécie, prejudicial à saúde, à segurança ou ao bem-estar da população que é atingida pelos efeitos da poluição.

5. **Ordenamento Urbano e o Patrimônio Cultural.** Consiste no patrimônio histórico, cultural, artístico, arqueológico e paisagístico.

6. **Administração Ambiental.** A Administração Ambiental é a Administração Pública com destinação específica de proteger o meio ambiente.

7. **Bem jurídico tutelado.** Nesta lei o bem juridicamente protegido é a existência, o equilíbrio e a manutenção do meio ambiente.

8. **Conceito de meio ambiente.** O conceito de meio ambiente está previsto no art. 3º, da lei 6.938/81: *"Art 3º – Para os fins previstos nesta Lei, entende-se por: I – meio ambiente, o conjunto de condições, leis, influências e interações de ordem física, química e biológica, que permite, abriga e rege a vida em todas as suas formas."* Contudo, costuma-se dar um conceito mais amplo a meio ambiente. Assim, o meio ambiente deve ser analisado sob três vertentes: o *meio ambiente artificial*; o *meio ambiente cultural*; e o *meio ambiente natural ou físico.*

9. **Meio ambiente artificial.** O meio ambiente artificial é formado pelo espaço urbano construído pelo homem, consistente no conjunto de edificações (denominado espaço urbano fechado) e de equipamentos públicos, como ruas, praças, espaços livres, área verde (denominado espaço urbano aberto).

10. **Meio ambiente cultural.** O meio ambiente cultural é composto pelo patrimônio histórico, artístico, paisagístico, turístico, arqueológico. Apesar de possuir natureza artificial, por também ser formado por obra do ser humano, distingue-se do meio ambiente artificial em razão do valor especial que foi agregado ao meio ambiente cultural.

11. **Meio ambiente natural ou físico.** O meio ambiente natural ou físico é formado pelos seguintes elementos: solo, água, ar atmosférico, flora, interação dos seres vivos com o seu meio, gerando uma relação recíproca entre as espécies e entre elas e o ambiente físico ocupado por elas.

12. **Direito Ambiental.** O Direito Ambiental é um ramo do Direito Público, com peculiaridades especiais, consistente em um conjunto de normas de diversos ramos do Direito, que disciplinam as relações entre o comportamento humano e o meio ambiente, e que se destina a proteger o meio ambiente, compreendendo medidas administrativas e judiciais visando à reparação econômico e financeira dos danos causados pelo homem ao meio ambiente e aos ecossistemas de forma geral.

13. **Direito Penal Ambiental.** O Direito Penal Ambiental é o ramo do Direito Público que estuda as condutas humanas ilícitas que causam dano ou que exponham a perigo o meio ambiente.

Seção I
Dos Crimes contra a Fauna

Art. 29. Matar, perseguir, caçar, apanhar, utilizar **espécimes da fauna silvestre**, nativos ou em rota migratória, sem a devida permissão, licença ou autorização da autoridade competente, ou em desacordo com a obtida:

Pena – detenção de seis meses a um ano, e multa.

§ 1º Incorre nas mesmas penas:

I – quem impede a **procriação da fauna**, sem licença, autorização ou em desacordo com a obtida;

II – quem modifica, danifica ou destrói **ninho, abrigo** ou **criadouro natural**;

III – quem vende, expõe à venda, exporta ou adquire, guarda, tem em cativeiro ou depósito, utiliza ou transporta **ovos, larvas ou espécimes da fauna silvestre**, nativa ou em rota migratória, bem como produtos e objetos dela oriundos, provenientes de criadouros não autorizados ou sem a devida permissão, licença ou autorização da autoridade competente.

§ 2º No caso de guarda doméstica de espécie silvestre não considerada ameaçada de extinção, pode o juiz, considerando as circunstâncias, **deixar de aplicar a pena**.

§ 3º **São espécimes da fauna silvestre** todos aqueles pertencentes às espécies nativas, migratórias e quaisquer outras, aquáticas ou terrestres, que tenham todo ou parte de seu ciclo de vida ocorrendo dentro dos limites do território brasileiro, ou águas jurisdicionais brasileiras.

§ 4º A **pena é aumentada** de metade, se o crime é praticado:

I – contra espécie rara ou considerada ameaçada de extinção, ainda que somente no local da infração;

II – em período proibido à caça;

III – durante a noite;

IV – com abuso de licença;

V – em unidade de conservação;

VI – com emprego de métodos ou instrumentos capazes de provocar destruição em massa.

§ 5º A pena é aumentada até o triplo, se o crime decorre do exercício de **caça profissional**.

§ 6º As disposições deste artigo não se aplicam aos **atos de pesca**.

1. **Sujeito ativo.** Crime comum. Qualquer pessoa pode praticá-lo.
2. **Sujeito passivo.** A sociedade.
3. **Matar, perseguir, caçar, apanhar, utilizar.** *Matar* é retirar a vida da espécime da fauna. *Perseguir* significa correr atrás da espécime. *Caçar* consiste em matar ou aprisionar. *Apanhar* é privar a liberdade. *Utilizar* significa fazer uso de alguma espécie da fauna.
4. **Fauna silvestre.** O seu conceito está no § 3º do presente artigo.
5. **Norma penal em branco.** O presente tipo penal constitui norma penal em branco, uma vez que se faz necessário complementar o seu preceito primário para a determinação do que seja a devida permissão, licença ou autorização da autoridade competente.
6. **Tipo penal misto alternativo.** Caso o agente pratique mais de uma conduta descrita no tipo penal, no mesmo contexto fático, responderá por um delito apenas, não havendo concurso de crimes.
7. **Consumação.** Com a prática de qualquer das condutas típicas.
8. **Classificação.** Crime comum; material nas condutas *matar, caçar* e *apanhar* e formal nas condutas *perseguir e utilizar*; doloso; comissivo; instantâneo nas condutas

matar, caçar, apanhar, utilizar e permanente na conduta *perseguir*; de perigo abstrato; admite a tentativa.

9. **Suspensão condicional do processo.** Cabível, pois a pena mínima cominada não ultrapassa 1 ano (art. 89 da lei 9.099/95).

10. **§ 1º. Condutas equiparadas.**

11. **Inciso I. Impedir a procriação da fauna sem licença, autorização ou em desacordo com a obtida.** *Impedir a procriação* consiste em interromper a procriação da fauna. O agente impede que a fauna se reproduza e que a espécime tenha seguimento.

12. **Norma penal em branco.** O presente tipo penal constitui norma penal em branco, uma vez que se faz necessário complementar o seu preceito primário para a determinação do que seja sem licença, autorização ou em desacordo com a obtida

13. **Consumação.** Com o efetivo impedimento da procriação da espécime. Trata-se de crime material.

14. **Classificação.** Crime comum; material; doloso; comissivo; instantâneo; de perigo abstrato; admite a tentativa.

15. **Suspensão condicional do processo.** Cabível, pois a pena mínima cominada não ultrapassa 1 ano (art. 89 da lei 9.099/95).

16. **Inciso II. Modificar, danificar ou destruir ninho, abrigo ou criadouro natural.**

17. **Modificar, danificar ou destruir.** *Modificar* é mudar a forma original. *Danificar* consiste em produzir dano, inutilizar, deteriorar. *Destruir* significa desfazer, aniquilar, fazer desaparecer. Nesse delito o agente, de alguma forma, atrapalha a procriação da fauna.

18. **Ninho.** Local produzido pelas aves para colocarem os seus ovos.

19. **Abrigo.** Local identificado como refúgio das espécimes.

20. **Criadouro natural.** Local identificado na natureza onde as espécimes procriam e cuidam dos seus filhotes.

21. **Consumação.** Com a prática das condutas típicas, ou seja, com a modificação, o dano ou a destruição. Trata-se de crime material.

22. **Classificação.** Crime comum; material; doloso; comissivo; instantâneo; de perigo abstrato; admite a tentativa.

23. **Suspensão condicional do processo.** Cabível, pois a pena mínima cominada não ultrapassa 1 ano (art. 89 da lei 9.099/95).

24. **Inciso III. Comércio irregular de ovos, larvas ou espécimes da fauna silvestre.**

25. **Vender, expor à venda, exportar, adquirir, guardar, ter em cativeiro ou depósito, utilizar e transportar.** *Vender* significa negociar, trocar por dinheiro. *Expor à venda* é exibir para que terceiras pessoas se interessem na sua compra. *Exportar* consiste em remeter para o exterior. *Adquirir* significa obter, conseguir, independentemente do meio (compra e venda, doação, troca etc.). *Guardar* é conservar, preservar,

manter em local seguro. *Ter em cativeiro ou depósito* significa manter consigo em algum lugar. *Utilizar* consiste em fazer uso. *Transportar* significa levar de um local específico para outro local específico. Esse tipo penal trata da comercialização e da movimentação irregular de ovos, larvas ou espécimes da fauna silvestre, causando dano à procriação das espécimes.

26. Norma penal em branco. O presente tipo penal constitui norma penal em branco, uma vez que se faz necessário complementar o seu preceito primário para a determinação do significado das expressões não autorizadas ou sem a devida permissão, licença ou autorização da autoridade competente.

27. Consumação. Com a prática das condutas típicas.

28. Classificação. Crime comum; material nas condutas *vender, exportar, adquirir, guardar, ter em cativeiro ou depósito* e *transportar,* e formal nas condutas *utilizar* e *expor à venda*; doloso; comissivo; instantâneo nas condutas *vender, exportar, adquirir* e *utilizar,* e permanente nas condutas e *expor à venda, guardar, ter em cativeiro ou depósito* e *transportar*; de perigo abstrato; admite a tentativa.

29. Suspensão condicional do processo. Cabível, pois a pena mínima cominada não ultrapassa 1 ano (art. 89 da lei 9.099/95).

30. § 2º. Perdão judicial. São dois os requisitos para a aplicação do perdão judicial: 1. *Guarda doméstica*, que significa a manutenção da espécime dentro do lar onde a pessoa mora; 2. *Espécie silvestre não considerada ameaçada de extinção*, que é a espécime de procriação abundante no momento da prática da conduta do agente, como a hipótese de o agente que tem um papagaio em sua residência.

31. § 3º. Norma penal explicativa. Trata-se de norma penal não incriminadora explicativa que traz o significado de espécimes da fauna silvestre.

32. § 4º. Causas de aumento de pena. Trata-se de causas de aumento de pena que devem ser aplicadas na terceira fase da dosimetria da pena. Mesmo com o aumento de metade continua a ser cabível a suspensão condicional do processo, tendo em vista que com o aumento a pena mínima abstrata vai para nove meses.

33. Inciso I. Espécie rara é a que não existe de forma ordinária. É a espécie incomum. A ameaçada de extinção é a que tem risco de desaparecer da fauna, expressa em norma extrapenal. Note-se que o legislador fez incidir essa majorante mesmo que seja somente no local da infração. Na segunda hipótese, de espécie ameaçada de extinção, não se aplica a agravante do art. 15, II, *q,* sob pena de *bis in idem.*

34. Inciso II. O período proibido de caça é determinado pela autoridade ambiental competente.

35. Inciso III. Por noite entenda-se do pôr ao nascer do sol, ou seja, o período de ausência de luz solar, período em que a fiscalização do Poder Público é menor. Nesse caso não se aplica a agravante do art. 15, II, *i,* sob pena de *bis in idem.*

36. Inciso IV. Na hipótese dessa majorante o agente tem a licença da autoridade, mas age além dela, abusando da licença obtida. Nesse caso não se aplica a agravante do art. 15, II, *o,* sob pena de *bis in idem.*

37. **Inciso V.** O conceito de unidade de conservação está nos arts. 40, § 1º e 40-A, § 1º. Nesse caso, não se aplica a agravante do art. 15, II, *e*, sob pena de *bis in idem*.

38. **Inciso VI.** Destruição em massa é a realizada em grande escala, como no caso de bombas, gases tóxicos etc.

39. **§ 5º. Causa de aumento de pena.** Esse parágrafo trata de causa de aumento de pena, aplicada na terceira fase da dosimetria da pena. A caça profissional é aquela que é feita visando à obtenção de lucro e é proibida pelo art. 2º da lei 5.197/67.

40. **§ 6º. Causa de exclusão da tipicidade formal.** Em razão da redação do dispositivo legal, estamos diante de uma hipótese de atipicidade formal da conduta, por excluir os atos de pesca do seu âmbito de incidência.

Art. 30. Exportar para o exterior peles e couros de anfíbios e répteis em bruto, sem a autorização da autoridade ambiental competente:

Pena – reclusão, de um a três anos, e multa.

1. **Sujeito ativo.** Crime comum. Qualquer pessoa pode praticá-lo.

2. **Sujeito passivo.** A sociedade.

3. **Exportar para o exterior.** *Exportar* é remeter para o exterior. O legislador foi repetitivo, pois exportar é sempre para o exterior e consiste em enviar as peles e couros para fora do território nacional.

4. **Peles e couros de anfíbios e répteis em bruto.** Pele é a camada que reveste o corpo dos animais vertebrados. Couro é a pele espessa dos animais. Em bruto significa que ainda não passaram por nenhum processo de manufatura.

5. **Norma penal em branco.** O presente tipo penal constitui norma penal em branco, uma vez que se faz necessário complementar o seu preceito primário para a determinação do que seja sem a autorização da autoridade ambiental competente.

6. **Princípio da especialidade.** Este tipo penal é especial em relação ao delito de contrabando previsto no art. 334-A do Código Penal.

7. **Necessidade de perícia.** É necessária a perícia no produto exportado, nos moldes do art. 158 do Código de Processo Penal para verificar se se trata de peles e couros de anfíbios e répteis em bruto.

8. **Consumação.** Com a saída do produto do país. Trata-se de crime material.

9. **Classificação.** Crime comum; material; doloso; comissivo; instantâneo; de perigo abstrato; admite a tentativa.

10. **Suspensão condicional do processo.** Cabível, pois a pena mínima cominada não ultrapassa 1 ano (art. 89 da lei 9.099/95).

Art. 31. Introduzir espécime animal no País, sem parecer técnico oficial favorável e licença expedida por autoridade competente:

Pena – detenção, de três meses a um ano, e multa.

1. **Sujeito ativo.** Crime comum. Qualquer pessoa pode praticá-lo.
2. **Sujeito passivo.** A sociedade.
3. **Introduzir.** *Introduzir* no país significa fazer a espécime ingressar no território nacional. Trata-se da conduta do agente que faz a espécime animal ingressar no território nacional, de qualquer forma. O delito é de livre execução.
4. **Norma penal em branco.** O presente tipo penal constitui norma penal em branco, uma vez que se faz necessário complementar o seu preceito primário para a determinação do que seja sem parecer técnico oficial favorável e licença expedida por autoridade competente.
5. **Consumação.** Com a entrada da espécime no país. Trata-se de crime material.
6. **Classificação.** Crime comum; material; doloso; comissivo; instantâneo; de perigo abstrato; admite a tentativa.
7. **Suspensão condicional do processo.** Cabível, pois a pena mínima cominada não ultrapassa 1 ano (art. 89 da lei 9.099/95).

Art. 32. Praticar ato de **abuso, maus-tratos, ferir** ou **mutilar** animais silvestres, domésticos ou domesticados, nativos ou exóticos:

Pena – detenção, de três meses a um ano, e multa.

§ 1º Incorre nas mesmas penas quem realiza **experiência dolorosa ou cruel** em animal vivo, ainda que para fins didáticos ou científicos, quando existirem recursos alternativos.

§ 1º – A. Quando se tratar de **cão ou gato**, a pena para as condutas descritas no **caput** deste artigo será de reclusão, de 2 (dois) a 5 (cinco) anos, multa e proibição da guarda.

§ 2º A **pena é aumentada** de um sexto a um terço, se ocorre morte do animal.

1. **Sujeito ativo.** Crime comum. Qualquer pessoa pode praticá-lo.
2. **Sujeito passivo.** A sociedade.
3. **Praticar ato de abuso, maus-tratos, ferir ou mutilar animais.** *Praticar* consiste em levar a efeito, realizar, executar. *Ato de abuso* é usar de forma inconveniente ou mal o animal, como exigir trabalho excessivo do animal, extrapolando os seus limites. *Maus-tratos* consistem em causar dano ou sofrimento ao animal. *Ferir* significa lesionar, cortar, ofender o animal. *Mutilar* consiste em arrancar algum membro ou parte do corpo do animal.
4. **Animais silvestres, domésticos ou domesticados, nativos ou exóticos.** *Animais silvestres* são todos aqueles pertencentes às espécies nativas, migratórias e quaisquer

outras, aquáticas ou terrestres, que tenham todo ou parte de seu ciclo de vida ocorrendo dentro dos limites do território brasileiro ou águas jurisdicionais brasileiras (art. 29, § 3º). *Animais domésticos* são os animais que convivem harmoniosamente com o homem. *Animais domesticados* são os animais que não eram originariamente domésticos, mas o convívio com o homem deixou-os domesticados. *Animais nativos* são os animais originários de determinada região. Por fim, *animais exóticos* são animais provenientes de um local diverso daquele em que se encontram.

5. **Tipo penal misto alternativo.** Caso o agente pratique mais de uma conduta descrita no tipo penal, no mesmo contexto fático, responderá por um delito apenas, não havendo concurso de crimes.
6. **Revogação do art. 64 da Lei de Contravenções Penais.** Por se tratar de condutas iguais, o presente tipo penal revogou tacitamente o art. 64 da Lei de Contravenções Penais.
7. **Consumação.** Com a prática da qualquer das condutas típicas. Trata-se de crime material.
8. **Classificação.** Crime comum; material; doloso; comissivo; instantâneo; de perigo abstrato; admite a tentativa.
9. **Suspensão condicional do processo.** Cabível, pois a pena mínima cominada não ultrapassa 1 ano (art. 89 da lei 9.099/95).
10. **§ 1º. Conduta equiparada.** Realizar experiência dolorosa ou cruel em animais consiste na conduta por meio da qual os animais são utilizados como cobaias para algum experimento, ainda que de cunho didático ou científico em animal vivo, como no caso da realização da vivissecção cruel, que consiste no ato de dissecar um animal vivo com o propósito de realizar estudos de natureza anatomo-fisiológica. Esse delito somente se configura se o animal estiver vivo e se houver meios alternativos.
11. **§ 1º -A. Qualificadora. Cão e gato.** A lei nº 14.064/2020 acrescentou no presente tipo penal o § 1º-A, que traz uma qualificadora aplicável especificamente quando a conduta do caput tiver como destinatário cão ou gato. Nesse caso, a pena foi aumentada consideravelmente, fazendo com que deixe de ser infração penal de menor potencial ofensivo e deixe de admitir a suspensão condicional do processo. Além do aumento da pena, o legislador inseriu como pena, também, a proibição da guarda do animal.
12. **Consumação.** Com a prática da conduta típica de realizar a experiência. Trata-se de crime material.
13. **Classificação.** Crime comum; material; doloso; comissivo; instantâneo; de perigo abstrato; admite a tentativa.
14. **Suspensão condicional do processo.** Cabível na conduta descrita no *caput*, pois a pena mínima cominada não ultrapassa 1 ano (art. 89 da lei 9.099/95).
15. **§ 2º. Conduta equiparada. Causa de aumento de pena.** A morte do animal gera uma maior reprovabilidade da conduta, justificando o aumento da pena.

Art. 33. Provocar, pela **emissão de efluentes ou carreamento de materiais**, o perecimento de espécimes da fauna aquática existentes em rios, lagos, açudes, lagoas, baías ou águas jurisdicionais brasileiras:

Pena – detenção, de um a três anos, ou multa, ou ambas cumulativamente.

Parágrafo único. Incorre nas mesmas penas:

I – quem causa **degradação** em viveiros, açudes ou estações de aqüicultura de domínio público;

II – quem **explora** campos naturais de invertebrados aquáticos e algas, sem licença, permissão ou autorização da autoridade competente;

III – quem **fundeia embarcações** ou **lança detritos** de qualquer natureza sobre bancos de moluscos ou corais, devidamente demarcados em carta náutica.

1. **Sujeito ativo.** Crime comum. Qualquer pessoa pode praticá-lo.

2. **Sujeito passivo.** A sociedade.

3. **Emissão de efluentes ou carreamento de materiais.** *Emitir efluentes* significa expelir, despejar uma descarga líquida. *Carrear materiais* consiste em conduzir dejetos químicos, substâncias tóxicas etc. Nesse delito o agente causa a morte das espécimes com a prática dessas condutas.

4. **Consumação.** Com o efetivo perecimento das espécimes. Trata-se de crime material.

5. **Classificação.** Crime comum; material; doloso; comissivo; instantâneo; de perigo abstrato; admite a tentativa.

6. **Suspensão condicional do processo.** Cabível, pois a pena mínima cominada não ultrapassa 1 ano (art. 89 da lei 9.099/95).

7. **Parágrafo único. Conduta equiparada.**

8. **Inciso I. Causar degradação em viveiros, açudes ou estações de aquicultura de domínio público.** *Causar degradação* significa gerar deterioração. *Viveiro* é o local destinado à reprodução de animais. *Açudes ou estações de aquicultura de domínio público* são locais em que as espécimes da fauna ictiológica são mantidos em cativeiro, de forma exposta ou não à visitação pública.

9. **Consumação.** Com a prática da conduta de causar degradação ambiental. Trata-se de crime material.

10. **Classificação.** Crime comum; material; doloso; comissivo; instantâneo; de perigo abstrato; admite a tentativa.

11. **Suspensão condicional do processo.** Cabível, pois a pena mínima cominada não ultrapassa 1 ano (art. 89 da lei 9.099/95).

12. **Inciso II. Explorar campos naturais de invertebrados aquáticos e algas, sem licença, permissão ou autorização da autoridade competente.** *Explorar* consiste em tirar proveito de algo. Nesse delito o agente realiza a exploração de forma ilícita.

Invertebrados aquáticos são animais que não possuem vértebras, como hidras, corais, anêmonas, águas-vivas etc. *Algas* são vegetais cujo corpo resume-se a um talo (denominados talófitos).

13. **Norma penal em branco.** O presente tipo penal constitui norma penal em branco, uma vez que se faz necessário complementar o seu preceito primário para a determinação do que seja sem licença, permissão ou autorização da autoridade competente.

14. **Consumação.** Com a exploração. Trata-se de crime material.

15. **Classificação.** Crime comum; material; doloso; comissivo; instantâneo; de perigo abstrato; admite a tentativa.

16. **Suspensão condicional do processo.** Cabível, pois a pena mínima cominada não ultrapassa 1 ano (art. 89 da lei 9.099/95).

17. **Inciso III. Fundear embarcações ou lançar detritos de qualquer natureza sobre bancos de moluscos ou corais, devidamente demarcados em carta náutica.** *Fundear embarcação* consiste em ancorá-la. *Lançar detritos* significa jogar dejetos industriais, substâncias tóxicas etc. As condutas devem ser praticadas em *bancos de moluscos* (animais de corpo mole protegidos por uma concha, como mexilhão, caracol, polvo, lula etc.) ou *corais* (animais celenterados e marinhos que se reúnem em colônias).

18. **Norma penal em branco.** O presente tipo penal constitui norma penal em branco, uma vez que se faz necessário complementar o seu preceito primário para a determinação do que seja a demarcação em carta náutica.

19. **Tipo penal misto alternativo.** Caso o agente pratique mais de uma conduta descrita no tipo penal, no mesmo contexto fático, responderá por um delito apenas, não havendo concurso de crimes.

20. **Consumação.** Com a prática da conduta típica de fundear embarcações ou de lançar detritos. Trata-se de crime material.

21. **Classificação.** Crime comum; material; doloso; comissivo; instantâneo; de perigo abstrato; admite a tentativa.

22. **Suspensão condicional do processo.** Cabível, pois a pena mínima cominada não ultrapassa 1 ano (art. 89 da lei 9.099/95).

Art. 34. Pescar em **período** no qual a pesca seja **proibida** ou em **lugares interditados** por órgão competente:

Pena – detenção de um ano a três anos ou multa, ou ambas as penas cumulativamente.

Parágrafo único. Incorre nas mesmas penas quem:

I – pesca espécies que devam ser preservadas ou espécimes com **tamanhos inferiores** aos permitidos;

II – pesca **quantidades superiores** às permitidas, ou mediante a **utilização de** aparelhos, petrechos, técnicas e métodos não permitidos;

III – **transporta**, **comercializa**, **beneficia** ou **industrializa** espécimes provenientes da coleta, apanha e pesca proibidas.

1. **Sujeito ativo.** Crime comum. Qualquer pessoa pode praticá-lo.

2. **Sujeito passivo.** A sociedade.

3. **Pescar.** O conceito de pesca está no art. 36 da lei, para onde remetemos o leitor.

4. **Período proibido ou lugares interditados.** Cabe ao órgão competente (IBAMA) a definição do período proibido ou dos locais interditados. Normalmente são períodos de reprodução da espécime ou locais onde elas se reproduzem.

5. **Norma penal em branco.** O presente tipo penal constitui norma penal em branco. Em primeiro lugar porque é necessário complementá-la com o art. 36, que trata do conceito de pesca. Em segundo lugar para que seja determinado o significado de período proibido ou os lugares interditados.

6. **Consumação.** Com a prática da pesca. Trata-se de crime material.

7. **Classificação.** Crime comum; material; doloso; comissivo; instantâneo; de perigo abstrato; admite a tentativa.

8. **Suspensão condicional do processo.** Cabível, pois a pena mínima cominada não ultrapassa 1 ano (art. 89 da lei 9.099/95).

9. **Parágrafo único. Condutas equiparadas.**

10. **Inciso I. Pesca de espécies que devam ser preservadas ou espécimes com tamanhos inferiores aos permitidos.**

11. **Pescar.** O conceito de pesca está no art. 36 da lei, para onde remetemos o leitor.

12. **Espécies que devam ser preservadas ou espécimes com tamanhos inferiores aos permitidos.** A incriminação consiste justamente na retirada, por meio da pesca, da espécie que deveria ser preservada, ou seja, o agente age de forma contrária à determinação da autoridade competente. Ou então o agente retira a espécime com tamanho inferior ao permitido pela autoridade competente, de forma que retira a espécime antes do momento ideal para a sua pesca. Com essas condutas, o agente contrairia a determinação da autoridade competente (IBAMA).

13. **Norma penal em branco.** O presente tipo penal constitui norma penal em branco, uma vez que se faz necessário complementar o seu preceito primário para a determinação de qual é a espécie que deva ser preservada ou o tamanho mínimo que permite a sua pesca.

14. **Consumação.** Com a prática da pesca. Trata-se de crime material.

15. **Classificação.** Crime comum; material; doloso; comissivo; instantâneo; de perigo abstrato; admite a tentativa.

16. **Suspensão condicional do processo.** Cabível, pois a pena mínima cominada não ultrapassa 1 ano (art. 89 da lei 9.099/95).

17. **Inciso II. Pesca de quantidades superiores às permitidas, ou mediante a utilização de aparelhos, petrechos, técnicas e métodos não permitidos.**

18. **Pescar.** O conceito de pesca está no art. 36 da lei, para onde remetemos o leitor.

19. **Quantidades superiores às permitidas, ou mediante a utilização de aparelhos, petrechos, técnicas e métodos não permitidos.** Nesse delito, o agente também contraria a determinação da autoridade competente e realiza a pesca fora do âmbito da permissão.

20. **Norma penal em branco.** O presente tipo penal constitui norma penal em branco, uma vez que se faz necessário complementar o seu preceito primário para a determinação de qual é quantidade permitida ou os aparelhos, petrechos, técnicas e métodos não permitidos.

21. **Consumação.** Com a prática da pesca. Trata-se de crime material.

22. **Classificação.** Crime comum; material; doloso; comissivo; instantâneo; de perigo abstrato; admite a tentativa.

23. **Suspensão condicional do processo.** Cabível, pois a pena mínima cominada não ultrapassa 1 ano (art. 89 da lei 9.099/95).

24. **Inciso III. Transportar, comercializar, beneficiar ou industrializar espécimes provenientes da coleta, apanha e pesca proibidas.**

25. **Transportar, comercializar, beneficiar ou industrializar.** *Transportar* significa levar a espécime de um local específico para outro local específico. *Comercializar* consiste em negociar em troca de algo. *Beneficiar* é proporcionar o consumo. *Industrializar* significa usar como matéria-prima para tirar algum proveito.

26. **Comércio irregular.** O legislador abrangeu nesta conduta a comercialização e a movimentação de espécimes provenientes da coleta, apanha e pesca proibidas.

27. **Norma penal em branco.** O presente tipo penal constitui norma penal em branco, uma vez que se faz necessário complementar o seu preceito primário para a determinação de qual são as espécimes provenientes da coleta, apanha e pesca proibidas.

28. **Tipo penal misto alternativo.** Caso o agente pratique mais de uma conduta descrita no tipo penal, no mesmo contexto fático, responderá por um delito apenas, não havendo concurso de crimes.

29. **Consumação.** Com a prática das condutas. Trata-se de crime material.

30. **Classificação.** Crime comum; material; doloso; comissivo; instantâneo nas condutas *comercializar, beneficiar ou industrializar*, e permanente na conduta *transportar*; de perigo abstrato; admite a tentativa.

31. **Suspensão condicional do processo.** Cabível, pois a pena mínima cominada não ultrapassa 1 ano (art. 89 da lei 9.099/95).

Art. 35. Pescar **mediante** a utilização de:

I – **explosivos ou substâncias** que, em contato com a água, produzam efeito semelhante;

II – **substâncias tóxicas**, ou **outro meio proibido** pela autoridade competente:

Pena – reclusão de um ano a cinco anos.

1. **Sujeito ativo.** Crime comum. Qualquer pessoa pode praticá-lo.
2. **Sujeito passivo.** A sociedade.
3. **Pescar.** O conceito de pesca está no art. 36 da lei, para onde remetemos o leitor.
4. **Norma penal em branco.** Trata-se de norma penal em branco, pois é necessário complementá-la com o art. 36, que trata do conceito de pesca.
5. **Delito de execução vinculada.** Trata-se de crime de execução vinculada, tendo em vista que o legislador apenas admite que a pesca seja realizada com os meios descritos nos incisos I e II. Qualquer outro meio de pesca não configura esse delito.
6. **Inciso I. Explosivos ou substâncias que, em contato com a água, produzam efeito semelhante.** O conceito de explosivo é *ex lege* e está contido no Decreto 9.493/2018: "tipo de matéria que, quando iniciada, sofre decomposição muito rápida, com grande liberação de calor e desenvolvimento súbito de pressão." As substâncias referidas no tipo penal são produtos e artefatos que geram ondas sonoras de frequência alta e que deixam os peixes aturdidos, como descargas elétricas de alta voltagem e outros artefatos semelhantes, aproveitando-se o agente disso para efetivar a pesca.
7. **Consumação.** Com a prática da pesca. Trata-se de crime material.
8. **Classificação.** Crime comum; material; doloso; comissivo; instantâneo; de perigo abstrato; admite a tentativa.
9. **Suspensão condicional do processo.** Cabível, pois a pena mínima cominada não ultrapassa 1 ano (art. 89 da lei 9.099/95).
10. **Inciso II. Substâncias tóxicas, ou outro meio proibido pela autoridade competente.** Substâncias tóxicas são as substâncias venenosas capazes de causar algum dano ou a morte dos peixes.
11. **Norma penal em branco.** O presente tipo penal constitui norma penal em branco, uma vez que se faz necessário complementar o seu preceito primário para a determinação de qual seja o meio proibido pela autoridade competente.
12. **Consumação.** Com a prática da pesca. Trata-se de crime material.
13. **Classificação.** Crime comum; material; doloso; comissivo; instantâneo; de perigo abstrato; admite a tentativa.
14. **Suspensão condicional do processo.** Cabível, pois a pena mínima cominada não ultrapassa 1 ano (art. 89 da lei 9.099/95).

Art. 36. Para os efeitos desta Lei, **considera-se pesca** todo ato tendente a retirar, extrair, coletar, apanhar, apreender ou capturar espécimes dos grupos dos peixes, crustáceos, moluscos e vegetais hidróbios, suscetíveis ou não de aproveitamento econômico, ressalvadas as espécies ameaçadas de extinção, constantes nas listas oficiais da fauna e da flora.

1. **Norma penal explicativa.** O presente artigo traz uma norma penal não incriminadora explicativa, que dispõe sobre o conceito de pesca, aplicável aos tipos penais anteriores.

Art. 37. Não é crime o abate de animal, quando realizado:

I – em **estado de necessidade**, para saciar a fome do agente ou de sua família;

II – **para proteger** lavouras, pomares e rebanhos da ação predatória ou destruidora de animais, desde que legal e expressamente autorizado pela autoridade competente;

III – (VETADO)

IV – por ser **nocivo o animal**, desde que assim caracterizado pelo órgão competente.

1. **Estado de necessidade.** Os três incisos deste artigo tratam de hipóteses de estado de necessidade, em que a lei está a permitir o sacrifício do animal para a salvaguarda de um bem jurídico de igual ou de maior valor.

2. **Norma penal em branco.** Os incisos II e IV tratam de normas penais em branco, tendo em vista que se faz necessário buscar na legislação extrapenal o que seria a autorização legal e expressa da autoridade competente no caso do inciso II e qual seria o animal caracterizado como nocivo pela autoridade competente no caso do inciso IV.

Seção II
Dos Crimes contra a Flora

Art. 38. Destruir ou danificar **floresta considerada de preservação permanente**, mesmo que em formação, ou utilizá-la com infringência das normas de proteção:

Pena – detenção, de um a três anos, ou multa, ou ambas as penas cumulativamente.

Parágrafo único. Se o crime for **culposo**, a pena será reduzida à metade.

1. **Sujeito ativo.** Crime comum. Qualquer pessoa pode praticá-lo.
2. **Sujeito passivo.** A sociedade e os proprietários ou possuidores da área destruída ou danificada.
3. **Destruir, danificar e utilizar.** *Destruir* significa desfazer, aniquilar, fazer desaparecer. *Danificar* consiste em produzir dano, inutilizar, deteriorar. O verbo *utilizar* denota tirar proveito, servir-se infringindo as normas extrapenais de proteção.
4. **Floresta considerada de preservação permanente.** O conceito de área de preservação permanente está contido no Código Florestal, lei 12.651/2012, art. 3º, II

(*"Art. 3º Para os efeitos desta Lei, entende-se por: II – Área de Preservação Permanente – APP: área protegida, coberta ou não por vegetação nativa, com a função ambiental de preservar os recursos hídricos, a paisagem, a estabilidade geológica e a biodiversidade, facilitar o fluxo gênico de fauna e flora, proteger o solo e assegurar o bem-estar das populações humanas."*) e também no art. 6º (*"Art. 6º Consideram-se, ainda, de preservação permanente, quando declaradas de interesse social por ato do Chefe do Poder Executivo, as áreas cobertas com florestas ou outras formas de vegetação destinadas a uma ou mais das seguintes finalidades: I – conter a erosão do solo e mitigar riscos de enchentes e deslizamentos de terra e de rocha; II – proteger as restingas ou veredas; III – proteger várzeas; IV – abrigar exemplares da fauna ou da flora ameaçados de extinção; V – proteger sítios de excepcional beleza ou de valor científico, cultural ou histórico; VI – formar faixas de proteção ao longo de rodovias e ferrovias; VII – assegurar condições de bem-estar público; VIII – auxiliar a defesa do território nacional, a critério das autoridades militares."*)

5. **Norma penal em branco.** O presente tipo penal constitui norma penal em branco, uma vez que se faz necessário complementar o seu preceito primário para a determinação do que seja floresta de preservação permanente, bem como de quais sejam as normas de proteção às quais o tipo penal faz menção.

6. **Norma penal em branco ao quadrado.** A norma penal em branco ao quadrado e aquela em que o tipo penal precisa de um complemento e, por sua vez, esse complemento precisa de um outro complemento. Tem-se, portanto, dois complementos: o complemento do tipo penal e o complemento do complemento. O presente tipo penal é um exemplo disso. Como vimos acima, o art. 38 é o tipo penal em branco. O seu complemento está no art. 3º, II e no art. 6º da lei 12.651/2012 (Código Florestal) que dispõem o que se entende por *floresta considerada de preservação permanente.* O art. 6º (que é o complemento) dispõe que "Consideram-se, ainda, de preservação permanente, *quando declaradas de interesse social por ato do Chefe do Poder Executivo...*". Esse ato do chefe do Poder Executivo é justamente o complemento do complemento (art. 6º).

7. **Princípio da especialidade.** Este tipo penal é especial em relação ao delito de dano previsto no art. 163 do Código Penal.

8. **Tipo penal misto alternativo.** Caso o agente pratique mais de uma conduta descrita no tipo penal, no mesmo contexto fático, responderá por um delito apenas, não havendo concurso de crimes.

9. **Consumação.** Com a prática das condutas de destruir, danificar ou usar. Trata-se de crime material.

10. **Parágrafo único. Modalidade culposa.** Se o delito for culposo a pena reduz-se de metade, pela falta de intenção do agente.

11. **Classificação.** Crime comum; material; doloso; comissivo; instantâneo; de perigo abstrato; admite a tentativa.

12. **Suspensão condicional do processo.** Cabível, pois a pena mínima cominada não ultrapassa 1 ano (art. 89 da lei 9.099/95).

Art. 38-A. Destruir ou danificar **vegetação primária ou secundária**, em estágio avançado ou médio de regeneração, do **Bioma Mata Atlântica**, ou utilizá-la com infringência das normas de proteção:

Pena – detenção, de 1 (um) a 3 (três) anos, ou multa, ou ambas as penas cumulativamente.

Parágrafo único. Se o crime for **culposo**, a pena será reduzida à metade.

1. **Sujeito ativo.** Crime comum. Qualquer pessoa pode praticá-lo.
2. **Sujeito passivo.** A sociedade.
3. **Destruir, danificar e utilizar.** *Destruir* significa desfazer, aniquilar, fazer desaparecer. *Danificar* consiste em produzir dano, inutilizar, deteriorar. O verbo *utilizar* denota tirar proveito, servir-se infringindo as normas extrapenais de proteção.
4. **Bioma Mata Atlântica.** Tem o seu conceito definido no art. 2º, da lei 11.428/2006: *"Para os efeitos desta Lei, consideram-se integrantes do Bioma Mata Atlântica as seguintes formações florestais nativas e ecossistemas associados, com as respectivas delimitações estabelecidas em mapa do Instituto Brasileiro de Geografia e Estatística – IBGE, conforme regulamento: Floresta Ombrófila Densa; Floresta Ombrófila Mista, também denominada de Mata de Araucárias; Floresta Ombrófila Aberta; Floresta Estacional Semidecidual; e Floresta Estacional Decidual, bem como os manguezais, as vegetações de restingas, campos de altitude, brejos interioranos e encraves florestais do Nordeste."*
5. **Norma penal em branco.** O presente tipo penal constitui norma penal em branco, uma vez que se faz necessário complementar o seu preceito primário para a determinação do que seja Bioma Mata Atlântica.
6. **Princípio da especialidade.** Este tipo penal é especial em relação ao delito de dano previsto no art. 163 do Código Penal.
7. **Tipo penal misto alternativo.** Caso o agente pratique mais de uma conduta descrita no tipo penal, no mesmo contexto fático, responderá por um delito apenas, não havendo concurso de crimes.
8. **Consumação.** Com a prática das condutas de destruir, danificar ou usar. Trata-se de crime material.
9. **Parágrafo único. Modalidade culposa.** Se o delito for culposo a pena reduz-se de metade, pela falta de intenção do agente.
10. **Classificação.** Crime comum; material; doloso; comissivo; instantâneo; de perigo abstrato; admite a tentativa.
11. **Suspensão condicional do processo.** Cabível, pois a pena mínima cominada não ultrapassa 1 ano (art. 89 da lei 9.099/95).

Art. 39. Cortar árvores em **floresta** considerada de **preservação permanente**, sem permissão da autoridade competente:

Pena – detenção, de um a três anos, ou multa, ou ambas as penas cumulativamente.

1. **Sujeito ativo.** Crime comum. Qualquer pessoa pode praticá-lo.
2. **Sujeito passivo.** A sociedade.
3. **Cortar árvores.** *Cortar* árvores significa separar a árvore em partes, dividir o seu tronco. Logo, não se considera cortar a árvore o ato de podar-lhe os galhos. Embora o tipo penal disponha *árvores* no plural o corte de apenas uma árvore é suficiente para configurar a infração penal. Demais disso, não é qualquer árvore, mas, sim, árvore localizada em floresta considerada de preservação permanente, por exigência típica.
4. **Floresta considerada de preservação permanente.** O conceito de área de preservação permanente está contido no Código Florestal, lei 12.651/2012, art. 3º, II: *"Art. 3º Para os efeitos desta Lei, entende-se por: II – Área de Preservação Permanente – APP: área protegida, coberta ou não por vegetação nativa, com a função ambiental de preservar os recursos hídricos, a paisagem, a estabilidade geológica e a biodiversidade, facilitar o fluxo gênico de fauna e flora, proteger o solo e assegurar o bem-estar das populações humanas."*
5. **Princípio da especialidade.** Este tipo penal é especial em relação ao delito de dano previsto no art. 163 do Código Penal.
6. **Norma penal em branco.** O presente tipo penal constitui norma penal em branco, uma vez que se faz necessário complementar o seu preceito primário para a determinação do que seja e de qual o alcance da permissão da autoridade competente (IBAMA).
7. **Consumação.** Com a prática da conduta de cortar a árvore. Trata-se de crime material.
8. **Classificação.** Crime comum; material; doloso; comissivo; instantâneo; de perigo abstrato; admite a tentativa.
9. **Suspensão condicional do processo.** Cabível, pois a pena mínima cominada não ultrapassa 1 ano (art. 89 da lei 9.099/95).

Art. 40. Causar **dano** direto ou indireto às **Unidades de Conservação** e às áreas de que trata o **art. 27 do Decreto no 99.274/1990**, de 6 de junho de 1990, independentemente de sua localização:

Pena – reclusão, de um a cinco anos.

§ 1º **Entende-se por Unidades de Conservação de Proteção Integral** as Estações Ecológicas, as Reservas Biológicas, os Parques Nacionais, os Monumentos Naturais e os Refúgios de Vida Silvestre.

§ 2º A ocorrência de dano afetando espécies ameaçadas de extinção no interior das Unidades de Conservação de Proteção Integral será considerada circunstância **agravante** para a fixação da pena.

§ 3º Se o crime for **culposo**, a pena será reduzida à metade.

1. **Sujeito ativo.** Crime comum. Qualquer pessoa pode praticá-lo.
2. **Sujeito passivo.** A sociedade e as pessoas que habitam a área circundante no raio de dez quilômetros.
3. **Causar dano direito ou indireto.** *Causar* é provocar, gerar, ocasionar. O *dano direto* é o causado imediatamente pela conduta do agente. O *dano indireto* é o provocado de forma reflexa, ou seja, o dano não é causado pela conduta do agente, mas, sim, pelas consequências da sua conduta.
4. **Unidades de conservação.** O conceito de Unidades de conservação está previsto no § 1º do presente artigo: *"Entende-se por Unidades de Conservação de Uso Sustentável as Áreas de Proteção Ambiental, as Áreas de Relevante Interesse Ecológico, as Florestas Nacionais, as Reservas Extrativistas, as Reservas de Fauna, as Reservas de Desenvolvimento Sustentável e as Reservas Particulares do Patrimônio Natural."*
5. **Áreas de que trata o art. 27 do Decreto nº 99.274/1990.** O art. 27 do Decreto nº 99.274/1990 estabelece o raio de dez quilômetros, com a seguinte redação: *"Nas áreas circundantes das Unidades de Conservação, num raio de dez quilômetros, qualquer atividade que possa afetar a biota ficará subordinada às normas editadas pelo Conama."*
6. **Princípio da especialidade.** Este tipo penal é especial em relação ao delito de dano previsto no art. 163 do Código Penal.
7. **Absorção pelo art. 64.** O presente tipo penal pode ser absorvido pelo delito do art. 64 dessa lei, quando a conduta for meio necessário para a prática conduta prevista no art. 64, fazendo com que o agente responda somente pelo delito do art. 64, com fundamento no princípio da consunção, na vertente do crime progressivo.

▶ **STJ**

Informativo nº 698

Quinta Turma

Dano ambiental em unidade de conservação. Art. 40 da Lei n. 9.605/1998. Construção em solo que, por seu valor ecológico, não é edificável. Art. 64 da Lei n. 9.605/1998. Absorção. Possibilidade. **O delito de causar dano em unidade de conservação (art. 40 da Lei n. 9.605/1998) pode ser absorvido pelo delito de construir em solo que, por seu valor ecológico, não é edificável (art. 64 da Lei n. 9.605/1998).** A controvérsia submetida ao exame desta Corte Superior é a (im)possibilidade de aplicação do princípio da consunção, para que o delito do art. 40 da Lei n. 9.605/1998 (causar dano ambiental em unidade de conservação) seja absorvido pelo crime do art. 64 da mesma lei (construir em solo que, por seu valor ecológico, não é edificável). (...) o dano causado pela construção à estação ecológica se encontra, efetivamente, absorvido pela edificação irregular. O dano pode, em tese, ser considerado concomitante à construção, enquanto ato integrante da fase de execução do iter do art. 64, caso em que se aplicaria o princípio da consunção em sua formulação genérica; ou, então, como consequência naturalística inafastável e necessária da construção, de maneira que seu tratamento jurídico seria o de pós-fato impunível. De todo modo, o dano à unidade de conservação se situa na escala causal da construção irregular (seja como ato executório ou como exaurimento), nela exaurindo toda sua potencialidade lesiva. **REsp 1.925.717-SC, Rel. Min. Ribeiro Dantas, Quinta Turma, por unanimidade, julgado em 25/05/2021, DJe 28/05/2021.**

8. **Norma penal em branco.** O presente tipo penal constitui norma penal em branco, uma vez que se faz necessário complementar o seu preceito primário com o art. 27 do Decreto nº 99.274/1990.
9. **Consumação.** Com a causação do dano. Trata-se de crime material.
10. **§ 2º. Agravante.** Esta agravante já está prevista no art. 15, II, alíneas *e* e *q,* que não se aplicam ao presente tipo penal, sob pena de incidência em *bis in idem.*
11. **§ 3º. Modalidade culposa.** Se o delito for culposo a pena reduz-se de metade, pela falta de intenção do agente.
12. **Classificação.** Crime comum; material; doloso; comissivo; instantâneo; de perigo abstrato; admite a tentativa.
13. **Suspensão condicional do processo.** Cabível, pois a pena mínima cominada não ultrapassa 1 ano (art. 89 da lei 9.099/95).

Art. 40-A. (VETADO)

§ 1º **Entende-se por Unidades de Conservação de Uso Sustentável** as Áreas de Proteção Ambiental, as Áreas de Relevante Interesse Ecológico, as Florestas Nacionais, as Reservas Extrativistas, as Reservas de Fauna, as Reservas de Desenvolvimento Sustentável e as Reservas Particulares do Patrimônio Natural.

§ 2º A ocorrência de dano afetando espécies ameaçadas de extinção no interior das Unidades de Conservação de Uso Sustentável será considerada circunstância **agravante** para a fixação da pena.

§ 3º Se o crime for **culposo**, a pena será reduzida à metade.

1. **§ 1º. Norma penal explicativa.** O presente artigo traz uma norma penal não incriminadora explicativa que dispõe sobre o conceito de unidade de conservação de uso sustentável.
2. **§ 2º. Agravante.** Esta agravante já está prevista no art. 15, II, alíneas *e* e *q,* que não se aplicam ao presente tipo penal, sob pena de incidência em *bis in idem.*
3. **§ 3º. Modalidade culposa.** Trata-se de norma inaplicável, uma vez que se a modalidade dolosa do *caput* foi vetada, não havendo nenhuma conduta delituosa descrita no tipo penal, não pode subsistir a modalidade culposa.

Art. 41. Provocar **incêndio** em floresta ou em demais formas de vegetação: (Redação dada pela lei nº 14.944, de 2024)

Pena – reclusão, de dois a quatro anos, e multa.

Parágrafo único. Se o crime é **culposo**, a pena é de detenção de seis meses a um ano, e multa.

1. **Sujeito ativo.** Crime comum. Qualquer pessoa pode praticá-lo.
2. **Sujeito passivo.** A sociedade e as pessoas que eventualmente tenham as suas integridades pessoais ou profissionais atingidas.
3. **Provocar incêndio.** Por *provocar* incêndio entenda-se a causação de fogo perigoso, não controlado, que tenha o condão de causar um resultado lesivo à integridade de matas e florestas. A gravidade do incêndio, que pode ser levada em consideração na dosimetria da pena, deverá ser medida pela sua extensão e pela área atingida.
4. **Floresta ou demais formas de vegetação.** No presente tipo penal a expressão floresta significa conjunto de árvores. Ao usar as expressões *demais formas de vegetação* o legislador utilizou a técnica da interpretação analógica, para abranger qualquer espécie de vegetação, não havendo distinção.
5. **Delito de livre execução.** Tendo em vista que o legislador não descreveu o meio executório da causação do incêndio, ele pode dar-se de qualquer forma, configurando um delito de livre execução.
6. **Princípio da especialidade.** O presente tipo penal revogou o art. 250, § 1º, II, *h,* do Código Penal, em se tratando de *mata* ou de *floresta*, de forma que o tipo penal do Código continua em vigor em relação ao incêndio causado em *lavoura* ou em *pastagem*.
7. **Princípio da especialidade.** Este tipo penal é especial em relação ao delito de dano previsto no art. 163 do Código Penal.
8. **Consumação.** Com a causação do incêndio. Trata-se de crime material.
9. **Parágrafo único. Modalidade culposa.** Se o delito for culposo a pena reduz-se, pela falta de intenção do agente.
10. **Classificação.** Crime comum; material; doloso; comissivo; instantâneo; de perigo abstrato; admite a tentativa.
11. **Suspensão condicional do processo.** Incabível, pois a pena mínima cominada ultrapassa 1 ano (art. 89 da lei 9.099/95).

Art. 42. Fabricar, vender, transportar ou soltar **balões** que **possam provocar incêndios** nas florestas e demais formas de vegetação, em áreas urbanas ou qualquer tipo de assentamento humano:

Pena – detenção de um a três anos ou multa, ou ambas as penas cumulativamente.

1. **Sujeito ativo.** Crime comum. Qualquer pessoa pode praticá-lo.

2. **Sujeito passivo.** A sociedade e o proprietário ou o possuidor do local afetado.

3. **Fabricar, vender, transportar ou soltar.** *Fabricar* é produzir. *Vender* quer dizer trocar por dinheiro ou qualquer outro bem que sirva como meio de pagamento, comercializar. *Transportar* significa levar o balão de um local específico para outro local específico. *Soltar* é lançar o balão para ele subir.

4. **Balões que possam provocar incêndios.** Trata-se do balão feito de papel fino, leve, que é lançado ao ar para subir por força do ar quente gerado na sua base. Normalmente o balão é de fabricação caseira e pode ter variadas formas e cores. É importante destacar que o tipo penal exige que o balão tenha capacidade para provocar incêndios nos locais definidos no artigo, devendo ser analisado em cada caso concreto a distância que o balão percorreu para cima e a proximidade de florestas e demais formas de vegetação, de áreas urbanas ou de qualquer tipo de assentamento humano. Note-se que os balões do tipo "balão japonês", também conhecidos como "lanterna japonesa", que são os balões de pequena mecha e utilizam líquidos combustíveis para subirem, apagando-se instantaneamente, não estão abrangidos como objetos materiais nesse tipo penal, em razão da sua ausência de potencialidade de provocar um incêndio.

5. **Crime de perigo concreto.** Tendo em vista que o legislador utilizou as expressões "que possam provocar incêndios", trata-se de crime de perigo concreto, não bastando a prática da conduta, exigindo-se a prova do perigo gerado no caso concreto, ou seja, a prova de que efetivamente o balão tem a aptidão para causar o incêndio.

6. **Tipo penal misto alternativo.** Caso o agente pratique mais de uma conduta descrita no tipo penal (*fabricar* e *soltar*), no mesmo contexto fático, responderá por um delito apenas, não havendo concurso de crimes.

7. **Derrogação do art. 28, parágrafo único da Lei de Contravenções Penais.** O art. 28, parágrafo único, da Lei de Contravenções Penais, foi derrogado pelo presente tipo penal no tocante a soltar balão aceso, tendo em vista que a lei de crimes ambientais é posterior e tipificou a mesma conduta.

8. **Consumação.** Com a prática das condutas. Trata-se de crime formal.

9. **Classificação.** Crime comum; formal; doloso; comissivo; instantâneo nas condutas *fabricar, vender* e *soltar,* e permanente na conduta *transportar*; de perigo concreto; admite a tentativa.

10. **Suspensão condicional do processo.** Cabível, pois a pena mínima cominada não ultrapassa 1 ano (art. 89 da lei 9.099/95).

Art. 43. (VETADO)

Art. 44. Extrair de florestas de domínio público ou consideradas de preservação permanente, sem prévia autorização, pedra, areia, cal ou qualquer espécie de minerais:

Pena – detenção, de seis meses a um ano, e multa.

1. **Sujeito ativo.** Crime comum. Qualquer pessoa pode praticá-lo.

2. **Sujeito passivo.** A sociedade e o proprietário da área onde a extração clandestina é feita.

3. **Extrair.** *Extrair* significa tirar, arrancar, subtrair. Por evidência, trata-se de extração clandestina, sem prévia e expressa autorização do Poder Público (IBAMA). A extração desses objetos de forma clandestina, sem um prévio estudo da sua viabilidade pode causar danos irreversíveis ao solo, à vegetação etc., ou seja, uma degradação definitiva do meio ambiente.

4. **Florestas consideradas de preservação permanente.** O conceito de área de preservação permanente está contido no Código Florestal, lei 12.651/2012, art. 3º, II: *"Art. 3º Para os efeitos desta Lei, entende-se por: II – Área de Preservação Permanente – APP: área protegida, coberta ou não por vegetação nativa, com a função ambiental de preservar os recursos hídricos, a paisagem, a estabilidade geológica e a biodiversidade, facilitar o fluxo gênico de fauna e flora, proteger o solo e assegurar o bem-estar das populações humanas."*

5. **Norma penal em branco.** O presente tipo penal constitui norma penal em branco, uma vez que se faz necessário complementar o seu preceito primário para a determinação do que sejam as florestas de domínio público e as florestas consideradas de preservação permanente.

6. **Princípio da especialidade.** Este tipo pena configura especialidade em relação ao delito de furto, previsto no art. 155 do Código Penal.

7. **Consumação.** Com a efetiva extração dos objetos materiais descritos no tipo penal. Trata-se de crime material.

8. **Classificação.** Crime comum; material; doloso; comissivo; instantâneo; de perigo abstrato; admite a tentativa.

9. **Suspensão condicional do processo.** Cabível, pois a pena mínima cominada não ultrapassa 1 ano (art. 89 da lei 9.099/95).

> **Art. 45.** Cortar ou transformar em **carvão madeira de lei**, assim classificada por ato do Poder Público, para fins industriais, energéticos ou para qualquer outra exploração, econômica ou não, em desacordo com as determinações legais:
>
> Pena – reclusão, de um a dois anos, e multa.

1. **Sujeito ativo.** Crime comum. Qualquer pessoa pode praticá-lo.

2. **Sujeito passivo.** A sociedade e o possuidor da área onde a madeira de lei está localizada.

3. **Cortar ou transformar.** O verbo *cortar* significa dividir, separar em partes, formando partes menores. *Transformar* consiste em modificar a forma original. A intenção do legislador foi proteger integralmente a madeira de lei, evitando que ela seja manipulada ilegalmente, de forma clandestina.

4. **Especial fim de agir.** O tipo penal exige que o agente pratique as condutas de cortar ou transformar a madeira de lei em carvão para fins industriais, para fins

energéticos ou para qualquer outra exploração, econômica ou não. Ausente o especial fim de agir o delito não se configura.

5. **Norma penal em branco.** O presente tipo penal constitui norma penal em branco, uma vez que se faz necessário complementar o seu preceito primário para a determinação do que seja madeira de lei classificada por ato do Poder Público, bem como para a definição do significado das expressões *em desacordo com as determinações legais.*

6. **Necessidade de perícia.** É necessária a perícia para se verificar se a madeira cortada é efetivamente madeira de lei ou se o carvão é realmente oriundo de madeira de lei, nos moldes do art. 158 do Código de Processo Penal.

7. **Princípio da especialidade.** Este tipo penal é especial em relação ao delito de dano previsto no art. 163 do Código Penal.

8. **Tipo penal misto alternativo.** Caso o agente pratique mais de uma conduta descrita no tipo (*cortar* e *transformar)* penal, no mesmo contexto fático, responderá por um delito apenas, não havendo concurso de crimes.

9. **Consumação.** Com a prática das condutas. Trata-se de crime formal.

10. **Classificação.** Crime comum; formal; doloso; comissivo; instantâneo; de perigo abstrato; admite a tentativa.

11. **Suspensão condicional do processo.** Cabível, pois a pena mínima cominada não ultrapassa 1 ano (art. 89 da lei 9.099/95).

Art. 46. Receber ou adquirir, para fins comerciais ou industriais, **madeira, lenha, carvão e outros produtos de origem vegetal**, sem exigir a exibição de licença do vendedor, outorgada pela autoridade competente, e sem munir-se da via que deverá acompanhar o produto até final beneficiamento:

Pena – detenção, de seis meses a um ano, e multa.

Parágrafo único. Incorre nas mesmas penas quem vende, expõe à venda, tem em depósito, transporta ou guarda **madeira, lenha, carvão e outros produtos de origem vegetal**, sem licença válida para todo o tempo da viagem ou do armazenamento, outorgada pela autoridade competente.

1. **Sujeito ativo.** Crime próprio. Só pode ser praticado pelo comerciante ou pelo industrial.

2. **Sujeito passivo.** A sociedade.

3. **Receber e adquirir.** *Receber* consiste em obter, aceitar, a qualquer título, a lenha, o carvão e os outros produtos de origem vegetal. *Adquirir* significa obter. Como o legislador não especificou a forma de aquisição, cremos que ela pode dar-se a qualquer título, como de forma onerosa, como objeto de doação, como objeto de troca, entre outras formas.

4. **Especial fim de agir.** O tipo penal exige que o agente pratique as condutas de receber ou adquirir para fins comerciais ou industriais. Ausente o especial fim de agir o delito não se configura.
5. **Norma penal em branco.** O presente tipo penal constitui norma penal em branco, uma vez que se faz necessário complementar o seu preceito primário para a determinação do que seja a licença do vendedor (denominada *guia florestal*), outorgada pela autoridade competente, e sem munir-se da via que deverá acompanhar o produto até final beneficiamento.
6. **Documento de Origem Florestal-DOF.** Este delito consiste no descumprimento do art. 36, § 3º, da lei 12.651/2012 (Código Florestal) que tem a seguinte redação: *"todo aquele que recebe ou adquire, para fins comerciais ou industriais, madeira, lenha, carvão e outros produtos ou subprodutos de florestas de espécies nativas é obrigado a exigir a apresentação do DOF e munir-se da via que deverá acompanhar o material até o beneficiamento final."*
7. **Tipo penal misto alternativo.** Caso o agente pratique mais de uma conduta descrita no tipo penal (receber ou adquirir), no mesmo contexto fático, responderá por um delito apenas, não havendo concurso de crimes.
8. **Consumação.** Com a prática das condutas receber ou adquirir. Trata-se de crime formal.
9. **Classificação.** Crime próprio; formal; doloso; comissivo; instantâneo; de perigo abstrato; admite a tentativa.
10. **Suspensão condicional do processo.** Cabível, pois a pena mínima cominada não ultrapassa 1 ano (art. 89 da lei 9.099/95).
11. **Parágrafo único. Conduta equiparada.**
12. **Sujeito ativo.** Crime próprio. Só pode ser praticado pelo comerciante.
13. **Sujeito passivo.** A sociedade.
14. **Vende, expõe à venda, tem em depósito, transporta ou guarda.** *Vender* quer dizer trocar por dinheiro ou qualquer outro bem que sirva como meio de pagamento, comercializar. *Expor à venda* é exibir o produto para que terceiras pessoas se interessem na sua compra. *Ter em depósito* consiste em guardar, armazenar. *Transportar* significa levar o objeto de um local específico para outro local específico. *Guardar* é conservar, preservar, manter em local seguro, ocultar. Incrimina-se qualquer espécie de circulação e movimentação de lenha, carvão e outros produtos de origem vegetal. Os verbos *expor à venda, ter em depósito, transportar* e *guardar* configuram crimes permanentes.
15. **Norma penal em branco.** O presente tipo penal constitui norma penal em branco, uma vez que se faz necessário complementar o seu preceito primário para a determinação do que seja sem licença válida para todo o tempo da viagem ou do armazenamento, outorgada pela autoridade competente.
16. **Descumprimento do art. 36, da lei 12.651/2012 (Código Florestal).** Este delito consiste no descumprimento do art. 36, da lei 12.651/2012 (Código Florestal), que tem

a seguinte redação: "*Art. 36. O transporte, por qualquer meio, e o armazenamento de madeira, lenha, carvão e outros produtos ou subprodutos florestais oriundos de florestas de espécies nativas, para fins comerciais ou industriais, requerem licença do órgão competente do Sisnama, observado o disposto no art. 35. § 1º A licença prevista no caput será formalizada por meio da emissão do DOF, que deverá acompanhar o material até o beneficiamento final. § 2º Para a emissão do DOF, a pessoa física ou jurídica responsável deverá estar registrada no Cadastro Técnico Federal de Atividades Potencialmente Poluidoras ou Utilizadoras de Recursos Ambientais, previsto no art. 17 da Lei nº 6.938, de 31 de agosto de 1981. § 3º Todo aquele que recebe ou adquire, para fins comerciais ou industriais, madeira, lenha, carvão e outros produtos ou subprodutos de florestas de espécies nativas é obrigado a exigir a apresentação do DOF e munir-se da via que deverá acompanhar o material até o beneficiamento final. § 4º No DOF deverão constar a especificação do material, sua volumetria e dados sobre sua origem e destino. § 5º O órgão ambiental federal do Sisnama regulamentará os casos de dispensa da licença prevista no caput.*"

17. **Tipo penal misto alternativo.** Caso o agente pratique mais de uma conduta descrita no tipo penal no mesmo contexto fático, responderá por um delito apenas, não havendo concurso de crimes.
18. **Consumação.** Com a prática das condutas. Trata-se de crime formal.
19. **Classificação.** Crime comum; formal; doloso; comissivo; instantâneo na conduta *vender* e permanente nas condutas *expor à venda, ter em depósito, transportar* e *guardar*; de perigo abstrato; admite a tentativa.
20. **Suspensão condicional do processo.** Cabível, pois a pena mínima cominada não ultrapassa 1 ano (art. 89 da lei 9.099/95).

Art. 47. (VETADO)

Art. 48. Impedir ou dificultar a **regeneração natural** de florestas e demais formas de vegetação:

Pena – detenção, de seis meses a um ano, e multa.

1. **Sujeito ativo.** Crime comum. Qualquer pessoa pode praticá-lo.
2. **Sujeito passivo.** A sociedade e o proprietário ou o possuidor das áreas afetadas.
3. **Impedir ou dificultar.** Na conduta *impedir* o agente obsta a regeneração de florestas e demais formas de vegetação. Na conduta *dificultar* o agente cria dificuldades, obstáculos à regeneração. O legislador quis impedir qualquer forma de intervenção humana na regeneração de florestas e de demais formas de vegetação. O ato de construir uma casa em local que contenha alguma espécie de vegetação configura esse delito, uma vez que o concreto utilizado no solo impede a regeneração natural da vegetação naquele local.
4. **Art. 48 como *post factum* impunível em relação ao art. 64.** Se o agente praticar a conduta descrita no art. 64 (construir em solo não edificável ou no seu entorno) e com isso impedir ou dificultar a regeneração natural de florestas e demais formas

de vegetação no local da construção (conduta que configura o presente delito), ele responde apenas pelo delito do art. 64 e o crime do art. 48 será considerado *post factum* impunível.

▶ **STJ**

Informativo nº 597.

Sexta Turma.

Crime ambiental. Conflito aparente de normas. Arts. 48 e 64 da Lei n. 9.605/1998. Consunção. Absorvido o crime meio de destruir floresta e o pós-fato impunível de impedir sua regeneração. Crime único de construir em local não edificável. O crime de edificação proibida (art. 64 da Lei n. 9.605/1998) absorve o crime de destruição de vegetação (art. 48 da mesma lei) quando a conduta do agente se realiza com o único intento de construir em local não edificável. Sobre o tema, diversamente do posicionamento fixado em alguns precedentes do STJ (AgRg no REsp 1.214.052-SC, Sexta Turma, DJe 12/3/2013 e REsp 1.125.374-SC, Quinta Turma, DJe 17/8/2011), a Sexta Turma passa a adotar nova orientação, no sentido de que a suposta destruição da vegetação nativa é mera etapa inicial do único crime pretendido e realizado de construir em local não edificável (área de preservação permanente). Com efeito, o crime de destruir floresta nativa dá-se como meio da realização do único intento de construir em local não edificável, em razão do que incide a absorção do crime-meio de destruição de vegetação pelo crime-fim de edificação proibida. Na mesma linha, o delito de impedir a regeneração natural da flora dá-se como mero gozo da construção, em evidente pós-fato impunível. Aquele que constrói uma edificação, claramente não poderá permitir que dentro daquela venha a nascer uma floresta. É mero exaurimento do crime de construção indevida, pelo aproveitamento natural da coisa construída (...). Na hipótese, não há ação autônoma de destruir floresta ou de impedir sua regeneração, mas tão somente o ato de construir em local proibido, que tem na destruição condição necessária para a obra e no impedimento à regeneração mero gozo da edificação. (...) Na construção em local de floresta não há dois crimes com único intento (hipótese de concurso formal), mas apenas um crime praticado. Tampouco é caso de concurso material, pois então os crimes precisariam ser autônomos – com que não se concorda, pelo conflito aparente de normas – e com desígnios independentes (excluindo também o concurso formal perfeito). Dessa forma, descartada a possibilidade da configuração do concurso material entre os delitos tipificados nos artigos 48 e 64 da Lei n. 9.605/1998, correta é a desclassificação para o único crime do art. 64 da lei ambiental. **(REsp 1.639.723-PR, Rel. Min. Nefi Cordeiro, julgado em 7/2/2017).**

5. **Concurso de crimes com o art. 63.** Questão relevante versa sobre a possibilidade de o delito do art. 48 ser considerado *ante factum* impunível em relação ao art. 63, por força da incidência do princípio da consunção, na vertente do *crime progressivo*, em que um crime é meio necessário ou fase normal de preparação ou de execução para outro delito. Imagine-se a hipótese de o agente impedir a regeneração natural de uma determinada forma de vegetação (delito do art. 48) e depois altere o aspecto de uma edificação especialmente protegido por lei em razão de seu valor paisagístico (delito do art. 63). A questão a ser definida é se a conduta do art. 48 é meio necessário para a prática do delito do art. 63. Caso a resposta seja positiva, o

agente responde apenas pelo delito art. 63 e o art. 48 fica absorvido, sendo considerado *ante factum* impunível. Caso a resposta seja negativa, impõe-se o concurso de crimes. A questão chegou até o STJ, que entendeu pela não aplicabilidade do princípio da consunção, caracterizando-se o concurso material de crimes.

▶ **STJ**

> DIREITO PENAL E PROCESSUAL PENAL. RECURSO ORDINÁRIO EM MANDADO DE SEGURANÇA. CRIMES AMBIENTAIS. LEI 9.605/98. (...) ARTS. 48 E 63 DA LEI 9.605/98: DELITOS AUTÔNOMOS. IMPOSSIBILIDADE DE CONSUNÇÃO. (...) As condutas do art. 48 da Lei 9.605/98 (...) e do art. 63 da mesma Lei (...) são autônomas, não se podendo tratar a primeira delas como crime meio para a construção ou alteração de edificação. Reforça essa ideia o fato de que o crime previsto no art. 48 da Lei de Crimes Ambientais é delito permanente, cuja potencialidade lesiva se protrai no tempo, não se esgotando na construção de edificação. Precedentes desta Corte. 7. Recurso a que se nega provimento. **(RMS 49.909/SC, Rel. Min. Reynaldo Soares da Fonseca, julgado em 16/05/2017).**

6. **Área de preservação permanente. Desnecessidade.** Diante da ausência de exigência típica expressa, a área onde a regeneração natural é impedida ou dificultada não precisa ser classificada como área de preservação permanente.

▶ **STJ**

> **Informativo no 570.**
>
> **Quinta Turma.**
>
> **DIREITO PENAL E AMBIENTAL. CONFIGURAÇÃO DO CRIME DO ART. 48 DA LEI 9.605/1998.**
>
> **A tipificação da conduta descrita no art. 48 da Lei 9.605/1998 prescinde de a área ser de preservação permanente.** Isso porque o referido tipo penal descreve como conduta criminosa o simples fato de "impedir ou dificultar a regeneração natural de florestas e demais formas de vegetação". Precedente citado: REsp 849.423-SP, Quinta Turma, DJ 16/10/2006. **(AgRg no REsp 1.498.059-RS, Rel. Min. Leopoldo de Arruda Raposo (Desembargador Convocado do TJ/PE), julgado em 17/9/2015).**

7. **Tipo penal misto alternativo.** Caso o agente pratique mais de uma conduta descrita no tipo penal (impedir e dificultar), no mesmo contexto fático, responderá por um delito apenas, não havendo concurso de crimes.

8. **Consumação.** Com a prática das condutas de impedir ou de dificultar a regeneração de florestas e de demais formas de vegetação. Trata-se de crime material.

9. **Classificação.** Crime comum; material; doloso; comissivo; instantâneo; de perigo abstrato; admite a tentativa.

10. **Suspensão condicional do processo.** Cabível, pois a pena mínima cominada não ultrapassa 1 ano (art. 89 da lei 9.099/95).

Art. 49. Destruir, danificar, lesar ou maltratar, por qualquer modo ou meio, **plantas de ornamentação** de logradouros públicos ou em propriedade privada alheia:

Pena – detenção, de três meses a um ano, ou multa, ou ambas as penas cumulativamente.

Parágrafo único. No crime **culposo**, a pena é de um a seis meses, ou multa.

1. **Sujeito ativo.** Crime comum. Qualquer pessoa pode praticá-lo.
2. **Sujeito passivo.** A sociedade, bem como o proprietário ou o possuidor das plantas em se tratando de logradouro privado.
3. **Destruir, danificar, lesar ou maltratar.** *Destruir* significa desfazer, aniquilar, fazer desaparecer. *Danificar* consiste em produzir dano, inutilizar, deteriorar. *Lesar* é causar algum tipo de dano, ofender fisicamente, ferir (verbo que se confunde com o *danificar).* Por fim, *maltratar* consiste em prejudicar a planta, como bater na planta, desde que essa conduta não a destrua ou não a danifique, senão configurará os primeiros verbos típicos.
4. **Plantas de ornamentação.** São plantas que se destinam ao embelezamento, à decoração, ao enfeite de algum local, que pode ser lugar público ou privado. Portanto, não é qualquer planta que está abrangida na incriminação.
5. **Delito de livre execução.** Tendo e vista que o legislador utilizou as expressões "por qualquer modo ou meio", a conduta pode ocorrer de qualquer forma, configurando um delito de livre execução.
6. **Princípio da especialidade.** Este tipo penal é especial em relação ao delito de dano previsto no art. 163 do Código Penal.
7. **Tipo penal misto alternativo.** Caso o agente pratique mais de uma conduta descrita no tipo penal, no mesmo contexto fático (por exemplo: o agente maltrata e depois destrói a planta), responderá por um delito apenas, não havendo concurso de crimes.
8. **Parágrafo único. Modalidade culposa.** Se o delito for culposo a pena reduz-se, pela falta de intenção do agente.
9. **Consumação.** Com a prática das condutas. Trata-se de crime material.
10. **Classificação.** Crime comum; material; doloso; comissivo; instantâneo; de perigo abstrato; admite a tentativa.
11. **Suspensão condicional do processo.** Cabível, pois a pena mínima cominada não ultrapassa 1 ano (art. 89 da lei 9.099/95).

Art. 50. Destruir ou danificar florestas nativas ou plantadas ou vegetação fixadora de dunas, protetora de mangues, **objeto de especial preservação**:

Pena – detenção, de três meses a um ano, e multa.

1. **Sujeito ativo.** Crime comum. Qualquer pessoa pode praticá-lo.
2. **Sujeito passivo.** A sociedade.

3. **Destruir ou danificar.** *Destruir* significa desfazer, aniquilar, fazer desaparecer. *Danificar* consiste em produzir dano, inutilizar, deteriorar.
4. **Florestas nativas ou plantadas.** *Florestas nativas* são as formadas por determinada espécie própria da região ou do país, sem a intervenção humana. *Florestas plantadas* são as formadas pela intervenção humana, que pode ocorrer por meio do reflorestamento ou da reposição florestal.
5. **Vegetação fixadora de dunas e protetora de mangues.** *Dunas* são montes de areia formados pela ação do vento perto do mar. *Mangues* consistem em terrenos pantanosos que se localizam perto de praias, rios e lagoas, bem como perto de locais considerados desaguadouros.
6. **Norma penal em branco.** O presente tipo penal constitui norma penal em branco, uma vez que se faz necessário complementar o seu preceito primário para a determinação do que seja a especial preservação.
7. **Princípio da especialidade.** Este tipo penal é especial em relação ao delito de dano previsto no art. 163 do Código Penal.
8. **Tipo penal misto alternativo.** Caso o agente pratique mais de uma conduta descrita no tipo penal (destruir e danificar), no mesmo contexto fático, responderá por um delito apenas, não havendo concurso de crimes.
9. **Consumação.** Com a prática das condutas de destruir ou danificar. Trata-se de crime material.
10. **Classificação.** Crime comum; material; doloso; comissivo; instantâneo; de perigo abstrato; admite a tentativa.
11. **Suspensão condicional do processo.** Cabível, pois a pena mínima cominada não ultrapassa 1 ano (art. 89 da lei 9.099/95).

Art. 50-A. Desmatar, explorar economicamente ou degradar **floresta**, plantada ou nativa, em terras de domínio público ou devolutas, sem autorização do órgão competente:

Pena – reclusão de 2 (dois) a 4 (quatro) anos e multa.

§ 1º **Não é crime** a conduta praticada quando **necessária à subsistência** imediata pessoal do agente ou de sua família.

§ 2º Se a **área explorada for superior** a 1.000 ha (mil hectares), a pena será aumentada de 1 (um) ano por milhar de hectare.

1. **Sujeito ativo.** Crime comum. Qualquer pessoa pode praticá-lo.
2. **Sujeito passivo.** A sociedade.
3. **Desmatar, explorar economicamente e degradar.** *Desmatar* significa derrubar árvores. *Explorar economicamente* consiste em tirar algum proveito econômico, visando ao lucro. *Degradar* é deteriorar, danificar. O legislador incriminou nessa conduta qualquer intervenção humana de cunho destrutivo nas florestas plantadas ou nativas.

4. **Floresta plantada ou nativa.** *Floresta plantada* é a formada pela intervenção humana, que pode ocorrer por meio do reflorestamento ou da reposição florestal. *Floresta nativa* é a formada por determinadas espécie própria da região ou do país, sem a intervenção humana.
5. **Diferença em relação ao art. 50.** No art. 50 o legislador protegeu as florestas nativas ou plantadas que são objeto de especial preservação. No art. 50-A, o legislador protegeu as florestas plantadas ou nativas localizadas em terras de domínio público ou devolutas.
6. **Norma penal em branco.** O presente tipo penal constitui norma penal em branco, uma vez que se faz necessário complementar o seu preceito primário para a determinação do que seja sem autorização do órgão competente.
7. **Princípio da especialidade.** Este tipo penal é especial em relação ao delito de dano previsto no art. 163 do Código Penal.
8. **Tipo penal misto alternativo.** Caso o agente pratique mais de uma conduta descrita no tipo penal, no mesmo contexto fático, responderá por um delito apenas, não havendo concurso de crimes.
9. **Consumação.** Com a prática das condutas desmatar, explorar economicamente ou degradar. Trata-se de crime material.
10. **Classificação.** Crime comum; material; doloso; comissivo; instantâneo; de perigo abstrato; admite a tentativa.
11. **Suspensão condicional do processo.** Incabível, pois a pena mínima cominada ultrapassa 1 ano (art. 89 da lei 9.099/95).
12. **§ 1º. Causa de atipicidade formal.** O legislador excluiu do âmbito de incidência do presente tipo penal a conduta que seja necessária à subsistência imediata pessoal do agente ou de sua família. Trata-se, assim, de causa de atipicidade formal da conduta.
13. **§ 2º. Causa de aumento de pena.** O aumento justifica-se pela grande área atingida pela conduta delituosa do agente.

Art. 51. Comercializar **motosserra** ou utilizá-la em florestas e nas demais formas de vegetação, sem licença ou registro da autoridade competente:

Pena – detenção, de três meses a um ano, e multa.

1. **Sujeito ativo.** Crime comum. Qualquer pessoa pode praticá-lo.
2. **Sujeito passivo.** A sociedade.
3. **Comercializar ou utilizar motosserra.** *Comercializar* é negociar, alienar de forma onerosa, vender. *Utilizar* é empregar. A motosserra é uma espécie de serra motorizada, automática e com funcionamento contínuo, que funciona por meio de gasolina.

4. **Norma penal em branco.** O presente tipo penal constitui norma penal em branco, uma vez que se faz necessário complementar o seu preceito primário para a determinação do que seja sem licença ou registro da autoridade competente (IBAMA).

5. **Tipo penal misto alternativo.** Caso o agente pratique mais de uma conduta descrita no tipo penal (comercializar e utilizar), no mesmo contexto fático, responderá por um delito apenas, não havendo concurso de crimes.

6. **Consumação.** Com a prática das condutas de comercializar ou de utilizar. Trata-se de crime formal.

7. **Classificação.** Crime comum; formal; doloso; comissivo; instantâneo; de perigo abstrato; admite a tentativa.

8. **Suspensão condicional do processo.** Cabível, pois a pena mínima cominada não ultrapassa 1 ano (art. 89 da lei 9.099/95).

Art. 52. Penetrar em **Unidades de Conservação** conduzindo substâncias ou instrumentos próprios para caça ou para exploração de produtos ou subprodutos florestais, sem licença da autoridade competente:

Pena – detenção, de seis meses a um ano, e multa.

1. **Sujeito ativo.** Crime comum. Qualquer pessoa pode praticá-lo.

2. **Sujeito passivo.** A sociedade e o possuidor ou o proprietário da área.

3. **Penetrar.** *Penetrar* tem o significado de ingressar, invadir.

4. **Unidades de conservação.** O conceito de Unidades de conservação está previsto no § 1º do presente artigo: "*Entende-se por Unidades de Conservação de Uso Sustentável as Áreas de Proteção Ambiental, as Áreas de Relevante Interesse Ecológico, as Florestas Nacionais, as Reservas Extrativistas, as Reservas de Fauna, as Reservas de Desenvolvimento Sustentável e as Reservas Particulares do Patrimônio Natural.*"

5. **Substâncias ou instrumentos próprios para caça ou para exploração de produtos ou subprodutos florestais.** As substâncias ou instrumentos podem ser veneno, rede, arma de caça etc.

6. **Norma penal em branco.** O presente tipo penal constitui norma penal em branco, uma vez que se faz necessário complementar o seu preceito primário para a determinação do que seja sem licença da autoridade competente.

7. **Consumação.** Com a penetração nas Unidades de Conservação. Trata-se de crime formal.

8. **Classificação.** Crime comum; formal; doloso; comissivo; instantâneo; de perigo abstrato; admite a tentativa.

9. **Suspensão condicional do processo.** Cabível, pois a pena mínima cominada não ultrapassa 1 ano (art. 89 da lei 9.099/95).

Art. 53. Nos crimes previstos nesta Seção, a **pena é aumentada** de um sexto a um terço se:

I – do fato resulta a **diminuição** de águas naturais, a **erosão** do solo ou a **modificação** do regime climático;

II – o crime é **cometido**:

a) no período de queda das sementes;

b) no período de formação de vegetações;

c) contra espécies raras ou ameaçadas de extinção, ainda que a ameaça ocorra somente no local da infração;

d) em época de seca ou inundação;

e) durante a noite, em domingo ou feriado.

1. **Causas de aumento de pena.** As causas de aumento de pena incidem da terceira fase da dosimetria da pena.
2. **Inciso I.** Os resultados descritos no inciso I devem ser diretamente ocasionados pelo delito ambiental. Além da prática do delito, o agente, com sua conduta, causa a diminuição de águas naturais, a erosão do solo ou a modificação do regime climático, circunstâncias muitas vezes irreversíveis que causam um dano grave ao meio ambiente.
3. **Inciso II.** A queda de sementes (alínea a) é o período em que ocorrerá a proliferação das espécies, com o surgimento de novas plantas. A formação de vegetações (alínea b) é justamente o período em que o vegetal está em fase de crescimento, mais frágil, justificando o aumento da pena. Em relação às espécies raras e ameaçadas de extinção (alínea c), a justificativa do aumento da pena é evidente, em razão da escassez da espécie. As épocas de seca ou de inundação (alínea d) são épocas de extremidade para o meio ambiente, tornando a conduta do agente mais grave por potencializar o desequilíbrio do meio ambiente (que já está ocorrendo com a seca ou com a inundação). Por fim, durante a noite, domingo ou feriado (alínea e) a conduta é mais grave em razão da menor fiscalização do Poder Público, caso em que não poderá incidir a agravante do art. 15, II, *h* e *i*, sob pena de *bis in idem*.

Seção III
Da Poluição e outros Crimes Ambientais

Art. 54. Causar **poluição de qualquer natureza** em níveis tais que resultem ou possam resultar em danos à saúde humana, ou que provoquem a mortandade de animais ou a destruição significativa da flora:

Pena – reclusão, de um a quatro anos, e multa.

§ 1º Se o crime é **culposo**:

Pena – detenção, de seis meses a um ano, e multa.

§ 2º Se o crime:

I – tornar uma área, urbana ou rural, **imprópria** para a ocupação humana;

II – causar poluição atmosférica que provoque a **retirada**, ainda que momentânea, dos **habitantes** das áreas afetadas, ou que cause danos diretos à saúde da população;

III – causar poluição hídrica que torne necessária a **interrupção** do **abastecimento** público de água de uma comunidade;

IV – dificultar ou impedir o uso público das **praias**;

V – ocorrer por **lançamento** de resíduos sólidos, líquidos ou gasosos, ou detritos, óleos ou substâncias oleosas, em desacordo com as exigências estabelecidas em leis ou regulamentos:

Pena – reclusão, de um a cinco anos.

§ 3º Incorre nas mesmas penas previstas no parágrafo anterior quem deixar de adotar, quando assim o exigir a autoridade competente, **medidas de precaução** em caso de risco de dano ambiental grave ou irreversível.

1. **Sujeito ativo.** Crime comum. Qualquer pessoa pode praticá-lo.

2. **Sujeito passivo.** A sociedade e as pessoas eventualmente atingidas.

3. **Causar poluição de qualquer natureza.** *Causar* significa gerar, ocasionar. Poluição é toda alteração das propriedades naturais do meio ambiente, provocada por agentes de qualquer espécie, prejudicial à saúde, à segurança ou ao bem-estar da população que é atingida pelos efeitos da poluição. Nesse tipo penal, o legislador foi bastante abrangente para abarcar qualquer tipo de poluição, seja à saúde humana, seja à fauna ou à flora.

4. **Níveis de poluição que resultem ou possam resultar em danos à saúde humana, ou que provoquem a mortandade de animais ou a destruição significativa da flora.** Toda poluição já representa, por si só, um dano ao meio ambiente e à saúde dos seres humanos. Contudo, o presente tipo penal não abrange qualquer poluição, mas, sim, um nível de poluição considerável, que seja grande o suficiente para resultar ou para poder resultar danos à saúde humana ou então provocar morte de animais ou relevante destruição da flora. Em relação à conduta de *causar poluição que resulte ou possa resulta em danos à saúde humana*, o delito é formal. No tocante à conduta de *causar poluição que provoque a mortandade de animais ou a destruição significativa da flora* o delito é material.

5. **Desnecessidade de perícia.** Em relação à primeira parte do tipo penal, não se exige a perícia para a constatação de que a poluição efetivamente possa resultar em danos à saúde humana, por tratar-se de crime formal.

▶ **STJ**

Informativo nº 833

Quinta Turma

Poluição sonora. Art. 54, *caput*, da Lei n. 9.605/1998. Crime de perigo abstrato. Prova técnica para comprovação do dano à saúde. Desnecessidade. Desclassificação para contravenção de perturbação. Descabimento.

O delito previsto no art. 54, *caput*, primeira parte, da Lei n. 9.605/1998 prescinde de prova pericial para constatação de poluição que possa resultar em danos à saúde humana.

O Tribunal estadual desclassificou a conduta do art. 54, *caput*, da Lei n. 9.605/1998 (poluição sonora) para a prevista no art. 42 do Decreto Lei n. 3.688/1941 (contravenção de perturbação) essencialmente porque não realizada prova técnica para comprovação do dano ou da probabilidade do dano à saúde dos moradores locais, embora constatado que houve elevação sonora acima da fixada em regulamentação específica.

Contudo, referido entendimento não encontra amparo na jurisprudência do STJ, pois o crime do art. 54, *caput*, da Lei n. 9.605/1998, primeira parte, se trata de crime formal, de perigo abstrato, prescindindo de prova pericial para constatação de poluição que possa resultar em danos à saúde humana diante do desrespeito às regras de emissão sonora.

Nessa linha, nos termos do entendimento desta Corte, "1. A emissão de som, quando em desacordo com os padrões estabelecidos, provocará a degradação da qualidade ambiental. 2. A conduta narrada na denúncia mostra-se plenamente adequada à descrição típica constante no art. 54, *caput*, e § 2º, I, da Lei n. 9.605/1998, c/c o art. 3º, III, da Lei n. 6.938/1981, pois descreve a emissão pela pessoa jurídica de ruídos acima dos padrões estabelecidos pela NBR 10.151, causando, por conseguinte, prejuízos à saúde humana, consoante preconiza a Resolução do Conama n. 01/1990." (AgRg no REsp 1.442.333/RS, Rel. Ministro Sebastião Reis Júnior, Sexta Turma, DJe de 27/6/2016).

Desse modo, no caso, diante do comprovado desrespeito às regras de emissão sonora constatado pelas instâncias ordinárias em decorrência de levantamento de ruídos ambiental, indevida a desclassificação operada pelo Tribunal *a quo* com fundamento na falta de realização de prova técnica para comprovação do dano ou da probabilidade do dano à saúde dos moradores locais.

AgRg no REsp 2.130.764-MG, Rel. Ministro Joel Ilan Paciornik, julgado em 16/9/2024, DJe 18/9/2024.

6. **Delito de livre execução.** Tendo em vista que o legislador não descreveu o meio executório da causação da poluição, ela pode ser causada de qualquer forma, configurando um delito de livre execução.

7. **Princípio da especialidade.** Este tipo penal é especial em relação ao delito previsto nos arts. 270 e 271, ambos do Código Penal, e no art. 38 da Lei de Contravenções Penais.

8. **Consumação.** Com a prática da conduta de causar poluição.

9. **Classificação.** Crime comum; formal na conduta *causar poluição que resulte ou possa resultar em danos à saúde humana,* e material na conduta de *causar poluição que provoque a mortandade de animais ou a destruição significativa da flora*; doloso; comissivo; instantâneo; de perigo abstrato; admite a tentativa.

10. **Suspensão condicional do processo.** Cabível, pois a pena mínima cominada não ultrapassa 1 ano (art. 89 da lei 9.099/95).

11. **§ 1º. Modalidade culposa.** Se o delito for culposo a pena reduz-se, pela falta de intenção do agente.

12. **§ 2º. Resultados qualificadores.** Em todos os incisos temos resultados qualificadores mais graves que justificam a incidência da pena maior.

13. **Inciso I.** A poluição causada é de tal monta que inviabiliza a habitação humana naquele determinado espaço territorial.

14. **Inciso II.** Nessa hipótese, a poluição consiste na alteração prejudicial da atmosfera em razão do lançamento de partículas poluentes ou de gases no ar, de grande proporção a ponto de ser necessária a retirada de pessoas da área afetada ou que seja capaz de causar danos diretos à saúde da população.

15. **Inciso III.** A poluição hídrica caracteriza-se pelas más condições da água após a ação humana de poluir, verificando as alterações ocasionadas na água como decorrência da poluição, que gera alteração das propriedades físicas, químicas e biológicas da qualidade original da água.

16. **Inciso IV.** Nesse resultado qualificador o agente torna impossível ou dificultoso o uso das praias, obstruindo o acesso ou poluindo as praias de tal forma que torne a permanência de pessoas inviável, entres outros exemplos.

17. **Inciso V.** Nesse inciso está abrangido o lançamento de lixo, dejetos químicos, fumaça, fuligem, gases tóxicos, em desacordo com as exigências estabelecidas em leis ou regulamentos. Essa parte final transforma esse resultado qualificador em norma penal em branco, pois é necessário buscar na legislação extrapenal qual seria o conteúdo das exigências estabelecidas em leis ou em regulamentos do órgão com atribuição para o controle e a fiscalização.

18. **§ 3º. Conduta equiparada. Deixar de adotar medidas de precaução.** Trata-se de conduta omissiva, que configura um crime omissivo próprio. As medidas de precaução que o agente deixa de adotar em caso de risco de dano ambiental grave ou irreversível são as medidas preventivas, que visam a impedir o dano ambiental, como a instalação de filtros, aumento de chaminés etc. Por óbvio, a conduta omissiva do agente deve ocorrer antes da produção do dano ambiental. Note-se que a pena cominada é a mesma pena do § 2º.

19. **Norma penal em branco.** O presente tipo penal constitui norma penal em branco, uma vez que se faz necessário complementar o seu preceito primário para a determinação do significado da exigência da autoridade competente.

20. **Consumação.** Com a mera omissão do agente, por ser tratar de crime omissivo próprio.

21. **Classificação.** Crime comum; de mera conduta; doloso; omissivo próprio; instantâneo; de perigo abstrato; não admite a tentativa por ser omissivo próprio.

22. **Suspensão condicional do processo.** Cabível, pois a pena mínima cominada não ultrapassa 1 ano (art. 89 da lei 9.099/95).

Art. 55. Executar **pesquisa, lavra ou extração** de recursos minerais sem a competente autorização, permissão, concessão ou licença, ou em desacordo com a obtida:

Pena – detenção, de seis meses a um ano, e multa.

Parágrafo único. Nas mesmas penas incorre quem **deixa de recuperar** a área pesquisada ou explorada, nos termos da autorização, permissão, licença, concessão ou determinação do órgão competente.

1. **Sujeito ativo.** Crime comum. Qualquer pessoa pode praticá-lo.
2. **Sujeito passivo.** A sociedade.
3. **Executar pesquisa, lavra ou extração de recursos minerais.** *Executar* significa realizar a pesquisa, levá-la a efeito, implementá-la. O legislador incriminou a conduta ligada à exploração (pesquisa, lavra ou extração) de recursos minerais, que são materiais extraídos de minas (ferro, alumínio, manganês, magnésio, cobre, mercúrio, chumbo, estanho, ouro, prata, urânio, entre outros) de forma clandestina, sem a vigilância e o controle do Poder Público.
4. **Norma penal em branco.** O presente tipo penal constitui norma penal em branco, uma vez que se faz necessário complementar o seu preceito primário para a determinação do que seja sem a competente autorização, permissão, concessão ou licença, ou em desacordo com a obtida.
5. **Tipo penal misto alternativo.** Caso o agente pratique mais de uma conduta descrita no tipo penal, no mesmo contexto fático, responderá por um delito apenas, não havendo concurso de crimes.
6. **Consumação.** Com a execução da pesquisa, da lavra ou da extração de recursos. Trata-se de crime formal.
7. **Classificação.** Crime comum; formal; doloso; comissivo; instantâneo; de perigo abstrato; admite a tentativa.
8. **Suspensão condicional do processo.** Cabível, pois a pena mínima cominada não ultrapassa 1 ano (art. 89 da lei 9.099/95).
9. **Parágrafo único. Conduta equiparada. Deixar de recuperar a área pesquisada ou explorada.** *Deixar de recuperar* significa não realizar, não fazer algo a que estava obrigado. Trata-se de conduta omissiva, configuradora de crime omissivo próprio, por meio da qual o agente não recupera a área pesquisada ou explorada por ele.
10. **Sujeito ativo.** Crime próprio. Somente pode ser praticado por quem tenha a obrigação de recuperar a área explorada.
11. **Norma penal em branco.** O presente tipo penal constitui norma penal em branco, uma vez que se faz necessário complementar o seu preceito primário para a determinação de quais são os termos da autorização, permissão, licença, concessão ou determinação do órgão competente.
12. **Consumação.** Com a mera omissão do agente, por ser tratar de crime omissivo próprio.
13. **Classificação.** Crime próprio; de mera conduta; doloso; omissivo próprio; instantâneo; de perigo abstrato; não admite a tentativa por ser omissivo próprio.

14. **Suspensão condicional do processo.** Cabível, pois a pena mínima cominada não ultrapassa 1 ano (art. 89 da lei 9.099/95).

Art. 56. Produzir, processar, embalar, importar, exportar, comercializar, fornecer, transportar, armazenar, guardar, ter em depósito ou usar **produto ou substância tóxica, perigosa ou nociva à saúde humana ou ao meio ambiente**, em desacordo com as exigências estabelecidas em leis ou nos seus regulamentos:

Pena – reclusão, de um a quatro anos, e multa.

§ 1º Nas mesmas penas incorre quem:

I – abandona os **produtos ou substâncias referidos no *caput*** ou os utiliza em desacordo com as normas ambientais ou de segurança;

II – manipula, acondiciona, armazena, coleta, transporta, reutiliza, recicla ou dá destinação final a **resíduos perigosos** de forma diversa da estabelecida em lei ou regulamento.

§ 2º Se o produto ou a substância for **nuclear ou radioativa**, a pena é aumentada de um sexto a um terço.

§ 3º Se o crime é **culposo**:

Pena – detenção, de seis meses a um ano, e multa.

1. **Sujeito ativo.** Crime comum. Qualquer pessoa pode praticá-lo.

2. **Sujeito passivo.** A sociedade e a pessoa eventualmente atingida pela substância ou pelo produto.

3. **Produzir, processar, embalar, importar, exportar, comercializar, fornecer, transportar, armazenar, guardar, ter em depósito ou usar.** *Produzir* é criar, dar origem. *Processar* consiste em manipular. *Embalar* significa acondicionar em caixas, pacotes ou algo semelhante. *Importar* é fazer ingressar no território nacional. *Exportar* é fazer sair do território nacional. *Comercializar* quer dizer trocar o objeto por dinheiro ou qualquer outro bem que sirva como meio de pagamento. *Fornecer* é dar a alguém. *Transportar,* significa levar o objeto de um local específico para outro local específico. *Armazenar* consiste em guardar. *Guardar,* com significado semelhante a armazenar, é conservar, preservar, manter em local seguro, ocultar. *Ter em depósito* consiste em guardar, armazenar, ter o objeto ao alcance (conceito parecido com armazenar e ter em depósito). *Usar* quer dizer servir-se do objeto, utilizá-lo. Esse tipo penal trata da manipulação, da comercialização e da movimentação irregular do produto ou da substância tóxica, perigosa ou nociva à saúde humana ou ao meio ambiente. Em razão dos diversos verbos típicos, nota-se que o legislador cercou de todos os lados para impedir qualquer tipo de movimentação do produto ou da substância.

4. **Produto ou substância tóxica, perigosa ou nociva à saúde humana ou ao meio ambiente.** Não basta que esses produtos ou substâncias sejam tóxicos, pois muitos deles são regularmente utilizados, como inseticidas e venenos para exterminar pragas. Nisso não há nenhum mal, até porque todos esses produtos comumente utilizados são permitidos e homologados pelo Poder Público e há um limite de nocividade estabelecido e permitido pelo Poder Público, baseado no nível de

nocividade. O objeto material do presente tipo penal consiste na substância ou no veneno que são perigosos ou nocivos à saúde humana ou ao meio ambiente, que estejam em desacordo com as exigências estabelecidas pelo Poder Público.

5. **Norma penal em branco.** O presente tipo penal constitui norma penal em branco, uma vez que se faz necessário complementar o seu preceito primário para a determinação do que seja sem parecer técnico oficial favorável e licença expedida por autoridade competente.

6. **Tipo penal misto alternativo.** Caso o agente pratique mais de uma conduta descrita no tipo penal, no mesmo contexto fático, responderá por um delito apenas, não havendo concurso de crimes.

7. **Desnecessidade de perícia.** De acordo com o STJ, o delito ora comentado não exige perícia para demonstrar a nocividade do produto ou da substância tóxica, tendo em vista que se trata de delito de perigo abstrato.

▶ **STJ**

Informativo nº 613

Sexta Turma

Crime ambiental. Transporte de produtos tóxicos, nocivos ou perigosos. Art. 56, *caput*, da Lei n. 9.605/1998. Resolução da ANTT n. 420/2004. Crime de perigo abstrato. Perícia. Prescindibilidade. O crime previsto no art. 56, *caput* da Lei n. 9.605/1998 é de perigo abstrato, sendo dispensável a produção de prova pericial para atestar a nocividade ou a periculosidade dos produtos transportados, bastando que estes estejam elencados na Resolução n. 420/2004 da ANTT. Cinge-se a controvérsia a definir a natureza jurídica do crime positivado no art. 56, *caput*, da Lei n. 9.605/1998. (...) Inicialmente, é de se ponderar que a conduta ilícita prevista no dispositivo supracitado é norma penal em branco, cuja complementação depende da edição de outras normas, que definam o que venha a ser o elemento normativo do tipo "produto ou substância tóxica, perigosa ou nociva à saúde pública ou ao meio ambiente". No caso específico de transporte de tais produtos ou substâncias, o Regulamento para o Transporte Rodoviário de Produtos Perigosos (Decreto n. 96.044/1988) e a Resolução n. 420/2004 da Agência Nacional de Transportes Terrestres – ANTT, constituem a referida norma integradora, por inequivocamente indicar os produtos e substâncias cujo transporte rodoviário é considerado perigoso (...). No que se refere ao art. 56, *caput*, da Lei n. 9.605/1998, o legislador foi claro em não exigir a geração concreta de risco na conduta ali positivada. Poderia fazê-lo, mas preferiu contentar-se com a deliberada criação de um risco para o meio ambiente ou mesmo a um número indeterminado de pessoas por quem transporta produto ou substância tóxica, perigosa ou nociva à saúde humana ou ao meio ambiente, em desacordo com as exigências estabelecidas em leis ou nos seus regulamentos. Em outras palavras, o conceito de nocividade no crime ambiental examinado se esgota na própria capitulação normativa do produto ou substância como tóxica, perigosa ou nociva ao ecossistema. Logo, o crime materializado no art. 56, *caput*, da Lei n. 9.605/1998, possui a natureza de crime de perigo abstrato, ou, de crime de perigo abstrato-concreto, em que, embora não baste a mera realização de uma conduta, não se exige, a seu turno, a criação de ameaça concreta a algum bem jurídico e muito menos lesão a ele. Basta a produção de um ambiente de perigo em potencial, em abstrato – *in casu*, com o transporte dos produtos ou substâncias em desacordo com as exigências estabelecidas em leis ou nos seus regulamentos, de modo que a atividade descrita no tipo penal crie condições para afetar os interesses juridicamente relevantes, não condicionados, porém, à efetiva ameaça de um determinado bem jurídico. Deste modo, desnecessária se faz a constatação, via laudo pericial, da impropriedade, perigo ou nocividade do produto transportado, bastando, para tanto, que o "produto ou substância tóxica, perigosa ou nociva para a saúde humana ou o meio ambiente", esteja elencado na Resolução n. 420/04 da ANTT. **(REsp 1.439.150-RS, Rel. Min. Rogério Schietti Cruz, julgado em 05/10/2017).**

8. **Crime de perigo abstrato-concreto ou de perigo hipotético.** No Informativo acima, o STJ considerou esse delito um crime de perigo abstrato-concreto. Os delitos de perigo abstrato-concreto, também chamados de delito de perigo hipotético, constituem uma subclassificação dos delitos de perigo abstrato. Nessa espécie de delito, a conduta do agente deve gerar uma situação de *perigo possível* ao bem jurídico. Não basta a prática da conduta do agente (como ocorre nos crimes de perigo abstrato), sendo necessário que se possa identificar, como consequência da conduta, uma hipótese de *perigo possível*, uma probabilidade ou uma potencialidade de causar algum resultado lesivo ao bem jurídico tutelado pela norma penal. Exige-se, portanto, uma conduta idônea a produzir uma situação concreta de perigo ao bem jurídico. Note-se que os delitos de perigo abstrato-concreto ou de perigo hipotético constituem um *plus* em relação aos crimes de perigo abstrato. Isso porque nos crimes de perigo abstrato, basta a conduta do agente para o delito estar configurado, uma vez que o perigo gerado ao bem jurídico é presumido de forma absoluta pelo legislador. De outro giro, nos delitos de perigo abstrato-concreto não basta a prática da conduta por parte do agente. Além da conduta, é necessária a geração de uma situação de *perigo possível* ao bem jurídico. Caso haja a conduta do agente, mas não haja uma situação de *perigo possível*, a conduta será atípica. Também não se pode confundir os delitos de perigo abstrato-concreto ou de perigo hipotético com os delitos de perigo concreto, pois, como dito, nos delitos de perigo abstrato-concreto ou de perigo hipotético basta que a conduta do agente gere uma situação de *perigo possível*, mas não se exige a efetiva prova do perigo gerado no caso concreto, bastando a prova da conduta do agente e a prova dessa situação perigosa gerada. Note-se que o que se precisa provar é a *possibilidade de perigo* ao bem jurídico. Já nos delitos de perigo concreto, faz-se necessária a prova do efetivo perigo gerado ao bem jurídico, sob pena de atipicidade da conduta. Assim, a considerar a classificação feita pelo STJ, não bastaria a simples prática da conduta descrita nesse tipo penal para a configuração do delito. É necessário que, com a prática da conduta, se crie uma situação de perigo possível ao bem jurídico, por exemplo, com o transporte dos produtos ou substâncias em desacordo com as exigências estabelecidas em leis ou nos seus regulamentos, gerando uma situação fática de perigo possível para o bem jurídico. Apesar de o STJ ter adotado essa classificação de crime, deve ser frisado que ela ainda não é aceita de forma majoritária pela doutrina e pela jurisprudência brasileiras.

9. **Revogação tácita.** O presente tipo penal revogou tacitamente o art. 15, da lei 7.802/89, que possui a seguinte redação: (*"Art. 15. Aquele que produzir,*

comercializar, transportar, aplicar, prestar serviço, der destinação a resíduos e embalagens vazias de agrotóxicos, seus componentes e afins, em descumprimento às exigências estabelecidas na legislação pertinente estará sujeito à pena de reclusão, de dois a quatro anos, além de multa.").

10. **Consumação.** Com a prática das condutas. Trata-se de crime formal.

11. **Classificação.** Crime comum; formal; doloso; comissivo; instantâneo nas condutas *produzir, processar, embalar, importar, exportar, comercializar, fornecer* e usar, e permanente nas condutas *transportar, armazenar, guardar, ter em depósito*; de perigo abstrato; admite a tentativa.

12. **Suspensão condicional do processo.** Cabível, pois a pena mínima cominada não ultrapassa 1 ano (art. 89 da lei 9.099/95).

13. **§ 1º. Condutas equiparadas.**

14. **Inciso I. Abandono dos produtos ou das substâncias e uso irregular.** *Abandonar* consiste em deixar de lado, não se interessar mais pelos produtos ou pelas substâncias, fazer os produtos ou as substâncias saírem da propriedade ou da posse do agente. O abandono do produto ou da substância pode ser nocivo à saúde humana ou ao meio ambiente, a depender do resíduo que tiver na embalagem ou das condições em que o produto é abandonado. Em relação à conduta de utilizar em desacordo com as normas ambientais ou de segurança, cremos que se trata de mera repetição da conduta descrita no *caput* do artigo.

15. **Norma penal em branco.** O presente tipo penal constitui norma penal em branco, uma vez que se faz necessário complementar o seu preceito primário para a determinação do conteúdo das normas ambientais ou de segurança.

16. **Tipo penal misto alternativo.** Caso o agente pratique mais de uma conduta descrita no tipo penal (abandonar e usar) no mesmo contexto fático, responderá por um delito apenas, não havendo concurso de crimes.

17. **Consumação.** Com a prática das condutas de abandonar ou de usar. Trata-se de crime formal.

18. **Classificação.** Crime comum; formal; doloso; comissivo; instantâneo; de perigo abstrato; admite a tentativa.

19. **Suspensão condicional do processo.** Cabível, pois a pena mínima cominada não ultrapassa 1 ano (art. 89 da lei 9.099/95).

20. **Inciso II. Movimentação dos resíduos perigosos de forma diversa da estabelecida em lei ou regulamento.** *Manipular* é tratar, preparar com as mãos. *Acondicionar* significa guardar em local específico e apropriado ao resíduo. *Armazenar* consiste em guardar. *Coletar* é recolher. *Transportar* significa levar os resíduos de um local específico para outro local específico. *Reutilizar* é usar novamente. *Reciclar* consiste em aproveitar o resíduo após a sua utilização para a fabricação de um novo resíduo. *Dar* é fornecer a alguém. Neste tipo penal incrimina-se qualquer forma de manipulação ou de movimentação irregular dos resíduos perigosos de forma

diversa da estabelecida em lei ou regulamento contrariando as normas estabelecidas pelo Poder Público.

21. **Norma penal em branco.** O presente tipo penal constitui norma penal em branco, uma vez que se faz necessário complementar o seu preceito primário para a determinação da forma estabelecida em lei ou em regulamento para a movimentação dos resíduos.

22. **Tipo penal misto alternativo.** Caso o agente pratique mais de uma conduta descrita no tipo penal no mesmo contexto fático, responderá por um delito apenas, não havendo concurso de crimes.

23. **Consumação.** Com a prática das condutas típicas. Trata-se de crime formal.

24. **Classificação.** Crime comum; formal; doloso; comissivo; instantâneo nas condutas *manipular, acondicionar, armazenar, coletar, reutilizar, reciclar* e *dar*, e permanente na conduta *transportar*; de perigo abstrato; admite a tentativa.

25. **Suspensão condicional do processo.** Cabível, pois a pena mínima cominada não ultrapassa 1 ano (art. 89 da lei 9.099/95).

26. **§ 2º. Causa de aumento da pena.** A pena é aumentada se o produto ou a substância for nuclear ou radioativa, em razão do alto poder lesivo. Ver os conceitos de substância nuclear ou radioativa nos comentários à lei 6.453/1977 neste livro.

27. **§ 3º. Modalidade culposa.** Se o delito for culposo a pena reduz-se, pela falta de intenção do agente.

Art. 57. (VETADO)

Art. 58. Nos crimes dolosos previstos nesta Seção, as **penas** serão **aumentadas**:

I - de um sexto a um terço, se resulta **dano irreversível** à flora ou ao meio ambiente em geral;

II - de um terço até a metade, se resulta **lesão corporal de natureza grave** em outrem;

III - até o dobro, se resultar a **morte** de outrem.

Parágrafo único. As penalidades previstas neste artigo somente serão aplicadas se do fato **não resultar crime mais grave**.

1. **Causas de aumento de pena.** O art. 58 trata de causas de aumento de pena que devem ser consideradas na terceira fase da dosimetria da pena.

2. **Inciso I. Dano irreversível à flora ou ao meio ambiente em geral.** Por dano irreversível entenda-se o dano irreparável, incontornável, que não pode ser desfeito, como a extinção de uma espécie de vegetação que não se pode regenerar ou de uma espécime da fauna.

3. **Inciso II. Resultado lesão corporal de natureza grave.** Por lesão corporal de natureza grave deve ser entendida a lesão que gera os resultados previstos no art. 129, §§ 1º e 2º do Código Penal. Note-se que para o Código Penal os resultados dos

dois parágrafos constituem lesões corporais graves. O Código não faz nenhuma distinção. A classificação em lesão corporal "grave" e "gravíssima" é doutrinaria. O resultado lesão corporal de natureza grave só pode ocorrer a título de culpa. Trata-se de crime preterdoloso.

4. **Inciso III. Resultado morte.** O resultado morte só pode ocorrer a título de culpa. Trata-se de crime preterdoloso.

5. **Parágrafo único. Subsidiariedade expressa.** O parágrafo único conferiu natureza subsidiária aos delitos previstos na seção III, do capítulo V da lei. (arts. 54 ao 61), de forma que tais delitos somente serão aplicados se a conduta do agente não resultar crime mais grave.

Art. 59. (VETADO)

Art. 60. Construir, reformar, ampliar, instalar ou fazer funcionar, em qualquer parte do território nacional, **estabelecimentos, obras ou serviços potencialmente poluidores**, sem licença ou autorização dos órgãos ambientais competentes, ou contrariando as normas legais e regulamentares pertinentes:

Pena – detenção, de um a seis meses, ou multa, ou ambas as penas cumulativamente.

1. **Sujeito ativo.** Crime comum. Qualquer pessoa pode praticá-lo.
2. **Sujeito passivo.** A sociedade.
3. **Construir, reformar, ampliar, instalar ou fazer funcionar.** *Construir* é edificar. *Reformar* consiste em mudar, corrigir, alterar. *Ampliar* significa aumentar. *Instalar* é estabelecer, implantar. *Fazer funcionar* consiste em iniciar a execução, fazer operar. O legislador incriminou neste tipo penal a conduta ligada a estabelecimentos, às obras ou aos serviços potencialmente poluidores, de forma clandestina ou irregular.
4. **Estabelecimentos, obras ou serviços potencialmente poluidores.** Na atualidade há muitos estabelecimentos, obras ou serviços que têm o potencial para causar poluição ao meio ambiente, como uma fábrica de tintas, de produtos químicos, uma obra que possa causar poluição sonora ou atmosférica, uma reforma que tenha o condão de gerar uma poluição hídrica, entre outros exemplos. Não é necessária a efetiva poluição. Para a configuração do tipo penal basta a potencialidade de causar poluição.
5. **Norma penal em branco.** O presente tipo penal constitui norma penal em branco, uma vez que se faz necessário complementar o seu preceito primário para a determinação do que seja sem licença ou autorização dos órgãos ambientais competentes, ou contrariando as normas legais e regulamentares pertinentes.
6. **Tipo penal misto alternativo.** Caso o agente pratique mais de uma conduta descrita no tipo penal, no mesmo contexto fático, responderá por um delito apenas, não havendo concurso de crimes.
7. **Consumação.** Com a prática das condutas. Trata-se de crime formal.

8. **Classificação.** Crime comum; formal; doloso; comissivo; instantâneo; de perigo abstrato; admite a tentativa.
9. **Suspensão condicional do processo.** Cabível, pois a pena mínima cominada não ultrapassa 1 ano (art. 89 da lei 9.099/95).

Art. 61. Disseminar **doença ou praga ou espécies** que possam causar dano à agricultura, à pecuária, à fauna, à flora ou aos ecossistemas:

Pena – reclusão, de um a quatro anos, e multa.

1. **Sujeito ativo.** Crime comum. Qualquer pessoa pode praticá-lo.
2. **Sujeito passivo.** A sociedade, bem como o proprietário do bem atingido.
3. **Disseminar.** *Disseminar* significa espalhar, difundir, propagar.
4. **Doença, praga ou espécies que possam causar dano.** São exemplos de *doença* a peste suína, a febre aftosa etc. *Praga* é uma espécie que provoca algum tipo de prejuízo às espécies. *Espécies* são bactérias, vírus que possam causar dano. Não é necessário o efetivo dano. Para a configuração do tipo penal basta a potencialidade de causar o dano à agricultura, à pecuária, à fauna, à flora ou aos ecossistemas.
5. **Delito de perigo concreto.** O legislador exigiu no presente tipo penal que a doença ou a praga tenha a possibilidade efetiva de causar dano à agricultura, à pecuária, à fauna, à flora ou aos ecossistemas. Caso essa potencialidade não fique provada nos autos, a conduta é atípica.
6. **Consumação.** Com a prática das condutas típicas, não sendo necessária a ocorrência do efetivo dano. Trata-se de crime formal e de perigo concreto, devendo ser provado o efetivo perigo ao bem jurídico.
7. **Classificação.** Crime comum; formal; doloso; comissivo; instantâneo; de perigo concreto; admite a tentativa.
8. **Suspensão condicional do processo.** Cabível, pois a pena mínima cominada não ultrapassa 1 ano (art. 89 da lei 9.099/95).

Seção IV
Dos Crimes contra o Ordenamento Urbano e o Patrimônio Cultural

Art. 62. Destruir, inutilizar ou **deteriorar**:

I – bem **especialmente protegido** por lei, ato administrativo ou decisão judicial;

II – arquivo, registro, museu, biblioteca, pinacoteca, instalação científica ou similar **protegido** por lei, ato administrativo ou decisão judicial:

Pena – reclusão, de um a três anos, e multa.

Parágrafo único. Se o crime for **culposo**, a pena é de seis meses a um ano de detenção, sem prejuízo da multa.

1. **Sujeito ativo.** Crime comum. Qualquer pessoa pode praticá-lo.

2. **Sujeito passivo.** A sociedade.

3. **Destruir, inutilizar e deteriorar.** *Destruir* significa desfazer, aniquilar, fazer desaparecer. *Inutilizar* consiste em danificar, tornar inútil, sem valor. *Deteriorar* é estragar, diminuir o valor.

4. **Inciso I. Bem especialmente protegido por lei, ato administrativo ou decisão judicial.** Em relação ao bem especialmente protegido por lei ou por ato, essa previsão tem fundamento no art. 216, § 1º da CF/88 ("*O Poder Público, com a colaboração da comunidade, promoverá e protegerá o patrimônio cultural brasileiro, por meio de inventários, registros, vigilância, tombamento e desapropriação, e de outras formas de acautelamento e preservação*"). Em relação ao bem protegido por decisão judicial, deve-se verificar nos autos do respectivo processo qual bem foi objeto da proteção judicial.

5. **Norma penal em branco.** O presente tipo penal constitui norma penal em branco, uma vez que se faz necessário complementar o seu preceito primário para a verificação da proteção do bem por lei ou por ato administrativo.

6. **Tipo penal misto alternativo.** Caso o agente pratique mais de uma conduta descrita no tipo penal, no mesmo contexto fático, responderá por um delito apenas, não havendo concurso de crimes.

7. **Consumação.** Com a prática das condutas de destruir, inutilizar e deteriorar. Trata-se de crime material.

8. **Classificação.** Crime comum; material; doloso; comissivo; instantâneo; de dano; admite a tentativa.

9. **Suspensão condicional do processo.** Cabível, pois a pena mínima cominada não ultrapassa 1 ano (art. 89 da lei 9.099/95).

10. **Inciso II. Arquivo, registro, museu, biblioteca, pinacoteca, instalação científica ou similar protegido por lei, ato administrativo ou decisão judicial.** Embora sejam objetos materiais diferentes dos objetos do inciso I, a incriminação é similar no tocante a serem protegidos por lei, ato administrativo ou decisão judicial.

11. **Norma penal em branco.** O presente tipo penal constitui norma penal em branco, uma vez que se faz necessário complementar o seu preceito primário para a verificação da proteção do bem por lei ou por ato administrativo.

12. **Tipo penal misto alternativo.** Caso o agente pratique mais de uma conduta descrita no tipo penal, no mesmo contexto fático, responderá por um delito apenas, não havendo concurso de crimes.

13. **Consumação.** Com a prática das condutas de destruir, inutilizar e deteriorar. Trata-se de crime material.

14. **Classificação.** Crime comum; material; doloso; comissivo; instantâneo; de dano; admite a tentativa.

15. **Suspensão condicional do processo.** Cabível, pois a pena mínima cominada não ultrapassa 1 ano (art. 89 da lei 9.099/95).

16. **Parágrafo único. Modalidade culposa.** Se o delito for culposo a pena reduz-se, pela falta de intenção do agente.

Art. 63. Alterar o aspecto ou estrutura de **edificação ou local especialmente protegido** por lei, ato administrativo ou decisão judicial, **em razão de** seu valor paisagístico, ecológico, turístico, artístico, histórico, cultural, religioso, arqueológico, etnográfico ou monumental, sem autorização da autoridade competente ou em desacordo com a concedida:

Pena – reclusão, de um a três anos, e multa.

1. **Sujeito ativo.** Crime comum. Qualquer pessoa pode praticá-lo.

2. **Sujeito passivo.** A sociedade.

3. **Alterar.** O verbo típico *alterar* significa transformar, modificar.

4. **Aspecto ou estrutura de edificação ou local especialmente protegido por lei, ato administrativo ou decisão judicial sem autorização da autoridade competente ou em desacordo com a concedida.** Há algumas edificações e locais que têm um relevante valor paisagístico, ecológico, turístico, artístico, histórico, cultural, religioso, arqueológico, etnográfico ou monumental. É justamente em razão desses valores que a edificação ou o local possuem a especial proteção do Poder Público, para que esses valores sejam mantidos, sejam preservados. Para tal, essas edificações ou esses locais têm o aspecto ou a estrutura delineado pela autoridade pública, a exemplo de uma determinada fachada, uma determinada cor de tinta, um determinado gabarito de altura, um determinado modelo de janela etc. Portanto, nesse tipo penal o legislador incriminou a conduta de alterar o aspecto ou a estrutura dessas edificações ou desses locais sem a autorização do Poder Público ou de forma contrária à autorização concedida, para que aqueles valores sejam mantidos vivos e presentes na edificação ou no local.

5. **Norma penal em branco.** O presente tipo penal constitui norma penal em branco, uma vez que se faz necessário complementar o seu preceito primário para a verificação da proteção da estrutura, da edificação ou do local especialmente protegido por lei, por ato administrativo ou por decisão judicial, bem como a autorização da autoridade competente.

6. **Revogação tácita.** Este tipo penal revogou tacitamente o art. 166 do Código Penal.

7. **Concurso de crimes com o art. 48.** Questão relevante versa sobre a possibilidade de o delito do art. 48 ser considerado *ante factum* impunível em relação ao art. 63, por força da incidência do princípio da consunção, na vertente do *crime progressivo*, em que um crime é meio necessário ou fase normal de preparação ou de execução para outro delito. Imagine-se a hipótese de o agente impedir a regeneração natural de uma determinada forma de vegetação (delito do art. 48) e depois altere o aspecto de uma edificação especialmente protegido por lei em razão de seu valor paisagístico

(delito do art. 63). A questão a ser definida é se a conduta do art. 48 é meio necessário para a prática do delito do art. 63. Caso a resposta seja positiva, o agente responde apenas pelo delito art. 63 e o art. 48 fica absorvido, sendo considerado *ante factum* impunível. Caso a resposta seja negativa, impõe-se o concurso de crimes. A questão chegou até o STJ, que entendeu pela não aplicabilidade do princípio da consunção, caracterizando-se o concurso material de crimes.

▶ **STJ**

> DIREITO PENAL E PROCESSUAL PENAL. RECURSO ORDINÁRIO EM MANDADO DE SEGURANÇA. CRIMES AMBIENTAIS. LEI 9.605/98. (...) ARTS. 48 E 63 DA LEI 9.605/98: DELITOS AUTÔNOMOS. IMPOSSIBILIDADE DE CONSUNÇÃO. (...) As condutas do art. 48 da Lei 9.605/98 (...) e do art. 63 da mesma Lei (...) são autônomas, não se podendo tratar a primeira delas como crime meio para a construção ou alteração de edificação. Reforça essa ideia o fato de que o crime previsto no art. 48 da Lei de Crimes Ambientais é delito permanente, cuja potencialidade lesiva se protrai no tempo, não se esgotando na construção de edificação. Precedentes desta Corte. 7. Recurso a que se nega provimento. **(RMS 49.909/SC, Rel. Min. Reynaldo Soares da Fonseca, julgado em 16/05/2017).**

8. **Consumação.** Com a prática da conduta de alterar o aspecto ou a estrutura da edificação ou do local especialmente protegido. Trata-se de crime material.

9. **Classificação.** Crime comum; material; doloso; comissivo; instantâneo; de dano; admite a tentativa.

10. **Suspensão condicional do processo.** Cabível, pois a pena mínima cominada não ultrapassa 1 ano (art. 89 da lei 9.099/95).

> **Art. 64.** Promover construção em solo **não edificável, ou no seu entorno**, assim considerado **em razão de** seu valor paisagístico, ecológico, artístico, turístico, histórico, cultural, religioso, arqueológico, etnográfico ou monumental, sem autorização da autoridade competente ou em desacordo com a concedida:
>
> Pena – detenção, de seis meses a um ano, e multa.

1. **Sujeito ativo.** Crime comum. Qualquer pessoa pode praticá-lo.
2. **Sujeito passivo.** A sociedade.
3. **Promover construção.** *Promover construção* consiste em executar uma obra, um prédio, uma casa, um parque, um lago ou qualquer coisa que possa ser construído.
4. **Solo não edificável ou no seu entorno.** Solo não edificável é o terreno onde é proibida qualquer espécie de construção ou ao seu redor ou proximidades (no entorno). Isso porque o solo onde a construção é proibida tem um relevante valor paisagístico, ecológico, artístico, turístico, histórico, cultural, religioso, arqueológico, etnográfico ou monumental. A proibição de se construir decorre justamente desses valores que devem ser preservados, razão pela qual o legislador incriminou a conduta de construir sem a autorização do órgão público que tem o dever de

fiscalizar ou de forma contrária à autorização concedida, para que aqueles valores sejam preservados no solo ou no seu entorno.

5. **Art. 48 como *post factum* impunível em relação ao art. 64.** Se o agente praticar a conduta descrita nesse tipo penal e, ao construir em solo não edificável, impedir ou dificultar a regeneração natural de florestas e demais formas de vegetação no local da construção (conduta que configura o delito do art. 48 desta lei), ele responde apenas pelo delito do art. 64 e o crime do art. 48 será considerado *post factum* impunível.

▶ **STJ**

> **Informativo nº 597.**
> **Sexta Turma.**
> Crime ambiental. Conflito aparente de normas. Arts. 48 e 64 da Lei n. 9.605/1998. Consunção. Absorvido o crime meio de destruir floresta e o pós-fato impunível de impedir sua regeneração. Crime único de construir em local não edificável. O crime de edificação proibida (art. 64 da Lei n. 9.605/1998) absorve o crime de destruição de vegetação (art. 48 da mesma lei) quando a conduta do agente se realiza com o único intento de construir em local não edificável. Sobre o tema, diversamente do posicionamento fixado em alguns precedentes do STJ (AgRg no REsp 1.214.052-SC, Sexta Turma, DJe 12/3/2013 e REsp 1.125.374-SC, Quinta Turma, DJe 17/8/2011), a Sexta Turma passa a adotar nova orientação, no sentido de que a suposta destruição da vegetação nativa é mera etapa inicial do único crime pretendido e realizado de construir em local não edificável (área de preservação permanente). Com efeito, o crime de destruir floresta nativa dá-se como meio da realização do único intento de construir em local não edificável, em razão do que incide a absorção do crime-meio de destruição de vegetação pelo crime-fim de edificação proibida. Na mesma linha, o delito de impedir a regeneração natural da flora dá-se como mero gozo da construção, em evidente pós-fato impunível. Aquele que constrói uma edificação, claramente não poderá permitir que dentro daquela venha a nascer uma floresta. É mero exaurimento do crime de construção indevida, pelo aproveitamento natural da coisa construída (...). Na hipótese, não há ação autônoma de destruir floresta ou de impedir sua regeneração, mas tão somente o ato de construir em local proibido, que tem na destruição condição necessária para a obra e no impedimento à regeneração mero gozo da edificação. (...) Na construção em local de floresta não há dois crimes com único intento (hipótese de concurso formal), mas apenas um crime praticado. Tampouco é caso de concurso material, pois então os crimes precisariam ser autônomos – com que não se concorda, pelo conflito aparente de normas – e com desígnios independentes (excluindo também o concurso formal perfeito). Dessa forma, descartada a possibilidade da configuração do concurso material entre os delitos tipificados nos artigos 48 e 64 da Lei n. 9.605/1998, correta é a desclassificação para o único crime do art. 64 da lei ambiental. **(REsp 1.639.723-PR, Rel. Min. Nefi Cordeiro, julgado em 7/2/2017).**

6. **Absorção do art. 40.** O presente tipo penal absorve o delito do art. 40 da dessa lei, quando a conduta descrita no art. 40 for meio necessário para a prática conduta delituosa descrita no presente artigo. Assim, o agente responde somente pelo delito do art. 64, com fundamento no princípio da consunção, na vertente do crime progressivo.

▶ **STJ**

Informativo nº 698

Quinta Turma

Dano ambiental em unidade de conservação. Art. 40 da Lei n. 9.605/1998. Construção em solo que, por seu valor ecológico, não é edificável. Art. 64 da Lei n. 9.605/1998. Absorção. Possibilidade. **O delito de causar dano em unidade de conservação (art. 40 da Lei n. 9.605/1998) pode ser absorvido pelo delito de construir em solo que, por seu valor ecológico, não é edificável (art. 64 da Lei n. 9.605/1998).** A controvérsia submetida ao exame desta Corte Superior é a (im) possibilidade de aplicação do princípio da consunção, para que o delito do art. 40 da Lei n. 9.605/1998 (causar dano ambiental em unidade de conservação) seja absorvido pelo crime do art. 64 da mesma lei (construir em solo que, por seu valor ecológico, não é edificável). (...) o dano causado pela construção à estação ecológica se encontra, efetivamente, absorvido pela edificação irregular. O dano pode, em tese, ser considerado concomitante à construção, enquanto ato integrante da fase de execução do iter do art. 64, caso em que se aplicaria o princípio da consunção em sua formulação genérica; ou, então, como consequência naturalística inafastável e necessária da construção, de maneira que seu tratamento jurídico seria o de pós-fato impunível. De todo modo, o dano à unidade de conservação se situa na escala causal da construção irregular (seja como ato executório ou como exaurimento), nela exaurindo toda sua potencialidade lesiva. **REsp 1.925.717-SC, Rel. Min. Ribeiro Dantas, Quinta Turma, por unanimidade, julgado em 25/05/2021, DJe 28/05/2021.**

7. **Norma penal em branco.** O presente tipo penal constitui norma penal em branco, uma vez que se faz necessário complementar o seu preceito primário para a verificação da autorização da autoridade competente ou da autorização concedida.

8. **Consumação.** Com a prática da conduta de iniciar a construção. Não é necessário que o agente complete a construção, bastando o seu início. Trata-se de crime material.

9. **Classificação.** Crime comum; material; doloso; comissivo; instantâneo; de dano; admite a tentativa.

10. **Suspensão condicional do processo.** Cabível, pois a pena mínima cominada não ultrapassa 1 ano (art. 89 da lei 9.099/95).

Art. 65. Pichar ou por outro meio **conspurcar** edificação ou monumento urbano:

Pena – detenção, de 3 (três) meses a 1 (um) ano, e multa.

§ 1º Se o ato for realizado em monumento ou coisa **tombada** em virtude do seu valor artístico, arqueológico ou histórico, a pena é de 6 (seis) meses a 1 (um) ano de detenção e multa.

§ 2º Não constitui crime a prática de grafite realizada **com o objetivo de valorizar** o patrimônio público ou privado mediante manifestação artística, desde que consentida pelo proprietário e, quando couber, pelo locatário ou arrendatário do bem privado e, no caso de bem público, com a autorização do órgão competente e a observância das posturas municipais e das normas editadas pelos órgãos governamentais responsáveis pela preservação e conservação do patrimônio histórico e artístico nacional.

1. **Sujeito ativo.** Crime comum. Qualquer pessoa pode praticá-lo.
2. **Sujeito passivo.** A sociedade e o proprietário da edificação ou do monumento urbano.
3. **Pichar ou conspurcar.** *Pichar* é escrever, desenhar, fazer sinais com jato de tinta em paredes e muros. *Conspurcar* consiste em sujar.
4. **Edificação ou monumento urbano.** O ato de pichar ou conspurcar somente configura o delito em apreço ser for praticado em edificação, que são prédios e construções ou em monumentos urbanos, que são estátuas, bustos etc., públicos ou particulares. Caso a pichação ou a conspurcação ocorra em outro local, esse delito não se configura.
5. **Tipo penal misto alternativo.** Caso o agente pratique mais de uma conduta descrita no tipo penal (pichar e conspurcar), no mesmo contexto fático, responderá por um delito apenas, não havendo concurso de crimes.
6. **Consumação.** Com a prática das condutas de pichar ou de conspurcar. Trata-se de crime material.
7. **Classificação.** Crime comum; material; doloso; comissivo; instantâneo; de dano; admite a tentativa.
8. **Suspensão condicional do processo.** Cabível, pois a pena mínima cominada não ultrapassa 1 ano (art. 89 da lei 9.099/95).
9. **§ 1º. Qualificadora. Coisa tombada.** O delito passa a ser qualificado se a pichação ou a conspurcação for em monumento ou coisa tombada em virtude do seu valor artístico, arqueológico ou histórico, em razão da maior gravidade da conduta.
10. **§ 2º. Causa de atipicidade formal.** O legislador trouxe uma causa de atipicidade formal relacionada ao grafite com os objetivos mencionados no § 2º. Note-se que o objetivo delineado nesse parágrafo é a valorização do patrimônio público ou privado, desde que consentido pelo proprietário, locatário ou arrendatário ou com a autorização do Poder Público.

Seção V
Dos Crimes contra a Administração Ambiental

Art. 66. Fazer o **funcionário público** afirmação falsa ou enganosa, omitir a verdade, sonegar informações ou dados técnico-científicos em procedimentos de autorização ou de licenciamento ambiental:

Pena – reclusão, de um a três anos, e multa.

1. **Sujeito ativo.** Trata-se de crime próprio. Só pode ser praticado pelo funcionário público com atribuição para atuar nos procedimentos de autorização ou de licenciamento ambiental.
2. **Sujeito passivo.** A sociedade e o interessado na autorização ou na licença ambiental.

3. **Fazer afirmação falsa ou enganosa, omitir a verdade, sonegar informações ou dados técnico-científicos.** *Fazer afirmação falsa ou enganosa* é a conduta de declarar algo que não corresponda à verdade. Essa conduta possui conteúdo positivo, é praticada mediante uma comissão, um agir. Logo, constitui crime comissivo. *Omitir a verdade* e *sonegar informações ou dados técnico-científicos* significa deixar fornecer as informações que deveriam ser fornecidas. Tais condutas têm natureza omissiva, configurando um delito omissivo próprio. Assim, esse tipo penal reúne condutas comissivas e omissivas. Trata-se de um delito de falsidade ideológica no âmbito ambiental.
4. **Procedimentos de autorização ou de licenciamento ambiental.** É o procedimento administrativo que tem o seu curso no âmbito do Poder Executivo, e tem por objeto uma autorização ou uma licença ambiental requerida por um particular em face do Poder Público. Uma vez que conste do procedimento uma afirmação falsa ou enganosa ou uma omissão de informação ou dados técnicos-científicos que deveriam constar, isso pode ocasionar a emissão de uma autorização ou de um licenciamento ambiental indevido, com desvio de finalidade.
5. **Princípio da especialidade.** Este tipo penal é especial em relação ao delito de falsidade ideológica previsto no art. 299 do Código Penal.
6. **Vantagem indevida.** O presente tipo penal não traz como elemento nenhuma forma de solicitação ou de obtenção da vantagem indevida. Assim, caso o funcionário público *exija* vantagem indevida para a prática dessa conduta, pratica o delito de concussão previsto no art. 316 do Código Penal. Da mesma forma, caso ele *solicite* ou *receba* vantagem indevida ou então *aceite* promessa de vantagem, o delito configurado é o de corrupção passiva previsto no art. 317 do Código Penal.
7. **Tipo penal misto alternativo.** Caso o agente pratique mais de uma conduta descrita no tipo penal, no mesmo contexto fático, responderá por um delito apenas, não havendo concurso de crimes.
8. **Consumação.** Com a prática das condutas, não sendo necessário nenhum resultado naturalístico, como a concessão da licença ambiental ou a ocorrência de prejuízo para o Poder Público. Trata-se de crime formal.
9. **Classificação.** Crime próprio; formal; doloso; comissivo na conduta *fazer*, e omissivo próprio nas condutas *omitir* e *sonegar*; instantâneo; de perigo abstrato; admite a tentativa apenas na conduta comissiva (*fazer*), mas não admite nas condutas omissivas próprias (*omitir* e *sonegar*).
10. **Suspensão condicional do processo.** Cabível, pois a pena mínima cominada não ultrapassa 1 ano (art. 89 da lei 9.099/95).

Art. 67. Conceder o funcionário público **licença, autorização ou permissão** em desacordo com as normas ambientais, para as atividades, obras ou serviços cuja realização depende de ato autorizativo do Poder Público:

Pena – detenção, de um a três anos, e multa.

Parágrafo único. Se o crime é **culposo**, a pena é de três meses a um ano de detenção, sem prejuízo da multa.

1. **Sujeito ativo.** Trata-se de crime próprio. Só pode ser praticado pelo funcionário público com atribuição para conceder a licença, a autorização ou a permissão para as atividades, as obras ou os serviços cuja realização depende de ato autorizativo do Poder Público.
2. **Sujeito passivo.** A sociedade e o interessado na licença, na autorização ou na permissão.
3. **Conceder.** *Conceder* significa outorgar, fornecer. Existem diversas atividades, obras ou serviços que dependem da autorização do Poder Público, porque geram impactos de diversas ordens no meio ambiente. A exigência é para que sejam investigados o impacto ambiental e as consequências da atividade, da obra e dos serviços que podem ser geradas. Nesse tipo penal o legislador incriminou a conduta do agente público que contraria os rigores do Poder Público no tocante à licença, à autorização ou à permissão para as atividades, obras ou serviços cuja realização depende de ato autorizativo do Poder Público. Em outras palavras, trata-se da incriminação da conduta do funcionário que age contra o Poder Público.
4. **Norma penal em branco.** O presente tipo penal constitui norma penal em branco, uma vez que se faz necessário complementar o seu preceito primário para a verificação das normas ambientais sobre o assunto.
5. **Princípio da especialidade.** Este tipo penal é especial em relação ao delito de prevaricação previsto no art. 319 do Código Penal.
6. **Vantagem indevida.** O presente tipo penal não traz como elemento nenhuma forma de solicitação ou de obtenção da vantagem indevida. Assim, caso o funcionário público *exija* vantagem indevida para a prática dessa conduta, pratica o delito de concussão previsto no art. 316 do Código Penal. Da mesma forma, caso ele *solicite* ou *receba* vantagem indevida ou então *aceite* promessa de vantagem, o delito configurado é o de corrupção passiva previsto no art. 317 do Código Penal.
7. **Consumação.** Com a prática da conduta de conceder a licença, a autorização ou a permissão. Trata-se de crime formal.
8. **Parágrafo único. Modalidade culposa.** Se o delito for culposo a pena reduz-se, pela falta de intenção do agente.
9. **Classificação.** Crime próprio; formal; doloso; comissivo; instantâneo; de perigo abstrato; admite a tentativa.
10. **Suspensão condicional do processo.** Cabível, pois a pena mínima cominada não ultrapassa 1 ano (art. 89 da lei 9.099/95).

Art. 68. Deixar, aquele que tiver o dever legal ou contratual de fazê-lo, de cumprir **obrigação de relevante interesse ambiental**:

Pena – detenção, de um a três anos, e multa.

Parágrafo único. Se o crime é **culposo**, a pena é de três meses a um ano, sem prejuízo da multa.

1. **Sujeito ativo.** Trata-se de crime próprio. Só pode ser praticado por quem tem o dever legal ou contratual de cumprir obrigação de relevante interesse ambiental.
2. **Sujeito passivo.** A sociedade.
3. **Deixar.** O verbo *deixar* configura conduta negativa, omissiva, um não agir. O agente tem o dever legal ou contratual de cumprir determinada obrigação de relevante interesse ambiental e não a cumpre deixando de agir, como na hipótese de o administrador de uma construtora que deve preservar ou reflorestar uma região próxima do local onde a obra foi realizada, por força contratual e não age nesse sentido. Trata-se, portanto, de crime omissivo próprio. Se o dever não decorrer da lei ou de contrato, esse delito não se configura.
4. **Revogação tácita.** O presente tipo penal revogou tacitamente o art. 16 da lei 7.802/89, que possui a seguinte redação: (*"Art. 16. O empregador, profissional responsável ou o prestador de serviço, que deixar de promover as medidas necessárias de proteção à saúde e ao meio ambiente, estará sujeito à pena de reclusão de 2 (dois) a 4 (quatro) anos, além de multa de 100 (cem) a 1.000 (mil) MVR. Em caso de culpa, será punido com pena de reclusão de 1 (um) a 3 (três) anos, além de multa de 50 (cinqüenta) a 500 (quinhentos."*).
5. **Não aplicabilidade do princípio da insignificância.** Em se tratando de delito praticado contra a Administração Ambiental, não se aplica o princípio da insignificância, tendo em vista que o bem jurídico protegido é a moralidade administrativa, na vertente moralidade administrativa ambiental, nos mesmos moldes que ocorre com os crimes contra a Administração Pública no Código Penal.

▶ **STJ**

AGRAVO REGIMENTAL NO AGRAVO EM RECURSO ESPECIAL. CRIME CONTRA A ADMINISTRAÇÃO DO MEIO AMBIENTE (ART. 68 DA LEI N. 9.605/98). PRINCÍPIO DA INSIGNIFICÂNCIA. IMPOSSIBILIDADE. MORAL ADMINISTRATIVA. (...) 2. O Superior Tribunal de Justiça entende ser possível a aplicação do princípio da insignificância a determinados casos de crimes praticados contra o meio ambiente. Contudo, o art. 68 da Lei n. 9.605/98 encontra-se dentro da Seção V do citado diploma legal, sendo, portanto, classificado como crime contra a administração ambiental, o que torna inaplicável o citado brocador por ter como finalidade resguardar, também, a moral administrativa. (...) 4. Agravo regimental improvido. **(AgRg no AREsp 962.776/RS, Rel. Min. Nefi Cordeiro, julgado em 17/10/2017).**

6. **Consumação.** Com a prática da conduta omissiva. Trata-se de crime de mera conduta.
7. **Parágrafo único. Modalidade culposa.** Se o delito for culposo a pena reduz-se, pela falta de intenção do agente.

8. **Classificação.** Crime próprio; de mera conduta; doloso; omissivo próprio; instantâneo; de perigo abstrato; não admite a tentativa por ser omissivo próprio.
9. **Suspensão condicional do processo.** Cabível, pois a pena mínima cominada não ultrapassa 1 ano (art. 89 da lei 9.099/95).

Art. 69. Obstar ou dificultar a **ação fiscalizadora do Poder Público** no trato de questões ambientais:

Pena – detenção, de um a três anos, e multa.

1. **Sujeito ativo.** Trata-se de crime comum. Qualquer pessoa pode praticá-lo.
2. **Sujeito passivo.** A sociedade.
3. **Obstar ou dificultar.** *Obstar* significa impedir, não permitir. *Dificultar* consiste em atrapalhar, perturbar, embaraçar. Neste tipo penal o agente impede ou atrapalha o poder fiscalizatório do Poder Público (federal, estadual ou municipal) no tocante às questões ambientais, como atrapalhar a fiscalização levada a efeito pelo IBAMA.
4. **Tipo penal misto alternativo.** Caso o agente pratique mais de uma conduta descrita no tipo penal (obstar ou dificultar), no mesmo contexto fático, responderá por um delito apenas, não havendo concurso de crimes.
5. **Consumação.** Com o ato de impedir ou de embaraçar a fiscalização do Poder Público, independentemente do advento de qualquer resultado ulterior ou de causação de prejuízo.
6. **Classificação.** Crime comum; material no verbo *obstar* e formal no verbo *dificultar*; doloso; comissivo; instantâneo; de perigo abstrato; admite a tentativa.
7. **Suspensão condicional do processo.** Cabível, pois a pena mínima cominada não ultrapassa 1 ano (art. 89 da lei 9.099/95).

Art. 69-A. Elaborar ou apresentar, no licenciamento, concessão florestal ou qualquer outro procedimento administrativo, **estudo, laudo ou relatório ambiental** total ou parcialmente falso ou enganoso, inclusive por omissão:

Pena – reclusão, de 3 (três) a 6 (seis) anos, e multa.

§ 1º Se o crime é culposo:

Pena – detenção, de 1 (um) a 3 (três) anos.

§ 2º A pena é aumentada de 1/3 (um terço) a 2/3 (dois terços), se há dano significativo ao meio ambiente, em decorrência do uso da informação falsa, incompleta ou enganosa.

1. **Sujeito ativo.** Trata-se de crime próprio. Só pode ser praticado pelo funcionário público com atribuição para a elaboração do estudo, do laudo ou do relatório ambiental.
2. **Sujeito passivo.** A sociedade.

3. **Elaborar ou apresentar.** *Elaborar* consiste em criar, fazer. *Apresentar* significa exibir. O agente elabora ou apresenta um estudo, um laudo ou um relatório ambiental total ou parcialmente falso ou enganoso (podendo tal falsidade ocorrer por omissão). Trata-se de um delito de falsidade ideológica no âmbito ambiental.
4. **Licenciamento, concessão florestal ou qualquer outro procedimento administrativo.** São procedimentos administrativos que têm os seus cursos no âmbito do Poder Executivo, com o objetivo de conceder alguma licença ou concessão no âmbito do Direito Ambiental, que pode ocasionar um desvio de finalidade.
5. **Princípio da especialidade.** Este tipo penal é especial em relação ao delito de falsidade ideológica previsto no art. 299 do Código Penal.
6. **Vantagem indevida.** O presente tipo penal não traz como elemento nenhuma forma de solicitação ou de obtenção da vantagem indevida. Assim, caso o funcionário público *exija* vantagem indevida para a prática dessa conduta, pratica o delito de concussão previsto no art. 316 do Código Penal. Da mesma forma, caso ele *solicite* ou *receba* vantagem indevida ou então *aceite* promessa de vantagem, o delito configurado é o de corrupção passiva previsto no art. 317 do Código Penal.
7. **Tipo penal misto alternativo.** Caso o agente pratique mais de uma conduta descrita no tipo penal (elaborar e apresentar), no mesmo contexto fático, responderá por um delito apenas, não havendo concurso de crimes.
8. **Consumação.** Com a prática das condutas, ou seja, com a elaboração ou com a apresentação do estudo, do laudo ou do relatório ambiental, não sendo necessário nenhum resultado naturalístico, como a ocorrência de prejuízo para o Poder Público. Trata-se de crime formal.
9. **Classificação.** Crime próprio; formal; doloso; comissivo; instantâneo; de perigo abstrato; admite a tentativa.
10. **§ 1º. Modalidade culposa.** Se o delito for culposo a pena reduz-se, pela falta de intenção do agente.
11. **§ 2º. Causa de aumento de pena.** Havendo um dano significativo ao meio ambiente, em decorrência do uso da informação falsa, incompleta ou enganosa, a gravidade do delito acentua-se e justifica a pena mais grave.
12. **Suspensão condicional do processo.** Incabível, pois a pena mínima cominada ultrapassa 1 ano (art. 89 da lei 9.099/95), salvo na hipótese de crime culposo (§ 1º).

CAPÍTULO VI
DA INFRAÇÃO ADMINISTRATIVA

Art. 70. Considera-se infração administrativa ambiental toda ação ou omissão que viole as regras jurídicas de uso, gozo, promoção, proteção e recuperação do meio ambiente.

§ 1º **São autoridades competentes** para lavrar auto de infração ambiental e instaurar processo administrativo os funcionários de órgãos ambientais integrantes do Sistema

Nacional de Meio Ambiente - SISNAMA, designados para as atividades de fiscalização, bem como os agentes das Capitanias dos Portos, do Ministério da Marinha.

§ 2º Qualquer pessoa, constatando infração ambiental, poderá dirigir **representação às autoridades** relacionadas no parágrafo anterior, para efeito do exercício do seu poder de polícia.

§ 3º A autoridade ambiental que tiver conhecimento de infração ambiental é obrigada a promover a sua **apuração imediata**, mediante processo administrativo próprio, sob pena de co-responsabilidade.

§ 4º As infrações ambientais são apuradas em **processo administrativo próprio**, assegurado o direito de **ampla defesa e o contraditório**, observadas as disposições desta Lei.

Art. 71. O processo administrativo para apuração de infração ambiental deve observar os seguintes **prazos máximos**:

I - vinte dias para o infrator oferecer defesa ou impugnação contra o auto de infração, contados da data da ciência da autuação;

II - trinta dias para a autoridade competente julgar o auto de infração, contados da data da sua lavratura, apresentada ou não a defesa ou impugnação;

III - vinte dias para o infrator recorrer da decisão condenatória à instância superior do Sistema Nacional do Meio Ambiente - SISNAMA, ou à Diretoria de Portos e Costas, do Ministério da Marinha, de acordo com o tipo de autuação;

IV - cinco dias para o pagamento de multa, contados da data do recebimento da notificação.

1. **Infração administrativa.** No art. 70 o legislador definiu o que seria considerada infração ambiental de natureza administrativa, dispondo quais seriam as autoridades competentes para lavrar auto de infração ambiental e instaurar o processo administrativo. Trouxe também a possibilidade de representação às autoridades a constatação de alguma infração ambiental e a obrigatoriedade de a autoridade ambiental promover imediatamente a apuração da infração ambiental que tiver conhecimento, mediante processo administrativo próprio, sob pena de corresponsabilidade, asseguradas a ampla defesa e o contraditório.

2. **Prazos.** No art. 71 o legislador estabeleceu os prazos para a conclusão do processo administrativo.

Art. 72. As **infrações administrativas** são punidas com as seguintes **sanções**, observado o disposto no art. 6º:

I - advertência;

II - multa simples;

III - multa diária;

IV - apreensão dos animais, produtos e subprodutos da fauna e flora, instrumentos, petrechos, equipamentos ou veículos de qualquer natureza utilizados na infração;

V – destruição ou inutilização do produto;

VI – suspensão de venda e fabricação do produto;

VII – embargo de obra ou atividade;

VIII – demolição de obra;

IX – suspensão parcial ou total de atividades;

X – (VETADO)

XI – restritiva de direitos.

§ 1º Se o infrator cometer, **simultaneamente**, duas ou mais infrações, ser-lhe-ão aplicadas, **cumulativamente**, as sanções a elas cominadas.

§ 2º A **advertência** será aplicada pela inobservância das disposições desta Lei e da legislação em vigor, ou de preceitos regulamentares, sem prejuízo das demais sanções previstas neste artigo.

§ 3º A **multa simples** será aplicada sempre que o agente, por negligência ou dolo:

I – advertido por **irregularidades** que tenham sido praticadas, deixar de saná-las, no prazo assinalado por órgão competente do SISNAMA ou pela Capitania dos Portos, do Ministério da Marinha;

II – opuser embaraço à **fiscalização** dos órgãos do SISNAMA ou da Capitania dos Portos, do Ministério da Marinha.

§ 4º A multa simples pode ser **convertida** em serviços de preservação, melhoria e recuperação da qualidade do meio ambiente.

§ 5º A **multa diária** será aplicada sempre que o cometimento da infração se prolongar no tempo.

§ 6º A **apreensão e destruição** referidas nos incisos IV e V do *caput* obedecerão ao disposto no art. 25 desta Lei.

§ 7º As sanções indicadas nos **incisos VI a IX** do *caput* serão aplicadas quando o produto, a obra, a atividade ou o estabelecimento não estiverem obedecendo às prescrições legais ou regulamentares.

§ 8º As sanções **restritivas de direito** são:

I – suspensão de registro, licença ou autorização;

II – cancelamento de registro, licença ou autorização;

III – perda ou restrição de incentivos e benefícios fiscais;

IV – perda ou suspensão da participação em linhas de financiamento em estabelecimentos oficiais de crédito;

V – proibição de contratar com a Administração Pública, pelo período de até três anos.

1. **Sanções administrativas.** O presente dispositivo legal elenca as sanções administrativas que podem ser aplicadas, atendendo-se ao princípio da legalidade administrativa, e traz as formas de aplicação das sanções (§§ 1º ao 7º), e as espécies de sanções restritivas de direitos (§ 8º).

Art. 73. Os valores arrecadados em pagamento de multas por infração ambiental serão revertidos ao Fundo Nacional do Meio Ambiente, criado pela Lei nº 7.797, de 10 de julho de 1989, ao Fundo Naval, criado pelo Decreto nº 20.923, de 8 de janeiro de 1932, ao Fundo Nacional para Calamidades Públicas, Proteção e Defesa Civil (Funcap), criado pela Lei nº 12.340, de 1º de dezembro de 2010, e aos fundos estaduais ou municipais de meio ambiente, ou correlatos, conforme dispuser o órgão arrecadador.

§ 1º Reverterão ao Fundo Nacional do Meio Ambiente 50% (cinquenta por cento) dos valores arrecadados em pagamento de multas aplicadas pela União, percentual que poderá ser alterado a critério dos órgãos arrecadadores.

§ 2º (VETADO).

Art. 74. A **multa terá por base** a unidade, hectare, metro cúbico, quilograma ou outra medida pertinente, de acordo com o objeto jurídico lesado.

Art. 75. O **valor da multa** de que trata este Capítulo será fixado no regulamento desta Lei e corrigido periodicamente, com base nos índices estabelecidos na legislação pertinente, sendo o mínimo de R$ 50,00 (cinqüenta reais) e o máximo de R$ 50.000.000,00 (cinqüenta milhões de reais).

Art. 76. O **pagamento de multa** imposta pelos Estados, Municípios, Distrito Federal ou Territórios substitui a multa federal na mesma hipótese de incidência.

1. **Destinatário da multa.** No art. 73 o legislador conferiu total pertinência à multa arrecadada ao destiná-la ao Fundo Nacional do Meio Ambiente, ao Fundo Naval, ao Fundo Nacional para Calamidades Públicas, Proteção e Defesa Civil (Funcap) e aos fundos estaduais ou municipais de meio ambiente, ou correlatos, conforme dispuser o órgão arrecadador.

2. **Base para o cálculo da multa.** Mais uma vez, conforme a previsão do art. 74, a multa tem total afinidade com a infração ambiental, tendo por base a extensão do dano causado pela conduta do agente.

3. **Valor da multa.** No art. 75 o legislador dispôs que valor da multa administrativa será fixado no regulamento desta lei e corrigido periodicamente, com base nos índices estabelecidos na legislação pertinente. Com isso, o legislador conferiu maior flexibilidade na alteração dos critérios de fixação e de correção da multa.

4. **Pagamento da multa.** O art. 76 dispõe sobre o efeito do pagamento da multa administrativa, ao afirmar que o pagamento da multa imposta pelos Estados, Municípios, Distrito Federal ou Territórios substitui a multa federal se for caso de mesma hipótese de incidência.

CAPÍTULO VII
DA COOPERAÇÃO INTERNACIONAL PARA A PRESERVAÇÃO DO MEIO AMBIENTE

Art. 77. Resguardados a soberania nacional, a ordem pública e os bons costumes, o Governo brasileiro prestará, no que concerne ao meio ambiente, a necessária **cooperação a outro país**, sem qualquer ônus, quando solicitado para:

I – produção de prova;

II – exame de objetos e lugares;

III – informações sobre pessoas e coisas;

IV – presença temporária da pessoa presa, cujas declarações tenham relevância para a decisão de uma causa;

V – outras formas de assistência permitidas pela legislação em vigor ou pelos tratados de que o Brasil seja parte.

§ 1º A solicitação de que trata este artigo será dirigida ao Ministério da Justiça, que a remeterá, quando necessário, ao órgão judiciário competente para decidir a seu respeito, ou a encaminhará à autoridade capaz de atendê-la.

§ 2º A solicitação deverá conter:

I – o nome e a qualificação da autoridade solicitante;

II – o objeto e o motivo de sua formulação;

III – a descrição sumária do procedimento em curso no país solicitante;

IV – a especificação da assistência solicitada;

V – a documentação indispensável ao seu esclarecimento, quando for o caso.

Art. 78. Para a consecução dos fins visados nesta Lei e especialmente para a reciprocidade da cooperação internacional, deve ser mantido **sistema de comunicações** apto a facilitar o intercâmbio rápido e seguro de informações com órgãos de outros países.

1. **Cooperação internacional.** O legislador inseriu na lei a necessidade e a regulamentação da cooperação internacional entre o Brasil e os demais países e impôs a obrigação de o Brasil prestar a necessária cooperação a outro país.

CAPÍTULO VIII
DISPOSIÇÕES FINAIS

Art. 79. Aplicam-se **subsidiariamente** a esta Lei as disposições do Código Penal e do Código de Processo Penal.

1. **Aplicação subsidiária do Código Penal e do Código de Processo Penal.** Trata-se de norma desnecessária, tendo em vista que as normas do Código Penal e do Código de Processo Penal sempre se aplicam subsidiariamente a qualquer lei penal especial.

Art. 79-A. Para o cumprimento do disposto nesta Lei, os órgãos ambientais integrantes do SISNAMA, responsáveis pela execução de programas e projetos e pelo controle e fiscalização dos estabelecimentos e das atividades suscetíveis de degradarem a qualidade ambiental, ficam autorizados a **celebrar, com força de título executivo extrajudicial**, termo de compromisso com pessoas físicas ou jurídicas responsáveis pela construção, instalação, ampliação e funcionamento de estabelecimentos e atividades utilizadores de recursos ambientais, considerados efetiva ou potencialmente poluidores.

§ 1º O termo de compromisso a que se refere este artigo destinar-se-á, **exclusivamente**, a permitir que as pessoas físicas e jurídicas mencionadas no *caput* possam promover as necessárias correções de suas atividades, para o atendimento das exigências impostas pelas autoridades ambientais competentes, sendo obrigatório que o respectivo instrumento disponha sobre:

I – o nome, a qualificação e o endereço das partes compromissadas e dos respectivos representantes legais;

II – o prazo de vigência do compromisso, que, em função da complexidade das obrigações nele fixadas, poderá variar entre o mínimo de noventa dias e o máximo de três anos, com possibilidade de prorrogação por igual período;

III – a descrição detalhada de seu objeto, o valor do investimento previsto e o cronograma físico de execução e de implantação das obras e serviços exigidos, com metas trimestrais a serem atingidas;

IV – as multas que podem ser aplicadas à pessoa física ou jurídica compromissada e os casos de rescisão, em decorrência do não-cumprimento das obrigações nele pactuadas;

V – o valor da multa de que trata o inciso IV não poderá ser superior ao valor do investimento previsto;

VI – o foro competente para dirimir litígios entre as partes.

§ 2º No tocante aos **empreendimentos em curso** até o dia 30 de março de 1998, envolvendo construção, instalação, ampliação e funcionamento de estabelecimentos e atividades utilizadores de recursos ambientais, considerados efetiva ou potencialmente poluidores, a assinatura do termo de compromisso deverá ser requerida pelas pessoas físicas e jurídicas interessadas, até o dia 31 de dezembro de 1998, mediante requerimento escrito protocolizado junto aos órgãos competentes do SISNAMA, devendo ser firmado pelo dirigente máximo do estabelecimento.

§ 3º Da data da protocolização do requerimento previsto no § 2º e enquanto perdurar a vigência do correspondente termo de compromisso, ficarão **suspensas**, em relação aos fatos que deram causa à celebração do instrumento, a aplicação de **sanções administrativas** contra a pessoa física ou jurídica que o houver firmado.

§ 4º A celebração do termo de compromisso de que trata este artigo **não impede** a execução de eventuais multas aplicadas antes da protocolização do requerimento.

§ 5º Considera-se **rescindido de pleno direito** o termo de compromisso, quando descumprida qualquer de suas cláusulas, ressalvado o caso fortuito ou de força maior.

§ 6º O termo de compromisso deverá ser firmado em até **noventa dias**, contados da protocolização do requerimento.

§ 7º O requerimento de celebração do termo de compromisso deverá conter as informações necessárias à verificação da sua **viabilidade técnica e jurídica**, sob pena de indeferimento do plano.

§ 8º Sob pena de ineficácia, os termos de compromisso deverão ser **publicados** no órgão oficial competente, mediante extrato.

1. **Termo de compromisso.** O legislador autorizou a celebração de termo de compromisso com pessoas físicas ou jurídicas responsáveis pela construção, instalação,

ampliação e funcionamento de estabelecimentos e atividades utilizadores de recursos ambientais, considerados efetiva ou potencialmente poluidores. Esse termo de compromisso pode gerar reflexos na esfera penal, a depender dos seus termos.

Art. 80. O Poder Executivo **regulamentará** esta Lei no prazo de noventa dias a contar de sua publicação.

1. **Regulamentação da lei.** A regulamentação dessa lei está no Decreto 6.514/2008, que dispõe sobre as infrações e sanções administrativas ao meio ambiente, estabelece o processo administrativo federal para apuração destas infrações, e dá outras providências.

Art. 81. (VETADO)

Art. 82. Revogam-se as disposições em contrário.

Crime Contra o Serviço de Telecomunicações. Lei nº 9.472, de 16 de julho de 1997

LIVRO I
DOS PRINCÍPIOS FUNDAMENTAIS

Art. 1º Compete à União, por intermédio do órgão regulador e nos termos das políticas estabelecidas pelos Poderes Executivo e Legislativo, organizar a exploração dos serviços de telecomunicações.

Parágrafo único. A **organização inclui**, entre outros aspectos, o disciplinamento e a fiscalização da execução, comercialização e uso dos serviços e da implantação e funcionamento de redes de telecomunicações, bem como da utilização dos recursos de órbita e espectro de radiofreqüências.

1. **Fundamento constitucional.** A organização e a exploração dos serviços de telecomunicações competem à União Federal, por meio do seu órgão regulador e tem o seu fundamento nos arts. 21, XI e 223, da CF/88, admitindo a concessão, a permissão e a autorização do serviço de radiodifusão sonora e de sons e imagens nos seguintes termos: *"Art. 21. Compete à União: (...) XI – explorar, diretamente ou mediante autorização, concessão ou permissão, os serviços de telecomunicações, nos termos da lei, que disporá sobre a organização dos serviços, a criação de um órgão regulador e outros aspectos institucionais."; "Art. 223. Compete ao Poder Executivo outorgar e renovar concessão, permissão e autorização para o serviço de radiodifusão sonora e de sons e imagens, observado o princípio da complementaridade dos sistemas privado, público e estatal. § 1º O Congresso Nacional apreciará o ato no prazo do art. 64, § 2º e § 4º, a contar do recebimento da mensagem. § 2º A não renovação da concessão ou permissão dependerá de aprovação de, no mínimo, dois quintos do Congresso Nacional, em votação nominal. § 3º O ato de outorga ou renovação somente produzirá efeitos legais após deliberação do Congresso Nacional, na forma dos parágrafos anteriores. § 4º O cancelamento da concessão ou permissão, antes de vencido o prazo, depende de decisão judicial. § 5º O prazo da concessão ou permissão será de dez anos para as emissoras de rádio e de quinze para as de televisão."*
2. **Órgão regulador.** O órgão regulador é a Agência Nacional de Telecomunicações--ANATEL, criada pela presente lei, entidade integrante da Administração Pública

Federal indireta, submetida a regime autárquico especial e vinculada ao Ministério das Comunicações, com a função de órgão regulador das telecomunicações, nos moldes do art. 8º dessa lei. A natureza de autarquia especial conferida à Agência é caracterizada por independência administrativa, ausência de subordinação hierárquica, mandato fixo e estabilidade de seus dirigentes e autonomia financeira (art. 8º, § 2º, da lei).

(...)

LIVRO III
DA ORGANIZAÇÃO DOS SERVIÇOS DE TELECOMUNICAÇÕES

TÍTULO I
DISPOSIÇÕES GERAIS

CAPÍTULO I
Das Definições

Art. 60. Serviço de telecomunicações é o conjunto de atividades que possibilita a oferta de telecomunicação.

§ 1º **Telecomunicação é a transmissão, emissão ou recepção**, por fio, radioeletricidade, meios ópticos ou qualquer outro processo eletromagnético, de símbolos, caracteres, sinais, escritos, imagens, sons ou informações de qualquer natureza.

§ 2º **Estação de telecomunicações** é o conjunto de equipamentos ou aparelhos, dispositivos e demais meios necessários à realização de telecomunicação, seus acessórios e periféricos, e, quando for o caso, as instalações que os abrigam e complementam, inclusive terminais portáteis.

Art. 61. Serviço de valor adicionado é a atividade que acrescenta, a um serviço de telecomunicações que lhe dá suporte e com o qual não se confunde, novas utilidades relacionadas ao acesso, armazenamento, apresentação, movimentação ou recuperação de informações.

§ 1º Serviço de valor adicionado **não constitui serviço de telecomunicações**, classificando-se seu provedor como usuário do serviço de telecomunicações que lhe dá suporte, com os direitos e deveres inerentes a essa condição.

§ 2º É assegurado aos interessados o **uso das redes de serviços de telecomunicações para prestação de serviços de valor adicionado**, cabendo à Agência, para assegurar esse direito, regular os condicionamentos, assim como o relacionamento entre aqueles e as prestadoras de serviço de telecomunicações.

1. **Serviço de telecomunicações.** O art. 60, *caput* e seu § 1º disciplinam o que é telecomunicação e serviço de telecomunicação. Como se pode notar, o conceito de *serviço de telecomunicação* e mais amplo do que o conceito de *telecomunicação*. Com efeito, nos moldes legais, *telecomunicação* consiste nas atividades de transmissão, de emissão ou de recepção de símbolos, de caracteres, de sinais, de escritos, de imagens, de sons ou de informações de qualquer natureza, que pode

ocorrer por meio de fio, de radioeletricidade, de meios ópticos ou qualquer outro processo eletromagnético. De outro giro, *serviço de telecomunicação,* conceito mais amplo, consiste no conjunto de atividades que possibilita a oferta de telecomunicação.

2. **Serviço de valor adicionado.** Serviço de valor adicionado não se confunde com serviço de telecomunicações, como deixa claro o § 1º do art. 61. Nos moldes legais definidos no art. 61, *caput,* o serviço de valor adicionado, como o próprio nome sugere, é um serviço diferente, que é somado ao serviço de telecomunicações e consiste em novas utilidades relacionadas ao acesso, armazenamento, apresentação, movimentação ou recuperação de informações. Note-se que o próprio legislador deixou bem clara essa diferença. De acordo com o § 2º, as redes de serviços de telecomunicações podem ser usadas para a prestação de serviços de valor adicionado.

(...)

CAPÍTULO II
Das Sanções Penais

Art. 183. Desenvolver **clandestinamente** atividades de telecomunicação:

Pena – detenção de dois a quatro anos, aumentada da metade se houver dano a terceiro, e multa de R$ 10.000,00 (dez mil reais).

Parágrafo único. Incorre na mesma pena quem, direta ou indiretamente, **concorrer** para o crime.

1. **Bem jurídico tutelado.** A integridade da organização e da exploração dos serviços de telecomunicações.
2. **Sujeito ativo.** Qualquer pessoa. Trata-se de crime comum, pois o legislador não exigiu nenhuma condição especial do sujeito ativo.
3. **Sujeito passivo.** A União Federal, a quem compete a organização e a exploração dos serviços de telecomunicações, nos moldes do art. 1º da lei.
4. **Competência.** Tendo em vista que compete à União Federal a exploração, diretamente ou mediante autorização, concessão ou permissão dos serviços de telecomunicações (arts. 21, XI e 223, ambos da CF/88), a competência para processar e julgar esse delito é da Justiça Federal, nos moldes do art. 109, IV, da CF/88, por implicar violação a bens, direitos ou serviços da União.

► **STJ**

> (...) ART. 183 DA LEI N. 9.472/1997. EXPLORAÇÃO DO SERVIÇO ATRIBUÍDO À UNIÃO. (...) JUSTIÇA FEDERAL. (...) Em se tratando de serviço cuja exploração é atribuída à União, nos termos do art. 21, XI, da Constituição Federal/1988, firmada está a competência da Justiça Federal para processar e julgar o mencionado delito. **(AgRg nos EDcl no REsp 1304152/DF, Rel. Min. Sebastião Reis Júnior, julgado em 21/03/2013).**

5. **Desenvolver clandestinamente atividades de telecomunicação.** Significa desenvolver a atividade de telecomunicações sem estar autorizado, ou seja, sem que haja a formal permissão da ANATEL. Isso porque, em primeiro lugar, a atividade clandestina gera uma concorrência desleal em relação a quem obtém a autorização licitamente, cumprindo todos os requisitos legais e técnicos para explorar e atividade de telecomunicações. Em segundo lugar, se a atividade de telecomunicações compete à União, direta ou indiretamente mediante autorização, concessão ou permissão, a atividade clandestina impede ou dificulta a fiscalização da exploração feita pelo particular. Em terceiro lugar, a exploração de atividade de rádio, por exemplo, sem estar autorizada e fiscalizada pela ANATEL pode gerar interferência nos sistemas de comunicação do Poder Público, como a comunicação da Polícia e dos bombeiros via rádio. Além disso, pode gerar interferência no sistema de comunicação entre as torres de comando localizadas nos aeroportos e as aeronaves que pousam e decolam, podendo gerar um acidente aéreo de enormes proporções.

6. **Norma penal em branco.** O presente tipo penal configura uma norma penal em branco homogênea homovitelina, pois para a sua aplicação e sua interpretação precisa ser complementada pelo art. 60, *caput* e seu § 1º, que tratam do conceito de atividades de telecomunicação.

7. **Rádio clandestina. Princípio da insignificância.** O STF e o STJ estão divididos nesse tema. Para o STF, embora ele seja um pouco oscilante sobre o assunto, o princípio da insignificância é aplicado a depender da potência da rádio, de forma que se houver a comprovação de que a rádio é de baixa potência, sem a capacidade de interferir nos meios de comunicação do Poder Público, não há perigo ao bem jurídico, devendo incidir tal princípio. Contudo, o STJ não admite a aplicação do princípio da insignificância ao fundamento de tratar-se de delito de perigo abstrato, podendo gerar interferência nos meios de comunicação do Poder Público.

▶ **STF**

Informativo nº 952.
Segunda Turma

Disponibilização de acesso à internet a terceiros sem autorização da Anatel e atipicidade

A Segunda Turma, por empate na votação, deu provimento a agravo regimental e concedeu a ordem de **habeas corpus** para restabelecer a decisão do primeiro grau de jurisdição que absolveu o paciente.

No caso, o paciente foi condenado, pelo Superior Tribunal de Justiça (STJ), pela prática do delito tipificado no art. 183, **caput**, da Lei 9.472/1997, por disponibilizar o acesso à internet a terceiros sem a autorização da Anatel. Ele possuía em seu computador o controle de acesso e a relação de vinte e dois usuários conectados, dos quais cobrava uma contraprestação mensal pela disponibilização do sinal.

O Colegiado entendeu tratar-se de delito de bagatela, em razão do mínimo potencial ofensivo da conduta. Além disso, reputou haver dúvida razoável do ponto de vista do seu enquadramento penal. Asseverou que o STJ desconsiderou os fatos que foram examinados pela jurisdição ordinária, a qual está vis-à-vis com o réu e todo o contexto probatório, afirmando, simplesmente, estar-se diante de crime formal de perigo abstrato. (...) **HC 157014 AgR/SE, rel. orig. Min. Cármen Lúcia, red. p/ o ac. Min Ricardo Lewandowski, julgamento em 17.9.2019.**

▶ **STJ**

PROCESSUAL PENAL. TRANSMISSÃO CLANDESTINA DE RÁDIO. CRIME DO ART. 183 DA LEI Nº. 9.472/1997. PERIGO ABSTRATO. INSIGNIFICÂNCIA. TRANCAMENTO. IMPOSSIBILIDADE. 1 – O crime do art. 183 da Lei nº 9.472/1997 (desenvolver clandestinamente atividades de telecomunicação) é de perigo abstrato, daí porque desinfluente existir ou não prova de que a transmissão tenha causado ou não interferência nas comunicações oficiais, o que também impede o reconhecimento da insignificância. Precedente da Terceira Seção (AgReg no EREsp nº 1.177.484RS). 2 – Ordem denegada. **(HC 402.226/BA, Rel. Min. Maria Thereza de Assis Moura, julgado em 15/08/2017).**

8. Confronto com o delito do art. 70 da lei 4.117/1962 (Código Brasileiro de Telecomunicações). O presente tipo penal não revogou o delito contido no art. 70 da lei 4.117/1962. (*"Art. 70. Constitui crime punível com a pena de detenção de 1 (um) a 2 (dois) anos, aumentada da metade se houver dano a terceiro, a instalação ou utilização de telecomunicações, sem observância do disposto nesta Lei e nos regulamentos.")*. Ambos os tipos penais convivem e têm aplicabilidades diferentes. A diferença entre ambos é a seguinte: O art. 183 da lei 9.472/97 consiste em realizar atividade clandestina de telecomunicação *sem estar autorizado pelo Poder Público*, ou seja, o agente não é autorizado a explorar esse serviço. No delito do no art. 70 da lei 4.117/1962 não há atividade clandestina, o agente *está* autorizado pelo Poder Público a explorar o serviço de telecomunicação, mas o exerce fora dos moldes da permissão, ou seja, de forma contrária às regras da permissão. Ademais, o delito do art. 70 da lei 4.117/1962 exige a habitualidade, diferente do delito ora comentado.

▶ **STJ**

(...) Esta Corte possui o entendimento pacífico de que "a prática de atividade de telecomunicação sem a devida autorização dos órgãos públicos competentes subsume-se no tipo previsto no art. 183 da Lei 9.472/97; divergindo da conduta descrita no art. 70 da Lei 4.117/62, em que se pune aquele que, previamente autorizado, exerce a atividade de telecomunicação de forma contrária aos preceitos legais e aos regulamentos" (...) **(AgRg no AREsp 1012489/SP, Rel. Min. Joel Ilan Paciornik, julgado em 14/09/2017).**

▶ **STJ**

PROCESSUAL PENAL E PENAL. AGRAVO REGIMENTAL NO RECURSO ESPECIAL. CRIME DE TELECOMUNICAÇÕES. ART. 70 DA LEI N. 4.117/62. HABITUALIDADE NÃO DEMONSTRADA. AGRAVO IMPROVIDO. 1. A Corte de origem entendeu comprovado que o rádio transceptor instalado no veículo não caracterizou o desenvolvimento habitual de atividade clandestina de telecomunicações, de forma que a conduta do recorrido enquadra-se no crime previsto no art. 70 da Lei n. 4.117/62. 2. As duas Turmas que integram o col. STF já decidiram que "[...] a conduta tipificada no art. 70 do antigo Código Brasileiro de Telecomunicações diferencia-se daquela prevista no art. 183 da nova Lei de Telecomunicações por força do requisito da habitualidade" (HC 120602, Primeira Turma, DJe de 18/3/2014) (HC n. 128.567/MG, Segunda Turma, Rel. Min. Teori Zavascki, DJe de 23/9/2015) (AgRg no REsp 1546511/RJ, Rel. Ministro FELIX FISCHER, QUINTA TURMA, julgado em 16/02/2016, DJe 24/02/2016). 3. Agravo regimental improvido. **(AgRg no REsp 1454294/PR, Rel. Min. Nefi Cordeiro, julgado em 15/08/2017).**

9. **Transmissão clandestina de sinal de internet via rádio.** Questão relevante versa sobre a configuração desse delito caso o agente realize a transmissão clandestina de sinal de internet via rádio. O STF possui entendimento no sentido de que essa conduta não configura o delito em questão por não configurar serviço de telecomunicação, mas, sim, serviço de valor adicionado. E nos moldes expressos do art. 61, § 1º, serviço de valor adicionado não constitui serviço de telecomunicação. Logo, trata-se de conduta atípica em relação a esse delito. De outro lado, o STJ considera que essa conduta configura o delito em comento, ao argumento de que a transmissão clandestina de sinal de internet via rádio constitui atividade de telecomunicação, ainda que trate de serviço de valor adicionado.

▶ **STJ**

(...) SERVIÇO DE INTERNET SEM FIO. SERVIÇO DE VALOR ADICIONADO. DESENVOLVIMENTO DE ATIVIDADE DE TELECOMUNICAÇÃO SEM A DEVIDA AUTORIZAÇÃO. DELITO TIPIFICADO NO ART. 183 DA LEI N. 9.472/1997. (...) 1. Esta Corte possui o entendimento pacífico de que "a transmissão clandestina de sinal de internet, via rádio, sem autorização da Agência Nacional de Telecomunicações, caracteriza, em tese, o delito previsto no artigo 183 da Lei n. 9.472/1997 (...). 2. O serviço de internet sem fio, desenvolvido clandestinamente sem a devida autorização da autoridade competente, constitui atividade de telecomunicação, ainda que trate de serviço de valor adicionado (SVA). Precedentes. 3. Agravo regimental desprovido. **(AgRg no REsp 1603081/GO, Rel. Min. Joel Ilan Paciornik, julgado em 21/11/2017).**

▶ **STF**

Informativo nº 883.

Primeira Turma.

Transmissão clandestina de sinal de internet: atipicidade.

A Primeira Turma deferiu a ordem de "habeas corpus" para absolver o paciente, com base no artigo 386, III, do Código de Processo Penal. No caso, foi imputada ao paciente a prática da infração descrita no artigo 183 da Lei 9.472/1997, em virtude de haver transmitido, clandestinamente, sinal de internet por meio de radiofrequência. (...) O Colegiado destacou que o artigo 61, § 1º, da Lei 9.472/97 preceitua que o serviço de valor adicionado não constitui serviço de telecomunicação, classificando-se o provedor como usuário do serviço que lhe dá suporte, com os direitos e deveres inerentes a essa condição. Pontuou que, em seu artigo 183, a Lei define o crime de atividade clandestina, restringindo-o às telecomunicações. Em conclusão, a Turma decidiu que a oferta de serviço de internet, concebido como serviço de valor adicionado, não pode ser considerada atividade clandestina de telecomunicações. (HC 127978, Rel. Min. Marco Aurélio, julgamento em 24.10.2017).

10. **Não aplicação do princípio da insignificância.** Como dito acima, para o STJ a conduta de transmissão clandestina de sinal de internet via rádio configura o delito

ora comentado. Na visão do STJ, além de a conduta ser típica, não se aplica o princípio da insignificância.

▶ STJ

> **Súmula nº 606.** Não se aplica o princípio da insignificância a casos de transmissão clandestina de sinal de internet via radiofrequência, que caracteriza o fato típico previsto no art. 183 da Lei n. 9.472/1997.

11. Consumação. O delito consuma-se com o início da atividade clandestina de telecomunicações, independentemente de qualquer prejuízo. Trata-se de crime formal.

▶ STJ

> (...) VIOLAÇÃO DO ART. 183 DA LEI Nº 9.472/1997. CRIME CONTRA AS TELECOMUNICAÇÕES. RÁDIO CLANDESTINA. (...) Para a consumação do delito, basta que alguém desenvolva atividades de telecomunicações, de forma clandestina, ainda que não se apure prejuízo concreto para as telecomunicações, para terceiros ou para a segurança em geral" (...) **(AgRg no AREsp 1048519/MT, Rel. Min. Maria Thereza de Assis Moura, julgado em 28/03/2017).**

12. Causa de aumento de pena. Como dito, o crime é formal e independe de qualquer resultado danoso. Contudo, caso haja algum dano gerado a terceiro, a pena aumenta-se de metade.

13. Classificação. Crime comum; formal; doloso; comissivo; permanente; de perigo abstrato; admite tentativa.

14. Suspensão condicional do processo. Incabível, pois a pena mínima cominada ultrapassa 1 ano (art. 89 da lei 9.099/95).

15. Parágrafo único. Conduta equiparada. Trata-se da conduta do partícipe desse delito. Essa norma do parágrafo único é desnecessária, tendo em vista que mesmo se ela não existisse, o partícipe que concorresse para esse delito responderia por ele, nessa qualidade.

16. Sistema de aplicação da pena de multa. No preceito secundário do tipo penal o legislador estabeleceu um sistema próprio de aplicação de multa ao dispor que a multa é de R$ 10.000,00, não se aplicando, por consequência, o sistema do dias-multa adotado pelo Código Penal. Note-se que essa multa não admite graduação ou modificação. A pena de multa é cominada de forma cumulativa com a pena privativa de liberdade e só pode ser fixada no valor de R$ 10.000,00. Por se tratar de lei especial, à luz do princípio da especialidade, esse critério deve prevalecer sobre o critério do dias-multa previsto no Código Penal.

Art. 184. São **efeitos da condenação** penal transitada em julgado:

I – tornar certa a **obrigação de indenizar o dano** causado pelo crime;

II – a **perda**, em favor da Agência, ressalvado o direito do lesado ou de terceiros de boa-fé, dos **bens** empregados na atividade clandestina, sem prejuízo de sua apreensão cautelar.

Parágrafo único. **Considera-se clandestina** a atividade desenvolvida sem a competente concessão, permissão ou autorização de serviço, de uso de radiofreqüência e de exploração de satélite.

1. **Efeitos da condenação.** De forma semelhante ao que dispõe o art. 91 do Código Penal, trata-se de efeitos genéricos da condenação, que somente produzem efeito após o trânsito em julgado da condenação.
2. **Inciso I. Obrigação de indenizar o dano.** Como dito acima, trata-se de crime formal, que se consuma independentemente de prejuízo. Contudo, havendo algum dano causado pela conduta delituosa, o condenado fica obrigado a indenizá-lo.
3. **Inciso II. Perda de bens.** A perda em favor da Agência (ANATEL) alcança todos os bens empregados na atividade clandestina, como antena, transmissor, microfone etc., podendo haver a apreensão cautelar dos bens. Ressalva-se o direito do lesado ou de terceiros de boa-fé, como na hipótese do proprietário da antena ou do microfone que os emprestou ao agente sem saber que ele os utilizaria para a prática delituosa. Nesse caso, o lesado ou o terceiro de boa-fé deve ajuizar o *pedido de restituição* previsto no art. 120 do Código de Processo Penal.
4. **Efeitos automáticos.** Os efeitos previstos neste artigo são automáticos e decorrem da condenação, uma vez que o legislador não exigiu manifestação expressa na sentença, de forma que eles ocorrem mesmo que o Juiz não diga nada a respeito, bastando a condenação.
5. **Parágrafo único.** Traz o conceito de clandestinidade para fins do efeito contido no inciso II.

Art. 185. O crime definido nesta Lei é de ação penal pública, **incondicionada**, cabendo ao Ministério Público promovê-la.

1. **Ação penal pública incondicionada**. Trata-se de dispositivo absolutamente desnecessário, tendo em vista que o art. 100 do Código Penal trata da regra geral da natureza da ação penal e dispõe que "a ação penal é pública, salvo quando a lei expressamente a declara privativa do ofendido". Portanto, basta que a lei omita sobre esse ponto que a ação penal será pública incondicionada. Essa é a regra geral. A regra geral não precisa ser a todo o momento reafirmada. Ela é estabelecida como regra e basta que a lei preveja as exceções.

Desobediência na Lei da Ação Civil Pública. Lei nº 7.347, de 24 de julho de 1985

Art. 1º Regem-se pelas disposições desta Lei, sem prejuízo da ação popular, as **ações de responsabilidade por danos morais e patrimoniais causados:**

l - ao meio-ambiente;

ll - ao consumidor;

III - a bens e direitos de valor artístico, estético, histórico, turístico e paisagístico;

IV - a qualquer outro interesse difuso ou coletivo;

V - por infração da ordem econômica;

VI - à ordem urbanística;

VII - à honra e à dignidade de grupos raciais, étnicos ou religiosos.

VIII - ao patrimônio público e social.

Parágrafo único. Não será cabível ação civil pública para veicular pretensões que envolvam tributos, contribuições previdenciárias, o Fundo de Garantia do Tempo de Serviço - FGTS ou outros fundos de natureza institucional cujos beneficiários podem ser individualmente determinados

(...)

Art. 10. Constitui crime, punido com pena de reclusão de 1 (um) a 3 (três) anos, mais multa de 10 (dez) a 1.000 (mil) Obrigações Reajustáveis do Tesouro Nacional - ORTN, a recusa, o retardamento ou a omissão de **dados técnicos indispensáveis à propositura da ação civil, quando requisitados pelo Ministério Público.**

1. **Bem jurídico tutelado.** O interesse estatal na proteção dos direitos transindividuais (difusos, coletivos e individuais homogêneos).

2. **Sujeito ativo.** Trata-se de crime comum, uma vez que pode ser praticado por qualquer pessoa.

3. **Sujeito passivo.** O Estado.

4. **Fundamento constitucional da ação civil pública.** A ação civil pública tem seu fundamento no art. 129, III, da CF/88, que dispõe *"são funções institucionais do*

Ministério Público:... III – promover o inquérito civil e a ação civil pública, para a proteção do patrimônio público e social, do meio ambiente e de outros interesses difusos e coletivos."

5. **A ação civil pública.** A ação civil pública consiste no instrumento processual, manejado por legitimação extraordinária, por meio do qual se tutelam interesses transindividuais, reconhecidos com aqueles que demandam o acesso coletivo à justiça em proveito de todo o grupo lesado.

6. **Recusa, retardamento ou omissão.** *Recusar* significa rejeitar, não admitir. *Retardar* é atrasar, demorar. Omitir consiste em não atender. Busca-se, com o tipo legal de crime ora analisado, evitar qualquer espécie de demora ou omissão na prestação de informações referentes a dados técnicos indispensáveis ao ajuizamento de ação civil pública, quando requisitados pelo Ministério Público. Nas três condutas, o crime é omissivo próprio, não admitindo, portanto, a figura da tentativa. Note-se que o delito não é somente recusar, retardar ou omitir, mas, sim, com essas condutas, não atender à requisição do Ministério Público, razão pela qual o delito é omissivo próprio.

7. **Poder de requisição dos membros do Ministério Público.** O poder de requisição do Ministério Público está positivado no art. 129 da CF/88, bem como no art. 8º, II e IV da Lei Complementar 75/93, que possuem, respectivamente, as seguintes redações: *"são funções institucionais do Ministério Público:... VI – expedir notificações nos procedimentos administrativos de sua competência, requisitando informações e documentos para instruí-los, na forma da lei complementar respectiva."*; e *"para o exercício de suas atribuições, o Ministério Público da União poderá, nos procedimentos de sua competência: II – requisitar informações, exames, perícias e documentos de autoridades da Administração Pública direta ou indireta; IV – requisitar informações e documentos a entidades privadas"*.

8. **Especialidade.** O tipo legal de crime ora estudado constitui especialidade em relação ao delito de *desobediência* previsto no art. 330 do Código Penal, que tem a seguinte redação: *"Art. 330 – Desobedecer a ordem legal de funcionário público: Pena – detenção, de quinze dias a seis meses, e multa."*

9. **Arquivamento do inquérito civil e licitude dos atos investigados. Atipicidade do fato.** Caso o inquérito seja arquivado com base na conclusão de que os atos investigados são lícitos, a conduta de recusa, de retardamento ou de omissão de dados técnicos indispensáveis à propositura da ação civil é atípica, tendo em vista que se os atos investigados são lícitos, os dados não eram indispensáveis à propositura da ação civil, tornando a conduta do agente atípica.

▶ **STJ**

Informativo nº 560

Quinta Turma

DIREITO PENAL. NÃO CONFIGURAÇÃO DO CRIME DO ART. 10 DA LEI 7.347/1985.

Não configura o crime do art. 10 da Lei 7.347/1985 o retardamento do envio de dados técnicos requisitados pelo MP para a propositura de ação civil pública

quando, após o envio a destempo, o MP promova o arquivamento do inquérito civil sob o fundamento da licitude dos atos praticados pelo investigado. (...) Na hipótese em análise, não obstante tenha ocorrido o retardamento na remessa dos dados requeridos, observa-se que, após envio, o *Parquet* concluiu pela licitude dos atos investigados e arquivou o inquérito civil, caracterizando, assim, a prescindibilidade das informações. Nesse sentido, forçoso reconhecer a ausência da elementar "dados técnicos indispensáveis à propositura da ação civil" do art. 10 da Lei 7.347/1985, face à verificação da legalidade dos atos praticados pelo investigado. Precedente citado: APn 515-MT, Corte Especial, DJe de 5/2/2009. **HC 303.856-RJ, Rel. Min. Felix Fischer, julgado em 7/4/2015, DJe 22/4/2015.**

10. Consumação. Com a omissão do agente em atender à requisição do Ministério Público, isso é, com a prática do ato de caracterizar a desobediência à requisição formulada pelo membro do Ministério Público. Se for concedido um prazo para a prestação das informações, o delito estará consumado com o advento do termo *ad quem* do prazo concedido.

11. Classificação. Crime comum; formal; doloso; omissivo próprio; instantâneo; não admite tentativa.

12. Suspensão condicional do processo. Cabível, pois a pena mínima cominada não ultrapassa 1 ano (art. 89 da lei 9.099/95).

13. Arts. 2º ao 9º e 11 ao 23. Os arts. 2º ao 9º e 11 ao 23 não versam sobre Direito Penal, razão pela qual não os comentamos para não fugirmos do objetivo deste livro.

Discriminação de Gravidez. Lei nº 9.029, de 13 de abril de 1995

Art. 1º É proibida a adoção de qualquer **prática discriminatória e limitativa** para efeito de **acesso à relação de trabalho, ou de sua manutenção**, por motivo de sexo, origem, raça, cor, estado civil, situação familiar, deficiência, reabilitação profissional, idade, entre outros, ressalvadas, nesse caso, as hipóteses de proteção à criança e ao adolescente previstas no inciso XXXIII do art. 7º da Constituição Federal (Redação dada pela lei 13.146/2015).

1. **Proibição de discriminação.** Pela leitura do art. 1º desta lei percebe-se claramente que o objetivo do legislador foi garantir o livre acesso à relação de emprego por todos os indivíduos, em condições de igualdade, independentemente de qualquer critério que possa ser exigido de forma ilegal e abusiva pelo empregador. Proibiu-se a adoção de qualquer conduta discriminatória e limitativa de acesso ao emprego.

2. **Fundamento constitucional.** Trata-se de uma norma que está de acordo com os valores e princípios constitucionais que tratam da liberdade de acesso ao trabalho, por ser ele um direito social, além de uma garantia fundamental do cidadão e um princípio fundamental da República. Com efeito, antes de tudo o legislador constituinte dispôs logo no início do Texto Constitucional que o valor social do trabalho é um princípio fundamental reconhecido no art. 1º, IV da CF/88 ("Art. 1º A República Federativa do Brasil, formada pela união indissolúvel dos Estados e Municípios e do Distrito Federal, constitui-se em Estado Democrático de Direito e tem como fundamentos: IV – os valores sociais do trabalho e da livre iniciativa"). Ainda na parte inicial da Constituição da República, o constituinte reconheceu a proibição de discriminação como objetivo fundamental da República brasileira, positivado no art. 3º, IV da CF/88 ("Art. 3º Constituem objetivos fundamentais da República Federativa do Brasil: IV – promover o bem de todos, sem preconceitos de origem, raça, sexo, cor, idade e quaisquer outras formas de discriminação."). No art. 5º, ao tratar dos Direitos e Garantias Fundamentais, reconheceu em seu *caput* a igualdade de todos perante a lei ("Art. 5º Todos são iguais perante a lei, sem distinção de qualquer natureza, garantindo-se aos brasileiros e aos estrangeiros residentes no País a inviolabilidade do direito à vida, à liberdade, à igualdade, à segurança e à propriedade, nos termos seguintes...") e garantiu no inciso XIII a liberdade de acesso

ao trabalho (Art. 5º, XIII da CF/88. – "é livre o exercício de qualquer trabalho, ofício ou profissão, atendidas as qualificações profissionais que a lei estabelecer"). Além de todo esse tratamento conferido ao trabalho como um princípio fundamental da República, como um Direito Fundamental do cidadão, com a proibição de discriminação como objetivo fundamental da República e garantindo o livre acesso ao trabalho, o legislador constituinte, no art. 6º, inseriu o trabalho como um direito social da pessoa ("são direitos sociais a educação, a saúde, a alimentação, o trabalho, a moradia, o lazer, a segurança, a previdência social, a proteção à maternidade e à infância, a assistência aos desamparados, na forma desta Constituição").

Art. 2º Constituem crime as seguintes práticas discriminatórias:

I – a **exigência** de teste, exame, perícia, laudo, atestado, declaração ou qualquer outro procedimento relativo à esterilização ou a estado de gravidez;

II – a adoção de quaisquer medidas, de iniciativa do empregador, que configurem;

a) indução ou instigamento à **esterilização genética**;

b) promoção do **controle de natalidade**, assim não considerado o oferecimento de serviços e de aconselhamento ou planejamento familiar, realizados através de instituições públicas ou privadas, submetidas às normas do Sistema Único de Saúde (SUS).

Pena: detenção de um a dois anos e multa.

Parágrafo único. São **sujeitos ativos** dos crimes a que se refere este artigo:

I – a pessoa física empregadora;

II – o representante legal do empregador, como definido na legislação trabalhista;

III – o dirigente, direto ou por delegação, de órgãos públicos e entidades das administrações públicas direta, indireta e fundacional de qualquer dos Poderes da União, dos Estados, do Distrito Federal e dos Municípios.

1. **Inciso I. Exigência de teste, exame, perícia, laudo, atestado, declaração ou qualquer outro procedimento relativo à esterilização ou a estado de gravidez.**
2. **Sujeito ativo.** Trata-se de crime próprio, pois somente pode ser praticado pela pessoa que reunir as características que o legislador estabeleceu no art. 2º, parágrafo único (pessoa física empregadora; representante legal do empregador, como definido na legislação trabalhista; dirigente, direto ou por delegação, de órgãos públicos e entidades das administrações públicas direta, indireta e fundacional de qualquer dos Poderes da União, dos Estados, do Distrito Federal e dos Municípios).
3. **Sujeito passivo.** A pessoa discriminada.
4. **Exigência feita ao candidato ao emprego.** A conduta *exigir* significa ordenar, impor como obrigação. Nesse delito, o agente exige da vítima um documento que ateste a sua condição de estéril (incapacidade de gerar um ser humano) ou de ausência de gravidez.
5. **Interpretação analógica.** Além dos documentos descritos no tipo, que possam ser exigidos pelo agente (exame, perícia, laudo, atestado ou declaração), o legislador

utilizou a técnica da interpretação analógica, por meio do emprego das expressões "ou qualquer outro procedimento", de forma a tentar evitar qualquer forma de exigência ilegal ou abusiva por parte do agente, abrangendo, ao máximo, a adequação típica da conduta do agente.

6. **Princípio da Especialidade.** O tipo penal ora comentado constitui uma especialidade do art. 146 do Código Penal por também consistir em uma espécie de constrangimento ilegal. Com efeito, em ambos os tipos penais o agente realiza um constrangimento sobre a vítima, sendo que no art. 146 o constrangimento é realizado por meio de violência ou grave ameaça. No tipo penal ora comentado, o constrangimento é feito mediante a exigência, por parte do agente, de teste, exame, perícia, laudo, atestado, declaração ou qualquer outro procedimento relativo à esterilização ou a estado de gravidez.

7. **Consumação.** O delito consuma-se com o ato de exigir. Basta a exigência para a consumação, mesmo que a vítima não venha a entregar o teste, exame, perícia, laudo, atestado, declaração ou qualquer outro procedimento relativo à esterilização ou a estado de gravidez. O crime é formal.

8. **Classificação.** Crime próprio; formal; doloso; comissivo; instantâneo; admite tentativa.

9. **Infração penal de menor potencial ofensivo.** Tendo em vista que a pena máxima não é superior a dois anos, trata-se de infração penal de menor potencial ofensivo (art. 61 da lei 9.099/95).

10. **Suspensão condicional do processo.** Cabível, pois a pena mínima cominada não ultrapassa 1 ano (art. 89 da lei 9.099/95).

11. **Inciso II. Adoção de quaisquer medidas que configurem indução ou instigamento à esterilização genética ou promoção do controle de natalidade, assim não considerado o oferecimento de serviços e de aconselhamento ou planejamento familiar, realizados através de instituições públicas ou privadas, submetidas às normas do Sistema Único de Saúde.**

12. **Sujeito ativo.** Trata-se de crime próprio, pois somente pode ser praticado pela pessoa que reunir as características que o legislador estabeleceu no art. 2º, parágrafo único (pessoa física empregadora; representante legal do empregador, como definido na legislação trabalhista; dirigente, direto ou por delegação, de órgãos públicos e entidades das administrações públicas direta, indireta e fundacional de qualquer dos Poderes da União, dos Estados, do Distrito Federal e dos Municípios).

13. **Sujeito passivo.** A pessoa discriminada.

14. **1ª hipótese: adoção de quaisquer medidas que configurem indução ou instigamento à esterilização genética.** Nessa primeira hipótese do inciso II, o legislador incriminou a conduta de providenciar qualquer espécie de medida que configure indução ou instigação à realização de esterilização genética. De forma diversa do inciso I, o legislador não fez a previsão de uma exigência por parte do agente, mas, sim, a conduta de promover qualquer medida que leve a vítima a realizar a esterilização genética. No caso de *indução*, a vítima não cogitou a possibilidade

de realizar a esterilização genética, e o agente incute essa ideia em sua mente. Já na conduta *instigar*, a vítima já cogitou a realização da mencionada esterilização, e o agente reforça, alimenta essa ideia em sua mente.

15. **Esterilização genética.** Por esterilização genética entenda-se o procedimento irreversível que pode ser feito no homem, por meio da chamada *vasectomia*, que consiste na secção dos canais deferentes, impedindo que os espermatozoides saiam na ejaculação, e na mulher, por meio da denominada *salpingotripsia* (ligadura das trompas), consistente no procedimento cirúrgico que tem por objetivo bloquear o trajeto das trompas uterinas, impedindo o contato entre espermatozoide e óvulo.

16. **2ª hipótese: promoção do controle de natalidade, assim não considerado o oferecimento de serviços e de aconselhamento ou planejamento familiar, realizados através de instituições públicas ou privadas, submetidas às normas do Sistema Único de Saúde.**

17. **Controle de natalidade.** Nessa 2ª hipótese, o legislador quis impedir qualquer conduta por parte do sujeito ativo do delito ligada à promoção do controle sobre o nascimento de seres humanos, desde que não seja algo oficial, promovido e fiscalizado pelo Sistema Único de Saúde, ou seja, autorizado e controlado pelo Estado, caso em que a conduta será atípica.

18. **Consumação.** Nas duas hipóteses, o delito consuma-se com a adoção da medida que configurar a indução ou a instigação à esterilização genética ou ao controle de natalidade. O crime é formal.

19. **Classificação.** Crime próprio; formal; doloso; comissivo; instantâneo; admite tentativa.

20. **Infração penal de menor potencial ofensivo.** Tendo em vista que a pena máxima não é superior a dois anos, trata-se de infração penal de menor potencial ofensivo (art. 61 da lei 9.099/95).

21. **Suspensão condicional do processo.** Cabível, pois a pena mínima cominada não ultrapassa 1 ano (art. 89 da lei 9.099/95).

Art. 3º Sem prejuízo do prescrito no art. 2º desta Lei e nos dispositivos legais que tipificam os crimes resultantes de preconceito de etnia, raça, cor ou deficiência, as infrações ao disposto nesta Lei são passíveis das **seguintes cominações**: (Redação dada pela lei 13.146/2015).

I – multa administrativa de dez vezes o valor do maior salário pago pelo empregador, elevado em cinqüenta por cento em caso de reincidência;

II – proibição de obter empréstimo ou financiamento junto a instituições financeiras oficiais.

1. **Penas de natureza extrapenal.** As sanções previstas no art. 3º não possuem natureza penal e podem ser cumuladas com a sanção penal cominada no art. 2º, em razão de possuírem naturezas distintas.

Art. 4º O **rompimento da relação de trabalho** por ato discriminatório, nos moldes desta lei, faculta ao empregado optar entre:

I – a reintegração com ressarcimento integral de todo o período de afastamento, mediante pagamento das remunerações devidas, corrigidas monetariamente e acrescidas de juros legais; (Redação dada pela lei 13.146/2015).

II – a percepção, em dobro, da remuneração do período de afastamento, corrigida monetariamente e acrescida dos juros legais.

1. **Efeitos trabalhistas.** O art. 4º traz efeitos de natureza trabalhista para o caso de rompimento da relação jurídica de trabalho motivado por ato de discriminação previsto na presente lei.

Art. 5º Esta lei entra em vigor na data de sua publicação.

Art. 6º Revogam-se as disposições em contrário.

Estatuto da Criança e do Adolescente. Lei nº 8.069, de 13 de julho de 1990

Título VII
Dos Crimes e Das Infrações Administrativas

CAPÍTULO I
Dos Crimes

Seção I
Disposições Gerais

Art. 225. Este Capítulo dispõe sobre **crimes** praticados **contra a criança e o adolescente**, por ação ou omissão, sem prejuízo do disposto na legislação penal.

1. **Princípio da Especialidade.** O artigo 225 do ECA positiva expressamente o princípio da especialidade ao dispor que os delitos previstos no ECA estarão configurados quando forem praticados contra criança ou adolescente. O elemento especializante nesse caso é a vítima do delito. Assim, diante de um conflito aparente de normas, os tipos do ECA deverão prevalecer sobre outros tipos penais, como ocorre com o art. 3º, alínea *a* da lei de Abuso de Autoridade que dispõe "constitui abuso de autoridade qualquer atentado à liberdade de locomoção". Logo, a autoridade pública que atentar contra a liberdade de locomoção de qualquer pessoa pratica o delito do art. 3º alínea *a* da lei de Abuso de Autoridade. Entretanto, caso a vítima do atentado seja criança ou adolescente, o delito praticado será o do art. 230 da lei 8069/90, Estatuto da Criança e do Adolescente – ECA, que dispõe *"Privar a criança ou o adolescente de sua liberdade, procedendo à sua apreensão sem estar em flagrante de ato infracional ou inexistindo ordem escrita da autoridade judiciária competente: Pena – detenção de seis meses a dois anos".* Além disso, caso o ECA não possa ser aplicado, por ausência de tipo penal incriminando a conduta praticada pelo agente, aplica-se o delito capitulado no Código Penal, que é o que a parte final do artigo quer dizer. Contudo, essa previsão é absolutamente desnecessária, pois o princípio da especialidade está positivado no art. 12 do Código Penal e decorre da interpretação sistemática de toda a legislação penal, independentemente de previsão expressa.

2. **Abrangência da ação e da omissão.** A menção feita à ação ou omissão é absolutamente desnecessária, pois a conduta humana relevante para o Direito Penal abrange a comissão e a omissão e o delito ser praticado por ação ou omissão depende da previsão expressa no tipo penal, de forma que o ECA prevê crimes comissivos, como os art. 230, 232 e 236, entre outros, como também prevê crimes omissivos, a exemplo dos arts. 228 e 229.

3. **Súmula 338 do STJ. Prescrição.** O Estatuto da Criança e do Adolescente não tratou da prescrição das medidas socioeducativas nele previstas. Contudo, não se pode dizer que são imprescritíveis porque somente a Constituição da República pode prever infrações imprescritíveis e ela não fez menção às medidas socioeducativas contidas nesse Estatuto. Depois de muita discussão jurisprudencial, o tema foi pacificado e sumulado pelo STJ. Esse é o teor da súmula 338 do STJ: "A prescrição penal é aplicável nas medidas sócio-educativas".

Art. 226. Aplicam-se aos crimes definidos nesta Lei as **normas** da **Parte Geral do Código Penal** e, quanto ao processo, as pertinentes ao **Código de Processo Penal**.

§ 1º Aos crimes cometidos contra a criança e o adolescente, independentemente da pena prevista, não se aplica a Lei nº 9.099, de 26 de setembro de 1995. (Incluído pela Lei nº 14.344, de 2022)

§ 2º Nos casos de violência doméstica e familiar contra a criança e o adolescente, é vedada a aplicação de penas de cesta básica ou de outras de prestação pecuniária, bem como a substituição de pena que implique o pagamento isolado de multa. (Incluído pela Lei nº 14.344, de 2022)

Art. 227. Os crimes definidos nesta Lei são de **ação pública incondicionada**

Art. 227-A. Os efeitos da condenação prevista no inciso I do caput do art. 92 do Decreto-Lei nº 2.848, de 7 de dezembro de 1940 (Código Penal), para os crimes previstos nesta Lei, praticados por servidores públicos com abuso de autoridade, são condicionados à ocorrência de reincidência. (Incluído pela Lei nº 13.869. de 2019)

Parágrafo único. A perda do cargo, do mandato ou da função, nesse caso, independerá da pena aplicada na reincidência. (Incluído pela Lei nº 13.869. de 2019)"

1. **Aplicação subsidiária do Código Penal e do Código de Processo Penal.** O legislador seguiu a sua tradição invariável de inserir nas leis dispositivos absolutamente inúteis, como o art. 226, uma vez que a aplicação subsidiária do Código Penal e do Código de Processo Penal decorre do princípio da especialidade e da interpretação sistemática do ordenamento jurídico.

2. **§1º. Não aplicação da lei 9.099/95 aos crimes praticados contra criança e adolescente.** O §1º dispõe que a lei nº 9.099/95 é inaplicável aos crimes praticados contra criança e adolescente, independentemente da pena prevista. Esse dispositivo possui dois comandos: o primeiro comando é no sentido de os crimes praticados contra criança e adolescente não se considerarem infrações penais de menor potencial ofensivo, mesmo que a pena máxima cominada não ultrapasse dois anos; o segundo comando é evitar a aplicação das medidas despenalizadoras. Com efeito,

a lei nº 9.099/95 trouxe para a ordem jurídica brasileira quatro medidas despenalizadoras: a composição civil dos danos (art. 74); a transação penal (art. 76); a representação (art. 88); e a suspensão condicional do processo (art. 89). Todas essas medidas visam a evitar o processo ou evitar uma condenação. Como o legislador deu um tratamento mais severo aos crimes contra criança e adolescente, ele quis que não fossem aplicadas medidas que permitam uma alternativa ao processo ou que impliquem uma alternativa à condenação, que são justamente as medidas despenalizadoras previstas na lei nº 9.099/95. Tendo em vista que o legislador não fez qualquer distinção, a norma prevista neste parágrafo é aplicável a qualquer crime que seja praticado contra criança ou adolescente, e não somente aos delitos previstos nesta lei. Por fim, muito embora o legislador tenha utilizado a expressão "crimes", cremos que por força da maior proteção à criança e ao adolescente, a presente norma deva abranger também as contravenções penais.

3. **§2º. Pena de cesta básica.** O que é a pena de cesta básica a que o legislador se referiu nesse dispositivo? Existe essa pena de cesta básica? A CF/88, no art. 5º, XLVI estabeleceu as espécies de penas que existem no ordenamento jurídico penal brasileiro (*"A lei regulará a individualização da pena e adotará, entre outras, as seguintes: a) privação ou restrição da liberdade; b) perda de bens; c) multa; d) prestação social alternativa; e) suspensão ou interdição de direitos."*). Não se vê no dispositivo constitucional a *pena de cesta básica,* o que leva parcela da doutrina a sustentar a sua inconstitucionalidade por ausência de previsão constitucional. Contudo, de outro giro, outra parcela doutrinária sustenta que ela é constitucional, em razão de o constituinte ter utilizado as expressões "entre outras", o que denota um rol exemplificativo de penas. Na realidade, a *pena de cesta básica* é uma criação baseada no art. 45, § 2º do Código Penal, como espécie de prestação pecuniária, pena restritiva de direitos prevista no art. 43, I, do Código Penal (*"Art. 43. As penas restritivas de direitos são: I – prestação pecuniária"*) e regulada pelo art. 45, §§ 1º e 2º (*"Art. 45. Na aplicação da substituição prevista no artigo anterior, proceder-se-á na forma deste e dos arts. 46, 47 e 48. § 1º A prestação pecuniária consiste no pagamento em dinheiro à vítima, a seus dependentes ou a entidade pública ou privada com destinação social, de importância fixada pelo juiz, não inferior a 1 (um) salário mínimo nem superior a 360 (trezentos e sessenta) salários mínimos. O valor pago será deduzido do montante de eventual condenação em ação de reparação civil, se coincidentes os beneficiários. § 2º No caso do parágrafo anterior, se houver aceitação do beneficiário, a prestação pecuniária pode consistir em prestação de outra natureza."*). Portanto, percebe-se que a *pena de cesta básica* funciona como alternativa à pena restritiva de direitos de prestação pecuniária, e desse dispositivo decorre a sua previsão legal. A intenção do legislador, ao proibir a *pena de cesta básica* ou outras de prestação pecuniária, bem como a substituição de pena que implique o pagamento isolado de multa, foi evitar que ao autor de um delito praticado contra criança ou adolescente não seja aplicada uma pena severa e seja aplicada apenas uma pena de multa ou de prestação pecuniária. A preocupação do legislador foi com a função preventiva geral da pena, no sentido de dar mostras à coletividade de que o autor do crime não vai receber apenas uma pena de multa ou uma prestação pecuniária. Em outras palavras, o legislador não admitiu que uma agressão praticada contra criança ou adolescente

pudesse custar ao agressor somente uma doação de cesta básica, uma prestação pecuniária ou uma multa. Isso não quer dizer que não caibam outras penas restritivas de direitos previstas no art. 43 do Código Penal.

4. **§2º. Impossibilidade de substituição da pena privativa de liberdade por pena restritiva de direitos que implique o pagamento isolado de multa.** Seguindo os mesmos moldes da vedação da pena de cesta básica e de pagamento isolado de multa, o legislador vedou a substituição da pena privativa de liberdade por pena restritiva de direitos que implique o pagamento isolado de multa, conferindo maior severidade ao autor de crime praticado contra criança ou adolescente.

5. **Ação penal.** O art. 227 dispõe que a ação penal é pública incondicionada. Trata-se de dispositivo absolutamente desnecessário, tendo em vista que o art. 100 do Código Penal trata da regra geral da natureza da ação penal e dispõe que "a ação penal é pública, salvo quando a lei expressamente a declara privativa do ofendido." Portanto, basta que a lei omita sobre esse ponto que a ação penal será pública incondicionada. Essa é a regra geral. A regra geral não precisa ser a todo o momento reafirmada. Ela é estabelecida como regra e basta que a lei preveja as exceções. Mas, o legislador brasileiro, como dito acima, seguindo a sua tradição invariável de inserir nas leis dispositivos absolutamente inúteis, a todo o momento reafirma a regra, como fez no presente artigo.

6. **Efeitos da condenação.** No art. 227-A o legislador condicionou a aplicação do efeito da condenação da perda do cargo, da função pública ou do mandato eletivo previsto no art. 92, I, do Código Penal, à reincidência do servidor público, quando o delito previsto nesta lei for praticado com abuso de autoridade, independentemente da pena aplicada no segundo delito que configura a reincidência.

Seção II
Dos Crimes em Espécie

Art. 228. Deixar o encarregado de serviço ou o dirigente de estabelecimento de atenção à saúde de gestante de manter **registro das atividades desenvolvidas**, na forma e prazo referidos no **art. 10** desta Lei, bem como de fornecer à parturiente ou a seu responsável, por ocasião da alta médica, **declaração de nascimento**, onde constem as intercorrências do parto e do desenvolvimento do neonato:

Pena – detenção de seis meses a dois anos.

Parágrafo único. Se o crime é **culposo**:

Pena – detenção de dois a seis meses, ou multa.

1. **Sujeito ativo.** O encarregado de serviço ou o dirigente de estabelecimento de atenção à saúde de gestante. Contudo, não pode ser qualquer encarregado ou dirigente, e sim somente aquele que tem, no caso concreto, o dever de cumprir as obrigações constantes do art. 10 da presente lei, sob pena de incidência em responsabilidade penal objetiva.

2. **Sujeito passivo.** A criança.

3. **Crime omissivo.** Trata-se de crime omissivo, uma vez que o encarregado de serviço ou o dirigente de estabelecimento deixa de cumprir as obrigações previstas no art. 10 desta lei, violando, assim, o seu dever de agir.

4. **Descumprimento do art. 10 da lei.** Esse delito, como crime omissivo que é, consiste no descumprimento do disposto no art. 10 da presente lei. O mencionado artigo estabelece algumas obrigações dirigidas aos hospitais e demais estabelecimentos de atenção à saúde de gestantes, públicos ou particulares. De acordo com o art. 10 dessa lei "os hospitais e demais estabelecimentos de atenção à saúde de gestantes, públicos e particulares, são obrigados a: I – manter registro das atividades desenvolvidas, através de prontuários individuais, pelo prazo de dezoito anos; II – identificar o recém-nascido mediante o registro de sua impressão plantar e digital e da impressão digital da mãe, sem prejuízo de outras formas normatizadas pela autoridade administrativa competente; III – proceder a exames visando ao diagnóstico e terapêutica de anormalidades no metabolismo do recém-nascido, bem como prestar orientação aos pais; IV – fornecer declaração de nascimento onde constem necessariamente as intercorrências do parto e do desenvolvimento do neonato; V – manter alojamento conjunto, possibilitando ao neonato a permanência junto à mãe; VI – acompanhar a prática do processo de amamentação, prestando orientações quanto à técnica adequada, enquanto a mãe permanecer na unidade hospitalar, utilizando o corpo técnico já existente"; VII – desenvolver atividades de educação, de conscientização e de esclarecimentos a respeito da saúde mental da mulher no período da gravidez e do puerpério". Note-se que o descumprimento das obrigações constantes dos incisos II e III não está abrangido por este tipo penal, e sim pelo art. 229 desta lei.

5. **Consumação.** O delito consuma-se com a mera omissão do agente, pois se trata de crime omissivo próprio.

6. **Modalidade culposa.** O legislador fez previsão da modalidade culposa da conduta típica. A pena é sensivelmente menor, em razão da menor reprovabilidade da conduta, tendo em vista a ausência de intenção por parte do agente.

7. **Classificação.** Crime próprio; formal; doloso; omissivo próprio; de perigo abstrato; instantâneo; não admite tentativa por ser omissivo próprio.

Art. 229. Deixar o médico, enfermeiro ou dirigente de estabelecimento de atenção à saúde de gestante de **identificar corretamente o neonato e a parturiente**, por ocasião do parto, bem como deixar de proceder aos **exames referidos no art. 10** desta Lei:

Pena – detenção de seis meses a dois anos.

Parágrafo único. Se o crime é **culposo**:

Pena – detenção de dois a seis meses, ou multa.

1. **Sujeito ativo.** O médico, o enfermeiro ou o dirigente de estabelecimento de atenção à saúde de gestante. Porém, como dissemos em relação ao artigo anterior, não pode ser qualquer médico, enfermeiro ou dirigente, e sim somente aquele que tem,

no caso concreto, o dever de identificar corretamente o neonato e a parturiente, por ocasião do parto ou o dever de proceder aos exames referidos no art. 10 da presente lei, sob pena de incidência em responsabilidade penal objetiva.

2. **Sujeito passivo.** A criança e a parturiente.
3. **Crime omissivo.** Trata-se de crime omissivo, uma vez que o médico, enfermeiro ou dirigente de estabelecimento de atenção à saúde de gestante deixa de identificar corretamente o neonato e a parturiente, por ocasião do parto ou deixa de proceder aos exames referidos no art. 10 da presente lei, violando, assim, o seu dever de agir.
4. **Troca de bebês e descumprimento do art. 10 da lei.** O legislador quis evitar a "troca de bebês", razão da incriminação da conduta de deixar de identificar corretamente o neonato e a parturiente, por ocasião do parto. Além disso, criminalizou a não realização dos exames contidos no art. 10, III desta lei, que consiste na realização de "exames visando ao diagnóstico e terapêutica de anormalidades no metabolismo do recém-nascido, bem como prestar orientação aos pais."
5. **Consumação.** O delito consuma-se com a mera omissão do agente, pois se trata de crime omissivo próprio.
6. **Modalidade culposa.** O legislador fez previsão da modalidade culposa da conduta típica, com uma pena menor por conta da menor reprovabilidade da conduta, tendo em vista a ausência de intenção por parte do agente.
7. **Classificação.** Crime próprio; formal; doloso; omissivo próprio; de perigo abstrato; instantâneo; não admite tentativa por ser omissivo próprio.

Art. 230. Privar a criança ou o adolescente de sua liberdade, procedendo à sua apreensão **sem estar em flagrante** de ato infracional ou **inexistindo ordem escrita** da **autoridade judiciária competente**:

Pena – detenção de seis meses a dois anos.

Parágrafo único. Incide na mesma pena aquele que **procede à apreensão** sem observância das formalidades legais.

1. **Sujeito ativo.** Qualquer pessoa.
2. **Sujeito passivo.** A criança ou o adolescente.
3. **Privar a liberdade por meio da apreensão.** Privar a liberdade significa deter o menor e impedir que ele se locomova livremente. Apreensão consiste em privar a liberdade, sem, contudo, colocar o menor no cárcere. Assim, o menor fica detido, mas sem ser colocado na prisão.
4. **Ausência de estado de flagrância ou de ordem escrita da autoridade judiciária competente.** De acordo com o art. 106 do ECA "nenhum adolescente será privado de sua liberdade senão em flagrante de ato infracional ou por ordem escrita e fundamentada da autoridade judiciária competente. Parágrafo único. O adolescente

tem direito à identificação dos responsáveis pela sua apreensão, devendo ser informado acerca de seus direitos." Portanto, somente em dois casos pode haver a restrição da liberdade da criança ou do adolescente: flagrante de ato infracional ou por ordem escrita e fundamentada da autoridade judiciária competente. Fora desses casos, a privação da liberdade configura o delito ora comentado.

5. **Autoridade judiciária competente.** É o Juízo da Infância e Juventude.

6. **Diferença em relação ao art. 148, § 1º IV do Código Penal.** Como dissemos acima, para a configuração do delito ora comentado, basta que o agente apreenda o menor de 18 anos sem, contudo, encarcerá-lo. Caso o agente efetivamente coloque a criança ou o adolescente no cárcere, o delito configurado é o previsto na forma qualificada do art. 148, IV do Código Penal ("Art. 148 – Privar alguém de sua liberdade, mediante seqüestro ou cárcere privado: § 1º – A pena é de reclusão, de dois a cinco anos: IV – se o crime é praticado contra menor de 18 (dezoito) anos").

7. **Consumação.** O delito consuma-se com a efetiva privação da liberdade do menor. Trata-se de crime material.

8. **Classificação.** Crime comum; material; doloso; comissivo; de dano; permanente; admite tentativa.

9. **Parágrafo único. Conduta equiparada.** O legislador trouxe como conduta equiparada o ato de proceder à apreensão sem observância das formalidades legais. Essas formalidades legais a que o legislador fez menção são outras formalidades diversas das previstas no *caput* do artigo (ausência de flagrante de ato infracional ou de ordem escrita da autoridade judiciária competente). Nessa conduta equiparada pode ser que a privação da liberdade da criança ou do adolescente seja lícita, isso é, que ele esteja em estado de flagrância ou que haja ordem escrita da autoridade judiciária competente, mas nesse caso, há o descumprimento das formalidades contidas, por exemplo, nos art. 106, parágrafo único, 107, 108 e 109 do ECA, que possuem as seguintes redações: "Art. 106. Nenhum adolescente será privado de sua liberdade senão em flagrante de ato infracional ou por ordem escrita e fundamentada da autoridade judiciária competente. Parágrafo único. O adolescente tem direito à identificação dos responsáveis pela sua apreensão, devendo ser informado acerca de seus direitos. Art. 107. A apreensão de qualquer adolescente e o local onde se encontra recolhido serão incontinenti comunicados à autoridade judiciária competente e à família do apreendido ou à pessoa por ele indicada. Parágrafo único. Examinar-se-á, desde logo e sob pena de responsabilidade, a possibilidade de liberação imediata. Art. 108. A internação, antes da sentença, pode ser determinada pelo prazo máximo de quarenta e cinco dias. Parágrafo único. A decisão deverá ser fundamentada e basear-se em indícios suficientes de autoria e materialidade, demonstrada a necessidade imperiosa da medida. Art. 109. O adolescente civilmente identificado não será submetido a identificação compulsória pelos órgãos policiais, de proteção e judiciais, salvo para efeito de confrontação, havendo dúvida fundada."

10. **Consumação.** O delito consuma-se com o descumprimento das formalidades legais. Trata-se de delito formal.

11. **Classificação.** Crime comum; formal; doloso; comissivo; de perigo abstrato; instantâneo; admite tentativa.

Art. 231. Deixar a autoridade policial responsável pela apreensão de criança ou adolescente de fazer imediata **comunicação à autoridade judiciária competente e à família** do apreendido ou à **pessoa por ele indicada**:

Pena – detenção de seis meses a dois anos.

1. **Sujeito ativo.** A autoridade policial responsável pela apreensão da criança ou do adolescente.
2. **Sujeito passivo.** A criança ou o adolescente.
3. **Crime omissivo.** Trata-se de crime omissivo, uma vez que a autoridade policial responsável pela apreensão da criança ou do adolescente viola o seu dever de comunicar a apreensão imediatamente à autoridade judiciária competente e à família do apreendido ou à pessoa por ele indicada. De acordo com o art. 107 do ECA "a apreensão de qualquer adolescente e o local onde se encontra recolhido serão incontinenti comunicados à autoridade judiciária competente e à família do apreendido ou à pessoa por ele indicada. Parágrafo único. Examinar-se-á, desde logo e sob pena de responsabilidade, a possibilidade de liberação imediata." Portanto, a conduta do agente constitui violação a esse dever contido no próprio Estatuto.
4. **Dupla comunicação.** A comunicação deve ser feita à autoridade judiciária competente e à família do apreendido ou à pessoa por ele indicada. Caso a comunicação seja feita a apenas um desses destinatários, a autoridade policial incide nesse delito.
5. **Comunicação imediata.** O legislador apenas utilizou a expressão "imediata", não esclarecendo o que seria essa imediatidade. Pensamos que comunicação imediata deve ser entendida como o dever de realizar a comunicação no exato momento em que a criança ou o adolescente é apresentado à autoridade policial.
6. **Previsão constitucional.** O delito ora comentado viola, sobretudo, o mandamento constitucional previsto no art. 5º, LXII da CF/88, segundo o qual "a prisão de qualquer pessoa e o local onde se encontre serão comunicados imediatamente ao juiz competente e à família do preso ou à pessoa por ele indicada".
7. **Autoridade judiciária competente.** É o Juízo da Infância e Juventude. Caso a comunicação seja feita dolosamente à autoridade judiciária incompetente, haverá a prática desse delito. Assim, se um adolescente é flagrado praticando ato infracional análogo a furto dentro do INSS ou então um crime de roubo ao veículo dos Correios, que, embora, em tese, sejam crimes da competência da Justiça Federal, o Juízo competente é o Juízo da Infância e Juventude. Nesse caso, se a autoridade policial fizer a comunicação ao Juízo Criminal da Justiça Federal, haverá a prática desse delito por não ser a autoridade judiciária competente.

8. **Consumação.** O delito consuma-se com a mera omissão do agente. Trata-se de crime omissivo próprio.

9. **Classificação.** Crime próprio; formal; doloso; omissivo próprio; de perigo abstrato; instantâneo; não admite tentativa por ser omissivo próprio.

Art. 232. Submeter criança ou adolescente sob sua autoridade, guarda ou vigilância **a vexame ou a constrangimento:**

Pena – detenção de seis meses a dois anos.

1. **Sujeito ativo.** A pessoa que tenha a autoridade, a guarda ou a vigilância sobre a criança ou o adolescente.
2. **Sujeito passivo.** A criança ou o adolescente.
3. **Submeter a vexame ou constrangimento.** Vexame ou constrangimento consiste em qualquer situação que exponha a criança ou o adolescente à situação de ridículo, ofendendo-lhe a honra ou a sua dignidade, como o professor ou o diretor da escola que, na frente de todos os demais colegas de classe, determina que determinada criança se retire da sala de aula porque o seu responsável não efetuou o pagamento da mensalidade. Ou então o professor que imponha ao menor um castigo vergonhoso na frente de todos.
4. **Autoridade, guarda ou vigilância**. *Autoridade* está ligada às relações privadas, como ocorre com o tutelado, curatelado, filhos etc. *Guarda* significa vigilância permanente. *Vigilância* consiste no cuidado permanente sobre alguém, conceito que se aproxima da noção de guarda.
5. **Consumação.** O delito consuma-se com a prática de qualquer ato idôneo que efetivamente submeter a criança ou o adolescente ao vexame ou ao constrangimento.
6. **Classificação.** Crime próprio; material; doloso; comissivo; de dano; instantâneo; admite tentativa.

Art. 233. Revogado pela Lei nº 9.455, de 7.4.1997.

Art. 234. Deixar a autoridade competente, sem justa causa, de ordenar a **imediata liberação** de criança ou adolescente, tão logo tenha conhecimento da **ilegalidade da apreensão:**

Pena – detenção de seis meses a dois anos.

1. **Sujeito ativo.** O Juiz do Juízo da Infância e da Juventude e a autoridade policial.
2. **Sujeito passivo.** A criança ou o adolescente.
3. **Autoridade.** O Juiz do Juízo da Infância e da Juventude e a autoridade policial.
4. **Sem justa causa.** É a ausência de motivo previsto em lei. A autoridade policial ou judiciária deve verificar a legalidade e a formalidade da apreensão da criança ou do adolescente. Caso detecte alguma ilegalidade, deverá determinar a sua imediata liberação.

5. **Crime omissivo.** Trata-se de crime omissivo, uma vez que autoridade policial ou Judiciária viola o seu dever de agir ao não determinar a imediata liberação do menor.

6. **Imediata liberação.** Por imediata liberação entenda-se no exato momento em que a ilegalidade da apreensão é detectada, sem nenhuma delonga.

7. **Consumação.** O delito consuma-se com a omissão do agente, pois se trata de crime omissivo próprio.

8. **Classificação.** Crime próprio; material; doloso; omissivo próprio; de dano; instantâneo; não admite tentativa por ser omissivo próprio.

Art. 235. Descumprir, injustificadamente, **prazo fixado nesta Lei** em benefício de adolescente privado de liberdade:

Pena – detenção de seis meses a dois anos.

1. **Sujeito ativo.** A pessoa encarregada do cumprimento do prazo. O ECA estabelece alguns prazos a serem cumpridos por pessoas diversas, caso em que somente o destinatário do prazo é que pode descumpri-lo. Trata-se de crime próprio.

2. **Sujeito passivo.** O adolescente privado de sua liberdade.

3. **Prazo fixado nesta lei. Norma penal em branco.** Deve-se buscar no próprio ECA quais são os prazos estabelecidos em relação ao adolescente privado de sua liberdade. Como exemplo, podemos citar, entre outros, os seguintes dispositivos, todos do ECA: "Art. 108: A internação, antes da sentença, pode ser determinada pelo prazo máximo de quarenta e cinco dias"; art. 121, § 2º: "Art. 121. A internação constitui medida privativa da liberdade, sujeita aos princípios de brevidade, excepcionalidade e respeito à condição peculiar de pessoa em desenvolvimento. § 2º A medida não comporta prazo determinado, devendo sua manutenção ser reavaliada, mediante decisão fundamentada, no máximo a cada seis meses"; 175, § 1º: "Art. 175. Em caso de não liberação, a autoridade policial encaminhará, desde logo, o adolescente ao representante do Ministério Público, juntamente com cópia do auto de apreensão ou boletim de ocorrência. § 1º Sendo impossível a apresentação imediata, a autoridade policial encaminhará o adolescente à entidade de atendimento, que fará a apresentação ao representante do Ministério Público no prazo de vinte e quatro horas."

4. **Injustificadamente.** Injustificadamente significa que não há nenhum motivo relevante para o descumprimento. A situação deve ser analisada com cuidado e de acordo com o caso concreto.

5. **Crime omissivo.** Trata-se de crime omissivo, uma vez que o agente se omite ao descumprir um prazo a que estava obrigado e observar, violando, com isso, o seu dever de agir.

6. **Consumação.** O delito consuma-se com a mera omissão do agente, pois se trata de crime omissivo próprio.

7. **Classificação.** Crime próprio; formal; doloso; omissivo próprio; de perigo abstrato; instantâneo; não admite tentativa por ser omissivo próprio.

Art. 236. Impedir ou embaraçar a ação de autoridade judiciária, membro do Conselho Tutelar ou representante do Ministério Público no exercício de **função prevista nesta Lei:**

Pena – detenção de seis meses a dois anos.

1. **Sujeito ativo.** Qualquer pessoa. Trata-se de crime comum.
2. **Sujeito passivo.** O Estado.
3. **Impedir ou embaraçar.** *Impedir* significa obstar, não permitir. *Embaraçar* consiste em atrapalhar, perturbar. Trata-se da conduta do agente que quer obstaculizar a ação da autoridade judiciária, membro do Conselho Tutelar ou representante do Ministério Público.
4. **Tipo penal misto alternativo.** Caso o agente pratique mais de uma conduta descrita no tipo penal, responderá por um delito apenas, não havendo concurso de crimes.
5. **Consumação.** O delito consuma-se com a prática das condutas típicas de impedir ou de embaraçar.
6. **Classificação.** Crime comum; material no verbo *impedir* e formal no verbo *embaraçar*; doloso; comissivo; instantâneo; admite tentativa.

Art. 237. Subtrair criança ou adolescente ao poder de quem o tem sob sua guarda em virtude de lei ou ordem judicial, **com o fim de colocação em lar substituto**:

Pena – reclusão de dois a seis anos, e multa.

1. **Sujeito ativo.** Qualquer pessoa. Trata-se de crime comum.
2. **Sujeito passivo.** A criança ou o adolescente.
3. **Subtrair.** Consiste em retirar a criança ou o adolescente de quem tenha a sua guarda.
4. **Guarda.** *Guarda* significa vigilância permanente.
5. **Especial fim de agir.** O tipo penal contém um especial fim de agir que reside na finalidade específica de colocar a criança ou o adolescente subtraído em lar substituto, ou seja, a finalidade específica de criar, estruturar um novo lar com uma nova família para a criança ou o adolescente.
6. **Princípio da Especialidade.** O tipo penal ora comentado constitui especialidade em relação ao delito de subtração de incapazes contido no art. 249 do Código Penal, que

possui o seguinte teor: "Art. 249 – Subtrair menor de dezoito anos ou interdito ao poder de quem o tem sob sua guarda em virtude de lei ou de ordem judicial: Pena – detenção, de dois meses a dois anos, se o fato não constitui elemento de outro crime. § 1º – O fato de ser o agente pai ou tutor do menor ou curador do interdito não o exime de pena, se destituído ou temporariamente privado do pátrio poder, tutela, curatela ou guarda. § 2º – No caso de restituição do menor ou do interdito, se este não sofreu maus-tratos ou privações, o juiz pode deixar de aplicar pena." O elemento especializante consiste no especial fim de agir contido no delito do ECA que é colocar o menor em lar substituto. Assim, caso haja a subtração do menor sem nenhuma outra finalidade, o delito configurado será o do Código Penal. Contudo, caso o agente subtraia o menor com a intenção específica de colocá-lo em lar substituto, estará configurado o delito do ECA.

7. **Consumação.** O delito consuma-se com a efetiva subtração da vítima, mesmo que ela não chegue a ser colocada em lar substituto.

8. **Classificação.** Crime comum; formal; doloso; comissivo; de dano; instantâneo; admite tentativa.

Art. 238. Prometer ou efetivar a **entrega de filho ou pupilo a terceiro**, mediante paga ou recompensa:

Pena – reclusão de um a quatro anos, e multa.

Parágrafo único. Incide nas mesmas penas quem oferece ou efetiva a paga ou recompensa.

1. **Sujeito ativo.** Os pais, o tutor ou o guardião.

2. **Sujeito passivo.** A criança ou o adolescente.

3. **Tráfico de crianças.** O delito ora comentado visa a evitar o denominado tráfico de crianças. Por meio dessa prática ainda comum nos dias atuais, o agente entrega o menor a outrem em troca de dinheiro. Assim, em troca de dinheiro, a criança ou o adolescente é entregue a outra família, diversa da sua biológica, sendo inserido em outro núcleo familiar com pessoas desconhecidas pelo menor.

4. **Prometer ou efetivar a entrega.** *Prometer* quer dizer fazer algo no futuro, ou seja, o agente obriga-se a entregar o menor em momento posterior. *Efetivar* significa efetivamente realizar a entrega naquele momento. O legislador antecipou-se e incriminou não somente a conduta de efetivar a entrega do menor a outrem – o que é gravíssimo –, mas, também, a simples conduta de prometer a entrega do menor.

5. **Paga ou recompensa.** *Paga* significa o pagamento de dinheiro no momento da entrega do filho ou do pupilo, ou seja, há uma relação de contemporaneidade entre a entrega do dinheiro e a entrega do menor. *Recompensa* liga-se à paga futura, não havendo essa relação de contemporaneidade, de forma que primeiro o agente entrega o menor para, depois, receber o dinheiro.

6. **Princípio da Especialidade.** O tipo penal ora comentado constitui especialidade em relação ao delito de entrega de filho menor à pessoa inidônea, contido no art. 245 do Código Penal, que possui o seguinte teor: "Art. 245 – Entregar filho menor de 18 (dezoito) anos a pessoa em cuja companhia saiba ou deva saber que o menor fica moral ou materialmente em perigo: Pena – detenção, de 1 (um) a 2 (dois) anos. § 1º – A pena é de 1 (um) a 4 (quatro) anos de reclusão, se o agente pratica delito para obter lucro, ou se o menor é enviado para o exterior. § 2º – Incorre, também, na pena do parágrafo anterior quem, embora excluído o perigo moral ou material, auxilia a efetivação de ato destinado ao envio de menor para o exterior, com o fito de obter lucro." O elemento especializante consiste na finalidade de venda do menor. No delito do Código Penal o agente entrega o filho a uma pessoa em caráter transitório. O menor não é inserido em outro núcleo familiar e depois volta para a companhia dos pais. No delito ora comentado a venda do menor dá-se em caráter definitivo.

7. **Tipo penal misto alternativo.** Caso o agente pratique mais de uma conduta descrita no tipo penal, responderá por um delito apenas, não havendo concurso de crimes. Assim, se o agente prometer a entrega e depois efetivamente entregar o menor, responde por apenas um delito.

8. **Delito plurissubjetivo.** A prática desse delito exige a presença de duas pessoas. De um lado, quem *entrega o menor* (figura do *caput*) e, de outro, quem *efetiva a paga* (conduta do parágrafo único). O mesmo ocorre com os verbos *prometer* e *oferecer*.

9. **Consumação.** O delito consuma-se com a simples promessa ou com a efetiva entrega do menor.

10. **Classificação.** Crime próprio; formal na conduta *prometer* e material na conduta *entregar*; doloso; comissivo; de dano, instantâneo; admite tentativa.

11. **Conduta equiparada. Parágrafo único.** No parágrafo único o legislador criminalizou a conduta da pessoa que oferece ou efetiva a paga ou a recompensa. É o "outro lado da moeda". Se de um lado os pais, o tutor ou o guardião promete ou efetiva a entrega do menor, do outro lado, há alguém que oferece ou efetiva a paga ou recompensa, a quem o parágrafo único faz menção.

12. **Tipo penal misto alternativo.** Caso o agente pratique mais de uma conduta descrita no tipo penal, responderá por um delito apenas, não havendo concurso de crimes, de forma que se o agente oferecer e efetivar a paga ou a recompensa, responderá por apenas um delito.

13. **Consumação.** O delito consuma-se com a simples oferta de recompensa ou com a efetivação do pagamento.

14. **Classificação.** Crime comum; formal na conduta *oferecer* e material na conduta *efetivar*; doloso; comissivo; de dano, instantâneo; admite tentativa.

Art. 239. Promover ou auxiliar a efetivação de ato destinado ao **envio de criança ou adolescente para o exterior** com inobservância das formalidades legais ou com o fito de obter lucro:

Pena – reclusão de quatro a seis anos, e multa.

Parágrafo único. Se há emprego de violência, grave ameaça ou fraude: (Incluído pela Lei nº 10.764, de 12.11.2003)

Pena – reclusão, de 6 (seis) a 8 (oito) anos, além da pena correspondente à violência.

1. **Sujeito ativo.** Qualquer pessoa. Trata-se de crime comum.
2. **Sujeito passivo.** A criança ou o adolescente.
3. **Tráfico internacional de crianças.** O delito ora comentado visa a evitar o denominado tráfico internacional de crianças.
4. **Promover ou auxiliar.** *Promover* consiste no efetivo envio do menor ao exterior, de forma que o menor efetivamente deixe o território nacional e ingresse no território estrangeiro. *Auxiliar* significa a prática de qualquer ato material que contribua para o envio do menor ao exterior. A segunda conduta configura, a princípio, a conduta do partícipe na conduta de promover o envio do menor ao exterior. Contudo, o legislador quis que essa conduta fosse erigida à espécie de autoria propriamente dita. Na conduta *auxiliar* não é necessário que o menor seja efetivamente enviado ao exterior, bastando, para a configuração do delito, a prática de qualquer conduta antecedente ao envio que contribua para ele. Assim, configura o auxílio a conduta de providenciar as passagens aéreas, marítimas ou terrestres, o empréstimo de um veículo para o envio do menor ao exterior, a providência da documentação necessária para o menor deixar o país etc.
5. **Inobservância das formalidades legais.** Neste caso, o envio do menor deixa de atender aos requisitos legalmente exigidos para o envio.
6. **Especial fim de agir.** O fim de lucro é a finalidade específica do agente na hipótese de ele promover ou auxiliar a efetivação de ato destinado ao envio da criança ou do adolescente ao exterior com a observância das formalidades legais. Nessa hipótese, caso o agente não tenha essa finalidade lucrativa, não haverá a configuração desse delito.
7. **Tipo penal misto alternativo.** Na hipótese de o agente praticar as duas condutas típicas, isso é, auxiliar a efetivação de ato destinado ao envio do menor ao exterior e depois ele mesmo efetivar o envio, responderá por um delito apenas, não havendo concurso de crimes.
8. **Revogação do § 2º do art. 245 do Código Penal.** Por descrever conduta idêntica e ser posterior, o tipo penal ora comentado revogou tacitamente o delito contido no § 2º do art. 245 do Código Penal, que possui o seguinte teor: "§ 2º – Incorre, também, na pena do parágrafo anterior quem, embora excluído o perigo moral ou material, auxilia a efetivação de ato destinado ao envio de menor para o exterior, com o fito de obter lucro".

9. **Competência.** A competência para o processo e o julgamento desse delito é da Justiça Federal, com fundamento no art. 109, V da CF/88.

▶ **STF**

INFORMATIVO nº 755

Primeira Turma

Tráfico internacional de crianças e competência jurisdicional

(...). O Colegiado realçou que a decisão impugnada destacara que, no caso, estaria envolvido o cumprimento de tratados internacionais dos quais o Brasil seria signatário, a atrair a incidência do inciso V do art. 109 da CF. (...). Vencido o Ministro Marco Aurélio, que deferia a ordem. Assentava a competência da justiça comum estadual para o processamento e julgamento do crime em comento. Afirmou que, considerado o que previsto no ECA, não haveria norma específica que direcionasse seu julgamento à atuação da justiça federal. **HC 121472/PE, rel. Min. Dias Toffoli, 19.8.2014.**

10. **Requisição direta pelo membro do Ministério Público ou pelo Delegado de Polícia de dados e informações cadastrais da vítima ou de suspeitos.** A lei 13.344/2016 (lei que dispõe sobre a repressão ao tráfico de pessoas) acrescentou os arts. 13-A e 13-B ao Código de Processo Penal para permitir que no tipo penal ora comentado, o membro do Ministério Público ou o Delegado de Polícia possa requisitar, de quaisquer órgãos do poder público ou de empresas da iniciativa privada, os dados e as informações cadastrais da vítima ou de suspeitos (art. 13-A). Além disso, podem também requisitar, mediante autorização judicial, às empresas prestadoras de serviço de telecomunicações e/ou telemática que disponibilizem imediatamente os meios técnicos adequados – como sinais, informações e outros – que permitam a localização da vítima ou dos suspeitos do delito em curso (art. 13-B). Trata-se de medida que visa a dar maior celeridade e eficácia às investigações. Questão relevante versa sobre a constitucionalidade do art. 13-A, uma vez que o legislador permitiu a requisição direta pelo membro do Ministério Público ou pelo Delegado de Polícia, não exigindo autorização judicial para a requisição dessas informações. A desnecessidade de autorização judicial viola o princípio da intimidade da vida privada? O acesso aos dados e às informações cadastrais da vítima ou de suspeitos exige a cláusula de reserva de jurisdição? Os dados e as informações cadastrais aos quais o legislador fez menção abrangem informações como nome, estado civil, nacionalidade, nome do pai e da mãe, endereço, entre outros. Cremos que tais informações não estão inseridas na intimidade da vida privada do cidadão. Não são esses dados que revelam a intimidade de uma pessoa. Tais informações revelam a individualização de uma pessoa, ou seja, as características que a torna um indivíduo, entre tantas milhões de pessoas, sem revelar a sua intimidade e a sua vida privada. Assim, pensamos que o dispositivo é constitucional e não viola o princípio da intimidade da vida privada.

11. **Consumação.** No verbo *efetivar* o delito consuma-se com o efetivo envio do menor ao exterior, sendo necessário que o menor saia do território nacional e ingresse no território estrangeiro. No verbo *auxiliar* o delito consuma-se com a prática de qualquer ato idôneo e antecedente que possa contribuir para o envio do menor ao exterior.

12. **Qualificadora do emprego de violência, grave ameaça ou fraude.** Havendo esses meios executórios, o legislador estabeleceu uma qualificadora e a pena é maior em razão da maior reprovabilidade da conduta. Além disso, o legislador determinou a aplicação também da pena correspondente à violência. Assim, além da pena cominada para este tipo penal, deve ser aplicada a pena da lesão corporal, caso haja.

13. **Classificação.** Crime comum; material na conduta *promover* e formal na conduta *auxiliar*; doloso; comissivo; de perigo abstrato; instantâneo; admite tentativa.

Art. 240. Produzir, reproduzir, dirigir, fotografar, filmar ou registrar, por qualquer meio, **cena de sexo explícito ou pornográfica, envolvendo criança ou adolescente**:

Pena – reclusão, de 4 (quatro) a 8 (oito) anos, e multa.

§ 1º Incorre nas mesmas penas quem: (Redação dada pela Lei nº 14.811, de 2024)

I - agencia, facilita, recruta, coage ou de qualquer modo intermedeia a participação de criança ou adolescente nas cenas referidas no **caput** deste artigo, ou ainda quem com esses contracena; (Incluído pela Lei nº 14.811, de 2024)

II - exibe, transmite, auxilia ou facilita a exibição ou transmissão, em tempo real, pela internet, por aplicativos, por meio de dispositivo informático ou qualquer meio ou ambiente digital, de cena de sexo explícito ou pornográfica com a participação de criança ou adolescente. (Incluído pela Lei nº 14.811, de 2024)

§ 2º **Aumenta-se a pena** de 1/3 (um terço) se o agente comete o crime: (Redação dada pela Lei nº 11.829, de 2008)

I – no exercício de cargo ou função pública ou a pretexto de exercê-la; (Redação dada pela Lei nº 11.829, de 2008)

II – prevalecendo-se de relações domésticas, de coabitação ou de hospitalidade; ou (Redação dada pela Lei nº 11.829, de 2008)

III – prevalecendo-se de relações de parentesco consangüíneo ou afim até o terceiro grau, ou por adoção, de tutor, curador, preceptor, empregador da vítima ou de quem, a qualquer outro título, tenha autoridade sobre ela, ou com seu consentimento. (Incluído pela Lei nº 11.829, de 2008)

1. **Sujeito ativo.** Qualquer pessoa. Trata-se de crime comum.
2. **Sujeito passivo.** A criança ou o adolescente.
3. **Pedofilia.** A pedofilia consiste no transtorno da sexualidade manifestada pela atração fantasiosa e pelo desejo de prática sexual que um adulto nutre por uma criança ou por um adolescente.
4. **Produzir, reproduzir, dirigir, fotografar, filmar ou registrar, por qualquer meio.** O legislador inseriu no tipo penal seis condutas ligadas à pedofilia relacionadas à cena de sexo explícito ou pornográfica envolvendo criança e adolescente. Pela redação típica, a produção, a reprodução, a direção, a fotografia, a filmagem ou o registro pode ser feito por qualquer meio, o que torna esse tipo penal um delito de livre execução. O legislador pretendeu incriminar qualquer conduta que tenha ligação à cena de sexo explícito ou pornográfica com criança ou adolescente. Não se exige que o agente tenha qualquer contato com a criança ou com o adolescente.

▶ **STJ**

Informativo no 577

Sexta Turma

DIREITO DA CRIANÇA E DO ADOLESCENTE E PENAL. TIPIFICAÇÃO DAS CONDUTAS DE FOTOGRAFAR CENA PORNOGRÁFICA E ARMAZENAR FOTOGRAFIAS DE CONTEÚDO PORNOGRÁFICO ENVOLVENDO CRIANÇA OU ADOLESCENTE.

Fotografar cena e armazenar fotografia de criança ou adolescente em poses nitidamente sensuais, com enfoque em seus órgãos genitais, ainda que cobertos por peças de roupas, e incontroversa finalidade sexual e libidinosa, adequam-se, respectivamente, aos tipos do art. 240 e 241-B do ECA. Configuram os crimes dos arts. 240 e 241-B do ECA quando subsiste incontroversa a finalidade sexual e libidinosa de fotografias produzidas e armazenadas pelo agente, com enfoque nos órgãos genitais de adolescente – ainda que cobertos por peças de roupas –, e de poses nitidamente sensuais, em que explorada sua sexualidade com conotação obscena e pornográfica. O art. 241-E do ECA ("Para efeito dos crimes previstos nesta Lei, a expressão 'cena de sexo explícito ou pornográfica' compreende qualquer situação que envolva criança ou adolescente em atividades sexuais explícitas, reais ou simuladas, ou exibição dos órgãos genitais de uma criança ou adolescente para fins primordialmente sexuais") trouxe norma penal explicativa – porém não completa – que contribui para a interpretação dos tipos penais abertos criados pela Lei n. 11.829/2008. Nessa linha de intelecção, a definição de material pornográfico acrescentada por esse dispositivo legal não restringe a abrangência do termo pornografia infanto-juvenil e, por conseguinte, deve ser interpretada com vistas à proteção da criança e do adolescente em condição peculiar de pessoas em desenvolvimento (art. 6º do ECA). Desse modo, o conceito de pornografia infanto-juvenil pode abarcar hipóteses em que não haja a exibição explícita do órgão sexual da criança e do adolescente e, nesse sentido, há entendimento doutrinário. Portanto, configuram os crimes dos arts. 240 e 241-B do ECA quando subsiste incontroversa a finalidade sexual e libidinosa de fotografias produzidas e armazenadas pelo agente, com enfoque nos órgãos genitais de adolescente – ainda que cobertos por peças de roupas –, e de poses nitidamente sensuais, em que explorada sua sexualidade com conotação obscena e pornográfica. REsp 1.543.267-SC, **Rel. Min. Maria Thereza de Assis Moura, julgado em 3/12/2015, DJe 16/2/2016.**

5. **"Cena de sexo explícito ou pornográfica." Norma penal em branco.** Trata-se de um tipo penal em branco, uma vez que o conceito de cena de sexo explícito ou pornográfica está contido no art. 241-E da presente lei, nos seguintes termos: "Para efeito dos crimes previstos nesta Lei, a expressão "cena de sexo explícito ou pornográfica" compreende qualquer situação que envolva criança ou adolescente em atividades sexuais explícitas, reais ou simuladas, ou exibição dos órgãos genitais de uma criança ou adolescente para fins primordialmente sexuais".
6. **Tipo penal misto alternativo.** Caso o agente pratique mais de uma conduta descrita no tipo penal, responderá por um delito apenas, não havendo concurso de crimes.
7. **Consumação.** O delito consuma-se com a prática das condutas típicas.
8. **Classificação.** Crime comum; formal; doloso; comissivo; de perigo abstrato; instantâneo; admite tentativa.

9. **§ 1º, inciso I. Conduta equiparada.** No parágrafo primeiro, inciso I, o legislador incriminou a conduta de quem agencia, facilita, recruta, coage, ou de qualquer modo intermedeia a participação de criança ou de adolescente nas cenas referidas no *caput* do artigo, ou ainda quem com esses contracena. Na primeira parte do parágrafo, tem-se a conduta do agente que seria, a princípio, partícipe do delito cometido pelo autor do delito do *caput*. Com efeito, as condutas de agenciar, facilitar, recrutar, coagir e intermediar são condutas ligadas ao agente que agencia, arregimenta, proporciona a participação de criança ou de adolescente nas cenas descritas no *caput* do artigo. Entretanto, o legislador preferiu inserir tais condutas no contexto da autoria trazendo-as para um tipo penal autônomo, de forma que o agente que as praticar não é considerado partícipe das condutas do *caput* e, sim, autor dessa infração penal autônoma prevista no parágrafo primeiro. A segunda parte do inciso I traz a conduta de quem contracena com criança ou adolescente. Neste caso, caso haja algum contato físico de cunho sexual entre o agente que contracena e a criança ou adolescente que seja menor de 14 anos, o agente praticará o delito de estupro de vulnerável (art. 217-A do Código Penal).
10. **§ 1º, inciso II. Conduta equiparada.** No parágrafo primeiro, inciso II, o legislador incriminou várias condutas que, na verdade, estão ligadas à divulgação da cena de sexo explícito ou pornográfica com a participação de criança ou adolescente. Note-se que o legislador foi o mais abrangente possível, ao trazer qualquer forma de divulgação.
11. **Tipo penal misto alternativo.** Caso o agente pratique mais de uma conduta descrita no tipo penal, responderá por um delito apenas, não havendo concurso de crimes.
12. **Consumação.** O delito consuma-se com a prática das condutas típicas.
13. **Classificação.** Crime comum; formal; doloso; comissivo; de perigo abstrato; instantâneo; admite tentativa.
14. **§ 2º. Causa de aumento de pena.** O aumento mencionado neste parágrafo tem natureza jurídica da causa especial de aumento de pena que deve incidir na terceira fase da dosimetria da pena, conforme o disposto no art. 68 do Código Penal.
15. **Inciso I.** Embora o legislador mencione "cargo ou função pública", o necessário para a incidência dessa majorante é que o agente tenha um vínculo formal com o Estado.
16. **Inciso II.** Por relação doméstica entenda-se o convívio permanente de pessoas, com ou sem vínculo familiar, inclusive as esporadicamente agregadas. Coabitação significa moradia conjunta. Relação de hospitalidade está ligada ao ato de permanência temporária em lar alheio.
17. **Inciso III.** O legislador abrangeu as relações de parentesco em sentido amplo dando o maior alcance possível à abrangência da majorante. Além disso, abrangeu relação de emprego ou qualquer forma de autoridade. É importante notar que em relação ao parentesco consanguíneo ou afim, o legislador abrangeu tão somente até o terceiro grau.

Art. 241. Vender ou expor à venda **fotografia, vídeo ou outro registro** que contenha cena de sexo explícito ou pornográfica envolvendo criança ou adolescente: (Redação dada pela Lei nº 11.829, de 2008)

Pena – reclusão, de 4 (quatro) a 8 (oito) anos, e multa. (Redação dada pela Lei nº 11.829, de 2008)

1. **Sujeito ativo.** Qualquer pessoa. Trata-se de crime comum.
2. **Sujeito passivo.** A criança ou o adolescente.
3. **Comércio de material contendo pedofilia.** Por meio desse tipo penal, o legislador buscou reprimir qualquer conduta ligada ao comércio de material que contenha pedofilia.
4. **Vender ou expor à venda.** O legislador equiparou as duas condutas: vender ou expor à venda. Na segunda conduta, para a configuração do delito, basta que o fornecedor oferte o produto, por qualquer meio, aos consumidores, mesmo que a venda não seja efetivada. O legislador antecipou a incriminação para o momento anterior à realização do contrato de compra e venda.
5. **Fotografia, vídeo ou outro registro.** A abrangência que o legislador quis dar à conduta incriminada fez com que ele utilizasse a interpretação analógica ao mencionar "outro registro". Portanto, não importa a natureza ou a espécie do material, e sim o seu conteúdo.
6. **"Cena de sexo explícito ou pornográfica." Norma penal em branco.** Trata-se de um tipo penal em branco, uma vez que o conceito de cena de sexo explícito ou pornográfica está contido no art. 241-E da presente lei, nos seguintes termos: "Para efeito dos crimes previstos nesta Lei, a expressão "cena de sexo explícito ou pornográfica" compreende qualquer situação que envolva criança ou adolescente em atividades sexuais explícitas, reais ou simuladas, ou exibição dos órgãos genitais de uma criança ou adolescente para fins primordialmente sexuais".
7. **Tipo penal misto alternativo.** Caso o agente pratique mais de uma conduta descrita no tipo penal, responderá por um delito apenas, não havendo concurso de crimes.
8. **Competência.** Em regra, a competência é da Justiça Estadual. Caso a conduta ultrapasse os limites do território nacional, quando praticada por meio da rede mundial de computadores, estando configurada a transnacionalidade, como a venda do material para o exterior, a competência será da Justiça Federal com fundamento no art. 109, V da CF/88.

▶ **STF**

Informativo nº 805.

Plenário

Repercussão Geral

Pedofilia e competência

Compete à Justiça Federal processar e julgar os crimes consistentes em disponibilizar ou adquirir material pornográfico envolvendo criança ou adolescente (ECA, artigos 241, 241-A e 241-B), quando praticados por meio da rede mundial de computadores. (...) O Tribunal entendeu que a competência da Justiça Federal decorreria da incidência do art. 109, V, da CF (...). Ressaltou que, no tocante à matéria objeto do recurso extraordinário, o ECA seria produto de convenção internacional, subscrita pelo Brasil, para proteger as crianças da prática nefasta e abominável de exploração de imagem na internet. (...). Assim, ao considerar a amplitude do acesso ao sítio virtual, no qual as imagens ilícitas teriam sido divulgadas, estaria caracterizada a internacionalidade do dano produzido ou potencial. Vencidos os Ministros Marco Aurélio (relator) e Dias Toffoli, que davam provimento ao recurso e fixavam a competência da Justiça Estadual. (...). RE 628624/MG, rel. orig. Min. Marco Aurélio, red. p/ o acórdão Min. Edson Fachin, 28 e 29.10.2015.

9. **Consumação.** O delito consuma-se com a prática das condutas típicas.

10. **Classificação.** Crime comum; formal; doloso; comissivo; de perigo abstrato; instantâneo na conduta *vender* e permanente na conduta *expor à venda*; admite tentativa.

Art. 241-A. Oferecer, trocar, disponibilizar, transmitir, distribuir, publicar ou divulgar por qualquer meio, inclusive por meio de sistema de informática ou telemático, **fotografia, vídeo ou outro registro que contenha cena de sexo explícito ou pornográfica envolvendo criança ou adolescente:** (Incluído pela Lei nº 11.829, de 2008)

Pena – reclusão, de 3 (três) a 6 (seis) anos, e multa. (Incluído pela Lei nº 11.829, de 2008)

§ 1º Nas mesmas penas incorre quem: (Incluído pela Lei nº 11.829, de 2008)

I – assegura os meios ou serviços para o **armazenamento das fotografias, cenas ou imagens** de que trata o caput deste artigo; (Incluído pela Lei nº 11.829, de 2008)

II – assegura, por qualquer meio, o **acesso por rede de computadores** às fotografias, cenas ou imagens de que trata o caput deste artigo.(Incluído pela Lei nº 11.829, de 2008)

§ 2º As condutas tipificadas nos incisos I e II do § 1º deste artigo são puníveis quando o responsável legal pela prestação do serviço, **oficialmente notificado**, deixa de desabilitar o acesso ao conteúdo ilícito de que trata o caput deste artigo. (Incluído pela Lei nº 11.829, de 2008)

1. **Sujeito ativo.** Qualquer pessoa. Trata-se de crime comum.

2. **Sujeito passivo.** A criança ou o adolescente.

3. **Circulação proibida de material contendo pedofilia.** No presente tipo penal, o legislador quis incriminar a *circulação* de material contendo pedofilia. Neste caso, o material já foi produzido anteriormente (conduta incriminada no art. 240).

4. **Oferecer, trocar, disponibilizar, transmitir, distribuir, publicar ou divulgar por qualquer meio.** As sete condutas estão ligadas à movimentação e à circulação de material que contenha cena de sexo explícito ou pornográfica envolvendo criança e adolescente. As condutas trocar, disponibilizar, transmitir, distribuir, publicar ou divulgar podem ser praticadas de qualquer forma e por qualquer meio, de forma a abranger, por exemplo, a troca manual e física de fotografias entre duas pessoas ou então a troca virtual por meio da rede de internet. Não é somente a fotografia

ou o vídeo, mas, como quis o legislador, qualquer outro registo que contenha esse conteúdo, podendo ser abrangido também o áudio de uma cena de sexo explícito com criança ou adolescente.

5. **"Cena de sexo explícito ou pornográfica." Norma penal em branco.** Trata-se de um tipo penal em branco, uma vez que o conceito de cena de sexo explícito ou pornográfica está contido no art. 241-E da presente lei, nos seguintes termos: "Para efeito dos crimes previstos nesta Lei, a expressão "cena de sexo explícito ou pornográfica" compreende qualquer situação que envolva criança ou adolescente em atividades sexuais explícitas, reais ou simuladas, ou exibição dos órgãos genitais de uma criança ou adolescente para fins primordialmente sexuais".

6. **Competência.** A competência para o processo e o julgamento desse delito não é definida de forma absoluta e imutável. A depender do caso concreto, a competência pode ser tanto da Justiça Estadual, quanto da Justiça Federal. Questão que ganha relevância refere-se à prática desse delito por meio da rede mundial de computadores (internet). Em regra, afirma-se que nesse caso a competência seria da Justiça Federal, por força do art. 109, V da CF/88, em razão do caráter internacional do dano produzido ou do potencial dano, tendo em vista que qualquer pessoa, de qualquer lugar do mundo, que esteja conectada à internet pode ter acesso ao material divulgado, conforme o STF afirmou no Informativo 805 e o STJ no Informativo 532, abaixo transcritos. Isso porque a divulgação por meio da internet ultrapassa as fronteiras nacionais e alcança o plano internacional, permitindo o acesso por qualquer pessoa que esteja conectada à internet.

   Porém, se estiver ausente esse caráter internacional, ou seja, se embora a publicação da fotografia, do vídeo ou de outros registros seja feita por meio da internet, mas não seja acessível por qualquer pessoa no mundo que esteja conectada à internet, o delito perde o seu caráter internacional e a competência é fixada na Justiça Estadual, como no caso de envio das imagens pelo aplicativo denominado *WhatsApp* ou por meio de *chat* na rede social *Facebook*. Nesses casos, o envio da imagem é feito pela internet, porém, a uma pessoa determinada ou a um grupo de pessoas determinadas, de forma que não é acessível por qualquer pessoa do mundo que esteja conectada à internet, como decidiu o STJ no Informativo 603 também abaixo transcrito, no qual se entendeu pela competência da Justiça Estadual.

   Em suma, a competência será da Justiça Federal caso esteja caracterizada a internacionalidade do delito, que ocorre em razão de o conteúdo ser acessível a qualquer pessoa, de qualquer local do mundo, que esteja conectada à internet.

▶ **STF**

Informativo nº 805.

Plenário

Repercussão Geral

Pedofilia e competência

Compete à Justiça Federal processar e julgar os crimes consistentes em disponibilizar ou adquirir material pornográfico envolvendo criança ou adolescente (ECA, artigos 241, 241-A e 241-B), quando praticados por meio da rede mundial de computadores. (...) O Tribunal entendeu que a competência da Justiça Federal decorreria da incidência do art. 109, V, da CF (...). Ressaltou que, no tocante à matéria objeto do recurso extraordinário, o ECA seria produto de convenção internacional, subscrita pelo Brasil, para proteger as crianças da prática nefasta e abominável de exploração de imagem na internet. (...). Assim, ao considerar a amplitude do acesso ao sítio virtual, no qual as imagens ilícitas teriam sido divulgadas, estaria caracterizada a internacionalidade do dano produzido ou potencial. Vencidos os Ministros Marco Aurélio (relator) e Dias Toffoli, que davam provimento ao recurso e fixavam a competência da Justiça Estadual. (...). RE 628624/MG, rel. orig. Min. Marco Aurélio, red. p/ o acórdão Min. Edson Fachin, 28 e 29.10.2015.

▶ **STJ**

Informativo nº 532.

Terceira Seção

DIREITO PROCESSUAL PENAL. DEFINIÇÃO DA COMPETÊNCIA PARA APURAÇÃO DA PRÁTICA DO CRIME PREVISTO NO ART. 241 DO ECA.

Não tendo sido identificado o responsável e o local em que ocorrido o ato de publicação de imagens pedófilo-pornográficas em site de relacionamento de abrangência internacional, competirá ao juízo federal que primeiro tomar conhecimento do fato apurar o suposto crime de publicação de pornografia envolvendo criança ou adolescente (art. 241 do ECA). Por se tratar de site de relacionamento de abrangência internacional – que possibilita o acesso dos dados constantes de suas páginas, em qualquer local do mundo, por qualquer pessoa dele integrante – deve ser reconhecida, no que diz respeito ao crime em análise, a transnacionalidade necessária à determinação da competência da Justiça Federal. Posto isso, cabe registrar que o delito previsto no art. 241 do ECA se consuma com o ato de publicação das imagens. Entretanto, configurada dúvida quanto ao local do cometimento da infração e em relação ao responsável pela divulgação das imagens contendo pornografia infantil, deve se firmar a competência pela prevenção a favor do juízo federal em que as investigações tiveram início (art. 72, § 2º, do CPP). **CC 130.134-TO, Rel. Min. Marilza Maynard (Desembargadora convocada do TJ-SE), julgado em 9/10/2013.**

▶ **STJ**

Informativo nº 603.

Terceira Seção.

Conflito negativo de competência. Justiça Federal *versus* Justiça Estadual. Inquérito policial. Divulgação de imagem pornográfica de adolescente via *whatsapp* e em *chat* no *facebook*. Art. 241-A da Lei 8.069/1990 (ECA). Internacionalidade. Inexistência. Competência da justiça estadual. Compete à Justiça Federal a condução do inquérito que investiga o cometimento do delito previsto no art. 241-A do ECA nas hipóteses em que há a constatação da internacionalidade da conduta e à Justiça Estadual nos casos em que o crime é praticado por meio de troca de informações privadas, como nas conversas via *whatsapp* ou por meio de *chat* na rede social *facebook*. Cinge-se a discussão a definir se compete à Justiça Federal ou à Justiça Estadual a condução de inquérito policial que investiga o cometimento, em tese, de crime de compartilhamento de material pornográfico envolvendo criança ou adolescente (art. 241-A da Lei 8.069/90), que foram trocadas por particulares, via *Whatsapp* e por meio de *chat* na rede social *Facebook*. Em 29/10/2015, a matéria foi posta a exame do Plenário do Supremo Tribunal Federal, no julgamento do Recurso Extraordinário n. 628.624-MG, em sede de repercussão geral, ocasião em que ficou assentado que a fixação da competência da Justiça Federal para o julgamento do delito do art. 241-A do Estatuto da Criança e do Adolescente (divulgação e publicação de conteúdo pedófilo-pornográfico) pressupõe a possibilidade de identificação do atributo da internacionalidade do resultado obtido ou que se pretendia obter. Observe-se que a constatação da internacionalidade do delito demandaria apenas que a publicação do material pornográfico tivesse sido feita em "ambiência virtual de sítios de amplo e fácil acesso a qualquer sujeito, em qualquer parte do planeta, que esteja conectado à internet", independentemente da ocorrência efetiva de acesso no estrangeiro. Por sua vez, tanto no aplicativo *WhatsApp* quanto nos diálogos (*chat*) estabelecidos na rede social *Facebook*, a comunicação se dá entre destinatários escolhidos pelo emissor da mensagem. Trata-se de troca de informação privada que não está acessível a qualquer pessoa. Assim sendo, não preenchido o requisito estabelecido pela Corte Suprema, de que a postagem de conteúdo pedófilo-pornográfico tenha sido feita em cenário propício ao livre acesso, deve-se ter em conta que a definição do Juízo competente em tais hipóteses se dá em razão do âmbito de divulgação e publicação do referido conteúdo, o que revela a competência da Justiça Estadual. **(CC 150.564-MG, Rel. Min. Reynaldo Soares da Fonseca, julgado em 26/4/2017).**

7. **Tipo penal misto alternativo.** Caso o agente pratique mais de uma conduta descrita no tipo penal, responderá por um delito apenas, não havendo concurso de crimes.

8. **Consumação.** O delito consuma-se com a prática das condutas típicas.

9. **Classificação.** Crime comum; formal; doloso; comissivo; de perigo abstrato; instantâneo, mas pode configurar crime permanente nas condutas *oferecer, disponibilizar* e *divulgar* a depender do meio executório; admite tentativa.

10. **§ 1º. Condutas equiparadas.**

11. **Inciso I. Armazenamento do material contendo pedofilia.** Neste delito o agente garante o meio ou o serviço para o armazenamento do material contendo a pedofilia. O agente não produz o material, nem o faz circular. Ele apenas guarda, armazena todo o material. O armazenamento pode ser físico ou virtual. Mais uma vez, trata-se de conduta que, a princípio, configura espécie de participação na conduta criminosa daquele que promove a circulação do material (conduta do *caput)*, mas que o legislador optou por punir de forma autônoma em espécie de autoria.

12. **Consumação.** O delito consuma-se com o armazenamento do material.

13. **Classificação.** Crime comum; formal; doloso; comissivo; de perigo abstrato; permanente; admite tentativa.

14. **Inciso II. Asseguramento do acesso ao material contendo pedofilia por rede de computadores.** Nesse delito, o legislador incriminou a conduta do provedor de internet que mantém o material de pedofilia em seu site e garante o acesso de várias pessoas a ele. Da mesma forma que se disse em relação ao delito anterior, trata-se de conduta que, a princípio, configura espécie de participação na conduta criminosa daquele que promove a circulação do material (conduta do *caput)*, mas que o legislador optou por punir de forma autônoma em espécie de autoria.

15. **Consumação.** O delito consuma-se com a prática da conduta típica.

16. **Classificação.** Crime comum; formal; doloso; comissivo; de perigo abstrato; permanente; admite tentativa.

17. **§ 2º. Condição objetiva de punibilidade.** Primeiramente, deve haver a notificação do responsável legal pelo serviço prestado (pessoa que tem efetivamente a responsabilidade pelo conteúdo do site de internet) dando-lhe ciência do conteúdo proibido e determinando a sua retirada em determinado prazo. Somente após isso é que pode ser dado início à persecução penal.

Art. 241-B. Adquirir, possuir ou armazenar, por qualquer meio, fotografia, **vídeo ou outra forma de registro que contenha cena de sexo explícito ou pornográfica envolvendo criança ou adolescente**: (Incluído pela Lei nº 11.829, de 2008)

Pena – reclusão, de 1 (um) a 4 (quatro) anos, e multa. (Incluído pela Lei nº 11.829, de 2008)

§ 1º A pena é diminuída de 1 (um) a 2/3 (dois terços) se de **pequena quantidade o material** a que se refere o caput deste artigo. (Incluído pela Lei nº 11.829, de 2008)

§ 2º **Não há crime** se a posse ou o armazenamento tem a finalidade de **comunicar às autoridades competentes** a ocorrência das condutas descritas nos arts. 240, 241, 241-A e 241-C desta Lei, quando a comunicação for feita por: (Incluído pela Lei nº 11.829, de 2008)

I – agente público no exercício de suas funções; (Incluído pela Lei nº 11.829, de 2008)

II – membro de entidade, legalmente constituída, que inclua, entre suas finalidades institucionais, o recebimento, o processamento e o encaminhamento de notícia dos crimes referidos neste parágrafo; (Incluído pela Lei nº 11.829, de 2008)

III – representante legal e funcionários responsáveis de provedor de acesso ou serviço prestado por meio de rede de computadores, até o recebimento do material relativo à notícia feita à autoridade policial, ao Ministério Público ou ao Poder Judiciário. (Incluído pela Lei nº 11.829, de 2008)

§ 3º As pessoas referidas no § 2º deste artigo deverão manter sob sigilo o material ilícito referido. (Incluído pela Lei nº 11.829, de 2008)

1. **Sujeito ativo.** Qualquer pessoa. Trata-se de crime comum.

2. **Sujeito passivo.** A criança ou o adolescente.

3. **Manutenção de material contendo pedofilia.** Neste tipo penal, pune-se a *manutenção* de material contendo pedofilia. Note-se que o material já foi produzido anteriormente (conduta incriminada no art. 240). O agente apenas adquire de outrem, possui ou armazena.

4. **Adquirir, possuir ou armazenar.** *Adquirir* significa receber o material de alguém. *Possuir* consiste em ter o material contendo pedofilia em sua posse. *Armazenar* quer dizer guardar, que podemos dizer ser muito parecido com o verbo possuir. O legislador quis impedir que esse material seja guardado, armazenado ou adquirido por alguém porque essa conduta pode gerar a circulação dele (art. 241-A). Note-se que a aquisição, a posse e o armazenamento podem ocorrer por qualquer meio, segundo o legislador. Assim, por exemplo, o armazenamento pode ocorrer de forma física ou virtual.

▶ **STJ**

Informativo nº 729

Sexta Turma

Estatuto da Criança e do Adolescente. Arts. 6º, 240, 241-B e 241-E da Lei n. 8.069/1990. Expressão "cena de sexo explícito ou pornográfica". Exposição de órgãos genitais das vítimas. Prescindibilidade. Contexto obsceno, poses sensuais, e a finalidade sexual das imagens. Suficiência.

O art. 241-E do Estatuto da Criança e do Adolescente, ao explicitar o sentido da expressão "cena de sexo explícito ou pornográfica" não restringe tal conceito apenas às imagens em que a genitália de crianças e adolescentes esteja desnuda. (...) Portanto, para esse desiderato, é imprescindível verificar se, a despeito de as partes íntimas das vítimas não serem visíveis nas cenas que compõem o acervo probante (por exemplo, pelo uso de algum tipo de vestimenta), estão presentes o fim sexual das imagens, poses sensuais, bem como evidência de exploração sexual, obscenidade ou pornografia. **Processo sob segredo judicial, Rel. Min. Laurita Vaz, Sexta Turma, por unanimidade, julgado em 15/03/2022.**

▶ **STJ**

Informativo no 577

Sexta Turma

DIREITO DA CRIANÇA E DO ADOLESCENTE E PENAL. TIPIFICAÇÃO DAS CONDUTAS DE FOTOGRAFAR CENA PORNOGRÁFICA E ARMAZENAR FOTOGRAFIAS DE CONTEÚDO PORNOGRÁFICO ENVOLVENDO CRIANÇA OU ADOLESCENTE.

Fotografar cena e armazenar fotografia de criança ou adolescente em poses nitidamente sensuais, com enfoque em seus órgãos genitais, ainda que cobertos por peças de roupas, e incontroversa finalidade sexual e libidinosa, adequam-se, respectivamente, aos tipos do art. 240 e 241-B do ECA. Configuram os crimes dos arts. 240 e 241-B do ECA quando subsiste incontroversa a finalidade sexual e libidinosa de fotografias produzidas e armazenadas pelo agente, com enfoque nos órgãos genitais de adolescente – ainda que cobertos por peças de roupas –, e de poses nitidamente sensuais, em que explorada sua sexualidade com conotação obscena e pornográfica. O art. 241-E do ECA ("Para efeito dos crimes previstos nesta Lei, a expressão 'cena de sexo explícito ou pornográfica' compreende qualquer situação que envolva criança ou adolescente em atividades sexuais explícitas, reais ou simuladas, ou exibição dos órgãos genitais de uma criança ou adolescente para fins primordialmente sexuais") trouxe norma penal explicativa – porém não completa – que contribui para a interpretação dos tipos penais abertos criados pela Lei n. 11.829/2008. Nessa linha de intelecção, a definição de material pornográfico acrescentada por esse dispositivo legal não restringe a abrangência do termo pornografia infanto-juvenil e, por conseguinte, deve ser interpretada com vistas à proteção da criança e do adolescente em condição peculiar de pessoas em desenvolvimento (art. 6º do ECA). Desse modo, o conceito de pornografia infanto-juvenil pode abarcar hipóteses em que não haja a exibição explícita do órgão sexual da criança e do adolescente e, nesse sentido, há entendimento doutrinário. Portanto, configuram os crimes dos arts. 240 e 241-B do ECA quando subsiste incontroversa a finalidade sexual e libidinosa de fotografias produzidas e armazenadas pelo agente, com enfoque nos órgãos genitais de adolescente – ainda que cobertos por peças de roupas –, e de poses nitidamente sensuais, em que explorada sua sexualidade com conotação obscena e pornográfica. REsp 1.543.267-SC, **Rel. Min. Maria Thereza de Assis Moura, julgado em 3/12/2015, DJe 16/2/2016.**

5. **Competência.** Em regra, a competência é da Justiça Estadual. Caso a conduta ultrapasse os limites do território nacional, quando praticada por meio da rede mundial de computadores, estando configurada a transnacionalidade, a competência será da Justiça Federal com fundamento no art. 109, V da CF/88.

► **STF**

Informativo nº 805.

Plenário

Repercussão Geral

Pedofilia e competência

Compete à Justiça Federal processar e julgar os crimes consistentes em disponibilizar ou adquirir material pornográfico envolvendo criança ou adolescente (ECA, artigos 241, 241-A e 241-B), quando praticados por meio da rede mundial de computadores. (...) O Tribunal entendeu que a competência da Justiça Federal decorreria da incidência do art. 109, V, da CF (...). Ressaltou que, no tocante à matéria objeto do recurso extraordinário, o ECA seria produto de convenção internacional, subscrita pelo Brasil, para proteger as crianças da prática nefasta e abominável de exploração de imagem na internet. (...). Assim, ao considerar a amplitude do acesso ao sítio virtual, no qual as imagens ilícitas teriam sido divulgadas, estaria caracterizada a internacionalidade do dano produzido ou potencial. Vencidos os Ministros Marco Aurélio (relator) e Dias Toffoli, que davam provimento ao recurso e fixavam a competência da Justiça Estadual. (...). RE 628624/MG, rel. orig. Min. Marco Aurélio, red. p/ o acórdão Min. Edson Fachin, 28 e 29.10.2015.

► **STJ**

Informativo nº 520

Terceira Seção

DIREITO PROCESSUAL PENAL. COMPETÊNCIA PARA PROCESSAR E JULGAR ACUSADO DE CAPTAR E ARMAZENAR, EM COMPUTADORES DE ESCOLAS MUNICIPAIS, VÍDEOS PORNOGRÁFICOS, ORIUNDOS DA INTERNET, ENVOLVENDO CRIANÇAS E ADOLESCENTES.

Compete à Justiça Comum Estadual processar e julgar acusado da prática de conduta criminosa consistente na captação e armazenamento, em computadores de escolas municipais, de vídeos pornográficos oriundos da internet, envolvendo crianças e adolescentes. Segundo o art. 109, V, da CF, compete aos juízes federais processar e julgar "os crimes previstos em tratado ou convenção internacional, quando, iniciada a execução no País, o resultado tenha ou devesse ter ocorrido no estrangeiro, ou reciprocamente". Nesse contexto, de acordo com o entendimento do STJ e do STF, para que ocorra a fixação da competência da Justiça Federal, não basta que o Brasil seja signatário de tratado ou convenção internacional que preveja o combate a atividades criminosas dessa natureza, sendo necessário, ainda, que esteja evidenciada a transnacionalidade do delito. Assim, inexistindo indícios do caráter transnacional da conduta apurada, estabelece-se, nessas circunstâncias, a competência da Justiça Comum Estadual. **CC 103.011-PR, Rel. Min. Assusete Magalhães, julgado em 13/3/2013.**

6. **"Cena de sexo explícito ou pornográfica." Norma penal em branco.** Trata-se de um tipo penal em branco, uma vez que o conceito de cena de sexo explícito ou pornográfica está contido no art. 241-E da presente lei, nos seguintes termos: "Para efeito dos crimes previstos nesta Lei, a expressão "cena de sexo explícito ou pornográfica" compreende qualquer situação que envolva criança ou adolescente em atividades sexuais explícitas, reais ou simuladas, ou exibição dos órgãos genitais de uma criança ou adolescente para fins primordialmente sexuais".

7. **Tipo penal misto alternativo.** Caso o agente pratique mais de uma conduta descrita no tipo penal, responderá por um delito apenas, não havendo concurso de crimes.

8. **Consumação.** O delito consuma-se com a prática das condutas típicas de aquisição, posse ou armazenamento.

9. **Classificação.** Crime comum; formal; doloso; comissivo; de perigo abstrato; instantâneo na conduta *adquirir* e permanente nas condutas *possuir* e *armazenar*; admite tentativa.

10. **§ 1º. Causa de diminuição de pena.** O legislador não especificou o que seria pequena quantidade do material. Pensamos que isso deve ficar ao arbítrio do Juiz no momento da análise do caso concreto. Trata-se de causa especial de diminuição de pena que deve incidir na terceira fase do critério trifásico de dosimetria da pena contido no art. 68 do Código Penal.

11. **§ 2º. Causa de exclusão da tipicidade.** Pela redação típica, pensamos que o legislador inseriu nesse parágrafo uma causa de exclusão da tipicidade formal. A conduta sequer chega a ser típica. Com efeito, se no *caput* do artigo o legislador estabeleceu a conduta criminosa e no parágrafo segundo dispôs que "não há crime", temos que afastou a própria tipicidade da conduta. Neste caso, a posse ou o armazenamento tem por finalidade comunicar à autoridade policial ou judiciária a ocorrência de delitos que envolvam a pedofilia, desde que a comunicação seja feita nos moldes dos incisos.

12. **§ 3º. Dever de sigilo.** A imposição do sigilo é fundamental para evitar, ainda que seja pelo motivo do § 2º, qualquer forma de menção ou divulgação do material que contiver a pedofilia, sobretudo para evitar que seja praticado o delito do art. 241-A por meio da circulação ou movimentação indevida do material.

Art. 241-C. Simular a participação de criança ou adolescente **em cena de sexo explícito ou pornográfica** por meio de adulteração, montagem ou modificação de fotografia, vídeo ou qualquer outra forma de representação visual: (Incluído pela Lei nº 11.829, de 2008)

Pena – reclusão, de 1 (um) a 3 (três) anos, e multa. (Incluído pela Lei nº 11.829, de 2008)

Parágrafo único. Incorre nas mesmas penas quem vende, expõe à venda, disponibiliza, distribui, publica ou divulga por qualquer meio, adquire, possui ou armazena o material produzido na forma do caput deste artigo. (Incluído pela Lei nº 11.829, de 2008)

1. **Sujeito ativo.** Qualquer pessoa. Trata-se de crime comum.

2. **Sujeito passivo.** A criança ou o adolescente.

3. **Simulação da participação de criança ou adolescente em cena de sexo explícito ou pornográfica.** Simular significa fingir, representar como se semelhante fosse, dar a algo a aparência do que realmente não é, imitar. Nesse delito, pune-se a conduta do agente que representa, como se fosse real, a participação de criança ou de adolescente em cena de sexo explícito ou pornográfica. Na realidade, o menor não está na cena de sexo explícito ou na cena pornográfica, mas o agente simula essa situação por meio da adulteração, da montagem ou da modificação de fotografia, vídeo ou qualquer outra forma de representação visual, que são os meios executórios para a simulação. É o caso, por exemplo, do agente que possui uma fotografia contendo duas crianças em planos distintos da imagem e adultera-a para simular uma cena de sexo oral entre as crianças. Ou então o caso do agente que, em um vídeo de crianças e adolescentes com objetos na mão, edita esse vídeo e insere um órgão sexual nas mãos das crianças.

4. **"Cena de sexo explícito ou pornográfica." Norma penal em branco.** Trata-se de um tipo penal em branco, uma vez que o conceito de cena de sexo explícito ou pornográfica está contido no art. 241-E da presente lei, nos seguintes termos: "Para efeito dos crimes previstos nesta Lei, a expressão "cena de sexo explícito ou pornográfica" compreende qualquer situação que envolva criança ou adolescente em atividades sexuais explícitas, reais ou simuladas, ou exibição dos órgãos genitais de uma criança ou adolescente para fins primordialmente sexuais".

5. **Consumação.** O delito consuma-se com a finalização da simulação na fotografia, no vídeo ou em qualquer outra forma de representação visual.

6. **Classificação.** Crime comum; formal; doloso; comissivo; de perigo abstrato; instantâneo; admite tentativa.

7. **Parágrafo único. Conduta equiparada.** Incrimina-se qualquer espécie de circulação, movimentação, divulgação, publicação ou armazenamento do material simulado. Muitos verbos configuram os delitos contidos nos artigos 241, 241-A e 241-B. A diferença é que nesses tipos penais o material é verdadeiro, isso é, no material há realmente crianças ou adolescentes em cenas de sexo explícito ou pornográfica. No tipo penal ora comentado, não há realmente crianças ou adolescentes em cenas de sexo explícito ou pornográfica no material, mas, sim, somente a simulação disso.

8. **Tipo penal misto alternativo.** Caso o agente pratique mais de uma conduta descrita no tipo penal, responderá por um delito apenas, não havendo concurso de crimes.

9. **Consumação.** O delito consuma-se com a prática das condutas típicas.

10. **Classificação.** Crime comum; formal; doloso; comissivo; de perigo abstrato; instantâneo nas condutas *vender, distribuir, publicar e adquirir.* Permanente nas condutas *expor à venda, possuir, armazenar.* As condutas *disponibilizar, divulgar* podem configurar crime instantâneo ou permanente a depender do caso concreto; admite tentativa.

Art. 241-D. Aliciar, assediar, instigar ou constranger, por qualquer meio de comunicação, criança, **com o fim de com ela praticar ato libidinoso**: (Incluído pela Lei nº 11.829, de 2008)

Pena – reclusão, de 1 (um) a 3 (três) anos, e multa. (Incluído pela Lei nº 11.829, de 2008)

Parágrafo único. Nas mesmas penas incorre quem: (Incluído pela Lei nº 11.829, de 2008)

I – facilita ou induz o **acesso à criança de material contendo cena de sexo explícito ou pornográfica** com o fim de com ela praticar ato libidinoso; (Incluído pela Lei nº 11.829, de 2008)

II – pratica as condutas descritas no caput deste artigo com o fim de induzir **criança a se exibir de forma pornográfica ou sexualmente explícita**. (Incluído pela Lei nº 11.829, de 2008)

1. **Sujeito ativo.** Qualquer pessoa. Trata-se de crime comum.
2. **Sujeito passivo.** A criança.
3. **Aliciar, assediar, instigar ou constranger, por qualquer meio de comunicação.** Neste tipo penal o legislador criminalizou condutas que configuram meio para a prática de ato libidinoso com a criança. O legislador antecipou-se para criminalizar a conduta de atrair a criança para a prática do ato libidinoso. Com isso, evita-se o mal maior, que seria o ato posterior a esse delito, qual seja: a efetiva prática do ato libidinoso com a criança. O legislador teve por finalidade punir a conduta do pedófilo que fica, de qualquer forma, atraindo crianças para perto de si para manter com elas ato libidinoso, sobretudo por meio da internet. Não é necessário que o agente mantenha o ato libidinoso com a criança e, caso isso ocorra, o agente pratica o delito de estupro de vulnerável contido no art. 217-A do Código Penal.
4. **Princípio da legalidade.** A incriminação deste tipo penal não abrange o adolescente.
5. **Especial fim de agir.** O tipo penal exige como especial fim de agir a finalidade de praticar ato libidinoso com a criança. Ausente esse especial fim de agir, este delito não estará configurado.
6. **Tipo penal misto alternativo.** Caso o agente pratique mais de uma conduta descrita no tipo penal, responderá por um delito apenas, não havendo concurso de crimes.
7. **Consumação.** O delito consuma-se com a prática das condutas típicas.
8. **Classificação.** Crime comum; formal; doloso; comissivo; de perigo abstrato; instantâneo; admite tentativa.

9. **Parágrafo único. Condutas equiparadas.** No parágrafo único o legislador trouxe as seguintes condutas equiparadas nos incisos I e II:

10. **Inciso I.** Neste inciso pune-se a conduta do agente que facilita ou induz o acesso à criança de material contendo cena de sexo explícito ou pornográfica com o fim de com ela praticar ato libidinoso. O agente faz a criança ter acesso ao material contendo pedofilia para influenciar a atitude dela, para que ela veja aquilo como se fosse algo normal e aceite como possível de ser feito, tendo o agente o fim de praticar ato libidinoso com ela.

11. **Especial fim de agir.** O tipo penal dessa conduta equiparada exige como especial fim de agir a finalidade de praticar ato libidinoso com a criança. Ausente esse especial fim de agir, este delito não estará configurado.

12. **Tipo penal misto alternativo.** Caso o agente pratique mais de uma conduta descrita no tipo penal, responderá por um delito apenas, não havendo concurso de crimes.

13. **Consumação.** O delito consuma-se com a prática das condutas típicas de facilitar ou induzir o acesso da criança ao material contendo cena de sexo explícito ou pornográfica.

14. **Classificação.** Crime comum; formal; doloso; comissivo; de perigo abstrato; instantâneo; admite tentativa.

15. **Inciso II.** Neste inciso, o legislador, a exemplo do *caput,* incrimina a conduta do agente que configura formas de atrair a criança a fim de induzi-la a exibir-se de forma pornográfica ou sexualmente explícita. O legislador teve por finalidade punir a conduta do pedófilo que fica, de qualquer forma, atraindo as crianças para que elas ajam dessa forma.

16. **Especial fim de agir.** O tipo penal dessa conduta equiparada exige como especial fim de agir a indução da criança a exibir-se de forma pornográfica ou sexualmente explícita. Ausente esse especial fim de agir, este delito não estará configurado.

17. **Consumação.** O delito consuma-se com a prática das condutas típicas descritas no *caput* desse artigo. Não se exige, para a consumação, que a criança efetivamente exiba-se de forma pornográfica ou sexualmente explícita.

18. **Classificação.** Crime comum; formal; doloso; comissivo; de perigo abstrato; instantâneo; admite tentativa.

Art. 241-E. Para efeito dos crimes previstos nesta Lei, **a expressão "cena de sexo explícito ou pornográfica" compreende** qualquer situação que envolva criança ou adolescente em atividades sexuais explícitas, reais ou simuladas, ou exibição dos órgãos genitais de uma criança ou adolescente para fins primordialmente sexuais. (Incluído pela Lei nº 11.829, de 2008)

1. **Norma penal explicativa.** Este dispositivo legal constitui norma penal explicativa e tem a função de esclarecer o conceito de "cena de sexo explícito ou pornográfica",

de modo a ajudar o intérprete na interpretação e na aplicação dos tipos penais anteriores que fazem menção a essa expressão.

Art. 242. Vender, fornecer ainda que gratuitamente ou entregar, de qualquer forma, a criança ou adolescente **arma, munição ou explosivo**:

Pena - reclusão, de 3 (três) a 6 (seis) anos. (Redação dada pela Lei nº 10.764, de 12.11.2003)

1. **Sujeito ativo.** Qualquer pessoa. Trata-se de crime comum.

2. **Sujeito passivo.** A criança ou o adolescente.

3. **Vender, fornecer ou entregar.** *Vender* significa negociar, trocar por dinheiro. *Fornecer* é sinônimo de dar, entregar. Entregar é sinônimo de fornecer. O legislador foi redundante.

4. **Conflito aparente de normas com o art. 16, §1º, V, do Estatuto do Desarmamento (lei 10.826/2003).** A análise do presente tipo penal deve ser conjugada com o delito contido no art. 16, §1º, V, do Estatuto do Desarmamento (lei 10.826/2003), tendo em vista que ambos tratam de arma, munição e explosivo. Considerando que a lei de armas é posterior, derrogou o delito descrito no art. 242 do ECA. Assim, a conduta de vender, fornecer ou entregar arma de fogo, munição ou explosivo a criança ou adolescente configura o delito previsto no Estatuto do Desarmamento. Como o ECA não fez menção à arma *de fogo,* continua aplicável somente quando se tratar de arma de outra natureza, ou seja, que não seja de fogo. Em conclusão, o presente tipo penal somente permanece aplicável para o caso de o agente vender, fornecer ou entregar a criança ou adolescente arma que não seja de fogo, ou seja, a denominada arma branca.

5. **Arma branca.** Chega-se ao conceito de arma branca por exclusão, tida como aquela que não é arma de fogo. A arma branca se divide em: *arma própria,* que é aquela produzida com finalidade específica de ataque e defesa, como punhal, lança, espada; e *arma imprópria,* que é produzida sem a finalidade específica de ataque ou defesa, mas pode ser utilizada para tais fins, como faca de cozinha, martelo, machado etc.

6. **Violação do art. 81, I, do ECA.** O tipo penal ora comentado constitui violação à norma contida no art. 81, I, do próprio ECA que dispõe "Art. 81. É proibida a venda à criança ou ao adolescente de: I – armas, munições e explosivos".

7. **Diferença para o art. 13 do Estatuto do Desarmamento (lei 10.826/2003).** O art. 13 do Estatuto do Desarmamento dispõe sobre o delito de omissão de cautela e tem a seguinte redação: "Art. 13. Deixar de observar as cautelas necessárias para impedir que menor de 18 (dezoito) anos ou pessoa portadora de deficiência mental se apodere de arma de fogo que esteja sob sua posse ou que seja de sua propriedade: Pena – detenção, de 1 (um) a 2 (dois) anos, e multa. Parágrafo único. Nas mesmas penas incorrem o proprietário ou diretor responsável de empresa de segurança e

transporte de valores que deixarem de registrar ocorrência policial e de comunicar à Polícia Federal perda, furto, roubo ou outras formas de extravio de arma de fogo, acessório ou munição que estejam sob sua guarda, nas primeiras 24 (vinte quatro) horas depois de ocorrido o fato." A diferença reside no objeto material do delito. Enquanto o art. 13 do Estatuto do Desarmamento abrange arma de fogo, o presente tipo penal abrange arma que não seja de fogo, a denominada arma branca.

8. **Tipo penal misto alternativo.** Caso o agente pratique mais de uma conduta descrita no tipo penal, responderá por um delito apenas, não havendo concurso de crimes.

9. **Consumação.** O delito consuma-se com a prática das condutas típicas.

10. **Classificação.** Crime comum; formal; doloso; comissivo; de perigo abstrato; instantâneo; admite tentativa.

Art. 243. Vender, fornecer, servir, ministrar ou entregar, ainda que gratuitamente, de qualquer forma, a criança ou a adolescente, **bebida alcoólica** ou, sem justa causa, outros **produtos cujos componentes possam causar dependência física ou psíquica:**

Pena – detenção de 2 (dois) a 4 (quatro) anos, e multa, se o fato não constitui crime mais grave. (Redação dada pela lei 13.106/2015).

1. **Sujeito ativo.** Qualquer pessoa. Trata-se de crime comum.
2. **Sujeito passivo.** A criança ou o adolescente.
3. **Vender, fornecer, servir, ministrar ou entregar.** *Vender* significa negociar, trocar por dinheiro. *Fornecer* é sinônimo de dar, entregar. *Servir* significa entregar, atender ao pedido. *Ministrar* é introduzir no organismo alheio. *Entregar* é sinônimo de fornecer. O legislador foi redundante. Trata-se da incriminação das condutas que têm o condão de fazer chegar às mãos de um menor de 18 anos bebida alcoólica ou qualquer produto cujos componentes possam causar dependência física ou psíquica.
4. **Produtos cujos componentes possam causar dependência física ou psíquica, ainda que por utilização indevida.** São produtos que causam dependência em razão da possibilidade de gerar um vício na pessoa. São exemplos: cigarro, remédios, cola de sapateiro, entre outros.
5. **Violação do art. 81, II e III do ECA.** O tipo penal ora comentado constitui violação à norma contida no art. 81, II e III do próprio ECA que dispõe: "Art. 81. É proibida a venda à criança ou ao adolescente de: II – bebidas alcoólicas; III – produtos cujos componentes possam causar dependência física ou psíquica ainda que por utilização indevida."
6. **Princípio da Especialidade. Drogas.** Se o produto vendido, fornecido, ministrado ou entregue ao menor for droga ilícita, prevista na Portaria nº 344/1998 da ANVISA, o delito praticado será o do art. 33 da lei de Drogas (lei nº 11.343/2006), com a incidência da causa de aumento contida no art. 40, VI da mesma lei.

7. **Revogação expressa do art. 63, I, da Lei de Contravenções Penais.** A redação atual do tipo penal ora comentado foi conferida pela lei 13.106/2015, que no seu art. 3º revogou expressamente a contravenção penal de servir bebidas alcoólicas a menor de 18 anos, prevista no art. 63, I, da Lei de Contravenções Penais Confira-se a redação do artigo revogado: "Art. 63. Servir bebidas alcoólicas: I – a menor de dezoito anos."

▶ **STJ**

> **Súmula 669:** O fornecimento de bebida alcóolica a criança ou adolescente, após o advento da Lei n. 13.106, de 17 de março de 2015, configura o crime previsto no art. 243 do ECA.

8. **Sem justa causa.** Significa que a conduta foi praticada sem nenhum motivo previsto em lei ou que decorra da experiência comum. Se, por exemplo, um dentista ministrar em uma criança uma substância necessária ao tratamento dentário, não haverá a prática desse delito.

9. **Tipo penal misto alternativo.** Caso o agente pratique mais de uma conduta descrita no tipo penal, responderá por um delito apenas, não havendo concurso de crimes. Assim, por exemplo, se o mesmo agente vender o produto e, depois disso, entregar e ministrar, terá praticado apenas um delito.

10. **Subsidiariedade expressa.** Trata-se de tipo penal expressamente subsidiário. Assim, por exemplo, se por utilização indevida a criança morrer, o delito configurado será o homicídio.

11. **Consumação.** O delito consuma-se com a prática das condutas típicas.

12. **Classificação.** Crime comum; formal; doloso; comissivo; de perigo abstrato; instantâneo; admite tentativa.

> **Art. 244.** Vender, fornecer ainda que gratuitamente ou entregar, de qualquer forma, a criança ou adolescente **fogos de estampido ou de artifício, exceto** aqueles que, pelo seu **reduzido potencial**, sejam incapazes de provocar qualquer dano físico em caso de utilização indevida:
>
> Pena – detenção de seis meses a dois anos, e multa.

1. **Sujeito ativo.** Qualquer pessoa. Trata-se de crime comum.

2. **Sujeito passivo.** A criança ou o adolescente.

3. **Vender, fornecer ou entregar.** *Vender* significa negociar, trocar por dinheiro. *Fornecer* é sinônimo de dar, entregar. *Entregar* é sinônimo de fornecer. Houve redundância por parte do legislador. A intenção do legislador com a criação deste tipo penal foi evitar que uma criança ou um adolescente manuseie fogos de estampido ou de artifício, em razão do perigo que esses artefatos podem gerar aos menores e às pessoas que estão perto deles.

4. **Fogos de estampido ou de artifício.** São artefatos que funcionam por meio de combustão acionada por um pavio ou por outro modo, que promovem explosão, iluminação ou qualquer outro efeito semelhante, comumente utilizado em comemorações. São exemplos: rojões, foguetes, bombinhas, entre outros. É de notar-se que um artefato dessa natureza oferece perigo à criança e ao adolescente, bem como às pessoas que estão em sua volta. O tipo penal excepciona-se e deixa fora da incriminação aqueles que, pelo seu reduzido potencial, sejam incapazes de provocar qualquer dano físico em caso de utilização indevida, como a bombinha. Tal artefato, embora considerado como espécie do gênero fogos de artifício, tem um reduzido grau de potencialidade lesiva.

5. **Violação do art. 81, IV do ECA.** O tipo penal ora comentado constitui violação à norma contida no art. 81, IV do próprio ECA que dispõe "Art. 81. É proibida a venda à criança ou ao adolescente de: IV – fogos de estampido e de artifício, exceto aqueles que pelo seu reduzido potencial sejam incapazes de provocar qualquer dano físico em caso de utilização indevida"

6. **Tipo penal misto alternativo.** Caso o agente pratique mais de uma conduta descrita no tipo penal, responderá por um delito apenas, não havendo concurso de crimes.

7. **Consumação.** O delito consuma-se com a prática das condutas típicas.

8. **Classificação.** Crime comum; formal; doloso; comissivo; de perigo abstrato; instantâneo; admite tentativa.

Art. 244-A. Submeter criança ou adolescente, como tais definidos no *caput* do art. 2º desta Lei, à **prostituição ou à exploração sexual**: (Incluído pela Lei nº 9.975, de 23.6.2000)

Pena – reclusão de quatro a dez anos, e multa, além da perda de bens e valores utilizados na prática criminosa em favor do Fundo dos Direitos da Criança e do Adolescente da unidade da Federação (Estado ou Distrito Federal) em que foi cometido o crime, ressalvado o direito de terceiro de boa-fé. (Redação dada pela Lei nº 13.440, de 2017).

§ 1º Incorrem nas mesmas penas o proprietário, o gerente ou o responsável pelo local em que se verifique a submissão de criança ou adolescente às práticas referidas no *caput* deste artigo. (Incluído pela Lei nº 9.975, de 23.6.2000)

§ 2º Constitui efeito obrigatório da condenação a cassação da licença de localização e de funcionamento do estabelecimento. (Incluído pela Lei nº 9.975, de 23.6.2000)

1. **Tipo penal tacitamente revogado.** Este tipo penal foi inserido no ECA pela lei 9.975/2000. Em 2009 ocorreu o advento da lei nº 12.015 que inseriu o art. 218-B no Código Penal, com redação idêntica à do 244-A do ECA. Tendo em vista que a lei 12.015/2009 é mais recente, o advento do art. 218-B do Código Penal operou a revogação tácita desse tipo penal do ECA.

Art. 244-B. Corromper ou facilitar a corrupção de menor de 18 (dezoito) anos, **com ele praticando infração penal ou induzindo-o a praticá-la**: (Incluído pela Lei nº 12.015, de 2009)

Pena – reclusão, de 1 (um) a 4 (quatro) anos. (Incluído pela Lei nº 12.015, de 2009)

§ 1º Incorre nas penas previstas no *caput* deste artigo quem pratica as condutas ali tipificadas utilizando-se de quaisquer meios eletrônicos, inclusive salas de bate-papo da internet. (Incluído pela Lei nº 12.015, de 2009)

§ 2º As penas previstas no *caput* deste artigo são aumentadas de um terço no caso de a infração cometida ou induzida estar incluída no rol do art. 1º da Lei nº 8.072, de 25 de julho de 1990. (Incluído pela Lei nº 12.015, de 2009)

1. **Revogação da lei nº 2.252/54.** O art. 244-B do ECA foi inserido pela lei 12.015/2009. Antes do seu advento, a conduta delituosa estava prevista no art. 1º da lei 2.252/54 e tinha a seguinte redação: "Art. 1º Constitui crime, punido com a pena de reclusão de 1 (um) a 4 (quatro) anos e multa de Cr$ 1.000,00 (mil cruzeiros) a Cr$ 10.000,00 (dez mil cruzeiros), corromper ou facilitar a corrupção de pessoa menor de 18 (dezoito) anos, com ela praticando, infração penal ou induzindo-a a praticá-la." Assim, a conduta criminosa até então prevista na lei 2.252/54 passou a estar prevista no art. 244-B do ECA, com a sua inserção pela lei 12.015/2009, que, ao mesmo tempo, revogou expressamente a lei 2.252/54.

2. ***Abolitio criminis* x continuidade normativo típica.** Questão relevante versa sobre a ocorrência de *abolitio criminis* em razão da revogação da lei 2.252/54. Como sabido, ocorre a *abolitio criminis* quando a conduta deixa de ser considerada criminosa pelo legislador. No presente caso, a conduta de *corromper ou facilitar a corrupção de menor de 18 (dezoito) anos, com ele praticando infração penal ou induzindo-o a praticá-la* não deixou de ser um fato penalmente relevante. Ao contrário. A conduta continuou a ser delituosa, mas prevista em outro dispositivo legal, o que se denomina *continuidade normativo típica*. Portanto, não ocorreu a *abolitio criminis*.

3. **Sujeito ativo.** Qualquer pessoa. Trata-se de crime comum.

4. **Sujeito passivo.** O menor de 18 anos.

5. **Corromper ou facilitar a corrupção de menor de 18 (dezoito) anos.** *Corromper* significa perverter. *Facilitar a corrupção* consiste em qualquer forma de tornar a corrupção do menor de 18 anos mais fácil. O legislador quis proteger o bem jurídico moralidade social do menor de 18 anos, evitando que ela seja deturpada e voltada para a prática de infrações penais.

6. **Com ele praticando infração penal ou induzindo-o a praticá-la.** O delito pode ser executado de duas formas: a primeira é o agente praticar a infração penal juntamente com o menor, em concurso de pessoas; a segunda, induzindo o menor a praticar a infração penal. Nessa segunda forma, a princípio estar-se-ia diante de uma participação no ato infracional praticado pelo menor. Contudo, o legislador inseriu essa conduta dentro do tipo penal ora comentado de forma a configurar autoria propriamente dita. Infração penal é gênero que abrange as espécies crimes e contravenções.

7. **Concurso de crimes.** Caso o agente pratique o presente delito e também pratique a infração penal juntamente com o menor, responderá pelos dois delitos em concurso de crimes. Assim, por exemplo, se o agente praticar o delito de roubo com um menor, responderá pelos dois delitos: o de corrupção de menores e o de roubo, em concurso material ou formal impróprio, a depender do caso concreto. Da mesma forma, caso o agente induza o menor a praticar o delito de roubo e depois efetivamente pratique o roubo, responderá, também, pelos dois delitos: o de corrupção de menores e o de roubo, em concurso material ou formal impróprio, a depender do caso concreto.

▶ **STJ**

> (...) ROUBO CIRCUNSTANCIADO. CORRUPÇÃO DE MENORES (ARTIGO 1º DA REVOGADA LEI 2.252/54, ATUAL ARTIGO 244-B DO ESTATUTO DA CRIANÇA E DO ADOLESCENTE). (...) AUSÊNCIA DE FUNDAMENTAÇÃO IDÔNEA PARA A APLICAÇÃO DO CONCURSO FORMAL IMPRÓPRIO. DESÍGNIOS AUTÔNOMOS NÃO DEMONSTRADOS. (...) verificada a ocorrência de concurso formal entre o crime de roubo e de corrupção de menores, as penas referentes aos dois delitos serão aplicadas cumulativamente somente quando demonstrada a existência de desígnios autônomos por parte do agente. Caso contrário, é de ser aplicada a mais grave das penas cabíveis aumentada de 1/6 (um sexto) até 1/2 (metade), por expressa disposição legal (Art. 70, primeira parte, do Código Penal). HC 134640. Rel. Min. Alderita Ramos de Oliveira (Desembargadora convocada do TJ/PE), julgado em 06/08/2013.

8. **Tipo penal misto alternativo.** Caso o agente pratique mais de uma conduta descrita no tipo penal, responderá por um delito apenas, não havendo concurso de crimes. Logo, se o agente induzir o menor a praticar uma infração penal e depois resolver efetivamente praticá-la juntamente com o menor, haverá apenas um crime.

9. **Corrupção de dois ou mais menores. Concurso de crimes.** Caso o agente pratique esse delito tendo como sujeitos passivos dois ou mais menores de 18 anos, haverá concurso de crimes, como no caso de o agente praticar um estelionato com dois menores ou induzi-los a praticar esse delito. Nesse caso, como são dois sujeitos passivos e dois bens jurídicos lesionados (a moral social de cada um dos menores), haverá dois crimes de corrupção de menores praticados em concurso formal.

▶ **STJ**

> **Informativo nº 613**
>
> **Sexta Turma**
>
> Estatuto da criança e do adolescente. Art. 244-B. Corrupção de menores. Participação de dois adolescentes na empreitada criminosa. Prática de dois delitos de corrupção de menores. Concurso formal. A prática de crimes em concurso com dois adolescentes dá ensejo à condenação por dois crimes de corrupção de menores. (...) Segundo a doutrina, o bem jurídico tutelado pelo art. 244-B do ECA é a formação moral da criança e do adolescente no que se refere à necessidade de eles não ingressarem ou permanecerem no mundo da criminalidade. Ora, se o bem jurídico tutelado pelo crime de corrupção de menores é a sua formação moral,

caso duas crianças/adolescentes tiverem seu amadurecimento moral violado, em razão de estímulos a praticar o crime ou a permanecer na seara criminosa, dois foram os bens jurídicos violados. Da mesma forma, dois são os sujeitos passivos atingidos, uma vez que a doutrina é unânime em reconhecer que o sujeito passivo do crime de corrupção de menores é a criança ou o adolescente submetido à corrupção. O entendimento perfilhado também se coaduna com os princípios da prioridade absoluta e do melhor interesse da criança e do adolescente, vez que trata cada uma delas como sujeitos de direitos. Ademais, seria desarrazoado atribuir a prática de crime único ao réu que corrompeu dois adolescentes, assim como ao que corrompeu apenas um. **(REsp 1.680.114-GO, Rel. Min. Sebastião Reis Júnior, julgado em 10/10/2017).**

10. **Consumação.** O delito consuma-se com a prática das condutas típicas, independentemente da efetiva corrupção da moral social do menor. Em outras palavras, não importa se o menor já se dedicava à prática de infrações penais, tendo a sua moral social deturpada. Trata-se de delito formal.

11. **Súmula nº 500 do STJ.** "A configuração do crime do art. 244-B do ECA independe da prova da efetiva corrupção do menor, por se tratar de delito formal."

▶ **STJ**

Informativo nº 518

Sexta Turma

DIREITO PENAL. CONSUMAÇÃO NO CRIME DE CORRUPÇÃO DE MENORES.

A simples participação de menor de dezoito anos em infração penal cometida por agente imputável é suficiente à consumação do crime de corrupção de menores — previsto no art. 1º da revogada Lei n. 2.252/1954 e atualmente tipificado no art. 244-B do ECA —, sendo dispensada, para sua configuração, prova de que o menor tenha sido efetivamente corrompido. Isso porque o delito de corrupção de menores é considerado formal, de acordo com a jurisprudência do STJ. **HC 159.620-RJ, Rel. Min. Maria Thereza de Assis Moura, julgado em 12/3/2013.**

▶ **STF**

INFORMATIVO nº 565.

Segunda Turma

Corrupção de Menores e Crime Formal

Para a configuração do crime de corrupção de menor (Lei 2.252/54, art. 1º) é desnecessária a comprovação da efetiva corrupção da vítima, por se tratar de crime formal, que tem como objeto jurídico a ser protegido a moralidade dos menores. (...). Precedente citado: HC 92014/SP (DJE de 21.11.2008). HC 97197/PR, Rel. Min. Joaquim Barbosa, 27.10.2009.

12. **Classificação.** Crime comum; formal; doloso; comissivo; de perigo abstrato; instantâneo; admite tentativa.

13. **§ 1º. Conduta equiparada.** A conduta equiparada à do *caput* consiste na corrupção de menores por meios eletrônicos, inclusive salas de bate-papo na internet. A preocupação do legislador foi com o avanço tecnológico mundial, por meio do

qual a rede de internet tornou-se um poderoso meio de comunicação e que pode ser utilizado para a indução de menores à prática de delitos. Trata-se do mesmo delito. São absolutamente idênticos. A única diferença é o meio executório. Na realidade, esse parágrafo é absolutamente desnecessário, uma vez que o delito previsto no *caput* é de livre execução, o que significa dizer que pode ser praticado de qualquer forma, inclusive por meio da internet. Assim, a conduta do parágrafo primeiro já estaria inserida na conduta do *caput*.

14. **Consumação.** O delito consuma-se com a prática das condutas típicas do *caput*.
15. **Classificação.** Crime comum; formal; doloso; comissivo; de perigo abstrato; instantâneo; admite tentativa.
16. **§ 2º. Causa de aumento de pena. Crimes hediondos.** Caso a infração penal esteja prevista no rol do art. 1º da lei de crimes hediondos, a pena do delito ora comentado aumenta-se de um terço.
17. **Não abrangência dos delitos equiparados a hediondos.** Tendo em vista que § 2º fez menção expressa ao rol do art. 1º da lei de crimes hediondos (8.072/90), à luz do princípio da legalidade penal, o aumento de pena nele previsto não abrange os delitos equiparados a hediondos previstos no art. 2º da lei 8.072/90, como o delito de tráfico de drogas.

Art. 244-C. Deixar o pai, a mãe ou o responsável legal, de forma dolosa, de comunicar à autoridade pública o desaparecimento de criança ou adolescente:

Pena - reclusão, de 2 (dois) a 4 (quatro) anos, e multa. (Incluído pela Lei nº 14.811, de 2024)

1. **Sujeito ativo.** O pai, a mãe ou o responsável legal da criança ou do adolescente. Trata-se de crime próprio.
2. **Sujeito passivo.** A criança ou o adolescente desaparecido.
3. **Crime omissivo próprio.** Trata-se de crime omissivo próprio, uma vez que o pai, a mãe ou o responsável legal, ao tomarem conhecimento do desaparecimento da criança ou do adolescente devem comunicar tal fato à autoridade pública. No presente tipo penal, o sujeito ativo deixa de cumprir essa obrigação de comunicação à autoridade pública, violando, assim, o seu dever de agir.
4. **Autoridade pública.** Por autoridade pública deve se entendida qualquer autoridade que tenha condições de iniciar a busca pela criança ou pelo adolescente desaparecido, como a Polícia Militar, a Polícia Civil e o Corpo de Bombeiros.
5. **Consumação.** O delito consuma-se com a mera omissão do agente, pois se trata de crime omissivo próprio.
6. **Classificação.** Crime próprio; formal; doloso; omissivo próprio; instantâneo; não admite tentativa por ser omissivo próprio.

Estatuto da Pessoa com Deficiência. Lei 13.146, de 6 de julho de 2015

LIVRO I
PARTE GERAL

TÍTULO I
DISPOSIÇÕES PRELIMINARES

CAPÍTULO I
DISPOSIÇÕES GERAIS

Art. 1º É instituída a **Lei Brasileira de Inclusão da Pessoa com Deficiência (Estatuto da Pessoa com Deficiência)**, destinada a assegurar e a promover, em condições de igualdade, o exercício dos direitos e das liberdades fundamentais por pessoa com deficiência, visando à sua inclusão social e cidadania.

Parágrafo único. Esta Lei tem como base a **Convenção sobre os Direitos das Pessoas com Deficiência** e seu Protocolo Facultativo, ratificados pelo Congresso Nacional por meio do Decreto Legislativo no 186, de 9 de julho de 2008, em conformidade com o procedimento previsto no § 3º do art. 5º da Constituição da República Federativa do Brasil, em vigor para o Brasil, no plano jurídico externo, desde 31 de agosto de 2008, e promulgados pelo Decreto no 6.949, de 25 de agosto de 2009, data de início de sua vigência no plano interno.

1. **Objeto da lei.** A presente lei instituiu o Estatuto da Pessoa com Deficiência, com o objetivo de assegurar e de promover a igualdade de condições da pessoa com deficiência. O legislador proibiu qualquer tipo de discriminação e assegurou a igualdade de condições em relação aos seguintes diretos: vida; habilitação e reabilitação; saúde; educação; moradia; trabalho; assistência social; previdência social; cultura; esporte; turismo; lazer; ao transporte; e mobilidade.
2. **Não alteração da lei 7.853/1989.** Para fins penais, esta lei não gerou nenhuma alteração na lei 7.853/1989, que trata de delitos praticados contra os portadores de deficiência, salvo as alterações expressas às quais o art. 98 da presente lei menciona, que já constam do texto da lei 7.853/1989.

3. **Conselho Nacional dos Direitos da Pessoa com Deficiência.** O Decreto nº 10.177/2019 criou o Conselho Nacional dos Direitos da Pessoa com Deficiência e previu a natureza e as atribuições do Conselho, bem como a sua composição, além de outros temas. Para evitar repetições desnecessárias, remetemos o leitor do Decreto.

Art. 2º Considera-se pessoa com deficiência aquela que tem impedimento de longo prazo de natureza física, mental, intelectual ou sensorial, o qual, em interação com uma ou mais barreiras, pode obstruir sua participação plena e efetiva na sociedade em igualdade de condições com as demais pessoas.

§ 1º A avaliação da deficiência, quando necessária, será biopsicossocial, realizada por equipe multiprofissional e interdisciplinar e considerará:

I - os impedimentos nas funções e nas estruturas do corpo;

II - os fatores socioambientais, psicológicos e pessoais;

III - a limitação no desempenho de atividades; e

IV - a restrição de participação.

§ 2º O Poder Executivo criará instrumentos para avaliação da deficiência.

1. **Norma explicativa.** O art. 2º definiu o conceito de deficiência de forma bastante específica. Esse conceito pode ser utilizado para os fins desta lei, inclusive para fins de complementação dos tipos penais, que configuram tipos penais em branco.

(...)

Art. 4º Toda pessoa com deficiência tem direito à **igualdade de oportunidades** com as demais pessoas e não sofrerá nenhuma espécie de discriminação.

§ 1º **Considera-se discriminação em razão da deficiência** toda forma de distinção, restrição ou exclusão, por ação ou omissão, que tenha o propósito ou o efeito de prejudicar, impedir ou anular o reconhecimento ou o exercício dos direitos e das liberdades fundamentais de pessoa com deficiência, incluindo a recusa de adaptações razoáveis e de fornecimento de tecnologias assistivas.

1. **Direito à igualdade de oportunidades.** O conteúdo do *caput* já consta de toda a lei, uma vez que a todo o momento o legislador impõe o dever de se observar a igualdade de oportunidades entre o deficiente e as demais pessoas, proibindo qualquer espécie de discriminação.
2. **§ 1º. Discriminação em razão da deficiência.** É bem verdade que o conceito de discriminação não é desconhecido por ninguém. Discriminar é tratar alguém de forma desigual. Entretanto, o legislador estabeleceu um conceito específico de discriminação em razão da deficiência. Esse conceito deve ser levado em consideração para fins desta lei, inclusive para fins de complementação dos tipos penais, que configuram tipos penais em branco.

(...)

TÍTULO II
DOS CRIMES E DAS INFRAÇÕES ADMINISTRATIVAS

Art. 88. Praticar, induzir ou incitar discriminação de **pessoa em razão de sua deficiência:**

Pena – reclusão, de 1 (um) a 3 (três) anos, e multa.

§ 1º Aumenta-se a pena em 1/3 (um terço) se a vítima encontrar-se **sob cuidado e responsabilidade do agente.**

§ 2º Se qualquer dos crimes previstos no *caput* deste artigo é cometido por intermédio de **meios de comunicação social ou de publicação de qualquer natureza:**
Pena – reclusão, de 2 (dois) a 5 (cinco) anos, e multa.

§ 3º Na hipótese do § 2º deste artigo, o juiz poderá determinar, ouvido o Ministério Público ou a pedido deste, ainda antes do inquérito policial, **sob pena de desobediência:**

I – recolhimento ou busca e apreensão dos exemplares do **material discriminatório;**

II – interdição das respectivas mensagens ou páginas de informação **na internet.**

§ 4º Na hipótese do § 2º deste artigo, constitui efeito da condenação, após o trânsito em julgado da decisão, a **destruição do material apreendido.**

1. **Bem jurídico tutelado.** A dignidade da pessoa humana, a proteção e a igualdade de condições em relação ao deficiente.

2. **Sujeito ativo.** Qualquer pessoa. Trata-se de crime comum.

3. **Sujeito passivo.** A pessoa com deficiência (art. 2º da lei).

4. **Praticar, induzir ou incitar.** *Praticar* significa executar, realizar. *Induzir* é inspirar, fazer a ideia nascer. *Incitar* consiste em instigar, estimular. Nesse tipo penal o agente pratica uma conduta que configura discriminação da pessoa portadora de deficiência ou incentiva alguém a praticá-la.

5. **Especial fim de agir.** O tipo penal possui um especial fim de agir, consistente na discriminação de alguém *em razão de sua deficiência*. Ausente o especial fim de agir, a conduta será atípica.

6. **Discriminação de pessoa em razão de sua deficiência.** O significado do especial fim de agir descrito no tipo penal está previsto no art. 4º § 1º: *"Considera-se discriminação em razão da deficiência toda forma de distinção, restrição ou exclusão, por ação ou omissão, que tenha o propósito ou o efeito de prejudicar, impedir ou anular o reconhecimento ou o exercício dos direitos e das liberdades fundamentais de pessoa com deficiência, incluindo a recusa de adaptações razoáveis e de fornecimento de tecnologias assistivas"*.

7. **Delito de livre execução.** A prática da conduta pode ocorrer de qualquer forma, como por meio de palavras, gestos etc.

8. **Norma penal em branco.** O presente tipo penal constitui norma penal em branco, uma vez que se faz necessário complementar o seu preceito primário para a

determinação do significado das expressões *em razão de sua deficiência*. O complemento está no art. 4º § 1º, da lei.

9. **Tipo misto alternativo.** A prática de duas ou mais condutas descritas no tipo (*praticar, induzir* ou *incitar*) não gera concurso de crimes, respondendo o agente por apenas um delito.

10. **Princípio da especialidade.** Este tipo penal é especial em relação ao delito previsto no art. 20, da lei 7.716/1989 (lei de preconceito de raça ou de cor).

11. **Consumação.** Com a prática das condutas descritas no tipo penal, (praticar, induzir ou instigar). Trata-se de crime formal.

12. **Classificação.** Crime comum; formal; doloso; comissivo; instantâneo; de dano; admite a tentativa.

13. **Suspensão condicional do processo.** Cabível, pois a pena mínima cominada não ultrapassa 1 ano (art. 89 da lei 9.099/95).

14. **§ 1º. Causa de aumento de pena.** A pena é aumentada se a vítima estiver sob cuidado e responsabilidade do agente. O aumento de pena justifica-se pela maior gravidade da conduta do agente, uma vez que se ele tem a guarda ou a reponsabilidade sobre o deficiente, ele deve ser o primeiro a respeitar os seus direitos. Assim, caso ele pratique o delito, a sua reprovabilidade é acentuada e a pena aumentada.

15. **§ 2º. Qualificadora. Meios de comunicação social ou de publicação de qualquer natureza.** O delito passa a ser qualificado em razão do meio utilizado para a discriminação. O legislador acertadamente quis reprimir com maior severidade a utilização de meios que dão maior alcance à conduta discriminatória, como as redes sociais. Note-se que o legislador foi o mais genérico possível ao estabelecer *"publicação de qualquer natureza"*.

16. **Suspensão condicional do processo.** Incabível, pois a pena mínima cominada ultrapassa 1 ano (art. 89 da lei 9.099/95).

17. **§ 3º. Medidas judiciais.** No caso da prática do delito pelos meios descritos no § 2º, o Juiz poderá determinar: o recolhimento ou a busca e apreensão dos exemplares do material discriminatório (inciso I); a interdição das respectivas mensagens ou páginas de informação na internet (inciso II). Cremos que a medida possa ser tomada de ofício pelo Juiz. O legislador afirmou que o descumprimento da ordem judicial configura o delito de desobediência (art. 330, do Código Penal). Trata-se de previsão desnecessária, uma vez que esse delito estaria configurado mesmo que não houvesse previsão expressa neste § 3º.

18. **§ 4º. Efeito da condenação.** No caso da prática do delito pelos meios descritos no § 2º, o legislador impôs como efeito da condenação com o trânsito em julgado a destruição do material apreendido. A destruição deve esperar o trânsito em julgado, não podendo ocorrer desde logo porque esse material constitui elemento de prova.

19. **Efeitos automáticos.** O efeito previsto neste artigo é automático e decorre da condenação, uma vez que o legislador não exigiu manifestação expressa na sentença,

de forma que ele ocorre mesmo que o Juiz não diga nada a respeito, bastando a condenação.

Art. 89. Apropriar-se de ou desviar bens, proventos, pensão, benefícios, remuneração ou qualquer outro rendimento de **pessoa com deficiência**:

Pena – reclusão, de 1 (um) a 4 (quatro) anos, e multa.

Parágrafo único. **Aumenta-se a pena** em 1/3 (um terço) se o crime é **cometido**:

I – por tutor, curador, síndico, liquidatário, inventariante, testamenteiro ou depositário judicial; ou

II – por aquele que se apropriou em razão de ofício ou de profissão.

1. **Bem jurídico tutelado.** A dignidade da pessoa humana e o patrimônio do deficiente.
2. **Sujeito ativo.** Qualquer pessoa. Trata-se de crime comum.
3. **Sujeito passivo.** A pessoa com deficiência (art. 2º da lei).
4. **Apropriar-se ou desviar.** *Apropriar-se* significa apoderar-se, ficar com a coisa para si, com a intenção de assenhoramento definitivo, ou seja, intenção de ser proprietário da coisa, o denominado *animus rem sibi habendi*. *Desviar* consiste em dar à coisa destinação diversa da que realmente deveria ter sido dada. A conduta *apropriar-se* pode ser praticada na forma comissiva ou omissiva. Na forma comissiva, basta pensar na hipótese em que o agente tem consigo um bem pertencente à pessoa com deficiência e o vende, agindo, dessa forma, como se fosse proprietário da coisa, ao exercer o atributo do direito de propriedade, consistente no *poder de disposição*. Já na forma omissiva, basta pensar na hipótese em que o agente, tendo a posse ou a detenção anterior, se nega a restituir a coisa, com o *animus rem sibi habendi*. De outro giro, na conduta desviar, o delito somente pode ser praticado na forma comissiva.
5. **Bens, proventos, pensão, benefícios, remuneração ou qualquer outro rendimento de pessoa com deficiência.** O legislador utilizou a expressão *bens*. Entretanto, não especificou se esses bens seriam móveis ou imóveis. Quer nos parecer que, a despeito de o tipo penal ter silenciado sobre o tema, somente os bens móveis podem ser objetos materiais do delito em comento, uma vez que a apropriação ou desvio pressupõem o deslocamento físico do bem. *Proventos* e *pensão* são formas de rendimentos. *Benefício* é qualquer vantagem, financeira ou não. *Remuneração* é uma forma de rendimento, de forma que o legislador foi redundante. Por fim, o legislador empregou as expressões *"ou qualquer outro rendimento de pessoa com deficiência"*, em clara adoção da técnica de interpretação denominada *interpretação analógica,* para abranger qualquer outra forma de rendimento da pessoa com deficiência não mencionada expressamente no tipo legal do crime.
6. **Posse ou detenção anterior.** A despeito de o tipo legal do crime não exigir expressamente, pensamos que o agente deve ter a posse ou a detenção anterior da coisa. Com efeito, não há como se apropriar ou desviar uma coisa da qual não se tem a posse. Frise-se que essa é uma das diferenças fundamentais entre os delitos de estelionato ou furto e a apropriação indébita, uma vez que no estelionato e no

furto o agente não tem a posse ou detenção da coisa anterior, razão pela qual ele precisa subtraí-la (no furto) ou obtê-la induzindo ou mantendo a vítima em erro (no estelionato). Já na apropriação indébita, de forma diversa, exige-se que o agente tenha a posse ou detenção anterior da coisa, para que ele, se aproveitando disso, aproprie-se dela.

7. **Norma penal em branco.** O presente tipo penal constitui norma penal em branco, uma vez que se faz necessário complementar o seu preceito primário para a determinação do significado das expressões *pessoa com deficiência*. O complemento está no art. 2º, da lei.

8. **Tipo misto alternativo.** A prática de duas ou mais condutas descritas no tipo (*apropriar-se ou desviar*) não gera concurso de crimes, respondendo o agente por apenas um delito.

9. **Princípio da especialidade.** Este tipo penal é especial em relação ao delito de apropriação indébita previsto no art. 168 do Código Penal, bem como em relação ao delito previsto no art. 102, da lei 10.741/2003 (Estatuto da Pessoa Idosa).

10. **Não incidência das imunidades descritas nos arts. 181 e 182 do Código Penal.** Cremos que não se aplicam as imunidades absolutas e relativas previstas, respectivamente, nos arts. 181 e 182 do Código Penal, em razão do maior rigor de punição dos delitos praticados contra a pessoa portadora de deficiência, considerando-se o âmbito de especial proteção da norma.

11. **Consumação.** Com a apropriação ou o desvio dos bens, dos proventos, da pensão, dos benefícios, da remuneração ou de qualquer outro rendimento de pessoa com deficiência, com a inequívoca intenção de se tornar proprietário da coisa, o denominado *animus rem sibi habendi*.

12. **Classificação.** Crime comum; material; doloso; comissivo ou omissivo próprio na conduta *apropriar-se* e comissivo na conduta *desviar*; instantâneo; de dano; admite tentativa nas condutas *apropriar-se* (na modalidade comissiva) e *desviar*, não a admitindo na conduta *apropriar-se* na modalidade omissiva própria.

13. **Suspensão condicional do processo.** Cabível, pois a pena mínima cominada não ultrapassa 1 ano (art. 89 da lei 9.099/95).

14. **Parágrafo único. Causa de aumento de pena.** Nas hipóteses do parágrafo único a pena é aumentada em razão da função exercida pelo agente, tendo em vista que tais funções denotam justamente o dever de cuidado em relação ao deficiente (tutor e curador) ou então porque essa pessoa usufrui de certa confiança depositada nela (síndico, liquidatário, inventariante, testamenteiro ou depositário judicial), conforme a previsão do inciso I, ou, ainda, em razão de ofício ou profissão, conforme o inciso II. Essas circunstâncias aumentam a reprovabilidade da conduta do agente e justificam o aumento da pena.

Art. 90. Abandonar **pessoa com deficiência** em hospitais, casas de saúde, entidades de abrigamento ou congêneres:

Pena – reclusão, de 6 (seis) meses a 3 (três) anos, e multa.

Parágrafo único. Na mesma pena incorre quem não prover as **necessidades básicas** de pessoa com deficiência quando obrigado por lei ou mandado.

1. **Bem jurídico tutelado.** A dignidade da pessoa humana e a proteção do deficiente.
2. **Sujeito ativo.** Trata-se de crime próprio, uma vez que somente pode ser praticado por pessoa que esteja obrigada a amparar a pessoa com deficiência.
3. **Sujeito passivo.** A pessoa com deficiência (art. 2º da lei).
4. **Abandonar.** *Abandonar* significa desamparar, deixar de dar assistência. Pode ser praticada na forma *comissiva* ou na forma *omissiva própria*. Na forma comissiva ocorre quando o agente leva a pessoa com deficiência a hospitais, às casas de saúde, à entidades de abrigamento ou a estabelecimentos congêneres e a deixa lá, abandonando-a. Na modalidade omissiva própria, o delito se dá quando, por exemplo, o agente não busca a pessoa com deficiência no hospital ou na casa de saúde, onde se encontra internado, igualmente abandonando-a. Note-se que o abandono pode ser temporário ou permanente, desde que fique caracterizado o desamparo da pessoa com deficiência.
5. **Hospitais, casas de saúde, entidades de abrigamento ou congêneres.** O legislador elencou no tipo legal de crime os locais onde o abandono da pessoa com deficiência é efetivado. Se o abandono for em local diverso esse delito não se configura.
6. **Norma penal em branco.** O presente tipo penal constitui norma penal em branco, uma vez que se faz necessário complementar o seu preceito primário para a determinação do significado das expressões *pessoa com deficiência*. O complemento está no art. 2º da lei.
7. **Princípio da especialidade.** Este tipo penal é especial em relação ao delito previsto no art. 133, do Código Penal e em relação ao delito previsto no art. 98, da lei 10.741/2003 (Estatuto da Pessoa Idosa).
8. **Consumação.** Com o abandono da pessoa com deficiência. Trata-se de crime formal.
9. **Classificação.** Crime próprio; formal; doloso; comissivo ou omissivo; de perigo abstrato; instantâneo; admite tentativa apenas na forma comissiva.
10. **Suspensão condicional do processo.** Cabível, pois a pena mínima cominada não ultrapassa 1 ano (art. 89 da lei 9.099/95).
11. **Parágrafo único. Conduta equiparada. Não prover as necessidades da pessoa com deficiência.**
12. **Sujeito ativo.** Trata-se de crime próprio, uma vez que somente pode ser praticado por pessoa que esteja obrigada a prover as necessidades básicas de pessoa com deficiência quando obrigada por lei ou mandado.
13. **Sujeito passivo.** A pessoa com deficiência (art. 2º da lei).

14. **Não prover as necessidades da pessoa com deficiência.** *Não prover* significa deixar de prestar à pessoa com deficiência os meios mínimos que lhe garantam o mínimo exigido para uma vida digna, ou seja, o mínimo exigido para as suas necessidades básicas, como alimentação, medicação, vestuário, abrigo, condições de higiene etc. Trata-se de conduta que configura crime omissivo próprio.

15. **Norma penal em branco.** O presente tipo penal constitui norma penal em branco, uma vez que se faz necessário complementar o seu preceito primário para a determinação do significado das expressões *pessoa com deficiência*. O complemento está no art. 2º da lei.

16. **Princípio da especialidade.** Este tipo penal é especial em relação ao delito previsto no art. 244, do Código Penal e em relação ao delito previsto no art. 98, da lei 10.741/2003 (Estatuto da Pessoa Idosa).

17. **Consumação.** Com o efetivo não provimento das necessidades básicas da pessoa com deficiência.

18. **Classificação.** Crime próprio; de mera conduta; doloso; omissivo próprio; instantâneo; de perigo abstrato; não admite tentativa por ser omissivo próprio.

19. **Suspensão condicional do processo.** Cabível, pois a pena mínima cominada não ultrapassa 1 ano (art. 89 da lei 9.099/95).

Art. 91. Reter ou utilizar cartão magnético, qualquer meio eletrônico ou documento de **pessoa com deficiência** destinados ao recebimento de benefícios, proventos, pensões ou remuneração ou à realização de operações financeiras, com o fim de obter vantagem indevida para si ou para outrem:

Pena – detenção, de 6 (seis) meses a 2 (dois) anos, e multa.

Parágrafo único. Aumenta-se a pena em 1/3 (um terço) se o crime é cometido por tutor ou curador.

1. **Bem jurídico tutelado.** A dignidade da pessoa humana, a proteção e o patrimônio do deficiente.

2. **Sujeito ativo.** Qualquer pessoa. Trata-se de crime comum.

3. **Sujeito passivo.** A pessoa com deficiência (art. 2º da lei).

4. **Reter ou utilizar.** *Reter* significa manter em sua posse indevidamente. *Utilizar* é fazer uso, empregar. No tipo legal de crime ora comentado, o agente retém o cartão magnético, qualquer meio eletrônico ou documento da pessoa com deficiência. A conduta *reter* pode ser praticada na forma comissiva ou omissiva. Na forma comissiva, basta pensar na hipótese em que o agente, de posse do cartão magnético, qualquer meio eletrônico ou documento, guarde-o em seu bolso ou em uma gaveta escondendo-o do deficiente. Já na forma omissiva própria, basta pensar na hipótese em que o agente, tendo a posse anterior do cartão magnético, qualquer meio eletrônico ou documento não o restitui ao deficiente, mantendo-o consigo. A conduta *utilizar* é comissiva.

5. **Cartão magnético, qualquer meio eletrônico ou documento.** *Cartão magnético* é um documento plastificado utilizado por correntistas para efetivar movimentação de valores em instituições financeiras, como saques, transferências, consulta a saldos e extratos etc. Há até bem pouco tempo atrás, havia apenas uma tarja magnética que identificava e armazenava os dados referentes a aquele cartão. Atualmente, os cartões possuem, além da tarja magnética, um *chip* identificador. Por *qualquer meio eletrônico,* pode-se entender qualquer objeto de uso individual que sirva de meio seguro para a realização de operações bancárias, a exemplo do aparelho denominado *token* (que em inglês significa *sinal, indicação),* que consiste em um dispositivo eletrônico gerador de senha numérica aleatória como fator de segurança na realização de operações financeiras realizadas pela internet. Por fim, o legislador empregou a expressão *documento,* referindo-se a qualquer documento oficial de identificação.

6. **Destinação específica do cartão magnético, qualquer meio eletrônico ou documento.** O cartão magnético, qualquer meio eletrônico ou documento deve ser destinado ao recebimento de benefícios, proventos, pensões ou remuneração ou à realização de operações financeiras. Caso não tenha essa destinação específica, este delito não se configura.

7. **Benefícios, proventos, pensões, remuneração e operações financeiras.** *Benefício* é qualquer vantagem, financeira ou não. *Proventos* e *pensão* são formas de rendimentos. *Remuneração* é uma forma de rendimento, de forma que o legislador foi redundante. *Operação financeira* é qualquer transação realizada envolvendo dinheiro.

8. **Especial fim de agir.** O tipo penal possui um especial fim de agir, consistente em obter vantagem indevida para si ou para outrem. Ausente o especial fim de agir, a conduta será atípica.

9. **Norma penal em branco.** O presente tipo penal constitui norma penal em branco, uma vez que se faz necessário complementar o seu preceito primário para a determinação do significado das expressões *pessoa com deficiência.* O complemento está no art. 2º da lei.

10. **Princípio da especialidade.** Este tipo penal é especial em relação ao delito de apropriação indébita previsto no art. 168 do Código Penal. Da mesma forma, é especial em relação ao delito previsto no art. 14 da lei 10.741/2003 (Estatuto da Pessoa Idosa).

11. **Não incidência das imunidades descritas nos arts. 181 e 182 do Código Penal.** Cremos que não se aplicam as imunidades absolutas e relativas previstas, respectivamente, nos arts. 181 e 182 do Código Penal, em razão do maior rigor de punição dos delitos praticados contra a pessoa portadora de deficiência, considerando-se o âmbito de especial proteção da norma.

12. **Consumação.** Com a simples retenção ou o mero uso cartão magnético, qualquer meio eletrônico ou documento, independentemente de o agente conseguir obter qualquer vantagem com a sua conduta. Trata-se de crime formal.

13. **Classificação.** Crime comum; formal; doloso; comissivo ou omissivo próprio na conduta reter, e comissivo na conduta *usar*; instantâneo; de perigo abstrato; admite tentativa na forma comissiva, não a admitindo na forma omissiva própria.

14. **Suspensão condicional do processo.** Cabível, pois a pena mínima cominada não ultrapassa 1 ano (art. 89 da lei 9.099/95).

15. **Parágrafo único. Causa de aumento de pena.** Nas hipóteses do parágrafo único a pena é aumentada em razão da função exercida pelo agente, tendo em vista que as funções de tutor ou de curador denotam justamente o dever de cuidado em relação ao deficiente. Essas circunstâncias aumentam a reprovabilidade da conduta do agente e justificam o aumento da pena.

Estatuto do Desarmamento. Lei nº 10.826, de 22 de dezembro de 2003

CAPÍTULO I
DO SISTEMA NACIONAL DE ARMAS

Art. 1º O **Sistema Nacional de Armas - SINARM**, instituído no Ministério da Justiça, no âmbito da Polícia Federal, tem circunscrição em todo o território nacional.

Art. 2º Ao **SINARM compete**:

I - identificar as características e a propriedade de armas de fogo, mediante cadastro;

II - cadastrar as armas de fogo produzidas, importadas e vendidas no País;

III - cadastrar as autorizações de porte de arma de fogo e as renovações expedidas pela Polícia Federal;

IV - cadastrar as transferências de propriedade, extravio, furto, roubo e outras ocorrências suscetíveis de alterar os dados cadastrais, inclusive as decorrentes de fechamento de empresas de segurança privada e de transporte de valores;

V - identificar as modificações que alterem as características ou o funcionamento de arma de fogo;

VI - integrar no cadastro os acervos policiais já existentes;

VII - cadastrar as apreensões de armas de fogo, inclusive as vinculadas a procedimentos policiais e judiciais;

VIII - cadastrar os armeiros em atividade no País, bem como conceder licença para exercer a atividade;

IX - cadastrar mediante registro os produtores, atacadistas, varejistas, exportadores e importadores autorizados de armas de fogo, acessórios e munições;

X - cadastrar a identificação do cano da arma, as características das impressões de raiamento e de microestriamento de projétil disparado, conforme marcação e testes obrigatoriamente realizados pelo fabricante;

XI - informar às Secretarias de Segurança Pública dos Estados e do Distrito Federal os registros e autorizações de porte de armas de fogo nos respectivos territórios, bem como manter o cadastro atualizado para consulta.

Parágrafo único. As disposições deste artigo não alcançam as armas de fogo das Forças Armadas e Auxiliares, bem como as demais que constem dos seus registros próprios.

CAPÍTULO II
DO REGISTRO

Art. 3º É obrigatório o registro de arma de fogo no órgão competente.

Parágrafo único. As armas de fogo de uso restrito serão registradas no Comando do Exército, na forma do regulamento desta Lei.

Art. 4º Para adquirir arma de fogo de uso permitido o interessado deverá, além de declarar a efetiva necessidade, atender aos seguintes requisitos:

I – comprovação de idoneidade, com a apresentação de certidões negativas de antecedentes criminais fornecidas pela Justiça Federal, Estadual, Militar e Eleitoral e de não estar respondendo a inquérito policial ou a processo criminal, que poderão ser fornecidas por meios eletrônicos; (Redação dada pela Lei nº 11.706, de 2008)

II – apresentação de documento comprobatório de ocupação lícita e de residência certa;

III – comprovação de capacidade técnica e de aptidão psicológica para o manuseio de arma de fogo, atestadas na forma disposta no regulamento desta Lei.

§ 1º O SINARM expedirá autorização de compra de arma de fogo após atendidos os requisitos anteriormente estabelecidos, em nome do requerente e para a arma indicada, sendo intransferível esta autorização.

§ 2º A aquisição de munição somente poderá ser feita no calibre correspondente à arma registrada e na quantidade estabelecida no regulamento desta Lei. (Redação dada pela Lei nº 11.706, de 2008)

§ 3º A empresa que comercializar arma de fogo em território nacional é obrigada a comunicar a venda à autoridade competente, como também a manter banco de dados com todas as características da arma e cópia dos documentos previstos neste artigo.

§ 4º A empresa que comercializa armas de fogo, acessórios e munições responde legalmente por essas mercadorias, ficando registradas como de sua propriedade enquanto não forem vendidas.

§ 5º A comercialização de armas de fogo, acessórios e munições entre pessoas físicas somente será efetivada mediante autorização do SINARM.

§ 6º A expedição da autorização a que se refere o § 1º será concedida, ou recusada com a devida fundamentação, no prazo de 30 (trinta) dias úteis, a contar da data do requerimento do interessado.

§ 7º O registro precário a que se refere o § 4º prescinde do cumprimento dos requisitos dos incisos I, II e III deste artigo.

§ 8º Estará dispensado das exigências constantes do inciso III do *caput* deste artigo, na forma do regulamento, o interessado em adquirir arma de fogo de uso permitido que comprove estar autorizado a portar arma com as mesmas características daquela a ser adquirida. (Incluído pela Lei nº 11.706, de 2008)

Art. 5º O certificado de Registro de Arma de Fogo, com validade em todo o território nacional, autoriza o seu proprietário a manter a arma de fogo exclusivamente no interior de sua residência ou domicílio, ou dependência desses, ou, ainda, no seu local de trabalho, desde que seja ele o titular ou o responsável legal pelo estabelecimento ou empresa. (Redação dada pela Lei nº 10.884, de 2004)

§ 1º O certificado de registro de arma de fogo será expedido pela Polícia Federal e será precedido de autorização do SINARM.

§ 2º Os requisitos de que tratam os incisos I, II e III do art. 4º deverão ser comprovados periodicamente, em período não inferior a 3 (três) anos, na conformidade do estabelecido no regulamento desta Lei, para a renovação do Certificado de Registro de Arma de Fogo.

§ 3º O proprietário de arma de fogo com certificados de registro de propriedade expedido por órgão estadual ou do Distrito Federal até a data da publicação desta Lei que não optar pela entrega espontânea prevista no art. 32 desta Lei deverá renová-lo mediante o pertinente registro federal, até o dia 31 de dezembro de 2008, ante a apresentação de documento de identificação pessoal e comprovante de residência fixa, ficando dispensado do pagamento de taxas e do cumprimento das demais exigências constantes dos incisos I a III do *caput* do art. 4º desta Lei. (Redação dada pela Lei nº 11.706, de 2008)

NOTA: O prazo a que se refere o § 3º foi prorrogado até 31 de dezembro de 2009, pela lei 11.922, de 13 de abril de 2009.

§ 4º Para fins do cumprimento do disposto no § 3º deste artigo, o proprietário de arma de fogo poderá obter, no Departamento de Polícia Federal, certificado de registro provisório, expedido na rede mundial de computadores – internet, na forma do regulamento e obedecidos os procedimentos a seguir: (Redação dada pela Lei nº 11.706, de 2008)

I – emissão de certificado de registro provisório pela internet, com validade inicial de 90 (noventa) dias; e (Incluído pela Lei nº 11.706, de 2008)

II – revalidação pela unidade do Departamento de Polícia Federal do certificado de registro provisório pelo prazo que estimar como necessário para a emissão definitiva do certificado de registro de propriedade. (Incluído pela Lei nº 11.706, de 2008)

§5º Aos residentes em área rural, para os fins do disposto no *caput* deste artigo, considera-se residência ou domicílio toda a extensão do respectivo imóvel rural. (Incluído pela Lei nº 13.870, de 2019).

CAPÍTULO III
DO PORTE

Art. 6º É **proibido o porte de arma** de fogo em todo o território nacional, **salvo** para os casos previstos em legislação própria e para:

I – os integrantes das Forças Armadas;

II – os integrantes de órgãos referidos nos incisos I, II, III, IV e V do *caput* do art. 144 da Constituição Federal e os da Força Nacional de Segurança Pública (FNSP);

III – os integrantes das guardas municipais das capitais dos Estados e dos Municípios com mais de 500.000 (quinhentos mil) habitantes, nas condições estabelecidas no regulamento desta Lei;

IV – os integrantes das guardas municipais dos Municípios com mais de 50.000 (cinqüenta mil) e menos de 500.000 (quinhentos mil) habitantes, quando em serviço; (Redação dada pela Lei nº 10.867, de 2004)

V – os agentes operacionais da Agência Brasileira de Inteligência e os agentes do Departamento de Segurança do Gabinete de Segurança Institucional da Presidência da República;

VI – os integrantes dos órgãos policiais referidos no art. 51, IV, e no art. 52, XIII, da Constituição Federal;

VII – os integrantes do quadro efetivo dos agentes e guardas prisionais, os integrantes das escoltas de presos e as guardas portuárias;

VIII – as empresas de segurança privada e de transporte de valores constituídas, nos termos desta Lei;

IX – para os integrantes das entidades de desporto legalmente constituídas, cujas atividades esportivas demandem o uso de armas de fogo, na forma do regulamento desta Lei, observando-se, no que couber, a legislação ambiental;

X – integrantes das Carreiras de Auditoria da Receita Federal do Brasil e de Auditoria-Fiscal do Trabalho, cargos de Auditor-Fiscal e Analista Tributário. (Redação dada pela Lei nº 11.501, de 2007);

XI – os tribunais do Poder Judiciário descritos no art. 92 da Constituição Federal e os Ministérios Públicos da União e dos Estados, para uso exclusivo de servidores de seus quadros pessoais que efetivamente estejam no exercício de funções de segurança, na forma de regulamento a ser emitido pelo Conselho Nacional de Justiça – CNJ e pelo Conselho Nacional do Ministério Público – CNMP. (Incluído pela Lei nº 12.694, de 2012)

§ 1º As pessoas previstas nos incisos I, II, III, V e VI do *caput* deste artigo terão direito de portar arma de fogo de propriedade particular ou fornecida pela respectiva corporação ou instituição, mesmo fora de serviço, nos termos do regulamento desta Lei, com validade em âmbito nacional para aquelas constantes dos incisos I, II, V e VI. (Redação dada pela Lei nº 11.706, de 2008).

§ 1º-B. Os integrantes do quadro efetivo de agentes e guardas prisionais poderão portar arma de fogo de propriedade particular ou fornecida pela respectiva corporação ou instituição, mesmo fora de serviço, desde que estejam: (Inserido pela lei nº 12.993, de 17 de junho de 2014).

I – submetidos a regime de dedicação exclusiva;

II – sujeitos à formação funcional, nos termos do regulamento; e

III – subordinados a mecanismos de fiscalização e de controle interno.

§ 1º-C. (VETADO). (Inserido pela lei nº 12.993, de 17 de junho de 2014).

§ 2º A autorização para o porte de arma de fogo aos integrantes das instituições descritas nos incisos V, VI, VII e X do *caput* deste artigo está condicionada à comprovação do requisito a que se refere o inciso III do *caput* do art. 4º desta Lei nas condições estabelecidas no regulamento desta Lei. (Redação dada pela Lei nº 11.706, de 2008)

§ 3º A autorização para o porte de arma de fogo das guardas municipais está condicionada à formação funcional de seus integrantes em estabelecimentos de ensino de atividade policial, à existência de mecanismos de fiscalização e de controle interno, nas condições estabelecidas no regulamento desta Lei, observada a supervisão do Ministério da Justiça. (Redação dada pela Lei nº 10.884, de 2004)

§ 4º Os integrantes das Forças Armadas, das polícias federais e estaduais e do Distrito Federal, bem como os militares dos Estados e do Distrito Federal, ao exercerem o direito descrito no art. 4º, ficam dispensados do cumprimento do disposto nos incisos I, II e III do mesmo artigo, na forma do regulamento desta Lei.

§ 5º Aos residentes em áreas rurais, maiores de 25 (vinte e cinco) anos que comprovem depender do emprego de arma de fogo para prover sua subsistência alimentar familiar será concedido pela Polícia Federal o porte de arma de fogo, na categoria caçador para subsistência, de uma arma de uso permitido, de tiro simples, com 1 (um) ou 2 (dois) canos, de alma lisa e de calibre igual ou inferior a 16 (dezesseis), desde que o interessado comprove a efetiva necessidade em requerimento ao qual deverão ser anexados os seguintes documentos: (Redação dada pela Lei nº 11.706, de 2008)

I – documento de identificação pessoal; (Incluído pela Lei nº 11.706, de 2008)

II – comprovante de residência em área rural; e (Incluído pela Lei nº 11.706, de 2008)

III – atestado de bons antecedentes. (Incluído pela Lei nº 11.706, de 2008)

§ 6º O caçador para subsistência que der outro uso à sua arma de fogo, independentemente de outras tipificações penais, responderá, conforme o caso, por porte ilegal ou por disparo de arma de fogo de uso permitido. (Redação dada pela Lei nº 11.706, de 2008)

§ 7º Aos integrantes das guardas municipais dos Municípios que integram regiões metropolitanas será autorizado porte de arma de fogo, quando em serviço. (Incluído pela Lei nº 11.706, de 2008)

Art. 7º As armas de fogo utilizadas pelos **profissionais de segurança privada dos prestadores de serviços de segurança privada e das empresas e dos condomínios edilícios possuidores de serviços orgânicos de segurança privada**, constituídas na forma da lei, serão de propriedade, responsabilidade e guarda das respectivas empresas, somente podendo ser utilizadas quando em serviço, devendo essas observarem as condições de uso e de armazenagem estabelecidas pelo órgão competente, sendo o certificado de registro e a autorização de porte expedidos pela Polícia Federal em nome da empresa. (Redação dada pela Lei nº 14.967, de 2024)

§ 1º O proprietário ou diretor responsável de empresa de segurança privada e de transporte de valores responderá pelo crime previsto no parágrafo único do art. 13 desta Lei, sem prejuízo das demais sanções administrativas e civis, se deixar de registrar ocorrência policial e de comunicar à Polícia Federal perda, furto, roubo ou outras formas de extravio de armas de fogo, acessórios e munições que estejam sob sua guarda, nas primeiras 24 (vinte e quatro) horas depois de ocorrido o fato.

§ 2º A empresa de segurança e de transporte de valores deverá apresentar documentação comprobatória do preenchimento dos requisitos constantes do art. 4º desta Lei quanto aos empregados que portarão arma de fogo.

§ 3º A listagem dos empregados das empresas referidas neste artigo deverá ser atualizada semestralmente junto ao SINARM.

Art. 7º-A. As armas de fogo utilizadas pelos **servidores das instituições descritas no inciso XI do art. 6º** serão de propriedade, responsabilidade e guarda das respectivas instituições, somente podendo ser utilizadas quando em serviço, devendo estas observar as condições de uso e de armazenagem estabelecidas pelo órgão competente, sendo o certificado de registro e a autorização de porte expedidos pela Polícia Federal em nome da instituição. (Incluído pela Lei nº 12.694, de 2012)

§ 1º A autorização para o porte de arma de fogo de que trata este artigo independe do pagamento de taxa. (Incluído pela Lei nº 12.694, de 2012)

§ 2º O presidente do tribunal ou o chefe do Ministério Público designará os servidores de seus quadros pessoais no exercício de funções de segurança que poderão portar arma de fogo, respeitado o limite máximo de 50% (cinquenta por cento) do número de servidores que exerçam funções de segurança. (Incluído pela Lei nº 12.694, de 2012)

§ 3º O porte de arma pelos servidores das instituições de que trata este artigo fica condicionado à apresentação de documentação comprobatória do preenchimento dos requisitos constantes do art. 4º desta Lei, bem como à formação funcional em estabelecimentos de ensino de atividade policial e à existência de mecanismos de fiscalização e de controle interno, nas condições estabelecidas no regulamento desta Lei. (Incluído pela Lei nº 12.694, de 2012)

§ 4º A listagem dos servidores das instituições de que trata este artigo deverá ser atualizada semestralmente no Sinarm. (Incluído pela Lei nº 12.694, de 2012)

§ 5º As instituições de que trata este artigo são obrigadas a registrar ocorrência policial e a comunicar à Polícia Federal eventual perda, furto, roubo ou outras formas de extravio de armas de fogo, acessórios e munições que estejam sob sua guarda, nas primeiras 24 (vinte e quatro) horas depois de ocorrido o fato. (Incluído pela Lei nº 12.694, de 2012).

Art. 8º As armas de fogo utilizadas em **entidades desportivas** legalmente constituídas devem obedecer às condições de uso e de armazenagem estabelecidas pelo órgão competente, respondendo o possuidor ou o autorizado a portar a arma pela sua guarda na forma do regulamento desta Lei.

Art. 9º Compete ao Ministério da Justiça a autorização do porte de arma para os responsáveis pela segurança de cidadãos estrangeiros em visita ou sediados no Brasil e, ao Comando do Exército, nos termos do regulamento desta Lei, o registro e a concessão de porte de trânsito de arma de fogo para colecionadores, atiradores e caçadores e de representantes estrangeiros em competição internacional oficial de tiro realizada no território nacional.

Art. 10. A **autorização para o porte de arma de fogo** de uso permitido, em todo o território nacional, é de **competência da Polícia Federal** e somente será concedida após **autorização do SINARM.**

§ 1º A autorização prevista neste artigo poderá ser concedida com **eficácia temporária** e **territorial limitada**, nos termos de atos regulamentares, e dependerá de o requerente:

I – demonstrar a sua efetiva necessidade por exercício de atividade profissional de risco ou de ameaça à sua integridade física;

II – atender às exigências previstas no art. 4º desta Lei;

III – apresentar documentação de propriedade de arma de fogo, bem como o seu devido registro no órgão competente.

§ 2º A autorização de porte de arma de fogo, prevista neste artigo, perderá automaticamente sua eficácia caso o portador dela seja detido ou abordado em estado de embriaguez ou sob efeito de substâncias químicas ou alucinógenas.

Art. 11. Fica instituída a **cobrança de taxas**, nos valores constantes do Anexo desta Lei, pela prestação de serviços relativos:

I – ao registro de arma de fogo;

II – à renovação de registro de arma de fogo;

III – à expedição de segunda via de registro de arma de fogo;

IV – à expedição de porte federal de arma de fogo;

V – à renovação de porte de arma de fogo;

VI – à expedição de segunda via de porte federal de arma de fogo.

§ 1º Os valores arrecadados destinam-se ao custeio e à manutenção das atividades do SINARM, da Polícia Federal e do Comando do Exército, no âmbito de suas respectivas responsabilidades.

§ 2º São isentas do pagamento das taxas previstas neste artigo as pessoas e as instituições a que se referem os incisos I a VII e X e o § 5º do art. 6º desta Lei. (Redação dada pela Lei nº 11.706, de 2008)

Art. 11-A. O Ministério da Justiça disciplinará a forma e as condições do credenciamento de profissionais pela Polícia Federal para comprovação da aptidão psicológica e da capacidade técnica para o manuseio de arma de fogo. (Incluído pela Lei nº 11.706, de 2008)

§ 1º Na comprovação da aptidão psicológica, o valor cobrado pelo psicólogo não poderá exceder ao valor médio dos honorários profissionais para realização de avaliação psicológica constante do item 1.16 da tabela do Conselho Federal de Psicologia. (Incluído pela Lei nº 11.706, de 2008)

§ 2º Na comprovação da capacidade técnica, o valor cobrado pelo instrutor de armamento e tiro não poderá exceder R$ 80,00 (oitenta reais), acrescido do custo da munição. (Incluído pela Lei nº 11.706, de 2008)

§ 3º A cobrança de valores superiores aos previstos nos §§ 1º e 2º deste artigo implicará o descredenciamento do profissional pela Polícia Federal. (Incluído pela Lei nº 11.706, de 2008).

CAPÍTULO IV
DOS CRIMES E DAS PENAS

1. **Bem jurídico tutelado.** A segurança pública e a incolumidade pública, que são interesses vinculados a um corpo social, tendo a coletividade como titular, e, não, uma pessoa isolada ou grupo isolado de pessoas. A segurança pública é bem tutelado pela CF/88, no seu art. 5º *caput*. As armas de fogo são espécies de material bélico e estão intimamente ligadas a segurança pública. A lei que instituiu o Estatuto do Desarmamento busca punir todo e qualquer comportamento irregular relacionado a arma de fogo, acessório ou munição, como a venda, transporte, fabricação, porte etc., uma vez que quase todos os crimes violentos são cometidos com armas sem autorização do Poder Público. Ex.: homicídio, roubo, latrocínio, extorsão mediante sequestro etc.

2. **Decretos regulamentadores.** O Estatuto do Desarmamento é regulado pelos seguintes Decretos: **1. Decreto nº 9.847/2019** (dispõe sobre a aquisição, o cadastro, o registro, o porte e a comercialização de armas de fogo e de munição e sobre o Sistema Nacional de Armas e o Sistema de Gerenciamento Militar de Armas); **2. Decreto nº 10.030/2019** (aprova o Regulamento de Produtos Controlados); e **3.**

Decreto nº 11.615/2023 (estabelece regras e procedimentos relativos à aquisição, ao registro, à posse, ao porte, ao cadastro e à comercialização nacional de armas de fogo, munições e acessórios, disciplina as atividades de caça excepcional, de caça de subsistência, de tiro desportivo e de colecionamento de armas de fogo, munições e acessórios, disciplina o funcionamento das entidades de tiro desportivo e dispõe sobre a estruturação do Sistema Nacional de Armas – Sinarm.

3. **Competência para processo e julgamento.** Em regra, a competência para o processo e para o julgamento é da justiça estadual, uma vez que o bem jurídico tutelado não diz respeito a nenhum interesse da União exclusivamente nos moldes do art. 109 da CF/88. O fato de haver o controle de armas pelo SINARM, órgão pertencente ao Ministério da Justiça, Poder Executivo Federal, não justifica a competência da justiça federal para o processo e para o julgamento. Entretanto, em algumas hipóteses, a competência será da justiça federal, quando a infração penal for praticada em detrimento de bens, serviços ou interesse da União e suas entidades autárquicas ou empresas públicas, na forma do art. 109, IV, da CF/88, como no caso do delito previsto no art. 18, que trata do delito de tráfico internacional de arma de fogo por haver lesão a interesse da União Federal, no que toca ao seu exercício de fiscalização sobre a zona alfandegária. Outro exemplo é a prática de um delito previsto no Estatuto, praticado a bordo de navio ou aeronave (art. 109, IX, da CF/88).

4. **Navio.** Deve-se tomar cuidado com a expressão *navio*. Tendo em vista que a CF/88 não conceituou o que seria navio, a doutrina e a jurisprudência pacificaram os seus entendimentos no sentido de conferir à expressão *navio* interpretação restritiva. Assim, *navio* não pode ser entendido como qualquer embarcação que se desloque sob águas, independentemente de qualquer outro critério. Por navio entenda-se a embarcação de grande porte, que possua tamanho e autonomia consideráveis para gerar o seu deslocamento para águas internacionais. Além disso, o navio deve encontrar-se em situação de deslocamento internacional ou em situação de potencial deslocamento.

▶ **STJ**

CONFLITO DE COMPETÊNCIA. DESENVOLVIMENTO CLANDESTINO DE ATIVIDADES DE TELECOMUNICAÇÃO. CRIME COMETIDO A BORDO DE NAVIO ANCORADO NO PORTO DE PARANAGUÁ. SITUAÇÃO DE POTENCIAL DESLOCAMENTO.

COMPETÊNCIA DA JUSTIÇA FEDERAL. 1. A Constituição Federal, em seu art. 109, IX, expressamente aponta a competência da Justiça Federal para processar e julgar "os crimes cometidos a bordo de navios ou aeronaves, ressalvada a competência da Justiça Militar". 2. Em razão da imprecisão do termo "navio" utilizado no referido dispositivo constitucional, a doutrina e a jurisprudência construíram o entendimento de que "navio" seria embarcação de grande porte o que, evidentemente, excluiria a competência para processar e julgar crimes cometidos a bordo de outros tipos de embarcações, isto é, aqueles que não tivessem tamanho e autonomia consideráveis que pudessem ser deslocados para águas internacionais. 3. Restringindo-se ainda mais o alcance do termo "navio", previsto no art. 109, IX, da Constituição, a interpretação que se dá ao referido dispositivo deve agregar outro aspecto, a saber, que ela se encontre em situação de deslocamento internacional ou em situação de potencial deslocamento. 4. Os tripulantes do navio que se beneficiavam da utilização de centrais telefônicas clandestinas, para realizar chamadas internacionais, pertenciam a embarcação que estava em trânsito no Porto de Paranaguá, o que caracteriza, sem dúvida, situação de potencial deslocamento. Assim, a competência, vista sob esse viés, é da Justiça Federal. 5. Conflito conhecido para declarar competente o Juízo Federal e Juizado Especial de Paranaguá – SJ/PR. **(CC 118.503/PR, Rel. Min. Rogerio Schietti Cruz, julgado em 22/04/2015).**

5. **Conceitos.** Arma de fogo, acessório e munição. Os conceitos estão previstos no Decreto nº 10.030/2019, para onde remetemos o leitor.

6. **Competência para autorizar e fiscalizar a produção e comércio de armas de fogo.** Compete à União, por meio do órgão SINARM, com circunscrição em todo o território nacional, autorizar e fiscalizar a produção e o comércio das armas de fogo, com fundamento no art. 21, VI da CF/88.

7. **Norma penal em branco.** Os tipos penais, ao fazerem menção a arma de fogo, acessório ou munição de uso permitido, restrito ou proibido, devem ser complementados pelo Decreto regulamentador.

Posse irregular de arma de fogo de uso permitido

Art. 12. Possuir ou manter sob sua guarda **arma de fogo, acessório ou munição, de uso permitido**, em desacordo com determinação legal ou regulamentar, no **interior de sua residência ou dependência desta**, ou, ainda no seu **local de trabalho**, desde que seja o **titular** ou o **responsável legal** do estabelecimento ou empresa:

Pena – detenção, de 1 (um) a 3 (três) anos, e multa.

1. **Diferença entre posse e porte.** *Posse* consiste em manter a arma *intra muros,* no interior de residência ou local de trabalho. *Porte* é *extra muros*, isso é, fora da residência ou local de trabalho.

2. **Possuir.** Significa ter a posse da arma de fogo, acessório ou munição como se fosse seu proprietário.

3. **Manter.** Significa conservar a arma de fogo, acessório ou munição consigo.

4. **Residência.** A expressão *residência* é equivalente a casa, tida como o local habitado pelo agente.

5. **Dependência da residência.** Lugar vinculado a casa, como a casa de máquinas da piscina, garagem, quintal, jardim, quadra de esportes, sauna, espaço gourmet, entre outros locais semelhantes.

6. **Imóvel localizado em área rural.** Caso o imóvel seja localizado em área rural, é considerada residência ou domicílio toda a extensão do respectivo imóvel rural, nos moldes do art. 5º, §5º da presente lei.

7. **Local de trabalho.** Local onde o agente exerce a sua profissão, como uma empresa, consultório médico. A lei exige, entretanto, que ele seja o titular ou o responsável legal pelo estabelecimento ou empresa.

8. **Espingarda de chumbinho.** Não é considerada arma de fogo, razão pela qual o fato é atípico.

9. **Posse irregular de arma em residência de terceiro.** Fato atípico em relação ao delito de *posse*, configurando, portanto, o delito de porte previsto no art. 14 da lei.

10. **Transporte de arma de fogo no interior do veículo.** Configura o delito de porte (art. 14), e não o de posse (art. 12).

▶ **STJ**

> ARMA ENCONTRADA NO INTERIOR DO VEÍCULO DO RÉU – TAXISTA. PLEITO DE EXTENSÃO DO CONCEITO DE LOCAL DE TRABALHO. INADMISSIBILIDADE. CONFIGURAÇÃO DO DELITO TIPIFICADO NO ART. 14 DA LEI N. 10.826/2003...3. No mais, melhor sorte não assiste ao agravante, visto que não é possível desclassificar o crime de porte ilegal para o delito definido no artigo 12 do Estatuto do Desarmamento, conforme pretende a Defesa. 4. Dispõe o art. 12 da Lei n. 10.826/03 que somente caracteriza o delito de posse quando o artefato se encontrar "no interior da residência ou dependência desta, ou, ainda no seu local de trabalho, desde que seja o titular ou o responsável legal do estabelecimento ou empresa". 5. Ora, conquanto o recorrente seja motorista de táxi e o utilize para sua atividade laboral, este não pode ser considerado como a extensão do local de trabalho. 6. A adoção de tal entendimento ocasionaria a indevida ampliação do art. 12 do Estatuto do Desarmamento, permitindo a qualquer profissional o livre transporte de arma de fogo em diversos locais, sob o argumento de que o veículo conduzido consistiria em extensão do local de trabalho. (...) 8. Agravo a que se nega provimento. AgRg no REsp 1318757. Rel. Min. Og Fernandes, julgado em 28/05/2013.

11. **Transporte de arma no interior de táxi.** Questão relevante versa sobre a tipificação da conduta do motorista de táxi que porta uma arma de fogo no interior do seu veículo, ou seja, se tal conduta configuraria o delito de posse (art. 12) ou de porte de arma de fogo (art. 14). O tipo legal de crime ora estudado (posse) exige que ela seja *intra muros,* isso é, no interior de residência ou no local de trabalho. Deve-se perquirir se o táxi estaria abrangido nesse conceito de residência ou local de trabalho. Entendemos que a resposta só pode ser negativa. Com efeito, o táxi não configura residência, nem local de trabalho, mas sim *instrumento de trabalho* por meio do qual o motorista exerce a sua profissão de forma regular. O seu local de trabalho é a rua, por onde o táxi trafega. Dessa forma, o transporte de arma no interior do táxi configura o delito de porte (art. 14) e não posse (art. 12).

▶ **STJ**

> ARMA ENCONTRADA NO INTERIOR DO VEÍCULO DO RÉU – TAXISTA. PLEITO DE EXTENSÃO DO CONCEITO DE LOCAL DE TRABALHO. INADMISSIBILIDADE. CONFIGURAÇÃO DO DELITO TIPIFICADO NO ART. 14 DA LEI N. 10.826/2003...3. No mais, melhor sorte não assiste ao agravante, visto que não é possível desclassificar o crime de porte ilegal para o delito definido no artigo 12 do Estatuto do Desarmamento, conforme pretende a Defesa. 4. Dispõe o art. 12 da Lei n. 10.826/03 que somente caracteriza o delito de posse quando o artefato se encontrar "no interior da residência ou dependência desta, ou, ainda no seu local de trabalho, desde que seja o titular ou o responsável legal do estabelecimento ou empresa". 5. Ora,

conquanto o recorrente seja motorista de táxi e o utilize para sua atividade laboral, este não pode ser considerado como a extensão do local de trabalho. 6. A adoção de tal entendimento ocasionaria a indevida ampliação do art. 12 do Estatuto do Desarmamento, permitindo a qualquer profissional o livre transporte de arma de fogo em diversos locais, sob o argumento de que o veículo conduzido consistiria em extensão do local de trabalho. (...). 8. Agravo a que se nega provimento. AgRg no REsp 1318757. Rel. Min. Og Fernandes, julgado em 28/05/2013.

12. **Transporte de arma no interior de caminhão.** Outra questão que oferece dúvida e relevância é o transporte de arma no interior do caminhão. É sabido que, na maioria das vezes, o caminhoneiro passa a maior parte de sua vida no caminhão, dirigindo-o, transportando mercadorias de um local para o outro. A questão se coloca de forma diversa do taxista. A diferença é clara, pois o taxista entra no seu carro, o dirige no período de trabalho proposto e depois vai para a sua residência descansar; com o caminhoneiro a questão se passa de forma diversa, uma vez que ele é obrigado a passar vários dias dentro do caminhão, inclusive, dormindo na cabine, para cumprir o seu trabalho. Nesse diapasão, indaga-se: a cabine do caminhão seria a residência do motorista? Entendemos que não. Da mesma forma que sustentamos no item anterior, a despeito de o caminhoneiro passar grande parte de sua vida dentro do caminhão, o veículo não pode ser considerado sua residência, mas sim *instrumento de trabalho* por meio do qual o motorista exerce a sua profissão de forma regular. O seu local de trabalho são as estradas do país, por onde o motorista trafega com o seu caminhão. O conceito de automóvel não pode ser confundido com o de residência. Com efeito, não é o *animus* do motorista se fixar de forma definitiva, com a sua família, dentro do caminhão. Basta pensar que o endereço que ele fornece para fins de cadastros diversos não é a cabine do caminhão; no momento do preenchimento da sua declaração de imposto de renda, por exemplo, o motorista não informa, como endereço residencial, a cabine do caminhão; o motorista, por exemplo, não recebe as suas correspondências no caminhão. Dessa forma, não sendo o caminhão a sua residência, nem o seu local de trabalho, o transporte de arma no seu interior configura o delito de porte (art. 14) e não posse (art. 12).

▶ **STJ**

INFORMATIVO 496.

Sexta Turma.

APREENSÃO DE ARMA EM CAMINHÃO. TIPIFICAÇÃO.

O veículo utilizado profissionalmente não pode ser considerado "local de trabalho" para tipificar a conduta como posse de arma de fogo de uso permitido (art. 12 da Lei n. 10.826/2003). No caso, um motorista de caminhão profissional foi parado durante fiscalização da Polícia Rodoviária Federal, quando foram encontrados dentro do veículo um revólver e munições intactas. Denunciado por porte ilegal de arma de fogo de uso permitido (art. 14 do Estatuto do Desarmamento), a conduta foi desclassificada para posse irregular de arma de fogo de uso permitido (art. 12 do mesmo diploma), reconhecendo-se, ainda, a *abolitio criminis* temporária. O entendimento foi reiterado pelo tribunal de origem no julgamento da apelação. O Min. Relator registrou que a expressão "local de trabalho" contida no art. 12 indica um lugar determinado, não móvel, conhecido, sem alteração de endereço. Dessa forma, a referida expressão não pode abranger todo e qualquer espaço por onde o caminhão transitar, pois tal circunstância está sim no âmbito da conduta prevista como porte de arma de fogo. Precedente citado: HC 116.052-MG, DJe 9/12/2008. REsp 1.219.901-MG, Rel. Min. Sebastião Reis Júnior, julgado em 24/4/2012.

13. **Manutenção de arma com o registro vencido no interior da residência.** Fato atípico. Se o agente mantém a arma em sua residência com o registro vencido, ele não tem o dolo de manter consigo uma arma de forma ilegal. Pelo contrário. A arma está registrada em seu nome, mas o prazo do registro expirou. Trata-se de mera infração administrativa.

▶ **STJ**

Informativo nº 572

Corte Especial

DIREITO PENAL. GUARDA DE ARMA DE FOGO DE USO PERMITIDO COM REGISTRO VENCIDO.

Manter sob guarda, no interior de sua residência, arma de fogo de uso permitido com registro vencido não configura o crime do art. 12 da Lei 10.826/2003 (Estatuto do Desarmamento). O art. 12 do Estatuto do Desarmamento afirma que é objetivamente típico possuir ou manter sob guarda arma de fogo de uso permitido, em desacordo com determinação legal ou regulamentar, no interior de residência. Entretanto, relativamente ao elemento subjetivo, não há dolo do agente que procede ao registro e, depois de expirado prazo, é apanhado com a arma nessa circunstância. Trata-se de uma irregularidade administrativa; do contrário, todos aqueles que porventura tiverem deixado expirar prazo semelhante terão necessariamente de responder pelo crime, o que é absolutamente desproporcional. Avulta aqui o caráter subsidiário e de *ultima ratio* do direito penal. Na hipótese, além de se afastar da teleologia do objeto jurídico protegido, a saber, a administração e, reflexamente, a segurança e a paz pública (crime de perigo abstrato), banaliza-se a criminalização de uma conduta em que o agente já fez o mais importante, que é apor seu nome em um registro de armamento, possibilitando o controle de sua circulação. Precedente citado: HC 294.078-SP, Quinta Turma, DJe 4/9/2014. **APn 686-AP, Rel. Min. João Otávio de Noronha, julgado em 21/10/2015, DJe 29/10/2015.**

Entretanto, esse entendimento não se aplica ao delito de **porte** de arma de fogo previsto nos arts. 14 e 16. Nesses casos há crime.

▶ **STJ**

Informativo nº 671

Sexta Turma

Posse de arma de fogo de uso permitido. Registro vencido. Irregularidade administrativa. Porte ilegal de arma de fogo. Porte ilegal de arma de fogo de uso restrito. Tipicidade. Inaplicabilidade do entendimento firmado no julgamento da Ação Penal n. 686/AP.Caracteriza ilícito penal o porte ilegal de arma de fogo (art. 14 da Lei n. 10.826/2003) ou de arma de fogo de uso restrito (art. 16 da Lei n. 10. 826/2003) com registro de cautela vencido. A Corte Especial do Superior Tribunal de Justiça decidiu, no julgamento da Ação Penal n. 686/AP, que, uma vez realizado o registro da arma, o vencimento da autorização não caracteriza ilícito penal, mas mera irregularidade administrativa que autoriza a apreensão do artefato e aplicação de multa (APn n. 686/AP, relator Ministro João Otávio de Noronha, Corte Especial, DJe de 29/10/2015). **Tal entendimento, todavia, é restrito ao delito de posse ilegal de arma de fogo de uso permitido (art. 12 da Lei n. 10.826/2003), não se aplicando ao crime de porte ilegal de arma de fogo (art. 14 da Lei n. 10.826/2003), muito menos ao delito de porte ilegal de arma de fogo de uso restrito (art. 16 da Lei n. 10.826/2003),** cujas elementares são diversas e a reprovabilidade mais intensa. **AgRg no AREsp 885.281-ES, Rel. Min. Antonio Saldanha Palheiro, Sexta Turma, por unanimidade, julgado em 28/04/2020, DJe 08/05/2020.**

14. **Cabimento de pena restritiva de direitos.** Tendo em vista que o delito ora comentado não possui, como elemento do tipo, a violência, nem a grave ameaça, bem como o *quantum* de pena cominada, conclui-se que é possível a substituição da pena privativa de liberdade por pena restritiva de direitos, desde que presentes os demais requisitos positivados no art. 44 do Código Penal.

15. **Consumação.** No momento em que o agente tem a arma de fogo, acessório ou munição sob sua disponibilidade.

16. **Classificação.** Crime comum, na primeira parte, e próprio na segunda parte, pois o tipo exige que o agente seja o titular ou responsável pelo estabelecimento ou empresa; permanente; de perigo abstrato; doloso; comissivo; de tentativa admissível; de mera conduta.

17. **Suspensão condicional do processo.** Admissível, pois a pena mínima cominada não ultrapassa 1 ano (art. 89 da lei 9.099/95).

Omissão de cautela

Art. 13. Deixar de observar as **cautelas necessárias** para impedir que **menor de 18 (dezoito) anos** ou **pessoa portadora de deficiência mental se apodere de arma de fogo** que esteja sob sua posse ou que seja de sua propriedade:

Pena – detenção, de 1 (um) a 2 (dois) anos, e multa.

Parágrafo único. Nas mesmas penas incorrem o proprietário ou diretor responsável de empresa de segurança e transporte de valores que deixarem de **registrar ocorrência policial e de comunicar à Polícia Federal** perda, furto, roubo ou outras formas de extravio de arma de fogo, acessório ou munição que estejam sob sua guarda, nas primeiras 24 (vinte quatro) horas depois de ocorrido o fato.

1. **Ausência de menor ou doente mental.** Se a arma de fogo é esquecida em cima da mesa, mas, no local, não há nenhum menor ou deficiente mental que possa ter acesso a ela, não há crime, e a conduta é atípica.

2. **Concurso de crimes.** Agente tem a posse ilegal da arma e a deixa ao alcance de um menor, responde pelos delitos de posse ilegal da arma de fogo (art. 12) e omissão de cautela (art. 13) em concurso material de crimes (art. 69 do Código Penal).

3. **Arma de fogo guardada no móvel do quarto de casal desmuniciada e com a munição guardada separadamente.** Fato atípico, pois na forma em que a arma foi guardada, inclusive com a munição separada, não houve omissão de cautela, isso é, o agente não violou o dever objetivo de cuidado.

4. **Dupla obrigação.** Registrar a ocorrência em qualquer delegacia estadual *e* comunicar à Polícia Federal. O agente deve cumprir as duas obrigações impostas pela lei.

5. **Prazo de 24 horas.** Embora o artigo disponha 24 horas "depois de ocorrido o fato", o prazo de 24 horas deve ser contado a partir do momento em que o agente tiver ciência da perda, furto, roubo ou extravio da arma de fogo, acessório ou munição.

6. **Consumação *caput*.** Momento do apoderamento da arma pelo menor ou doente mental.

7. **Consumação parágrafo** único. Após o decurso do prazo de 24 horas.

8. **Espingarda de chumbinho.** Não é considerada arma de fogo, razão pela qual o fato é atípico.

9. **Classificação *caput*.** Crime próprio, pois o tipo exige que o agente seja o proprietário ou possuidor da arma de fogo; instantâneo; de perigo abstrato; culposo; omissivo próprio; de tentativa inadmissível; de mera conduta.

10. **Classificação parágrafo único.** Crime próprio, pois o tipo exige que o agente seja proprietário ou diretor responsável de empresa de segurança e transporte de valores; instantâneo; de perigo abstrato; doloso; omissivo próprio; de tentativa inadmissível; de mera conduta.

11. **Suspensão condicional do processo.** Admissível, pois a pena mínima cominada não ultrapassa 1 ano (art. 89 da lei 9.099/95).

Porte ilegal de arma de fogo de uso permitido

Art. 14. Portar, deter, adquirir, fornecer, receber, ter em depósito, transportar, ceder, ainda que gratuitamente, emprestar, remeter, empregar, manter sob guarda ou ocultar **arma de fogo, acessório ou munição, de uso permitido**, sem autorização e em desacordo com determinação legal ou regulamentar:

Pena – reclusão, de 2 (dois) a 4 (quatro) anos, e multa.

Parágrafo único. O crime previsto neste artigo é inafiançável, salvo quando a arma de fogo estiver registrada em nome do agente.

1. **Tipo misto alternativo.** A prática de duas ou mais condutas descritas no tipo não gera concurso de crimes, respondendo o agente por apenas um delito.

2. **Diferença entre porte e transporte.** *Transportar* significa levar a arma de um lugar para outro, por meio de locomoção como automóvel, barco etc. *Portar* significa carregar consigo.

3. **Transporte de arma de fogo no interior do veículo.** Configura o delito de porte (art. 14), e não o de posse (art. 12).

▶ **STJ**

ARMA ENCONTRADA NO INTERIOR DO VEÍCULO DO RÉU – TAXISTA. PLEITO DE EXTENSÃO DO CONCEITO DE LOCAL DE TRABALHO. INADMISSIBILIDADE. CONFIGURAÇÃO DO DELITO TIPIFICADO NO ART. 14 DA LEI N. 10.826/2003...3. No mais, melhor sorte não assiste ao agravante, visto que não é possível desclassificar o crime de porte ilegal para o delito definido no artigo 12 do Estatuto do Desarmamento, conforme pretende a Defesa. 4. Dispõe o art. 12 da Lei n. 10.826/03 que somente caracteriza o delito de posse quando o artefato se encontrar "no interior da residência ou dependência desta, ou, ainda no seu local de trabalho, desde que seja o titular ou o responsável legal do estabelecimento ou empresa". 5. Ora, conquanto o recorrente seja motorista de táxi e o utilize para sua atividade laboral, este não pode ser considerado como a extensão do local de trabalho. 6. A adoção de tal entendimento ocasionaria a indevida ampliação do art. 12 do Estatuto do Desarmamento, permitindo a qualquer profissional o livre transporte de arma de fogo em diversos locais, sob o argumento de que o veículo conduzido consistiria em extensão do local de trabalho. (...) 8. Agravo a que se nega provimento. AgRg no REsp 1318757. Rel. Min. Og Fernandes, julgado em 28/05/2013.

4. **Transporte da arma até a Delegacia de Polícia para entregá-la.** Fato atípico. O agente não leva a arma de um local específico para outro local específico com o dolo que obter ou permitir que alguém obtenha algum proveito da arma. O que o agente pretende é desfazer-se da arma.

5. **Arma quebrada e incapaz de efetuar disparos. Ineficácia atestada por laudo pericial.** Fato atípico, em razão da ausência de potencial lesivo da arma comprovada pelo laudo pericial, sendo hipótese de crime impossível por absoluta ineficácia do meio.

▶ **STJ**

(...) PORTE ILEGAL DE ARMA DE FOGO DE USO RESTRITO. INEFICÁCIA DA ARMA ATESTADA POR LAUDO PERICIAL. AUSÊNCIA DE POTENCIALIDADE LESIVA. ATIPICIDADE DA CONDUTA. ABSOLVIÇÃO. 1. A Terceira Seção deste Tribunal Superior possui entendimento pacífico de que o tipo penal de posse ou porte ilegal de arma de fogo cuida de delito de perigo abstrato, sendo irrelevante a demonstração de seu efetivo caráter ofensivo. 2. In casu, contudo, como ficou demonstrada, por laudo pericial, a total ineficácia da arma de fogo (inapta a disparar), deve ser reconhecida a atipicidade da conduta perpetrada, diante da caracterização de crime impossível dada a absoluta ineficácia do meio. 3. Agravo regimental desprovido. **(AgRg no REsp 1394230/SE, Rel. Ministro ANTONIO SALDANHA PALHEIRO, SEXTA TURMA, julgado em 23/10/2018, DJe 09/11/2018).**

6. **Arma com funcionamento imperfeito.** Há a prática do delito.

▶ **STF**

INFORMATIVO Nº 505

Art. 14 da Lei 10.826/2003 e Tipicidade Material

O mero fato de o funcionamento de arma de fogo não ser perfeito não afasta a tipicidade material do crime definido no art. 14 da Lei 10.826/2003. Com base nesse entendimento, a Turma indeferiu habeas corpus em que condenado por porte ilegal de arma de fogo pleiteava o reconhecimento da atipicidade material de sua conduta, sob a alegação de que não restara comprovada, de forma válida, a potencialidade lesiva da arma apreendida. Aduzia, ainda, que a constitucionalidade do delito de arma desmuniciada encontrar-se-ia em análise nesta Corte. Inicialmente, asseverou-se que o presente writ não trataria do caso do porte de arma sem munição, nem do porte de munição sem arma, dado que o paciente fora denunciado porque trazia consigo revólver municiado com cartuchos intactos. Considerou-se que, na espécie, a perícia não concluíra pela inidoneidade da arma municiada portada pelo paciente. Ressaltou-se que o revólver não apresentava perfeitas condições de funcionamento, mas, conforme destacado na sentença condenatória, possuiria aptidão de produzir disparos, o que seria suficiente para atingir o bem juridicamente tutelado. HC 93816/RS, rel. Min. Joaquim Barbosa, 6.5.2008.

7. **Transporte em bolsa.** Há crime. A arma tem potencial lesivo e a pessoa pode alcançar a arma dentro da bolsa.

► **STJ**

INFORMATIVO Nº 338
PORTE ILEGAL. ARMA. PERIGO CONCRETO.

O delito tipificado no art. 10, *caput*, da revogada Lei n. 9.437/1997 apenas exige o porte de arma de fogo sem autorização ou em desacordo com determinação legal ou regular. Mostra-se desnecessária, para sua configuração, a demonstração de efetivo perigo à coletividade, daí a irrelevância de, no caso, a arma estar armazenada dentro de uma bolsa, quanto mais que ela era capaz de efetuar disparos, dela podendo lançar mão o recorrido a qualquer tempo. Precedentes citados: REsp 666.869-RS, DJ 1º/7/2005, e REsp 292.943-MG, DJ 16/9/2002. **REsp 930.219-MG, Rel. Min. Felix Fischer, julgado em 8/11/2007.**

8. **Porte ilegal de arma desmuniciada.** Muito se tem discutido, há alguns anos, sobre a conduta do agente que porta uma arma de fogo sem que ela esteja municiada. Deve-se perquirir qual seria a potencialidade lesiva de uma arma sem munição. Como visto alhures, considera-se arma de fogo a "arma que arremessa projéteis empregando a força expansiva dos gases, gerados pela combustão de um propelente confinado em uma câmara, normalmente solidária a um cano, que tem a função de dar continuidade à combustão do propelente, além de direção e estabilidade ao projétil." (Anexo III do Decreto 10.030/2019). Em outras palavras, arma de fogo é o artefato que tem por função lançar um projétil ao ar, por meio da deflagração de uma carga explosiva. Não se desconhece que uma arma, ainda que desmuniciada, possa gerar uma ameaça à vítima, um maior temor, um constrangimento ilegal, servindo de instrumento para prática de vários delitos, como ameaça, constrangimento ilegal, lesão corporal, estupro etc. Entretanto, a sua potencialidade lesiva não reside em ameaçar, constranger ou qualquer coisa parecida, mas sim lançar um projétil ao ar, por meio da deflagração de uma carga explosiva, como dito acima. Até porque o delito ora comentado não é constrangimento ilegal, ameaça, lesão corporal, estupro etc, e, sim, o porte de *arma de fogo*. O tipo legal de crime requer como objeto material uma *arma de fogo*. Entenda-se, de uma vez por todas, que a potencialidade lesiva de uma arma de fogo não está

em ameaçar, lesionar ou constranger, sobretudo porque é até mais eficaz uma ameaça ou constrangimento exercido, por exemplo, com uma faca ou com uma simples garrafa de vidro quebrada, do que com uma arma desmuniciada. Com efeito, com uma faca ou com a garrafa de vidro quebrada, o agente pode cortar a vítima provocando-lhe a morte; já com uma arma desmuniciada isso não ocorre, justamente em razão não ter potencialidade lesiva, uma vez que não lança um projétil ao ar. Por todo o exposto é que se discute há alguns anos, se o porte de uma arma desmuniciada configura ou não o delito ora comentado. Após muitos debates no âmbito da jurisprudência, o STF e o STJ pacificaram as suas jurisprudências no sentido de ser típica a conduta de portar arma de fogo desmuniciada, ao argumento, fundamentalmente, de o delito de porte de arma ser classificado como crime de perigo abstrato ou presumido, bastando o simples porte da arma de fogo para a sua consumação, independentemente de qualquer resultado ulterior.

▶ **STF**

(...) Porte ilegal de arma de fogo de uso permitido (art. 14 da Lei nº 10.826/03). Arma desmontada e desmuniciada. Crime de perigo abstrato. Tipicidade da conduta configurada. Precedentes. (...) O Supremo Tribunal Federal firmou o entendimento de que é de perigo abstrato o crime de porte ilegal de arma de fogo, sendo, portanto, irrelevante para sua configuração encontrar-se a arma desmontada ou desmuniciada. (...) **(HC 95861, Rel. Min. Cezar Peluso, Rel. p/ Acórdão: Min. Dias Toffoli, Segunda Turma, julgado em 02/06/2015, publicado em 01/07/2015).**

▶ **STJ**

(...) CRIME DE PORTE ILEGAL DE ARMA DE FOGO DE USO RESTRITO. ART. 16 DA LEI 10.826/03. ARMA DESMUNICIADA. CRIME DE PERIGO ABSTRATO. SÚMULA 83/STJ. AGRAVO NÃO PROVIDO. 1. O entendimento deste Superior Tribunal de Justiça, firmado no julgamento do AgRg nos EAREsp n. 260.556/SC, em 26/03/2014, tendo como relator o eminente Ministro Sebastião Reis Júnior, é no sentido de que o crime previsto no art. 14 da Lei n. 10.826/2003 é de perigo abstrato, sendo irrelevante o fato de a arma estar desmuniciada ou, até mesmo, desmontada ou estragada, porquanto o objeto jurídico tutelado não é a incolumidade física, e sim a segurança pública e a paz social, colocados em risco com o porte de arma de fogo sem autorização ou em desacordo com determinação legal, revelando-se despicienda até mesmo a comprovação do potencial ofensivo do artefato através de laudo pericial. 2. Agravo regimental a que se nega provimento. **(AgRg no AgRg no AREsp 1437702/RJ, Rel. Ministro RIBEIRO DANTAS, QUINTA TURMA, julgado em 20/08/2019, DJe 23/08/2019).**

9. **Porte ilegal de munição.** Pelos mesmos motivos e fundamentos analisados no item anterior, o STF pacificou a sua jurisprudência em igual sentido.

▶ **STF**

INFORMATIVO Nº 688.

Segunda Turma.

Porte de munição e lesividade da conduta.

A 2ª Turma denegou habeas corpus no qual se requeria a absolvição do paciente – condenado pelo porte de munição destinada a revólver de uso permitido, sem autorização legal ou regulamentar (Lei 10.826/2003, art. 14) – sob o argumento de ausência de lesividade da conduta. Inicialmente, não se conheceu do writ quanto à alegada atipicidade em razão de abolitio criminis temporária, pois não veiculada no STJ. No que concerne ao pedido alternativo de absolvição do paciente, enfatizou-se que a objetividade jurídica da norma penal em comento transcenderia a mera proteção da incolumidade pessoal para alcançar, também, a tutela da liberdade individual e do corpo social como um todo, asseguradas ambas pelo incremento dos níveis de segurança coletiva que a lei propiciaria. Por fim, firmou-se ser irrelevante cogitar-se da lesividade da conduta de portar apenas munição, porque a hipótese seria de crime de perigo abstrato, para cuja caracterização não importaria o resultado concreto da ação. HC 113295/SP, rel. Min. Ricardo Lewandowski, 13.11.2012. (HC-113295).

10. **Porte de arma de fogo em legítima defesa e estado de necessidade.** Não há crime, em razão de presença das causas de exclusão da ilicitude.

11. **Art. 19 da Lei de Contravenções Penais (DL 3.688/41).** Derrogado no que tange à arma de fogo, permanecendo em vigor em relação à arma branca.

12. **Legítima defesa potencial.** Sujeito que porta arma de fogo porque está ameaçado de morte. Há o delito de porte, por faltar o requisito da agressão atual ou iminente, exigido pelo art. 25 do Código Penal.

13. **Arma desmontada.** Há crime, pois trata-se de delito de perigo abstrato.

▶ **STJ**

(...) O entendimento deste Superior Tribunal de Justiça, firmado no julgamento do AgRg nos EAREsp n. 260.556/SC, em 26/03/2014, tendo como relator o eminente Ministro Sebastião Reis Júnior, é no sentido de que o crime previsto no art. 14 da Lei n. 10.826/2003 é de perigo abstrato, sendo irrelevante o fato de a arma estar desmuniciada ou, até mesmo, desmontada ou estragada, porquanto o objeto jurídico tutelado não é a incolumidade física, e sim a segurança pública e a paz social, colocados em risco com o porte de arma de fogo sem autorização ou em desacordo com determinação legal, revelando-se despicienda até mesmo a comprovação do potencial ofensivo do artefato através de laudo pericial. **(...) (AgRg no AgRg no AREsp 1437702/RJ, Rel. Ministro RIBEIRO DANTAS, QUINTA TURMA, julgado em 20/08/2019, DJe 23/08/2019).**

14. **Porte de arma de fogo e homicídio.** O delito de porte de arma fica absorvido pelo homicídio, desde que tenha sido meio necessário para a sua prática, sendo considerado *ante factum impunível,* com fundamento no princípio da consunção. Entretanto, caso o porte não tenha sido meio necessário para o homicídio, haverá concurso de crimes.

▶ **STJ**

INFORMATIVO Nº 452.

Sexta Turma.

CONSUNÇÃO. PORTE ILEGAL. ARMA DE FOGO.

Em *habeas corpus,* o impetrante defende a absorção do crime de porte ilegal de arma de fogo pelo crime de homicídio visto que, segundo o princípio da consunção, a primeira infração penal serviu como meio para a prática do último crime. Explica o Min. Relator que o princípio da consunção ocorre quando uma infração penal serve inicialmente como meio ou fase necessária para a execução de outro crime. Logo, a aplicação do princípio da consunção pressupõe, necessariamente, a análise de existência de um nexo de dependência das condutas ilícitas para verificar a possibilidade de absorção daquela infração penal menos grave pela mais danosa. (...) No entanto, na hipótese, pela descrição dos fatos na instrução criminal, na pronúncia e na condenação, não há dúvida de que o porte ilegal de arma de fogo serviu de meio para a prática do homicídio. Diante do exposto, a Turma concedeu a ordem para, com fundamento no princípio da consunção, excluir o crime de porte de arma de fogo da condenação do paciente. Precedentes citados: REsp 570.887-RS, DJ 14/2/2005; HC 34.747-RJ, DJ 21/11/2005, e REsp 232.507-DF, DJ 29/10/2001. **HC 104.455-ES, Rel. Min. Og Fernandes, julgado em 21/10/2010.**

15. **Porte de arma de fogo e roubo.** Não há concurso de crimes, uma vez que o emprego da arma de fogo já funciona como causa especial de aumento de pena prevista no art. 157, § 2º-A, I, do Código Penal, ficando, portanto, absorvido pelo roubo, à luz do princípio da consunção na vertente do crime progressivo. Logo, o porte de arma será considerado *ante factum* impunível. A utilização de arma de brinquedo no roubo não autoriza o aumento de pena, uma vez que não possui potencialidade lesiva. Quanto à necessidade de apreensão e perícia na arma de fogo para se aferir o seu potencial lesivo, para a incidência da majorante prevista no art. 157, § 2º-A, I, do Código Penal, o STF e o STJ firmaram as suas jurisprudências no sentido de que não é necessária a apreensão e a perícia na arma, desde que haja outros meios de prova que confirmem a sua utilização, tendo em vista que se trata de crime de perigo abstrato.

▶ **STF**

Habeas Corpus substitutivo de agravo regimental. Roubo circunstanciado. Apreensão e perícia da arma de fogo. Desnecessidade. Majorante comprovada por outros meios idôneos de prova. (...) O ato impugnado está em conformidade com a jurisprudência de ambas as Turmas do Supremo Tribunal Federal, no sentido de que a majorante do emprego de arma de fogo (art. 157, § 2º, I, do Código Penal) "pode ser evidenciada por qualquer meio de prova, em especial pela palavra da vítima – reduzida à impossibilidade de resistência pelo agente – ou pelo depoimento de testemunha presencial..."(HC 96.099, Rel. Min. Ricardo Lewandowski, Plenário). Precedentes. 3. Habeas Corpus extinto sem resolução de mérito por inadequação da via processual. HC 108225. Rel. Min. Roberto Barroso, julgado em 19/08/2014.

▶ **STJ**

HABEAS CORPUS. ROUBO MAJORADO. APREENSÃO DA ARMA E A REALIZAÇÃO DE EXAME PERICIAL PARA QUE INCIDA O AUMENTO NA PENA POR USO DE ARMA EM ROUBO. DESNECESSIDADE. REGIME. GRAVIDADE CONCRETA. (...) 1. A Terceira Seção desta Corte, no julgamento dos EREsp n. 961.863/RS, pacificou o entendimento de serem dispensáveis a apreensão da arma e a realização de exame pericial para que incida o aumento na pena por uso de arma em roubo, quando existirem nos autos outros elementos probatórios que levem a concluir pela sua efetiva utilização no crime. (...) 5. Habeas corpus não conhecido. HC 274279. Rel Min. Rogério Schietti Cruz, julgado em 04/11/2014.

16. **Arma de brinquedo, simulacros ou réplicas.** Fato atípico, pois não é arma de fogo.
17. **Espingarda de chumbinho.** Não é considerada arma de fogo, razão pela qual o fato é atípico.
18. **Porte de mais de uma arma.** Crime único. O tipo penal dispõe portar arma, não importando a quantidade.
19. **Porte de arma por vigia fora do horário de expediente.** A pessoa que exerce a função de vigia (que não se confunde com a função de vigilante) e porta a arma de fogo em via pública fora do horário de expediente comete o delito de porte ilegal de arma de fogo.

▶ **STJ**

Informativo nº 581

Quinta Turma

DIREITO PENAL. PORTE DE ARMA DE FOGO POR VIGIA APÓS O HORÁRIO DE EXPEDIENTE.

O fato de o empregador obrigar seu empregado a portar arma de fogo durante o exercício das atribuições de vigia não caracteriza coação moral irresistível (art. 22 do CP) capaz de excluir a culpabilidade do crime de "porte ilegal de arma de fogo de uso permitido" (art. 14 da Lei n. 10.826/2003) atribuído ao empregado que tenha sido flagrado portando, em via pública, arma de fogo, após o término do expediente laboral, no percurso entre o trabalho e a sua residência. De fato, não parece aceitável admitir a tese de que o vigia estava sob influência de coação moral irresistível, porquanto, quando praticou a conduta proibida, ele estava fora do horário e do ambiente de trabalho, livre, portanto, da relação de subordinação que o obrigava a portar arma de fogo de modo ilegal. Sob esse prisma, não há porque supor a indução do comportamento delitivo por força externa determinante, infligida pelo empregador. A verdade é que não há espaço para aplicação da regra disposta no art. 22 do CP ("Se o fato é cometido sob coação irresistível ou em estrita obediência a ordem, não manifestamente ilegal, de superior hierárquico, só é punível o autor da coação ou da ordem"). Assim, a inexigibilidade de conduta diversa somente funciona como causa de exclusão da culpabilidade quando proceder de forma contrária à lei se mostrar como única alternativa possível diante de determinada situação. Se há outros meios de solução do impasse, a exculpante não se caracteriza. Ademais, "importa não confundir, aqui, a atividade exercida pelo réu (vigia) com a de um vigilante (profissional contratado por estabelecimentos financeiros ou por empresa especializada em prestação de serviços de vigilância e transporte de valores), cuja categoria é regulamentada pela Lei nº 7.102/83, ao qual é assegurado o direito de portar armas de fogo, quando em efetivo exercício da profissão" (REsp 1.221.960-SP, Sexta Turma, DJe 9/3/2011). REsp 1.456.633-RS, **Rel. Min. Reynaldo Soares da Fonseca, julgado em 5/4/2016, DJe 13/4/2016.**

20. **Empréstimo da arma a terceiro.** Configura o delito ora comentado (caso não haja autorização ou esteja em desacordo com determinação legal ou regulamentar), podendo essa conduta ser tipificada nos verbos *fornecer* ou *ceder*.
21. **Consumação.** No momento da prática das condutas descritas no tipo, independentemente da produção de qualquer resultado, por tratar-se de crime de mera conduta.

22. **Parágrafo único. Vedação de fiança.** O legislador quis proibir que o preso em flagrante pelo delito de porte de arma de fogo, acessório ou munição permanecesse em liberdade, vedando a fiança. Entretanto, esqueceu-se de que, ao lado da liberdade provisória com fiança, existe a liberdade provisória sem fiança, não tendo vedado essa última. Assim, tem-se por inócua a vedação da fiança, uma vez que, se o preso não pode livrar-se solto com fiança, poderá livrar-se solto *sem fiança,* nos moldes do art. 310, III do Código de Processo Penal, com a redação que lhe deu a lei 12.403/2011. Note-se que este parágrafo único teve sua inconstitucionalidade declarada pelo STF na ADI 3112/DF, rel. Min. Ricardo Lewandowski, 2.5.2007). (ver comentário ao art. 21).

23. **Classificação.** Crime comum; instantâneo nas condutas *adquirir; fornecer; receber; ceder; emprestar; remeter e empregar;* permanente nas condutas *portar, deter, ter em depósito, transportar, manter sob sua guarda e ocultar;* de perigo abstrato; doloso; comissivo; de tentativa admissível; de mera conduta.

24. **Suspensão condicional do processo.** Incabível, pois a pena mínima cominada ultrapassa 1 ano (art. 89 da lei 9.099/95).

Disparo de arma de fogo

Art. 15. Disparar arma de fogo ou **acionar munição** em lugar habitado ou em suas adjacências, em via pública ou em direção a ela, desde que essa conduta não tenha como finalidade a prática de outro crime:

Pena – reclusão, de 2 (dois) a 4 (quatro) anos, e multa.

Parágrafo único. O crime previsto neste artigo é inafiançável.

1. **Comparação com o art. 28, *caput* e parágrafo único da Lei de Contravenções Penais (DL 3688/41).** O art. 28, *caput,* foi ab-rogado pelo art. 15 da lei de armas. Entretanto, o art. 15 acrescentou a conduta de *acionar munição.* A parte final do parágrafo único do art. 28 da Lei de Contravenções Penais, no que toca à conduta de *soltar balão aceso* foi revogada pelo art. 42 da lei de crimes contra o meio-ambiente (lei 9.605/98). Assim, o parágrafo único do art. 28 da Lei de Contravenções Penais só continua em vigor em relação à conduta de *queima de fogos de artifício.* Por fogos de artifício entenda-se "um artigo pirotécnico destinado para ser utilizado em entretenimento" (Anexo III, do Decreto 10.030/2019).

2. **Diferença para o art. 132 do Código Penal.** No art. 132 do Código Penal, o agente expõe a perigo pessoa certa e determinada. No art. 15 da lei 10.826/2003, o agente expõe a perigo um número indeterminado de pessoas.

3. **Lugar habitado.** Local em que pessoas residem, habitam o seu entorno. Lugar povoado, como cidade, vila, distrito, chácara, sítio, fazenda, lugarejo etc.

4. **Adjacências de lugar habitado.** Locais próximos às residências, como rua paralela, perpendicular. Não é necessário que seja dependência da moradia.

5. **Via pública:** Avenida, praça, rua etc. Disparo de arma, feito em rodovia, configura o delito, pois rodovia é considerada via pública.

6. **Em direção à via pública.** Disparo feito em direção à via pública, não importando o local de onde a arma é disparada.

7. **Local não habitado.** Em qualquer hipótese, se o local não for habitado, o fato será atípico, pois a segurança pública não corre perigo.

8. **Disparo de arma de fogo em legítima defesa ou estado de necessidade.** Não configura o delito, excluindo-se a ilicitude. Ex.: Disparo de arma, em legítima defesa da propriedade, para evitar um furto; ou disparo de arma, para afugentar ataque de animal perigoso.

9. **Disparo efetuado para o alto.** Configura o delito, desde que seja feito em via pública ou em sua direção.

10. **Subsidiariedade expressa.** Trata-se de tipo penal expressamente subsidiário. Se a finalidade do disparo for a de praticar um homicídio, o agente responderá tão-somente por esse delito, tentado ou consumado.

11. **Porte ilegal e disparo de arma de fogo.** O porte será considerado *ante factum* impunível, ficando absorvido pelo delito de disparo de arma de fogo, por força do princípio da consunção, desde que o porte e o disparo ocorram no mesmo contexto fático. Caso o disparo e o porte não ocorram no mesmo contexto fático, ou seja, dissociados um do outro, haverá concurso de crimes, como no caso de o agente já portar a arma de fogo e depois efetuar os disparos.

▶ **STJ**

PENAL. AGRAVO REGIMENTAL NO RECURSO ESPECIAL. PORTE ILEGAL E DISPARO DE ARMA DE FOGO. ARTIGOS 14 E 15 DA LEI 10.826/03. CONDUTAS PRATICADAS NO MESMO CONTEXTO FÁTICO. ANÁLISE DO CONJUNTO FÁTICO-PROBATÓRIO DOS AUTOS. IMPOSSIBILIDADE. INCIDÊNCIA DA SÚMULA 7/STJ. – A jurisprudência desta Corte possui entendimento firmado no sentido de que não é automática a aplicação do princípio da consunção para absorção do delito de porte de arma de fogo pelo de disparo, dependendo das circunstâncias em que ocorreram as condutas. – Na hipótese dos autos, as instâncias ordinárias reconheceram que os crimes foram praticados no mesmo contexto fático, devendo ser aplicado o referido postulado para que a conduta menos grave (porte ilegal de arma de fogo) seja absorvida pela conduta mais grave (disparo de arma de fogo). – A inversão das conclusões a que chegaram as instâncias ordinárias, no sentido de que houve o porte de arma em outro contexto fático, encontra óbice no enunciado n. 7 da Súmula do STJ. Agravo regimental desprovido. AgRg no REsp 1331199. Rel. Min. Ericson Maranho (Desembargador convocado do TJ/SP), julgado em 23/10/2014.

12. **Consumação.** Com o disparo da arma de fogo ou acionamento da munição por qualquer meio.

13. **Parágrafo único. Vedação de fiança.** O legislador quis proibir que o preso em flagrante pelo delito de disparo de arma de fogo permanecesse em liberdade, vedando a fiança. Entretanto, esqueceu-se que, ao lado da liberdade provisória com fiança, existe a liberdade provisória sem fiança, não tendo vedado essa última. Assim, tem-se por inócua a vedação da fiança, uma vez que, se o preso não pode livrar-se solto com fiança, poderá livrar-se solto *sem fiança,* nos moldes do art.

310, III do Código de Processo Penal, com a redação que lhe deu a lei 12.403/2011. Note-se que este parágrafo único teve sua inconstitucionalidade declarada pelo STF na ADI 3112/DF, rel. Min. Ricardo Lewandowski, 2.5.2007). (ver comentário ao art. 21).

14. Classificação. Crime comum; instantâneo; de perigo abstrato; doloso; comissivo; de tentativa admissível; de mera conduta.

15. Suspensão condicional do processo. Incabível, pois a pena mínima cominada ultrapassa 1 ano (art. 89 da lei 9.099/95).

Posse ou porte ilegal de arma de fogo de uso restrito

Art. 16. Possuir, deter, portar, adquirir, fornecer, receber, ter em depósito, transportar, ceder, ainda que gratuitamente, emprestar, remeter, empregar, manter sob sua guarda ou ocultar **arma de fogo, acessório ou munição de uso restrito**, sem autorização e em desacordo com determinação legal ou regulamentar: (Redação dada pela Lei nº 13.964, 2019)

Pena – reclusão, de 3 (três) a 6 (seis) anos, e multa.

§1º. Nas mesmas penas incorre quem: (Redação dada pela Lei nº 13.964, 2019)

I – suprimir ou alterar **marca, numeração ou qualquer sinal de identificação** de arma de fogo ou artefato;

II – **modificar** as **características de arma de fogo**, de forma a torná-la equivalente a arma de fogo de uso proibido ou restrito ou para fins de dificultar ou de qualquer modo induzir a erro autoridade policial, perito ou juiz;

III – possuir, detiver, fabricar ou empregar **artefato explosivo ou incendiário**, sem autorização ou em desacordo com determinação legal ou regulamentar;

IV – portar, possuir, adquirir, transportar ou fornecer arma de fogo com numeração, **marca ou qualquer outro sinal de identificação raspado, suprimido ou adulterado**;

V – vender, entregar ou fornecer, ainda que gratuitamente, arma de fogo, acessório, munição ou explosivo a **criança ou adolescente**; e

VI – produzir, recarregar ou reciclar, sem autorização legal, ou adulterar, de qualquer forma, **munição ou explosivo.**

§2º. Se as condutas descritas no *caput* e no § 1º deste artigo envolverem arma de fogo de **uso proibido**, a pena é de reclusão, de 4 (quatro) a 12 (doze) anos. (Incluído pela Lei nº 13.964, de 2019)

1. *Caput.* O tipo penal unificou as condutas de posse e porte, tratando de arma de fogo, acessório ou munição de uso restrito. Em sua redação originária, o art. 16 abrangia arma de fogo, acessório ou munição de *restrito ou proibido,* não havendo distinção entre essas duas espécies. Entretanto, com o advento da lei nº 13.964/2019, ele foi alterado, quando a partir de então o *caput* e o §1º passaram a tratar somente da arma de fogo, acessório ou munição de uso *restrito* e foi incluída a qualificadora do §2º para tratar da arma de fogo de uso *proibido.* Assim, o legislador deu um tratamento diverso entre a arma de fogo, acessório ou munição de uso restrito e de uso proibido, tratando essa última espécie com maior gravidade, aumentando-lhe a pena. Essa distinção também está estampada nos Decretos regulamentadores da presente lei.

Questão relevante versa sobre a aplicação da lei penal no tempo com essa alteração. Tendo em vista que a arma de fogo, acessório ou munição de *proibido* passou a ter um tratamento mais severo, trata-se de *novatio legis in pejus,* que não poderá retroagir à luz do princípio da irretroatividade da lei penal mais severa positivado no art. 5º, XL, da CF/88 e no art. 2º, parágrafo único, do Código Penal. Assim, quem praticou as condutas do *caput* e do §1º em relação à arma de fogo, acessório ou munição de uso *proibido,* antes do início de eficácia da lei nº 13.964/2019, não tem a situação jurídico-penal agravada, de forma que não incide a qualificadora do §2º e a conduta é tipificada no *caput* ou no §1º.

2. **Arma de fogo, acessório ou munição de uso restrito.** Ver comentários ao *Capítulo IV dos crimes e das penas.*

3. **Tipo misto alternativo.** A prática de duas ou mais condutas descritas no tipo não gera concurso de crimes, respondendo o agente por apenas um delito.

4. **Diferença entre posse, porte e transporte.** *Posse* consiste em manter a arma *intra muros,* no interior de residência ou local de trabalho, como exigido pelo art. 12. Por sua vez, o *porte* é *extra muros*, isso é, significa carregar consigo, fora da residência ou local de trabalho. Por fim, *transportar* significa levar a arma de um lugar para outro, por meio de locomoção, como automóvel, barco etc.

5. **Crime hediondo. Retroatividade da lei mais benéfica.** A lei 13.497/2017 alterou o art. 1º da lei de crimes hediondos e inseriu o presente tipo penal no seu rol, tornando-o crime hediondo. Como dissemos acima, o art. 16 abrangia arma de fogo, acessório ou munição de *restrito ou proibido,* não havendo distinção entre essas duas espécies. Logo, as duas formas eram classificadas como crime hediondo. Posteriormente, a lei nº 13.964/2019 voltou a alterar a lei de crimes hediondos e inseriu no seu art. 1º, parágrafo único, o inciso II, com a seguinte redação: *"o crime de posse ou porte ilegal de arma de fogo de uso proibido, previsto no art. 16 da Lei nº 10.826, de 22 de dezembro de 2003."* Tendo em vista que o legislador, ao fazer menção ao art. 16 da presente lei, especificou *"uso proibido"*, é forçosa a conclusão no sentido de que somente a conduta do §2º do art. 16 continuou a ser crime hediondo. Em relação às condutas relacionadas à arma de fogo, acessório ou munição de uso *restrito* descritas no *caput* e no §1º, deve ser aplicado o princípio da retroatividade da lei penal mais benéfica, positivado no art. 5º, XL, da CF/88 e no art. 2º, parágrafo único, do Código Penal, de forma que tais condutas deixaram de ser classificadas como crime hediondo. Isso porque o critério adotado pelo legislador para a definição dos crimes hediondos é o critério legal, segundo o qual somente a lei pode dizer os crimes que são classificados como hediondos. Portanto, se ao alterar o rol dos crimes hediondos, o legislador especificou *"uso proibido"*, foi porque não quis mais abranger, também, as armas de fogo de *uso restrito.* Em síntese, com o início de eficácia da lei nº 13.964/2019, as condutas descritas no *caput* e no §1º do art. 16 deixaram de ser classificadas como crime hediondo.

6. **Arma de brinquedo, simulacros ou réplicas de armas de fogo de uso restrito.** Fato atípico, pois não é arma de fogo.

7. **Porte de mais de uma arma.** Crime único. O tipo penal dispõe portar arma, não importando a quantidade.

8. **Porte de arma de fogo e roubo.** Não há concurso de crimes, uma vez que o emprego da arma de fogo já funciona como causa especial de aumento de pena prevista no art. 157, § 2º-A, I, do Código Penal, ficando, portanto, absorvido pelo roubo, à luz do princípio da consunção na vertente do crime progressivo. Logo, o porte de arma será considerado *ante factum* impunível. O fato de o delito ora comentado ser crime hediondo não oferece nenhum problema em ser absorvido pelo delito de roubo. Isso porque no princípio da consunção não deve ser levada em consideração a gravidade dos delitos envolvidos, mas, sim, se um crime é meio necessário ou fase normal de preparação ou de execução de outro crime.

9. **Porte de arma desmuniciada.** Há crime.

▶ **STF**

> (...) Porte ilegal de arma de fogo de uso permitido (art. 14 da Lei nº 10.826/03). Arma desmontada e desmuniciada. Crime de perigo abstrato. Tipicidade da conduta configurada. Precedentes. (...) O Supremo Tribunal Federal firmou o entendimento de que é de perigo abstrato o crime de porte ilegal de arma de fogo, sendo, portanto, irrelevante para sua configuração encontrar-se a arma desmontada ou desmuniciada. (...) **(HC 95861, Rel. Min. Cezar Peluso, Rel. p/ Acórdão: Min. Dias Toffoli, Segunda Turma, julgado em 02/06/2015, publicado em 01/07/2015).**

▶ **STJ**

> (...) CRIME DE PORTE ILEGAL DE ARMA DE FOGO DE USO RESTRITO. ART. 16 DA LEI 10.826/03. ARMA DESMUNICIADA. CRIME DE PERIGO ABSTRATO. SÚMULA 83/STJ. AGRAVO NÃO PROVIDO. 1. O entendimento deste Superior Tribunal de Justiça, firmado no julgamento do AgRg nos EAREsp n. 260.556/SC, em 26/03/2014, tendo como relator o eminente Ministro Sebastião Reis Júnior, é no sentido de que o crime previsto no art. 14 da Lei n. 10.826/2003 é de perigo abstrato, sendo irrelevante o fato de a arma estar desmuniciada ou, até mesmo, desmontada ou estragada, porquanto o objeto jurídico tutelado não é a incolumidade física, e sim a segurança pública e a paz social, colocados em risco com o porte de arma de fogo sem autorização ou em desacordo com determinação legal, revelando-se despicienda até mesmo a comprovação do potencial ofensivo do artefato através de laudo pericial. 2. Agravo regimental a que se nega provimento. **(AgRg no AgRg no AREsp 1437702/RJ, Rel. Ministro RIBEIRO DANTAS, QUINTA TURMA, julgado em 20/08/2019, DJe 23/08/2019).**

10. **Arma quebrada e incapaz de efetuar disparos. Ineficácia atestada por laudo pericial.** Fato atípico, em razão da ausência de potencial lesivo da arma comprovada pelo laudo pericial, sendo hipótese de crime impossível por absoluta ineficácia do meio.

▶ **STJ**

> (...) PORTE ILEGAL DE ARMA DE FOGO DE USO RESTRITO. INEFICÁCIA DA ARMA ATESTADA POR LAUDO PERICIAL. AUSÊNCIA DE POTENCIALIDADE LESIVA. ATIPICIDADE

DA CONDUTA. ABSOLVIÇÃO. 1. A Terceira Seção deste Tribunal Superior possui entendimento pacífico de que o tipo penal de posse ou porte ilegal de arma de fogo cuida de delito de perigo abstrato, sendo irrelevante a demonstração de seu efetivo caráter ofensivo. 2. In casu, contudo, como ficou demonstrada, por laudo pericial, a total ineficácia da arma de fogo (inapta a disparar), deve ser reconhecida a atipicidade da conduta perpetrada, diante da caracterização de crime impossível dada a absoluta ineficácia do meio. 3. Agravo regimental desprovido. **(AgRg no REsp 1394230/SE, Rel. Ministro ANTONIO SALDANHA PALHEIRO, SEXTA TURMA, julgado em 23/10/2018, DJe 09/11/2018).**

11. **Posse de munição de arma de uso restrito por Conselheiro do Tribunal de Contas.** Fato atípico. Os Conselheiros do Tribunal de Contas da União e dos Estados têm equiparação aos Magistrados prevista nos art. 73, § 3º, e 75 da CF/88. A Lei Orgânica da Magistratura (Lei Complementar nº 35/79), em seu art. 33, V, garante aos Magistrados o porte de arma para uso pessoal, não fazendo distinção entre arma de uso permitido ou arma de uso restrito.

▶ **STJ**

Informativo nº 572

Corte Especial

DIREITO PENAL. GUARDA DE MUNIÇÃO DE ARMA DE USO RESTRITO POR CONSELHEIRO DE TRIBUNAL DE CONTAS.

O Conselheiro do Tribunal de Contas Estadual que mantém sob sua guarda munição de arma de uso restrito não comete o crime do art. 16 da Lei 10.826/2003 (Estatuto do Desarmamento). Sendo Conselheiro do Tribunal de Contas Estadual, o agente estaria equiparado, por simetria constitucional, a magistrado (arts. 73, § 3º, e 75 da CF). E, por força do art. 33, V, da LC 35/1979 (LOMAN), que não faz distinção entre armas de uso permitido e as de uso restrito, é atípica a conduta de posse e guarda de arma e munições de uso restrito quando se trata de magistrados. A redação do art. 16 do Estatuto do Desarmamento indica a necessidade de definição do que vem a ser arma de uso restrito, tratando-se de norma penal em branco. Essa definição é deixada pelos arts. 23 e 27 do Estatuto ao Poder Executivo (arts. 11 e 18 do Decreto 5.123/2004), que, por sua vez, remete a portaria do Comando do Exército a autorização para pessoas físicas ou jurídicas terem essa espécie de porte. Entretanto, é equivocado referir o art. 16 como norma penal em branco para permitir que algum preceito infralegal possa interferir em prerrogativa de magistrado inscrita em lei complementar. A regra regulamentadora não pode, a pretexto de integrar os elementos do tipo, estabelecer restrições a direitos previstos em outras leis, inclusive com o poder incriminador de quem explicitamente não está sob sua égide. As portarias do Comando do Exército não se aplicam a magistrados, pois invadiriam competência reservada à lei complementar (art. 93 da CF), tocando em assuntos relativos a direitos e prerrogativas da magistratura, limitando indevidamente o seu exercício. Assim, não pode uma lei ordinária sobre desarmamento delegar a um decreto federal e a uma portaria a restrição de direitos e prerrogativas da magistratura, especialmente para tornar a sua não observância um crime, violando o princípio da tipicidade estrita. Do mesmo modo, o STF considerou atípica a conduta de magistrado possuir arma de uso restrito (HC 102.422-SP, DJe de 24/9/2010). *Mutatis mutandis*, trata-se de caso que guarda várias semelhanças com o presente. Com efeito, o direito ao porte consta no art. 33, V, da LC 35/1979 (LOMAN). Há uma restrição específica nesse direito de que a arma seja destinada à defesa pessoal. E a melhor interpretação aqui é de que defesa pessoal está no *animus* do porte, e não no calibre da arma. Fora isso, as restrições infralegais são indevidas ou no mínimo discutíveis no âmbito da magistratura. **APn 657-PB, Rel. Min. João Otávio de Noronha, julgado em 21/10/2015, DJe 29/10/2015.**

12. **Consumação.** No momento da prática das condutas descritas no tipo, independentemente da produção de qualquer resultado, por tratar-se de crime de mera conduta.

13. **Classificação.** Crime comum; instantâneo nas condutas *adquirir, fornecer, receber, ceder, emprestar, remeter e empregar* e permanente nas condutas *possuir, portar, deter, ter em depósito, transportar, manter sob sua guarda e ocultar;* de perigo abstrato; doloso; comissivo; de tentativa admissível; de mera conduta.

14. **Suspensão condicional do processo.** Incabível, pois a pena mínima cominada ultrapassa 1 ano (art. 89 da lei 9.099/95).

15. **§1º, inciso I.** Supressão ou alteração de marca, numeração ou qualquer sinal de identificação de arma de fogo ou artefato. Conhecido como *raspagem da arma*.

16. **Tipo misto alternativo.** A prática das duas condutas descritas no tipo (supressão e alteração) não gera concurso de crimes, respondendo o agente por apenas um delito.

17. **Consumação.** No momento da prática das condutas descritas no tipo, independentemente da produção de qualquer resultado, por tratar-se de crime de mera conduta.

18. **Classificação.** Crime comum; instantâneo; de perigo abstrato; doloso; comissivo; de tentativa admissível; de mera conduta.

19. **Suspensão condicional do processo.** Incabível, pois a pena mínima cominada ultrapassa 1 ano (art. 89 da lei 9.099/95).

20. **§1º, inciso II.** Modificação das características de arma de fogo. Ex. Transformar uma arma calibre 38 em uma arma calibre Magnum 357.

21. **Especial fim de agir.** *Para fins de dificultar ou de qualquer modo induzir a erro autoridade policial, perito ou juiz.* Não basta que o agente modifique as características de arma de fogo. O especial fim de agir descrito no tipo deve estar presente na conduta do agente, sob pena de atipicidade.

22. **Consumação.** No momento da prática da conduta descrita no tipo, independentemente da produção de qualquer resultado, por tratar-se de crime de mera conduta.

23. **Classificação.** Crime comum; instantâneo; de perigo abstrato; doloso; comissivo; de tentativa admissível; de mera conduta.

24. **Suspensão condicional do processo.** Incabível, pois a pena mínima cominada ultrapassa 1 ano (art. 89 da lei 9.099/95).

25. §1º, inciso III. Posse, detenção, fabricação ou emprego de artefato explosivo ou incendiário.

26. Tipo misto alternativo. A prática de duas ou mais condutas descritas no tipo não gera concurso de crimes, respondendo o agente por apenas um delito.

27. Explosivo. "Tipo de matéria que, quando iniciada, sofre decomposição muito rápida, com grande liberação de calor e desenvolvimento súbito de pressão. (Anexo III do Decreto 10.030/2019).

28. Granada de gás lacrimogêneo e de gás de pimenta. A granada de gás lacrimogêneo e a de gás de pimenta não estão englobadas no conceito de explosivo para fins do presente tipo penal, tendo em vista que essas "granadas" não se decompõem em produtos mais estáveis, estilhaços. Logo, quem for flagrado na posse de tais artefatos não pratica esse delito.

▶ **STJ**

Informativo nº 599

Sexta Turma

Estatuto do desarmamento. Delito tipificado no art. 16, parágrafo único, III da Lei n. 10.826/2003. Porte de artefato explosivo. Granada de gás lacrimogêneo/pimenta. Inadequação típica. A conduta de portar uma granada de gás lacrimogêneo e outra de gás de pimenta não se subsome ao delito previsto no art. 16, parágrafo único, III, da Lei n. 10.826/03. (...) Pode-se entender que um explosivo é, em sentido amplo, um material extremamente instável, que pode se decompor rapidamente, formando produtos estáveis. Esse processo é denominado de explosão e é acompanhado por uma intensa liberação de energia, que pode ser feita sob diversas formas e gera uma considerável destruição decorrente da liberação dessa energia. No entanto, não será considerado explosivo o artefato que, embora ativado por explosivo, não projete e nem disperse fragmentos perigosos como metal, vidro ou plástico quebradiço, não possuindo, portanto, considerável potencial de destruição. No caso, embora a perícia indique eficácia e potencial lesivo, constata-se que no artefato, mesmo que ativado por explosivo, a explosão decorrente da sua decomposição não é capaz de gerar destruição resultante da liberação de energia, apenas o incômodo gerado pelo gás toxico. A norma em comento, por sua vez, busca tutelar a incolumidade pública não de forma absoluta, mas apenas no que se refere ao uso de artefatos explosivos ou incendiários. Assim, para a adequação típica do delito em questão, exige-se que o objeto material do delito, qual seja, o artefato explosivo, seja capaz de gerar alguma destruição, não podendo ser tipificado neste crime a posse de granada de gás lacrimogêneo/pimenta, embora não fique impedido o enquadramento desta conduta em outra figura típica. **REsp 1.627.028-SP, Rel. Min. Maria Thereza de Assis Moura, julgado em 21/2/2017).**

29. Consumação. No momento da prática das condutas descritas no tipo, independentemente da produção de qualquer resultado, por tratar-se de crime de mera conduta.

30. Classificação. Crime comum; instantâneo nas condutas *fabricar e empregar* e permanente nas condutas *possuir e deter*; de perigo abstrato; doloso; comissivo; de tentativa admissível; de mera conduta.

31. **Suspensão condicional do processo.** Incabível, pois a pena mínima cominada ultrapassa 1 ano (art. 89 da lei 9.099/95).

32. **§1º, inciso IV.** Porte, posse, aquisição, transporte ou fornecimento de arma *raspada.*

33. **Tipo misto alternativo.** A prática de duas ou mais condutas descritas no tipo não gera concurso de crimes, respondendo o agente por apenas um delito.

34. **Porte de arma de fogo desmuniciada com sinal de identificação suprimido.** De acordo com o STF e o STJ, o porte de arma de fogo com a numeração raspada, mesmo que seja de uso permitido, configura o delito ora comentado, uma vez que se trata de crime de perigo abstrato.

35. **Não configura crime hediondo. O delito de possse ou** porte de arma de fogo de uso permitido e com a numeração adulterada não é cirme hediondo.

▶ **STJ**

> **Súmula 668:** Não é hediondo o delito de porte ou posse de arma de fogo de uso permitido, ainda que com numeração, marca ou qualquer outro sinal de identificação raspado, suprimido ou adulterado.

36. **Consumação.** No momento da prática das condutas descritas no tipo, independentemente da produção de qualquer resultado, por tratar-se de crime de mera conduta.

37. **Classificação.** Crime comum; instantâneo, nas condutas *adquirir* e *fornecer* e, permanente, nas condutas *portar, possuir e transportar;* de perigo abstrato; doloso; comissivo; de tentativa admissível; de mera conduta.

38. **Suspensão condicional do processo.** Incabível, pois a pena mínima cominada ultrapassa 1 ano (art. 89 da lei 9.099/95).

39. **§1º, inciso V.** Venda, entrega ou fornecimento, ainda que gratuito, de arma de fogo, acessório, munição ou explosivo a criança ou adolescente.

40. **Princípio da especialidade. Art. 242 do ECA.** O art. 242 do Estatuto da Criança e do Adolescente (lei 8.069/90) trouxe a conduta de *"Vender, fornecer ainda que gratuitamente ou entregar, de qualquer forma, a criança ou adolescente arma, munição ou explosivo".* Considerando que a lei de armas é posterior, derrogou o delito descrito no art. 242 do ECA. Entretanto, como o ECA não fez menção à arma *de fogo,* continua aplicável somente quando se tratar de arma de outra natureza, que não seja de fogo.

41. **Munição.** O conceito está previsto no Decreto nº 10.030/2019, para onde remetemos o leitor.

42. **Explosivo.** O conceito está previsto no Decreto nº 10.030/2019, para onde remetemos o leitor.

43. **Tipo misto alternativo.** A prática de duas ou mais condutas descritas no tipo não gera concurso de crimes, respondendo o agente por apenas um delito.

44. **Consumação.** No momento da prática das condutas descritas no tipo, independentemente da produção de qualquer resultado, por tratar-se de crime de mera conduta.

45. **Diferença em relação ao art. 13.** O tipo penal ora comentado não se confunde com o art. 13 desta lei. Enquanto no art. 13 o delito é culposo, tendo em vista que o agente não observa as cautelas necessárias para impedir que um menor de 18 anos se apodere de arma de fogo, no presente tipo penal a conduta é dolosa, ou seja, o agente intencionalmente vende ou entrega arma de fogo ao menor de 18 anos.

46. **Classificação.** Crime comum; instantâneo; de perigo abstrato; doloso; comissivo; de tentativa admissível; de mera conduta.

47. **Suspensão condicional do processo.** Incabível, pois a pena mínima cominada ultrapassa 1 ano (art. 89 da lei 9.099/95).

48. **§1º, inciso VI.** Produção, recarga ou reciclagem de munição ou explosivo.

49. **Produção.** Significa criação.

50. **Recarga.** Efetivar nova carga.

51. **Reciclagem.** Reaproveitamento de alguma matéria.

52. **Munição.** O conceito está previsto no Decreto nº 10.030/2019, para onde remetemos o leitor.

54. **Explosivo.** O conceito está previsto no Decreto nº 10.030/2019, para onde remetemos o leitor.

54. **Especialidade.** Trata-se de tipo especial em relação ao art. 253 do Código Penal.

55. **Tipo misto alternativo.** A prática de duas ou mais condutas descritas no tipo não gera concurso de crimes, respondendo o agente por apenas um delito.

56. **Consumação.** No momento da prática das condutas descritas no tipo, independentemente da produção de qualquer resultado, por tratar-se de crime de mera conduta.

57. **Classificação.** Crime comum; instantâneo; de perigo abstrato; doloso; comissivo; de tentativa admissível; de mera conduta.

58. **Suspensão condicional do processo.** Incabível, pois a pena mínima cominada ultrapassa 1 ano (art. 89 da lei 9.099/95).

59. **§2º. Arma de fogo de uso proibido. Irretroatividade da lei mais severa.** Como dito anteriormente, em sua redação originária o art. 16 tratava de arma de fogo, acessório ou munição de *restrito ou proibido.* A lei nº 13.964/2019 alterou o art. 16 de forma que o *caput* e o §1º passaram a tratar somente da arma de fogo, acessório ou munição de uso *restrito* e foi incluída a qualificadora do §2º, que passou a tratar da arma de fogo de uso *proibido,* de forma mais grave, com a pena maior de reclusão de quatro a doze anos. Questão relevante versa sobre a aplicação da lei penal no tempo com essa alteração. Como o §2º é mais severo, trata-se de *novatio legis in pejus,* que não poderá retroagir à luz do princípio da irretroatividade da lei penal mais severa positivado no art. 5º, XL, da CF/88 e no art. 2º, parágrafo único, do Código Penal. Assim, o §2º somente vai incidir nas condutas praticadas após

o início de eficácia da lei 13.964/2019. O agente que praticou a conduta descrita no §2º antes do início de eficácia da lei 13.964/2019, não será alcançado por ele e a sua conduta continua sendo tipificada no *caput* ou no §1º. Entretanto, deve ser feita uma ressalva: a lei 13.964/2019 será aplicada se for hipótese de crime permanente, caso o início de eficácia da lei tenha ocorrido antes de cessar a permanência, aplicando-se a súmula 711, do STF.

Comércio ilegal de arma de fogo

Art. 17. Adquirir, alugar, receber, transportar, conduzir, ocultar, ter em depósito, desmontar, montar, remontar, adulterar, vender, expor à venda, ou de qualquer forma utilizar, em proveito próprio ou alheio, **no exercício de atividade comercial ou industrial, arma de fogo, acessório ou munição**, sem autorização ou em desacordo com determinação legal ou regulamentar:

Pena – reclusão, de 6 (seis) a 12 (doze) anos, e multa. (Redação dada pela Lei nº 13.964, de 2019).

§1º. **Equipara-se à atividade comercial ou industrial**, para efeito deste artigo, qualquer forma de prestação de serviços, fabricação ou comércio **irregular ou clandestino,** inclusive o exercido em **residência.** (Redação dada pela Lei nº 13.964/2019)

§ 2º Incorre na mesma pena quem vende ou entrega arma de fogo, acessório ou munição, sem autorização ou em desacordo com a determinação legal ou regulamentar, a agente policial disfarçado, quando presentes elementos probatórios razoáveis de conduta criminal preexistente. (Incluído pela Lei nº 13.964, de 2019)

1. **Comércio ilegal de arma de fogo.** O presente tipo penal traz o crime de comércio ilegal de arma de fogo. A lei nº 13.964/2019 alterou o tipo penal e aumentou a pena privativa de liberdade cominada ao caput, que era de quatro a oito anos e passou a ser de seis a doze anos. Neste aspecto, por se tratar de lei penal mais severa, não pode retroagir para alcançar o delito praticado antes do início de sua eficácia, com fundamento no princípio constitucional da irretroatividade da lei penal mais severa (art. 5º, XL, da CF/88). Contudo, deve ser feita uma ressalva: a lei será aplicada se a conduta configurar crime permanente (condutas *alugar, transportar, conduzir, ocultar, ter em depósito e expor à venda),* caso o início de eficácia da lei tenha ocorrido antes de cessar a permanência, aplicando-se a súmula 711, do STF.

2. **Tipo misto alternativo.** A prática de duas ou mais condutas descritas no tipo não gera concurso de crimes, respondendo o agente por apenas um delito.

3. **Art. 18 da Lei de Contravenções Penais (DL 3.699/41).** Com o advento do Estatuto do Desarmamento (arts. 17 e 18), o art. 18 da LCP foi derrogado, tendo sua aplicabilidade restrita às armas brancas.

4. **Princípio da especialidade.** O art. 17 da lei de armas é tipo penal especial em relação ao art. 180, § 1º do Código Penal, afastando, portanto, a sua aplicação.

5. **§1º. Equiparação à atividade comercial e industrial.** O §1º equiparou à atividade comercial ou industrial qualquer forma de prestação de serviços, fabricação ou

comércio irregular ou clandestino, inclusive o exercido em residência. Trata-se de realidade bastante comum nos dias atuais, para a qual o legislador não pode fechar os olhos e deixar de abranger no tipo penal.

6. **§2º. Agente policial disfarçado. Conduta equiparada.** A lei nº 13.964/2019 inseriu uma nova técnica específica de investigação denominada *agente policial disfarçado*. Inicialmente, deve ser questionado quem poderia ser esse agente policial. Tendo em vista que o legislador não fez qualquer distinção entre, por exemplo, polícia ostensiva e polícia judiciária ou, então, entre polícia federal, civil ou militar, cremos que o agente policial disfarçado pode ser integrante de qualquer uma das polícias previstas no art. 144 da CF/88, pois onde o legislador não distingue, não cabe ao intérprete distinguir. Note-se que o *agente policial disfarçado* não deve ser confundido com o *agente infiltrado*, uma vez que ele não se infiltra dentro de uma organização criminosa, não passa a pertencer à organização. Da mesma forma, ele não se confunde com a figura do *agente provocador*, tendo em vista que o agente policial disfarçado não leva o agente criminoso a praticar a infração penal, não o induz à prática delituosa. A finalidade desse instituto é reunir elementos probatórios acerca da existência e da autoria do delito contido nesse tipo penal. Como o agente policial disfarçado não provoca a prática do delito pelo agente investigado, não é possível falar-se em crime impossível invocando a súmula 145 do STF. Com efeito, o legislador exigiu a presença de "*elementos probatórios razoáveis de conduta criminal preexistente*", o que significa dizer que o investigado já deve estar praticando a infração penal no momento em que o agente policial disfarçado entra em ação. Aliás, note-se que, pela redação legal, a *presença de elementos probatórios razoáveis de conduta criminal preexistente* é requisito para a atuação do agente policial disfarçado. Em outras palavras, o agente policial disfarçado não pode, em nenhuma hipótese, interferir na conduta delituosa do investigado, seja induzindo-o a praticá-la, seja alterando o *modus operandi*. O policial disfarçado tão somente faz-se passar por um interessado em adquirir a arma de fogo, o acessório ou a munição, sem autorização ou em desacordo com a determinação legal ou regulamentar. Deve ser, também, objeto de análise quais seriam os *elementos probatórios razoáveis de conduta criminal preexistente*. O legislador tratou a questão de forma genérica, não especificando qualquer espécie de prova. Assim, cremos que qualquer elemento probatório obtido licitamente pode ser utilizado para legitimar a ação do agente policial disfarçado, como estar o investigado indiciado em inquérito policial ou responder à ação penal por esse delito, *delatio criminis*, *notitia criminis*, prova testemunhal colhida em outro inquérito ou em outro processo, entre outros. Por fim, uma última questão deve ser destacada: a conduta delituosa equiparada prevista no §2º abrange apenas as condutas típicas de *vender ou entregar*, não tratando das outras condutas descritas no *caput*.

7. **Crime hediondo.** A lei nº 13.964/2019 transformou o presente tipo penal em crime hediondo (art. 1º, parágrafo único, III, da lei nº 8.072/90). Por se tratar de *novatio legis in pejus*, não poderá retroagir para alcançar o crime praticado antes do seu início de eficácia, exceto se se estiver diante de um crime permanente (*alugar, transportar, conduzir, ocultar, ter em depósito e expor à venda)*, caso o início de eficácia da lei tenha ocorrido antes de cessar a permanência, aplicando-se a súmula 711, do STF.

8. **Crime habitual.** Esse delito apenas estará configurado se houver a reiteração da prática da conduta delitiva, caracterizando-se como delito habitual, tendo em vista que o legislador utilizou as expressões *no exercício de atividade comercial ou industrial*. A prática de qualquer conduta típica de forma eventual não caracteriza o presente delito.

9. **Consumação.** No momento da prática das condutas descritas no tipo, de forma reiterada, independentemente da produção de qualquer resultado, por tratar-se de crime de mera conduta.

10. **Classificação.** Crime próprio, pois o tipo penal exige a condição de comerciante ou industrial; habitual; instantâneo, nas condutas *adquirir, receber, adulterar, vender, desmontar, montar, remontar e utilizar,* e, permanente, nas condutas *alugar, transportar, conduzir, ocultar, ter em depósito e expor à venda*; de perigo abstrato; doloso; comissivo; de tentativa inadmissível por ser crime habitual; de mera conduta.

11. **Suspensão condicional do processo.** Incabível, pois a pena mínima cominada ultrapassa 1 ano (art. 89 da lei 9.099/95).

Tráfico internacional de arma de fogo

Art. 18. Importar, exportar, favorecer a entrada ou saída do território nacional, a qualquer título, de arma de fogo, acessório ou munição, sem autorização da autoridade competente:

Pena – reclusão, de 8 (quatro) a 16 (oito) anos, e multa. (Redação dada pela Lei nº 13.964, de 2019)

Parágrafo único. Incorre na mesma pena quem vende ou entrega arma de fogo, acessório ou munição, em operação de importação, sem autorização da autoridade competente, a agente policial disfarçado, quando presentes elementos probatórios razoáveis de conduta criminal preexistente. (Incluído pela Lei nº 13.964, de 2019)

1. **Tráfico internacional de arma de fogo.** O tipo penal ora comentado traz o crime de tráfico internacional de arma de fogo. A lei nº 13.964/2019 alterou o tipo penal e dobrou a pena privativa de liberdade cominada ao *caput*, que era de quatro a oito anos e passou a ser de oito a dezesseis anos. Em relação a esse aumento de pena, trata-se de uma nova lei penal mais severa, que não pode retroagir para alcançar o delito praticado antes do início de sua eficácia, com fundamento no princípio constitucional da irretroatividade da lei penal mais severa (art. 5º, XL, da CF/88).

2. **Tipo misto alternativo.** A prática de duas ou mais condutas descritas no tipo não gera concurso de crimes, respondendo o agente por apenas um delito.

3. **Importar.** Fazer ingressar no território nacional por terra, água ou ar.

4. **Exportar.** Fazer sair do território nacional por terra, água ou ar.

5. **Favorecer.** Significa tornar mais fácil o ingresso ou a saída dos objetos materiais do território nacional.

6. **Parágrafo único. Agente policial disfarçado. Conduta equiparada.** A lei nº 13.964/2019 inseriu uma nova técnica específica de investigação denominada *agente policial disfarçado.* Inicialmente, deve ser questionado quem poderia ser esse agente policial. Tendo em vista que o legislador não fez qualquer distinção entre, por exemplo, polícia ostensiva e polícia judiciária ou, então, entre polícia federal, civil ou militar, cremos que o agente policial disfarçado pode ser integrante de qualquer uma das polícias previstas no art. 144 da CF/88, pois onde o legislador não distingue, não cabe ao intérprete distinguir. Note-se que o *agente policial disfarçado* não deve ser confundido com o *agente infiltrado,* uma vez que ele não se infiltra dentro de uma organização criminosa, não passa a pertencer à organização. Da mesma forma, ele não se confunde com a figura do *agente provocador,* tendo em vista que o agente policial disfarçado não leva o agente criminoso a praticar a infração penal, não o induz à prática delituosa. A finalidade desse instituto é reunir elementos probatórios acerca da existência e da autoria do delito contido nesse tipo penal. Como o agente policial disfarçado não provoca a prática do delito pelo agente investigado, não é possível falar-se em crime impossível invocando a súmula 145 do STF. Com efeito, o legislador exigiu a presença de "*elementos probatórios razoáveis de conduta criminal preexistente*", o que significa dizer que o investigado já deve estar praticando a infração penal no momento em que o agente policial disfarçado entra em ação. Aliás, note-se que, pela redação legal, a *presença de elementos probatórios razoáveis de conduta criminal preexistente* é requisito para a atuação do agente policial disfarçado. Em outras palavras, o agente policial disfarçado não pode, em nenhuma hipótese, interferir na conduta delituosa do investigado, seja induzindo-o a praticá-la, seja alterando o *modus operandi.* O policial disfarçado tão somente faz-se passar por um interessado em adquirir a arma de fogo, o acessório ou a munição em operação de importação, sem autorização ou em desacordo com a determinação legal ou regulamentar. Deve ser, também, objeto de análise quais seriam os *elementos probatórios razoáveis de conduta criminal preexistente.* O legislador tratou a questão de forma genérica, não especificando qualquer espécie de prova. Assim, cremos que qualquer elemento probatório obtido licitamente pode ser utilizado para legitimar a ação do agente policial disfarçado, como estar o investigado indiciado em inquérito policial ou responder à ação penal por esse delito, *delatio criminis, notitia criminis,* prova testemunhal colhida em outro inquérito ou em outro processo, entre outros. Por fim, uma última questão deve ser destacada: a conduta delituosa equiparada prevista no parágrafo único abrange apenas as condutas típicas de *vender ou entregar* a arma de fogo, o acessório ou a munição, em *operação de importação,* não abrangendo a exportação, nem o favorecimento da entrada ou da saída previstos no *caput.*

7. **Crime hediondo.** A lei nº 13.964/2019 transformou o presente tipo penal em crime hediondo (art. 1º, parágrafo único, IV, da lei nº 8.072/90). Por se tratar de *novatio legis in pejus,* não poderá retroagir para alcançar o crime praticado antes do seu início de eficácia, em razão do princípio constitucional da irretroatividade da lei penal mais severa (art. 5º, XL, da CF/88).

8. **Princípio da especialidade.** O art. 18 da lei de armas constitui tipo penal especial em relação aos art. 334-A (nas condutas *importar* e *exportar)* e 318 (na conduta

favorecer) do Código Penal, afastando, dessa forma, a sua incidência quando se tratar de armas de fogo, acessório ou munição.

9. **Importação ou exportação de explosivo.** Tendo em vista que o artigo 18 da lei de armas não contempla o explosivo, a conduta será tipificada no art. 334-A do Código Penal, por força do princípio da subsidiariedade.

10. **Facilitação de Importação ou exportação de explosivo.** Como o tipo penal ora estudado não faz menção expressa ao explosivo, a conduta será tipificada no art. 318 do Código Penal, em razão do princípio da subsidiariedade, desde que o agente seja funcionário público, pois o delito do art. 318 exige tal condição. Caso o agente não seja funcionário público, reponde como partícipe no art. 334-A (contrabando).

11. **Arma de brinquedo, simulacros ou réplicas de armas de fogo.** Fato atípico em relação ao tipo penal ora comentado, pois não é arma de fogo. Entretanto, o art. 26 da lei veda a fabricação, a venda, a comercialização e a importação de brinquedos, réplicas e simulacros de arma de fogo, que com estas se possam confundir. Assim, tais objetos passaram a ter, assim, a importação proibida, tornando-se mercadoria proibida no país. Logo, a importação de brinquedos, réplicas e simulacros de arma de fogo configura o delito de contrabando, previsto no art. 334-A do Código Penal.

12. **Competência para processo e julgamento.** A competência para o processo e para o julgamento será da justiça federal, por haver lesão a interesse da União Federal no que tange ao seu exercício de fiscalização sobre a zona alfandegária.

▶ STJ

> (...) CONFLITO DE COMPETÊNCIA. TRÁFICO INTERNACIONAL DE ARMAS DE FOGO E DE MUNIÇÕES, (...) CARACTERIZADA A TRANSNACIONALIDADE. COMPETÊNCIA DA JUSTIÇA FEDERAL. LESÃO AOS INTERESSES DA UNIÃO. (...) CONFLITO DE COMPETÊNCIA CONHECIDO. DECLARADA A COMPETÊNCIA DO JUÍZO FEDERAL. 1. "Em se tratando de tráfico internacional de munições ou armas, cumpre firmar a competência da Justiça Federal para conhecer do tema, já que o Estado brasileiro é signatário de instrumento internacional (Protocolo contra a Fabricação e o Tráfico Ilícitos de Armas de Fogo, suas Peças e Componentes e Munições – complementando a Convenção das Nações Unidas contra o Crime Organizado Transnacional –, promulgado pelo Decreto n. 5.941, de 26/10/2006), no qual se comprometeu a tipificar a conduta como crime" (AgRg no Ag 1389833/MT, Rel. Ministro SEBASTIÃO REIS JÚNIOR, SEXTA TURMA, DJe 25/04/2013). 2. O bem a reclamar a tutela jurisdicional é da competência da Justiça Federal, porquanto o crime de tráfico internacional de armas e de munições evidencia, neste momento processual, lesão a bens, serviços ou interesses da União ou de suas entidades autárquicas ou empresas públicas. (...) **(CC 126.235/PR, Rel. Min. Ribeiro Dantas, julgado em 09/11/2016).**

13. **Consumação.** No momento da prática das condutas descritas no tipo, independentemente da produção de qualquer resultado, por tratar-se de crime de mera conduta.

14. **Classificação.** Crime comum; instantâneo; de perigo abstrato; doloso; comissivo; de tentativa admissível; de mera conduta.

15. **Suspensão condicional do processo.** Incabível, pois a pena mínima cominada ultrapassa 1 ano (art. 89 da lei 9.099/95).

Art. 19. Nos crimes previstos nos arts. 17 e 18, a **pena** é **aumentada** da metade se a arma de fogo, acessório ou munição forem de uso **proibido ou restrito.**

1. **Causa de aumento de pena.** Nos delitos de comércio ilegal (art. 17) e tráfico internacional (art. 18) de arma de fogo, acessório ou munição de uso proibido ou restrito, a pena será aumentada de metade, devendo o aumento incidir na terceira fase da aplicação da pena. Por força do princípio da legalidade penal, essa causa de aumento de pena não se aplica aos outros tipos penais não mencionados no presente artigo.

Art. 20. Nos crimes previstos nos arts. 14, 15, 16, 17 e 18, **a pena** é **aumentada da metade** se: (Redação dada pela Lei nº 13.964, de 2019)

I – forem praticados por integrante dos órgãos e empresas referidas nos arts. 6º, 7º e 8º desta Lei; ou (Redação dada pela Lei nº 13.964, de 2019)

II – o agente for reincidente específico em crimes dessa natureza. (Incluído pela Lei nº 13.964, de 2019)

1. **Causa de aumento de pena.** Nos delitos mencionados no *caput* do presente artigo, a pena será acrescida de metade nas hipóteses descritas nos incisos. A lei nº 13.964/2019 alterou a redação deste artigo para inserir os incisos I e II.
2. **Inciso I.** As hipóteses descritas no inciso I já constavam do *caput* do artigo, sendo apenas realocadas no inciso I, de forma que isso não altera o conteúdo que já existia, nem oferece problemas em termos de irretroatividade da lei penal.
3. **Inciso II.** O inciso II foi incluído pela lei nº 13.964/2019 para trazer o aumento de pena em caso de o agente ser reincidente específico nos crimes previstos no *caput.* Por se tratar de nova causa de aumento de pena, a lei não pode retroagir, de forma que o aumento de metade para os reincidentes específicos não incide nos delitos praticados antes do início de eficácia da lei nº 13.964/2019, salvo nos casos em a conduta praticada pelo agente nos tipos penais mencionados configurar um crime permanente e o início de eficácia da lei tenha ocorrido antes de cessar a permanência, aplicando-se a súmula 711, do STF.

Art. 21. Os crimes previstos nos arts. 16, 17 e 18 são **insuscetíveis** de **liberdade provisória.**

1. **Vedação de liberdade provisória.** O art. 21 veda a liberdade provisória nos crimes de posse ou porte de arma de fogo, acessório ou munição de uso restrito ou proibido (art. 16), comércio ilegal (art. 17) e tráfico internacional (art. 18) de arma de fogo, acessório ou munição de uso restrito. O legislador quis proibir que

o preso em flagrante pelos delitos mencionados permanecesse em liberdade, proibindo a liberdade provisória. A prisão em flagrante, como toda e qualquer prisão imposta antes do trânsito em julgado da sentença condenatória constitui uma prisão provisória, e como tal deve ser encarada, sob pena de a mesma ser utilizada como instrumento de vingança privada do próprio Estado de Direito, bem como antecipação do cumprimento de uma pena que ainda não existe, e que pode nem existir por razões diversas.

Toda e qualquer prisão provisória, medida cautelar que é, deve ser regida pelos Princípios da Necessidade e Excepcionalidade. Assim, toda e qualquer prisão provisória somente deve ser decretada ou mantida se for necessária, e, ainda assim, de forma excepcional.

Portanto, não se decreta a prisão do réu automaticamente só porque ele não é primário e de bons antecedentes e o crime não é afiançável. Em qualquer hipótese, é preciso que seja demonstrada a necessidade da prisão, por meio da presença dos requisitos da prisão preventiva previstos no art. 312 do Código Processual Penal. A jurisprudência atual utiliza os pressupostos da prisão preventiva para qualquer tipo de prisão provisória.

Note-se que a lei 12.403/2011, que alterou a sistemática das prisões, positivou o princípio da necessidade no art. 282 do Código de Processo Penal.

É com base nesse raciocínio que os Tribunais Superiores solidificaram suas jurisprudências no sentido de não existir prisão provisória *ex lege*, isto é, prisão que decorra meramente da lei, sem motivação, sem que estejam presentes os requisitos da prisão preventiva previstos no art. 312 do Código de Processo Penal, sob pena de violação dos princípios da presunção de inocência, devido processo legal, contraditório e ampla defesa.

Note-se que o art. 21 do Estatuto teve sua inconstitucionalidade declarada pelo STF na ADI 3112/DF, rel. Min. Ricardo Lewandowski, 2.5.2007.

▶ **STF**

INFORMATIVO Nº 465

ADI e Estatuto do Desarmamento – 2

Em seguida, relativamente aos parágrafos únicos dos artigos 14 e 15 da Lei 10.868/2003, que proíbem o estabelecimento de fiança, respectivamente, para os crimes de porte ilegal de arma de fogo de uso permitido e de disparo de arma de fogo, considerou-se desarrazoada a vedação, ao fundamento de que tais delitos não poderiam ser equiparados a terrorismo, prática de tortura, tráfico ilícito de entorpecentes ou crimes hediondos (CF, art. 5º, XLIII). Asseverou-se, ademais, cuidar-se, na verdade, de crimes de mera conduta que, embora impliquem redução no nível de segurança coletiva, não podem ser igualados aos crimes que acarretam lesão ou ameaça de lesão à vida ou à propriedade. Quanto ao art. 21 da lei impugnada, que prevê serem insuscetíveis de liberdade provisória os delitos capitulados nos artigos 16 (posse ou porte ilegal de arma de fogo de uso restrito), 17 (comércio ilegal de arma de fogo) e 18 (tráfico internacional de arma de fogo), entendeu-se haver afronta aos princípios constitucionais da presunção de inocência e do devido processo legal (CF, art. 5º, LVII e LXI). Ressaltou-se, no ponto, que, não obstante a interdição à liberdade provisória tenha sido estabelecida para crimes de suma gravidade, liberando-se a franquia para os demais delitos, a Constituição não permite a prisão ex lege, sem motivação, a qual viola, ainda, os princípios da ampla defesa e do contraditório (CF, art. 5º, LV). Vencidos, parcialmente, os Ministros Carlos Britto, Gilmar Mendes e Sepúlveda Pertence, que julgavam improcedente o pedido formulado quanto aos parágrafos únicos dos artigos 14 e 15, e o Min. Marco Aurélio, que o julgava improcedente quanto ao parágrafo único do art. 15 e, em relação ao art. 21, apenas quanto à referência ao art. 16. O Tribunal, por unanimidade, julgou, ainda, improcedente o pedido quanto aos artigos 2º, X; 5º, §§ 1º, 2º e 3º; 10; 11, II; 12; 23, §§ 1º, 2º e 3º; 25, parágrafo único; 28; 29 e ao parágrafo único do art. 32, e declarou o prejuízo da ação em relação ao art. 35, todos da Lei 10.826/2003. (ADI 3112/DF, rel. Min. Ricardo Lewandowski, 2.5.2007).

CAPÍTULO V
DISPOSIÇÕES GERAIS

Art. 22. O Ministério da Justiça poderá celebrar **convênios** com os Estados e o Distrito Federal para o cumprimento do disposto nesta Lei.

Art. 23. A **classificação legal, técnica e geral bem como a definição** das armas de fogo e demais produtos controlados, de usos proibidos, restritos, permitidos ou obsoletos e de valor histórico serão disciplinadas em **ato do chefe do Poder Executivo Federal**, mediante proposta do Comando do Exército. (Redação dada pela Lei nº 11.706, de 2008)

§ 1º Todas as munições comercializadas no País deverão estar acondicionadas em embalagens com sistema de código de barras, gravado na caixa, visando possibilitar a identificação do fabricante e do adquirente, entre outras informações definidas pelo regulamento desta Lei.

§ 2º Para os órgãos referidos no art. 6º, somente serão expedidas autorizações de compra de munição com identificação do lote e do adquirente no culote dos projéteis, na forma do regulamento desta Lei.

§ 3º As armas de fogo fabricadas a partir de 1 (um) ano da data de publicação desta Lei conterão dispositivo intrínseco de segurança e de identificação, gravado no corpo da arma, definido pelo regulamento desta Lei, exclusive para os órgãos previstos no art. 6º.

§ 4º As instituições de ensino policial, as guardas municipais referidas no inciso III do *caput* do art. 6º e no seu § 7º e as escolas de formação de profissionais de segurança privada poderão adquirir insumos e máquinas de recarga de munição para o fim exclusivo de suprimento de suas atividades, mediante autorização concedida nos termos do regulamento. (Redação dada pela Lei nº 14.967, de 2024)

Art. 24. Excetuadas as atribuições a que se refere o art. 2º desta Lei, **compete ao Comando do Exército** autorizar e fiscalizar a produção, exportação, importação, desembaraço alfandegário e o comércio de armas de fogo e demais produtos controlados, inclusive o registro e o porte de trânsito de arma de fogo de colecionadores, atiradores e caçadores.

Art. 25. As **armas de fogo apreendidas**, após a elaboração do laudo pericial e sua juntada aos autos, quando não mais interessarem à persecução penal serão encaminhadas pelo juiz competente ao Comando do Exército, no prazo de até 48 (quarenta e oito) horas, para destruição ou doação aos órgãos de segurança pública ou às Forças Armadas, na forma do regulamento desta Lei. (Incluído pela lei 13.886, de 2019).

§ 1º As armas de fogo encaminhadas ao Comando do Exército que receberem parecer favorável à doação, obedecidos o padrão e a dotação de cada Força Armada ou órgão de segurança pública, atendidos os critérios de prioridade estabelecidos pelo Ministério da Justiça e ouvido o Comando do Exército, serão arroladas em relatório reservado trimestral a ser encaminhado àquelas instituições, abrindo-se-lhes prazo para manifestação de interesse. (Incluído pela Lei nº 11.706, de 2008)

§ 1º-A. As armas de fogo e munições apreendidas em decorrência do tráfico de drogas de abuso, ou de qualquer forma utilizadas em atividades ilícitas de produção ou comercialização de drogas abusivas, ou, ainda, que tenham sido adquiridas com recursos provenientes do tráfico de drogas de abuso, perdidas em favor da União e encaminhadas para o Comando do Exército, devem ser, após perícia ou vistoria que atestem seu bom estado, destinadas com prioridade para os órgãos de segurança pública e do sistema penitenciário da unidade da federação responsável pela apreensão. (Incluído pela lei 13.886, de 2019).

§ 2º O Comando do Exército encaminhará a relação das armas a serem doadas ao juiz competente, que determinará o seu perdimento em favor da instituição beneficiada. (Incluído pela Lei nº 11.706, de 2008)

§ 3º O transporte das armas de fogo doadas será de responsabilidade da instituição beneficiada, que procederá ao seu cadastramento no SINARM ou no SIGMA. (Incluído pela Lei nº 11.706, de 2008)

§ 4º (VETADO) (Incluído pela Lei nº 11.706, de 2008)

§ 5º O Poder Judiciário instituirá instrumentos para o encaminhamento ao SINARM ou ao SIGMA, conforme se trate de arma de uso permitido ou de uso restrito, semestralmente, da relação de armas acauteladas em juízo, mencionando suas características e o local onde se encontram. (Incluído pela Lei nº 11.706, de 2008)

Art. 26. São **vedadas** a fabricação, a venda, a comercialização e a importação de **brinquedos, réplicas e simulacros de armas de fogo, que com estas se possam confundir**.

Parágrafo único. Excetuam-se da proibição as réplicas e os simulacros destinados à instrução, ao adestramento, ou à coleção de usuário autorizado, nas condições fixadas pelo Comando do Exército.

1. **Réplicas e simulacros.** A antiga lei de armas nº 9.437/97, hoje revogada pelo Estatuto, trazia no art. 10, § 1º, II, a conduta de *utilizar arma de brinquedo, simulacro de arma capaz de atemorizar outrem, para o fim de cometer crimes*. O Estatuto do Desarmamento não criminalizou tal conduta, mas vedou a fabricação, venda, comercialização e importação de brinquedos, réplicas ou simulacros de armas de fogo, que possam ser confundidos com uma verdadeira. Entretanto, trata-se de proibição sem sanção, sequer administrativa, tornando a vedação inócua.

2. **Utilização das armas e das munições apreendidas pelo Poder Público.** O art. 25, *caput* e o seu §1º-A foram introduzidos pela lei 13.886/2019, permitindo que as armas de fogo e munições apreendidas nos moldes do art. 25, *caput* e o seu §1º-A, sejam utilizadas pelos órgãos de segurança pública, pelas Forças Armadas

ou pelos agentes do sistema penitenciário da unidade da federação responsável pela apreensão. Trata-se de opção legislativa salutar, pois o Estado consegue aparelhar-se a partir das armas e das munições apreendidas com finalidades ou origens ilícitas, tornando-as aptas a uso lícito por parte do Poder Público, sem que isso gere custos financeiros para o ente público.

Art. 27. Caberá ao Comando do Exército autorizar, excepcionalmente, a aquisição de armas de fogo de **uso restrito.**

Parágrafo único. O disposto neste artigo não se aplica às aquisições dos Comandos Militares.

Art. 28. **É vedado ao menor de 25 (vinte e cinco) anos** adquirir arma de fogo, ressalvados os integrantes das entidades constantes dos incisos I, II, III, V, VI, VII e X do *caput* do art. 6º desta Lei. (Redação dada pela Lei nº 11.706, de 2008)

Art. 29. As **autorizações de porte** de armas de fogo **já concedidas** expirar-se-ão 90 (noventa) dias após a publicação desta Lei. (Vide Lei nº 10.884, de 2004)

Parágrafo único. O detentor de autorização com prazo de validade superior a 90 (noventa) dias poderá renová-la, perante a Polícia Federal, nas condições dos arts. 4º, 6º e 10 desta Lei, no prazo de 90 (noventa) dias após sua publicação, sem ônus para o requerente.

Art. 30. Os **possuidores e proprietários** de arma de fogo de **uso permitido ainda não registrada** deverão solicitar seu registro até o dia 31 de dezembro de 2008, mediante apresentação de documento de identificação pessoal e comprovante de residência fixa, acompanhados de nota fiscal de compra ou comprovação da origem lícita da posse, pelos meios de prova admitidos em direito, ou declaração firmada na qual constem as características da arma e a sua condição de proprietário, ficando este dispensado do pagamento de taxas e do cumprimento das demais exigências constantes dos incisos I a III do *caput* do art. 4º desta Lei. (Redação dada pela Lei nº 11.706, de 2008)

Parágrafo único. Para fins do cumprimento do disposto no *caput* deste artigo, o proprietário de arma de fogo poderá obter, no Departamento de Polícia Federal, certificado de registro provisório, expedido na forma do § 4º do art. 5º desta Lei. (Incluído pela Lei nº 11.706, de 2008)

NOTA: O prazo a que se refere o art. 30 foi prorrogado até 31 de dezembro de 2009, pela lei 11.922, de 13 de abril de 2009.

Art. 31. Os **possuidores e proprietários de armas de fogo** adquiridas regularmente poderão, a qualquer tempo, **entregá-las à Polícia Federal**, mediante recibo e indenização, nos termos do regulamento desta Lei.

Art. 32. Os **possuidores e proprietários de arma de fogo poderão entregá-la**, espontaneamente, mediante recibo, e, presumindo-se de boa-fé, serão **indenizados**, na forma do regulamento, ficando **extinta a punibilidade de eventual posse irregular da referida arma.** (Redação dada pela Lei nº 11.706, de 2008)

1. **Arts. 30, 31 e 32. *Abolitio criminis* temporária.** Os arts. 30, 31 e 32 do Estatuto foram alterados pela lei 11.706/2008, que concedeu o prazo até o dia 31 de dezembro de 2008 para que os possuidores e proprietários de arma de fogo de uso permitido ainda não registrada solicitem seu registro, tornando a conduta de posse de arma de uso permitido temporariamente atípica, até a data limite.

O prazo a que se refere o art. 30 (31 de dezembro de 2008) foi prorrogado até 31 de dezembro de 2009, pela lei 11.922, de 13 de abril de 2009, que em seu art. 20 dispõe: *"Art. 20. Ficam prorrogados para 31 de dezembro de 2009 os prazos de que tratam o § 3º do art. 5º e o art. 30, ambos da Lei n. 10.826, de 22 de dezembro de 2003."*

Deve-se ter cuidado com a novel lei, uma vez que ela não alterou a lei 10.826/2003 (Estatuto do Desarmamento). O Estatuto continua com a redação intacta. Na realidade, como sempre, faltou técnica legislativa ao legislador. O prazo de até 31 de dezembro de 2009 está na lei 11.922/2009, e não no Estatuto.

Questão relevante, que a jurisprudência ainda não solucionou, versa sobre o alcance dessa *abolitio criminis* temporária. Como ficaria a situação daquelas pessoas que foram flagradas praticando a conduta típica após o dia 31/12/2008 e antes do dia 14/04/2009 (data da publicação da lei 11.922)? Estariam essas pessoas abrangidas ou não pela *abolitio criminis* temporária? A resposta a esta questão passa, evidentemente, pela redação legal do art. 20 da lei 11.922/2009. Com efeito, é de se notar que o art. 20 da lei 11.922/2009 não estabeleceu novo prazo, com novo termo *a quo*. Ao contrário. Ela apenas *prorrogou* um prazo que já existia. Uma vez prorrogado o prazo, o termo *a quo* passa a ser o início de vigência da lei 11.706/08 (20/06/08 – data da sua publicação), que estabelecera anteriormente novo prazo. Em outras palavras, a lei 11.922/2009 apenas prorrogou o prazo que já existia e tinha sido estabelecido pela anterior lei 11.706/2008. Dessa forma, ainda que os Tribunais Superiores possam entender de forma diversa, a nós parece que as pessoas que foram flagradas praticando a conduta típica após o dia 31/12/2008 e antes do dia 14/04/2009 (data da publicação da lei 11.922) também estariam abrangidas pela *abolitio criminis* temporária.

2. **Não aplicabilidade ao delito de porte (art. 14).** O previsto nos arts. 30, 31 e 32 do Estatuto somente se aplica ao delito de posse de arma de uso permitido, e, não, ao delito de porte descrito no art. 14 do Estatuto.

▶ **STF**

INFORMATIVO nº 709
SEGUNDA TURMA
"Abolitio criminis" e porte ilegal de arma de fogo

(...) Aduziu-se que, as instâncias ordinárias, ao analisarem o acervo probatório, teriam afastado a tese da abolitio criminis, ao fundamento de que a conduta do recorrente não se enquadraria no art. 32 da Lei 10.826/2003, modificado pela Lei 11.706/2008, que objetivara excluir a tipicidade delitiva, por lapso temporal determinado, apenas para oportunizar que o possuidor de arma não regularizada solicitasse seu registro ou a entregasse na polícia federal. Consignou-se que, em nenhum momento, o paciente demonstrara que estaria em trânsito para regularizar as armas que teriam sido apreendidas em flagrante. Ressaltou-se que o acórdão impugnado teria mencionado que o caso não seria de posse, mas de porte ilegal de arma de fogo, de modo a tornar inviável a incidência da causa excludente de tipicidade invocada pela defesa. Verificou-se, portanto, que o acórdão do Tribunal a quo harmonizar-se-ia com entendimento assente da Corte, no sentido de não admitir a abolitio criminis fora do período de abrangência determinado em lei, tampouco aceitaria a sua incidência quando configurado o porte ilegal de arma de fogo. (...). RHC 111931/DF, rel. Min. Gilmar Mendes, 4.6.2013.

▶ **STJ**

ARMA DE FOGO DE USO PERMITIDO. ARTS. 30 E 32 DA LEI DO DESARMAMENTO. APLICAÇÃO TÃO-SOMENTE NOS CASOS DE POSSE. NÃO-INCIDÊNCIA NA CONDUTA TÍPICA DESCRITA NO ART. 14, CAPUT, DA LEI 10.826/2003. INEXISTÊNCIA DE CONSTRANGIMENTO ILEGAL. 1. À luz do entendimento consagrado pela doutrina e pela jurisprudência deste Tribunal, a vacatio legis, decorrente do teor dos arts. 30 e 32 da Legislação Específica, incide tão-somente na posse e/ou propriedade do instrumento bélico, razão pela qual não configura constrangimento ilegal, a ensejar o trancamento da ação penal, a condenação de agente pelo porte ilegal de arma de fogo, mesmo que o fato tenha ocorrido durante o lapso legalmente previsto ao reconhecimento da abolitio criminis das demais condutas da Lei do Desarmamento. (HC 90544/MG Rel. Min. Jorge Mussi. DJe 13/10/2008).

3. **Permuta de armas.** Segundo o STF, a permuta de armas de fogo caracteriza uma forma de aquisição de arma e configura crime, não sendo alcançada, portanto, pela *abolitio criminis* temporária prevista no art. 30.

▶ **STF**

INFORMATIVO Nº 626

Primeira Turma

Permuta de armas: Estatuto do Desarmamento e "abolitio criminis".

A 1ª Turma denegou *habeas corpus* em que se pleiteava a aplicação da *abolitio criminis*, contida nos artigos 30 e 32 da Lei 10.826/2003 (Estatuto do Desarmamento), em favor de réus que, no prazo estipulado pelos mencionados dispositivos, permutaram suas armas de fogo. A impetração sustentava que o ato perpetrado entre ambos estaria absorvido pelo crime de posse. Asseverou-se que os artigos citados estabeleceram prazo para que os possuidores ou proprietários de armas de fogo regularizassem-nas ou entregassem-nas às autoridades competentes, descriminalizando, temporariamente, apenas as condutas típicas de possuir ou ser proprietário de arma de fogo. Na seqüência, salientou-se que a permuta seria uma forma de aquisição de armas, considerada uma cessão ou um fornecimento recíproco, descaracterizada, portanto, a atipicidade da conduta. HC 99448/RS, rel. Min. Luiz Fux, 10.5.2011.

4. **Irretroatividade dos arts. 30, 31 e 32 e da lei 11.706/2008.** O STJ e o STF entenderam que a lei 11.706/2008 é irretroativa, não alcançando os fatos praticados antes do seu início de vigência.

▶ **STJ**

INFORMATIVO Nº 366.

POSSE ILEGAL. ARMA DE FOGO. IRRETROATIVIDADE. LEI N. 11.706/2008.

O paciente foi denunciado pela prática do crime previsto no art. 12 da Lei n. 10.826/2003 (posse ilegal de arma de fogo e munições de uso permitido em sua residência), por fato ocorrido em 3/12/2006. A Lei n. 11.706/2008 possibilitou novamente a devolução voluntária das armas de fogo até 31/12/2008, alterando, entre outros, os arts. 30 e 32 da referida lei (Estatuto do Desarmamento). Contudo, na época dos fatos, não havia qualquer prazo para a devolução, sendo posterior a última norma. Assim, a referida conduta jamais deixou de ser considerada criminosa, além de que, por tratar-se de norma de caráter transitório, não possui força retroativa. Assim, a Turma negou provimento ao recurso. Precedente citado do STF: HC 90.995-SP, DJ 7/3/2008. RHC 22.668-RS, Rel. Min. Jane Silva (Desembargadora convocada do TJ-MG), julgado em 2/9/2008.

▶ **STF**

INFORMATIVO Nº 494

Lei 10.826/2003: Atipicidade Temporária e Posse de Arma de Fogo

A Turma indeferiu *habeas corpus* em que se pretendia o reconhecimento da extinção da punibilidade com fundamento na superveniência de norma penal descriminalizante. No caso, o paciente fora condenado pela prática do crime de posse ilegal de arma de fogo de uso restrito (Lei 9.437/97, art. 10, § 2º), em decorrência do fato de a polícia, em cumprimento a mandado de busca e apreensão, haver encontrado uma pistola em sua residência. A impetração sustentava que durante a *vacatio legis* do Estatuto do Desarmamento, que revogou a citada Lei 9.437/97, fora criada situação peculiar relativamente à aplicação da norma penal, haja vista que concedido prazo (Lei 10.826/2003, artigos 30 e 32) aos proprietários e possuidores de armas de fogo, de uso permitido ou restrito, para que regularizassem a situação dessas ou efetivassem a sua entrega à autoridade competente, de modo a caracterizar o instituto da *abolitio criminis*. Entendeu-se que a *vacatio legis* especial prevista nos artigos 30 e 32 da Lei 10.826/2003 (...), não obstante tenha tornado atípica a posse ilegal de arma de fogo havida no curso do prazo que assinalou, não subtraiu a ilicitude penal da conduta que já era prevista no art. 10, § 2º, da Lei 9.437/97 e continuou incriminada, com mais rigor, no art. 16 da Lei 10.826/2003. Ausente, assim, estaria o pressuposto fundamental para que se tivesse como caracterizada a *abolitio criminis*. Ademais, ressaltou-se que o prazo estabelecido nos mencionados dispositivos expressaria o caráter transitório da atipicidade por ele indiretamente criada. No ponto, enfatizou-se que se trataria de norma temporária que não teria força retroativa, não podendo configurar, pois, *abolitio criminis* em relação aos ilícitos cometidos em data anterior. HC 90995/SP, rel. Min. Menezes Direito, 12.2.2008.

5. **Não abrangência de armas de fogo de uso restrito ou proibido.** Segundo o STF, a *abolitio criminis temporalis* não abrange as armas de fogo de uso restrito ou proibido.

▶ **STF**

INFORMATIVO nº 694

PRIMEIRA TURMA

Atipicidade temporária e posse de arma de uso restrito

A 1ª Turma, por maioria, negou provimento a recurso ordinário em habeas corpus no qual alegada a atipicidade da conduta exercida pelo paciente de possuir arma de fogo de uso restrito com munições, sem autorização e em desacordo com determinação legal e regulamentar (Lei 10.826/2003, art. 16). (...) Consignou-se que a jurisprudência do STF assentaria a incidência da descriminalização na hipótese de armas de fogo de uso permitido, detidas com irregularidades. Explicitou-se não haver que se falar, no caso, em atipicidade. (...) O Min. Luiz Fux ponderou que o posicionamento do Supremo distinguiria os imputados que portassem arma de uso restrito. Além disso, percebeu periculosidade maior referente a estes. (...). **RHC 114970/DF, rel. Min. Rosa Weber, 5.2.2013. (RHC-114970).**

6. **Não abrangência de armas de uso permitido com a numeração raspada após 23/10/2005.** Segundo o STJ, a *abolitio criminis temporalis* não abrange a conduta de portar, possuir, adquirir, transportar ou fornecer arma de fogo com numeração, marca ou qualquer outro sinal de identificação raspado, suprimido ou adulterado após 23/10/2005, uma vez que a arma com o número de série adulterado ou suprimido não é passível de regularização, tendo em vista que o art. 15, II, "*j*", do Dec. 5.123/2004 estabelece como um dos requisitos para o registro o "número de série gravado no cano da arma".

▶ **STJ**

Súmula nº 513. A *abolitio criminis* temporária prevista na Lei n. 10.826/2003 aplica-se ao crime de posse de arma de fogo de uso permitido com numeração, marca ou qualquer outro sinal de identificação raspado, suprimido ou adulterado, praticado somente até 23/10/2005.

▶ **STJ**

INFORMATIVO nº 519
Terceira Seção

DIREITO PENAL. TERMO FINAL DA *ABOLITIO CRIMINIS* TEMPORÁRIA RELATIVA AO CRIME DE POSSE DE ARMA DE FOGO DE USO PERMITIDO COM NUMERAÇÃO RASPADA, SUPRIMIDA OU ADULTERADA. RECURSO REPETITIVO (ART. 543-C DO CPC E RES. 8/2008-STJ).

É típica a conduta de possuir arma de fogo de uso permitido com numeração raspada, suprimida ou adulterada (art. 16, parágrafo único, IV, da Lei 10.826/2003) praticada após 23/10/2005. O STJ tem entendimento firme de que as regras contidas nos arts. 30 e 32 da Lei 10.826/2003, bem como nas sucessivas leis que prorrogaram a vigência da redação original desses dispositivos, implicam *vacatio legis* indireta das normas penais incriminadoras da "posse" ou "propriedade" de armas de fogo, tanto de uso permitido como de uso restrito. Sendo assim, enquanto aquelas leis tivessem vigência, tais condutas seriam consideradas atípicas, pela ocorrência de *abolitio criminis* temporária. Contudo, depois de ultrapassado o prazo final previsto na última prorrogação da redação original dos arts. 30 e 32 da Lei 10.826/2003 (23/10/2005), a Lei 11.706/2008 deu a eles nova redação, sendo que, posteriormente, a Lei 11.922/2009, em seu art. 20, prorrogou o prazo previsto neste último diploma para 31/12/2009. Note-se, entretanto, que não houve mera prorrogação de prazo pela Lei 11.706/2008, como nas vezes anteriores, mas uma modificação do conteúdo da lei. A propósito, na redação original do art. 32 da Lei 10.826/2003, o prazo era para que o proprietário ou possuidor da arma de fogo a "entregasse" à autoridade competente; já no tocante ao art. 30 da mesma lei, o prazo era para que fosse "solicitado o registro" da arma. Como se percebe, o art. 30 da Lei 10.826/2003, na nova redação, continuou a prever uma *abolitio criminis* para que se procedesse, exclusivamente, à "regularização" da arma por meio do seu "registro". Contudo, diferentemente da redação original, mencionou expressamente que a benesse dizia respeito ao proprietário ou possuidor de "arma de fogo de uso permitido". Ocorre que uma arma com o número de série adulterado ou suprimido não é passível de regularização, uma vez que o art. 15, II, "*j*", do Dec. 5.123/2004 estabelece como um dos requisitos para o registro o "número de série gravado no cano da arma". Portanto, não sendo viável a regularização por meio do registro da arma de fogo de uso permitido com numeração suprimida, adulterada ou raspada, o seu possuidor ou proprietário não pode ser beneficiado com a *abolitio criminis* temporária prevista no art. 30 da Lei 10.826/2003, com a redação atribuída pela Lei 11.706/2008. Por fim, ressalte-se que a nova regra do art. 32 da Lei 10.826/2003 não mais suspendeu, temporariamente, a vigência da norma incriminadora ou instaurou uma *abolitio criminis* temporária – conforme operado pelo art. 30 da mesma lei –, mas instituiu uma causa permanente de exclusão da punibilidade, consistente na "entrega espontânea" da arma. Assim, de maneira diversa da *abolitio criminis* temporária ou da *vacatio legis* indireta, em que os efeitos da norma incriminadora são temporariamente suspensos, com efeitos *erga omnes,* de modo que a conduta não é típica se praticada nesse período, a causa extintiva da punibilidade prevista no art. 32 da Lei 10.826/2003 não tem o condão de excluir a tipicidade em caráter geral. Como se vê, criou o legislador um meio jurídico para que, a qualquer tempo, o possuidor da arma de fogo de uso permitido, em situação irregular, procedesse à sua devolução, sem que enfrentasse problemas com a justiça criminal. **REsp 1.311.408-RN, Rel. Min. Sebastião Reis Júnior, julgado em 13/3/2013.**

Art. 33. Será aplicada **multa** de R$ 100.000,00 (cem mil reais) a R$ 300.000,00 (trezentos mil reais), conforme especificar o regulamento desta Lei:

I - à empresa de transporte aéreo, rodoviário, ferroviário, marítimo, fluvial ou lacustre que deliberadamente, por qualquer meio, faça, promova, facilite ou permita o transporte de arma ou munição sem a devida autorização ou com inobservância das normas de segurança;

II - à empresa de produção ou comércio de armamentos que realize publicidade para venda, estimulando o uso indiscriminado de armas de fogo, exceto nas publicações especializadas.

Art. 34. Os promotores de eventos em locais fechados, com aglomeração superior a 1000 (um mil) pessoas, adotarão, sob pena de responsabilidade, as providências necessárias para evitar o ingresso de pessoas armadas, ressalvados os eventos garantidos pelo inciso VI do art. 5º da Constituição Federal.

Parágrafo único. As empresas responsáveis pela prestação dos serviços de transporte internacional e interestadual de passageiros adotarão as providências necessárias para evitar o embarque de passageiros armados.

Art. 34-A. Os dados relacionados à coleta de registros balísticos serão armazenados no Banco Nacional de Perfis Balísticos. (Incluído pela Lei nº 13.964, de 2019)

§ 1º O Banco Nacional de Perfis Balísticos tem como objetivo cadastrar armas de fogo e armazenar características de classe e individualizadoras de projéteis e de estojos de munição deflagrados por arma de fogo. (Incluído pela Lei nº 13.964, de 2019)

§ 2º O Banco Nacional de Perfis Balísticos será constituído pelos registros de elementos de munição deflagrados por armas de fogo relacionados a crimes, para subsidiar ações destinadas às apurações criminais federais, estaduais e distritais. (Incluído pela Lei nº 13.964, de 2019)

§ 3º O Banco Nacional de Perfis Balísticos será gerido pela unidade oficial de perícia criminal. (Incluído pela Lei nº 13.964, de 2019)

§ 4º Os dados constantes do Banco Nacional de Perfis Balísticos terão caráter sigiloso, e aquele que permitir ou promover sua utilização para fins diversos dos previstos nesta Lei ou em decisão judicial responderá civil, penal e administrativamente. (Incluído pela Lei nº 13.964, de 2019)

§ 5º É vedada a comercialização, total ou parcial, da base de dados do Banco Nacional de Perfis Balísticos. (Incluído pela Lei nº 13.964, de 2019)

§ 6º A formação, a gestão e o acesso ao Banco Nacional de Perfis Balísticos serão regulamentados em ato do Poder Executivo federal. (Incluído pela Lei nº 13.964, de 2019)

CAPÍTULO VI
DISPOSIÇÕES FINAIS

Art. 35. É proibida a comercialização de arma de fogo e munição em todo o território nacional, **salvo** para as entidades previstas no art. 6º desta Lei.

§ 1º Este dispositivo, para entrar em vigor, dependerá de aprovação mediante referendo popular, a ser realizado em outubro de 2005.

§ 2º Em caso de aprovação do referendo popular, o disposto neste artigo entrará em vigor na data de publicação de seu resultado pelo Tribunal Superior Eleitoral.

Art. 36. É revogada a Lei nº 9.437, de 20 de fevereiro de 1997.

Art. 37. Esta Lei entra em vigor na data de sua publicação.

Estatuto da Pessoa Idosa. Lei 10.741, de 1º de outubro de 2003

TÍTULO I
Disposições Preliminares

Art. 1º É instituído o Estatuto da Pessoa Idosa, destinado a regular os direitos assegurados às **pessoas com idade igual ou superior a 60 (sessenta) anos.**

1. **Fundamento constitucional da tutela da pessoa idosa.** Foi no topo da ordem jurídica brasileira que o constituinte resolveu positivar a proteção do idoso, ao dispor nos arts. 229 e 230 da CF/88 que: *"Art. 229. Os pais têm o dever de assistir, criar e educar os filhos menores, e os filhos maiores têm o dever de ajudar e amparar os pais na velhice, carência ou enfermidade. Art. 230. A família, a sociedade e o Estado têm o dever de amparar as pessoas idosas, assegurando sua participação na comunidade, defendendo sua dignidade e bem-estar e garantindo-lhes o direito à vida. § 1º – Os programas de amparo aos idosos serão executados preferencialmente em seus lares. § 2º – Aos maiores de sessenta e cinco anos é garantida a gratuidade dos transportes coletivos urbanos."* Sucede que a própria CF/88 não definiu quem seria a pessoa idosa. É bem verdade que garantiu a gratuidade de passagem aos maiores de 65 anos de idade. Entretanto, não dispôs que essas pessoas ostentariam a condição de idoso. Tal conceituação ficou a cargo do legislador ordinário que estabeleceu no art. 2º da lei 8.842/94 (Lei de Política Nacional do Idoso) e no art. 1º da 10.741/2003 (Estatuto da Pessoa Idosa) a idade de 60 anos como critério para a definição da pessoa idosa.

2. **Não derrogação do art. 115 do Código Penal.** Questão relevante versa sobre a possível derrogação que o Estatuto da Pessoa Idosa teria causado no art. 115 do Código Penal. O Código estabelece, no seu art. 115, que o prazo prescricional reduz-se de metade se o agente for maior de 70 anos na data da sentença. A discussão se instalou em razão de o Estatuto da Pessoa Idosa ser mais benéfico ao agente, uma vez que, ao se sustentar que o Estatuto alterou o Código, o prazo prescricional seria reduzido de metade caso o agente fosse maior de 60 anos na data da sentença, abrangendo-se um número maior de pessoas que teriam a redução do prazo prescricional operada. Trata-se, portanto, de lei posterior e mais benéfica. O STF e o STJ entenderam que

não houve a mencionada derrogação, em razão de o critério utilizado pelo Código Penal ter sido a idade do agente, e não a sua condição de idoso, além de ter estabelecido idade específica.

▶ **STJ**

O Estatuto do Idoso, ao considerar como idosa a pessoa a partir de 60 (sessenta) anos de idade, não alterou o artigo 115 do Código Penal, que prevê a redução do prazo prescricional apenas quando o acusado é maior de 70 (setenta) anos de idade ao tempo da sentença condenatória. Precedentes do STJ e do STF. HC 284456. Rel. Min. Jorge Mussi, julgado em 22/04/2014.

3. **Não incidência da circunstância agravante de crime praticado contra a pessoa idosa. *Bis in idem.*** O art. 61, II, alínea *h,* trata da circunstância agravante de crime praticado contra pessoa maior de sessenta anos. Tendo em vista que todos os delitos previstos no Estatuto da Pessoa Idosa têm como sujeito passivo pessoa com idade igual ou superior a sessenta anos, não poderá incidir a circunstância mencionada, sob pena de incidência em *bis in idem,* uma vez que, em todos os delitos, a condição de idosa da vítima já figura como elemento do tipo legal de crime. Ressalte-se que o próprio art. 61, *caput* do Código Penal é claro ao dispor que *são circunstâncias que sempre agravam a pena, quando não constituem ou qualificam o crime.*

Art. 2º A pessoa idosa goza de todos os direitos fundamentais inerentes à pessoa humana, sem prejuízo da proteção integral de que trata esta Lei, assegurando-se-lhe, por lei ou por outros meios, todas as oportunidades e facilidades, para preservação de sua saúde física e mental e seu aperfeiçoamento moral, intelectual, espiritual e social, em condições de liberdade e dignidade.

1. **Direitos da Pessoa Idosa.** O legislador positivou no Estatuto um dispositivo absolutamente inútil e inócuo. Dá a entender que se não existisse o artigo ora comentado, a pessoa idosa não teria nenhum desses direitos. Todos os direitos positivados no art. 2º do Estatuto são inerentes ao ser humano, pessoa idosa ou não. Não se está concedendo direitos a mais ao idoso, além dos que já existem. Todos os direitos e garantias fundamentais já estão previstos na CF, sobretudo por ela primar pelo princípio da dignidade da pessoa humana, erigindo-o à categoria de princípio fundamental republicano (art. 1º, III da CF/88). Trata-se, portanto, de dispositivo desnecessário, que apenas reforça a existência e observância de direitos fundamentais, não os criando.

Art. 3º É **obrigação** da família, da comunidade, da sociedade e do Poder Público **assegurar à pessoa idosa**, com absoluta prioridade, a efetivação do direito à vida, à saúde, à alimentação, à educação, à cultura, ao esporte, ao lazer, ao trabalho, à cidadania, à liberdade, à dignidade, ao respeito e à convivência familiar e comunitária.

§ 1º. A garantia de prioridade compreende:

I – atendimento preferencial imediato e individualizado junto aos órgãos públicos e privados prestadores de serviços à população;

II - preferência na formulação e na execução de políticas sociais públicas específicas;

III - destinação privilegiada de recursos públicos nas áreas relacionadas com a proteção ao idoso;

IV - viabilização de formas alternativas de participação, ocupação e convívio da pessoa idosa com as demais gerações;

V - priorização do atendimento da pessoa idosa por sua própria família, em detrimento do atendimento asilar, exceto dos que não a possuam ou careçam de condições de manutenção da própria sobrevivência;

VI - capacitação e reciclagem dos recursos humanos nas áreas de geriatria e gerontologia e na prestação de serviços aos idosos;

VII - estabelecimento de mecanismos que favoreçam a divulgação de informações de caráter educativo sobre os aspectos biopsicossociais de envelhecimento;

VIII - garantia de acesso à rede de serviços de saúde e de assistência social locais.

IX - prioridade no recebimento da restituição do Imposto de Renda. (Incluído pela Lei nº 11.765, de 2008).

§ 2º. Dentre os idosos, é assegurada prioridade especial aos maiores de oitenta anos, atendendo-se suas necessidades sempre preferencialmente em relação aos demais idosos. (Incluído pela Lei nº 13.466, de 2017).

1. **Direitos da Pessoa Idosa.** No *caput* do art. 3º, o legislador estabeleceu outros direitos fundamentais, aos quais valem as observações feitas no artigo anterior.

2. **Direito de preferência.** No § 1º do art. 3º, o legislador estabeleceu tratamento prioritário ao idoso, garantindo-lhe uma série de privilégios, justificados pela condição de pessoa idosa. Merecem destaque os incisos I e IX. No inciso I se estabeleceu o atendimento preferencial imediato e individualizado junto aos órgãos públicos e privados prestadores de serviços à população. Ficou clara a intenção do legislador em evitar que a pessoa idosa aguarde alguns minutos – ou as vezes, algumas horas – nas filas dos serviços prestados por órgãos públicos ou privados, em razão da dificuldade natural que a pessoa idosa tem de se manter em pé por muito tempo, em virtude da fraqueza que começa a tomar conta de seus músculos do corpo humano. Outro privilégio relevante foi estabelecido no inciso IX, inserido pela lei 11.765/2008, consistente na prioridade no recebimento da restituição do Imposto de Renda. Trata-se de medida plenamente justificada, bastando pensar que o idoso, geralmente, é consumidor de alto número de medicações, precisando de dinheiro suficiente para adquiri-los e outros cuidados que necessita em razão da idade.

Art. 4º Nenhuma pessoa idosa será objeto de qualquer tipo de negligência, discriminação, violência, crueldade ou opressão, e todo atentado aos seus direitos, por ação ou omissão, será punido na forma da lei.

§ 1º É dever de todos prevenir a ameaça ou violação aos direitos do idoso.

§ 2º As obrigações previstas nesta Lei não excluem da prevenção outras decorrentes dos princípios por ela adotados.

Art. 5º A inobservância das normas de prevenção importará em responsabilidade à pessoa física ou jurídica nos termos da lei.

Art. 6º Todo cidadão tem o dever de **comunicar** à **autoridade competente** qualquer forma de **violação a esta Lei** que tenha testemunhado ou de que tenha conhecimento.

1. ***Delatio criminis.*** O legislador inseriu no art. 6º do Estatuto, o instituto da *delatio criminis*, por meio da qual qualquer pessoa pode levar ao conhecimento da autoridade pública qualquer forma de violação do Estatuto.

Art. 7º Os Conselhos Nacional, Estaduais, do Distrito Federal e Municipais da pessoa Idosa, previstos na Lei nº 8.842, de 4 de janeiro de 1994, zelarão pelo cumprimento dos direitos do idoso, definidos nesta Lei.

1. **Política Nacional da Pessoa Idosa.** A lei 8.842/94 dispôs sobre a Política Nacional da Pessoa Idosa, que tem por objetivo assegurar os direitos sociais da pessoa idosa, criando condições para promover sua autonomia, integração e participação efetiva na sociedade (art. 1º), e rege-se pelos seguintes princípios: *"I – a família, a sociedade e o estado têm o dever de assegurar ao idoso todos os direitos da cidadania, garantindo sua participação na comunidade, defendendo sua dignidade, bem-estar e o direito à vida; II – o processo de envelhecimento diz respeito à sociedade em geral, devendo ser objeto de conhecimento e informação para todos; III – o idoso não deve sofrer discriminação de qualquer natureza; IV – o idoso deve ser o principal agente e o destinatário das transformações a serem efetivadas através desta política; V – as diferenças econômicas, sociais, regionais e, particularmente, as contradições entre o meio rural e o urbano do Brasil deverão ser observadas pelos poderes públicos e pela sociedade em geral, na aplicação desta lei."* (art. 3º).
2. **Diretrizes da Política Nacional da Pessoa Idosa.** De acordo com o art. 4º da lei 8.842/94, são diretrizes da Política Nacional do Idoso: a viabilização de formas alternativas de participação, ocupação e convívio do idoso, que proporcionem sua integração às demais gerações; a participação do idoso, através de suas organizações representativas, na formulação, implementação e avaliação das políticas, planos, programas e projetos a serem desenvolvidos; a priorização do atendimento à pessoa idosa através de suas próprias famílias, em detrimento do atendimento asilar, à exceção dos idosos que não possuam condições que garantam sua própria sobrevivência; a descentralização político-administrativa; capacitação e reciclagem dos recursos humanos nas áreas de geriatria e gerontologia e na prestação de serviços; a implementação de sistema de informações que permita a divulgação da política, dos serviços oferecidos, dos planos, programas e projetos em cada nível de governo; o estabelecimento de mecanismos que favoreçam a divulgação de informações de caráter educativo sobre os aspectos biopsicossociais do envelhecimento; a priorização do atendimento à pessoa idosa em órgãos públicos e privados prestadores de serviços, quando desabrigados e sem família; o apoio a estudos e pesquisas sobre as questões relativas ao envelhecimento. Por fim, a lei afirma que é vedada a permanência de portadores de doenças que necessitem

de assistência médica ou de enfermagem permanente em instituições asilares de caráter social.

3. **Conselho Nacional da Pessoa Idosa.** O Conselho Nacional da Pessoa Idosa foi instituído pela lei 8.842/94, que na redação do projeto de lei, dispunha sobre ele nos arts. 11 ao 18, todos vetados pelo Presidente da República. A despeito disso, o Estatuto Estatuto da Pessoa Idosa trouxe uma atribuição do Conselho do Idoso, que é zelar pelo cumprimento dos direitos do idoso, nele definidos.

....

TÍTULO VI
Dos Crimes

CAPÍTULO I
Disposições Gerais

Art. 93. Aplicam-se subsidiariamente, no que couber, as disposições da Lei nº 7.347, de 24 de julho de 1985.

Art. 94. Aos crimes previstos nesta Lei, cuja pena máxima privativa de liberdade não ultrapasse 4 (quatro) anos, **aplica-se o procedimento previsto na Lei nº 9.099, de 26 de setembro de 1995**, e, subsidiariamente, no que couber, as disposições do Código Penal e do Código de Processo Penal.

1. **Aplicação do procedimento previsto na lei 9.099/95.** Logo que ocorreu o advento do Estatuto da Pessoa Idosa, o dispositivo ora comentado foi alvo de severa controvérsia doutrinária acerca do seu alcance. Discutia-se se seria aplicado somente o procedimento sumariíssimo previsto na lei 9.099/95 ou se seriam também aplicadas as medidas despenalizadoras nela previstas. A doutrina e a jurisprudência majoritárias se solidificaram no sentido de que, nos delitos previstos no Estatuto em que a pena máxima não ultrapasse 4 anos, aplica-se somente o procedimento sumariíssimo (arts. 96, 97, 98, 99, *caput* e § 1º, 100, 101, 102, 103, 104, 105, 106, 108, 109), dando-se maior celeridade processual aos processos de crimes praticados contra o idoso.

   O tema foi objeto de questionamento no STF, por meio da ADI 3096/DF, que por meio do seu Plenário, conferiu interpretação conforme a Constituição Republicana de 1988, com redução do texto, para suprimir a expressão "do Código Penal e", atribuindo ao artigo ora comentado o sentido segundo o qual os delitos previstos no Estatuto, cujas penas privativas de liberdade máximas não ultrapassem 4 (quatro) anos, aplica-se somente o procedimento sumariíssimo previsto na lei 9.099/95, não se aplicando, portanto, qualquer medida despenalizadora, nem qualquer interpretação benéfica ao autor do delito contra o idoso.

▶ **STF**

INFORMATIVO nº 591.

Plenário.

Lei 10.741/2003: Crimes contra Idosos e Aplicação da Lei 9.099/95 – 2

Em conclusão, o Tribunal julgou parcialmente procedente pedido formulado em ação direta de inconstitucionalidade ajuizada pelo Procurador-Geral da República para dar interpretação conforme ao art. 94 da Lei 10.741/2003 (...), no sentido de que aos crimes previstos nessa lei, cuja pena máxima privativa de liberdade não ultrapasse 4 anos, aplica-se a Lei 9.099/95 apenas nos aspectos estritamente processuais, não se admitindo, em favor do autor do crime, a incidência de qualquer medida despenalizadora – v. Informativo 556. Concluiu-se que, dessa forma, o idoso seria beneficiado com a celeridade processual, mas o autor do crime não seria beneficiado com eventual composição civil de danos, transação penal ou suspensão condicional do processo. Vencidos o Min. Eros Grau, que julgava improcedente o pleito, e o Min. Marco Aurélio, que o julgava totalmente procedente. ADI 3096/DF, rel. Min. Cármen Lúcia, 16.6.2010.

2. **Não alteração do conceito de infração penal de menor potencial ofensivo.** O Estatuto da Pessoa Idosa, não alterou o conceito de infração penal de menor potencial ofensivo, que continua sendo aquele previsto no art. 61 da lei 9.099/95. Apenas dispôs que nos delitos previstos no Estatuto, com pena máxima de até 4 anos, aplica-se tão somente o procedimento sumaríssimo previsto na lei 9.099/95.

CAPÍTULO II
Dos Crimes em Espécie

Art. 95. Os crimes definidos nesta Lei são de **ação penal pública incondicionada**, não se lhes aplicando os arts. 181 e 182 do Código Penal.

1. **Natureza da ação penal.** Sabe-se que a regra geral do Direito Processual Penal é de que a ação penal é pública incondicionada, salvo quando a lei dispuser de forma contrária. Assim, não havia necessidade de o legislador explicitar no artigo ora comentado que a ação penal é pública incondicionada. Trata-se, assim, de previsão inócua.

2. **Exclusão da incidência das imunidades absolutas e relativas do Código Penal.** Como dito acima, não havia necessidade de o legislador explicitar no artigo ora comentado que a ação penal é pública incondicionada. Entretanto, pela leitura do dispositivo legal, percebe-se que o legislador quis frisar a não aplicabilidade das imunidades absolutas e relativas, previstas, respectivamente, nos arts. 181 e 182 do Código Penal. Sucede que o legislador do Estatuto, a um só tempo, fez essa previsão de forma expressa e alterou o Código Penal, nas disposições finais dos crimes contra o patrimônio, acrescentando o inciso III no art. 183 do Código Penal, que também exclui expressamente a incidência das imunidades absoluta e relativa aos crimes praticados contra idoso, utilizando-se dois dispositivos legais para dizer a mesma coisa.

3. **Bem jurídico protegido.** Nos crimes previstos no Estatuto da Pessoa Idosa, os bens jurídicos tutelados são a dignidade, a saúde, a integridade física e psíquica, a liberdade e o respeito ao idoso.

4. **Violação do princípio da legalidade.** O princípio da legalidade está retratado na expressão latina *nullun crimen nulla poena sine lege certa,* segundo o qual a lei penal deve ser clara, certa, precisa e taxativa, proibindo-se conceitos vagos e imprecisos. Com efeito, busca-se com o mencionado princípio, a segurança jurídica. Não é outra a razão pela qual o tipo penal possui, entre outras, a função da garantia, no sentido de garantir ao indivíduo que ele não receberá uma sanção penal caso a sua conduta não seja criminosa, bem como garantir ao indivíduo a aplicação somente da pena prevista abstratamente na lei para o delito que for praticado. Assim, toda vez que o tipo penal utiliza conceitos vagos e imprecisos, está ferindo de morte o princípio da legalidade penal, na vertente taxatividade. O Estatuto da Pessoa Idosa é merecedor de críticas no sentido de constituir flagrante violação ao princípio da legalidade, na vertente taxatividade – *nullun crimen nulla poena sine lege certa* – por ter utilizado, nos tipos penais, conceitos vagos e imprecisos, dificultando a sua interpretação e aplicação prática.

Art. 96. Discriminar pessoa idosa, impedindo ou dificultando seu acesso a operações bancárias, aos meios de transporte, ao direito de contratar ou por qualquer outro meio ou instrumento necessário ao exercício da cidadania, por motivo de idade:

Pena – reclusão de 6 (seis) meses a 1 (um) ano e multa.

§ 1º Na mesma pena incorre quem **desdenhar, humilhar, menosprezar ou discriminar** pessoa idosa, por qualquer motivo.

§ 2º A pena será aumentada de 1/3 (um terço) se a vítima se encontrar **sob os cuidados ou responsabilidade do agente.**

§ 3º Não constitui crime a negativa de crédito motivada por superendividamento da pessoa idosa.

1. **Sujeito ativo.** Trata-se de crime comum, uma vez que pode ser praticado por qualquer pessoa.

2. **Sujeito passivo.** Pessoa idosa, com idade igual ou superior a sessenta anos.

3. **Discriminar.** Significa diferenciar, fazer distinção, tratar de forma desigual. No tipo penal ora analisado, dá-se tratamento diverso à pessoa em razão de sua idade. O móvel da conduta do agente é a condição de pessoa idosa da vítima. Em outras palavras, impede-se à pessoa idosa que ele tenha acesso à operações bancárias, aos meios de transporte, ao direito de contratar ou por qualquer outro meio ou instrumento necessário ao exercício da cidadania, justamente em razão de ter sessenta anos de idade ou mais.

4. **Impedir ou dificultar.** *Impedir* significa não permitir, obstruir, proibir. *Dificultar* é causar embaraço, servir de obstáculo.

5. **Operações bancárias.** Negócios jurídicos por meio dos quais se movimenta valores financeiros em instituições financeiras (bancos), como transferências de uma conta corrente pra outra, saques, depósitos, transferência de valores da conta corrente para a poupança e vice-versa.

6. **Meios de transporte.** Por *meio de transporte* entenda-se qualquer forma de deslocamento de pessoas de um local específico para outro. Abrange o transporte terrestre, aéreo e marítimo, individual ou coletivo, público ou particular, por meio de qualquer veículo que possua propulsão própria, como carro, motocicleta, barco, lancha, avião, helicóptero etc. Como o tipo legal de crime não fez qualquer distinção, conclui-se que ele abrange qualquer natureza de meio de transporte, podendo ser transporte público ou privado, de lazer ou trabalho, interestadual ou intermunicipal, gratuito ou oneroso. Dessa forma, quando o motorista do ônibus não para o veículo, impedindo o ingresso do idoso, pratica esse crime, uma vez que dificultou acesso da pessoa idosa ao meio de transporte.

7. **Direito de contratar.** O direito de contratar consiste na liberdade que qualquer pessoa tem de contrair obrigações e direitos. Desde que atendidos os limites dogmáticos do Direito Civil, o direito de contratar é livre, seja a pessoa idosa, seja a pessoa não idosa. Entretanto, o tipo legal de crime ora estudado dispõe que é infração penal impedir ou dificultar ao idoso, o seu direito de contratar. Trata-se de tipo penal aberto demais, em plena violação ao princípio da legalidade, na vertente taxatividade – *nullun crimen nulla poena sine lege certa,* uma vez que o legislador não estabeleceu de qual espécie de contrato se trata. Logo, ainda que isso implique violação do princípio mencionado, abrange qualquer espécie de contrato.

8. **Qualquer outro meio ou instrumento necessário ao exercício da cidadania.** O legislador utilizou-se da técnica de interpretação denominada *interpretação analógica,* para abranger qualquer forma de exercício da cidadania. O legislador não poderia ter sido mais genérico. Ao utilizar as expressões *qualquer outro meio ou instrumento necessário ao exercício da cidadania,* o legislador feriu de morte o princípio da legalidade, na vertente taxatividade – *nullun crimen nulla poena sine lege certa.* Com efeito, o tipo legal de crime não mencionou quais seriam os meios ou instrumentos necessários ao exercício da cidadania. A noção de cidadania está atrelada a qualquer direito que possa ser exercido pelo *cidadão.* Assim, o tipo penal possui uma abrangência indefinida e infinita, dificultando, dessa forma, a sua aplicabilidade.

9. **Tipo misto alternativo.** A prática das duas condutas descritas no tipo (*impedir* ou *dificultar*) não gera concurso de crimes, respondendo o agente por apenas um delito.

10. **Especial fim de agir.** O tipo penal possui um especial fim de agir, consistente na prática da conduta típica *por motivo de idade.* Ausente o especial fim de agir, a conduta será atípica.

11. **Condutas equiparadas.** § 1º. Mais uma vez o legislador foi repetitivo de forma desnecessária, uma vez que as expressões *desdenhar, humilhar, menosprezar* e *discriminar* são sinônimas, significando a mesma coisa. Talvez seja essa conduta a violação, em maior grau, do princípio da legalidade, na vertente taxatividade – *nullun crimen nulla poena sine lege certa.* A incriminação consiste em humilhar pessoa idosa, por qualquer motivo, desde não seja em razão da idade, não

estabelecendo, o legislador, um motivo específico, circunstância ou a forma de humilhação, Trata-se de delito de difícil aplicação prática. O delito ora comentado não estará configurado caso haja a emissão de palavras ou conceitos injuriosos, como chamar alguém de *velho surdo* ou *velho ranzinza,* caso em que estará configurado o delito de injúria preconceituosa ou discriminatória prevista no art. 140, § 3º do Código Penal.

12. **Causa de aumento de pena. § 2º.** Por ser uma conduta mais reprovável, a pena aumenta-se de um terço se o autor do crime for pessoa que tiver que cuidar da pessoa idosa ou responsabilidade sobre ele, justificando, assim, o aumento da pena. Tal aumento de pena tem natureza jurídica de *causa especial de aumento de pena,* também chamada de *majorante.*
13. **Causa de atipicidade. §3º.** O §3º traz uma causa de atipicidade autoexplicativa relativa ao superendividamento da pessoa idosa.
14. **Consumação.** O delito se consuma com a conduta de *impedir* ou *dificultar* à pessoa idosa o acesso a operações bancárias, aos meios de transporte, ao direito de contratar ou por qualquer outro meio ou instrumento necessário ao exercício da cidadania, em razão de sua condição de idoso, independentemente de qualquer resultado ulterior, pois se trata de crime formal.
15. **Classificação.** Crime comum; formal; doloso; comissivo; instantâneo; admite tentativa.
16. **Infração penal de menor potencial ofensivo.** Tendo em vista que a pena máxima cominada não ultrapassa 2 anos, trata-se de infração penal de menor potencial ofensivo, sendo a competência dos Juizados Especiais Criminais para o processo e o julgamento.
17. **Suspensão condicional do processo.** Cabível, pois a pena mínima cominada não ultrapassa 1 ano (art. 89 da lei 9.099/95). Entretanto, o STF deu ao art. 94 desta lei interpretação conforme a Constituição (ver comentários ao art. 94 desta lei).

Art. 97. Deixar de prestar assistência à pessoa idosa, quando possível fazê-lo sem risco pessoal, em situação de iminente perigo, ou recusar, retardar ou dificultar sua assistência à saúde, sem justa causa, ou não pedir, nesses casos, o socorro de autoridade pública:

Pena – detenção de 6 (seis) meses a 1 (um) ano e multa.

Parágrafo único. A pena é aumentada de metade, se da omissão resulta **lesão corporal de natureza grave**, e triplicada, se resulta a **morte.**

1. **Sujeito ativo.** Trata-se de crime comum, uma vez que pode ser praticado por qualquer pessoa.
2. **Sujeito passivo.** Pessoa idosa, com idade igual ou superior a sessenta anos.
3. **Deixar de prestar assistência à pessoa idosa quando possível fazê-lo sem risco pessoal, em situação de iminente perigo.** *Deixar de prestar assistência* é conduta omissiva, por meio da qual o agente deixa de cumprir um mandamento normativo.

O legislador trouxe, na norma penal, um mandamento dirigido ao agente no sentido de prestar assistência ao idoso, determinando que o agente aja, preste o socorro, e ele não o faz, descumprindo o mandamento contido na norma. O legislador exigiu que o idoso estivesse em situação de *iminente perigo*. Entenda-se, por *iminente perigo*, um perigo à vida ou à integridade física da pessoa idosa que está prestes a ocorrer, como um atropelamento, um afogamento ou uma lesão corporal. Não se trata de um perigo atual, mas sim iminente. Mas o legislador não determinou a prestação de socorro a qualquer custo. Ao contrário, voltando os seus olhos para o agente, inseriu os elementos normativos *quando possível fazê-lo sem risco pessoal*. Trata-se de possibilidade pessoal de agir, sem risco de ocorrência de algum resultado que implique probabilidade de dano ao agente, à sua integridade física ou à sua vida. Assim, configura esse delito o fato de o agente deixar de prestar assistência à uma pessoa idosa que tenha tropeçado e caído no meio da rua, ao atravessá-la, havendo, evidentemente, o perigo iminente de ocorrer o atropelamento de pessoa idosa no momento em que o sinal abrir para os carros que estão parados no sinal. Entretanto, caso a pessoa idosa resolva atravessar uma pista de rolamento, sem sinal e faixa de pedestre, na qual os carros trafegam em alta velocidade, e venha a tropeçar e cair, a não prestação de auxílio não configura, a princípio, o delito ora comentado, uma vez que, nessa hipótese, há nítido risco pessoal a qualquer pessoa que tente lhe prestar auxílio, tornando a conduta atípica. Outra hipótese de atipicidade é o caso de o agente deixar de prestar socorro à pessoa idosa que se encontra dentro de um prédio que está em incêndio. Nesse caso, por haver nítido risco pessoal ao agente, a sua conduta será, a princípio, atípica. Como o elemento *quando possível fazê-lo sem risco pessoal* figura como elemento do tipo legal de crime, caso seja impossível ao agente prestar o socorro por haver risco pessoal, como nos casos acima citados, a sua conduta será, a princípio, atípica, resolvendo-se a questão no plano da tipicidade penal. Nesses casos de possível atipicidade da conduta do agente, entretanto, como veremos abaixo, é dever do agente pedir socorro da autoridade pública.

4. **Recusar, retardar ou dificultar a assistência à saúde da pessoa idosa, sem justa causa.** *Recusar* consiste em rejeitar. *Retardar* significa atrasar, demorar. *Dificultar* é causar embaraço. O legislador trouxe, no mesmo tipo penal, outras condutas que podem ser praticadas nas formas comissiva e omissiva, no sentido de rejeitar, atrasar ou causar embaraço em relação à assistência a saúde do idoso. Mais uma vez, voltando os seus olhos para o agente, o legislador inseriu o elemento *sem justa causa*. Da mesma forma que dissemos acima, trata-se de possibilidade pessoal de agir, sem risco de ocorrência de algum resultado que implique probabilidade de dano ao agente, à sua integridade física ou à sua vida. Como o elemento *sem justa causa* figura como elemento do tipo legal de crime, caso haja uma causa justa que torne impossível ao agente prestar assistência à saúde do idoso, como o sério risco de contaminação pela doença a que o idoso está acometido, a sua conduta será, a princípio, atípica, resolvendo-se a questão no plano da tipicidade penal. Nesses casos de possível atipicidade da conduta do agente, entretanto, como veremos abaixo, é dever do agente pedir socorro da autoridade pública.

5. **Não pedir o socorro de autoridade pública.** Trata-se da terceira forma de omissão prevista no tipo legal de crime, na qual o agente não pede socorro da autoridade

pública. É uma espécie de omissão subsidiária do tipo legal, uma vez que é aplicável às duas formas de omissão descritas no tipo. Assim, podemos elaborar as seguintes fórmulas de incriminação: *Primeira incriminação:* Deixar de prestar assistência à pessoa idosa quando possível fazê-lo sem risco pessoal, em situação de iminente perigo ou não pedir o socorro de autoridade pública; *Segunda incriminação: Recusar, retardar ou dificultar a assistência à saúde do idoso, sem justa causa ou não pedir o socorro de autoridade pública.* Dessa forma, nas primeiras condutas, o fato de o agente não poder prestar assistência à pessoa idosa em situação de iminente perigo, diante de um risco pessoal, ou recusar, retardar ou dificultar a assistência à saúde do idoso por uma causa justificada, isso não lhe retira o dever de pedir socorro da autoridade pública, caso em que, se não o fizer, pratica o delito ora comentado. Por *autoridade pública* entenda-se o agente público que tenha atribuição ou possa, de alguma forma, prestar socorro ao idoso. Não adianta pedir socorro ao agente de trânsito para que o mesmo preste socorro à uma pessoa idosa que se encontra dentro de um prédio completamente em chamas, uma vez que o agente de trânsito nada poderá fazer. Entretanto, a autoridade pública que sempre poderá prestar, de alguma forma, socorro ao idoso, é o agente policial, que tem o dever de comunicar ao outro agente público que possa efetivamente prestar o socorro ao idoso, solicitando-o.

6. **Não aplicabilidade ao agente garantidor.** O tipo legal de crime em comento não se aplica ao agente garantidor previsto no art. 13, § 2º, do Código Penal. Em primeiro lugar por tratar-se de omissão própria; em segundo lugar, porque o agente garantidor jamais responderá por esse delito de omissão de socorro previsto no Estatuto da Pessoa Idosa. Ao contrário, o agente garantidor sempre responde pelo resultado ocorrido. A omissão do garante o conduz à responsabilidade penal pelo resultado decorrido de sua omissão, não podendo ele ser responsabilizado por uma omissão própria. Dessa forma, se o agente garantidor, como os filhos em relação aos pais idosos, o médico da rede pública de saúde ou o agente policial se omitir e de sua omissão decorrer, por exemplo, o resultado morte, ele responde pelo homicídio consumado por omissão imprópria. Caso não haja o resultado morte, a omissão do agente garantidor, se for dolosa, o conduzirá à tentativa de homicídio por omissão imprópria. Entretanto, de forma diversa, se a omissão do garante for culposa e não ocorrer o resultado, não se punirá a tentativa, uma vez que o crime culposo não admite a figura da tentativa. Exemplificando: um médico de um hospital público se depara com uma pessoa idosa que acabara de chegar ao hospital, levado por populares, sofrendo um possível enfarte. Caso ele dolosamente não o socorra para evitar-lhe a morte, não responderá pelo delito ora comentado, mas por homicídio consumado por omissão imprópria, justamente em razão de sua condição de agente garantidor.

7. **Causa especial de aumento de pena. Parágrafo** único. A pena é aumentada de metade, se da omissão resulta lesão corporal de natureza grave (art. 129, §§ 1º e 2º do Código Penal), e triplicada, se resulta a morte da pessoa idosa. Tais resultados sempre decorrerão de culpa do agente, por tratar-se de delito preterdoloso, que é aquele em que o agente age com *dolo* na conduta, gerando um resultado qualificador mais grave à título de *culpa*. Caso o agente tenha dolo em relação à lesão corporal ou à morte, o delito deixará de ser omissão de socorro previsto no

Estatuto da Pessoa Idosa, e passará a ser de lesão corporal dolosa ou homicídio doloso, ambos com previsão no Código Penal. Tal aumento de pena tem natureza jurídica de *causa especial de aumento de pena,* também chamada de *majorante,* incidindo na terceira fase do critério trifásico de aplicação da pena.

8. **Tipo misto alternativo.** A prática de duas ou mais condutas descritas no tipo não gera concurso de crimes, respondendo o agente por apenas um delito.

9. **Especialidade.** O tipo legal de crime ora comentado é especial em relação ao art. 135 do Código Penal, que prevê o delito de omissão de socorro.

10. **Consumação.** Na conduta *deixar de prestar assistência*, por se tratar de crime omissivo próprio, se consuma com a mera omissão do agente. Já nas condutas *recusar, retardar ou dificultar* nas formas comissivas, o delito se consuma com a prática das condutas; entretanto, se essas mesmas condutas forem praticadas na forma omissiva própria, o delito estará consumado com a mera omissão do agente, independentemente de qualquer resultado ulterior, mesmo que o socorro seja prestado, posteriormente, por outrem.

11. **Classificação.** Crime comum; formal; doloso; comissivo ou omissivo próprio nas condutas *recusar, retardar ou dificultar,* e omissivo próprio na conduta *deixar de prestar assistência*; instantâneo; admite tentativa nas modalidades comissivas, não a admitindo nas modalidades omissivas próprias.

12. **Infração penal de menor potencial ofensivo.** Tendo em vista que a pena máxima cominada não ultrapassa 2 anos, trata-se de infração penal de menor potencial ofensivo, sendo a competência dos Juizados Especiais Criminais para o processo e o julgamento, salvo no caso de ocorrer o resultado qualificador morte da pessoa idosa, previsto no parágrafo único.

13. **Suspensão condicional do processo.** Cabível, pois a pena mínima cominada não ultrapassa 1 ano (art. 89 da lei 9.099/95), salvo se houver a incidência da causa especial de aumento de pena prevista no parágrafo único. Entretanto, o STF deu ao art. 94 desta lei interpretação conforme a Constituição (ver comentários ao art. 94 desta lei).

Art. 98. Abandonar a pessoa idosa em hospitais, casas de saúde, entidades de longa permanência, ou congêneres, ou não prover suas necessidades básicas, quando obrigado por lei ou mandado:

Pena – detenção de 6 (seis) meses a 3 (três) anos e multa.

1. **Sujeito ativo.** Trata-se de crime próprio, uma vez que somente pode ser praticado por pessoa que esteja obrigada, por lei ou mandado, a amparar a pessoa idosa, como na hipótese dos filhos em relação aos pais.

2. **Sujeito passivo.** Pessoa idosa, com idade igual ou superior a sessenta anos.

3. **Abandonar ou não prover as necessidades básicas de pessoa idosa.** *Abandonar* significa desamparar, deixar de dar assistência. Pode ser praticada na forma

comissiva ou na forma omissiva. Na forma comissiva ocorre quando o agente leva a pessoa idosa ao asilo, ao hospital ou à casa de saúde e o deixa lá, abandonando-a. Na modalidade omissiva, o delito se dá quando, por exemplo, o agente não busca a pessoa idosa no hospital onde se encontra internada, igualmente abandonando-a. Note-se que o abandono pode ser temporário ou permanente, desde que fique caracterizado o desamparo. *Não prover as necessidades* de pessoa idosa configura conduta omissiva, uma vez que, por meio dela, o agente deixa de prestar à pessoa idosa os meios mínimos que lhe garantam o mínimo exigido para uma vida digna, ou seja, o mínimo exigido para as suas necessidades básicas, como alimentação, medicação, vestuário, abrigo, condições de higiene etc.

4. **Hospitais, casas de saúde, entidades de longa permanência, ou congêneres.** O legislador elencou no tipo legal de crime os locais onde o abandono de pessoa idosa é efetivado. São locais destinados a recepção de pessoas enfermas.

5. **Especialidade.** O tipo legal de crime em comento especializa o art. 244 do Código Penal.

6. **Tipo misto alternativo.** A prática das duas condutas descritas no tipo (*abandonar* e *não prover)* não gera concurso de crimes, respondendo o agente por apenas um delito.

7. **Consumação.** Com o abandono de pessoa idosa ou com o não provimento de suas necessidades básicas.

8. **Classificação.** Crime próprio; formal; doloso; comissivo ou omissivo na conduta *abandonar* e omissivo próprio na conduta *não prover*; instantâneo; não admite tentativa na conduta *abandonar* na forma comissiva por ser crime unissubsistente; não admite a tentativa nas condutas *abandonar* (na modalidade omissiva) e *não prover* por serem crimes omissivos próprios.

9. **Suspensão condicional do processo.** Cabível, pois a pena mínima cominada não ultrapassa 1 ano (art. 89 da lei 9.099/95). Entretanto, o STF deu ao art. 94 desta lei interpretação conforme a Constituição (ver comentários ao art. 94 desta lei).

Art. 99. Expor a perigo a integridade e a saúde, física ou psíquica, da pessoa idosa, submetendo-o a **condições desumanas ou degradantes** ou **privando-o de alimentos** e **cuidados indispensáveis**, quando obrigado a fazê-lo, ou **sujeitando-o a trabalho excessivo ou inadequado**:

Pena – detenção de 2 (dois) meses a 1 (um) ano e multa.

§ 1º Se do fato resulta **lesão corporal de natureza grave**:

Pena – reclusão de 1 (um) a 4 (quatro) anos.

§ 2º Se resulta a **morte**:

Pena – reclusão de 4 (quatro) a 12 (doze) anos.

1. **Sujeito ativo.** Trata-se de crime próprio, uma vez que somente pode ser praticado por alguém que tiver um vínculo de cuidado ou proteção com o idoso, como os filhos, o enfermeiro ou acompanhante contratado para cuidar do idoso.

2. **Sujeito passivo.** Pessoa idosa, com idade igual ou superior a sessenta anos.

3. **Expor a perigo.** Exposição a perigo significa colocar a pessoa idosa em uma situação de perigo que pode representar risco de lesão à sua integridade física ou a sua morte. Trata-se de delito de perigo concreto, que exige a prova de que a pessoa idosa ficou efetivamente exposto à uma situação de perigo, não podendo se falar em presunção de perigo. Assim, somente a conduta do agente não é o bastante para a configuração do delito ora comentado. A ausência de prova nesse sentido conduzirá à atipicidade da conduta do agente. O delito pode ser praticado na forma comissiva ou omissiva própria. Na modalidade comissiva, basta pensar no caso em que o agente obrigue a pessoa idosa a realizar um trabalho excessivo ou lhe retire o prato de comida antes de iniciar o almoço. Na modalidade omissiva própria, imagine-se que o agente veja a pessoa idosa deitada na cama, todo urinado, por incontinência urinária provocada por efeito colateral de algum medicamento do qual a pessoa idosa faça uso, e não faça nada, deixando-o naquela situação o dia inteiro.

4. **Condições desumanas ou degradantes.** Condições desumanas e degradantes são as condições incompatíveis com uma vida digna que todo ser humano deve ter, como falta de higiene ou a colocação da pessoa idosa em um local em que há risco de doença, por haver o contato com urina de rato que pode transmitir doenças ao corpo humano.

5. **Privação de alimentos e cuidados indispensáveis.** Consiste na privação de alimentos indispensáveis à vida ou à saúde do idoso. Não se trata, obviamente, de alimentos desnecessários, como biscoitos, chás ou coisas do gênero, mas alimentos ligados a subsistência, nutrição da pessoa. É de se notar que a privação de alimentos, embora possa ser total ou parcial, deve gerar um perigo comprovado à integridade e saúde, física ou psíquica do idoso. Assim, o não fornecimento, por exemplo, do lanche da tarde para a pessoa idosa não tem o condão de gerar-lhe risco à sua integridade e saúde física ou psíquica, não configurando, assim, o delito em comento. Por sua vez, a *privação de cuidados indispensáveis* consiste no não fornecimento à pessoa idosa de cuidados mínimos ligados a vestuário, higiene, assistência médica, medicamentos etc.

6. **Sujeição a trabalho excessivo ou inadequado.** *Trabalho excessivo* é aquele que exige um esforço além do que a pessoa pode dar, como sujeitar a pessoa idosa a um trabalho que lhe exija que permaneça por 6 horas ininterruptas em pé. Ou então que lhe exija o emprego de força física com as pernas ou com os braços. Já o *trabalho inadequado* consiste na atividade desconformada à condição de pessoa idosa, como a sujeição da pessoa idosa à venda ambulante, fazendo-o carregar uma geladeira de isopor cheia de gelo para vender refrigerantes e outras bebidas na praia ou então empregar a pessoa idosa em um estacionamento de automóveis sendo exigido dele que empurre os veículos estacionados em fila dupla para liberar

espaço para os demais automóveis saírem. Na realidade, as noções de *trabalho excessivo* e *trabalho inadequado* acabam por se confundir na prática.

7. **Formas qualificadas. §§ 1º e 2º.** A pena é de reclusão de 1 a 4 anos se do fato resulta lesão corporal de natureza grave (art. 129, §§ 1º e 2º do Código Penal), e de 4 a 12 anos, se resulta a morte da pessoa idosa. Tais resultados sempre decorrerão de culpa do agente, por tratar-se de delito preterdoloso, que é aquele em que o agente age com *dolo* na conduta, gerando um resultado qualificador mais grave à título de *culpa*. Caso o agente tenha dolo em relação à lesão corporal ou à morte, o delito deixará de ser o previsto no tipo legal de crime ora comentado, e passará a ser de lesão corporal dolosa ou homicídio doloso, ambos com previsão no Código Penal.

8. **Tipo misto alternativo.** A prática de duas ou mais condutas descritas no tipo não gera concurso de crimes, respondendo o agente por apenas um delito.

9. **Especialidade.** O tipo legal de crime ora comentado constitui especialidade em relação aos delitos previstos nos arts. 132 e 136 do Código Penal.

10. **Consumação.** Com a efetiva submissão da pessoa idosa à situação de perigo por meio das condições descritas no tipo legal de crime.

11. **Classificação.** Crime próprio; formal; doloso; comissivo ou omissivo próprio; instantâneo; admite tentativa na modalidade comissiva, mas não a admite na modalidade omissiva própria.

12. **Infração penal de menor potencial ofensivo.** Tendo em vista que a pena máxima cominada ao delito previsto no *caput* não ultrapassa 2 anos, trata-se de infração penal de menor potencial ofensivo, sendo a competência dos Juizados Especiais Criminais para o processo e o julgamento, ressalvadas as formas qualificadas dos §§ 1º e 2º.

13. **Suspensão condicional do processo.** Cabível, pois a pena mínima cominada não ultrapassa 1 ano (art. 89 da lei 9.099/95), salvo na hipótese da qualificadora do resultado morte prevista no § 2º. Entretanto, o STF deu ao art. 94 desta lei interpretação conforme a Constituição (ver comentários ao art. 94 desta lei).

Art. 100. Constitui crime punível com reclusão de 6 (seis) meses a 1 (um) ano e multa:

I – obstar o acesso de alguém a qualquer **cargo público** por motivo de idade;

II – negar a alguém, por motivo de idade, **emprego ou trabalho**;

III – recusar, retardar ou dificultar atendimento ou deixar de prestar assistência à **saúde**, sem justa causa, a pessoa idosa;

IV – deixar de cumprir, retardar ou frustrar, sem justo motivo, **a execução de ordem judicial** expedida na ação civil **a que alude esta Lei**;

V – recusar, retardar ou omitir **dados técnicos indispensáveis à propositura da ação civil** objeto desta Lei, quando requisitados pelo Ministério Público.

1. **Inciso I.** Óbice **a acesso a cargo público por motivo de idade.**
2. **Sujeito ativo.** Trata-se de crime próprio, uma vez que somente pode ser sujeito ativo do delito o funcionário público que tenha atribuição para a admissão da pessoa à ocupação do cargo público.
3. **Sujeito passivo.** Pessoa idosa, com idade igual ou superior a sessenta anos.
4. **Obstar o acesso.** *Obstar* é causar embaraço. Nesse tipo legal de crime, o agente impede que a pessoa idosa ocupe o cargo público justamente em razão da sua condição de pessoa idosa.
5. **Cargo público.** Qualquer cargo que possa ser ocupado na Administração Pública Direta ou Indireta. A Administração Direta é composta pelas pessoas jurídicas de direito público interno, que são a União, Estados membros, Distrito Federal e Municípios. Por sua vez, a administração Pública indireta é formada por autarquias, Empresas públicas, sociedades de economia mista e fundações.
6. **Especial fim de agir.** O tipo penal possui um especial fim de agir, consistente no impedimento de ocupação de cargo publico em razão da condição de pessoa idosa. Ausente o especial fim de agir, a conduta será atípica.
7. **Especialidade.** O tipo penal ora comentado constitui especialidade em relação ao delito previsto no art. 3º da lei 7.716/89, que possui a seguinte redação: *"Impedir ou obstar o acesso de alguém, devidamente habilitado, a qualquer cargo da Administração Direta ou Indireta, bem como das concessionárias de serviços públicos."*
8. **Consumação.** Com a prática da conduta descrita no tipo penal, ou seja, com o óbice ao acesso ao cargo público pela condição de pessoa idosa, pois se trata de crime formal. Mesmo que posteriormente a pessoa idosa consiga a ocupação do cargo por força de ação judicial, como o Mandado de Segurança, o delito estará consumado.
9. **Classificação.** Crime próprio; formal; doloso; comissivo; instantâneo; admite tentativa.
10. **Infração penal de menor potencial ofensivo.** Tendo em vista que a pena máxima cominada ao delito não ultrapassa 2 anos, trata-se de infração penal de menor potencial ofensivo, sendo a competência dos Juizados Especiais Criminais para o processo e o julgamento.
11. **Suspensão condicional do processo.** Cabível, pois a pena mínima cominada não ultrapassa 1 ano (art. 89 da lei 9.099/95). Entretanto, o STF deu ao art. 94 desta lei interpretação conforme a Constituição (ver comentários ao art. 94 desta lei).
12. **Inciso II. Negativa de emprego ou trabalho.**
13. **Sujeito ativo.** Trata-se de crime próprio, uma vez que somente pode ser sujeito ativo do delito o administrador da pessoa jurídica ou o funcionário que tenha a função de admitir ou não os empregados na sociedade (empresa no sentido subjetivo).
14. **Sujeito passivo.** Pessoa idosa, com idade igual ou superior a sessenta anos.

15. Negar. *Negar* significa recusar, não admitir. Nega-se à pessoa emprego ou trabalho, justamente em razão da sua condição de idoso.

16. Emprego ou trabalho. O legislador utilizou as expressões *emprego ou trabalho.* Na realidade, trata-se de expressões sinônimas para fins da incriminação ora comentada. Compreendem, assim, qualquer espécie de trabalho, independentemente do título que se dê à função ou ao cargo ou duração, isso é, mesmo que se trate de estágio por prazo determinado. Segundo o art. 3º da CLT, *"considera-se empregado toda pessoa física que prestar serviços de natureza não eventual a empregador, sob a dependência deste e mediante salário."*

17. Especial fim de agir. O tipo penal possui um especial fim de agir, consistente no impedimento de ocupação de cargo publico em razão da condição de idoso. Ausente o especial fim de agir, a conduta será atípica.

18. Especialidade. O tipo penal ora comentado constitui especialidade em relação ao delito previsto no art. 4º da lei 7.716/89, que possui a seguinte redação: *"Negar ou obstar emprego em empresa privada."*

19. Consumação. Com a prática da conduta descrita no tipo penal, ou seja, com a negação ao emprego, pois se trata de crime formal.

20. Classificação. Crime próprio; formal; doloso; comissivo; instantâneo; admite tentativa.

21. Infração penal de menor potencial ofensivo. Tendo em vista que a pena máxima cominada ao delito não ultrapassa 2 anos, trata-se de infração penal de menor potencial ofensivo, sendo a competência dos Juizados Especiais Criminais para o processo e o julgamento.

22. Suspensão condicional do processo. Cabível, pois a pena mínima cominada não ultrapassa 1 ano (art. 89 da lei 9.099/95). Entretanto, o STF deu ao art. 94 desta lei interpretação conforme a Constituição (ver comentários ao art. 94 desta lei).

23. Inciso III. Negativa de assistência à saúde de idoso.

24. Sujeito ativo. Trata-se de crime comum, uma vez que pode ser praticado por qualquer pessoa.

25. Sujeito passivo. Pessoa idosa, com idade igual ou superior a sessenta anos.

26. Recusar, retardar, dificultar e deixar de prestar assistência. *Recusar* consiste em rejeitar, não aceitar. *Retardar* significa atrasar, demorar. *Dificultar* é causar embaraço. *Deixar de prestar assistência* é conduta omissiva, por meio da qual o agente deixa de cumprir um mandamento normativo.

27. Tipo misto alternativo. A prática de duas ou mais condutas descritas no tipo não gera concurso de crimes, respondendo o agente por apenas um delito.

28. Sem justa causa. O legislador inseriu o elemento *sem justa causa.* Por tratar-se de elemento do tipo legal de crime, caso haja uma causa justa que torne impossível ao agente prestar o atendimento ou a assistência à saúde do idoso, como a falta de maquinário suficiente, a sua conduta será atípica, resolvendo-se a questão no plano da tipicidade penal.

29. **Consumação.** Na conduta *deixar de prestar assistência*, por se tratar de crime omissivo próprio, se consuma com a mera omissão do agente. Já nas condutas *recusar, retardar ou dificultar* nas formas comissivas, o delito se consuma com a prática das condutas; entretanto, se essas mesmas condutas forem praticadas na forma omissiva própria, o delito estará consumado com a mera omissão do agente, independentemente de qualquer resultado ulterior.

30. **Classificação.** Crime comum; formal; doloso; comissivo ou omissivo próprio nas condutas *recusar, retardar ou dificultar,* e omissivo próprio na conduta *deixar de prestar assistência;* instantâneo; admite tentativa nas modalidades comissivas, não a admitindo nas modalidades omissivas próprias.

31. **Infração penal de menor potencial ofensivo.** Tendo em vista que a pena máxima cominada ao delito não ultrapassa 2 anos, trata-se de infração penal de menor potencial ofensivo, sendo a competência dos Juizados Especiais Criminais para o processo e o julgamento.

32. **Suspensão condicional do processo.** Cabível, pois a pena mínima cominada não ultrapassa 1 ano (art. 89 da lei 9.099/95). Entretanto, o STF deu ao art. 94 desta lei interpretação conforme a Constituição (ver comentários ao art. 94 desta lei).

33. **Inciso IV. Descumprimento de ordem judicial.**

34. **Sujeito ativo.** Trata-se de crime próprio, uma vez que somente pode ser sujeito ativo do delito a pessoa a quem a ordem judicial foi destinada.

35. **Sujeito passivo.** Pessoa idosa, com idade igual ou superior a sessenta anos.

36. **Deixar de cumprir, retardar ou frustrar.** *Deixar de cumprir* significa não efetivar, não dar cumprimento. *Retardar* consiste em atrasar, demorar. *Frustrar* é enganar a expectativa, não suceder o que se esperava. Trata-se de condutas que configuram crimes omissivos próprios.

37. **Ação de natureza cível com base no Estatuto da Pessoa Idosa.** O legislador exigiu que o descumprimento da ordem judicial se desse na ação de natureza cível a que alude o Estatuto da Pessoa Idosa. Nesse sentido, dispõe o art. 79 do Estatuto: *"regem-se pelas disposições desta Lei as ações de responsabilidade por ofensa aos direitos assegurados ao idoso, referentes à omissão ou ao oferecimento insatisfatório de: I – acesso às ações e serviços de saúde; II – atendimento especializado à pessoa idosa portadora de deficiência ou com limitação incapacitante; III – atendimento especializado à pessoa idosa portadora de doença infecto-contagiosa; IV – serviço de assistência social visando ao amparo da pessoa idosa. Parágrafo* único. *As hipóteses previstas neste artigo não excluem da proteção judicial outros interesses difusos, coletivos, individuais indisponíveis ou homogêneos, próprios da pessoa idosa, protegidos em lei."* Conclui-se disso que o descumprimento da ordem judicial tem que ocorrer no bojo da ação de natureza cível, ajuizada com base no Estatuto da Pessoa Idosa. Caso a ordem judicial seja dada em ação cível de

qualquer natureza, sem que tenha sido ajuizada com base no Estatuto da Pessoa Idosa, não haverá a configuração desse delito, podendo haver a prática do crime de desobediência ou prevaricação, a depender do caso concreto.

38. **Especialidade.** O tipo legal de crime penal ora comentado constitui especialidade em relação aos delitos de prevaricação e desobediência previstos, respectivamente, nos arts. 319 e 330 do Código Penal.

39. **Consumação.** Com a simples omissão do agente em não cumprir a ordem judicial, uma vez que se trata de crime omissivo próprio.

40. **Classificação.** Crime próprio; formal; doloso; omissivo próprio; instantâneo; não admite tentativa por ser omissivo próprio.

41. **Infração penal de menor potencial ofensivo.** Tendo em vista que a pena máxima cominada ao delito não ultrapassa 2 anos, trata-se de infração penal de menor potencial ofensivo, sendo a competência dos Juizados Especiais Criminais para o processo e o julgamento.

42. **Suspensão condicional do processo.** Cabível, pois a pena mínima cominada não ultrapassa 1 ano (art. 89 da lei 9.099/95). Entretanto, o STF deu ao art. 94 desta lei interpretação conforme a Constituição (ver comentários ao art. 94 desta lei).

43. **Inciso V. Descumprimento de requisição do Ministério Público.**

44. **Sujeito ativo.** Trata-se de crime próprio, uma vez que somente pode ser sujeito ativo do delito a pessoa a quem a requisição do Ministério Público foi destinada.

45. **Sujeito passivo.** Pessoa idosa, com idade igual ou superior a sessenta anos.

46. **Recusar, retardar e omitir.** *Recusar* é rejeitar. *Retardar* significa atrasar, demorar. *Omitir* consiste em não fazer. As condutas *recusar* e *retardar* podem ser praticadas nas formas comissiva ou omissiva própria. Já a conduta *omitir* configura crime omissivo próprio.

47. **Tipo misto alternativo.** A prática de duas ou mais condutas descritas no tipo não gera concurso de crimes, respondendo o agente por apenas um delito.

48. **Especialidade.** O tipo legal de crime penal ora comentado constitui especialidade em relação ao delito de desobediência, previsto no art. 330 do Código Penal.

49. **Consumação.** Nas condutas *recusar* e *retardar,* nas formas comissivas, o delito se consuma com a prática das condutas; entretanto, se essas mesmas condutas forem praticadas na forma omissiva própria, o delito estará consumado com a mera omissão do agente, independentemente de qualquer resultado ulterior. Já na conduta omitir, o delito se consuma com a mera omissão do agente.

50. **Classificação.** Crime próprio; formal; doloso; comissivo ou omissivo próprio nas condutas *recusar* e *retardar,* e omissivo próprio na conduta *omitir*; instantâneo; admite tentativa nas modalidades comissivas, não a admitindo nas modalidades omissivas próprias.

51. **Infração penal de menor potencial ofensivo.** Tendo em vista que a pena máxima cominada ao delito não ultrapassa 2 anos, trata-se de infração penal de menor

potencial ofensivo, sendo a competência dos Juizados Especiais Criminais para o processo e o julgamento.

52. **Suspensão condicional do processo.** Cabível, pois a pena mínima cominada não ultrapassa 1 ano (art. 89 da lei 9.099/95). Entretanto, o STF deu ao art. 94 desta lei interpretação conforme a Constituição (ver comentários ao art. 94 desta lei).

> **Art. 101.** Deixar de cumprir, retardar ou frustrar, sem justo motivo, a **execução de ordem judicial** expedida nas **ações** em que for **parte ou interveniente a pessoa idosa:**
>
> Pena – detenção de 6 (seis) meses a 1 (um) ano e multa.

1. **Sujeito ativo.** Trata-se de crime próprio, uma vez que somente pode ser sujeito ativo do delito a pessoa a quem a ordem judicial foi destinada.
2. **Sujeito passivo.** Pessoa idosa, com idade igual ou superior a sessenta anos.
3. **Deixar de cumprir, retardar ou frustrar.** *Deixar de cumprir* significa não efetivar, desobedecer. *Retardar* é atrasar. *Frustrar* é enganar a expectativa, não suceder o que se esperava. Trata-se de condutas que configuram crimes omissivos próprios.
4. **Sem justo motivo.** O legislador inseriu o elemento *sem justo motivo.* Por tratar-se de elemento do tipo legal de crime, caso haja um motivo justo que torne impossível ao agente cumprir a ordem judicial, como uma pane no sistema de informática, a sua conduta será atípica, resolvendo-se a questão no plano da tipicidade penal.
5. **Diferença em relação ao delito previsto no art. 100, IV.** No delito previsto no art. 100, IV, o legislador exigiu que o descumprimento da ordem judicial se desse na ação de natureza cível a que alude o Estatuto da Pessoa Idosa. No delito ora comentado, a ordem judicial é expedida em *qualquer* ação que tenha como parte o interveniente o idoso.

Art. 100, IV	Art. 101
Exige-se que o descumprimento da ordem judicial se dê na ação de natureza cível a que alude o Estatuto do Idoso.	O descumprimento da ordem judicial se dá em *qualquer* ação que tenha como parte o interveniente o idoso.

6. **Especialidade.** O tipo legal de crime penal ora comentado constitui especialidade em relação aos delitos de prevaricação e desobediência previstos, respectivamente, nos arts. 319 e 330 do Código Penal.
7. **Consumação.** Com a simples omissão do agente em não cumprir a ordem judicial, uma vez que se trata de crime omissivo próprio.
8. **Classificação.** Crime próprio; formal; doloso; omissivo próprio; instantâneo; não admite tentativa por ser omissivo próprio.
9. **Infração penal de menor potencial ofensivo.** Tendo em vista que a pena máxima cominada ao delito não ultrapassa 2 anos, trata-se de infração penal de menor potencial ofensivo, sendo a competência dos Juizados Especiais Criminais para o processo e o julgamento.

10. **Suspensão condicional do processo.** Cabível, pois a pena mínima cominada não ultrapassa 1 ano (art. 89 da lei 9.099/95). Entretanto, o STF deu ao art. 94 desta lei interpretação conforme a Constituição (ver comentários ao art. 94 desta lei).

Art. 102. Apropriar-se de ou desviar bens, proventos, pensão ou qualquer outro rendimento da pessoa idosa, **dando-lhes aplicação diversa da de sua finalidade:**

Pena – reclusão de 1 (um) a 4 (quatro) anos e multa.

1. **Sujeito ativo.** Trata-se de crime comum, uma vez que pode ser praticado por qualquer pessoa.

2. **Sujeito passivo.** Pessoa idosa, com idade igual ou superior a sessenta anos.

3. **Apropriar-se ou desviar.** *Apropriar-se* significa apoderar-se, ficar com a coisa para si, com a intenção de assenhoramento definitivo, ou seja, intenção de ser proprietário da coisa, o denominado *animus rem sibi habendi. Desviar* consiste em dar à coisa destinação diversa da que realmente deveria ter sido dada. A conduta *apropriar-se* pode ser praticada na forma comissiva ou omissiva. Na forma comissiva, basta pensar na hipótese em que o agente tem consigo um bem da pessoa idosa e o vende, agindo, dessa forma, como se fosse proprietário da coisa, ao exercer o atributo do direito de propriedade, consistente no *poder de disposição*. Já na forma omissiva, basta pensar na hipótese em que o agente, tendo a posse ou detenção anterior da coisa, se nega a restituí-la, com o *animus rem sibi habendi.* De outro giro, na conduta desviar, o delito somente pode ser praticado na forma comissiva.

4. **Bens, proventos, pensão ou qualquer outro rendimento do idoso.** O legislador utilizou a expressão *bens.* Entretanto, não especificou se esses bens seriam móveis ou imóveis. Quer nos parecer que, a despeito de o tipo penal ter silenciado sobre o tema, somente os bens móveis podem ser objetos materiais do delito em comento, uma vez que a apropriação ou desvio pressupõem o deslocamento físico do bem. *Proventos* e *pensão* são formas de rendimentos. Por fim, o legislador empregou as expressões *"ou qualquer outro rendimento do idoso",* em clara adoção da técnica de interpretação denominada *interpretação analógica,* para abranger qualquer outra forma de rendimento do idoso, não mencionada expressamente no tipo legal do crime.

5. **Posse ou detenção anterior.** A despeito de o tipo legal do crime não exigir expressamente, pensamos que o agente deve ter a posse ou a detenção anterior da coisa. Com efeito, não há como se apropriar ou desviar uma coisa da qual não se tem a posse. Frise-se que essa é uma das diferenças fundamentais entre os delitos de estelionato ou furto e a apropriação indébita, uma vez que no estelionato e no furto o agente não tem a posse ou detenção da coisa anterior, razão pela qual ele precisa subtraí-la (no furto) ou obtê-la induzindo ou mantendo a vítima em erro (no estelionato). Já na apropriação indébita, de forma diversa, se exige que o agente tenha a posse ou detenção anterior da coisa, para que ele, se aproveitando disso, se aproprie do bem.

6. **Especialidade.** Este tipo legal de crime configura especialidade em relação ao delito de apropriação indébita, previsto no art. 168 do Código Penal.

7. **Desvio de valores da conta bancária da pessoa idosa.** A subtração dos valores da conta bancária do idoso, por meio de transferência fraudulenta, configura o delito ora comentado, e não o delito de furto previsto no art. 155 do Código Penal, em razão do princípio da especialidade.

▶ **STJ**

INFORMATIVO 547

Sexta Turma

DIREITO PENAL. CARACTERIZAÇÃO DO TIPO PENAL DO ART. 102 DO ESTATUTO DO IDOSO.

Incorre no tipo penal previsto no art. 102 da Lei 10.741/2003 (Estatuto do Idoso) – e não no tipo penal de furto (art. 155 do CP) – o estagiário de instituição financeira que se utiliza do cartão magnético e da senha de acesso à conta de depósitos de pessoa idosa para realizar transferências de valores para sua conta pessoal. (...). Na hipótese, o autor do delito desviou bens da vítima. Para essa conduta, não há necessidade de prévia posse por parte do agente, restrita à hipótese de apropriação. Da mesma forma, é evidente que a transferência dos valores da conta bancária da vítima para conta pessoal do autor desviou os bens de sua finalidade. Não importa perquirir qual seria a real destinação desses valores (finalidade), pois, independente de qual fosse, foram eles dela desviados, ao serem, por meio de fraude, transferidos para a conta do autor. REsp 1.358.865-RS, Rel. Min. Sebastião Reis Júnior, julgado em 4/9/2014.

8. **Consumação.** Com a apropriação ou o desvio do bem, provento, pensão ou qualquer outro rendimento do idoso, com a inequívoca intenção de se tornar proprietário da coisa, o denominado *animus rem sibi habendi*.

9. **Classificação.** Crime comum; material; doloso; comissivo ou omissivo próprio na conduta *apropriar-se* e comissivo na conduta *desviar*; instantâneo; admite tentativa nas condutas *apropriar-se* (na modalidade comissiva) e *desviar*, não a admitindo na conduta *apropriar-se* na modalidade omissiva própria.

10. **Suspensão condicional do processo.** Cabível, pois a pena mínima cominada não ultrapassa 1 ano (art. 89 da lei 9.099/95). Entretanto, o STF deu ao art. 94 desta lei interpretação conforme a Constituição (ver comentários ao art. 94 desta lei).

Art. 103. Negar o acolhimento ou a permanência da pessoa idosa, como abrigado, por recusa deste em outorgar procuração à entidade de atendimento:

Pena – detenção de 6 (seis) meses a 1 (um) ano e multa.

1. **Sujeito ativo.** Trata-se de crime próprio, uma vez que somente pode ser sujeito ativo do delito o administrador do estabelecimento destinado ao acolhimento do idoso.
2. **Sujeito passivo.** Pessoa idosa, com idade igual ou superior a sessenta anos.

3. **Negar.** *Negar* significa recusar, proibir. No presente tipo legal de crime, o agente rejeita o acolhimento ou a permanência da pessoa idosa abrigado em local apropriado, como clínicas, asilos, em razão de sua negativa em outorgar-lhes procuração.

4. **Outorga de procuração à entidade de atendimento.** Não são raros os estabelecimentos de acolhimento à pessoa idosa exigirem dele a outorga de procuração, para uma possível administração de seus bens e valores, como forma de garantir o pagamento do débito referente aos serviços prestados pelo estabelecimento. Trata-se de forma ilegal de cobrança, configurando o tipo legal de crime ora comentado.

5. **Consumação.** Com a simples negativa do acolhimento ou da permanência, independentemente de qualquer resultado ulterior, pois se trata de crime formal.

6. **Classificação.** Crime próprio; formal; doloso; comissivo; instantâneo; admite tentativa.

7. **Infração penal de menor potencial ofensivo.** Tendo em vista que a pena máxima cominada ao delito não ultrapassa 2 anos, trata-se de infração penal de menor potencial ofensivo, sendo a competência dos Juizados Especiais Criminais para o processo e o julgamento.

8. **Suspensão condicional do processo.** Cabível, pois a pena mínima cominada não ultrapassa 1 ano (art. 89 da lei 9.099/95). Entretanto, o STF deu ao art. 94 desta lei interpretação conforme a Constituição (ver comentários ao art. 94 desta lei).

Art. 104. Reter o cartão magnético de conta bancária relativa a benefícios, proventos ou pensão da pessoa idosa, bem como qualquer outro documento com objetivo de assegurar recebimento ou ressarcimento de dívida:

Pena – detenção de 6 (seis) meses a 2 (dois) anos e multa.

1. **Sujeito ativo.** Trata-se de crime próprio, uma vez que somente pode ser sujeito ativo do delito o credor do idoso, ou seja, aquela pessoa que tenha valores a receber do idoso.

2. **Sujeito passivo.** Pessoa idosa, com idade igual ou superior a sessenta anos.

3. **Reter.** *Reter* significa manter em sua posse indevidamente. No tipo legal de crime ora comentado, o agente retém o cartão magnético ou qualquer outro documento da pessoa idosa como forma ilícita de garantir o pagamento de uma dívida. A conduta *reter* pode ser praticada na forma comissiva ou omissiva. Na forma comissiva, basta pensar na hipótese em que o agente, de posse do cartão magnético ou qualquer outro documento, o guarde em seu bolso ou em uma gaveta escondendo-o do idoso. Já na forma omissiva, basta pensar na hipótese em que o agente, tendo a posse anterior do cartão magnético ou qualquer outro documento não o restitui ao idoso, mantendo-o consigo.

4. **Conta bancária relativa a benefícios, proventos ou pensão do idoso.** *Benefícios, proventos* e *pensão* são formas de rendimentos do idoso.

5. **Cartão magnético ou qualquer outro documento.** *Cartão magnético* é um documento plastificado utilizado por correntistas para efetivar movimentação de valores em instituições financeiras, como saques, transferências, consulta a saldos e extratos etc. Até bem pouco tempo atrás, havia apenas uma tarja magnética que identificava e armazenava os dados referentes a aquele cartão. Atualmente, os cartões possuem, além da tarja magnética, um *chip* identificador. O legislador empregou as expressões *"qualquer outro documento"*, em clara adoção da técnica de interpretação denominada *interpretação analógica,* para abranger qualquer outra forma de documento, não mencionada expressamente no tipo legal do crime. Pode-se incluir na interpretação analógica o aparelho denominado *token* (que em inglês significa *sinal, indicação)*, que consiste em um dispositivo eletrônico gerador de senha numérica aleatória como fator de segurança na realização de operações financeiras realizadas pela internet.
6. **Especial fim de agir.** O tipo penal possui um especial fim de agir, consistente no *objetivo de assegurar recebimento ou ressarcimento de dívida.* Ausente o especial fim de agir, a conduta será atípica.
7. **Especialidade.** Este tipo legal de crime configura especialidade em relação ao delito de apropriação indébita, previsto no art. 168 do Código Penal. Especializa, também, o delito de exercício arbitrário das próprias razões, tipificado no art. 345 do Código Penal.
8. **Consumação.** Com a simples retenção do cartão magnético ou de outro documento qualquer, independentemente de o agente conseguir posteriormente receber a dívida ou se ressarcir dela, pois se trata de crime formal.
9. **Classificação.** Crime próprio; formal; doloso; comissivo ou omissivo próprio; instantâneo; admite tentativa na forma comissiva, não a admitindo na forma omissiva própria.
10. **Infração penal de menor potencial ofensivo.** Tendo em vista que a pena máxima cominada ao delito não ultrapassa 2 anos, trata-se de infração penal de menor potencial ofensivo, sendo a competência dos Juizados Especiais Criminais para o processo e o julgamento.
11. **Suspensão condicional do processo.** Cabível, pois a pena mínima cominada não ultrapassa 1 ano (art. 89 da lei 9.099/95). Entretanto, o STF deu ao art. 94 desta lei interpretação conforme a Constituição (ver comentários ao art. 94 desta lei).

Art. 105. Exibir ou veicular, por qualquer meio de comunicação, **informações ou imagens depreciativas** ou **injuriosas** à pessoa da pessoa idosa:

Pena – detenção de 1 (um) a 3 (três) anos e multa.

1. **Sujeito ativo.** Trata-se de crime comum, uma vez que pode ser praticado por qualquer pessoa.
2. **Sujeito passivo.** Pessoa idosa, com idade igual ou superior a sessenta anos.

3. **Exibir ou veicular.** *Exibir* consiste em apresentar, mostrar. *Veicular* significa difundir, propagar. O legislador utilizou dois verbos distintos para caracterizar a incriminação. Com efeito, é perfeitamente possível que o agente apenas exiba, mostre a as informações ou imagens, ou então, mesmo não as tendo mostrado inicialmente, as difunda ou as propague. Basta pensar no caso em que o agente receba as imagens pela internet e as envie para outras pessoas, caso em que, embora ele não tenha exibido as imagens, as veiculou.

4. **Tipo misto alternativo.** A prática das duas condutas descritas no tipo (*exibir* e *veicular*) não gera concurso de crimes, respondendo o agente por apenas um delito.

5. **Qualquer meio de comunicação.** O legislador procurou ser o mais amplo possível no tocante ao meio executório do delito ora comentado, ao utilizar a fórmula *qualquer meio de comunicação,* abrangendo, assim, exibição ou veiculação por meio de rádio, foto, jornal, revista, televisão, *folders,* imagens na internet, mensagens de sms etc.

6. **Informações ou imagens depreciativas ou injuriosas à pessoa do idoso.** Trata-se de informações ou imagens que representam agressões à honra do idoso, no sentido de representar humilhação, menoscabo, depreciação da imagem do idoso, que lhe gera constrangimento ou situações vexatórias.

7. **Especialidade.** Este tipo legal de crime configura especialidade em relação aos crimes contra a honra previstos no Código Penal, quais sejam: calúnia (art. 138), difamação (art. 139) e injúria (art. 140). Com efeito, o agente pode exibir ou veicular imagens das quais constem uma pessoa idosa praticando falsamente um delito, uma cena de um fato ofensivo à sua reputação ou até mesmo uma informação da qual conste um conceito negativo, depreciativo em relação ao idoso. O tipo legal de crime ora comentado também configura especialidade em relação ao delito descrito no art. 241-A do Estatuto da Criança e do Adolescente (lei 8.069/90), que tem a seguinte redação: *"Art. 241-A. Oferecer, trocar, disponibilizar, transmitir, distribuir, publicar ou divulgar por qualquer meio, inclusive por meio de sistema de informática ou telemático, fotografia, vídeo ou outro registro que contenha cena de sexo explícito ou pornográfica envolvendo criança ou adolescente: Pena – reclusão, de 3 (três) a 6 (seis) anos, e multa."*

8. **Consumação.** Com a prática das condutas de exibir ou veicular as imagens depreciativas ou injuriosas à pessoa do idoso, independentemente de a pessoa idosa se sentir ofendida ou violada em sua honra e imagem, uma vez que se trata de crime formal.

9. **Classificação.** Crime comum; formal; doloso; comissivo; instantâneo; admite tentativa.

10. **Suspensão condicional do processo.** Cabível, pois a pena mínima cominada não ultrapassa 1 ano (art. 89 da lei 9.099/95). Entretanto, o STF deu ao art. 94 desta lei interpretação conforme a Constituição (ver comentários ao art. 94 desta lei).

Art. 106. Induzir pessoa **idosa sem discernimento** de seus atos a outorgar procuração **para fins de administração de bens ou deles dispor livremente**:
Pena – reclusão de 2 (dois) a 4 (quatro) anos.

1. **Sujeito ativo.** Trata-se de crime comum, uma vez que pode ser praticado por qualquer pessoa.

2. **Sujeito passivo.** Pessoa idosa, com idade igual ou superior a sessenta anos.

3. **Induzir.** Significa determinar alguém a prática de algo, fazer nascer na mente de outrem o intento da prática de um ato. No delito ora comentado, o agente faz nascer na mente da pessoa idosa a ideia de outorgar-lhe procuração para fins de administração ou de disposição de seus bens. A *administração* dos bens compreende a prática de qualquer ato típico de proprietário, manifestada nos atributos do direito de propriedade, como o uso, a fruição ou o exercício do direito de sequela. Basta pensar na hipótese em que o agente, de posse da procuração, portanto agindo na qualidade de mandatário, realize com terceiro um contrato de locação de um imóvel de propriedade da pessoa idosa. Por outro lado, a *disposição* do bem do idoso por parte do agente também denota o atributo do direito de propriedade consistente no poder de dispor da coisa, bastando imaginar a hipótese em que o agente, mandatário do idoso, realize a venda de um imóvel a ele pertencente.

4. **Ausência de discernimento.** O legislador exigiu, para a configuração do delito em comento, a ausência de discernimento do idoso. Isso se dá em razão de o idoso, sem discernimento necessário para compreender os atos da vida civil, poder ser objeto de abuso por parte de algumas pessoas que dele se aproximam tão somente em razão do seu patrimônio, não sendo raras as hipóteses nas quais se trata de parente próximo do próprio idoso. Dessa forma, caso a pessoa idosa tenha pleno discernimento mental, o ato de outorgar a alguém uma procuração para fins de administração ou disposição de seus bens, tal conduta se insere perfeitamente no exercício dos atributos do direito de propriedade do idoso, configurando, portanto, conduta atípica por parte do agente que o induziu.

5. **Especialidade.** O tipo legal de crime ora estudado constitui especialidade em relação ao delito de *abuso de incapazes,* previsto no art. 173 do Código Penal, que tem a seguinte redação: *"Abusar, em proveito próprio ou alheio, de necessidade, paixão ou inexperiência de menor, ou da alienação ou debilidade mental de outrem, induzindo qualquer deles à prática de ato suscetível de produzir efeito jurídico, em prejuízo próprio ou de terceiro: Pena – reclusão, de dois a seis anos, e multa."*

6. **Especial fim de agir.** O tipo penal possui um especial fim de agir, consistente nas expressões *para fins de administração de bens ou deles dispor livremente.* Ausente o especial fim de agir, a conduta será atípica.

7. **Consumação.** Com a prática de qualquer conduta inequívoca que denote indução da pessoa idosa à outorga da procuração, independentemente da obtenção de qualquer vantagem patrimonial ulterior, por se tratar de crime formal.

8. **Classificação.** Crime comum; formal; doloso; comissivo; instantâneo; admite tentativa.

9. **Suspensão condicional do processo.** Incabível, pois a pena mínima cominada ultrapassa 1 ano (art. 89 da lei 9.099/95). Entretanto, o STF deu ao art. 94 desta lei interpretação conforme a Constituição (ver comentários ao art. 94 desta lei).

Art. 107. Coagir, de qualquer modo, a pessoa idosa a doar, contratar, testar ou outorgar procuração:

Pena – reclusão de 2 (dois) a 5 (cinco) anos.

1. **Sujeito ativo.** Trata-se de crime comum, uma vez que pode ser praticado por qualquer pessoa.
2. **Sujeito passivo.** Pessoa idosa, com idade igual ou superior a sessenta anos.
3. **Coagir, de qualquer modo.** *Coagir* significa constranger, forçar alguém a fazer alguma coisa não desejada. O legislador dispôs que a coação pode ser praticada *de qualquer modo,* conferindo ao tipo legal de crime a característica de crime de livre execução, podendo a coação ter qualquer natureza, física ou moral.
4. **Doar, contratar, testar, ou outorgar procuração.** Nas expressões *doar, contratar* e *outorgar procuração,* o legislador foi redundante, uma vez que a doação e a outorga configuram espécies de contrato. A *doação* é um contrato por meio do qual uma pessoa, por liberalidade, transfere do seu patrimônio bens ou vantagens para o de outra (art. 538 do Código Civil). A outorga *de procuração* consiste na instrumentalização do contrato de mandato, por meio do qual alguém recebe de outrem poderes para, em seu nome, praticar atos ou administrar interesses (art. 653 do Código Civil). Por fim, o testamento é um negócio jurídico unilateral, de última vontade, solene, personalíssimo e revogável, por meio do qual há a transmissão, *causa mortis,* de propriedade.
5. **Especialidade.** O tipo legal de crime ora estudado constitui especialidade em relação ao delito de *constrangimento ilegal,* previsto no art. 146 do Código Penal, que tem a seguinte redação: *"Constranger alguém, mediante violência ou grave ameaça, ou depois de lhe haver reduzido, por qualquer outro meio, a capacidade de resistência, a não fazer o que a lei permite, ou a fazer o que ela não manda: Pena – detenção, de três meses a um ano, ou multa."*
6. **Consumação.** Com a coação realizada sobre o idoso, mesmo que ele não chegue a contratar, a efetivar a doação, a testar ou a outorgar a procuração, pois o crime é formal.
7. **Classificação.** Crime comum; formal; doloso; comissivo; instantâneo; admite tentativa.
8. **Suspensão condicional do processo.** Incabível, pois a pena mínima cominada ultrapassa 1 ano (art. 89 da lei 9.099/95).

Art. 108. Lavrar ato notarial que envolva pessoa **idosa sem discernimento** de seus atos, sem a devida representação legal:

Pena – reclusão de 2 (dois) a 4 (quatro) anos.

1. **Sujeito ativo.** Trata-se de crime próprio, uma vez que somente pode ser sujeito ativo do delito o responsável, no cartório, pela lavratura do ato.
2. **Sujeito passivo.** Pessoa idosa, com idade igual ou superior a sessenta anos.
3. **Lavrar.** Significa redigir, escrever. É o ato pelo qual se redige um documento em cartório.
4. **Ato notarial.** É o ato próprio praticado pelo notário, como a escritura pública, a procuração, a promessa de compra e venda etc.
5. **Ausência de discernimento.** O legislador exigiu dois requisitos para a configuração do delito ora comentado: 1. Que a pessoa idosa não possua discernimento; 2. Que a pessoa idosa não esteja legalmente representada. O legislador quis que fossem evitados quaisquer abusos possivelmente praticados contra o idoso, em razão de ele não estar devidamente representado por pessoa que tenha tal atribuição.
6. **Consumação.** Com a lavratura do ato notarial. Trata-se, portanto, de crime material.
7. **Classificação.** Crime próprio; material; doloso; comissivo; instantâneo; admite tentativa.
8. **Suspensão condicional do processo.** Incabível, pois a pena mínima cominada ultrapassa 1 ano (art. 89 da lei 9.099/95).

TÍTULO VII
Disposições Finais e Transitórias

Art. 109. Impedir ou embaraçar ato do representante do Ministério Público ou de qualquer outro agente fiscalizador:

Pena – reclusão de 6 (seis) meses a 1 (um) ano e multa.

1. **Sujeito ativo.** Trata-se de crime comum, uma vez que pode ser praticado por qualquer pessoa.
2. **Sujeito passivo.** Pessoa idosa, com idade igual ou superior a sessenta anos.
3. **Impedir ou embaraçar.** *Impedir* significa obstar, não permitir. *Embaraçar* consiste em atrapalhar, perturbar.
4. **Ato do representante do Ministério Público ou de qualquer outro agente fiscalizador.** É o ato que está inserido dentro das atribuições do representante do Ministério Público, pertinente à sua atuação em defesa dos direitos do idoso, abrangendo, entre outros, os previstos no art. 74 da presente lei, com a seguinte redação: *"Compete ao Ministério Público: I – instaurar o inquérito civil e a ação civil pública para a proteção dos direitos e interesses difusos ou coletivos, individuais indisponíveis e individuais homogêneos do idoso; II – promover e acompanhar as ações de alimentos, de interdição total ou parcial, de designação de curador especial, em circunstâncias que justifiquem a medida e oficiar em todos os feitos*

em que se discutam os direitos de idosos em condições de risco; III – atuar como substituto processual da pessoa idosa em situação de risco, conforme o disposto no art. 43 desta Lei; IV – promover a revogação de instrumento procuratório do idoso, nas hipóteses previstas no art. 43 desta Lei, quando necessário ou o interesse público justificar; V – instaurar procedimento administrativo e, para instruí-lo: a) expedir notificações, colher depoimentos ou esclarecimentos e, em caso de não comparecimento injustificado da pessoa notificada, requisitar condução coercitiva, inclusive pela Polícia Civil ou Militar; b) requisitar informações, exames, perícias e documentos de autoridades municipais, estaduais e federais, da administração direta e indireta, bem como promover inspeções e diligências investigatórias; c) requisitar informações e documentos particulares de instituições privadas; VI – instaurar sindicâncias, requisitar diligências investigatórias e a instauração de inquérito policial, para a apuração de ilícitos ou infrações às normas de proteção ao idoso; VII – zelar pelo efetivo respeito aos direitos e garantias legais assegurados ao idoso, promovendo as medidas judiciais e extrajudiciais cabíveis; VIII – inspecionar as entidades públicas e particulares de atendimento e os programas de que trata esta Lei, adotando de pronto as medidas administrativas ou judiciais necessárias à remoção de irregularidades porventura verificadas; IX – requisitar força policial, bem como a colaboração dos serviços de saúde, educacionais e de assistência social, públicos, para o desempenho de suas atribuições; X – referendar transações envolvendo interesses e direitos dos idosos previstos nesta Lei. § 1º A legitimação do Ministério Público para as ações cíveis previstas neste artigo não impede a de terceiros, nas mesmas hipóteses, segundo dispuser a lei. 2º As atribuições constantes deste artigo não excluem outras, desde que compatíveis com a finalidade e atribuições do Ministério Público. § 3º O representante do Ministério Público, no exercício de suas funções, terá livre acesso a toda entidade de atendimento ao idoso." O legislador mencionou, também, *qualquer outro agente fiscalizador*, para abranger qualquer outro órgão ou entidade de natureza governamental ou não governamental, que tenha por função atuar na defesa ou fiscalização dos direitos do idoso, como os Conselhos da Pessoa Idosa e a Vigilância Sanitária, nos moldes do art. 52 do Estatuto da Pessoa Idosa.

5. **Consumação.** Com o ato de impedir ou embaraçar a atuação do Ministério Público ou do agente fiscalizador.

6. **Classificação.** Crime comum; material no verbo *impedir* e formal no verbo *embaraçar*; doloso; comissivo; instantâneo; admite tentativa.

7. **Suspensão condicional do processo.** Cabível, pois a pena mínima cominada não ultrapassa 1 ano (art. 89 da lei 9.099/95). Entretanto, o STF deu ao art. 94 desta lei interpretação conforme a Constituição (ver comentários ao art. 94 desta lei).

Falência.
Lei nº 11.101, de 9 de fevereiro de 2005

CAPÍTULO VII
DISPOSIÇÕES PENAIS
Seção I
Dos Crimes em Espécie

Fraude a Credores

Art. 168. Praticar, antes ou depois da sentença que decretar a falência, conceder a recuperação judicial ou homologar a recuperação extrajudicial, **ato fraudulento** de que resulte ou possa resultar prejuízo aos credores, **com o fim de obter ou assegurar vantagem indevida para si ou para outrem.**

Pena – reclusão, de 3 (três) a 6 (seis) anos, e multa.

Aumento da pena

§ 1º A pena aumenta-se de 1/6 (um sexto) a 1/3 (um terço), se o agente:

I – elabora escrituração contábil ou balanço com dados inexatos;

II – omite, na escrituração contábil ou no balanço, lançamento que deles deveria constar, ou altera escrituração ou balanço verdadeiros;

III – destrói, apaga ou corrompe dados contábeis ou negociais armazenados em computador ou sistema informatizado;

IV – simula a composição do capital social;

V – destrói, oculta ou inutiliza, total ou parcialmente, os documentos de escrituração contábil obrigatórios.

Contabilidade paralela e distribuição de lucros ou dividendos a sócios e acionistas até a aprovação do plano de recuperação judicial (Redação dada pela Lei nº 14.112, de 2020)

§ 2º A pena é aumentada de 1/3 (um terço) até metade se o devedor manteve ou movimentou recursos ou valores paralelamente à contabilidade exigida pela legislação.

inclusive na hipótese de violação do disposto no art. 6º-A desta Lei. (Redação dada pela Lei nº 14.112, de 2020)

Concurso de pessoas

§ 3º Nas mesmas penas incidem os contadores, técnicos contábeis, auditores e outros profissionais que, de qualquer modo, concorrerem para as condutas criminosas descritas neste artigo, na medida de sua culpabilidade.

Redução ou substituição da pena

§ 4º Tratando-se de **falência de microempresa ou de empresa de pequeno porte**, e **não se constatando prática habitual** de condutas fraudulentas por parte do falido, poderá o juiz reduzir a pena de reclusão de 1/3 (um terço) a 2/3 (dois terços) ou substituí-la pelas penas restritivas de direitos, pelas de perda de bens e valores ou pelas de prestação de serviços à comunidade ou a entidades públicas.

1. **Sujeito ativo.** O devedor que incidiu ou poderá incidir em falência, recuperação judicial ou recuperação extrajudicial.
2. **Sujeito passivo.** Os credores lesados ou potencialmente lesados.
3. **Praticar ato fraudulento de que resulte ou possa resultar prejuízo aos credores.** Fraude consiste em induzir ou a manter alguém em erro, fazendo nascer na mente de outrem ou mantendo nela uma falsa noção da realidade. Ato fraudulento é qualquer ato idôneo a plantar uma situação irreal na mente dos credores ou mantê-la nas suas mentes. O ato fraudulento não precisa efetivamente causar um prejuízo aos credores, basta que tenha potencialidade para tal, que possa gerar concretamente um resultado prejudicial aos credores sujeitos passivos desse delito. Assim, no caso concreto, é possível que haja a prova efetiva do prejuízo aos credores ou então basta a prova do ato lesivo, juntamente com a prova do potencial prejuízo que poderia vir a ocorrer. O ato fraudulento deve guardar relação com a situação de falência, recuperação judicial ou recuperação extrajudicial, uma vez que a redação típica deixa clara a intenção do legislador de coibir a fraude nesse âmbito.
4. **Especial fim de agir.** O tipo contém um especial fim de agir que reside na obtenção ou no asseguramento de vantagem indevida para si ou para outrem. Ausente o especial fim de agir, a conduta é atípica em relação a esse tipo penal, podendo haver a configuração do delito de estelionato previsto no art. 171 do Código Penal, a depender do caso concreto.
5. **Credores.** O legislador utilizou a expressão *credores* no plural. Em homenagem ao princípio da legalidade, para que haja a prática desse delito é necessário que haja vários credores, no mínimo dois. Caso haja apenas um credor, o delito não se configura. É difícil de visualizar, mas existem algumas pessoas jurídicas, por exemplo, que prestam serviços ou efetuam vendas a apenas um cliente, ou seja, um destinatário, caso em que, na hipótese de falência ou de recuperação judicial ou extrajudicial, haverá apenas um credor, não se configurando o tipo penal.

6. **Momento da prática do delito.** O legislador especificou o momento da prática do ato fraudulento, dispondo que ele pode ser praticado antes ou depois da sentença que decretar a falência, conceder a recuperação judicial ou homologar a recuperação extrajudicial, ou seja, o ato pode ser praticado a qualquer momento durante os três institutos regulamentados pela lei de falência, tendo em vista que o art. 1º da lei dispõe "esta Lei disciplina a recuperação judicial, a recuperação extrajudicial e a falência do empresário e da sociedade empresária, doravante referidos simplesmente como devedor."

7. **Princípio da Especialidade.** O presente tipo penal constitui especialidade em relação ao delito de estelionato previsto no art. 171 do Código Penal, uma vez que ele também possui a fraude como elemento do tipo, mas o elemento especializante reside no fato de que a fraude deve ser praticada em âmbito de falência, recuperação judicial ou recuperação extrajudicial, antes ou depois da sentença.

8. **Condição objetiva de punibilidade.** Ver art. 180 desta lei.

9. **Consumação.** O delito consuma-se com a prática do ato fraudulento, acompanhado do especial fim de agir, independentemente do efetivo prejuízo aos credores. Trata-se de crime formal.

10. **Classificação.** Crime próprio; formal; doloso; comissivo; de dano ou de perigo concreto; instantâneo; admite tentativa.

11. **Suspensão condicional do processo.** Incabível, pois a pena mínima cominada ultrapassa 1 ano (art. 89 da lei 9.099/95).

12. **§ 1º. Causa de aumento de pena.** O parágrafo primeiro trouxe formas de fraude que, por serem mais graves, justificam o aumento da pena criminal. Constituem causas especiais de aumento de pena que deverão incidir na terceira fase do critério trifásico da dosimetria da pena disposto no art. 68 do Código Penal.

13. **Inciso I.** Trata da elaboração de escrituração contábil ou balanço com dados inexatos. Há verdadeira falsidade ideológica nesse caso. A escrituração contábil ou o balanço é verdadeiro, contudo possui um conteúdo falso que é elaborado pelo agente por meio da inserção de dados falsos. A falsidade ocorre na escrituração contábil ou no balanço patrimonial.

14. **Inciso II.** Trata da conduta omissiva (omissão na escrituração contábil ou no balanço, de lançamento que deles deveria constar) e comissiva (alteração da escrituração ou balanço verdadeiro). A falsidade, que consiste na omissão de lançamento que deveria constar ou na alteração de dados ocorre na escrituração contábil ou no balanço patrimonial. A diferença entre a segunda parte do inciso II e a conduta descrita no inciso I reside no fato de que no inciso I a falsidade é praticada *durante a elaboração* da escrituração contábil ou do balanço patrimonial. Na segunda parte do inciso II, a fraude é praticada depois que a escrituração contábil ou o balanço já está pronto.

15. **Inciso III.** Neste inciso a fraude é praticada em dados armazenados em computador ou sistema informatizado. Destruir, apagar ou corromper dados contábeis ou negociais são formas de alterar a verdade dos fatos, por meio da modificação do conteúdo do sistema de computador. Contudo, essa modificação é uma forma de

inviabilizar o acesso aos dados de forma definitiva. Os dados não são simplesmente alterados de modo que alguém tenha acesso a eles de forma enganosa. Os dados passam a estar simplesmente inacessíveis definitivamente, seja porque eles foram destruídos, seja porque eles foram apagados ou corrompidos.

16. **Inciso IV.** Nesse inciso a falsidade é praticada no capital social da pessoa jurídica. Não é feita na escrituração contábil ou no balanço (incisos I e II), nem no sistema de informática (inciso III), mas, sim, no próprio capital social da empresa, que é um dos meios pelos quais a pessoa jurídica demonstra a sua capacidade financeira e solidez em relação aos que irão transacionar com ela. Naturalmente, a simulação do capital social da pessoa jurídica tem o condão de gerar nos seus contratantes uma falsa noção da realidade financeira dela.

17. **Inciso V.** Neste inciso, a fraude consiste na destruição, ocultação ou inutilização, total ou parcial dos documentos de escrituração contábil obrigatórios. Por meio dessas condutas, o agente impede que alguém tenha acesso a esses documentos de escrituração contábil obrigatórios. Note-se que o agente não pratica simplesmente uma fraude nesses documentos e eles continuam a existir com informações inexatas como ocorre nos incisos I e II. Na realidade, o agente promove a inacessibilidade aos documentos, por meio da sua destruição ou inutilização ou simplesmente ocultando-os.

18. **Causa de aumento de pena. § 2º.** Contabilidade paralela e distribuição de lucros ou dividendos a sócios e acionistas até a aprovação do plano de recuperação judicial. Também conhecida como "caixa dois", a contabilidade paralela constitui uma maquiagem da real contabilidade da pessoa jurídica. A contabilidade real é aquela que retrata a verdadeira situação fiscal, financeira e econômica da pessoa jurídica. A contabilidade paralela é aquela que é apresentada ao fisco, resultante dos ajustes e alterações feitas na contabilidade real. Trata-se de uma causa de aumento de pena, a exemplo do § 1º, não constituindo um tipo penal autônomo. Não precisa haver a efetiva sonegação de tributos (e se houver, haverá a prática de crime contra a ordem tributária previsto no art. 1º da lei 8.137/90), bastando, para tanto, a manutenção ou a movimentação dos valores. Além da contabilidade paralela, o presente parágrafo aumenta a pena na hipótese de distribuir lucros ou dividendos a sócios e acionistas até aprovação do plano de recuperação judicial.

19. **§ 3º. Concurso de pessoas.** Trata-se de dispositivo legal desnecessário, uma vez que a possibilidade de concurso de pessoas já está regulamentada no art. 29 do Código Penal.

20. **§ 4º. Redução ou substituição de pena.** A aplicação desse dispositivo é exclusiva à microempresa ou empresa de pequeno porte, que não pratica condutas fraudulentas de forma habitual, isso é, de forma reiterada. O sistema de substituição da pena privativa de liberdade por pena restritivas de direitos neste delito é diferente do art. 44 do Código Penal. Em primeiro lugar, os requisitos são diferentes, de forma que no presente tipo penal basta que o falido não pratique de forma reiterada condutas fraudulentas, não se exigindo os requisitos do Código Penal. Em segundo lugar, a substituição contida na presente lei somente pode

ser feita por penas de perda de bens e valores ou de prestação de serviços à comunidade ou a entidades públicas, não havendo a possibilidade de substituição pelas demais espécies de penas previstas no art. 43 do Código Penal. De acordo com o art. 3º da Lei Complementar 123/2006 "consideram-se microempresas ou empresas de pequeno porte, a sociedade empresária, a sociedade simples, a empresa individual de responsabilidade limitada e o empresário a que se refere o art. 966 da Lei nº 10.406, de 10 de janeiro de 2002 (Código Civil), devidamente registrados no Registro de Empresas Mercantis ou no Registro Civil de Pessoas Jurídicas, conforme o caso, desde que: I – no caso da microempresa, aufira, em cada ano-calendário, receita bruta igual ou inferior a R$ 360.000,00 (trezentos e sessenta mil reais); e II – no caso da empresa de pequeno porte, aufira, em cada ano-calendário, receita bruta superior a R$ 360.000,00 (trezentos e sessenta mil reais) e igual ou inferior a R$ 3.600.000,00 (três milhões e seiscentos mil reais). § 1º Considera-se receita bruta, para fins do disposto no *caput* deste artigo, o produto da venda de bens e serviços nas operações de conta própria, o preço dos serviços prestados e o resultado nas operações em conta alheia, não incluídas as vendas canceladas e os descontos incondicionais concedidos. § 2º No caso de início de atividade no próprio ano-calendário, o limite a que se refere o *caput* deste artigo será proporcional ao número de meses em que a microempresa ou a empresa de pequeno porte houver exercido atividade, inclusive as frações de meses."

Violação de sigilo empresarial

Art. 169. Violar, explorar ou divulgar, sem justa causa, **sigilo empresarial ou dados confidenciais** sobre operações ou serviços, contribuindo para a condução do devedor a estado de inviabilidade econômica ou financeira:

Pena – reclusão, de 2 (dois) a 4 (quatro) anos, e multa.

1. **Sujeito ativo.** Qualquer pessoa.

2. **Sujeito passivo.** O devedor.

3. **Violar, explorar ou divulgar.** *Violar* consiste em ter acesso de forma ilícita, devassar. *Explorar* significa tirar algum proveito. *Divulgar* é tornar público, atingindo um número indeterminado de pessoas.

4. **Sigilo empresarial ou dados confidenciais sobre operações ou serviços.** O legislador incriminou a violação do sigilo empresarial, muitas vezes necessário para garantir a continuidade do funcionamento da atividade empresarial de determinada pessoa jurídica. O sigilo empresarial ou dados confidenciais sobre operações ou serviços pode estar ligado a qualquer atividade desenvolvida pela pessoa jurídica, da forma mais abrangente possível, desde uma tática de atuação no mercado para aumentar a lucratividade até a posição da saúde financeira da pessoa jurídica. Porém, em qualquer caso, a informação ou os dados violados devem ser sigilosos. Se essas informações já forem conhecidas por terceiros não há a prática desse delito.

Demais disso, a violação deve ser feita sem justa causa, o que significa afirmar que havendo um motivo relevante para a violação, exploração ou divulgação das informações ou dados, a conduta será atípica.

5. **Exigência de resultado. Estado de inviabilidade econômica ou financeira.** A prática da conduta delituosa deve ser associada ao resultado naturalístico descrito no tipo penal, que consiste na condução do devedor ao estado de inviabilidade econômica ou financeira. Assim, para a consumação desse delito, não basta a prática da conduta descrita no tipo penal. A conduta deve efetivamente contribuir para a condução do devedor ao estado de inviabilidade econômica ou financeira e isso deve ficar provado no caso concreto. Trata-se, portanto, de crime material.
6. **Tipo misto alternativo.** Caso o agente pratique mais de uma conduta descrita no tipo penal, responderá por um delito apenas, não havendo concurso de crimes. Assim, se o agente violar e divulgar o sigilo empresarial praticará apenas um delito.
7. **Princípio da Especialidade.** O presente tipo penal constitui especialidade em relação ao delito de violação de sigilo profissional previsto no art. 325 do Código Penal ("Revelar fato de que tem ciência em razão do cargo e que deva permanecer em segredo, ou facilitar-lhe a revelação: Pena – detenção, de seis meses a dois anos, ou multa, se o fato não constitui crime mais grave. § 1º Nas mesmas penas deste artigo incorre quem: I – permite ou facilita, mediante atribuição, fornecimento e empréstimo de senha ou qualquer outra forma, o acesso de pessoas não autorizadas a sistemas de informações ou banco de dados da Administração Pública; II – se utiliza, indevidamente, do acesso restrito. § 2º Se da ação ou omissão resulta dano à Administração Pública ou a outrem: Pena – reclusão, de 2 (dois) a 6 (seis) anos, e multa.").
8. **Condição objetiva de punibilidade.** Ver art. 180 desta lei.
9. **Consumação.** O delito consuma-se com a concretização do estado de inviabilidade econômica ou financeira do devedor. Trata-se de crime material.
10. **Classificação.** Crime comum; material; comissivo; de dano; instantâneo; admite tentativa.
11. **Suspensão condicional do processo.** Incabível, pois a pena mínima cominada ultrapassa 1 ano (art. 89 da lei 9.099/95).

Divulgação de informações falsas

Art. 170. Divulgar ou propalar, por qualquer meio, informação falsa sobre devedor em recuperação judicial, **com o fim de levá-lo à falência ou de obter vantagem:**

Pena – reclusão, de 2 (dois) a 4 (quatro) anos, e multa.

1. **Sujeito ativo.** Qualquer pessoa.
2. **Sujeito passivo.** O devedor em recuperação judicial.

3. **Divulgar ou propalar por qualquer meio.** O verbo *divulgar* significa tornar público, atingindo um número indeterminado de pessoas. *Propalar* quer dizer divulgar. Assim, percebe-se que o legislador foi redundante ao trazer dois verbos que têm o mesmo significado. O legislador buscou proteger com esse tipo penal a fidelidade das informações referentes ao devedor que estiver em situação de recuperação judicial, evitando qualquer espécie de especulação. A divulgação pode ser feita de qualquer forma, o que torna esse tipo penal um delito de livre execução.
4. **Informação falsa.** A informação falsa deve ser relevante, possuindo o condão de efetivamente levar o devedor à falência ou gerar alguma vantagem para o sujeito ativo do delito.
5. **Princípio da legalidade.** Em homenagem ao princípio da legalidade, esse tipo penal não se aplica ao falido, nem ao devedor em recuperação extrajudicial.
6. **Especial fim de agir.** O tipo contém um especial fim de agir que reside na intenção de levar o devedor à situação de falência ou de obter vantagem. Em relação à vantagem, tendo em vista que o legislador não especificou que tipo de vantagem estaria abrangida pela incriminação, cremos que o tipo penal abrange qualquer espécie de vantagem, com ou sem natureza patrimonial. Ausente o especial fim de agir, a conduta é atípica em relação a esse tipo penal.
7. **Princípio da Especialidade.** O presente tipo penal constitui especialidade em relação ao delito de divulgação de informação falsa sobre instituição financeira, previsto no art. 3º da lei 7.492/86, que tem a seguinte redação: "Art. 3º Divulgar informação falsa ou prejudicialmente incompleta sobre instituição financeira: Pena – Reclusão, de 2 (dois) a 6 (seis) anos, e multa").
8. **Condição objetiva de punibilidade.** Ver art. 180 desta lei.
9. **Consumação.** O delito consuma-se com a conduta de divulgar ou de propalar a informação falsa. Trata-se de crime formal.
10. **Classificação.** Crime comum; formal; comissivo; de perigo abstrato; instantâneo; admite tentativa.
11. **Suspensão condicional do processo.** Incabível, pois a pena mínima cominada ultrapassa 1 ano (art. 89 da lei 9.099/95).

Indução a erro

Art. 171. Sonegar ou omitir informações ou prestar informações falsas no processo de falência, de recuperação judicial ou de recuperação extrajudicial, **com o fim de induzir a erro o juiz, o Ministério Público, os credores, a assembléia-geral de credores, o Comitê ou o administrador judicial:**

Pena – reclusão, de 2 (dois) a 4 (quatro) anos, e multa.

1. **Sujeito ativo.** Qualquer pessoa.
2. **Sujeito passivo.** O Estado.

3. **Sonegar ou omitir informações ou prestar informações falsas.** O tipo penal contém três condutas. *Sonegar* é ocultar com fraude, encobrir. *Omitir* a informação significa não a fornecer. *Prestar* a informação consiste em transmiti-la a outrem, fornecê-la. As condutas *sonegar* e *omitir* constituem crime omissivo próprio. A conduta *prestar* constitui crime comissivo. A incriminação comporta duas espécies de informações: verdadeiras ou falsas. Nas duas primeiras condutas *sonegar* e *omitir* a informação é verdadeira e o agente não a presta, sonegando-a ou omitindo-a quando deveria prestá-la. Na conduta *prestar*, as informações são falsas. Assim, o tipo deve ser interpretado da seguinte forma: sonegar ou omitir informações verdadeiras ou prestar informações falsas.

4. **Especial fim de agir.** O tipo contém um especial fim de agir que reside na intenção de induzir a erro o Juiz, o Ministério Público, os credores, a assembleia-geral de credores, o Comitê ou o administrador judicial. Ausente o especial fim de agir, a conduta é atípica em relação a esse tipo penal.

5. **Princípio da Especialidade.** O presente tipo penal constitui especialidade em relação ao delito de falsidade ideológica previsto no art. 299 do Código Penal que tem a seguinte redação: "Art. 299 – Omitir, em documento público ou particular, declaração que dele devia constar, ou nele inserir ou fazer inserir declaração falsa ou diversa da que devia ser escrita, com o fim de prejudicar direito, criar obrigação ou alterar a verdade sobre fato juridicamente relevante: Pena – reclusão, de um a cinco anos, e multa, se o documento é público, e reclusão de um a três anos, e multa, se o documento é particular. Parágrafo único – Se o agente é funcionário público, e comete o crime prevalecendo-se do cargo, ou se a falsificação ou alteração é de assentamento de registro civil, aumenta-se a pena de sexta parte." Da mesma forma, o presente tipo penal está especializado no art. 15 da lei 7.492/86: "Art. 15. Manifestar-se falsamente o interventor, o liqüidante ou o síndico, (Vetado) à respeito de assunto relativo a intervenção, liquidação extrajudicial ou falência de instituição financeira: Pena – Reclusão, de 2 (dois) a 8 (oito) anos, e multa."

6. **Tipo misto alternativo.** Caso o agente pratique mais de uma conduta descrita no tipo penal, responderá por um delito apenas, não havendo concurso de crimes.

7. **Condição objetiva de punibilidade.** Ver art. 180 desta lei.

8. **Consumação.** Nas condutas *sonegar* e *omitir*, o delito consuma-se com a simples omissão do agente. Na conduta *prestar* o delito consuma-se quando a informação falsa chega ao conhecimento do seu destinatário.

9. **Classificação.** Crime comum; formal; omissivo próprio nas condutas *sonegar* e *omitir* e comissivo na conduta *prestar*; de perigo abstrato; instantâneo; não admite tentativa nas condutas *sonegar* e *omitir* por configurarem crime omissivo próprio. Admite tentativa na conduta *prestar.*

10. **Suspensão condicional do processo.** Incabível, pois a pena mínima cominada ultrapassa 1 ano (art. 89 da lei 9.099/95).

Favorecimento de credores

Art. 172. Praticar, antes ou depois da sentença que decretar a falência, conceder a recuperação judicial ou homologar plano de recuperação extrajudicial, **ato de disposição ou oneração patrimonial ou gerador de obrigação**, destinado a favorecer um ou mais credores em prejuízo dos demais:

Pena – reclusão, de 2 (dois) a 5 (cinco) anos, e multa.

Parágrafo único. Nas mesmas penas incorre o credor que, em conluio, possa beneficiar-se de ato previsto no caput deste artigo.

1. **Sujeito ativo.** O devedor que incidiu ou poderá incidir em falência, recuperação judicial ou recuperação extrajudicial.
2. **Sujeito passivo.** Os credores lesados ou potencialmente lesados.
3. **Praticar ato de disposição ou oneração patrimonial ou gerador de obrigação.** Neste tipo penal o agente leva a efeito algum ato de disposição ou oneração patrimonial ou gerador de obrigação na intenção de favorecer um ou mais credores em prejuízo dos demais. *Ato de disposição* consiste no ato que importa em alienação, fazer um bem sair do patrimônio do devedor, manifestando um dos atributos do direito de propriedade, que é a disposição. *Ato de oneração patrimonial* significa gravar um bem com algum ônus, a exemplo da hipoteca ou do penhor. Por fim, *ato gerador de obrigação* consiste no ato que resulta em alguma prestação futura a ser cumprida por outrem, como contrair uma dívida. O ato praticado não precisa efetivamente favorecer um ou mais credores em prejuízo dos demais, basta que tenha potencialidade para tal, que possa gerar concretamente o favorecimento de algum ou alguns credores em detrimento dos demais. O ato de disposição ou oneração patrimonial ou gerador de obrigação deve guardar relação com a situação de falência, recuperação judicial ou recuperação extrajudicial.
4. **Especial fim de agir.** O tipo contém um especial fim de agir que consiste no favorecimento de um ou mais credores em prejuízo dos demais. Ausente o especial fim de agir, a conduta é atípica em relação a esse tipo penal.
5. **Momento da prática do delito.** O legislador especificou o momento da prática do ato, dispondo que ele pode ser praticado antes ou depois da sentença que decretar a falência, conceder a recuperação judicial ou homologar a recuperação extrajudicial, ou seja, o ato pode ser praticado a qualquer momento durante os três institutos regulamentados pela lei de falência, tendo em vista que o art. 1º da lei dispõe "esta Lei disciplina a recuperação judicial, a recuperação extrajudicial e a falência do empresário e da sociedade empresária, doravante referidos simplesmente como devedor."
6. **Condição objetiva de punibilidade.** Ver art. 180 desta lei.
7. **Consumação.** O delito consuma-se com a efetiva prática do ato de disposição ou oneração patrimonial ou gerador de obrigação. Note-se que não é necessário que haja o efetivo favorecimento de um ou mais credores. Trata-se de crime formal.

8. **Classificação.** Crime próprio; formal; comissivo; de perigo abstrato; instantâneo; admite tentativa.

9. **Suspensão condicional do processo.** Incabível, pois a pena mínima cominada ultrapassa 1 ano (art. 89 da lei 9.099/95).

10. **Conduta equiparada.** No parágrafo único o legislador inseriu a conduta do credor que, em conluio, possa beneficiar-se de ato previsto no *caput* deste artigo.

11. **Sujeito ativo.** O credor.

12. **Sujeito passivo.** Os credores lesados ou potencialmente lesados.

13. **Conluio.** Significa o prévio ajuste com o sujeito ativo do delito contido no *caput*. Pela redação típica, o agente não precisa efetivamente beneficiar-se do ato praticado pelo autor do delito do *caput*, bastando apenas que possa vir a ser beneficiado.

14. **Consumação.** O delito previsto no parágrafo único consuma-se quando o delito do *caput* consumar-se.

15. **Classificação.** Crime próprio; formal; comissivo; de perigo abstrato; instantâneo; admite tentativa.

16. **Suspensão condicional do processo.** Incabível, pois a pena mínima cominada ultrapassa 1 ano (art. 89 da lei 9.099/95).

Desvio, ocultação ou apropriação de bens

Art. 173. Apropriar-se, desviar ou ocultar **bens pertencentes ao devedor sob recuperação judicial ou à massa falida**, inclusive por meio da aquisição por **interposta pessoa**:

Pena – reclusão, de 2 (dois) a 4 (quatro) anos, e multa.

1. **Sujeito ativo.** O possuidor do bem pertencente ao devedor em recuperação judicial ou à massa falida.

2. **Sujeito passivo.** Os credores.

3. **Apropriar-se, desviar ou ocultar.** O tipo penal contém três condutas. *Apropriar-se* consiste em o agente tomar a posse de algo que pertença a outrem. *Desviar* é dar destinação diversa da que realmente deveria ter sido dada. Por fim, *ocultar* significa esconder, dissimular. O verbo *ocultar* configura crime permanente. Os três verbos típicos ligam-se ao bem pertencente ao devedor sob recuperação judicial ou à massa falida. Esses bens são utilizados para assegurarem a *par conditio creditorum*, isso é, a igualdade de credores em relação ao falido ou à pessoa jurídica que estiver em recuperação judicial, como forma de garantir o pagamento das dívidas. Assim, o legislador quis evitar que o adimplemento dos débitos seja frustrado por meio da apropriação, do desvio ou da ocultação dos bens que são justamente a garantia dos credores, no intuito de assegurar que a real finalidade da falência ou da recuperação judicial seja respeitada.

4. **Aquisição por interposta pessoa.** Muitas vezes, como forma de tentar disfarçar o desvio (em sentido amplo) de bens, o agente estrutura uma operação, a princípio

lícita, de aquisição dos bens por interposta pessoa, que pode existir ou não, o vulgarmente denominado "laranja" ou "testa de ferro".

5. **Princípio da Especialidade.** O presente tipo penal constitui especialidade em relação ao delito de apropriação indébita previsto no art. 168 do Código Penal: "Art. 168. Apropriar-se de coisa alheia móvel, de que tem a posse ou a detenção: Pena – reclusão, de um a quatro anos, e multa. § 1º – A pena é aumentada de um terço, quando o agente recebeu a coisa: I – em depósito necessário; II – na qualidade de tutor, curador, síndico, liquidatário, inventariante, testamenteiro ou depositário judicial; III – em razão de ofício, emprego ou profissão." Constitui especialidade, também, em relação aos delitos previstos nos arts. 5º e 13 da lei 7.492/86, que possuem as seguintes redações, respectivamente: "Art. 5º. Apropriar-se, quaisquer das pessoas mencionadas no art. 25 desta lei, de dinheiro, título, valor ou qualquer outro bem móvel de que tem a posse, ou desviá-lo em proveito próprio ou alheio: Pena – Reclusão, de 2 (dois) a 6 (seis) anos, e multa. Parágrafo único. Incorre na mesma pena qualquer das pessoas mencionadas no art. 25 desta lei, que negociar direito, título ou qualquer outro bem móvel ou imóvel de que tem a posse, sem autorização de quem de direito."; "Art. 13. Desviar bem alcançado pela indisponibilidade legal resultante de intervenção, liqüidação extrajudicial ou falência de instituição financeira. Pena – Reclusão, de 2 (dois) a 6 (seis) anos, e multa. Parágrafo único. Na mesma pena incorre o interventor, o liqüidante ou o síndico que se apropriar de bem abrangido pelo caput deste artigo, ou desviá-lo em proveito próprio ou alheio."

6. **Tipo misto alternativo.** Caso o agente pratique mais de uma conduta descrita no tipo penal, responderá por um delito apenas, não havendo concurso de crimes.

7. **Condição objetiva de punibilidade.** Ver art. 180 desta lei.

8. **Consumação.** O delito consuma-se com a prática das condutas típicas.

9. **Classificação.** Crime próprio; material; comissivo; de dano, instantâneo nas condutas *apropriar-se* e *desviar* e permanente na conduta *ocultar*; admite tentativa.

10. **Suspensão condicional do processo.** Incabível, pois a pena mínima cominada ultrapassa 1 ano (art. 89 da lei 9.099/95).

Aquisição, recebimento ou uso ilegal de bens

Art. 174. Adquirir, receber, usar, ilicitamente, **bem que sabe pertencer à massa falida** ou influir para que terceiro, de boa-fé, o adquira, receba ou use:

Pena – reclusão, de 2 (dois) a 4 (quatro) anos, e multa.

1. **Sujeito ativo.** Qualquer pessoa.

2. **Sujeito passivo.** Os credores.

3. **Adquirir, receber, usar, ilicitamente, bem que sabe pertencer à massa falida.** Primeiramente, deve ser dito que o tipo penal possui duas condutas delituosas. A primeira

é "adquirir, receber, usar, ilicitamente, bem que sabe pertencer à massa falida". A segunda consiste em o agente "influir para que terceiro, de boa-fé, o adquira, receba ou use". Na primeira conduta criminosa, o legislador empregou os verbos adquirir, receber e usar. *Adquirir* consiste na conduta de obter, conseguir, comprar. *Receber* significa obter para si de outrem. *Usar* denota a fruição do bem, aproveitar a utilidade de algum bem. No verbo *usar* o delito é permanente. Como dito nos comentários ao tipo penal anterior, a finalidade da falência é assegurar a *par conditio creditorum*, isso é, a igualdade de credores em relação ao falido. A garantia dos credores reside no patrimônio do falido, os bens que serão convertidos em dinheiro para pagar os credores. A partir do momento em que o agente adquire, recebe ou usa ilicitamente um bem que sabe pertencer à massa falida, ele diminui o seu valor pela deterioração natural, bem como gera o risco de o bem perder-se, fazendo com que isso gere consequências negativas na satisfação dos créditos da falência. O legislador quis evitar a frustração do adimplemento dos créditos na falência.

4. **Influir para que terceiro, de boa-fé adquira, receba ou use o bem pertencente à massa falida.** Nessa segunda conduta, o agente não adquire, recebe ou usa ilicitamente um bem que sabe pertencer à massa falida. Na realidade, o agente apenas influencia um terceiro de boa-fé para que ele adquira, receba ou use. De qualquer forma, nos mesmos moldes que ocorre em relação à primeira conduta, aqui há a diminuição do valor do bem pela deterioração natural, bem como a geração do risco de o bem perder-se, frustrando-se a satisfação dos créditos da falência. O terceiro de boa-fé não pratica nenhum delito e a sua conduta é atípica. Caso o terceiro esteja de má-fé, com dolo, ele responde pela conduta da primeira parte deste tipo penal.

5. **Dolo direto.** Pelo emprego das expressões "que *sabe* pertencer à massa falida", conclui-se que esse tipo penal admite apenas o dolo direto, e não o dolo eventual, uma vez que pela redação típica o agente deve ter a certeza de que o bem pertence à massa falida.

6. **Princípio da Especialidade.** O presente tipo penal constitui especialidade em relação ao delito de receptação contido no art. 180 do Código Penal que tem a seguinte redação: "Art. 180 – Adquirir, receber, transportar, conduzir ou ocultar, em proveito próprio ou alheio, coisa que sabe ser produto de crime, ou influir para que terceiro, de boa-fé, a adquira, receba ou oculte: Pena – reclusão, de um a quatro anos, e multa."

7. **Tipo misto alternativo.** Caso o agente pratique mais de uma conduta descrita no tipo penal, responderá por um delito apenas, não havendo concurso de crimes.

8. **Condição objetiva de punibilidade.** Ver art. 180 desta lei.

9. **Consumação.** O delito consuma-se com a prática das condutas típicas.

10. **Classificação.** Crime comum; material; comissivo; de dano; instantâneo nas condutas *adquirir*, *receber* e *influir*, mas permanente na conduta *usar*; admite tentativa.

11. **Suspensão condicional do processo.** Incabível, pois a pena mínima cominada ultrapassa 1 ano (art. 89 da lei 9.099/95).

Habilitação ilegal de crédito

Art. 175. Apresentar, em falência, recuperação judicial ou recuperação extrajudicial, **relação de créditos, habilitação de créditos ou reclamação falsas**, ou juntar a elas **título falso ou simulado:**

Pena – reclusão, de 2 (dois) a 4 (quatro) anos, e multa.

1. **Sujeito ativo.** O administrador judicial na conduta apresentar a relação de créditos. Qualquer pessoa nas demais condutas.

2. **Sujeito passivo.** Os credores.

3. **Apresentar relação de créditos, habilitação de créditos ou reclamação falsa.** Apresentar significa exibir a alguém. A *relação de créditos* é o ato realizado pelo administrador judicial que consiste em um levantamento dos créditos que existem contra o devedor. Segundo o art. 7º, *caput,* desta lei "a verificação dos créditos será realizada pelo administrador judicial, com base nos livros contábeis e documentos comerciais e fiscais do devedor e nos documentos que lhe forem apresentados pelos credores, podendo contar com o auxílio de profissionais ou empresas especializadas." A *habilitação de créditos* nada mais é do que o procedimento que é realizado para admissão de credores no processo de recuperação judicial ou extrajudicial e de falência, logo após a primeira verificação de crédito. Trata-se de uma obrigação processual realizada após a verificação dos créditos, que surge com deferimento do processamento da recuperação judicial, da recuperação extrajudicial ou com a decretação da falência do devedor. A habilitação de crédito é feita por qualquer credor. A *reclamação* consiste na impugnação de qualquer crédito em desacordo com o realmente devido segundo o entendimento do credor. Ela é feita por qualquer credor. O legislador quis evitar, mais uma vez, a frustração da *par conditio creditorum* ao incriminar a conduta de apresentação de créditos falsos e inexistentes. Com efeito, se na falência, na recuperação judicial ou na recuperação extrajudicial forem apresentados e habilitados créditos falsos, isso ocasionará uma distribuição errada dos valores entre os credores e a frustração da igualdade entre eles.

4. **Juntar título falso ou simulado.** Título falso ou simulado significa a mesma coisa. Se um título é falso, é porque ele é simulado e vice-versa. Aqui não faz diferença a falsidade ser material ou ideológica, tendo em vista que o legislador não especificou e ambas constituem falsidade. Da mesma forma que dissemos no item anterior, a apresentação de títulos falsos vai gerar uma distribuição errada dos créditos e provocará a frustração da *par conditio creditorum.*

5. **Princípio da Especialidade.** O presente tipo penal está especializado no art. 14 da lei 7.492/86, que trata da mesma conduta em relação à falência de instituição financeira: "Art. 14. Apresentar, em liquidação extrajudicial, ou em falência de instituição financeira, declaração de crédito ou reclamação falsa, ou juntar a elas título falso ou simulado: Pena – Reclusão, de 2 (dois) a 8 (oito) anos, e multa. Parágrafo único. Na mesma pena incorre o ex-administrador ou falido que reconhecer, como verdadeiro, crédito que não o seja."

6. **Tipo misto alternativo.** Caso o agente pratique mais de uma conduta descrita no tipo penal, responderá por um delito apenas, não havendo concurso de crimes.

7. **Condição objetiva de punibilidade.** Ver art. 180 desta lei.

8. **Consumação.** O delito consuma-se com a prática das condutas típicas.

9. **Classificação.** Crime próprio praticado pelo administrador judicial na conduta *apresentar a relação de créditos falsa* e comum nas demais condutas; formal; comissivo; de perigo abstrato; instantâneo; admite tentativa.

10. **Suspensão condicional do processo.** Incabível, pois a pena mínima cominada ultrapassa 1 ano (art. 89 da lei 9.099/95).

Exercício ilegal de atividade

Art. 176. Exercer atividade para a qual foi **inabilitado ou incapacitado por decisão judicial**, nos termos desta Lei:

Pena – reclusão, de 1 (um) a 4 (quatro) anos, e multa.

1. **Sujeito ativo.** O falido declarado inabilitado.

2. **Sujeito passivo.** O Estado.

3. **Exercer atividade para a qual foi inabilitado ou incapacitado por decisão judicial.** Existem algumas consequências advindas da declaração da falência e, entre outras, há consequências proibitivas no âmbito do exercício de determinadas atividades. Com efeito, a lei de falência estabelece algumas proibições a que fica sujeito o falido. São consequências que possuem relação com o instituto da falência. Note-se que a inabilitação não decorre da lei, e sim de decisão judicial. São exemplos, entre outros: a perda do direito de administrar os seus bens ou de dispor deles prevista no art. 103: "Art. 103. Desde a decretação da falência ou do seqüestro, o devedor perde o direito de administrar os seus bens ou deles dispor. Parágrafo único. O falido poderá, contudo, fiscalizar a administração da falência, requerer as providências necessárias para a conservação de seus direitos ou dos bens arrecadados e intervir nos processos em que a massa falida seja parte ou interessada, requerendo o que for de direito e interpondo os recursos cabíveis"; a proibição de exercer qualquer atividade empresarial contida no art.102: "Art. 102. O falido fica inabilitado para exercer qualquer atividade empresarial a partir da decretação da falência e até a sentença que extingue suas obrigações, respeitado o disposto no § 1º do art. 181 desta Lei. Parágrafo único. Findo o período de inabilitação, o falido poderá requerer ao juiz da falência que proceda à respectiva anotação em seu registro."

4. **Norma penal em branco.** O presente tipo penal constitui norma penal em branco homogênea homovitelina, uma vez que se faz necessário complementar o seu preceito primário para a determinação do que seja "atividade para a qual foi inabilitado ou incapacitado por decisão judicial". As hipóteses de inabilitação ou a incapacitação estão previstas na própria lei de falência.

5. **Princípio da Especialidade.** O presente tipo penal constitui especialidade em relação ao delito de desobediência previsto no art. 330 do Código Penal que tem a seguinte redação: "Art. 330 – Desobedecer a ordem legal de funcionário público: Pena – detenção, de quinze dias a seis meses, e multa."

6. **Condição objetiva de punibilidade.** Ver art. 180 desta lei.

7. **Consumação.** O delito consuma-se com a prática do ato para o qual o agente ficou inabilitado ou incapacitado, não sendo necessário o advento de nenhuma consequência desse ato. Trata-se de crime formal.

8. **Classificação.** Crime próprio; formal; comissivo; de perigo abstrato; instantâneo; admite tentativa.

9. **Suspensão condicional do processo.** Cabível, pois a pena mínima cominada não ultrapassa 1 ano (art. 89 da lei 9.099/95).

Violação de impedimento

Art. 177. Adquirir o juiz, o representante do Ministério Público, o administrador judicial, o gestor judicial, o perito, o avaliador, o escrivão, o oficial de justiça ou o leiloeiro, por si ou por interposta pessoa, **bens de massa falida ou de devedor em recuperação judicial**, ou, em relação a estes, entrar em alguma **especulação de lucro**, quando tenham **atuado nos respectivos processos:**

Pena – reclusão, de 2 (dois) a 4 (quatro) anos, e multa.

1. **Sujeito ativo.** O Juiz, o membro do Ministério Público, o administrador judicial, o gestor judicial, o perito, o avaliador, o escrivão, o oficial de justiça ou o leiloeiro.

2. **Sujeito passivo.** O Estado.

3. **Adquirir bens de massa falida ou de devedor em recuperação judicial, ou, em relação a estes, entrar em alguma especulação de lucro.** São duas as condutas incriminadas neste tipo penal: 1. *Adquirir* bens, o que significa tornar-se proprietário dos bens, de qualquer forma, seja onerosa, seja gratuita; e 2. *Entrar* em alguma especulação de lucro, que significa fazer parte de qualquer espécie de exploração lucrativa. Note-se que os sujeitos ativos desse delito são justamente as pessoas que estão ligadas direta ou indiretamente ao processo de falência ou de recuperação judicial. Espera-se dessas pessoas que elas cumpram os seus deveres de forma isenta e honesta, de maneira que não se beneficiem, de nenhuma forma, do processo de falência ou de recuperação judicial. O legislador quis manter a confiança depositada nesses personagens do processo e garantir que de suas funções não aufiram nenhuma espécie de vantagem, para que não fique prejudicada a *par conditio creditorum.* Isso porque qualquer espécie de desvio de bens, por aquisição ou por especulação de lucro, irá prejudicar a lisura da satisfação dos créditos. É de notar-se que a incriminação abrange as condutas de aquisição ou de participação em especulação de lucro apenas quando os sujeitos ativos tenham atuado nos processos de falência ou de recuperação judicial.

4. **Aquisição por interposta pessoa.** Uma forma de simulação bastante comum é a concretização de transações por meio de interposta pessoa, denominada "laranja" ou "testa de ferro", no intuito de disfarçar a pessoa que realmente está a realizar a transação.
5. **Princípio da legalidade.** Tendo em vista que o tipo penal faz menção apenas a "bens de massa falida ou de devedor em recuperação judicial", a incriminação não abrange a recuperação extrajudicial.
6. **Tipo misto alternativo.** Caso o agente pratique mais de uma conduta descrita no tipo penal, responderá por um delito apenas, não havendo concurso de crimes.
7. **Condição objetiva de punibilidade.** Ver art. 180 desta lei.
8. **Consumação.** O delito consuma-se com a aquisição dos bens ou com a participação na especulação de lucro, independentemente da geração de prejuízo aos credores.
9. **Classificação.** Crime próprio; formal; comissivo; de perigo abstrato; instantâneo; admite tentativa.
10. **Suspensão condicional do processo.** Incabível, pois a pena mínima cominada ultrapassa 1 ano (art. 89 da lei 9.099/95).

Omissão dos documentos contábeis obrigatórios

Art. 178. Deixar de elaborar, escriturar ou autenticar, antes ou depois da sentença que decretar a falência, conceder a recuperação judicial ou homologar o plano de recuperação extrajudicial, os **documentos de escrituração contábil obrigatórios:**

Pena – detenção, de 1 (um) a 2 (dois) anos, e multa, se o fato não constitui crime mais grave.

1. **Sujeito ativo.** O administrador da pessoa jurídica que está sujeita à falência, à recuperação judicial e à recuperação extrajudicial. Pode ser também o falido (depois da decretação da falência) ou o administrador judicial que tiver a obrigação de elaborar, escriturar ou autenticar os documentos de escrituração contábil obrigatórios.
2. **Sujeito passivo.** O Estado e os credores prejudicados.
3. **Deixar de elaborar, escriturar ou autenticar os documentos de escrituração contábil obrigatórios.** O tipo penal prevê a conduta omissiva do agente em não cumprir o dever de elaborar, escriturar ou autenticar os documentos de escrituração contábil obrigatórios a que está obrigado por força legal. O legislador quis proteger a lisura e a integridade da saúde financeira e contábil da pessoa jurídica por meio da elaboração, da escrituração ou da autenticação dos documentos de escrituração contábil obrigatórios e transformou em crime a omissão dessa conduta.
4. **Crime omissivo.** Trata-se de crime omissivo próprio, uma vez que o agente deixa de agir quando deveria elaborar, escriturar ou autenticar os documentos de escrituração contábil obrigatórios, violando, assim, o seu dever de agir.

5. **Momento da prática do delito.** O legislador especificou o momento da prática da conduta omissiva, dispondo que ela pode ser praticada antes ou depois da sentença que decretar a falência, conceder a recuperação judicial ou homologar a recuperação extrajudicial, ou seja, o ato pode ser praticado a qualquer momento durante os três institutos regulamentados pela lei de falência, tendo em vista que o art. 1º da lei dispõe "esta Lei disciplina a recuperação judicial, a recuperação extrajudicial e a falência do empresário e da sociedade empresária, doravante referidos simplesmente como devedor."

6. **Norma penal em branco.** O presente tipo penal constitui norma penal em branco, uma vez que se faz necessário complementar o seu preceito primário para a determinação da elaboração, escrituração ou autenticação dos documentos de escrituração contábil obrigatórios.

7. **Condição objetiva de punibilidade.** Ver art. 180 desta lei.

8. **Tipo misto alternativo.** Caso o agente pratique mais de uma conduta descrita no tipo penal, responderá por um delito apenas, não havendo concurso de crimes. Assim, se o agente deixar de elaborar e de autenticar os documentos de escrituração contábil obrigatórios, responde por apenas um delito.

9. **Subsidiariedade expressa.** Trata-se de tipo penal expressamente subsidiário. Assim, se a conduta que, a princípio, configurar esse delito, der causa à ocorrência de um delito mais grave, por ele deverá responder o agente.

10. **Consumação.** O delito consuma-se com a mera omissão do agente, pois se trata de crime omissivo próprio.

11. **Classificação.** Crime próprio; formal; omissivo próprio; de perigo abstrato; instantâneo; não admite tentativa por ser crime omissivo próprio.

12. **Infração penal de menor potencial ofensivo.** Tendo em vista que a pena máxima não é superior a dois anos, trata-se de infração penal de menor potencial ofensivo (art. 61 da lei 9.099/95).

13. **Suspensão condicional do processo.** Cabível, pois a pena mínima cominada não ultrapassa 1 ano (art. 89 da lei 9.099/95).

Seção II
Disposições Comuns

Art. 179. Na falência, na recuperação judicial e na recuperação extrajudicial de sociedades, os seus sócios, diretores, gerentes, administradores e conselheiros, de fato ou de direito, bem como o administrador judicial, **equiparam-se ao devedor ou falido para todos os efeitos penais** decorrentes desta Lei, na medida de sua culpabilidade.

1. **Equiparação ao devedor ou ao falido.** O presente artigo traz uma equiparação desnecessária. Com efeito, mesmo que não fosse essa previsão legal, a responsabilidade pessoal de cada um (sócios, diretores, gerentes, administradores e

conselheiros, de fato ou de direito, bem como o administrador judicial), deve ser aferida independentemente dessa previsão legal, de acordo com o art. 29 do Código Penal, que trata do concurso de pessoas e prevê a responsabilidade pessoal na medida da culpabilidade do agente. Mesmo que haja essa equiparação, deverá ser apurada efetiva e concretamente a responsabilidade de cada agente de acordo com o caso concreto, ou seja, a mera previsão desse dispositivo legal não faz nascer automaticamente a responsabilidade penal, devendo ser demonstrada e provada a conduta criminosa de cada concorrente, sob pena de incidência em responsabilidade penal objetiva.

Art. 180. A **sentença** que decreta a falência, concede a recuperação judicial ou concede a recuperação extrajudicial de que trata o art. 163 desta Lei é **condição objetiva de punibilidade** das infrações penais descritas nesta Lei.

1. **Condição objetiva de punibilidade.** A condição objetiva de punibilidade pode ser vista de duas formas: A primeira forma é a consideração dela como um acontecimento futuro e incerto, cuja realização é necessária para a integração jurídica do crime. É um elemento exterior ao tipo legal de crime, elemento suplementar do tipo, de forma que caso não haja a sua implementação, o delito não se configura. A segunda forma é a consideração da condição objetiva de punibilidade como elemento imprescindível à punição, ao exercício do *jus puniendi*, mas não essencial à integração do crime, que já existe com todos os seus elementos constitutivos. Assim, a condição objetiva de punibilidade, como o nome sugere, é um acontecimento futuro e incerto que condiciona a punibilidade propriamente dita. O delito já existe e já se aperfeiçoou. Contudo, a sua punição fica condicionada ao advento desse acontecimento futuro e incerto. Portanto, ela influencia a punição, e não a existência do delito. A segunda forma de ver a condição objetiva de punibilidade é a forma adotada majoritariamente no Brasil e parece-nos que foi nesse sentido que o legislador faz a previsão delas nesse artigo ora comentado. Assim, caso não haja a sentença que decrete a falência, que conceda a recuperação judicial ou que conceda a recuperação extrajudicial, não haverá o exercício da punibilidade.

Art. 181. São **efeitos da condenação** por crime previsto nesta Lei:

I – a inabilitação para o exercício de atividade empresarial;

II – o impedimento para o exercício de cargo ou função em conselho de administração, diretoria ou gerência das sociedades sujeitas a esta Lei;

III – a impossibilidade de gerir empresa por mandato ou por gestão de negócio.

§ 1º Os efeitos de que trata este artigo não são automáticos, devendo ser motivadamente declarados na sentença, e perdurarão até 5 (cinco) anos após a extinção da punibilidade, podendo, contudo, cessar antes pela reabilitação penal.

§ 2º Transitada em julgado a sentença penal condenatória, será notificado o Registro Público de Empresas para que tome as medidas necessárias para impedir novo registro em nome dos inabilitados.

1. **Efeitos secundários extrapenais da condenação.** A condenação transitada em julgado por algum delito previsto nesta lei gera os efeitos secundários extrapenais descritos neste artigo.

2. **Inciso I.** Se o falido deu causa à decretação de falência da pessoa jurídica da qual era administrador, o legislador atuou preventivamente e trouxe a proibição de ele exercer qualquer atividade empresarial pelos próximos cinco anos subsequentes. Note-se que nessa previsão também estão abrangidas as pessoas constantes do art. 179 da presente lei, por equiparação.

3. **Inciso II.** Trata do impedimento para o exercício de cargo ou função em conselho de administração, diretoria ou gerência das sociedades sujeitas a esta lei. Com efeito, pelos mesmos motivos delineados nos comentários ao inciso I, o falido e as pessoas a ele equiparadas por força do art. 179 ficam impossibilitados de exercerem as funções de conselheiro, administrador, diretor ou gerente, como desdobramento do inciso I.

4. **Inciso III.** Este inciso proíbe o falido de exercer a gestão da pessoa jurídica como mandatário ou gestor do negócio. Trata-se, também, de um desdobramento dos incisos I e II. O legislador quis afastar, de qualquer forma, o falido de qualquer atividade empresarial, independentemente da qualidade que ostente.

5. **Aplicação cumulativa.** Em razão da ausência de expressa proibição legal, bem como da lógica que se retira da *mens legislatoris*, as sanções dos três incisos podem ser aplicadas cumulativamente.

6. § 1º. **Efeitos não automáticos.** De forma semelhante a que ocorre com os efeitos da condenação previstos no art. 92 do Código Penal, os efeitos previstos no presente artigo não são automáticos e só incidirão se o Juiz os declarar na sentença penal condenatória.

7. **Tempo de duração dos efeitos.** Pela redação legal, os efeitos são pelo prazo determinado de *até* cinco anos podendo cessar antes por meio da denominada reabilitação penal. Contudo, cremos que o Juiz possa estabelecer um prazo menor, a depender do caso concreto. Os cinco anos são o prazo máximo que o legislador estabeleceu como limite, nada impedindo que o Juiz fixe um prazo menor.

8. § 2º. **Notificação do Registro Público de Empresas.** A notificação é fundamental para que o falido realmente fique impedido de exercer, a qualquer título, qualquer atividade empresarial, de forma que qualquer tentativa de o falido a exercer esbarraria no óbice do registro feito.

Art. 182. A **prescrição dos crimes previstos nesta Lei** reger-se-á pelas disposições do Decreto-Lei nº 2.848, de 7 de dezembro de 1940 – Código Penal, **começando a correr** do **dia da decretação** da falência, da **concessão** da recuperação judicial ou da homologação do plano de recuperação extrajudicial.

Parágrafo único. A **decretação da falência do devedor interrompe a prescrição** cuja contagem tenha iniciado com a concessão da recuperação judicial ou com a homologação do plano de recuperação extrajudicial.

1. **Prescrição.** A lei de falências optou por não regular a prescrição dos delitos nela previstos e socorreu-se das regras previstas no Código Penal.

2. **Termo inicial.** Embora a lei de falência socorra-se do Código Penal para fins de prescrição, o termo inicial do prazo prescricional é diferente. No Código Penal, a regra do termo inicial do prazo prescricional vem regulado no art. 111, que estabelece, como regra geral, a data da consumação do delito. Na lei de falência, o termo inicial do prazo prescricional é a data da decretação da falência, da concessão da recuperação judicial ou da homologação do plano de recuperação extrajudicial.

3. **Crime praticado após a decretação da falência, da concessão da recuperação judicial ou da homologação do plano de recuperação extrajudicial.** Nesses casos, torna-se impossível a aplicação do art. 182 da lei de falência, uma vez que a sentença é anterior à prática da conduta criminosa. Assim, caso o delito seja praticado posteriormente à decretação da falência, da concessão da recuperação judicial ou da homologação do plano de recuperação extrajudicial, o termo *a quo* do prazo deve ser o da consumação do delito, aplicando-se o art. 111 do Código Penal.

4. **Parágrafo único. Interrupção do prazo.** Essa norma apenas pode ser aplicada aos casos em que a decretação da falência tenha sido precedida de recuperação judicial ou extrajudicial. Quando da concessão da recuperação judicial ou extrajudicial, o prazo prescricional começou a correr. Contudo, a posterior decretação da falência tem o condão de interromper esse prazo e fazê-lo recomeçar novamente em sua íntegra.

Seção III
Do Procedimento Penal

Art. 183. Compete ao **juiz criminal da jurisdição** onde tenha sido decretada a falência, concedida a recuperação judicial ou homologado o plano de recuperação extrajudicial, **conhecer da ação penal pelos crimes** previstos nesta Lei.

1. **Processo criminal. Competência para o processo e o julgamento.** A competência para o processo e o julgamento dos crimes falimentares é do Juízo Criminal de onde houver sido decretada a falência ou concedida a recuperação judicial ou extrajudicial. Assim, se, por exemplo, a falência for decretada pelo Juízo da Vara Empresarial do Rio de Janeiro, a competência criminal será de uma das Varas Criminais do Rio de Janeiro.

Art. 184. Os crimes previstos nesta Lei são de **ação penal pública incondicionada**.

Parágrafo único. Decorrido o prazo a que se refere o art. 187, § 1º, sem que o representante do Ministério Público ofereça denúncia, qualquer credor habilitado ou o administrador judicial poderá oferecer **ação penal privada subsidiária da pública**, observado o prazo decadencial de 6 (seis) meses.

1. **Ação penal**. Trata-se de dispositivo absolutamente desnecessário, tendo em vista que o art. 100 do Código Penal trata da regra geral da natureza da ação penal e dispõe que "a ação penal é pública, salvo quando a lei expressamente a declara privativa do ofendido." Portanto, basta que a lei omita sobre esse ponto que a ação penal será pública incondicionada. Essa é a regra geral. Basta que a lei preveja as exceções.

2. **Parágrafo único. Ação penal privada subsidiária da pública.** De forma semelhante à prevista no art. 29 do Código de Processo Penal, o legislador possibilitou a ação penal privada subsidiária da pública. Contudo, os legitimados na lei de falência são: qualquer credor habilitado ou o administrador judicial. Note-se que não é qualquer credor, mas somente aquele que estiver habilitado.

Art. 185. Recebida a denúncia ou a queixa, observar-se-á o **rito previsto nos arts. 531 a 540** do Decreto-Lei nº 3.689, de 3 de outubro de 1941 – **Código de Processo Penal.**

1. **Procedimento.** O Código de Processo Penal tinha um capítulo destinado ao processo e ao julgamento dos crimes falimentares nos arts. 503 a 512. Contudo, a lei de falência revogou tais artigos e determinou que se seguisse o procedimento sumário previsto nos arts. 531 ao 538 do Código de Processo Penal (os arts. 539 e 540 estão revogados).

2. **Súmula 564 do STF.** "A ausência de fundamentação do despacho de recebimento de denúncia por crime falimentar enseja nulidade processual, salvo se já houver sentença condenatória."

Art. 186. No **relatório previsto na alínea *e* do inciso III do caput do art. 22 desta Lei**, o administrador judicial apresentará ao juiz da falência exposição circunstanciada, considerando as causas da falência, o procedimento do devedor, antes e depois da sentença, e outras informações detalhadas a respeito da conduta do devedor e de outros responsáveis, se houver, por atos que possam constituir crime relacionado com a recuperação judicial ou com a falência, ou outro delito conexo a estes.

Parágrafo único. A exposição circunstanciada será instruída com laudo do contador encarregado do exame da escrituração do devedor.

1. **Relatório do administrador judicial.** O art. 22, III, alínea *e* da presente lei prevê que "ao administrador judicial compete, sob a fiscalização do juiz e do Comitê, além de outros deveres que esta lei lhe impõe: III – na falência: *e)* apresentar, no prazo de 40 (quarenta) dias, contado da assinatura do termo de compromisso, prorrogável por igual período, relatório sobre as causas e circunstâncias que conduziram à situação de falência, no qual apontará a responsabilidade civil e penal dos envolvidos, observado o disposto no art. 186 desta Lei." Assim, o administrador judicial apontará os atos que possam constituir crime falimentar relacionado com a falência ou com a recuperação judicial. Evidentemente, as informações prestadas pelo administrador judicial não têm caráter vinculativo porque ele não possui

a *opinio delicti*. Mas podem funcionar como *notitia criminis* da prática de algum delito relacionado com a falência ou com a recuperação judicial.

2. **Parágrafo único.** O acompanhamento do laudo do contador é uma exigência legal e não pode ser dispensada.

Art. 187. Intimado da sentença que decreta a falência ou concede a recuperação judicial, o Ministério Público, verificando a ocorrência de qualquer crime previsto nesta Lei, **promoverá imediatamente a competente ação penal ou, se entender necessário, requisitará a abertura de inquérito policial.**

§ 1º O prazo para oferecimento da denúncia regula-se pelo art. 46 do Decreto-Lei nº 3.689, de 3 de outubro de 1941 – Código de Processo Penal, **salvo se** o Ministério Público, **estando o réu solto ou afiançado**, decidir aguardar a apresentação da exposição circunstanciada de que trata o art. 186 desta Lei, devendo, em seguida, oferecer a denúncia em 15 (quinze) dias.

§ 2º Em qualquer fase processual, surgindo indícios da prática dos crimes previstos nesta Lei, o juiz da falência ou da recuperação judicial ou da recuperação extrajudicial cientificará o Ministério Público.

1. **Promoção da ação penal.** A necessidade da intimação da sentença que decreta a falência ou que concede a recuperação judicial decorre da sua natureza de condição objetiva de punibilidade prevista no art. 180 desta lei. Por *imediatamente* deve ser entendido sem delongas, desde que o membro do Ministério Público já tenha elementos suficientes para embasar a denúncia. Esse artigo confirma a característica da dispensabilidade do inquérito policial, que será instaurado apenas em caso de necessidade.

2. **§ 1º. Prazo para oferecimento da denúncia.** Segue-se a regra do art. 46 do Código de Processo Penal: "Art. 46. O prazo para oferecimento da denúncia, estando o réu preso, será de 5 dias, contado da data em que o órgão do Ministério Público receber os autos do inquérito policial, e de 15 dias, se o réu estiver solto ou afiançado. No último caso, se houver devolução do inquérito à autoridade policial (art. 16), contar-se-á o prazo da data em que o órgão do Ministério Público receber novamente os autos. § 1º Quando o Ministério Público dispensar o inquérito policial, o prazo para o oferecimento da denúncia contar-se-á da data em que tiver recebido as peças de informação ou a representação. § 2º O prazo para o aditamento da queixa será de 3 dias, contado da data em que o órgão do Ministério Público receber os autos, e, se este não se pronunciar dentro do tríduo, entender-se-á que não tem o que aditar, prosseguindo-se nos demais termos do processo."

3. **Ressalva. Réu solto ou afiançado.** O legislador foi redundante, pois se o réu está afiançado, é porque ele está solto. O membro do Ministério Público tem a faculdade (e não a obrigatoriedade) de esperar a chegada do relatório a que se refere o art. 186 desta lei. Pensamos que isso apenas ocorrerá caso ainda não haja elementos suficientes para formar a justa causa. Nesse caso, o prazo de 15 dias para o oferecimento da denúncia terá início após o término do prazo de 40 dias previsto no art.

22, III, alínea *e* desta lei, de forma que o prazo para o oferecimento da denúncia passa a ser de 55 dias, ou, então, de 95 caso o prazo de 40 dias seja prorrogado por igual período.

4. § 2º. **Comunicação ao Ministério Público.** A previsão é igual a do art. 40 do Código de Processo Penal, que dispõe "quando, em autos ou papéis de que conhecerem, os juízes ou tribunais verificarem a existência de crime de ação pública, remeterão ao Ministério Público as cópias e os documentos necessários ao oferecimento da denúncia."

Art. 188. Aplicam-se **subsidiariamente** as disposições do **Código de Processo Penal**, no que não forem incompatíveis com esta Lei.

1. **Aplicação subsidiária do Código de Processo Penal.** Mais um dispositivo absolutamente desnecessário, uma vez que a aplicação subsidiária do Código de Processo Penal decorre do princípio da especialidade e da interpretação sistemática do ordenamento jurídico.

Finanças Públicas.
Lei nº 10.028, de 19 de outubro de 2000

1. **Direito Penal e Direito Financeiro.** O estudo dos crimes contra as Finanças Públicas exige noções de Direito Financeiro e Tributário. Assim, para que o leitor tenha uma perfeita compreensão do tema, traçaremos inicialmente alguns conceitos, normas, noções e princípios daqueles ramos do Direito.

2. **Poder Financeiro e soberania.** Soberania e poder financeiro são conceitos interligados, uma vez que esse decorre daquela. O Estado brasileiro soberano detém o exercício do poder financeiro, que se concretiza por meio da atividade financeira estatal.

3. **Atividade tributária e atividade financeira.** Não se pode confundir *atividade financeira* com *atividade tributária*. A *atividade tributária* consiste na relação estabelecida em lei que une o sujeito ativo (Fisco) ao sujeito passivo (contribuinte ou responsável), em torno de uma prestação pecuniária ou não pecuniária, com a finalidade de obter recursos financeiros. Uma vez praticado o fato gerador pelo sujeito passivo da relação tributária, nasce a obrigação tributária. Entretanto, para que se dê exigibilidade a essa obrigação tributária, o fisco realiza o lançamento, constituindo, assim, o crédito tributário. Constituído o crédito tributário, cabe ao contribuinte pagá-lo. Com o pagamento feito pelo contribuinte, aquele valor se transforma em *receita pública,* que, segundo a doutrina, consiste em toda e qualquer entrada de dinheiro que acresce ao patrimônio público sem correspondência no passivo. Nesse momento, cessa a relação tributária e nasce atividade financeira. A *atividade financeira* consiste em um conjunto de ações estatais com a finalidade de obtenção de receita e a realização de gastos para atender às necessidades públicas. Isso porque os fins e os objetivos a serem alcançados pelo Estado só podem ser financiados pelo ingresso de valores, receitas tributárias e não tributárias. Dessa forma, a atividade financeira do Estado não é um fim em si mesmo. Ela é uma atividade meio, ou seja, o Estado não visa a obter lucros, e, sim, obter receita para satisfazer as necessidades públicas. A atividade financeira comporta três vertentes: a primeira vertente consiste na *obtenção de recursos,* por meio da qual se gera receita pública; a segunda vertente é a *geração dos recursos,* pela qual ocorre administração e conservação do patrimônio público e a terceira vertente está ligada à *aplicação desses recursos*, que é, por fim, a despesa pública. Contudo, existem regras para a realização de toda essa atividade financeira.

4. **Princípio da Exclusividade.** Como exposto acima, a primeira e a terceira vertentes da atividade financeira consistem, respectivamente, na *obtenção de receita* e na *realização de despesa.* A obtenção da receita e a realização da despesa devem ser feitas nos moldes definidos na lei orçamentária anual. A isso se denomina princípio da exclusividade, que possui previsão no art. 165, § 8º da CF/88. Esse princípio preconiza que a lei orçamentária só pode conter previsão de receita e autorização de despesa, evitando as denominadas caudas orçamentárias, também chamados orçamentos rabilongos.

5. **Princípio da Transparência Fiscal.** Princípio constitucional implícito, significa que a atividade financeira (obtenção, geração e aplicação de recursos) deve se desenvolver com clareza, com transparência, legitimando o próprio Estado Democrático e Social de Direito, na medida em que se possibilita ao cidadão a *fiscalização* e o *controle* da atividade estatal, coadunando-se com a ideia de democracia.

6. **Globalização e risco às finanças públicas.** O processo de globalização, que se alastrou por todas as partes do mundo, trouxe em si uma ambivalência: vantagens e desvantagens para a humanidade. Entre as desvantagens, encontra-se o incremento de riscos, como o risco fiscal, que são os riscos do desequilíbrio do orçamento e das contas públicas, provocado pela irresponsabilidade na gestão dos recursos públicos. Tendo em vista esses riscos nas contas públicas, há que se ter mecanismos, instrumentos para evitá-los ou minimizá-los.

7. **A Lei Complementar nº 101/2000 – Lei de Responsabilidade Fiscal.** Um dos instrumentos – e talvez o mais eficaz – criados para evitar ou minimizar o risco no desequilíbrio do orçamento e das contas públicas foi a edição da Lei Complementar nº 101/2000. Essa lei surgiu dentro de um contexto constitucional. O art. 30 da Emenda Constitucional nº 19, de 1998, determinou que "**o** *projeto de lei complementar a que se refere o art. 163 da Constituição Federal será apresentado pelo Poder Executivo ao Congresso Nacional no prazo máximo de cento e oitenta dias da promulgação desta Emenda*". Dentro desse prazo, ocorreu o advento da Lei Complementar nº 101/2000, denominada Lei de Responsabilidade Fiscal, que dispõe sobre normas de finanças públicas voltadas para a responsabilidade na gestão fiscal. Tal lei teve por finalidade primordial proibir aos entes da federação gastarem mais do que arrecadam, e, para tanto, estabelece limites.

8. **Princípio da Responsabilidade Fiscal.** Esse princípio, de tradição no direito financeiro anglo-americano, corresponde ao conceito de *accountability,* que significa *responsabilidade pela eficiente gerência dos recursos públicos* e começa a ingressar no Brasil por meio da Lei de Responsabilidade Fiscal. Tal princípio se desdobra em dois subprincípios: *Princípio da Prudência* e *Princípio da Transparência*, ambos previstos no art. 1º, § 1º da Lei Complementar: "**§ 1º** *A responsabilidade na gestão fiscal pressupõe a ação* ***planejada e transparente****, em que se previnem riscos e corrigem desvios capazes de afetar o equilíbrio das contas públicas, mediante o cumprimento de metas de resultados entre receitas e despesas e a obediência a limites e condições no que tange a renúncia de receita, geração de despesas com pessoal, da seguridade social e outras, dívidas consolidada e mobiliária, operações de crédito, inclusive por antecipação de receita, concessão de garantia e inscrição*

em Restos a Pagar." **É** justamente a desobediência ao Princípio da Responsabilidade Fiscal que gerará a responsabilidade penal.

9. **A lei 10.028/2000.** Cinco meses depois da promulgação da LRF, foi promulgada a lei 10.028/2000, tipificando condutas lesivas ao bem jurídico finanças públicas, com a justificativa dada pela Comissão de Constituição e Justiça e de Redação da Câmara dos Deputados, de que, por se tratar de gestão fiscal responsável, caracterizada pelo controle e pela transparência na utilização dos recursos públicos, mereceria a tutela penal. O legislador optou por colocar os crimes contra as Finanças Públicas dentro do Código Penal, inserindo o capítulo IV no título XI do Código Penal, que vai do art. 359-A ao 359-H, devendo a eles ser aplicada a parte geral do Código Penal. A lei 10.028/2000, na maioria dos tipos penais, transformou em crime o descumprimento das normas previstas na LRF. Assim, a maioria dos tipos penais corresponde ao descumprimento de, pelo menos, uma norma da LRF.

10. **Responsabilidade penal e extrapenal prevista na LRF.** O art. 73 da LRF dispõe que *"As infrações dos dispositivos desta Lei Complementar serão punidas segundo o Decreto-Lei nº 2.848, de 7 de dezembro de 1940 (Código Penal); a Lei nº 1.079, de 10 de abril de 1950; o Decreto-Lei nº 201, de 27 de fevereiro de 1967; a Lei nº 8.429, de 2 de junho de 1992; e demais normas da legislação pertinente."* Percebe-se, portanto, que o legislador estabeleceu uma diversidade de sanções, sem que isso configure *bis in idem*, em razão da diversidade das naturezas das sanções e da independência das instâncias civil, penal e administrativa.

11. **A lei 10.028/2000 e sua aplicação no tempo.** Por se tratar, evidentemente, de uma *novatio legis in pejus*, ela não poderá retroagir para alcançar fatos praticados antes de 20/10/2000 (data em que entrou em vigor), em razão do princípio da irretroatividade de lei penal mais gravosa, positivado no art. 5º, XL, da CF/88.

12. **Bem jurídico tutelado.** A lei é pluriofensiva, visto que protege vários bens jurídicos, quais sejam: as finanças públicas, a probidade administrativa, o equilíbrio das contas públicas, a segurança nas operações de crédito e a gestão fiscal responsável.

13. **Sujeito passivo.** Em todos os tipos penais o sujeito passivo é o Estado.

14. **Impossibilidade de forma culposa.** Nenhum dos tipos penais prevê a modalidade de conduta culposa. Assim, em face do princípio da excepcionalidade do crime culposo, previsto do art. 18, parágrafo único, do Código Penal, conclui-se que os tipos penais só admitem a forma dolosa.

15. **Tipos penais e norma penal em branco.** Todos os tipos penais constituem norma penal em branco homogênea, uma vez que, para que se dê plena aplicação dos seus preceitos primários, é necessário buscar-se os significados de seus elementos na LRF e na lei 4.320/64 (normas gerais de direito financeiro).

16. **Tipos penais e suspensão condicional do processo.** Todos os tipos penais admitem a suspensão condicional do processo previsto no art. 89 da lei 9099/95, em razão de suas penas mínimas não ultrapassarem 1 ano.

17. **Penas restritivas de direitos.** Em regra, considerando o *quantum* das penas cominadas, é possível a substituição da pena privativa de liberdade por pena restritiva

de direitos, desde que a pena aplicada não ultrapasse o total de 4 anos e estejam presentes os demais requisitos descritos no art. 44 do Código Penal.

Art. 1º (...)

Art. 2º O Título XI do Decreto-Lei nº 2.848, de 1940, passa a vigorar acrescido do seguinte capítulo e artigos:

CAPÍTULO IV

DOS CRIMES CONTRA AS FINANÇAS PÚBLICAS

Contratação de operação de crédito

Art. 359-A. Ordenar, autorizar ou realizar **operação de crédito**, interno ou externo, sem prévia autorização legislativa.

Pena – reclusão, de 1 (um) a 2 (dois) anos.

1. **Descumprimento da LRF.** O *caput* transformou em crime o descumprimento do art. 32, § 1º da LRF, que tem a seguinte redação: *"Art. 32. O Ministério da Fazenda verificará o cumprimento dos limites e condições relativos à realização de operações de crédito de cada ente da Federação, inclusive das empresas por eles controladas, direta ou indiretamente. § 1º O ente interessado formalizará seu pleito fundamentando-o em parecer de seus* órgãos *técnicos e jurídicos, demonstrando a relação custo-benefício, o interesse econômico e social da operação e o atendimento das seguintes condições: I – existência de prévia e expressa autorização para a contratação, no texto da lei orçamentária, em créditos adicionais ou lei específica; II – inclusão no orçamento ou em créditos adicionais dos recursos provenientes da operação, exceto no caso de operações por antecipação de receita; III – observância dos limites e condições fixados pelo Senado Federal; IV – autorização específica do Senado Federal, quando se tratar de operação de crédito externo; V – atendimento do disposto no inciso III do art. 167 da Constituição; VI – observância das demais restrições estabelecidas nesta Lei Complementar."* Pune-se o desrespeito ao princípio da legalidade administrativa, previsto no art. 37, *caput* da CF/88.
2. **Sujeito ativo.** Funcionário público que tenha atribuição legal para ordenar, autorizar ou realizar a operação de crédito.
3. **Presidente da República**. Se o sujeito ativo for o Presidente da República, ele responde também pelo crime de responsabilidade, previsto no art. 10, nº 6 da lei 1.079/50.
4. **Governador de Estado.** Se o sujeito ativo for o Governador de Estado, ele responde também pelo crime de responsabilidade, previsto no art. 10, nº 6 da lei 1.079/50, com fundamento no art. 74 da mesma lei.
5. **Prefeito municipal.** Se o sujeito ativo for o Prefeito Municipal, ele responde também pelo crime de responsabilidade, previsto no art. 1º, XX do Decreto-lei 201/67.
6. **Ordenar, autorizar e realizar.** *Ordenar* significa determinar, mandar. *Autorizar* é permitir. *Realizar* consiste em colocar em prática.

7. **Tipo misto alternativo.** Caso o agente pratique mais de uma conduta descrita no tipo penal, responderá por um delito apenas, não havendo concurso de crimes.

8. **Operação de crédito.** O seu conceito está contido no art. 29, III da LRF: *"operação de crédito: compromisso financeiro assumido em razão de mútuo, abertura de crédito, emissão e aceite de título, aquisição financiada de bens, recebimento antecipado de valores provenientes da venda a termo de bens e serviços, arrendamento mercantil e outras operações assemelhadas, inclusive com o uso de derivativos financeiros".*

9. **Operação de crédito** é **diferente de receita tributária.** A *receita tributária* não gera o dever de restituir. Por sua vez, a *operação de crédito* é uma operação bilateral, voluntária, em que o particular empresta dinheiro ao próprio Estado, gerando, dessa forma, o dever de restituição. Logo, se gera o dever de restituir, gera dívida pública. Assim, o crime é gerar dívida pública sem autorização legal, uma vez que isso implica desequilíbrio nas finanças públicas.

10. **Consumação.** Nas condutas *ordenar* e *autorizar*, o delito se consuma com a simples ordem ou autorização. Na conduta *realizar*, o delito se consuma com a efetiva operação de crédito.

11. **Classificação.** Crime próprio; doloso; formal; comissivo; de perigo abstrato; instantâneo; admite tentativa.

Parágrafo único. Incide na mesma pena quem ordena, autoriza ou realiza operação de crédito, interno ou externo:

I – com **inobservância de limite**, condição ou montante estabelecido em lei ou em resolução do Senado Federal;

II – quando o montante da dívida consolidada ultrapassa o **limite máximo autorizado por lei**.

1. **Inciso I.** Nessa hipótese há a autorização legislativa para a operação de crédito e o agente apenas desobedece aos limites fixados pelo Senado.

2. **Limites fixados pelo Senado.** O art. 52, VII da CF/88, afirma que compete ao Senado estabelecer os limites para as operações de crédito interno ou externo, ao dispor que *"Compete privativamente ao Senado Federal: VII – dispor sobre limites globais e condições para as operações de crédito externo e interno da União, dos Estados, do Distrito Federal e dos Municípios, de suas autarquias e demais entidades controladas pelo Poder Público federal".*

3. **Prefeito municipal.** Se o sujeito ativo for o Prefeito Municipal, ele responde também pelo crime de responsabilidade, previsto no art. 1º, XVII do Decreto-lei 201/67.

4. **Inciso II.** Na conduta descrita no inciso II, incrimina-se a conduta do agente que ordena, autoriza ou realiza operação de crédito interno ou externo, quando o montante da dívida consolidada extrapola o limite previsto na lei.

5. **Dívida consolidada.** Tem seu conceito previsto no art. 29, I da LRF: *"dívida pública consolidada ou fundada: montante total, apurado sem duplicidade, das obrigações*

financeiras do ente da Federação, assumidas em virtude de leis, contratos, convênios ou tratados e da realização de operações de crédito, para amortização em prazo superior a doze meses".

Inscrição de despesas não empenhadas em restos a pagar

Art. 359-B. Ordenar ou autorizar a **inscrição em restos a pagar**, de despesa que não tenha sido previamente empenhada ou que exceda limite estabelecido em lei:

Pena – detenção, de 6 (seis) meses a 2 (dois) anos.

1. **Sujeito ativo.** Funcionário público que tenha atribuição legal para ordenar ou autorizar a inscrição da despesa em restos a pagar.

2. **Ordenar e autorizar.** Ordenar significa determinar, mandar. Autorizar é permitir.

3. **Tipo misto alternativo.** Caso o agente pratique mais de uma conduta descrita no tipo penal, ele responderá por um delito apenas, não havendo concurso de crimes.

4. **Restos a pagar.** São as despesas empenhadas, mas não pagas até 31 de dezembro. Seu conceito está previsto no art. 36 da lei 4.320/64: *"Consideram-se Restos a Pagar as despesas empenhadas mas não pagas até o dia 31 de dezembro distinguindo-se as processadas das não processadas."*

5. **Despesa que não tenha sido previamente empenhada.** Empenho é a reserva de recursos financeiros para garantir o pagamento de despesas. Não cria a obrigação de pagar. Apenas destaca dos fundos orçamentários a quantia necessária para pagar o débito, sendo *conditio sine qua non* para a realização de despesa pública. De acordo com o art. 58 da lei 4.320/64, "o *empenho de despesa é o ato emanado de autoridade competente que cria para o Estado obrigação de pagamento pendente ou não de implemento de condição."* Assim, nesse tipo penal, pune-se a conduta de quem ordena ou autoriza a inscrição como restos a pagar de despesa não empenhada, isto é, despesa para a qual não tenha havido prévia destinação de recursos financeiros; ou, então, que ultrapasse os limites.

6. **Despesa que exceda limite estabelecido em lei.** Nessa modalidade de conduta, diferente da anterior, a despesa foi devidamente empenhada. Entretanto, sua inscrição em *restos a pagar* excede o limite previsto em lei.

7. **Diferença entre empenho e precatório.** Como exposto acima, *empenho* é o destaque dos fundos orçamentários da quantia necessária para pagar o débito. *Precatório* é a ordem de pagamento. Portanto, o precatório pressupõe o empenho.

8. **Consumação.** Com a expedição da ordem ou autorização para a inscrição da despesa como restos a pagar.

9. **Classificação.** Crime próprio; doloso; formal; comissivo; de perigo abstrato; instantâneo; admite tentativa.

Assunção de obrigação no último ano do mandato ou legislatura

Art. 359-C. Ordenar ou autorizar a **assunção de obrigação, nos dois** últimos **quadrimestres do** último **ano do mandato ou legislatura**, cuja despesa não possa ser paga no mesmo exercício financeiro ou, caso reste parcela a ser paga no exercício seguinte, que não tenha contrapartida suficiente de disponibilidade de caixa

Pena - reclusão, de 1 (um) a 4 (quatro) anos.

1. **Descumprimento da LRF.** O tipo penal transformou em crime o descumprimento do art. 42 da LRF, que tem a seguinte redação: "*É vedado ao titular de Poder ou* órgão *referido no art. 20, nos* últimos *dois quadrimestres do seu mandato, contrair obrigação de despesa que não possa ser cumprida integralmente dentro dele, ou que tenha parcelas a serem pagas no exercício seguinte sem que haja suficiente disponibilidade de caixa para este efeito.*" Trata-se das denominadas *heranças fiscais*, que alguns governantes deixam para os seus sucessores pagarem. O legislador quis evitar que o administrador transmita despesa ao futuro ocupante do cargo.

2. **Sujeito ativo.** Funcionário público titular de mandato ou legislatura, que pode ser o chefe do Poder Executivo, dirigente das Casas Legislativas, Presidente dos Tribunais, Presidente dos Tribunais de Contas, chefe do Ministério Público e Defensor Público-Geral da União e dos Estados.

   ▶ **STJ**

   Informativo nº 657
   Quinta Turma
   Crime de assunção de obrigação no último ano do mandato ou legislatura. Art. 359-C do Código Penal. Delito próprio. Sujeito ativo. Agente público titular de mandato ou legislatura. O delito do art. 359-C do Código Penal é próprio ou especial, só podendo ser cometido por agentes públicos titulares de mandato ou legislatura. Registre-se, inicialmente, que não é cabível a tese de que o crime de assunção de obrigação admite como autor outros funcionários públicos que tenham poder de disposição sobre os recursos financeiros da Administração Pública. De acordo com a doutrina, o crime é próprio ou especial porque somente pode ser cometido pelos agentes públicos titulares de mandato ou legislatura, representantes dos órgãos e entidades indicados no art. 20 da Lei Complementar n. 101/2000 – Lei de Responsabilidade Fiscal -, pois apenas tais pessoas têm atribuição para assunção de obrigações. Ademais, o crime é cometido pelos gestores nomeados para o exercício de mandato, quando gozam de autonomia administrativa e financeira, além de ser unissubjetivo, possuindo um único sujeito. **AREsp 1.415.425-AP, Rel. Min. Joel Ilan Paciornik, Quinta Turma, por unanimidade, julgado em 19/09/2019, DJe 24/09/2019.**

3. **Ordenar e autorizar.** Ordenar significa determinar, mandar. Autorizar é permitir.

4. **Tipo misto alternativo.** Caso o agente pratique mais de uma conduta descrita no tipo penal, responderá por um delito apenas, não havendo concurso de crimes.

5. **Despesa que não possa ser paga no mesmo exercício financeiro.** Exercício financeiro coincide com o ano civil, de acordo com o art. 34 da lei 4.320/64: "*O exercício financeiro coincidirá com o ano civil*".

6. **Parcela a ser paga no exercício seguinte, que não tenha contrapartida suficiente de disponibilidade de caixa.** Nessa hipótese, a despesa será paga no exercício financeiro seguinte. O tipo penal em questão somente estará configurado se não houver disponibilidade de caixa.

7. **Mandato ou legislatura.** Ao utilizar a expressão *mandato*, o legislador quis se referir a cargos ocupados nos Poderes Executivo e Judiciário. Já com a expressão *legislatura*, referiu-se ao Poder Legislativo.

8. **Nos dois últimos quadrimestres do último ano.** A assunção de obrigação fora desse período torna atípica a conduta.

9. **Consumação.** Com a simples ordem ou autorização para a assunção da obrigação.

10. **Classificação.** Crime próprio; doloso; formal; comissivo; de perigo abstrato; instantâneo; admite tentativa.

Ordenação de despesa não autorizada

Art. 359-D. Ordenar despesa **não autorizada por lei**:

Pena – reclusão, de 1 (um) a 4 (quatro) anos.

1. **Descumprimento da LRF.** O tipo penal transformou em crime o descumprimento do art. 15 da LRF, que tem a seguinte redação: *"Serão consideradas não autorizadas, irregulares e lesivas ao patrimônio público a geração de despesa ou assunção de obrigação que não atendam o disposto nos arts. 16 e 17."* O art. 16, II da LRF, por seu turno, vincula a criação de despesa à Lei Orçamentária Anual, ao Plano Plurianual e à Lei de Diretrizes Orçamentárias, ao afirmar que *"A criação, expansão ou aperfeiçoamento de ação governamental que acarrete aumento da despesa será acompanhado de: II – declaração do ordenador da despesa de que o aumento tem adequação orçamentária e financeira com a lei orçamentária anual e compatibilidade com o plano plurianual e com a lei de diretrizes orçamentárias."*

2. **Sujeito ativo.** Funcionário público que tenha atribuição legal para ordenar a despesa não autorizada por lei, denominado *ordenador de despesas.*

3. **Ordenar.** Significa determinar, mandar.

4. **Violação do princípio da legalidade administrativa.** Como é sabido, ao administrador público só é permitida a prática de atos que tenham autorização em lei, por força do princípio da legalidade administrativa, previsto no art. 37, *caput* da CF/88. Dessa forma, o tipo penal consiste na violação direta desse princípio, pois o administrador público não teria autorização em lei para ordenar a despesa.

5. **Consumação.** Com a emissão da ordem para que se efetue a despesa não autorizada por lei.

6. **Classificação.** Crime próprio; doloso; formal; comissivo; de perigo abstrato; instantâneo; admite tentativa.

Prestação de garantia graciosa

Art. 359-E. Prestar garantia em operação de crédito sem que tenha sido constituída contragarantia em valor igual ou superior ao valor da garantia prestada, na forma da lei:

Pena – detenção, de 3 (três) meses a 1 (um) ano.

1. **Descumprimento da LRF.** O tipo penal transformou em crime o descumprimento do art. 40, § 1º da LRF, que tem a seguinte redação: *"Art. 40. Os entes poderão conceder garantia em operações de crédito internas ou externas, observados o disposto neste artigo, as normas do art. 32 e, no caso da União, também os limites e as condições estabelecidos pelo Senado Federal. § 1º A garantia estará condicionada ao oferecimento de contragarantia, em valor igual ou superior ao da garantia a ser concedida, e à adimplência da entidade que a pleitear relativamente a suas obrigações junto ao garantidor e às entidades por este controladas, observado o seguinte:"*
2. **Sujeito ativo.** Funcionário público que tenha atribuição legal para prestar garantia em operação de crédito.
3. **Concessão de garantia pelos entes federativos.** De acordo com o dispositivo da LRF acima citado, todos os entes federativos podem prestar garantia em operação de crédito. Todavia, essa se encontra condicionada ao oferecimento de contragarantia, que deve ser de igual ou maior valor do que a garantia concedida. Assim, o crime consiste em prestar garantia, sem obter contragarantia em valor igual ou superior à garantia prestada.
4. **Garantia.** Tem seu conceito no art. 29, IV da LRF: *"concessão de garantia: compromisso de adimplência de obrigação financeira ou contratual assumida por ente da Federação ou entidade a ele vinculada"*.
5. **Operação de crédito.** O seu conceito está contido no art. 29, III da LRF: *"operação de crédito: compromisso financeiro assumido em razão de mútuo, abertura de crédito, emissão e aceite de título, aquisição financiada de bens, recebimento antecipado de valores provenientes da venda a termo de bens e serviços, arrendamento mercantil e outras operações assemelhadas, inclusive com o uso de derivativos financeiros"*.
6. **Prestar.** Significa conceder, oferecer.
7. **Consumação.** Com a efetiva prestação da garantia, sem a exigência da contragarantia, independentemente de qualquer prejuízo para a Administração Pública.
8. **Classificação.** Crime próprio; doloso; formal; comissivo; de perigo abstrato; instantâneo; admite tentativa.

Não cancelamento de restos a pagar

Art. 359-F. Deixar de ordenar, de autorizar ou de promover o cancelamento do montante de **restos a pagar inscrito em valor superior ao permitido em lei:**

Pena – detenção, de 6 (seis) meses a 2 (dois) anos.

1. **Sujeito ativo.** Funcionário público que tenha atribuição legal para ordenar, autorizar ou promover o cancelamento do montante de restos a pagar, e não o faz, omitindo-se.

2. **Restos a pagar.** São as despesas empenhadas, mas não pagas até 31 de dezembro. Seu conceito está previsto no art. 36 da lei 4.320/64: *"Consideram-se Restos a Pagar as despesas empenhadas mas não pagas até o dia 31 de dezembro distinguindo-se as processadas das não processadas."*

3. **Deixar de ordenar, autorizar ou promover.** Trata-se de crime omissivo próprio, que, como tal, não admite a figura da tentativa. No delito em estudo, o agente deve ordenar, autorizar ou promover o cancelamento de restos a pagar para evitar desequilíbrio nas finanças públicas, mas se omite, consumando a infração penal. Uma vez inscrita como restos a pagar, despesa que ultrapasse o valor permitido em lei, é dever do agente público ordenar, autorizar ou promover o seu cancelamento.

4. **Tipo misto alternativo.** Caso o agente pratique mais de uma conduta descrita no tipo penal, responderá por um delito apenas, não havendo concurso de crimes.

5. **Relação com o art. 359-B.** O art. 359-F configura a contrapartida do crime previsto no art. 359-B.

6. ***Bis in idem.*** No caso de o mesmo agente ordenar ou autorizar a inscrição de despesa em resto a pagar (art. 359-B) e não ordenar, autorizar ou promover o seu cancelamento (art. 359-F), responderá somente pelo delito contido no art. 359-B, sendo o crime do art. 359-F *post factum impunível,* uma vez que as duas condutas tutelam o mesmo bem jurídico – finanças públicas –, não havendo, dessa forma, lesão ao bem jurídico no momento em que o agente pratica o delito do art. 359-F.

7. **Consumação.** Com a simples omissão do agente.

8. **Classificação.** Crime próprio; doloso; formal; omissivo próprio; de perigo abstrato; instantâneo; não admite tentativa por ser crime omissivo próprio.

Aumento de despesa total com pessoal no último ano do mandato ou legislatura

Art. 359-G. Ordenar, autorizar ou executar ato que acarrete **aumento de despesa total com pessoal**, nos **cento e oitenta dias anteriores** ao final do mandato ou da legislatura:

Pena – reclusão, de 1 (um) a 4 (quatro) anos.

1. **Sujeito ativo.** Funcionário público titular de mandato ou legislatura, que pode ser o chefe do Poder Executivo, dirigente das Casas Legislativas, Presidente dos Tribunais, Presidente dos Tribunais de Contas, chefe do Ministério Público e Defensor Público-Geral da União e dos Estados.

2. **Ordenar, autorizar e executar.** *Ordenar* significa determinar, mandar. *Autorizar* é permitir. *Executar* consiste em realizar, colocar em prática, cumprir. A finalidade é impedir que o administrador aumente o comprometimento do patrimônio público com gastos com pessoal ao final do mandato, comprometendo o orçamento que

será deixado para o seu sucessor. A lei reprime a conduta de alguns administradores ao concederem aumentos e vantagens a servidores públicos, a vigorarem no futuro, nos mandatos subsequentes.

3. **Despesa com pessoal.** Tem seu conceito descrito no art.18 da LRF: *"Para os efeitos desta Lei Complementar, entende-se como despesa total com pessoal: o somatório dos gastos do ente da Federação com os ativos, os inativos e os pensionistas, relativos a mandatos eletivos, cargos, funções ou empregos, civis, militares e de membros de Poder, com quaisquer espécies remuneratórias, tais como vencimentos e vantagens, fixas e variáveis, subsídios, proventos da aposentadoria, reformas e pensões, inclusive adicionais, gratificações, horas extras e vantagens pessoais de qualquer natureza, bem como encargos sociais e contribuições recolhidas pelo ente* às *entidades de previdência."* O tipo penal abrange tanto os servidores estatutários, quanto os celetistas.

4. **Ato nulo.** A LRF, no art. 21, diz que o ato incriminado no art. 359-G do Código Penal é nulo: *"é nulo de pleno direito o ato que provoque aumento da despesa com pessoal e não atenda: Parágrafo* único. *Também é nulo de pleno direito o ato de que resulte aumento da despesa com pessoal expedido nos cento e oitenta dias anteriores ao final do mandato do titular do respectivo Poder ou* órgão *referido no art. 20."*

5. **Tipo misto alternativo.** Caso o agente pratique mais de uma conduta descrita no tipo penal, responderá por um delito apenas, não havendo concurso de crimes.

6. **Cento e oitenta dias anteriores ao final do mandato ou da legislatura.** O aumento com pessoal fora desse período torna a conduta atípica.

7. **Diferenças entre o art. 359-C e art. 359-G.** São três as diferenças: **1.** no art. 359-C, a despesa não pode ser paga no mesmo exercício financeiro. No art. 359-G, proíbe-se o aumento de despesa com pessoal, independentemente de poder ser pago no mesmo exercício financeiro; **2.** O art. 359-C é genérico, abrange qualquer despesa. O art. 359-G é específico para despesa com pessoal; **3.** No art. 359-C o período de proibição é de 8 meses (dois últimos quadrimestres). No art. 359-G o período é de 6 meses (180 dias).

8. **Consumação.** Nas condutas *ordenar* e *autorizar,* a consumação ocorre com a mera ordem ou autorização. Já, na conduta *executar,* consuma-se com a efetiva execução do ato.

9. **Classificação.** Crime próprio; doloso; formal; comissivo; de perigo abstrato; instantâneo; admite tentativa.

Oferta pública ou colocação de títulos no mercado

Art. 359-H. Ordenar, autorizar ou promover a oferta pública ou a colocação no mercado financeiro de títulos da dívida pública **sem que tenham sido criados por lei** ou sem que estejam registrados **em sistema centralizado de liquidação e de custódia**:

Pena – reclusão, de 1 (um) a 4 (quatro) anos.

1. **Descumprimento da LRF.** O tipo penal transformou em crime o descumprimento do art. 61 da LRF, que tem a seguinte redação: *"Os títulos da dívida pública, desde que devidamente escriturados em sistema centralizado de liquidação e custódia, poderão ser oferecidos em caução para garantia de empréstimos, ou em outras transações previstas em lei, pelo seu valor econômico, conforme definido pelo Ministério da Fazenda."* O art. 61 da LRF exige que os títulos da dívida pública, cuja criação esteja autorizada por lei, estejam devidamente escriturados em sistema centralizado de liquidação e custódia. Não fosse assim, o patrimônio público estaria comprometido, gerando desequilíbrio nas finanças públicas, uma vez que o administrador público estaria livre para negociar com títulos públicos, pondo em risco a integridade orçamentária.
2. **Sujeito ativo.** Funcionário público que tenha atribuição legal para ordenar, autorizar ou promover oferta pública ou colocação, no mercado financeiro, de títulos da dívida pública.
3. **Fomento do crédito público por meio de títulos da dívida pública.** O crédito público pode ser fomentado por meio de empréstimos voluntários ao ente estatal. Para isso, o ente estatal lança títulos no mercado, chamados títulos da dívida pública.
4. **Títulos da dívida pública.** Seu conceito está descrito no art. 29, II da LRF: *"dívida pública mobiliária: dívida pública representada por títulos emitidos pela União, inclusive os do Banco Central do Brasil, Estados e Municípios"*.
5. **Emissão de títulos da dívida pública.** Podem ser emitidos pela União, pelo Banco Central, pelos Estados e pelos Municípios.
6. **Ordenar, autorizar e promover.** Ordenar significa determinar, mandar. Autorizar é permitir. Promover consiste em executar.
7. **Tipo misto alternativo.** Caso o agente pratique mais de uma conduta descrita no tipo penal, responderá por um delito apenas, não havendo concurso de crimes.
8. **Consumação.** Nas condutas *ordenar* e *autorizar*, a consumação ocorre com a simples ordem ou autorização. Na conduta *promover,* consuma-se com a efetiva execução do ato.
9. **Classificação.** Crime próprio; doloso; formal; comissivo; de perigo abstrato; instantâneo; admite tentativa.

Genocídio.
Lei nº 2.889, de 1º de outubro de 1956

1. **Origem.** A comunidade internacional demonstrou interesse em prevenir e reprimir o genocídio após o fim da Segunda Guerra Mundial, em 1945, por conta da matança deliberada, pelos nazistas, de judeus, ciganos e poloneses. Nesse sentido, várias nações soberanas resolveram tomar tal prevenção e repressão como compromisso internacional.

2. **Tratado Internacional.** O Brasil foi signatário da Convenção Internacional para a Prevenção e Repressão do crime de Genocídio, concluída em Paris, em 11 de dezembro de 1948, por ocasião da III Sessão da Assembleia Geral das Nações Unidas, promulgada no Brasil pelo Decreto nº 30.882/1952.

3. **Significado de genocídio.** A expressão *genocídio* significa, em sua origem, a prática de homicídios, de forma decidida, motivados por questões étnicas, raciais, nacionais, religiosas e políticas. Significa, também, a união da expressão grega *genus,* que significa *gente*, e a expressão latina *cidio,* que significa *matar*. Verifica-se que a lei brasileira fugiu um pouco do significado da expressão *genocídio,* uma vez que previu, como genocídio, outros atos lesivos a um grupo de pessoas, e não apenas o ato de matar.

4. **Bem jurídico protegido.** Interesse supra individual na manutenção das diversidades humanas.

5. **Natureza do delito.** Trata-se de crime contra a humanidade.

6. **Competência para o processo e o julgamento.** A competência para o processo e o julgamento é da Justiça Estadual. Em regra, do Juízo singular. Em doutrina sustenta-se que nas hipóteses das alíneas *a* e *d,* por tratar-se de crime doloso contra a vida, a competência para o processo e o julgamento será do Tribunal do Júri, nos moldes do art. 5º, XXXVIII, *d,* da CF/88.

7. **Competência da Justiça Federal. Genocídio praticado contra indígenas.** Em se tratando da prática de genocídio contra indígenas, a competência para o processo e o julgamento será da Justiça Federal, nos moldes do art. 109, IV e IX, da CF/88.

8. **Incidente de deslocamento de competência para a Justiça Federal.** A Emenda à Constituição nº 45/2004 deu nova redação ao art. 109 da CF/88, inserindo o art. 109, V-A e o § 5º, com as seguintes redações: *"Art. 109. Aos juízes federais compete*

processar e julgar:...V-A as causas relativas a direitos humanos a que se refere o § 5º deste artigo... § 5º Nas hipóteses de grave violação de direitos humanos, o Procurador-Geral da República, com a finalidade de assegurar o cumprimento de obrigações decorrentes de tratados internacionais de direitos humanos dos quais o Brasil seja parte, poderá suscitar, perante o Superior Tribunal de Justiça, em qualquer fase do inquérito ou processo, incidente de deslocamento de competência para a Justiça Federal." Trata-se de permissivo de deslocamento de competência, para que a mesma seja fixada na Justiça Federal, em razão da relevância da matéria a ser julgada. Tendo em vista que o genocídio configura crime conta a humanidade, pode haver o incidente de deslocamento de competência para a Justiça Federal.

9. **Tribunal Penal Internacional.** O Tribunal Penal Internacional foi criado em Roma, Itália, adotado em 17 de julho de 1998, razão pela qual também é conhecido como Estatuto de Roma. O Brasil foi signatário do Estatuto, conforme a redação do art. 5º, § 4º, da CF/88, dada pela Emenda à Constituição nº 45/2004: *"O Brasil se submete à jurisdição de Tribunal Penal internacional a cuja criação tenha manifestado adesão."* Nesse sentido, o Estatuto de Roma foi aprovado pelo Decreto legislativo nº 112, de 6 de junho de 2002 e promulgado pelo Decreto 4.388, de 25 de setembro de 2002. Sediado em Haia, Holanda, o Tribunal Penal Internacional tem jurisdição sobre todos os países que dele foram signatários, para o processo e julgamento dos crimes de genocídio, crimes contra a humanidade, crimes de guerra e crimes de agressão. De acordo com o art. 6º do Estatuto, *"para os efeitos do presente Estatuto, entende-se por "genocídio", qualquer um dos atos que a seguir se enumeram, praticado com intenção de destruir, no todo ou em parte, um grupo nacional,* étnico, *racial ou religioso, enquanto tal: a) Homicídio de membros do grupo; b) Ofensas graves à integridade física ou mental de membros do grupo; c) Sujeição intencional do grupo a condições de vida com vista a provocar a sua destruição física, total ou parcial; d) Imposição de medidas destinadas a impedir nascimentos no seio do grupo; e) Transferência, à força, de crianças do grupo para outro grupo."* É de se notar que a entrada em vigor do Estatuto obedeceu o princípio da irretroatividade, ao dispor: *"Artigo 11. Competência Ratione Temporis. 1. O Tribunal só terá competência relativamente aos crimes cometidos após a entrada em vigor do presente Estatuto. 2. Se um Estado se tornar Parte no presente Estatuto depois da sua entrada em vigor, o Tribunal só poderá exercer a sua competência em relação a crimes cometidos depois da entrada em vigor do presente Estatuto relativamente a esse Estado, a menos que este tenha feito uma declaração nos termos do parágrafo 3º do artigo 12."* A existência do Tribunal Penal Internacional não implica *bis in idem,* uma vez que não há dois julgamentos do mesmo fato delituoso, com duas condenações. Tal conclusão se extrai da norma contida no art. 20 do Estatuto, que possui a seguinte redação: *"Ne bis in idem. 1. Salvo disposição contrária do presente Estatuto, nenhuma pessoa poderá ser julgada pelo Tribunal por atos constitutivos de crimes pelos quais este já a tenha condenado ou absolvido. 2. Nenhuma pessoa poderá ser julgada por outro tribunal por um crime mencionado no artigo 5º, relativamente ao qual já tenha sido condenada ou absolvida pelo Tribunal. 3. O Tribunal não poderá julgar uma pessoa que já tenha sido julgada por outro tribunal, por atos também punidos pelos artigos 6º, 7º ou 8º, a menos*

que o processo nesse outro tribunal: a) Tenha tido por objetivo subtrair o acusado à sua responsabilidade criminal por crimes da competência do Tribunal; ou b) Não tenha sido conduzido de forma independente ou imparcial, em conformidade com as garantias de um processo eqüitativo reconhecidas pelo direito internacional, ou tenha sido conduzido de uma maneira que, no caso concreto, se revele incompatível com a intenção de submeter a pessoa à ação da justiça."

10. **Norma penal incompleta ou imperfeita.** Norma penal incompleta ou imperfeita é aquela em que o tipo penal traz, de forma completa, o preceito primário, isso é, a conduta proibida ou mandada, mas não traz o preceito secundário. O preceito secundário se encontra em outro dispositivo da própria lei ou de outra lei. O próprio artigo remete a outro dispositivo legal para se aferir o preceito secundário daquela norma incompleta. Tendo em vista que todos os tipos penais da presente lei preveem a conduta incriminada, mas não preveem a pena que será aplicada, remetendo ao Código Penal e à própria lei de genocídio, está-se diante de normas penais incompletas ou imperfeitas.

11. **Concurso de crimes.** Na hipótese da prática de diversos delitos na modalidade de genocídio, haverá concurso formal impróprio entre os crimes praticados (em continuidade delitiva) e o delito de genocídio. Cite-se, como exemplo, o caso de o agente matar dez pessoas com a intenção de destruir, no todo ou em parte, grupo nacional (atividade caracterizada como genocídio). É indiscutível que estão presentes dez crimes de homicídios e um crime de genocídio. Nesse caso, a tipificação correta seria a seguinte: dez crimes de homicídio em continuidade delitiva (se presentes os requisitos positivados no art. 71, parágrafo único do Código Penal), portanto crime único, em concurso formal impróprio com o delito de genocídio. Nesse caso, as penas serão somadas, de acordo com o sistema do cumula material adotado pelo concurso formal impróprio.

Art. 1º Quem, com a **intenção de destruir, no todo ou em parte, grupo nacional,** étnico, **racial ou religioso**, como tal:

a) **matar** membros do grupo;

b) **causar lesão grave** à integridade física ou mental de membros do grupo;

c) **submeter** intencionalmente o grupo a condições de existência capazes de ocasionar-lhe a **destruição física** total ou parcial;

d) adotar medidas destinadas a **impedir os nascimentos** no seio do grupo;

e) efetuar a **transferência forçada de crianças** do grupo para outro grupo;

Será punido:

Com as penas do art. 121, § 2º, do Código Penal, no caso da letra a;

Com as penas do art. 129, § 2º, no caso da letra b;

Com as penas do art. 270, no caso da letra c;

Com as penas do art. 125, no caso da letra d;

Com as penas do art. 148, no caso da letra e;

1. **Sujeito ativo.** Trata-se de crime comum. Qualquer pessoa pode praticá-lo, tendo em vista que o legislador não exigiu nenhuma condição específica do agente.

2. **Especial fim de agir.** O tipo contém um especial fim de agir, contido na expressão *com a intenção de*. Tal elemento subjetivo específico do tipo penal deve estar presente na mente do agente, no momento da prática do delito, sob pena de atipicidade da sua conduta.

3. **Destruir.** O tipo penal utilizou a palavra *destruir*, que significa exterminar, extinguir, eliminar.

4. **Grupo nacional, étnico, racial ou religioso.** *Grupo nacional* é o agrupamento de indivíduos provenientes da uma mesma nação; por *grupo* étnico entenda-se o conjunto de pessoas identificadas pela similitude de linguagem, cultura, traços físicos e mentais e tradição comuns; *grupo racial* consiste no conjunto de pessoas identificadas pela semelhança de características corporais, como estrutura, cor da pele, forma física etc., como produto de sua hereditariedade; por fim, *grupo religioso* é o agrupamento de pessoas que possuem a mesma crença em relação a uma divindade.

5. **Alínea a) matar membros do grupo.** Trata-se da conduta de homicídio, que consiste na supressão da vida humana alheia. O delito pode ser praticado contra um ou mais membros do grupo.

6. **Especialidade.** Configura especialidade em relação ao art. 121 do Código Penal. O elemento especializante reside no especial fim de agir de destruir, no todo ou em parte, grupo nacional, étnico, racial ou religioso. Esse tipo legal de crime também está especializado no Código Penal Militar (decreto-lei 1.001/69), nos seguintes artigos: *"Art. 208. Matar membros de um grupo nacional,* étnico, *religioso ou pertencente a determinada raça, com o fim de destruição total ou parcial dêsse grupo: Pena – reclusão, de quinze a trinta anos. Art. 401. Praticar, em zona militarmente ocupada, o crime previsto no art. 208: Pena – morte, grau máximo; reclusão, de vinte anos, grau mínimo."*

7. **Pena.** A punição se dá com as penas previstas para o delito de homicídio qualificado, previsto no art. 121, § 2º do Código Penal, que varia de 12 a 30 anos de reclusão.

8. **Consumação.** A consumação se dá com a morte das vítimas.

9. **Classificação.** Crime comum; material; doloso; comissivo; instantâneo com efeitos permanentes; de dano; admite tentativa.

10. **Suspensão condicional do processo.** Incabível, pois a pena mínima cominada ultrapassa 1 ano (art. 89 da lei 9.099/95).

11. **Alínea b) causar lesão grave** à **integridade física ou mental de membros do grupo.** O legislador tipificou na alínea ora comentada o delito de lesão corporal, que consiste na conduta por meio da qual o agente, sem *animus necandi,* ofende os bens jurídicos integridade corporal e saúde da pessoa humana, ou agrava uma situação já existente, produzindo, por qualquer meio, na vítima, uma alteração prejudicial, que pode ser de natureza anatômica, funcional, física, psíquica, local

ou generalizada. O delito pode ser praticado contra um ou mais membros do grupo.

12. **Lesão grave à integridade física de membros de grupo.** A ofensa à integridade corporal consiste na lesão que afeta órgãos, tecidos ou aspectos externos do corpo humano da vítima.

13. **Lesão grave à integridade mental de membros de grupo.** A ofensa à saúde consiste na perturbação mental da vítima, com a alteração do seu psiquismo.

14. **Especialidade.** Configura especialidade em relação ao art. 129, §§ 1º e 2º do Código Penal. A especialidade não ocorre em relação ao *caput* do art. 129 do Código Penal, uma vez que lá está tipificada a lesão corporal leve, e o dispositivo ora comentado faz menção expressa à lesão *grave*. O elemento especializante reside no especial fim de agir de destruir, no todo ou em parte, grupo nacional, étnico, racial ou religioso. Esse tipo legal de crime também está especializado no Código Penal Militar (decreto-lei 1.001/69), nos seguintes artigos: *"Art. 208...Casos assimilados. Parágrafo* único. *Será punido com reclusão, de quatro a quinze anos, quem, com o mesmo fim: I – inflige lesões graves a membros do grupo. Art. 401. Praticar, em zona militarmente ocupada, o crime previsto no art. 208: Pena – morte, grau máximo; reclusão, de vinte anos, grau mínimo. Casos assimilados. Art. 402. Praticar, com o mesmo fim e na zona referida no artigo anterior, qualquer dos atos previstos nos ns. I, II, III, IV ou V, do parágrafo* único, *do art. 208: Pena – reclusão, de seis a vinte e quatro anos."*

15. **Pena.** A punição se dá com as penas previstas para o delito de lesão corporal grave, previsto no art. 129, § 2º do Código Penal, que varia de 2 a 8 anos de reclusão.

16. **Consumação.** A consumação se dá com a lesão física ou mental provocada nas vítimas, membros de grupos.

17. **Classificação.** Crime comum; doloso; material; comissivo; instantâneo; de dano; admite tentativa.

18. **Suspensão condicional do processo.** Incabível, pois a pena mínima cominada ultrapassa 1 ano (art. 89 da lei 9.099/95).

19. **Alínea c) submeter intencionalmente o grupo a condições de existência capazes de ocasionar-lhe a destruição física total ou parcial.** Trata-se de conduta que aniquila por completo a liberdade individual dos membros de grupo, tornando-os submissos à vontade do agente, submetendo-os a condições prejudiciais de existência. Não é necessária a submissão de todo o grupo, mas deve ser um número razoável de pessoas, como elemento caracterizador da ofensa ao grupo. São exemplos dessa conduta a privação do grupo de condições mínimas de higiene, alimentação, medicamentos, privação de sua liberdade em locais maléficos à saúde humana.

20. **Especialidade.** Configura especialidade em relação ao art. 132 do Código Penal, que tipifica o delito de exposição da vida ou da saúde de outrem a perigo direto e iminente. O elemento especializante reside no especial fim de agir de destruir, no todo ou em parte, grupo nacional, étnico, racial ou religioso. Esse tipo legal de

crime também está especializado no Código Penal Militar (decreto-lei 1.001/69), nos seguintes artigos: *"Art. 208...Casos assimilados. Parágrafo* único. *Será punido com reclusão, de quatro a quinze anos, quem, com o mesmo fim:* II – submete o grupo a condições de existência, físicas ou morais, capazes de ocasionar a eliminação de todos os seus membros ou parte deles. *Art. 401. Praticar, em zona militarmente ocupada, o crime previsto no art. 208: Pena – morte, grau máximo; reclusão, de vinte anos, grau mínimo. Casos assimilados. Art. 402. Praticar, com o mesmo fim e na zona referida no artigo anterior, qualquer dos atos previstos nos ns. I, II, III, IV ou V, do parágrafo* único, *do art. 208: Pena – reclusão, de seis a vinte e quatro anos."*

21. **Pena.** A punição se dá com as penas previstas para o delito de envenenamento de água potável ou de substância alimentícia ou medicinal, previsto no art. 270 do Código Penal, que varia de 10 a 15 anos de reclusão.

22. **Consumação.** A consumação se dá no momento em que as vítimas são expostas a uma situação de perigo que pode causar-lhes destruição física, total ou parcial. Não se exige que haja efetivamente a destruição física das vítimas, bastando, para a consumação, a situação de perigo.

23. **Classificação.** Crime comum; doloso; formal; comissivo; instantâneo ou permanente, a depender do meio executório; de perigo concreto; admite tentativa.

24. **Suspensão condicional do processo.** Incabível, pois a pena mínima cominada ultrapassa 1 ano (art. 89 da lei 9.099/95).

25. **Alínea d) adotar medidas destinadas a impedir os nascimentos no seio do grupo.** Também denominado genocídio biológico, a conduta incriminada consiste em obstar o crescimento do grupo nacional, étnico, racial ou religioso, por meio do impedimento de nascimentos no seio do grupo. Inegavelmente, é uma forma de exterminar o grupo, impedindo a renovação da vida humana dentro do grupo. A conduta incriminada pode ser praticada de várias formas. Pode consistir na determinação de esterilização dos membros do grupo, ou, até mesmo, na realização do aborto. No caso da realização de aborto, a conduta se assemelha ao delito de aborto previsto no Código Penal, art. 125. O delito pode ser praticado contra um ou mais membros do grupo.

26. **Especialidade.** Se a medida adotada for o aborto, configura especialidade em relação ao art. 125 do Código Penal. Caso seja a esterilização, a especialidade ocorre em relação ao delito contra o planejamento familiar previsto no art. 17, da lei 9.263/96 (*Induzir ou instigar dolosamente a prática de esterilização cirúrgica. Pena – reclusão, de um a dois anos. Parágrafo* único *– Se o crime for cometido contra a coletividade, caracteriza-se como genocídio, aplicando-se o disposto na Lei nº 2.889, de 1º de outubro de 1956*). O elemento especializante reside no especial fim de agir de destruir, no todo ou em parte, grupo nacional, étnico, racial ou religioso. Esse tipo legal de crime também está especializado no Código Penal Militar (decreto-lei 1.001/69), nos seguintes artigos: *"Art. 208...Casos assimilados. Parágrafo* único. *Será punido com reclusão, de quatro a quinze anos, quem, com o mesmo fim: IV – impõe medidas destinadas a impedir os nascimentos no seio do grupo. Art. 401. Praticar, em zona militarmente ocupada, o crime previsto no art. 208: Pena – morte, grau máximo;*

reclusão, de vinte anos, grau mínimo. Casos assimilados. Art. 402. Praticar, com o mesmo fim e na zona referida no artigo anterior, qualquer dos atos previstos nos ns. I, II, III, IV ou V, do parágrafo único, *do art. 208: Pena – reclusão, de seis a vinte e quatro anos."*

27. Pena. A punição se dá com as penas previstas para o delito de aborto provocado por terceiro, previsto no art. 125 do Código Penal, que varia de 3 a 10 anos de reclusão.

28. Consumação. A consumação se dá com a adoção das medidas destinadas a impedir os nascimentos no seio do grupo.

29. Classificação. Crime comum; doloso; formal; comissivo; instantâneo; de perigo concreto; admite tentativa.

30. Suspensão condicional do processo. Incabível, pois a pena mínima cominada ultrapassa 1 ano (art. 89 da lei 9.099/95).

31. Alínea e) efetuar a transferência forçada de crianças do grupo para outro grupo. Trata-se da subtração forçada de crianças de determinado grupo para outro grupo, incompatível com sua origem nacional, étnica, racial ou religiosa. O delito pode ser praticado contra um ou mais membros do grupo.

32. Criança. É a pessoa com menos de 12 anos de idade, nos moldes do art. 2º, da lei 8.069/90 – Estatuto da Criança e do Adolescente – ao dispor que *"considera-se criança, para os efeitos desta lei, a pessoa até 12 (doze) anos de idade incompletos, e adolescente aquela entre 12 (doze) e 18 (dezoito) anos de idade."*

33. Especialidade. Configura especialidade em relação ao art. 148 do Código Penal. O elemento especializante reside no especial fim de agir de destruir, no todo ou em parte, grupo nacional, étnico, racial ou religioso. Esse tipo legal de crime também está especializado no Código Penal Militar (decreto-lei 1.001/69), nos seguintes artigos: *"Art. 208...Casos assimilados. Parágrafo* único. *Será punido com reclusão, de quatro a quinze anos, quem, com o mesmo fim: V – efetua coativamente a transferência de crianças do grupo para outro grupo. Art. 401. Praticar, em zona militarmente ocupada, o crime previsto no art. 208: Pena – morte, grau máximo; reclusão, de vinte anos, grau mínimo. Casos assimilados. Art. 402. Praticar, com o mesmo fim e na zona referida no artigo anterior, qualquer dos atos previstos nos ns. I, II, III, IV ou V, do parágrafo* único, *do art. 208: Pena – reclusão, de seis a vinte e quatro anos."*

34. Pena. A punição se dá com as penas previstas para o delito de sequestro e cárcere privado, previsto no art. 148 do Código Penal, que varia de 1 a 3 anos de reclusão.

35. Consumação. A consumação se dá com a transferência obrigatória da criança para outro grupo.

36. Classificação. Crime comum; doloso; formal; comissivo; instantâneo; de perigo concreto; admite tentativa.

37. Suspensão condicional do processo. Cabível, pois a pena mínima cominada não ultrapassa 1 ano (art. 89 da lei 9.099/95).

38. **Especialidade.** Como dito alhures, todas as condutas descritas no art. 1º configuram, muitas vezes, um tipo penal já existente no Código Penal. Embora haja um conflito aparente de normas, a questão é facilmente resolvida pelo princípio da especialidade. Em outras palavras, caso ao agente realize qualquer das condutas descritas no art. 1º, com o *especial fim de agir* (intenção de destruir, no todo ou em parte, grupo nacional, étnico, racial ou religioso), a sua conduta estará tipificada na lei ora comentada. Caso contrário, poderá configurar, um delito previsto no Código Penal.

Art. 2º Associarem-se mais de 3 (três) pessoas **para prática dos crimes mencionados no artigo anterior**:

Pena: Metade da cominada aos crimes ali previstos.

1. **Associação para a prática de genocídio.** Trata-se da reunião de quatro ou mais pessoas para a prática dos delitos de genocídio previstos no art. 1º da lei ora comentada. A figura da associação criminosa não é estranha ao ordenamento jurídico, uma vez que já é contemplada no Código Penal, como o art. 288, que prevê o delito de associação criminosa, e em outras leis, como a associação para o tráfico previsto no art. 35 da lei 11.343/2006 ("*Art. 35. Associarem-se duas ou mais pessoas para o fim de praticar, reiteradamente ou não, qualquer dos crimes previstos nos arts. 33, caput e § 1º, e 34 desta Lei: Pena – reclusão, de 3 (três) a 10 (dez) anos, e pagamento de 700 (setecentos) a 1.200 (mil e duzentos) dias-multa. Parágrafo* único. *Nas mesmas penas do caput deste artigo incorre quem se associa para a prática reiterada do crime definido no art. 36 desta Lei.*")

2. **Sujeito ativo.** Crime comum, pois o legislador não exigiu nenhuma condição especial do sujeito ativo.

3. **Especialidade.** Esse tipo penal configura especialidade em relação aos seguintes artigos, entre outros: art. 288 do Código Penal (associação criminosa); e art. 35 da lei 11.343/2006 (associação para o tráfico). O elemento especializante reside no especial fim de agir de destruir, no todo ou em parte, grupo nacional, étnico, racial ou religioso.

4. **Pena.** A punição se dá com a metade da pena prevista para o tipo penal descrito no art. 1º dessa lei.

5. **Consumação.** A consumação se dá com a mera incitação destinada a prática dos delitos previstos nessa lei, devendo estar presente o especial fim de agir consistente na destruição, no todo ou em parte, de grupo nacional, étnico, racial ou religioso.

6. **Classificação.** Crime comum; doloso; formal; comissivo; permanente; de perigo abstrato; não admite tentativa, em razão da impossibilidade de fracionamento do ato executório.

7. **Suspensão condicional do processo.** Somente será cabível se a associação for para a prática dos delitos descritos nas alíneas *b* e *e* do art. 1º, uma vez que nessas hipóteses, a pena mínima cominada não ultrapassa 1 ano (art. 89 da lei 9.099/95).

Art. 3º Incitar, direta e publicamente alguém a **cometer qualquer dos crimes de que trata o art. 1º**:

Pena: Metade das penas ali cominadas.

§ 1º A pena pelo crime de incitação será a mesma de crime incitado, se este se consumar.

§ 2º A pena será aumentada de 1/3 (um terço), quando a incitação for cometida **pela imprensa.**

1. **Sujeito ativo.** Crime comum, pois o legislador não exigiu nenhuma condição especial do sujeito ativo.
2. **Incitar.** Incitar significa estimular. Logo o tipo penal ora comentado criminaliza a conduta de quem estimula terceiros à prática do genocídio. A conduta de incitar deve ser pública, ou seja, de forma a ser compreendida por um número indeterminado de pessoas.
3. **Especialidade.** Configura especialidade em relação ao delito de incitação ao crime, previsto no art. 286 do Código Penal. O elemento especializante reside no especial fim de agir de destruir, no todo ou em parte, grupo nacional, étnico, racial ou religioso.
4. **Pena.** A punição se dá com a metade da pena prevista para o tipo penal descrito no art. 1º dessa lei.
5. **Consumação.** A consumação se dá com a mera incitação destinada a prática dos delitos previstos nessa lei, devendo estar presente o especial fim de agir consistente na destruição, no todo ou em parte, de grupo nacional, étnico, racial ou religioso.
6. **Classificação.** Crime comum; doloso; formal; comissivo; instantâneo; de perigo abstrato; admite tentativa.
7. **Suspensão condicional do processo.** Somente será cabível se a incitação for para a prática dos delitos descritos nas alíneas *b* e *e* do art. 1º, uma vez que nessas hipóteses, a pena mínima cominada não ultrapassa 1 ano (art. 89 da lei 9.099/95).
8. **§ 1º. Consumação do crime incitado.** Caso o crime de genocídio, incitado, venha a efetivamente ocorrer, o agente que incitou a sua prática será punido com a mesma pena do autor do genocídio.
9. **§ 2º. Incitação praticada por meio da imprensa.** Trata-se de causa de aumento de pena, que incide na terceira fase da aplicação da pena, na hipótese de a incitação ser praticada por meio da imprensa. O aumento se justifica, em razão do maior alcance de destinatários que a imprensa pode, inegavelmente, atingir.

Art. 4º A pena será agravada de 1/3 (um terço), no caso dos arts. 1º, 2º e 3º, quando cometido o crime por **governante ou funcionário público**.

1. **Causa de aumento de pena.** Trata-se de causa de aumento de pena, que incide na terceira fase da aplicação da pena, na hipótese de a incitação ser praticada por governante ou funcionário publico. O aumento se justifica em razão do cargo ocupado pelo agente, que lhe impõe o dever de recriminar e reprimir socialmente a prática do delito de genocídio.

Art. 5º Será punida com 2/3 (dois terços) das respectivas penas a **tentativa** dos crimes definidos nesta lei.

1. **Tentativa.** O legislador estabeleceu a punição da tentativa de forma diversa da prevista no Código Penal. Tal modalidade de punição da tentativa é perfeitamente possível e compatível com o Código Penal, uma vez que o próprio parágrafo único do art. 14 do Código Penal estabelece que *"Salvo disposição em contrário, pune-se a tentativa com a pena correspondente ao crime consumado, diminuída de um a dois terços."*

Art. 6º Os crimes de que trata esta lei **não serão considerados crimes políticos para efeitos de extradição.**

1. **Extradição.** A CF/88 dispõe em seu art. 5º, LII que *"não será concedida extradição de estrangeiro por crime político ou de opinião."* Dessa forma, é possível a extradição de estrangeiro pela prática de genocídio.

Art. 7º Revogam-se as disposições em contrário.

Hedionderos.

Lei nº 8.072, de 25 de julho de 1990

Art. 1º São considerados hediondos os seguintes crimes, todos tipificados no Decreto-Lei nº 2.848, de 7 de dezembro de 1940 – Código Penal, consumados ou tentados: (Redação dada pela Lei nº 8.930, de 6.9.1994)

I – homicídio (art. 121), quando praticado em atividade típica de grupo de extermínio, ainda que cometido por 1 (um) só agente, e homicídio qualificado (art. 121, § 2º, I, II, III, IV, V, VII, VIII e IX); (Redação dada pela Lei nº 14.994, de 2024)

I-A – lesão corporal dolosa de natureza gravíssima (art. 129, § 2º) e lesão corporal seguida de morte (art. 129, § 3º), quando praticadas contra autoridade ou agente descrito nos arts. 142 e 144 da Constituição Federal, integrantes do sistema prisional e da Força Nacional de Segurança Pública, no exercício da função ou em decorrência dela, ou contra seu cônjuge, companheiro ou parente consanguíneo até terceiro grau, em razão dessa condição; (Inciso incluído pela lei nº 13.142/2015)

I-B – feminicídio (art. 121-A) (Redação dada pela Lei nº 14.994, de 2024)

II – roubo: (Redação dada pela Lei nº 13.964, de 2019)

a) circunstanciado pela restrição de liberdade da vítima (art. 157, § 2º, inciso V);

b) circunstanciado pelo emprego de arma de fogo (art. 157, § 2º-A, inciso I) ou pelo emprego de arma de fogo de uso proibido ou restrito (art. 157, § 2º-B);

c) qualificado pelo resultado lesão corporal grave ou morte (art. 157, § 3º);

III – extorsão qualificada pela restrição da liberdade da vítima, ocorrência de lesão corporal ou morte (art. 158, §3º). (Redação dada pela Lei nº 13.964, de 2019)

IV – extorsão mediante seqüestro e na forma qualificada (art. 159, *caput*, e §§ 1º, 2º e 3º); (Inciso incluído pela Lei nº 8.930, de 6.9.1994)

V – estupro (art. 213, *caput* e §§ 1º e 2º); (Redação dada pela Lei 12.015, de 2009)

VI – estupro de vulnerável (art. 217-A, *caput* e §§ 1º, 2º, 3º e 4º); (Redação dada pela Lei 12.015, de 2009)

VII – epidemia com resultado morte (art. 267, § 1º). (Inciso incluído pela Lei nº 8.930, de 6.9.1994)

VII-A – (VETADO) (Inciso incluído pela Lei nº 9.695, de 20.8.1998)

VII-B – falsificação, corrupção, adulteração ou alteração de produto destinado a fins terapêuticos ou medicinais (art. 273, *caput* e § 1º, § 1º-A e § 1º-B, com a redação dada pela Lei nº 9.677, de 2 de julho de 1998). (Inciso incluído pela Lei nº 9.695, de 20.8.1998)

VIII – favorecimento da prostituição ou de outra forma de exploração sexual de criança ou adolescente ou de vulnerável (art. 218-B, caput, e §§ 1º e 2º). (Inciso incluído pela Lei nº 12.978/2014)

IX – furto qualificado pelo emprego de explosivo ou de artefato análogo que cause perigo comum (art. 155, § 4º-A). (Redação dada pela Lei nº 13.964, de 2019)

X - induzimento, instigação ou auxílio a suicídio ou a automutilação realizados por meio da rede de computadores, de rede social ou transmitidos em tempo real (art. 122, **caput** e § 4º); (Incluído pela Lei 14.811, de 2024)

XI - sequestro e cárcere privado cometido contra menor de 18 (dezoito) anos (art. 148, § 1º, inciso IV); (Incluído pela Lei 14.811, de 2024)

XII - tráfico de pessoas cometido contra criança ou adolescente (art. 149-A, **caput**, incisos I a V, e § 1º, inciso II). (Incluído pela Lei 14.811, de 2024)

Parágrafo único. Consideram-se também hediondos, tentados ou consumados: (Redação dada pela Lei nº 13.964, de 2019)

I – o crime de genocídio, previsto nos arts. 1º, 2º e 3º da Lei nº 2.889, de 1º de outubro de 1956;

II – o crime de posse ou porte ilegal de arma de fogo de uso proibido, previsto no art. 16 da Lei nº 10.826, de 22 de dezembro de 2003;

III – o crime de comércio ilegal de armas de fogo, previsto no art. 17 da Lei nº 10.826, de 22 de dezembro de 2003;

IV – o crime de tráfico internacional de arma de fogo, acessório ou munição, previsto no art. 18 da Lei nº 10.826, de 22 de dezembro de 2003;

V – o crime de organização criminosa, quando direcionado à prática de crime hediondo ou equiparado.

VI – os crimes previstos no Decreto-Lei nº 1.001, de 21 de outubro de 1969 (Código Penal Militar), que apresentem identidade com os crimes previstos no art. 1º desta Lei. (Incluído pela Lei nº 14.688, de 2023).

VII – os crimes previstos no § 1º do art. 240 e no art. 241-B da Lei nº 8.069, de 13 de julho de 1990 (Estatuto da Criança e do Adolescente). (Incluído pela Lei nº 14.811, de 2024).

1. **Previsão constitucional.** Art. 5º, XLIII da CF/88 "a lei considerará crimes inafiançáveis e insuscetíveis de graça ou anistia a prática da tortura, o tráfico ilícito de entorpecentes e drogas afins, o terrorismo e os definidos como crimes hediondos, por eles respondendo os mandantes, os executores e os que, podendo evitá-los, se omitirem."

2. **Direito Penal Máximo, Movimento de Lei e Ordem e lei de crimes hediondos.** O legislador brasileiro da década de 1990, influenciado por toda uma ideia de Direito Penal Máximo, Movimento de Lei e Ordem (*Law and Order),* bem como pela Teoria das Janelas Quebradas (*Broken Windows Theory)* implantou um movimento de

política criminal bastante severo como forma de tentar diminuir a criminalidade. Para isso, criou tipos penais, aumentou penas de tipos penais já existentes, recrudesceu o regramento do regime de cumprimento de penas para alguns crimes etc. O *Direito Penal Máximo* constitui justamente o oposto do Direito Penal Mínimo, e traz em si a ideia de que o Direito Penal é a solução para todos os problemas existentes na sociedade. Por tal movimento, o Direito Penal é o meio de controle social mais eficaz por restringir o direito de liberdade do ser humano, devendo, portanto, ser a solução adotada sempre em primeiro lugar. O *Movimento de Lei e Ordem (Law and Order)* foi um movimento idealizado por Ralf Dahrendorf, que surgiu como uma reação ao crescimento dos índices de criminalidade. Tal movimento baseia-se na ideia da repressão, para o qual a pena se justifica por meio das ideias de retribuição e castigo. Os adeptos desse movimento pregam que somente as leis severas, que imponham longas penas privativas de liberdade ou até mesmo a pena de morte, têm o condão de controlar e inibir a prática de delitos. Dessa forma, os crimes de maior gravidade devem ser punidos com penas longas e severas, a serem cumpridas em estabelecimentos prisionais de segurança máxima. Foi, portanto, nesse contexto que surgiu a lei de crimes hediondos.

3. **Teoria das Janelas Quebradas.** The Broken Windows Theory. Em 1982, o cientista político James Q. Wilson e o psicólogo criminologista George Kelling, ambos norte americanos, criaram a *The Broken Windows Theory,* denominada no Brasil *Teoria das Janelas Quebradas.* Esse trabalho foi publicado originariamente como "Broken Windows. The police and neighborhood safety", publicado na revista *Atlantic Monthly,* em março de 1982. Essa teoria ganhou esse nome em razão de seus autores utilizarem a imagem de janelas quebradas para explicá-la, estabelecendo uma relação de causalidade entre desordem e criminalidade. Segundo tais autores, se apenas uma janela de um prédio fosse quebrada, e não fosse imediatamente consertada, as pessoas que passassem pelo local e vissem que a janela não havia sido consertada concluiriam que ninguém se importava com isso, e em um curto espaço de tempo todas as demais janelas também estariam quebradas. Uma janela quebrada, mas que não é consertada, é sinal de que ninguém cuida e, portanto, não custa quebrar mais janelas.

   Wilson e Killing mencionam um experimento feito por Philip Zimbardo, um sociólogo de Stanford, em 1969, que comprova a Teoria das Janelas Quebradas. Ele estacionou um veículo sem identificação e com a tampa do motor levantada em uma rua localizada no Bronx, bairro de Nova Iorque, e outro veículo, também sem identificação e com a tampa do motor levantado, em uma rua localizada em Palo Alto, cidade da Califórnia. O veículo estacionado no Bronx foi atacado por vândalos em menos de dez minutos depois de abandonado. Primeiramente, chegou uma família composta por pai, mãe e um filho, que subtraíram o radiador e a bateria do automóvel. Em 24 horas, tudo o que havia de valor no automóvel havia sido levado, e logo depois, começou a destruição do que restava do veículo (quebra dos vidros, rasgo do estofado etc.) e as crianças começaram a usar o veículo como instrumento para fazer brincadeiras.

   De outro lado, o veículo que estava estacionado no bairro de Palo Alto ficou intacto por mais de uma semana. Então, Philip Zimbardo golpeou a janela do veículo com um martelo, quebrando-a. Logo após, as pessoas que passavam pelo local começaram a fazer o mesmo e em poucas horas o veículo tinha sido virado de cabeça para baixo e totalmente destruído.

Segundo Wilson e Killing, a natureza da vida no Bronx (seu anonimato, a frequência com que os veículos são roubados) passa a experiência de que ninguém cuida daquela comunidade e o vandalismo começa muito mais rápido do que em Palo Alto, onde as pessoas acreditam que as propriedades privadas são cuidadas. As condutas antissociais podem ocorrer em qualquer lugar, uma vez que os laços essenciais que mantêm a comunidade unida são quebrados por eventos que indicam que ninguém se importa com o que está acontecendo. De acordo com os autores, o comportamento de *não cuidar* leva ao rompimento dos controles da comunidade. Um bairro estável, com famílias que cuidam de suas casas, que controlam seus filhos e que controlam intrusos indesejados, pode transformar-se, em poucos anos ou em poucos meses, em uma selva inóspita e assustadora. Uma propriedade é abandonada, a mata cresce, uma janela é destruída. Os adultos deixam de repreender as crianças rudes e as crianças tornam-se mais rudes. As famílias mudam-se daquele bairro e pessoas desordeiras passam a viver nessas propriedades. O lixo é acumulado, as pessoas começam a beber nas ruas, um ébrio cai na calçada e permite-se que ele durma ali etc. Nesse momento, já é inevitável que crimes graves sejam praticados ou que ocorram ataques violentos. Uma área como essa é vulnerável à invasão criminal.

Todo esse processo é semelhante ao processo pelo qual uma janela quebrada converte-se em muitas outras. Os cidadãos que temem os ébrios, os adolescentes rudes e os mendigos oportunistas, não estão meramente manifestando o seu desagrado pelos comportamentos antissociais. Na realidade, eles estão expressando algo que é certo na sabedoria popular: os crimes de ruas aparecem nas áreas em que os comportamentos antissociais surgem sem serem controlados. O mendigo que pede dinheiro, se não for controlado, converte-se na primeira janela quebrada. Ladrões, eventuais ou profissionais, acreditam que as chances de serem presos ou identificados são reduzidas, se atuarem nas ruas onde as vítimas potenciais já estão tomadas pelo medo. O ladrão acredita que, em um bairro em que não se consegue impedir que mendigos peçam dinheiro, é menos provável chamarem a polícia para identificá-lo.

No estudo realizado pelos professores norte americanos, tentou-se demonstrar uma relação direta de causalidade entre a criminalidade violenta e a não repressão a pequenos e leves delitos. James Wilson e George Kelling buscaram demonstrar que o Estado deve se preocupar com a prática de pequenos e leves delitos, promovendo a respectiva punição. Por mais leve que o delito seja, ele merece a devida punição para demonstrar que o Estado se faz presente e se importa com a prática de qualquer delito. Assim, seria punindo com severidade os pequenos delitos que se conseguiria impedir a prática de delitos mais graves. Se não se punisse um pequeno delito, de pouca gravidade, em pouco tempo, aquela sociedade estaria tomada por delitos graves. A tolerância com os pequenos delitos promoveria uma sensação de impunidade na coletividade, e isso faria com que, mais tarde, a comunidade estivesse tomada por delitos graves.

4. **Delitos considerados hediondos.** Os crimes reputados hediondos estão no rol taxativo do art. 1º e parágrafo único desta lei. A lei de crimes hediondos não criou novos tipos penais, mas apenas pinçou alguns tipos penais já existentes no Código Penal e os denominou de hediondos, dando-lhes um tratamento diferenciado, mais severo em relação aos demais delitos.

5. **Princípio de legalidade penal.** Somente os delitos previstos no rol taxativo da presente lei podem ser considerados hediondos.

6. **Critério utilizado pelo legislador para definir os crimes hediondos.** Existem três critérios pelos quais se pode considerar um delito de natureza hedionda, quais sejam: o *critério legal*; o *critério judicial* e o *critério misto*. De acordo com o *critério legal*, somente o legislador pode definir os delitos considerados hediondos, em um rol exaustivo previsto na lei. Pelo *critério judicial*, cabe ao Juiz definir quais são os delitos classificados como hediondos. Por fim, o *critério misto* preconiza que o legislador estabelece, em um rol exemplificativo, os delitos que são considerados hediondos, permitindo ao Juiz, por critério de interpretação analógica, qualificar outros delitos como sendo igualmente hediondos. Não é preciso fazer muito esforço mental para se perceber que o *critério legal* é o que mais se adéqua ao princípio da legalidade penal, e que os dois últimos critérios se distanciam do mencionado princípio, gerando, assim, insegurança jurídica. Não se pode permitir que, em um Estado de Direito, como é o Estado Brasileiro, a definição do que seria crime hediondo fique a cargo do Juiz, de acordo com o seu livre convencimento motivado. Se, pelo princípio da legalidade penal, somente a lei pode dizer quais as condutas que são consideradas criminosas, da mesma forma, somente a lei pode dizer quais são os delitos tidos por hediondos. Dessa forma, no Brasil o legislador utilizou o *critério legal* para definir os delitos rotulados de hediondos, de modo que somente os previstos em lei podem ser assim considerados.

7. **Cláusula salvatória.** Por meio da denominada *cláusula salvatória*, o Juiz poderia, de acordo com as circunstâncias do caso concreto, deixar de considerar a natureza hedionda de um delito. Nesse sentido, a lei diria os crimes que são considerados hediondos e, em um momento posterior, o Juiz, a depender das condições de cada caso concreto, não consideraria mais a natureza hedionda daquele delito. A consequência disso seria a impossibilidade de serem aplicados os rigores de natureza penal e processual penal contidos na lei de Crimes Hediondos. Entretanto, como visto, o critério para a definição dos crimes hediondos adotado pelo Direito Penal brasileiro é o critério legal, razão pela qual se, de um lado, somente o legislador pode considerar um crime como hediondo, de outro lado, somente ele, também, pode deixar de considerá-lo de natureza hedionda. Portanto, a cláusula salvatória não tem aplicabilidade no Direito Penal brasileiro.

8. **Inciso I.** Questão relevante versa sobre a possibilidade de o homicídio simples ser considerado crime hediondo. De acordo com a doutrina e jurisprudência, o homicídio simples somente será hediondo se for praticado nos moldes descritos na primeira parte do inciso I, ou seja, *praticado em atividade típica de grupo de extermínio, ainda que cometido por um só agente.* O legislador não disse que seria considerado *grupo de extermínio.* Trata-se de um conceito indeterminado e aberto

utilizado pelo legislador. A atividade típica de grupo de extermínio é caracterizada pelo homicídio praticado pela pessoa denominada *justiceiro*, sendo aquela pessoa que realiza pessoalmente a justiça, destemida e que se coloca na posição de exterminador ao fazer justiça com as próprias mãos, eliminando ou exterminando determinadas pessoas nocivas à coletividade. Ou então aquela pessoa que mata as suas vítimas, sob encomenda de outras pessoas. Também caracteriza a atividade típica de grupo de extermínio a indeterminação do sujeito passivo do homicídio, pois o agente mata a vítima não pelas suas qualidades e condições individuais e pessoais, mas, sim, em razão de a vítima pertencer a um determinado grupo ou classe social, religião, raça, etnia, orientação sexual etc. Ex.: Mata-se a vítima porque ela pertence a um grupo de muçulmanos, *punks*, prostitutas ou homossexuais.

Em relação ao homicídio qualificado, não há dúvidas de ser o crime considerado hediondo, em razão da expressa e clara previsão na segunda parte do inciso I.

9. **Homicídio qualificado-privilegiado. Possibilidade.** É possível que o homicídio seja, ao mesmo tempo, privilegiado e qualificado, desde que as qualificadoras sejam de natureza objetiva, que são as previstas nos incisos III e IV do § 2º do art. 121 do Código Penal. Ex.: O agente, motivado por violenta emoção, mata a vítima com emprego de asfixia, como na hipótese do agente que mata por asfixia o delinquente que entrou em sua residência, ameaçou de morte sua família e depois subtraiu todos os pertences que lhe guarneciam a residência.

10. **Homicídio qualificado-privilegiado não é considerado hediondo.** Embora seja possível o homicídio ser ao mesmo tempo qualificado e privilegiado, não é considerado delito hediondo, por dois fundamentos. Em primeiro lugar, por falta de previsão legal, falta de tipicidade, uma vez que o art. 1º, I da lei só faz menção expressa ao homicídio simples quando praticado em atividade típica de grupo de extermínio, ainda que praticado por só um agente, e ao homicídio qualificado. Em segundo lugar, porque o privilégio não é compatível com a natureza hedionda do delito.

11. **Inciso I. Homicídio de agentes e autoridades públicas.** A Lei 13.142/2015 alterou o Código Penal para acrescentar a qualificadora do inciso VII no art. 121, § 2º, passando, a partir de então, a ter a natureza de qualificado o homicídio praticado contra agentes e autoridades públicas, quais sejam: autoridade ou agente descrito nos arts. 142 e 144 da CF/88, integrantes do sistema prisional e da Força Nacional de Segurança Pública, no exercício da função ou em decorrência dela, ou contra seu cônjuge, companheiro ou parente consanguíneo até terceiro grau, em razão dessa condição. Essa mesma lei alterou a redação do art. 1º, I da presente lei, acrescentando o inciso VII, de forma que o homicídio de agentes e autoridades públicas passou a ser considerado crime hediondo.

12. **Inciso I-A. lesão corporal de agentes e autoridades públicas.** A Lei 13.142/2015 alterou o art. 129 do Código Penal para acrescentar-lhe o § 12, que criou uma causa especial de aumento de pena caso a lesão corporal tenha como vítima esses agentes acima descritos. Essa mesma lei alterou a redação do art. 1º da presente lei e criou o inciso I-A para positivar como crime hediondo os delitos de lesão corporal dolosa de natureza gravíssima (art. 129, § 2º) e lesão corporal seguida de morte (art. 129, § 3º), quando praticadas contra autoridade ou agente descrito

nos arts. 142 e 144 da CF/88, integrantes do sistema prisional e da Força Nacional de Segurança Pública, no exercício da função ou em decorrência dela, ou contra seu cônjuge, companheiro ou parente consanguíneo até terceiro grau, em razão dessa condição.

13. **Inciso I-B. Feminicídio (art. 121-A).** A lei 14.994/2024 alterou a presente lei e criou o inciso I-B para incluir o feminicídio no rol dos crimes considerados hediondos. Essa mesma lei alterou o Código Penal e criou o art. 121-A para tipificar o delito de feminicídio. Entretanto, é bom frisar que o feminicídio já era uma modalidade de homicídio qualificado previsto no art. 121, §2º, VI do Código Penal, ou seja, já era considerado crime hediondo.

14. **Inciso II.** A lei 13.964/2019 alterou o inciso II e nele inseriu algumas modalidades de roubo, quais sejam: a) circunstanciado pela restrição de liberdade da vítima (art. 157, § 2º, inciso V); b) circunstanciado pelo emprego de arma de fogo (art. 157, § 2º-A, inciso I) ou pelo emprego de arma de fogo de uso proibido ou restrito (art. 157, § 2º-B); e c) qualificado pelo resultado lesão corporal grave ou morte (art. 157, § 3º). Todos esses tipos penais passaram a ser considerados crimes hediondos. Assim, por ser tratar de *novatio legis in pejus*, tal inovação não poderá retroagir, por força do princípio constitucional da irretroatividade da lei penal mais severa (art. 5º, XL, da CF/88). Deve ser ressalvado o delito de latrocínio, que já era crime hediondo antes dessa alteração.

15. **Inciso III.** O inciso III foi alterado pela lei 13.964/2019. Esse inciso deve ser analisado antes e depois dessa alteração legislativa. Antes da alteração, somente o delito de extorsão qualificado pela morte (art. 158, § 2º, do Código Penal) era considerado crime hediondo. Por exclusão, a extorsão simples (art. 158, *caput*, do Código Penal) e a extorsão qualificada pela lesão corporal grave (art. 158, § 2º, do Código Penal) não eram crimes hediondos, por absoluta falta de previsão legal.
Em 17 de abril de 2009 foi promulgada a lei 11.923, que acrescentou o §3º ao art. 158 do Código Penal, trazendo a figura do denominado *sequestro relâmpago*. Questão relevante versava sobre a possibilidade de se considerar a extorsão *sequestro relâmpago do §3º* e a sua forma qualificada pela lesão corporal de natureza grave ou morte crime hediondo. Havia vozes, em doutrina, sustentando que a nova modalidade de extorsão do §3º seria crime hediondo. Entretanto, nós sempre discordamos desse entendimento. Como dito alhures, o critério adotado pelo legislador de 1990, ao criar a lei de crimes hediondos, foi o critério legal, segundo o qual somente os delitos que a lei elencar expressamente em seu rol podem ser considerados hediondos. Da simples leitura do art. 1º da lei de crimes hediondos, constatava-se que a figura da extorsão *sequestro relâmpago* do art. 158, §3º não figura no seu rol taxativo com delito etiquetado de hediondo. A única espécie de extorsão etiquetada de crime hediondo era a extorsão qualificada pelo resultado morte, prevista no art. 158, § 2º do Código Penal. De acordo com o mencionado critério legal, se o legislador não previa a nova modalidade de extorsão como crime hediondo, não poderia o intérprete fazê-lo. Não era correto afirmar que a inserção da extorsão *sequestro relâmpago* do §3º no Código Penal foi posterior ao advento da lei de crimes hediondos, e que por isso não poderia o legislador de 1990 ter

previsto tal modalidade de extorsão como crime hediondo. É bem verdade que a alteração legislativa no Código Penal se deu em 2009, portanto posterior à lei de crimes hediondos. Entretanto, tal falha deveria ter sido sanada pelo legislador, bastando, para tanto, que a lei 11.923/2009 alterasse também o rol do art. 1º da lei de crimes hediondos, para lá inserir, como delito hediondo, a extorsão *sequestro relâmpago* do art. 158, §3º. Se o legislador assim não procedeu, era forçosa a conclusão de que ele não quis que o delito de extorsão *sequestro relâmpago* fosse um crime etiquetado de hediondo. Logo, não se lhe podia aplicar os rigores penais e processuais penais da lei de regência.

Também não era correto afirmar que, por analogia, a nova modalidade de extorsão do §3º poderia ser considerada crime hediondo. Tal argumento esbarrava na barreira intransponível do pilar maior do Direito Penal, que é o princípio da legalidade. Afirmar que o delito de extorsão *sequestro relâmpago* do §3º e a sua forma qualificada pela lesão corporal de natureza grave ou morte era crime hediondo constituía nítida violação do princípio da legalidade, uma vez que estar-se-ia considerando um delito hediondo sem previsão em lei.

Além de todo o exposto, afirmar que o delito de extorsão *sequestro relâmpago* e a sua forma qualificada pela lesão corporal de natureza grave ou morte era crime hediondo configura verdadeira analogia *in mallam partem,* vedada no ordenamento jurídico brasileiro. Portanto, era inviável a consideração do delito de extorsão *sequestro relâmpago* do §3º e a sua forma qualificada pela lesão corporal de natureza grave ou morte crime hediondo, sob pena de violação do princípio da legalidade penal. Também não concordávamos com o fundamento da interpretação extensiva sustentada pelos autores que consideram hedionda essa modalidade de extorsão. *Data venia* desse entendimento, a interpretação extensiva, embora permitida em Direito Penal, não pode chegar ao ponto de configurar analogia *in mallan partem.* Trata-se de técnica de interpretação que não pode configurar essa modalidade de analogia. Estar-se-ia diante de uma analogia *in mallan partem* travestida de interpretação extensiva.

Em 2019 o legislador repetiu a mesma falha legislativa, só que de forma inversa. A lei nº 13.964/2019 alterou o inciso III do art. 1º da presente lei e dispôs "extorsão qualificada pela restrição da liberdade da vítima, ocorrência de lesão corporal ou morte (art. 158, § 3º)". Em outras palavras, retirou a extorsão qualificada pela morte prevista no art. 158, §2º e inseriu a extorsão qualificada pela restrição da liberdade da vítima, ocorrência de lesão corporal ou morte, prevista no art. 158, § 3º. Quais foram as consequências dessa alteração? Em primeiro lugar, a extorsão qualificada pela morte prevista no art. 158, §2º, do Código Penal deixou de ser considerada crime hediondo, justamente por não estar mais contida no inciso III, de forma que os rigores penais e processuais penais previstos na lei de crimes hediondos não podem ser mais aplicados aos seus autores. Nesse aspecto, a lei 13.964/2019 configura uma *novatio legis in melluis,* devendo retroagir à luz do princípio constitucional da retroatividade da lei penal mais benéfica, positivado no art. 5º, XL, da CF/88, bem como no art. 2º, parágrafo único, do Código Penal. Portanto, todas as pessoas que estão a responder a um processo criminal por esse crime são imediatamente beneficiadas, bem como as que já estiverem condenadas com sentença condenatória transitada em julgado, conforme o art.

66, I, da LEP e a súmula 611 do STF. Em segundo lugar, a extorsão na modalidade *sequestro relâmpago* qualificada pela morte prevista no art. 158, §3º, do Código Penal passou a ser crime hediondo. Nesse ponto estamos diante de uma *novatio legis in pejus*, que não poderá retroagir de acordo com o princípio constitucional da irretroatividade da lei penal mais severa, positivado no art. 5º, XL, da CF/88. Assim, quem praticou esse delito (que na nossa visão nunca foi hediondo, conforme defendido acima) antes do início de eficácia da lei 13.964/2019, não pode ter aplicados a si os rigores da lei de crimes hediondos. Em terceiro lugar, uma questão deve ser esclarecida: todas as modalidades do §3º do art. 158 do Código Penal foram etiquetadas de crime hediondo? Em outras palavras, o delito de extorsão na modalidade sequestro relâmpago com a restrição da liberdade da vítima, mas sem a ocorrência dos resultados lesão corporal ou morte, é hediondo? Pela redação legal, nota-se que o legislador não fez distinção dentro do próprio §3º, isso é, não destacou os resultados lesão corporal ou morte na redação do inciso III. E conforme consabido, *onde a lei não distingue, não cabe ao intérprete distinguir.* Portanto, cremos que todas as formas do §3º são consideradas crime hediondo.

16. Inciso IV. Delito de extorsão mediante sequestro. O delito de extorsão mediante sequestro é considerado hediondo tanto na sua forma simples (*caput*), quanto nas suas formas qualificadas (§§ 1º, 2º, e 3º).

17. Inciso V. Delito de estupro. Com a reforma operada pela lei 12.015/2009, o Título VI do Código Penal, que se denominava Dos Crimes contra os Costumes, passou a se chamar Dos Crimes contra a Dignidade Sexual. Crimes contra os costumes significava, como o próprio legislador reconheceu, na exposição de motivos da parte especial do Código Penal, crimes denominados *sexuais*. À luz da própria *mens legislatoris*, exposta na exposição de motivos, pensamos que a alteração do *nomen juris* do Título VI do Código Penal, não resultou em alteração substancial. Com efeito, a expressão *costume* quer significar modo de proceder, algo que se faz com habitualidade. Crimes contra os costumes sexuais, portanto, traz a ideia de violação daquilo que se faz, habitualmente, em termos de prática sexual, daí a incriminação, de maior expressão nesse tema, da prática de conjunção carnal ou atos libidinosos diversos dela, com violência ou grave ameaça, violando o costume sexual da prática desses atos de forma consentida pelo homem e pela mulher. A expressão *dignidade* significa honraria, seriedade, modo de proceder que infunde respeito, grandeza moral. Crimes contra a dignidade sexual significam condutas que violam a seriedade e o respeito à prática de ato sexual, ou seja, a sua obtenção de forma forçada, com violência ou grave ameaça. Dessa forma, trocar a expressão *costumes* por *dignidade* significa trocar duas coisas idênticas, uma pela outra, isso é, não produz nenhuma alteração substancial. Tal alteração de nomenclatura não produziu efeitos no bem jurídico tutelado, no sujeito ativo, no sujeito passivo, na consumação etc. Pensamos, portanto, que a alteração foi apenas de nomenclatura, em nada alterando a dogmática penal.

A alteração mais significativa da reforma operada pela lei 12.015/2009 foi a modificação produzida no delito de estupro (art. 213 do Código Penal). O delito de estupro ganhou nova redação, para abranger, além da conjunção carnal – intromissão do pênis na cavidade vaginal – ou outros atos libidinosos diversos dela.

Antes da reforma operada pela lei 12.015/2009, havia duas figuras bem distintas, quais sejam: O delito de estupro (art. 213), que abrangia tão somente a conjunção carnal, consistente apenas na intromissão do pênis na cavidade vaginal e o delito de atentado violento ao pudor (art. 214 – hoje revogado), que previa a prática de atos libidinosos diversos da conjunção carnal, como o sexo oral, o sexo anal, a masturbação, as apalpadas etc. Todo ato de conteúdo sexual que não fosse intromissão do pênis na cavidade vaginal estaria abarcado pelo delito de atentado violento ao pudor.

Com a nova redação do art. 213, conferida pela lei 12.015/2009, o delito denominado *estupro* passou a abranger os elementos típicos do revogado art. 214 do Código Penal, fazendo menção expressa a *outro ato libidinoso*. Assim, o delito de estupro tipificado no art. 213 do Código Penal manteve a prática da conjunção carnal (intromissão do pênis na cavidade vaginal) e passou a abarcar na incriminação a prática de outro ato libidinoso, ambos praticados com violência ou grave ameaça.

Com isso, ficou superada qualquer distinção para fins de adequação típica, pois todo e qualquer ato de conteúdo sexual, seja a conjunção carnal, seja um ato de cunho sexual diverso dela, de uma simples passada de mão nas partes íntimas de outrem a uma conjunção carnal, se exercidos com constrangimento, por meio de violência ou grave ameaça, será considerado delito de estupro, tipificado no art. 213 do Código Penal, e, portanto, crime hediondo. Note-se que inclusive as formas qualificadas previstas nos §§ 1º e 2º do art. 213 são consideradas hediondas.

18. **Inciso VI. Delito de estupro de vulnerável.** Outra alteração significativa operada pela lei 12.015/2009 foi a inserção, no Código Penal, do delito denominado *Estupro de vulnerável*. O legislador considerou *vulnerável* aquelas pessoas que figuravam no art. 224 do Código Penal, que dispunha sobre as hipóteses de violência presumida, atualmente revogado pela novel lei. Antes da reforma, havia severa discussão em doutrina e jurisprudência acerca da natureza dessa presunção de violência. De um lado, a doutrina era quase unânime em reconhecer a natureza relativa da presunção de violência; de outro lado o STF e o STJ entendiam que tal presunção era absoluta. Agora, após a reforma operada pela lei 12.015/2009, as hipóteses, antes denominadas de *presunção de violência*, previstas no revogado art. 224 do Código Penal, passaram a ser elementos do tipo legal de crime denominado *Estupro de vulnerável* (art. 217-A), sendo, portanto, elementos do tipo penal. Dessa forma, tais hipóteses não são mais tratadas como presunção de violência, e, sim, como elementos do tipo, razão pela qual haverá o delito de estupro de vulnerável sempre que o agente mantiver conjunção carnal ou outro ato libidinoso com menor de 14 anos, pessoa enferma ou com deficiência mental que não tenha o necessário discernimento para a prática do ato ou que por qualquer outra causa não possa oferecer resistência. Note-se que inclusive as formas qualificadas previstas nos §§ 3º e 4º do art. 217-A são consideradas hediondas.

19. **Inciso VII.** Apenas o delito de epidemia qualificado pela morte (art. 267, § 1º) é considerado crime hediondo. Assim, não é hediondo o crime de epidemia na forma simples (art. 267, *caput*).

20. **Inciso VII-B.** Todas as formas dolosas do delito previsto no art. 273 do Código Penal configuram crimes hediondos. Note-se que a forma culposa do delito, prevista no § 2º do art. 273, não é hedionda, por ausência de previsão legal.

21. **Inciso VIII. Delito de favorecimento da prostituição ou outra forma de exploração sexual de criança ou adolescente ou de vulnerável.** O delito de favorecimento da prostituição ou outra forma de exploração sexual de criança ou adolescente ou de vulnerável, previsto no art. 218-B, do Código Penal, é considerado hediondo tanto na sua forma simples (*caput),* quanto na sua forma majorada do § 1º e nas modalidades equiparadas do § 2º.

22. **Inciso IX. Furto qualificado pelo emprego de explosivo ou de artefato análogo que cause perigo comum (art. 155, § 4º-A).** A lei nº 13.964/2019 transformou o esse tipo penal em crime hediondo. Por se tratar de *novatio legis in pejus,* não poderá retroagir para alcançar o crime praticado antes do seu início de eficácia, por força do princípio da irretroatividade da lei penal mais severa (Art. 5º, XL, da CF/88).

23. **Inciso X. Induzimento, instigação ou auxílio a suicídio ou a automutilação realizados por meio da rede de computadores, de rede social ou transmitidos em tempo real (art. 122, caput e § 4º, do Código Penal).** A lei 14.811/2024 inseriu esse inciso tornando esse delito hediondo. Entretanto, de acordo com o critério legal, somente a modalidade do *caput* e do §4º são considerados hediondos. As demais modalidades não são consideradas crime hediondo. Deve-se tomar cuidado com o princípio da irretroatividade da lei penal mais severa, não se aplicando essa previsão legal caso esse delito tenha sido praticado antes da vigência dessa lei.

24. **Inciso XI. Sequestro e cárcere privado cometido contra menor de 18 (dezoito) anos (art. 148, § 1º, inciso IV do Código Penal).** A lei 14.811/2024 inseriu esse inciso tornando esse delito hediondo. Entretanto, de acordo com o critério legal, somente a modalidade de sequestro contra menor de 18 anos é considerada crime hediondo. As demais modalidades não são consideradas crime hediondo. Deve-se tomar cuidado com o princípio da irretroatividade da lei penal mais severa, não se aplicando essa previsão legal caso esse delito tenha sido praticado antes da vigência dessa lei.

25. **Inciso XII. Tráfico de pessoas cometido contra criança ou adolescente (art. 149-A, caput, incisos I a V, e § 1º, inciso II).** A lei 14.811/2024 inseriu esse inciso tornando esse delito hediondo. Entretanto, de acordo com o critério legal, somente a modalidade de tráfico de pessoas cometido contra criança ou adolescente é considerada crime hediondo. As demais modalidades não são consideradas crime hediondo. Deve-se tomar cuidado com o princípio da irretroatividade da lei penal mais severa, não se aplicando essa previsão legal caso esse delito tenha sido praticado antes da vigência dessa lei.

26. **Parágrafo único, I. Genocídio.** O parágrafo único foi alterado pela lei nº 13.964/2019. Em relação ao genocídio, ele já era considerado crime hediondo antes dessa alteração, razão pela qual em relação a esse delito, nada mudou.

27. Parágrafo único, II. Posse ou porte de arma de fogo de uso proibido. A lei 13.497/2017 alterou o parágrafo único do art. 1º da presente lei e etiquetou como crime hediondo o delito previsto no art. 16 da lei 10.826/2003 (Estatuto do Desarmamento), que abrangia arma de fogo, acessório ou munição de *restrito ou proibido,* não havendo distinção entre essas duas espécies. Logo, as duas formas eram classificadas como crime hediondo. Posteriormente, a lei nº 13.964/2019 voltou a alterar a lei de crimes hediondos e inseriu no inciso a seguinte redação: *"o crime de posse ou porte ilegal de arma de fogo de uso proibido, previsto no art. 16 da Lei nº 10.826, de 22 de dezembro de 2003."* Tendo em vista que o legislador, ao fazer menção ao art. 16 da presente lei, especificou *"uso proibido"*, é forçosa a conclusão no sentido de que somente a conduta contida no art. 16, §2º, da lei 10.826/2003 continuou a ser crime hediondo. Em relação às condutas relacionadas à arma de fogo, acessório ou munição de uso *restrito* descritas no art. 16, *caput* e §1º, deve ser aplicado o princípio da retroatividade da lei penal mais benéfica, positivado no art. 5º, XL, da CF/88 e no art. 2º, parágrafo único, do Código Penal, de forma que tais condutas deixaram de ser classificadas como crime hediondo. Isso porque o critério adotado pelo legislador para a definição dos crimes hediondos é o critério legal, segundo o qual somente a lei pode dizer os crimes que são classificados como hediondos. Portanto, se, ao alterar o rol dos crimes hediondos, o legislador especificou *"uso proibido"*, foi porque não quis mais abranger, também, as armas de fogo de *uso restrito*. Em síntese, com o início de eficácia da lei nº 13.964/2019, as condutas descritas no *caput* e no §1º do art. 16 deixaram de ser crime hediondo.

28. Parágrafo único, III. Comércio ilegal de armas de fogo (art. 17, da lei 10.826/2003). A lei nº 13.964/2019 transformou o esse delito em crime hediondo. Por se tratar de *novatio legis in pejus,* não poderá retroagir para alcançar o crime praticado antes do seu início de eficácia, por força do princípio da irretroatividade da lei penal mais severa (Art. 5º, XL, da CF/88), salvo se a conduta praticada configurar crime permanente, hipótese em que o delito será considerado hediondo se o início de eficácia da lei nº 13.964/2019 tiver ocorrido antes de cessar a permanência, aplicando-se a súmula 711, do STF.

29. Parágrafo único, IV. Tráfico internacional de arma de fogo, acessório ou munição (art. 18, da lei 10.826/2003). A lei nº 13.964/2019 transformou o presente tipo penal em crime hediondo. Por se tratar de *novatio legis in pejus,* não poderá retroagir para alcançar o crime praticado antes do seu início de eficácia, por força do princípio da irretroatividade da lei penal mais severa (Art. 5º, XL, da CF/88).

30. Parágrafo único, V. Crime de organização criminosa, quando direcionado à prática de crime hediondo ou equiparado. A lei nº 13.964/2019 transformou o delito de Organização Criminosa em crime hediondo. Contudo, ele só será hediondo se for direcionado à prática de algum crime hediondo ou equiparado, nos moldes legais. Tendo em vista que o delito de Organização Criminosa é um crime permanente, a lei nº 13.964/2019 pode ser aplicada imediatamente no momento do seu início de eficácia, por força da súmula 711, do STF, de forma que os rigores da lei de crimes hediondos podem ser aplicados desde logo.

31. Parágrafo único, VI. Crimes previstos no Código Penal Militar (Decreto lei 1.001/69) que apresentem identidade com os delitos previstos no art. 1º desta lei. Com essa alteração trazida pela lei 14.688/2023, o legislador quis transformar em hediondos os crimes previstos no Código Penal Militar que tivessem identidade com os delitos hediondos previstos no Código Penal comum. São exemplos de crimes coincidentes, dentre outros: homicídio, roubo, extorsão, latrocínio, estupro. Como vimos acima, o legislador adotou o *critério legal* para a definição dos crimes considerados hediondos. Por essa razão, esses crimes previstos no Código Penal Militar, ainda que coincidentes com os crimes hediondos do Código Penal comum, não eram considerados hediondos, justamente por falta de previsão legal, uma vez que o art. 1º da presente lei faz menção expressa aos crimes previstos no Código Penal comum (Decreto-Lei 2.848/1940). Com essa alteração, todos os delitos previstos no Código Penal Militar que tenham identidade com algum delito hediondo previsto no Código Penal comum são igualmente considerados hediondos, aplicando-se a eles o tratamento legal mais severo previsto na lei de crimes hediondos. Entretanto, deve-se tomar cuidado com o princípio da irretroatividade da lei penal mais severa, não se aplicando essa previsão legal aos delitos previstos no Código Penal Militar praticados antes da vigência da lei 14.688/2023 que inseriu o presente inciso.

32. Parágrafo único, VII. Modalidades de pedofilia. Os delitos previstos nos arts. 240. §1º e 241-B, ambos do ECA, passam a ser considerados hediondos com a alteração produzida pela lei 14.811/2024. Deve-se tomar cuidado com o princípio da irretroatividade da lei penal mais severa, não se aplicando essa previsão legal caso esses delitos tenham sido praticados antes da vigência dessa lei.

33. Prioridade no julgamento dos crimes hediondos. A lei 13.285/2016, com o objetivo de dar maior celeridade ao julgamento dos crimes hediondos, acrescentou o art. 394-A ao Código de Processo Penal para estabelecer a prioridade de tramitação dos processos que versarem sobre crimes hediondos. ("Art. 394-A. Os processos que apurem a prática de crime hediondo terão prioridade de tramitação em todas as instâncias.").

Art. 2º Os crimes hediondos, a prática da tortura, o tráfico ilícito de entorpecentes e drogas afins e o terrorismo **são insuscetíveis de:**

I – **anistia, graça e indulto**;

II – **fiança**. (Redação dada pela Lei nº 11.464, de 2007)

§ 1º A pena por crime previsto neste artigo será cumprida **inicialmente em regime fechado**. (Redação dada pela Lei nº 11.464, de 2007)

§ 2º Revogado pela Lei nº 13.964/2019.

§ 3º Em caso de sentença condenatória, o juiz decidirá fundamentadamente se o réu poderá **apelar em liberdade**. (Redação dada pela Lei nº 11.464, de 2007)

§ 4º A **prisão temporária**, sobre a qual dispõe a Lei nº 7.960, de 21 de dezembro de 1989, nos crimes previstos neste artigo, terá o **prazo de 30 (trinta) dias, prorrogável** por igual período em caso de extrema e comprovada necessidade. (Incluído pela Lei nº 11.464, de 2007).

1. **Equiparação dos delitos de tráfico de drogas, tortura e terrorismo a crimes hediondos.** Tanto a CF/88 no art. 5º, XLIII, quanto a lei de crimes hediondos no art. 2º, *caput* equipararam os delitos de tráfico de drogas, tortura e terrorismo a crimes hediondos, dando-lhes o mesmo tratamento penal e processual penal. Note-se que esses delitos não são considerados hediondos, pois não figuram no rol do art. 1º da lei, mas apenas equiparados ou assemelhados a hediondos.

2. **Inciso I. Vedação da anistia, graça e indulto aos crimes hediondos e equiparados.** Em relação à vedação da **graça** e **anistia**, tal proibição trazida pelo legislador ordinário está em perfeita compatibilidade com a vedação dos mesmos institutos feita pelo art. 5º, XLIII da CF/88. Em relação ao **indulto**, muito embora a CF/88 no art. 5º, XLIII não tenha feito vedação expressa da concessão do indulto aos delitos hediondos e equiparados, considera-se constitucional a vedação feita pelo inciso ora estudado ao argumento de que os institutos da graça e do indulto são bastante semelhantes, uma vez que ambos têm a mesma natureza jurídica de causa de extinção da punibilidade (art. 107, II do Código Penal), ambos implicam renúncia estatal ao exercício do *jus puniendi* e ambos são concedidos pelo Presidente da República (art. 84, XII da CF/88). Assim, em razão das diversas semelhanças entre os dois institutos, a vedação da concessão da graça aos delitos hediondos e equiparados, feita pelo art. 5º, XLIII da CF/88, abrange também, a vedação do indulto.

   ▶ **STF**

   (...) CONDENAÇÃO POR HOMICÍDIO QUALIFICADO. CRIME HEDIONDO. INDULTO. (...) INAPLICABILIDADE. CRIME IMPEDITIVO. **(RE 1084663 AgR, Rel. Min. Luiz Fux, julgado em 13/04/2018).**

   ▶ **STJ**

   (...) TRÁFICO DE ENTORPECENTES. CONCESSÃO DE INDULTO. (...) IMPOSSIBILIDADE. INTELIGÊNCIA DOS ARTS. 5º, XLIII, DA CF/88 E 2º, I, DA LEI 8.072/90. PRECEDENTES DO STF E DO STJ. (...) **(AgRg no HC 422.923/SC, Rel. Min. Ribeiro Dantas, DJe 31/10/2018).**

   É de se notar que a lei de crimes hediondos trouxe um tratamento mais severo para os crimes denominados hediondos e a eles equiparados (tortura, tráfico e terrorismo), tratando-se, portanto, de verdadeira *novatio legis in pejus,* que terá irretroatividade absoluta, em razão do princípio constitucional da irretroatividade da lei penal mais severa, positivado no art. 5º, XL da CF/88.

3. **Inciso II. Vedação da fiança aos crimes hediondos e equiparados.** Por expressa vedação legal, não cabe fiança nos delitos hediondos e equiparados.

4. **§ 1º. Regime integralmente fechado.** Antes da edição da lei 11.464, de 28 de março de 2007, que deu nova redação ao § 1º, a lei de crimes hediondos previa o regime **integralmente** fechado. Tal regime sempre teve sua constitucionalidade contestada por parte da doutrina e jurisprudência, à luz do princípio constitucional da individualização da pena, previsto no art. 5º, XLVI da CF/88.

   O princípio da individualização da pena preconiza, como o seu próprio nome está a sugerir, que a pena criminal deve ser individualizada de acordo com as condições pessoais de cada delinquente. Ao aplicar a pena criminal, o juiz deve sempre encontrar a pena justa, que seja a pena necessária e suficiente para a reprovação e prevenção do delito praticado. E é por meio de mencionado princípio que o julgador vai encontrar a pena justa.

Esse princípio possui três fases. A **1ª fase** é a **fase legislativa**, que é feita pelo legislador, ao cominar abstratamente a pena para determinado delito, movido por política criminal. É o legislador que fixa o mínimo e o máximo, assim como a espécie de pena, se detenção ou reclusão. Por exemplo: para quem cometer o crime de homicídio simples, o legislador cominou a pena reclusão de 6 a 20 anos; para o crime de furto, reclusão de 1 a 4 anos; no roubo, cominou pena maior, em razão do emprego da violência ou grave ameaça exercidas contra a vítima. Já para o delito de estelionato, a pena será de reclusão de 1 a 5 anos.

A **2ª fase** é a **fase judicial,** que é feita pelo juízo da condenação, ao aplicar a pena em concreto na sentença condenatória. O juiz, ao seguir os três passos do art. 68 do Código Penal, estabelece a pena-base (art. 59), atenuantes e agravantes, causa de aumento ou diminuição. Por força do mandamento contido no art. 59, III do Código Penal, o juiz deve fixar o regime inicial de cumprimento da pena privativa de liberdade.

A **3ª fase** é a **fase executória**, que é elaborada pelo juízo da execução penal. Nesta fase, o condenado já está cumprindo a pena imposta na sentença condenatória. Em regra, quando o juiz da vara criminal profere a sentença condenatória, ali encerra o seu ofício judicante. A partir daquele momento, o juízo da execução penal vai fiscalizar e acompanhar o cumprimento da pena privativa de liberdade a ser cumprida pelo condenado. Dessa forma, é o juízo da execução penal que terá competência para conceder a progressão de regimes, na forma do art. 66, III, alínea *b* da lei 7.210/84, lei de execução penal.

Assim, parte da doutrina afirmava a inconstitucionalidade do regime integralmente fechado trazido pela lei de crimes hediondos por violar o princípio da individualização da pena, uma vez que impedia o juízo da condenação de estabelecer o regime de cumprimento de pena que achasse necessário e adequado para o réu. Ademais, impedia o juízo da execução penal de conceder a progressão de regimes. Em outras palavras, o regime integralmente fechado, ao invés de permitir a individualização da pena, trazia exatamente o oposto, a generalização do regime para todos os condenados por crimes hediondos e equiparados.

5. **§ 1º. Declaração de inconstitucionalidade do regime integralmente fechado pelo STF.** Em 23/02/2006, na ordem de *habeas corpus* nº 82.959/SP, o STF declarou a inconstitucionalidade do regime integralmente fechado, previsto no § 1º, do art. 2º da lei de crimes hediondos, pelos fundamentos acima expostos. Eis a ementa:

> PENA – REGIME DE CUMPRIMENTO – PROGRESSÃO – RAZÃO DE SER. A progressão no regime de cumprimento da pena, nas espécies fechado, semi-aberto e aberto, tem como razão maior a ressocialização do preso que, mais dia ou menos dia, voltará ao convívio social. PENA – CRIMES HEDIONDOS – REGIME DE CUMPRIMENTO – PROGRESSÃO – ÓBICE – ARTIGO 2º, § 1º, DA LEI Nº 8.072/90 – INCONSTITUCIONALIDADE – EVOLUÇÃO JURISPRUDENCIAL. Conflita com a garantia da individualização da pena – artigo 5º, inciso XLVI, da Constituição Federal – a

imposição, mediante norma, do cumprimento da pena em regime integralmente fechado. Nova inteligência do princípio da individualização da pena, em evolução jurisprudencial, assentada a inconstitucionalidade do artigo 2º, § 1º, da Lei nº 8.072/90. (HC 82.959/SP. Rel. Min. Marco Aurélio. Julgamento em 23/02/2006. DJ 01-09-2006).

Ao declarar a inconstitucionalidade do regime integralmente fechado, o STF acabou por permitir a progressão de regime de cumprimento de pena privativa de liberdade nos crimes hediondos e equiparados.

Tal controle de constitucionalidade foi feito no método difuso, com eficácia *inter partes*. Entretanto, para serem coerentes com o STF, o STJ e os demais tribunais brasileiros começaram também a conceder a progressão de regimes aos condenados por crimes hediondos ou equiparados.

6. **§ 1º. Regime inicialmente fechado.** A lei 11.464, de 28 de março de 2007 deu nova redação ao § 1º da lei de crimes hediondos para inserir o regime inicialmente fechado, positivando a jurisprudência do STF. Tal modificação reforçou a jurisprudência do STF no sentido de não mais se exigir que o apenado cumpra todo o período de pena privativa de liberdade em regime fechado, possibilitando, dessa forma, a progressão de regimes. Entretanto, mesmo com a nova redação legal, o art. 2º, § 1º continuou a estabelecer o mesmo regime inicial de cumprimento de pena para todos os condenados por crimes hediondos e equiparados, e, consequentemente, continuou a impedir que o julgador individualize a pena criminal no momento da prolação da sentença condenatória, uma vez que ele não poderá fixar nenhum outro regime diverso do fechado, independentemente do juízo de necessidade e de adequação a ser feito em cada caso concreto à luz das condições pessoas de cada condenado. Por essa razão, o regime *inicialmente* fechado continua a violar o princípio constitucional da individualização da pena na sua 2ª fase, ao estabelecer genericamente o mesmo regime inicial para todos os condenados. Com esse fundamento, o STF declarou a inconstitucionalidade do regime inicialmente fechado contido no art. 2º, § 1º da lei de crimes hediondos.

▶ **STF**

4. A Corte Constitucional, no julgamento do HC nº 111.840/ES, de relatoria do Ministro Dias Toffoli, removeu o **óbice** constante do **§** 1º do art. 2º da Lei nº 8.072/90, com a redação dada pela Lei nº 11.464/07, o qual determinava que "[a] pena por crime previsto nes[s]e artigo será cumprida inicialmente em regime fechado", declarando, de forma incidental, a inconstitucionalidade da obrigatoriedade de fixação do regime fechado para o início do cumprimento de pena decorrente da condenação por crime hediondo ou equiparado. 5. Esse entendimento abriu passagem para que a fixação do regime prisional – mesmo nos casos de tráfico ilícito de entorpecentes ou de outros crimes hediondos e equiparados – seja devidamente fundamentada, como ocorre nos demais delitos dispostos no ordenamento. 6. No caso, as instâncias ordinárias indicaram elementos concretos e individualizados aptos a demonstrar a necessidade da prisão do paciente em regime fechado, impondo-lhe o regime mais severo mediante fundamentação adequada, nos termos do que dispõe o art. 33, caput e parágrafos, do CP. 7. Ordem denegada. HC 119382. Rel. Min. Dias Toffoli, julgado em 26/11/2013.

▶ **STJ**

INFORMATIVO 540

Quinta Turma

DIREITO PENAL. REGIME INICIAL DE CUMPRIMENTO DE PENA NO CRIME DE TORTURA.

Não é obrigatório que o condenado por crime de tortura inicie o cumprimento da pena no regime prisional fechado. Dispõe o art. 1º, § 7º, da Lei 9.455/1997 – lei que define os crimes de tortura e dá outras providências – que "O condenado por crime previsto nesta Lei, salvo a hipótese do § 2º, iniciará o cumprimento da pena em regime fechado". Entretanto, cumpre ressaltar que o Plenário do STF, ao julgar o HC 111.840-ES (DJe 17.12.2013), afastou a obrigatoriedade do regime inicial fechado para os condenados por crimes hediondos e equiparados, devendo-se observar, para a fixação do regime inicial de cumprimento de pena, o disposto no art. 33 c/c o art. 59, ambos do CP. Assim, por ser equiparado a crime hediondo, nos termos do art. 2º, *caput* e § 1º, da Lei 8.072/1990, é evidente que essa interpretação também deve ser aplicada ao crime de tortura, sendo o caso de se desconsiderar a regra disposta no art. 1º, § 7º, da Lei 9.455/1997, que possui a mesma disposição da norma declarada inconstitucional. (...). Portanto, seguindo a orientação adotada pela Suprema Corte, deve-se utilizar, para a fixação do regime inicial de cumprimento de pena, o disposto no art. 33 c/c o art. 59, ambos do CP e as Súmulas 440 do STJ e 719 do STF. (...). Precedente citado: REsp 1.299.787-PR, Quinta Turma, DJe 3/2/2014. HC 286.925-RR, Rel. Min. Laurita Vaz, julgado em 13/5/2014.

7. § 1º. **Marco inicial da possibilidade de progressão de regimes.** Em termos práticos, a progressão de regimes pelos condenados por crimes hediondos e equiparados passou a ser possível a partir do julgamento da ordem de *habeas corpus* nº 82.959/SP, e, não, da edição da lei 11.464, de 28 de março de 2007.

8. § 1º. **Regime inicialmente fechado e possibilidade de substituição de pena privativa de liberdade por pena restritiva de direitos nos crimes hediondos e equiparados.** Antes do julgamento da ordem de *habeas corpus* nº 82.959/SP pelo STF, a jurisprudência não admitia a substituição de pena privativa de liberdade por pena restritiva de direitos nos crimes hediondos e equiparados, ao argumento de ser o regime de cumprimento de pena integralmente fechado, havendo pela incompatibilidade entre esse regime e a pena restritiva de direitos, que permite ao condenado cumprir a pena em liberdade.
   Após o julgamento da ordem de *habeas corpus* nº 82.959/SP pelo STF, a jurisprudência passou a admitir a substituição de pena privativa de liberdade por pena restritiva de direitos nos crimes hediondos e equiparados, uma vez que o único óbice que existia (regime integralmente fechado) não mais existe, em razão da declaração de sua inconstitucionalidade.

9. § 1º. **Regime inicialmente fechado e possibilidade de concessão da suspensão da execução da pena –** sursis **da pena nos crimes hediondos e equiparados.** Antes do julgamento da ordem de *habeas corpus* nº 82.959/SP pelo STF, a jurisprudência não admitia a concessão do *sursis* da pena nos crimes hediondos e equiparados, ao argumento de ser o regime de cumprimento de pena integralmente fechado, havendo pela incompatibilidade entre esse regime e *sursis* da pena previsto no art. 77 do Código Penal, que permite ao condenado cumprir a pena em liberdade.

Após o julgamento da ordem de *habeas corpus* nº 82.959/SP pelo STF, a jurisprudência passou a admitir a concessão do *sursis* da pena nos crimes hediondos e equiparados, uma vez que o único óbice que existia (regime integralmente fechado) não mais existe, em razão da declaração de sua inconstitucionalidade.

10. **§ 3º. Possibilidade de apelo em liberdade.** Trata-se de permissivo legal para o condenado recorrer da sentença penal condenatória em liberdade, desde que o juiz fundamente a sua decisão, em conformidade com o princípio da fundamentação das decisões judiciais, previsto no art. 93, IX, da CF/88.

11. **§ 4º. Prazo da prisão temporária.** O art. 2º da lei 7.960/89 prevê genericamente que o prazo da prisão temporária é de 5 dias, prorrogável por igual período em caso de extrema e comprovada necessidade. A lei de crimes hediondos aumentou o prazo da prisão temporária para 30 dias, também prorrogável por igual período em caso de extrema e comprovada necessidade, em se tratando de crimes hediondos e equiparados. Assim, atualmente há dois prazos distintos para a prisão temporária. Nos crimes comuns, o prazo é de 5 dias com base na lei 7.960/89. Em se tratando de crimes hediondos ou equiparados, o prazo é de 30 dias, com base na lei de crimes hediondos. Tanto em uma, quanto em outra hipótese o prazo poderá ser prorrogável por igual período, desde que haja extrema e comprovada necessidade, demonstrada pelo juiz na decisão que decretar a prisão. Não basta ser o delito praticado hediondo, devendo haver também a presença dos requisitos descritos no art. 1º, I e II da lei 7.960/89. Note-se que, uma vez terminado o prazo da prisão temporária, o preso deve ser colocado em liberdade imediatamente, independentemente de haver ordem judicial ou alvará de soltura, sob pena de a autoridade policial cometer crime de abuso de autoridade, previsto no art. 12, PU, IV, da lei nº 13.869/2019.

Art. 3º A União manterá **estabelecimentos penais, de segurança máxima**, destinados ao cumprimento de penas impostas a condenados de alta periculosidade, cuja permanência em presídios estaduais ponha em risco a ordem ou incolumidade pública.

1. **Estabelecimentos penais de segurança máxima.** Trata-se de mandamento legal que tem como destinatária a União Federal, no sentido de construir estabelecimentos prisionais de segurança máxima. São os denominados presídios federais de segurança máxima. Embora o mandamento dirija-se à União, esses estabelecimentos prisionais não se destinam aos presos oriundos da Justiça Federal. O critério é a colocação em risco a ordem ou a incolumidade pública. Normalmente, abrigam-se nos presídios federais presos perigosos, como chefes de organizações criminosas ou do tráfico de drogas.

Art. 4º (Vetado).

Art. 5º Ao art. 83 do Código Penal é acrescido o seguinte inciso:

"Art. 83 ....

V – cumprido **mais de dois terços da pena**, nos casos de condenação por crime hediondo, prática da tortura, tráfico ilícito de entorpecentes e drogas afins, e terrorismo, se o apenado não for **reincidente específico** em crimes dessa natureza."

1. **Livramento condicional nos crimes hediondos e equiparados.** O artigo 5º da lei de crimes hediondos acrescentou o inciso V ao art. 83 do Código Penal, que trata do livramento condicional, dispondo que o condenado por crime hediondo deverá cumprir mais de dois terços da pena privativa de liberdade para a sua obtenção, desde que o condenado não seja reincidente específico em crimes dessa natureza.

2. **Proibição de concessão do livramento condicional ao reincidente específico.** Reincidente específico é aquele que foi condenado com uma sentença penal condenatória transitada em julgado por um crime hediondo ou equiparado (tráfico, tortura e terrorismo) e, depois, pratica outro crime hediondo ou equiparado. Ex.: homicídio qualificado e estupro, latrocínio e tráfico, extorsão qualificada pela morte e estupro.

3. **Princípio da irretroatividade da lei penal mais severa.** O inciso V do art. 83 do Código Penal, inserido pela lei 8.072/90, configura, evidentemente, lei posterior mais severa, não podendo, em hipótese nenhuma, alcançar fatos praticados antes do seu início de vigência, por força do princípio da irretroatividade da lei penal mais severa (art. 5º, XL, da CF/88). Assim, o prazo de mais 2/3 de cumprimento de pena privativa de liberdade, bem como a proibição do livramento condicional ao reincidente específico não podem alcançar o agente que praticou o delito considerado hediondo antes de 26 de julho de 1990, data da publicação da lei de crimes hediondos.

Art. 6º Os arts. 157, § 3º; 159, *caput* e seus §§ 1º, 2º e 3º; 213; 214; 223, *caput* e seu parágrafo único; 267, *caput* e 270; *caput*, todos do Código Penal, passam a vigorar com a seguinte redação:

"Art. 157. ....

§ 3º Se da violência resulta lesão corporal grave, a pena é de reclusão, de cinco a quinze anos, além da multa; se resulta morte, a reclusão é de vinte a trinta anos, sem prejuízo da multa.

....

Art. 159. ....

Pena – reclusão, de oito a quinze anos.

§ 1º ....

Pena – reclusão, de doze a vinte anos.

§ 2º ....

Pena – reclusão, de dezesseis a vinte e quatro anos.

§ 3º ....

Pena – reclusão, de vinte e quatro a trinta anos.

....

> Art. 213. ....
>
> Pena – reclusão, de seis a dez anos.
>
> Art. 214. ....
>
> Pena – reclusão, de seis a dez anos.
>
> ....
>
> Art. 223. ....
>
> Pena – reclusão, de oito a doze anos.
>
> Parágrafo único. ....
>
> Pena – reclusão, de doze a vinte e cinco anos.
>
> ....
>
> Art. 267. ....
>
> Pena – reclusão, de dez a quinze anos.
>
> ....
>
> Art. 270. ....
>
> Pena – reclusão, de dez a quinze anos.
>
> ....

1. **Aumento de penas.** Este dispositivo somente aumentou as penas dos delitos ali previstos.

> **Art. 7º** Ao art. 159 do Código Penal fica acrescido o seguinte parágrafo:
>
> "Art. 159. ....
>
> § 4º Se o crime é cometido por quadrilha ou bando, o co-autor que denunciá-lo à autoridade, facilitando a libertação do seqüestrado, terá sua pena reduzida de um a dois terços."

1. **Redação atual.** Depois do advento da lei de crimes hediondos, o parágrafo 4º do art. 159 do Código Penal foi novamente alterado pela lei 9.269/96, apresentando atualmente a seguinte redação: *"Se o crime é cometido em concurso, o concorrente que o denunciar à autoridade, facilitando a libertação do seqüestrado, terá sua pena reduzida de 1 (um) a 2/3 (dois terços)."*

2. **Aplicabilidade.** Este dispositivo acrescentou o parágrafo 4º ao art. 159 do Código Penal, positivando o instituto denominado delação premiada. Somente se aplica ao delito de extorsão mediante sequestro, previsto no art. 159 do Código Penal, e, não, aos demais crimes hediondos.

3. **Beneficiário.** O legislador da lei de crimes hediondos utilizou a expressão *coautor*. Entretanto, o mencionado parágrafo foi alterado posteriormente pela lei 9.269/96, que utilizou a expressão *concorrente*. Dessa última alteração, conclui-se que o benefício da delação premiada abrange tanto o coautor quanto o partícipe.

4. **Destinatário e efetividade da delação.** O legislador utilizou a expressão *autoridade* como destinatário da delação, entendendo-se como tal a autoridade policial, o membro do Ministério Público e a autoridade judiciária. A delação deve efetivamente facilitar a libertação da vítima pra que incida a diminuição da pena.

5. **Redução da pena.** Preenchidos os requisitos da delação, torna-se obrigação do juiz aplicar a causa de diminuição de pena.

Art. 8º Será de três a seis anos de reclusão a **pena prevista no art. 288 do Código Penal**, quando se tratar de **crimes hediondos**, prática da **tortura, tráfico ilícito de entorpecentes e drogas afins ou terrorismo.**

Parágrafo único. O participante e o associado que denunciar à autoridade o bando ou quadrilha, possibilitando seu desmantelamento, terá a pena reduzida de um a dois terços.

1. Caput. A lei 8.072/90 trouxe nova pena para o delito de associação criminosa, mas tão-somente quando se destinar à prática de crimes hediondos, tráfico, tortura e terrorismo. Como o legislador fez menção expressa ao art. 288 do Código Penal, conclui-se que, para que haja o delito, devem ser exigidos todos os elementos típicos necessários à configuração do delito lá tipificado.

2. **Antiga lei de drogas (6.368/76).** A lei 6.368/76, antiga lei de drogas, hoje já revogada, tipificava de forma autônoma o delito de associação para o tráfico de drogas em seu art. 14, ao qual cominava a pena de reclusão de 3 a 10 anos. A lei de crimes hediondos foi mais benéfica, uma vez que no seu art. 8º passou a cominar pena de reclusão de 3 a 6 anos, diminuindo, portanto, a pena máxima de 10 para 6 anos. Por tratar-se de nova lei mais benéfica, jurisprudência e doutrina majoritárias entendiam que deveria incidir. Assim, no delito de associação para o tráfico, combinavam o preceito primário do art. 14 da lei 6.368/76 com o preceito secundário do art. 8º da lei 8.072/90.

▶ **STJ**

> Subsiste a tipificação do artigo 14 da Lei 6368/76, ante o artigo 8º da Lei 8072/90, que alterou, tão somente, a pena do referido dispositivo (Precedentes). (HC 50388/MG. Rel. Min. Félix Fischer. DJ 05/06/2006).
>
> RECURSO ESPECIAL. PENAL. TRÁFICO DE DROGAS E ASSOCIAÇÃO AO TRÁFICO. ARTS. 12 E 14 DA LEI 6.368/76. APLICAÇÃO DO CONTIDO NO ART. 8º DA LEI 8.072/90 PARA O DELITO DE ASSOCIAÇÃO. Ao delito de associação ao tráfico deve-se aplicar a pena prevista no art. 8º da Lei 8.072/90, por ser mais benéfica aos réus (RESP 705908/RJ. Rel. Min. José Arnaldo da Fonseca. DJ 05/09/2005).

3. **Nova lei de drogas (11.343/06).** Com o advento da nova lei de drogas, o legislador trouxe no art. 35 o delito autônomo de associação para o tráfico, cominando pena de reclusão de 3 a 10 anos, tratando-se, portanto, de nova lei mais severa no que toca a pena cominada, uma vez que, como visto acima, jurisprudência e doutrina aplicavam a pena prevista no art. 8º da lei 8.072/90, que era de 3 a 6 anos. Dessa forma, a opção mais técnica é que se continue a aplicar a pena do art. 8º da lei

8.072/90, por ser mais benéfica, ao agente que tiver cometido esse delito antes da vigência da nova lei de drogas, em homenagem ao princípio da irretroatividade da lei penal mais severa positivado no art. 5º, XL da CF/88. Entretanto, ao agente que tiver praticado o delito de associação para o tráfico na vigência da nova lei de drogas deve ser aplicada a pena nela prevista, em razão da teoria da atividade, segundo a qual se considera praticado o crime no momento da ação ou omissão, ainda que seja outro o momento do resultado (art. 4º do Código Penal).

4. **Parágrafo único.** Trata-se do instituto de delação premiada, que, segundo a redação legal, abrange tanto o integrante da associação criminosa, quanto o seu partícipe, uma vez que o legislador utilizou as expressões *participante* e *associado*. Por *desmantelamento* entenda-se a efetiva dissociação da associação criminosa.

Art. 9º As penas fixadas no art. 6º para os crimes capitulados nos arts. 157, § 3º, 158, § 2º, 159, *caput* e seus §§ 1º, 2º e 3º, 213, *caput* e sua combinação com o art. 223, *caput* e parágrafo único, 214 e sua combinação com o art. 223, *caput* e parágrafo único, todos do Código Penal, são acrescidas de metade, respeitado o limite superior de trinta anos de reclusão, estando a vítima em qualquer das hipóteses referidas no art. 224 também do Código Penal.

1. **Natureza jurídica.** O legislador trouxe, no dispositivo ora comentado, uma causa de aumento de pena, que deverá incidir na terceira fase do critério trifásico de aplicação de pena dos delitos ali definidos, caso a vítima de tais delitos seja menor de 14 anos, débil mental e o agente conheça tal circunstância ou não possa oferecer resistência (art. 224, alíneas *a, b* e *c* do Código Penal).

2. **Inaplicabilidade do dispositivo.** A lei 12.015/2009, além de ter operado significativa alteração nos delitos sexuais, no seu art. 7º revogou o art. 224 do Código Penal, que dispunha sobre as denominadas hipóteses de *presunção de violência*. Tais hipóteses passaram a integrar o tipo legal de crime denominado *estupro de vulnerável*, positivado no art. 217-A do Código Penal. Em outras palavras, tais hipóteses deixaram de ser casos de presunção de violência e passaram a ser elementos do tipo legal de crime do art. 217-A, denominado *estupro de vulnerável*. Como dito alhures, antes da reforma, havia severa discussão em doutrina e jurisprudência acerca da natureza dessa presunção de violência. De um lado, a doutrina era quase unânime em reconhecer a natureza relativa da presunção de violência; de outro lado o STF e o STJ entendiam que tal presunção absoluta. Após a reforma operada pela lei 12.015/2009, as hipóteses, antes denominadas de *presunção de violência*, previstas no revogado art. 224 do Código Penal, passaram a ser elementos do tipo legal de crime denominado *Estupro de vulnerável* (art. 217-A), sendo, portanto, elementos do tipo penal. Dessa forma, tais hipóteses não são mais tratadas como presunção de violência, e, sim, como elementos do tipo. Abandonou-se, assim, o sistema de presunção de violência. Portanto, haverá o delito de estupro de vulnerável sempre que o agente mantiver conjunção carnal ou outro ato libidinoso com menor de 14 anos, pessoa enferma ou com deficiência mental que não tenha o necessário discernimento para a prática do ato ou que por qualquer outra causa não possa oferecer resistência. Ademais, com a revogação do art. 224 do Código Penal, o

art. 9º da lei de crimes hediondos perdeu a sua aplicabilidade porque ficou sem aplicabilidade, tendo em vista que o art. 224 do Código Penal, ao qual o art. 9º da lei de Crimes Hediondos faz menção, foi revogado.

3. **Retroatividade da lei 12.015/2009.** Antes do advento da lei 12.015/2009, a tipificação do estupro de vulnerável era feita no art. 213 do Código Penal, com o aumento contido no art. 9º da lei de Crimes Hediondos, que resultava em uma pena mínima de 9 anos e máxima de 15 anos. A partir do advento da lei 12.015/2009, a tipificação do estupro contra vulnerável encontra-se no art. 217-A do Código Penal com a pena cominada de 8 a 15 anos. Note-se que a pena mínima foi reduzida em um ano. Portanto, especificamente nesse ponto, a lei 12.015/2009 é mais benéfica por ter cominado ao art. 217-A uma pena mínima menor. Por se tratar de nova lei mais benéfica, deve retroagir par alcançar fatos praticados antes do seu início de vigência, com fundamento no art. 5º, XL da CF/88.

▶ **STJ**

AGRAVO REGIMENTAL NO RECURSO ESPECIAL. PENAL E PROCESSO PENAL. SÚMULA 7/STJ. NÃO INCIDÊNCIA. ATENTADO VIOLENTO AO PUDOR MEDIANTE GRAVE AMEAÇA. INCIDÊNCIA DA CAUSA DE AUMENTO DE PENA DO ARTIGO 9º DA LEI 8.072/90. SUPERVENIÊNCIA DA LEI Nº 12.015/2009. APLICAÇÃO RETROATIVA. AGRAVO REGIMENTAL A QUE SE NEGA PROVIMENTO. A causa de aumento de pena do artigo 9º da Lei nº 8.072/90 tem incidência se resta comprovada a existência de violência real ou grave ameaça no crime de estupro ou atentado violento ao pudor cometido contra menor de 14 anos, dada a maior reprovabilidade da conduta. Editada a Lei nº 12.015/09, que deu novo tratamento aos "Crimes contra os Costumes", agora denominados "Crimes contra a Dignidade Sexual", foi tipificado no art. 217-A o crime praticado contra menor de 14 anos sob o rótulo de Estupro de Vulnerável com reprimendas mais severas, ao tempo em que foi revogado o artigo 224 do Código Penal, que dava fundamento à aplicação da causa especial de aumento de pena do artigo 9º da Lei nº 8.072. Caso mais benéfica ao réu a aplicação da lei nova por inteiro, i.e, com o preceito secundário do art. 217-A, como no caso concreto, imperiosa sua incidência retroativa para alcançar os fatos praticados sob a égide da legislação anterior, em obséquio ao princípio da mihi factum, dabo tibi ius aplicável em sede de recurso especial e ao mandamento constitucional inserto no inciso XL do artigo 5º da Carta Magna.5. Agravo regimental a que se nega provimento. AgRg no REsp 1194323. Maria Thereza de Assis Moura, julgado em 11/04/2013.

Art. 10. O art. 35 da Lei nº 6.368, de 21 de outubro de 1976, passa a vigorar acrescido de parágrafo único, com a seguinte redação:

"Art. 35. ....

Parágrafo único. Os prazos procedimentais deste capítulo serão contados em dobro quando se tratar dos crimes previstos nos arts. 12, 13 e 14."

Art. 11. (Vetado).

Art. 12. Esta lei entra em vigor na data de sua publicação.

Art. 13. Revogam-se as disposições em contrário.

Interceptação Telefônica. Lei nº 9.296, de 24 de julho de 1996

Art. 1º A interceptação de **comunicações telefônicas**, de qualquer natureza, para prova em **investigação criminal** e em **instrução processual** penal, observará o disposto nesta Lei e dependerá de **ordem do juiz competente** da ação principal, sob segredo de justiça.

Parágrafo único. O disposto nesta Lei aplica-se à interceptação do fluxo de comunicações em **sistemas de informática e telemática.**

1. **Objeto da lei.** A presente lei trata da autorização, regulamentação e limites para a realização da interceptação telefônica como meio de prova no curso da persecução penal. Em poucos artigos, o legislador tratou da regulamentação do tema, da competência para a autorização da sua realização, das hipóteses de incidência e de não incidência deste meio de prova, dos requisitos a serem demonstrados para que a interceptação seja autorizada, do tempo de sua duração, do procedimento a ser seguido na interceptação, do destino do objeto dessa prova, e, por fim, puniu como crime a conduta de realizar a interceptação telefônica fora dos moldes previstos na lei.

2. **Meios de prova.** Pelo seu conteúdo, podemos concluir que a presente lei tem conteúdo predominantemente processual. Embora ela traga um tipo penal no art. 10, a maior parte do seu conteúdo tem como objeto a regulamentação da obtenção de um *meio de prova*, que é a interceptação telefônica, que, na realidade, será apenas mais um elemento de prova dentro do processo, não podendo prevalecer sobre nenhuma outra prova, nem ser desprezado em detrimento de qualquer outro elemento probatório, em homenagem ao princípio da relatividade das provas.

3. **Abrangência.** Ao empregar as expressões *em investigação criminal* e *em instrução processual penal* o legislador deixou clara a abrangência da realização da interceptação telefônica, pois pretendeu abranger as duas fases da persecução criminal, seja na sua 1ª fase, que é a do inquérito policial, seja na sua 2ª fase, em que se tem a ação penal.

4. **Objeto de interceptação.** Questão relevante versa sobre o que pode ser objeto de interceptação. A discussão decorre da redação do dispositivo constitucional. Confira-se a redação art. 5º, XII da CF/88: "*é inviolável o sigilo da correspondência*

e das comunicações telegráficas, de dados e das comunicações telefônicas, salvo, no último *caso, por ordem judicial, nas hipóteses e na forma que a lei estabelecer para fins de investigação criminal ou instrução processual penal."* A redação constitucional levou parcela da doutrina a afirmar que a interceptação pode ser feita de qualquer forma de comunicação, ou seja, pode abranger a comunicação *telegráfica, de dados e as comunicações telefônicas*, desde que seja para fins criminais. Contudo, pensamos que a norma que se retira do comando constitucional é outra. Aliás, não vemos o porquê da discussão diante de uma norma constitucional clara. Com efeito, o dispositivo dispõe sobre a inviolabilidade das comunicações *telegráficas*, de *dados* e *telefônicas*, fazendo uma ressalva em relação às comunicações telefônicas ao dispor *"salvo, no* último *caso"*. A Constituição tratou de três formas de comunicação: 1. telegráfica; 2. de dados; e 3. telefônicas. Após a enumeração, o constituinte dispôs "salvo, no último caso". De forma clara à todas as luzes, o legislador constituinte enumerou três casos e depois ressalvou o "último *caso"*. Pergunta-se: qual seria o "último *caso*"? A resposta é óbvia: o terceiro caso. E qual é? As comunicações telefônicas. Se a ressalva abrangesse todas as hipóteses, qual teria sido a razão para o legislador constituinte inserir a expressão *"no* último *caso"*? *Data venia* de entendimentos em sentido contrário, pensamos que a norma constitucional não deixa margem para dúvidas ou controvérsias. Temos que a norma que se retira do inciso XII do art. 5º da CF/88 é a seguinte: *o sigilo das comunicações telegráficas, de dados e das comunicações telefônicas* é *inviolável, ressalvado esse* último *caso, das comunicações telefônicas, em que ele pode ser afastado por ordem judicial, nos casos previstos em lei para fins de investigação criminal ou instrução processual penal.* Não vemos como retirar outra norma do comando constitucional.

5. **Conceito de interceptação telefônica.** Interceptar significa cortar a passagem de algo, interromper o fluxo de algo. Assim, por interceptação telefônica entenda-se o ato de interromper, realizar uma interferência no fluxo de comunicação telefônica entre duas pessoas diferentes do interceptador, sem o conhecimento dos interlocutores. O interceptador capta o fluxo da comunicação entre duas pessoas estranhas a ele.

6. **Interceptação telefônica, escuta telefônica, gravação telefônica e quebra de sigilo de dados telefônicos.** Como dito acima, a *interceptação telefônica* consiste na interrupção, na interferência no fluxo de comunicação telefônica entre duas pessoas diferentes do interceptador, sem que os interlocutores saibam. A *escuta telefônica* consiste na captação da conversa de duas pessoas, realizada por um terceiro, porém com o conhecimento de um dos interlocutores. A *gravação telefônica* é o ato pelo qual ocorre a captação de conversa telefônica levada a efeito por um dos comunicadores, sem que o outro comunicador tenha ciência. Note-se que a *escuta telefônica* e a *gravação telefônica* por não constituírem interceptação telefônica, não são regulamentadas pela presente lei e não necessitam de autorização judicial. Por fim, a *quebra de sigilo de dados telefônicos* significa o acesso à relação de números de telefones que foram objetos de ligações, oriundas e recebidas por determinada linha telefônica, ou seja, o acesso ao histórico da relação de chamadas feitas e recebidas por um determinado número.

7. **Direito à intimidade e ao sigilo das comunicações telegráficas de dados e das comunicações telefônicas.** A realização da interceptação telefônica oferece sérios riscos a alguns direitos fundamentais previstos na CF/88, como o direito à intimidade, positivado no art. 5º, X (*"são invioláveis a intimidade, a vida privada, a honra e a imagem das pessoas, assegurado o direito a indenização pelo dano material ou moral decorrente de sua violação"*), bem como, e, sobretudo, o direito ao sigilo das comunicações telegráficas de dados e das comunicações telefônicas positivado no art. 5º, XII (*"é inviolável o sigilo da correspondência e das comunicações telegráficas, de dados e das comunicações telefônicas, salvo, no* último *caso, por ordem judicial, nas hipóteses e na forma que a lei estabelecer para fins de investigação criminal ou instrução processual penal."*). Disso decorre a necessidade de estabelecer-se a extensão da autorização legal para a interceptação telefônica e da necessidade de exigência de autorização judicial para a sua realização, temas que serão abordados em tópicos próprios.

8. **Necessidade de autorização judicial.** É inegável que a interceptação telefônica constitui verdadeira restrição ao direito fundamental à intimidade e ao sigilo das comunicações telefônicas, conforme exposto no tópico anterior. Ao Juiz, isento e imparcial, cabe velar pela observância do respeito aos direitos e garantias, em busca do devido processo legal. Assim, a restrição de direitos, sobretudo de direitos fundamentais, só pode ser feita por um órgão imparcial. Só o Juiz tem condições de avaliar, caso a caso, com isenção, ponderação e equilíbrio, a necessidade de restringir-se um direito fundamental, como na hipótese de restrição do direito fundamental à intimidade e ao sigilo das comunicações telefônicas, por meio da interceptação telefônica. A intervenção judicial prévia dá-se como fator de conformação constitucional do ato a ser praticado, evitando-se os abusos e os excessos estatais que colocam em perigo os direitos fundamentais. Há tempos o processo deixou de ser um mero instrumento para a satisfação do direito material, de exercício do *jus puniendi,* de satisfação da pretensão punitiva estatal e passou a ser um instrumento de exercício de garantias constitucionais do indivíduo que funciona como um escudo contra o arbítrio estatal. O processo penal não é um instrumento colocado somente a serviço da única finalidade de satisfação da pretensão punitiva estatal. O processo deve desempenhar a sua dupla função de, por um lado, tornar viável a aplicação da pena, e, de outro, servir de instrumento de garantia dos direitos e liberdades individuais, tendo em vista que o direito processual não é outra coisa senão o direito constitucional aplicado. De outro giro, os direitos fundamentais são marcados pela característica da relatividade, que significa que não são absolutos, mas, sim, relativos, razão pela qual podem sofrer limitações em face de outros direitos. Contudo, essa relatividade, associada à necessidade de dar-se mais efetividade à busca de elementos probatórios dentro do processo penal, não pode conduzir à supressão de direitos e garantias fundamentais fora dos moldes constitucionais. O que o legislador pretendeu, ao exigir a autorização judicial, por meio da prévia intervenção do Poder Judiciário, como órgão independente, autônomo, isento e desinteressado na investigação criminal, foi justamente a ponderação desses direitos envolvidos, para que esse meio de obtenção de prova seja praticado dentro das balizas constitucionais. Por

isso, o controle da violação de um direito fundamental pelo Poder Judiciário deve ser sempre prévio, razão pela qual é indispensável a autorização judicial para a realização da interceptação telefônica.

▶ **STJ**

INFORMATIVO nº 510

Quinta Turma

DIREITO PROCESSUAL PENAL. INTERCEPTAÇÃO TELEFÔNICA SEM AUTORIZAÇÃO JUDICIAL. VÍCIO INSANÁVEL.

Não é válida a interceptação telefônica realizada sem prévia autorização judicial, ainda que haja posterior consentimento de um dos interlocutores para ser tratada como escuta telefônica e utilizada como prova em processo penal. A interceptação telefônica é a captação de conversa feita por um terceiro, sem o conhecimento dos interlocutores, que depende de ordem judicial, nos termos do inciso XII do artigo 5º da CF, regulamentado pela Lei n. 9.296/1996. A ausência de autorização judicial para captação da conversa macula a validade do material como prova para processo penal. A escuta telefônica é a captação de conversa feita por um terceiro, com o conhecimento de apenas um dos interlocutores. A gravação telefônica é feita por um dos interlocutores do diálogo, sem o consentimento ou a ciência do outro. A escuta e a gravação telefônicas, por não constituírem interceptação telefônica em sentido estrito, não estão sujeitas à Lei 9.296/1996, podendo ser utilizadas, a depender do caso concreto, como prova no processo. O fato de um dos interlocutores dos diálogos gravados de forma clandestina ter consentido posteriormente com a divulgação dos seus conteúdos não tem o condão de legitimar o ato, pois no momento da gravação não tinha ciência do artifício que foi implementado pelo responsável pela interceptação, não se podendo afirmar, portanto, que, caso soubesse, manteria tais conversas pelo telefone interceptado. Não existindo prévia autorização judicial, tampouco configurada a hipótese de gravação de comunicação telefônica, já que nenhum dos interlocutores tinha ciência de tal artifício no momento dos diálogos interceptados, se faz imperiosa a declaração de nulidade da prova, para que não surta efeitos na ação penal. (**HC 161.053-SP, Rel. Min. Jorge Mussi, julgado em 27/11/2012**).

9. **Ordem do Juízo competente.** A previsão legal no sentido de que a interceptação telefônica depende de autorização do Juiz competente é uma decorrência do princípio do Juízo natural previsto no art. 5º, XXXVII (*"não haverá juízo ou tribunal de exceção"*) e LIII (*"ninguém será processado nem sentenciado senão pela autoridade competente"*) da CF/88. Segundo esse princípio, o Juízo natural é aquele que possui a sua competência definida em lei antes da prática do fato criminoso. Em outras palavras, o Juízo natural é aquele que já tem competência para o processo e o julgamento do fato criminoso na data da sua prática. Trata-se de uma garantia constitucional para que seja assegurado um julgamento imparcial e isento por parte do Poder Judiciário. O legislador fez essa exigência porque, caso a interceptação seja feita no curso do processo, somente aquele Juiz é que terá condições de avaliar, de acordo com o caso concreto julgado naquele processo, se será necessário o deferimento da medida. Mas caso a interceptação seja realizada antes da instauração do processo criminal, ou seja, na fase do inquérito policial, ela deverá ser autorizada

pelo Juízo que posteriormente tornar-se-á competente para processar e julgar o delito. Note-se que, nesse caso, a interceptação telefônica terá a natureza de medida cautelar, hipótese na qual o seu requerimento será remetido à livre distribuição a um dos Juízos criminais competentes para processar e julgar o delito, hipótese na qual esse Juízo ficará prevento para o processo posteriormente instaurado, por força dos arts. 75 e 83 do Código de Processo Penal (*"Art. 75. A precedência da distribuição fixará a competência quando, na mesma circunscrição judiciária, houver mais de um juiz igualmente competente. Parágrafo* único. *A distribuição realizada para o efeito da concessão de fiança ou da decretação de prisão preventiva ou de qualquer diligência anterior à denúncia ou queixa prevenirá a da ação penal. Art. 83. Verificar-se-á a competência por prevenção toda vez que, concorrendo dois ou mais juízes igualmente competentes ou com jurisdição cumulativa, um deles tiver antecedido aos outros na prática de algum ato do processo ou de medida a este relativa, ainda que anterior ao oferecimento da denúncia ou da queixa (arts. 70, § 3º, 71, 72, § 2º, e 78, II, c))".*

10. **Competência para autorizar a interceptação telefônica para investigar uso de artefato incendiário contra o edifício-sede da Justiça Militar da União.** Em princípio, tendo em vista que o edifício-sede da Justiça Militar da União não integra patrimônio militar, nem está subordinado à administração castrense, a competência é do Juízo Federal.

► **STJ**

INFORMATIVO nº 559.

Terceira Seção

DIREITO PROCESSUAL PENAL. COMPETÊNCIA PARA APRECIAR PEDIDO DE QUEBRA DE SIGILO TELEFÔNICO EM APURAÇÃO DE CRIME DE USO DE ARTEFATO INCENDIÁRIO CONTRA EDIFÍCIO-SEDE DA JUSTIÇA MILITAR DA UNIÃO.

Compete à Justiça Federal – é não à Justiça Militar – decidir pedido de quebra de sigilo telefônico requerido no âmbito de inquérito policial instaurado para apurar a suposta prática de crime relacionado ao uso de artefato incendiário contra o edifício-sede da Justiça Militar da União, quando o delito ainda não possua autoria estabelecida e não tenha sido cometido contra servidor do Ministério Público Militar ou da Justiça Militar. Isso porque a CF estabelece que a Justiça Militar da União é órgão do Poder Judiciário da União. Desse modo, o edifício-sede da Justiça Militar da União não integra patrimônio militar nem está subordinado à administração castrense, circunstância que afasta a incidência da alínea "a" do inciso III do art. 9º do CPM. Além disso, o ilícito praticado não foi cometido contra servidor do Ministério Público Militar ou da Justiça Militar. Em verdade, o evento delituoso em análise – sem autoria estabelecida – atingiu apenas a edificação em si, sem dano contra pessoa, razão pela qual a hipótese em foco não se subsume à alínea "b" do inciso III do art. 9º do CPM. **CC 137.378-RS, Rel. Min. Sebastião Reis Júnior, julgado em 11/3/2015, DJe 14/4/2015.**

11. **Modificação superveniente de competência.** Caso haja posteriormente a modificação da competência para processar e julgar o delito, a interceptação telefônica já realizada não se torna prova ilícita. Imagine-se a seguinte hipótese: o Juízo da

1ª Vara Federal Criminal autoriza a interceptação telefônica para a investigação de um delito de tráfico transnacional de drogas, delito de competência da Justiça Federal (art. 70 da lei 11.343/2006: *"O processo e o julgamento dos crimes previstos nos arts. 33 a 37 desta Lei, se caracterizado ilícito transnacional, são da competência da Justiça Federal"*). Posteriormente, depois de concluída a interceptação e já na fase processual, verifica-se que não se trata de tráfico transnacional, mas, sim, de tráfico nacional, de competência da Justiça Estadual. O Juízo da 1ª Vara Federal Criminal declara-se incompetente e remete os autos à Justiça Estadual. Nesse caso, a interceptação telefônica é válida e lícita? Pensamos que sim. Com efeito, no momento da autorização para a realização da interceptação, o Juízo competente era o da 1ª Vara Federal Criminal. A sua incompetência somente foi detectada posteriormente, sendo que isso não macula a prova produzida, nem a torna ilícita. O ato de autorização da interceptação telefônica foi praticado pelo Juízo competente naquele momento da prática dos atos investigatórios. A competência criminal forma-se no momento em que uma ação judicial criminal é ajuizada ou que um pedido de medida cautelar é apresentado em Juízo. Contudo, posteriormente, o Juízo que recebeu os autos do processo deve ratificar esse meio de prova.

▶ **STJ**

"(...) INTERCEPTAÇÕES TELEFÔNICAS. AUTORIZAÇÃO. ALTERAÇÃO SUPERVENIENTE DA COMPETÊNCIA. NÃO OCORRÊNCIA DE NULIDADE. PRORROGAÇÕES. CABIMENTO. AUSÊNCIA DE EMBASAMENTO APENAS EM DENÚNCIA ANÔNIMA. AGRAVO REGIMENTAL A QUE SE NEGA PROVIMENTO. (...). Nos termos da jurisprudência desta Corte Superior, as "interceptações telefônicas eventualmente determinadas por autoridade absolutamente incompetente permanecem válidas e podem ser plenamente ratificadas". (APn 536/BA, Rel. Ministra ELIANA CALMON, CORTE ESPECIAL, DJe 04/04/2013) (...) AgRg no REsp 1316912. Rel. Min. Maria Thereza de Assis Moura, julgado em 18/03/2014.

12. **Juízo incompetente e encontro fortuito de provas ou serendipidade.** O encontro fortuito de provas, também chamado serendipidade, ocorre quando a prova de uma infração penal é descoberta a partir da investigação de outra infração penal. Nesse caso, se da interceptação telefônica surgirem provas da prática de outro delito para o qual o Juízo que autorizou a interceptação telefônica não possui competência, a interceptação é válida.

▶ **STJ**

INFORMATIVO Nº 546.

Quinta Turma

DIREITO PROCESSUAL PENAL. LEGALIDADE DE INTERCEPTAÇÃO TELEFÔNICA DEFERIDA POR JUÍZO DIVERSO DAQUELE COMPETENTE PARA JULGAR A AÇÃO PRINCIPAL.

A sentença de pronúncia pode ser fundamentada em indícios de autoria surgidos, de forma fortuita, durante a investigação de outros crimes no decorrer de interceptação telefônica determinada por juiz diverso daquele competente para o julgamento da ação principal. Nessa situação, não há que se falar em incompetência do Juízo que autorizou a interceptação telefônica, tendo em vista que se trata de hipótese de encontro fortuito de provas. Além disso, a regra prevista no art. 1º da Lei 9.296/1996, de acordo com a qual a interceptação telefônica dependerá de ordem do juiz competente da ação principal, deve ser interpretada com ponderação, não havendo ilegalidade no deferimento da medida por Juízo diverso daquele que vier a julgar a ação principal, sobretudo quando autorizada ainda no curso da investigação criminal. Precedente citado: RHC 32.525-AP, Sexta Turma, DJe 4/9/2013. **REsp 1.355.432-SP, Rel. Min. Jorge Mussi, Rel. para acórdão Min. Marco Aurélio Bellizze, julgado em 21/8/2014.**

13. Encontro fortuito de provas ou serendipidade. *Crime achado*. Prisão provisória. O delito descoberto a partir da interceptação, como consequência do encontro fortuito de provas, é denominado *crime achado*. Como dissemos no item anterior, as provas da prática de outro delito (*crime achado*) para o qual o Juízo que autorizou a interceptação telefônica não possui competência são válidas. Da mesma forma, eventual prisão provisória decretada em razão do *crime achado* é igualmente válida, não havendo que se falar em nulidade do decreto prisional.

▶ **STF**

INFORMATIVO nº 869
Primeira Turma
Crime achado e justa causa

A Primeira Turma do Supremo Tribunal Federal, por maioria, indeferiu ordem de "habeas corpus" em que se discutia a ilicitude de provas colhidas mediante interceptação telefônica durante investigação voltada a apurar delito de tráfico internacional de drogas. No caso, o juízo de origem determinou a prisão preventiva do paciente em razão da suposta prática de homicídio qualificado. (...) O Colegiado afirmou que a hipótese dos autos é de crime achado, ou seja, infração penal desconhecida e não investigada até o momento em que se descobre o delito. A interceptação telefônica, apesar de investigar tráfico de drogas, acabou por revelar crime de homicídio. Assentou que, presentes os requisitos constitucionais e legais, a prova deve ser considerada lícita. Ressaltou, ainda, que a interceptação telefônica foi autorizada pela justiça, o crime é apenado com reclusão e inexistiu o desvio de finalidade. (...) **(HC 129678/SP, rel. orig. Min. Marco Aurélio, red. p/o ac. Min. Alexandre de Moraes, 13.6.2017).**

14. Serendipidade de 1º grau e de 2º grau. A serendipidade é classificada como *serendipidade de 1º grau* e *serendipidade de 2º grau*. A serendipidade de 1º grau consiste na descoberta de provas de outra infração penal que tenha conexão ou continência com a infração penal investigada. Em razão da conexão ou da continência, é possível que os elementos encontrados sejam utilizados como meios de prova. Não se trata de prova ilícita. De outro lado, a serendipidade de 2º grau dá-se quando não há essa relação de conexão ou de continência entre a infração investigada e a infração encontrada. Nesse caso, os elementos de prova encontrados não podem ser utilizados como meio de prova, embora possam servir de *notitia criminis*.

15. Encontro fortuito de provas ou serendipidade. STJ. O STJ vai além e, diversamente do entendimento doutrinário, admite a validade da prova decorrente da serendipidade, mesmo que não haja nenhuma relação de conexão ou de continência entre o delito investigado e o delito descoberto. Em outras palavras, mesmo que se trate de serendipidade de 2º grau, a prova é considerada lícita.

▶ **STJ**

> (...) A jurisprudência desta Corte é firme no sentido da adoção da teoria do encontro fortuito ou casual de provas (serendipidade). Segundo essa teoria, independentemente da ocorrência da identidade de investigados ou réus, consideram-se válidas as provas encontradas casualmente pelos agentes da persecução penal, relativas à infração penal até então desconhecida, por ocasião do cumprimento de medidas de obtenção de prova de outro delito regularmente autorizadas, ainda que inexista conexão ou continência com o crime supervenientemente encontrado e este não cumpra os requisitos autorizadores da medida probatória, desde que não haja desvio de finalidade na execução do meio de obtenção de prova. (...) **(HC 376.927/ES, Rel. Min. Ribeiro Dantas, julgado em 17/10/2017).**

16. Segredo de justiça. O legislador exigiu o sigilo sobre a interceptação e tal exigência justifica-se em razão não somente por se tratar de um ato de natureza investigatória, mas, também, e sobretudo, em razão da preservação do direito constitucional à intimidade e ao sigilo das comunicações telegráficas de dados e das comunicações telefônicas. Entretanto, o sigilo imposto pelo legislador não alcança o Juiz, o membro do Ministério Público e o Defensor Público ou privado.

17. Aplicabilidade da lei aos fluxos de comunicações em sistemas de informática e telemática. No parágrafo único o legislador dispôs sobre a aplicabilidade da lei à interceptação do fluxo de comunicações em sistemas de informática e telemática. Assim, é permitida a interceptação de comunicações por meios informáticos, como o computador, bem como meios telemáticos, que consistem na comunicação à distância de um ou mais conjuntos de serviços informáticos por meio de uma rede de telecomunicações.

18. Diferenças entre a lei 9.296/96 e o art. 3º, II da lei 12.850/2013. A lei 9.296/96, que regulamentou o art. 5º, XII da CF/88, trouxe, em seu texto, a figura jurídica da interceptação telefônica. A lei 12.850/2013, em seu art. 3º, II, trata de captação ambiental de sinais eletromagnéticos, ópticos ou acústicos. Embora as duas leis tratem de institutos semelhantes, há diversas diferenças entre ambas, a seguir elencadas: **1.** Na 12.850/2013 o legislador fez menção expressa à captação ambiental. Na lei 9.296/96, o legislador fez menção somente à interceptação; **2.** Na lei 12.850/2013 não há prazo determinado para a duração da medida. Na lei 9.296/96, o prazo é de 15 dias, renovável por igual tempo, uma vez comprovada a indispensabilidade da medida; **3.** A lei 12.850/2013 permite a captação ambiental de sinais eletromagnéticos, óticos ou acústicos. A lei 9.296/96 permite a interceptação do fluxo de comunicações em sistemas de informática e telemática; **4.** Na lei 12.850/2013 a captação ambiental pode ser feita de forma incondicional. Na lei 9.296/96, a interceptação possui natureza de meio subsidiário de prova, uma vez que o legislador dispôs que tal medida somente será cabível se não houver outro meio disponível para a formação da prova; **5.** Na lei 12.850/2013 é possível a captação ambiental para a investigação de qualquer infração penal praticada no âmbito de uma organização criminosa. Na lei 9.296/96, a interceptação somente pode ser autorizada para fins de investigação de delito apenado com reclusão.

Art. 3º, II da lei 12.850/2013	Lei 9.296/96
Captação ambiental.	Interceptação telefônica.
Não há prazo determinado para a duração.	O prazo é de 15 dias, renovável por igual tempo.
Captação ambiental de sinais eletromagnéticos, óticos ou acústicos.	Interceptação do fluxo de comunicações em sistemas de informática e telemática.
A captação pode ser feita de forma incondicional.	A interceptação possui natureza de meio subsidiário de prova.
É possível a captação ambiental para a investigação de qualquer infração penal praticada no âmbito de uma organização criminosa.	A interceptação somente pode ser autorizada para fins de investigação de delito apenado com reclusão

Art. 2º Não será admitida a interceptação de comunicações telefônicas quando ocorrer qualquer das seguintes hipóteses:

I - **não** houver **indícios razoáveis** da autoria ou participação em infração penal;

II - a prova puder ser feita por **outros meios disponíveis**;

III - o fato investigado constituir infração penal punida, no máximo, com pena de **detenção.**

Parágrafo único. Em qualquer hipótese deve ser descrita com clareza a situação objeto da investigação, inclusive com a indicação e qualificação dos investigados, salvo impossibilidade manifesta, devidamente justificada.

1. **Hipóteses de não cabimento da interceptação telefônica.** Pode parecer estranho que o legislador tenha tratado dos casos em que *não cabe* a interceptação telefônica. Normalmente, o legislador trata das hipóteses de cabimento. Contudo, é compreensível a forma pela qual o legislador tratou o tema. Com efeito, ao que parece, o legislador quis que o cabimento desse meio de obtenção de prova fosse a regra e, o seu não cabimento, a exceção. Assim, não seria possível ao legislador prever todas as hipóteses de cabimento, simplesmente porque quis fazer dele a regra geral. Portanto, ele optou por trazer as hipóteses excepcionais, ou seja, de não cabimento.

2. **Inciso I. Ausência de indícios razoáveis da autoria ou participação em infração penal.** Por indícios *razoáveis* entendam-se indícios suficientes de autoria ou participação. A medida de interceptação telefônica depende de indícios pré-existentes de autoria ou participação do agente no delito a ser investigado. Em outras palavras, já deve haver algum elemento de prova que traga, no mínimo, indícios da concorrência do agente. Por essa razão, uma investigação criminal não pode iniciar a partir da interceptação telefônica, pois nesse caso, não haverá indícios prévios que justifiquem a interceptação.

3. **Infração penal.** O legislador empregou a expressão *infração penal*, o que nos leva a concluir, a princípio, que a interceptação telefônica é admitida para a investigação de crimes e contravenções penais. Todavia, há uma questão insolúvel: O inciso III somente admite a interceptação telefônica para a investigação de infrações punidas com reclusão. E as contravenções penais são punidas com prisão simples (que está em desuso) e multa (art. 5º da Lei de Contravenções Penais). Assim, é forçosa a conclusão de que interceptação telefônica não é cabível para a investigação de uma contravenção penal.

4. **Encontro fortuito de provas ou serendipidade** O encontro fortuito de provas, também chamado serendipidade ocorre quando a prova de uma infração penal é descoberta a partir da investigação de outra infração penal. Vamos imaginar que, de uma interceptação telefônica autorizada para a investigação de um crime de lavagem de dinheiro, surjam indícios da prática de um delito de estelionato. Nesse caso, em relação a esse delito, aquela interceptação telefônica não pode servir de meio de prova, pois encontra óbice no inciso ora comentado, uma vez que não se tem indícios pré-existentes de concorrência do agente no delito de estelionato. Contudo, a interceptação telefônica poderá servir de elemento que permita a instauração de uma investigação criminal por esse delito (*notitia criminis*), mas nunca servir de meio de prova para o ajuizamento de um processo criminal. Ademais, conforme o inciso II, a interceptação telefônica é um meio subsidiário de prova e não há, ainda, naquele momento, outros meios de prova do delito de estelionato.

5. **Interceptação telefônica e denúncia anônima.** Havendo uma investigação devidamente instaurada, com indícios razoáveis de autoria ou de participação em infração penal punida com reclusão, é válida a instauração de interceptação telefônica a partir de denúncia anônima, desde que os fatos narrados na denúncia sejam confirmados posteriormente por elementos colhidos em investigação, aptos a demonstrarem os indícios razoáveis de autoria em relação ao delito objeto da denúncia anônima.

▶ **STF**

INFORMATIVO nº 855
Segunda Turma

Instauração de investigação criminal e determinação de interceptações telefônicas com base em denúncia anônima

A Segunda Turma denegou a ordem em "habeas corpus" em que se pretendia o reconhecimento da ilegalidade de ação penal e de interceptações telefônicas iniciadas a partir de denúncias anônimas. No caso, o Ministério Público estadual, após receber diversas denúncias anônimas de prática de crimes e seus possíveis autores, procedeu a investigações preliminares, com a oitiva informal de testemunhas. Diante da verossimilhança das alegações, instaurou procedimento de investigação no qual foi requerida quebra do sigilo telefônico dos envolvidos. (...) A Turma rememorou entendimento do STF no sentido de que a denúncia anônima é válida, quando as investigações se valem de outras diligências para apurar a "delatio criminis". Asseverou que a necessidade das interceptações telefônicas foi devidamente demonstrada pelo juiz natural da causa, bem como que havia indícios suficientes de autoria de crimes punidos com reclusão, conforme exigido pelo art. 2º da Lei 9.296/1996. (...) **(HC 133148/ES, rel. Min. Ricardo Lewandowski, julgamento em 21.2.2017)**

6. **Inciso II. Subsidiariedade da medida.** Tendo em vista que a medida de interceptação telefônica viola o direito fundamental à intimidade e ao sigilo das comunicações telegráficas de dados e das comunicações telefônicas, o legislador conferiu à essa medida o caráter subsidiário, de forma que ela tem que ser o único meio de prova disponível para a investigação de determinado delito. Trata-se de um requisito para a autorização judicial da medida.

▶ **STJ**

Informativo nº 809

Sexta Turma

Interceptação telefônica. Fundamentação concreta da decisão que autoriza a medida. Observância.

A interceptação telefônica demanda ordem judicial fundamentada em elementos concretos que justifiquem sua necessidade, bem como que afastem a possibilidade de obtenção das provas por outros meios.

O Superior Tribunal de Justiça entende que é lícita a autorização para interceptação telefônica quando observados os ditames normativos previstos na Lei n. 9.296/1996 e, dentre eles, o de haver indícios razoáveis da prática de delitos penais punidos com reclusão e não haver possibilidade de a prova ser obtida por outros meios.

No caso, todos os requisitos e critérios legais foram observados, porquanto as instâncias ordinárias demonstraram cabalmente a imprescindibilidade da medida, ainda que tivesse sido tomada *ictu oculi*, consubstanciado no fato de que o réu e outros corréus teriam estreito envolvimento para movimentação de quantidades consideráveis de entorpecentes.

Ademais, "é firme a jurisprudência desta Corte Superior no sentido de que, em se tratando alegada violação ao art. 2°, II, da Lei n. 9.296/1996, cabe a defesa demonstrar se realmente haviam outros meios de provas disponíveis para a apuração dos fatos ao tempo do requerimento da quebra do sigilo telefônico, o que não ocorreu na espécie" (AgRg no AREsp n. 830.337/SC, relator Ministro Ribeiro Dantas, Quinta Turma, DJe 6/3/2019).

Por fim, consigne-se que a atuação de grupos criminosos organizados, por sua própria complexidade, demanda, não raro, a utilização do instituto da interceptação telefônica para o delineamento mais preciso das funções de cada um de seus membros, bem como para descobrir novas atividades em curso e proceder da forma adequada para a sua desarticulação.

AgRg no RHC 183.085-SP, Rel. Ministro Antonio Saldanha Palheiro, julgado em 16/4/2024, DJe 19/4/2024.

7. **Inciso III. Infração punida com pena de detenção.** *A contrario sensu,* a interceptação telefônica somente é cabível nas infrações penais punidas com reclusão. Não há nenhuma razão dogmática para o legislador fazer essa limitação. A única justificativa plausível seria no sentido de que o legislador restringiu a utilização

desse meio de prova em razão da sua gravidade no tocante à violação dos direitos fundamentais à intimidade e ao sigilo das comunicações telegráficas de dados e das comunicações telefônicas.

8. **Infração penal punida com pena de detenção e conexão com outros delitos apenados com reclusão.** Caso o delito apenado com detenção seja praticado em conexão com outro delito apenado com reclusão, é cabível a interceptação telefônica para a sua investigação.

▶ **STJ**

> (...) INTERCEPTAÇÃO TELEFÔNICA. CRIME APENÁVEL COM DETENÇÃO. IMPOSSIBILIDADE. ILICITUDE DA PROVA POR DERIVAÇÃO. CONSTRANGIMENTO ILEGAL EVIDENCIADO. (...). Inadmissível a interceptação de comunicações telefônicas quando o fato investigado constituir infração penal punida, no máximo, com pena de detenção. Contudo, é possível se autorizar a quebra do sigilo para apurar crime punível com detenção desde que conexo com outros delitos puníveis com reclusão. Precedente. (...). HC 186118. Rel. Min. Sebastião Reis Júnior, julgado em 05/06/2014.

9. **Parágrafo único. Detalhamento da medida.** O legislador exigiu a descrição com clareza da situação objeto da investigação, inclusive com a indicação e a qualificação dos investigados, salvo impossibilidade manifesta, devidamente justificada. Trata-se de uma medida salutar, uma vez que somente assim será possível um maior controle sobre a legalidade e a legitimidade da medida.

Art. 3º A interceptação das comunicações telefônicas poderá ser **determinada pelo juiz**, de ofício ou a requerimento:

I – da **autoridade policial**, na investigação criminal;

II – do representante do **Ministério Público**, na investigação criminal e na instrução processual penal.

1. **Determinação de ofício pelo Juiz.** Apesar de o legislador ter permitido ao Juiz determinar a interceptação telefônica de ofício, pensamos que isso viola o sistema acusatório, uma vez que a interceptação telefônica é um meio de obtenção de prova realizado para a investigação criminal. Juiz é parte desinteressada e imparcial. Ao permitir-se que o Juiz determine a interceptação telefônica de ofício, estar-se-á a permitir que ele realize produção probatória. Autorizar ao Juiz buscar a prova diretamente implica radical comprometimento de sua imparcialidade enquanto magistrado.

2. **Inciso I. Representação da autoridade policial.** A autoridade policial é quem preside as investigações. Logo, ela tem condições de avaliar os meios de obtenção de provas para a investigação de determinada infração penal. A representação da autoridade policial é dirigida diretamente ao Juiz.

3. **Inciso II. Requerimento do Ministério Público.** Como titular da ação penal, o Ministério Público tem legitimidade, como parte, para requerer ao Juiz o deferimento da medida, tanto na fase da investigação criminal, quanto na fase da instrução processual.

Art. 4º O pedido de interceptação de comunicação telefônica conterá a demonstração de que a sua realização é **necessária à apuração de infração penal**, com indicação dos meios a serem empregados.

§ 1º **Excepcionalmente**, o juiz poderá admitir que o pedido seja formulado **verbalmente**, desde que estejam presentes os pressupostos que autorizem a interceptação, caso em que a concessão será condicionada à sua redução a termo.

§ 2º O juiz, no **prazo máximo de vinte e quatro horas**, decidirá sobre o pedido.

1. **Requisitos do requerimento de interceptação telefônica.** O art. 4º da lei trata dos requisitos que o pedido de interceptação telefônica deve conter ao ser dirigido ao Juízo competente. O legislador exigiu claramente a demonstração, por parte do requerente (se o Ministério Público) ou do representante (se a autoridade policial), da necessidade da medida para a apuração da infração penal, bem como a indicação dos meios a serem empregados. Contudo, pensamos que isso não é o suficiente para a concessão da interceptação telefônica. Tendo em vista que o art. 2º, II traz a natureza subsidiária da medida, pensamos que o requerente, ou o representante deve demonstrar também que não há nenhum outro meio de prova viável para a descoberta da infração penal.

2. **§ 1º. Requerimento verbal.** O legislador autorizou o requerimento verbal. Apesar de não ser o usual, é possível. Porém, pensamos que somente uma medida de interceptação telefônica urgente teria o seu pedido verbal justificado. De qualquer forma, ainda que feito de forma verbal, o requerimento deverá ser reduzido a termo.

3. **§ 2º. Prazo para o Juiz decidir.** Uma vez protocolado o pedido de interceptação telefônica, o Juiz tem o prazo de 24 horas para decidir sobre a sua concessão ou não. A lei não estabelece nenhuma sanção a ser aplicada ao Juiz caso ele não respeite esse prazo. Contudo, o atraso na decisão pode comprometer as investigações, sobretudo por ser a interceptação telefônica o único meio de prova viável para investigar a infração penal.

Art. 5º A **decisão será fundamentada**, sob pena de nulidade, indicando também a forma de execução da diligência, que não poderá **exceder o prazo de quinze dias, renovável** por **igual tempo** uma vez comprovada a **indispensabilidade** do meio de prova.

1. **Necessidade de decisão fundamentada.** A exigência da fundamentação da decisão decorre do princípio constitucional da motivação das decisões judiciais, positivado no art. 93, IX da CF/88, nos seguintes termos: *"todos os julgamentos dos órgãos do Poder Judiciário serão públicos, e fundamentadas todas as decisões, sob pena de nulidade, podendo a lei limitar a presença, em determinados atos, às próprias partes e a seus advogados, ou somente a estes, em casos nos quais a preservação do direito à intimidade do interessado no sigilo não prejudique o interesse público à informação"*.

2. **Termo inicial da interceptação telefônica.** O termo inicial é o dia em que a interceptação é efetivada, e não o dia da autorização judicial, devendo os 15 dias serem contados a partir do efetivo início da interceptação.

▶ **STJ**

INFORMATIVO nº 493.

Sexta Turma

INTERCEPTAÇÃO TELEFÔNICA. TERMO INICIAL.

A Lei n. 9.296/1996, que regula a quebra de sigilo das comunicações telefônicas, estabelece em 15 dias o prazo para duração da interceptação, porém não estipula termo inicial para cumprimento da ordem judicial. No caso, a captação das comunicações via telefone iniciou-se pouco mais de três meses após o deferimento, pois houve greve da Polícia Federal no período, o que interrompeu as investigações. A Turma entendeu que não pode haver delonga injustificada para o começo da efetiva interceptação e deve-se atentar sempre para o princípio da proporcionalidade, mas, na hipótese, sendo a greve evento que foge ao controle direto dos órgãos estatais, não houve violação do mencionado princípio. Assim, a alegação de ilegalidade das provas produzidas, por terem sido obtidas após o prazo de 15 dias, não tem fundamento, uma vez que o prazo é contado a partir do dia em que se iniciou a escuta, e não da data da decisão judicial que a autorizou. Precedente citado: HC 135.771-PE, DJe 24/8/2011. **HC 113.477-DF, Rel. Min. Maria Thereza de Assis Moura, julgado em 20/3/2012.**

▶ **STJ**

INFORMATIVO nº 480.

Sexta Turma.

INTERCEPTAÇÃO TELEFÔNICA. INÍCIO E DURAÇÃO DO PRAZO.

O prazo de 15 dias previsto no art. 5º da Lei n. 9.296/1996 não se inicia da decisão judicial que autoriza a interceptação telefônica, mas do dia em que a medida é efetivada. Ademais, as escutas podem extrapolar o prazo veiculado na lei sempre que houver comprovada necessidade. O prazo de oito meses mostrou-se indispensável para que a autoridade policial chegasse aos envolvidos no sofisticado esquema de tráfico de drogas, principalmente pela complexidade do feito, pelo número de acusados, pela quantidade de drogas e pela variedade de entorpecentes. Precedentes citados do STF: Inq 2.424-RJ, DJe 26/3/2010; do STJ: HC 50.193-ES, DJ 21/8/2006, e HC 125.197-PR, DJe 24/6/2011. **HC 135.771-PE, Rel. Min. Og Fernandes, julgado em 4/8/2011.**

3. **Prazo máximo de duração da interceptação telefônica.** O legislador estabeleceu o prazo máximo de 15 dias para a duração da interceptação telefônica.

4. **Renovação da interceptação telefônica.** Vencidos os 15 dias de duração máxima da interceptação telefônica, deverá ser realizado um novo pedido de interceptação telefônica. O Juiz terá, também, 24 horas para decidir sobre a renovação da medida. Contudo, a renovação está condicionada à demonstração da indispensabilidade da medida de interceptação telefônica. A decisão de renovação também deve ser fundamentada.

5. **Renovações sucessivas.** São possíveis as renovações sucessivas da interceptação telefônica sem que haja limite de vezes, desde que sejam indispensáveis para a colheita de prova. Cabe ao representante ou requerente a avaliação da necessidade de manutenção da prorrogação tantas vezes quantas forem necessárias.

▶ **STF**

INFORMATIVO nº 855.

Segunda Turma.

(...) Quanto às prorrogações das interceptações telefônicas, ponderou que a Corte tem admitido a razoável dilação dessas medidas, desde que respeitado o prazo de quinze dias entre cada uma das diligências, o que não caracteriza desrespeito ao art. 5º da Lei 9.296/1996. (...) **(HC 133148/ES, rel. Min. Ricardo Lewandowski, julgamento em 21.2.2017).**

▶ **STJ**

INFORMATIVO Nº 491.

Quinta turma.

INTERCEPTAÇÃO TELEFÔNICA. PRORROGAÇÃO REITERADA DA MEDIDA.

A Turma, por maioria, reiterou o entendimento de que as interceptações telefônicas podem ser prorrogadas sucessivas vezes pelo tempo necessário para a produção da prova, especialmente quando o caso for complexo e a prova, indispensável, sem que a medida configure ofensa ao art. 5º, *caput*, da Lei n. 9.296/1996. Sobre a necessidade de fundamentação da prorrogação, esta pode manter-se idêntica à do pedido original, pois a repetição das razões que justificaram a escuta não constitui, por si só, ilicitude. Precedentes citados: RHC 13.274-RS, DJ 29/9/2003; HC 151.415-SC, DJe 2/12/2011; HC 134.372-DF, DJe 17/11/2011; HC 153.994-MT, DJe 13/12/2010; HC 177.166-PR, DJe 19/9/2011, e HC 161.660-PR, DJe 25/4/2011. HC 143.805-SP, Rel. originário Min. Adilson Vieira Macabu (Desembargador Convocado do TJRJ), Rel. para o acórdão Min. Gilson Dipp, julgado em 14/2/2012.

6. **Renovação por 30 dias consecutivos. Possibilidade.** O STF e o STJ têm entendimento no sentido de que seria possível a renovação da interceptação telefônica por 30 dias ininterruptos. A razão para esse prazo ininterrupto é, entre outros fatores, a complexidade da investigação, a complexidade dos fatos delituosos praticados, o número de infrações penais investigadas e a quantidade de réus envolvidos na investigação. Além disso, argumenta-se que o prazo de 30 dias nada mais é do que a soma de 15 dias mais 15 dias. Ademais, para a jurisprudência a renovação do prazo a cada 15 dias poderia causar embaraços e atrasos na investigação, comprometendo a sua efetividade e a sua agilidade, sendo possível, dessa forma, a mitigação da norma contida no art. 5º da presente lei. Discordamos desse entendimento. O sigilo é a regra. O seu afastamento, a exceção. A lei ora comentada abriu uma exceção e trouxe uma permissão legal de afastamento do direito fundamental do sigilo das comunicações telefônicas. Trata-se de norma excepcional. Se o legislador estabeleceu um prazo máximo para o afastamento do direito fundamental, quis que esse afastamento fosse temporário, justamente em razão da importância do direito fundamental envolvido. Mitigar essa norma

significa dar interpretação extensiva a uma norma restritiva de direitos e de cunho excepcional. A determinação do prazo de afastamento do direito fundamental coube ao legislador e ele fê-lo expressamente no artigo ora comentado, não podendo ser mitigado pelo Poder Judiciário, sob pena de desrespeitar-se a *voluntas legis*, de forma que a decisão nesse sentido é uma decisão *contra legem*, gerando a ilicitude das provas colhidas.

▶ **STF**

Habeas corpus. Constitucional. Processual Penal. Interceptação telefônica. (...) Eventual ilegalidade da decisão que autorizou a interceptação telefônica e suas prorrogações por 30 (trinta) dias consecutivos. Não ocorrência. Possibilidade de se prorrogar o prazo de autorização para a interceptação telefônica por períodos sucessivos quando a intensidade e a complexidade das condutas delitivas investigadas assim o demandarem. Precedentes. (...) 1. É da jurisprudência desta Corte o entendimento de ser possível a prorrogação do prazo de autorização para a interceptação telefônica, mesmo que sucessiva, especialmente quando o fato é complexo, a exigir investigação diferenciada e contínua (HC nº 83.515/RS, Tribunal Pleno, Relator o Ministro Nelson Jobim, DJ de 4/3/05). 2. Cabe registrar que a autorização da interceptação por 30 (dias) dias consecutivos nada mais é do que a soma dos períodos, ou seja, 15 (quinze) dias prorrogáveis por mais 15 (quinze) dias, em função da quantidade de investigados e da complexidade da organização criminosa. 3. Nesse contexto, considerando o entendimento jurisprudencial e doutrinário acerca da possibilidade de se prorrogar o prazo de autorização para a interceptação telefônica por períodos sucessivos quando a intensidade e a complexidade das condutas delitivas investigadas assim o demandarem, não há que se falar, na espécie, em nulidade da referida escuta e de suas prorrogações, uma vez que autorizada pelo Juízo de piso, com a observância das exigências previstas na lei de regência (Lei nº 9.296/96, art. 5º). (...) 5. Habeas corpus parcialmente conhecido e, nessa parte, denegado. **(HC 106129, Rel. Min. Dias Toffoli, julgado em 06/03/2012).**

▶ **STJ**

HABEAS CORPUS. (...) INTERCEPTAÇÃO TELEFÔNICA DEFERIDA PELO PRAZO DE TRINTA DIAS CONSECUTIVOS. POSSIBILIDADE. PRECEDENTE DO STF. DILAÇÃO TEMPORAL JUSTIFICADA NA NECESSIDADE DE APURAÇÃO DOS INÚMEROS CRIMES PRATICADOS, NA COMPLEXIDADE E PERICULOSIDADE DA QUADRILHA. (...) 2. Na hipótese, insurge-se o impetrante tão somente contra o pressuposto de cunho temporal, sustentando a ilegalidade das interceptações telefônicas prorrogadas pelo período de 30 (trinta) dias consecutivos, por afronta ao que preconiza o art. 5º da Lei nº 9.296/96. 3. Entretanto, a excepcional prorrogação das interceptações telefônicas pelo prazo de 30 (trinta) dias, a despeito de contrariar a literalidade da Lei nº 9.296/96, mostra-se razoável quando as peculiaridades da causa exigi-la. Precedentes do STF: RHC 88.371, DJe de 2.2.07, decisão unânime; e desta Corte: HC 138.933/MS, DJe 30.11.09, decisão unânime. (...) 7. Dessa forma, atendendo aos ditames de proporcionalidade e ponderação de interesses e sopesando as circunstâncias que revestem o caso em análise – quais sejam, a complexidade e a periculosidade da organização criminosa, o elevado número de integrantes, dentre estes policiais civis, e a grande quantidade de crimes supostamente cometidos –, não há se falar em constrangimento ilegal na prorrogação das interceptações telefônicas pelo prazo de 30 (trinta) dias contínuos. 8. Ordem denegada. **(HC 106.007/MS, Rel. Min. Og Fernandes, julgado em 17/08/2010).**

Art. 6º Deferido o pedido, a **autoridade policial conduzirá os procedimentos** de interceptação, dando ciência ao Ministério Público, que poderá acompanhar a sua realização.

§ 1º No caso de a diligência possibilitar a gravação da comunicação interceptada, será determinada a sua **transcrição.**

§ 2º Cumprida a diligência, a autoridade policial encaminhará o resultado da interceptação ao juiz, acompanhado de auto circunstanciado, que deverá conter o resumo das operações realizadas.

§ 3º Recebidos esses elementos, o juiz determinará a providência do art. 8º, ciente o Ministério Público.

1. **Acompanhamento da diligência pelo Ministério Público.** O acompanhamento é facultativo. O legislador entendeu que o acompanhamento pelo Ministério Público seria importante, mas não fundamental, razão pela qual lhe concedeu essa opção.

2. **§ 1º. Gravação e transcrição da comunicação interceptada.** A gravação da interceptação, embora facultativa, é de extrema importância, pois é a única forma de ela ser valorada como prova dentro dos autos do processo pelo Juiz. Todavia, uma vez gravada, o legislador impôs a obrigatoriedade da sua transcrição, para que ela passe a integrar os autos do processo como elemento probatório.

3. **Transcrição parcial da conversa.** É possível a transcrição de parte do conteúdo da comunicação interceptada, não sendo necessária a sua transcrição integral. Basta que haja a transcrição da parte da conversa que for interessante à investigação para subsidiar a denúncia.

   ▶ **STF**

   > Habeas corpus. 2. Operação "Navalha". 3. Interceptações telefônicas. Prescindibilidade de degravação de todas as conversas, sendo bastante que se tenham degravados os excertos que subsidiaram o oferecimento da denúncia. Precedentes. 4. Ausência de constrangimento ilegal. 5. Ordem denegada. HC 118371. Rel. Min. Gilmar Mendes, julgado em 19/08/2014.

4. **§ 2º. Auto circunstanciado da diligência.** O resultado da interceptação deve ser encaminhado ao Juiz. Trata-se de um documento formalizado que contém os detalhes da diligência. É uma espécie de relatório, onde a autoridade policial faz o registro da medida de interceptação realizada.

5. **Resolução nº 59/2008 do CNJ.** Trata da rotina de distribuição, registro e processamento das medidas cautelares de caráter sigiloso em matéria criminal, cujo objeto seja a interceptação de comunicações telefônicas, de sistemas de informática e telemática.

Art. 7º Para os procedimentos de interceptação de que trata esta Lei, a autoridade policial poderá **requisitar serviços e técnicos especializados** às **concessionárias de serviço público.**

1. **Requisição de serviços e técnicos especializados** às **concessionárias de serviço público.** O legislador impôs às concessionárias a obrigação de atender à requisição da autoridade policial, uma vez que a medida de interceptação pode demandar questões que envolvam conhecimentos técnicos especializados que os órgãos de investigação não têm. A *requisição* é uma ordem da autoridade policial que não pode ser descumprida, sob pena de configuração de crime de desobediência (art. 330 do Código Penal).

Art. 8º A interceptação de comunicação telefônica, de qualquer natureza, ocorrerá em **autos apartados**, apensados aos autos do inquérito policial ou do processo criminal, **preservando-se o sigilo das diligências, gravações e transcrições respectivas.**

Parágrafo único. A apensação somente poderá ser realizada imediatamente antes do relatório da autoridade, quando se tratar de inquérito policial (Código de Processo Penal, art.10, § 1º) ou na conclusão do processo ao juiz para o despacho decorrente do disposto nos arts. 407, 502 ou 538 do Código de Processo Penal.

1. **Autos apartados e apensados.** A fim de manter os autos da interceptação telefônica juntos com os autos do inquérito policial ou com o processo criminal, o legislador determinou que o conteúdo da interceptação telefônica seja objeto de autos apartados, ou seja, diversos dos autos principais do inquérito ou do processo. Inclusive, a interceptação telefônica possui autuação e numeração próprias. Além disso, os autos da interceptação devem ficar apensados aos autos principais, o que significa dizer que eles ficam anexados aos autos principais.

Art. 8º-A. Para investigação ou instrução criminal, poderá ser autorizada pelo juiz, a requerimento da autoridade policial ou do Ministério Público, a **captação ambiental de sinais eletromagnéticos, ópticos ou acústicos**, quando: (Incluído pela Lei nº 13.964, de 2019)

I – a prova não puder ser feita por outros meios disponíveis e igualmente eficazes; e (Incluído pela Lei nº 13.964, de 2019)

II – houver elementos probatórios razoáveis de autoria e participação em infrações criminais cujas penas máximas sejam superiores a 4 (quatro) anos ou em infrações penais conexas. (Incluído pela Lei nº 13.964, de 2019)

§ 1º O requerimento deverá descrever circunstanciadamente o local e a forma de instalação do dispositivo de captação ambiental. (Incluído pela Lei nº 13.964, de 2019)

§ 2º A instalação do dispositivo de captação ambiental poderá ser realizada, quando necessária, por meio de operação policial disfarçada ou no período noturno, exceto na casa, nos termos do inciso XI do *caput* do art. 5º da Constituição Federal. (Incluído pela Lei nº 13.964, de 2019) (Vigência)

§ 3º A captação ambiental não poderá exceder o prazo de 15 (quinze) dias, renovável por decisão judicial por iguais períodos, se comprovada a indispensabilidade do meio de prova e quando presente atividade criminal permanente, habitual ou continuada. (Incluído pela Lei nº 13.964, de 2019)

§ 4º A captação ambiental feita por um dos interlocutores sem o prévio conhecimento da autoridade policial ou do Ministério Público poderá ser utilizada, em matéria de defesa, quando demonstrada a integridade da gravação.

§ 5º Aplicam-se subsidiariamente à captação ambiental as regras previstas na legislação específica para a interceptação telefônica e telemática. (Incluído pela Lei nº 13.964, de 2019)

1. **Captação ambiental de sinais eletromagnéticos, ópticos ou acústicos.** A *captação ambiental* prevista neste dispositivo legal ocorre quando uma terceira pessoa capta os sinais **eletromagnéticos, ópticos ou acústicos** de contato não telefônico entre dois interlocutores, com a ciência de apenas um deles. Exige-se autorização judicial, de forma que caso a captação seja efetivada sem a autorização judicial, há a prática do delito previsto no art. 10-A desta lei.

2. **Abrangência.** Ao empregar as expressões *para investigação ou instrução criminal* o legislador deixou clara a abrangência da realização da captação prevista neste artigo, abrangendo as duas fases da persecução criminal: a 1ª fase, que é a do inquérito policial; e a 2ª fase, em que se tem a ação penal.

3. **Inciso I. Subsidiariedade da medida.** O legislador conferiu a essa medida o caráter subsidiário, de forma que ela tem que ser o único meio de prova disponível para a investigação de determinado delito. Trata-se de um requisito para a autorização judicial da medida, que deve ser demonstrado pela Autoridade Policial ou pelo membro do Ministério Público.

4. **Inciso II. Elementos probatórios razoáveis de autoria e participação. A exigência de elementos probatórios razoáveis** de autoria e participação é uma decorrência lógica do Estado Democrático de Direito. Toda investigação requer elementos mínimos. Além disso, o legislador estabeleceu um requisito de ordem objetiva, ou seja, de acordo com a infração penal investigada. Assim, a medida de captação ambiental só pode ser autorizada pelo Juiz se a infração penal investigada tiver pena máxima cominada superior a quatro anos ou em infrações penais conexas. É de se notar que em relação às infrações penais conexas não há essa limitação de pena máxima superior a quatro anos, podendo ser qualquer infração penal punida com qualquer pena, desde que haja a conexão requerida neste inciso.

5. **§1º. Descrição circunstanciada.** A descrição circunstanciada é uma exigência legal para que se garanta a efetividade e a legalidade da medida.

6. **§3º. Prazo máximo.** O legislador estabeleceu o prazo máximo de 15 dias para a duração da captação prevista no dispositivo legal ora comentado.

7. **§3º. Renovação da captação. Requisitos.** Vencido o prazo da captação ambiental, a medida poderá ser renovada por decisão judicial. Entretanto, o legislador estabeleceu como requisitos para a renovação a demonstração da indispensabilidade da captação ambiental e a presença de atividade criminal permanente, habitual ou continuada.

8. **§3º. Renovações sucessivas.** A exemplo do que acontece com a interceptação telefônica, cremos serem possíveis renovações sucessivas, tendo em vista que não há limitação legal.

9. **§4º. Validade da captação ambiental.** Uma vez demonstrada a integridade da gravação, ela poderá ser utilizada, mesmo que não haja a prévia ciência da autoridade policial ou do Ministério Público.

10. **§5º. Aplicação subsidiária.** Em razão da semelhança entre os institutos da interceptação telefônica e da captação ambiental de sinais eletromagnéticos, ópticos ou acústicos, o legislador determinou a aplicação subsidiária das regras previstas para a interceptação telefônica e telemática.

Art. 9º A **gravação que não interessar** à prova será **inutilizada por decisão judicial**, durante o inquérito, a instrução processual ou após esta, em virtude de requerimento do Ministério Público ou da parte interessada.

Parágrafo único. O incidente de inutilização será assistido pelo Ministério Público, sendo facultada a presença do acusado ou de seu representante legal.

1. **Inutilização da parte que não interessar à investigação.** O legislador determinou a inutilização da parte da interceptação telefônica que não interessar como elemento de prova para a investigação. Trata-se de uma ordem legal, e não uma faculdade do Juiz. E assim o legislador fê-lo para a preservação do direito fundamental à intimidade e ao sigilo das comunicações telegráficas de dados e das comunicações telefônicas.

2. **Requisito.** Decisão judicial, a requerimento do Ministério Público ou da parte interessada, que pode ser o indiciado (se no curso do inquérito policial) ou o réu (durante o processo judicial). A exigência de decisão judicial permite o maior controle sobre o objeto da inutilização.

3. **Juiz não pode determinar a inutilização de ofício.** O legislador não fez previsão de o Juiz poder determinar a inutilização de ofício. A razão é lógica: somente quem produz atividade probatória tem condições de saber se determinada parte da interceptação telefônica será útil ou não. Se o juiz é uma pessoa distante das partes, desinteressada na atividade probatória, imparcial e isento, ele não pode manifestar-se sobre qual parte da prova é interessante ou não. Isso cabe a quem tem atividade probatória.

4. **Momento da inutilização.** A qualquer tempo, até o trânsito em julgado, tendo em vista o que o legislador mencionou *"durante o inquérito, a instrução processual ou após esta"*.

5. **Presença do Ministério Público e do acusado.** Pela redação legal, assistir ao incidente de inutilização é uma *obrigação* do Ministério Público e uma *faculdade* do acusado ou de seu representante legal. Pensamos que o legislador deveria facultar a presença somente da parte que requereu a inutilização, para que ela certifique-se de efetiva inutilização.

Art. 10. Constitui crime realizar interceptação de comunicações telefônicas, de informática ou telemática, promover escuta ambiental ou quebrar segredo da Justiça, **sem**

autorização judicial ou com objetivos não autorizados em lei: (Redação dada pela Lei nº 13.869, de 2019).

Pena: reclusão, de 2 (dois) a 4 (quatro anos), e multa. (Redação dada pela Lei nº 13.869, de 2019)

Parágrafo único. Incorre na mesma pena a autoridade judicial que determina a execução de conduta prevista no *caput* deste artigo com objetivo não autorizado em lei. (Incluído pela Lei nº 13.869. de 2019)

1. ***Caput.* Sujeito ativo.** Qualquer pessoa. Trata-se de crime comum.
2. ***Caput.* Sujeito passivo.** As pessoas que travam a conversa.
3. ***Caput.* Condutas típicas.** *Realizar interceptação* significa efetivá-la, conseguir interromper o fluxo da comunicação entre pessoas diversas. *Promover escuta ambiental* consiste em uma terceira pessoa captar a conversa entre dois interlocutores, com a ciência de apenas um deles. *Quebrar segredo,* por sua vez, consiste na conduta de divulgar uma informação que estava coberta por algum sigilo, de forma que o agente viola o sigilo imposto pelo art. 1º da lei. Note-se que o delito consiste na efetivação de interceptação, de escuta ambiental ou na quebra do seu sigilo sem autorização judicial ou com objetivos não declarados em lei (por exemplo, a realização da interceptação por um motivo qualquer que não seja a investigação de uma infração penal). A razão da previsão dessa conduta como criminosa é justamente a violação indevida e fora dos moldes permitidos por lei da intimidade do indivíduo, bem como do sigilo das comunicações.
4. **Conflito de leis no tempo.** O art. 10 da presente lei foi alterado pela lei nº 13.869/2019 e foi incluída nele a conduta de *promover escuta ambiental sem autorização judicial ou com objetivos não autorizados em lei.* O art. 10-A foi incluído pela lei 13.964/2019, que também previu a conduta de *realizar captação ambiental* (que tem o mesmo significado de escuta ambiental) de sinais eletromagnéticos, ópticos ou acústicos para investigação ou instrução criminal *sem autorização judicial, quando esta for exigida.* A lei 13.964/2019 adquiriu eficácia posteriormente. Assim, o art. 10 está derrogado pelo art. 10-A, especificamente na conduta de *promover escuta ambiental sem autorização judicial.* Porém, o art. 10 permanece em vigor no caso de promover escuta ambiental *com objetivos não autorizados em lei* (situação não prevista no art. 10-A). Assim, por exemplo, se alguém realiza uma captação ambiental de forma clandestina, com um objetivo não autorizado em lei, para apurar uma dívida de natureza civil sem nenhuma ligação com qualquer infração penal, pratica o art. 10. Mas se essa captação ambiental for realizada para uma investigação ou instrução criminal, porém sem autorização judicial, o delito praticado é o do art. 10-A.
5. **Parágrafo único. Sujeito ativo.** Autoridade judiciária. Trata-se de crime próprio.
6. **Parágrafo único. Sujeito passivo.** As pessoas que travam a conversa.
7. **Parágrafo único. Conduta típica.** O delito consiste na determinação, pelo Juiz, da execução de conduta prevista no *caput* deste artigo com objetivo não autorizado

em lei. Trata-se de determinação judicial ilegal, com desvio de finalidade, contrariando a presente lei.

8. **Tipo misto alternativo.** Caso o agente pratique mais de uma conduta descrita no tipo penal, responderá por um delito apenas, não havendo concurso de crimes.

9. **Princípio da Especialidade.** O tipo legal de crime ora comentado é especial em relação ao tipo legal de crime contido no art. 40 da lei 6.538/78 ("Art. 40 – Devassar indevidamente o conteúdo de correspondência fechada dirigida a outrem: Pena: detenção, até seis meses, ou pagamento não excedente a vinte dias-multa").

10. **Consumação.** O delito do *caput* consuma-se com a prática das condutas típicas, independentemente de qualquer resultado ulterior. O delito do parágrafo único consuma-se no momento em que o Juiz determina as medidas do *caput,* ainda que elas não sejam efetivadas. Nos dois casos o crime é formal.

11. **Classificação.** Crime comum no *caput* e próprio no parágrafo único; formal; doloso; comissivo; instantâneo; admite tentativa.

12. **Suspensão condicional do processo.** Incabível, pois a pena mínima cominada ultrapassa 1 ano (art. 89 da lei 9.099/95).

Art. 10-A. Realizar **captação ambiental** de sinais eletromagnéticos, ópticos ou acústicos para investigação ou instrução criminal sem autorização judicial, quando esta for exigida: (Incluído pela Lei nº 13.964, de 2019)

Pena – reclusão, de 2 (dois) a 4 (quatro) anos, e multa. (Incluído pela Lei nº 13.964, de 2019)

§ 1º Não há crime se a captação é realizada por um dos interlocutores. (Incluído pela Lei nº 13.964, de 2019)

§ 2º A pena será aplicada em dobro ao funcionário público que descumprir determinação de sigilo das investigações que envolvam a captação ambiental ou revelar o conteúdo das gravações enquanto mantido o sigilo judicial. (Incluído pela Lei nº 13.964, de 2019)

1. **Sujeito ativo.** Qualquer pessoa. Trata-se de crime comum.

2. **Sujeito passivo.** As pessoas que travam a conversa.

3. **Conduta típica.** *A captação ambiental consiste* em uma terceira pessoa captar a conversa entre dois interlocutores, com a ciência de apenas um deles. O agente capta os sinais descritos no tipo penal sem autorização judicial, quando ela for exigida.

4. **Conflito de leis no tempo.** O art. 10 da presente lei foi alterado pela lei nº 13.869/2019 e foi incluída nele a conduta de *promover escuta ambiental sem autorização judicial ou com objetivos não autorizados em lei.* O art. 10-A foi incluído pela lei 13.964/2019, que também previu a conduta de *realizar captação ambiental* (que tem o mesmo significado de escuta ambiental) de sinais eletromagnéticos, ópticos ou acústicos para investigação ou instrução criminal *sem autorização judicial, quando esta for exigida.* A lei 13.964/2019 adquiriu eficácia posteriormente.

Assim, o art. 10 está derrogado pelo art. 10-A especificamente na conduta de *promover escuta ambiental sem autorização judicial*. Porém, o art. 10 permanece em vigor no caso de promover escuta ambiental *com objetivos não autorizados em lei* (situação não prevista no art. 10-A). Assim, por exemplo, se alguém realiza uma captação ambiental de forma clandestina, com um objetivo não autorizado em lei, para apurar uma dívida de natureza civil sem nenhuma ligação com qualquer infração penal, pratica o art. 10. Mas se essa captação ambiental for realizada para uma investigação ou instrução criminal, porém sem autorização judicial, o delito praticado é o do art. 10-A.

5. **§1º Causa de atipicidade.** Sendo a captação feita por um dos interlocutores, tem-se que a conduta é atípica. Isso porque se a própria lei que estabelece a incriminação afirma que *não há crime*, a conclusão lógica é no sentido de que o §1º trata de uma causa de atipicidade formal da conduta.

6. **§2º Funcionário público. Descumprimento do sigilo.** O funcionário público que praticar as condutas descritas no §2º terá a pena aplicada em dobro, ou seja, quatro a oito anos. Trata-se de uma modalidade de delito de violação de dever de sigilo de investigações quando elas envolverem a captação ambiental. O funcionário público tem o dever de sigilo para garantir a efetividade das investigações e, uma vez violado, a sua reprovabilidade é maior, justificando o aumento de pena, embora para nós faltou proporcionalidade em dobrá-la. A violação do sigilo ou a revelação do conteúdo das gravações pode ser feita de qualquer forma, não tendo o legislador exigido um *modus operandi* específico.

7. **Consumação.** O delito consuma-se no momento da efetiva realização da captação ambiental, independentemente de qualquer resultado ulterior. Trata-se de crime formal.

8. **Classificação.** Crime comum; formal; doloso; comissivo; instantâneo; admite tentativa.

9. **Suspensão condicional do processo.** Incabível, pois a pena mínima cominada ultrapassa 1 ano (art. 89 da lei 9.099/95).

Art. 11. Esta Lei entra em vigor na data de sua publicação.

Art. 12. Revogam-se as disposições em contrário.

Juizados Especiais Criminais. Lei nº 9.099, de 26 de setembro de 1995

CAPÍTULO I
Disposições Gerais

Art. 1º Os **Juizados Especiais Cíveis e Criminais**, órgãos da Justiça Ordinária, serão criados pela União, no Distrito Federal e nos Territórios, e pelos Estados, para **conciliação**, processo, julgamento e execução, nas causas de sua competência.

1. **Fundamento constitucional.** Dentro do ordenamento jurídico os Juizados Especiais Cíveis e Criminais possuem fundamento de validade no art. 98, I, da CF/88, com a seguinte redação: *"Art. 98. A União, no Distrito Federal e nos Territórios, e os Estados criarão: I – juizados especiais, providos por juízes togados, ou togados e leigos, competentes para a conciliação, o julgamento e a execução de causas cíveis de menor complexidade e infrações penais de menor potencial ofensivo, mediante os procedimentos oral e sumariíssimo, permitidos, nas hipóteses previstas em lei, a transação e o julgamento de recursos por turmas de juízes de primeiro grau."*
2. **Previsão legal.** Após a previsão constitucional, os Juizados Especiais Cíveis e Criminais foram regulamentados pela lei 9.099/1995 no âmbito estadual e pela lei 10.259/2001 no âmbito federal.
3. **Juizados Especiais Criminais Federais.** O art. 2º da lei 10.259/2001 criou o Juizado Especial Criminal Federal, com competência para o processo e o julgamento das infrações penais de menor potencial ofensivo que se esquadrarem na competência da Justiça Federal, nos termos do art. 109 da CF/88: *"Art. 2º Compete ao Juizado Especial Federal Criminal processar e julgar os feitos de competência da Justiça Federal relativos às infrações de menor potencial ofensivo, respeitadas as regras de conexão e continência. Parágrafo único. Na reunião de processos, perante o juízo comum ou o tribunal do júri, decorrente da aplicação das regras de conexão e continência, observar-se-ão os institutos da transação penal e da composição dos danos civis."*
4. **Modelo de Justiça consensual. Delegalização e deformalização. Conciliação.** Os Juizados Especiais Cíveis e Criminais foram criados com o fim precípuo de

funcionarem como órgãos do Poder Judiciário que têm por finalidade um modelo de justiça consensual. A crise que atingiu a administração da justiça e que gerou a busca pela efetividade do processo é uma bandeira que teve um enorme crescimento nos últimos anos. O progresso da ciência jurídica processual não foi acompanhado por uma justiça eficaz e célere, que desse a resposta adequada ao jurisdicionado, bem como em um tempo razoável. A eficiência prática da ciência processual passou a andar descompassada da sua base teórica e não serviu para dar uma adequada solução para os graves problemas que a justiça brasileira estava a passar há algum tempo, como a sobrecarga de processos no judiciário, a morosidade judicial na solução dos litígios, o elevado custo do acesso à justiça e a excessiva burocracia dos juízos e tribunais. Percebeu-se, então, a necessidade de encontrarem-se regras processuais que resultassem na eficaz aplicação prática do Direito, com uma resposta estatal célere e eficaz e, a partir dessa constatação, passou-se a trabalhar com as ideias de ***deformalização*** e ***delegalização***. A deformalização apresenta-se sob duas faces: em primeiro lugar, a deformalização do processo em si, por meio da qual se pretende um processo mais simplificado, efetivo, econômico e de fácil acesso, que tenha o condão de dar uma solução rápida e efetiva aos conflitos judiciais; em segundo lugar, a deformalização das controvérsias, com a qual se buscam equivalentes jurisdicionais, por meio de vias alternativas ao processo, como forma de evitá-lo, por meio de instrumentos de mediação. A delegalização, por sua vez, consiste em submeter determinados conflitos a um juízo de equidade, subtraído da solução legal. A solução e a opção por uma justiça consensual por meio da *conciliação* surgem justamente a partir desse quadro, que só tendia a piorar com o passar dos anos. Não se via a longo prazo um diagnóstico de melhora. Com isso, passaram a ser defendidas as seguintes ideias: para as causas de menor complexidade, estímulo das vias alternativas como meios de solução de litígios fora do poder judiciário; preferência pela conciliação dentro do poder judiciário, de forma a evitar a instauração de um processo judicial; estímulo à conciliação, mesmo dentro do processo criminal, apesar de vigorar o princípio da obrigatoriedade da ação penal; incumbência ao juiz de estimular a conciliação entre as partes; celeridade e menos burocratização dos procedimentos; e participação da vítima no processo. Esse conjunto de ideias acabou por traçar os moldes da justiça consensual na ordem jurídica brasileira. Nesse sentido, em 1984 ocorreu o advento da lei nº 7.244, que criou os Juizados de Pequenas Causas e representou um conjunto de inovações em direção a um modelo de justiça mais célere e eficaz e teve como mola-mestra o instituto da conciliação. Houve fortes resistências à implementação desse modelo de justiça consensual no processo penal, onde sempre vigorou o princípio da obrigatoriedade da ação penal. Porém, na medida em que se percebeu que o Estado não tem condições de efetivar a sua perseguição penal em relação a todas as infrações penais e a todos os seus autores, começou-se a questionar o princípio da obrigatoriedade à luz da efetividade do processo penal. Os movimentos que pregavam a flexibilização do princípio da obrigatoriedade da ação penal passaram a ter maior aceitação, o que ocorreu de duas formas: a viabilidade do princípio da oportunidade e a alteração das vias procedimentais que permitissem evitar o processo, suspendê-lo ou encerrá-lo antecipadamente. Na segunda forma, imaginou-se uma fase conciliativa, pré-processual entre o órgão de acusação e o acusado, para tentar evitar o processo, e uma forma de possibilitar a sua paralisação após a instauração, por meio de um acordo entre a acusação e o acusado, a permitir que o processo fique suspenso e o acusado submetido ao cumprimento de algumas condições durante um determinado período. Foi então que se separaram as infrações penais em dois grupos: de um lado, as infrações graves; de outro, as infrações leves. Não seria justificável uma prestação jurisdicional custosa, demorada e ineficaz para as infrações leves, que, na realidade, poderiam ser solucionadas de forma rápida, econômica e eficaz. Às infrações penais leves buscou-se um modelo de justiça consensual. Surgiu, então, a possibilidade da justiça consensual no processo criminal brasileiro. A primeira manifestação desse modelo consensual de justiça veio manifestada na CF/88, que implantou os Juizados Especiais Criminais para a conciliação, o julgamento e a execução de causas cíveis de menor complexidade e as infrações penais de menor potencial ofensivo, mediante os procedimentos oral e sumaríssimo, permitidos, nas hipóteses previstas em lei, a transação e o julgamento de recursos por turmas de juízes de primeiro grau. Sete anos após o advento da Constituição republicana, ocorreu o advento da lei nº 9.099/1995, que, de forma definitiva, inseriu na legislação brasileira uma verdadeira revolução no sistema, para a implantação da justiça consensual nas esferas cível e criminal. Na seara criminal, a lei trouxe quatro institutos, denominados *institutos despenalizadores*, quais sejam: o acordo civil; a transação penal; a representação; e, por fim, a suspensão condicional do processo. Seis anos após a publicação da lei 9.099/995 ocorreu o advento da lei 10.259/2001, que criou o Juizado Especial Criminal Federal, com competência para o processo e o julgamento das infrações penais de menor potencial ofensivo no âmbito da Justiça Federal.

5. **Medidas despenalizadoras.** Na esfera criminal a lei 9.099/1995 inseriu no ordenamento jurídico brasileiro quatro *institutos despenalizadores,* também chamados medidas despenalizadoras, quais sejam: a *composição dos danos civis*; a *transação penal*; a *representação*; e, por fim, a *suspensão condicional do processo*. Tais medidas inseriram no ordenamento jurídico brasileiro o modelo de justiça consensual e têm por finalidade unicamente evitar o processo. Essas medidas despenalizadoras não implicam assunção de culpa por parte do autor do fato que as aceitar. Aliás, tais medidas são transacionadas antes da instauração completa do processo ou, então, na parte inicial do processo, antes mesmo até da instrução processual. Assim, o processo não tem o seu curso até o final, de forma que não há sentença, nem condenação. Portanto, uma vez proposta e aceita uma medida despenalizadora não se discute a culpabilidade do autor do fato. Sabe-se que há um fato praticado e quem foi o seu autor, mas não se discute se o fato configura um delito, e, em caso positivo, se aquele apontado como o seu autor possui responsabilidade penal por ele.

Art. 2º O processo orientar-se-á pelos **critérios** da oralidade, simplicidade, informalidade, economia processual e celeridade, buscando, sempre que possível, a conciliação ou a transação.

1. **Critérios orientadores dos Juizados Especiais.** Os critérios legais são: oralidade, simplicidade, informalidade, economia processual e celeridade. Note-se que tais critérios constituem uma consequência da deformalização vista acima.
2. **Oralidade.** O critério da oralidade foi mencionado expressamente no art. 98, I, da CF/88, e significa que todo o procedimento deve ter a forma verbal, em detrimento da forma escrita. Os atos judiciais e das partes praticados de forma verbal fazem com que o processo seja mais célere e a prestação jurisdicional mais efetiva, com uma resposta estatal mais rápida. Exemplo de oralidade é a previsão do art. 81, que determina os debates de forma oral na audiência de instrução e julgamento.
3. **Simplicidade.** O critério da simplicidade preconiza que todo o procedimento, incluindo os atos judiciais e das partes, deve ser de forma facilitada por todos os personagens do processo, deixando de lado todo o formalismo que é típico do Direito. Isso permite um processo mais célere e mais efetivo.
4. **Informalidade.** A informalidade consiste na prática dos atos processuais de forma desburocratizada e sem as formalidades impostas pelo próprio legislador. Exemplo típico de informalidade está estampado no art. 65, §2º desta lei, que permite a prática de atos processuais em outras comarcas por qualquer meio hábil de comunicação, não se exigindo a expedição de carta precatória, que é um procedimento formal e demorado.
5. **Economia processual.** A economia processual está ligada à prática dos atos processuais no menor tempo possível, evitando-se a longa duração do processo, que é o maior problema enfrentado pela justiça há muitos anos. A economia processual permite a concentração da prática dos atos processuais, como a audiência concentrada nos moldes do art. 81. É bem verdade que no procedimento comum do Código de Processo Penal, após a sua reforma em 2008, a audiência também é única, mas antes de 2008 não era assim e muitas vezes, dentro de um mesmo processo realizavam-se no mínimo três audiências e muitas vezes até cinco ou seis, o que causava um grande atraso na prestação jurisdicional.
6. **Celeridade.** O critério da celeridade, na realidade, é o critério que constitui o fim de todos os anteriormente vistos. Todos eles têm por finalidade a prestação jurisdicional mais célere. O processo deve ser *oral*, *simples*, *informal*, e *processualmente econômico* para que seja mais célere.

(...)

Capítulo III

Dos Juizados Especiais Criminais

Disposições Gerais

Art. 60. O Juizado Especial Criminal, provido por juízes togados ou togados e leigos, tem **competência** para a conciliação, o julgamento e a execução das **infrações penais de menor potencial ofensivo**, respeitadas as regras de conexão e continência.

Parágrafo único. Na **reunião de processos**, perante o juízo comum ou o tribunal do júri, decorrentes da aplicação das regras de **conexão e continência**, observar-se-ão os institutos da **transação penal** e da **composição dos danos civis**.

1. **Competência dos Juizados Especiais Criminais.** O Juizado Especial Criminal – JECRIM tem competência para o processo e o julgamento das infrações penais de menor potencial ofensivo, que são aquelas com pena máxima cominada não superior a dois anos, conforme previsão do art. 61 da presente lei.

2. **Foro especial por prerrogativa de função.** Caso seja hipótese de foro especial por prerrogativa de função, mesmo que se trate de infração penal de menor potencial ofensivo, ele será julgado pelo seu foro especial por prerrogativa de função. Porém, nesse caso, as medidas despenalizadoras devem ser aplicadas no foro especial, se presentes os requisitos legais.

3. **Aplicação das medidas despenalizadoras na Justiça especializada.** Questão relevante versa sobre a aplicabilidade das medidas despenalizadoras no âmbito da Justiça Militar e da Justiça Eleitoral. Em relação à Justiça Militar, é incabível em razão da vedação legal contida no art. 90-A da presente lei, para que não sejam esvaziadas as relações de hierarquia e de disciplina vigorantes nessa seara. Contudo, em relação à Justiça Eleitoral, diante da ausência de vedação legal, cremos ser possível a aplicação das medidas despenalizadoras se se tratar de infração penal de menor potencial ofensivo julgada pela Justiça Eleitoral.

4. **Conexão e continência.** Na parte final desse dispositivo legal o legislador ressalvou a observância das regras de conexão e continência, que configuram causas de *modificação* de competência, gerando a reunião de processos e de julgamentos. Contudo, estamos de acordo com a parte da doutrina que entende que essa ressalva não se aplica. Isso porque a competência do Juizado Especial Criminal é uma competência constitucional, prevista no art. 98, I, da CF/88. Assim, essa competência constitucional não pode ser alterada por lei ordinária (lei 9.099/95). Portanto, se uma infração penal de menor potencial ofensivo foi praticada em conexão com outra que não seja de menor potencial ofensivo, ela deve ser julgada pelo JECRIM, não ocorrendo a reunião de processos em outro Juízo. Assim, por exemplo, se um estelionato for praticado em concurso com uma infração penal de menor potencial ofensivo, deverá haver a separação de processos, de forma que esse delito será julgado pelo Juízo comum (Vara Criminal) e a infração penal de menor potencial ofensivo será julgada pelo JECRIM, não se aplicando a regra dos arts. 78 e 79 do Código de Processo Penal. A conexão é causa legal de modificação de competência, que não tem o condão de alterar a competência constitucional. Portanto, essa ressalva final não deve ser aplicada. O mesmo acontece ainda que a infração penal de menor potencial ofensivo seja praticada em conexão com um homicídio doloso, de competência do Tribunal do Júri, tendo em vista que estamos diante de duas competências constitucionais, havendo igualmente a separação de processos. Isso se aplica também para a previsão do parágrafo único.

Art. 61. Consideram-se **infrações penais de menor potencial ofensivo**, para os efeitos desta Lei, as contravenções penais e os crimes a que a lei comine **pena máxima não superior a 2 (dois) anos, cumulada ou não com multa.**

1. **Infrações penais de menor potencial ofensivo.** O critério definidor de infração penal de menor potencial ofensivo é objetivo: contravenções penais e crimes com pena máxima cominada não superior a dois anos, cumulada ou não com a pena de multa.

2. **Crimes com pena máxima cominada não superior a dois anos, cumulada ou não com a pena de multa.** Trata-se de qualquer crime. Repita-se: o critério é somente o *quantum* de pena máxima cominada.

3. **Crimes com procedimento específico previsto em lei especial.** Mesmo que o delito tenha procedimento específico previsto em lei especial, a competência será do JECRIM, a exemplo do delito de porte de droga para uso pessoal (art. 28, da lei 11.343/2006, que nem pena privativa de liberdade tem cominada) e do delito de abuso de autoridade.

   STJ. (...) DELITO DE POSSE DE DROGA PARA CONSUMO PRÓPRIO. CONDUTA QUE SE AMOLDA À POSSE DE DROGAS PARA USO PRÓPRIO. DELITO DE MENOR POTENCIAL OFENSIVO. COMPETÊNCIA DO JUIZADO ESPECIAL. 1. O crime de uso de entorpecente para consumo próprio, previsto no art. 28 da Lei 11.343/06, é de menor potencial ofensivo, o que determina a competência do Juizado Especial estadual (...). **(CC 144.910/MS, Rel. Min. Reynaldo Soares Da Fonseca, julgado em 13/04/2016).**

   STJ. PROCESSUAL PENAL. HABEAS CORPUS. ABUSO DE AUTORIDADE. DELITO DE MENOR POTENCIAL OFENSIVO. LEI 11.313/06. COMPETÊNCIA. JUIZADO ESPECIAL CRIMINAL. ORDEM CONCEDIDA. 1. "Com o advento da Lei nº 11.313/2006, que modificou a redação do art. 61 da Lei nº 9.099/95 e consolidou entendimento já firmado nesta Corte, "consideram-se infrações penais de menor potencial ofensivo, para os efeitos desta Lei, as contravenções penais e os crimes a que a lei comine pena máxima não superior a 2 (dois) anos, cumulada ou não com multa', independentemente de a infração possuir rito especial" (HC 59.591/RN, Rel. Min. FELIX FISCHER, Quinta Turma, DJ de 4/9/06). 2. Ordem concedida para reconhecer a competência do 2º Juizado Especial Criminal da Comarca de Porto Velho/RO para o julgamento da ação penal referente ao delito de abuso de autoridade. **(HC 163.282/RO, Rel. Min. Arnaldo Esteves Lima, julgado em 18/05/2010).**

4. **Contravenções penais.** Todas as contravenções penais são consideradas infrações penais de menor potencial ofensivo, previstas ou não na Lei de Contravenções Penais, a exemplo da contravenção denominada *jogo do bicho*, prevista no art. 58 do Decreto-Lei 6.259/1944 e da contravenção de *retenção de documento*, prevista na lei 5.553/1968.

5. **Concurso de crimes.** Havendo concurso de infrações penais de menor potencial ofensivo, o limite de dois anos de pena máxima cominada a ser considerado é o resultado do concurso de crimes. Assim, se a soma das penas máximas cominadas (no concurso material) ultrapassar dois anos ou se a consideração da exasperação da pena na fração máxima (para o concurso formal – metade, ou para o crime continuado – dois terços) ultrapassar dois anos, a competência deixa de ser do JECRIM.

   STJ. PROCESSO PENAL. RECURSO EM HABEAS CORPUS. CRIMES DE RESISTÊNCIA E DE LESÃO CORPORAL LEVE. ALEGADA INCOMPETÊNCIA DO JUIZADO ESPECIAL

CRIMINAL. EXEGESE DO ART. 61 DA LEI N. 9.099/1995. PENA MÁXIMA COMINADA. CONCURSO MATERIAL. SOMATÓRIO. OBSERVÂNCIA DA PENA MÁXIMA. (...) No caso em exame, o somatório das penas máximas em abstrato dos crimes excedeu o limite legal de 2 anos, de modo que é da competência absoluta da Justiça comum o processamento e julgamento da ação penal. (...) **(RHC 84.633/RJ, Rel. Min. Ribeiro Dantas, julgado em 14/09/2017).**

STJ. RECURSO ESPECIAL. PROPOSTA DE TRANSAÇÃO PENAL. EXASPERAÇÃO, NO CASO DE CRIME CONTINUADO, DAS PENAS MÁXIMAS COMINADAS AOS DELITOS. APENAMENTO SUPERIOR A 2 ANOS. (...) Aplica-se a Súmula n. 83 do STJ quando a orientação deste Superior Tribunal se firmou no mesmo sentido do acórdão recorrido, de que, em caso de crime continuado, deve ser considerada, para fins de proposta de transação penal, a exasperação da pena máxima cominada aos delitos, cujo resultado, se for superior a 2 anos, afasta a possibilidade de aplicação da transação penal. (...) **(REsp 1482733/SC, Rel. Min. Rogerio Schietti Cruz, julgado em 17/05/2016).**

6. **Tentativa.** A tentativa tem natureza jurídica de causa geral de diminuição de pena. Diante de um crime tentado, o JECRIM será competente se com a incidência da fração mínima de um terço (art. 14, II, do Código Penal) de diminuição sobre pena máxima cominada ao delito a pena máxima não ultrapassar dois anos.

STJ. (...) TENTATIVA DE FURTO SIMPLES. JUIZADO ESPECIAL. (...) Em caso de crime tentado, para verificar se ele deve ser julgado no Juizado Especial Criminal, a causa de diminuição de pena deve ser aplicada em sua fração mínima de diminuição sobre a pena máxima cominada. Se o resultado daí advindo for superior a dois anos, o Juizado não é o competente para o julgamento da causa. (...) **(HC 94.927/SP, Rel. Min. Jane Silva (Desembargadora convocada do TJ/MG), julgado em 01/04/2008).**

7. **Não aplicação da lei 9.099/95 aos crimes praticados com violência doméstica e familiar contra a mulher.** O art. 41 da lei 11.340/2006 (lei de violência doméstica e familiar contra a mulher) dispõe que a lei nº 9.099/95 é inaplicável aos crimes praticados com violência doméstica e familiar contra a mulher, independentemente da pena prevista. Esse dispositivo possui dois comandos: o primeiro comando é no sentido de as infrações penais praticadas nos moldes dessa lei não se considerarem infrações penais de menor potencial ofensivo; o segundo comando é evitar a aplicação das medidas despenalizadoras. Com efeito, como dito acima, lei nº 9.099/95 trouxe para a ordem jurídica brasileira quatro medidas despenalizadoras: a composição civil dos danos (art. 74); a transação penal (art. 76); a representação (art. 88); e a suspensão condicional do processo (art. 89). Todas essas medidas visam a evitar o processo ou evitar uma condenação. Como o legislador deu um tratamento mais severo aos crimes praticados no âmbito da violência doméstica e familiar contra a mulher, ele quis que não fossem aplicadas medidas que permitam uma alternativa ao processo ou que impliquem uma alternativa à condenação, que são justamente as medidas despenalizadoras previstas na lei nº 9.099/95. Questão relevante versa sobre a constitucionalidade do artigo ora comentado. Isso porque o art. 98, I da CF/88 dispõe que "a União, no Distrito Federal e nos Territórios, e os Estados criarão: I – juizados especiais, providos por juízes togados, ou togados e leigos, competentes para a conciliação, o julgamento e a execução de causas cíveis de menor complexidade e infrações penais de menor potencial ofensivo, mediante

os procedimentos oral e sumariíssimo, permitidos, nas hipóteses previstas em lei, a transação e o julgamento de recursos por turmas de juízes de primeiro grau." Assim, questiona-se se art. 41 da lei 11.340/2006 (lei ordinária) poderia afastar a incidência da lei 9.099/95 nos casos de violência doméstica e familiar contra a mulher. Apesar de muita discussão, as jurisprudências do STF e do STJ pacificaram-se no sentido da constitucionalidade do art. 41.

STJ. Súmula nº 542: A ação penal relativa ao crime de lesão corporal resultante de violência doméstica contra a mulher é pública incondicionada.

STJ. Súmula nº 536: A suspensão condicional do processo e a transação penal não se aplicam na hipótese de delitos sujeitos ao rito da Lei Maria da Penha.

STF. VIOLÊNCIA DOMÉSTICA – LEI Nº 11.340/06 (...). O artigo 41 da Lei nº 11.340/06, a afastar, nos crimes de violência doméstica contra a mulher, a Lei nº 9.099/95, mostra-se em consonância com o disposto no § 8º do artigo 226 da Carta da República, a prever a obrigatoriedade de o Estado adotar mecanismos que coíbam a violência no âmbito das relações familiares. **ADC 19. AÇÃO DECLARATÓRIA DE CONSTITUCIONALIDADE. Rel. Min. Marco Aurélio, julgado em 09/02/2012.**

STF. AÇÃO PENAL – VIOLÊNCIA DOMÉSTICA CONTRA A MULHER – LESÃO CORPORAL – NATUREZA. A ação penal relativa a lesão corporal resultante de violência doméstica contra a mulher é pública incondicionada – considerações. **ADI 4424. Rel. Min. Marco Aurélio, julgado em 09/02/2012.**

STJ. AGRAVO REGIMENTAL NO RECURSO ESPECIAL. PENAL. VIAS DE FATO. VIOLÊNCIA DOMÉSTICA CONTRA A MULHER. REPRESENTAÇÃO DA VÍTIMA. DESNECESSIDADE. LEI 9.099/1995. (...) 1. "Seja caso de lesão corporal leve, seja de vias de fato, se praticado em contexto de violência doméstica ou familiar, não há falar em necessidade de representação da vítima para a persecução penal" (...) 2. Nas infrações penais cometidas com violência doméstica contra a mulher, sejam elas crimes ou contravenções, não se aplicam as disposições da Lei n. 9.099/1995. (...) **(AgRg no REsp 1628271/SP, Rel. Min. Reynaldo Soares da Fonseca, julgado em 23/05/2017).**

▶ **STJ**

Informativo nº 509.

Quinta Turma

DIREITO PENAL E PROCESSUAL PENAL. LESÃO CORPORAL LEVE OU CULPOSA NO ÂMBITO DOMÉSTICO. AÇÃO PENAL PÚBLICA INCONDICIONADA.

O crime de lesão corporal, mesmo que leve ou culposa, praticado contra a mulher, no âmbito das relações domésticas, deve ser processado mediante ação penal pública incondicionada. No julgamento da ADI 4.424-DF, o STF declarou a constitucionalidade do art. 41 da Lei n. 11.340/2006, afastando a incidência da Lei n. 9.099/1995 aos crimes praticados com violência doméstica e familiar contra a mulher, independentemente da pena prevista. Precedente citado do STF: ADI 4.424-DF, DJe 17/2/2012; do STJ: AgRg no REsp 1.166.736-ES, DJe 8/10/2012, e HC 242.458-DF, DJe 19/9/2012. **AREsp 40.934-DF, Rel. Min. Marilza Maynard (Desembargadora convocada do TJ-SE), julgado em 13/11/2012.**

8. **Contravenção penal praticada com violência doméstica e familiar contra a mulher.** Infração penal é gênero, que abrange duas espécies: *crimes* e *contravenções penais*. Quando o legislador empregou a expressão *crimes* disse menos do que

queria, cabendo interpretação extensiva para, na expressão *crimes*, serem abrangidas, também, as contravenções penais. Logo, tratando-se de contravenção penal, também não se aplica a lei 9.099/95.

> **STJ.** (...) CONTRAVENÇÃO PENAL. LEI MARIA DA PENHA. DENÚNCIA REJEITADA POR AUSÊNCIA DE MANIFESTAÇÃO DA VÍTIMA. RECURSO EM SENTIDO ESTRITO PROVIDO PARA DETERMINAR O PROSSEGUIMENTO DA DEMANDA. NATUREZA INCONDICIONADA DA AÇÃO. INAPLICABILIDADE DA LEI N. 9.099/1995 ÀS INFRAÇÕES PENAIS COMETIDAS COM VIOLÊNCIA DOMÉSTICA OU FAMILIAR CONTRA A MULHER. EXPRESSÃO QUE ENGLOBA AS DUAS ESPÉCIES: CRIME E CONTRAVENÇÃO PENAL. (...) 2. No contexto dos crimes praticados com violência doméstica ou familiar contra a mulher, a palavra "crime" deve englobar toda e qualquer infração penal, conceito mais amplo que abrange as duas espécies: crime e contravenção penal. 3. Seja caso de lesão corporal leve, seja de vias de fato, se praticado em contexto de violência doméstica ou familiar, não há falar em necessidade de representação da vítima para a persecução penal. 4. Agravo regimental improvido. **(AgRg no AREsp 703.829/MG, Rel. Min. Sebastião Reis Júnior, julgado em 27/10/2015).**

▶ **STJ**

> **Informativo nº 539**
>
> **Sexta Turma**
>
> **DIREITO PENAL E PROCESSUAL PENAL. INAPLICABILIDADE DA TRANSAÇÃO PENAL ÀS CONTRAVENÇÕES PENAIS PRATICADAS CONTRA MULHER NO CONTEXTO DE VIOLÊNCIA DOMÉSTICA.**
>
> **A transação penal não é aplicável na hipótese de contravenção penal praticada com violência doméstica e familiar contra a mulher.** De fato, a interpretação literal do art. 41 da Lei Maria da Penha (...) viabilizaria, em apressado olhar, a conclusão de que os institutos despenalizadores da Lei 9.099/1995, entre eles a transação penal, seriam aplicáveis às contravenções penais praticadas com violência doméstica e familiar contra a mulher. Entretanto, o legislador, ao editar a Lei 11.340/2006, conferiu concretude ao texto constitucional (art. 226, § 8º, da CF) e aos tratados e as convenções internacionais de erradicação de todas as formas de violência contra a mulher, a fim de mitigar, tanto quanto possível, qualquer tipo de violência doméstica e familiar contra a mulher, abrangendo não só a violência física, mas, também, a psicológica, a sexual, a patrimonial, a social e a moral. Desse modo, à luz da finalidade última da norma (Lei 11.340/2006) e do enfoque da ordem jurídico-constitucional, considerando, ainda, os fins sociais a que a lei se destina, a aplicação da Lei 9.099/1995 é afastada pelo art. 41 da Lei 11.340/2006, tanto em relação aos crimes quanto às contravenções penais praticados contra mulheres no âmbito doméstico e familiar. Ademais, o STJ e o STF já se posicionaram no sentido de que os institutos despenalizadores da Lei 9.099/1995, entre eles a transação penal, não se aplicam a nenhuma prática delituosa contra a mulher no âmbito doméstico e familiar, ainda que configure contravenção penal. Precedente citado do STJ: HC 196.253-MS, Sexta Turma, DJe 31/5/2013. Precedente citado do STF: HC 106.212-MS, Tribunal Pleno, DJe 13/6/2011. **(HC 280.788-RS, Rel. Min. Rogerio Schietti Cruz, julgado em 3/4/2014).**

9. **Não aplicação das medidas despenalizadoras aos inimputáveis.** As medidas despenalizadoras não são aplicáveis aos inimputáveis, uma vez que para que elas

sejam aplicáveis, é preciso que o destinatário delas tenha capacidade de discernimento necessário para compreender que está diante da aceitação ou não de um instituto despenalizador que visa a afastar a pena privativa de liberdade ou a evitar o processo.

> **STJ.** (...) LESÃO CORPORAL. ACUSADO INIMPUTÁVEL. NEGATIVA DE OFERECIMENTO DOS BENEFÍCIOS PREVISTOS NA LEI 9.099/1995. INCOMPATIBILIDADE ENTRE A TRANSAÇÃO PENAL E A SUSPENSÃO CONDICIONAL DO PROCESSO ÀS PECULIARIDADES DO AGENTE PORTADOR DE DEFICIÊNCIA MENTAL. (...) 1. As medidas despenalizadoras previstas na Lei 9.099/1995 têm por finalidade evitar a imposição de pena privativa de liberdade ao agente, devendo, contudo, observar os critérios da necessidade e suficiência, bem como observar os aspectos repressivo e preventivo da sanção penal. 2. Como os inimputáveis não possuem integralmente condições de entender o caráter ilícito do fato ou de se autodeterminar de acordo com tal entendimento, é impossível a aplicação dos institutos em questão, que pressupõem a capacidade de compreender e aceitar as condições que lhe estão sendo impostas. Doutrina. Precedente. 3. Habeas corpus não conhecido. **(HC 370.032/SP, Rel. Min. Jorge Mussi, julgado em 18/04/2017).**

> **Art. 62.** O processo perante o Juizado Especial orientar-se-á pelos **critérios** da oralidade, simplicidade, informalidade, economia processual e celeridade, **objetivando**, sempre que possível, a **reparação** dos **danos sofridos** pela vítima e a **aplicação** de **pena não privativa de liberdade**. (Redação dada pela lei nº 13.603, de 2018).

1. **Critérios orientadores dos Juizados Especiais Criminais.** Sobre os critérios orientadores estabelecidos pelo legislador, ver os comentários ao art. 2º da lei.

2. **Objetivo do JECRIM.** Como dito acima, o objetivo do JECRIM é o modelo de justiça consensual, com institutos despenalizadores aptos a permitirem que as partes fiquem satisfeitas com o consenso obtido no âmbito criminal, de forma que o autor do fato consegue evitar o processo e os males que dele podem advir e a vítima fica igualmente satisfeita com a reparação dos danos sofridos.

3. **Aplicação de pena não privativa de liberdade.** Convencido de que pena privativa de liberdade não cumpre mais a sua finalidade no Direito Penal, o legislador impôs a sua não aplicação. Na realidade, em se tratando de modelo de justiça consensual, em que as partes fazem um acordo, não é técnico falar-se em *pena.* A pena é uma demonstração de poder estatal que decorre de sua soberania e por isso mesmo só pode ser aplicada pelo Estado, e nunca ser objeto de transação penal, por exemplo. Até porque jamais poderia haver a aplicação de uma pena criminal sem o transcurso regular do processo, sob pena de violação de todos princípios constitucionais ligados ao Direito Penal, sobretudo os princípios do devido processo legal, da ampla defesa, do contraditório e da presunção de inocência. As partes não podem transacionar e acordar o cumprimento de uma *pena* por parte do autor do fato. Portanto, pensamos que faltou técnica ao legislador nesse dispositivo. O correto seria ele dispor ...*objetivando, sempre que possível, a reparação dos danos sofridos pela vítima.* Isso porque o sistema de justiça consensual – e por óbvio a

aplicação da pena não privativa de liberdade, senão não seria consenso – já decorre de todo o sistema do JECRIM, conforme estampado no art. 1º. É bem verdade que podemos admitir que o legislador quis reafirmar o sistema de funcionamento do JECRIM. Contudo, faltou técnica a ele, na medida em que isso já constava, como afirmado, no art. 1º da lei.

Seção I
Da Competência e dos Atos Processuais

Art. 63. A competência do Juizado será determinada pelo **lugar** em que foi **praticada a infração penal.**

1. **Critério de determinação de competência.** O legislador determinou a competência do JECRIM pelo *lugar em que foi praticada a infração penal.* Com essa redação, parece-nos que o legislador deixou claro que pretendeu determinar a competência no local onde a conduta delituosa foi praticada. Note-se que o critério é diverso do critério previsto no art. 70, *caput*, do Código de Processo Penal, em que a regra geral é a determinação da competência pelo local onde o delito de consumou (*"Art. 70. A competência será, de regra, determinada pelo lugar em que se consumar a infração, ou, no caso de tentativa, pelo lugar em que for praticado o último ato de execução."*)

Art. 64. Os **atos processuais serão públicos** e poderão realizar-se em horário noturno e em qualquer dia da semana, conforme dispuserem as normas de organização judiciária.

1. **Publicidade dos atos processuais.** A publicidade dos atos processuais decorre do art. 93, IX, da CF/88. Trata-se de dispositivo desnecessário por repetir o que já consta da Constituição da República.
2. **Prática dos atos processuais em horário noturno e em qualquer dia da semana.** O legislador permitiu que os atos processuais possam ser praticados em horário noturno e em qualquer dia da semana, nos moldes definidos nas normas estaduais de organização judiciária. Essa possiblidade decorre dos critérios da simplicidade, da economia processual e da celeridade estampados nos arts. 2º e 62 da lei.

Art. 65. Os atos processuais serão **válidos** sempre que preencherem as finalidades para as quais foram realizados, atendidos os critérios indicados no art. 62 desta Lei.

§ 1º Não se pronunciará qualquer nulidade **sem** que tenha havido **prejuízo.**

§ 2º A prática de atos processuais em **outras comarcas** poderá ser solicitada por **qualquer meio hábil de comunicação.**

§ 3º Serão objeto de registro escrito **exclusivamente** os atos havidos por essenciais. Os atos realizados em **audiência de instrução e julgamento** poderão ser **gravados** em fita magnética ou equivalente.

1. **Validade dos atos.** No JECRIM todos os atos processuais são considerados válidos se atendidos os critérios da oralidade, da simplicidade, da informalidade, da economia processual e da celeridade. Ainda que a prática do ato processual importe em violação a alguma norma jurídica em abstrato, a nulidade somente será declarada se houver algum prejuízo para a parte ou para o processo, nos moldes definidos no §1º. Com essa medida, o legislador pretendeu dar efetividade aos critérios norteadores do JECRIM, previstos no art. 62 da lei.

2. §2º. Prática de atos processuais em outras comarcas. Em regra, a prática de atos processuais em outra comarca faz-se por meio de carta precatória, a exemplo da previsão do art. 222 do Código de Processo Penal. Contudo, o procedimento da carta precatória é demorado e formal, tornando-se incompatível com os critérios norteadores do JECRIM. Dessa forma, visando a dar efetividade aos critérios da simplicidade, da informalidade, da economia processual e da celeridade, permitiu-se a utilização de *qualquer meio hábil de comunicação,* diverso da carta precatória. São meios hábeis de comunicação para efeitos dessa lei: correspondência via correios, telefone, e-mail e aplicativos de mensagens instantâneas.

3. §3º. Registro dos atos processuais. Esse parágrafo é uma clara manifestação do critério da oralidade que deve nortear o JECRIM. Como regra geral, os atos realizados em audiência de instrução e julgamento são praticados na forma oral, podendo ser gravados em fita magnética ou equivalente. Segundo o legislador, somente serão objetos de registro escrito exclusivamente os atos havidos por essenciais. A imposição da oralidade dos atos processuais assegura a maior celeridade do processo. É bem verdade que no procedimento comum do Código de Processo Penal, após a sua reforma em 2008, os atos praticados audiência também são orais (arts. 405, §§1º e 2º, 411, §4º, 475 e 534), mas antes de 2008 não era assim e muitas vezes perdia-se um tempo enorme transcrevendo tudo o que era dito em audiência, o que causava um grande atraso no processo.

> **Art. 66.** A **citação será pessoal** e far-se-á no próprio Juizado, sempre que possível, ou por mandado.
>
> Parágrafo único. **Não encontrado o acusado** para ser citado, o Juiz encaminhará as peças existentes ao Juízo comum para adoção do procedimento previsto em lei.

1. **Citação pessoal.** Com a citação pessoal na sede do JECRIM, o legislador pretendeu harmonizar os critérios da simplicidade e da celeridade com os princípios da ampla defesa e do contraditório. Nada impede que o autor do fato compareça à sede do JECRIM e ali seja citado por qualquer servidor da Justiça. Trata-se de citação pessoal que atende aos ditames legais. Caso não seja possível, por qualquer motivo, a citação ocorrerá por mandado a ser cumprido por oficial de justiça. Em ambos os casos a citação é pessoal. Portanto, nota-se que o legislador não permitiu a citação por edital no JECRIM.

2. **Acusado não encontrado.** Determinada a citação nos moldes deste artigo, mas não sendo o acusado encontrado, os autos serão remetidos ao Juízo comum (Vara

Criminal) para a providência de outras modalidades de citação, como a citação por edital (art. 366 do Código de Processo Penal) e a citação por hora certa (art. 362 do Código de Processo Penal). Note-se que essas outras modalidades de citação ocorrem fora do JECRIM.

Art. 67. A **intimação far-se-á por correspondência**, com aviso de recebimento pessoal ou, tratando-se de pessoa jurídica ou firma individual, mediante entrega ao encarregado da recepção, que será obrigatoriamente identificado, ou, sendo necessário, por oficial de justiça, independentemente de mandado ou carta precatória, ou ainda por qualquer meio idôneo de comunicação.

Parágrafo único. Dos atos praticados em **audiência** considerar-se-ão desde logo **cientes as partes, os interessados e defensores.**

1. **Intimação das partes.** Dando cumprimento aos critérios da simplicidade, da informalidade e da celeridade, a intimação de pessoas físicas é feita por meio de correspondência, com o aviso de recebimento pessoal (AR). Em se tratando de pessoa jurídica ou de firma individual, por meio da entrega ao encarregado da recepção. Caso seja necessário, a intimação é feita por oficial de justiça, mas com uma particularidade: sem a necessidade de mandado de intimação ou de carta precatória, possibilitando que o oficial de justiça vá ao encontro da pessoa e a intime verbalmente, certificando o ato posteriormente nos autos do processo. Além desses meios, admite-se a intimação por *qualquer meio idôneo de comunicação*, como telefone, e-mail, entre outros.
2. **Intimação das partes em audiência.** Caso o ato seja praticado em audiência, todos saem dela intimados, cientes da prática do ato.

Art. 68. Do ato de **intimação do autor do fato** e do mandado de citação do acusado, constará a necessidade de seu comparecimento acompanhado de advogado, com a advertência de que, na sua falta, ser-lhe-á designado defensor público.

1. **Necessidade de defensor, público ou particular.** Em homenagem aos princípios da ampla de defesa e do contraditório, o legislador determinou que da intimação do autor do fato (seja em qual modalidade for) deva constar a necessidade de fazer-se acompanhar por um advogado. Caso o autor do fato não contrate um advogado, o Juiz nomear-lhe-á defensor público para providenciar a defesa técnica.

Seção II
a Fase Preliminar

Art. 69. A autoridade policial que tomar conhecimento da ocorrência lavrará **termo circunstanciado e o encaminhará imediatamente ao Juizado, com o autor do fato e a vítima**, providenciando-se as requisições dos exames periciais necessários.

Parágrafo único. Ao autor do fato que, após a lavratura do termo, for imediatamente encaminhado ao juizado ou assumir o compromisso de a ele comparecer, **não se imporá prisão em flagrante, nem se exigirá fiança.** Em caso de violência doméstica, o juiz poderá determinar, como medida de cautela, seu afastamento do lar, domicílio ou local de convivência com a vítima.

1. **Termo circunstanciado.** O termo circunstanciado é uma peça escrita na qual a autoridade policial formaliza a ocorrência policial decorrente da prática de uma infração penal de menor potencial ofensivo que chegar ao seu conhecimento. No termo circunstanciado deverão constar as informações acerca do fato delituoso, como local, hora, nome da vítima, nome do condutor, testemunhas e as declarações de todas essas pessoas. O termo circunstanciado deve conter todas as informações necessárias para seguir no procedimento do JECRIM, para fins de composição dos danos civis, transação penal, pedido de arquivamento pelo Ministério Público, recebimento ou rejeição da denúncia etc.
2. **Parágrafo único. Não imposição de prisão em flagrante e não exigência de fiança.** Ocorrendo a prática de uma infração penal de menor potencial ofensivo, não será imposta a prisão em flagrante, nem se exigirá fiança, desde que o autor do fato seja imediatamente encaminhado ao JECRIM ou assuma o compromisso de a ele comparecer posteriormente. Por *imediatamente* entenda-se tão logo termine a lavratura do termo circunstanciado.
3. **Recusa do autor do fato.** Caso o autor do fato recuse-se a ir ao JECRIM imediatamente após a lavratura do termo circunstanciado ou recuse-se a comparecer posteriormente, deverá ser lavrado o auto de prisão em flagrante, seguindo-se o procedimento policial ordinário, com todos os atos posteriores.
4. **Não sendo caso de flagrante.** O parágrafo único dispõe sobre o caso de haver situação de flagrante. E se não houver flagrante, como no caso de a vítima comparecer à Delegacia para afirmar que foi vítima de uma ameaça? Nesse caso, o autor do fato não estará presente, pois, repita-se, não houve situação de flagrante. A solução viável é a autoridade policial lavrar o termo circunstanciado e intimar o autor do fato para que ele acompanhe a lavratura do termo circunstanciado em outra data. Caso ele, intimado, não compareça na data marcada, a autoridade policial deverá lavrar o termo circunstanciado e intimá-lo para comparecer ao JECRIM imediatamente.
5. **Violência doméstica. Medida cautelar de afastamento do lar, domicílio ou local de convivência com a vítima.** Como o legislador foi genérico ao afirmar "violência doméstica", cremos que estão abrangidas as duas formas de violência doméstica, tanto a do art. 129, § 9º do Código Penal, quanto a da lei 11.340/2006 (contra a mulher). No primeiro caso, a violência doméstica é genérica, de acordo com os requisitos legais ali previstos, e não só contra a mulher, de forma que essa medida de afastamento do lar pode ser aplicada. Contudo, essa aplicabilidade ocorreu somente até o advento da lei 11.340/2006 (lei de violência doméstica e familiar contra a mulher). Isso porque o § 9º do art. 129 foi inserido pela lei

10.886/2004, com pena de seis meses a um ano. Logo, infração penal de menor potencial ofensivo, julgada pelo JECRIM, autorizando a mencionada medida. Porém, a lei 11.340/2006 aumentou a pena máxima do art. 129, § 9º para três anos (pena atual), de forma que esse delito deixou de ser considerado infração penal de menor potencial ofensivo, não sendo mais julgado pelo JECRIM, inviabilizando, assim, a aplicabilidade do parágrafo único do art. 69 da presente lei. No segundo caso, temos a violência doméstica *contra a mulher*. Na primeira hipótese, não há nenhum problema na aplicação dessa regra, podendo o Juiz do JECRIM determinar a medida cautelar de afastamento do lar, domicílio ou local de convivência com a vítima. Contudo, na segunda hipótese, de violência doméstica e familiar contra a mulher (lei 11.340/2006), cremos que esse dispositivo não tem aplicabilidade, pois nos moldes da lei 11.340/2006, nos casos envolvendo violência doméstica e familiar *contra a mulher*, o autor do fato e a vítima serão encaminhados à Delegada de Polícia da Delegacia Especializada de Atendimento à Mulher-DEAM (art. 8º, IV c/c art. 12-A, da lei 11.340/2006) e o Juízo competente para processar tais casos é o Juizado de Violência Doméstica e Familiar contra a Mulher (art. 14, da lei 11.340/2006). Nesse Juizado, que tem competência mista (cível e criminal), é que tal medida poderá ser tomada com fundamento no art. 22, II, da lei 11.340/2006. Em conclusão, o parágrafo único do art. 69 não possui mais aplicabilidade.

Art. 70. Comparecendo o autor do fato e a vítima, e **não sendo possível a realização imediata da audiência preliminar**, será designada data próxima, da qual ambos sairão cientes.

1. **Audiência preliminar.** A opção do legislador foi pela imediata realização da audiência preliminar assim que a vítima e o autor do fato cheguem ao JECRIM. Mas a prática demonstra que isso é inviável, sobretudo pela falta de recursos, de pessoal, de espaço físico e da enorme quantidade de processos. Logo, essa audiência imediata é na maioria das vezes inviável. Nesses casos, designa-se uma data para a ocorrência da audiência preliminar e as partes já saem intimadas da nova data.

Art. 71. Na **falta do comparecimento de qualquer dos envolvidos**, a Secretaria providenciará sua intimação e, se for o caso, a do responsável civil, na forma dos arts. 67 e 68 desta Lei.

1. **Ausência de qualquer dos envolvidos.** Na audiência preliminar, caso algum dos envolvidos não esteja presente, a Secretaria do JECRIM providenciará a intimação dos faltantes nos moldes dos arts. 67 e 68.

Art. 72. Na **audiência preliminar**, presente o representante do Ministério Público, o autor do fato e a vítima e, se possível, o responsável civil, acompanhados por seus advogados, o Juiz esclarecerá sobre a possibilidade da **composição dos danos e da aceitação da proposta de aplicação imediata de pena não privativa de liberdade**.

Art. 73. A **conciliação** será conduzida pelo Juiz ou por conciliador sob sua orientação.

Parágrafo único. Os **conciliadores** são auxiliares da Justiça, recrutados, na forma da lei local, preferentemente entre bacharéis em Direito, excluídos os que exerçam funções na administração da Justiça Criminal.

1. **Audiência preliminar.** Ainda na fase preliminar, em que ainda não existe processo, a audiência preliminar tem por finalidade a concretização do modelo de justiça consensual. Nessa audiência o Juiz ou o conciliador (art. 73) esclarece que as partes podem evitar a instauração do processo por meio da composição dos danos civis (art. 74) e com a aplicação de uma pena não privativa de liberdade. Em outras palavras, o Juiz esclarece a possibilidade de conciliação. A presença do responsável civil é para justamente viabilizar um acordo, como no caso de uma lesão corporal ocasionada pelo funcionário de uma pessoa jurídica. Embora seja uma audiência preliminar, o autor do fato e a vítima devem estar acompanhados de seus advogados para que seja assegurado o devido processo legal.

Art. 74. A **composição dos danos civis** será reduzida a escrito e, homologada pelo Juiz mediante sentença irrecorrível, terá eficácia de **título a ser executado no juízo civil competente**.

Parágrafo único. Tratando-se de ação penal de iniciativa privada ou de ação penal pública condicionada à representação, o acordo homologado acarreta a **renúncia ao direito de queixa ou representação**.

1. **Composição dos danos civis.** A composição dos danos civis é a primeira medida despenalizadora prevista na lei 9.099/95. Trata-se de um acordo realizado entre a vítima e o autor do fato, que é homologado por sentença irrecorrível, com eficácia de título executivo.
2. **Irrecorribilidade.** A irrecorribilidade decorre da natureza da composição dos danos civis, pois se se trata de um acordo, não há parte insatisfeita, não há sucumbência de nenhum dos envolvidos.
3. **Parágrafo único. Renúncia ao direito de queixa ou representação.** O acordo homologado gera a renúncia ao direito de oferecer a queixa crime (em se tratando de infração penal de ação penal de iniciativa privada) ou renúncia ao direito de oferecer a representação (em se tratando de infração penal de ação penal pública condicionada à representação). A renúncia tem natureza jurídica de causa de extinção da punibilidade (art. 107, V, do Código Penal). Tal efeito não ocorre no caso de infração penal de ação penal pública incondicionada.
4. **Pluralidade de autores do fato.** Como regra geral, a renúncia em relação a um autor abrange os demais, à luz do princípio da indivisibilidade da ação penal (art. 48 do Código de Processo Penal). Entretanto, no sistema do JECRIM é diferente, pois a renúncia está condicionada à composição dos danos civis. Assim, se apenas um ofensor fez a composição, a renúncia só alcança ele, não se estendendo aos demais.

5. **Pluralidade de vítimas.** Nesse caso, como a renúncia está condicionada à composição dos danos civis, a composição produz efeitos apenas em relação à vítima que a aceitou. As demais vítimas que não a aceitaram podem oferecer a representação ou a queixa, pois não se opera a renúncia por parte delas.

6. **Não aceitação da composição dos danos civis.** Caso não haja a realização da composição dos danos civis, segue-se o procedimento do art. 75.

Art. 75. Não obtida a composição dos danos civis, será dada imediatamente ao ofendido a oportunidade de exercer o direito de representação verbal, que será reduzida a termo.

Parágrafo único. O não oferecimento da representação na audiência preliminar **não implica decadência** do direito, que poderá ser exercido no prazo previsto em lei.

1. **Não aceitação da composição dos danos civis.** Caso não seja realizada a composição dos danos civis, a vítima pode oferecer a representação verbalmente (em se tratando de infração penal de ação penal pública condicionada à representação), em homenagem à oralidade que norteia o procedimento do JECRIM. A representação será reduzida a termo. Após, segue-se o procedimento, com a possiblidade de transação penal nos moldes do art. 76.

2. **Oferecimento da queixa crime.** Embora não haja previsão expressa, em se tratando de infração penal de ação penal de iniciativa privada, deve ser oportunizado à vítima o oferecimento verbal da queixa crime, que será reduzida a termo.

3. **Ausência de decadência.** Caso a vítima não ofereça a representação ou a queixa crime na audiência, ela poderá fazê-la no prazo legal decadencial de seis meses, a contar da ciência da autoria.

Art. 76. Havendo **representação** ou tratando-se de crime de ação penal pública incondicionada, não sendo caso de arquivamento, o Ministério Público poderá propor a aplicação imediata de **pena restritiva de direitos ou multas**, a ser especificada na proposta.

§ 1º Nas hipóteses de ser a pena de multa a única aplicável, o Juiz poderá reduzi-la até a metade.

§ 2º **Não se admitirá a proposta** se ficar comprovado:

I – ter sido o autor da infração condenado, pela prática de crime, à pena privativa de liberdade, por **sentença definitiva**;

II – ter sido o agente **beneficiado anteriormente**, no prazo de **cinco anos**, pela aplicação de pena restritiva ou multa, nos termos deste artigo;

III – **não indicarem** os antecedentes, a conduta social e a personalidade do agente, bem como os motivos e as circunstâncias, ser necessária e suficiente a adoção da medida.

§ 3º **Aceita a proposta** pelo autor da infração e seu defensor, será submetida à apreciação do Juiz.

§ 4º **Acolhendo a proposta** do Ministério Público aceita pelo autor da infração, o Juiz aplicará a pena restritiva de direitos ou multa, que **não importará em reincidência**, sendo registrada apenas para impedir novamente o mesmo benefício no prazo de cinco anos.

§ 5º Da sentença prevista no parágrafo anterior caberá a **apelação** referida no art. 82 desta Lei.

§ 6º A imposição da sanção de que trata o § 4º deste artigo **não constará de certidão de antecedentes criminais, salvo** para os fins previstos no mesmo dispositivo, e **não** terá **efeitos civis**, cabendo aos interessados propor ação cabível no juízo cível.

1. **Transação penal.** A transação penal é a segunda medida despenalizadora prevista na lei 9.099/95. Trata-se de um acordo realizado entre as partes, quais sejam: o autor da ação penal, que é o Ministério Público e o autor do fato, por meio do qual impõe-se uma multa ou uma pena restritiva de direitos, mesmo que não haja processo. Trata-se de mais uma medida prevista na presente lei que visa a evitar o processo. Diferente da composição dos danos civis, na transação penal a vítima do delito não tem nenhuma ingerência e não se beneficia da transação. Inclusive a vítima não pode impedir a transação penal. Relativiza-se o princípio da obrigatoriedade da ação penal pública para que a denúncia não seja oferecida e seja realizado um acordo.

2. **Requisitos para a transação penal.** O legislador elencou três requisitos para a transação penal: 1. Ser caso de ação penal pública incondicionada; 2. Se for hipótese de ação penal pública condicionada à representação, haver a representação; 3. Não ser caso de arquivamento.

3. **Crimes de ação penal pública.** De acordo com a redação do presente dispositivo legal, somente nos delitos de ação penal pública, incondicionada ou condicionada à representação, é cabível a transação.

4. **Crimes de ação penal de iniciativa privada.** Cremos ser possível a transação nas infrações penais de ação penal de iniciativa privada, desde que haja proposta por parte do querelante. Se o objetivo das medidas depenalizadoras previstas nesta lei é a implementação de um modelo de justiça consensual, esse modelo deve vigorar para todo o sistema de justiça, não havendo motivo razoável para caber em algumas hipóteses, e, em outras, não. Desde que a infração penal seja de menor potencial ofensivo, a transação penal deve ser cabível independentemente do tipo de ação penal que corresponda à infração praticada.

   STJ. (...) Segundo decidido pela Corte Especial, a transação penal, nos termos da Lei nº 9.099/1995 não é direito subjetivo do réu e sua aplicação à ação penal privada, embora admitida, não impede o prosseguimento da persecução, em caso de inércia do querelante. **(HC 147.251/BA, Rel. Min. Maria Thereza de Assis Moura, julgado em 06/09/2012)**.

5. **Pena restritiva de direitos ou multa.** São os objetos da transação penal. Uma vez aceita a transação penal, será imposta uma pena restritiva de direitos ou uma pena de multa. Como dissemos anteriormente, se não há processo, o legislador foi atécnico ao falar em imposição de *pena*, tendo em vista que sequer há condenação. A pena restritiva de direitos será aplicada nos moldes do Código Penal, entre as constantes do art. 43 e regulamentadas nos artigos seguintes. A pena de multa é fixada nos moldes do art. 49 do Código Penal, com os critérios e os parâmetros ali

previstos. Em relação às penas restritivas de direitos, tendo em vista que o legislador não as limitou ao Código Penal, é possível a aplicação de penas restritivas de direitos previstas em leis penais especiais fora do Código, a exemplo dessa modalidade de pena prevista na lei de drogas ou na lei de crimes ambientais.

6. **Natureza jurídica.** A transação penal não é uma obrigação legal imposta ao Ministério Público, e sim uma faculdade a ele conferida. Por essa razão, os tribunais entendem que não se trata de um direito subjetivo do autor do fato. Da mesma forma que o Ministério Público não pode ser obrigado a ajuizar a ação penal, podendo requerer o arquivamento ao Juiz, ele não pode ser obrigado a propor a transação diante de uma infração penal de menor potencial ofensivo, até porque ele pode requerer o arquivamento do termo circunstanciado.

   STJ. (...) Segundo decidido pela Corte Especial, a transação penal, nos termos da Lei nº 9.099/1995 não é direito subjetivo do réu (...). **(HC 147.251/BA, Rel. Min. Maria Thereza de Assis Moura, julgado em 06/09/2012).**

7. **Discordância do Juiz.** Caso o Ministério Público não ofereça a proposta de transação penal justificadamente e o Juiz discorde, o Juiz não poderá oferecê-la, tendo em vista que se trata de acordo entre as partes e o Juiz não é parte no processo.

8. **Arquivamento do termo circunstanciado.** É possível que o Ministério Público promova o arquivamento do termo circunstanciado se verificar que não é caso de prosseguir na persecução penal, caso não esteja presente a justa causa para o oferecimento da denúncia. Nesse caso ele deverá fazer a promoção de arquivamento e requerê-lo ao Juiz.

9. §1º. Redução da pena de multa. A redução, nos moldes legais, ocorre apenas em caso de a multa ser a única pena aplicada, ou seja, sem que haja a imposição também de uma pena restritiva de direitos.

10. §2º. Impossibilidade de transação penal. O §2º traz três hipóteses nas quais a transação penal não é cabível. Trata-se de hipóteses alternativas. Se as condições de qualquer inciso estiverem presentes não se aplica a transação.

11. **Inciso I. Condenação, pela prática de crime, à pena privativa de liberdade por sentença definitiva.** Trata-se da reincidência. Como o legislador não especificou, o crime antecedente pode ser doloso ou culposo. O importante é que haja uma sentença condenatória com o trânsito em julgado. Ultrapassado o prazo de cinco anos ao qual o art. 63 do Código Penal faz menção, é possível a realização da transação penal. Não está abrangida a condenação por contravenção penal, à luz do princípio da legalidade.

12. **Inciso II. Realização de transação penal anteriormente.** Nesse caso, o impedimento para a transação penal consiste em o agente já ter obtido a transação no prazo retroativo de cinco anos da data da prática da infração penal de menor potencial ofensivo.

13. **Inciso III. Elementos subjetivos.** O inciso III trata dos elementos subjetivos do agente que devem ser levados em consideração para a realização ou não da transação. O autor do fato pode ser primário (inciso I) e nunca ter se beneficiado da

transação penal (inciso II), mas se os elementos subjetivos forem negativos, ele não poderá obter a transação penal.

14. **§3º. Aceitação da proposta.** O legislador exigiu que a proposta seja aceita pelo autor do fato e, também, pelo seu defensor público ou privado. A dupla aceitação visa a garantir ao autor do fato a análise de todos os riscos e consequências que possam decorrer da aceitação ou da não aceitação. Questão relevante versa sobre a divergência entre a vontade do autor do fato e de seu defensor, na hipótese de, por exemplo, o autor do fato aceitar a transação e o defensor não a aceitar. Cremos que nesse caso deva prevalecer a vontade do autor do fato, que é quem sofrerá as consequências tanto da aceitação, quanto da não aceitação. Ao defensor caberá orientar o autor do fato acerca dos riscos e consequências das duas opções, contudo a decisão final cabe ao autor do fato. Importante frisar que a aceitação da transação penal não implica assunção de culpa por parte do autor do fato. A sua finalidade é tão somente evitar o processo.

15. **§4º. Homologação.** Ocorrendo a aceitação da transação, a proposta é encaminhada ao Juiz para a homologação por sentença. Com a homologação, o Juiz aplica a pena restritiva de direitos ou a pena de multa que foi objeto da transação. As partes elegem a pena e o Juiz a aplica.

16. **Efeitos da homologação.** A homologação da transação penal não implica reincidência, sendo registrada apenas para que nos próximos cinco anos o beneficiário não possa realizar outra transação penal, nos moldes do §2º, II. Esse é o único efeito da transação penal, não gerando reincidência ou qualquer outro efeito penal ou civil (§6º).

> **STJ.** RECURSO ESPECIAL. (...) TRANSAÇÃO PENAL. REALIZAÇÃO. RECONHECIMENTO DE CULPA. IMPOSSIBILIDADE. (...) O instituto pré-processual da transação penal não tem natureza jurídica de condenação criminal, não gera efeitos para fins de reincidência e maus antecedentes e, por se tratar de submissão voluntária à sanção penal, não significa reconhecimento da culpabilidade penal nem da responsabilidade civil. (...) **(REsp 1327897/MA, Rel. Min. Ricardo Villas Bôas Cueva, julgado em 06/12/2016).**

17. **§5º. Recurso.** A sentença que homologa a transação é recorrível e o recurso cabível é a apelação prevista no art. 82. De acordo com a lei, somente a decisão que homologa a transação penal é recorrível, não havendo previsão legal de recurso da decisão que rejeita a homologação.

18. **§6º. Efeitos civis inexistentes.** Como a transação penal é homologada por sentença, trata-se de sentença que não tem natureza condenatória, até porque se a transação é um acordo entre as partes, não há que se falar em condenação. Portanto, a sentença homologatória não é um título executivo judicial, não gerando a execução na esfera cível por ausência de título executivo.

19. **Descumprimento da transação.** A decisão judicial que homologa a transação penal por sentença não faz coisa julgada material. Logo, caso haja o descumprimento da pena imposta na transação penal, ela fica sem efeito e o Ministério Público prossegue na persecução penal com o oferecimento da denúncia ou com a requisição de instauração de inquérito policial, desde que não ocorra a prescrição.

STF. Súmula Vinculante nº 35. A homologação da transação penal prevista no artigo 76 da Lei 9.099/1995 não faz coisa julgada material e, descumpridas suas cláusulas, retoma-se a situação anterior, possibilitando-se ao Ministério Público a continuidade da persecução penal mediante oferecimento de denúncia ou requisição de inquérito policial.

20. **Não realização da transação penal.** Caso não seja feita a transação penal, inicia-se o processo nos termos do artigo seguinte.

Seção III
Do Procedimento Sumariíssimo

Art. 77. Na **ação penal de iniciativa pública**, quando não houver aplicação de pena, pela ausência do autor do fato, ou pela não ocorrência da hipótese prevista no art. 76 desta Lei, o Ministério Público oferecerá ao Juiz, de imediato, **denúncia oral**, se não houver necessidade de diligências imprescindíveis.

§ 1º Para o oferecimento da denúncia, que será elaborada com base no termo de ocorrência referido no art. 69 desta Lei, com **dispensa do inquérito policial, prescindir-se-á do exame do corpo de delito** quando a materialidade do crime estiver aferida por boletim médico ou prova equivalente.

§ 2º Se a **complexidade ou circunstâncias do caso não permitirem a formulação da denúncia**, o Ministério Público poderá requerer ao Juiz o encaminhamento das peças existentes, na forma do parágrafo único do art. 66 desta Lei.

§ 3º Na **ação penal de iniciativa do ofendido poderá ser oferecida queixa oral**, cabendo ao Juiz verificar se a complexidade e as circunstâncias do caso determinam a adoção das providências previstas no parágrafo único do art. 66 desta Lei.

1. **Início da ação penal.** Não sendo hipótese de transação penal nos moldes previstos no artigo anterior, tem início a ação penal, sob o procedimento sumariíssimo, inaugurado pelo presente artigo.

2. **Denúncia oral.** Atendendo-se ao critério da oralidade, o legislador impôs a oferta oral da denúncia na própria audiência em que a transação penal não foi viável. À luz dos critérios da informalidade e da celeridade, não há razão para abrir-se prazo para o Ministério Público oferecer a denúncia por escrito. Isso marca o início da fase judicial e da ação penal. A denúncia deve conter todos os seus elementos exigidos pelo art. 41 do Código de Processo Penal. Caso o Ministério Público entenda que são necessárias algumas diligências, poderá requisitá-las e deixar de oferecer a denúncia naquele momento. O mesmo ocorre em relação à ação penal de iniciativa privada (§3º).

3. **§1º. Dispensa do inquérito policial.** Exame indireto de corpo de delito. A denúncia a ser oferecida terá como base de elementos o termo circunstanciado, sendo – como sempre foi – o inquérito policial dispensável. Caso a infração penal deixe vestígios, não será necessário o exame de corpo de delito *direto*, admitindo-se o *indireto* previsto no art. 167 do Código de Processo Penal, desde que a materialidade do crime esteja comprovada por boletim médico ou prova equivalente, em

homenagem aos critérios da celeridade, da economia processual e da informalidade.

4. **§2º. Impossibilidade de oferecimento da denúncia.** Caso não seja possível oferecer a denúncia em razão da complexidade do caso ou porque as circunstâncias do caso não permitem a sua formulação, o Ministério Público requererá a remessa dos autos ao Juízo comum (Vara Criminal) e lá deve ser oferecida a denúncia, pois a lei é clara ao afirmar que a complexidade ou circunstâncias do caso não permitem a formulação da denúncia, logo o órgão de acusação não tem como oferecer a denúncia no JECRIM, devendo ser oferecida no Juízo comum. O mesmo ocorre em relação à ação penal de iniciativa privada (§3º).

Art. 78. Oferecida a denúncia ou queixa, será reduzida a termo, entregando-se cópia ao acusado, que com ela ficará citado e imediatamente cientificado da designação de dia e hora para a audiência de instrução e julgamento, da qual também tomarão ciência o Ministério Público, o ofendido, o responsável civil e seus advogados.

§ 1º **Se o acusado não estiver presente**, será **citado** na forma dos arts. 66 e 68 desta Lei e cientificado da data da audiência de instrução e julgamento, devendo a ela trazer suas testemunhas ou apresentar requerimento para intimação, no mínimo cinco dias antes de sua realização.

§ 2º **Não estando presentes o ofendido e o responsável civil**, serão intimados nos termos do art. 67 desta Lei para comparecerem à audiência de instrução e julgamento.

§ 3º As **testemunhas** arroladas serão intimadas na forma prevista no art. 67 desta Lei.

1. **Designação de audiência de instrução e julgamento.** Oferecida a denúncia ou a queixa, uma cópia é entregue ao acusado. A entrega da cópia da denúncia ou da queixa vale como ato de citação, de forma que o acusado e todos ficam cientes da data da audiência de instrução e julgamento, ficando todos já intimados.

2. §1º. Ausência do acusado. Nessa audiência de conciliação a presença do acusado é facultativa. Assim, caso ele esteja ausente, faz-se a sua citação nos moldes dos arts. 66 e 68.

3. §2º. Ausência do ofendido ou do responsável civil. Da mesma forma do que previsto no parágrafo anterior, caso a vítima ou o responsável civil não esteja presente, a intimação deles deverá ser providenciada. O mesmo acontece com as testemunhas (§3º). Caso a testemunha resida em outra comarca e não possa comparecer à audiência de instrução e julgamento, a sua oitiva deverá ser feita nos moldes do art. 65, §2º, em homenagem aos critérios da simplicidade, da informalidade, da economia processual e da celeridade.

Art. 79. No dia e hora designados para a audiência de instrução e julgamento, se na fase preliminar **não tiver havido possibilidade de tentativa de conciliação e de oferecimento de proposta pelo Ministério Público,** proceder-se-á nos termos dos arts. 72, 73, 74 e 75 desta Lei.

1. **Nova chance da composição dos danos civis e de transação penal.** Insistindo no modelo de justiça consensual, o legislador previu que na audiência de instrução e julgamento deve haver uma nova tentativa de composição dos danos civis e de transação penal, com todos os consectários legais desses institutos.

Art. 80. Nenhum ato será adiado, determinando o Juiz, quando **imprescindível**, a condução coercitiva de quem deva comparecer.

1. **Concentração dos atos na audiência de instrução e julgamento.** À luz dos critérios da economia processual e da celeridade, não se adia a audiência. Caso alguma testemunha não compareça, a audiência será mantida e haverá a condução coercitiva da testemunha faltante.

Art. 81. Aberta a audiência, será dada a palavra ao defensor para responder à acusação, após o que o Juiz receberá, ou não, a denúncia ou queixa; havendo recebimento, serão ouvidas a vítima e as testemunhas de acusação e defesa, interrogando-se a seguir o acusado, se presente, passando-se imediatamente aos debates orais e à prolação da sentença.

§ 1º Todas as **provas** serão **produzidas na audiência de instrução e julgamento**, podendo o Juiz limitar ou excluir as que considerar excessivas, impertinentes ou protelatórias.

§ 1º-A. Durante a audiência, todas as partes e demais sujeitos processuais presentes no ato deverão respeitar a dignidade da vítima, sob pena de responsabilização civil, penal e administrativa, cabendo ao juiz garantir o cumprimento do disposto neste artigo, vedadas: (Incluído pela Lei nº 14.245, de 2021)

I - a manifestação sobre circunstâncias ou elementos alheios aos fatos objeto de apuração nos autos; (Incluído pela Lei nº 14.245, de 2021)

II - a utilização de linguagem, de informações ou de material que ofendam a dignidade da vítima ou de testemunhas. (Incluído pela Lei nº 14.245, de 2021)

§ 2º De todo o ocorrido na audiência será **lavrado termo**, assinado pelo Juiz e pelas partes, contendo breve resumo dos fatos relevantes ocorridos em audiência e a sentença.

§ 3º A **sentença**, dispensado o relatório, mencionará os elementos de convicção do Juiz.

1. **Procedimento oral na audiência de instrução e julgamento.** Todo o procedimento na audiência de instrução e julgamento é oral, pois isso permite a celeridade. Note-se que até aqui o Juiz ainda não recebeu a denúncia ou a queixa. Em primeiro lugar o defensor do réu apresenta a resposta à acusação. Após isso, o Juiz pode rejeitar a denúncia ou a queixa. Caso a receba, serão ouvidas a vítima e as testemunhas de acusação e de defesa. Após, interroga-se o acusado. Após toda a instrução, passa-se imediatamente às alegações finais e depois o Juiz profere a sentença. Tudo isso deve ocorrer em uma única audiência com todos os atos praticados de forma oral. Essa ordem a ser seguida na audiência é igual à estabelecida no art. 400 do Código de Processo Penal. Todo o procedimento é reduzido a termo nos moldes do §2º.

2. **§1º. Produção probatória.** Para garantir a celeridade e a economia processual, toda a atividade probatória deve ser realizada em audiência. Logo, as partes devem apresentar todas as provas documentais na audiência, podendo o Juiz limitar pelos motivos elencados nesse parágrafo.
3. **§3º. Sentença.** Mais uma vez visando a dar celeridade ao processo, o legislador dispensou o relatório na sentença.

Art. 82. Da decisão de **rejeição** da **denúncia** ou **queixa** e da sentença caberá **apelação,** que poderá ser julgada por turma composta de três Juízes em exercício no primeiro grau de jurisdição, reunidos na sede do Juizado.

§ 1º A **apelação** será **interposta** no prazo de **dez dias**, contados da ciência da sentença pelo Ministério Público, pelo réu e seu defensor, por petição escrita, da qual constarão as razões e o pedido do recorrente.

§ 2º O recorrido será intimado para oferecer **resposta escrita** no prazo de dez dias.

§ 3º As partes poderão requerer a **transcrição** da gravação da fita magnética a que alude o § 3º do art. 65 desta Lei.

§ 4º As partes serão intimadas da data da **sessão de julgamento** pela imprensa.

§ 5º Se a sentença for confirmada pelos próprios fundamentos, a **súmula do julgamento servirá de acórdão.**

1. **Recurso de apelação.** O recurso de apelação é cabível em duas hipóteses: da decisão de rejeição da denúncia ou da queixa; e da sentença (como é a regra geral).
2. **Turma Recursal.** A instância recursal das decisões do Juiz é formada por três Juízes de primeiro grau de jurisdição, que exercerão a função de segunda instância no JECRIM.
3. **§1º. Prazo para apelação.** O prazo para a interposição do recurso de apelação por escrito é de dez dias. O ato de recorrer é único, ou seja, a parte recorrente interpõe o recurso de apelação e oferece as razões. Note-se que essa sistemática é diversa da prevista no Código de Processo Penal, em que primeiro a parte interpõe o recurso de apelação em cinco dias. Depois, em outro ato processual, oferece as razões recursais em oito dias (arts. 593 e 600).
4. **§2º. Contrarrazões.** Também são oferecidas no mesmo prazo de 10 dias.
5. **§3º. Transcrição da gravação da fita magnética.** Mantendo-se o foco nos critérios da informalidade e da oralidade, cremos que a transcrição somente poderá ocorrer em caso de extrema necessidade.
6. **§4º. Intimação da data da sessão de julgamento pela imprensa.** A regra geral é a intimação pelo órgão oficial de imprensa. Contudo, note-se que o Ministério Público e a Defensoria Pública têm a prerrogativa da intimação pessoal assegurada em lei, que deve ser observada mesmo no procedimento do JECRIM.

7. **§5º. Acórdão.** Em homenagem à informalidade, o legislador permitiu que a súmula do julgamento servisse de acórdão em caso de confirmação da sentença, para evitar que um novo ato processual seja praticado para retratar o mesmo conteúdo já contido na sentença.

8. **Competência para julgar mandado de segurança.** A competência para julgar mandado de segurança contra ato praticado por Juiz do JECRIM é da Turma Recursal. Se o ato impugnado for praticado pela Turma Recursal, a competência para o seu julgamento é igualmente da Turma Recursal, aplicando-se o art. 21, VI, da lei complementar 35/79 por analogia, que tem a seguinte redação: *"Art. 21 – Compete aos Tribunais, privativamente (...) VI – julgar, originariamente, os mandados de segurança contra seus atos, os dos respectivos Presidentes e os de suas Câmaras, Turmas ou Seções."*

9. **Competência para julgar ordem de *habeas corpus*.** As ordens de *habeas corpus* impetradas contra ato do Juiz do JECRIM são jugadas pela Turma Recursal. De outro lado, se o ato impugnado for praticado pela Turma Recursal, o julgamento da ordem de *habeas corpus* compete ao Tribunal de Justiça ou ao Tribunal Regional Federal (a depender do caso concreto), tendo em vista que os integrantes das Turmas Recursais estão submetidos à jurisdição desses Tribunais. Em qualquer hipótese, deve haver risco à liberdade de locomoção do paciente.

10. **Competência para julgar revisão criminal.** Embora não haja previsão expressa nesse sentido, a revisão criminal é cabível contra atos praticados pelo Juiz ou pela Turma Recursal, à luz do princípio do *favor rei, favor libertatis.* A competência é da própria Turma Recursal.

11. **Não cabimento de recurso especial.** As decisões proferidas pelas Turmas Recursais não são impugnáveis por meio de recurso especial para o STJ. O não cabimento decorre da previsão constitucional, pois o art. 105, III, da CF/88 dispõe que compete ao STJ *"julgar, em recurso especial, as causas decididas, em única ou última instância, pelos Tribunais Regionais Federais ou pelos tribunais dos Estados, do Distrito Federal e Territórios, quando a decisão recorrida (...)"* Logo, na previsão constitucional não está abrangida a Turma Recursal.

> **Súmula 203 do STJ:** "Não cabe recurso especial contra decisão proferida por órgão de segundo grau dos Juizados Especiais."

12. **Cabimento de recurso extraordinário.** Das decisões da Turma Recursal cabe recurso extraordinário para o STF. Isso porque a Constituição da República, no art. 102, III, dispõe que compete ao STF *"julgar, mediante recurso extraordinário, as causas decididas em única ou última instância, quando a decisão recorrida* (...)". Como a Turma Recursal é a última instância dos Juizados Especiais Criminais, o recurso extraordinário é cabível.

> **Súmula 640 do STF:** "É cabível recurso extraordinário contra decisão proferida por juiz de primeiro grau nas causas de alçada, ou por turma recursal de juizado especial cível e criminal."

Art. 83. Cabem **embargos de declaração** quando, em sentença ou acórdão, houver obscuridade, contradição ou omissão.

§ 1º Os embargos de declaração serão opostos por escrito ou oralmente, no **prazo** de **cinco dias**, contados da ciência da decisão.

§ 2º Os embargos de declaração **interrompem** o prazo para a interposição de recurso.

§ 3º Os **erros materiais** podem ser **corrigidos de ofício**.

1. **Embargos de declaração.** As hipóteses de cabimento dos embargos de declaração seguem a regra geral do Código de Processo Penal, em que são cabíveis quando houver obscuridade, contradição ou omissão na decisão atacada (sentença ou acórdão). Fora dessas hipóteses, a decisão não pode ser impugnada por meio desse recurso.
2. §1º. Prazo e forma. O prazo está expresso na lei (cinco dias). Contudo, em relação à forma, o legislador admitiu que os embargos de declaração fossem opostos oralmente, à luz dos critérios da oralidade, da informalidade e da celeridade.
3. §2º. Efeitos da oposição. Os embargos de declaração interrompem o prazo para a interposição de outro recurso, como a apelação.
4. §3º. Erros materiais. Os erros materiais nunca foram objeto de embargos de declaração. Sempre puderam ser corrigidos de ofício, pois não se trata de obscuridade, de contradição ou de omissão. São erros que não comprometem o processo e não geram absolutamente nenhum prejuízo ao processo ou às partes, como o nome do réu digitado errado, estado civil diverso do verdadeiro, número do processo equivocado, data da audiência errada etc. Contudo, o legislador reafirmou isso em homenagem aos critérios da celeridade e da informalidade.

Seção IV
Da Execução

Art. 84. Aplicada **exclusivamente pena de multa**, seu cumprimento far-se-á mediante pagamento na Secretaria do Juizado.

Parágrafo único. Efetuado o pagamento, o Juiz declarará **extinta a punibilidade**, determinando que a condenação não fique constando dos registros criminais, exceto para fins de requisição judicial.

1. **Cumprimento da pena de multa.** Em caso de a pena de multa ser a única aplicada, o cumprimento dela, que consiste no seu simples pagamento, será feito na própria Secretaria do JECRIM. Isso permite a concretização dos critérios da informalidade e da celeridade. Como realmente deveria acontecer, o seu pagamento gera a extinção da punibilidade, nos moldes do parágrafo único, sem o registro criminal, com a ressalva feita ao final do parágrafo único.

Art. 85. Não efetuado o pagamento de multa, será feita a **conversão em pena privativa da liberdade, ou restritiva de direitos**, nos termos previstos em lei.

1. **Não pagamento da multa.** O presente artigo determina que a multa não paga deve ser convertida em pena privativa da liberdade ou em pena restritiva de direitos. Em relação à primeira hipótese, trata-se de algo impossível. Com efeito, o art. 51 do Código Penal, com a redação que lhe deu a lei 9.268/96, tem a seguinte redação: *"transitada em julgado a sentença condenatória, a multa será considerada dívida de valor, aplicando-se-lhes as normas da legislação relativa à dívida ativa da Fazenda Pública, inclusive no que concerne às causas interruptivas e suspensivas da prescrição."* Assim, não se permite mais a conversão da pena de multa em pena privativa de liberdade. Em relação à conversão da multa não paga em pena restritiva de direitos, não se vislumbra tal possibilidade porque não há nenhuma norma que regulamente isso (além da previsão genérica contida nesse artigo) disciplinando como essa conversão ocorreria, razão pela qual cremos ser tal conversão inviável. A única solução viável seria a execução da pena de multa no próprio JECRIM.

Art. 86. A **execução** das penas privativas de liberdade e restritivas de direitos, ou de multa cumulada com estas, será processada perante o órgão competente, nos termos da lei.

1. **Execução das penas.** O órgão competente para a execução das penas é o Juízo das Execuções Penais. No tocante à pena de multa, somente seguirá essa regra se for cumulada com as outras penas. Caso ela seja fixada de forma isolada, é executada nos moldes do art. 84 da presente lei.

Seção V
Das Despesas Processuais

Art. 87. Nos casos de **homologação do acordo civil** e **aplicação de pena restritiva de direitos ou multa** (arts. 74 e 76, § 4º), as despesas processuais serão reduzidas, conforme dispuser lei estadual.

1. **Despesas processuais.** A legislação estadual poderá dispor sobre a redução contida no presente artigo. A redução das despesas processuais é uma forma de incentivar a realização da composição dos danos civis e da transação penal.

Seção VI
Disposições Finais

Art. 88. Além das hipóteses do Código Penal e da legislação especial, **dependerá de representação** a ação penal relativa aos crimes de **lesões corporais leves e lesões culposas.**

1. **Representação.** A representação é a terceira medida despenalizadora prevista na lei 9.099/95. A partir do advento dessa lei, os delitos de lesão corporal leve (art. 129, *caput* do Código Penal) e lesão corporal culposa (art. 129, §6º do Código Penal) passaram a ser crimes de ação penal pública condicionada à representação. Essa previsão não abrange outras formas de lesão corporal, como a lesão corporal qualificada pela violência doméstica prevista no (art. 129, §9º do Código Penal).

2. **Não aplicabilidade em casos de violência doméstica e familiar contra a mulher.** O art. 41 da lei 11.340/2006 (lei de violência doméstica e familiar contra a mulher) dispõe que a lei nº 9.099/95 é inaplicável aos crimes praticados com violência doméstica e familiar contra a mulher, independentemente da pena prevista. Logo, a ação penal é pública incondicionada. Ver comentários ao art. 61.

   STJ. Súmula no 542: A ação penal relativa ao crime de lesão corporal resultante de violência doméstica contra a mulher é pública incondicionada.

3. **Contravenção penal de vias de fato.** Não estão incluídas no presente artigo. Logo, são infrações penais de ação penal pública incondicionada.

   STJ. (...) VIAS DE FATO. CONTRAVENÇÃO PENAL. AÇÃO PENAL PÚBLICA INCONDICIONADA. PLENO VIGOR DA LEI DE CONTRAVENÇÕES PENAIS. (...) 1. O artigo 88 da Lei n.º 9.099/95, que tornou condicionada à representação a ação penal por lesões corporais leves e lesões culposas, não se estende à persecução das contravenções penais. A contravenção penal de vias de fato, insculpida no artigo 21 da Lei de Contravenções Penais (Decreto Lei n.º 3.688/41), ainda que de menor potencial ofensivo em relação ao crime de lesão corporal, não foi incluída nas hipóteses do artigo 88 da Lei n.º 9.099-95. 2. A Lei de Contravenções Penais (Decreto Lei n.º 3.688/41) continua em pleno vigor e nela há expressa previsão legal de que a ação penal é pública incondicionada, conforme disciplina o seu artigo 17. (...). **(RHC 47.253/MS, Rel. Min. Maria Thereza de Assis Moura, julgado em 04/12/2014).**

Art. 89. Nos crimes em que a **pena mínima cominada for igual ou inferior a um ano**, abrangidas ou não por esta Lei, o Ministério Público, ao oferecer a denúncia, poderá propor a **suspensão do processo**, por dois a quatro anos, desde que o acusado não esteja sendo processado ou não tenha sido condenado por outro crime, **presentes** os **demais requisitos que autorizariam a suspensão condicional da pena** (art. 77 do Código Penal).

§ 1º **Aceita a proposta pelo acusado e seu defensor**, na presença do Juiz, este, recebendo a denúncia, poderá suspender o processo, submetendo o acusado a período de prova, sob as seguintes condições:

I – reparação do dano, salvo impossibilidade de fazê-lo;

II – proibição de freqüentar determinados lugares;

III – proibição de ausentar-se da comarca onde reside, sem autorização do Juiz;

IV – comparecimento pessoal e obrigatório a juízo, mensalmente, para informar e justificar suas atividades.

§ 2º O Juiz poderá especificar **outras condições** a que fica subordinada a suspensão, desde que **adequadas** ao **fato** e à **situação pessoal do acusado**.

§ 3º A suspensão **será revogada** se, no curso do prazo, o beneficiário vier a ser processado por outro **crime** ou **não efetuar**, sem motivo justificado, a **reparação do dano.**

§ 4º A suspensão **poderá ser revogada** se o acusado vier a ser processado, no curso do prazo, por **contravenção**, ou **descumprir qualquer outra condição imposta.**

§ 5º Expirado o prazo sem revogação, o Juiz declarará **extinta a punibilidade**.

§ 6º **Não correrá a prescrição** durante o prazo de suspensão do processo.

§ 7º Se o **acusado não aceitar a proposta** prevista neste artigo, o processo prosseguirá em seus ulteriores termos.

1. **Suspensão condicional do processo.** A suspensão condicional do processo, também chamada *sursis* processual é a quarta medida despenalizadora prevista na lei 9.099/95. Por meio desse instituto, quando do oferecimento da denúncia, o Ministério Público pode propor a suspensão condicional do processo por dois a quatro anos, mediante o cumprimento de algumas condições durante esse período.

2. **Pena mínima até um ano.** O critério para a aplicação da suspensão é o delito ter cominada pena privativa de liberdade mínima até um ano, independentemente da espécie de pena, se reclusão ou se detenção.

3. **Concurso de crimes.** Havendo concurso de infrações penais o limite de um ano de pena mínima a ser considerado é o resultado do concurso de crimes. Assim, se a soma das penas mínimas cominadas (no concurso material) ultrapassar um ano ou se a consideração da exasperação da pena (para o concurso formal – metade, ou para o crime continuado – dois terços) ultrapassar um ano, não cabe a suspensão condicional do processo.

   STF. Súmula 723. *"Não se admite a suspensão condicional do processo por crime continuado, se a soma da pena mínima da infração mais grave com o aumento mínimo de um sexto for superior a um ano."*

   STJ. Súmula 243. *"O benefício da suspensão do processo não é aplicável em relação às infrações penais cometidas em concurso material, concurso formal ou continuidade delitiva, quando a pena mínima cominada, seja pelo somatório, seja pela incidência da majorante, ultrapassar o limite de um (01) ano."*

4. **Aplicabilidade.** A suspensão condicional do processo aplica-se aos delitos abrangidos ou não por essa lei, sendo ou não de menor potencial ofensivo. O importante é a pena mínima cominada até um ano. Assim, a suspensão condicional do processo aplica-se ao delito de furto simples (art. 155, *caput,* do Código Penal), que possui a pena máxima de quatro anos e não é infração de menor potencial ofensivo, mas tem pena mínima de um ano.

5. **Crimes de ação penal de iniciativa privada.** Cremos ser possível a suspensão nas infrações penais de ação penal de iniciativa privada, desde que haja proposta por parte do querelante. Se o objetivo das medidas depenalizadoras previstas nesta lei é a implementação de um modelo de justiça consensual, esse modelo deve vigorar para todo o sistema de justiça, não havendo motivo razoável para caber em algumas hipóteses, e, em outras, não. Presentes os requisitos legais, deve ser

cabível independentemente do tipo de ação penal que corresponda à infração praticada. Nesse caso, quem oferece a proposta de suspensão é o querelante.

> **STJ.** (...) O Superior Tribunal de Justiça, em remansosos julgados considera crível o *sursis* processual (art. 89 da Lei nº 9.099/95) nas ações penais privadas, cabendo sua propositura ao titular da queixa-crime. (...) A legitimidade para eventual proposta de sursis processual é faculdade do querelante. Ele decidirá acerca da aplicação do benefício da suspensão condicional do processo nas ações penais de iniciativa, exclusivamente, privada. (...) **(HC 187.090/MG, Rel. Min. Adilson Vieira Macabu (Desembargador convocado do TJ/RJ), julgado em 01/03/2011).**

6. **Requisitos.** São requisitos para a concessão da suspensão condicional do processo: 1. Pena mínima não superior a um ano; 2. Acusado não estar sendo processado ou não ter sido condenado por outro crime; 3. Presença dos demais requisitos que autorizam a suspensão condicional da pena (art. 77 do Código Penal). Na menção feita ao art. 77 do Código deve ser ressaltado que, além dos requisitos objetivos nele descritos, os requisitos subjetivos descritos especificamente no inciso II (*culpabilidade, antecedentes, conduta social, personalidade do agente, motivos e circunstâncias*) são de extrema importância.

> **STJ.** (...) SUSPENSÃO CONDICIONAL DO PROCESSO. RÉU QUE OBTEVE O MESMO BENEFÍCIO EM OUTRO PROCESSO. NÃO PREENCHIMENTO DOS REQUISITOS SUBJETIVOS. INTELIGÊNCIA DOS ARTIGOS 89 DA LEI 9.099/1995 E 77 DO CÓDIGO PENAL. (...) De acordo com o artigo 89 da Lei dos Juizados Especiais, para a concessão da suspensão condicional do processo é necessário, além do preenchimento dos requisitos objetivos, o atendimento às exigências de ordem subjetiva, dispostas no artigo 77 do Código Penal, referentes à adequação da medida em face da culpabilidade, antecedentes, conduta social e personalidade do agente, bem como dos motivos e circunstâncias do delito. (...) **(AgRg no RHC 83.511/CE, Rel. Min. Jorge Mussi, julgado em 21/09/2017).**

> **STF.** (...) Suspensão condicional do processo (art. 89 da Lei n. 9.099/95). Impossibilidade de concessão. A jurisprudência do Supremo Tribunal Federal firmou-se no sentido de ser requisito à concessão do benefício que o acusado não esteja sendo processado, nem tenha sido condenado por outro crime. Precedentes. (...) **(RHC 133945 AgR, Relator(a): Min. Gilmar Mendes, Segunda Turma, julgado em 21/06/2016).**

7. **Momento para o oferecimento.** O momento certo para o oferecimento da proposta de suspensão condicional do processo é no ato do oferecimento da denúncia pelo Ministério Público, logo no início do procedimento, pois trata-se de medida que visa a evitar o processo, como comumente ocorre nas medidas despenalizadoras.

8. **Natureza jurídica.** A suspensão condicional do processo não é uma obrigação legal imposta ao Ministério Público, e sim um poder-dever a ele conferido. Por essa razão, os tribunais entendem que não se trata de um direito subjetivo do autor do fato.

> **STF.** (...) Suspensão condicional do processo (art. 89 da Lei nº 9.099/95). Não cabimento. Fundamentada recusa do Ministério Público em propor o benefício. Aceitação da recusa pela autoridade judicial. Possibilidade. Precedentes. Natureza de transação processual da suspensão condicional do processo. Inexistência de direito público subjetivo à aplicação do art. 89 da Lei 9.099/95.

Precedentes. (...) É pertinente se destacar que a suspensão condicional do processo tem natureza de transação processual, não existindo, portanto, direito público subjetivo do paciente à aplicação do art. 89 da Lei 9.099/95 (...). (HC 129346, Relator(a): Min. Dias Toffoli, julgado em 05/04/2016).

STJ. A suspensão condicional do processo não é direito público subjetivo do acusado, mas sim um poder-dever do Ministério Público, titular da ação penal, a quem cabe, com exclusividade, analisar a possibilidade de aplicação ou não do referido instituto, desde que o faça de forma fundamentada. **(APn 871/DF, Rel. Min. Humberto Martins, Corte Especial, julgado em 18/10/2017).**

9. **Negativa do Ministério Público.** Em caso de omissão ou de recusa do Ministério Público em oferecer a proposta de suspensão condicional do processo, o Juiz não poderá oferecê-la de ofício.

10. **Procedência parcial da pretensão punitiva ou desclassificação.** Nessas duas hipóteses, é cabível a suspensão condicional do processo. Em relação à procedência parcial da pretensão punitiva, imagine-se a hipótese de uma denúncia que impute ao réu um concurso de crimes entre furto e roubo. Nesse caso, as duas penas mínimas somadas ou sendo caso de exasperação ultrapassam o limite de um ano. Contudo, caso na sentença o Juiz julgue parcialmente procedente a pretensão punitiva estatal para condenar o réu por furto (que tem pena mínima de um ano) e absolvê-lo da imputação do roubo, o Ministério Público deve ser intimado para verificar a viabilidade de oferecimento da suspensão condicional do processo. Na segunda hipótese, de desclassificação, ocorre a mesma coisa, ou seja, imagine-se que o réu seja denunciado por roubo, caso em que não cabe a suspensão condicional do processo. Contudo, na sentença o Juiz desclassifica a infração penal para o delito de furto. Nesse caso, passa a ser cabível a suspensão, devendo o Ministério Público ser intimado para verificar a viabilidade de oferecimento da suspensão condicional do processo.

STJ. Súmula nº 337. *"É cabível a suspensão condicional do processo na desclassificação do crime e na procedência parcial da pretensão punitiva."*

11. **Não aplicabilidade em casos de violência doméstica e familiar contra a mulher.** O art. 41 da lei 11.340/2006 (lei de violência doméstica e familiar contra a mulher) dispõe que a lei nº 9.099/95 é inaplicável aos crimes praticados com violência doméstica e familiar contra a mulher, independentemente da pena prevista. Logo, não é cabível a suspensão condicional do processo. Ver comentários ao art. 61.

STJ. Súmula no 536: A suspensão condicional do processo e a transação penal não se aplicam na hipótese de delitos sujeitos ao rito da Lei Maria da Penha.

12. **Período de prova.** É o período de duração da suspensão condicional do processo, que pode variar entre dois e quatro anos.

13. **§1º.** Aceitação da proposta. O legislador exigiu que a proposta seja aceita pelo autor do fato e, também, pelo seu defensor público ou privado. A dupla aceitação visa a garantir ao autor do fato a análise de todos os riscos e consequências que possam decorrer da aceitação ou da não aceitação. Questão relevante versa sobre

a divergência entre a vontade do autor do fato e de seu defensor, na hipótese de, por exemplo, o autor do fato aceitar a suspensão e o defensor não a aceitar. Cremos que nesse caso deva prevalecer a vontade do autor do fato, que é quem sofrerá as consequências tanto da aceitação, quanto da não aceitação. Ao defensor caberá orientar o autor do fato acerca dos riscos e consequências das duas opções, contudo a decisão final cabe ao autor do fato. Frise-se que a aceitação da suspensão condicional do processo não implica assunção de culpa por parte do autor do fato. A sua finalidade é tão somente evitar o processo. Nos incisos estão previstas as condições a que o beneficiário fica sujeito.

14. **Termo inicial da suspensão.** Diante da aceitação da suspensão, o Juiz recebe a denúncia e suspende o processo pelo prazo de dois a quatro anos. Note-se que até então o Juiz não havia recebido a denúncia. Os incisos desse parágrafo trazem as condições a serem cumpridas pelo beneficiário da suspensão.

15. **§2º. Condições judiciais.** O legislador permitiu a imposição de outras condições, além das condições legais do §1º, desde que adequadas ao fato e à situação pessoal do acusado. Essas condições judiciais podem ser impostas concomitantemente às condições legais.

▶ **STJ**

Informativo nº 574.

Recurso repetitivo.

PROCESSUAL. RECURSO REPETITIVO (ART. 543-C DO CPC E RES. N. 8/2008-STJ). Não há óbice a que se estabeleçam, no prudente uso da faculdade judicial disposta no art. 89, § 2º, da Lei n. 9.099/1995, obrigações equivalentes, do ponto de vista prático, a sanções penais (tais como a prestação de serviços comunitários ou a prestação pecuniária), mas que, para os fins do *sursis* processual, se apresentam tão somente como condições para sua incidência. O § 2º do art. 89 da Lei n. 9.099/1995 não veda a imposição de outras condições, desde que adequadas ao fato e à situação pessoal do acusado (...). **(REsp 1.498.034-RS, Rel. Min. Rogerio Schietti Cruz, julgado em 25/11/2015).**

STJ. (...) SUSPENSÃO CONDICIONAL DO PROCESSO. PRESTAÇÃO PECUNIÁRIA. LEGALIDADE. RECURSO ESPECIAL REPETITIVO 1.498.034/RS. PERDA DO VALOR DA FIANÇA. POSSIBILIDADE. AGRAVO REGIMENTAL IMPROVIDO. 1. A prestação pecuniária constitui legítima condição do *sursis* processual, nos termos do artigo 89, § 2º, da Lei n. 9.099/1995 (...) 2. A perda do valor da fiança constitui legítima condição do *sursis* processual, nos termos do artigo 89, § 2º, da Lei 9.099/1995 (...). **(AgRg no RHC 85.835/PR, Rel. Min. Reynaldo Soares da Fonseca, julgado em 21/09/2017).**

16. **§3º. Revogação obrigatória da suspensão.** Revoga-se obrigatoriamente a suspensão condicional do processo nas seguintes hipóteses: 1. Se o beneficiário, no curso do prazo, vier a ser processado por outro crime; 2. Se o beneficiário não efetuar a reparação do dano sem motivo justificado. Com a revogação o processo volta ao seu curso normal com a prática dos atos ulteriores. A competência para a revogação do benefício é do Juízo da condenação (Vara Criminal).

17. **§4º. Revogação facultativa da suspensão.** A revogação deste parágrafo, diferente da hipótese do parágrafo anterior, é facultativa, ou seja, o Juiz irá revogar a suspensão a depender das circunstâncias do caso concreto. As causas de revogação facultativa são: 1. Se o beneficiário for processado, no curso do prazo, por contravenção penal; 2. Descumprimento de qualquer condição judicial imposta a que se refere o §2º. Da mesma forma que ocorre com a revogação obrigatória do parágrafo anterior, o processo volta ao seu curso normal com a prática dos atos ulteriores. A competência para a revogação do benefício é do Juízo da condenação (Vara Criminal).

18. **Revogação após ultrapassado o período de prova.** É possível que a revogação ocorra (a obrigatória ou a facultativa) após expirado o período de prova, desde que a causa de revogação tenha ocorrido durante esse período. Basta pensar na hipótese em que o agente foi processado por um crime no curso da suspensão. Contudo, após o término do período de prova e antes de o Juiz declarar extinta a punibilidade, chega ao seu conhecimento o processo instaurado contra o beneficiário ainda durante o período da suspensão. Entretanto, a revogação somente poderá ocorrer antes de o Juiz declarar extinta a punibilidade (§5º), ou seja, no espaço de tempo entre o final do período de prova e a declaração de extinção da punibilidade.

▶ **STJ**

Informativo nº 574.

Recurso repetitivo.

DIREITO PROCESSUAL PENAL. REVOGAÇÃO DO SURSIS PROCESSUAL APÓS O PERÍODO DE PROVA. RECURSO REPETITIVO (ART. 543-C DO CPC E RES. N. 8/2008-STJ).

Se descumpridas as condições impostas durante o período de prova da suspensão condicional do processo, o benefício poderá ser revogado, mesmo se já ultrapassado o prazo legal, desde que referente a fato ocorrido durante sua vigência. (...) Dessa forma, se descumpridas as condições impostas durante o período de prova da suspensão condicional do processo, o benefício deverá ser revogado, mesmo que já ultrapassado o prazo legal, desde que referente a fato ocorrido durante sua vigência. (...) **(REsp 1.498.034-RS, Rel. Min. Rogerio Schietti Cruz, julgado em 25/11/2015).**

STF. (...) O benefício da suspensão condicional do processo pode ser revogado após o período de prova, desde que os fatos que ensejaram a revogação tenham ocorrido antes do término deste período. (...) Sobrevindo o descumprimento das condições impostas, durante o período de suspensão, deve ser revogado o benefício, mesmo após o término do prazo fixado pelo juiz. **(HC 95683, Relator(a): Min. Ricardo Lewandowski, 13/08/2010).**

19. **Intimação do beneficiário. Justificação.** Pensamos ser prudente marcar uma *audiência de justificação* para que o beneficiário possa eventualmente justificar a causa ensejadora da revogação da suspensão, pois, sem que o Juiz saiba, pode haver um motivo relevante para, por exemplo, a não reparação do dano (na revogação obrigatória) ou para o descumprimento de qualquer condição judicial (na revogação facultativa). Contudo, o STJ entende que a intimação ou a justificação é desnecessária.

STJ. (...) SUSPENSÃO CONDICIONAL DO PROCESSO. REVOGAÇÃO OBRIGATÓRIA. SUPERVENIÊNCIA DE PROCESSO PARA APURAÇÃO DE NOVO DELITO NO PERÍODO DE PROVA. PRESCINDIBILIDADE DA INTIMAÇÃO DO BENEFICIÁRIO. NULIDADE. NÃO OCORRÊNCIA. 1. Nos termos do art. 89, § 3º, da Lei n. 9.099/95, a suspensão será revogada obrigatoriamente se, no curso do período de prova, o beneficiário vier a ser processado por outro crime ou não efetuar, sem motivo justificado, a reparação do dano. 2. A lei de regência não faz imprescindível, na hipótese de revogação obrigatória do benefício despenalizador, a necessidade de intimação do beneficiário ou até mesmo de justificação, de modo que não há que se falar em nulidade ou violação ao Princípio do Contraditório ou da Ampla Defesa. Precedentes. 3. Ordem denegada. **(HC 358.370/SC, Rel. Min. Antonio Saldanha Palheiro, julgado em 12/09/2017).**

20. §5º. Extinção da punibilidade. O cumprimento de todas as condições, sem que tenha havido revogação, gera a declaração de extinção da punibilidade. Não fica nenhum registro para fins de configuração de maus antecedentes ou outro efeito criminal.

21. **Impossibilidade de aceitação de outra suspensão condicional do processo no período de cinco anos.** Embora não haja previsão expressa, como há para fins de transação penal (art. 76), de acordo com a jurisprudência do STJ, a aceitação da suspensão impossibilita o agente de aceitar nova suspensão pelo prazo de cinco anos. Discordamos dessa posição por absoluta ausência de previsão legal, razão pela qual esse entendimento configura analogia *in malam partem*. Mas o STJ tem posição nesse sentido.

STJ. (...) INCIDÊNCIA DE INSTITUTO DESPENALIZADOR HÁ MENOS DE 5 ANOS. IMPOSSIBILIDADE. HABEAS CORPUS NÃO CONHECIDO. (...) esta mesma Corte Superior de Justiça já decidiu que o prazo de 5 (cinco) anos para a concessão de nova transação penal, previsto no art. 76, § 2º, inciso II, da Lei n. 9.099/95, aplica-se aos demais institutos despenalizadores por analogia, estendendo-se, pois, à suspensão condicional do processo, o que ocorreu no caso concreto. (...) **(HC 370.047/PR, Rel. Min. Felix Fischer, julgado em 17/11/2016).**

22. **§6º. Suspensão do prazo prescricional.** A suspensão condicional do processo suspende também o prazo de prescrição enquanto durar o período de prova. A suspensão do prazo prescricional inicia-se na data da decisão que suspende o processo e volta a correr na data da decisão que revoga a suspensão. Trata-se de uma causa de suspensão do prazo prescricional fora dos casos previstos no art. 116 do Código Penal.

23. **§7º. Não aceitação da suspensão condicional do processo.** Caso não seja aceita a suspensão, o processo segue nos atos ulteriores do procedimento normalmente. Trata-se de previsão desnecessária, pois essa é a consequência natural da não aceitação da suspensão condicional do processo.

Art. 90. As disposições desta Lei **não se aplicam** aos processos penais cuja **instrução já estiver iniciada**.

1. **Retroatividade.** Como regra geral, as normas de conteúdo processual não possuem retroatividade, mas, sim, aplicação imediata a partir da entrada em vigor, não se aplicando aos atos processuais já praticados na vigência da lei anterior (art. 2º do Código de Processo Penal). Contudo, diversas normas da lei possuem natureza também material, e por isso devem retroagir para alcançar fatos praticados antes do início de vigência dessa lei, em homenagem ao princípio da retroatividade da lei penal mais benéfica (art. 5º, XL, da CF/88).

   STF. PENAL E PROCESSO PENAL. JUIZADOS ESPECIAIS. ART. 90 DA LEI 9.099/1995. APLICABILIDADE. INTERPRETAÇÃO CONFORME PARA EXCLUIR AS NORMAS DE DIREITO PENAL MAIS FAVORÁVEIS AO RÉU. O art. 90 da lei 9.099/1995 determina que as disposições da lei dos Juizados Especiais não são aplicáveis aos processos penais nos quais a fase de instrução já tenha sido iniciada. Em se tratando de normas de natureza processual, a exceção estabelecida por lei à regra geral contida no art. 2º do CPP não padece de vício de inconstitucionalidade. Contudo, as normas de direito penal que tenham conteúdo mais benéfico aos réus devem retroagir para beneficiá-los, à luz do que determina o art. 5º, XL da Constituição federal. Interpretação conforme ao art. 90 da Lei 9.099/1995 para excluir de sua abrangência as normas de direito penal mais favoráveis aos réus contidas nessa lei. **(ADI 1719, Relator(a): Min. Joaquim Barbosa, Tribunal Pleno, julgado em 18/06/2007).**

Art. 90-A. As disposições desta Lei não se aplicam no âmbito da **Justiça Militar.**

1. **Não aplicabilidade no âmbito da Justiça Militar.** A vedação legal contida nesse artigo justifica-se para que não sejam esvaziadas as relações de hierarquia e de disciplina vigorantes nessa área.

Art. 91. Nos casos em que esta Lei passa a exigir representação para a propositura da ação penal pública, o ofendido ou seu representante legal será intimado para oferecê-la no prazo de **trinta dias**, sob **pena de decadência**.

1. **Prazo para a representação.** Quando a lei entrou em vigor havia alguns processos criminais em curso que versavam sobre lesão corporal leve e lesão corporal culposa. Nesses casos, a vítima ou o seu representante legal deveria ser intimado para oferecer a representação em trinta dias, sob pena de decadência. Com essa única finalidade, essa norma ficou esvaziada e atualmente não tem mais aplicabilidade.

Art. 92. Aplicam-se **subsidiariamente** as disposições dos **Códigos Penal e de Processo Penal**, no que não forem incompatíveis com esta Lei.

1. **Aplicação subsidiária do Código Penal e do Código de Processo Penal.** Trata-se de norma desnecessária, tendo em vista que as normas do Código Penal e do Código de Processo Penal sempre se aplicam subsidiariamente a qualquer lei penal especial.

Capítulo IV
Disposições Finais Comuns

Art. 93. Lei Estadual disporá sobre o Sistema de Juizados Especiais Cíveis e Criminais, sua organização, composição e competência.

1. **Legislação estadual.** Cada Estado tem autonomia para regulamentar a organização, a composição e a competência do JECRIM, desde que não conflite com a presente lei.

Art. 94. Os serviços de cartório poderão ser prestados, e as audiências realizadas **fora da sede da Comarca**, em bairros ou cidades a ela pertencentes, ocupando instalações de prédios públicos, de acordo com audiências previamente anunciadas.

Art. 95. Os **Estados, Distrito Federal e Territórios** criarão e instalarão os Juizados Especiais no prazo de seis meses, a contar da vigência desta Lei. Parágrafo único. No prazo de 6 (seis) meses, contado da publicação desta Lei, serão criados e instalados os Juizados Especiais Itinerantes, que deverão dirimir, **prioritariamente**, os conflitos existentes nas áreas rurais ou nos locais de menor concentração populacional.

1. **JECRIM itinerante.** O JECRIM itinerante é uma solução legal que visa a levar o Juizado a algumas localidades onde, infelizmente, o sistema de justiça não chega por diversos fatores, como a distância, a dificuldade de acesso, a falta de orçamento etc. Permite-se, assim, uma solução para a distribuição da justiça nos locais carentes dela. O legislador fez menção à "áreas rurais ou nos locais de menor concentração populacional", mas não é somente nesses casos que há carência de distribuição de justiça.

Art. 96. Esta Lei **entra em vigor** no prazo de sessenta dias após a sua publicação.

Art. 97. Ficam **revogadas** a Lei nº 4.611, de 2 de abril de 1965 e a Lei nº 7.244, de 7 de novembro de 1984.

Lavagem de Dinheiro. Lei nº 9.613, de 3 de março de 1998

CAPÍTULO I
Dos Crimes de "Lavagem" ou Ocultação de Bens, Direitos e Valores

1. **Origem da expressão *lavagem*.** A expressão *lavagem* teve origem na América do Norte, na década de 20, quando a máfia criou várias lavanderias, utilizando-se desse comércio formalmente legalizado para ocultar a origem criminosa de todo o dinheiro por ela auferido ilicitamente, dando-lhe aparência de lícito. Em alguns países, como Portugal, França e Espanha, o delito de lavagem de dinheiro é denominado *Branqueamento de Capitais*. No Brasil o legislador justificou a adoção da nomenclatura *Lavagem de Dinheiro* no fato de tal expressão já estar consagrada na linguagem popular.
2. **Conceito de Lavagem de Dinheiro.** A lavagem de dinheiro consiste na atividade revestida de objeto lícito, que tem por finalidade a transformação de recursos financeiros obtidos de forma ilícita em lícitos, operada por meio das fases da *Introdução (placement), dissimulação (layering), integração (integration),* para que seja ocultada aquela origem ilícita.
3. **Tratados Internacionais.** O Brasil foi signatário de dois Tratados Internacionais nos quais se obrigou perante a comunidade jurídica mundial a reprimir o delito de tráfico, bem como a lavagem do lucro auferido pela sua prática. O primeiro foi a *Convenção Contra o Tráfico Ilícito de entorpecentes e substâncias Psicotrópicas,* concluída em Viena, em 20 de dezembro de 1988 e internalizada pelo Decreto 154 de 26 de junho de 1991, na qual em seu art. 3º, no item 1, b, *i* e *ii*, trata conversão ou a transferência de bens, com conhecimento de que tais bens são procedentes de algum ou alguns dos delitos estabelecidos no item 1. *a*, com o objetivo de ocultar ou encobrir a origem ilícita dos bens, ou de ajudar a qualquer pessoa que participe na prática do delito ou delitos em questão, para fugir das consequências jurídicas de seus atos; e a ocultação ou o encobrimento, da natureza, origem, localização, destino, movimentação ou propriedade verdadeira dos bens, sabendo que procedem de algum ou alguns dos delitos mencionados no item 1. *a*, ou de participação nesses delitos. O segundo foi a *Convenção das Nações Unidas contra*

o Crime Organizado Transnacional, adotada em Nova York em 15 de novembro de 2000, promulgada pelo Decreto 5.015, de 12 de março de 2004, que no art. 6º trata da criminalização da lavagem do produto do crime, denominada Convenção de Palermo.

4. **Bem jurídico tutelado pela lei.** Ordem econômica, ordem tributária, sistema financeiro nacional, administração da justiça, paz pública e toda a ordem socioeconômica em geral.

5. **Fases da lavagem.** *Introdução ou colocação (placement), dissimulação (layering), integração (integration).*

   A *introdução ou colocação* (placement) consiste na separação física entre o agente e o produto auferido pelo crime, dificultando a identificação da procedência delituosa do dinheiro. O dinheiro ilícito é introduzido no mercado formal para a sua conversão em ativos lícitos, normalmente por meio do fracionamento dos valores; utilização dos valores ilícitos em estabelecimentos que trabalham com dinheiro em espécie; aplicações financeiras; troca de notas de menor valor por de maior valor para reduzir o montante físico de papel-moeda; conversão do valor ilícito em moeda estrangeira; remessa dos valores ilícitos para o exterior, para paraísos fiscais; aquisição de bens, móveis ou imóveis com valores superfaturados; aquisição de bens inexistentes etc.

   A *dissimulação* (*layering*) é a lavagem propriamente dita. Nessa fase pretende-se construir uma nova origem lícita, legítima do dinheiro, por meio da prática de condutas que buscam impedir a descoberta da procedência ilícita dos valores, espalhando-os em diversas operações e transações financeiras de diversas empresas e instituições financeiras nacionais e estrangeiras.

   Por fim, na *integração* (integration), agora, com a aparência de lícitos, os valores são formalmente incorporados ao sistema econômico, por meio da criação, aquisição ou do investimento em negócios lícitos, ou compra de bens. Utilizam-se instituições financeiras que movimentam grande volume de dinheiro.

6. **Prática de uma ou de mais fases.** Não é necessário que o agente pratique condutas que configurem as três fases da lavagem. Basta a prática de condutas que configurem apenas uma das fases para o delito estar configurado.

7. **Extinção da punibilidade com base no Regime Especial de Regularização Cambial e Tributária (RERCT).** A lei 13.254/2016 estatuiu o Regime Especial de Regularização Cambial e Tributária (RERCT) e positivou no art. 5, § 1º, uma causa de extinção da punibilidade em relação ao delito de Lavagem de Dinheiro ora por nós comentado. Esse Regime Especial consiste na regularização por meio da declaração voluntária de recursos, bens ou direitos de origem lícita, não declarados ou declarados com omissão ou incorreção em relação a dados essenciais, remetidos ou mantidos no exterior, ou repatriados por residentes ou domiciliados no país, conforme a legislação cambial ou tributária. Segundo o art. 2º, II, dessa lei, consideram-se recursos ou patrimônio de origem lícita: os bens e os direitos adquiridos com recursos oriundos de atividades permitidas ou não proibidas pela lei, bem como o objeto, o produto ou o proveito dos crimes previstos no § 1º, do art. 5º, da mesma lei.

A adesão ao RERCT dá-se por meio da apresentação, pela pessoa física ou jurídica, à Secretaria da Receita Federal do Brasil (RFB) e, em cópia para fins de registro, ao Banco Central do Brasil da ***declaração única de regularização específica*** contendo a descrição pormenorizada dos recursos, bens e direitos de qualquer natureza de que seja titular em 31 de dezembro de 2014 a serem regularizados, com o respectivo valor em real, ou, no caso de inexistência de saldo ou título de propriedade em 31 de dezembro de 2014, a descrição das condutas praticadas pelo declarante que se enquadrem nos crimes previstos no § 1º, do art. 5º, da lei e dos respectivos bens e recursos que possuiu (art. 4º da lei 13.254/2016).

Por sua vez, o art. 5º da lei 13.254/2016 traz a hipótese de extinção da punibilidade, especificamente em seu § 1º. Eis a sua redação: "*a adesão ao programa dar-se-á mediante entrega da declaração dos recursos, bens e direitos sujeitos à regularização prevista no caput do art. 4º e pagamento integral do imposto previsto no art. 6º e da multa prevista no art. 8º desta Lei. § **1º O cumprimento das condições previstas no caput antes de decisão criminal extinguirá, em relação a recursos, bens e direitos a serem regularizados nos termos desta Lei, a punibilidade dos crimes a seguir previstos, praticados até a data de adesão ao RERCT:** I – no art. 1º e nos incisos I, II e V do art. 2º da Lei nº 8.137, de 27 de dezembro de 1990; II – na Lei nº 4.729, de 14 de julho de 1965; III – no art. 337-A do Decreto-Lei nº 2.848, de 7 de dezembro de 1940 (Código Penal); IV – nos seguintes arts. do Decreto-Lei nº 2.848, de 7 de dezembro de 1940 (Código Penal), quando exaurida sua potencialidade lesiva com a prática dos crimes previstos nos incisos I a III: a) 297; b) 298; c) 299; d) 304; V – (vetado); VI – no caput e no parágrafo único do art. 22 da Lei nº 7.492, de 16 de junho de 1986; VII – no art. 1º da Lei nº 9.613, de 3 de março de 1998, quando o objeto do crime for bem, direito ou valor proveniente, direta ou indiretamente, dos crimes previstos nos incisos I a VI; VIII – (vetado). § 2º A extinção da punibilidade a que se refere o § 1º: I – (vetado); II – somente ocorrerá se o cumprimento das condições se der antes do trânsito em julgado da decisão criminal condenatória; III – produzirá, em relação à administração pública, a extinção de todas as obrigações de natureza cambial ou financeira, principais ou acessórias, inclusive as meramente formais, que pudessem ser exigíveis em relação aos bens e direitos declarados, ressalvadas as previstas nesta Lei. § 3º (vetado). § 4º (vetado). § 5º Na hipótese dos incisos V e VI do § 1º, a extinção da punibilidade será restrita aos casos em que os recursos utilizados na operação de câmbio não autorizada, as divisas ou moedas saídas do País sem autorização legal ou os depósitos mantidos no exterior e não declarados à repartição federal competente possuírem origem lícita ou forem provenientes, direta ou indiretamente, de quaisquer dos crimes previstos nos incisos I, II, III, VII ou VIII do § 1º.*" (grifamos).

Em relação ao rol de crimes contidos no art. 5º, § 1º, duas observações merecem ser feitas: a lei nº 4.729/1965 está tacitamente revogada pela lei 8.137/1990; em relação ao art. 1º da lei nº 9.613/1998 (Lavagem de Dinheiro), o rol de incisos foi suprimido pela lei 12.683/2012, não existindo mais.

Como é possível perceber, conforme a redação do art. 5º, § 1º, da lei 13.254/2016, a adesão ao RERCT nos moldes preconizados no art. 4º da mesma lei tem o condão de extinguir a punibilidade do agente.

Em relação a essa causa de extinção da punibilidade, alguns pontos merecem destaque. Em primeiro lugar, há um limite temporal para a efetivação da adesão ao RERCT (art. 4º) e o cumprimento das demais condições dispostas no art. 5º, *caput*, da lei, que é o trânsito em julgado da sentença penal condenatória (art. 5º, § 2º, II). E mais: a adesão ao RERCT deve feita no prazo disposto no art. 7º da lei (*"a adesão ao RERCT poderá ser feita no prazo de 210 (duzentos e dez) dias, contado a partir da data de entrada em vigor do ato da RFB de que trata o art. 10, com declaração da situação patrimonial em 31 de dezembro de 2014 e o consequente pagamento do tributo e da multa"*).

Em segundo lugar, o art. 5º, § 5º, traz uma restrição da extinção da punibilidade para o caso do delito de evasão de divisas previsto no art. 22, *caput* e parágrafo único, da lei 7.492/1986, ao dispor que *"a extinção da punibilidade será restrita aos casos em que os recursos utilizados na operação de câmbio não autorizada, as divisas ou moedas saídas do País sem autorização legal ou os depósitos mantidos no exterior e não declarados à repartição federal competente possuírem origem lícita ou forem provenientes, direta ou indiretamente, de quaisquer dos crimes previstos nos incisos I, II, III, VII ou VIII do § 1º."*

Em terceiro lugar, a *declaração única de regularização específica* de que trata o art. 4º da lei 13.254/2016 não pode ser, por qualquer modo, utilizada como único indício ou elemento para efeitos de expediente investigatório ou procedimento criminal (art. 4º, § 12, I, da lei 13.254/2016). Com isso, o legislador procurou impedir que a confissão espontânea do agente sirva como elemento que possa, por si só, deflagrar a persecução penal contra ele, sob pena de tornar a regularização desinteressante para o agente, que se virá alvo de investigação criminal a partir das suas declarações.

Em quarto lugar, a regularização de ativos mantidos em nome de interposta pessoa, normalmente conhecida como "laranja" ou "testa de ferro", técnica utilizada para ocultar o verdadeiro proprietário, estenderá a ela a extinção da punibilidade prevista no § 1º, do art. 5º, da lei 13.254/2016. O legislador trouxe a possibilidade de extensão da extinção da punibilidade para a interposta pessoa como forma de incentivar a regularização dos ativos mantidos em seu nome e descobrir o real proprietário dos ativos.

Em quinto lugar, conforme preconiza o art. 5º, § 1º, IV, da lei 13.254/2016, ocorre a extinção da punibilidade em relação aos delitos de falsificação de documento público (art. 297 do Código Penal), falsificação de documento particular (art. 298 do Código Penal), falsidade ideológica (art. 299 do Código Penal) e uso de documento falso (art. 304 do Código Penal), quando a potencialidade lesiva desses delitos exaurir-se no delito previsto no art. 1º e no art. 2º, I, II e V, da lei 8.137/1990, bem como no delito previsto no art. 337-A do Código Penal. Essa previsão deve-se ao fato de que cada um desses delitos de falsidade muitas vezes configura meio para a prática desses últimos delitos e fica absorvido por força do princípio da consunção, na vertente do crime progressivo, configurando, dessa forma, *ante factum* impunível, quando a sua potencialidade lesiva esgotar-se nos crimes contra a ordem tributária (lei 8.137/1990) e de sonegação de contribuição previdenciária (art. 337-A do Código Penal). É bem verdade que caso haja a extinção da punibilidade em relação ao crime contra a ordem tributária (lei 8.137/1990) e ao delito de sonegação de contribuição previdenciária (art. 337-A do Código Penal), o delito de falso não pode subsistir, justamente por já ter sido absorvido. Entretanto, para evitar qualquer entendimento diverso a ser eventualmente adotado na prática, fazendo com que o delito de falso subsista, o legislador determinou expressamente a extinção da punibilidade também em relação a essas falsidades, desde que a potencialidade lesiva deles tenha sido exaurida nos crimes contra a ordem tributária (art. 1º e art. 2º, I, II e V, da lei 8.137/1990) e de sonegação de contribuição previdenciária (art. 337-A do Código Penal), de forma a não subsistir responsabilidade penal alguma.

Art. 1º Ocultar ou dissimular a natureza, origem, localização, disposição, movimentação ou propriedade de bens, direitos ou valores provenientes, direta ou indiretamente, de **infração penal**. (Redação dada pela Lei nº 12.683, de 2012)

I - (revogado); (Redação dada pela Lei nº 12.683, de 2012)

II - (revogado); (Redação dada pela Lei nº 12.683, de 2012)

III - (revogado); (Redação dada pela Lei nº 12.683, de 2012)

IV - (revogado); (Redação dada pela Lei nº 12.683, de 2012)

V - (revogado); (Redação dada pela Lei nº 12.683, de 2012)

VI - (revogado); (Redação dada pela Lei nº 12.683, de 2012)

VII - (revogado); (Redação dada pela Lei nº 12.683, de 2012)

VIII - (revogado). (Redação dada pela Lei nº 12.683, de 2012)

Pena: reclusão, de 3 (três) a 10 (dez) anos, e multa. (Redação dada pela Lei nº 12.683, de 2012).

1. **Natureza acessória.** O delito de lavagem de dinheiro é crime acessório, que depende da prática de uma infração penal antecedente, podendo tal infração penal consistir em crime ou em contravenção penal. Essa natureza acessória está descrita no art. 1º e no art. 2º, §1º da lei.

2. **Questão prejudicial.** Não há relação de prejudicialidade entre a infração penal antecedente e o delito de lavagem de dinheiro.

3. **Gerações da lei que dispõe sobre a lavagem de dinheiro.** Existem *três gerações* das leis que tratam do tema lavagem de dinheiro. As leis de *primeira geração* são aquelas que trazem apenas o delito de tráfico de drogas como infração penal antecedente. As leis de *segunda geração* estabelecem um rol das denominadas infrações penais antecedentes, das quais se pode lavar dinheiro. Por fim, as denominadas leis de *terceira geração* são aquelas que admitem qualquer infração penal como antecedente. A lei brasileira sempre foi uma lei de *segunda geração*, uma vez que trazia no seu art. 1º um rol de infrações penais antecedentes das quais poderia haver a lavagem de dinheiro proveniente delas. Entretanto, com a alteração operada pela lei 12.683/2012, ocorreu a revogação desse rol de infrações penais antecedentes, passando a ser possível a lavagem do produto de qualquer infração penal, razão pela qual se conclui que a lei brasileira passou a ser uma lei de *terceira geração.*

4. **O delito de Lavagem de Dinheiro não absorve a infração penal antecedente.** Em razão da autonomia entre o delito de lavagem de dinheiro e a infração penal antecedente, não há que se falar em absorção da infração antecedente pela lavagem de dinheiro, sobretudo porque não há uma relação de dependência entre elas.

5. **O delito de Lavagem de Dinheiro não constitui *post factum* impunível em relação à infração penal antecedente.** Embora o delito de Lavagem de Dinheiro seja um crime acessório, ele não configura *post factum* impunível em relação à infração penal antecedente, havendo concurso de crimes.

   > **STJ.** (...) Por definição legal, a lavagem de dinheiro constitui crime acessório e derivado, mas autônomo em relação ao crime antecedente, não constituindo post factum impunível, nem dependendo da comprovação da participação do agente no crime antecedente para restar caracterizado (...). REsp 1342710/PR, Rel. Min. Maria Tereza de Assis Moura, julgado em 22/04/2014.

6. **Crime autônomo. Concurso material de crimes.** O delito de lavagem de dinheiro é delito autônomo, que é atribuído ao acusado em concurso material com a infração penal antecedente.

7. **Autolavagem.** Entende-se por autolavagem a conduta por meio da qual o mesmo agente pratica a infração penal antecedente e o delito de lavagem de dinheiro posteriormente, como na hipótese em que o mesmo agente pratica o delito de tráfico de drogas e depois, pretendendo construir uma origem lícita para o produto financeiro auferido com o tráfico, pratique condutas que configurem lavagem de dinheiro. Nesse caso, o agente deverá responder pelos dois delitos (tráfico de drogas e lavagem de dinheiro) em concurso material de crimes.

8. **Verbos típicos.** *Ocultar,* que significa esconder, silenciar, encobrir. E *dissimular,* que significa simular, camuflar, disfarçar. O tipo penal não mencionou *dinheiro,* que está, entretanto, englobado na expressão *valores.*

9. **Dolo eventual.** Está abrangido pelo tipo penal.

10. **Teoria da Cegueira Deliberada, Teoria das Instruções do Avestruz, *Willful Blindness doctrine, conscious avoidance doctrine* ou *ostrich instructions.*** A Teoria da Cegueira Deliberada possui, como sinônimos, todas as expressões acima citadas. Essa teoria tem origem na jurisprudência norte americana e consiste na análise do aspecto subjetivo da conduta do agente, isso é, a verificação do elemento subjetivo do tipo legal de crime, mais especificamente o dolo indireto eventual. Em situações nas quais o agente não age com dolo direto, e fica muito difícil a constatação de ter agido com dolo eventual, a Teoria da Cegueira Deliberada surge como mecanismo que permite concluir pelo dolo eventual do agente.

    Essa teoria tem incidência caso o agente possua consciência da possível origem do dinheiro com o qual está tratando, mas, mesmo assim, deliberadamente cegue-se para tal fato, voluntariamente criando mecanismos que obstam a sua plena consciência da origem ilícita do dinheiro ou deixando de buscar informações que lhe permitam concluir por tal origem. Se o agente tem condições de ter a consciência sobre a origem ilícita do dinheiro e deliberadamente fecha os olhos para tal fato, pratica o delito de Lavagem de Dinheiro, pois age assumindo o risco de ocultar ou de dissimular dinheiro sujo, proveniente de infração penal.

O substrato dessa teoria reside no fato de que caso o agente possa ter a consciência sobre origem ilícita do dinheiro e escolha não buscar essa informação de forma mais aprofundada, demonstra nitidamente indiferença em relação ao bem jurídico protegido, da mesma forma que demonstra indiferença quem age com dolo eventual por fazer a representação mental do resultado e, embora não o queira diretamente, assume o risco de produzi-lo. Essa semelhança de comportamento do agente possibilita a punição de quem deliberadamente cega-se para a origem ilícita do dinheiro.

Dois são os requisitos para a aplicação dessa teoria: em primeiro lugar, a consciência por parte do agente no sentido de que os valores possam ter origem ilícita; em segundo lugar, que o agente deliberadamente crie mecanismos que obstam a sua plena consciência da origem ilícita do dinheiro ou deixe de buscar informações que lhe permitam concluir por tal origem.

A tese tem sido aceita e adotada pelas Cortes Norte Americanas, desde que haja a prova de que o agente tinha conhecimento da possibilidade da origem ilícita dos bens e preferiu, deliberadamente, se manter indiferente quanto a essa origem, ou seja, preferiu não analisar a origem ilícita do dinheiro (daí a expressão Teoria das Instruções do Avestruz, pois o avestruz, ao menor sinal de perigo, enterra a sua cabeça na terra e não vê o que está se passando ao redor).

Nos Estados Unidos foi julgado o caso *United States v. Campbell*, decidido pelo Quarto Circuito Federal, em que Campbell, vendedora do mercado imobiliário, foi denunciada pelo delito de lavagem de dinheiro, em razão de ter realizado um negócio jurídico de venda de um imóvel a um traficante de drogas que se fazia passar por pessoa de alto poder aquisitivo econômico, não revelando a Campbell a sua real atividade (tráfico de drogas). Campbell realizou a venda do imóvel no valor de U$ 182.500,00, dos quais U$ 60.000,00 foram pagos em dinheiro. O contrato foi realizado no valor correspondente à diferença. Durante o julgamento, uma testemunha teria afirmado que Campbell disse que o dinheiro poderia ser proveniente de atividade ilícita de tráfico de drogas. Com base nessa informação e outras mais constantes dos autos do processo, o Júri Federal condenou Campbell pelo delito de lavagem de dinheiro, ao fundamento de que Campbell teria deliberadamente fechado os olhos para o fato evidente, para um fato que era óbvio, isso é, que o valor utilizado para pagar a compra do imóvel era derivado de origem ilícita. Irresignada, Campbell recorreu e, em recurso de apelação, o Quarto Circuito Federal manteve a sua condenação, ao argumento segundo o qual Campbell deliberadamente evitou descobrir a origem ilícita dos valores empregados na compra do imóvel; que a operação de compra e venda realizada tinha a finalidade de lavar dinheiro sujo, isso é, transformar dinheiro proveniente do tráfico de drogas, portanto sujo, em dinheiro limpo, dando-se a ele um aspecto de origem ilícita.

Por todo o exposto, percebe-se que o tema está relacionado à análise do aspecto subjetivo da conduta do agente, a verificação do elemento subjetivo do tipo legal de crime, especificamente o dolo indireto eventual.

11. **Sujeito ativo.** Qualquer pessoa, inclusive o autor ou coautor da infração penal antecedente. Não é necessário que o autor do delito de lavagem tenha concorrido para a infração penal antecedente, bastando que tenha conhecimento da origem criminosa dos valores.

    STJ. O crime de lavagem de dinheiro não exige que o réu seja autor do crime antecedente. Precedentes desta Corte. RHC 39470. Rel. Min. NEFI CORDEIRO, julgado em 10/06/2014.

12. **Tipo misto alternativo.** A prática das duas condutas descritas no tipo (ocultar e dissimular) não gera concurso de crimes, respondendo o agente por apenas um delito.

13. **Princípio da irretroatividade da lei penal mais severa.** Em sua redação originária, o art. 1º da lei estabelecia um rol taxativo de infrações penais antecedentes, das quais era possível a lavagem do seu produto ilícito. Em homenagem ao princípio da legalidade, somente era possível a lavagem dos valores provenientes dessas infrações penais previstas na lei, não se admitindo a lavagem dos valores ilicitamente obtidos com a prática de qualquer outra infração penal que não figurasse naquele rol. Com o advento da lei 12.683/2012, o rol de infrações penais antecedentes foi revogado, passando-se a admitir a lavagem de dinheiro oriundo de qualquer infração penal antecedente. Percebe-se, portanto, que a lei 12.683/2012 ampliou a incidência da lei de lavagem de dinheiro, configurando, dessa forma, verdadeira *novatio legis in pejus*, que, de acordo com o princípio constitucional da irretroatividade da lei penal mais severa, não pode retroagir. Assim, se a lavagem de dinheiro foi praticada antes do advento da lei 12.683/2012, esse crime somente existirá se a infração penal antecedente figurasse no revogado rol taxativo do art. 1º no momento da conduta do agente. Caso contrário, a conduta será atípica.

    ▶ **STJ.**

    Informativo nº 657

    Corte Especial

    Lavagem de dinheiro. Denúncia. Condutas praticadas antes da Lei n. 12.683/2012. Crime antecedente. Descrição exaustiva e pormenorizada. Desnecessidade. Lastro probatório mínimo. Aptidão. (...) Previamente às modificações realizadas pela Lei n. 12.683/2012, a imputação do crime de lavagem de dinheiro exigia que a denúncia apontasse a suposta prática de um dos crimes antecedentes previstos expressamente nos incisos do art. 1º da Lei n. 9.613/1998. (...) Desse modo, a inicial deve ser considerada apta se contiver narrativa que demonstre, de modo indiciário, a probabilidade da prática do crime antecedente e as condutas relacionadas ao suposto branqueamento de bens, direitos e valores que provavelmente seriam proveitos desse anterior crime previsto no rol do art. 1º da Lei n. 9.613/1998, permitindo a efetiva defesa do acusado. **APn 923-DF, Rel. Min. Nancy Andrighi, Corte Especial, por unanimidade, julgado em 23/09/2019, DJe 26/09/2019.**

14. **Princípio da irretroatividade da lei penal mais severa e crime permanente.** O tipo legal de crime ora comentado configura um crime permanente. Por essa razão, diferente da hipótese comentada no item anterior, caso o agente iniciasse a consumação do delito de lavagem do produto de uma infração penal antecedente que

não figurava no rol do art. 1º antes do advento da lei 12.683/2012 e a consumação se prolongasse até o momento posterior ao início de vigência da lei 12.683/2012, ela já incidiria nesse fato, isso é, já se poderia falar em crime de lavagem de dinheiro, justamente porque o crime é permanente e sua consumação ainda estava ocorrendo no momento em que a novel lei iniciou a sua vigência, nos moldes da súmula 711 do STF.

15. **Lavagem de dinheiro e crime contra a Ordem Tributária.** Questão relevante versa sobre a conduta de lavagem de dinheiro que tenha como infração penal antecedente um crime contra a Ordem Tributária previsto no art. 1º, incisos I ao IV da lei 8.137/90. Como dito acima, com o advento da lei 12.683/2012, ampliou-se a incidência da lei de lavagem para abranger a lavagem do produto de qualquer infração penal antecedente, o que inclui, portanto, esses delitos tributários. Entretanto, a Súmula Vinculante nº 24 do STF dispõe que *"não se tipifica crime material contra a ordem tributária, previsto no art. 1º, incisos I a IV, da Lei nº 8.137/90, antes do lançamento definitivo do tributo"*. De acordo com essa Súmula, como assentamos acima (ver comentários ao art. 1º da lei de crimes contra a Ordem Tributária), somente haverá a ocorrência do crime contra a Ordem Tributária após o lançamento definitivo do tributo no processo administrativo fiscal. Assim, em razão da natureza acessória do crime de lavagem de dinheiro, cremos que somente após o lançamento definitivo do crédito tributário é que poderá haver a caracterização do delito de lavagem de dinheiro e ter início a persecução penal em relação a ele.

16. **Consumação.** Com a ocultação ou dissimulação dos bens, direitos ou valores, independentemente de serem introduzidos no sistema econômico ou financeiro. Crime formal.

17. **Classificação.** Crime comum; doloso; formal; comissivo; permanente; admite tentativa.

§ 1º Incorre na mesma pena quem, **para ocultar ou dissimular** a utilização de bens, direitos ou valores provenientes de infração penal: (Redação dada pela Lei nº 12.683, de 2012).

I - os **converte** em ativos **lícitos**;

II - os adquire, recebe, troca, negocia, dá ou recebe em garantia, guarda, tem em depósito, movimenta ou transfere;

III - importa ou exporta bens com valores não correspondentes aos verdadeiros.

1. **Condutas equiparadas.** O § 1º traz as condutas típicas que constituem a verdadeira lavagem de dinheiro, pois o agente transforma o ilícito em lícito, possibilitando a *limpeza* dos produtos das infrações penais antecedentes. Nesse parágrafo, estão as fases da lavagem de dinheiro.

2. **Condutas meio.** Muitas vezes, as condutas descritas no § 1º constituem meios executórios da conduta do *caput.*

3. **Inciso I.** Trata da *introdução* do produto da infração penal antecedente, por meio da separação física entre o agente e o produto auferido pelo crime, dificultando

a identificação da procedência do dinheiro, inserindo o dinheiro sujo no mercado formal lícito. Incrimina condutas que visam a ocultar ou dissimular a utilização do produto do crime por meio da sua *introdução* no mercado econômico formal. Essa conversão em ativos lícitos pode consistir em capital social, ativos societários, investimentos, aplicações financeiras etc.

4. **Converter.** Significa transformar. São exemplos: transformação do dinheiro ilícito em ativos societários; compra de bens móveis e imóveis; câmbio; investimentos.
5. **Especial fim de agir.** Está contido na expressão *para ocultar ou dissimular a utilização de bens, direitos ou valores* descrita no § 1º. Para a consumação do delito, não é necessário que o especial fim de agir seja atingido, bastando que esteja presente no psiquismo do agente.
6. **Dolo eventual.** Está abrangido no tipo penal.
7. **Consumação.** Com a prática da conduta típica de converter, independentemente de o agente conseguir a efetiva ocultação ou a dissimulação. Crime formal.
8. **Classificação.** Crime comum; doloso; formal; comissivo; de perigo concreto; instantâneo; admite tentativa.
9. **Inciso II.** Pune a realização de operações com os produtos das infrações penais antecedentes, isto é, várias operações que configuram meios executivos para a prática da lavagem. Alguns verbos configuram a fase da *dissimulação,* em que se pretende estruturar uma nova origem do dinheiro originariamente ilícito, aparentemente legítima.
10. **Verbos típicos. Adquirir**: incorporação ao patrimônio, que pode ser onerosa ou gratuita (doação). **Receber**: aceitação do produto da infração penal antecedente. **Trocar**: cambiar, permutar. **Negociar:** operação ou transação de natureza financeira ou comercial. **Dar em garantia**: entrega do produto da infração penal antecedente como garantia do cumprimento de uma obrigação. **Receber em garantia**: aceitação do produto da infração penal antecedente como garantia do cumprimento de uma obrigação. **Guardar**: recebimento do produto da infração penal antecedente para conservá-lo. **Ter em depósito**: conservação do produto da infração penal antecedente. **Movimentar**: circulação no mercado formal econômico-financeiro. **Transferir**: mudança de titularidade.
11. **Especial fim de agir.** Está contido na expressão *para ocultar ou dissimular a utilização de bens, direitos ou valores* descrita no § 1º. Para a consumação do delito, não é necessário que o especial fim de agir seja atingido, bastando que esteja presente no psiquismo do agente.
12. **Dolo eventual.** Está abrangido no tipo penal.
13. **Tipo misto alternativo.** A prática de duas ou mais condutas descritas no tipo não gera concurso de crimes, respondendo o agente por apenas um delito.
14. **Consumação.** Com a prática das condutas típicas descritas no tipo: **adquirir**: consuma-se no momento em que a propriedade é transferida; **receber**: consuma-se no momento em que o agente tem a posse do produto da infração penal antecedente; **trocar**: consuma-se no momento em que o agente obtém a posse dos bens,

produtos da infração penal antecedente; **negociar**: consuma-se no momento em que a negociação for concluída; **dar em garantia**: consuma-se no momento em que o agente entrega o produto da infração penal antecedente; **receber em garantia**: consuma-se no momento em que o agente recebe o produto da infração penal antecedente; **guardar**: consuma-se no momento em que o agente obtém a posse do produto; **ter em depósito**: consuma-se no momento em que o agente obtém a posse do produto; **movimentar**: consuma-se com a prática de qualquer ato de movimentação; **transferir**: consuma-se com o ato de transferência. Em todos os verbos típicos, o crime é formal.

15. **Classificação.** Crime comum; doloso; formal; comissivo; instantâneo nas condutas *adquirir, receber, trocar, negociar, dar, receber em garantia, movimentar e transferir,* e permanente nas condutas *guardar* e *ter em depósito;* admite tentativa.
16. **Inciso III.** Incrimina o subfaturamento e o superfaturamento.
17. **Importar.** Fazer ingressar no território nacional, por água, terra ou ar.
18. **Exportar.** Fazer sair do território nacional, por água, terra ou ar.
19. **Valores não correspondentes ao verdadeiro.** É o subfaturamento ou o superfaturamento.
20. **Especial fim de agir.** Está contido na expressão *para ocultar ou dissimular a utilização de bens, direitos ou valores* descrita no § 1º. Para a consumação do delito, não é necessário que o especial fim de agir seja atingido, bastando que esteja presente no psiquismo do agente.
21. **Dolo eventual.** Está abrangido no tipo penal.
22. **Tipo misto alternativo.** A prática de duas ou mais condutas descritas no tipo não gera concurso de crimes, respondendo o agente por apenas um delito, como na hipótese de o agente exportar e importar bens com valores superiores ou inferiores ao verdadeiro.
23. **Consumação.** Com a entrada ou a saída da mercadoria no território nacional, independentemente de o agente conseguir a efetiva ocultação ou a dissimulação. Crime formal.
24. **Classificação.** Crime comum; doloso; formal; comissivo; instantâneo; admite tentativa.

§ 2º Incorre, ainda, na mesma pena quem: (Redação dada pela Lei nº 12.683, de 2012).

I – utiliza, na **atividade econômica ou financeira**, bens, direitos ou valores provenientes de infração penal; (Redação dada pela Lei nº 12.683, de 2012);

II – **participa** de grupo, associação ou escritório **tendo conhecimento** de que sua **atividade** principal ou secundária é dirigida à prática de **crimes previstos nesta Lei.**

1. **Condutas equiparadas.** O § 2º traz condutas equiparadas punidas com a mesma pena do § 1º.

2. **Inciso I.** A lei incrimina a fase da *integração,* ou seja, a conduta *posterior* à lavagem. Pune-se não só a *integração,* como também qualquer ato de *utilização* dos produtos da infração penal antecedente. Nesse momento, o dinheiro já está "limpo". Os valores, já com aparência de lícitos, são formalmente incorporados ao sistema econômico formal, por meio da criação, aquisição ou investimento em negócios lícitos, ou pela simples compra de bens. São utilizadas instituições financeiras que movimentam grande volume de dinheiro.

3. **Utilizar.** Significa aplicar, empregar.

4. **Dolo eventual.** Admite-se.

5. **Consumação.** Com a efetiva utilização.

6. **Classificação.** Crime comum; doloso; formal; comissivo; instantâneo; admite tentativa.

7. **Inciso II.** Incrimina-se a associação para a prática da lavagem. Não se pune a conduta de quem lava o dinheiro, mas de quem trabalha em local onde se lava dinheiro.

8. **Participar.** Significa integrar, fazer parte. O termo *participar* não foi utilizado para se referir especificamente ao *partícipe* do delito, mas ao concorrente para o crime.

9. **Dolo eventual.** Não é admitido, uma vez que o tipo dispõe *tendo conhecimento.*

10. **Consumação.** Com a mera participação. Crime de mera conduta.

11. **Classificação.** Crime comum; doloso; de mera conduta; comissivo; permanente; admite tentativa.

§ 3º A **tentativa** é punida nos termos do parágrafo único do art. 14 do Código Penal.

O dispositivo é desnecessário, em face da já existência do art. 14, II do Código Penal.

§ 4º A **pena será aumentada** de 1/3 (um terço) a 2/3 (dois terços) se os crimes definidos nesta Lei forem cometidos de forma reiterada, por intermédio de organização criminosa ou por meio da utilização de ativo virtual. (Alterado pela lei nº 14.478/2022)

1. **Causa de aumento de pena.** Em razão da maior reprovabilidade da conduta, o legislador estabeleceu uma causa de aumento de pena para a hipótese de reiteração criminosa, da prática da lavagem de dinheiro por meio de organização criminosa, ou por meio de utilização de ativo virtual. A lei 14.478/2022 alterou esse parágrafo e inseriu a previsão do aumento de pena quando a lavagem for praticada por meio de ativo virtual. O conceito de ativo virtual está na própria lei, que dispõe em seu art. 3º: "Para os efeitos desta Lei, considera-se ativo virtual a representação digital de valor que pode ser negociada ou transferida por meios eletrônicos e utilizada

para realização de pagamentos ou com propósito de investimento, não incluídos: I – moeda nacional e moedas estrangeiras; II – moeda eletrônica, nos termos da Lei nº 12.865, de 9 de outubro de 2013; III – instrumentos que provejam ao seu titular acesso a produtos ou serviços especificados ou a benefício proveniente desses produtos ou serviços, a exemplo de pontos e recompensas de programas de fidelidade; e IV – representações de ativos cuja emissão, escrituração, negociação ou liquidação esteja prevista em lei ou regulamento, a exemplo de valores mobiliários e de ativos financeiros. Parágrafo único. Competirá a órgão ou entidade da Administração Pública federal definido em ato do Poder Executivo estabelecer quais serão os ativos financeiros regulados, para fins desta Lei."

§ 5º A **pena poderá ser reduzida** de um a dois terços e ser **cumprida em regime aberto ou semiaberto**, facultando-se ao juiz **deixar de aplicá-la ou substituí-la**, a qualquer tempo, **por pena restritiva de direitos**, se o autor, coautor ou partícipe **colaborar espontaneamente** com as autoridades, prestando esclarecimentos que conduzam à apuração das infrações penais, à identificação dos autores, coautores e partícipes, ou à localização dos bens, direitos ou valores objeto do crime. (Redação dada pela Lei nº 12.683, de 2012)

1. **Delação premiada.** Pode ser feita a qualquer tempo, seja na fase do inquérito, seja na fase do processo, inclusive após o trânsito em julgado da sentença condenatória.
2. **Autoridade.** É a autoridade policial, membro do Ministério Público e a autoridade judiciária.
3. **Faculdade do julgador.** De acordo com a redação dada pela lei 12.683/2012, percebe-se que o legislador quis que a redução da pena criminal ou o seu cumprimento nos regimes aberto e semiaberto fosse uma faculdade do Juiz, e não uma obrigação. O mesmo pode ser afirmado em relação à possibilidade de o julgador deixar de aplicar a pena ou substituí-la pela pena restritiva de direitos. Nessas últimas duas hipóteses, tendo em vista que o legislador utilizou as expressões *"a qualquer tempo"*, caso a delação seja feita após o trânsito em julgado da sentença condenatória, competirá ao Juízo da Execução Penal deixar de aplicar a pena ou substituí-a por pena restritiva de direitos, com base no art. 66, II e V, alínea *c* da Lei de Execução Penal (7.210/1984).

§6º Para a apuração do crime de que trata este artigo, admite-se a utilização da ação controlada e da infiltração de agentes. (Incluído pela Lei nº 13.964/2019)

1. **Ação controlada e infiltração de agentes.** A lei 13.964/2019 alterou a presente lei de Lavagem de Dinheiro para admitir a utilização desses dois meios de investigação. Em relação à *infiltração de agentes*, a lei de Lavagem não traz nenhuma regulamentação acerca de seus requisitos e procedimento a serem adotados, razão pela qual ser utilizada a lei de Organizações Criminosas (lei nº 12.850/2013), que trata desse instituto nos arts. 10 ao 14. De outro giro, no que toca ao instituto da *ação controlada*, a lei de Lavagem já fazia menção a ele de forma tímida

e insatisfatória no art. 4º-B, ao afirmar que *"a ordem de prisão de pessoas ou as medidas assecuratórias de bens, direitos ou valores poderão ser **suspensas** pelo juiz, ouvido o Ministério Público, quando a sua execução imediata puder* ***comprometer as investigações.****"* Note-se que pela redação legal a lei de Lavagem apenas dispõe que se exige autorização judicial, mediante oitiva do Ministério Público, ou seja, apenas elenca os seus requisitos, não dispondo acerca do procedimento a ser adotado. Por isso, cremos que esse dispositivo legal deva ser complementado pelo regramento contido nos arts. 8º e 9º, da lei Organizações Criminosas (lei nº 12.850/2013), que, por sua vez, trata do procedimento a ser adotado na efetivação da ação controlada. Assim, em relação aos requisitos da ação controlada, aplica-se o art. 4º-B, da lei de Lavagem e, em relação ao procedimento a ser observado, aplicam-se os arts. 8º e 9º, da lei Organizações Criminosas (lei nº 12.850/2013).

CAPÍTULO II
Disposições Processuais Especiais

Art. 2º O **processo e julgamento** dos crimes previstos nesta Lei:

I – obedecem às disposições relativas ao procedimento comum dos crimes punidos com reclusão, da **competência do juiz singular**;

II – **independem do processo e julgamento das infrações penais antecedentes**, ainda que praticados em outro país, cabendo ao juiz competente para os crimes previstos nesta Lei a decisão sobre a unidade de processo e julgamento; (Redação dada pela Lei nº 12.683, de 2012);

III – são da **competência da Justiça Federal**:

a) quando praticados contra o sistema financeiro e a ordem econômico-financeira, ou em detrimento de bens, serviços ou interesses da União, ou de suas entidades autárquicas ou empresas públicas;

b) quando a **infração penal antecedente** for de **competência** da **Justiça Federal**. (Redação dada pela Lei nº 12.683, de 2012).

§ 1º A **denúncia será instruída** com **indícios suficientes da existência da infração penal antecedente**, sendo puníveis os fatos previstos nesta Lei, ainda que desconhecido ou isento de pena o autor, ou extinta a punibilidade da infração penal antecedente. (Redação dada pela Lei nº 12.683, de 2012).

§ 2º No processo por crime previsto nesta Lei, **não se aplica o disposto no art. 366** do Decreto-Lei nº 3.689, de 3 de outubro de 1941 (Código de Processo Penal), devendo o acusado que não comparecer nem constituir advogado ser **citado por edital**, prosseguindo o feito até o julgamento, com a **nomeação de defensor dativo**. (Redação dada pela Lei nº 12.683, de 2012).

1. **Inciso I.** Procedimento previsto nos arts. 394 ao 405 do Código de Processo Penal.
2. **Inciso II.** A lei traz a denominada *autonomia processual* do delito de lavagem de dinheiro. Assim, para que haja a instauração de processo pelo delito de Lavagem de Dinheiro, não é necessária a instauração de processo pela infração penal antecedente, bastando que haja prova dela.

3. **Questão prejudicial.** O julgamento da infração penal antecedente a que se refere o art. 1º da lei não é uma questão prejudicial, e o processo pelo delito de lavagem pode se iniciar independentemente do início do processo pela infração penal antecedente.

4. **Unidade de processo e julgamento.** A lei 12.683/2012 trouxe a possibilidade de o Juízo competente para o processo e o julgamento do delito de lavagem de dinheiro decidir sobre a unidade de processo e de julgamento das infrações penais. Trata-se de medida salutar e de extrema importância, uma vez que o julgamento unificado poderá embasar o julgador acerca dos elementos probatórios para que ele forme a sua convicção sobre a ocorrência da infração penal antecedente e sobre o delito de lavagem de dinheiro, evitando-se, com isso, decisões contraditórias.

5. **Ainda que praticado em outro país.** Se a infração penal antecedente for praticada em outro país, deve ser observado o princípio da dupla tipicidade, ou seja, o fato deve ser infração penal também no outro país onde foi praticado, mesmo que lá possua outro *nomen juris,* uma vez que o conceito de *infração penal antecedente* é elemento do tipo. Se a conduta não for considerada infração penal no outro país, não haverá o delito de lavagem de dinheiro.

6. **Tentativa da infração penal antecedente.** Mesmo nessa hipótese, será possível a lavagem, desde que a infração penal antecedente tenha gerado bens, direitos ou valores que possam ser lavados.

7. **Absolvição do agente pela infração penal antecedente.** Não impede que o agente seja autor do delito de lavagem de dinheiro, salvo absolvição com fundamento na inexistência do fato (art. 386, I do Código de Processo Penal) ou atipicidade da conduta (art. 386, III do Código de Processo Penal).

8. **Inciso III.** Competência para processo e julgamento. A alínea *a* está em conformidade com o art. 109, IV e VI da CF/88. Na hipótese descrita na alínea *b,* deve ser aplicada a súmula 122 do STJ, que dispõe que *compete à Justiça Federal o processo e julgamento unificado dos crimes conexos de competência federal e estadual, não se aplicando a regra do art. 78, II, a, do Código de Processo Penal.*

   Sabe-se que os critérios para a definição de competência processual estão positivados nos arts. 69 e seguintes do Código de Processo Penal. Entretanto, pode haver a modificação da competência originária, em razão de conexão entre dois delitos. A despeito de o Código de Processo Penal dispor, no art. 76, que a competência será *determinada* pela conexão, tem-se que, na verdade, o legislador não empregou o termo correto, uma vez que a conexão não configura causa de *determinação* de competência, mas sim causa de *modificação* de competência. Assim, havendo conexão entre dois delitos, a competência de um deles será modificada. Pode acontecer, dessa forma, de a infração penal antecedente, de competência da justiça estadual, ser processado e julgado pela Justiça Federal por ser conexo com um crime de sua competência. Basta citar, como exemplo, um tráfico nacional de drogas, de competência da Justiça Estadual, que seja julgado pela Justiça Federal por ter sido praticado em conexão com o delito de falsificação de passaporte, esse último de competência da Justiça Federal. Nesse caso, a indagação relevante é de quem seria a competência para processar e julgar o delito de lavagem de dinheiro que tivesse como infração penal antecedente o tráfico nacional de drogas. Note-se que, originariamente, esse delito é de competência da

Justiça Estadual, somente sendo julgado pela Justiça Federal justamente em razão da conexão. Segundo a jurisprudência do STJ, a *modificação* da competência pela conexão tem o condão da afetar a competência para processar e julgar o delito de lavagem de dinheiro. Assim, tendo o delito de tráfico nacional de drogas sido julgado pela Justiça Federal, mesmo que em razão da conexão, a competência para processar e julgar o delito de lavagem do seu o produto é também da Justiça Federal.

▶ **STJ**

INFORMATIVO Nº 391

Terceira Seção

COMPETÊNCIA. LAVAGEM. DINHEIRO. CRIME ANTECEDENTE.

A Seção declarou competente o juízo federal da vara especializada em crimes contra o Sistema Financeiro Nacional e em lavagem de valores suscitante para dar prosseguimento ao feito apurado em inquérito policial pela prática de conduta que se amolda ao tipo penal de lavagem de dinheiro que teve como crime antecedente tráfico nacional de entorpecente, mas no qual os investigados foram processados e condenados pelo juízo federal criminal. No caso dos autos, embora o crime antecedente seja tráfico nacional de entorpecentes, ele só foi julgado pelo juízo federal por haver conexão com crime de falsidade de passaporte em observância às regras de competência. Assim também, o juízo federal é competente para o julgamento do crime de lavagem de dinheiro nos termos do art. 2º, III, b, da Lei n. 9.613/1998. CC 97.636-SP, Rel. Min. Maria Thereza de Assis Moura, julgado em 22/4/2009.

9. § 1º Requisitos da denúncia. Este dispositivo exigiu mais um requisito da denúncia, além dos requisitos genéricos descritos no art. 41 do Código de Processo Penal, que são os *indícios suficientes da existência da infração penal antecedente.* Essa demonstração na denúncia é fundamental para viabilizar o oferecimento da denúncia. São exemplos doutrinários de indícios: a comprovação por exame microscópico, da presença de cocaína nas cédulas apreendidas em poder do agente; a constatação de volumoso patrimônio, somada à falta de declaração de rendimentos e comprovado envolvimento com o tráfico de drogas; desproporção entre os rendimentos declarados pelo acusado e sua movimentação financeira.

10. Autor da infração penal antecedente desconhecido ou isento de pena. O dispositivo dispõe que o delito de lavagem, previsto na lei, seja punido mesmo que o autor da infração penal antecedente seja desconhecido ou isento de pena. Assim, haverá o delito de lavagem mesmo que a infração penal antecedente seja praticada por um inimputável, como no caso não raro de tráfico de drogas praticado por um menor de 18 anos.

11. Extinção da punibilidade em relação à infração penal antecedente. A lei 12.683/2012 inseriu no dispositivo legal ora comentado a subsistência do delito de lavagem de dinheiro, mesmo que em relação à infração penal antecedente tenha ocorrido a extinção da punibilidade do agente por qualquer das causas elencadas no art. 107 do Código Penal. Isso reafirma a autonomia do delito de lavagem de dinheiro em relação à infração penal antecedente, deixando claro que a punibilidade da infração penal antecedente em nada influencia o delito de lavagem de dinheiro. Basta, portanto, que tenha ocorrido a infração penal antecedente, independentemente da sua punibilidade. Assim, mesmo tenha ocorrido, por exemplo, a prescrição em relação à infração antecedente, subsistirá o crime de lavagem de dinheiro.

► **STJ**

INFORMATIVO nº 494

Quinta Turma

PRESCRIÇÃO. CRIME ANTECEDENTE. LAVAGEM DE DINHEIRO.

A extinção da punibilidade pela prescrição quanto aos crimes antecedentes não implica o reconhecimento da atipicidade do delito de lavagem de dinheiro (art. 1º da Lei n. 9.613/1998) imputado ao paciente. Nos termos do art. 2º, II, § 1º da lei mencionada, para a configuração do delito de lavagem de dinheiro não há necessidade de prova cabal do crime anterior, mas apenas a demonstração de indícios suficientes de sua existência. Assim sendo, o crime de lavagem de dinheiro é delito autônomo, independente de condenação ou da existência de processo por crime antecedente. Precedentes citados do STF: HC 93.368-PR, DJe 25/8/2011; HC 94.958-SP, DJe 6/2/2009; do STJ: HC 137.628-RJ, DJe 17/12/2010; REsp 1.133.944-PR, DJe 17/5/2010; HC 87.843-MS, DJe 19/12/2008; APn 458-SP, DJe 18/12/2009, e HC 88.791-SP, DJe 10/11/2008. **(HC 207.936-MG**, Rel. Min. Jorge Mussi, julgado em 27/3/2012).

12. § 2º. O legislador determinou a não aplicabilidade do art. 366 do Código de Processo Penal aos delitos de lavagem de dinheiro, sob a justificativa de que a suspensão do processo constituiria um prêmio para o delinquente e um obstáculo à descoberta de ilícitos que se desenvolvem em parceria com a lavagem de dinheiro. Sempre houve crítica de parte da doutrina ao dispositivo ora estudado, sustentando a sua não aplicabilidade, com a manutenção da aplicação do art. 366 aos crimes de lavagem, para que se assegure o princípio do devido processo legal, da ampla defesa e do contraditório. A parte final do dispositivo foi inserida pela lei 12.683/2012 e parece ter resolvido esse problema, de forma que o acusado que não comparecer, nem constituir advogado, deverá ser citado por edital, prosseguindo o feito até o julgamento, com a nomeação de defensor dativo. A determinação da citação por edital e do prosseguimento do processo com a nomeação de defensor dativo foi o meio pelo qual o legislador conciliou o dispositivo legal com os princípios do contraditório e da ampla defesa, fazendo com o que processo tenha o seu curso normal, sem a sua suspensão prevista no art. 366 do Código de Processo Penal e assegurando o contraditório e a ampla defesa do réu, por meio de defensor nomeado para tal fim. Trata-se de medida semelhante à prevista no art. 396-A, §2º do Código de Processo Penal, que determina a nomeação de defensor ao acusado que, citado, não constituir defensor. Apesar de a lei dispor *defensor dativo,* nos Estados em que houver Defensoria Pública, o exercício da defesa do acuso caberá ao Defensor Público.

Art. 3º (Revogado pela Lei nº 12.683, de 2012).

Art. 4º O juiz, de ofício, a requerimento do Ministério Público ou mediante representação do delegado de polícia, ouvido o Ministério Público em 24 (vinte e quatro) horas, havendo indícios suficientes de infração penal, poderá decretar **medidas assecuratórias de bens, direitos ou valores** do investigado ou acusado, ou existentes em nome de interpostas pessoas, que sejam instrumento, produto ou proveito dos crimes previstos nesta Lei ou das infrações penais antecedentes. (Redação dada pela Lei nº 12.683, de 2012).

§ 1º Proceder-se-á à **alienação antecipada** para preservação do valor dos bens sempre que estiverem sujeitos a qualquer grau de deterioração ou depreciação, ou quando houver dificuldade para sua manutenção. (Redação dada pela Lei nº 12.683, de 2012).

§ 2º O juiz determinará a **liberação total ou parcial** dos bens, direitos e valores quando **comprovada a licitude de sua origem**, mantendo-se a constrição dos bens, direitos e valores necessários e suficientes à reparação dos danos e ao pagamento de prestações pecuniárias, multas e custas decorrentes da infração penal. (Redação dada pela Lei nº 12.683, de 2012).

§ 3º Nenhum pedido de liberação será conhecido **sem o comparecimento pessoal do acusado ou de interposta pessoa** a que se refere o *caput* deste artigo, podendo o juiz determinar a prática de atos necessários à conservação de bens, direitos ou valores, sem prejuízo do disposto no § 1º. (Redação dada pela Lei nº 12.683, de 2012).

§ 4º Poderão ser decretadas **medidas assecuratórias** sobre bens, direitos ou valores para **reparação do dano** decorrente da infração penal antecedente ou da prevista nesta Lei ou para pagamento de prestação pecuniária, multa e custas. (Redação dada pela Lei nº 12.683, de 2012).

1. ***Caput.*** A lei traz as denominadas medidas assecuratórias, que decorrem do poder geral de cautela do juiz no processo penal. Tais medidas assecuratórias têm por finalidade fazer a coisa retornar ao seu possuidor legítimo e permitir que o juiz tenha conhecimento dos elementos do delito, sobretudo no que se refere à atividade probatória. A lei 12.683/2012 possibilitou a decretação de medidas assecuratórias de bens, direitos ou valores existentes em nome de interpostas pessoas, que são conhecidas como "laranjas" e são utilizadas pelo verdadeiro autor do delito para desviar a atenção das autoridades de segurança pública.

2. **§ 1º.** A lei 12.683/2102 trouxe para a lei de lavagem de dinheiro o instituto da alienação antecipada dos bens que tiverem sido objeto da medida assecuratória, nos mesmos moldes do art. 144-A do Código de Processo Penal, evitando-se, com isso, que haja a deterioração do bem ou a perda do seu valor, caso em que a medida assecuratória não teria efetividade. Trata-se de uma medida que possui grande utilidade prática, sobretudo em razão de o Poder Judiciário não ter uma estrutura que permita a conservação do bem até o trânsito em julgado da decisão jurisdicional definitiva. Por meio da alienação antecipada, evita-se o risco de deterioração ou depreciação dos objetos apreendidos com a medida assecuratória. Entretanto, cremos que, apesar da grande utilidade que o instituto da alienação antecipada tem para o processo, ela exige um juízo mínimo de probabilidade que se aproxime ao máximo da certeza da origem ilícita do bem. Isso porque o *caput* do artigo trata da possiblidade de decretação de medidas assecuratórias de bens, direitos ou valores do investigado ou do acusado, que sejam instrumento, produto ou proveito das infrações penais antecedentes. Acontece que na alienação antecipada, os bens são avaliados e posteriormente leiloados, nos moldes do procedimento previsto no art. 4º-A. Apesar de o §3º do art. 4º-A dispor que os bens serão leiloados por valor não inferior a 75% do valor da avaliação, sempre ocorre a depreciação do valor

do bem, tendo o condão de causar um prejuízo financeiro ao investigado ou ao acusado. Por essa razão, pensamos ser precoce a alienação antecipada na fase de inquérito policial ou na fase inicial do processo criminal, podendo implicar prejuízo ao seu proprietário de forma precipitada, sendo mais prudente realizá-la em um momento mais avançado do processo, em que já existam mais provas e elementos de convicção do Juiz. Sendo assim, o que fazer com os bens apreendidos? Em se tratando de dinheiro, cremos que devam ficar indisponíveis na instituição financeira em que se encontrarem e, em caso de dinheiro, deva ficar apreendido em Juízo. De outro lado, em se tratando de direitos, a solução é deixá-los indisponíveis. Por fim, em se tratando de bens, cremos que a solução seja deixá-los em depósito com o possuidor até que se dê o destino devido e, caso o possuidor os aliene, assumirá as consequências jurídicas do seu ato.

3. **§ 2º.** Comprovada a licitude da origem dos bens, direitos e valores apreendidos, o juiz deverá determinar a sua liberação. Entretanto, a lei 12.683/2012 determina a manutenção da constrição dos bens direitos e valores, desde que seja medida necessária e suficiente para a reparação do dano e ao pagamento de prestações pecuniárias, multas e custas processuais.

4. **§ 3º.** Exige o comparecimento pessoal do acusado ou da interposta pessoa como condição para o conhecimento do pedido de restituição. Entre os atos necessários à conservação dos bens, direitos e valores, a lei 12.683/2012 permitiu a alienação antecipada nos moldes do §1º.

5. **§ 4º.** A lei 12.683/2012 ampliou a finalidade da decretação das medidas assecuratórias na lei de lavagem de dinheiro e trouxe também a possibilidade de sua decretação como forma de garantir pagamentos futuros, como a reparação do dano, prestação pecuniária, multa e custas processuais.

6. **Possibilidade de atingir bens de pessoa jurídica ou de familiares.** De acordo com o STJ, as medidas assecuratórias podem recair sobre bens de pessoa jurídica ou de familiares do investigado ou do réu quando houver confusão patrimonial, incorporação de bens ao patrimônio da empresa familiar ou transferência de bens aos familiares. É comum que o investigado ou o denunciado desvie seu patrimônio transferindo-o para pessoa jurídica ou para parentes, com a intenção de protegê-lo e impedir que ele seja alcançado pelo Estado por meio da medida assecuratória prevista no dispositivo legal comentado. Assim, para impedir que tal prática esvazie o sucesso da medida assecuratória, o STJ entendeu que, mesmo que esse desvio seja efetivado, é possível alcançar esses bens.

▶ **STJ**

Informativo nº 710

Corte Especial

Medida assecuratória. Indisponibilidade de bens. Art. 4º, § 4º, da Lei n. 9.613/1998. Patrimônio adquirido licitamente. Irrelevância. Confusão patrimonial de bens de família e da pessoa jurídica. Constrição. **A medida assecuratória de indisponibilidade de bens, prevista no art. 4º, § 4º, da Lei n. 9.613/1998, pode atingir bens de origem lícita ou ilícita, adquiridos antes ou depois da infração penal, bem como**

de pessoa jurídica ou familiar não denunciado, quando houver confusão patrimonial. (...) Frise-se que a constrição pode atingir o patrimônio de pessoa jurídica e familiares não denunciados, inclusive o cônjuge casado sob o regime de comunhão universal de bens, o que se mostra necessário, adequado e proporcional quando houver confusão patrimonial, de incorporação de bens ao patrimônio da empresa familiar e transferência de outros bens aos familiares. (...) **Inq 1.190-DF, Rel. Min. Maria Isabel Gallotti, Corte Especial, por unanimidade, julgado em 15/09/2021.**

Art. 4º-A. A **alienação antecipada** para preservação de valor de bens sob constrição será decretada pelo juiz, de ofício, a requerimento do Ministério Público ou por solicitação da parte interessada, mediante petição autônoma, que será autuada em apartado e cujos autos terão tramitação em separado em relação ao processo principal. (Incluído pela Lei nº 12.683, de 2012)

§ 1º O **requerimento de alienação deverá conter** a relação de todos os demais bens, com a descrição e a especificação de cada um deles, e informações sobre quem os detém e local onde se encontram. (Incluído pela Lei nº 12.683, de 2012)

§ 2º O juiz determinará a avaliação dos bens, nos autos apartados, e intimará o Ministério Público. (Incluído pela Lei nº 12.683, de 2012)

§ 3º Feita a avaliação e dirimidas eventuais divergências sobre o respectivo laudo, o juiz, por sentença, homologará o valor atribuído aos bens e determinará sejam alienados em **leilão ou pregão, preferencialmente eletrônico**, por valor não inferior a 75% (setenta e cinco por cento) da avaliação. (Incluído pela Lei nº 12.683, de 2012)

§ 4º Realizado o leilão, a **quantia apurada** será **depositada em conta judicial remunerada**, adotando-se a seguinte disciplina: (Incluído pela Lei nº 12.683, de 2012)

I – nos processos de competência da Justiça Federal e da Justiça do Distrito Federal: (Incluído pela Lei nº 12.683, de 2012)

a) os depósitos serão efetuados na Caixa Econômica Federal ou em instituição financeira pública, mediante documento adequado para essa finalidade; (Incluída pela Lei nº 12.683, de 2012)

b) os depósitos serão repassados pela Caixa Econômica Federal ou por outra instituição financeira pública para a Conta Única do Tesouro Nacional, independentemente de qualquer formalidade, no prazo de 24 (vinte e quatro) horas; e (Incluída pela Lei nº 12.683, de 2012)

c) os valores devolvidos pela Caixa Econômica Federal ou por instituição financeira pública serão debitados à Conta Única do Tesouro Nacional, em subconta de restituição; (Incluída pela Lei nº 12.683, de 2012)

II – nos processos de competência da Justiça dos Estados: (Incluído pela Lei nº 12.683, de 2012)

a) os depósitos serão efetuados em instituição financeira designada em lei, preferencialmente pública, de cada Estado ou, na sua ausência, em instituição financeira pública da União; (Incluída pela Lei nº 12.683, de 2012)

b) os depósitos serão repassados para a conta única de cada Estado, na forma da respectiva legislação. (Incluída pela Lei nº 12.683, de 2012)

§ 5º Mediante ordem da autoridade judicial, o **valor do depósito**, após o trânsito em julgado da sentença proferida na ação penal, será: (Incluído pela Lei nº 12.683, de 2012)

I – em caso de sentença condenatória, nos processos de competência da Justiça Federal e da Justiça do Distrito Federal, **incorporado definitivamente ao patrimônio** da **União**, e, nos processos de competência da Justiça Estadual, incorporado ao patrimônio do **Estado** respectivo; (Incluído pela Lei nº 12.683, de 2012)

II – em caso de **sentença absolutória extintiva de punibilidade**, colocado à disposição do réu pela instituição financeira, acrescido da remuneração da conta judicial. (Incluído pela Lei nº 12.683, de 2012)

§ 6º A instituição financeira depositária manterá controle dos valores depositados ou devolvidos. (Incluído pela Lei nº 12.683, de 2012)

§ 7º Serão deduzidos da quantia apurada no leilão todos os tributos e multas incidentes sobre o bem alienado, sem prejuízo de iniciativas que, no âmbito da competência de cada ente da Federação, venham a desonerar bens sob constrição judicial daqueles ônus. (Incluído pela Lei nº 12.683, de 2012)

§ 8º Feito o depósito a que se refere o § 4º deste artigo, os autos da alienação serão apensados aos do processo principal. (Incluído pela Lei nº 12.683, de 2012)

§ 9º Terão apenas **efeito devolutivo os recursos interpostos** contra as decisões proferidas no curso do procedimento previsto neste artigo. (Incluído pela Lei nº 12.683, de 2012)

§ 10. Sobrevindo o trânsito em julgado de **sentença penal condenatória**, o juiz decretará, em favor, conforme o caso, da União ou do Estado: (Incluído pela Lei nº 12.683, de 2012)

I – a **perda dos valores depositados** na conta remunerada e da fiança; (Incluído pela Lei nº 12.683, de 2012)

II – a **perda dos bens não alienados antecipadamente** e daqueles aos quais não foi dada destinação prévia; e (Incluído pela Lei nº 12.683, de 2012)

III – a **perda dos bens não reclamados no prazo de 90 (noventa) dias** após o trânsito em julgado da sentença condenatória, **ressalvado** o direito de lesado ou terceiro de boa-fé. (Incluído pela Lei nº 12.683, de 2012)

§ 11. Os bens a que se referem os incisos II e III do § 10 deste artigo serão adjudicados ou levados a leilão, depositando-se o saldo na conta única do respectivo ente. (Incluído pela Lei nº 12.683, de 2012)

§ 12. O juiz determinará ao registro público competente que emita documento de habilitação à circulação e utilização dos bens colocados sob o uso e custódia das entidades a que se refere o caput deste artigo. (Incluído pela Lei nº 12.683, de 2012)

§ 13. Os recursos decorrentes da alienação antecipada de bens, direitos e valores oriundos do crime de tráfico ilícito de drogas e que tenham sido objeto de dissimulação e ocultação nos termos desta Lei permanecem submetidos à disciplina definida em lei específica. (Incluído pela Lei nº 12.683, de 2012)

1. **Procedimento da alienação antecipada.** No art. 4º-A, inserido pela lei 12.683/2012, o legislador trouxe o procedimento da alienação antecipada. O Ministério Público ou a parte interessa dirige o requerimento ao Juiz com a relação e a descrição de todos

os bens, bem como, se possível, a indicação da pessoa que esteja na posse deles e o local onde estão. Após, o Juiz determina a avaliação dos bens, é realizado o leilão, o valor é depositado em conta judicial e segue-se o procedimento descrito na lei.

Art. 4º-B. A ordem de prisão de pessoas ou as medidas assecuratórias de bens, direitos ou valores poderão ser **suspensas** pelo juiz, ouvido o Ministério Público, quando a sua execução imediata puder **comprometer as investigações**. (Incluído pela Lei nº 12.683, de 2012)

1. **Ação controlada.** O legislador fez menção expressa à denominada *ação controlada*, também conhecida como *flagrante retardado*. Note-se que o artigo não se referiu à prisão em flagrante.

Art. 5º Quando as circunstâncias o aconselharem, o juiz, ouvido o Ministério Público, **nomeará pessoa física ou jurídica qualificada para a administração dos bens, direitos ou valores** sujeitos a medidas assecuratórias, mediante termo de compromisso. (Redação dada pela Lei nº 12.683, de 2012).

Art. 6º A **pessoa responsável pela administração dos bens**: (Redação dada pela Lei nº 12.683, de 2012):

I – fará jus a uma remuneração, fixada pelo juiz, que será satisfeita com o produto dos bens objeto da administração;

II – prestará, por determinação judicial, informações periódicas da situação dos bens sob sua administração, bem como explicações e detalhamentos sobre investimentos e reinvestimentos realizados.

Parágrafo único. Os atos relativos à administração dos bens sujeitos a medidas assecuratórias serão levados ao conhecimento do Ministério Público, que requererá o que entender cabível. (Redação dada pela Lei nº 12.683, de 2012).

1. **Administração dos bens.** A conservação e a administração dos bens decorrem das medidas assecuratórias, visando a evitar o perecimento dos bens, direitos e valores apreendidos, para que futuramente possam ser restituídos plenamente ao legítimo proprietário. A lei 12.683/2012 trouxe a possibilidade de o administrador dos bens, direitos ou valores nomeado pelo Juiz ser pessoa física ou pessoa jurídica.

CAPÍTULO III
Dos Efeitos da Condenação

Art. 7º São **efeitos da condenação**, além dos previstos no Código Penal:

I – a **perda, em favor da União – e dos Estados**, nos casos de competência da Justiça Estadual –, de todos os bens, direitos e valores relacionados, direta ou indiretamente, à prática dos crimes previstos nesta Lei, inclusive aqueles utilizados para prestar a fiança, ressalvado o direito do lesado ou de terceiro de boa-fé; (Redação dada pela Lei nº 12.683, de 2012);

II – a **interdição do exercício de cargo ou função pública** de qualquer natureza e de diretor, de membro de conselho de administração ou de gerência das pessoas jurídicas referidas no art. 9º, pelo dobro do tempo da pena privativa de liberdade aplicada.

§ 1º A União e os Estados, no âmbito de suas competências, regulamentarão a forma de destinação dos bens, direitos e valores cuja perda houver sido declarada, assegurada, quanto aos processos de competência da Justiça Federal, a sua utilização pelos órgãos federais encarregados da prevenção, do combate, da ação penal e do julgamento dos crimes previstos nesta Lei, e, quanto aos processos de competência da Justiça Estadual, a preferência dos órgãos locais com idêntica função. (Incluído pela Lei nº 12.683, de 2012).

§ 2º Os instrumentos do crime sem valor econômico cuja perda em favor da União ou do Estado for decretada serão inutilizados ou doados a museu criminal ou a entidade pública, se houver interesse na sua conservação. (Incluído pela Lei nº 12.683, de 2012).

1. **Efeitos da condenação.** No art. 7º, o legislador estabeleceu os efeitos da condenação pela prática do delito de lavagem. Os dois incisos estão em consonância com o art. 5º, XLVI, alíneas *b* e *e,* da CFRB/88, que trata das penas de "perda de bens" e "suspensão ou interdição de direitos."

2. **Inciso I.** Perda de bens em favor da União e dos Estados (nas hipóteses de crimes processados e julgados pela Justiça Estadual). Trata-se do *confisco* do produto relacionado direta ou indiretamente ao crime de lavagem de dinheiro, que podem ser os produtos empregados na lavagem ou o produto que seja consequência da lavagem, como os lucros obtidos em uma operação financeira, inclusive o que for utilizado para prestar a fiança, nos moldes da redação dada pela lei 12.683/2012. É efeito genérico da condenação, nos moldes do art. 91, II, *b* do Código Penal, que decorre automaticamente da condenação, não se exigindo, portanto, declaração expressa na sentença condenatória.

3. **Inciso II.** Interdição para exercício do cargo ou função pública. É efeito específico da condenação nos mesmos moldes do art. 92, I do Código Penal. Esse efeito não é automático; deve ser declarado e fundamentado expressamente na sentença condenatória.

4. **Diferença entre o Inciso II e o art. 92, I do Código Penal.** No art. 92, I do Código Penal, a lei trata da *perda* do cargo que já era ocupado pelo condenado. No art. 7º, II da lei 9.613/98, a lei trata da impossibilidade de se vir a ocupar cargo ou função pública, com *efeitos futuros*. Nada obsta a aplicação conjunta dos dois dispositivos.

CAPÍTULO IV
Dos Bens, Direitos ou Valores Oriundos de Crimes Praticados no Estrangeiro

Art. 8º O juiz determinará, na hipótese de existência de tratado ou convenção internacional e por solicitação de autoridade estrangeira competente, medidas assecuratórias sobre bens, direitos ou valores oriundos de crimes descritos no art. 1º **praticados no estrangeiro.** (Redação dada pela Lei nº 12.683, de 2012).

§ 1º Aplica-se o disposto neste artigo, independentemente de tratado ou convenção internacional, quando o governo do país da autoridade solicitante prometer **reciprocidade** ao Brasil.

§ 2º Na **falta de tratado ou convenção**, os bens, direitos ou valores privados sujeitos a medidas assecuratórias por solicitação de autoridade estrangeira competente ou os recursos provenientes da sua alienação serão repartidos entre o Estado requerente e o Brasil, na proporção de metade, ressalvado o direito do lesado ou de terceiro de boa-fé. (Redação dada pela Lei nº 12.683, de 2012).

1. Trata da determinação de medidas assecuratórias sobre bens, direitos e valores oriundos de crimes praticados no estrangeiro.
2. **Requisitos**. O primeiro requisito é a existência de tratado internacional autorizando a determinação da medida assecuratória. Ou promessa de reciprocidade, no caso de ausência de tratado internacional. O segundo requisito consiste na solicitação da autoridade estrangeira competente.
3. § 2º. A repartição dos valores depende do trânsito em julgado da sentença penal condenatória.

CAPÍTULO V
DAS PESSOAS SUJEITAS AO MECANISMO DE CONTROLE
(Redação dada pela Lei nº 12.683, de 2012).

Art. 9º Sujeitam-se às obrigações referidas nos arts. 10 e 11 as pessoas físicas e jurídicas que tenham, em caráter permanente ou eventual, como atividade principal ou acessória, cumulativamente ou não: (Redação dada pela Lei nº 12.683, de 2012):

I – a captação, intermediação e aplicação de recursos financeiros de terceiros, em moeda nacional ou estrangeira;

II – a compra e venda de moeda estrangeira ou ouro como ativo financeiro ou instrumento cambial;

III – a custódia, emissão, distribuição, liqüidação, negociação, intermediação ou administração de títulos ou valores mobiliários.

Parágrafo único. Sujeitam-se às mesmas obrigações:

I – as bolsas de valores, as bolsas de mercadorias ou futuros e os sistemas de negociação do mercado de balcão organizado; (Redação dada pela Lei nº 12.683, de 2012);

II – as seguradoras, as corretoras de seguros e as entidades de previdência complementar ou de capitalização;

III – as administradoras de cartões de credenciamento ou cartões de crédito, bem como as administradoras de consórcios para aquisição de bens ou serviços;

IV – as administradoras ou empresas que se utilizem de cartão ou qualquer outro meio eletrônico, magnético ou equivalente, que permita a transferência de fundos;

V – as empresas de arrendamento mercantil (*leasing*) , as empresas de fomento comercial (*factoring*) e as Empresas Simples de Crédito (ESC); (Redação dada pela Lei Complementar nº 167, de 2019).;

VI – as sociedades que, mediante sorteio, método assemelhado, exploração de loterias, inclusive de apostas de quota fixa, ou outras sistemáticas de captação de apostas com pagamento de prêmios, realizem distribuição de dinheiro, de bens móveis, de bens imóveis e de outras mercadorias ou serviços, bem como concedam descontos na sua aquisição ou contratação;

VII – as filiais ou representações de entes estrangeiros que exerçam no Brasil qualquer das atividades listadas neste artigo, ainda que de forma eventual;

VIII – as demais entidades cujo funcionamento dependa de autorização de órgão regulador dos mercados financeiro, de câmbio, de capitais e de seguros;

IX – as pessoas físicas ou jurídicas, nacionais ou estrangeiras, que operem no Brasil como agentes, dirigentes, procuradoras, comissionárias ou por qualquer forma representem interesses de ente estrangeiro que exerça qualquer das atividades referidas neste artigo;

X – as pessoas físicas ou jurídicas que exerçam atividades de promoção imobiliária ou compra e venda de imóveis; (Redação dada pela Lei nº 12.683, de 2012);

XI – as pessoas físicas ou jurídicas que comercializem jóias, pedras e metais preciosos, objetos de arte e antiguidades;

XII – as pessoas físicas ou jurídicas que comercializem bens de luxo ou de alto valor, intermedeiem a sua comercialização ou exerçam atividades que envolvam grande volume de recursos em espécie; (Redação dada pela Lei nº 12.683, de 2012);

XIII – as juntas comerciais e os registros públicos; (Incluído pela Lei nº 12.683, de 2012);

XIV – as pessoas físicas ou jurídicas que prestem, mesmo que eventualmente, serviços de assessoria, consultoria, contadoria, auditoria, aconselhamento ou assistência, de qualquer natureza, em operações: (Incluído pela Lei nº 12.683, de 2012);

a) de compra e venda de imóveis, estabelecimentos comerciais ou industriais ou participações societárias de qualquer natureza; (Incluída pela Lei nº 12.683, de 2012);

b) de gestão de fundos, valores mobiliários ou outros ativos; (Incluída pela Lei nº 12.683, de 2012);

c) de abertura ou gestão de contas bancárias, de poupança, investimento ou de valores mobiliários; (Incluída pela Lei nº 12.683, de 2012);

d) de criação, exploração ou gestão de sociedades de qualquer natureza, fundações, fundos fiduciários ou estruturas análogas; (Incluída pela Lei nº 12.683, de 2012);

e) financeiras, societárias ou imobiliárias; e (Incluída pela Lei nº 12.683, de 2012);

f) de alienação ou aquisição de direitos sobre contratos relacionados a atividades desportivas ou artísticas profissionais; (Incluída pela Lei nº 12.683, de 2012);

XV – pessoas físicas ou jurídicas que atuem na promoção, intermediação, comercialização, agenciamento ou negociação de direitos de transferência de atletas, artistas ou feiras, exposições ou eventos similares; (Incluído pela Lei nº 12.683, de 2012);

XVI – as empresas de transporte e guarda de valores; (Incluído pela Lei nº 12.683, de 2012);

XVII – as pessoas físicas ou jurídicas que comercializem bens de alto valor de origem rural ou animal ou intermedeiem a sua comercialização; e (Incluído pela Lei nº 12.683, de 2012);

XVIII – as dependências no exterior das entidades mencionadas neste artigo, por meio de sua matriz no Brasil, relativamente a residentes no País. (Incluído pela Lei nº 12.683, de 2012).

XIX – as prestadoras de serviços de ativos virtuais (Incluído pela Lei 14.478, de 2022).

1. **Dever de colaboração com o Estado.** O legislador impôs às pessoas descritas no art. 9º as obrigações constantes dos arts. 10 e 11 da lei. Trata-se de pessoas que exercem atividades que podem ser meio para a prática da lavagem de dinheiro.

CAPÍTULO VI
Da Identificação dos Clientes e Manutenção de Registros

Art. 10. As pessoas referidas no art. 9º:

I – identificarão seus clientes e manterão cadastro atualizado, nos termos de instruções emanadas das autoridades competentes;

II – manterão registro de toda transação em moeda nacional ou estrangeira, títulos e valores mobiliários, títulos de crédito, metais, ativos virtuais ou qualquer ativo passível de ser convertido em dinheiro, que ultrapassar limite fixado pela autoridade competente e nos termos de instruções por esta expedidas; (Alterado pela Lei 14.478, de 21 de dezembro de 2022)

III – deverão adotar políticas, procedimentos e controles internos, compatíveis com seu porte e volume de operações, que lhes permitam atender ao disposto neste artigo e no art. 11, na forma disciplinada pelos órgãos competentes; (Redação dada pela Lei nº 12.683, de 2012)

IV – deverão cadastrar-se e manter seu cadastro atualizado no órgão regulador ou fiscalizador e, na falta deste, no Conselho de Controle de Atividades Financeiras (Coaf), na forma e condições por eles estabelecidas; (Redação dada pela Lei nº 12.683, de 2012)

V – deverão atender às requisições formuladas pelo Coaf na periodicidade, forma e condições por ele estabelecidas, cabendo-lhe preservar, nos termos da lei, o sigilo das informações prestadas. (Incluído pela Lei nº 12.683, de 2012)

§ 1º Na hipótese de o cliente constituir-se em pessoa jurídica, a identificação referida no inciso I deste artigo deverá abranger as pessoas físicas autorizadas a representá-la, bem como seus proprietários.

§ 2º Os cadastros e registros referidos nos incisos I e II deste artigo deverão ser conservados durante o período mínimo de cinco anos a partir do encerramento da conta ou da conclusão da transação, prazo este que poderá ser ampliado pela autoridade competente.

§ 3º O registro referido no inciso II deste artigo será efetuado também quando a pessoa física ou jurídica, seus entes ligados, houver realizado, em um mesmo mês-calendário, operações com uma mesma pessoa, conglomerado ou grupo que, em seu conjunto, ultrapassem o limite fixado pela autoridade competente.

Art. 10-A. O **Banco Central manterá registro centralizado** formando o cadastro geral de correntistas e clientes de instituições financeiras, bem como de seus procuradores. (Incluído pela Lei nº 10.701, de 9.7.2003)

CAPÍTULO VII
Da Comunicação de Operações Financeiras

Art. 11. As pessoas referidas no art. 9º:

I - dispensarão especial atenção às operações que, nos termos de instruções emanadas das autoridades competentes, possam constituir-se em sérios indícios dos crimes previstos nesta Lei, ou com eles relacionar-se;

II - deverão comunicar ao Coaf, abstendo-se de dar ciência de tal ato a qualquer pessoa, inclusive àquela à qual se refira a informação, no prazo de 24 (vinte e quatro) horas, a proposta ou realização: (Redação dada pela Lei nº 12.683, de 2012)

a) de todas as transações referidas no inciso II do art. 10, acompanhadas da identificação de que trata o inciso I do mencionado artigo; e (Redação dada pela Lei nº 12.683, de 2012)

b) das operações referidas no inciso I; (Redação dada pela Lei nº 12.683, de 2012)

III - deverão comunicar ao órgão regulador ou fiscalizador da sua atividade ou, na sua falta, ao Coaf, na periodicidade, forma e condições por eles estabelecidas, a não ocorrência de propostas, transações ou operações passíveis de serem comunicadas nos termos do inciso II. (Incluído pela Lei nº 12.683, de 2012)

§ 1º As autoridades competentes, nas instruções referidas no inciso I deste artigo, elaborarão relação de operações que, por suas características, no que se refere às partes envolvidas, valores, forma de realização, instrumentos utilizados, ou pela falta de fundamento econômico ou legal, possam configurar a hipótese nele prevista.

§ 2º As comunicações de boa-fé, feitas na forma prevista neste artigo, não acarretarão responsabilidade civil ou administrativa.

§ 3º O Coaf disponibilizará as comunicações recebidas com base no inciso II do **caput** aos respectivos órgãos responsáveis pela regulação ou fiscalização das pessoas a que se refere o art. 9º. (Redação dada pela Lei nº 12.683, de 2012)

Art. 11-A. As transferências internacionais e os saques em espécie deverão ser previamente comunicados à instituição financeira, nos termos, limites, prazos e condições fixados pelo Banco Central do Brasil.(Incluído pela Lei nº 12.683, de 2012).

CAPÍTULO VIII
Da Responsabilidade Administrativa

Art. 12. Às pessoas referidas no art. 9º, bem como aos administradores das pessoas jurídicas, que deixem de cumprir as obrigações previstas nos arts. 10 e 11 serão aplicadas, **cumulativamente ou não**, pelas autoridades competentes, as **seguintes sanções**:

I - advertência;

II - multa pecuniária variável não superior: (Redação dada pela Lei nº 12.683, de 2012)

a) ao dobro do valor da operação; (Incluída pela Lei nº 12.683, de 2012)

b) ao dobro do lucro real obtido ou que presumivelmente seria obtido pela realização da operação; ou (Incluída pela Lei nº 12.683, de 2012)

c) ao valor de R$ 20.000.000,00 (vinte milhões de reais); (Incluída pela Lei nº 12.683, de 2012)

III - inabilitação temporária, pelo prazo de até dez anos, para o exercício do cargo de administrador das pessoas jurídicas referidas no art. 9º;

IV – cassação ou suspensão da autorização para o exercício de atividade, operação ou funcionamento. (Redação dada pela Lei nº 12.683, de 2012)

§ 1º A pena de advertência será aplicada por irregularidade no cumprimento das instruções referidas nos incisos I e II do art. 10.

§ 2º A multa será aplicada sempre que as pessoas referidas no art. 9º, por culpa ou dolo: (Redação dada pela Lei nº 12.683, de 2012)

I – deixarem de sanar as irregularidades objeto de advertência, no prazo assinalado pela autoridade competente;

II – não cumprirem o disposto nos incisos I a IV do art. 10; (Redação dada pela Lei nº 12.683, de 2012)

III – deixarem de atender, no prazo estabelecido, a requisição formulada nos termos do inciso V do art. 10; (Redação dada pela Lei nº 12.683, de 2012)

IV – descumprirem a vedação ou deixarem de fazer a comunicação a que se refere o art. 11.

§ 3º A inabilitação temporária será aplicada quando forem verificadas infrações graves quanto ao cumprimento das obrigações constantes desta Lei ou quando ocorrer reincidência específica, devidamente caracterizada em transgressões anteriormente punidas com multa.

§ 4º A cassação da autorização será aplicada nos casos de reincidência específica de infrações anteriormente punidas com a pena prevista no inciso III do *caput* deste artigo.

Art. 12-A. Ato do Poder Executivo federal regulamentará a disciplina e o funcionamento do Cadastro Nacional de Pessoas Expostas Politicamente (CNPEP), disponibilizado pelo Portal da Transparência. (Incluído pela Lei nº 14.478, de 2022)

§ 1º Os órgãos e as entidades de quaisquer Poderes da União, dos Estados, do Distrito Federal e dos Municípios deverão encaminhar ao gestor CNPEP, na forma e na periodicidade definidas no regulamento de que trata o **caput** deste artigo, informações atualizadas sobre seus integrantes ou ex-integrantes classificados como pessoas expostas politicamente (PEPs) na legislação e regulação vigentes. (Incluído pela Lei nº 14.478, de 2022)

§ 2º As pessoas referidas no art. 9º desta Lei incluirão consulta ao CNPEP entre seus procedimentos para cumprimento das obrigações previstas nos arts. 10 e 11 desta Lei, sem prejuízo de outras diligências exigidas na forma da legislação. (Incluído pela Lei nº 14.478, de 2022)

§ 3º O órgão gestor do CNPEP indicará em transparência ativa, pela internet, órgãos e entidades que deixem de cumprir a obrigação prevista no § 1º deste artigo.

Art. 13. Revogado pela lei nº 13.974/2020.

CAPÍTULO IX
Do Conselho de Controle de Atividades Financeiras

Art. 14. Fica criado, no âmbito do Ministério da Fazenda, o Conselho de Controle de Atividades Financeiras – COAF, com a **finalidade** de disciplinar, aplicar penas administrativas, receber, examinar e identificar as ocorrências suspeitas de atividades ilícitas previstas nesta Lei, sem prejuízo da competência de outros órgãos e entidades. (Redação dada pela Medida Provisória nº 886, de 2019).

§ 1º As instruções referidas no art. 10 destinadas às pessoas mencionadas no art. 9º, para as quais não exista órgão próprio fiscalizador ou regulador, serão expedidas pelo COAF, competindo-lhe, para esses casos, a definição das pessoas abrangidas e a aplicação das sanções enumeradas no art. 12.

§ 2º O COAF deverá, ainda, coordenar e propor mecanismos de cooperação e de troca de informações que viabilizem ações rápidas e eficientes no combate à ocultação ou dissimulação de bens, direitos e valores.

§ 3º O COAF poderá requerer aos órgãos da Administração Pública as informações cadastrais bancárias e financeiras de pessoas envolvidas em atividades suspeitas. (Incluído pela Lei nº 10.701, de 9.7.2003)

Art. 15. O COAF comunicará às autoridades competentes para a instauração dos procedimentos cabíveis, quando concluir pela existência de crimes previstos nesta Lei, de fundados indícios de sua prática, ou de qualquer outro ilícito.

Art. 16. Revogado pela lei nº 13.974/2020.

§ 1º O Presidente do COAF será indicado pelo Ministro de Estado da Justiça e Segurança Pública e nomeado pelo Presidente da República. (Redação dada pela Medida Provisória nº 870, de 1ª de janeiro de 2019).

§ 2º Caberá recurso das decisões do Coaf relativas às aplicações de penas administrativas ao Conselho de Recursos do Sistema Financeiro Nacional. (Redação dada pela Lei nº 13.506, de 2017).

Art. 17. Revogado pela lei nº 13.974/2020.

1. **COAF – Conselho de Controle de Atividades Financeiras.** O COAF é um órgão com autonomia técnica e operacional, que atua em todo o território nacional e vincula-se administrativamente ao Banco Central do Brasil. A sua regulamentação está disposta na lei 13.974/2020, que disciplina, entre outros temas, a sua atribuição e a sua estruturação, para onde remetemos o leitor.

CAPÍTULO X
DISPOSIÇÕES GERAIS
(Incluído pela Lei nº 12.683, de 2012)

Art. 17-A. Aplicam-se, subsidiariamente, as disposições do Decreto-Lei no 3.689, de 3 de outubro de 1941 (Código de Processo Penal), no que não forem incompatíveis com esta Lei. (Incluído pela Lei nº 12.683, de 2012)

Art. 17-B. A autoridade policial e o Ministério Público terão **acesso**, exclusivamente, **aos dados cadastrais do investigado** que informam qualificação pessoal, filiação e endereço, independentemente de autorização judicial, mantidos pela Justiça Eleitoral, pelas empresas telefônicas, pelas instituições financeiras, pelos provedores de internet e pelas administradoras de cartão de crédito. (Incluído pela Lei nº 12.683, de 2012)

Art. 17-C. Os encaminhamentos das instituições financeiras e tributárias **em resposta às ordens judiciais de quebra ou transferência de sigilo** deverão ser, sempre que determinado, em meio informático, e apresentados em arquivos que possibilitem a migração de informações para os autos do processo sem redigitação. (Incluído pela Lei nº 12.683, de 2012)

Art. 17-D. Em caso de **indiciamento de servidor público**, este será **afastado**, sem prejuízo de remuneração e demais direitos previstos em lei, até que o juiz competente autorize, em decisão fundamentada, o seu retorno. (Incluído pela Lei nº 12.683, de 2012)

Art. 17-E. A Secretaria da Receita Federal do Brasil conservará os dados fiscais dos contribuintes pelo prazo mínimo de 5 (cinco) anos, contado a partir do início do exercício seguinte ao da declaração de renda respectiva ou ao do pagamento do tributo. (Incluído pela Lei nº 12.683, de 2012).

Art. 18. Esta Lei entra em vigor na data de sua publicação.

1. **Art. 17-A. Aplicação subsidiária do Código de Processo Penal.** O art. 17-A, inserido pela lei 12.683/2012, positivou na lei o a aplicação do princípio da especialidade. A nosso ver, trata-se de dispositivo desnecessário. O Código de Processo Penal é norma geral, que deve ser aplicado subsidiariamente a todas as hipóteses não reguladas em lei especial. Ao deparar-se com uma hipótese não prevista na legislação especial, o intérprete automaticamente será forçado a buscar a solução no Código de Processo Penal.

2. **Art. 17-B. Acesso às informações do investigado.** O art. 17-B, inserido pela lei 12.683/2012, trouxe a possibilidade de a Autoridade Policial e o Ministério Público terem acesso exclusivo aos dados cadastrais do investigado que informam qualificação pessoal, a filiação e o endereço, independentemente de autorização judicial, mantidos pela Justiça Eleitoral, pelas empresas telefônicas, pelas instituições financeiras, pelos provedores de internet e pelas administradoras de cartão de crédito. Questão relevante versa sobre a constitucionalidade desse dispositivo. Como é possível notar, o legislador afastou a necessidade de autorização judicial para que o acesso seja efetivado. O afastamento do prévio controle jurisdicional viola o princípio da reserva da intimidade da vida privada? O acesso a esses dados exige a cláusula de reserva de jurisdição? Cremos que os dados a que o legislador fez menção (qualificação pessoal, a filiação e o endereço) não estão inseridos na intimidade da vida privada do cidadão. Não são dados que interferem ou revelam a intimidade de uma pessoa. As informações referentes ao nome, estado civil, nacionalidade, nome do pai e da mãe e o endereço não denotam intimidade da pessoa, algo que não possa ser revelado à Autoridade Policial ou ao Ministério Público. Parece que a finalidade do legislador foi unicamente a busca do local onde o investigado possa ser encontrado, e não obter informações cobertas pela intimidade da vida privada do investigado. Assim, pensamos que o dispositivo é constitucional e não viola o princípio da reserva da intimidade da vida privada do indivíduo investigado, razão pela qual o afastamento do prévio controle jurisdicional não oferece nenhum problema no plano constitucional.

3. **Art. 17-C. Forma do encaminhamento das informações.** O legislador determinou que as informações sejam encaminhadas em meio informático e apresentadas na

forma de arquivos que permitam a migração das informações para os autos do processo sem que seja necessário redigitá-las. Essa medida possibilita a maior facilidade na operacionalização da transferência das informações recebidas para os autos do processo, garantindo não apenas uma maior celeridade, mas, também, uma maior fidelidade entre as informações recebidas e as informações transferidas para os autos do processo.

4. **Art. 17-D. Indiciamento e afastamento das funções.** O art. 17-D, inserido pela lei 12.683/2012, trata do imediato afastamento do servidor público das suas funções em caso de seu indiciamento. Em edições anteriores, sustentávamos que, por esse afastamento determinado pelo legislador ter natureza cautelar, não oferecia problemas em relação ao princípio da presunção de inocência, tendo em vista que não se trata de perda do cargo e o afastamento ocorre sem prejuízo da remuneração do funcionário público. Entretanto, nessa edição, melhor refletindo sobre o tema, mudamos a nossa opinião sobre esse dispositivo legal. Pensamos que o dispositivo constitui verdadeiro exagero e inversão dos valores constitucionais. O exagero reside justamente na obrigatoriedade automática do afastamento do servidor público pelo simples indiciamento. Pela redação legal, o afastamento decorre automaticamente do indiciamento, sem que seja necessário nenhum outro ato investigatório no decorrer da investigação. Se a única finalidade do Inquérito Policial é apurar a infração penal e a sua respectiva autoria, como pode um servidor público ser afastado do seu cargo sem que haja o desenvolvimento das investigações? E se o servidor for indiciado e depois da conclusão do Inquérito Policial o Ministério Público não oferecer denúncia contra ele? Como conciliar esse dispositivo legal com o princípio da presunção de inocência? Na realidade, o legislador está a presumir a culpabilidade do indiciado, e não a sua inocência. Nada obsta que o Juiz afaste um servidor público de seu cargo no decorrer das investigações, mas isso requer dados concretos colhidos no curso das investigações e decisão judicial fundamentada. O que não se coaduna com o princípio da presunção de inocência é o afastamento do cargo decorrer direta e automaticamente do indiciamento. E mais. O dispositivo dispõe que o afastamento durará até que o Juiz autorize, em decisão fundamentada, o seu retorno. Trata-se de verdadeira inversão do princípio constitucional da presunção de inocência. Se o indivíduo é presumidamente inocente, o correto seria a lei exigir a necessidade de decisão fundamentada para afastar o servidor do seu cargo, e não para fazê-lo retornar a ele. Por essas razões, pensamos que o dispositivo é flagrantemente inconstitucional. Ao enfrentar essa temática, o STF entendeu no mesmo sentido por nós sustentado, conforme se verifica do julgado abaixo.

▶ **STF**

INFORMATIVO nº 1.000

Plenário.

É inconstitucional a determinação de afastamento automático de servidor público indiciado em inquérito policial instaurado para apuração de crimes de lavagem ou ocultação de bens, direitos e valores. O afastamento do servidor, em caso de necessidade para a investigação ou instrução processual, somente se justifica quando demonstrado nos autos o risco da continuidade do desempenho de suas funções e a medida ser eficaz e proporcional à tutela da investigação e da própria Administração Pública, circunstâncias a serem apreciadas pelo Poder Judiciário. Reputa-se violado o princípio da proporcionalidade quando não se observar a necessidade concreta da norma para tutelar o bem jurídico a que se destina, já que o afastamento do servidor pode ocorrer a partir de representação da autoridade policial ou do Ministério Público, na forma de medida cautelar diversa da prisão, conforme os arts. 282, § 2o, e 319, VI, ambos do Código de Processo Penal (CPP). Ademais, a presunção de inocência exige que a imposição de medidas coercitivas ou constritivas aos direitos dos acusados, no decorrer de inquérito ou processo penal, seja amparada em requisitos concretos que sustentam a fundamentação da decisão judicial impositiva, não se admitindo efeitos cautelares automáticos ou desprovidos de fundamentação idônea. Por fim, sendo o indiciamento ato dispensável para o ajuizamento de ação penal, a norma que determina o afastamento automático de servidores públicos, por força da *opinio delicti* da autoridade policial, quebra a isonomia entre acusados indiciados e não indiciados, ainda que denunciados nas mesmas circunstâncias. Trata-se de ação direta de inconstitucionalidade ajuizada contra o art. 17-D da Lei 9.613/1998, com redação conferida pela Lei 12.683/2012 (2), que prevê o afastamento automático de servidor público em decorrência do indiciamento policial em inquérito instaurado para apurar crimes de lavagem ou ocultação de bens, direitos e valores. Com base no entendimento exposto, o Plenário, por maioria, julgou procedente o pedido formulado. Vencidos os ministros Edson Fachin (relator) e Cármen Lúcia e, em parte, o ministro Marco Aurélio. **ADI 4911/DF, rel. orig. Min. Edson Fachin, red. p/ o ac. Min. Alexandre de Moraes, julgamento virtual finalizado em 20.11.2020**

5. **Art. 17-E. Manutenção das informações por 5 anos.** O dispositivo legal ora comentado é de extrema relevância, pois garante que nenhuma informação sobre os dados fiscais dos contribuintes será perdida no prazo de 5 anos. Note-se que o prazo de 5 anos é o prazo mínimo. O legislador não estabeleceu prazo máximo para a conservação dos dados dos contribuintes, mas, apenas, um prazo mínimo, de forma que é perfeitamente possível a manutenção dos dados por tempo superior aos 5 anos.

Lei Antiterrorismo.
Lei nº 13.260, de 16 de março de 2016

Art. 1º Esta Lei regulamenta o disposto no inciso XLIII do art. 5º da Constituição Federal, **disciplinando o terrorismo**, tratando de disposições investigatórias e processuais e reformulando o conceito de organização terrorista.

1. **Tratados Internacionais.** O Brasil é signatário de 12 Tratados Internacionais que visam ao combate ao terrorismo, todos já internalizados na ordem jurídica brasileira. Em ordem cronológica, eis os Tratados: **1.** Convenção para a Repressão do Apoderamento Ilícito de Aeronaves, assinada em Haia, em 1970 (Decreto 70.201/1972); **2.** Convenção para a Repressão de Atos Ilícitos contra a Segurança da Aviação Civil, assinada em Montreal, em 1971 (Decreto 72.383/1973); **3.** Convenção sobre a Prevenção e Punição de Crimes contra Pessoas que gozam de Proteção Internacional, inclusive agentes diplomáticos, adotada pela Assembleia-Geral das Nações Unidas, em 1973 (Decreto 3.167/1999); **4.** Convenção Internacional contra a Tomada de Reféns, adotada também pela Assembleia-Geral das Nações Unidas, em 1979 (Decreto 3.517/2000); **5.** Convenção sobre a Proteção Física do Material Nuclear, assinada em Viena, em 1980 (Decreto 95/1991); **6.** Protocolo para a Repressão de Atos Ilícitos de Violência nos Aeroportos que prestem Serviços à Aviação Civil Internacional, complementar à Convenção para a Repressão de Atos Ilícitos contra a Segurança da Aviação Civil, assinado em Montreal, em 1988 (Decreto 2.611/1998); **7.** Convenção para a Supressão de Atos ilícitos contra a Segurança da Navegação Marítima, celebrada em Roma, em 1988 (Decreto 6.136/2007); **8.** Protocolo para a Supressão de Atos Ilícitos contra a Segurança de Plataformas Fixas Localizadas na Plataforma Continental, celebrado em Roma, em 1988 (Decreto 6.136/2007); **9.** Convenção sobre a Marcação de Explosivos Plásticos para Fins de Detecção, concluída em Montreal, em 1991 (Decreto 4.021/2001); **10.** Convenção Internacional para a Supressão de Atentados Terroristas com Bombas, adotada pela Assembleia-Geral das Nações Unidas, em 1997 (Decreto 4.394/2002); **11.** Convenção Internacional para a Supressão do Financiamento do Terrorismo, adotada pela Assembleia Geral das Nações Unidas, em 1999 (Decreto 5.640/2005); **12.** Convenção Interamericana contra o Terrorismo (Convenção de Barbados), em 2002 (Decreto 5.639/2005).

2. **Previsão constitucional. Ausência de tipificação.** Na ordem jurídica brasileira, a previsão inicial do terrorismo está nos arts. 4º, VIII e 5º, XLIII, da Constituição da República, inclusive esse último equiparando-o a crime hediondo. Contudo, no Brasil nunca houve o tipo legal de crime de terrorismo. A previsão constitucional não era suficiente para a tipificação do delito, em razão do princípio da legalidade penal. O ato de terrorismo praticado poderia configurar outros tipos penais, como o homicídio e a lesão corporal. Porém, jamais o crime de terrorismo por absoluta falta de previsão legal.

▶ **STF**

INFORMATIVO nº 772.

Segunda Turma

PPE: terrorismo e dupla tipicidade.

A 2ª Turma resolveu questão de ordem, suscitada pelo Ministro Celso de Mello (relator), para declarar extinto pedido de prisão preventiva para fins de extradição, em razão da omissão do Estado requerente em produzir a documentação que se lhe exigira com suporte no Tratado de Extradição entre a República Federativa do Brasil e a República do Peru. (...) A Turma asseverou que os elementos informativos faltantes constituiriam documentos de produção obrigatória, indispensáveis à regular formalização do pleito extradicional, ou do pedido de prisão cautelar, consoante resultaria da determinação constante do Estatuto do Estrangeiro (art. 80, "caput", "in fine") e, também, do referido Tratado de Extradição (Artigo 19, n. 1). Seria encargo processual cuja satisfação incumbiria ao Estado que postulasse a prisão cautelar, ou a extradição, sob pena de, em não o cumprindo, expor-se ao indeferimento liminar do pedido. Por outro lado, e a despeito do que consignado, não haveria, igualmente, a possibilidade de prosseguimento do feito, isso em decorrência da impossibilidade, no caso, de observância do princípio da dupla tipicidade, eis que, tratando-se do delito de terrorismo, inexistiria, quanto a ele, no sistema de direito positivo nacional, a pertinente definição típica. Mostrar-se-ia evidente a importância dessa constatação, porquanto a comunidade internacional ainda não teria sido capaz de chegar a uma conclusão acerca da definição jurídica do crime de terrorismo. (...) PPE 730/DF, rel. Min. Celso de Mello, 16.12.2014.

3. **O Terrorismo.** O terrorismo ganhou as manchetes das mídias de todo o mundo a partir do atentado de 11 de setembro de 2001, em Nova Iorque. Depois daquele episódio, seguiram-se outros vários acontecimentos, em várias cidades do mundo, como Madri (2004), Londres (2005), Oslo (2011), Boston (2013), Paris (2015), Bruxelas (2016), Istambul (2016), Nice (2016), Berlim (2016), entre outros. Todos esses acontecimentos tiveram como fator de semelhança os ataques em locais onde havia um grande número de pessoas reunidas. A 5 meses das Olimpíadas que ocorreram no Rio de Janeiro em 2016, o Congresso Nacional viu-se obrigado a dar uma "resposta satisfatória" ao mundo, diante dos acontecimentos relacionados com o terrorismo, bem como, e sobretudo, da proximidade das Olimpíadas. Nesse sentido, o Congresso rapidamente aprovou, e o Presidente da República sancionou, a lei 13.260/2016, denominada "Lei Antiterrorismo".

4. **Objeto da lei.** A presente lei regulamenta a norma constitucional prevista no art. 5º, XLIII, para disciplinar o terrorismo, trata do conceito de terrorismo, dispõe sobre

o que se consideram atos de terrorismo, elenca tipos penais que configuram o terrorismo, dispõe também sobre que não se considera terrorismo, cria o delito de Organização Terrorista, trata dos denominados atos preparatórios do terrorismo, e, por fim, dispõe sobre normas processuais ligadas ao terrorismo.

5. **Conceito de terrorismo.** Há um consenso na doutrina brasileira e na estrangeira sobre a extrema dificuldade em conceituar o terrorismo. Contudo, na ordem jurídica brasileira, o conceito de terrorismo está previsto no art. 2º desta lei, para onde remetemos o leitor.

6. **Elementos do terrorismo.** Há quatro elementos que caracterizam o terrorismo: 1. O elemento violência; 2. O elemento teleológico; 3. O elemento teatral; 4. O elemento ausência de arrependimento ou de culpa. Nos próximos tópicos desenvolveremos cada um dos elementos.

7. **O elemento violência.** O primeiro elemento que caracteriza o terrorismo é a violência. O terrorismo possui como um dos seus pilares o emprego de violência extrema contra pessoas, por meio de ataques à integridade física e (sobretudo) à vida de seres humanos. Tais ataques podem ocorrer por meio de explosões de bombas, desabamentos de prédios, fuzilamentos, afogamento de pessoas, atropelamentos, utilização de aeronaves e veículos como instrumentos de agressão etc. O elemento violência faz com que o terrorismo configure crimes que são praticados contra a pessoa, como o homicídio, lesão corporal, sequestro etc., não possuindo relação direta com outra natureza de crimes, como os crimes contra o patrimônio ou o tráfico de drogas. Note-se que todos os grandes ataques terroristas que ocorreram até os dias atuais possuíram a violência como elemento coincidente.

8. **O elemento teleológico.** O segundo elemento do terrorismo é a finalidade específica que contamina os ataques terroristas. Entre outras, essa finalidade pode ter caráter religioso, com o objetivo de impor uma religião específica ou de reagir a uma religião diversa da pregada pelo terrorista. Essa finalidade pode ter também caráter político, com o objetivo de subversão da ordem constitucional, causar prejuízo ao funcionamento das instituições públicas, e constranger o poder público a fazer ou deixar de fazer algo. Pode, ainda, ter a finalidade de gerar o terror ou a intimidação da população, por meio da imposição de um medo difuso, com a geração de terror social generalizado. Muitas vezes o autor do ataque terrorista não anuncia, bem como não deixa clara a finalidade pela qual pratica o ato.

9. **O elemento teatral.** O elemento teatral relaciona-se à necessidade de atrair a atenção para a realização do ato de terrorismo. Trata-se do elemento mais demonstrado pelos terroristas, sendo um elemento essencial, obrigatório, pois é por meio dele que o terrorista comunica ao mundo a ameaça e o terror, gerando o medo difuso nas coletividades de todo o mundo. Existe algo mais teatral do que uma aeronave Boeing 767, com capacidade para 300 pessoas, chocando-se com um prédio de 413 metros de altura (como ocorreu no ataque de 11 de setembro) e, poucos minutos depois, a mesma coisa no prédio ao lado, em um dia de céu azul e sem nenhuma nuvem no céu, nas imediações do prédio? É por meio desse elemento que o terrorista demonstra o seu potencial lesivo, difundindo o terror por meio de todas as espécies de mídia, por todo o mundo.

10. **O elemento ausência de arrependimento ou de culpa.** O último elemento caracterizador do terrorismo é a ausência de arrependimento ou de culpa em relação aos ataques terroristas. O terrorista age sem nenhuma espécie de culpa e de arrependimento pelos danos causados aos indivíduos vítimas de seus atos. Ao contrário, age com orgulho de ter praticado o ato para satisfazer a sua finalidade específica e de poder espalhar o medo pelo mundo.

11. **Terrorismo nacional e terrorismo internacional.** A diferença de classificação entre o terrorismo nacional e o terrorismo internacional reside no espaço físico de atuação. O terrorismo nacional possui como característica o fato de a sua prática e a sua finalidade específica estarem restritas a um mesmo Estado soberano, com a mesma nacionalidade entre os terroristas e as vítimas do terrorismo. De outro giro, o terrorismo internacional caracteriza-se pela atuação além das fronteiras de um determinado país soberano. Muitas vezes, o terrorista tem como alvo pessoas pertencentes a outro país.

12. **Equiparação a crime hediondo.** O terrorismo é crime equiparado a hediondo. Tal equiparação foi feita tanto pela Constituição da República (art. 5º, XLIII), quanto pela lei de crimes hediondos (lei 8.072/90, art. 2º, *caput*). Logo, devem ser aplicadas ao delito de terrorismo todas as normas penais e processuais penais previstas na lei de crimes hediondos. Porém, em homenagem ao princípio da especialidade, as normas contidas na lei de crimes hediondos serão aplicadas somente naquilo em que não conflitarem com a presente lei.

Art. 2º O terrorismo consiste na prática por um ou mais indivíduos dos atos previstos neste artigo, por **razões de** xenofobia, discriminação ou preconceito de raça, cor, etnia e religião, quando cometidos com a finalidade de provocar **terror social ou generalizado**, expondo a perigo pessoa, patrimônio, a paz pública ou a incolumidade pública.

§ 1º São atos de terrorismo:

I – usar ou ameaçar usar, transportar, guardar, portar ou trazer consigo explosivos, gases tóxicos, venenos, conteúdos biológicos, químicos, nucleares ou outros meios capazes **de causar danos ou promover destruição em massa**;

II – (VETADO);

III – (VETADO);

IV – **sabotar o funcionamento ou apoderar-se**, com violência, grave ameaça a pessoa ou servindo-se de mecanismos cibernéticos, do controle total ou parcial, ainda que de modo temporário, de meio de comunicação ou de transporte, de portos, aeroportos, estações ferroviárias ou rodoviárias, hospitais, casas de saúde, escolas, estádios esportivos, instalações públicas ou locais onde funcionem serviços públicos essenciais, instalações de geração ou transmissão de energia, instalações militares, instalações de exploração, refino e processamento de petróleo e gás e instituições bancárias e sua rede de atendimento;

V – **atentar** contra a vida ou a integridade física de pessoa:

Pena – reclusão, de doze a trinta anos, além das sanções correspondentes à ameaça ou à violência.

§ 2º O **disposto neste artigo não se aplica** à conduta individual ou coletiva de pessoas em manifestações políticas, movimentos sociais, sindicais, religiosos, de classe ou de categoria profissional, direcionados por propósitos sociais ou reivindicatórios, visando a contestar, criticar, protestar ou apoiar, com o objetivo de defender direitos, garantias e liberdades constitucionais, sem prejuízo da tipificação penal contida em lei.

1. **Conceito de terrorismo.** No *caput* do art. 2º encontra-se o conceito de terrorismo, que consiste na prática dos atos previstos no próprio art. 2º , por razões de xenofobia, discriminação ou preconceito de raça, cor, etnia e religião, quando cometidos com a finalidade de provocar terror social ou generalizado, expondo a perigo pessoa, patrimônio, a paz pública ou a incolumidade pública.

2. **Norma penal explicativa.** O art. 2º, *caput,* constitui uma norma penal explicativa, tendo em vista que traz o conceito de terrorismo. Não se trata de uma norma penal incriminadora. A incriminação está no §1º, que traz as especificações dos atos de terrorismo.

3. **Duplo especial fim de agir.** Há dois especiais fins de agir no terrorismo. O *primeiro* consiste na prática do terrorismo por razões de xenofobia, discriminação ou preconceito de raça, cor, etnia e religião. O *segundo* reside na finalidade de provocar terror social ou generalizado, expondo a perigo pessoa, patrimônio, a paz pública ou a incolumidade pública. Pela redação legal, os dois especiais fins de agir são cumulativos e devem estar sempre presentes ao mesmo tempo, sob pena de a conduta configurar qualquer outro delito, mas não o de terrorismo.

▸ **STJ**

Informativo nº 663

Sexta Turma

Art. 5º da Lei n. 13.260/2016 (Lei Antiterrorismo). Atos preparatórios de terrorismo. Motivação por razões de xenofobia, discriminação ou preconceito de raça, cor, etnia e religião. Necessidade. A tipificação da conduta descrita no art. 5º da Lei Antiterrorismo (atos preparatórios de terrorismo) exige a motivação por razões de xenofobia, discriminação ou preconceito de raça, cor, etnia e religião, expostas no art. 2º do mesmo diploma legal. A Lei n. 13.260/2016 estabeleceu os tipos penais de terrorismo nos arts. 2º, 3º, 5º e 6º. No caso analisado, cinge-se a controvérsia a discutir se a imposição de ato infracional análogo ao art. 5º (atos preparatórios de terrorismo) demanda interpretação conjunta com o *caput* do art. 2º, visto que esse último define legalmente o que se entende por terrorismo. Verifica-se essencial rememorar que o tipo penal exerce uma imprescindível função de garantia. Decorrente do princípio da legalidade, a estrutura semântica da lei incriminadora deve ser rigorosamente observada, assim como as suas elementares devem encontrar adequação fática para que o comando secundário seja aplicado. O tipo penal não traz elementos acidentais, desprezíveis, dispensáveis. Isso posto, a adequação típica de conduta como terrorismo demanda que esteja configurada a elementar relativa à motivação por razões de xenofobia, discriminação ou preconceito de raça, cor, etnia e religião, sob pena de não se perfazer a relação de tipicidade. O uso da expressão "por razões de" indica uma elementar relativa à motivação. De fato, a construção sociológica e a percepção subjetiva individual do ato de terrorismo conjugam motivação e finalidade qualificadas, compreensão essa englobada na definição legal. No tocante ao delito do art. 5º, verifica-se que funciona como soldado de reserva em relação ao delito de terrorismo. Trata-se de criminalização dos atos preparatórios do delito de terrorismo, expressão que remete ao dispositivo anterior, exigindo a interpretação sistemática. Assim, não se mostra admissível, do ponto de vista hermenêutico, que o delito subsidiário tenha âmbito de aplicação diferente do delito principal. **HC 537.118-RJ, Rel. Min. Sebastião Reis Júnior, Sexta Turma, por unanimidade, julgado em 05/12/2019, DJe 11/12/2019.**

4. **Xenofobia.** É o sentimento de aversão ao estrangeiro, pessoa oriunda de outro país, com outra cultura, outros hábitos e outros costumes. A xenofobia é uma forma de discriminação ou de preconceito dirigida ao estrangeiro.

5. **Discriminação ou preconceito de raça, cor, etnia e religião.** Além da xenofobia, o legislador elencou outros motivos de discriminação ou de preconceito vistos nos tópicos seguintes.

6. **Discriminação.** Discriminar significa diferenciar, distinguir, tratar de forma diferente e prejudicial.

7. **Preconceito.** A expressão *preconceito* deriva do latim *praejudicium. Prae* significa anterior e *judicium* quer dizer julgamento. Por preconceito entenda-se o conceito, a opinião, o sentimento ou o juízo antecipado, formado pela pessoa antes de possuir ou formar dados e elementos adequados para formar um conceito ou uma opinião, independentemente de qualquer razão.

8. **Raça.** É o conjunto dos indivíduos identificados pela semelhança de características corporais, como estrutura, cor da pele, forma física etc., como produto de sua hereditariedade.

9. **Cor.** A expressão *cor* é utilizada para determinar o aspecto cromático de alguma matéria. No sentido da lei, cor é expressão utilizada para denotar a tonalidade da pele da pessoa, como cor branca, preta, amarela e vermelha.

10. **Etnia.** A expressão etnia é utilizada para caracterizar o conjunto de pessoas identificadas pela similitude de linguagem, cultura, traços físicos e mentais e tradições comuns.

11. **Religião.** É a crença ou doutrina religiosa. É a crença em relação a uma divindade ou a sua adoração.

12. **Outras formas de discriminação.** O legislador não inseriu outras formas de discriminação, como sexual, por motivo de idade, filosófica etc. Dessa forma, caso a discriminação se dê por qualquer desses motivos, a conduta será atípica em relação aos tipos penais previstos nesta lei podendo configurar outro delito.

13. **Terror social ou generalizado.** Não há um conceito de *terror social ou generalizado*. Trata-se de uma norma que coloca em risco o princípio da legalidade, na vertente da taxatividade. *Terror* significa o medo no mais alto grau, ou seja, a maior expressão do medo, que surge em razão da ocorrência ou da iminência de ocorrência de

um evento que possua um risco muito alto ou que cause danos em enormes proporções, com consequências nefastas, capaz de gerar na pessoa algumas reações corporais (paralisia, suor frio, calafrios etc.) e psicológicas (perda do pensamento racional, entre outros), inclusive tendo o condão de causar a morte da pessoa em razão de parada cardíaca.

Uma vez delineado o conceito de terror, há que se buscar o conceito de terror *social ou generalizado. Terror social* é o terror gerado a um número indeterminado de pessoas que estão inseridas dentro de uma determinada sociedade, com a imposição do medo extremo de forma difusa, fazendo com que tal sentimento nasça e permaneça vivo dentro da mente daquelas pessoas. O terror social não é o medo imposto a uma pessoa determinada ou a um grupo determinado de pessoas. A indeterminação do destinatário do medo extremo é uma característica indispensável para a caracterização do *terror social.* Note-se que os atos de terrorismo (previstos nos incisos do §1º) podem ser dirigidos a apenas uma pessoa ou a um grupo de pessoas. Entretanto, o medo que surge como consequência desse ato, é imposto a um número indeterminado de pessoas.

Pela definição de terror social, consegue-se chegar ao conceito de terror *generalizado,* que nada mais é do que o terror causado a um número indeterminado de pessoas. Na realidade, o legislador foi redundante, uma vez que se o terror é social, é porque ele é generalizado e vice-versa.

14. Exposição de pessoa, patrimônio, paz pública ou a incolumidade pública a perigo. O legislador, ao complementar as expressões *terror social ou generalizado* utilizou as expressões *expondo a perigo pessoa, patrimônio, a paz pública ou a incolumidade pública.* Tais expressões devem ser interpretadas de acordo a definição de terror social ou generalizado. O termo *exposição da paz pública* ou da *incolumidade pública* a perigo não oferece dificuldade interpretativa, tendo em vista que está perfeitamente adequada a terror social ou generalizado. De outro giro, em relação à exposição de pessoa ou de patrimônio, tais conceitos devem ser interpretados de acordo com a noção de terror social ou generalizado. Quer-se dizer com isso que, embora a exposição a perigo possa ser de uma pessoa ou de um único patrimônio, o medo criado com esse ato deve ser gerado a um número indeterminado de pessoas. Até porque, se terror social ou generalizado é um sentimento de medo extremo imposto a um número indeterminado de pessoas, não faria sentido o legislador exigir o terror social ou generalizado a apenas uma pessoa ou ao patrimônio de somente uma pessoa. Na realidade, repita-se, é possível a exposição a perigo de apenas uma pessoa ou somente um patrimônio, mas o terror é dirigido a um número indeterminado de pessoas. Note-se que a exposição a perigo de pessoa, patrimônio, paz pública ou incolumidade pública é elemento essencial ao terrorismo. Não existe terrorismo concretizado por meio de ameaça ou anúncios dirigidos à coletividade. É necessária a prática de algum ato concreto de exposição à situação de perigo.

15. O terrorista solitário. O dispositivo legal ora comentado faz menção a atos de terrorismo cometidos por "um ou mais indivíduos", positivando claramente a figura do terrorista solitário. Como se pode perceber, o legislador reconheceu que os atos de terrorismo podem ser praticados por um grupo de pessoas ou por apenas um indivíduo, deixando claro que o terrorista solitário pode ter um alto grau de periculosidade, pois em várias passagens da lei o legislador faz menção atos de terrorismo em locais onde haja grande concentração de pessoas, como "portos, aeroportos, estações ferroviárias ou rodoviárias, hospitais, casas de saúde, escolas, estádios esportivos, instalações públicas ou locais onde funcionem serviços públicos essenciais, instalações de geração ou transmissão de energia, instalações militares, instalações de exploração, refino e processamento de petróleo e gás e instituições bancárias e sua rede de atendimento" (art. 2º, §1º, IV), bem como refere-se ao uso, à ameaça de uso, ao transporte, à guarda e ao porte de "explosivos, gases tóxicos, venenos, conteúdos biológicos, químicos, nucleares ou outros meios capazes de causar danos ou promover destruição em massa" (art. 2º, §1º, IV). Note-se que o legislador, ao tratar da prática dos tipos penais e do conceito de atos de terrorismo, não fez nenhuma distinção entre os atos praticados por um ou por vários indivíduos. Ao contrário, a premissa do legislador não foi a quantidade de pessoas reunidas para a prática dos atos de terrorismo, mas, sim, a definição dos atos de terrorismo, que podem ser praticados por uma pessoa isolada, por um grupo de pessoas ou por uma Organização Terrorista. Assim, a lei trouxe expressamente a figura do terrorista solitário.

16. **§1º. Atos de terrorismo.** O legislador definiu e elencou nos incisos I, IV e V o que são atos de terrorismo. Trata-se de norma penal incriminadora, que traz nos incisos o preceito primário, com a conduta proibida, e, ao final, o preceito secundário com a sanção penal cominada abstratamente.

17. **Inciso I. Usar ou ameaçar usar, transportar, guardar, portar ou trazer consigo explosivos, gases tóxicos, venenos, conteúdos biológicos, químicos, nucleares ou outros meios capazes de causar danos ou promover destruição em massa.**

18. **Sujeito ativo.** Qualquer pessoa. Trata-se de crime comum, pois o legislador não exigiu nenhuma condição especial do sujeito ativo.

19. **Sujeito passivo.** A coletividade.

20. **Usar ou ameaçar usar, transportar, guardar, portar ou trazer consigo.** *Usar* significa empregar, realizar concretamente o objeto em sua finalidade. *Ameaçar usar* é anunciar o uso, deixar evidente a iminência do uso. *Transportar* significa levar os objetos de um local específico para outro local específico. *Guardar* é conservar, preservar, manter em local seguro. *Portar* significa carregar consigo. Por fim, *trazer consigo* consiste na conduta do agente que conduz junto a si o material. Houve redundância por parte do legislador, uma vez que *portar* e *trazer consigo* significam a mesma coisa. Percebe-se que pela diversidade de condutas típicas, o legislador procurou de todas as formas coibir qualquer espécie de manuseio de explosivos, gases tóxicos, venenos, conteúdos biológicos, químicos, nucleares ou outros meios capazes de causar danos ou promover destruição em massa, conferindo ao tipo penal uma grande abrangência.

21. **Explosivos, gases tóxicos, venenos, conteúdos biológicos, químicos, nucleares ou outros meios capazes de causar danos ou promover destruição em massa.** Todos esses objetos materiais desse delito têm a capacidade de causar danos ou

de gerar destruição em massa, que significa a destruição de um número indeterminado de pessoas. Em relação a "explosivos", tem-se, aqui, uma norma penal em branco heterogênea. Já em relação a "conteúdos nucleares", trata-se de norma penal em branco homogênea heterovitelina. Com efeito, explosivo é um "tipo de matéria que, quando iniciada, sofre decomposição muito rápida, com grande liberação de calor e desenvolvimento súbito de pressão." (Decreto 9.493/2018). Conteúdo nuclear, que é a mesma coisa que material nuclear, é "o combustível nuclear e os produtos ou rejeitos radioativos" (art. 1º, IV, da lei 6.453/1977). Os demais meios (gases tóxicos, venenos, conteúdos biológicos, químicos) também são meios altamente danosos ou capazes de gerar destruição em massa.

22. Interpretação analógica. Além desses objetos materiais, o legislador abrangeu qualquer outro objeto que tenha o condão de causar danos ou de promover destruição em massa.

23. Tipo penal misto alternativo. Caso o agente pratique mais de uma conduta descrita no tipo penal, responderá por um delito apenas, não havendo concurso de crimes.

24. Crime permanente. Nas condutas *transportar, guardar, portar* e *trazer consigo* o crime é permanente. Logo, a prisão em flagrante pode ocorrer a qualquer momento.

25. Crime de perigo concreto. No final do *caput* do art. 2º §1º o legislador inseriu as expressões "expondo a perigo pessoa, patrimônio, a paz pública ou a incolumidade pública". Com essas expressões o legislador deixou claro que se trata de um delito de perigo concreto. Assim, para a consumação do delito, não basta a prática da conduta, é necessário provar a efetiva situação de perigo gerada ao bem jurídico no caso concreto.

26. Especiais fins de agir. Sempre devem estar presentes neste tipo penal, de forma cumulativa, os dois especiais fins de agir descritos no *caput* do art. 2º: razões de xenofobia, discriminação ou preconceito de raça, cor, etnia e religião; e a finalidade de provocar terror social ou generalizado.

27. Consumação. O delito consuma-se com a prática das condutas descritas no tipo penal. Trata-se de crime formal.

28. Classificação. Crime comum; formal; doloso; de perigo concreto; comissivo; instantâneo nas condutas *usar* e *ameaçar usar* e permanente nas condutas *transportar, guardar, portar* e *trazer consigo*; admite tentativa.

29. Suspensão condicional do processo. Incabível, pois a pena mínima cominada ultrapassa 1 ano (art. 89 da lei 9.099/95).

30. Inciso IV. Sabotar o funcionamento ou apoderar-se, com violência, grave ameaça a pessoa ou servindo-se de mecanismos cibernéticos, do controle total ou parcial, ainda que de modo temporário, de meio de comunicação ou de transporte, de portos, aeroportos, estações ferroviárias ou rodoviárias, hospitais, casas de saúde, escolas, estádios esportivos, instalações públicas ou locais onde funcionem serviços públicos essenciais, instalações de geração ou transmissão de energia, instalações militares, instalações de exploração, refino e processamento de petróleo e gás e instituições bancárias e sua rede de atendimento.

31. Sujeito ativo. Qualquer pessoa. Trata-se de crime comum, pois o legislador não exigiu nenhuma condição especial do sujeito ativo.

32. Sujeito passivo. A coletividade.

33. Sabotar o funcionamento ou apoderar-se do controle total ou parcial com violência, grave ameaça a pessoa ou servindo-se de mecanismos cibernéticos. *Sabotar o funcionamento* significa danificar, prejudicar, agir de forma sorrateira para que ocorra a interrupção do funcionamento do serviço prestado, causando prejuízo. *Apoderar-se* consiste em tomar o controle, assumir o comando, passar a gerir os meios de comunicação ou de transporte, de portos, aeroportos, estações ferroviárias ou rodoviárias, hospitais, casas de saúde, escolas, estádios esportivos, instalações públicas ou locais onde funcionem serviços públicos essenciais, instalações de geração ou transmissão de energia, instalações militares, instalações de exploração, refino e processamento de petróleo e gás e instituições bancárias e sua rede de atendimento.

34. Delito de livre execução e de execução vinculada. O delito é de livre execução na conduta *"sabotar o funcionamento"* e de execução vinculada na conduta *"apoderar-se, com violência, grave ameaça a pessoa ou servindo-se de mecanismos cibernéticos, do controle total ou parcial"*.

35. Meio de comunicação ou de transporte, de portos, aeroportos, estações ferroviárias ou rodoviárias, hospitais, casas de saúde, escolas, estádios esportivos, instalações públicas ou locais onde funcionem serviços públicos essenciais, instalações de geração ou transmissão de energia, instalações militares, instalações de exploração, refino e processamento de petróleo e gás e instituições bancárias e sua rede de atendimento. Neste tipo penal podemos destacar três hipóteses definidas pelo legislador: 1. *Meio de comunicação ou de transporte*. O primeiro alcança um número indeterminado de pessoas. O segundo é utilizado igualmente por um número indeterminado de pessoas; 2. Locais que têm como ponto comum uma grande concentração e circulação de pessoas, para que seja evitado um dano a um número indeterminado de indivíduos (portos, aeroportos, estações ferroviárias ou rodoviárias, hospitais, casas de saúde, escolas, estádios esportivos, instalações públicas, locais onde funcionem serviços públicos essenciais e instituições bancárias e sua rede de atendimento); e 3. Locais que têm um perigo ínsito (instalações de geração ou transmissão de energia, instalações militares e instalações de exploração, refino e processamento de petróleo e gás).

36. Tipo penal misto alternativo. Caso o agente pratique mais de uma conduta descrita no tipo penal (sabotar o funcionamento e apoderar-se), responderá por um delito apenas, não havendo concurso de crimes.

37. Especiais fins de agir. Sempre devem estar presentes neste tipo penal, de forma cumulativa, os dois especiais fins de agir descritos no *caput* do art. 2º: razões de xenofobia, discriminação ou preconceito de raça, cor, etnia e religião; e a finalidade de provocar terror social ou generalizado.

38. Crime de perigo concreto. No final do *caput* do art. 2º §1º o legislador inseriu as expressões "expondo a perigo pessoa, patrimônio, a paz pública ou a incolumidade pública". Com essas expressões o legislador deixou claro que se trata de um delito de perigo concreto. Assim, para a consumação do delito, não basta a prática da conduta, é necessário provar a efetiva situação de perigo gerada ao bem jurídico no caso concreto.

39. Consumação. O delito consuma-se com a prática das condutas típicas descritas no tipo penal (sabotar o funcionamento ou apoderar-se do controle total ou parcial com violência, grave ameaça a pessoa ou servindo-se de mecanismos cibernéticos), independentemente de qualquer resultado ulterior. Trata-se de crime formal.

40. Classificação. Crime comum; formal; doloso; de perigo concreto; comissivo; instantâneo; admite tentativa.

41. Suspensão condicional do processo. Incabível, pois a pena mínima cominada ultrapassa 1 ano (art. 89 da lei 9.099/95).

42. Inciso V. Atentar contra a vida ou a integridade física de pessoa.

43. Sujeito ativo. Qualquer pessoa. Trata-se de crime comum, pois o legislador não exigiu nenhuma condição especial do sujeito ativo.

44. Sujeito passivo. A pessoa que sofre o atentado.

45. Atentar contra a vida ou a integridade física de pessoa. Atentar significa qualquer conduta que tenha a potencialidade de causar um dano à vida ou à integridade física da pessoa. No presente tipo penal o legislador não exigiu a provocação de um dano efetivo aos bens jurídicos mencionados. Ao contrário, antevendo a probabilidade de dano, o legislador contentou-se com uma situação de perigo gerada ao bem. O legislador preferiu ficar um passo atrás e punir a conduta antes da efetiva causação de um dano. Assim, o fato de o agente colocar uma bomba de alto poder de destruição em uma praça pública já é o suficiente para atentar contra a vida ou contra a integridade física de alguém. Mesmo que a bomba não estoure, esse fato, por si só, já satisfaz a tipicidade formal desse delito.

46. Delito de atentado. O tipo penal ora comentado constitui um delito de atentado, que é aquele que já traz a figura da tentativa como elemento do tipo. Note-se que o tipo penal dispõe *atentar contra*, de modo que o mero atentar já significa consumar, uma vez que o agente esgota a figura típica com o mero ato de atentar, consumando o delito. Portanto, a tentativa já consuma o tipo penal, razão pela qual o delito não admite a figura da tentativa.

47. Crime de perigo concreto. No final do *caput* do art. 2º §1º o legislador inseriu as expressões "expondo a perigo pessoa, patrimônio, a paz pública ou a incolumidade pública". Com essas expressões o legislador deixou claro que se trata de um delito de perigo concreto. Assim, para a consumação do delito, não basta a prática da conduta, é necessário provar a efetiva situação de perigo gerada ao bem jurídico no caso concreto.

48. Concurso de crimes com o inciso I. É possível que haja concurso de crimes entre esse inciso e o inciso I. Basta pensar na hipótese de o agente guardar e trazer consigo explosivos ou gases tóxicos (inciso I) e, depois, colocar o explosivo ou o gás tóxico em um ponto de ônibus (inciso V), mesmo que o explosivo não seja detonado ou que o gás tóxico não seja liberado.

49. **Concurso de crimes com os delitos de homicídio e de lesão corporal.** Questão relevante versa sobre a hipótese de o agente atentar conta a vida ou a integridade física de alguém e, efetivamente, causar a morte ou a lesão corporal da vítima. Nesse caso haveria concurso de crimes entre o presente tipo penal e o tipo penal de homicídio ou de lesão corporal? Pensamos que a resposta seja negativa. Isso porque, como dito, o tipo penal ora comentado é um crime de perigo e os delitos de homicídio e de lesão corporal são delitos de dano. Aplica-se, portanto, o princípio da consunção na vertente do crime progressivo, segundo a qual o crime de dano absorve o crime de perigo. Portanto, o agente responde apenas pelo delito de homicídio ou de lesão corporal. Até porque se o presente tipo penal é um crime de perigo, o dolo do agente não pode ser de efetivamente causar um dano ao bem jurídico. Ou o agente gera uma situação de perigo aos bens jurídicos e reponde por esse tipo penal, ou causa um dano efetivamente (com dolo de dano) e responde por homicídio ou por lesão corporal.

50. **Concurso de crimes com os delitos de homicídio e de lesão corporal tentados.** Outra questão relevante versa sobe a possibilidade de concurso de crimes entre esse tipo penal o de tentativa de homicídio ou tentativa de lesão corporal. Para que se fale em tentativa de homicídio ou tentativa de lesão corporal, o agente deve ter o dolo de consumar tais delitos, ou seja, a intenção do agente é efetivamente causar a morte ou a lesão corporal da vítima, mas não atinge esse resultado por circunstâncias alheias à sua vontade. Nesse caso, se o agente age com dolo de dano, deve responder de acordo com o seu dolo, isso é, por esses delitos tentados. A tentativa desses delitos é incompatível com o dolo de perigo do presente tipo penal. Quem age com dolo de perigo não pode responder criminalmente por um dolo de dano tentado. São dolos incompatíveis. Portanto, ou o agente age com dolo de perigo ao atentar contra a vida ou a integridade física de alguém e responde por esse tipo penal ora comentado, ou o agente age com dolo de dano e reponde por homicídio ou por lesão corporal consumada ou tentada, sendo inviável o concurso de crimes.

51. **Especiais fins de agir.** Sempre devem estar presentes neste tipo penal, de forma cumulativa, os dois especiais fins de agir descritos no *caput* do art. 2º: razões de xenofobia, discriminação ou preconceito de raça, cor, etnia e religião; e a finalidade de provocar terror social ou generalizado.

52. **Consumação.** O delito consuma-se com a prática da conduta típica descrita no tipo penal. Trata-se de crime formal.

53. **Classificação.** Crime comum; formal; doloso; de perigo concreto; comissivo; de atentado; instantâneo; não admite tentativa por se tratar de delito de atentado.

54. **Suspensão condicional do processo.** Incabível, pois a pena mínima cominada ultrapassa 1 ano (art. 89 da lei 9.099/95).

55. **Cumulação de penas.** Em todos os incisos do §1º o legislador estabeleceu o cúmulo material das penas correspondentes à ameaça ou à violência. Trata-se de cúmulo material, ou seja, o Juiz deverá aplicar a pena do delito previsto nos incisos do §1º

e a elas somar a pena da lesão corporal (art. 129, do Código Penal) ou da ameaça (art. 147, do Código Penal).

56. **§2º. Causa de atipicidade formal.** Ao mesmo tempo em que o legislador definiu o que sejam atos de terrorismo, ele excluiu do seu âmbito de incidência a conduta individual ou coletiva em manifestações políticas, movimentos sociais, sindicais, religiosos, de classe ou de categoria profissional, direcionados por propósitos sociais ou reivindicatórios, visando a contestar, criticar, protestar ou apoiar, com o objetivo de defender direitos, garantias e liberdades constitucionais. Portanto, a norma contida no §2º possui natureza jurídica de causa de atipicidade formal, pois a norma retira essas hipóteses do seu âmbito de incidência. Demais disso, percebe-se que a intenção do agente nesses casos é bem diferente da finalidade terrorista definida na lei. Em outras palavras, no §2º o agente não tem a intenção de discriminação ou preconceito por razões de xenofobia, de raça, de cor, de etnia e de religião, com a finalidade de provocar terror social ou generalizado. Ao contrário, como a norma dispõe, a finalidade é um propósito social ou reivindicatório, visando a contestar, criticar, protestar ou apoiar, com o objetivo de defender direitos, garantias e liberdades constitucionais. Trata-se de finalidades muito diversas, deixando clara a hipótese de atipicidade formal.

57. **Configuração de outros delitos.** Embora esses atos não configurem o delito terrorismo, podem configurar outros crimes diversos dele, uma vez que na parte final o legislador fez a seguinte ressalva: "sem prejuízo da tipificação penal contida em lei." Tal ressalva é desnecessária. O fato de a conduta não configurar o delito de terrorismo não impede, de forma definitiva, que possa estar configurado outro delito. A prática ou não de uma infração penal não decorre da dicção legal, mas, sim, da prática de uma conduta que se subsuma à norma penal incriminadora. A norma penal surge da lei, a prática da infração penal não. A previsão do crime está na lei, mas a sua prática depende de uma conduta praticada que seja perfeitamente adequada à lei. Portanto, é possível que em uma manifestação política com o propósito reivindicatório um prédio público seja depredado, caso em que os agentes não responderão pelo delito de terrorismo, mas responderão pelo crime de dano.

Art. 3º Promover, constituir, integrar ou prestar auxílio, pessoalmente ou por interposta pessoa, a **organização terrorista**:

Pena – reclusão, de cinco a oito anos, e multa.

§ 1º (VETADO).

§ 2º (VETADO).

Art. 4º (VETADO).

1. **Delito de Organização terrorista.** O art. 3º trouxe para o ordenamento jurídico brasileiro o delito de Organização Terrorista, espécie de crime associativo, por meio do qual duas pessoas promovem, constituem ou integram uma organização com a finalidade de praticar atos de terrorismo. Além dessas condutas, o legislador inseriu também a conduta de quem presta auxílio à Organização Terrorista.

2. **Sujeito ativo.** Trata-se de crime comum, uma vez que pode ser praticado por qualquer pessoa.
3. **Sujeito passivo.** O Estado e a coletividade.
4. **Número mínimo de pessoas.** Embora o tipo penal não faça menção expressa, cremos que bastam duas pessoas para a configuração de uma organização terrorista. Quando o legislador exige expressamente um número mínimo de pessoas, como no caso do art. 288 do Código Penal (três pessoas), deve-se respeitar esse número mínimo. Contudo, quando não há determinação expressa, deve-se questionar quantas pessoas são necessárias para a formação de uma organização. Cremos que duas pessoas são suficientes para promover, constituir ou integrar uma organização terrorista. É possível que duas pessoas se reúnam, com estabilidade e permanência, para a prática de atos de terrorismo? A reposta é positiva. A Organização não reside no número mínimo de pessoas, mas, sim, na reunião de pessoas de forma estável e permanente, com a finalidade específica de praticar atos de terrorismo, o que pode ser feito por duas pessoas.
5. **Estabilidade e permanência.** É necessário que a organização terrorista tenha estabilidade e permanência, não podendo ser uma organização eventual, sob pena de não estar configurada e organização, mas, sim, mera coautoria no delito de terrorismo. São justamente a estabilidade e a permanência que irão diferenciar o delito de organização terrorista da simples coautoria em atos de terrorismo.
6. **Especial fim de agir.** Embora não expresso no tipo penal, os agentes que compuserem a organização terrorista devem ter o especial fim de agir de praticar atos de terrorismo. Não faria sentido algum o legislador criar o deito de organização terrorista com finalidade diversa do terrorismo. Caso essa finalidade específica esteja ausente, a associação pode configurar o delito de associação criminosa previsto no art. 288 do Código Penal se presentes os requisitos exigidos.
7. **Promover, constituir, integrar ou prestar auxílio.** *Promover* significa efetuar, gerar, originar, criar, ou seja, dar início à organização terrorista. *Constituir* significa formar, organizar. Ao que parece, o legislador foi repetitivo ao dispor promover e constituir, uma vez que os verbos se confundem. *Integrar* é fazer parte da organização criminosa. Por fim, *prestar auxílio* significa a prática de qualquer ato material que contribua para a organização terrorista.
8. **Prestação de auxílio.** A conduta prestar auxílio configura, em princípio, participação na organização terrorista. Contudo, o legislador optou por tratar essa conduta como espécie de autoria. Essa conduta não configura o delito de organização terrorista propriamente dito, ou seja, o agente não promove, constitui, nem integra a organização. Ele apenas pratica um ato de ajuda à organização. O agente não faz parte da organização, não a integra, não é um componente dela, apenas presta um determinado auxílio, que pode ser de qualquer natureza.
9. **Tipo misto alternativo.** A prática de duas ou mais condutas descritas no tipo não gera concurso de crimes, respondendo o agente por apenas um delito.
10. **Concurso de crimes com outros tipos penais praticados.** Caso a organização terrorista pratique um delito de terrorismo previsto nesta lei ou qualquer outro delito,

haverá concurso material de crimes entre o tipo penal de organização terrorista e o(s) delito(s) praticado(s), na forma do art. 69 do Código Penal.

11. **Irretroatividade.** Antes dessa lei, a conduta de promover, constituir, integrar ou prestar auxílio à organização terrorista nunca foi um delito na ordem jurídica brasileira, até porque nunca existiu o delito de terrorismo. Portanto, a criação desse tipo penal constitui uma *novatio legis in pejus,* que não pode retroagir em homenagem ao princípio da irretroatividade da lei penal mais severa positivado no art. 5º, XL da CF/88. Entretanto, no verbo que configura crime permanente (*integrar*), caso a consumação ainda estivesse ocorrendo quando a lei entrou em vigor, ela pode ser aplicada, nos moldes da súmula 711 do STF (*"A lei penal mais grave aplica-se ao crime continuado ou ao crime permanente, se a sua vigência é anterior à cessação da continuidade ou da permanência."*).

12. **Princípio da especialidade.** O tipo legal de crime ora estudado constitui especialidade em relação aos seguintes delitos, sendo certo que o elemento especializante reside na finalidade de praticar atos de terrorismo: **1.** Art. 288 do Código Penal (*"Associarem-se 3 (três) ou mais pessoas, para o fim específico de cometer crimes: Pena – reclusão, de 1 (um) a 3 (três) anos."*); **2.** Art. 35 da lei 11.343/2006 (*"Associarem-se duas ou mais pessoas para o fim de praticar, reiteradamente ou não, qualquer dos crimes previstos nos arts. 33, caput e § 1º, e 34 desta Lei: Pena – reclusão, de 3 (três) a 10 (dez) anos, e pagamento de 700 (setecentos) a 1.200 (mil e duzentos) dias-multa."*); **3.** Art. 2º da Lei 12.850/2013 (*"Promover, constituir, financiar ou integrar, pessoalmente ou por interposta pessoa, organização criminosa: Pena – reclusão, de 3 (três) a 8 (oito) anos, e multa, sem prejuízo das penas correspondentes às demais infrações penais praticadas."*); e **4.** Art. 2º da lei 2.889/1956 (*"Associarem-se mais de 3 (três) pessoas para prática dos crimes mencionados no artigo anterior: Pena: Metade da cominada aos crimes ali previstos"*.).

13. **Consumação.** Com a efetiva realização das condutas descritas no tipo. Trata-se de crime formal.

14. **Classificação.** Crime comum; formal; doloso; comissivo; instantâneo nos verbos *promover, constituir* e *prestar auxílio* e permanente na conduta *integrar*; admite tentativa.

15. **Suspensão condicional do processo.** Incabível, pois a pena mínima cominada ultrapassa 1 ano (art. 89 da lei 9.099/95).

Art. 5º Realizar **atos preparatórios de terrorismo** com o propósito inequívoco de consumar tal delito:

Pena – a correspondente ao delito consumado, diminuída de um quarto até a metade.

§ 1º Incorre nas mesmas penas o agente que, com o **propósito de praticar atos de terrorismo**:

I – recrutar, organizar, transportar ou municiar indivíduos que viajem para país distinto daquele de sua residência ou nacionalidade; ou

II – fornecer ou receber treinamento em país distinto daquele de sua residência ou nacionalidade.

§ 2º Nas hipóteses do § 1º, quando a conduta não envolver treinamento ou viagem para país distinto daquele de sua residência ou nacionalidade, a pena será a correspondente ao delito consumado, diminuída de metade a dois terços.

1. **Sujeito ativo.** Trata-se de crime comum, uma vez que pode ser praticado por qualquer pessoa.

2. **Sujeito passivo.** O Estado e a coletividade.

3. **Antecipação da tutela penal.** Atualmente, são reconhecidas cinco formas de antecipação da tutela penal: 1. Delitos de perigo abstrato; 2. Delitos de atentado ou de empreendimento; 3. Punição autônoma de atos preparatórios; 4. Delitos de intenção; e 5. Proteção de bens jurídicos supraindividuais. O presente tipo penal, por consistir na punição autônoma de atos preparatórios, é uma forma de antecipação da tutela penal e consiste na intervenção penal em momento prévio à lesão a bens jurídicos. O legislador antecipa-se para fazer o Direito Penal incidir antes que sejam praticados atos de terrorismo.

4. **Atos preparatórios.** Por ato preparatório deve ser entendido qualquer conduta que tenha o condão de proporcionar condições para a execução do delito, desde que ultrapassada a fase interna da cogitação e que ainda não haja o ingresso nos atos de execução. Como regra geral, assim como ocorre na cogitação, os atos preparatórios não são puníveis, uma vez que a tentativa da prática de um delito exige que o agente ingresse nos atos executórios. Porém, em alguns casos excepcionais, o legislador entende pela necessidade de punir os atos preparatórios de forma autônoma por questões de política criminal, como a importância do bem ameaçado e a especial periculosidade do comportamento do agente. Na presente lei, podemos definir como ato preparatório qualquer ato anterior ao ato do art. 2º, §1º, desde que tenha a finalidade de provocar terror social ou generalizado.

5. **Realizar atos preparatórios de terrorismo. Ausência de definição legal. Aplicação inviável do *caput*.** O legislador inovou na ordem jurídica brasileira para incriminar os atos preparatórios, chamando-os, efetivamente, de "atos preparatórios". Até então não existia previsão semelhante na legislação penal pátria. Trata-se de uma incriminação vaga e imprecisa, que fere de morte o princípio da legalidade, na vertente da taxatividade. Isso porque uma das vertentes do princípio da legalidade reside no *nullum crimen, nulla poena sine lege certa*, segundo o qual a lei penal deve ser clara, certa e precisa, proibindo-se o emprego de conceitos vagos e imprecisos que gerem incerteza na interpretação e na aplicação da norma penal incriminadora. Quanto mais conceitos vagos e imprecisos o tipo penal contiver, mais intensa é insegurança jurídica gerada. Vejamos. O que seriam "atos preparatórios de terrorismo"? Não há a individualização de uma conduta delituosa. Não há a identificação dos elementos do tipo penal. Todo tipo penal descreve uma conduta humana em seu preceito primário. Neste tipo penal, o legislador não traz uma conduta determinada, individualizada. Trata-se de um tipo penal de aplicação

inviável. É bem verdade que em tantos outros momentos o legislador brasileiro pune atos preparatórios. No entanto, em todos esses casos, o tipo penal descreve uma conduta criminosa individualizada, com elementos típicos que permitem a sua interpretação a aplicação, sem a fórmula genérica *realizar atos preparatórios,* como ocorre no presente tipo penal. Note-se que nos incisos I e II do §1º o legislador fez de forma diversa, na medida em que, embora também tenha punido atos preparatórios, descreveu e individualizou as condutas delituosas com elementos que permitem a sua interpretação e aplicação. É perfeitamente possível identificar e interpretar o que seja *recrutar, organizar, transportar ou municiar indivíduos que viajem para país distinto daquele de sua residência ou nacionalidade* (inciso I), bem como o que seja *fornecer ou receber treinamento em país distinto daquele de sua residência ou nacionalidade* (inciso II). De forma diversa, como ocorre no *caput,* é impossível identificar e interpretar o que seja *realizar atos preparatórios.* Frise-se que a inviabilidade de aplicação deste dispositivo não decorre especificamente da punição de atos preparatórios, mas, sim, da ausência de definição da conduta incriminada.

6. **Especial fim de agir.** Propósito inequívoco de consumar qualquer delito de terrorismo previsto na lei.

7. **§1º. Condutas equiparadas.** No §1º o legislador trouxe condutas equiparadas, punidas de forma autônoma, que serão tratadas adiante.

8. **Especial fim de agir.** Nos dois incisos deste parágrafo o legislador exigiu o especial fim de agir consistente no propósito de praticar atos de terrorismo. Ausente esse elemento subjetivo, esses delitos não se configuram.

9. **Norma penal em branco.** Os dois incisos do §1º constituem normas penais em branco homogêneas homovitelinas, uma vez o que o complemento deles reside na própria lei, que define o que são atos de terrorismo no art. 2º, §1º, I, IV e V.

10. **Inciso I. Recrutar, organizar, transportar ou municiar indivíduos que viajem para país distinto daquele de sua residência ou nacionalidade.**

11. **Atos preparatórios.** O inciso I também pune atos preparatórios para a prática de atos de terrorismo. O legislador pretendeu evitar o recrutamento, a organização, o transporte ou o municiamento de pessoas que viajem para país diverso da sua residência ou da sua nacionalidade para praticarem atos de terrorismo no país de destino. Mais uma vez está-se diante da antecipação da tutela penal para o momento anterior à lesão ao bem jurídico. Na mente do legislador, evitando-se que essas pessoas sejam recrutadas, organizadas, transportadas ou municiadas, evita-se, consequentemente, a prática de atos futuros de terrorismo.

12. **Recrutar, organizar, transportar ou municiar.** *Recrutar* é reunir os indivíduos para uma única finalidade. *Organizar* consiste também em reunir os indivíduos. Como se pode perceber, o legislador foi redundante, pois recrutar e organizar têm o mesmo significado. *Transportar* significa levar os indivíduos de um local específico para outro local específico. Por fim, *Municiar* significa abastecer os indivíduos com munição para ser utilizada em arma de fogo.

13. **Necessidade da efetiva viagem.** O legislador inseriu as expressões "indivíduos que viajem para país distinto". Pela redação típica, não basta que o agente recrute, organize, transporte ou municie os indivíduos. É necessário que eles efetivamente viajem para país distinto daquele de sua residência ou de sua nacionalidade. Caso não ocorra a efetiva viagem, o fato será atípico em relação a esse dispositivo legal.

14. **Tipo misto alternativo.** A prática de duas ou mais condutas descritas no tipo penal não gera concurso de crimes, respondendo o agente por apenas um delito.

15. **Crime permanente.** A conduta *transportar* configura crime permanente.

16. **Consumação.** Com a efetiva realização das condutas descritas no tipo e a efetiva viagem para país distinto, independentemente da prática posterior de atos de terrorismo. Trata-se de crime formal.

17. **Classificação.** Crime comum; formal; doloso; comissivo; instantâneo nos verbos *recrutar*, *organizar* e *municiar* e permanente na conduta *transportar*; admite tentativa.

18. **Inciso II. Fornecer ou receber treinamento em país distinto daquele de sua residência ou nacionalidade.**

19. **Atos preparatórios.** Da mesma forma feita no inciso anterior, o inciso II também pune atos preparatórios para a prática de atos de terrorismo. O legislador pretendeu evitar o fornecimento ou o recebimento de treinamento em país distinto daquele de residência ou de nacionalidade do agente. O legislador não disse em que consiste esse treinamento. Por questões de hermenêutica, como o inciso deve ser interpretado em conjunto com o parágrafo em que está inserido, a interpretação sistemática deste inciso impõe que o treinamento deve ser destinado a prática de atos de terrorismo. O legislador pretendeu evitar o treinamento para impedir, em consequência, atos futuros de terrorismo em outro país.

20. **Fornecer ou receber treinamento.** *Fornecer treinamento* é proporcionar a alguém uma habilidade específica para a prática de atos de terrorismo. *Receber treinamento* significa obter de outrem essas mesmas habilidades.

21. **Tipo misto alternativo.** A prática de duas ou mais condutas descritas no tipo (*Fornecer* e *receber* treinamento) não gera concurso de crimes, respondendo o agente por apenas um delito.

22. **Local da prática da conduta.** É necessário que o agente forneça ou receba o treinamento em país diverso daquele de sua residência ou de sua nacionalidade, sob pena de atipicidade formal da conduta.

23. **Consumação.** Com a efetiva realização das condutas descritas no tipo, independentemente da prática posterior de atos de terrorismo. Trata-se de crime formal.

24. **Classificação.** Crime comum; formal; doloso; comissivo; instantâneo; admite tentativa.

25. **§2º. Causa de diminuição de pena. Dispositivo inaplicável.** A diminuição de pena estaria justificada pela menor periculosidade da conduta por não envolver treinamento ou viagem para país distinto daquele da residência ou da nacionalidade do

agente, tendo em vista a ausência de internacionalidade dos atos de terrorismo. Entretanto, cremos que o dispositivo é inaplicável. Isso porque nos dois incisos do §1º as condutas típicas exigem a viagem ou o treinamento em país distinto daquele de residência ou de nacionalidade do agente. No inciso I, como dissemos, o tipo penal exige a efetiva viagem para o país distinto daquele de residência ou de nacionalidade do agente. No inciso II, por sua vez, o tipo exige o fornecimento ou o recebimento do treinamento, igualmente, em país distinto daquele de residência ou de nacionalidade do agente. Logo, a hipótese contemplada pelo §2º não existe, ou seja, é inviável a possibilidade de a conduta do agente não envolver viagem ou treinamento em país distinto daquele de sua residência ou de sua nacionalidade, razão pela qual esse dispositivo torna-se inaplicável.

Art. 6º Receber, prover, oferecer, obter, guardar, manter em depósito, solicitar, investir, de qualquer modo, direta ou indiretamente, recursos, ativos, bens, direitos, valores ou serviços de qualquer natureza, **para o planejamento, a preparação ou a execução dos crimes previstos nesta Lei**:

Pena – reclusão, de quinze a trinta anos.

Parágrafo único. Incorre na mesma pena quem oferecer ou receber, obtiver, guardar, mantiver em depósito, solicitar, investir ou de qualquer modo contribuir para a obtenção de ativo, bem ou recurso financeiro, com a **finalidade de financiar**, total ou parcialmente, pessoa, grupo de pessoas, associação, entidade, organização criminosa que tenha como atividade principal ou secundária, mesmo em caráter eventual, a prática dos crimes previstos nesta Lei.

1. **Sujeito ativo.** Qualquer pessoa. Trata-se de crime comum, pois o legislador não exigiu nenhuma condição especial do sujeito ativo.
2. **Sujeito passivo.** A coletividade.
3. **Receber, prover, oferecer, obter, guardar, manter em depósito, solicitar, investir, de qualquer modo, direta ou indiretamente.** Neste tipo penal o legislador inseriu condutas ligadas ao financiamento do terrorismo. Os verbos, autoexplicativos, denotam qualquer forma de destinar recursos, ativos, bens, direitos, valores ou serviços para o terrorismo. A conduta consiste em uma espécie de financiamento, uma contribuição para o terrorismo.
4. **Recursos, ativos, bens, direitos, valores ou serviços de qualquer natureza** São o objeto material do delito. Todos têm destinação específica para o terrorismo. O tipo penal não fez menção a "dinheiro", porém, ele está contido na expressão "recursos". Os bens podem ser móveis ou imóveis. Assim, o agente pode, por exemplo, obter um imóvel onde os atos de terrorismo são planejados, como pode, também, comprar automóveis ou aviões que servirão para a execução de atos de terrorismo. O agente pode, ainda, solicitar ou receber dinheiro que será empregado no treinamento de pessoas que praticarão atos de terrorismo.
5. **Para o planejamento, a preparação ou a execução dos crimes previstos nesta lei.** Mais uma vez o legislador antecipou a tutela penal e buscou reprimir a conduta

delituosa antes da prática efetiva dos atos de terrorismo. Note-se que ainda não foram praticados atos de terrorismo. O presente tipo penal abrangeu as três primeiras fases do *iter criminis:* a cogitação (que o legislador denominou planejamento), a preparação e a execução dos atos de terrorismo previstos nesta lei.

6. **Tipo penal misto alternativo.** Caso o agente pratique mais de uma conduta descrita no tipo penal, responderá por um delito apenas, não havendo concurso de crimes.

7. **Crime permanente.** Os verbos *guardar* e *manter em depósito* configuram crime permanente, podendo ocorrer a prisão em flagrante a qualquer momento.

8. **Especiais fins de agir.** O tipo descreve como especial fim de agir a prática dos verbos típicos para o planejamento, a preparação ou a execução dos crimes previstos nesta Lei.

9. **Consumação.** O delito consuma-se com a prática das condutas típicas descritas no tipo penal. Trata-se de crime formal.

10. **Classificação.** Crime comum; formal; doloso; comissivo; instantâneo nas condutas *receber, prover, oferecer, obter, solicitar, investir* e permanente nas condutas *guardar* e *manter em depósito*; admite tentativa.

11. **Suspensão condicional do processo.** Incabível, pois a pena mínima cominada ultrapassa 1 ano (art. 89 da lei 9.099/95).

12. **Parágrafo único. Financiamento do terrorismo.** O parágrafo único traz uma conduta equiparada consistente no financiamento do terrorismo propriamente dito.

13. **Sujeito ativo.** Qualquer pessoa. Trata-se de crime comum, pois o legislador não exigiu nenhuma condição especial do sujeito ativo.

14. **Sujeito passivo.** A coletividade.

15. **Oferecer, receber, obter, guardar, manter em depósito, solicitar, investir ou de qualquer modo contribuir para a obtenção de ativo, bem ou recurso financeiro.** Os verbos típicos, parecidos com os do *caput,* e também autoexplicativos, abrangem as formas pelas quais o agente movimenta ativos, bens ou recursos financeiros para o financiamento do terrorismo.

16. **Ativo, bem ou recurso financeiro.** São o objeto material do delito. De mesma forma que dissermos em relação ao *caput,* os bens abrangem os móveis e os imóveis, e, embora o legislador não tenha utilizado a expressão "dinheiro", entende-se que ele está inserido na expressão "recurso financeiro".

17. **Especiais fins de agir.** O tipo descreve como especial fim de agir a prática dos verbos típicos com a específica finalidade de financiar o terrorismo, de forma total ou parcial.

18. **Pessoa, grupo de pessoas, associação, entidade, organização criminosa que tenha como atividade principal ou secundária, mesmo em caráter eventual, a prática dos crimes previstos nesta lei.** Tentando ser o mais abrangente possível, o legislador abrangeu a pessoa ou as pessoas, associadas em grupo, que possua como atividade a prática de atos de terrorismo. A organização criminosa a que o

tipo penal faz menção é a organização contida no art. 3º desta lei. Cabe aqui uma distinção: Ao comentarmos o art. 3º, dissemos que a organização terrorista deve ter caráter permanente e estável. No presente tipo penal, o legislador abrangeu a organização de caráter permanente ou eventual. Assim, caso a organização tenha caráter permanente, será a disposta no art. 3º. De outro giro caso a organização tenha caráter eventual, não poderá ser a do art. 3º, mas, sim, um grupo de pessoas que age em coautoria na prática do terrorismo.

19. **Tipo penal misto alternativo.** Caso o agente pratique mais de uma conduta descrita no tipo penal, responderá por um delito apenas, não havendo concurso de crimes.

20. **Crime permanente.** Os verbos *guardar* e *manter em depósito* configuram crime permanente, podendo ocorrer a prisão em flagrante a qualquer momento.

21. **Consumação.** O delito consuma-se com a prática das condutas típicas descritas no tipo penal. Trata-se de crime formal.

22. **Classificação.** Crime comum; formal; doloso; comissivo; instantâneo nas condutas *oferecer, receber, obter, solicitar, investir* e *contribuir* e permanente nas condutas *guardar* e *manter em depósito*; admite tentativa.

23. **Suspensão condicional do processo.** Incabível, pois a pena mínima cominada ultrapassa 1 ano (art. 89 da lei 9.099/95).

Art. 7º Salvo quando for elementar da prática de qualquer crime previsto nesta Lei, se de algum deles **resultar lesão corporal grave**, aumenta-se a pena de um terço, se **resultar morte**, aumenta-se a pena da metade.

Art. 8º (VETADO).

Art. 9º (VETADO).

1. **Causa de aumento de pena.** O art. 7º trata de uma causa de aumento de pena que incidirá sempre que de qualquer crime previsto nesta lei resultar lesão corporal grave (que são os resultados previstos no art. 129, §§1º e 2º, do Código Penal), ou morte.

2. **Resultados lesão corporal grave e morte.** Os resultados majorantes podem resultar de dolo ou de culpa.

3. **Ausência de *bis in idem* e inaplicabilidade.** O legislador teve o cuidado de não fazer a majorante incidir quando os resultados lesão corporal grave e morte forem elementos do tipo penal praticado. Porém, ao que parece, o legislador não sabe o significado de elemento do tipo, uma vez que, embora tenha feito essa ressalva para evitar o *bis in idem*, em nenhum tipo penal da lei há a lesão corporal grave ou a morte como elemento do tipo. Isso torna a primeira parte do dispositivo legal inaplicável. Agiu certo o legislador ao tentar evitar a dupla punição, porém, a norma não tem nenhuma utilidade. Poderia ser questionado se o art. 2º, §1º, V seria uma hipótese em que a lesão corporal grave ou a morte seria elemento do tipo. A reposta é negativa, pois como dito nos comentários a esse dispositivo, tem-se,

ali, um atentado à vida ou à integridade física, e não a efetiva lesão corporal ou a efetiva morte.

Art. 10. Mesmo **antes de iniciada a execução** do crime de terrorismo, na hipótese do art. 5º desta Lei, aplicam-se as disposições do art. 15 do Decreto-Lei nº 2.848, de 7 de dezembro de 1940 – Código Penal

1. **Inaplicabilidade do dispositivo.** O art. 15 do Código Penal trata dos institutos da desistência voluntária e do arrependimento eficaz, com a seguinte redação: *"O agente que, voluntariamente, desiste de prosseguir na execução ou impede que o resultado se produza, só responde pelos atos já praticados."* Trata-se de institutos que visam a fazer com que o agente desista de prosseguir na execução do delito por ele inicialmente cogitado. Portanto, para que esses institutos incidam, é necessário que o agente ingresse nos atos executórios. O legislador determinou a aplicação do art. 15 do Código Penal mesmo antes de iniciada a execução. Trata-se de hipótese absolutamente impossível, que torna essa norma inaplicável. Se é verdade que para a incidência do art. 15 do Código Penal é necessário o início dos atos executórios, não é menos verdade que sem o início deles não há como aplicar o dispositivo do Código. Como o agente pode desistir de prosseguir na execução de um delito se ele sequer a iniciou. Note-se que, nos moles definidos no art. 15, o agente *desiste de prosseguir*. Prosseguir em quê? No ato executório. Mas como o agente poderia desistir de prosseguir nos atos executórios se ele não os iniciou? Portanto, cremos que a aplicação do art. 10 é inviável, por absoluta incompatibilidade com o art. 15 do Código Penal.

Art. 11. Para todos os efeitos legais, considera-se que os crimes previstos nesta Lei são praticados contra o interesse da União, **cabendo à Polícia Federal a investigação criminal**, em sede de inquérito policial, **e à Justiça Federal o seu processamento e julgamento**, nos termos do inciso IV do art. 109 da Constituição Federal.

Parágrafo único. (VETADO).

1. **Competência da Justiça Federal.** O *caput* do dispositivo determina a competência da Justiça Federal para o processo e o julgamento dos crimes de terrorismo previstos nesta lei. O legislador estabeleceu que a prática do delito de terrorismo viola interesse da União Federal, devendo incidir o art. 109, IV, da CF/88.

2. **Atribuição da Polícia Federal.** Como a atribuição segue a competência, se cabe à Justiça federal processar e julgar os delitos previstos na presente lei, cabe à Polícia Federal investigá-los.

3. **Crime conexo ao terrorismo.** Na hipótese de haver um crime de competência da Justiça Estadual, conexo ao delito de terrorismo, a Justiça Federal será competente para processar e julgar ambos, aplicando-se a súmula 122 do STJ.

    Súmula 122 do STJ. "Compete à Justiça Federal o processo e julgamento unificado dos crimes conexos de competência federal e estadual, não se aplicando a regra do art. 78, II, *a*, do Código de Processo Penal."

Art. 12. O juiz, de ofício, a requerimento do Ministério Público ou mediante representação do delegado de polícia, ouvido o Ministério Público em vinte e quatro horas, havendo indícios suficientes de crime previsto nesta Lei, poderá decretar, no curso da investigação ou da ação penal, **medidas assecuratórias de bens, direitos ou valores** do investigado ou acusado, ou existentes em nome de interpostas pessoas, que sejam instrumento, produto ou proveito dos crimes previstos nesta Lei.

§ 1º Proceder-se-á à **alienação antecipada** para preservação do valor dos bens sempre que estiverem sujeitos a qualquer grau de deterioração ou depreciação, ou quando houver dificuldade para sua manutenção.

§ 2º O juiz determinará a **liberação, total ou parcial**, dos bens, direitos e valores quando **comprovada a licitude de sua origem e destinação**, mantendo-se a constrição dos bens, direitos e valores necessários e suficientes à reparação dos danos e ao pagamento de prestações pecuniárias, multas e custas decorrentes da infração penal.

§ 3º Nenhum pedido de liberação **será conhecido sem o comparecimento pessoal do acusado ou de interposta pessoa** a que se refere o *caput* deste artigo, podendo o juiz determinar a prática de atos necessários à conservação de bens, direitos ou valores, sem prejuízo do disposto no § 1º.

§ 4º Poderão ser decretadas **medidas assecuratórias** sobre bens, direitos ou valores para **reparação do dano** decorrente da infração penal antecedente ou da prevista nesta Lei ou para pagamento de prestação pecuniária, multa e custas.

1. ***Caput.*** A lei traz as denominadas medidas assecuratórias, que decorrem do poder geral de cautela do Juiz no processo penal. Tais medidas assecuratórias têm por finalidade fazer a coisa retornar ao seu possuidor legítimo e permitir que o juiz tenha conhecimento dos elementos do delito, sobretudo no que se refere à atividade probatória. A lei possibilitou a decretação de medidas assecuratórias de bens, direitos ou valores existentes em nome de interpostas pessoas, que são conhecidas como "laranjas" e são utilizadas pelo verdadeiro autor do delito para desviar a atenção das autoridades de segurança pública.

2. **Momento para a decretação.** As medidas assecuratórias podem ser decretadas tanto na fase do Inquérito Policial, quanto na fase da ação penal.

3. § 1º. Alienação antecipada. O legislador permitiu a alienação antecipada dos bens que tiverem sido objeto da medida assecuratória, nos mesmos moldes do art. 144-A do Código de Processo Penal, evitando-se, com isso, que haja a deterioração do bem ou a perda do seu valor, caso em que a medida assecuratória não teria efetividade. Trata-se de uma medida que possui grande utilidade prática, sobretudo em razão de o Poder Judiciário não ter uma estrutura que permita a conservação do bem até o trânsito em julgado da decisão jurisdicional definitiva. Por meio da alienação antecipada, evita-se o risco de deterioração ou depreciação dos objetos apreendidos com a medida assecuratória.

4. **§ 2º. Liberação dos bens, direitos ou valores.** Comprovada a licitude da origem e da destinação dos bens, direitos e valores apreendidos, o juiz deverá determinar a sua liberação. Entretanto, a lei determina a manutenção da constrição dos bens

direitos e valores, desde que seja medida necessária e suficiente para a reparação do dano e ao pagamento de prestações pecuniárias, multas e custas processuais.

5. **§ 3º. Comparecimento pessoal do acusado ou de interposta pessoa.** A lei exige o comparecimento pessoal do acusado ou da interposta pessoa como condição para o conhecimento do pedido de restituição. Entre os atos necessários à conservação dos bens, direitos e valores, o legislador permitiu a alienação antecipada nos moldes do §1º.

6. **§ 4º. Medidas assecuratórias para a reparação do dano.** A presente lei ampliou a finalidade da decretação das medidas assecuratórias para permiti-las como forma de garantir pagamentos futuros, como a reparação do dano, prestação pecuniária, multa e custas processuais. Note-se que o legislador fez menção à "infração penal antecedente", o que não faz nenhum sentido, tendo em vista que o delito de terrorismo não é um crime acessório, como é o delito de lavagem de dinheiro. Ao que parece, o legislador copiou o art. 4º da lei de Lavagem de Dinheiro 9.613/98 sem o cuidado devido.

Art. 13. Quando as circunstâncias o aconselharem, o juiz, ouvido o Ministério Público, nomeará pessoa física ou jurídica qualificada para a **administração dos bens**, direitos ou valores sujeitos a medidas assecuratórias, mediante termo de compromisso.

Art. 14. A pessoa responsável pela administração dos bens:

I – fará jus a uma **remuneração**, fixada pelo juiz, que será satisfeita preferencialmente com o produto dos bens objeto da administração;

II – prestará, por determinação judicial, **informações periódicas** da situação dos bens sob sua administração, bem como explicações e detalhamentos sobre investimentos e reinvestimentos realizados.

Parágrafo único. Os atos relativos à administração dos bens serão levados ao conhecimento do Ministério Público, que requererá o que entender cabível.

1. **Administração dos bens.** A conservação e a administração dos bens decorrem das medidas assecuratórias, visando a evitar o perecimento dos bens, direitos e valores apreendidos, para que futuramente possam ser restituídos plenamente ao legítimo proprietário. O legislador trouxe a possibilidade de o administrador dos bens, direitos ou valores nomeado pelo Juiz ser pessoa física ou pessoa jurídica, com direito à remuneração.

Art. 15. O juiz determinará, na hipótese de existência de tratado ou convenção internacional e por solicitação de autoridade estrangeira competente, medidas assecuratórias sobre bens, direitos ou valores oriundos de crimes descritos nesta Lei **praticados no estrangeiro.**

§ 1º Aplica-se o disposto neste artigo, independentemente de tratado ou convenção internacional, quando houver **reciprocidade** do governo do país da autoridade solicitante.

§ 2º **Na falta de tratado ou convenção**, os bens, direitos ou valores sujeitos a medidas assecuratórias por solicitação de autoridade estrangeira competente ou os recursos provenientes da sua alienação serão repartidos entre o Estado requerente e o Brasil, na proporção de metade, ressalvado o direito do lesado ou de terceiro de boa-fé.

1. ***Caput*.** Trata da determinação de medidas assecuratórias sobre bens, direitos e valores oriundos de crimes praticados no estrangeiro.
2. **Requisitos.** O primeiro requisito é a existência de tratado internacional autorizando a determinação da medida assecuratória ou reciprocidade, no caso de ausência de tratado internacional (§1º). O segundo requisito consiste na solicitação da autoridade estrangeira competente.
3. **§1º. Dispensa de tratado internacional.** A necessidade de existência de tratado internacional é dispensada no caso de haver reciprocidade do governo do país da autoridade solicitante.
4. **§ 2º. Repartição dos valores.** A repartição dos valores depende do trânsito em julgado da sentença penal condenatória.

Art. 16. Aplicam-se as disposições da Lei 12.850, de 2 de agosto de 2013, para a investigação, processo e julgamento dos crimes previstos nesta Lei.

Art. 17. Aplicam-se as disposições da Lei 8.072, de 25 de julho de 1990, aos crimes previstos nesta Lei.

1. **Art. 16. Aplicabilidade da lei 12.850/2013.** O legislador determinou a aplicação dos dispositivos da lei 12.850/2013, para possibilitar uma maior amplitude e eficácia na investigação e no curso do processo criminal. Aplicam-se todos os dispositivos sem nenhuma espécie de limitação.
2. **Art. 17. Aplicabilidade da lei 8.072/90.** Esse dispositivo legal é desnecessário, tendo em vista que tanto a Constituição da República (art. 5º, XLIII), quanto a lei de crimes hediondos (lei 8.072/90, art. 2º, *caput)* equipararam o terrorismo a crime hediondo. Logo, diante da equiparação, devem ser aplicadas ao delito de terrorismo todas as normas penais e processuais penais previstas na lei de crimes hediondos, independentemente de qualquer outra previsão legal, naquilo em que esta lei específica, ora comentada, não conflitar.

Art. 18. O inciso III do art. 1º da Lei nº 7.960, de 21 de dezembro de 1989, passa a vigorar acrescido ....

III – ....

p) crimes previstos na Lei de Terrorismo."

Art. 19. O art. 1º da Lei nº 12.850, de 2 de agosto de 2013, passa a vigorar com a seguinte alteração:

"Art. 1º ....

§ 2º ....

II – às organizações terroristas, entendidas como aquelas voltadas para a prática dos atos de terrorismo legalmente definidos." (NR)

Art. 20. Esta Lei entra em vigor na data de sua publicação.

Lei de Drogas.
Lei nº 11.343, de 23 de agosto de 2006

TÍTULO I
DISPOSIÇÕES PRELIMINARES

Art. 1º Esta Lei institui o **Sistema Nacional de Políticas Públicas sobre Drogas - SISNAD**; prescreve **medidas para prevenção do uso indevido**, atenção e reinserção social de usuários e dependentes de drogas; estabelece normas para **repressão à produção não autorizada e ao tráfico ilícito de drogas** e define crimes.

Parágrafo único. Para fins desta Lei, **consideram-se como drogas** as substâncias ou os produtos capazes de causar dependência, assim especificados em lei ou relacionados em listas atualizadas periodicamente pelo Poder Executivo da União.

1. **Objeto da lei.** A presente lei cria e institui o Sistema Nacional de Políticas Públicas sobre Drogas-SISNAD e trata de medidas de prevenção e de repressão à movimentação de drogas ilícitas de forma não autorizada pelo Poder Público.

2. **SISNAD.** O SISNAD tem suas finalidades, seus princípios e seus objetivos definidos nos arts. 3º, 4º, e 5º, para onde remetemos o leitor a fim de evitar repetições desnecessárias.

3. **Drogas. Norma penal em branco.** De acordo com o parágrafo único, consideram-se drogas as substâncias ou os produtos especificados em lei ou relacionados em listas atualizadas periodicamente pelo Poder Executivo da União, capazes de causar dependência. Portanto, a presente lei contém várias normas penais em branco, tendo em vista que todos os tipos penais da lei fazem menção à expressão *drogas*. Trata-se, assim, de tipos penais em branco heterogêneos, pois o complemento deles, que dispõe sobre o que se considera droga, está previsto em ato normativo do Poder Executivo Federal, que é a Portaria 344/98, da Secretaria de Vigilância Sanitária, do Ministério da Saúde.

4. **Portaria no 344/1998, da Secretaria de Vigilância Sanitária, do Ministério da Saúde.** Trata-se do ato normativo mais importante que complementa a lei de Drogas, por trazer as listas que definem quais substâncias são consideradas drogas (são mais de 400 substâncias) para efeitos da presente lei.

5. **Legislação relacionada.** Existem diversos atos normativos, além da Portaria no 344/1998, relacionados à lei de Drogas: Resolução no 1, de 7/11/1995, da ANVISA; Portaria nº 1.274/2003, do Ministério da Saúde; Decreto no 5.912/2006 (regulamenta a lei de Drogas); lei no 10.357/2001; Decreto no 4.262/2002; Decreto no 7.179/2010.

6. **Tráfico de drogas. Infrações penais da lei que são consideradas *tráfico de drogas*.** Logo no início do estudo da presente lei é de suma importância definir o que se deve entender por *tráfico de drogas*. Em outras palavras, é necessário definir quais os tipos penais que configuram o delito de *tráfico de drogas* para o legislador. A todo o momento a lei faz menção ao "tráfico de drogas", como ocorre nos arts. 1º, 3º, 4º, 5º, 17, 33, 40, 53, 61, 62, 64, 65, 68 e 73. E não é só. A Constituição da República no art. 5º, XLIII, faz menção ao tráfico de drogas e veda-lhe os institutos da fiança, da graça e da anistia, equiparando-o a crime hediondo. De forma semelhante, o art. 2º, § 2º, da lei de crimes Hediondos (8.072/90) também faz essa equiparação e essa vedação, incluindo a vedação do indulto. Quais os tipos penais, então, configuram *tráfico de drogas* para fins de interpretação e de aplicação dessa lei? O legislador não definiu, não elencou o rol dos tipos penais que configuram tráfico. Para delimitar o âmbito da nossa resposta, inicialmente deve ser frisado que os tipos penais estão previstos no art. 28, bem como nos arts. 33 ao 37 da lei. Pensamos que a expressão *tráfico de drogas* abrange apenas os delitos previstos nos arts. 33, *caput* e § 1º, e 34. Os demais tipos penais não configuram tráfico de drogas, pelos motivos e fundamentos que passamos a expor.

O tipo penal do art. 28 trata do delito de porte para uso, não podendo, de forma clara a todas as luzes, configurar o tráfico de drogas.

O delito do art. 33, §2º trata do *induzimento, da instigação ou do auxílio a alguém ao uso indevido de droga*. Não se trata de tráfico. Na realidade, essa conduta seria, em princípio, uma espécie de participação no delito de porte de drogas para uso praticado por outrem, mas que o legislador preferiu punir como crime autônomo. Não há, nessa conduta, nenhum elemento ligado ao tráfico de drogas, nenhuma conduta ligada à movimentação de drogas. O agente simplesmente contribui para o uso indevido praticado por outra pessoa, razão pela qual não pode ser considerado tráfico.

O tipo penal do art. 33, §3º trata do crime de *uso compartilhado*. Como o *nomen juris* sugere, nesse delito o agente oferece droga a alguém para que ambos a consumam em conjunto. O tipo penal não faz menção a qualquer elemento que possa denotar tráfico de drogas. Como veremos nos comentários a esse tipo penal, o delito de uso compartilhado possui o verbo *oferecer*, que significa entregar, disponibilizar. É bem verdade que o mero ato de oferecer (ainda que eventualmente) a droga pode configurar o delito de tráfico do art. 33, *caput*, uma vez que esse tipo penal também possui o verbo *oferecer*. Entretanto, para que o ato de oferecer configure o delito de uso compartilhado, a oferta deve ser feita nos moldes descritos no art. 33, §3º, ou seja, a oferta deve ser feita a pessoa de relacionamento do agente para juntos consumirem a droga, o que não acontece no delito de tráfico de drogas. Delineada de forma clara a diferença entre esse delito e o tráfico de droga, conclui-se que o legislador não quis que o delito de uso compartilhado fosse classificado tráfico de drogas.

O delito do art. 35, que dispõe sobre o crime de *associação para o tráfico,* igualmente não configura tráfico de drogas. Ao contrário, é justamente a associação *para a* prática do tráfico. Trata-se de uma conduta que ocorre anteriormente ao tráfico de drogas. Com efeito, primeiro os agentes associam-se, depois decidem praticar o tráfico. Note-se que, como veremos nos comentários a esse artigo da lei, para a sua consumação não se exige que os agentes associados pratiquem efetivamente o tráfico de drogas. O delito de associação para o tráfico consuma-se com a mera associação dos agentes, desde que haja a permanência e a estabilidade. Seria confusão inexplicável o delito de associação *para o* tráfico ser etiquetado de tráfico de drogas. O delito consiste na mera reunião de pessoas para prática do tráfico de drogas. O próprio legislador deixou clara a diferença na redação típica, tendo em vista que inseriu o tráfico como especial fim de agir. Por fim, para que não reste nenhuma dúvida, a redação típica do art. 35 confirma a tese defendida por nós, no sentido de que se deve entender por *tráfico de drogas* apenas os delitos previstos nos arts. 33, *caput* e § 1º, e 34, senão vejamos: o art. 35 menciona o tráfico de drogas como especial fim de agir, e, ao fazê-lo, especifica apenas os artigos arts. 33, *caput*, 33, §1º e art. 34. Em outras palavras, ao tratar especificamente do tráfico de drogas (como especial fim de agir), o legislador mencionou esses tipos penais, deixando claro que, na sua visão, apenas eles configuram o tráfico de drogas. Se a associação é para o tráfico, e o legislador mencionou aqueles tipos penais, eles – e somente eles – configuram o tráfico de drogas. Quisesse o legislador considerar outros delitos também como tráfico de drogas, os teria inserido na redação típica, e, no entanto, não o fez.

Em relação ao delito do art. 36, esse delito constitui o crime de *financiamento ou custeio do tráfico.* A conduta do agente não consiste na traficância, mas, apenas, na contribuição financeira de forma ilícita no tráfico de drogas. Não se trata da conduta do traficante, e sim na conduta daquele que auxilia o traficante financiando ou custeando a atividade de tráfico. As duas condutas não podem ser confundidas, uma vez que o legislador tratou-as de forma diversa. Da mesma forma que dissemos no parágrafo anterior, se é verdade que o tipo penal trata da conduta de financiamento *para o tráfico,* e que o legislador, no próprio art. 36, fez menção aos arts. 33, *caput* e § 1º, e 34, não é menos verdade que o financiamento ocorre para aqueles tipos penais. Mais uma vez, ao referir-se ao tráfico de drogas, o legislador mencionou aqueles tipos penais, deixando fora de dúvidas que eles – e somente eles – configuram tráfico de drogas. Como dissemos em relação ao artigo anterior, quisesse o legislador considerar outros delitos também como tráfico de drogas, os teria inserido na redação típica, e, no entanto, não o fez.

O tipo penal do art. 37 trata do delito de *colaboração com o tráfico.* Colaborar como informante significa ajudar, cooperar, contribuir com grupo, organização ou qualquer associação destinada à prática do tráfico de drogas. A conduta incriminada não diz respeito ao tráfico de drogas em si mesmo. Ao contrário, diz respeito a uma conduta que está fora do contexto da traficância, que consiste tão somente em contribuir para o tráfico, sem confundir-se com o tráfico propriamente dito. Não faria nenhum sentido o legislador incriminar a conduta de contribuir para o tráfico na qualidade de informante confundindo-a com o tráfico em si mesmo. Mais uma vez, da mesma forma que dissemos em relação aos arts. 35 e 36, a redação típica do art. 37 deixa claro que se deve entender por tráfico de drogas apenas os delitos previstos nos arts. 33, *caput* e § 1º, e 34 da lei. Isso porque ao incriminar, no art. 37, a conduta de colaborar com o tráfico, o legislador dispôs *"colaborar, como informante, com grupo, organização ou associação destinados à prática de qualquer dos crimes previstos nos arts. 33, caput e § 1º, e 34 desta Lei."* Note-se que ao mencionar na parte final aqueles tipos penais, o legislador designou-os como tráfico de drogas. Repita-se o que se disse em relação aos arts. 35 e 36: quisesse o legislador considerar outros delitos também como tráfico de drogas, os teria inserido na redação típica, e, no entanto, não o fez.

O delito do art. 38 traz a conduta de *"prescrever ou ministrar, culposamente, drogas, sem que delas necessite o paciente, ou fazê-lo em doses excessivas ou em desacordo com determinação legal ou regulamentar"*. Trata-se de crime próprio, que só pode ser praticado por médico ou por dentista na conduta *prescrever* ou por médico, dentista, farmacêutico ou profissional de enfermagem na conduta *ministrar.* Trata-se de tipo penal exclusivamente *culposo.* Tais características tornam esse delito absolutamente incompatível com o tráfico de drogas. A uma porque o legislador não poderia restringir a sujeição ativa do tráfico de drogas a apenas aquelas pessoas. A duas porque a natureza culposa é absolutamente incompatível com a atividade ilícita mais rentável do mundo – o tráfico de drogas. A três porque não é aceitável equiparar uma conduta culposa aos crimes hediondos, dando-lhes o mesmo tratamento legal.

Por fim, o art. 39 trata do delito de *"conduzir embarcação ou aeronave após o consumo de drogas, expondo a dano potencial a incolumidade de outrem"*. Não se trata, por óbvio, de tráfico de drogas. Nesse delito o agente não realiza nenhuma conduta que denote a traficância. Ele apenas conduz embarcação ou aeronave após ter consumido drogas.

É bem verdade que o art. 40, ao tratar das causas de aumento de pena, faz menção aos delitos do art. 33 ao 37 e isso poderia levar o intérprete a pensar que todas essas infrações penais configuram o tráfico de drogas. Entretanto, tal pensamento não deve ser acolhido. O art. 40 da lei não é um dispositivo legal que elenca os delitos considerados tráfico de drogas. Trata-se, apenas, de causas de aumento de pena que devem incidir nos delitos ali mencionados. Não se deve confundir a incidência das majorantes especificamente nos tipos penais ali mencionados com a classificação daqueles tipos penais como tráfico. Até porque naquele rol estão inseridos os delitos de *induzimento, da instigação ou do auxílio a alguém ao uso indevido de droga* (art. 33, §2º), bem como o de *uso compartilhado* (art. 33, §3º), que, por óbvio, não são considerados tráfico de drogas.

Poderia ser dito ainda que, como art. 44 dispõe que *"os crimes previstos nos arts. 33, caput e § 1º, e 34 a 37 desta Lei são inafiançáveis e insuscetíveis de sursis, graça, indulto, anistia e liberdade provisória, vedada a conversão de suas penas em restritivas de direitos,"* tais tipos penais seriam considerados tráfico de drogas. Cremos que esse raciocínio não se sustenta. Não se trata de dispositivo legal que enumera os delitos etiquetados de tráfico de drogas. Como se pode perceber pela redação legal, trata-se de um dispositivo que veda alguns benefícios a alguns delitos da lei, independentemente de serem considerados tráfico. O critério do legislador não foi os delitos considerados tráfico de drogas – e nem poderia sê-lo, tendo em vista que o próprio legislador em momento algum elenca os delitos que são considerados tráfico. O mero fato de o artigo da lei fazer menção àqueles tipos penais, não quer dizer que eles sejam classificados como tráfico de drogas. Até porque, pelos motivos expostos acima, quando tratamos especificamente de cada tipo penal da lei, vimos que os delitos dos arts. 35, 36 e 37 não podem ser considerados tráfico de drogas. Note-se que o art. 83, V, do Código Penal, ao tratar do prazo para o livramento condicional nos delitos hediondos e equiparados, menciona, também, o delito de tráfico de pessoas introduzido no art. 149-A do Código Penal pela lei nº 13.344/2016, e nem por isso esse delito é considerado crime hediondo. Assim, não é porque o dispositivo legal menciona o tipo penal de tráfico de pessoas que ele será considerado hediondo. Essa mesma lógica aplica-se à lei de Drogas, na medida em que, não é porque o art. 44 menciona os arts. 33, caput e § 1º, e 34 a 37, que todos eles devem ser considerados tráfico de drogas.

Por fim, uma questão de hermenêutica: como dito acima, a Constituição da República no art. 5º, XLIII, e o art. 2º, § 2º, da lei de crimes Hediondos (8.072/90) fazem menção ao tráfico de drogas, equiparando-o a crime hediondo e vedando-lhe os institutos da fiança, da graça, da anistia e do indulto. Portanto, as normas que tratam do *tráfico de drogas* são normas restritivas de direitos, e, como toda norma que restringe direitos, deve ser interpretada restritivamente. Assim, conferir interpretação extensiva à definição de quais tipos seriam considerados tráfico de drogas, sem que houvesse – como realmente não há – um dispositivo legal definindo quais tipos penais são considerados tráfico, colocaria em risco a boa hermenêutica, uma vez que não se pode conferir interpretação extensiva a uma norma restritiva de direitos.

Dessa forma, pensamos que são considerados *tráfico de drogas* apenas os delitos previstos nos arts. 33, *caput* e § 1º, e 34.

Art. 2º Ficam proibidas, em todo o território nacional, as drogas, bem como o plantio, a cultura, a colheita e a exploração de vegetais e substratos dos quais possam ser extraídas ou produzidas drogas, ressalvada a hipótese de autorização legal ou regulamentar, bem como o que estabelece a Convenção de Viena, das Nações Unidas, sobre Substâncias Psicotrópicas, de 1971, a respeito de plantas de uso estritamente ritualístico-religioso.

Parágrafo único. Pode a **União autorizar** o plantio, a cultura e a colheita dos vegetais referidos no caput deste artigo, exclusivamente para fins medicinais ou científicos, em local e prazo predeterminados, mediante fiscalização, respeitadas as ressalvas supramencionadas.

1. **Proibição genérica.** A lei fez uma proibição genérica. Não se trata de um tipo penal, mas, sim, de uma norma proibitiva, sem sanção penal, que veda as drogas, bem como o plantio, a cultura, a colheita e a exploração dos vegetais e substratos que possam servir de base para a extração ou a produção de drogas. Nessa segunda hipótese a droga ainda não existe. O legislador preocupou-se com a matéria-prima da droga. Entenda-se por proibição a ausência de autorização legal ou regulamentar.

2. **Objeto material da proibição.** Drogas e vegetais ou substratos dos quais possam ser extraídas ou produzidas as drogas.

3. **Plantio, cultura, colheita e exploração.** *Plantar* consiste em semear, jogar as sementes para que possam germinar na terra. *Cultivar* é trabalhar a terra, tratar a terra (regar, revirar etc.). Cultiva-se a planta já germinada. *Colher* consiste em recolher os produtos, os "frutos" que surgem do cultivo. *Explorar* é fazer o cultivo desenvolver-se, retirar proveito. Todas essas condutas estão ligadas aos vegetais e substratos dos quais seja possível a extração ou a produção da droga. Note-se que a droga ainda não existe.

4. **Ressalva.** O legislador teve a preocupação de retirar da proibição e permitir as hipóteses nas quais existe autorização legal ou regulamentar ou, então, as plantas de uso estritamente ritualístico-religioso, nos moldes definidos na Convenção de Viena. Nesse sentido, o art. 32, item 4 do Decreto 79.388/1977, que promulgou a mencionada Convenção: "O Estado em cujo território cresçam plantas silvestres que contenham substâncias psicotrópicas dentre as incluídas na Lista I, e que são tradicionalmente utilizadas por pequenos grupos, nitidamente caracterizados, em rituais mágicos ou religiosos, poderão, no momento da assinatura, ratificação ou adesão, formular reservas em relação a tais plantas, com respeito às disposições do artigo 7º, exceto quanto às disposições relativas ao comércio internacional."

5. **Parágrafo único. Autorização da União exclusivamente para fins medicinais e científicos.** A competência para a autorização prevista no parágrafo único deste artigo é da União Federal, por meio do seu órgão ANVISA. O requerente deverá provar no seu requerimento a finalidade exclusivamente medicinal ou científica, o local onde o plantio, a cultura e a colheita serão efetivados, bem como o prazo. Note-se que o legislador não permitiu apenas a autorização. Para evitar o desvio de finalidade, o parágrafo único dispõe que também fará a fiscalização. Caso posteriormente à autorização o plantio, a cultura ou a colheita for praticada de forma diversa da finalidade exclusivamente medicinal ou científica, declarada no requerimento, a ANVISA deverá cassar a autorização e providenciar o encaminhamento dessa constatação ao Ministério Público para a responsabilização penal dos agentes.

6. **Desapropriação.** As propriedades rurais ou urbanas cultivadas com plantações ilícitas serão desapropriadas pelo Poder Público. Sobre esse tema, ver comentários ao art. 32 da lei.

TÍTULO II
DO SISTEMA NACIONAL DE POLÍTICAS PÚBLICAS SOBRE DROGAS

Art. 3º O **SISNAD** tem a finalidade de articular, integrar, organizar e coordenar as atividades relacionadas com:

I – a **prevenção** do uso indevido, a atenção e a reinserção social de usuários e dependentes de drogas;

II – a **repressão** da produção não autorizada e do tráfico ilícito de drogas.

§ 1º Entende-se por Sisnad o conjunto ordenado de princípios, regras, critérios e recursos materiais e humanos que envolvem as políticas, planos, programas, ações e projetos sobre drogas, incluindo-se nele, por adesão, os Sistemas de Políticas Públicas sobre Drogas dos Estados, Distrito Federal e Municípios. (Incluído pela Lei nº 13.840, de 2019)

§ 2º O Sisnad atuará em articulação com o Sistema Único de Saúde – SUS, e com o Sistema Único de Assistência Social – SUAS. (Incluído pela Lei nº 13.840, de 2019)

CAPÍTULO I
DOS PRINCÍPIOS E DOS OBJETIVOS DO SISTEMA NACIONAL DE POLÍTICAS PÚBLICAS SOBRE DROGAS

Art. 4º São princípios do SISNAD:

I – o respeito aos direitos fundamentais da pessoa humana, especialmente quanto à sua autonomia e à sua liberdade;

II – o respeito à diversidade e às especificidades populacionais existentes;

III – a promoção dos valores éticos, culturais e de cidadania do povo brasileiro, reconhecendo-os como fatores de proteção para o uso indevido de drogas e outros comportamentos correlacionados;

IV – a promoção de consensos nacionais, de ampla participação social, para o estabelecimento dos fundamentos e estratégias do SISNAD;

V – a promoção da responsabilidade compartilhada entre Estado e Sociedade, reconhecendo a importância da participação social nas atividades do SISNAD;

VI – o reconhecimento da intersetorialidade dos fatores correlacionados com o uso indevido de drogas, com a sua produção não autorizada e o seu tráfico ilícito;

VII – a integração das estratégias nacionais e internacionais de prevenção do uso indevido, atenção e reinserção social de usuários e dependentes de drogas e de repressão à sua produção não autorizada e ao seu tráfico ilícito;

VIII – a articulação com os órgãos do Ministério Público e dos Poderes Legislativo e Judiciário visando à cooperação mútua nas atividades do SISNAD;

IX – a adoção de abordagem multidisciplinar que reconheça a interdependência e a natureza complementar das atividades de prevenção do uso indevido, atenção e reinserção social de usuários e dependentes de drogas, repressão da produção não autorizada e do tráfico ilícito de drogas;

X – a observância do equilíbrio entre as atividades de prevenção do uso indevido, atenção e reinserção social de usuários e dependentes de drogas e de repressão à sua produção não autorizada e ao seu tráfico ilícito, visando a garantir a estabilidade e o bem-estar social;

XI – a observância às orientações e normas emanadas do Conselho Nacional Antidrogas – CONAD.

Art. 5º O SISNAD tem os seguintes **objetivos**:

I – contribuir para a inclusão social do cidadão, visando a torná-lo menos vulnerável a assumir comportamentos de risco para o uso indevido de drogas, seu tráfico ilícito e outros comportamentos correlacionados;

II – promover a construção e a socialização do conhecimento sobre drogas no país;

III – promover a integração entre as políticas de prevenção do uso indevido, atenção e reinserção social de usuários e dependentes de drogas e de repressão à sua produção não autorizada e ao tráfico ilícito e as políticas públicas setoriais dos órgãos do Poder Executivo da União, Distrito Federal, Estados e Municípios;

IV – assegurar as condições para a coordenação, a integração e a articulação das atividades de que trata o art. 3º desta Lei.

CAPÍTULO II
(Redação dada pela Lei nº 13.840, de 2019)
DO SISTEMA NACIONAL DE POLÍTICAS PÚBLICAS SOBRE DROGAS

Seção I
(Incluído pela Lei nº 13.840, de 2019)
Da Composição do Sistema Nacional de Políticas Públicas sobre Drogas

Art. 6º (VETADO)

Art. 7º A **organização do SISNAD** assegura a orientação central e a execução descentralizada das atividades realizadas em seu âmbito, nas esferas federal, distrital, estadual e municipal e se constitui matéria definida no regulamento desta Lei.

Art. 7º-A. (VETADO). (Incluído pela Lei nº 13.840, de 2019)

Art. 8º (VETADO)

1. **Conceito, finalidades, princípios, objetivos e organização.** Tudo o que se refere ao SISNAD na presente lei está disposto nos arts. 3º ao 7º, que dispõem sobre as finalidades, os princípios, os objetivos e organização do SISNAD.

2. **Composição do SISNAD.** De acordo com o art. 2º, do Decreto 5.912/2006 (Decreto que regulamenta a lei de Drogas), "Integram o SISNAD: I – Conselho Nacional Antidrogas – CONAD, órgão normativo e de deliberação coletiva do sistema, vinculado ao Ministério da Justiça; II – a Secretaria Nacional Antidrogas – SENAD, na qualidade de secretaria-executiva do colegiado; III – o conjunto de órgãos e entidades públicos que exerçam atividades de que tratam os incisos I e II do art. 1º: a) do Poder Executivo federal; b) dos Estados, dos Municípios e do Distrito Federal, mediante ajustes específicos; e IV – as organizações, instituições ou entidades da sociedade civil que atuam nas áreas da atenção à saúde e da assistência social e atendam usuários ou dependentes de drogas e respectivos familiares, mediante ajustes específicos."

3. **CONAD.** O Conselho Nacional Antidrogas – CONAD é um órgão normativo e de deliberação coletiva do sistema, vinculado ao Ministério da Justiça. Como órgão superior do SISNAD compete-lhe: "I – acompanhar e atualizar a política nacional sobre drogas, consolidada pela SENAD; II – exercer orientação normativa sobre as

atividades previstas no art. 1º; III – acompanhar e avaliar a gestão dos recursos do Fundo Nacional Antidrogas – FUNAD e o desempenho dos planos e programas da política nacional sobre drogas; IV – propor alterações em seu Regimento Interno; e V – promover a integração ao SISNAD dos órgãos e entidades congêneres dos Estados, dos Municípios e do Distrito Federal. (Art. 4º, do Decreto 5.912/2006).

Seção II
(Incluído pela Lei nº 13.840, de 2019)
Das Competências

Art. 8º-A. Compete à União: (Incluído pela Lei nº 13.840, de 2019)

I - formular e coordenar a execução da Política Nacional sobre Drogas; (Incluído pela Lei nº 13.840, de 2019)

II - elaborar o Plano Nacional de Políticas sobre Drogas, em parceria com Estados, Distrito Federal, Municípios e a sociedade; (Incluído pela Lei nº 13.840, de 2019)

III - coordenar o Sisnad; (Incluído pela Lei nº 13.840, de 2019)

IV - estabelecer diretrizes sobre a organização e funcionamento do Sisnad e suas normas de referência; (Incluído pela Lei nº 13.840, de 2019)

V - elaborar objetivos, ações estratégicas, metas, prioridades, indicadores e definir formas de financiamento e gestão das políticas sobre drogas; (Incluído pela Lei nº 13.840, de 2019)

VI - (VETADO); (Incluído pela Lei nº 13.840, de 2019)

VII - (VETADO); (Incluído pela Lei nº 13.840, de 2019)

VIII - promover a integração das políticas sobre drogas com os Estados, o Distrito Federal e os Municípios; (Incluído pela Lei nº 13.840, de 2019)

IX - financiar, com Estados, Distrito Federal e Municípios, a execução das políticas sobre drogas, observadas as obrigações dos integrantes do Sisnad; (Incluído pela Lei nº 13.840, de 2019)

X - estabelecer formas de colaboração com Estados, Distrito Federal e Municípios para a execução das políticas sobre drogas; (Incluído pela Lei nº 13.840, de 2019)

XI - garantir publicidade de dados e informações sobre repasses de recursos para financiamento das políticas sobre drogas; (Incluído pela Lei nº 13.840, de 2019)

XII - sistematizar e divulgar os dados estatísticos nacionais de prevenção, tratamento, acolhimento, reinserção social e econômica e repressão ao tráfico ilícito de drogas; (Incluído pela Lei nº 13.840, de 2019)

XIII - adotar medidas de enfretamento aos crimes transfronteiriços; e (Incluído pela Lei nº 13.840, de 2019)

XIV - estabelecer uma política nacional de controle de fronteiras, visando a coibir o ingresso de drogas no País. (Incluído pela Lei nº 13.840, de 2019)

Art. 8º-B . (VETADO). (Incluído pela Lei nº 13.840, de 2019)

Art. 8º-C. (VETADO). (Incluído pela Lei nº 13.840, de 2019)

CAPÍTULO II-A
(Incluído pela Lei nº 13.840, de 2019)
DA FORMULAÇÃO DAS POLÍTICAS SOBRE DROGAS

Seção I
(Incluído pela Lei nº 13.840, de 2019)
Do Plano Nacional de Políticas sobre Drogas

Art. 8º-D. São **objetivos do Plano Nacional de Políticas sobre Drogas**, dentre outros: (Incluído pela Lei nº 13.840, de 2019)

I – promover a interdisciplinaridade e integração dos programas, ações, atividades e projetos dos órgãos e entidades públicas e privadas nas áreas de saúde, educação, trabalho, assistência social, previdência social, habitação, cultura, desporto e lazer, visando à prevenção do uso de drogas, atenção e reinserção social dos usuários ou dependentes de drogas; (Incluído pela Lei nº 13.840, de 2019)

II – viabilizar a ampla participação social na formulação, implementação e avaliação das políticas sobre drogas; (Incluído pela Lei nº 13.840, de 2019)

III – priorizar programas, ações, atividades e projetos articulados com os estabelecimentos de ensino, com a sociedade e com a família para a prevenção do uso de drogas; (Incluído pela Lei nº 13.840, de 2019)

IV – ampliar as alternativas de inserção social e econômica do usuário ou dependente de drogas, promovendo programas que priorizem a melhoria de sua escolarização e a qualificação profissional; (Incluído pela Lei nº 13.840, de 2019)

V – promover o acesso do usuário ou dependente de drogas a todos os serviços públicos; (Incluído pela Lei nº 13.840, de 2019)

VI – estabelecer diretrizes para garantir a efetividade dos programas, ações e projetos das políticas sobre drogas; (Incluído pela Lei nº 13.840, de 2019)

VII – fomentar a criação de serviço de atendimento telefônico com orientações e informações para apoio aos usuários ou dependentes de drogas; (Incluído pela Lei nº 13.840, de 2019)

VIII – articular programas, ações e projetos de incentivo ao emprego, renda e capacitação para o trabalho, com objetivo de promover a inserção profissional da pessoa que haja cumprido o plano individual de atendimento nas fases de tratamento ou acolhimento; (Incluído pela Lei nº 13.840, de 2019)

IX – promover formas coletivas de organização para o trabalho, redes de economia solidária e o cooperativismo, como forma de promover autonomia ao usuário ou dependente de drogas egresso de tratamento ou acolhimento, observando-se as especificidades regionais; (Incluído pela Lei nº 13.840, de 2019)

X – propor a formulação de políticas públicas que conduzam à efetivação das diretrizes e princípios previstos no art. 22; (Incluído pela Lei nº 13.840, de 2019)

XI – articular as instâncias de saúde, assistência social e de justiça no enfrentamento ao abuso de drogas; e (Incluído pela Lei nº 13.840, de 2019)

XII – promover estudos e avaliação dos resultados das políticas sobre drogas. (Incluído pela Lei nº 13.840, de 2019)

§ 1º O plano de que trata o *caput* terá duração de 5 (cinco) anos a contar de sua aprovação.

§ 2º O poder público deverá dar a mais ampla divulgação ao conteúdo do Plano Nacional de Políticas sobre Drogas.

Seção II
(Incluído pela Lei nº 13.840, de 2019)
Dos Conselhos de Políticas sobre Drogas

Art. 8º-E. Os **conselhos de políticas sobre drogas**, constituídos por Estados, Distrito Federal e Municípios, terão os seguintes **objetivos**: (Incluído pela Lei nº 13.840, de 2019)

I – auxiliar na elaboração de políticas sobre drogas; (Incluído pela Lei nº 13.840, de 2019)

II – colaborar com os órgãos governamentais no planejamento e na execução das políticas sobre drogas, visando à efetividade das políticas sobre drogas; (Incluído pela Lei nº 13.840, de 2019)

III – propor a celebração de instrumentos de cooperação, visando à elaboração de programas, ações, atividades e projetos voltados à prevenção, tratamento, acolhimento, reinserção social e econômica e repressão ao tráfico ilícito de drogas; (Incluído pela Lei nº 13.840, de 2019)

IV – promover a realização de estudos, com o objetivo de subsidiar o planejamento das políticas sobre drogas; (Incluído pela Lei nº 13.840, de 2019)

V – propor políticas públicas que permitam a integração e a participação do usuário ou dependente de drogas no processo social, econômico, político e cultural no respectivo ente federado; e (Incluído pela Lei nº 13.840, de 2019)

VI – desenvolver outras atividades relacionadas às políticas sobre drogas em consonância com o Sisnad e com os respectivos planos. (Incluído pela Lei nº 13.840, de 2019)

Seção III
(Incluído pela Lei nº 13.840, de 2019)
Dos Membros dos Conselhos de Políticas sobre Drogas

Art. 8º-F. (VETADO). (Incluído pela Lei nº 13.840, de 2019)

1. **Política Nacional sobre Drogas, Plano Nacional de Políticas sobre Drogas.** Os arts. 8º-A, 8º-D, 8º-E tratam, de forma autoexplicativa, da Política Nacional sobre Drogas e do Plano Nacional de Políticas sobre Drogas. Como os dispositivos acima tratam de questões administrativas, e não penais, não serão objeto de comentários.

CAPÍTULO III
(VETADO)

Art. 9º (VETADO)

Art. 10. (VETADO)

Art. 11. (VETADO)

Art. 12. (VETADO)

Art. 13. (VETADO)

Art. 14. (VETADO)

CAPÍTULO IV
(Redação dada pela Lei nº 13.840, de 2019)
DO ACOMPANHAMENTO E DA AVALIAÇÃO DAS POLÍTICAS SOBRE DROGAS

Art. 15. (VETADO)

Art. 16. As **instituições com atuação nas áreas da atenção à saúde e da assistência social** que atendam usuários ou dependentes de drogas devem comunicar ao órgão competente do respectivo sistema municipal de saúde os casos atendidos e os óbitos ocorridos, preservando a identidade das pessoas, conforme orientações emanadas da União.

1. **Dever de colaboração com o Poder Público.** O dispositivo dirige-se, especificamente, às instituições que possuam atuação na área de saúde e de assistência social e que atendam o usuário ou o dependente de drogas. A norma traz o dever de colaboração no sentido de comunicar ao órgão municipal todos os atendimentos e os óbitos.
2. **Finalidade de comunicação.** Essa comunicação é importante para que autoridade municipal de saúde tenha ciência do estado de saúde dos usuários e dependentes e dos casos em que se chega ao extremo do óbito, para que o Município possa tomar as medidas que entender necessárias, bem como traçar as diretrizes de sua atuação, com a realização de políticas públicas municipais voltadas para a prevenção ao uso indevido e não autorizado de drogas.
3. **Sigilo da identidade.** Para que seja preservada a intimidade e a vida privada dos usuários ou dos dependentes de drogas (art. 5º, X, da CF/88), a identidade das pessoas atendidas e falecidas deve ser preservada.

Art. 17. Os **dados estatísticos nacionais** de repressão ao tráfico ilícito de drogas integrarão sistema de informações do Poder Executivo.

1. **Dados estatísticos.** Os dados estatísticos referem-se ao delito de tráfico de drogas. Não há exigência de estatísticas relacionadas ao delito porte de drogas para uso, nem a nenhum outro delito previsto nesta lei. Esses dados devem ser recolhidos de todos os órgãos de prevenção e de repressão ao tráfico de drogas, como autoridades sanitárias, policiais, judiciárias, alfandegárias e de transporte, pertencentes a qualquer esfera de poder (federal, estadual ou municipal).
2. **Finalidade da norma.** A reunião dos dados estatísticos no sistema de informações do Poder Executivo tem por finalidade a definição de critérios de atuação do Poder Público no tocante à prevenção e à repressão ao delito de tráfico de drogas.

TÍTULO III
DAS ATIVIDADES DE PREVENÇÃO DO USO INDEVIDO, ATENÇÃO E REINSERÇÃO SOCIAL DE USUÁRIOS E DEPENDENTES DE DROGAS

CAPÍTULO I
DA PREVENÇÃO

Seção I
(Incluído pela Lei nº 13.840, de 2019)
Das Diretrizes

Art. 18. Constituem **atividades de prevenção do uso indevido de drogas**, para efeito desta Lei, aquelas direcionadas para a redução dos fatores de vulnerabilidade e risco e para a promoção e o fortalecimento dos fatores de proteção.

Art. 19. As atividades de prevenção do uso indevido de drogas devem observar os seguintes **princípios e diretrizes**:

I – o reconhecimento do uso indevido de drogas como fator de interferência na qualidade de vida do indivíduo e na sua relação com a comunidade à qual pertence;

II – a adoção de conceitos objetivos e de fundamentação científica como forma de orientar as ações dos serviços públicos comunitários e privados e de evitar preconceitos e estigmatização das pessoas e dos serviços que as atendam;

III – o fortalecimento da autonomia e da responsabilidade individual em relação ao uso indevido de drogas;

IV – o compartilhamento de responsabilidades e a colaboração mútua com as instituições do setor privado e com os diversos segmentos sociais, incluindo usuários e dependentes de drogas e respectivos familiares, por meio do estabelecimento de parcerias;

V – a adoção de estratégias preventivas diferenciadas e adequadas às especificidades socioculturais das diversas populações, bem como das diferentes drogas utilizadas;

VI – o reconhecimento do "não-uso", do "retardamento do uso" e da redução de riscos como resultados desejáveis das atividades de natureza preventiva, quando da definição dos objetivos a serem alcançados;

VII – o tratamento especial dirigido às parcelas mais vulneráveis da população, levando em consideração as suas necessidades específicas;

VIII – a articulação entre os serviços e organizações que atuam em atividades de prevenção do uso indevido de drogas e a rede de atenção a usuários e dependentes de drogas e respectivos familiares;

IX – o investimento em alternativas esportivas, culturais, artísticas, profissionais, entre outras, como forma de inclusão social e de melhoria da qualidade de vida;

X – o estabelecimento de políticas de formação continuada na área da prevenção do uso indevido de drogas para profissionais de educação nos 3 (três) níveis de ensino;

XI – a implantação de projetos pedagógicos de prevenção do uso indevido de drogas, nas instituições de ensino público e privado, alinhados às Diretrizes Curriculares Nacionais e aos conhecimentos relacionados a drogas;

XII – a observância das orientações e normas emanadas do CONAD;

XIII – o alinhamento às diretrizes dos órgãos de controle social de políticas setoriais específicas.

Parágrafo único. As atividades de prevenção do uso indevido de drogas dirigidas à criança e ao adolescente deverão estar em consonância com as diretrizes emanadas pelo Conselho Nacional dos Direitos da Criança e do Adolescente – CONANDA.

Seção II
(Incluído pela Lei nº 13.840, de 2019)
Da Semana Nacional de Políticas Sobre Drogas

Art. 19-A. Fica instituída a Semana Nacional de Políticas sobre Drogas, comemorada anualmente, na quarta semana de junho. (Incluído pela Lei nº 13.840, de 2019)

§ 1º No período de que trata o *caput*, serão intensificadas as ações de: (Incluído pela Lei nº 13.840, de 2019)

I – difusão de informações sobre os problemas decorrentes do uso de drogas; (Incluído pela Lei nº 13.840, de 2019)

II – promoção de eventos para o debate público sobre as políticas sobre drogas; (Incluído pela Lei nº 13.840, de 2019)

III – difusão de boas práticas de prevenção, tratamento, acolhimento e reinserção social e econômica de usuários de drogas; (Incluído pela Lei nº 13.840, de 2019)

IV – divulgação de iniciativas, ações e campanhas de prevenção do uso indevido de drogas; (Incluído pela Lei nº 13.840, de 2019)

V – mobilização da comunidade para a participação nas ações de prevenção e enfrentamento às drogas; (Incluído pela Lei nº 13.840, de 2019)

VI – mobilização dos sistemas de ensino previstos na Lei nº 9.394, de 20 de dezembro de 1996 – Lei de Diretrizes e Bases da Educação Nacional , na realização de atividades de prevenção ao uso de drogas. (Incluído pela Lei nº 13.840, de 2019)

1. **Atividades de prevenção do uso indevido de drogas.** Os arts. 18 e 19 tratam das atividades de prevenção ao uso indevido de drogas, que visam à redução de fatores de vulnerabilidade e de risco, bem como à promoção e ao fortalecimento dos fatores de proteção, conforme expresso no art. 18.

2. **Usuário de drogas.** É a pessoa que faz uso de qualquer das substâncias caracterizadas como drogas, porém sem ser dependente delas, possuindo o domínio da sua vontade.

3. **Art. 19, parágrafo único. CONANDA.** O Conselho Nacional dos Direitos da Criança e do Adolescente-CONANDA foi criado pela lei no 8.242/1991, que estabelece em seu art. 2º que compete ao CONANDA: elaborar as normas gerais da política nacional de atendimento dos direitos da criança e do adolescente, fiscalizando as ações de execução, observadas as linhas de ação e as diretrizes estabelecidas nos arts. 87 e 88 da Lei nº 8.069, de 13 de julho de 1990 (Estatuto da Criança e do Adolescente); zelar pela aplicação da política nacional de atendimento dos direitos

da criança e do adolescente; dar apoio aos Conselhos Estaduais e Municipais dos Direitos da Criança e do Adolescente, aos órgãos estaduais, municipais, e entidades não governamentais para tornar efetivos os princípios, as diretrizes e os direitos estabelecidos na Lei nº 8.069, de 13 de junho de 1990; avaliar a política estadual e municipal e a atuação dos Conselhos Estaduais e Municipais da Criança e do Adolescente; acompanhar o reordenamento institucional propondo, sempre que necessário, modificações nas estruturas públicas e privadas destinadas ao atendimento da criança e do adolescente; apoiar a promoção de campanhas educativas sobre os direitos da criança e do adolescente, com a indicação das medidas a serem adotadas nos casos de atentados ou violação dos mesmos; acompanhar a elaboração e a execução da proposta orçamentária da União, indicando modificações necessárias à consecução da política formulada para a promoção dos direitos da criança e do adolescente; gerir o fundo de que trata o art. 6º da lei e fixar os critérios para sua utilização, nos termos do art. 260 da Lei nº 8.069, de 13 de julho de 1990; elaborar o seu regimento interno, aprovando-o pelo voto de, no mínimo, dois terços de seus membros, nele definindo a forma de indicação do seu Presidente.

4. **Art. 19-A.** Trata da instituição da Semana Nacional de Políticas sobre Drogas, comemorada anualmente, na quarta semana de junho de cada ano, semana em que são realizadas medidas para difundir informações e prevenir o uso indevido de drogas, entre outras providências.

CAPÍTULO II
DAS ATIVIDADES DE ATENÇÃO E DE REINSERÇÃO SOCIAL DE USUÁRIOS OU DEPENDENTES DE DROGAS

CAPÍTULO II
DAS ATIVIDADES DE ATENÇÃO E DE REINSERÇÃO SOCIAL DE USUÁRIOS OU DEPENDENTES DE DROGAS

CAPÍTULO II
(Redação dada pela Lei nº 13.840, de 2019)
DAS ATIVIDADES DE PREVENÇÃO, TRATAMENTO, ACOLHIMENTO E DE REINSERÇÃO SOCIAL E ECONÔMICA DE USUÁRIOS OU DEPENDENTES DE DROGAS

Seção I
(Incluído pela Lei nº 13.840, de 2019)
Disposições Gerais

Art. 20. Constituem **atividades de atenção ao usuário e dependente de drogas e respectivos familiares**, para efeito desta Lei, aquelas que visem à melhoria da qualidade de vida e à redução dos riscos e dos danos associados ao uso de drogas.

Art. 21. Constituem atividades de reinserção social do usuário ou do dependente de drogas e respectivos familiares, para efeito desta Lei, aquelas direcionadas para sua **integração ou reintegração em redes sociais.**

Art. 22. As atividades de atenção e as de reinserção social do usuário e do dependente de drogas e respectivos familiares devem observar os seguintes **princípios e diretrizes**:

I – respeito ao usuário e ao dependente de drogas, independentemente de quaisquer condições, observados os direitos fundamentais da pessoa humana, os princípios e diretrizes do Sistema Único de Saúde e da Política Nacional de Assistência Social;

II – a adoção de estratégias diferenciadas de atenção e reinserção social do usuário e do dependente de drogas e respectivos familiares que considerem as suas peculiaridades socioculturais;

III – definição de projeto terapêutico individualizado, orientado para a inclusão social e para a redução de riscos e de danos sociais e à saúde;

IV – atenção ao usuário ou dependente de drogas e aos respectivos familiares, sempre que possível, de forma multidisciplinar e por equipes multiprofissionais;

V – observância das orientações e normas emanadas do CONAD;

VI – o alinhamento às diretrizes dos órgãos de controle social de políticas setoriais específicas.

Seção II
(Incluído pela Lei nº 13.840, de 2019)
Da Educação na Reinserção Social e Econômica

Art. 22-A. As **pessoas atendidas por órgãos integrantes do Sisnad** terão atendimento nos programas de educação profissional e tecnológica, educação de jovens e adultos e alfabetização. (Incluído pela Lei nº 13.840, de 2019)

Seção III
(Incluído pela Lei nº 13.840, de 2019)
Do Trabalho na Reinserção Social e Econômica

Art. 22-B. (VETADO).

Seção IV
(Incluído pela Lei nº 13.840, de 2019)
Do Tratamento do Usuário ou Dependente de Drogas

Art. 23. As redes dos serviços de saúde da União, dos Estados, do Distrito Federal, dos Municípios desenvolverão **programas de atenção ao usuário e ao dependente de drogas**, respeitadas as diretrizes do Ministério da Saúde e os princípios explicitados no art. 22 desta Lei, obrigatória a previsão orçamentária adequada.

Art. 23-A. O **tratamento do usuário ou dependente de drogas** deverá ser ordenado em uma rede de atenção à saúde, com prioridade para as modalidades de tratamento ambulatorial, incluindo excepcionalmente formas de internação em unidades de saúde e hospitais gerais nos termos de normas dispostas pela União e articuladas com os serviços de assistência social e em etapas que permitam: (Incluído pela Lei nº 13.840, de 2019)

I – articular a atenção com ações preventivas que atinjam toda a população; (Incluído pela Lei nº 13.840, de 2019)

II - orientar-se por protocolos técnicos predefinidos, baseados em evidências científicas, oferecendo atendimento individualizado ao usuário ou dependente de drogas com abordagem preventiva e, sempre que indicado, ambulatorial; (Incluído pela Lei nº 13.840, de 2019)

III - preparar para a reinserção social e econômica, respeitando as habilidades e projetos individuais por meio de programas que articulem educação, capacitação para o trabalho, esporte, cultura e acompanhamento individualizado; e (Incluído pela Lei nº 13.840, de 2019)

IV - acompanhar os resultados pelo SUS, Suas e Sisnad, de forma articulada. (Incluído pela Lei nº 13.840, de 2019)

§ 1º Caberá à União dispor sobre os protocolos técnicos de tratamento, em âmbito nacional. (Incluído pela Lei nº 13.840, de 2019)

§ 2º A internação de dependentes de drogas somente será realizada em unidades de saúde ou hospitais gerais, dotados de equipes multidisciplinares e deverá ser obrigatoriamente autorizada por médico devidamente registrado no Conselho Regional de Medicina - CRM do Estado onde se localize o estabelecimento no qual se dará a internação. (Incluído pela Lei nº 13.840, de 2019)

§ 3º São considerados 2 (dois) tipos de internação: (Incluído pela Lei nº 13.840, de 2019)

I - internação voluntária: aquela que se dá com o consentimento do dependente de drogas; (Incluído pela Lei nº 13.840, de 2019)

II - internação involuntária: aquela que se dá, sem o consentimento do dependente, a pedido de familiar ou do responsável legal ou, na absoluta falta deste, de servidor público da área de saúde, da assistência social ou dos órgãos públicos integrantes do Sisnad, com exceção de servidores da área de segurança pública, que constate a existência de motivos que justifiquem a medida. (Incluído pela Lei nº 13.840, de 2019)

§ 4º A internação voluntária: (Incluído pela Lei nº 13.840, de 2019)

I - deverá ser precedida de declaração escrita da pessoa solicitante de que optou por este regime de tratamento; (Incluído pela Lei nº 13.840, de 2019)

II - seu término dar-se-á por determinação do médico responsável ou por solicitação escrita da pessoa que deseja interromper o tratamento. (Incluído pela Lei nº 13.840, de 2019)

§ 5º A internação involuntária: (Incluído pela Lei nº 13.840, de 2019)

I - deve ser realizada após a formalização da decisão por médico responsável; (Incluído pela Lei nº 13.840, de 2019)

II - será indicada depois da avaliação sobre o tipo de droga utilizada, o padrão de uso e na hipótese comprovada da impossibilidade de utilização de outras alternativas terapêuticas previstas na rede de atenção à saúde; (Incluído pela Lei nº 13.840, de 2019)

III - perdurará apenas pelo tempo necessário à desintoxicação, no prazo máximo de 90 (noventa) dias, tendo seu término determinado pelo médico responsável; (Incluído pela Lei nº 13.840, de 2019)

IV - a família ou o representante legal poderá, a qualquer tempo, requerer ao médico a interrupção do tratamento. (Incluído pela Lei nº 13.840, de 2019)

§ 6º A internação, em qualquer de suas modalidades, só será indicada quando os recursos extra-hospitalares se mostrarem insuficientes. (Incluído pela Lei nº 13.840, de 2019)

§ 7º Todas as internações e altas de que trata esta Lei deverão ser informadas, em, no máximo, de 72 (setenta e duas) horas, ao Ministério Público, à Defensoria Pública e a outros órgãos de fiscalização, por meio de sistema informatizado único, na forma do regulamento desta Lei. (Incluído pela Lei nº 13.840, de 2019)

§ 8º É garantido o sigilo das informações disponíveis no sistema referido no § 7º e o acesso será permitido apenas às pessoas autorizadas a conhecê-las, sob pena de responsabilidade. (Incluído pela Lei nº 13.840, de 2019)

§ 9º É vedada a realização de qualquer modalidade de internação nas comunidades terapêuticas acolhedoras. (Incluído pela Lei nº 13.840, de 2019)

§ 10. O planejamento e a execução do projeto terapêutico individual deverão observar, no que couber, o previsto na Lei nº 10.216, de 6 de abril de 2001 , que dispõe sobre a proteção e os direitos das pessoas portadoras de transtornos mentais e redireciona o modelo assistencial em saúde mental. (Incluído pela Lei nº 13.840, de 2019)

Seção V
(Incluído pela Lei nº 13.840, de 2019)
Do Plano Individual de Atendimento

Art. 23-B. O **atendimento** ao usuário ou dependente de drogas na rede de atenção à saúde dependerá de: (Incluído pela Lei nº 13.840, de 2019)

I – avaliação prévia por equipe técnica multidisciplinar e multissetorial; e (Incluído pela Lei nº 13.840, de 2019)

II – elaboração de um Plano Individual de Atendimento – PIA. (Incluído pela Lei nº 13.840, de 2019)

§ 1º A avaliação prévia da equipe técnica subsidiará a elaboração e execução do projeto terapêutico individual a ser adotado, levantando no mínimo: (Incluído pela Lei nº 13.840, de 2019)

I – o tipo de droga e o padrão de seu uso; e (Incluído pela Lei nº 13.840, de 2019)

II – o risco à saúde física e mental do usuário ou dependente de drogas ou das pessoas com as quais convive. (Incluído pela Lei nº 13.840, de 2019)

§ 2º (VETADO). (Incluído pela Lei nº 13.840, de 2019)

§ 3º O PIA deverá contemplar a participação dos familiares ou responsáveis, os quais têm o dever de contribuir com o processo, sendo esses, no caso de crianças e adolescentes, passíveis de responsabilização civil, administrativa e criminal, nos termos da Lei nº 8.069, de 13 de julho de 1990 – Estatuto da Criança e do Adolescente . (Incluído pela Lei nº 13.840, de 2019)

§ 4º O PIA será inicialmente elaborado sob a responsabilidade da equipe técnica do primeiro projeto terapêutico que atender o usuário ou dependente de drogas e será atualizado ao longo das diversas fases do atendimento. (Incluído pela Lei nº 13.840, de 2019)

§ 5º Constarão do plano individual, no mínimo: (Incluído pela Lei nº 13.840, de 2019)

I – os resultados da avaliação multidisciplinar; (Incluído pela Lei nº 13.840, de 2019)

II – os objetivos declarados pelo atendido; (Incluído pela Lei nº 13.840, de 2019)

III – a previsão de suas atividades de integração social ou capacitação profissional; (Incluído pela Lei nº 13.840, de 2019)

IV – atividades de integração e apoio à família; (Incluído pela Lei nº 13.840, de 2019)

V – formas de participação da família para efetivo cumprimento do plano individual; (Incluído pela Lei nº 13.840, de 2019)

VI – designação do projeto terapêutico mais adequado para o cumprimento do previsto no plano; e (Incluído pela Lei nº 13.840, de 2019)

VII – as medidas específicas de atenção à saúde do atendido. (Incluído pela Lei nº 13.840, de 2019)

§ 6º O PIA será elaborado no prazo de até 30 (trinta) dias da data do ingresso no atendimento. (Incluído pela Lei nº 13.840, de 2019)

§ 7º As informações produzidas na avaliação e as registradas no plano individual de atendimento são consideradas sigilosas. (Incluído pela Lei nº 13.840, de 2019)

Art. 24. A União, os Estados, o Distrito Federal e os Municípios poderão conceder benefícios às **instituições privadas que desenvolverem programas de reinserção no mercado de trabalho**, do usuário e do dependente de drogas encaminhados por órgão oficial.

Art. 25. As instituições da sociedade civil, sem fins lucrativos, com atuação nas áreas da atenção à saúde e da assistência social, que atendam usuários ou dependentes de drogas poderão **receber recursos do FUNAD**, condicionados à sua disponibilidade orçamentária e financeira.

1. **Atenção e reinserção social de usuários ou dependentes de drogas.** Os arts. 20 ao 26 tratam das atividades de atenção, de atendimento, de tratamento e de reinserção dos usuários ou dependentes de drogas, visando à melhoria da qualidade de vida e à redução dos riscos e dos danos relacionados ao uso de drogas, o respeito ao usuário de drogas, a definição de projeto terapêutico individualizado, atenção ao usuário ou dependente de drogas e aos respectivos familiares, o desenvolvimento de programas de atenção ao usuário e ao dependente de drogas pelas redes dos serviços de saúde da União, dos Estados, do Distrito Federal, dos Municípios, concessão de benefícios às instituições privadas que desenvolverem programas de reinserção no mercado de trabalho, do usuário e do dependente de drogas encaminhados por órgão oficial, entre outras medidas expressas nos dispositivos legais.

Art. 26. O usuário e o dependente de drogas que, em razão da prática de infração penal, estiverem cumprindo pena privativa de liberdade ou submetidos a medida de segurança, têm **garantidos os serviços de atenção à sua saúde**, definidos pelo respectivo sistema penitenciário.

Seção VI
(Incluído pela Lei nº 13.840, de 2019)
Do Acolhimento em Comunidade Terapêutica Acolhedora

Art. 26-A. O **acolhimento** do usuário ou dependente de drogas na **comunidade terapêutica acolhedora** caracteriza-se por: (Incluído pela Lei nº 13.840, de 2019)

I – oferta de projetos terapêuticos ao usuário ou dependente de drogas que visam à abstinência; (Incluído pela Lei nº 13.840, de 2019)

II – adesão e permanência voluntária, formalizadas por escrito, entendida como uma etapa transitória para a reinserção social e econômica do usuário ou dependente de drogas; (Incluído pela Lei nº 13.840, de 2019)

III – ambiente residencial, propício à formação de vínculos, com a convivência entre os pares, atividades práticas de valor educativo e a promoção do desenvolvimento pessoal, vocacionada para acolhimento ao usuário ou dependente de drogas em vulnerabilidade social; (Incluído pela Lei nº 13.840, de 2019)

IV – avaliação médica prévia; (Incluído pela Lei nº 13.840, de 2019)

V – elaboração de plano individual de atendimento na forma do art. 23-B desta Lei; e (Incluído pela Lei nº 13.840, de 2019)

VI – vedação de isolamento físico do usuário ou dependente de drogas. (Incluído pela Lei nº 13.840, de 2019)

§ 1º Não são elegíveis para o acolhimento as pessoas com comprometimentos biológicos e psicológicos de natureza grave que mereçam atenção médico-hospitalar contínua ou de emergência, caso em que deverão ser encaminhadas à rede de saúde. (Incluído pela Lei nº 13.840, de 2019)

§ 2º (VETADO). (Incluído pela Lei nº 13.840, de 2019)

§ 3º (VETADO). (Incluído pela Lei nº 13.840, de 2019)

§ 4º (VETADO). (Incluído pela Lei nº 13.840, de 2019)

§ 5º (VETADO). (Incluído pela Lei nº 13.840, de 2019)

1. **Art. 26. Atenção à saúde do usuário ou do dependente.** O presente dispositivo legal concede ao usuário e ao dependente a garantia de atenção à sua saúde.

2. **Cumprimento de pena privativa de liberdade.** Refere-se ao usuário que estiver cumprindo pena privativa de liberdade em razão da prática de qualquer outra infração penal, tendo em vista que na presente lei não é mais cabível pena privativa de liberdade ao usuário de drogas. Mesmo que o usuário se encontre nessa situação, o legislador garantiu-lhe o direito de assistência à sua saúde.

3. **Sujeição a medida de segurança.** A medida de segurança à qual o legislador fez menção é a sanção penal cumprida pelo dependente de drogas, imposta em sentença. Também é garantido a ele o direito de assistência à sua saúde.

4. **Art. 26-A.** Inserido pela lei nº 13.840/2019, o presente dispositivo legal trata do acolhimento do usuário ou dependente de drogas na comunidade terapêutica

acolhedora, com projetos terapêuticos, reinserção social e econômica do usuário ou dependente de drogas, vedação de isolamento físico, além de outras providências.

CAPÍTULO III
DOS CRIMES E DAS PENAS

Art. 27. As penas previstas neste Capítulo poderão ser **aplicadas isolada ou cumulativamente**, bem como substituídas a qualquer tempo, ouvidos o Ministério Público e o defensor.

1. **Aplicação das penas.** As penas às quais o dispositivo legal refere-se são as penas previstas no art. 28 da lei (advertência sobre os efeitos das drogas, prestação de serviços à comunidade e medida educativa de comparecimento a programa ou curso educativo), aplicáveis somente ao usuário de drogas, e não ao agente que pratique os demais crimes da presente lei. Trata-se de uma faculdade conferida ao Juiz no momento da aplicação da pena na sentença. As três penas podem ser aplicadas de forma isolada ou de forma cumulativa, bem como ser substituídas. Podem ser cumuladas duas ou mesmo as três penas.

2. **Aplicação isolada ou cumulativa das penas previstas. Critério de escolha.** A definição de qual pena será aplicada isoladamente ou de quais penas serão cumuladas deve ser norteada pelos princípios que regem a teoria da pena, sobretudo pelos princípios da individualização da pena, da culpabilidade e da proporcionalidade. Tendo em vista que o art. 59 do Código Penal estabelece que o Juiz fixará a pena que seja *necessária* e *suficiente* para a prevenção e a reprovação do crime, o Juiz deverá analisar o caso concreto e, a partir dele, fixar a pena isolada ou as penas cumuladas que sejam mais adequadas a cada caso, sempre de forma fundamentada, conforme exige o art. 93, IX, da CF/88.

3. **Substituição da pena a qualquer tempo.** Apesar de o dispositivo ora comentado dispor que as penas podem ser substituídas a qualquer tempo, deve-se notar que nem todas as penas poderão ser substituídas. Isso porque a pena de advertência sobre os efeitos das drogas é aplicada e esgotada na própria audiência, em que o Juiz faz a advertência ao condenado, de forma que não há o que se substituir posteriormente. Logo, conclui-se que as únicas penas que podem ser substituídas são as penas de prestação de serviços à comunidade e de medida educativa de comparecimento a programa ou curso educativo. O legislador permitiu a substituição das penas *a qualquer tempo*. Note-se que na sentença condenatória a pena é aplicada, e não substituída. Portanto, a possibilidade de substituição só pode ocorrer posteriormente à sentença, depois de fixada a pena.

4. **Competência para a substituição da pena.** Após a fixação das penas de prestação de serviços à comunidade e de medida educativa de comparecimento a programa ou curso educativo, o condenado ingressa na terceira fase do princípio da individualização da pena (fase executória), que é acompanhada e fiscalizada pelo Juízo da Execução Penal. Assim, cremos que a competência para a substituição das penas fixadas na sentença condenatória seja do Juízo da Execução Penal.

5. **Oitiva das partes.** Trata-se de medida salutar, pois a oitiva das partes é um meio de dar efetividade aos princípios da ampla defesa e do contraditório.

6. **Não aplicabilidade à multa ou à admoestação verbal.** O disposto no artigo ora comentado não se aplica à admoestação verbal e à multa previstas no art. 28, §6º, da presente lei, tendo em vista que elas não têm natureza de pena, e sim de medidas de coerção que podem ser aplicadas caso o condenado não cumpra as penas fixadas na sentença.

Art. 28. Quem adquirir, guardar, tiver em depósito, transportar ou trouxer consigo, **para consumo pessoal**, drogas sem autorização ou em desacordo com determinação legal ou regulamentar será submetido às seguintes penas:

I – advertência sobre os efeitos das drogas;

II – prestação de serviços à comunidade;

III – medida educativa de comparecimento a programa ou curso educativo.

§ 1º Às mesmas medidas submete-se quem, **para seu consumo pessoal**, semeia, cultiva ou colhe plantas destinadas à preparação de pequena quantidade de substância ou produto capaz de causar dependência física ou psíquica.

§ 2º Para **determinar se a droga destinava-se a consumo pessoal**, o juiz atenderá à natureza e à quantidade da substância apreendida, ao local e às condições em que se desenvolveu a ação, às circunstâncias sociais e pessoais, bem como à conduta e aos antecedentes do agente.

§ 3º As **penas** previstas nos incisos II e III do caput deste artigo serão aplicadas pelo prazo **máximo** de **5 (cinco) meses.**

§ 4º Em caso de reincidência, as penas previstas nos incisos II e III do caput deste artigo serão aplicadas pelo prazo máximo de 10 (dez) meses.

§ 5º A **prestação de serviços à comunidade** será cumprida em programas comunitários, entidades educacionais ou assistenciais, hospitais, estabelecimentos congêneres, públicos ou privados sem fins lucrativos, que se ocupem, preferencialmente, da prevenção do consumo ou da recuperação de usuários e dependentes de drogas.

§ 6º Para **garantia do cumprimento** das medidas educativas a que se refere o caput, nos incisos I, II e III, a que injustificadamente se recuse o agente, poderá o juiz submetê-lo, sucessivamente a:

I – admoestação verbal;

II – multa.

§ 7º O juiz determinará ao Poder Público que coloque à disposição do infrator, gratuitamente, estabelecimento de saúde, preferencialmente ambulatorial, para **tratamento especializado.**

1. **Art. 28, *caput*.** O art. 28, *caput* trata da conduta de porte de drogas para o consumo pessoal. Embora o tipo contenha vários verbos típicos, além do porte, a doutrina e a jurisprudência convencionaram denominá-lo dessa forma.

2. **Natureza jurídica da infração.** Assim que a lei de Drogas teve o seu advento, instalou-se uma grande controvérsia na doutrina para determinar qual seria a natureza

jurídica da infração de porte de drogas para uso. Parte da doutrina passou a sustentar que o porte de drogas para uso não seria mais uma infração penal, uma vez que a lei não mais cominava pena privativa de liberdade. Argumentava-se que, de acordo com o art. 1º da Lei de Introdução ao Código Penal (Decreto-Lei 3.914/41), somente é possível considerar infração de natureza penal aquela a que a lei comine pena privativa de liberdade ("Art 1º Considera-se crime a infração penal que a lei comina pena de reclusão ou de detenção, quer isoladamente, quer alternativa ou cumulativamente com a pena de multa; contravenção, a infração penal a que a lei comina, isoladamente, pena de prisão simples ou de multa, ou ambas, alternativa ou cumulativamente."). Como o legislador não fez previsão de pena privativa de liberdade, o porte de drogas teria deixado de ser uma infração penal. Contudo, tal orientação não merece ser acolhida. Com efeito, o porte de drogas para uso continua sendo uma infração de natureza penal. Em primeiro lugar, o art. 28 está previsto no capítulo III da lei, que dispõe "*Dos crimes e das penas*". Logo, se o legislador inseriu a infração dentro desse capítulo, com esse tema, fica clara a sua opção em classificá-la como infração de caráter penal. Em segundo lugar, a parte final do art. 28, *caput,* dispõe "será submetido às seguintes penas". Mais uma vez o legislador deixou claro que a consequência jurídica para quem praticar a conduta prevista no art. 28 da lei é uma sanção penal. Em terceiro lugar, há várias infrações de natureza penal às quais o legislador não comina pena privativa de liberdade, e nem por isso deixam de ser consideradas crimes, a exemplo dos arts. 292, 303, 304 e 306 do Código Eleitoral (lei no 4.737/1965). Portanto, o art. 28, que dispõe sobre a conduta de porte de drogas para uso, continua sendo infração penal.

3. **Despenalização, descriminalização e legalização.** Para a determinação do ocorrido com o art. 28 da lei, faz-se necessário traçar as características e diferenças entre *despenalização, descriminalização* e *legalização.* Na *despenalização*, a conduta continua sendo um crime e a resposta estatal continua sendo uma pena. Embora seja uma pena, é uma sanção penal mais suave, sem que haja a privação da liberdade. O legislador, por meio desse instituto, mantém a intenção de aplicar ao agente uma sanção penal, porém, uma sanção mais branda, que não implique a privação de liberdade. Por essa razão, temos que a expressão *despenalização* é equivocada, uma vez que, se a intenção é evitar o cárcere, o mais correto seria denominá-la descarcerização. É importante notar que a conduta continua sendo crime e continua havendo uma pena, ou seja, a conduta continua sendo uma infração penal, contrária, portanto, à ordem jurídica. Pelo instituto da *descriminalização*, como o nome sugere, a conduta deixa de ser criminosa. A conduta continua configurando uma infração, mas não uma infração penal, e sim uma infração extrapenal, podendo configurar, por exemplo, uma infração civil, como aconteceu com o crime de adultério (art. 240 do Código Penal), que foi revogado pela lei no 11.106/2005 e deixou de configurar uma infração penal, mas continuou sendo uma infração civil, pela violação de um dos deveres decorrentes do casamento. É de se notar que tanto na despenalização, quanto na descriminalização, a conduta continua a configurar uma infração, isso é, a conduta permanece ilícita, contrária à ordem jurídica. Na *legalização*, a conduta passa a ser lícita, legal, conformada à ordem jurídica. A conduta deixa de configurar qualquer espécie de infração e passa a amoldar-se à ordem jurídica, diferente

da despenalização e da descriminalização, em que a conduta continua sendo uma infração e, portanto, contrária à ordem jurídica.

4. **Despenalização e o art. 28, *caput*.** O que ocorreu com o delito de porte de drogas para uso foi justamente o fenômeno da despenalização, tendo em vista que o legislador o manteve com natureza de infração penal, porém com uma sanção mais leve, mais branda, consistente em advertência sobre os efeitos das drogas, prestação de serviços à comunidade e medida educativa de comparecimento a programa ou curso educativo.

Entretanto, em relação especificamente ao porte de maconha (e só para a maconha, não abrangendo outras drogas), o STF entendeu que até 40 gramas não configura infração penal, ocorrendo, portanto, a descriminalização.

▶ **STJ**

Informativo nº 1.143
Plenário
Porte de droga para consumo pessoal e criminalização
"1. Não comete infração penal quem adquirir, guardar, tiver em depósito, transportar ou trouxer consigo, para consumo pessoal, a substância cannabis sativa, sem prejuízo do reconhecimento da ilicitude extrapenal da conduta, com apreensão da droga e aplicação de sanções de advertência sobre os efeitos dela (art. 28, I) e medida educativa de comparecimento a programa ou curso educativo (art. 28, III); 2. As sanções estabelecidas nos incisos I e III do art. 28 da Lei nº 11.343/2006 serão aplicadas pelo juiz em procedimento de natureza não penal, sem nenhuma repercussão criminal para a conduta; 3. Em se tratando da posse de cannabis para consumo pessoal, a autoridade policial apreenderá a substância e notificará o autor do fato para comparecer em Juízo, na forma do regulamento a ser aprovado pelo CNJ. Até que o CNJ delibere a respeito, a competência para julgar as condutas do art. 28 da Lei nº 11.343/2006 será dos Juizados Especiais Criminais, segundo a sistemática atual, vedada a atribuição de quaisquer efeitos penais para a sentença; 4. Nos termos do § 2º do artigo 28 da Lei nº 11.343/2006 , será presumido usuário quem, para consumo próprio, adquirir, guardar, tiver em depósito, transportar ou trouxer consigo, até 40 gramas de cannabis sativa ou seis plantas-fêmeas, até que o Congresso Nacional venha a legislar a respeito; 5. A presunção do item anterior é relativa, não estando a autoridade policial e seus agentes impedidos de realizar a prisão em flagrante por tráfico de drogas, mesmo para quantidades inferiores ao limite acima estabelecido, quando presentes elementos que indiquem intuito de mercancia, como a forma de acondicionamento da droga, as circunstâncias da apreensão, a variedade de substâncias apreendidas, a apreensão simultânea de instrumentos como balança, registros de operações comerciais e aparelho celular contendo contatos de usuários ou traficantes; 6. Nesses casos, caberá ao Delegado de Polícia consignar, no auto de prisão em flagrante, justificativa minudente para afastamento da presunção do porte para uso pessoal, sendo vedada a alusão a critérios subjetivos arbitrários; 7. Na hipótese de prisão por quantidades inferiores à fixada no item 4, deverá o juiz, na audiência de custódia, avaliar as razões invocadas para o afastamento da presunção de porte para uso próprio; 8. A apreensão de quantidades superiores aos limites ora fixados não impede o

juiz de concluir que a conduta é atípica, apontando nos autos prova suficiente da condição de usuário."

Resumo:

Não configura infração penal a prática das condutas de adquirir, guardar, ter em depósito, transportar ou trazer consigo – para consumo pessoal – a substância cannabis sativa (maconha).

A criminalização das aludidas condutas, relacionadas ao porte de maconha para o uso próprio (Lei nº 11.343/2006, art. 28), afronta o postulado da proporcionalidade, pois (i) versa sobre lesividade que se restringe à esfera pessoal dos usuários; e (ii) produz crescente estigmatização, ofuscando os principais objetivos do Sistema Nacional de Políticas de Drogas, quais sejam, a política de redução de danos e a prevenção do uso abusivo de drogas. Nesse contexto, o foco da política de drogas deve ser o campo da saúde pública, até porque considerar essas condutas infração penal resulta em clara incongruência no sistema.

A ausência da natureza penal não impede, entretanto, o reconhecimento da ilicitude extrapenal das condutas especificadas, razão pela qual é cabível a apreensão da maconha e a aplicação das sanções administrativas de advertência sobre os efeitos da droga e de medida educativa de comparecimento a programa ou curso educativo (Lei nº 11.343/2006, art. 28, I e III). Ademais, a incidência de quaisquer das sanções anteriormente referidas deve ocorrer sem a atribuição de efeitos criminais como, por exemplo, a reincidência.

Até que sobrevenha legislação a respeito, presume-se usuário, como regra geral, quem adquire, guarda, tem em depósito, transporta ou traz consigo até 40 gramas de cannabis sativa ou seis plantas fêmeas.

O STF considerou necessária a definição de uma quantidade como parâmetro orientador para diferenciar o usuário do traficante de maconha, com o objetivo de afastar interpretações desiguais, discriminação irrazoável de grupos sociais vulneráveis, discricionariedades de policiais, membros do Ministério Público e do Poder Judiciário, caracterizadoras de injustiças, bem assim de proteger os direitos fundamentais de pessoas que são encarceradas, sobretudo, pela má distinção entre tráfico e uso. O parâmetro estipulado é provisório, até a superveniência da regulamentação própria, e não é absoluto. Para o afastamento da presunção relativa de que se cuida de conduta relacionada ao consumo da pessoa ou voltada à traficância, é preciso cumprir o estabelecido na tese fixada neste julgamento.

Enquanto não houver regulamentação quanto à competência para julgar as condutas em debate, o respectivo procedimento, segundo a sistemática atual, tramitará nos juizados especiais criminais, vedada a atribuição de efeitos criminais ou de qualquer natureza penal, e devidamente atendidos os demais critérios estipulados por esta Corte.

Ressalta-se que a decisão colegiada se restringe à cannabis sativa, substância objeto de análise no caso concreto, e não abarca as demais drogas, haja vista as particularidades de cada espécie de substância entorpecente.

Com base nesses e em outros entendimentos, o Plenário, por maioria, ao apreciar o Tema 506 da repercussão geral (vide Informativos 795 e 798), deu provimento ao recurso extraordinário para (i) declarar a inconstitucionalidade, sem redução de texto, do art. 28 da Lei nº 11.343/2006 (1), de modo a afastar todo e qualquer efeito de natureza penal, ficando mantidas as medidas ali previstas, no que couber, até o advento de legislação específica; e (ii) absolver o acusado por atipicidade da conduta. Igualmente em votação majoritária, foram fixadas as teses anteriormente citadas.

O Tribunal deliberou, ainda, as seguintes providências: (i) determinar ao Conselho Nacional de Justiça (CNJ), em articulação direta com o Ministério da Saúde, Anvisa, Ministério da Justiça e Segurança Pública, Tribunais e Conselho Nacional do Ministério Público, a adoção de medidas para permitir (a) o cumprimento da presente decisão pelos juízes, com aplicação das sanções previstas nos incisos I e III do art. 28 da Lei nº 11.343/2006, em procedimento de natureza não penal; (b) a criação de protocolo próprio para realização de audiências envolvendo usuários dependentes, com encaminhamento do indivíduo vulnerável aos órgãos da rede pública de saúde capacitados a avaliar a gravidade da situação e oferecer tratamento especializado, como os Centros de Atenção Psicossocial de Álcool e Drogas (CAPS AD); (ii) fazer um apelo aos Poderes Legislativo e Executivo para que adotem medidas administrativas e legislativas para aprimorar as políticas públicas de tratamento ao dependente, deslocando o enfoque da atuação estatal do regime puramente repressivo para um modelo multidisciplinar que reconheça a interdependência das atividades de (a) prevenção ao uso de drogas; (b) atenção especializada e reinserção social de dependentes; e (c) repressão da produção não autorizada e do tráfico de drogas; (iii) conclamar os Poderes a avançarem no tema, estabelecendo uma política focada não na estigmatização, mas (a) no engajamento dos usuários, especialmente os dependentes, em um processo de autocuidado contínuo que lhes possibilite compreender os graves danos causados pelo uso de drogas; (b) na agenda de prevenção educativa, implementando programas de dissuasão ao consumo de drogas; e (c) na criação de órgãos técnicos na estrutura do Executivo, compostos por especialistas em saúde pública, com atribuição de aplicar aos usuários e dependentes as medidas previstas em lei; e (iv) para viabilizar a concretização dessa política pública — especialmente a implementação de programas de dissuasão contra o consumo de drogas e a criação de órgãos especializados no atendimento de usuários — caberá aos Poderes Executivo e Legislativo assegurar dotações orçamentárias suficientes para essa finalidade. Para isso, a União deverá liberar o saldo acumulado do Fundo Nacional Antidrogas (Funad), instituído pela Lei nº 7.560/1986 e gerido pelo Ministério da Justiça e Segurança Pública, e se abster de contingenciar os futuros aportes no fundo, recursos que deverão ser utilizados, inclusive, para programas de esclarecimento sobre os malefícios do uso de drogas. Por fim, a Corte determinou que o CNJ, com a participação das defensorias públicas, realize mutirões carcerários para apurar e corrigir prisões decretadas em desacordo com os parâmetros fixados neste julgamento.

RE 635.659/SP, relator Ministro Gilmar Mendes, julgamento finalizado em 26.06.2024

5. **Não ocorrência de *abolitio criminis* em relação ao uso de drogas.** Tendo em vista que, como dito acima, pelo instituto da despenalização a conduta não deixa e ser criminosa e não deixa de haver uma pena cominada, não ocorreu a *abolitio criminis* em relação ao uso de drogas previsto no art. 16 da revogada lei 6.368/1976 (antiga lei de Drogas). Na realidade, ocorreu a incidência princípio da continuidade normativo-típica.

6. **Bem jurídico protegido.** Na lei de Drogas protege-se a saúde pública, o equilíbrio sanitário da coletividade, que pode ser abalado pela prática das condutas previstas na lei.

7. **Natureza dos delitos na lei de Drogas.** Os delitos previstos na presente lei constituem, em regra, crimes de perigo abstrato, razão pela qual para a configuração deles, basta a prática da conduta pelo agente, que ela, por si só, já gera uma situação de perigo ao bem jurídico saúde pública, não sendo necessária a produção de prova do perigo. Porém, há uma exceção: o art. 39 da lei é um crime de perigo concreto.

8. **Sujeito ativo.** Qualquer pessoa. Trata-se de crime comum, pois o legislador não exigiu nenhuma condição especial do sujeito ativo.

9. **Sujeito passivo.** A coletividade.

10. **Redação típica.** A redação do tipo é atécnica, uma vez que o legislador destoou do costume legislativo em redigir os tipos penais iniciando com os verbos típicos. O presente tipo penal começa com a palavra "quem" e nisso há um grande equívoco. Ora, sempre será alguém a praticar o esse delito. O mais correto seria começar o tipo pelos verbos típicos ("Adquirir, guardar, ter em depósito, transportar ou trazer consigo, para consumo pessoal etc.").

11. **"Drogas".** Droga é o objeto material do delito. A expressão "drogas" está empregada de forma equivocada, pois a interpretação literal pode levar o intérprete a pensar que para que haja qualquer dos crimes previstos nesta lei, é necessário que o agente pratique a conduta típica relacionada a mais de uma espécie de droga, quando, na realidade, basta que a conduta do agente tenha por objeto apenas um tipo de droga.

12. **Norma penal em branco heterogênea.** Como dito alhures, o presente tipo penal constitui um tipo penal em branco heterogêneo e o seu complemento está na Portaria 344/1998, da Secretaria de Vigilância Sanitária, do Ministério da Saúde.

13. **Não incriminação do uso de drogas.** Não se pune o efetivo uso de droga, mas, sim, condutas ligadas ao uso. O uso, por si só, é fato atípico. Assim, se A e flagrado injetando uma droga na veia de B, a conduta de B é atípica. É bem verdade que B consentiu na conduta de A, contudo, B, embora esteja fazendo uso da droga naquele momento, não praticou nenhum dos verbos típicos descritos no tipo penal. Ou, então, se o agente for surpreendido por policiais logo depois de ter usado a droga o fato será atípico, não havendo que se falar em flagrante.

14. **Adquirir, guardar, ter em depósito, transportar e trazer consigo.** *Adquirir* consiste na conduta de obter, conseguir, independentemente do meio (compra e venda, doação, troca etc.). *Guardar* é conservar, preservar, manter em local seguro,

ocultar a droga. *Ter em depósito* consiste em guardar, armazenar a droga, tê-la ao alcance. *Transportar* significa levar a droga de um local específico para outro local específico. Não precisa o agente estar fisicamente com a droga, podendo, por exemplo, a pessoa que está dentro do ônibus, transportar a droga na mala dentro do porão do ônibus. Por fim, *trazer consigo* consiste na conduta do agente que conduz a droga junto a si.

15. **Crime permanente.** As condutas *guardar, ter em depósito, transportar e trazer consigo* configuram crime permanente.

16. **Tipo penal misto alternativo.** Caso o agente pratique mais de uma conduta descrita no tipo penal, responderá por um delito apenas, não havendo concurso de crimes. Assim, o agente que guarda a droga em casa, retira uma pequena porção e a leva consigo na rua para uso, responde por apenas um delito.

17. **Especial fim de agir.** O delito de porte de droga para uso possui como especial fim de agir a finalidade de a droga destinar-se ao consumo pessoal, por meio da expressão "*para consumo pessoal*" descrita no tipo penal. Note-se que todos os verbos típicos do art. 28, *caput,* estão positivados no art. 33 da lei, que trata do delito de tráfico de drogas. O especial fim de agir é o elemento que diferencia esses dois delitos. Assim, a conduta de quem adquire a droga pode estar tipificada tanto no art. 28, quanto no art. 33, a depender da presença ou não do especial fim de agir. Sem a análise desse elemento subjetivo específico do tipo é inviável juridicamente a tipificação da conduta do agente. Portanto, o agente que é flagrado com 1 Kg de cocaína pratica porte de droga para uso ou tráfico de drogas? A reposta a essa pergunta passa necessariamente pela análise da presença do especial fim de agir. Se a aquisição da droga se deu para consumo pessoal, está configurado o delito do art. 28. Contudo, se a aquisição da droga ocorreu para outra finalidade que não seja essa, estar-se-á diante da prática do delito de tráfico previsto no art. 33 da lei.

18. **Aquisição de droga para outra pessoa.** Configura o delito de tráfico (art. 33), tendo em vista a ausência do especial fim de agir.

19. **Sem autorização ou em desacordo com determinação legal ou regulamentar.** Possuir autorização é uma hipótese excepcional de alguém que tenha, por exemplo, autorização da ANVISA para possuir a droga em residência com a finalidade curativa de alguma doença ou algo semelhante, caso em que a conduta será atípica.

20. **Possibilidade de transação penal e de suspensão condicional do processo.** De acordo com o art. 48, §5º, desta lei, é cabível o instituto da transação penal ao acusado. Da mesma forma, é cabível o instituto da suspensão condicional do processo previsto no art. 89, da lei 9.099/1995.

> **STJ.** HABEAS CORPUS. LEI DE DROGAS. DESCLASSIFICAÇÃO DO DELITO DE TRÁFICO PARA O DE USO DE ENTORPECENTES, QUANDO DO JULGAMENTO DO RECURSO DE APELAÇÃO INTERPOSTO PELO PACIENTE. CONDUTA QUE ADMITE TANTO A TRANSAÇÃO PENAL QUANTO A SUSPENSÃO CONDICIONAL DO PROCESSO. (...) 1. A conduta prevista no art. 28 da Lei n.º 11.343/06 admite, em tese, tanto a transação penal quanto a suspensão condicional do processo. 2. Os institutos despenalizadores da Lei n.º 9.099/95 devem ser aplicados quando ocorre a desclassificação

do delito, conforme entendimento sedimentado na súmula n.º 337 desta Corte. (...) **(HC 162.807/SP, Rel. Min. Laurita Vaz, julgado em 08/05/2012).**

21. **Penas não privativas de liberdade.** O art. 28 dispõe sobre três espécies de penas: advertência sobre os efeitos das drogas; prestação de serviços à comunidade; e medida educativa de comparecimento a programa ou curso educativo.

22. **Inciso I. Advertência sobre os efeitos das drogas.** Essa pena ocorre em uma audiência especificamente marcada para esse fim e tem por finalidade advertir formalmente o acusado sobre os efeitos nocivos das drogas e suas consequências no âmbito da família, da consideração social, dos valores comunitários etc.

23. **Inciso II. Prestação de serviços à comunidade.** Essa pena é cumprida nos moldes previstos no art. 46, §1º, do Código Penal, sempre de forma adequada à condenação pelo delito previsto nesta lei, nos moldes do § 5º do art. 28 da presente lei, que dispõe que a pena será cumprida em programas comunitários, entidades educacionais ou assistenciais, hospitais, estabelecimentos congêneres, públicos ou privados sem fins lucrativos, que se ocupem, preferencialmente, da prevenção do consumo ou da recuperação de usuários e dependentes de drogas.

24. **Inciso III. Medida educativa de comparecimento a programa ou curso educativo.** O programa ou curso educativo deve ter por objeto tema voltado à questão do uso de drogas.

25. **Critério para a escolha da pena:** o Juiz escolherá a pena mais adequada, atento ao princípio da individualização de pena, da necessidade e suficiência, a depender do tipo de droga, do grau de envolvimento do agente com a droga, da realidade do agente etc., sempre tendo como norte o disposto no art. 59 do Código Penal.

26. **Possibilidade de aplicação de duas ou das três penas cumulativamente.** De acordo com o art. 27 desta lei, o Juiz pode aplicar duas ou três penas cumulativamente, devendo analisar o caso concreto e, a partir dele, fixar as penas cumulativamente de forma mais adequada a cada caso.

27. **Sentença.** As três penas devem ser aplicadas por sentença. Como sanções penais que são, somente podem ser impostas ao final do processo em primeira instância, após toda a instrução probatória.

28. **Geração de reincidência.** Em nossa opinião, a condenação com o trânsito em julgado por qualquer das penas previstas neste artigo, gera futura reincidência em caso de prática de nova infração penal, uma vez que se tratam de sanções penais, como dito anteriormente.

    Entretanto, de acordo com o STF e o STJ, não há a geração de reincidência, por falta de proporcionalidade. Isso porque para o STF e o STJ, de acordo com o art. 63 do Código Penal, a condenação anterior por contravenção penal não tem o condão de gerar reincidência por falta de previsão legal. Dessa forma, se a condenação por uma contravenção penal, que é punível com pena de prisão simples, não configura reincidência, é desproporcional considerar que a condenação pelo delito de porte de drogas para uso próprio geraria reincidência, uma vez que tal delito é punido com penas que não são privativas de liberdade. Ademais, o descumprimento dessas penas não implica conversão em pena privativa de liberdade.

▶ **STF**

Informativo nº 1.048

Segunda Turma

Porte de drogas para consumo próprio e reincidência

Viola o princípio da proporcionalidade a consideração de condenação anterior pelo delito do art. 28 da Lei 11.343/2006, "porte de droga para consumo pessoal", para fins de reincidência.

O delito previsto no art. 28 da Lei 11.343/2006 não comina pena privativa de liberdade, mas tão somente "advertência sobre os efeitos das drogas" (inc. I); "prestação de serviços à comunidade" (inc. II) e "medida educativa de comparecimento à programa ou curso educativo" (inc. III). Não se afigura razoável, portanto, permitir que uma conduta que possui vedação legal quanto à imposição de prisão, a fim de evitar a estigmatização do usuário de drogas, possa dar azo à posterior configuração de reincidência. Deve-se ponderar, ainda, que a reincidência depende da constatação de que houve condenação criminal com trânsito em julgado, o que não ocorre em grande parte dos casos de incidência do art. 28 da Lei 11.343/2006. Com base nesse entendimento, a Segunda Turma, por maioria, negou provimento a agravo regimental. **RHC 178512 AgR/SP, relator Min. Edson Fachin, julgamento em 22.3.2022.**

▶ **STJ**

Informativo nº 636.

Quinta Turma

Tráfico de entorpecentes. Condenação anterior pelo delito do artigo 28 da Lei de Drogas. Caracterização da reincidência. Desproporcionalidade.

Condenações anteriores pelo delito do art. 28 da Lei n. 11.343/2006 não são aptas a gerar reincidência.

Inicialmente cumpre salientar que consoante o posicionamento firmado pela Suprema Corte, na questão de ordem no RE 430.105/RJ, sabe-se que a conduta de porte de substância entorpecente para consumo próprio, prevista no art. 28 da Lei n. 11.343/2006, foi apenas despenalizada mas não descriminalizada, em outras palavras, não houve *abolitio criminis*. Contudo, ainda que a conduta tipificada no art. 28 da Lei n. 11.343/2006 tenha sido despenalizada e não descriminalizada, essa conduta é punida apenas com "advertência sobre os efeitos das drogas, prestação de serviços à comunidade e medida educativa de comparecimento a programa ou curso educativo". Além disso, não existe a possibilidade de converter essas penas em privativas de liberdade em caso de descumprimento. Cabe ressaltar que as condenações anteriores por contravenções penais não são aptas a gerar reincidência, tendo em vista o que dispõe o art. 63 do Código Penal, que apenas se refere a crimes anteriores. E, se as contravenções penais, puníveis com pena de prisão simples, não geram reincidência, mostra-se desproporcional o delito do art. 28 da Lei n. 11.343/2006 configurar reincidência, tendo em vista que nem é punível com pena privativa de liberdade. Ademais, a Sexta Turma deste Superior Tribunal de Justiça, no julgamento do REsp n. 1.672.654/SP, da relatoria da Ministra Maria Thereza de Assis Moura, julgado em 21/8/2018, proferiu julgado nesse mesmo sentido. **HC 453.437-SP, Rel. Min. Reynaldo Soares da Fonseca, julgado em 04/10/2018.**

▶ **STJ**

Informativo nº 632.

Sexta Turma

Tráfico de entorpecentes. Condenação anterior pelo delito do artigo 28 da Lei de Drogas. Caracterização da reincidência. Desproporcionalidade.

É desproporcional o reconhecimento da reincidência no delito de tráfico de drogas que tenha por fundamento a existência de condenação com trânsito em julgado por crime anterior de posse de droga para uso próprio.

A questão em comento consiste em verificar se a condenação com trânsito em julgado por crime anterior de posse de droga para uso próprio gera reincidência para o crime de tráfico de drogas. Este Superior Tribunal de Justiça vem decidindo que a condenação anterior pelo crime de porte de droga para uso próprio (conduta que caracteriza ilícito penal) configura reincidência, o que impõe a aplicação da agravante genérica do artigo 61, inciso I, do Código Penal e o afastamento da aplicação da causa especial de diminuição de pena do parágrafo 4º do artigo 33 da Lei n. 11.343/2006, à falta de preenchimento do requisito legal relativo à primariedade. Ocorre, contudo, que a consideração de condenação anterior com fundamento no artigo 28 da Lei n. 11.343/2006 para fins de caracterização da reincidência viola o princípio constitucional da proporcionalidade. É que, como é cediço, a condenação anterior por contravenção penal não gera reincidência pois o artigo 63 do Código Penal é expresso ao se referir à pratica de novo crime. Assim, se a contravenção penal, punível com pena de prisão simples, não configura reincidência, resta inequivocamente desproporcional a consideração, para fins de reincidência, da posse de droga para consumo próprio, que conquanto seja crime, é punida apenas com "advertência sobre os efeitos das drogas", "prestação de serviços à comunidade" e "medida educativa de comparecimento a programa ou curso educativo", mormente se se considerar que em casos tais não há qualquer possibilidade de conversão em pena privativa de liberdade pelo descumprimento, como no caso das penas substitutivas. Há de se considerar, ainda, que a própria constitucionalidade do artigo 28 da Lei de Drogas está em discussão perante o Supremo Tribunal Federal, que admitiu Repercussão Geral no Recurso Extraordinário n. 635.659 para decidir sobre a tipicidade do porte de droga para consumo pessoal. Assim, em face dos questionamentos acerca da proporcionalidade do direito penal para o controle do consumo de drogas em prejuízo de outras medidas de natureza extrapenal relacionadas às políticas de redução de danos, eventualmente até mais severas para a contenção do consumo do que as medidas previstas atualmente, que reconhecidamente não têm apresentado qualquer resultado prático em vista do crescente aumento do tráfico de drogas, tenho que o prévio apenamento por porte de droga para consumo próprio, nos termos do artigo 28 da Lei de Drogas, não deve constituir causa geradora de reincidência. **REsp 1.672.654-SP, Rel. Min. Maria Thereza de Assis Moura, julgado em 21/08/2018.**

29. Não cabimento de ordem de *habeas corpus*. Tendo em vista a impossibilidade de aplicação de pena privativa de liberdade, não é cabível ordem de *habeas corpus* em favor do usuário que praticou este tipo penal. Essa é a regra geral. Contudo, fazemos uma ressalva: cremos que seja cabível a impetração de ordem de *habeas corpus* quando for necessário utilizá-lo em relação ao art. 28 desta lei para obter algum benefício libertário que diga respeito a outro processo ou a outros fatos.

Sobre a regra geral do não cabimento, pode-se pegar por empréstimo o teor da súmula 693 do STF.

Súmula 693 do STF: *"Não cabe habeas corpus contra decisão condenatória a pena de multa, ou relativo a processo em curso por infração penal a que a pena pecuniária seja a única cominada."*

▶ **STF**

Informativo nº 887

Primeira Turma

Repercussão geral e sobrestamento de processo-crime – 2

O "habeas corpus" não é o meio adequado para discutir crime que não enseja pena privativa de liberdade. Esse é o entendimento da Primeira Turma, que, por maioria, não conheceu de "habeas corpus", no qual se discutia a suspensão de processo-crime, na hipótese de o tema estar submetido ao Supremo Tribunal Federal (STF) em sede de repercussão geral (vide Informativo 871). O paciente foi denunciado como incurso no art. 28 da lei 11.343/2006 (Lei de Drogas). A Turma assentou que, ante a previsão desse artigo e na impossibilidade de imposição de pena que possa restringir a liberdade de ir e vir, tem-se como imprópria a impetração de "habeas corpus". Vencido o ministro Marco Aurélio (relator), que deferiu a ordem para determinar a suspensão do processo-crime. **(HC 127834/MG, rel. orig. Min. Marco Aurélio, red. p/ o ac. Min. Alexandre de Moraes, julgamento em 05.12.2017).**

30. Retroatividade do tipo penal. Em comparação com o tipo penal de porte para uso do art. 16 da revogada lei 6.368/1976, que previa pena privativa de liberdade de detenção de 6 meses a 2 anos e 50 dias-multa, o tipo penal ora comentado constitui uma *novatio legis in mellius*. Assim, é possível haver a sua retroatividade. Não cabe a retroatividade apenas no preceito secundário do art. 28, mas de todo o tipo penal.

STJ. Súmula 501: "É cabível a aplicação retroativa da Lei n. 11.343/2006, desde que o resultado da incidência das suas disposições, na íntegra, seja mais favorável ao réu do que o advindo da aplicação da Lei n. 6.368/1976, sendo vedada a combinação de leis".

31. Competência. De acordo com o art. 48, §1º da lei, a competência para o processo e o julgamento desse delito é do Juizado Especial Criminal, na Justiça Estadual.

STJ. (...) POSSE DE DROGA PARA CONSUMO PRÓPRIO. CONDUTA QUE SE AMOLDA À POSSE DE DROGAS PARA USO PRÓPRIO. DELITO DE MENOR POTENCIAL OFENSIVO. COMPETÊNCIA DO JUIZADO ESPECIAL. 1. O crime de uso de entorpecente para consumo próprio, previsto no art. 28 da Lei 11.343/06, é de menor potencial ofensivo, o que determina a competência do Juizado Especial estadual, já que ele não está previsto em tratado internacional e o art. 70 da Lei n. 11.343/2006 não o inclui dentre os que devem ser julgados pela Justiça Federal. (...) (CC 144.910/MS, Rel. Min. Reynaldo Soares da Fonseca, julgado em 13/04/2016).

32. Competência da Justiça Federal. Caso esteja presente algum dos motivos para a fixação de competência da Justiça Federal (art. 109 da CF/88), a competência será do Juizado Especial Criminal Federal.

33. Competência e crime praticado a bordo de navio ou de aeronave. Nos moldes do art. 109, IX da CF/88, a competência é do Juizado Especial Federal.

Mesmo que a aeronave esteja em solo e com a porta aberta, a competência não se desloca para o Juizado Especial Criminal da Justiça Estadual. Sobre esse tema, o STJ tem posição pacífica, como demonstra o julgado abaixo, que tratou de crime de roubo, podendo-se aplicar o mesmo entendimento no delito ora comentado.

▶ **STJ**

Informativo 464

Quinta Turma.

COMPETÊNCIA. ROUBO. INTERIOR. AERONAVE.

Trata-se de *habeas corpus* impetrado em favor de paciente condenado por roubo e formação de quadrilha em continuidade delitiva (arts. 288 e 157, § 2º, I e II, ambos do CP). Alega o impetrante a incompetência da Justiça Federal para processar e julgar o crime, visto que, apesar de o roubo dos malotes (com mais de R$ 4 milhões) ter ocorrido a bordo de aeronave, deu-se em solo (aeroporto) contra a transportadora, sendo a vítima o banco, que possui capital privado e público; nessas circunstâncias, não deslocaria a competência para a Justiça Federal. Para o Min. Relator, não há falar em qualidade da empresa lesada diante do entendimento jurisprudencial e do disposto no art. 109, IX, da CF/1988, que afirmam a competência dos juízes federais para processar e julgar os delitos cometidos a bordo de aeronaves, independentemente de elas se encontrarem no solo. Com esse entendimento, a Turma denegou a ordem. Precedentes citados do STF: RHC 86.998-SP, DJ 27/4/2007; do STJ: HC 40.913-SP, DJ 15/8/2005, e HC 6.083-SP, DJ 18/5/1998. **HC 108.478-SP, Rel. Min. Adilson Vieira Macabu (Desembargador convocado do TJ-RJ), julgado em 22/2/2011.**

34. Navio. Deve-se tomar cuidado com a expressão *navio*. Tendo em vista que a CF/88 não conceituou o que seria navio, a doutrina e a jurisprudência pacificaram os seus entendimentos no sentido de conferir à expressão *navio* interpretação restritiva. Assim, *navio* não pode ser entendido como qualquer embarcação que se desloque sob águas, independentemente de qualquer outro critério. Por navio entenda-se a embarcação de grande porte, que possua tamanho e autonomia consideráveis para gerar o seu deslocamento para águas internacionais. Além disso, o navio deve encontrar-se em situação de deslocamento internacional ou em situação de potencial deslocamento.

STJ. CONFLITO DE COMPETÊNCIA. DESENVOLVIMENTO CLANDESTINO DE ATIVIDADES DE TELECOMUNICAÇÃO. CRIME COMETIDO A BORDO DE NAVIO ANCORADO NO PORTO DE PARANAGUÁ. SITUAÇÃO DE POTENCIAL DESLOCAMENTO. COMPETÊNCIA DA JUSTIÇA FEDERAL. 1. A Constituição Federal, em seu art. 109, IX, expressamente aponta a competência da Justiça Federal para processar e julgar "os crimes cometidos a bordo de navios ou aeronaves, ressalvada a competência da Justiça Militar". 2. Em razão da imprecisão do termo "navio" utilizado no referido dispositivo constitucional, a doutrina e a jurisprudência construíram o entendimento de que "navio" seria embarcação de grande porte o que, evidentemente, excluiria a competência para processar e julgar crimes cometidos a bordo de outros tipos de embarcações, isto é, aqueles que não tivessem tamanho e autonomia consideráveis que pudessem ser deslocados para águas internacionais. 3. Restringindo-se ainda mais o alcance do termo "navio", previsto no art. 109, IX, da Constituição, a interpretação que se dá ao referido dispositivo deve agregar outro aspecto, a saber, que ela se encontre em situação de deslocamento internacional ou em situação de potencial deslocamento. 4. Os tripulantes do navio que se beneficiavam da utilização de centrais telefônicas clandestinas, para realizar chamadas internacionais, pertenciam a embarcação que estava em trânsito no Porto de Paranaguá, o que caracteriza, sem dúvida, situação de potencial deslocamento.

Assim, a competência, vista sob esse viés, é da Justiça Federal. 5. Conflito conhecido para declarar competente o Juízo Federal e Juizado Especial de Paranaguá – SJ/PR. **(CC 118.503/PR, Rel. Min. Rogerio Schietti Cruz, julgado em 22/04/2015).**

35. **Competência e foro especial por prerrogativa de função.** Caso seja hipótese de foro especial por prerrogativa de função, ele será o competente para o processo e o julgamento, e não o Juizado Especial Criminal.

36. **Não imposição de prisão em flagrante.** No caso da prática deste delito, de acordo com o art. 48, §2º, não será imposta ao acusado a prisão em flagrante, devendo ser lavrado termo circunstanciado e o autor do fato deve ser encaminhado imediatamente ao Juizado Especial Criminal ou assumir o compromisso de a ele comparecer. Contudo, deve-se atentar que a prisão que se proíbe é a lavratura do auto de prisão em flagrante e o recolhimento ao cárcere. A prisão captura pode ocorrer normalmente.

37. **Princípio da insignificância.** De acordo com o a jurisprudência, não se aplica o princípio da insignificância, em razão de o delito ser de perigo abstrato.

> **STJ.** AGRAVO REGIMENTAL NO RECURSO ORDINÁRIO EM HABEAS CORPUS. ART. 28 DA LEI N. 11.343/2006. APLICAÇÃO DO PRINCÍPIO DA INSIGNIFICÂNCIA. IMPOSSIBILIDADE. 1. De acordo com a jurisprudência do Superior Tribunal de Justiça, a pequena quantidade de substância entorpecente apreendida, por ser característica própria do crime descrito no art. 28 da Lei n. 11.343/2006, não afasta a tipicidade material da conduta. Além disso, trata-se de delito de perigo abstrato, dispensando-se a demonstração de efetiva lesão ao bem jurídico tutelado pela norma – saúde pública. Precedentes. 2. Agravo regimental a que se nega provimento. (AgRg no RHC 68.686/MS, Rel. Min. Antonio Saldanha Palheiro, julgado em 01/09/2016).

38. **Consumação.** O delito consuma-se com a prática dos verbos típicos descritos no tipo penal.

39. **Classificação.** Crime comum; formal; doloso; comissivo; de perigo abstrato; instantâneo na conduta *adquirir* e permanente nas condutas *guardar, ter em depósito, transportar e trazer consigo*; admite tentativa.

40. **Princípio da especialidade:** O delito e porte de droga para uso estão especializados no art. 290 do Código Penal Militar (DL 1.001/1969): ("Art. 290. Receber, preparar, produzir, vender, fornecer, ainda que gratuitamente, ter em depósito, transportar, trazer consigo, ainda que para uso próprio, guardar, ministrar ou entregar de qualquer forma a consumo substância entorpecente, ou que determine dependência física ou psíquica, em lugar sujeito à administração militar, sem autorização ou em desacôrdo com determinação legal ou regulamentar: Pena – reclusão, até cinco anos").

41. **§1º. Conduta equiparada.**

42. **Sujeito ativo.** Qualquer pessoa. Trata-se de crime comum, pois o legislador não exigiu nenhuma condição especial do sujeito ativo.

43. **Sujeito passivo.** A coletividade.

44. Semear, cultivar e colher. *Semear* significa lançar, jogar sementes para germinarem. *Cultivar* é trabalhar a terra. *Colher* consiste em recolher os produtos, os "frutos" que surgem do cultivo.

45. Especial fim de agir. O tipo penal contém um especial fim de agir previsto na expressão *"para consumo pessoal"*. A ausência desse especial fim de agir configura o tipo penal do art. 33, parágrafo 1º, II da lei.

46. Objeto material. Plantas destinadas à preparação de pequena quantidade de substância ou produto capaz de causar dependência física ou psíquica. Note-se que a droga ainda não existe. O agente semeia, cultiva ou colhe a planta destinada à preparação da droga.

47. Pequena quantidade de substância. A pequena quantidade é um dos requisitos para a aplicação deste tipo penal. Porém, não há regulamentação do que seja pequena quantidade. Cremos que tudo vai depender do caso concreto.

48. Agente flagrado levando as sementes de maconha para o plantio. A conduta não se tipifica no §1º. Na realidade, vai configurar o delito do art. 28, *caput.*

49. Tipo penal misto alternativo. Caso o agente pratique mais de uma conduta descrita no tipo penal, responderá por um delito apenas, não havendo concurso de crimes.

50. Consumação. O delito consuma-se com a prática dos verbos típicos descritos no tipo penal.

51. Classificação. Crime comum; formal; doloso; de perigo abstrato; comissivo; admite tentativa.

52. §2º. Destinação da droga ao consumo pessoal. Neste parágrafo o legislador cuidou de estabelecer critérios para a determinação se a droga se destina ou não ao consumo pessoal. Isso é fundamental para a determinação da correta tipificação da conduta, se porte para uso ou tráfico de drogas, com todas as consequências legais decorrentes dessas duas tipificações. Os critérios são: natureza; quantidade da substância apreendida; local e condições em que se desenvolveu a ação; circunstâncias sociais e pessoais do agente; e, por fim, conduta e antecedentes do agente. Não existe um critério que prepondere sobre os outros. Todos os critérios têm igual peso e a análise deve ser em conjunto, nunca de forma isolada considerando apenas um dos critérios. Portanto, não se pode afirmar que se a droga apreendida com o agente era cocaína trata-se de tráfico. Como também não se pode afirmar que a pequena quantidade de maconha, por exemplo, é porte para uso. Também não se pode dizer que se trata de tráfico somente porque o agente possui antecedentes de tráfico de drogas ou que a conduta configura porte para uso porque o agente tem boas condições financeiras e pode comprar a droga para consumi-la ou, então, porque tem um trabalho lícito. Repita-se: em todos os casos, o Juiz deverá analisar todos os requisitos em conjunto, cotejados com o caso concreto.

53. Caso de dúvida. Se houver dúvida em relação à classificação, em razão de as circunstâncias do caso concreto não permitirem ao Juiz chegar a uma conclusão, a tipificação deverá ser no delito de porte para uso, em homenagem aos princípios do *in dubio pro reo, favor rei, favor libertatis*.

54. **§3º. Tempo de duração das penas dos incisos II e III.** De forma diversa das penas restritivas de direitos previstas no Código Penal (que têm, em regra, a mesma duração da pena privativa de liberdade aplicada – art. 55 do Código Penal), as penas previstas nos incisos I e II possuem duração máxima de 5 meses. Note-se que a pena não é de 5 meses, e sim possui duração *máxima* de cinco meses. Para a determinação do tempo de duração da pena, o Juiz deverá basear-se no art. 59 do Código Penal e no art. 42 desta lei.

55. **§4º. Reincidência.** Em caso de reincidência, o prazo estabelecido no §3º dobra para o máximo de 10 meses. Questão relevante versa sobre a necessidade de essa reincidência ser específica, havendo vozes na doutrina em sentido positivo. Contudo, onde a lei não distingue, não cabe ao intérprete distinguir. Tendo em vista que o legislador não especificou que se tratava de reincidência específica, como fê-lo no art. 83, V, do Código Penal, somos levados a afirmar que essa reincidência não precisa ser específica no delito de porte de drogas para uso, podendo ser em qualquer delito.

Entretanto, o STJ entendeu que essa reincidência é específica.

▶ **STJ**

Informativo nº 662.

Sexta Turma.

Posse de drogas para consumo pessoal. Art. 28, § 4º, da Lei n. 11.343/2006. Reincidência específica. Revisão do entendimento da Sexta Turma.

A reincidência de que trata o § 4º do art. 28 da Lei n. 11.343/2006 é a específica. (...) em revisão de entendimento, embora não conste da letra da lei, forçoso concluir que a reincidência de que trata o § 4º do art. 28 da Lei n. 11.343/2006 é a específica. Com efeito, a melhor exegese, segundo a interpretação topográfica, essencial à hermenêutica, é de que os parágrafos não são unidades autônomas, estando vinculadas ao *caput* do artigo a que se referem. Vale dizer, aquele que reincidir na prática do delito de posse de drogas para consumo pessoal ficará sujeito a penas mais severas – pelo prazo máximo de 10 meses –, não se aplicando, portanto, à hipótese vertente, a regra segundo a qual ao intérprete não cabe distinguir quando a norma não o fez. Desse modo, condenação anterior por crime de roubo não impede a aplicação das penas do art. 28, II e III, da Lei n. 11.343/2006, com a limitação de 5 meses de que dispõe o § 3º do referido dispositivo legal. **REsp 1.771.304-ES, Rel. Min. Nefi Cordeiro, Sexta Turma, por unanimidade, julgado em 10/12/2019, DJe 12/12/2019**

56. **§5º. Locais onde a prestação de serviços deverá ser cumprida.** O legislador estabeleceu locais diversos do Código Penal para o cumprimento da pena de prestação de serviços à comunidade prevista no inciso II, que deve prevalecer sobre o regramento do Código Penal por força do princípio da especialidade.

57. **§6º. Medidas de coerção.** Não são penas criminais. São medidas de coerção para obrigar o réu a cumprir as penas impostas, em caso de recusa injustificada. O legislador estabeleceu uma ordem: primeiro a admoestação verbal. Depois a multa.

58. **Inaplicabilidade em relação ao inciso I do art. 28.** A primeira pena é a de advertência sobre os efeitos das drogas, aplicada em audiência específica para esse fim. Cremos que as medidas de coerção não possuem compatibilidade com essa pena. Caso o réu não compareça à audiência para receber a pena de advertência, também não comparecerá para receber a admoestação verbal. Nesse caso, o Juiz deve substituir a pena de advertência por outra, como permite o art. 27 da lei, e aí sim, caso o condenado não a cumpra, o Juiz poderá aplicar essas medidas de coerção.

59. **I. Admoestação verbal.** Trata-se de uma repreensão oral, também realizada em audiência específica para esse fim. Não pode ser aplicada na mesma audiência em que a pena é aplicada, pois ela pressupõe o descumprimento da pena aplicada. Logo, a sua aplicação deve esperar o descumprimento da pena imposta na sentença.

60. **II. Multa.** A multa só pode ser aplicada após a aplicação da admoestação verbal.

61. **Critério para a aplicação.** A aplicação da medida de coerção de multa deve seguir os critérios do art. 29 e deve atender aos seguintes elementos: reprovabilidade da conduta e capacidade econômica do agente.

62. **Diferenças entre a medida de multa na lei de Drogas e a pena de multa no Código Penal.** A primeira diferença está relacionada à natureza jurídica: No Código penal, a multa é uma pena autônoma, uma espécie de sanção penal; na lei de Drogas a multa é apenas uma medida de correção, que é aplicada após o descumprimento injustificado da pena imposta na sentença. A segunda diferença está ligada ao destinatário da multa: No Código Penal a multa destina-se ao Fundo Penitenciário (art. 49); na lei de Drogas a multa destina-se ao Fundo Nacional Antidrogas-FUNAD.

63. **Execução da multa**: Caso a medida de coerção de multa não seja paga, caberá a sua execução, que deverá ser promovida pela Fazenda Pública, na Vara de Fazenda Pública.

64. **§7º. Tratamento especializado.** Trata-se de uma obrigação para o Juiz. Embora a lei fale em *tratamento ambulatorial*, pode acontecer de ser necessária a *internação*, caso em que o Juiz também deverá garanti-la ao réu. A determinação é feita na sentença que condenar o réu ou que homologar a transação penal.

65. **Destinatário.** Como a lei não especificou, parece-nos que o tratamento deve destinar-se tanto ao usuário, quanto ao dependente. De qualquer forma, a disponibilização do tratamento dependerá de cada caso concreto.

66. **Tempo de duração do tratamento.** A lei não especificou. Vai depender da recomendação do caso concreto, sobretudo – se for o caso – de acordo com o recomendado pela perícia.

Art. 29. Na imposição da medida educativa a que se refere o inciso II do § 6º do art. 28, o juiz, **atendendo à reprovabilidade da conduta**, fixará o número de dias-multa, em quantidade nunca inferior a 40 (quarenta) nem superior a 100 (cem), atribuindo depois a cada um, segundo a capacidade econômica do agente, o valor de um trinta avos até 3 (três) vezes o valor do maior salário mínimo.

Parágrafo único. Os valores decorrentes da imposição da multa a que se refere o § 6º do art. 28 serão creditados à conta do Fundo Nacional Antidrogas.

1. **Etapas para encontrar a multa.** A partir do elemento reprovabilidade da conduta, o Juiz fixará a multa atendendo a dois passos: 1. Fixa o número de dias-multa entre 40 e 100 dias-multa, 2. Encontra o valor de cada dia-multa, de 30 avos até 3 vezes o valor do salário mínimo, tendo como critério a situação econômica do réu.

2. **Destinatário da multa.** De acordo com o parágrafo único, o destinatário da multa é o Fundo Nacional Antidrogas-FUNAD, criado pela lei 7.560/1986.

Art. 30. Prescrevem em 2 (dois) anos a imposição e a execução das penas, observado, no tocante à interrupção do prazo, o disposto nos arts. 107 e seguintes do Código Penal.

1. **Prescrição penal.** De forma diversa dos critérios do Código Penal, a lei de Drogas previu prazo específico de prescrição para o delito de porte de drogas para uso: 2 anos.
2. **Termo inicial da prescrição.** Tendo em vista que a lei de Drogas não mencionou o termo inicial, devem ser aplicadas a normas do Código Penal (arts. 111 e 112).
3. **Espécies de prescrição.** Tendo em vista que o legislador mencionou "a imposição e a execução das penas", o prazo de 2 anos aplica-se à prescrição da pretensão punitiva e à prescrição da pretensão executória.
4. **Interrupção do prazo.** Há dois erros de redação: em primeiro lugar, a interrupção do prazo prescricional prevista no Código Penal está positivada no art. 117, e não no art. 107; em segundo lugar, não há artigos seguintes ao art. 117 que tratem das causas interruptivas do prazo, é só o art. 117 mesmo.
5. **Suspensão do prazo.** Embora a lei de Drogas não tenha mencionado, é possível haver a suspensão do prazo prescricional com base no art. 116 do Código Penal.

TÍTULO IV
DA REPRESSÃO À PRODUÇÃO NÃO AUTORIZADA E AO TRÁFICO ILÍCITO DE DROGAS

CAPÍTULO I
DISPOSIÇÕES GERAIS

Art. 31. É indispensável a **licença prévia da autoridade competente** para produzir, extrair, fabricar, transformar, preparar, possuir, manter em depósito, importar, exportar, reexportar, remeter, transportar, expor, oferecer, vender, comprar, trocar, ceder ou adquirir, para qualquer fim, drogas ou matéria-prima destinada à sua preparação, observadas as demais exigências legais.

1. **Licença da autoridade competente.** A competência para a autorização prevista neste artigo é da União Federal, por meio da ANVISA (art. 2º, parágrafo único, da lei 8.257/1991).

2. **Objeto material.** Drogas ou matéria-prima destinada à sua preparação.

3. **Qualquer finalidade.** A licença destina-se a qualquer finalidade, não havendo qualquer limitação prevista em lei.

Art. 32. As **plantações ilícitas serão imediatamente destruídas** pelo delegado de polícia na forma do art. 50-A, que recolherá quantidade suficiente para exame pericial, de tudo lavrando auto de levantamento das condições encontradas, com a delimitação do local, asseguradas as medidas necessárias para a preservação da prova.

§ 1º (Revogado). (Redação dada pela Lei nº 12.961, de 2014)

§ 2º (Revogado). (Redação dada pela Lei nº 12.961, de 2014)

§ 3º Em caso de ser utilizada a **queimada para destruir a plantação**, observar-se-á, além das cautelas necessárias à proteção ao meio ambiente, o disposto no Decreto nº 2.661, de 8 de julho de 1998, no que couber, dispensada a autorização prévia do órgão próprio do Sistema Nacional do Meio Ambiente - SISNAMA.

§ 4º As **glebas** cultivadas com plantações ilícitas serão **expropriadas**, conforme o disposto no art. 243 da Constituição Federal, de acordo com a legislação em vigor.

1. **Plantações ilícitas.** São as plantações não autorizadas pela União Federal.
2. **Desnecessidade de autorização judicial.** Para a destruição das plantações ilícitas, não se exige autorização judicial. Mas é necessária a prova de que se trata de plantações ilícitas de droga. Para isso, o Delegado de Polícia deve recolher amostras suficientes para o exame pericial para a efetiva comprovação.
3. **Destruição de plantações ilícitas.** A destruição a que esse artigo menciona é a destruição sem que tenha ocorrido a prisão em flagrante.
4. **Forma de destruição.** O art. 50-A prevê que a destruição será feita por incineração.
5. **Prazo para destruição.** A destruição deve ser imediata, tão logo o Delegado de Polícia localize as plantações ilícitas.
6. **§ 3º. Observância de proteção ao meio ambiente.** A incineração ocorre normalmente pela retirada da toda a plantação, a junção dela e apenas um local e a colocação de fogo. Contudo, essa forma de destruição deve obedecer às cautelas devidas e as normas pertinentes para não agredir o meio ambiente.
7. **§ 4º. Desapropriação.** O art. 243 da CF/88 determina a desapropriação de glebas onde forem localizadas culturas ilegais de plantas psicotrópicas, sem direito à indenização. ("Art. 243. As propriedades rurais e urbanas de qualquer região do País onde forem localizadas culturas ilegais de plantas psicotrópicas ou a exploração de trabalho escravo na forma da lei serão expropriadas e destinadas à reforma agrária e a programas de habitação popular, sem qualquer indenização ao proprietário e sem prejuízo de outras sanções previstas em lei, observado, no que couber, o disposto no art. 5º.").
8. **Previsão infraconstitucional. Lei 8.257/1991.** A lei 8.257/91 dispõe sobre a desapropriação das glebas nas quais haja a cultura ilegal de plantas psicotrópicas, nos seguintes moldes: "Art. 1º As glebas de qualquer região do país onde forem localizadas culturas ilegais de plantas psicotrópicas serão imediatamente expropriadas e

especificamente destinadas ao assentamento de colonos, para o cultivo de produtos alimentícios e medicamentosos, sem qualquer indenização ao proprietário e sem prejuízo de outras sanções previstas em lei, conforme o art. 243 da Constituição Federal. Parágrafo único. Todo e qualquer bem de valor econômico apreendido em decorrência do tráfico ilícito de entorpecentes e drogas afins será confiscado e reverterá em benefício de instituições e pessoal especializado no tratamento e recuperação de viciados e no aparelhamento e custeio de atividades de fiscalização, controle, prevenção e repressão do crime de tráfico dessas substâncias. Art. 2º Para efeito desta lei, plantas psicotrópicas são aquelas que permitem a obtenção de substância entorpecente proscrita, plantas estas elencadas no rol emitido pelo órgão sanitário competente do Ministério da Saúde. Parágrafo único. A autorização para a cultura de plantas psicotrópicas será concedida pelo órgão competente do Ministério da Saúde, atendendo exclusivamente a finalidades terapêuticas e científicas. Art. 3º A cultura das plantas psicotrópicas caracteriza-se pelo preparo da terra destinada a semeadura, ou plantio, ou colheita. Art. 4º As glebas referidas nesta lei, sujeitas à expropriação, são aquelas possuídas a qualquer título. Parágrafo único. (Vetado) (...)".

9. **Previsão infraconstitucional. Decreto 577/1992.** O Decreto 577/1992 determina que é de atribuição da Polícia Federal diligenciar para localizar culturas ilegais de plantas psicotrópicas para que seja efetivada a desapropriação. Confira-se a norma: "Art. 1º Compete à Polícia Federal promover as diligências necessárias à localização de culturas ilegais de plantas psicotrópicas, a fim de que seja promovida a imediata expropriação do imóvel em que forem localizadas e que será especialmente destinado ao assentamento de colonos, para o cultivo de produtos alimentícios e medicamentosos, sem qualquer indenização ao proprietário, ao possuidor ou ocupante a qualquer título, sem prejuízo de outras sanções previstas em lei. Art. 2º Para os devidos efeitos, plantas psicotrópicas são aquelas que permitem a obtenção de substância entorpecente proscritas, catalogadas em portaria do Ministério da Saúde. (...)"

10. **Objeto de desapropriação.** Questão relevante versa sobre a área a ser desapropriada, se será apenas a área onde havia a cultura ilegal ou se todo o imóvel. Imagine-se um imóvel (área rural) com 500.000 (quinhentos mil) metros quadrados. Em apenas 1.000 (mil) metros quadrados há a cultura ilegal de plantas psicotrópicas. Nesse caso, serão desapropriados os 500.000 metros quadrados (toda a propriedade) ou apenas os 1.000 metros onde localizava-se a cultura ilegal? Essa questão chegou ao STF que, ao interpretar a expressão "gleba" contida no art. 243 da CF/88, entendeu que gleba é a propriedade como um todo. Assim, no caso apresentado, todo o imóvel, no total de 500.000 metros quadrados, seria objeto de desapropriação.

> **STF.** "RECURSO EXTRAORDINÁRIO. CONSTITUCIONAL. EXPROPRIAÇÃO. GLEBAS. CULTURAS ILEGAIS. PLANTAS PSICOTRÓPICAS. ARTIGO 243 DA CONSTITUIÇÃO DO BRASIL. INTERPRETAÇÃO DO DIREITO. LINGUAGEM DO DIREITO. LINGUAGEM JURÍDICA. ARTIGO 5º, LIV DA CONSTITUIÇÃO DO BRASIL. O CHAMADO PRINCÍPIO DA PROPORCIONALIDADE. 1. Gleba, no artigo 243 da Constituição do Brasil, só pode ser entendida como a propriedade na qual sejam localizadas culturas ilegais de plantas psicotrópicas. O preceito não refere áreas em que sejam cultivadas plantas psicotrópicas, mas as glebas, no seu todo. 2. A gleba expropriada será destinada ao assentamento de colonos, para o cultivo de produtos alimentícios

e medicamentosos. 3. A linguagem jurídica corresponde à linguagem natural, de modo que é nesta linguagem natural, que se há de buscar o significado das palavras e expressões que se compõem naquela. Cada vocábulo nela assume significado no contexto no qual inserido. O sentido de cada palavra há de ser discernido em cada caso. No seu contexto e em face das circunstâncias do caso. Não se pode atribuir à palavra qualquer sentido distinto do que ela tem em estado de dicionário, ainda que não baste a consulta aos dicionários, ignorando-se o contexto no qual ela é usada, para que esse sentido seja em cada caso discernido. A interpretação/aplicação do direito se faz não apenas a partir de elementos colhidos do texto normativo [mundo do dever-ser], mas também a partir de elementos do caso ao qual será ela aplicada, isto é, a partir de dados da realidade [mundo do ser]. 4. O direito, qual ensinou CARLOS MAXIMILIANO, deve ser interpretado "inteligentemente, não de modo que a ordem legal envolva um absurdo, prescreva inconveniências, vá ter a conclusões inconsistentes ou impossíveis". 5. O entendimento sufragado no acórdão recorrido não pode ser acolhido, conduzindo ao absurdo de expropriar-se 150 m² de terra rural para nesses mesmos 150 m² assentar-se colonos, tendo em vista o cultivo de produtos alimentícios e medicamentosos. 6. Não violação do preceito veiculado pelo artigo 5º, LIV da Constituição do Brasil e do chamado "princípio" da proporcionalidade. Ausência de "desvio de poder legislativo" Recurso extraordinário a que se dá provimento." (RE 543974, Rel. Min. Eros Grau, julgado em 26/03/2009).

11. **Bem de família.** Outra questão relevante versa sobre a possibilidade de haver a desapropriação em se tratando de bem de família. Cremos que a resposta é positiva. É bem verdade que a lei 8.009/1990 trata de impenhorabilidade do imóvel que se constitua bem de família. Porém, no art. 3º da lei há exceções, entre elas a do inciso VI ("por ter sido adquirido com produto de crime ou para execução de sentença penal condenatória a ressarcimento, indenização ou perdimento de bens"). Se há exceção legal para o imóvel que é adquirido com produto de crime, é possível também haver a desapropriação caso haja a cultura ilegal de plantas psicotrópicas.

CAPÍTULO II
DOS CRIMES

Art. 33. Importar, exportar, remeter, preparar, produzir, fabricar, adquirir, vender, expor à venda, oferecer, ter em depósito, transportar, trazer consigo, guardar, prescrever, ministrar, entregar a consumo ou fornecer **drogas**, ainda que gratuitamente, sem autorização ou em desacordo com determinação legal ou regulamentar:

Pena – reclusão de 5 (cinco) a 15 (quinze) anos e pagamento de 500 (quinhentos) a 1.500 (mil e quinhentos) dias-multa.

§ 1º Nas mesmas penas incorre quem:

I - importa, exporta, remete, produz, fabrica, adquire, vende, expõe à venda, oferece, fornece, tem em depósito, transporta, traz consigo ou guarda, ainda que gratuitamente, sem autorização ou em desacordo com determinação legal ou regulamentar, **matéria-prima, insumo ou produto químico** destinado à preparação de drogas;

II – **semeia, cultiva ou faz a colheita**, sem autorização ou em desacordo com determinação legal ou regulamentar, de plantas que se constituam em matéria-prima para a preparação de drogas;

III – **utiliza local ou bem** de qualquer natureza de que tem a propriedade, posse, administração, guarda ou vigilância, **ou consente** que outrem dele se utilize, ainda que gratuitamente, sem autorização ou em desacordo com determinação legal ou regulamentar, para o tráfico ilícito de drogas.

IV – vende ou entrega drogas ou matéria-prima, insumo ou produto químico destinado à preparação de drogas, sem autorização ou em desacordo com a determinação legal ou regulamentar, a agente policial disfarçado, quando presentes elementos probatórios razoáveis de conduta criminal preexistente. (Incluído pela Lei nº 13964/2019)

§ 2º Induzir, instigar ou auxiliar alguém ao **uso** indevido de droga:

Pena – detenção, de 1 (um) a 3 (três) anos, e multa de 100 (cem) a 300 (trezentos) dias-multa.

§ 3º Oferecer droga, eventualmente e sem objetivo de lucro, a pessoa de seu relacionamento, para **juntos a consumirem**:

Pena – detenção, de 6 (seis) meses a 1 (um) ano, e pagamento de 700 (setecentos) a 1.500 (mil e quinhentos) dias-multa, sem prejuízo das penas previstas no art. 28.

§ 4º Nos delitos definidos no caput e no § 1º deste artigo, as **penas poderão ser reduzidas** de um sexto a dois terços, vedada a conversão em penas restritivas de direitos, desde que o agente seja primário, de bons antecedentes, não se dedique às atividades criminosas nem integre organização criminosa.

1. **Art. 33, *caput*. Tráfico de drogas.** O art. 33, *caput* trata do delito de tráfico de drogas, dispondo sobre várias condutas típicas ligadas ao comércio e à movimentação da droga.

2. **Bem jurídico protegido.** Na lei de Drogas protege-se a saúde pública, o equilíbrio sanitário da coletividade, que pode ser abalado pela prática das condutas previstas na lei.

3. **Crime de perigo abstrato.** O delito previsto neste artigo constitui crime de perigo abstrato, razão pela qual para a sua configuração, basta a prática da conduta pelo agente, que ela, por si só, já gera uma situação de perigo ao bem jurídico saúde pública, não sendo necessária a produção de prova do perigo.

4. **Sujeito ativo.** O crime é próprio no verbo *prescrever*, pois somente pode ser praticado por médico ou dentista. Nos demais verbos típicos, trata-se de crime comum.

5. **Sujeito passivo.** A coletividade.

6. **Verbos típicos.** ***Importar*** é internalizar a droga vinda do exterior. ***Exportar*** é remeter a droga para o exterior. ***Remeter*** significa enviar a droga, mandá-la a algum lugar. ***Preparar*** consiste em elaborar, preparar a droga. ***Produzir*** é dar origem à droga, fazê-la surgir. ***Fabricar*** tem o mesmo significado de *produzir*. ***Adquirir*** consiste na conduta de obter, conseguir, a droga, independentemente do meio (compra e venda, doação, troca etc.). ***Vender*** quer dizer trocar a droga por dinheiro ou qualquer outro bem que sirva como meio de pagamento, comercializar. ***Expor à venda*** é exibir a droga para que terceiras pessoas se interessem na sua compra. ***Oferecer*** significa entregar, disponibilizar de forma gratuita ou onerosa. ***Ter em***

depósito consiste em guardar, armazenar a droga, tê-la ao alcance. ***Transportar*** significa levar a droga de um local específico para outro local específico. Não precisa o agente estar fisicamente com a droga, podendo, por exemplo, a pessoa que está dentro do ônibus, transportar a droga na mala dentro do porão do ônibus. ***Trazer consigo*** é conduzir a droga junto a si. ***Guardar*** é conservar, preservar, manter em local seguro, ocultar a droga. ***Prescrever*** é receitar, aconselhar a utilização da droga. ***Ministrar*** significa introduzir no organismo alheio. ***Entregar a consumo*** é disponibilizar a droga para que alguém a consuma. ***Fornecer, ainda que gratuitamente,*** consiste em dar a droga a alguém, cedê-la a um terceiro, sem que seja mediante remuneração.

7. **Propriedade da droga. Irrelevância.** Nos verbos típicos deste artigo, para o crime consumar-se, não é necessário que a droga seja do agente.
8. **Agente que tem em depósito ou que guarda diversas espécies de drogas.** Crime único.
9. **Agente que guarda drogas em sua residência em nome de terceiro.** Pratica o delito de tráfico. Não precisa ser o dono da droga para a configuração do delito.
10. **Adquirir droga para outra pessoa.** Configura o delito de tráfico.
11. **Negociação por telefone, mesmo que não receba a droga. Consumação.** A conduta de negociar a aquisição de droga por telefone é o suficiente para a configuração do delito de tráfico consumado na modalidade adquirir, mesmo que haja a intervenção policial e a consequente apreensão da droga, fazendo com que ela não chegue até o agente.

► **STJ**

Informativo nº 569.

Sexta Turma

DIREITO PENAL. CONSUMAÇÃO DO CRIME DE TRÁFICO DE DROGAS NA MODALIDADE ADQUIRIR.

A conduta consistente em negociar por telefone a aquisição de droga e também disponibilizar o veículo que seria utilizado para o transporte do entorpecente configura o crime de tráfico de drogas em sua forma consumada – e não tentada —, ainda que a polícia, com base em indícios obtidos por interceptações telefônicas, tenha efetivado a apreensão do material entorpecente antes que o investigado efetivamente o recebesse. Inicialmente, registre-se que o tipo penal em análise é de ação múltipla ou conteúdo variado, pois apresenta várias formas de violação da mesma proibição, bastando, para a consumação do crime, a prática de uma das ações ali previstas. Nesse sentido, a Segunda Turma do STF (HC 71.853-RJ, DJ 19/5/1995) decidiu que a modalidade de tráfico "adquirir" completa-se no instante em que ocorre a avença entre comprador e vendedor. De igual forma, conforme entendimento do STJ, incide no tipo penal, na modalidade "adquirir", o agente que, embora sem receber a droga, concorda com o fornecedor quanto à coisa, não havendo necessidade, para a configuração do delito, de que se efetue a tradição da droga adquirida, pois que a compra e venda se realiza pelo consenso sobre a coisa e o preço (REsp 1.215-RJ, Sexta Turma, DJ 12/3/1990).

Conclui-se, pois, que a negociação com aquisição da droga e colaboração para seu transporte constitui conduta típica, encontrando-se presente a materialidade do crime de tráfico de drogas. **(HC 212.528-SC, Rel. Min. Nefi Cordeiro, julgado em 1º/9/2015).**

12. **Estado de necessidade.** Não cabe, em razão do bem jurídico protegido saúde pública ser de maior valor.

13. **Estado de flagrância de venda da droga. Não é necessário o flagrante da venda. Basta que o agente traga consigo para a venda.**

14. **Intuito de lucro.** O fim de lucro, em princípio, é elemento ínsito no delito de tráfico de drogas. Entretanto, a lei pune as condutas descritas mesmo que praticadas de forma gratuita, com exceção dos verbos *vender* e *expor à venda.* Assim, pratica esse delito quem, por exemplo, importa, exporta, transporta, guarda, traz consigo droga de forma gratuita.

15. **"Drogas".** Droga é o objeto material do delito. A expressão "drogas" está empregada de forma equivocada, pois a interpretação literal pode levar o intérprete a pensar que para que haja a prática deste delito ou de qualquer outro previsto nesta lei, é necessário que o agente pratique a conduta típica relacionada a mais de uma espécie de droga quando na realidade, basta que a conduta do agente tenha por objeto apenas um tipo de droga.

16. **Norma penal em branco heterogênea.** O presente tipo penal constitui um tipo penal em branco heterogêneo e o seu complemento está na Portaria 344/1998, da Secretaria de Vigilância Sanitária, do Ministério da Saúde.

17. **Tipo penal misto alternativo.** Caso o agente pratique mais de uma conduta descrita no tipo penal, no mesmo contexto fático, responderá por um delito apenas, não havendo concurso de crimes. Dessa forma, caso o agente, por exemplo, *importe, tenha em depósito, traga consigo* e depois *venda* a droga, responde por apenas um delito.

18. **Crime permanente.** As condutas *expor à venda, ter em depósito, transportar, trazer consigo e guardar* configuram crime permanente.

19. **Sem autorização ou em desacordo com determinação legal ou regulamentar.** Caso o agente possua autorização ou esteja de acordo com determinação legal ou regulamentar a conduta será atípica.

20. **Consumação.** Com a prática de qualquer das condutas típicas. Trata-se de crime formal.

STJ. "A conduta prevista no art. 33, caput, da Lei n. 11.343/2006 constitui delito formal, multinuclear, e, para sua consumação, basta a execução de quaisquer das condutas previstas no tipo penal, quais sejam: importar, exportar, remeter, preparar, produzir, fabricar, adquirir, vender, expor à venda, oferecer, ter em depósito, transportar, trazer consigo, guardar, prescrever, ministrar, entregar a consumo ou fornecer drogas. (...). (CC 133.560/RJ, Rel. Min. Rogerio Schietti Cruz, julgado em 11/06/2014)."

21. Classificação. Crime próprio na conduta *prescrever* e comum nas demais condutas; formal; doloso; comissivo; de perigo abstrato; instantâneo nas condutas *importar, exportar, remeter, preparar, produzir, fabricar, adquirir, vender, oferecer, prescrever, ministrar, entregar a consumo e fornecer* e permanente nas condutas *expor à venda, ter em depósito, transportar, trazer consigo e guardar*; embora prevaleça na doutrina a opinião de que o delito de tráfico não admite a tentativa, em razão da quantidade e condutas típicas, cremos que nada impede, por exemplo, que o agente tente importar a droga, mas ela não chegue a ingressar no território brasileiro.

22. Suspensão condicional do processo. Incabível, pois a pena mínima cominada ultrapassa 1 ano (art. 89 da lei 9.099/95).

23. Grau de pureza da droga. Não gera nenhuma influência na configuração do delito.

> **STJ.** PROCESSUAL PENAL. RECURSO ORDINÁRIO EM HABEAS CORPUS. TRÁFICO INTERNACIONAL DE DROGAS. PERÍCIA TÉCNICA. COMPLEMENTAÇÃO. GRAU DE PUREZA DA SUBSTÂNCIA APREENDIDA. CONSTATAÇÃO. DESNECESSIDADE. RECURSO DESPROVIDO. (...) A aferição do grau de pureza é dispensável para a identificação da natureza e da quantidade da substância transportada, sendo notório que a cocaína, pelo seu alto custo, é misturada a outros produtos para aumentar o lucro dos traficantes, vários deles igualmente nocivos para a saúde pública". (...) **(RHC 55.172/SP, Rel. Min. Ribeiro Dantas, julgado em 12/04/2016).**

24. Pequena quantidade de droga. Não influencia a configuração do delito.

25. Princípio da insignificância. Não se aplica, em razão do bem jurídico tutelado e de o crime ser de perigo abstrato.

> **STJ.** ATIPICIDADE MATERIAL DA CONDUTA. PRINCÍPIO DA INSIGNIFICÂNCIA NÃO APLICÁVEL. (...) Esta Corte Superior de Justiça há muito consolidou seu entendimento no sentido de que não se aplica o princípio da insignificância ao delito de tráfico ilícito de drogas, uma vez que o bem jurídico protegido é a saúde pública, sendo o delito de perigo abstrato, afigurando-se irrelevante a quantidade de droga apreendida (...). (RHC 67.379/RN, Rel. Min. Ribeiro Dantas, julgado em 20/10/2016).

26. "Mulas do tráfico". Ingestão de drogas. Exame de raio-X. O exame de raio-X realizado na pessoa que apenas transporta a droga, denominada "mula", não viola o princípio da proibição da autoacusação, conhecido como *nemo tenetur se detegere.*

► **STJ**

> **Informativo nº 468**
>
> **Sexta Turma**
>
> **EXAME. RAIOS X. TRÁFICO. ENTORPECENTES.**
>
> Uma das questões suscitadas pela defesa no *writ* afirma a ilegalidade da prova produzida, sob o fundamento de que a submissão dos pacientes ao exame de raios x, a fim de constatar a ingestão de cápsulas de cocaína, ofende o princípio segundo o qual ninguém pode ser compelido a produzir prova contra si (*nemo tenetur se detegere*). A Turma entendeu que não houve violação do referido princípio, uma vez

que não ficou comprovada qualquer recusa na sujeição à radiografia abdominal; ao contrário, os pacientes teriam assumido a ingestão da droga, narrando, inclusive, detalhes da ação que culminaria no tráfico internacional do entorpecente. Ressaltou que os exames de raios x não exigiram qualquer agir ou fazer por parte dos pacientes, tampouco constituíram procedimentos invasivos ou até mesmo degradantes que pudessem violar seus direitos fundamentais, acrescentando, ainda, que a postura adotada pelos policiais não apenas acelerou a colheita da prova, como também visou à salvaguarda do bem jurídico vida, já que o transporte de droga de tamanha nocividade no organismo pode ocasionar a morte. Assim, a Turma, entre outras questões, denegou a ordem. **HC 149.146-SP, Rel. Min. Og Fernandes, julgado em 5/4/2011.**

27. **Norma penal em branco e *abolitio criminis*.** Questão relevante versa sobre a consequência da revogação posterior do complemento da lei penal em branco. Basta pensar na hipótese em que o cloreto de etila (também conhecido como lança perfume), que figura como droga na Portaria 344/1998, é retirado da lista da mencionada Portaria. Isso geraria a *abolitio criminis*? A resposta é positiva. Na norma penal em branco, o complemento figura como elemento do tipo. É o complemento que completa a adequação típica formal. Sem ele a conduta é atípica. Logo, uma vez revogado o complemento, o delito desaparece do ordenamento jurídico, passando aquele fato, agora, a ser penalmente irrelevante.

Essa hipótese realmente ocorreu e o questionamento chegou ao STF, que reconheceu a *abolitio criminis*.

▶ **STF**

Informativo nº 578.

"Abolitio Criminis" e Cloreto de Etila – 1

"A Turma deferiu *habeas corpus* para declarar extinta a punibilidade de denunciado pela suposta prática do delito de tráfico ilícito de substância entorpecente (Lei 6.368/76, art. 12) em razão de ter sido flagrado, em 18.2.98, comercializando frascos de cloreto de etila (lança-perfume). Tratava-se de *writ* em que se discutia a ocorrência, ou não, de *abolitio criminis* quanto ao cloreto de etila ante a edição de resolução da Agência Nacional de Vigilância Sanitária – ANVISA que, 8 dias após o haver excluído da lista de substâncias entorpecentes, novamente o incluíra em tal listagem. Inicialmente, assinalou-se que o Brasil adota o sistema de enumeração legal das substâncias entorpecentes para a complementação do tipo penal em branco relativo ao tráfico de entorpecentes. (...) Consignou-se que o problema surgira com a Resolução ANVISA RDC 104, de 7.12.2000, que retirara o cloreto de etila da Lista F2 — lista das substâncias psicotrópicas de uso proscrito no Brasil, da Portaria SVS/MS 344, de 12.5.98 — para incluí-lo na Lista D2 — lista de insumos utilizados como precursores para fabricação e síntese de entorpecentes e/ou psicotrópicos.

"Abolitio Criminis" e Cloreto de Etila – 2

(...) Concluiu-se que atribuir eficácia retroativa à nova redação da Resolução ANVISA RDC 104 — que tornou a definir o cloreto de etila como substância psicotrópica — representaria flagrante violação ao art. 5º, XL, da CF. Em suma, assentou-se que, a partir de 7.12.2000 até 15.12.2000, o consumo, o porte ou o tráfico da aludida substância já não seriam alcançados pela Lei de Drogas e, tendo em conta a disposição da lei constitucional mais benéfica, que se deveria julgar extinta a punibilidade dos agentes que praticaram quaisquer daquelas condutas antes de 7.12.2000." **HC 94397/BA, rel. Min. Cezar Peluso, 9.3.2010.**

28. Irretroatividade do tipo penal. Em comparação com o tipo penal de tráfico de drogas previsto no art. 12 da revogada lei 6.368/1976, que previa pena privativa de liberdade de reclusão de 3 a 15 anos e 50 a 360 dias-multa, o tipo penal ora comentado constitui uma *novatio legis in pejus,* tendo em vista que sua pena é maior. Assim, não retroage, por força do princípio da irretroatividade da lei penal mais severa (Art. 5º, XL, da CF/88).

29. Competência. Ver comentários ao art. 70 da lei.

30. Equiparação a hediondo. O tráfico de drogas é crime equiparado a hediondo, salvo o tráfico privilegiado (art. 33, §4º, da presente lei). Tal equiparação foi feita tanto pela Constituição da República (art. 5º, XLIII), quanto pela lei de crimes hediondos (lei 8.072/90, art. 2º, *caput*). Logo, devem ser aplicadas ao delito de tráfico todas as normas penais e processuais penais previstas na lei de crimes hediondos. Porém, em homenagem ao princípio da especialidade, as normas contidas na lei de crimes hediondos serão aplicadas somente naquilo em que não conflitarem com a lei de Drogas.

31. Consequências da equiparação a crime hediondo. Há algumas consequências decorrentes da equiparação do tráfico de drogas a crime hediondo, sobretudo ao nível do regime de cumprimento de pena, da progressão de regimes e da substituição da pena privativa de liberdade por pena restritiva de direitos, conforme será visto nos próximos tópicos.

32. Concurso de crimes com o art. 35 da lei – Associação para o tráfico. É possível o concurso de crimes entre os delitos de tráfico e o de associação para o tráfico.

> **STJ.** (...) TRÁFICO DE DROGAS E ASSOCIAÇÃO PARA O TRÁFICO. (...) CONCURSO MATERIAL. (...) Hipótese em que embora o regime prisional mais gravoso tenha sido fundamentado no referido dispositivo declarado inconstitucional, reconhecida a ocorrência de concurso material com o consequente somatório das reprimendas impostas para os delitos de associação e tráfico de drogas, verifica-se que a pena restou definitiva em 8 anos e 6 meses de reclusão, acarretando a manutenção do regime prisional fechado, por força de expressa previsão legal (art. 33, § 2º, "a", do Código Penal e art. 111 da LEP). (...) **(HC 355.725/RJ, Rel. Min. Ribeiro Dantas, julgado em 10/11/2016).**

33. Regime de cumprimento de pena. Aplicação da lei de crimes hediondos. Como a lei de Drogas não fez nenhuma previsão específica em relação ao regime de cumprimento de pena, todo o seu regramento deveria ser regido pelo Código Penal. Contudo, em razão da equiparação a crime hediondo, esse regramento está previsto na lei de crimes hediondos.

34. Do regime integralmente fechado ao regime aberto. Trataremos da evolução da questão legislativa referente ao regime de cumprimento de pena, para que o leitor tenha a visão global do tema.

35. O regime integralmente fechado. Antes da edição da lei 11.464, de 28 de março de 2007, que deu nova redação ao art. 2º, § 1º, a lei de crimes hediondos em sua redação originária previa o regime **integralmente** fechado. Tal regime sempre teve sua constitucionalidade contestada por parte da doutrina e jurisprudência, à luz do princípio constitucional da individualização da pena, previsto no art. 5º, XLVI da CF/88. O princípio da individualização da pena preconiza, como o seu próprio nome está a sugerir, que a pena criminal deve ser individualizada de acordo com as condições pessoais de cada delinquente. Ao aplicar a pena criminal, o juiz deve sempre encontrar a pena justa, que seja a pena necessária e suficiente para a reprovação e prevenção do delito praticado. E é por meio de mencionado princípio que o julgador vai encontrar a pena justa. Assim, poderia o legislador estabelecer o mesmo regime de cumprimento de pena para todos os condenados indistintamente, impedindo o Juiz de realizar a individualização? Esse questionamento será respondido nos próximos tópicos.

36. Declaração de inconstitucionalidade do regime integralmente fechado pelo STF. Em 23/02/2006, na ordem de *habeas corpus* nº 82.959/SP, o STF declarou a inconstitucionalidade do regime integralmente fechado, previsto no § 1º, do art. 2º da lei de crimes hediondos, por violação do princípio da individualização da pena. Eis a ementa:

> PENA – REGIME DE CUMPRIMENTO – PROGRESSÃO – RAZÃO DE SER. A progressão no regime de cumprimento da pena, nas espécies fechado, semi-aberto e aberto, tem como razão maior a ressocialização do preso que, mais dia ou menos dia, voltará ao convívio social. PENA – CRIMES HEDIONDOS – REGIME DE CUMPRIMENTO – PROGRESSÃO – **ÓBICE** – ARTIGO 2º, § 1º, DA LEI Nº 8.072/90 – INCONSTITUCIONALIDADE – EVOLUÇÃO JURISPRUDENCIAL. Conflita com a garantia da individualização da pena – artigo 5º, inciso XLVI, da Constituição Federal – a imposição, mediante norma, do cumprimento da pena em regime integralmente fechado. Nova inteligência do princípio da individualização da pena, em evolução jurisprudencial, assentada a inconstitucionalidade do artigo 2º, § 1º, da Lei nº 8.072/90. (HC 82.959/SP. Rel. Min. Marco Aurélio. Julgamento em 23/02/2006. DJ 01-09-2006).

Ao declarar a inconstitucionalidade do regime integralmente fechado, o STF acabou por permitir a progressão de regime de cumprimento de pena privativa de liberdade nos crimes hediondos e equiparados.

Tal controle de constitucionalidade foi feito no método difuso, com eficácia *inter partes*. Entretanto, para serem coerentes com o STF, o STJ e os demais tribunais brasileiros começaram, também, a conceder a progressão de regime aos condenados por crimes hediondos ou equiparados.

37. Regime inicialmente fechado. A lei 11.464, de 28 de março de 2007 deu nova redação ao § 1º da lei de crimes hediondos para inserir o regime **inicialmente** fechado, positivando a jurisprudência do STF. Tal modificação reforçou a jurisprudência do STF no sentido de não mais se exigir que o apenado cumpra todo o período de pena privativa de liberdade em regime fechado, possibilitando, dessa forma, a progressão de regimes. Entretanto, mesmo com a nova redação legal, o art. 2º, §1º continuou a estabelecer o *mesmo regime inicial* de cumprimento de pena para todos os condenados por crimes hediondos e equiparados, e, consequentemente, continuou a impedir que o julgador individualizasse a pena criminal no momento da prolação da sentença condenatória, uma vez que ele não poderá fixar nenhum outro regime diverso do fechado, independentemente do juízo de necessidade e de adequação a ser feito em cada caso concreto à luz das condições pessoais de cada condenado. Por essa razão, o regime *inicialmente* fechado continua a violar o princípio constitucional da individualização da pena ao estabelecer genericamente o mesmo regime inicial para todos os condenados. Com esse fundamento, o STF também declarou a inconstitucionalidade do regime *inicialmente* fechado contido no art. 2º, §1º da lei de crimes hediondos. O STJ seguiu o mesmo entendimento.

STF. A Corte Constitucional, no julgamento do HC nº 111.840/ES, de relatoria do Ministro Dias Toffoli, removeu o óbice constante do § 1º do art. 2º da Lei nº 8.072/90, com a redação dada pela Lei nº 11.464/07, o qual determinava que "[a] pena por crime previsto nes[s]e artigo será cumprida inicialmente em regime fechado", declarando, de forma incidental, a inconstitucionalidade da obrigatoriedade de fixação do regime fechado para o início do cumprimento de pena decorrente da condenação por crime hediondo ou equiparado. 5. Esse entendimento abriu passagem para que a fixação do regime prisional — mesmo nos casos de tráfico ilícito de entorpecentes ou de outros crimes hediondos e equiparados — seja devidamente fundamentada, como ocorre nos demais delitos dispostos no ordenamento. 6. No caso, as instâncias ordinárias indicaram elementos concretos e individualizados aptos a demonstrar a necessidade da prisão do paciente em regime fechado, impondo-lhe o regime mais severo mediante fundamentação adequada, nos termos do que dispõe o art. 33, caput e parágrafos, do CP. 7. Ordem denegada. **(HC 119382. Rel. Min. Dias Toffoli, julgado em 26/11/2013).**

▶ **STJ**

Informativo 540

Quinta Turma

DIREITO PENAL. REGIME INICIAL DE CUMPRIMENTO DE PENA NO CRIME DE TORTURA.

Não é obrigatório que o condenado por crime de tortura inicie o cumprimento da pena no regime prisional fechado. Dispõe o art. 1º, § 7º, da Lei 9.455/1997 – lei que define os crimes de tortura e dá outras providências – que "O condenado por crime previsto nesta Lei, salvo a hipótese do § 2º, iniciará o cumprimento da pena em regime fechado". Entretanto, cumpre ressaltar que o Plenário do STF, ao julgar o HC 111.840-ES (DJe 17.12.2013), afastou a obrigatoriedade do regime inicial fechado para os condenados por crimes hediondos e equiparados, devendo-se observar, para a fixação do regime inicial de cumprimento de pena, o disposto no art. 33 c/c o art. 59, ambos do CP. Assim, por ser equiparado a crime hediondo, nos termos do art. 2º, *caput* e § 1º, da Lei 8.072/1990, é evidente que essa interpretação também deve ser aplicada ao crime de tortura, sendo o caso de se desconsiderar a regra disposta no art. 1º, § 7º, da Lei 9.455/1997, que possui a mesma disposição da norma declarada inconstitucional. (...). Portanto, seguindo a orientação adotada pela Suprema Corte, deve-se utilizar, para a fixação do regime inicial de cumprimento de pena, o disposto no art. 33 c/c o art. 59, ambos do CP e as Súmulas 440 do STJ e 719 do STF. (...). Precedente citado: REsp 1.299.787-PR, Quinta Turma, DJe 3/2/2014. HC 286.925-RR, **Rel. Min. Laurita Vaz, julgado em 13/5/2014.**

38. **Cabimento de regime semiaberto ou aberto.** De tudo o que foi visto, a jurisprudência do STF e do STJ passou a admitir a fixação do regime semiaberto ou do regime aberto aos condenados por crimes hediondos ou equiparados, inclusive o tráfico.

▶ **STF**

Informativo nº 859.

Segunda Turma.

Tráfico de drogas e fixação de regime inicial.

A Segunda Turma, por maioria, concedeu a ordem em "habeas corpus" no qual se pretendia a alteração do regime prisional imposto ao paciente condenado pela prática do crime de tráfico de drogas — disposto no art. 33 da Lei 11.343/2006 — a pena em regime inicial fechado, por força de decisão exarada pelo Superior Tribunal de Justiça (STJ). (...) A Turma asseverou que o condenado não reincidente, cuja pena seja superior a 4 anos e não exceda a 8 anos, tem o direito de cumprir a pena corporal em regime semiaberto, segundo o art. 33, § 2º, "b", do CP, caso as circunstâncias judiciais do art. 59 do mesmo diploma lhe sejam favoráveis. (...) **(HC 140441/MG, rel. Min. Ricardo Lewandowski, julgamento em 28.3.2017).**

STJ. HABEAS CORPUS SUBSTITUTIVO DE RECURSO PRÓPRIO. NÃO CABIMENTO. TRÁFICO DE DROGAS. REGIME FECHADO. PENA INFERIOR A 4 ANOS. PENA-BASE NO MÍNIMO LEGAL. HEDIONDEZ DO DELITO. FUNDAMENTAÇÃO INIDÔNEA. SUBSTITUIÇÃO DA PENA PRIVATIVA DE LIBERDADE POR RESTRITIVAS DE DIREITO. PREENCHIMENTO DOS REQUISITOS DO ART. 44 DO CP. POSSIBILIDADE. CONSTRANGIMENTO ILEGAL EVIDENCIADO. HABEAS CORPUS NÃO CONHECIDO. ORDEM CONCEDIDA DE OFÍCIO. (...) É pacífica nesta Corte Superior a orientação segundo a qual a fixação de regime mais gravoso do que o imposto em razão da pena deve ser feita com base em fundamentação concreta, a partir das circunstâncias judiciais dispostas no art. 59 do Código Penal – CP ou de outro dado concreto que demonstre a extrapolação da normalidade do tipo, de acordo com o enunciado n. 440 da Súmula desta Corte, bem como os enunciados n. 718 e 719 da Súmula do Supremo Tribunal Federal. In casu, em razão da primariedade do paciente, do quantum de pena aplicado, inferior a 4 anos (art. 33, § 2º, "c", do CP), da inexistência de circunstância judicial desfavorável (art. 59 do CP), bem como da fixação da pena-base no mínimo legal, o regime a ser imposto deve ser o aberto. (...) Habeas corpus não conhecido. Ordem concedida de ofício para fixar o regime inicial aberto, substituindo-se a pena privativa de liberdade por duas restritivas de direito a serem especificadas pelo Juízo de Execuções. **(HC 370.507/SP, Rel. Min. Joel Ilan Paciornik, julgado em 22/11/2016).**

39. **Substituição de pena privativa de liberdade por pena restritiva de direitos.** Antes do julgamento da ordem de *habeas corpus* nº 82.959/SP pelo STF, a jurisprudência não admitia a substituição de pena privativa de liberdade por pena restritiva de direitos nos crimes hediondos e equiparados, ao argumento de ser o regime de cumprimento de pena integralmente fechado, havendo plena incompatibilidade entre esse regime e a pena restritiva de direitos, que permite ao condenado cumprir a pena em liberdade.

Após o julgamento da ordem de *habeas corpus* nº 82.959/SP pelo STF, a jurisprudência passou a admitir a substituição de pena privativa de liberdade por pena restritiva de direitos nos crimes hediondos e equiparados, uma vez que o único óbice que existia (regime integralmente fechado) não mais existe, em razão da declaração de sua inconstitucionalidade.

► **STF**

> **Informativo nº 821**
>
> **Segunda Turma**
>
> ***Tráfico de entorpecentes: fixação do regime e substituição da pena***
>
> Não sendo o paciente reincidente, nem tendo contra si circunstâncias judiciais desfavoráveis (CP, art. 59), a gravidade em abstrato do crime do art. 33, "caput", da Lei 11.343/2006, não constitui motivação idônea para justificar a fixação do regime mais gravoso. Com esse entendimento, a Segunda Turma, após superar o óbice do Enunciado 691 da Súmula do STF, concedeu "habeas corpus" de ofício para garantir ao paciente, condenado à pena de um ano e oito meses de reclusão pela prática do delito de tráfico de drogas, a substituição da reprimenda por duas penas restritivas de direitos, a serem estabelecidas pelo juízo das execuções criminais, bem assim a fixação do regime inicial aberto. O Colegiado entendeu que o paciente atende aos requisitos do art. 44 do CP, razão pela qual o juízo deve considerá-los ao estabelecer a reprimenda, de acordo com o princípio constitucional da individualização da pena. HC 133028/SP, rel. Min. Gilmar Mendes, 12.4.2016.

40. Absorção dos arts. 33, §1º, I e 34. O art. 33, *caput,* pode absorver os delitos previstos nos arts. 33, §1º e 34, desde que se constituam meios necessários ou fases normais de preparação para a prática do art. 33, *caput*.

► **STF**

> **Informativo nº 791**
>
> **Segunda Turma**
>
> ***Lei de drogas e princípio da consunção.***
>
> (...) A Turma (...) entendeu que, dadas as circunstâncias do caso concreto, seria possível a aplicação do princípio da consunção, que se consubstanciaria pela absorção dos delitos tipificados nos artigos 33, § 1º, I, e 34 da Lei 11.343/2006, pelo delito previsto no art. 33, "caput", do mesmo diploma legal. Ambos os preceitos buscariam proteger a saúde pública e tipificariam condutas que — no mesmo contexto fático, evidenciassem o intento de traficância do agente e a utilização dos aparelhos e insumos para essa mesma finalidade — poderiam ser consideradas meros atos preparatórios do delito de tráfico previsto no art. 33, "caput", da Lei 11.343/2006. (...). **(HC 109708/SP, rel. Min. Teori Zavascki, 23.6.2015).**

41. Desclassificação do delito de tráfico para o delito de porte para uso ou para uma infração que caiba a suspensão condicional do processo. Caso o agente seja denunciado por tráfico de drogas e durante a instrução processual descubra-se que, na realidade, o delito praticado foi outro da lei de Drogas, operando-se a desclassificação para outro delito que admita a suspensão condicional do processo, deverá ser aplicada a súmula 337 do STJ. (*"É cabível a suspensão condicional do processo na desclassificação do crime e na procedência parcial da pretensão punitiva"*).

> **STJ.** HABEAS CORPUS. LEI DE DROGAS. DESCLASSIFICAÇÃO DO DELITO DE TRÁFICO PARA O DE USO DE ENTORPECENTES, QUANDO DO JULGAMENTO DO RECURSO DE APELAÇÃO INTERPOSTO PELO PACIENTE. CONDUTA QUE ADMITE TANTO A TRANSAÇÃO PENAL QUANTO A SUSPENSÃO CONDICIONAL DO PROCESSO. (...) 1. A conduta prevista no art. 28 da Lei n.º 11.343/06 admite, em tese, tanto a transação penal quanto a suspensão condicional do processo. 2. Os institutos despenalizadores da Lei n.º 9.099/95 devem ser aplicados quando ocorre a desclassificação do delito, conforme entendimento sedimentado na súmula n.º 337 desta Corte. (...) **(HC 162.807/SP, Rel. Min. Laurita Vaz, julgado em 08/05/2012).**

42. **Princípio da especialidade. Código Penal Militar.** O delito de tráfico de drogas está especializado no art. 290 do Código Penal Militar (DL 1.001/1969): ("Art. 290. Receber, preparar, produzir, vender, fornecer, ainda que gratuitamente, ter em depósito, transportar, trazer consigo, ainda que para uso próprio, guardar, ministrar ou entregar de qualquer forma a consumo substância entorpecente, ou que determine dependência física ou psíquica, em lugar sujeito à administração militar, sem autorização ou em desacôrdo com determinação legal ou regulamentar: Pena – reclusão, até cinco anos.").

43. **Princípio da especialidade. ECA.** O delito de tráfico de drogas é especial em relação ao crime previsto no art. 243 do ECA ("Vender, fornecer, servir, ministrar ou entregar, ainda que gratuitamente, de qualquer forma, a criança ou a adolescente, bebida alcoólica ou, sem justa causa, outros produtos cujos componentes possam causar dependência física ou psíquica."). O elemento especializante reside no objeto material, de forma que se o objeto material da conduta for droga (previsto na Portaria 344/1998), aplica-se a lei de Drogas, com a majorante prevista no art. 40 VI da lei. De outro giro, se o objeto material que o agente vendeu, ministrou ou entregou for qualquer outra substância que possa causar dependência física ou psíquica, mas que não seja considerada droga, como cigarro, cola de sapateiro, bebida etc., aplica-se o ECA.

44. **Princípio da especialidade. Contrabando.** O delito de tráfico de drogas, nos verbos *importar* e *exportar,* é especial em relação ao delito de contrabando (Art. 334-A, do Código Penal). O elemento especializante reside no objeto material, que, enquanto no contrabando é qualquer produto proibido, na lei de Drogas o objeto da importação ou da exportação é droga.

45. **§1º. Condutas equiparadas.** O §1º traz em seus três incisos condutas equiparadas ao *caput*.

46. **Inciso I. Matéria-prima, insumo ou produto químico destinado à preparação da droga.**

47. **Bem jurídico protegido.** A saúde pública, o equilíbrio sanitário da coletividade.

48. **Sujeito ativo.** Crime comum. Qualquer pessoa pode praticar.

49. **Sujeito passivo.** A coletividade.

50. **Verbos típicos.** Os mesmos do *caput*.

51. **Objeto material.** Matéria-prima, insumo ou produto químico destinado à preparação de drogas.

52. **Diferença em relação ao *caput*.** Neste tipo penal a droga ainda não existe. O tipo penal pune a preparação da droga.

53. **Matéria-prima.** É a substância principal utilizada na fabricação da droga.

54. **Insumo.** É o elemento necessário à preparação da droga.

55. **Produto químico.** Trata-se da substância resultante de preparação química.

56. **Abrangência de qualquer substância.** A incriminação abrange não só as substâncias destinadas exclusivamente à preparação da droga, como, também, qualquer substância que possa ser empregada nesta finalidade, a exemplo do éter e da acetona que servem para o refino da cocaína.

57. **Controle e fiscalização sobre produtos químicos que direta ou indiretamente possam ser destinados à elaboração ilícita de drogas.** A lei 10.357/2001 trata da fiscalização e do controle dos produtos químicos que possam ser destinados à elaboração ilícita de drogas, nos seguintes moldes: "Art. 1º Estão sujeitos a controle e fiscalização, na forma prevista nesta Lei, em sua fabricação, produção, armazenamento, transformação, embalagem, compra, venda, comercialização, aquisição, posse, doação, empréstimo, permuta, remessa, transporte, distribuição, importação, exportação, reexportação, cessão, reaproveitamento, reciclagem, transferência e utilização, todos os produtos químicos que possam ser utilizados como insumo na elaboração de substâncias entorpecentes, psicotrópicas ou que determinem dependência física ou psíquica. § 1º Aplica-se o disposto neste artigo às substâncias entorpecentes, psicotrópicas ou que determinem dependência física ou psíquica que não estejam sob controle do órgão competente do Ministério da Saúde. § 2º Para efeito de aplicação das medidas de controle e fiscalização previstas nesta Lei, considera-se produto químico as substâncias químicas e as formulações que as contenham, nas concentrações estabelecidas em portaria, em qualquer estado físico, independentemente do nome fantasia dado ao produto e do uso lícito a que se destina. Art. 2º O Ministro de Estado da Justiça, de ofício ou em razão de proposta do Departamento de Polícia Federal, da Secretaria Nacional Antidrogas ou da Agência Nacional de Vigilância Sanitária, definirá, em portaria, os produtos químicos a serem controlados e, quando necessário, promoverá sua atualização, excluindo ou incluindo produtos, bem como estabelecerá os critérios e as formas de controle (...)." O Decreto 4.262/2002 regulamenta essa lei: "Art. 1º O Departamento de Polícia Federal do Ministério da Justiça, por meio de seu Órgão Central de Controle de Produtos Químicos, coordenará e executará as ações de controle e fiscalização dos produtos químicos e substâncias a que se refere o art. 1º da Lei nº 10.357, de 27 de dezembro de 2001 (...)."

58. **Importação de pequena quantidade de sementes de maconha.** Não configura este delito.

▶ **STJ**

Informativo nº 683

Terceira Seção

Sementes de maconha. Importação de pequena quantidade. Atipicidade. É atípica a conduta de importar pequena quantidade de sementes de maconha. Cinge-se o dissenso quanto ao tema relativo à tipicidade ou não da conduta de importar pouca quantidade de sementes de maconha. O acórdão embargado, da Quinta Turma, entende que "a importação clandestina de sementes de *cannabis sativa linneu* (maconha) configura o tipo penal descrito no art. 33, § 1º, I, da Lei n. 11.343/2006" (AgRg no REsp 1.733.645/SP, Rel. Ministro Reynaldo Soares da Fonseca, Quinta Turma, julgado em 05/06/2018, DJe 15/06/2018). Por sua vez, para o acórdão paradigma, da Sexta Turma, "tratando-se de pequena quantidade de sementes e inexistindo expressa previsão normativa que criminaliza, entre as condutas do artigo 28 da Lei de Drogas, a importação de pequena quantidade de matéria prima ou insumo destinado à preparação de droga para consumo pessoal, forçoso reconhecer a atipicidade do fato". (...) Compulsando a lista do referido ato administrativo, do que se pode denominar "droga", vê-se que dela não consta referência a sementes da planta *Cannabis Sativum*. No anexo, Lista E, tem-se as plantas que podem originar substâncias entorpecentes e/ou psicotrópicas. A primeira delas é justamente a *Cannabis Sativum*. O Tetrahidrocanabinol – THC é a substância psicoativa encontrada na planta *Cannabis Sativum*, mas ausente na semente, razão pela qual esta não pode ser considerada "droga", para fins penais, o que afasta a subsunção do caso a qualquer uma das hipóteses do art. 33, *caput*, da Lei n. 11.343/2006. Os incisos I e II do § 1º do referido artigo, listam uma série de condutas que incorrem nas mesmas penas. Infere-se do inciso II que "matéria-prima" é a substância utilizada "para a preparação de drogas", como é o caso da planta *Cannabis Sativum*, porque dela se extrai a droga. Da semente, nada se extrai diretamente, nem se misturada com o que quer que seja. Logo, não pode ser considerada "matéria-prima". No mais, a norma prevê como conduta delituosa o semeio, o cultivo ou a colheita da planta proibida. Embora a semente seja um pressuposto necessário para a primeira ação, e a planta para as demais, a importação (ou qualquer dos demais núcleos verbais) da semente não está descrita como conduta típica. Além disso, a semente também não se enquadra na qualificação de "insumo" ou, muito menos, "produto químico", porque ambos visam à preparação de drogas. Também não se antevê possibilidade de subsunção da conduta a qualquer das hipóteses do art. 28 da Lei. As condutas delituosas estão adstritas a ações voltadas para o consumo de droga e aos núcleos verbais de semear, cultivar ou colher plantas destinadas à preparação de pequena quantidade de droga, também para consumo pessoal. Sob essa óptica, o ato de importar pequena quantidade de semente configuraria, em tese, mero ato preparatório para o crime do art. 28, § 1º, impunível, segundo nosso ordenamento jurídico. Por fim, apesar da propensão em concordar com o entendimento sufragado pela instância *a quo* (que enquadrou a conduta de importar sementes de maconha como crime de contrabando, previsto no Código Penal, art. 334-A), em homenagem à segurança jurídica e ao princípio da razoável duração do processo, privilegia-se o entendimento majoritário já formado neste Superior Tribunal de Justiça, que está em consonância com os precedentes da Suprema Corte-e que consideram atípica a importação de pequena quantidade de sementes de maconha. **EREsp 1.624.564-SP, Rel. Min. Laurita Vaz, Terceira Seção, por unanimidade, julgado em 14/10/2020, DJe 21/10/2020.**

59. **Tipo penal misto alternativo.** Caso o agente pratique mais de uma conduta descrita no tipo penal, no mesmo contexto fático, responderá por um delito apenas, não havendo concurso de crimes.

60. **Crime permanente.** As condutas *expor à venda, ter em depósito, transportar, trazer consigo e guardar* configuram crime permanente.

61. **Sem autorização ou em desacordo com determinação legal ou regulamentar.** Caso o agente possua autorização ou esteja de acordo com determinação legal ou regulamentar a conduta será atípica.

62. **Consumação.** Com a prática de qualquer das condutas típicas. Trata-se de crime formal.

63. **Classificação.** Crime comum; formal; doloso; comissivo; de perigo abstrato; instantâneo nas condutas *importar, exportar, remeter, preparar, produzir, fabricar, adquirir, vender, oferecer, prescrever, ministrar, entregar a consumo e fornecer* e permanente nas condutas *expor à venda, ter em depósito, transportar, trazer consigo e guardar*; admite a tentativa.

64. **Suspensão condicional do processo.** Incabível, pois a pena mínima cominada ultrapassa 1 ano (art. 89 da lei 9.099/95).

65. **Equiparação a hediondo.** Trata-se de delito equiparado a hediondo, com todos os consectários legais e jurisprudenciais vistos no *caput*.

66. **Absorção pelo delito do art. 33, *caput*.** É possível que este delito seja absorvido pelo art. 33, *caput,* desde que sejam praticados no mesmo contexto fático e seja um meio necessário para a prática do art. 33, *caput.*

▶ **STF**

INFORMATIVO nº 791

SEGUNDA TURMA

Lei de drogas e princípio da consunção.

(...) A Turma (...) entendeu que, dadas as circunstâncias do caso concreto, seria possível a aplicação do princípio da consunção, que se consubstanciaria pela absorção dos delitos tipificados nos artigos 33, § 1º, I, e 34 da Lei 11.343/2006, pelo delito previsto no art. 33, "caput", do mesmo diploma legal. Ambos os preceitos buscariam proteger a saúde pública e tipificariam condutas que — no mesmo contexto fático, evidenciassem o intento de traficância do agente e a utilização dos aparelhos e insumos para essa mesma finalidade — poderiam ser consideradas meros atos preparatórios do delito de tráfico previsto no art. 33, "caput", da Lei 11.343/2006. (...). **(HC 109708/SP, rel. Min. Teori Zavascki, 23.6.2015).**

67. **Inciso II. Semear, cultivar ou colher de plantas que se constituam em matéria-prima para a preparação de drogas.**

68. Sujeito ativo. Crime comum, que pode ser praticado por qualquer pessoa.

69. Sujeito passivo. A coletividade.

70. Semear, cultivar e fazer a colheita. *Semear* significa lançar, jogar as sementes para germinarem. *Cultivar* é trabalhar a terra. *Fazer a colheita* consiste em recolher os produtos, os "frutos" que surgem do cultivo.

71. Objeto material. Plantas que se constituam em matéria-prima para a preparação de drogas.

Neste tipo penal a droga ainda não existe. O agente semeia, cultiva ou faz a colheita da matéria-prima destinada à preparação da droga.

72. Matéria-prima. É a substância principal utilizada na fabricação da droga.

73. Diferença em relação ao art. 28, §1º. No art. 28, §1º trata-se de plantas destinadas à preparação de pequena quantidade e para consumo pessoal. No tipo penal ora comentado, a matéria-prima não é de pequena quantidade e não se destina ao consumo pessoal.

74. Tipo penal misto alternativo. Caso o agente pratique mais de uma conduta descrita no tipo penal, no mesmo contexto fático, responderá por um delito apenas, não havendo concurso de crimes.

75. Sem autorização ou em desacordo com determinação legal ou regulamentar. Caso o agente possua autorização ou esteja de acordo com determinação legal ou regulamentar a conduta será atípica.

76. Desapropriação. Ver comentários ao art. 32, §4º.

77. Destruição de plantações ilícitas. Ver comentários ao art. 32.

78. Cultivo doméstico da planta *Cannabis sativa* para fins medicinais. Fato atípico. De acordo com a jurisprudência, o plantio e a aquisição das sementes da *Cannabis sativa,* para fins medicinais não configuram conduta criminosa, independente da regulamentação da ANVISA. Isso porque se trata do exercício do direito fundamental à saúde constitucionalmente garantido, não podendo ser punido como um delito.

▶ **STJ**

INFORMATIVO Nº 794

TERCEIRA SEÇÃO

Cultivo doméstico da planta *Cannabis sativa* para fins medicinais. Uniformização do entendimento das Turmas Criminais do STJ. Direito a saúde pública e a melhor qualidade de vida. Regulamentação. Omissão da ANVISA e do Ministério da Saúde. Atipicidade penal da conduta.

O plantio e a aquisição das sementes da *Cannabis sativa,* para fins medicinais, não configuram conduta criminosa, independente da regulamentação da ANVISA. Sobre o tema, o entendimento da Quinta Turma passou a corroborar o da Sexta Turma desta Corte proferido no Recurso Especial 1.972.092-SP. Então, ambas as turmas passaram a entender que o plantio e a aquisição das sementes da *Cannabis sativa,* para fins medicinais, não se trata de conduta criminosa, independente da regulamentação da ANVISA. Após o precedente paradigma da Sexta Turma, formou-se a jurisprudência, segundo a qual, "uma vez que o uso pleiteado do óleo da *Cannabis sativa*, mediante fabrico artesanal, se dará para fins exclusivamente terapêuticos, com base em receituário e laudo subscrito por profissional médico especializado, chancelado pela ANVISA na oportunidade em que autorizou os pacientes a importarem o medicamento feito à base de *canabidiol* - a revelar que reconheceu a necessidade que têm no seu uso -, não há dúvidas de que deve ser obstada a iminente repressão criminal sobre a conduta praticada pelos pacientes/recorridos" (REsp 1.972.092/SP, relator Ministro Rogerio Schietti Cruz, Sexta Turma, DJe 30/6/2022). A Quinta Turma passou a entender que "a ausência de regulamentação administrativa persiste e não tem previsão para solução breve, uma vez que a ANVISA considera que a competência para regular o cultivo de plantas sujeitas a controle especial seria do Ministério da Saúde e este considera que a competência seria da ANVISA", e é inevitável evoluir na análise do tema na seara penal, com o objetivo de superar eventuais óbices administrativos e cíveis, privilegiando-se, dessa forma, o acesso à saúde, por todos os meios possíveis, ainda que pela concessão de salvo-conduto. Então, o referido órgão colegiado entendeu que a matéria diz respeito ao direito fundamental à saúde, constante do art. 196 da Constituição da República, sendo que o direito penal deve objetivar a repressão ao tráfico. No caso, o conjunto probatório em análise aponta que o uso medicinal do óleo extraído da planta *Cannabis sativa* encontra-se suficientemente demonstrado pela documentação médica, pois foram anexados Laudo Médico e receituários médicos, os quais indicam o uso do óleo medicinal (CBD Usa Hemp 6000mg *full spectrum* e Óleo CBD/THC 10%). Dessa forma, a questão, aqui tratada, não pode ser objeto da sanção penal, porque se trata do exercício de um Direito Fundamental, constitucionalmente, garantido, isto é, o Direito à Saúde, e a atuação proativa da Quinta e da Sexta Turma do STJ justifica-se juridicamente, pois "vislumbra-se que 'ativismo judicial' é um exercício pró-ativo dos órgãos da função judicial do Poder Público, não apenas de fazer cumprir a lei em seu significado exclusivamente formal, mas é uma atividade perspicaz na interpretação de princípios constitucionais abstratos tais como a dignidade da pessoa humana, igualdade, liberdade, dentre outros. **AgRg no HC 783.717-PR, Rel. Ministro Messod Azulay Neto, Rel. para acórdão Ministro Jesuíno Rissato (Desembargador convocado do TJDFT), Terceira Seção, por maioria, julgado em 13/9/2023, DJe 3/10/2023.**

79. Consumação. Com a prática de qualquer das condutas típicas. Trata-se de crime formal.

80. Classificação. Crime comum; formal; doloso; comissivo; de perigo abstrato; instantâneo; admite a tentativa.

81. Suspensão condicional do processo. Incabível, pois a pena mínima cominada ultrapassa 1 ano (art. 89 da lei 9.099/95).

82. Inciso III. Utilização de local ou de bem para o tráfico ilícito de drogas.

83. Sujeito ativo. Crime próprio. Só quem tem a propriedade, a posse, a administração, a guarda ou a vigilância do local ou do bem.

84. Sujeito passivo. A coletividade.

85. Utilizar ou consentir. *Utilizar* significa fazer uso de algo para certa finalidade, tirar proveito. *Consentir* é permitir, anuir na utilização por outrem.

86. **Local ou bem de qualquer natureza.** Este tipo penal não trata da conduta de tráfico de drogas especificamente, mas, sim, da utilização ou do consentimento para utilização de local ou de bem, qualquer que seja a sua natureza, para o tráfico de drogas. Local é o espaço territorial. O bem pode ser um imóvel (casa, apartamento, sítio, fazenda etc.) ou móvel (veículo terrestre, marítimo ou aéreo). Assim, por exemplo, pratica esse delito quem consente na utilização de um automóvel para que outrem leve droga a alguém.

87. **Especial fim de agir.** O agente dever ter a finalidade específica da prática do tráfico de drogas. Ausente esse especial fim de agir a conduta é atípica.

88. **Absorção pelo art. 33, *caput*.** Caso o agente utilize um local para ele mesmo vender a droga, esse delito torna-se meio necessário para a prática do delito do art. 33, *caput*, ficando absorvido em razão do princípio da consunção.

89. **Tipo penal misto alternativo.** Caso o agente pratique mais de uma conduta descrita no tipo penal, no mesmo contexto fático, responderá por um delito apenas, não havendo concurso de crimes.

90. **Sem autorização ou em desacordo com determinação legal ou regulamentar.** Caso o agente possua autorização ou esteja de acordo com determinação legal ou regulamentar a conduta será atípica.

91. **Consumação.** Com a prática de qualquer das condutas típicas. Trata-se de crime formal.

92. **Classificação.** Crime próprio; formal; doloso; comissivo; de perigo abstrato; instantâneo; admite a tentativa. Porém, no verbo *consentir* a tentativa somente é admitida se o consentimento for feito por escrito.

93. **Suspensão condicional do processo.** Incabível, pois a pena mínima cominada ultrapassa 1 ano (art. 89 da lei 9.099/95).

94. **Inciso IV. Agente policial disfarçado.** A lei nº 13.964/2019 inseriu uma nova técnica específica de investigação denominada *agente policial disfarçado*. Inicialmente, deve ser questionado quem poderia ser esse agente policial. Tendo em vista que o legislador não fez qualquer distinção entre, por exemplo, polícia ostensiva e polícia judiciária ou, então, entre polícia federal, civil ou militar, cremos que o agente policial disfarçado pode ser integrante de qualquer uma das polícias previstas no art. 144 da CF/88, pois onde o legislador não distingue, não cabe ao intérprete distinguir. Note-se que o *agente policial disfarçado* não deve ser confundido com o *agente infiltrado*, uma vez que ele não se infiltra dentro de uma organização criminosa, não passa a pertencer à organização. Da mesma forma, ele não se confunde com a figura do *agente provocador*, tendo em vista que o agente policial disfarçado não leva o agente criminoso a praticar a infração penal, não o induz à prática delituosa. A finalidade desse instituto é reunir elementos probatórios acerca da existência e da autoria do delito contido nesse tipo penal. Como o agente policial disfarçado não provoca a prática do delito pelo agente investigado, não é possível falar-se em crime impossível invocando a súmula 145 do STF. Com efeito, o legislador exigiu a presença de *"elementos probatórios razoáveis de conduta criminal preexistente"*, o que significa dizer que o investigado já deve estar praticando a infração penal

no momento em que o agente policial disfarçado entra em ação. Aliás, note-se que, pela redação legal, a *presença de elementos probatórios razoáveis de conduta criminal preexistente* é requisito para a atuação do agente policial disfarçado. Em outras palavras, o agente policial disfarçado não pode, em nenhuma hipótese, interferir na conduta delituosa do investigado, seja induzindo-o a praticá-la, seja alterando o *modus operandi*. O policial disfarçado tão somente faz-se passar por um interessado em adquirir as drogas ou a matéria-prima, insumo ou produto químico destinado à preparação de drogas, sem autorização ou em desacordo com a determinação legal ou regulamentar. Deve ser, também, objeto de análise quais seriam os *elementos probatórios razoáveis de conduta criminal preexistente*. O legislador tratou a questão de forma genérica, não especificando qualquer espécie de prova. Assim, cremos que qualquer elemento probatório obtido licitamente pode ser utilizado para legitimar a ação do agente policial disfarçado, como estar o investigado indiciado em inquérito policial ou responder à ação penal por esse delito, *delatio criminis, notitia criminis,* prova testemunhal colhida em outro inquérito ou em outro processo, entre outros. Por fim, uma última questão deve ser destacada: o inciso IV abrange apenas as condutas típicas de *vender ou entregar* drogas ou matéria-prima, insumo ou produto químico destinado à preparação de drogas, não tratando das outras condutas descritas no *caput*.

95. §2º. Indução, instigação ou auxílio ao uso.

96. Bem jurídico protegido. A saúde pública, o equilíbrio sanitário da coletividade.

97. Sujeito ativo. Crime comum. Qualquer pessoa pode praticar.

98. Sujeito passivo. A coletividade e a pessoa induzida.

99. Induzir, instigar e auxiliar. *Induzir* é fazer nascer na mente da vítima a ideia de usar a droga. *Instigar* significa alimentar essa ideia, ou seja, a vítima já cogitou o uso da droga e o agente reforça essa ideia. *Auxiliar* consiste na prestação de qualquer ajuda material prestada à vítima para que ela use a droga.

100. Limites do verbo auxiliar. O auxílio não pode ser praticado por meio de condutas que configurem o delito de tráfico do art. 33, *caput,* como no caso de o agente *trazer consigo* ou *transportar* droga para outrem usá-la. Tais condutas configuram o delito de tráfico de drogas. Da mesma forma, se o agente, a título de auxílio, for ao ponto de venda de droga, comprar a droga e entregá-la a um amigo para que ele a use, comete o delito de tráfico na modalidade *entregar a consumo.*

101. Não necessidade do efetivo uso. Não é preciso que a outra pessoa venha a efetivamente usar a droga para a configuração deste delito. Assim, se, por exemplo, A instiga B a usar droga indevidamente, A pratica esse delito, ainda que B não venha a efetivamente usá-la.

102. Absorção pelo art. 33, *caput*. Caso o agente induza, instigue ou auxilie alguém a usar a droga e depois venda-a a essa mesma pessoa, essa conduta de induzir, instigar ou auxiliar fica absorvida e configura um meio necessário para a prática do delito do art. 33, *caput,* de forma que o agente responde apenas pelo delito de tráfico de drogas.

103. Tipo penal misto alternativo. Caso o agente pratique mais de uma conduta descrita no tipo penal, no mesmo contexto fático, responderá por um delito apenas, não havendo concurso de crimes.

104. Consumação. Com a prática de qualquer das condutas típicas. Trata-se de crime formal.

105. Classificação. Crime comum; formal; doloso; comissivo; de perigo abstrato; instantâneo; admite a tentativa.

106. Suspensão condicional do processo. Cabível, pois a pena mínima cominada não ultrapassa 1 ano (art. 89 da lei 9.099/95).

107. Princípio da especialidade. Este delito é especial em relação ao delito de incitação ao crime, previsto no art. 286 do Código Penal.

108. Manifestações públicas dirigidas à liberação do uso de drogas. As manifestações públicas realizadas, nas quais se pleiteia a liberação do uso de drogas, não configuram esse delito, em razão da garantia constitucional do direito de manifestação de pensamento, do direito de expressão, do direito de acesso à informação e do direito de reunião, positivados no art. 5º, IV, IX, XIV e XVI, da CF/88.

> **STF.** AÇÃO DIRETA DE INCONSTITUCIONALIDADE. PEDIDO DE "INTERPRETAÇÃO CONFORME À CONSTITUIÇÃO" DO § 2º DO ART. 33 DA LEI Nº 11.343/2006, CRIMINALIZADOR DAS CONDUTAS DE "INDUZIR, INSTIGAR OU AUXILIAR ALGUÉM AO USO INDEVIDO DE DROGA". 1. Cabível o pedido de "interpretação conforme à Constituição" de preceito legal portador de mais de um sentido, dando-se que ao menos um deles é contrário à Constituição Federal. 2. A utilização do § 3º do art. 33 da Lei 11.343/2006 como fundamento para a proibição judicial de eventos públicos de defesa da legalização ou da descriminalização do uso de entorpecentes ofende o direito fundamental de reunião, expressamente outorgado pelo inciso XVI do art. 5º da Carta Magna. Regular exercício das liberdades constitucionais de manifestação de pensamento e expressão, em sentido lato, além do direito de acesso à informação (incisos IV, IX e XIV do art. 5º da Constituição Republicana, respectivamente). 3. Nenhuma lei, seja ela civil ou penal, pode blindar-se contra a discussão do seu próprio conteúdo. Nem mesmo a Constituição está a salvo da ampla, livre e aberta discussão dos seus defeitos e das suas virtudes, desde que sejam obedecidas as condicionantes ao direito constitucional de reunião, tal como a prévia comunicação às autoridades competentes. 4. Impossibilidade de restrição ao direito fundamental de reunião que não se contenha nas duas situações excepcionais que a própria Constituição prevê: o estado de defesa e o estado de sítio (art. 136, § 1º, inciso I, alínea "a", e art. 139, inciso IV). 5. Ação direta julgada procedente para dar ao § 2º do art. 33 da Lei 11.343/2006 "interpretação conforme à Constituição" e dele excluir qualquer significado que enseje a proibição de manifestações e debates públicos acerca da descriminalização ou legalização do uso de drogas ou de qualquer substância que leve o ser humano ao entorpecimento episódico, ou então viciado, das suas faculdades psicofísicas. (ADI 4274, Rel. Min. Ayres Britto, Tribunal Pleno, julgado em 23/11/2011).

109. §3º. Crime de uso compartilhado.

110. Bem jurídico protegido. A saúde pública, o equilíbrio sanitário da coletividade.

111. Sujeito ativo. Crime comum, de forma que qualquer pessoa pode praticá-lo.

112. Sujeito passivo. A coletividade.

113. Oferecer. O verbo oferecer significa entregar, disponibilizar. O mero ato de oferecer (ainda que eventualmente) a droga constitui tráfico do art. 33, *caput*. Para que o ato de oferecer configure o delito ora comentado, a oferta deve ser feita nos moldes nele descritos, ou seja, a pessoa de seu relacionamento para juntos consumirem a droga.

114. Eventualmente. A oferta deve ser ocasional, não reiterada. Basta que a oferta ocorra apenas uma vez. Todavia, não se exige que seja tão somente uma única vez, podendo até ser mais de uma. O importante é que a oferta não seja feita de forma reiterada. Caso a oferta seja frequente, estará configurado o tráfico do art. 33, *caput*.

115. Sem objetivo de lucro. Neste delito, exige-se a oferta graciosa, sem intenção lucrativa. Isso porque o lucro é elemento ínsito ao delito de tráfico de drogas, de forma que se o agente oferecer droga com o objetivo de lucro, pratica o art. 33, *caput*.

116. Pessoa de seu relacionamento. O legislador não fez qualquer limitação referente à natureza do relacionamento. Logo, abrange qualquer espécie de relacionamento: amizade, amoroso, familiar, profissional etc, independentemente da intensidade do relacionamento. Ademais, a pessoa a quem a droga é oferecida pode ser imputável ou inimputável, uma vez que o legislador não fez distinção.

117. Especial fim de agir. O especial fim de agir está previsto na expressão "para juntos a consumirem". É justamente nesse elemento que reside o uso compartilhado. O agente que faz a oferta deve ter a intenção específica de consumir a droga juntamente com a pessoa a quem ele oferece. Caso contrário, estará configurado o delito de tráfico de drogas do art. 33, *caput*.

118. Oferecer a duas ou mais pessoas. Há concurso de crimes, material, formal ou crime continuado, a depender do caso concreto.

119. Cumulação de penas. O preceito secundário do tipo penal determina a aplicação cumulativa da pena referente ao delito do art. 28, caso haja a sua efetiva prática.

120. Consumação. Com a oferta. Não é preciso que a pessoa aceite a oferta ou que venha a usar a droga, pois o uso é um especial fim de agir. Trata-se de crime formal.

121. Classificação. Crime comum; formal; doloso; comissivo; de perigo abstrato; instantâneo; admite a tentativa.

122. Suspensão condicional do processo. Cabível, pois a pena mínima cominada não ultrapassa 1 ano (art. 89 da lei 9.099/95).

123. § 4º. Causa de diminuição de pena.

124. Natureza jurídica. Causa de diminuição de pena. Incide na 3ª fase da dosimetria da pena, podendo conduzir a pena a abaixo do mínimo legal.

125. Tráfico privilegiado. Em razão da redução de pena de um sexto a dois terços, a doutrina e a jurisprudência convencionaram chamar de *tráfico privilegiado* o delito de tráfico quando há a incidência do §4º.

126. Destinatário. Esta causa de diminuição de pena destina-se ao traficante eventual, e não ao profissional. O legislador teve o cuidado de diferenciar a pessoa que pratica o tráfico de drogas eventualmente daquela pessoa que pratica o tráfico de drogas de forma reiterada, fazendo dessa atividade ilícita o seu meio de vida. Para essa pessoa, que eventualmente praticou o tráfico de drogas, o legislador permitiu a incidência dessa causa de diminuição de pena, deixando claro em seus requisitos que não se trata de alguém que se dedique às atividades criminosas ou que faça parte de uma organização criminosa. Note-se que o agente deve ser primário e ter bons antecedentes, condições que comprovam ter o agente praticado a conduta de forma eventual.

127. Aplicabilidade. Delitos do *caput* e do § 1º.

128. Requisitos. São 4 requisitos: 1. Primariedade do agente; 2. Bons antecedentes; 3. Não se dedicar às atividades criminosas; 4. Não integrar organização criminosa.

129. Cumulatividade dos requisitos. Os requisitos são cumulativos. A ausência de qualquer deles impede a aplicação da causa de diminuição de pena.

130. Retroatividade do tipo penal. A revogada lei 6.368/1976 não continha previsão semelhante, razão pela qual a lei atual, nesse ponto é mais benéfica. Seria possível a retroatividade e a aplicação apenas desse §4º ao condenado por tráfico de drogas com base no art. 12 da lei 6.368/76? A resposta é negativa, uma vez que as duas leis não podem ser aplicadas em conjunto. Ou aplica-se a lei antiga por completo, ou aplica-se a lei atual por completo. A lei atual até pode retroagir, mas desde que seja uma retroatividade integral, e não apenas do §4º do art. 33.

> **STJ. Súmula 501:** "É cabível a aplicação retroativa da Lei n. 11.343/2006, desde que o resultado da incidência das suas disposições, na íntegra, seja mais favorável ao réu do que o advindo da aplicação da Lei n. 6.368/1976, sendo vedada a combinação de leis."

131. Não equiparação a crime hediondo. De acordo com o STF e o STJ, o tráfico privilegiado não é crime equiparado a hediondo, por haver incompatibilidade entre o privilégio do tráfico, com o tratamento distinto conferido pelo legislador, e a natureza hedionda do delito. Com efeito, a possibilidade de redução da pena traduz um menor juízo de reprovabilidade pessoal sobre o agente que é condenado pelo delito de tráfico privilegiado. Por questões de política criminal, o fato de o agente ser primário, ter bons antecedentes, não se dedicar às atividades criminosas, nem integrar organização criminosa permite ao Juiz analisar as condições e as realidades individuais de cada autor, de forma a permitir uma maior flexibilidade na gestão da política de drogas. Portanto, as normas contidas na lei de crimes hediondos não são aplicáveis ao tráfico privilegiado. Em reforço a esse entendimento, a lei nº 13.964/2019 inseriu no art. 112 da Lei de Execução Penal, que trata da progressão de regime, o §5º, que dispõe que "não se considera hediondo ou equiparado, para os fins deste artigo, o crime de tráfico de drogas previsto no § 4º do art. 33 da Lei nº 11.343, de 23 de agosto de 2006."

Note-se que a súmula nº 512 do STJ (que dizia que a aplicação da causa de diminuição de pena prevista no art. 33, § 4º, da Lei n. 11.343/2006 não afasta a hediondez do crime de tráfico de drogas) foi cancelada.

▶ STF

INFORMATIVO nº 831

Plenário

Tráfico privilegiado e crime hediondo – 4

O crime de tráfico privilegiado de drogas não tem natureza hedionda. Por conseguinte, não são exigíveis requisitos mais severos para o livramento condicional (Lei 11.343/2006, art. 44, parágrafo único) e tampouco incide a vedação à progressão de regime (Lei 8.072/1990, art. 2º, § 2º) para os casos em que aplicada a causa de diminuição prevista no art. 33, §4º, Lei 11.343/2006. Com base nessa orientação, o Plenário, por maioria, concedeu a ordem de "habeas corpus" para afastar a natureza hedionda de tal delito. (...) O Tribunal superou a jurisprudência que se firmara no sentido da hediondez do tráfico privilegiado. Sublinhou que a previsão legal seria indispensável para qualificar um crime como hediondo ou equiparado. Assim, a partir da leitura dos preceitos legais pertinentes, apenas as modalidades de tráfico de entorpecentes definidas no art. 33, "caput" e § 1º, da Lei 11.343/2006 seriam equiparadas a crimes hediondos. Entendeu que, para alguns delitos e seus autores, ainda que se tratasse de tipos mais gravemente apenados, deveriam ser reservadas algumas alternativas aos critérios gerais de punição. A legislação alusiva ao tráfico de drogas, por exemplo, prevê a possibilidade de redução da pena, desde que o agente seja primário e de bons antecedentes, não se dedique a atividades criminosas e nem integre organização criminosa. Essa previsão legal permitiria maior flexibilidade na gestão da política de drogas, pois autorizaria o juiz a avançar sobre a realidade pessoal de cada autor. Além disso, teria inegável importância do ponto de vista das decisões de política criminal. **(HC 118533/MS, rel. Min. Cármen Lúcia, 23.6.2016).**

Tráfico privilegiado e crime hediondo – 5

A Corte observou que, no caso do tráfico privilegiado, a decisão do legislador fora no sentido de que o agente deveria receber tratamento distinto daqueles sobre os quais recairia o alto juízo de censura e de punição pelo tráfico de drogas. As circunstâncias legais do privilégio demonstrariam o menor juízo de reprovação e, em consequência, de punição dessas pessoas. Não se poderia, portanto, chancelar-se a hediondez a essas condutas, por exemplo. Assim, a imposição de pena não deveria estar sempre tão atrelada ao grau de censura constante da cominação abstrata dos tipos penais. O juiz deveria ter a possibilidade de exame quanto à adequação da sanção imposta e o respectivo regime de cumprimento, a partir do exame das características específicas na execução de determinados fatos, cujo contexto em que praticados apresentasse variantes socialmente relevantes em relação ao juízo abstrato de censura cominada na regra geral. De outro lado, o art. 33, § 4º, da Lei 11.343/2006 mereceria crítica na medida em que proíbe a substituição da pena privativa de liberdade por restritiva de direito. Assentou, ainda, que a etiologia do crime privilegiado seria incompatível com a natureza hedionda. Além disso, os Decretos 6.706/2008 e 7.049/2009 beneficiaram com indulto os condenados pelo tráfico de entorpecentes privilegiado, a demonstrar inclinação no sentido de que esse delito não seria hediondo. Demais disso, cumpre assinalar que o crime de associação para o tráfico, que reclama liame subjetivo estável e habitual direcionado à consecução da traficância, não seria equiparado a hediondo. Dessa forma, afirmar que o tráfico minorado fosse considerado hediondo significaria que a lei ordinária conferiria ao traficante ocasional tratamento penal mais severo que o dispensado ao agente que se associa de forma estável para exercer a traficância de modo habitual, a escancarar que tal inferência consubstanciaria violação aos limites que regem a edição legislativa penal. Vencidos os Ministros Luiz Fux, Dias Toffoli e Marco Aurélio, que denegavam o "writ". Reajustaram os votos os Ministros Edson Fachin, Teori Zavascki e Rosa Weber. **(HC 118533/MS, rel. Min. Cármen Lúcia, 23.6.2016).**

▶ **STJ**

Informativo nº 760

Quinta Turma

Lei n. 13.964/2019. Pacote Anticrime. Tráfico de drogas. Caráter hediondo. Manutenção. Alteração restrita ao tráfico privilegiado. Art. 33, § 4º, da Lei n. 11.343/2006.

A Lei n. 13.964/2019, ao promover alterações na Lei de Execução Penal, apenas afastou o caráter hediondo ou equiparado do tráfico privilegiado, nada dispondo sobre os demais dispositivos da Lei de Drogas. A equiparação a hediondo do delito de tráfico de drogas decorre de previsão constitucional constante no art. 5º, XLIII, da Constituição Federal, que trata com mais rigor os crimes de maior reprovabilidade. Ocorre que a Lei n. 13.964/2019, conhecida como "Pacote Anticrime", ao promover alterações na Lei de Execução Penal, apenas afastou o caráter hediondo ou equiparado do tráfico privilegiado, previsto no art. 33, § 4º, da Lei n. 11.343/2006, nada dispondo sobre os demais dispositivos da Lei de Drogas. (...) **AgRg no HC 754.913-MG, Rel. Ministro Jorge Mussi, Quinta Turma, por unanimidade, julgado em 6/12/2022.**

▶ **STJ**

Informativo nº 595.

Tráfico ilícito de drogas na sua forma privilegiada. Art. 33, § 4º, da Lei n. 11.343/2006. Crime não equiparado a hediondo. Entendimento recente do Supremo Tribunal Federal, no julgamento do HC 118.533-MS. Revisão do tema analisado pela Terceira Seção sob o rito dos recursos repetitivos. (...) O tráfico ilícito de drogas na sua forma privilegiada (art. 33, § 4º, da Lei n. 11.343/2006) não é crime equiparado a hediondo e, por conseguinte, deve ser cancelado o Enunciado 512 da Súmula do Superior Tribunal de Justiça. (...) Saliente-se, outrossim, que o conceito de hediondez é de todo incompatível ao de privilégio, conforme há muito já vem decidindo o STJ, *mutatis mutandis*, no que toca ao homicídio qualificado-privilegiado. (...) Dessarte, é o caso de revisão do entendimento consolidado por esta Terceira Seção no julgamento do Recurso Especial Representativo da Controvérsia n. 1.329.088/RS – Tema 600 (Rel. Min. Sebastião Reis Júnior, Terceira Seção, julgado em 13/3/2013, DJe 26/4/2013), com o consequente cancelamento do Enunciado 512 da Súmula deste Superior Tribunal de Justiça. **(Pet 11.796-DF, Rel. Min. Maria Thereza de Assis Moura, Terceira Seção, por unanimidade, julgado em 23/11/2016).**

132. Obrigatoriedade da diminuição. Preenchidos os requisitos legais, a diminuição da pena torna-se um direito subjetivo do réu.

133. *Quantum* de diminuição. A diminuição varia de um sexto a dois terços.

134. Critério para a diminuição. Embora o legislador tenha trazido a possibilidade de diminuição de pena, ele não estabeleceu qual deveria ser o critério de definição do *quantum* a diminuir entre o mínimo de um sexto e o máximo de dois terços. Em razão da falta do estabelecimento de um critério pelo legislador, pensamos que o Juiz deve utilizar o art. 59 do Código Penal.

135. Quantidade de droga apreendida não é requisito para a incidência da diminuição. Os requisitos para a incidência da diminuição estão previstos de forma exaustiva no do §4º do art. 33 da presente lei. Assim, o Juiz não pode considerar como requisito nenhum outro critério para a incidência do privilégio, como a quantidade de droga apreendida. A quantidade de droga é levada em consideração na fixação da pena-base, conforme dispõe o art. 42 da lei, não podendo ser utilizada como requisito para negar a aplicação do §4º.

▸ **STF**

Informativo nº 866.

Segunda Turma.

Participação em organização criminosa e quantidade de drogas.

A Segunda Turma, por unanimidade, deu parcial provimento a recurso ordinário em "habeas corpus" para reconhecer a incidência da causa de diminuição da pena prevista no art. 33, § 4º, da Lei 11.343/2006 e determinar que o juízo "a quo", após definir o patamar de redução, recalcule a pena e proceda ao reexame do regime inicial do cumprimento da sanção e da substituição da pena privativa de liberdade por sanções restritivas de direitos, se preenchidos os requisitos do art. 44 do Código Penal. (...) O Colegiado assentou que a grande quantidade de entorpecente, apesar de não ter sido o único fundamento apontado para afastar a aplicação do redutor do art. 33, § 4º, da Lei 11.343/2006, foi isoladamente utilizada como elemento para presumir-se a participação da paciente em uma organização criminosa e, assim, negar-lhe o direito à minorante. Ressaltou que, conforme a jurisprudência do Supremo Tribunal Federal, a quantidade de drogas não pode automaticamente levar ao entendimento de que a paciente faria do tráfico seu meio de vida ou integraria uma organização criminosa. (...) (**RHC 138715/MS, rel. Min. Ricardo Lewandowski, julgamento em 23.5.2017).**

136. Quantidade de droga apreendida não pode ser critério para a determinação do *quantum* de diminuição. O Juiz não pode utilizar a quantidade de droga como critério para a determinação do *quantum* de diminuição. Isso porque a quantidade de droga já é considerada no momento da fixação da pena-base, conforme determina o art. 42 da lei. Caso o Juiz utilizasse esse critério para também determinar o *quantum* de diminuição de pena, haveria *bis in idem*. Explica-se: Imagine-se que tenha sido apreendida com o agente grande quantidade de droga. Com base nesse fator (grande quantidade), o Juiz pode aumentar a pena-base com fundamento no art. 42. Além desse aumento, no momento da aplicação do §4º, o Juiz deixaria de reduzir na fração máxima de dois terços e aplicaria uma fração menor (por exemplo um sexto) *também* em razão da grande quantidade de droga. Assim, o mesmo fator (grande quantidade de droga) estaria sendo empregado duas vezes: uma para aumentar a pena-base e outra para aplicar a fração menor de diminuição. Note-se que o *bis in idem* reside justamente na não aplicação da fração máxima de dois terços (quando, na realidade, poderia fazê-lo), fundamentada especificamente na grande quantidade de droga. Portanto, ou a quantidade de droga incide na pena-base, ou incide como critério de definição da fração a incidir (um sexto a dois terços). Pensamos que o mais correto é a quantidade de droga incidir na pena-base, por força do mandamento legal contido no art. 42 da lei.

STF. Recurso extraordinário com agravo. Repercussão Geral. 2. Tráfico de Drogas. 3. Valoração da natureza e da quantidade da droga apreendida em apenas uma das fases do cálculo da pena. Vedação ao bis in idem. Precedentes. 4. Agravo conhecido e recurso extraordinário provido para determinar ao Juízo da 3ª VECUTE da Comarca de Manaus/AM que proceda a nova dosimetria da pena. 5. Reafirmação de jurisprudência. **(ARE 666334 RG, Rel. Min. Gilmar Mendes, julgado em 03/04/2014).**

STF. HABEAS CORPUS. PENAL. TRÁFICO DE DROGAS. NATUREZA DA DROGA APREENDIDA. CIRCUNSTÂNCIA UTILIZADA SOMENTE NA APLICAÇÃO DA CAUSA DE DIMINUIÇÃO DE PENA PREVISTA NO ART. 33, § 4º, DA LEI 11.343/06. LEGITIMIDADE. SUBSTITUIÇÃO DA PENA PRIVATIVA DE LIBERDADE POR RESTRITIVA DE DIREITOS. PACIENTE CONDENADO À PENA DE RECLUSÃO SUPERIOR A QUATRO ANOS. NÃO CUMPRIMENTO DO REQUISITO OBJETIVO PREVISTO NO ART. 44, I, DO CP. ORDEM DENEGADA. 1. Segundo o art. 42 da Lei 11.343/06, "o juiz, na fixação das penas, considerará, com preponderância sobre o previsto no art. 59 do Código Penal, a natureza e a quantidade da substância ou do produto, a personalidade e a conduta social do agente". Configura ilegítimo bis in idem considerar a natureza e a quantidade da substância ou do produto para fixar a pena base (primeira etapa) e, simultaneamente, para a escolha da fração de redução a ser imposta na terceira etapa da dosimetria (§ 4º do art. 33 da Lei 11.343/2006). Todavia, nada impede que essa circunstância seja considerada para incidir, alternativamente, na primeira etapa (pena-base) ou na terceira (fração de redução). Essa opção permitirá ao juiz aplicar mais adequadamente o princípio da individualização da pena (art. 5º, XLVI, da CF) em cada caso concreto. 2. No caso, a natureza da droga apreendida foi utilizada somente na terceira etapa da dosimetria, ou seja, para fixar o fator de redução da causa de diminuição do art. 33, § 4º da Lei 11.343/2006 na fração de 1/6, não havendo, portanto, violação ao princípio do ne bis in idem. Ademais, aplicar qualquer fração de diminuição diversa daquela imposta pelas instâncias ordinárias demandaria o revolvimento de fatos e provas, o que é inviável em sede de habeas corpus. 3. Não é viável proceder à substituição da pena privativa de liberdade por restritivas de direito, pois a pena imposta ao paciente – quatro anos e dois meses de reclusão – afasta o requisito objetivo previsto no art. 44, I, do Código Penal. 4. Ordem denegada. **(HC 109193, Rel. Min. Teori Zavascki, Tribunal Pleno, julgado em 19/12/2013).**

STJ. PENAL. (...) TRÁFICO DE DROGAS. DOSIMETRIA. FLAGRANTE ILEGALIDADE. PENA-BASE FIXADA ACIMA DO MÍNIMO LEGAL COM BASE NA QUANTIDADE E NA NATUREZA DO ENTORPECENTE APREENDIDO. FUNDAMENTO TAMBÉM UTILIZADO NA TERCEIRA FASE DO CÁLCULO DA REPRIMENDA PARA OBSTAR A INCIDÊNCIA DA CAUSA ESPECIAL DE DIMINUIÇÃO PREVISTA NO ART. 33, § 4º, DA LEI N. 11.343/2006. BIS IN IDEM. RETORNO DOS AUTOS AO TRIBUNAL DE ORIGEM. (...) 2. O Superior Tribunal de Justiça passou a seguir o entendimento externado pelo Supremo Tribunal Federal no julgamento dos Habeas Corpus n. 109.193/MG e 112.776/MS, nos quais o Plenário consagrou a orientação de que a utilização da quantidade e qualidade da droga tanto na fixação da pena-base como na aplicação da minorante prevista no art. 33, § 4º, da Lei n. 11.343/2006 configura dupla valoração inadmissível. Além disso, em repercussão geral no ARE n. 666.334/AM, de relatoria do eminente Ministro Gilmar Mendes, reafirmou-se que as circunstâncias da natureza e da quantidade de entorpecentes apreendidos devem ser levadas em consideração apenas em uma das fases da dosimetria. 3. Na espécie, as instâncias ordinárias aumentaram a pena-base, tendo em vista a quantidade e a natureza da substância entorpecente apreendida em poder do paciente. Entretanto, afastou a aplicação do benefício descrito no art. 33, § 4º, da Lei n. 11.343/2006 em seu patamar máximo, em vista, também, da quantidade e natureza da droga apreendida, incidindo em inaceitável bis in idem. Não apresentou a Corte Estadual outros elementos concretos que pudessem demonstrar a dedicação do sentenciado a atividades criminosas, situação de manifesto constrangimento ilegal. Precedentes. 4. Habeas corpus não conhecido. Ordem concedida de ofício para determinar que o Tribunal de Justiça do Estado de Minas Gerais realize nova dosimetria da pena, considerando a natureza e a quantidade de droga apreendida em apenas uma etapa do critério trifásico. **(HC 239.113/MG, Rel. Min. Antonio Saldanha Palheiro, julgado em 06/12/2016).**

137. Prática do crime nas dependências de estabelecimento prisional não pode ser critério para a diminuição. Tendo em vista que essa circunstância já foi levada em consideração pelo legislador no art. 40, III, da presente lei para aumentar a pena, possuindo a natureza jurídica de causa de aumente de pena, incidindo na 3ª fase da dosimetria, o Juiz não pode considerá-la, também, como critério para determinar o *quantum* de redução no tráfico privilegiado, sob pena de incidir em *bis in idem.*

▶ **STJ**

Informativo nº 586

Quinta Turma

DIREITO PENAL. BIS IN IDEM E TRÁFICO COMETIDO NAS DEPENDÊNCIAS DE ESTABELECIMENTO PRISIONAL.

É indevido o emprego da circunstância de o crime ter sido cometido nas dependências de estabelecimento prisional para fundamentar tanto o *quantum* de redução na aplicação da minorante prevista no art. 33, § 4º, da Lei n. 11.343/2006 como a incidência da majorante prevista no art. 40, III, da mesma lei. Isso porque essa situação configura *bis in idem*. **HC 313.677-RS, Rel. Min. Reynaldo Soares da Fonseca, julgado em 21/6/2016, DJe 29/6/2016.**

138. Inquéritos policiais e/ou ações penais em curso não podem ser utilizados para afastar a aplicação do privilégio. De acordo com o STF, a existência de inquéritos policiais e/ou ações penais em curso, tendo em vista que ainda não há o trânsito em julgado, não impedem a aplicação do privilégio, à luz do princípio da presunção de inocência.

▶ **STJ**

Informativo nº 745

Recursos repetitivos

Tráfico de drogas. Requisitos da minorante do art. 33, § 4º, da Lei n. 11.343/2006 (Lei de Drogas). Emprego de inquéritos e/ou ações penais em curso. Descabimento. Fundamentação inidônea.

É vedada a utilização de inquéritos e/ou ações penais em curso para impedir a aplicação do art. 33, § 4º, da Lei n. 11.343/2006. A aplicação da causa de diminuição de pena prevista no art. 33, § 4º, da Lei n. 11.343/2006 (Lei de Drogas) constitui direito subjetivo do acusado, caso presentes os requisitos legais, não sendo possível obstar sua aplicação com base em considerações subjetivas do juiz. É vedado ao magistrado instituir outros requisitos além daqueles expressamente previstos em lei para a sua incidência, bem como deixar de aplicá-la se presentes os requisitos legais. (...) Todos os requisitos da minorante do art. 33, § 4º, da Lei n. 11.343/2006 demandam uma afirmação peremptória acerca de fatos, não se prestando a existência de inquéritos e ações penais em curso a subsidiar validamente a análise de nenhum deles. (...) **REsp 1.977.027-PR, Rel. Min. Laurita Vaz, Terceira Seção, por unanimidade, julgado em 10/08/2022.**

▶ **STF**

Informativo nº 967

Primeira Turma

Ações penais em andamento e causa de diminuição da pena

A Primeira Turma deferiu **habeas corpus** para determinar a aplicação da causa de diminuição de pena, prevista no § 4º do art. 33 da Lei 11.343/2006, a paciente condenada pelo crime de tráfico de drogas, não obstante a existência de outra ação penal, pela prática do mesmo delito, ainda não transitada em julgado.

O colegiado entendeu, com base no decidido no julgamento do RE 591.054, submetido à sistemática de repercussão geral (Tema 129), que a existência de inquéritos policiais e processos criminais sem trânsito em julgado não podem ser considerados como maus antecedentes para fins de dosimetria da pena, de modo que o fato de a paciente ser ré em outra ação penal, ainda em curso, não constitui fundamento idôneo para afastar a aplicação da causa de diminuição da pena. **HC 173806/MG, rel. Min. Marco Aurélio, julgamento em 18.2.2020.**

139. Não se aplica essa causa e diminuição ao réu condenado também por associação para o tráfico. Caso o réu seja condenado por tráfico de drogas e, também, por associação para o tráfico, essa condenação denota que ele se dedica à atividade criminosa, ficando excluído o terceiro requisito legal para a incidência do §4º.

STJ. HABEAS CORPUS SUBSTITUTIVO DE RECURSO PRÓPRIO. INADEQUAÇÃO NA VIA ELEITA. TRÁFICO DE ENTORPECENTES E ASSOCIAÇÃO PARA O TRÁFICO. PLEITO DE RECONHECIMENTO DO TRÁFICO PRIVILEGIADO. IMPOSSIBILIDADE. PACIENTE CONDENADO PELO DELITO DE ASSOCIAÇÃO PARA O TRÁFICO. (...) Não se aplica a causa especial de diminuição da pena prevista no § 4º do art. 33 da Lei n. 11.343/2006 ao réu condenado também pelo crime de associação para o tráfico de drogas. (...) **(HC 371.310/SP, Rel. Min. Reynaldo Soares da Fonseca, julgado em 06/12/2016).**

140. Dedicação a atividade criminosa e exercício de atividade lícita concomitantemente. Caso o agente dedique-se a alguma atividade criminosa, não tem direito à incidência da diminuição da pena, mesmo que ele possua alguma atividade lícita e a exerça concomitantemente à atividade criminosa. Imagine-se a hipótese em que o agente é dentista e exerça essa atividade com regularidade. Porém, *oferece* ou *vende* drogas aos seus pacientes sem autorização. Nesse caso, não estão presentes, de forma integral, os requisitos elencados no §4º.

▶ **STJ**

Informativo nº 582

Sexta Turma

DIREITO PENAL. INAPLICABILIDADE DA MINORANTE PREVISTA NO ART. 33, § 4º, DA LEI DE DROGAS.

Ainda que a dedicação a atividades criminosas ocorra concomitantemente com o exercício de atividade profissional lícita, é inaplicável a causa especial de diminuição de pena prevista no art. 33, § 4º, da Lei n. 11.343/2006 (Lei de Drogas). De início, destaca-se que, para viabilizar a aplicação da causa de diminuição de pena prevista no art. 33, § 4º, da Lei n. 11.343/2006, são exigidos, além da primariedade e dos bons antecedentes do acusado, que este não integre organização criminosa e que não se dedique a atividades delituosas. De fato, a razão de ser da mencionada minorante é justamente punir com menor rigor o pequeno traficante, ou seja, aquele indivíduo que não faz do tráfico de drogas o seu meio de vida. Nesse contexto, o aludido § 4º do art. 33, ao prever que o acusado não deve se dedicar a atividades criminosas, não exige, em nenhum momento, que essa dedicação seja exercida com exclusividade. Portanto, a aplicação da minorante é obstada ainda que o agente exerça, concomitantemente, atividade profissional lícita. **(REsp 1.380.741-MG, Rel. Min. Rogerio Schietti Cruz, julgado em 12/4/2016, DJe 25/4/2016).**

141. Atos infracionais impedem o reconhecimento do privilégio. De acordo com o STJ, o histórico de atos infracionais pode servir de fundamento para a não aplicação do §4º, tendo em vista que são aptos a comprovar que o agente se decida à atividade criminosa, desde que haja fundamentação idônea que indique a existência de circunstâncias excepcionais apontando a gravidade dos atos infracionais e a proximidade temporal com o delito objeto de julgamento.

▶ **STJ**

Informativo nº 712

Terceira Seção

Minorante do art. 33, § 4.º, da Lei n. 11.343/2006. Afastamento com base em ato infracional. Possibilidade. Circunstâncias excepcionais devidamente fundamentadas. Proximidade temporal com o crime em apuração. **O histórico de ato infracional pode ser considerado para afastar a minorante do art. 33, § 4.º, da Lei n. 11.343/2006, por meio de fundamentação idônea que aponte a existência de circunstâncias excepcionais, nas quais se verifique a gravidade de atos pretéritos, devidamente documentados nos autos, bem como a razoável proximidade temporal com o crime em apuração.** O cerne da controvérsia existente entre as Turmas que compõem a Terceira Seção desta Corte cinge-se, em síntese, a saber se a existência de ato(s) infracional(is) pode ser sopesada para fins de comprovar a dedicação do réu a atividades criminosas e, por conseguinte, de impedir a incidência da causa especial de diminuição de pena prevista no § 4º do art. 33 da Lei de Drogas. (...) não se vê óbice a que a existência de atos infracionais possa, com base peculiaridades do caso concreto, ser considerada elemento apto a evidenciar a dedicação do acusado a atividades criminosas, até porque esses atos não estarão sendo sopesados para um agravamento da pena do réu, mas para lhe negar a possibilidade de ser beneficiado com uma redução em sua reprimenda. (...) Portanto, a tese que se propõe, para fins de sanar a controvérsia existente entre as Turmas que integram a Terceira Seção desta Corte, é a de ser possível, sim, sopesar a existência de ato(s) infracional(is) para fins de comprovar a dedicação do réu a atividades criminosas e, por conseguinte, impedir a incidência da causa especial de diminuição de pena prevista no § 4º do art. 33 da Lei de Drogas. No entanto, não é todo e qualquer ato infracional praticado pelo acusado quando ainda adolescente que poderá, automaticamente, render-lhe a negativa de incidência do redutor previsto no art. 33, § 4º, da Lei n. 11.343/2006, até porque justiça penal não se faz por atacado e sim artesanalmente, examinando-se atentamente cada caso para dele extraírem-se todas as suas especificidades, de modo a torná-lo singular e, portanto, a merecer providência adequada e necessária. É, pois, necessário que, no caso concreto, se identifique: 1º) se o(s) ato(s) infracional(is) foi(ram) grave(s); 2º) se o(s) ato(s) infracional(is) está(ão) documentado(s) nos autos, de sorte a não pairar dúvidas sobre o reconhecimento judicial de sua ocorrência; 3º) a distância temporal entre o(s) ato(s) infracional(is) e o crime que deu origem ao processo no qual se está a decidir sobre a possibilidade de incidência ou não do redutor, ou seja, se o(s) ato(s) infracional(is) não está(ão) muito distante(s) no tempo. (...) **EREsp 1.916.596-SP, Rel. Min. Joel Ilan Paciornik, Rel. Acd. Min. Laurita Vaz, Terceira Seção, por maioria, julgado em 08/09/2021, DJe 04/10/2021.**

142. Decisão de extinção da punibilidade e não geração de reincidência. É sabido que nos moldes do art. 63, do Código Penal, o pressuposto para a geração de reincidência é uma condenação anterior com trânsito em julgado (desde que não transcorra o prazo de cinco anos descrito no art. 64, I, do Código Penal). Caso haja uma decisão anterior não condenatória, como no caso de uma decisão declaratória da extinção da punibilidade, não haverá a configuração de reincidência em caso de prática de um crime posteriormente, pois a decisão anterior não será condenatória.

► **STJ**

Informativo nº 619

Sexta Turma

Tráfico de drogas. Causa especial de diminuição de pena. Art. 33, § 4º, da Lei n. 11.343/2006. Reincidência. Reconhecimento equivocado.

É inviável o reconhecimento de reincidência com base em único processo anterior em desfavor do réu, no qual – após desclassificar o delito de tráfico para porte de substância entorpecente para consumo próprio – o juízo extinguiu a punibilidade por considerar que o tempo da prisão provisória seria mais que suficiente para compensar eventual condenação.

Trata-se de *habeas corpus* em que o impetrante sustenta a ocorrência de constrangimento ilegal, ao argumento de que a reincidência foi considerada de maneira equivocada. Vale salientar que o paciente – condenado por tráfico de drogas – não obteve a redução da pena inerente à figura privilegiada do tipo penal, em face do reconhecimento da reincidência, com base em única ação penal anterior constante em sua vida pregressa. Na oportunidade da referida primeira e única condenação, o Juiz desclassificou o delito pelo qual respondia, atribuindo-lhe o crime de porte de substância entorpecente para consumo próprio, e, ato contínuo, extinguiu a punibilidade por considerar o tempo da prisão provisória mais do que suficiente para compensar eventual medida a lhe ser imposta. De fato, as instâncias ordinárias deixaram de reconhecer a incidência da causa especial de diminuição prevista no § 4º do art. 33 da Lei n. 11.343/2006, porque concluíram que a extinção da punibilidade, nesses casos, se assemelharia à extinção do processo executivo pelo cumprimento de pena e, por conseguinte, seria apta a gerar a reincidência. Todavia, não há como desprezar que o tempo de constrição considerado para a extinção da punibilidade se deu no âmbito exclusivo da prisão preventiva, sendo inconcebível compreender, em nítida interpretação prejudicial ao réu, que o tempo de prisão provisória seja o mesmo que o tempo de prisão no cumprimento de pena, haja vista tratar-se de institutos absolutamente distintos em todos os seus aspectos e objetivos. Nessa linha de raciocínio, a decisão de extinção da punibilidade, na hipótese, aproxima-se muito mais do exaurimento do direito de exercício da pretensão punitiva como forma de reconhecimento, pelo Estado, da prática de coerção cautelar desproporcional no curso do único processo em desfavor do paciente – citado anteriormente – do que com o esgotamento de processo executivo pelo cumprimento de pena. Acrescente-se, ainda, que, se o paciente não houvesse ficado preso preventivamente – prisão que, posteriormente, se mostrou ilegal, dada a desclassificação do primeiro delito a ele imputado –, teria feito jus à transação penal, benefício que, como é sabido, não é apto a configurar nem maus antecedentes nem reincidência. Nesse sentido, o único processo anterior existente em desfavor do réu não pode ser considerado para fins de reincidência, devendo a Corte de origem reanalisar o preenchimento dos demais requisitos necessários à aplicação da minorante prevista no art. 33, § 4º, da Lei de Drogas. **HC 390.038-SP, Rel. Min. Rogerio Schietti Cruz, julgado em 06/02/2018.**

143. Vedação de substituição da pena privativa de liberdade por pena restritiva de direitos. Declaração de inconstitucionalidade. No HC 97.256 o STF declarou a inconstitucionalidade dessa vedação por entender que a vedação genérica e abstrata viola o princípio da individualização da pena. A partir declaração de inconstitucionalidade, o STF e o STJ passaram a permitir a substituição. Note-se que a declaração de inconstitucionalidade se deu tanto em relação ao §4º, do art. 33, quanto ao art. 44.

▶ **STF**

Informativo nº 945
Primeira Turma
Tráfico privilegiado e regime inicial de cumprimento de pena

A Primeira Turma, por maioria, concedeu parcialmente a ordem em habeas corpus impetrado em favor de condenado pela prática do crime de tráfico privilegiado, previsto no art. 33, § 4º, da Lei 11.343/2006, para alterar para aberto o regime inicial de cumprimento da pena. No caso, o impetrante pretendia a alteração do regime inicial de cumprimento da pena, fixado em semiaberto pelo Superior Tribunal de Justiça (STJ), bem como a conversão da pena privativa de liberdade em restritiva de direitos. O colegiado aplicou a orientação firmada pelo Supremo Tribunal Federal (STF) no sentido da impossibilidade de fixação de regime de cumprimento de pena fechado para crime de tráfico de drogas sem a devida justificação. Observou que o único fundamento apontado pelo STJ para justificar o regime semiaberto foi o fato de ser crime de tráfico, não obstante se tratar de tráfico privilegiado e ser o réu primário, com bons antecedentes. Ou seja, a justificativa do STJ foi a de que a reprovabilidade se deu pelo delito praticado. (...) **HC 163231/SP, rel. orig. Min. Marco Aurélio, red. p/ o ac. Min. Alexandre de Moraes, julgamento em 25.6.2019.**

144. Resolução nº 5/2012 do Senado. Como consequência da declaração de inconstitucionalidade, o Senado, por meio da Resolução nº 5/2012 suspendeu a execução da expressão "vedada a conversão em pena restritiva de direitos" prevista no art. 33, §4º da lei de Drogas. Embora a Resolução não tenha contemplado o art. 44, ele também foi declarado inconstitucional pelo STF na parte que veda a substituição da pena privativa de liberdade pela pena restritiva de direitos.

▶ **STF**

Súmula Vinculante nº 59: "É impositiva a fixação do regime aberto e a substituição da pena privativa de liberdade por restritiva de direitos quando reconhecida a figura do tráfico privilegiado (art. 33, § 4º, da Lei 11.343/06) e ausentes vetores negativos na primeira fase da dosimetria (art. 59 do CP), observados os requisitos do art. 33, § 2º, alínea c, e do art. 44, ambos do Código Penal.

145. Simples condição de "mula". O fato de o agente que transporta a droga estar na condição de "mula" (expressão que designa a pessoa que faz apenas o transporte da droga) não significa que ele, automaticamente, seja integrante de organização criminosa. Assim, o agente nessa situação tem direito à causa de diminuição de pena do privilégio previsto no §4º do art. 33 da lei de Drogas.

▶ **STJ**

Informativo nº 602

Quinta Turma

Tráfico de drogas. Dosimetria da pena. Causa de diminuição do art. 33, § 4º, da Lei n. 11.343/2006. Agente na condição de "mula". Ausência de prova de que integra organização criminosa. É possível o reconhecimento do tráfico privilegiado ao agente transportador de drogas, na qualidade de "mula", uma vez que a simples atuação nessa condição não induz, automaticamente, à conclusão de que ele seja integrante de organização criminosa. Cinge-se a controvérsia em definir a possibilidade de reconhecimento do tráfico privilegiado ao agente transportador de drogas, na qualidade de 'mula' do tráfico. Inicialmente, convém anotar que a Quinta e a Sexta Turmas deste Superior Tribunal de Justiça têm entendimento oscilante sobre a matéria. Diante da jurisprudência hesitante desta Corte, entende-se por bem acolher e acompanhar o entendimento uníssono do Supremo Tribunal Federal, no sentido de que a simples atuação como "mula" não induz automaticamente a conclusão de que o agente integre organização criminosa, sendo imprescindível, para tanto, prova inequívoca do seu envolvimento, estável e permanente, com o grupo criminoso. Portanto, a exclusão da causa de diminuição prevista no § 4º do art. 33 da Lei n. 11.343/2006, somente se justifica quando indicados expressamente os fatos concretos que comprovem que a "mula" integre a organização criminosa (HC 132.459, Rel. Min. Ricardo Lewandowski, DJe 13/2/2017). Ainda sobre a matéria, firmou-se também no Pretório Excelso o entendimento de que a atuação do agente na condição de "mula", embora não seja suficiente para denotar que integre, de forma estável e permanente, organização criminosa, configura circunstância concreta e idônea para se valorar negativamente na terceira fase da dosimetria, modulando a aplicação da causa especial de diminuição de pena pelo tráfico privilegiado (HC 120.985, Rel. Min. Rosa Weber, DJe 30/6/2016). Logo, devidamente comprovado que a conduta do paciente se reveste de maior grau de reprovabilidade, pois tinha conhecimento de estar a serviço do crime organizado no tráfico internacional, o percentual de redução, pela incidência da minorante do art. 33, § 4º, da Lei n. 11.343/2006, deve ser estabelecido no mínimo legal. **(HC 387.077-SP, Rel. Min. Ribeiro Dantas, julgado em 6/4/2017).**

146. Regime aberto e substituição da pena privativa de liberdade por restritiva de direitos. De acordo com a Súmula Vinculante nº 59 do STF, nos casos de tráfico privilegiado é impositiva a fixação do regime aberto e a substituição da pena privativa de liberdade por restritiva de direitos na sentença condenatória, a depender da análise das circunstâncias judiciais do art. 59 e dos requisitos do art. 33, § 2º, alínea c, e do art. 44, ambos do Código Penal.

▶ **STF**

Súmula Vinculante nº 59: "É impositiva a fixação do regime aberto e a substituição da pena privativa de liberdade por restritiva de direitos quando reconhecida a figura do tráfico privilegiado (art. 33, § 4º, da Lei 11.343/06) e ausentes vetores negativos na primeira fase da dosimetria (art. 59 do CP), observados os requisitos do art. 33, § 2º, alínea c, e do art. 44, ambos do Código Penal.

Art. 34. Fabricar, adquirir, utilizar, transportar, oferecer, vender, distribuir, entregar a qualquer título, possuir, guardar ou fornecer, ainda que gratuitamente, **maquinário, aparelho, instrumento ou qualquer objeto** destinado à fabricação, preparação, produção ou transformação de drogas, sem autorização ou em desacordo com determinação legal ou regulamentar:

Pena – reclusão, de 3 (três) a 10 (dez) anos, e pagamento de 1.200 (mil e duzentos) a 2.000 (dois mil) dias-multa.

1. **Condutas típicas.** O art. 34 incrimina condutas ligadas à fabricação, à preparação, à produção ou à transformação de drogas.

2. **Bem jurídico protegido.** A saúde pública, o equilíbrio sanitário da coletividade.

3. **Sujeito ativo.** Crime comum. Qualquer pessoa pode praticar o delito.

4. **Sujeito passivo.** A coletividade.

5. **Verbos típicos.** ***Fabricar*** consiste em elaborar, preparar. ***Adquirir*** é obter, conseguir, independentemente do meio (compra e venda, doação, troca etc.). ***Utilizar*** significa fazer uso de algo para certa finalidade, tirar proveito. ***Transportar*** consiste em levar de um local específico para outro local específico. ***Oferecer*** significa entregar, disponibilizar de forma gratuita ou onerosa. ***Vender*** quer dizer trocar por dinheiro ou qualquer outro bem que sirva como meio de pagamento, comercializar. ***Distribuir*** é entregar a várias pessoas. ***Entregar*** é disponibilizar a alguém. ***Possuir*** significa ter para si. ***Guardar*** consiste em conservar, preservar, manter em local seguro. Por fim, ***fornecer, ainda que gratuitamente*** consiste em dar a alguém, ceder a um terceiro, sem que seja mediante remuneração.

6. **Crime permanente.** Os verbos *utilizar, transportar, possuir* e *guardar* configuram crime permanente.

7. **Maquinário, aparelho, instrumento ou qualquer objeto.** É o objeto material do delito, ligado à manufatura da droga. A incriminação abrange qualquer objeto que possa ser empregado na fabricação, na preparação, na produção ou na transformação de drogas, ainda que tenham sido fabricados para uma finalidade lícita. Até porque não existem instrumentos destinados exclusivamente às drogas. São exemplos desses objetos materiais: balança de precisão, estufa, pipetas, destiladores, bico de Bunsen etc.

8. **Necessidade de prova da finalidade.** Não basta o maquinário, o aparelho, o instrumento ou o objeto. É necessária a prova de que ele se destinava ao tráfico.

9. **Lâmina de barbear, papelotes, sacos plásticos, fita crepe e tampa de caneta.** Não estão englobados neste tipo penal, pois não se destinam à fabricação, à preparação,

à produção ou à transformação, mas, sim, apenas à separação e à embalagem para consumo.

10. Fabricação, preparação, produção ou transformação de drogas. *Fabricação* é a conduta ligada à produção da droga. *Preparação* consiste na composição de elementos para fazer a droga surgir. *Produção* é a manufatura, tendo o mesmo significado da fabricação. *Transformação* consiste na alteração da composição original da droga.

11. Tipo penal misto alternativo. Caso o agente pratique mais de uma conduta descrita no tipo penal, no mesmo contexto fático, responderá por um delito apenas, não havendo concurso de crimes.

12. Sem autorização ou em desacordo com determinação legal ou regulamentar. Caso o agente possua autorização ou esteja de acordo com determinação legal ou regulamentar a conduta será atípica.

13. Absorção pelo art. 33, *caput*. O art. 34 fica absorvido pelo art. 33, se ambos foram praticados no mesmo contexto, por ser considerado *ante factum* impunível, com fundamento no princípio da consunção, na modalidade crime progressivo, fazendo com que o agente responda apenas pelo art. 33.

▶ **STF**

INFORMATIVO nº 791

Segunda Turma

Lei de drogas e princípio da consunção.

(...) A Turma assinalou não haver nulidade quanto às transcrições de interceptações telefônicas, que teriam sido devidamente disponibilizadas, sem que a defesa, entretanto, houvesse solicitado a transcrição total ou parcial ao longo da instrução. Ademais, entendeu que, dadas as circunstâncias do caso concreto, seria possível a aplicação do princípio da consunção, que se consubstanciaria pela absorção dos delitos tipificados nos artigos 33, § 1º, I, e 34 da Lei 11.343/2006, pelo delito previsto no art. 33, "caput", do mesmo diploma legal. Ambos os preceitos buscariam proteger a saúde pública e tipificariam condutas que — no mesmo contexto fático, evidenciassem o intento de traficância do agente e a utilização dos aparelhos e insumos para essa mesma finalidade — poderiam ser consideradas meros atos preparatórios do delito de tráfico previsto no art. 33, "caput", da Lei 11.343/2006. (...). **(HC 109708/SP, rel. Min. Teori Zavascki, 23.6.2015).**

14. Absorção pelo art. 28. O art. 34 fica absorvido pelo art. 28, quando a posse dos instrumentos configura ato preparatório destinado ao consumo pessoal da droga (art. 28), com fundamento no princípio da consunção, fazendo com que o agente responda apenas pelo delito do art. 28.

▶ **STJ**

Informativo nº 710

Sexta Turma

Depósito de entorpecente para uso pessoal e posse de objetos destinados ao plantio de *Cannabis sativa*. Crime do art. 34 da Lei n. 11.343/2006. Delito autônomo.

Não configuração. **Não é possível que o agente responda pela prática do crime do art. 34 da Lei n. 11.343/2006 quando a posse dos instrumentos configura ato preparatório destinado ao consumo pessoal de entorpecente.** O crime capitulado no art. 34 da Lei n. 11.343/2006 se destina a punir atos preparatórios e, portanto, é tido como subsidiário em relação ao crime previsto no art. 33 da mesma Lei, sendo por este absorvido quando as ações são praticadas em um mesmo contexto fático. É possível, no entanto, que o crime previsto no art. 34 da Lei de Drogas se consuma de forma autônoma, circunstância na qual deve ficar demonstrada a real lesividade dos objetos tidos como instrumentos destinados à fabricação, preparação, produção ou transformação de drogas, ou seja, relevante analisar se os objetos apreendidos são aptos a vulnerar o tipo penal em tela." (AgRg no AREsp 303.213/SP, Rel. Ministro Marco Aurelio Bellizze, Quinta Turma, DJe 14/10/2013). Significa dizer que a lesão ao bem jurídico – saúde pública – somente ocorrerá quando a ação envolvendo os objetos (possuir, guardar, adquirir, entre outras) tenha o especial fim de fabricar, preparar, produzir ou transformar drogas, visando o tráfico. Portanto, ainda que o crime previsto no art. 34 da Lei n. 11.343/2006 possa subsistir de forma autônoma, não é possível que o agente responda pela prática do referido delito quando a posse dos instrumentos se configura como ato preparatório destinado ao consumo pessoal de entorpecente. (...). **RHC 135.617-PR, Rel. Min. Laurita Vaz, Sexta Turma, por unanimidade, julgado em 14/09/2021.**

15. **Consumação:** Com a prática de qualquer das condutas típicas. Trata-se de crime formal.

16. **Classificação.** Crime comum; formal; doloso; comissivo; de perigo abstrato; instantâneo nas condutas *fabricar, adquirir, oferecer, vender, distribuir, entregar e fornecer* e permanente nas condutas *utilizar, transportar, possuir* e *guardar*; cabe tentativa.

17. **Suspensão condicional do processo.** Incabível, pois a pena mínima cominada ultrapassa 1 ano (art. 89 da lei 9.099/95).

Art. 35. Associarem-se duas ou mais pessoas para o fim de praticar, reiteradamente ou não, qualquer dos crimes previstos nos arts. 33, caput e § 1º, e 34 desta Lei:

Pena - reclusão, de 3 (três) a 10 (dez) anos, e pagamento de 700 (setecentos) a 1.200 (mil e duzentos) dias-multa.

Parágrafo único. Nas mesmas penas do *caput* deste artigo incorre quem se associa para a prática reiterada do crime definido no **art. 36 desta Lei**.

1. **Associação para o tráfico.** O art. 35, *caput* trata do delito de associação para o tráfico de drogas.
2. **Bem jurídico protegido.** A saúde pública, o equilíbrio sanitário da coletividade e a paz pública.
3. **Sujeito ativo.** Crime comum.
4. **Sujeito passivo.** A coletividade.

5. **Crime plurissubjetivo ou de concurso necessário.** O legislador exigiu o mínimo de duas pessoas para a prática deste delito.

6. **Duas ou mais pessoas.** Nesse número computam-se os inimputáveis.

▶ **STJ**

Informativo nº 576

Sexta Turma

DIREITO PENAL. APLICAÇÃO DE CAUSA DE AUMENTO DE PENA DA LEI DE DROGAS AO CRIME DE ASSOCIAÇÃO PARA O TRÁFICO DE DROGAS COM CRIANÇA OU ADOLESCENTE.

A participação do menor pode ser considerada para configurar o crime de associação para o tráfico (art. 35) e, ao mesmo tempo, para agravar a pena como causa de aumento do art. 40, VI, da Lei n. 11.343/2006. (...) Assim, é cabível a aplicação da majorante se o crime envolver ou visar a atingir criança ou adolescente em delito de associação para o tráfico de drogas configurado pela associação do agente com menor de idade. (...) (**HC 250.455-RJ, Rel. Min. Nefi Cordeiro, julgado em 17/12/2015).**

7. **Especial fim de agir.** A associação deve ter a finalidade específica de praticar os delitos de tráfico descritos no tipo (arts. 33, *caput* e § 1º, e 34). Ausente esse especial fim de agir, a conduta é atípica. A prática desses delitos pode ocorrer de forma reiterada ou não.

8. **Crime permanente.** A associação deve ser permanente. Não existe associação para o tráfico eventual.

9. **Estabilidade.** Exige-se um *animus* associativo. A associação deve ser estável, contínua. Não existe esse delito sem a estabilidade. É justamente essa estabilidade, associada à permanência, que caracteriza o delito de associação para o tráfico. Ausente essa estabilidade, ou seja, se a associação se formar para a prática de um ou outro ato isolado de tráfico tem-se apenas uma coautoria no delito de tráfico de drogas.

▶ **STJ**

Informativo nº 753

Quinta Turma

Associação para o tráfico de drogas. Estabilidade e permanência. Ausência de comprovação. Flagrante do delito de tráfico em local dominado por facção criminosa. Presunção do vínculo. Inversão do ônus probatório. Descabimento.

O fato de o flagrante do delito de tráfico de drogas ter ocorrido em comunidade apontada como local dominado por facção criminosa, por si só, não permite presumir que os réus eram associados (de forma estável e permanente) à referida facção, sob pena de se validar a adoção de uma seleção criminalizante norteada pelo critério espacial e de se inverter o ônus probatório, atribuindo prova diabólica de fato negativo à defesa. No caso, os elementos relativos à estabilidade e à permanência, exigidos para a configuração do crime de associação para o tráfico, foram deduzidos da apreensão de significativa quantidade de drogas e de petrechos comuns na prática da narcotraficância, quando da realização de operação na comunidade, além dos depoimentos policiais atestando que seria notória a existência de facção criminosa na localidade e que não seria possível que os acusados estivessem ali sem prévia associação com os demais integrantes da referida facção. Ocorre que não houve investigação prévia ou qualquer elemento de prova capaz de apontar que os acusados estavam associados, de forma estável (sólida) e permanente (duradoura), entre si ou a outrem. Não foi indicada a existência de alvos específicos na citada operação policial nem sequer mencionado o lapso temporal durante o qual os agentes supostamente estavam associados ou quais seriam as suas funções no grupo. Não se pode referendar uma condenação por associação para o tráfico pautada apenas em ilações a respeito do local em que apreendidas as drogas etiquetadas e os petrechos comumente utilizados na endolação de entorpecentes, pois isso equivaleria a validar a adoção de uma seleção criminalizante norteada pelo critério espacial, em que as vilas e favelas são mais frequentemente percebidas como "lugares de tráfico", em razão das representações desses espaços territoriais como necessariamente associados ao comércio varejista de drogas, conforme apontam os crescentes estudos a respeito do espaço como elemento da seletividade penal, especialmente em crimes dessa natureza. Admitir-se que o simples fato de o flagrante ter ocorrido em comunidade dominada por facção criminosa - e não em outros locais da cidade - comprove, ipso facto, a prática do crime em comento significa, em última instância, inverter o ônus probatório e atribuir prova diabólica de fato negativo à defesa, pois exige-se, de certo modo, que o acusado comprove que não está envolvido com facção criminosa. Nessa conjuntura e considerando a jurisprudência desta Corte Superior sobre o tema, conclui-se que foi demonstrada tão somente a configuração do delito de tráfico de drogas, deixando a jurisdição ordinária de descrever objetivamente fatos que demonstrassem o dolo e a existência objetiva de vínculo estável e permanente entre agentes. Por isso, mostra-se indevida a condenação pelo crime de associação para o tráfico de drogas, no qual o sistema acusatório impõe o ônus de que seja declinada a configuração do elemento subjetivo do tipo, com "a demonstração concreta da estabilidade e da permanência da associação criminosa" (HC 462.888/RJ, Rel. Ministro Rogério Schietti Cruz, Sexta Turma, DJe 05/11/2018). **HC 739.951-RJ, Rel. Min. Laurita Vaz, Sexta Turma, por unanimidade, julgado em 09/08/2022, DJe 18/08/2022.**

10. **Crime não equiparado a hediondo.** A associação para o tráfico não é equiparada a crime hediondo, pois está fora da equiparação feita pela CF/88 e pela lei de crimes hediondos. Considerá-la como crime equiparado a hediondo significa analogia *in malam partem*.

    STJ. O Superior Tribunal de Justiça firmou compreensão de que o crime de associação para o tráfico não é equiparado a hediondo, já que não está abrangido pelos ditames da Lei nº 8.072, de 25/07/1990. **(HC 284.176/RJ, Rel. Min. Laurita Vaz, julgado em 26/08/2014).**

11. **Desnecessidade de apreensão e de exame pericial na droga.** Não se exige a perícia na droga para a configuração desse delito. Com efeito, o delito consiste na associação de pessoas, e não na traficância de drogas. Assim, para a configuração do delito basta comprovar a estabilidade, a permanência e o especial fim de agir dos agentes associados.

    STJ. RECURSOS ESPECIAIS. PENAL E PROCESSO PENAL. TRÁFICO DE DROGAS, ASSOCIAÇÃO PARA O TRÁFICO (...). Para a configuração do delito previsto no art. 35 da Lei nº 11.343/06 é desnecessária a comprovação da materialidade quanto ao delito de tráfico, sendo prescindível a apreensão da droga ou o laudo toxicológico.

É indispensável, tão somente, a comprovação da associação estável e permanente, de duas ou mais pessoas, para a prática da narcotraficância. (...) **(REsp 1598820, Rel. Min. Maria Thereza de Assis Moura, julgado em 30/06/2016).**

12. **Concurso de crimes com o art. 33, *caput*.** É possível haver concurso de crimes entre a associação para o tráfico e o tráfico de drogas, tendo em vista que a associação não é meio necessário para o tráfico, não incidindo, portanto, o princípio da consunção.

    STJ. Assim, para o crime de associação para o tráfico, fixo a pena-base em 3 anos e 6 meses de reclusão, mais 400 dias-multa, no valor unitário de 1/30 do salário mínimo vigente à época dos fatos; para o crime de tráfico, estabeleço a pena-base em 5 anos e 6 meses de reclusão, mais 400 dias-multa, no valor unitário de 1/30 do salário mínimo vigente à época dos fatos, totalizando, em razão do concurso material, 9 anos de reclusão, em regime inicial fechado. Habeas Corpus não conhecido. Ordem concedida, de ofício. **(HC 238.219/PB, Rel. Min. Walter de Almeida Guilherme (Desembargador convocado do TJ/SP), julgado em 23/10/2014).**

13. **Princípio da especialidade.** A associação para o tráfico é especial em relação ao delito de associação criminosa previsto no art. 288 do Código Penal.
14. **Consumação.** Com a efetiva a associação, de forma estável e permanente. Não é necessário que os agentes pratiquem efetivamente as infrações descridas no tipo penal. Trata-se de crime formal.
15. **Classificação.** Crime comum; formal; doloso; comissivo; permanente; de perigo abstrato; não admite a tentativa.
16. **Suspensão condicional do processo.** Incabível, pois a pena mínima cominada ultrapassa 1 ano (art. 89 da lei 9.099/95).
17. **Parágrafo único. Associação para o financiamento do tráfico.** O parágrafo único traz a conduta equiparada consistente na associação para o delito de financiamento do tráfico. Trata-se de conduta que em tudo assemelha-se à associação do *caput,* aplicando-se a ela tudo o que se disse em relação ao *caput,* tendo como marcos distintivos dois fatores: 1. Exigência de que a conduta ocorra de forma reiterada; 2. Associação dirigida ao delito de financiamento do tráfico.

Art. 36. Financiar ou custear a prática de qualquer dos crimes previstos nos arts. 33, caput e § 1º, e 34 desta Lei:

Pena – reclusão, de 8 (oito) a 20 (vinte) anos, e pagamento de 1.500 (mil e quinhentos) a 4.000 (quatro mil) dias-multa.

1. **Crime de financiamento ou custeio do tráfico.** O art. 36 trata da conduta do agente financiador do tráfico de drogas. Não se trata propriamente do agente que realiza o tráfico, mas, sim, de quem injeta recursos financeiros na atividade ilícita de tráfico de drogas.
2. **Bem jurídico protegido.** A saúde pública, o equilíbrio sanitário da coletividade.
3. **Sujeito ativo.** Crime comum. Qualquer pessoa pode praticá-lo.
4. **Sujeito passivo.** A coletividade.

5. **Financiar ou custear.** Os dois verbos típicos possuem significados diferentes. *Financiar* consiste em o agente injetar o recurso financeiro na atividade ilícita de tráfico para obter o retorno financeiro que não decorra direta e especificamente do tráfico de drogas, e sim da sua lucratividade, podendo, inclusive, receber juros com o resultado do financiamento, atividade que se assemelha a de um banco, que empresta o dinheiro para uma finalidade específica (por exemplo, financiamento de um imóvel ou de um veículo) e recebe juros por ter antecipado o dinheiro a alguém, independentemente da lucratividade da atividade ilícita de tráfico. No verbo *custear* o agente injeta dinheiro no tráfico de drogas para obter o retorno financeiro decorrente diretamente do tráfico de drogas. A sua lucratividade decorre especificamente da traficância custeada, da própria atividade na qual ele empregou o dinheiro, tendo participação direta no lucro proveniente do tráfico.
6. **Reiteração e estabilidade.** A configuração deste delito exige que a conduta seja praticada de forma estável e reiterada, não podendo consistir em uma conduta eventual, isolada.
7. **Exceção à teoria monista do concurso de pessoas.** A conduta de financiar ou de custear o tráfico de drogas seria, em princípio, uma forma de participação no tráfico de drogas praticado por outrem. Entretanto, neste tipo penal, o legislador optou por criminalizar a conduta como autoria de um tipo penal autônomo. A opção legislativa implica uma exceção à teoria monista do concurso de pessoas, uma vez que se agente financia o tráfico praticado por outrem, eles não respondem pelo mesmo crime. Cada um responde pelo seu próprio crime autônomo. Um por tráfico de drogas (art. 33, *caput*), outro por financiamento ou custeio do tráfico de drogas (art. 36). Trata-se de hipótese em que não há identidade de infração penal praticada por ambos, implicando a adoção da teoria pluralista, como exceção à teoria monista. O agente que financia ou custeia não pratica o tráfico de drogas, não sendo coautor, nem partícipe do tráfico.

> **STJ.** HABEAS CORPUS. FINANCIAMENTO OU CUSTEIO AO TRÁFICO DE DROGAS. CONDUTA AUTÔNOMA. IMPOSSIBILIDADE DE CONDENAÇÃO, EM CONCURSO MATERIAL, PELA PRÁTICA DOS CRIMES PREVISTOS NO ART. 33, CAPUT, E NO ART. 36 DA LEI DE DROGAS. CONSTRANGIMENTO ILEGAL EVIDENCIADO. ORDEM CONCEDIDA DE OFÍCIO. 1. O art. 36 da Lei n. 11.343/2006 diz respeito a crime praticado por agente que não se envolve nas condutas de traficância, ou seja, que financia ou custeia os crimes a que se referem os arts. 33, caput e § 1º, e 34 da Lei n. 11.343/2006, sem, contudo, ser autor ou partícipe (art. 29 do Código Penal) das condutas ali descritas. 2. Em relação aos casos de tráfico de drogas cumulado com o financiamento ou custeio da prática do crime, o legislador previu, de maneira expressa, a causa especial de aumento de pena prevista no inciso VII do art. 40 da Lei n. 11.343/2006. 3. O agente que atua diretamente na traficância – executando, pessoalmente, as condutas tipificadas no art. 33 da legislação de regência – e que também financia ou custeia a aquisição das drogas, deve responder pelo crime previsto no art. 33 com a incidência causa de aumento prevista no art. 40, VII, da Lei n. 11.343/2006 (por financiar ou custear a prática do crime), afastando-se, por conseguinte, a conduta autônoma prevista no art. 36 da referida legislação. (...) **(HC 306.136/MG, Rel. Min. Rogerio Schietti Cruz, julgado em 03/11/2015).**

8. **Autofinanciamento.** O presente tipo penal não se confunde com o autofinaciamento do tráfico de drogas, que é aquele que ocorre quando o próprio agente

financia ou custeia a sua própria atividade ilícita, ou seja, não há ninguém por trás do agente injetando o dinheiro. Ele mesmo garante o negócio financeiramente. Neste caso, o agente que se autofinancia não responde pelo art. 36 da lei, mas, tão somente, pelo delito de tráfico de drogas (art. 33, *caput*), caso em que se aplica a causa de aumento de pena prevista no art. 40, VII, da lei.

▶ **STJ**

> **Informativo nº 534**
> **Sexta Turma**
> **DIREITO PENAL. AUTOFINANCIAMENTO PARA O TRÁFICO DE DROGAS.**
> **Na hipótese de autofinanciamento para o tráfico ilícito de drogas, não há concurso material entre os crimes de tráfico (art. 33, *caput*, da Lei 11.343/2006) e de financiamento ao tráfico (art. 36), devendo, nessa situação, ser o agente condenado às penas do crime de tráfico com incidência da causa de aumento de pena prevista no art. 40, VII.** De acordo com a doutrina especialista no assunto, denomina-se autofinanciamento a situação em que o agente atua, ao mesmo tempo, como financiador e como traficante de drogas. (...). Observa-se, ademais, que, para os casos de tráfico cumulado com o financiamento ou custeio da prática do crime, expressamente foi estabelecida a aplicação da causa de aumento de pena do art. 40, VII, da referida lei, cabendo ressaltar, entretanto, que a aplicação da aludida causa de aumento de pena cumulada com a condenação pelo financiamento ou custeio do tráfico configuraria inegável *bis in idem*. De outro modo, atestar a impossibilidade de aplicação daquela causa de aumento em casos de autofinanciamento para o tráfico levaria à conclusão de que a previsão do art. 40, VII, seria inócua quanto às penas do art. 33, *caput*. **(REsp 1.290.296-PR, Rel. Min. Maria Thereza de Assis Moura, julgado em 17/12/2013).**

9. **Tipo penal misto alternativo.** Caso o agente pratique mais de uma conduta descrita no tipo penal, no mesmo contexto fático, responderá por um delito apenas, não havendo concurso de crimes.
10. **Causa de aumento do art. 40, VII.** Não se aplica a esse delito, pois o financiamento ou custeio já é elemento do tipo, sob pena de *bis in idem*.
11. **Consumação.** Com a prática de qualquer das condutas típicas. Trata-se de crime formal.
12. **Classificação.** Crime comum; formal; doloso; comissivo; instantâneo; de perigo abstrato; admite a tentativa.
13. **Suspensão condicional do processo.** Incabível, pois a pena mínima cominada ultrapassa 1 ano (art. 89 da lei 9.099/95).

> **Art. 37. Colaborar**, como **informante**, com grupo, organização ou associação destinados à prática de qualquer dos crimes previstos nos arts. 33, caput e § 1º, e 34 desta Lei:
>
> Pena – reclusão, de 2 (dois) a 6 (seis) anos, e pagamento de 300 (trezentos) a 700 (setecentos) dias-multa.

1. **Colaboração com o tráfico.** O art. 37, buscando evitar a tentativa de impedir a repressão ao tráfico ilícito de drogas, criminalizou a colaboração com o tráfico, na qualidade de informante.

2. **Bem jurídico protegido.** A saúde pública, o equilíbrio sanitário da coletividade.
3. **Sujeito ativo.** Crime comum. Qualquer pessoa pode praticá-lo.
4. **Sujeito passivo.** A coletividade.
5. **Exceção à teoria monista do concurso de pessoas.** A conduta de colaborar com o tráfico seria, em princípio, uma forma de participação no tráfico de drogas praticado por outrem. Entretanto, neste tipo penal, o legislador optou por criminalizar a conduta como autoria de um tipo penal autônomo. O agente não pratica o tráfico de drogas especificamente, ele apenas colabora na qualidade e informante. Mais uma vez, houve a quebra da teoria monista do concurso de pessoas, com a adoção da teoria pluralista, fazendo com que cada agente responda pelo seu crime específico.
6. **Colaborar como informante.** Significa cooperar, contribuir com grupo, organização ou qualquer associação destinada à prática de qualquer dos crimes previstos nos arts. 33, *caput* e § 1º, e 34 da lei, passando determinada informação relevante ao bom funcionamento do tráfico de drogas.
7. **Só a colaboração como informante configura o crime.** O legislador foi claro ao descrever no tipo penal a conduta de "Colaborar, como informante". Assim, somente configura este delito a colaboração feita por meio de informações. Qualquer outra forma de colaboração não configura esse delito, podendo configurar coautoria ou participação no delito de tráfico de drogas ou até mesmo configurar o art. 36 se o agente colaborar com o financiamento ou o custeio.
8. **Formas de colaboração como informante.** O delito é de livre execução. Existem diversas formas de passar a informação ao grupo, à organização ou à associação, como passar a informação específica diretamente de forma verbal, por sinais, ou então o simples fato de soltar pipas ou fogos de artifício para informar a chegada da polícia no local onde se pratica o tráfico de drogas.

> **STJ.** RECURSO EM HABEAS CORPUS. CRIME PREVISTO NO ART. 37 DA LEI N.º 11.343/2006. (...) A denúncia descreve, com todos os elementos indispensáveis, previstos no art. 41 do Código de Processo Penal, a existência de crime em tese, bem como a respectiva autoria, com indícios suficientes para a deflagração da persecução penal, possibilitando à acusada o pleno exercício do direito de defesa. De fato, está suficientemente claro que a Recorrente teria colaborado, como informante, com associação voltada à prática do crime de tráfico ilícito de entorpecentes, fornecendo informações a líder da organização, que se encontrava preso, tais como o nome de pessoas que estariam sendo presas, bem como dados sobre "a pessoa e sobre a família" do Delegado responsável pelas investigações, o qual foi, inclusive, ameaçado pelo mencionado corréu. (...) **(RHC 41.439/BA, Rel. Min. Laurita Vaz, julgado em 05/08/2014).**

9. **Grupo, organização ou associação.** Reunião de pessoas que se destinam ao tráfico de drogas.
10. **Subsidiariedade em relação aos arts. 33 e 35.** O crime de colaboração com o tráfico de drogas é um tipo penal subsidiário em relação aos delitos dos arts. 33 e 35. Somente pode ser considerado informante o agente que não integre o grupo, a organização ou a associação, nem seja coautor ou partícipe do delito de tráfico, pois nesses casos ele pratica o art. 35 da lei (associação para o tráfico) ou então será coautor ou partícipe do tráfico de drogas (art. 33).

▶ **STJ**

Informativo nº 527

Quinta Turma

DIREITO PENAL. SUBSIDIARIEDADE DO TIPO DO ART. 37 EM RELAÇÃO AO DO ART. 35 DA LEI 11.343/2006.

Responderá apenas pelo crime de associação do art. 35 da Lei 11.343/2006 – e não pelo mencionado crime em concurso com o de colaboração como informante, previsto no art. 37 da mesma lei – o agente que, já integrando associação que se destine à prática do tráfico de drogas, passar, em determinado momento, a colaborar com esta especificamente na condição de informante. A configuração do crime de associação para o tráfico exige a prática, reiterada ou não, de condutas que visem facilitar a consumação dos crimes descritos nos arts. 33, *caput* e § 1º, e 34 da Lei 11.343/2006, sendo necessário que fique demonstrado o ânimo associativo, um ajuste prévio referente à formação de vínculo permanente e estável. Por sua vez, o crime de colaboração como informante constitui delito autônomo, destinado a punir específica forma de participação na empreitada criminosa, caracterizando-se como colaborador aquele que transmite informação relevante para o êxito das atividades do grupo, associação ou organização criminosa destinados à prática de qualquer dos crimes previstos nos arts. 33, *caput* e § 1º, e 34 da Lei 11.343/2006. O tipo penal do art. 37 da referida lei (colaboração como informante) reveste-se de verdadeiro caráter de subsidiariedade, só ficando preenchida a tipicidade quando não se comprovar a prática de crime mais grave. De fato, cuidando-se de agente que participe do próprio delito de tráfico ou de associação, a conduta consistente em colaborar com informações já será inerente aos mencionados tipos. A referida norma incriminadora tem como destinatário o agente que colabora como informante com grupo, organização criminosa ou associação, desde que não tenha ele qualquer envolvimento ou relação com atividades daquele grupo, organização criminosa ou associação em relação ao qual atue como informante. Se a prova indica que o agente mantém vínculo ou envolvimento com esses grupos, conhecendo e participando de sua rotina, bem como cumprindo sua tarefa na empreitada comum, a conduta não se subsume ao tipo do art. 37, podendo configurar outros crimes, como o tráfico ou a associação, nas modalidades autoria e participação. Com efeito, o exercício da função de informante dentro da associação é próprio do tipo do art. 35 da Lei 11.343/2006 (associação), no qual a divisão de tarefas é uma realidade para consecução do objetivo principal. Portanto, se a prova dos autos não revela situação em que a conduta do paciente seja específica e restrita a prestar informações ao grupo criminoso, sem qualquer outro envolvimento ou relação com as atividades de associação, a conduta estará inserida no crime de associação, o qual é mais abrangente e engloba a mencionada atividade. Dessa forma, conclui-se que só pode ser considerado informante, para fins de incidência do art. 37 da Lei 11.343/2006, aquele que não integre a associação, nem seja coautor ou partícipe do delito de tráfico. Nesse contexto, considerar que o informante possa ser punido duplamente – pela associação e pela colaboração com a própria associação da qual faça parte –, além de contrariar o princípio da subsidiariedade, revela indevido *bis in idem*, punindo-se, de forma extremamente severa, aquele que exerce função que não pode ser entendida como a mais relevante na divisão de tarefas do mundo do tráfico. **(HC 224.849-RJ, Rel. Min. Marco Aurélio Bellizze, julgado em 11/6/2013).**

11. Consumação. Com a efetiva colaboração. Trata-se de crime formal.

12. Classificação. Crime comum; formal; doloso; comissivo; de perigo abstrato; instantâneo; admite a tentativa.

13. Suspensão condicional do processo. Incabível, pois a pena mínima cominada ultrapassa 1 ano (art. 89 da lei 9.099/95).

Art. 38. Prescrever ou ministrar, **culposamente**, drogas, sem que delas necessite o paciente, ou fazê-lo em doses excessivas ou em desacordo com determinação legal ou regulamentar:

Pena – detenção, de 6 (seis) meses a 2 (dois) anos, e pagamento de 50 (cinqüenta) a 200 (duzentos) dias-multa.

Parágrafo único. O juiz comunicará a condenação ao Conselho Federal da categoria profissional a que pertença o agente.

1. **Tipo penal exclusivamente culposo.** O presente tipo penal pune a conduta apenas a título de culpa.
2. **Bem jurídico protegido.** A saúde pública, o equilíbrio sanitário da coletividade e a vida ou a saúde da vítima desse delito.
3. **Sujeito ativo**. Trata-se de crime próprio. Na conduta *prescrever* somente pode ser sujeito ativo o médico ou o dentista. Na conduta *ministrar* pode ser o médico, o dentista, o farmacêutico ou o profissional de enfermagem.
4. **Sujeito passivo.** A coletividade e a vítima do crime.
5. **Prescrever ou ministrar.** *Prescrever* é receitar. *Ministrar* significa aplicar, introduzir no organismo alheio.
6. **É necessário que o sujeito ativo esteja no exercício da profissão.** Para que este crime seja praticado, faz-se necessário que o agente esteja, no momento da conduta, exercendo a profissão, para que possa haver a configuração da conduta culposa, com a violação do dever objetivo de cuidado por parte do agente.
7. **Três hipóteses da prática do delito.** Este delito é praticado somente nas três hipóteses previstas no tipo: 1. Droga desnecessária ao paciente (sem que o paciente dela precise); 2. Droga necessária, mas em quantidade excessiva (quantidade além da necessária para o tratamento específico); 3. Droga necessária, mas em desacordo com determinação legal ou regulamentar (fora dos casos em que haja autorização do Poder Público). Fora dessas hipóteses o delito não se configura.
8. **Agente que prescreve ou ministra com dolo.** Configura o delito de tráfico de drogas (art. 33, *caput*).
9. **Ocorrência dos resultados morte ou lesão corporal.** Se, em consequência da conduta culposa, a vítima morrer ou sofrer lesão corporal, o agente responde por esses delitos, igualmente de forma culposa, havendo concurso de crimes.

10. **Norma penal em branco heterogênea.** O presente tipo penal constitui um tipo penal em branco heterogêneo e o seu complemento (drogas) está na Portaria 344/1998, da Secretaria de Vigilância Sanitária, do Ministério da Saúde.
11. **Tipo penal misto alternativo.** Caso o agente pratique mais de uma conduta descrita no tipo penal, no mesmo contexto fático, responderá por um delito apenas, não havendo concurso de crimes.
12. **Consumação.** Na conduta *prescrever*, com a entrega da receita ao paciente. Não basta o preenchimento da receita. Na conduta *ministrar*, com a aplicação da droga, independentemente de qualquer consequência ulterior. Trata-se de crime formal.
13. **Classificação.** Crime próprio; formal; culposo; comissivo; de perigo abstrato; instantâneo; não admite a tentativa por ser culposo.
14. **Suspensão condicional do processo.** Cabível, pois a pena mínima cominada não ultrapassa 1 ano (art. 89 da lei 9.099/95).
15. **Parágrafo único.** A comunicação é obrigatória e serve para a adoção das providências administrativas. Segundo a norma expressa, a comunicação deve ser feita apenas em caso de condenação. À luz do princípio da presunção de inocência, cremos que a comunicação somente deve ocorrer com o trânsito em julgado da condenação.

Art. 39. Conduzir embarcação ou aeronave após o consumo de drogas, expondo a dano potencial a incolumidade de outrem:

Pena – detenção, de 6 (seis) meses a 3 (três) anos, além da apreensão do veículo, cassação da habilitação respectiva ou proibição de obtê-la, pelo mesmo prazo da pena privativa de liberdade aplicada, e pagamento de 200 (duzentos) a 400 (quatrocentos) dias-multa.

Parágrafo único. As penas de prisão e multa, aplicadas **cumulativamente** com as demais, serão de 4 (quatro) a 6 (seis) anos e de 400 (quatrocentos) a 600 (seiscentos) dias-multa, se o veículo referido no caput deste artigo for de transporte coletivo de passageiros.

1. **Condução de embarcação ou de aeronave após o consumo de drogas.** O presente tipo penal visa a evitar o perigo evidente gerado às pessoas pela condução de embarcação ou de aeronave por alguém após o consumo de drogas.
2. **Bem jurídico protegido.** A saúde pública, o equilíbrio sanitário da coletividade e a incolumidade pública.
3. **Sujeito ativo.** Crime comum. Qualquer pessoa pode praticá-lo.
4. **Sujeito passivo.** A coletividade e as pessoas expostas à situação de perigo.
5. **Conduzir.** O verbo *conduzir* significa guiar, pilotar, dirigir.
6. **Embarcação.** Por *embarcação* entenda-se qualquer estrutura flutuante que se destine ao transporte de pessoas ou de coisas.
7. **Aeronave.** Aeronave é qualquer aparelho de condução pelo ar destinado ao transporte de pessoas ou de coisas.
8. **Veículo terrestre.** Não está abrangido pelo tipo penal. Neste caso, há a prática do delito contido no art. 306 do Código de Trânsito Brasileiro.

9. **Após o consumo de drogas.** Como dito, o legislador buscou evitar a geração do perigo consistente na condução de embarcação ou de aeronave por alguém após o consumo de drogas. Não há um critério de tempo definido no tipo penal. O importante é que o agente tenha consumido a droga. Note-se que o tipo penal não exige que o agente esteja "sob o efeito" da droga, bastando o seu consumo.

10. **Prova do consumo de droga. É necessária a produção de prova do consumo da droga pelo agente. Essa prova pode ser pericial ou testemunhal.**

11. **Crime de perigo concreto.** O perigo foi exigido expressamente pelo legislador por meio da expressão "expondo a dano potencial a incolumidade de outrem". Assim, para a configuração do delito não basta que o agente conduza a embarcação ou a aeronave após o consumo de drogas, é necessário que fique provado o efetivo perigo à incolumidade de outrem. Sem a prova do efetivo perigo o fato é atípico.

12. **Norma penal em branco heterogênea.** O presente tipo penal constitui um tipo penal em branco heterogêneo e o seu complemento (drogas) está na Portaria 344/1998, da Secretaria de Vigilância Sanitária, do Ministério da Saúde.

13. **Art. 34 da Lei de Contravenções Penais.** O tipo penal ora comentado derrogou o art. 34 da LCP (*"Art. 34. Dirigir veículos na via pública, ou embarcações em águas públicas, pondo em perigo a segurança alheia."*), uma vez que revogou especificamente a parte referente à condução de embarcações.

14. **Princípio da especialidade.** O art. 39 da lei de Drogas é especial em relação ao art. 306 do CTB, que se aplica em caso de veículo automotor. (*"art. 306. Conduzir veículo automotor com capacidade psicomotora alterada em razão da influência de álcool ou de outra substância psicoativa que determine dependência."*).

15. **Consumação.** Com a condução da embarcação ou da aeronave, expondo a perigo a incolumidade de outrem. Trata-se de crime formal.

16. **Classificação.** Crime comum; formal; doloso; comissivo; de perigo concreto; instantâneo; admite a tentativa.

17. **Suspensão condicional do processo.** Cabível, pois a pena mínima cominada não ultrapassa 1 ano (art. 89 da lei 9.099/95).

18. **Penas aplicadas em conjunto com a pena privativa de liberdade.** O preceito secundário do tipo penal prevê as seguintes medidas a serem aplicadas junto com a pena: apreensão do veículo, cassação da habilitação ou proibição de obtê-la pelo dobro do prazo da pena privativa de liberdade aplicada.

19. **Parágrafo único. Veículo destinado ao transporte coletivo de passageiros.** Por se tratar de crime de perigo concreto, para a incidência da qualificadora basta que haja um passageiro no momento da conduta.

20. **Suspensão condicional do processo.** Com a incidência do parágrafo único, é incabível, pois a pena mínima cominada ultrapassa 1 ano (art. 89 da lei 9.099/95).

Art. 40. As **penas** previstas nos arts. 33 a 37 desta Lei são **aumentadas** de um sexto a dois terços, se:

I – a natureza, a procedência da substância ou do produto apreendido e as circunstâncias do fato evidenciarem a **transnacionalidade** do delito;

II – o agente praticar o crime **prevalecendo-se** de função pública ou no desempenho de missão de educação, poder familiar, guarda ou vigilância;

III – a infração tiver sido cometida nas **dependências ou imediações** de estabelecimentos prisionais, de ensino ou hospitalares, de sedes de entidades estudantis, sociais, culturais, recreativas, esportivas, ou beneficentes, de locais de trabalho coletivo, de recintos onde se realizem espetáculos ou diversões de qualquer natureza, de serviços de tratamento de dependentes de drogas ou de reinserção social, de unidades militares ou policiais ou em transportes públicos;

IV – o crime tiver sido praticado **com** violência, grave ameaça, emprego de arma de fogo, ou qualquer processo de intimidação difusa ou coletiva;

V – caracterizado o tráfico entre **Estados da Federação** ou entre **estes e o Distrito Federal**;

VI – sua prática envolver ou visar a atingir **criança ou adolescente** ou a quem tenha, por qualquer motivo, diminuída ou suprimida a capacidade de entendimento e determinação;

VII – o agente **financiar ou custear** a prática do crime.

1. **Causas de aumento de pena.** O art. 40 da lei trata de causas de aumento de pena, que deverão incidir na 3ª fase da dosimetria da pena (Art. 68 do Código Penal).
2. **Aplicabilidade.** Conforme o dispositivo legal deixa claro a todas as luzes, a causa de aumento de pena incide somente nos delitos dos arts. 33 ao 37 desta lei.
3. **Inciso I. Tráfico transnacional.** A transnacionalidade do tráfico gera dois efeitos: 1. Determina o aumento da pena e 2. Fixa a competência na Justiça Federal.
4. **Conceito de Transnacionalidade.** Ver comentários ao art. 70 desta lei.
5. **Desnecessidade de transposição das fronteiras.** Para a incidência da presente causa de aumento, configurando o tráfico *transnacional*, basta a prova de que a droga teria com destino algum país no exterior, não sendo necessária a transposição das fronteiras.

   ▶ **STJ**

   Súmula nº 607: A majorante do tráfico transnacional de drogas (art. 40, I, da Lei n. 11.343/2006) configura-se com a prova da destinação internacional das drogas, ainda que não consumada a transposição de fronteiras.

6. **Inciso II. Função pública, missão de educação, poder familiar, guarda ou vigilância.** O aumento da pena justifica-se em razão da maior gravidade da conduta praticada por pessoas que se insiram dentro da previsão desse inciso.
7. **Inciso III. Dependências ou imediações de locais específicos.** A pena aumenta-se se o delito for praticado nas dependências ou imediações dos locais descritos no inciso III, por serem locais onde há grande concentração de pessoas ou que têm uma função importante na coletividade. Para que a causa de aumento de pena incida, é necessário que o agente tenha por finalidade a prática do delito nesses locais.

   Para o STJ, a presente causa de aumento de pena incide na hipótese em que o agente comete o crime de dentro do estabelecimento prisional, mesmo que a droga não passe por dentro do presídio, como na hipótese de um preso controlar o tráfico de drogas de dentro do estabelecimento prisional.

▶ **STJ**

Informativo nº 659

Quinta Turma

Tráfico de drogas. Crime praticado em presídio por meio de telefone. Art. 40, inciso III, da Lei n. 11.343/2006. Majorante. Incidência. Não é necessário que a droga passe por dentro do presídio para que incida a majorante prevista no art. 40, III, da Lei n. 11.343/2006. (...) Assim, em estando os autores dos crimes incluídos no sistema penitenciário, não se pode afastar a conclusão de que seus atos foram praticados no interior do presídio, ainda que os efeitos destes atos tenham se manifestado a quilômetros de distância. O inciso III do art. 40 da Lei n. 11.343/2006 não faz a exigência de que as drogas, objeto do crime, efetivamente passem por dentro dos locais que se busca dar maior proteção, mas apenas que o cometimento dos crimes tenha ocorrido em seu interior. **HC 440.888-MS, Rel. Min. Joel Ilan Paciornik, Quinta Turma, por unanimidade, julgado em 15/10/2019, DJe 18/10/2019.**

8. Transporte público. A causa de aumento incide se o agente efetivamente praticar o delito no transporte público. Em outras palavras, o agente deve praticar o tráfico (venda, entrega etc.) dentro do transporte. Não basta, portanto, que o agente apenas utilize o transporte público, como no caso de o agente tomar um ônibus portando droga para vendê-la no local de destino, quando deixar o ônibus. Portanto, se o agente apenas utilizar o transporte público, não incide a majorante.

STJ. HABEAS CORPUS. SUBSTITUTIVO DE RECURSO PRÓPRIO. NÃO CABIMENTO. TRÁFICO ILÍCITO DE ENTORPECENTES. DOSIMETRIA DA PENA. MAJORANTE PREVISTA NO ART. 40, INCISO III, DA LEI N. 11.343/06.

INAPLICABILIDADE SE NÃO DEMONSTRADA A EFETIVA MERCANCIA ILÍCITA NO INTERIOR DO TRANSPORTE PÚBLICO. CONSTRANGIMENTO ILEGAL EVIDENCIADO. PENA REDIMENSIONADA. ORDEM CONCEDIDA. (...) 2. Extrai-se do texto legal que a incidência da majorante prevista no art. 40, inciso III, da Lei n. 11.343/06 pressupõe que o crime efetivamente seja praticado no interior do transporte público, em razão do maior risco ao meio social que representa a disseminação das drogas ilícitas em ambientes com grande circulação e concentração de pessoas. Partindo dessa diretriz, ambas as Turmas do Supremo Tribunal Federal firmaram o entendimento de que a mera utilização do transporte público pelo suposto criminoso, sem indícios de prática da mercancia ilícita no interior do veículo, não justifica a aplicação da causa de aumento de pena prevista no art. 40, inciso III, da Lei n. 11.343/06. No âmbito do Superior Tribunal de Justiça, todavia, prevalecia o entendimento contrário, o que perdurou até o julgamento do REsp 1345827/AC, Rel. Ministro MARCO AURÉLIO BELLIZZE, em 18.3.2014, ocasião em que esta Corte Superior passou a alinhar-se à jurisprudência da Corte Suprema, afastando a incidência da causa de aumento de pena quando não evidenciado o uso do transporte público para mercancia ilícita de drogas. No caso concreto, as instâncias ordinárias aumentaram a pena do paciente, na terceira fase da dosimetria, na fração de 1/6 (um sexto), pelo simples fato de que foi flagrado portando os entorpecentes no interior de veículo de transporte público urbano. Assim, em atenção à jurisprudência dos Tribunais Superiores, impõe-se o afastamento da aludida majorante prevista no art. 40, inciso III, da Lei n. 11.343/06. Habeas corpus não conhecido. Ordem concedida de ofício para afastar a majorante do art. 40, inciso III, da Lei n. 11.343/06, redimensionando a pena do paciente para o patamar de 5 anos de reclusão, mantido o regime inicial semiaberto, e ao pagamento de 500 dias-multa. **(HC 329.560/RJ, Rel. Min. Joel Ilan Paciornik, julgado em 02/08/2016).**

9. **Estabelecimentos prisionais.** Esta causa de aumento abrange qualquer espécie de estabelecimento prisional, independentemente do regime de cumprimento de pena ao qual o estabelecimento destina-se (fechado, semiaberto ou aberto) e pode ser aplicada a qualquer pessoa que esteja em suas imediações ou em suas dependências, mesmo que não seja um dos reclusos ou detentos custodiados no estabelecimento prisional ou mesmo que o agente não tenha como destinatários os frequentadores do local.

▶ **STF**

Informativo nº 858

Segunda Turma

Tráfico de drogas e imediações de estabelecimento prisional

A Segunda Turma denegou a ordem de "habeas corpus" em que se pretendia afastar a aplicação da causa de aumento prevista no art. 40, III, da Lei 11.343/2006 em condenação por tráfico de drogas realizado nas imediações de estabelecimento prisional. (...) salientou que a aplicação da referida causa de aumento se justifica quando constatada a comercialização de drogas nas imediações de estabelecimentos prisionais, sendo irrelevante se o agente infrator visa ou não aos frequentadores daquele local. **(HC 138944/SC, rel. Min. Dias Toffoli, julgamento em 21.3.2017).**

10. **Dependência ou imediações de igrejas.** Caso a conduta seja praticada nas dependências ou nas imediações de igrejas, a causa de aumento de pena descrita no presente artigo não incidirá por falta de previsão legal, sob pena de analogia *in malam partem*.

▶ **STJ**

Informativo nº 671

Sexta Turma

Tráfico de drogas. Dependências ou imediações de igrejas. Causa de aumento de pena. Art. 40, III, da Lei n. 11.343/2006. Não incidência. Não incide a causa de aumento de pena prevista no inciso III do art. 40 da Lei n. 11.343/2006 em caso de tráfico de drogas cometido nas dependências ou nas imediações de igreja. (...) No caso, nas imediações onde ocorreram os fatos, havia duas igrejas, estabelecimentos que, no entanto, não se enquadram em nenhum dos locais previstos pelo legislador no referido inciso. (...) No Direito Penal incriminador não se admite a analogia *in malam partem*, não se deve inserir no rol das majorantes o fato de o agente haver cometido o delito nas dependências ou nas imediações de igreja. **HC 528.851-SP, Rel. Min. Rogerio Schietti Cruz, Sexta Turma, por unanimidade, julgado em 05/05/2020, DJe 12/05/2020.**

11. **Crime praticado em presídio por meio de telefone.** Se os delitos previstos no *caput* forem praticados dentro do estabelecimento prisional, como no caso de tráfico praticado dentro do presídio por meio de telefone, há a incidência da presente causa de aumento de pena, tendo em vista que, para o legislador, basta que o delito seja praticado nas dependências ou nas imediações de estabelecimentos prisionais, não se exigindo que a droga passe fisicamente por dentro do presídio.

▶ **STJ**

Informativo nº 659

Quinta Turma

Tráfico de drogas. Crime praticado em presídio por meio de telefone. Art. 40, inciso III, da Lei n. 11.343/2006. Majorante. Incidência. Não é necessário que a droga passe por dentro do presídio para que incida a majorante prevista no art. 40, III, da Lei n. 11.343/2006. (...) em estando os autores dos crimes incluídos no sistema penitenciário, não se pode afastar a conclusão de que seus atos foram praticados no interior do presídio, ainda que os efeitos destes atos tenham se manifestado a quilômetros de distância. O inciso III do art. 40 da Lei n. 11.343/2006 não faz a exigência de que as drogas, objeto do crime, efetivamente passem por dentro dos locais que se busca dar maior proteção, mas apenas que o cometimento dos crimes tenha ocorrido em seu interior. **HC 440.888-MS, Rel. Min. Joel Ilan Paciornik, Quinta Turma, por unanimidade, julgado em 15/10/2019, DJe 18/10/2019.**

12. Inciso IV. Emprego de violência, grave ameaça, arma de fogo, ou qualquer processo de intimidação difusa ou coletiva. Os delitos dos arts. 33 ao 37 da lei não possuem violência, grave ameaça, emprego de arma ou qualquer forma de intimidação coletiva como elemento do tipo. Assim, além da gravidade desses delitos, caso haja o emprego desses meios descritos neste inciso, justifica-se a pena maior.

Em relação ao emprego de arma de fogo, a presente causa de aumento de pena somente incidirá se houver um vínculo finalístico entre o emprego da arma e o delito previsto nessa lei, ou seja, caso a arma de fogo seja empregada para a prática do delito previsto nos arts. 33 ao 37. Nesse caso, o agente responde pelo delito praticado com a pena aumentada pelo emprego da arma de fogo. De outro giro, se esse vínculo finalístico estiver ausente, ou seja, quando a arma de fogo não for empregada como meio para a prática do delito, mas sim como um delito autônomo, dissociado de qualquer dos crimes previstos arts. 33 ao 37, haverá concurso material de crimes entre o delito previsto nessa lei e o delito de porte ilegal de arma de fogo previsto no Estatuto do Desarmamento.

▶ **STJ**

Informativo nº 835

Terceira Seção

Tráfico de drogas e porte ou posse ilegal de arma de fogo. Art. 40, inciso IV, da Lei n. 11.343/2006. Aplicação da majorante. Necessidade de existência de nexo finalístico. Princípio da consunção. Reconhecimento do concurso material apenas quando não há nexo finalístico entre o uso da arma e o tráfico de drogas.

A majorante do art. 40, inciso IV, da Lei n. 11.343/2006 aplica-se quando há nexo finalístico entre o uso da arma e o tráfico de drogas, sendo a arma usada para garantir o sucesso da atividade criminosa, hipótese em que o crime de porte ou posse ilegal de arma é absorvido pelo tráfico. Do contrário, o delito previsto no Estatuto do Desarmamento é considerado crime autônomo, em concurso material com o tráfico de drogas.

O princípio da consunção resolve o conflito aparente de normas penais quando um delito se revela meio necessário ou normal na fase de preparação ou execução de outro crime. Nessas situações, o agente apenas será responsabilizado pelo último crime. Para tanto, porém, é imprescindível a constatação do nexo de dependência entre as condutas, a fim de que uma seja absorvida pela outra.

A jurisprudência do STJ tem entendido que não constitui obstáculo para a aplicação do princípio da consunção a proteção de bens jurídicos diversos, ou mesmo a absorção de infração mais grave por crime de menor gravidade.

Valendo-se dessa compreensão, a Terceira Seção do STJ estabeleceu tese, no Tema Repetitivo n. 933, segundo a qual "Quando o falso se exaure no descaminho, sem mais potencialidade lesiva, é por este absorvido, como crime-fim, condição que não se altera por ser menor a pena a este cominada" (REsp n. 1.378.053/PR, relator Ministro Nefi Cordeiro, Terceira Seção, julgado em 10/8/2016, DJe 15/8/2016).

Na mesma linha, o enunciado n. 17 da Súmula do STJ prevê que "Quando o falso se exaure no descaminho, sem mais potencialidade ofensiva, é por este absorvido".

No caso, o ponto chave consiste em estabelecer se estando configurado o tráfico de drogas majorado pelo art. 40, inciso IV, da Lei n. 11.343/2006 há ou não independência de condutas com relação ao delito de porte ou posse ilegal de arma de fogo, previsto no Estatuto do Desarmamento.

Ao decidir sobre essa questão, o STJ, por meio das turmas que compõem a Terceira Seção, firmou o entendimento de que, quando o uso da arma está diretamente ligado ao sucesso dos crimes previstos nos artigos 33 a 37 da Lei de Drogas, ocorre a absorção do crime de porte ou posse de arma de fogo. Assim, sempre que houver um nexo finalístico entre a conduta relacionada ao tráfico e a posse ou porte de arma de fogo, não se aplicará o concurso material.

Esse entendimento parte da premissa de que a posse ou porte de arma de fogo, nesses casos, é apenas um meio instrumental para viabilizar ou facilitar a prática do crime de tráfico de drogas. A arma de fogo, nesse contexto, não é considerada um delito autônomo, mas uma ferramenta essencial para a execução do crime principal, ou seja, o tráfico. Dessa forma, a conduta referente à arma de fogo é absorvida pela prática do outro delito, evitando, assim, a duplicidade de punição. Essa interpretação busca garantir uma aplicação mais coerente das penas, de modo a evitar a sobrecarga penal injustificada quando os crimes estão intrinsecamente conectados.

Além disso, a decisão reflete uma visão pragmática sobre o uso de armas no tráfico de drogas, reconhecendo que o porte ou posse é comumente associado à proteção das atividades ilícitas, à intimidação de terceiros ou à própria execução de delitos relacionados. Assim, ao estabelecer o nexo finalístico, o Tribunal entende que a intenção do agente é voltada primordialmente para o tráfico, e a arma serve apenas como um instrumento que favorece esse crime, o que justifica a aplicação de um único tipo penal, conforme a sistemática da absorção.

Assim, fixa-se a seguinte tese: "A majorante do art. 40, inciso IV, da Lei n. 11.343/2006 aplica-se quando há nexo finalístico entre o uso da arma e o tráfico de drogas, sendo a arma usada para garantir o sucesso da atividade criminosa, hipótese em que o crime de porte ou posse ilegal de arma é absorvido pelo tráfico. Do contrário, o delito previsto no Estatuto do Desarmamento é considerado crime autônomo, em concurso material com o tráfico de drogas".

REsp 1.994.424-RS, Rel. Ministro Reynaldo Soares da Fonseca, julgado em 27/11/2024. (Tema 1259).

REsp 2.000.953-RS, Rel. Ministro Reynaldo Soares da Fonseca, julgado em 27/11/2024 (Tema 1259).

13. **Inciso V. Tráfico interestadual.** É o tráfico praticado entre Estados da Federação ou entre eles e o Distrito Federal, constituindo justamente o oposto do tráfico transnacional, uma vez que a droga não se destina a local fora do território brasileiro. A droga destina-se a um Estado diverso da Federação ou do Distrito Federal. A competência para o processo e o julgamento nesses casos é da Justiça Estadual.

    Súmula 522 do STF: "Salvo ocorrência de tráfico para o exterior, quando, então, a competência será da Justiça Federal, compete à Justiça dos Estados o processo e julgamento dos crimes relativos a entorpecentes."

14. **Desnecessidade de transposição da fronteira.** Para a incidência dessa causa de aumento de pena, não se exige que a droga efetivamente transponha a fronteira entre os Estados da Federação ou entre o Estado e o Distrito Federal. Basta que haja prova do dolo do agente de praticar o tráfico interestadual.

    STJ. Súmula 587: Para a incidência da majorante prevista no art. 40, V, da Lei n. 11.343/2006, é desnecessária a efetiva transposição de fronteiras entre estados da Federação, sendo suficiente a demonstração inequívoca da intenção de realizar o tráfico interestadual.

15. **Incidência dos incisos I e V concomitantemente. Análise do dolo do agente.** O fato de a droga ser proveniente de fora do território brasileiro já é suficiente para caracterização do tráfico transnacional. Acontece que, muitas vezes, para que a droga chegue até algum determinado Estado brasileiro, ela precisa passar pelo espaço territorial de outros Estados que fazem fronteira com países vizinhos. Nesses casos, embora droga ultrapasse as fronteiras de mais de um Estado da Federação, somente haverá a incidência da causa de aumento do inciso V se a intenção do agente for a disseminação da droga entre vários Estados. Caso o dolo do agente seja apenas fazer a droga entrar no país, mas para que ela chegue ao Estado de destino, tenha que necessariamente ultrapassar as fronteiras de vários Estados, não haverá incidência da causa de aumento do inciso V. Nesse caso, incidirá apenas a majorante do inciso I.

▶ **STJ**

Informativo nº 586

Sexta Turma

DIREITO PENAL. HIPÓTESE DE INAPLICABILIDADE SIMULTÂNEA DE TRANSNACIONALIDADE E DE INTERESTADUALIDADE EM TRÁFICO DE DROGAS.

No tráfico ilícito de entorpecentes, é inadmissível a aplicação simultânea das causas especiais de aumento de pena relativas à transnacionalidade e à interestadualidade do delito (art. 40, I e V, da Lei n. 11.343/2006), quando não comprovada a intenção do importador da droga de difundi-la em mais de um estado do território nacional, ainda que, para chegar ao destino final pretendido, imperativos de ordem geográfica façam com que o importador transporte a substância através de estados do país. De fato, sem a existência de elementos concretos acerca da intenção do importador dos entorpecentes de pulverizar a droga em outros estados do território nacional, não se vislumbra como subsistir a majorante prevista no inciso V do art. 40 da Lei n. 11.343/2006 (Lei de Drogas) em concomitância com a causa especial de aumento relativa à transnacionalidade do delito (art. 40, I, da Lei de Drogas), sob pena de *bis in idem*. (...). **(HC 214.942-MT, Rel. Min. Rogerio Schietti Cruz, julgado em 16/6/2016, DJe 28/6/2016).**

16. **Inciso VI.** Trata de duas hipóteses da prática dos delitos dos arts. 33 ao 37: **1.** Envolver ou visar a atingir criança ou adolescente; **2.** Envolver ou visar a atingir quem tenha, por qualquer motivo, diminuída ou suprimida a capacidade de entendimento e determinação. A majorante justifica-se em razão da ausência de discernimento das vítimas descritas no dispositivo.

17. **Envolver ou visar.** *Envolver* significa trazer a pessoa para dentro do cenário do tráfico de drogas, inserindo-a nele, praticando as infrações penais com a criança, o adolescente ou quem tenha, por qualquer motivo, diminuída ou suprimida a capacidade de entendimento e determinação. *Visar* a essas pessoas significa ter como objetivo, como meta, fazer a droga chegar a elas.

18. **Relação com o delito de corrupção de menores (art. 244-B do ECA).** Caso o agente envolva menor na prática de qualquer dos crimes previstos nos arts. 33 ao 37 da lei, deverá incidir a causa de aumento de pena ora comentada. Tendo em vista que o legislador já trouxe para dentro desses tipos penais essa hipótese como majorante, não haverá concurso de crimes com o delito de corrupção de menores previsto no art. 244-B do ECA, sob pena de *bis in idem*.

▶ **STJ**

Informativo 595.
Sexta Turma

Tráfico de drogas e corrupção de menores. Causa de aumento de pena do art. 40, VI, da Lei de Drogas e crime de corrupção de menores. Princípio da especialidade. Na hipótese de o delito praticado pelo agente e pelo menor de 18 anos não estar previsto nos arts. 33 a 37 da Lei de Drogas, o réu poderá ser condenado pelo crime de corrupção de menores, porém, se a conduta estiver tipificada em um desses artigos (33 a 37), não será possível a condenação por aquele delito, mas apenas a majoração da sua pena com base no art. 40, VI, da Lei n. 11.343/2006. O debate consistiu no enquadramento da conduta de adulto que pratica tráfico em concurso eventual com criança ou adolescente. Para configuração do crime previsto no art. 244-B do Estatuto da Criança e do Adolescente (ECA), basta a participação de menor de 18 anos no cometimento do delito, pois, de acordo com a jurisprudência do STJ, o crime é formal e, por isso, independe da prova da efetiva corrupção do menor (Súmula 500/STJ). Por sua vez, para incidir a majorante do art. 40, VI, da Lei de Drogas, faz-se necessário que, ao praticar os delitos previstos nos arts. 33 a 37, o réu envolva ou vise atingir criança, adolescente ou quem tenha capacidade de entendimento e determinação diminuída. (...) A solução deve ser encontrada no princípio da especialidade. Assim, se a hipótese versar sobre concurso de agentes envolvendo menor de dezoito anos com a prática de qualquer dos crimes tipificados nos arts. 33 a 37 da Lei de Drogas, afigura-se juridicamente correta a imputação do delito em questão, com a causa de aumento do art. 40, VI. Para os demais casos, aplica-se o art. 244-B, do Estatuto da Criança e do Adolescente, conforme entendimento doutrinário. **(REsp 1.622.781-MT, Rel. Min. Sebastião Reis Júnior, julgado em 22/11/2016).**

19. **Agente que envolve menor e retribui com drogas.** O agente que envolve menor na conduta delituosa e, além disso, retribui o menor com drogas, induzindo ao consumo ou ao tráfico, pode ter a incidência desta causa de aumento em fração superior ao mínimo legal, em razão da gravidade da sua conduta.

▶ **STJ**

Informativo nº 576

DIREITO PENAL. APLICAÇÃO DE CAUSA DE AUMENTO DE PENA DA LEI DE DROGAS ACIMA DO PATAMAR MÍNIMO.

O fato de o agente ter envolvido um menor na prática do tráfico e, ainda, tê-lo retribuído com drogas, para incentivá-lo à traficância ou ao consumo e dependência, justifica a aplicação, em patamar superior ao mínimo, da causa de aumento de pena do art. 40, VI, da Lei n. 11.343/2006, ainda que haja fixação de pena-base no mínimo legal. Isso porque a jurisprudência do STJ posiciona-se no sentido de que a aplicação da causa de aumento em patamar acima do mínimo é plenamente válida desde que fundamentada na gravidade concreta do delito. **(HC 250.455-RJ, Rel. Min. Nefi Cordeiro, julgado em 17/12/2015).**

20. **Envolvimento de menor e incidência da majorante.** Como visto no delito do art. 35, os penalmente inimputáveis são computados para fins de associação para o tráfico. É possível que a presença do inimputável seja empregada, ao mesmo tempo, para caracterizar o delito de associação para o tráfico e para fazer incidir a presente causa de aumento de pena, sem que isso configure *bis in idem.*

▶ **STJ**

Informativo nº 576

Sexta Turma

DIREITO PENAL. APLICAÇÃO DE CAUSA DE AUMENTO DE PENA DA LEI DE DROGAS AO CRIME DE ASSOCIAÇÃO PARA O TRÁFICO DE DROGAS COM CRIANÇA OU ADOLESCENTE.

A participação do menor pode ser considerada para configurar o crime de associação para o tráfico (art. 35) e, ao mesmo tempo, para agravar a pena como causa de aumento do art. 40, VI, da Lei n. 11.343/2006. (...) Assim, é cabível a aplicação da majorante se o crime envolver ou visar a atingir criança ou adolescente em delito de associação para o tráfico de drogas configurado pela associação do agente com menor de idade. (...) **(HC 250.455-RJ, Rel. Min. Nefi Cordeiro, julgado em 17/12/2015).**

21. **Aplicabilidade da causa de aumento a mais de um delito.** Caso dois ou mais delitos previstos nesta lei sejam praticados em concurso de crimes envolvendo criança ou adolescente, a causa de aumento pode incidir em cada delito isoladamente, sem que isso configure *bis in idem,* em razão da autonomia entre os delitos praticados.

▶ **STJ**

Informativo nº 576

DIREITO PENAL. APLICAÇÃO DA MESMA CAUSA DE AUMENTO DE PENA DA LEI DE DROGAS A MAIS DE UM CRIME.

A causa de aumento de pena do art. 40, VI, da Lei n. 11.343/2006 pode ser aplicada tanto para agravar o crime de tráfico de drogas (art. 33) quanto para

agravar o de associação para o tráfico (art. 35) praticados no mesmo contexto. Isso porque a causa especial de aumento de pena incidiu sobre delitos diversos e totalmente autônomos, com motivação e finalidades distintas. (...) (**HC 250.455-RJ, Rel. Min. Nefi Cordeiro, julgado em 17/12/2015).**

22. **Inciso VII.** Essa causa de aumento não se aplica aos delitos dos arts. 35, parágrafo único e 36, sob pena de *bis in idem*, uma vez que nesses delitos o financiamento ou o custeio já é elemento do tipo.

23. **Financiamento ou custeio ocasional.** Essa causa de aumento de pena somente incidirá nos arts. 33 a 37 da lei se o financiamento ou o custeio for ocasional, não reiterado. Caso ele seja feito de forma reiterada e com estabilidade, a conduta configurará o delito do art. 36 da lei.

Art. 41. O indiciado ou acusado que **colaborar voluntariamente** com a investigação policial e o processo criminal na identificação dos demais coautores ou partícipes do crime e na recuperação total ou parcial do produto do crime, no caso de condenação, terá pena reduzida de um terço a dois terços.

1. **Colaboração premiada.** Também conhecida como delação premiada, por esse instituto o acusado colabora com a persecução penal e identifica outras pessoas como igualmente responsáveis pela prática da infração penal, resultando na recuperação total ou parcial do produto do crime. Diz-se premiada porque o delator recebe algum benefício do Estado em troca das informações prestadas. No artigo ora comentado, o "prêmio" consiste na redução de um terço a dois terços na pena aplicada.

2. **Natureza jurídica.** Trata-se de causa especial de diminuição de pena, aplicada na terceira fase da dosimetria da pena, podendo conduzi-la a abaixo do mínimo legal.

3. **Requisitos.** São quatro: 1. Investigação policial e processo criminal instaurados; 2. Identificação dos demais coautores ou partícipes do delito; 3. Recuperação total ou parcial do produto do crime; 4. Voluntariedade da colaboração.

4. **Momento para a colaboração.** A colaboração premiada pode ser feita tanto na fase do inquérito policial, quanto na fase do processo criminal.

5. **Cumulatividade dos requisitos.** Cremos que pela redação legal os requisitos são cumulativos, de forma que para que o delator tenha direito à redução da pena, deve satisfazer todos os requisitos elencados no artigo. Entretanto, o STJ entendeu que os requisitos são alternativos, e não cumulativos, conferindo ao dispositivo uma interpretação histórica e sistemática.

▸ **STJ.**

Informativo nº 789

Sexta Turma

Tráfico de drogas. art. 41 da Lei n. 11.343/2006. Causa de diminuição de pena. Colaboração premiada. Identificação dos demais coautores e recuperação do produto do crime. Requisitos alternativos, e não cumulativos, para a aplicação do benefício.

Os requisitos legais previstos no art. 41 da Lei n. 11.343/2006, que trata da causa de diminuição da pena por colaboração premiada, são alternativos e não cumulativos.

A controvérsia cinge-se em determinar se os requisitos legais previstos no art. 41 da Lei n. 11.343/2006, que trata da causa de diminuição por colaboração premiada, são alternativos ou cumulativos. Diz o art. 41 da Lei n. 11.343/2006 que "O indiciado ou acusado que colaborar voluntariamente com a investigação policial e o processo criminal na identificação dos demais coautores ou partícipes do crime e na recuperação total ou parcial do produto do crime, no caso de condenação, terá pena reduzida de um terço a dois terços". Naturalmente, não há como negar que a leitura do referido dispositivo legal aponta, ao menos à primeira vista, para a cumulatividade dos requisitos legais ali estabelecidos, em razão do emprego da conjunção coordenada aditiva "e" entre eles. Entretanto, a interpretação gramatical de um dispositivo legal nem sempre reflete a mais adequada exegese para dele extrair a norma jurídica pertinente. Trata-se de método hermenêutico que, muitas vezes, acaba por ignorar lição fundamental de Teoria Geral do Direito segundo a qual o ato normativo não se resume à mera dicção explícita de sua literalidade, pois o texto só se converte em norma depois de interpretado. Assim, é necessário interpretar os dispositivos legais principalmente à luz da sistemática em que estão inseridos, a fim de dar coerência e integridade ao ordenamento. Nesse passo, cumpre lembrar que o atual art. 41 da Lei de Drogas tem origem no antigo art. 32, § 2º, da Lei n. 10.409/2002, o qual trazia a conjunção "ou" entre os requisitos para a colaboração premiada, ao dispor que "O sobrestamento do processo ou a redução da pena podem ainda decorrer de acordo entre o Ministério Público e o indiciado que, espontaneamente, revelar a existência de organização criminosa, permitindo a prisão de um ou mais dos seus integrantes, ou a apreensão do produto, da substância ou da droga ilícita, ou que, de qualquer modo, justificado no acordo, contribuir para os interesses da Justiça". Ademais, além de não se identificar nenhuma justificativa para que tal mudança gramatical decorresse de eventual propósito deliberado do legislador e nada há na Exposição de Motivos da Lei n. 11.343/2006 que o indique, não se pode desconsiderar o advento da Lei n. 12.850/2013, que cuidou de definir, regular e sistematizar diversos aspectos relativos ao instituto da colaboração premiada, oportunidade em que, ao estabelecer seus requisitos no art. 4º, fê-lo de forma alternativa. Essa consideração ganha dimensão ainda mais significativa se ponderado que os crimes da Lei de Organizações Criminosas são plurissubjetivos, isto é, de concurso necessário de pessoas e, mesmo assim, o legislador não impôs obrigatoriamente a identificação dos demais coautores e partícipes, de modo que não se mostra razoável exigi-lo compulsoriamente nos crimes contidos na Lei de Drogas, em que o concurso de pessoas é meramente eventual. Trata-se de interpretação mais consentânea ao princípio da proporcionalidade, pois não desconsidera a relevante colaboração do réu com o Estado-acusação, dá maior efetividade a esse meio de obtenção de prova estabelecido pelo legislador e ainda evita a indevida confusão entre delação premiada e colaboração premiada, uma vez que a delação de comparsas é apenas uma das formas pelas quais o indivíduo pode prestar colaboração. Assim, tanto sob a perspectiva de uma interpretação histórica, quanto à luz de uma interpretação sistemática - em consonância com o tratamento geral que a Lei n. 12.850/2013 posteriormente conferiu à matéria -, é mais adequado considerar alternativos, e não cumulativos, os requisitos legais previstos no art. 41 da Lei n. 11.343/2006 para redução da pena. Isso não significa, frise-se, conceder ao acusado que identifica seus comparsas e ainda ajuda na recuperação do produto do crime o mesmo tratamento conferido àquele que só realiza uma dessas duas condutas, pois os distintos graus de colaboração podem (e devem) ser sopesados para definir a fração de redução da pena de um a dois terços, nos termos da lei. **HC 663.256-SP, Rel. Min. Rogério Schietti, Sexta Turtma, por unanimidade, julgando em 12/9/2023.**

6. **O colaborador deve ser coautor ou partícipe do delito.** Tendo em vista que o legislador utilizou a expressão "identificação dos *demais* coautores ou partícipes do crime", o delator deve ter praticado o mesmo delito que a pessoa delatada, seja na condição de coautor, seja na condição de partícipe.

7. **Identificação dos demais coautores ou partícipes.** A identificação pode se dar de qualquer forma, ou seja, por meio do fornecimento do nome, endereço, características pessoais etc., desde que ela seja eficaz. Basta que o delator identifique um dos coautores ou partícipes, não sendo necessária a identificação de todos.

8. **Recuperação total ou parcial do produto do crime.** Produto do crime é a droga, o maquinário, o aparelho ou o instrumento do delito. A sua recuperação e a sua apreensão têm o efeito de evitar que ela seja disseminada e chegue ao alcance de outras pessoas, evitando-se a produção dos seus males.

9. **Não abrangência do proveito do crime.** O requisito para a aplicação da colaboração premiada é a recuperação total ou parcial do "produto do crime", e não do "proveito do crime". Assim, não está abrangida a recuperação, por exemplo, do lucro auferido pela prática do tráfico de drogas, dos bens adquiridos com o dinheiro oriundo do tráfico, como automóveis, aeronaves, casas etc. Como dito anteriormente o legislador pretendeu evitar um dano maior que seria a disseminação da droga ou a utilização do maquinário, do aparelho ou do instrumento do delito.

10. **Voluntariedade.** Colaboração voluntária é a colaboração que o agente presta por vontade própria, sem que ninguém o tenha constrangido a tal. Note-se que o legislador não exigiu que a colaboração fosse espontânea, bastando que seja voluntária. Dessa forma, não importa o motivo pelo qual o agente colabora, podendo se dar, por exemplo, por pedido ou influência de alguém.

11. ***Quantum* de diminuição.** Cremos que o melhor critério para a determinação do *quantum* da fração de redução (de um terço a dois terços) seja a efetividade da colaboração, de forma que quantos mais coautores ou partícipes o colaborador identificar e quanto maior for quantidade de recuperação do produto do crime, maior deve ser a fração de redução.

12. **Possibilidade de aplicação em conjunto com circunstância atenuante.** Questão relevante versa sobre a possibilidade de aplicação, a um só tempo, de circunstância atenuante, a exemplo da confissão, e da causa de diminuição de pena prevista no artigo ora comentado. Como sabido, a circunstância atenuante incide na segunda fase da dosimetria da pena criminal, enquanto a causa de diminuição de pena incide na terceira fase de aplicação da pena. A confissão versa sobre os fatos imputados na denúncia; a delação premiada versa sobre a identificação dos demais coautores ou partícipes do crime e na recuperação total ou parcial do seu produto. Tendo em vista as naturezas diversas dos dois institutos, bem como as suas incidências em momentos distintos da aplicação da pena criminal, pensamos que nada obsta a aplicação conjunta deles.

13. **Aplicabilidade apenas para efeito de redução de pena.** A redução de pena prevista neste artigo é considerada somente para efeitos de redução da pena criminal a ser efetivada na sentença condenatória. Não gera efeitos para, por exemplo, determinar a competência do Juizado Especial Criminal, incidindo na pena máxima cominada ao delito, fazendo que ela fique no limite de dois anos, como poderia acontecer com o tipo penal do art. 39 da lei.

14. **Incomunicabilidade.** A delação premiada é ato pessoal do delator. Portanto, em caso de concurso de pessoas, não se comunica aos outros coautores e partícipes do delito.

Art. 42. O juiz, na **fixação das penas**, considerará, com preponderância sobre o previsto no art. 59 do Código Penal, a **natureza e a quantidade** da substância ou do produto, a personalidade e a conduta social do agente.

1. **Dosimetria da pena.** O art. 42 trata dos elementos a serem considerados na fixação da pena-base, que incidem, portanto, na primeira fase da dosimetria da pena.

2. **Preponderância sobre o art. 59 do Código Penal.** Preponderar sobre o art. 59 do Código Penal não significa deixar de aplicar o Código, e sim dar uma maior preferência, um peso maior aos elementos descritos na lei de Drogas, em detrimento dos elementos contidos no art. 59 do Código. Todavia, é de se notar que os elementos *personalidade* e *conduta social* do agente já figuram no art. 59 do Código Penal, não havendo o que preponderar. Na realidade, os elementos que devem efetivamente preponderar são a *natureza* e a *quantidade da substância ou do produto*, podendo aumentar a pena-base aplicada. A reprovabilidade da conduta do agente aumenta na medida em que a droga tenha um potencial maior de causar dependência, com um maior potencial de causar dependência e em maior quantidade, justificando a exasperação da pena-base. Entretanto, deve-se atentar para o fato de que o presente dispositivo apenas determinou os critérios de preponderância para a aplicação do *quatum* de pena privativa de liberdade, nada dispondo sobre o regime de pena, que deverá seguir os critérios elencados no Código Penal.

> **STF.** "Recurso ordinário em habeas corpus. Penal. Tráfico de drogas (art. 33 da Lei nº 11.343/06). Condenação. Dosimetria. Majoração da pena-base acima do mínimo legal. Violação do princípio da proporcionalidade. Inexistência. Natureza e quantidade da droga (385 pedras de crack e 2 tabletes de maconha). Valoração como circunstâncias desfavoráveis. Admissibilidade. Inteligência do art. 42 da Lei nº 11.343/06. (...) Consoante inteligência do art. 42 da Lei nº 11.343/06, a quantidade e a natureza da droga apreendida, entre outros aspectos, devem ser sopesadas no cálculo da pena (...). **(RHC 135524, Rel. Min. Dias Toffoli, julgado em 23/08/2016).**

> **STJ.** "PENAL. AGRAVO REGIMENTAL NO AGRAVO EM RECURSO ESPECIAL. TRÁFICO INTERNACIONAL DE DROGAS. DOSIMETRIA. PENA-BASE. EXASPERAÇÃO. NATUREZA E ELEVADA QUANTIDADE DE DROGA APREENDIDA. FUNDAMENTAÇÃO VÁLIDA. (...). A natureza e a quantidade da droga justificam a exasperação da pena-base acima no mínimo legal, nos termos do art. 42 da Lei n. 11.343/06. **(AgRg no AREsp 634.411/SP, Rel. Min. Nefi Cordeiro, julgado em 13/12/2016).**

3. **Grau de pureza da droga.** Não gera nenhuma influência na dosimetria da pena.

▶ **STF**

Informativo nº 818

Segunda Turma

Pureza da droga e dosimetria da pena

O grau de pureza da droga é irrelevante para fins de dosimetria da pena. Essa a conclusão da Segunda Turma, que indeferiu a ordem em "habeas corpus" impetrado em favor de denunciado pela suposta prática do crime descrito no art. 33, "caput", c/c o art. 40, I e III, todos da Lei 11.343/2006. A defesa sustentava que deveria ser realizado laudo pericial a aferir a pureza da droga apreendida, para que fosse possível verificar a dimensão do perigo a que exposta a saúde pública, de modo que a reprimenda fosse proporcional à potencialidade lesiva da conduta. A Turma entendeu ser desnecessário determinar a pureza do entorpecente. De acordo com a lei, preponderam apenas a natureza e a quantidade da droga apreendida para o cálculo da dosimetria da pena. **(HC 132909/SP, rel. Min. Cármen Lúcia, julgado em 15.3.2016).**

Art. 43. Na **fixação da multa** a que se referem os arts. 33 a 39 desta Lei, o juiz, atendendo ao que dispõe o art. 42 desta Lei, determinará o número de dias-multa, atribuindo a cada um, segundo as condições econômicas dos acusados, valor não inferior a um trinta avos nem superior a 5 (cinco) vezes o maior salário-mínimo.

Parágrafo único. As multas, que em caso de concurso de crimes serão impostas sempre **cumulativamente**, podem ser aumentadas até o décuplo se, em virtude da situação econômica do acusado, considerá-las o juiz ineficazes, ainda que aplicadas no máximo.

1. **Fixação da pena de multa.** O presente artigo trata dos critérios para a fixação da pena de multa pelo Juiz na sentença condenatória.
2. **Critério bifásico.** O legislador estabeleceu o critério bifásico, de forma que a aplicação da pena de multa desdobra-se em duas fases, quais sejam: 1. Fixação do número de dias-multa; 2. Determinação do valor de cada dia-multa.
3. **Diferença para o Código Penal.** O Código Penal, no art. 42, também estabelece o sistema bifásico para a fixação da pena de multa. Porém, no tocante à fixação da pena de multa, há uma distinção: na primeira fase da fixação da pena, o Código estabelece o mínimo de 10 e o máximo de 360 dias-multa, ao passo que a lei de Drogas não tem previsão do número mínimo e do número máximo de dias-multa, pois os números mínimo e máximo da quantidade de dias-multa estão previstos nos preceitos secundários dos tipos penais.
4. **Concurso de crimes. Parágrafo único.** Nos mesmos moldes do art. 72 do Código Penal, em caso de concurso de crimes as penas de multa são sempre somadas.
5. **Aumento até o décuplo.** O parágrafo único permite ao Juiz aumentar a pena até o décuplo em razão da situação econômica do acusado, caso o Juiz considere a multa ineficaz, embora aplicada no máximo. Tendo em vista que o tráfico de drogas é a atividade ilícita mais rentável do mundo, o legislador permitiu esse aumento em até dez vezes. Todavia, o critério para esse aumento é a situação

econômica do acusado, que sempre deverá ser considerado pelo Juiz, não sendo cabível a aplicação desse aumento, por exemplo, a uma "mula" do tráfico, que é a pessoa cooptada pelo tráfico de drogas apenas para fazer o transporte da droga, constituindo uma peça descartável de engrenagem do tráfico, recebendo, na imensa maioria das vezes, um valor muito baixo pelo transporte. Existe previsão semelhante no Código Penal, no art. 60, §1º, que permite o aumento até o triplo.

Art. 44. Os crimes previstos nos **arts. 33, caput e § 1º, e 34 a 37** desta Lei são inafiançáveis e insuscetíveis de sursis, graça, indulto, anistia e liberdade provisória, vedada a conversão de suas penas em restritivas de direitos.

Parágrafo único. Nos crimes previstos no caput deste artigo, dar-se-á o **livramento condicional** após o cumprimento de dois terços da pena, vedada sua concessão ao reincidente específico.

1. **Vedação de institutos.** O presente dispositivo legal fez vedação expressa de vários institutos aos condenados pelo delito de tráfico de drogas.
2. **Vedação de pena restritiva de direitos.** Em relação à vedação da pena restritiva de direitos, o STF já declarou a sua inconstitucionalidade por violar o princípio constitucional da individualização da pena. A partir declaração de inconstitucionalidade, o STF e o STJ passaram a permitir a substituição. Note-se que a declaração de inconstitucionalidade deu-se tanto em relação ao §4º, do art. 33, quanto ao art. 44.

> **STF.** HABEAS CORPUS. TRÁFICO DE DROGAS. ART. 44 DA LEI 11.343/2006: IMPOSSIBILIDADE DE CONVERSÃO DA PENA PRIVATIVA DE LIBERDADE EM PENA RESTRITIVA DE DIREITOS. DECLARAÇÃO INCIDENTAL DE INCONSTITUCIONALIDADE. OFENSA À GARANTIA CONSTITUCIONAL DA INDIVIDUALIZAÇÃO DA PENA (INCISO XLVI DO ART. 5º DA CF/88). ORDEM PARCIALMENTE CONCEDIDA. 1. O processo de individualização da pena é um caminhar no rumo da personalização da resposta punitiva do Estado, desenvolvendo-se em três momentos individuados e complementares: o legislativo, o judicial e o executivo. Logo, a lei comum não tem a força de subtrair do juiz sentenciante o poder-dever de impor ao delinqüente a sanção criminal que a ele, juiz, afigurar-se como expressão de um concreto balanceamento ou de uma empírica ponderação de circunstâncias objetivas com protagonizações subjetivas do fato-tipo. Implicando essa ponderação em concreto a opção jurídico-positiva pela prevalência do razoável sobre o racional; ditada pelo permanente esforço do julgador para conciliar segurança jurídica e justiça material. 2. No momento sentencial da dosimetria da pena, o juiz sentenciante se movimenta com ineliminável discricionariedade entre aplicar a pena de privação ou de restrição da liberdade do condenado e uma outra que já não tenha por objeto esse bem jurídico maior da liberdade física do sentenciado. Pelo que é vedado subtrair da instância julgadora a possibilidade de se movimentar com certa discricionariedade nos quadrantes da alternatividade sancionatória. 3. As penas restritivas de direitos são, em essência, uma alternativa aos efeitos certamente traumáticos, estigmatizantes e onerosos do cárcere. Não é à toa que todas elas são comumente chamadas de penas alternativas, pois essa é mesmo a sua natureza: constituir-se num substitutivo ao encarceramento e suas seqüelas. E o fato é que a pena privativa de liberdade corporal não é a única a cumprir a função retributivo-ressocializadora ou

restritivo-preventiva da sanção penal. As demais penas também são vocacionadas para esse geminado papel da retribuição-prevenção-ressocialização, e ninguém melhor do que o juiz natural da causa para saber, no caso concreto, qual o tipo alternativo de reprimenda é suficiente para castigar e, ao mesmo tempo, recuperar socialmente o apenado, prevenindo comportamentos do gênero. 4. No plano dos tratados e convenções internacionais, aprovados e promulgados pelo Estado brasileiro, é conferido tratamento diferenciado ao tráfico ilícito de entorpecentes que se caracterize pelo seu menor potencial ofensivo. Tratamento diferenciado, esse, para possibilitar alternativas ao encarceramento. É o caso da Convenção Contra o Tráfico Ilícito de Entorpecentes e de Substâncias Psicotrópicas, incorporada ao direito interno pelo Decreto 154, de 26 de junho de 1991. Norma supralegal de hierarquia intermediária, portanto, que autoriza cada Estado soberano a adotar norma comum interna que viabilize a aplicação da pena substitutiva (a restritiva de direitos) no aludido crime de tráfico ilícito de entorpecentes. 5. Ordem parcialmente concedida tão-somente para remover o óbice da parte final do art. 44 da Lei 11.343/2006, assim como da expressão análoga "vedada a conversão em penas restritivas de direitos", constante do § 4º do art. 33 do mesmo diploma legal. Declaração incidental de inconstitucionalidade, com efeito ex nunc, da proibição de substituição da pena privativa de liberdade pela pena restritiva de direitos; determinando-se ao Juízo da execução penal que faça a avaliação das condições objetivas e subjetivas da convolação em causa, na concreta situação do paciente. **(HC 97.256, Rel. Min. Ayres Britto, Tribunal Pleno, julgado em 01/09/2010).**

STF. HABEAS CORPUS. PENAL. TRÁFICO DE DROGAS. CAUSA DE DIMINUIÇÃO DA PENA. (...) SUBSTITUIÇÃO DA PENA RESTRITIVA DE LIBERDADE POR RESTRITIVAS DE DIREITOS. POSSIBILIDADE. ORDEM CONCEDIDA PARA RESTABELECER A SENTENÇA DE PRIMEIRO GRAU. (...) **(HC 138160, Rel. Min. Ricardo Lewandowski, julgado em 06/12/2016).**

STJ. PROCESSUAL PENAL. HABEAS CORPUS. TRÁFICO DE DROGAS. (...) Tratando-se de ré primária e sem antecedentes, absolvida em primeira instância, que adentrava em presídio com maconha escondida em sua genitália, não havendo, aparentemente, qualquer indício de que se dedique a atividades criminosas ou integre organização criminosa, entendo que há real possibilidade de que o recurso especial interposto venha a ser provido para permitir a aplicação da causa de diminuição em patamar máximo e possibilitar o cumprimento da pena em regime aberto e/ou a sua substituição por penas restritivas de direitos. (...) **(HC 368.219/SP, Rel. Min. Ribeiro Dantas, julgado em 06/12/2016).**

3. Parágrafo único. Livramento condicional. Na lei de Drogas, o livramento condicional tem prazo específico: 2/3. Deve-se tomar cuidado com o prazo previsto no art. 83, V, do Código Penal, que também prevê o prazo para a concessão do livramento condicional ao condenado por crimes hediondos e equiparados, entre eles o tráfico, qual seja: *mais de* 2/3. Em homenagem ao princípio da especialidade, o prazo da lei de Drogas (2/3) deve prevalecer sobre o prazo da lei de crimes hediondos. Isso porque, em relação ao tráfico de drogas, a lei de crimes hediondos é lei geral e a lei de Drogas é lei especial.

4. Proibição de concessão do livramento condicional ao reincidente específico. Reincidente específico é aquele que foi condenado com uma sentença penal condenatória transitada em julgado por um dos delitos contidos nos arts. 33, caput e § 1º, e 34 a 37 da lei de Drogas e, depois, pratica outro crime descrito nos mesmos artigos.

Art. 45. É **isento de pena** o agente que, em razão da dependência, ou sob o efeito, proveniente de caso fortuito ou força maior, de droga, era, ao tempo da ação ou da omissão, qualquer que tenha sido a infração penal praticada, inteiramente incapaz de entender o caráter ilícito do fato ou de determinar-se de acordo com esse entendimento.

Parágrafo único. Quando absolver o agente, reconhecendo, por força pericial, que este apresentava, à época do fato previsto neste artigo, as condições referidas no *caput* deste artigo, poderá determinar o juiz, na sentença, o seu encaminhamento para **tratamento médico adequado.**

1. **Causa de exclusão da culpabilidade. Isenção de pena.** O presente dispositivo legal traz uma causa de exclusão da culpabilidade. O afirmar a isenção de pena, apesar de o agente ter praticado o fato típico ilícito, exclui-se sua culpabilidade pelo fato praticado.
2. **Aplicabilidade.** O dispositivo comentado prevê duas hipóteses: 1. Trata-se de caso de inimputabilidade penal, em razão de dependência de droga (vício), situação assemelhada à do art. 26, *caput,* do Código Penal, que trata da inimputabilidade pelo critério biopsicológico, no qual o agente, no momento da conduta delituosa, não tem a capacidade de compreender o caráter ilícito do fato criminoso que pratica ou não consegue comportar-se de acordo com esse entendimento. O agente é absolvido (absolvição imprópria) e a ele é aplicada uma medida de segurança; 2. Agente sob o efeito da droga proveniente de caso fortuito (como no caso de o agente consumir a droga sem saber, induzido em erro) ou de força maior (como no caso de o agente ser forçado a ingerir a droga, constrangido a consumi-la contra a sua vontade). Nessa segunda hipótese, não parece correto encaminhar o agente ao tratamento adequado, tendo em vista que ele não é dependente (viciado), ocorrendo apenas a isenção de pena.
3. **Constatação da inimputabilidade.** A hipótese de inimputabilidade prevista neste artigo deve ser constatada por meio de perícia.
4. **Não basta a dependência da droga.** Para que haja a isenção de pena, não basta a condição de dependente (viciado) da droga. Essa condição, por si só, é insuficiente para a isenção de pena. Deve haver prova de que efetivamente o agente não possuía, ao tempo da conduta, condições de entender o caráter ilícito do fato ou de determinar-se de acordo com esse entendimento.

> **STJ.** (...) TRÁFICO DE DROGAS. ALEGAÇÃO DE OFENSA AOS ARTIGOS 45 E 46 DA LEI N. 11.343/06. (...) A redução ou isenção das penas previstas nos arts 45 e 46 da Lei n. 11.343/2006 somente é aplicável quando comprovado que o agente, ao tempo da ação, não tinha plena capacidade de entender o caráter ilícito do fato ou de determinar-se de acordo com esse entendimento, visto que a dependência química, por si só, não afasta a responsabilidade penal. (...) (AgRg no REsp 1065536/AC, Rel. Min. Og Fernandes, julgado em 05/09/2013).

5. **Infração penal praticada.** A infração praticada pode ser qualquer infração, e não somente os delitos previstos na lei de Drogas.

6. **Parágrafo único.** Embora o dispositivo legal disponha que a absolvição do agente ocorre "por força pericial", com o encaminhamento para o tratamento médico adequado, a absolvição ocorre de acordo com o livre convencimento motivado do Juiz, que pode ser baseado no laudo pericial, além de outros elementos de prova constantes dos autos.

Art. 46. As penas podem ser reduzidas de um terço a dois terços se, por força das circunstâncias previstas no art. 45 desta Lei, o **agente não possuía**, ao tempo da ação ou da omissão, a **plena capacidade** de entender o caráter ilícito do fato ou de determinar-se de acordo com esse entendimento.

1. **Semi-imputabilidade.** Da mesma forma que prevê o art. 26, parágrafo único, do Código Penal, o dispositivo legal ora comentado trata de caso de semi-imputabiidade, tendo em vista que o agente não possuía, ao tempo da ação ou da omissão, a plena capacidade de entender o caráter ilícito do fato ou de determinar-se de acordo com esse entendimento. Ou seja, embora não possuísse a plena capacidade, alguma capacidade ele possuía, subsistindo, portanto, a sua responsabilidade penal. Trata-se, dessa forma, de hipótese diversa da prevista no art. 45.
2. **Não exclusão da culpabilidade.** No caso de semi-imputabiidade prevista neste artigo, não há a isenção de pena. O agente é condenado, aplica-se uma pena a ele, porém, com a diminuição de um terço a dois terços.
3. **Constatação da semi-imputabilidade.** A hipótese de semi-imputabilidade prevista neste artigo deve ser constatada por meio de perícia.
4. **Redução obrigatória da pena.** Embora a lei disponha que as penas *podem* ser reduzidas, trata-se de obrigação imposta ao Juiz.
5. **Natureza jurídica.** Trata-se de causa de diminuição de pena, que incide na terceira fase da dosimetria da pena.

Art. 47. Na sentença condenatória, o juiz, com base em avaliação que ateste a **necessidade de encaminhamento do agente para tratamento**, realizada por profissional de saúde com competência específica na forma da lei, determinará que a tal se proceda, observado o disposto no art. 26 desta Lei.

1. **Aplicabilidade.** A hipótese prevista neste artigo aplica-se ao semi-imputável, tendo relação com o disposto no artigo 46 da lei. Isso porque o agente que se encaixe nos moldes do art. 45 é isento de pena. De outro giro, para a hipótese do art. 46, o Juiz, na sentença condenatória, diante de avaliação que ateste a real necessidade de tratamento, realizada por profissional de saúde com competência específica, determinará a sua realização. Trata-se de preocupação especial que o legislador teve com o semi-imputável, devendo ser observado o art. 26 desta lei, que trata do usuário ou do dependente de droga que estiver cumprindo pena privativa de liberdade.

CAPÍTULO III
DO PROCEDIMENTO PENAL

Art. 48. O **procedimento** relativo aos processos por crimes definidos neste Título rege-se pelo disposto neste Capítulo, aplicando-se, subsidiariamente, as disposições do Código de Processo Penal e da Lei de Execução Penal.

§ 1º O agente de qualquer das condutas previstas no art. 28 desta Lei, salvo se houver concurso com os crimes previstos nos arts. 33 a 37 desta Lei, será **processado e julgado** na forma dos arts. 60 e seguintes da Lei nº 9.099, de 26 de setembro de 1995, que dispõe sobre os **Juizados Especiais Criminais.**

§ 2º Tratando-se da conduta prevista no art. 28 desta Lei, **não se imporá prisão em flagrante**, devendo o autor do fato ser imediatamente encaminhado ao juízo competente ou, na falta deste, assumir o compromisso de a ele comparecer, lavrando-se termo circunstanciado e providenciando-se as requisições dos exames e perícias necessários.

§ 3º Se ausente a autoridade judicial, as providências previstas no § 2º deste artigo serão tomadas de imediato pela **autoridade policial**, no local em que se encontrar, vedada a detenção do agente.

§ 4º Concluídos os procedimentos de que trata o § 2º deste artigo, o agente será submetido a **exame de corpo de delito**, se o requerer ou se a autoridade de polícia judiciária entender conveniente, e em seguida liberado.

§ 5º Para os fins do disposto no art. 76 da Lei nº 9.099, de 1995, que dispõe sobre os Juizados Especiais Criminais, o Ministério Público poderá propor a **aplicação imediata de pena prevista no art. 28 desta Lei**, a ser especificada na proposta.

1. **Procedimento específico.** Em razão do princípio da especialidade, o procedimento a ser seguido é o previsto na lei de Drogas, com a aplicação subsidiária do Código de Processo Penal e da Lei de Execução Penal. Embora a lei não tenha dito, aplica-se, também, subsidiariamente, o Código Penal.

2. **§1º. Competência.** O delito de porte de droga para uso é infração penal de menor potencial ofensivo e será julgado pelo Juizado Especial Criminal, com a aplicação de todas as fases do procedimento do Juizado, inclusive a fase pré-processual, salvo se houver concurso de crimes com as outras infrações penais previstas na Lei de Drogas, caso em que o delito de porte de drogas para uso será julgado por outro Juízo.

3. **§2º. Impossibilidade de prisão em flagrante.** Como visto anteriormente, o agente que praticar o delito de porte de droga para uso não será preso em flagrante (lavratura de auto de prisão em flagrante e recolhimento ao cárcere). Ele será detido e encaminhado ao Juizado Especial Criminal ou deverá assumir o compromisso de comparecer ao Juizado e lá deverá ser lavrado termo circunstanciado. Diferente do que ocorre na lei 9.099/95, caso o agente recuse-se a comparecer ao Juizado, não será possível a imposição de prisão em flagrante.

4. **§3º. Ausência de autoridade judicial. Vedação de detenção do agente.** Caso na localidade não haja autoridade judicial, o agente deverá ser encaminhado à autoridade policial para que sejam tomadas as providências previstas no parágrafo anterior.

5. **§4º. Realização de perícia. Exame de corpo de delito.** Não se trata de exame para determinar se o agente é dependente de droga ou para comprovar que a substância era droga ou coisa parecida. O legislador exigiu o exame de corpo de delito realizado na pessoa do agente para constatar eventuais lesões causadas nele.

6. **§5º. Transação penal.** O legislador permitiu que a transação penal tenha por objeto uma das penas previstas no art. 28 da lei. Trata-se de faculdade do Ministério Público, uma vez que transação penal pode ter por objeto outra prestação.

7. **Impossibilidade de aplicação da pena do art. 28 na transação penal.** Cremos que o legislador andou mal, não sendo cabível a aplicação da pena criminal no acordo de transação penal. A transação penal é uma medida despenalizadora prevista na lei 9.099/1995, que não se confunde com uma pena criminal. Ela não é uma sanção penal. Trata-se, na realidade, de um acordo que decorre de um modelo de justiça consensual. Não há formação de culpabilidade do réu, não há uma condenação. De outro lado, como visto, a advertência é uma sanção penal, uma pena que é aplicada após a formação do juízo de certeza da prática de uma infração penal e de culpabilidade do réu, devendo, justamente por isso ser aplicada por sentença. A transação penal não pode ter por objeto uma pena. Isso seria disfarçar uma pena de acordo, dando-lhe uma roupagem diversa da que ela realmente possui. Demais disso, não se pode aplicar uma pena criminal sem que tenha havido o esgotamento da instrução processual, com a observância de todo o devido processo legal e respeitados os princípios do contraditório e da ampla defesa. Chegaríamos a situação teratológica de haver a aplicação de uma pena criminal sem que tenha havido a instrução processual. Portanto, cremos que esse parágrafo não pode ser aplicado, de forma que a transação penal deveria ter outro objeto que não as sanções penais do art. 28 da lei.

Art. 49. Tratando-se de condutas tipificadas nos arts. 33, caput e § 1º, e 34 a 37 desta Lei, o juiz, sempre que as circunstâncias o recomendem, empregará os **instrumentos protetivos de colaboradores e testemunhas** previstos na Lei nº 9.807, de 13 de julho de 1999.

1. **Lei de proteção às vítimas e às testemunhas ameaçadas.** A depender da necessidade do caso concreto, o Juiz poderá determinar a aplicação dos institutos de proteção previstos na lei de proteção às vítimas e às testemunhas ameaçadas (lei 9.807/99), para garantir e integridade física e moral da testemunha.

Seção I
Da Investigação

Art. 50. Ocorrendo prisão em flagrante, a autoridade de polícia judiciária fará, imediatamente, comunicação ao juiz competente, remetendo-lhe cópia do auto lavrado, do qual será dada vista ao órgão do Ministério Público, em 24 (vinte e quatro) horas.

§ 1º Para efeito da lavratura do auto de prisão em flagrante e estabelecimento da materialidade do delito, é suficiente o **laudo de constatação da natureza e quantidade da droga**, firmado por perito oficial ou, na falta deste, por pessoa idônea.

§ 2º O perito que subscrever o laudo a que se refere o § 1º deste artigo não ficará impedido de participar da elaboração do **laudo definitivo**.

§ 3º Recebida cópia do auto de prisão em flagrante, o juiz, no prazo de 10 (dez) dias, certificará a regularidade formal do laudo de constatação e determinará a **destruição das drogas apreendidas**, guardando-se amostra necessária à realização do laudo definitivo.

§ 4º A destruição das drogas será executada pelo **delegado de polícia** competente no prazo de 15 (quinze) dias na presença do Ministério Público e da autoridade sanitária.

§ 5º O **local será vistoriado antes e depois** de efetivada a destruição das drogas referida no § 3º, sendo lavrado auto circunstanciado pelo delegado de polícia, certificando-se neste a destruição total delas.

1. **Prisão em flagrante.** O dispositivo ora comentado trata da investigação com a efetivação da prisão em flagrante. Nesse caso, a autoridade policial deverá fazer a comunicação da prisão em flagrante ao Juízo competente, que, por sua vez, deverá, em 24 horas, dar vista ao Ministério Público para requerer o que entender cabível. Como a lei não fez menção ao prazo para o Juiz manter a prisão em flagrante, com a sua conversão em prisão preventiva ou aplicar uma medida cautelar diversa da prisão, aplica-se o prazo de 24 horas disposto no art. 306 c/c art. 310 do Código de Processo Penal. Embora a lei disponha que a autoridade policial deverá enviar o auto de prisão em flagrante, na realidade autoridade policial deverá enviar além do auto, todos os documentos que compõem a documentação do flagrante, como a oitiva do preso, a oitiva das de testemunhas, auto de apreensão de coisas, nota de culpa etc.

2. **Juízo competente.** É o Juízo com competência para processar a julgar o fato delituoso. Aqui a autoridade policial deve-se atentar para as variações nas hipóteses e competência, podendo tratar-se, por exemplo, de tráfico transnacional, de incidência de foro especial por prerrogativa de função, caso em que a comunicação deverá ser feita ao Juízo com a competência específica. Note-se que a prisão em flagrante ganhou mais um requisito, que é a comunicação prevista neste artigo. Caso a comunicação não seja feita ou seja feita ao Juízo incompetente, a prisão em flagrante torna-se ilegal e deve ser relaxada.

3. **Prazo da comunicação.** A lei utilizou a expressão *imediatamente,* o que significa dizer que a comunicação deve ser feita assim que a autoridade policial terminar a lavratura do auto de prisão e flagrante, sem nenhuma demora. Não cremos que deva ser aplicado o prazo de 24 horas previsto no art. 306 do Código de Processo Penal, em razão da previsão específica prevista na lei de Drogas.

4. **§1º. Laudo de constatação da natureza e quantidade da droga.** O laudo pericial sobre a natureza e a quantidade da droga é o que vai certificar a materialidade do delito, afirmando que a substância apreendida é droga e está prevista na lista da Portaria 344/98. Trata-se do laudo preliminar (e não definitivo), que é necessário para o recebimento da denúncia, elaborado por perito oficial ou por pessoa idônea que, embora a lei não diga, deve ter conhecimentos técnicos.

5. **Natureza jurídica do laudo preliminar.** O laudo preliminar constitui condição objetiva de procedibilidade, o que significa dizer que a denúncia não pode ser oferecida

sem ele. Caso a denúncia seja oferecida e recebida sem o laudo de constatação, não haverá justa causa para a ação penal, cabendo a impetração de ordem de *habeas corpus*.

> **STJ.** "(...) 3. O artigo 50, § 1º, da Lei 11.343/06 não admite a prisão em flagrante e o recebimento da denúncia sem que seja demonstrada, ao menos em juízo inicial, a materialidade da conduta por meio de laudo de constatação preliminar da substância entorpecente, que configura condição de procedibilidade para a apuração do ilícito de tráfico. Precedentes. 4. Na hipótese em exame, verifica-se que nenhuma droga foi encontrada em poder do acusado ou das menores que com ele se encontravam, e, por conseguinte, não foi efetivada qualquer perícia que ateste que ele teria fornecido às adolescentes substâncias entorpecentes, circunstância que impede que seja incriminado pelo ilícito tipificado no artigo 33 da Lei 11.343/2006, já que ausente a comprovação da materialidade delitiva. 5. Recurso parcialmente provido apenas para determinar o trancamento da ação penal no tocante ao crime de tráfico de drogas." **(RHC 65.205/RN, Rel. Min. Jorge Mussi, julgado em 12/04/2016).**

6. **§2º. Não impedimento do perito.** Embora a diversidade de peritos seja saudável, não há impedimento para que o perito que tenha elaborado o laudo preliminar elabore também o laudo definitivo.

7. **§3º. Destruição das drogas apreendidas.** O Juiz, no prazo de 10 dias, determinará a destruição da droga. Todavia para elaboração do laudo definitivo, deve-se guardar quantidade necessária para tal.

8. **Situação de prisão em flagrante.** O procedimento previsto neste artigo para a destruição da droga aplica-se apenas para a hipótese de apreensão de drogas em situação de prisão em flagrante. Se não se tratar de prisão em flagrante, a destruição faz-se nos moldes do art. 50-A.

9. **§4º. Prazo para destruição das drogas apreendidas.** 15 dias, a contar da determinação judicial a que se refere o parágrafo anterior. A exigência da presença do Ministério Público e da autoridade sanitária tem por finalidade apenas acompanhar a destruição, nada podendo ser requerido nesse momento, após a decisão do Juiz de destruir a droga.

10. **§5º. Vistoria do local e lavratura do auto circunstanciado.** Embora a lei não diga, a vistoria do local, antes e depois da destruição, deve ser feita por todos os que a lei determina estejam presentes no momento da destruição (autoridade policial, Ministério Público e da autoridade sanitária). Logo após o ato de destruição, todos devem assinar o auto circunstanciado, que deverá registrar as etapas da atividade de destruição da droga.

Art. 50-A. A destruição das drogas apreendidas sem a ocorrência de prisão em flagrante será feita por incineração, no prazo máximo de 30 (trinta) dias contados da data da apreensão, guardando-se amostra necessária à realização do laudo definitivo . (Redação dada pela Lei nº 13.840/2019).

1. **Destruição da droga sem situação de prisão em flagrante.** O presente dispositivo, diferente do artigo anterior, trata da destruição da droga sem que haja prisão em flagrante. A destruição será feita por incineração e o prazo máximo concedido pelo legislador foi de 30 dias, contados a partir da apreensão da droga. Entretanto, deve-se guardar quantidade necessária e suficiente para a elaboração do laudo definitivo.
2. **Desnecessidade de autorização judicial.** A destruição prevista neste artigo deverá ser feita pela autoridade policial, sem que haja necessidade de autorização judicial, na presença do Ministério Público e da autoridade sanitária, uma vez que se trata de um mandamento legal.

Art. 51. O **inquérito policial será concluído** no prazo de 30 (trinta) dias, se o indiciado estiver preso, e de 90 (noventa) dias, quando solto.

Parágrafo único. Os prazos a que se refere este artigo podem ser **duplicados** pelo juiz, ouvido o Ministério Público, mediante pedido justificado da autoridade de polícia judiciária.

1. **Prazo para a conclusão do inquérito policial.** Em caso de indiciado preso, 30 dias. Em caso de indiciado solto, 90 dias. Trata-se de prazo previsto especificamente na lei de Drogas, diferente do prazo estabelecido no art. 10 do Código de Processo Penal. À luz do princípio da especialidade, o prazo a ser observado é o prazo próprio da lei de Drogas.
2. **Possibilidade de duplicação do prazo.** Apenas em caso de pedido justificado da autoridade policial. Isso porque somente a autoridade policial que conduz a investigação tem condições de determinar a necessidade de mais prazo para a conclusão do inquérito policial. A duplicação do prazo é cabível mesmo em se tratando de investigado preso.

Art. 52. Findos os prazos a que se refere o art. 51 desta Lei, a autoridade de polícia judiciária, remetendo os autos do inquérito ao juízo:

I – relatará sumariamente as circunstâncias do fato, justificando as razões que a levaram à classificação do delito, indicando a quantidade e natureza da substância ou do produto apreendido, o local e as condições em que se desenvolveu a ação criminosa, as circunstâncias da prisão, a conduta, a qualificação e os antecedentes do agente; ou

II – requererá sua devolução para a realização de diligências necessárias.

Parágrafo único. A remessa dos autos far-se-á sem prejuízo de diligências complementares:

I – necessárias ou úteis à plena elucidação do fato, cujo resultado deverá ser encaminhado ao juízo competente até 3 (três) dias antes da audiência de instrução e julgamento;

II – necessárias ou úteis à indicação dos bens, direitos e valores de que seja titular o agente, ou que figurem em seu nome, cujo resultado deverá ser encaminhado ao juízo competente até 3 (três) dias antes da audiência de instrução e julgamento.

1. **Relatório final elaborado pela autoridade policial.** Após o esgotamento do prazo para conclusão do inquérito policial, a autoridade policial deverá elaborar relatório, que deve conter todos os elementos mencionados no inciso I. Caso autoridade policial entenda pela necessidade de realização de diligências, deverá requerer ao Juízo competente a devolução do inquérito policial para tal finalidade (inciso II). Essa hipótese do inciso II somente aplica-se em caso de indiciado solto.
2. **Parágrafo único. Diligências complementares.** Ligadas ao fato criminoso, bem como a bens, direitos e valores, as diligências complementares são praticadas em autos diversos dos autos do inquérito policial, para que não haja atraso no cumprimento do prazo para a sua conclusão.

Art. 53. Em qualquer fase da persecução criminal relativa aos crimes previstos nesta Lei, são permitidos, além dos previstos em lei, mediante autorização judicial e ouvido o Ministério Público, os **seguintes procedimentos investigatórios**:

I – a **infiltração por agentes de polícia**, em tarefas de investigação, constituída pelos órgãos especializados pertinentes;

II – a **não-atuação policial** sobre os portadores de drogas, seus precursores químicos ou outros produtos utilizados em sua produção, que se encontrem no território brasileiro, com a finalidade de identificar e responsabilizar maior número de integrantes de operações de tráfico e distribuição, sem prejuízo da ação penal cabível.

Parágrafo único. Na hipótese do inciso II deste artigo, a autorização será concedida desde que sejam conhecidos o itinerário provável e a identificação dos agentes do delito ou de colaboradores.

1. **Momento para a realização dos procedimentos investigatórios.** Como o legislador utilizou as expressões "em qualquer fase da persecução criminal", conclui-se que tais procedimentos podem ocorrer tanto na fase do inquérito policial, quanto na fase da ação penal. Note-se que o legislador exigiu a necessidade de autorização judicial e de oitiva do Ministério Público.
2. **Autorização judicial.** A autorização deve ser oriunda do Juízo competente para o processo e o julgamento do delito a ser investigado, devendo-se observar as hipóteses específicas de competência criminal, como o foro especial por prerrogativa de função.
3. **Inciso I. Infiltração de agentes de polícia.** O legislador trouxe a figura do agente infiltrado, por meio da qual permitiu a infiltração do agente de polícia com o fim de verificar o funcionamento da atividade de tráfico de drogas, com o objetivo de obter o maior número de elementos e informações possíveis que possam servir de base para investigação policial. Cabe à autoridade policial requer a infiltração de agentes.
4. **Agente da Polícia.** É o agente da Polícia Judiciária, que tem por função apurar a prática da infração penal e a sua respectiva autoria.
5. **Particular.** Não pode ser agente infiltrado, em razão da inexistência de previsão legal.

6. **Tempo de duração.** Não há. A infiltração será pelo tempo necessário à colheita das informações. Caso o Juiz fixe prazo para a duração da infiltração, esse prazo pode ser prorrogado, a depender da necessidade determinada pela autoridade policial.

7. **Inciso II. Ação controlada.** Também conhecida como flagrante retardado, flagrante diferido ou flagrante postergado, trata-se de permissivo legal para que a autoridade policial deixe de efetuar a intervenção policial no momento em que o autor do delito já está em flagrante da prática da infração penal para intervir no momento mais eficaz do ponto de vista da formação de provas e fornecimento de informações, com a finalidade de identificar e responsabilizar maior número de integrantes de operações de tráfico e distribuição. Assim, embora o agente esteja em flagrante delito, a autoridade policial poderá esperar o momento mais oportuno para intervir e efetivar o flagrante. O legislador exigiu a necessidade de autorização judicial e de oitiva do Ministério Público.

8. **Diferença entre a ação controlada e o flagrante esperado.** Na ação controlada, o agente já está em flagrante da prática do crime. No flagrante esperado, o agente ainda não está em flagrante da prática do delito, e a autoridade policial fica na expectativa da sua ocorrência para efetivar a prisão.

9. **Parágrafo único.** Trata dos requisitos para a autorização judicial da ação controlada, sem os quais ela não poderá ser autorizada pelo Juiz.

Seção II
Da Instrução Criminal

Art. 54. Recebidos em juízo os autos do inquérito policial, de Comissão Parlamentar de Inquérito ou peças de informação, dar-se-á vista ao Ministério Público para, no prazo de 10 (dez) dias, adotar uma das seguintes providências:

I - requerer o arquivamento;

II - requisitar as diligências que entender necessárias;

III - oferecer denúncia, arrolar até 5 (cinco) testemunhas e requerer as demais provas que entender pertinentes.

1. **Recebimento dos autos pelo Ministério Público.** O recebimento dos autos pelo Ministério Público ocorre, em regra, após a conclusão da investigação, ocorrida em sede de inquérito policial, de Comissão Parlamentar de Inquérito ou de peças de informação. Uma vez recebidos os autos, o Ministério Público poderá tomar uma das providências descritas nos incisos.

2. **Inciso I. Requerimento de arquivamento.** Essa previsão é desnecessária, uma vez que já existe previsão no art. 28 do Código de Processo Penal, que deve ser aplicado em sua íntegra.

3. **Inciso II. Requisição de diligências.** A requisição de diligências ocorre em caso de o Ministério Público entender pela necessidade de outras diligências, a fim de colher outros elementos indiciários para a formação da sua *opinio delicti* e oferecer a denúncia.

4. **Inciso III. Oferecimento de denúncia.** Caso o Ministério Público, ao receber os autos do inquérito policial, da Comissão Parlamentar de Inquérito ou de peças de informação, entender que a justa causa está presente e que não há necessidade de reunião de nenhum outro elemento indiciário, deverá oferecer denúncia, arrolando até cinco testemunhas. O Ministério Público pode, também, requerer as demais provas que entender pertinentes. Note-se que nesse caso, já há elementos necessários ao oferecimento de denúncia (diferente do inciso II).

5. **Rol exemplificativo.** O rol descrito nos incisos é exemplificativo, podendo o Ministério público tomar outras providências que entender cabíveis, como requerer a extinção da punibilidade por alguma causa do art. 107 do Código Penal, requerer a declaração de incompetência do Juízo etc.

6. **Prazo.** Como o legislador não fez distinção em relação ao prazo, ele aplica-se ao indiciado preso e ao indiciado solto, de forma que o prazo de 10 dias é aplicado em qualquer hipótese.

7. **Ultrapassagem do prazo.** A ultrapassagem desse prazo somente gerará consequências em se tratado de indiciado preso, uma vez que não há nenhum prejuízo se o indiciado estiver solto. Caso o indiciado esteja preso, a ultrapassagem do prazo ocasionará a sua soltura, por configurar constrangimento ilegal.

Art. 55. Oferecida a denúncia, o juiz ordenará a notificação do acusado para oferecer **defesa prévia**, por escrito, no prazo de 10 (dez) dias.

§ 1º Na resposta, consistente em defesa preliminar e exceções, o acusado poderá argüir preliminares e invocar **todas as razões de defesa**, oferecer documentos e justificações, especificar as provas que pretende produzir e, até o número de 5 (cinco), arrolar testemunhas.

§ 2º As **exceções** serão processadas em apartado, nos termos dos arts. 95 a 113 do Decreto-Lei nº 3.689, de 3 de outubro de 1941 – Código de Processo Penal.

§ 3º Se a resposta não for apresentada no prazo, o juiz **nomeará defensor** para oferecê-la em 10 (dez) dias, concedendo-lhe vista dos autos no ato de nomeação.

§ 4º Apresentada a **defesa**, o juiz decidirá em 5 (cinco) dias.

§ 5º Se entender **imprescindível**, o juiz, no prazo máximo de 10 (dez) dias, determinará a apresentação do preso, realização de diligências, exames e perícias.

1. **Procedimento especial em relação ao procedimento do Código de Processo Penal.** O presente dispositivo traz um procedimento especial, diferente do procedimento disposto nos arts. 394 e seguintes do Código de Processo Penal. Em homenagem ao princípio da especialidade, o procedimento descrito na lei de Drogas deve prevalecer sobre o procedimento do Código de Processo Penal. Ademais, o próprio art. 394, §2º do Código exclui a sua incidência quando houver previsão diversa em lei especial ("Art. 394. O procedimento será comum ou especial. (...) §2º Aplica-se a todos os processos o procedimento comum, salvo disposições em contrário deste Código ou de lei especial").

2. **Notificação do acusado. Defesa prévia.** A lei de Drogas tem um procedimento prévio, com a notificação do acusado para o oferecimento da defesa prévia. Até esse momento, o Juiz ainda não recebeu a denúncia. A defesa prévia, como o nome sugere, é uma defesa ainda no início do procedimento, antes mesmo de o Juiz receber a denúncia.

3. **§1º. Defesa prévia. Conteúdo.** O legislador garantiu ao réu a maior amplitude na sua defesa prévia, de forma que, segundo a redação legal, ele pode alegar, além de preliminares e exceções, "todas as razões de defesa", apresentando provas documentais. Além de todas as providências, a defesa prévia é o momento de o réu arrolar as testemunhas e especificar as provas que pretende produzir. Note-se que, passado esse prazo, o réu não mais poderá arrolar as suas testemunhas, ocorrendo a preclusão.

4. **§2º. Exceções autuadas em apartado.** Processamento em apartado significa em outros autos, diferentes dos autos principais.

5. **§3º. Obrigatoriedade da defesa prévia.** A defesa prévia é obrigatória e, em razão dos princípios da ampla defesa e do contraditório, não pode deixar de ser apresentada. Expirado o prazo de 10 dias sem a sua apresentação, o processo não prosseguirá sem ela, caso em que, o Juiz deverá nomear defensor para apresentá-la, concedendo-lhe vista dos autos. Nos locais onde houver Defensoria Pública, o Juiz deverá intimar o Defensor para oferecer a defesa prévia. Caso não haja Defensoria Pública, a nomeação recairá sobre um advogado.

6. **§4º. Prazo para o Juiz "decidir".** Após apresentada a defesa prévia, o Juiz tem um prazo de cinco dias para "decidir". A lei não disse o que Juiz deveria "decidir". Tendo em vista que o próximo passo é o recebimento da denúncia e a marcação da audiência de instrução julgamento, a conclusão é que o Juiz deverá decidir se recebe ou se rejeita a denúncia. Se a receber, segue-se o procedimento da lei descrito nos próximos artigos.

7. **§5º. Providências complementares imprescindíveis.** A apresentação do preso e a realização de diligências, exames e perícias devem ser imprescindíveis. A análise da imprescindibilidade é feita pelo Juiz.

Art. 56. Recebida a denúncia, o juiz designará dia e hora para a audiência de instrução e julgamento, ordenará a citação pessoal do acusado, a intimação do Ministério Público, do assistente, se for o caso, e requisitará os laudos periciais.

§ 1º Tratando-se de condutas tipificadas como infração do disposto nos arts. 33, caput e § 1º, e 34 a 37 desta Lei, o juiz, ao receber a denúncia, poderá decretar o **afastamento cautelar do denunciado** de suas atividades, se for funcionário público, comunicando ao órgão respectivo.

§ 2º A **audiência** a que se refere o caput deste artigo será realizada dentro dos 30 (trinta) dias seguintes ao recebimento da denúncia, salvo se determinada a realização de avaliação para atestar dependência de drogas, quando se realizará em 90 (noventa) dias.

1. **Recebimento da denúncia.** Ultrapassada a fase preliminar do art. 55 da lei, o Juiz deverá receber denúncia e marcar audiência de instrução julgamento com a citação pessoal do acusado, a intimação do Ministério Público e do assistente.

2. **Citação pessoal do acusado.** Nos moldes da lei, a citação do réu é pessoal, por oficial de justiça. Embora o réu já esteja ciente da acusação deduzida contra ele no momento da notificação prevista no artigo anterior, é necessária a sua citação pessoal para comparecer à audiência designada pelo Juiz.

3. **§1º. Afastamento cautelar do funcionário público.** O afastamento cautelar somente pode ocorrer nos delitos previstos nos arts. 33, *caput* e § 1º, e 34 a 37 da lei, por expressa disposição legal. Para fins desse dispositivo, entenda-se por funcionário público a pessoa que que se encaixar nos moldes descritos no art. 327 do Código Penal. O afastamento não é automático, depende de decisão fundamentada do Juiz. Essa natureza cautelar do afastamento não oferece problemas em relação ao princípio da presunção de inocência, tendo em vista que não se trata de perda do cargo. Trata-se de medida provisória, e não definitiva. A perda definitiva do cargo somente pode ocorrer após o trânsito em julgado da condenação, com o juízo de certeza acerca da autoria do funcionário público.

4. **§2º. Prazo para a audiência.** O termo inicial dos 30 dias é a data do recebimento da denúncia. Ultrapassado esse prazo, caso réu esteja preso, estará configurado o constrangimento ilegal, devendo a prisão ser relaxada. Caso o réu esteja solto, não haverá nenhum prejuízo em relação ao seu direito de liberdade. Esse prazo passa a ser de 90 dias caso seja determinada a avaliação para atestar a dependência de drogas por parte do réu.

Art. 57. Na **audiência de instrução e julgamento**, após o interrogatório do acusado e a inquirição das testemunhas, será dada a palavra, sucessivamente, ao representante do Ministério Público e ao defensor do acusado, para sustentação oral, pelo prazo de 20 (vinte) minutos para cada um, prorrogável por mais 10 (dez), a critério do juiz.

Parágrafo único. Após proceder ao interrogatório, o juiz indagará das partes se restou **algum fato para ser esclarecido**, formulando as perguntas correspondentes se o entender pertinente e relevante.

1. **Audiência de instrução e julgamento.** A audiência de instrução e julgamento (denominada no meio jurídico como AIJ) tem a finalidade, como o nome sugere, de instruir o processo e de o Juiz proferir o julgamento. As partes promovem a produção probatória, instruindo o processo, e, ao final, o Juiz, com base na prova produzida, julga o conflito de interesses entre o Estado e o réu.

2. **Interrogatório como o** último **ato da instrução processual.** Na lei de Drogas, o interrogatório é o primeiro ato de instrução na AIJ. No Código de Processo Penal também era assim. Contudo, o art. 400 do Código de Processo Penal foi alterado pela lei 11.719/2008 e o interrogatório passou a ser o último ato de instrução processual ("Art. 400. Na audiência de instrução e julgamento, a ser realizada no prazo máximo de 60 (sessenta) dias, proceder-se-á à tomada de declarações do

ofendido, à inquirição das testemunhas arroladas pela acusação e pela defesa, nesta ordem, ressalvado o disposto no art. 222 deste Código, bem como aos esclarecimentos dos peritos, às acareações e ao reconhecimento de pessoas e coisas, interrogando-se, em seguida, o acusado."). A alteração operada no Código foi salutar, pois a ampla defesa e o contraditório são melhores exercidos se o réu já conhecer todas as provas produzidas conta si. Inegavelmente, a defesa do réu é muito mais efetiva se ele já tiver ciência de todo o acervo probatório produzido contra si nos autos, tendo a oportunidade de contraditá-lo.

Dessa forma, instalou-se a seguinte celeuma: na lei de Drogas o interrogatório é o primeiro ato da instrução processual. No Código de Processo Penal, o interrogatório é a último ato de instrução processual. A norma contida no Código é posterior e mais benéfica para o réu, do ponto de vista da sua defesa. Dessa forma, qual procedimento deveria ser aplicado, o do Código, por ser posterior e mais benéfico ou o da lei de Drogas, por ser específico? O conflito aqui dá-se entre a cronologia e o princípio da especialidade.

O STF e o STJ pacificaram-se no sentido de que deve ser dada preferência ao critério cronológico por ser mais benéfico ao réu, aplicando-se o art. 400 do Código de Processo Penal, de forma que, mesmo que a lei de Drogas seja lei especial e preveja procedimento específico, o interrogatório deve ser o último ato da instrução processual.

> **STF.** Habeas corpus. Penal e processual penal militar. Posse de substância entorpecente em local sujeito à administração militar (CPM, art. 290). Crime praticado por militares em situação de atividade em lugar sujeito à administração militar. Competência da Justiça Castrense configurada (CF, art. 124 c/c CPM, art. 9º, I, b). Pacientes que não integram mais as fileiras das Forças Armadas. Irrelevância para fins de fixação da competência. Interrogatório. Realização ao final da instrução (art. 400, CPP). Obrigatoriedade. Aplicação às ações penais em trâmite na Justiça Militar dessa alteração introduzida pela Lei nº 11.719/08, em detrimento do art. 302 do Decreto-Lei nº 1.002/69. Precedentes. Adequação do sistema acusatório democrático aos preceitos constitucionais da Carta de República de 1988. Máxima efetividade dos princípios do contraditório e da ampla defesa (art. 5º, inciso LV). Incidência da norma inscrita no art. 400 do Código de Processo Penal comum aos processos penais militares cuja instrução não se tenha encerrado, o que não é o caso. Ordem denegada. Fixada orientação quanto a incidência da norma inscrita no art. 400 do Código de Processo Penal comum a partir da publicação da ata do presente julgamento, aos processos penais militares, aos processos penais eleitorais e a todos os procedimentos penais regidos por legislação especial, incidindo somente naquelas ações penais cuja instrução não se tenha encerrado. 1. Os pacientes, quando soldados da ativa, foram surpreendidos na posse de substância entorpecente (CPM, art. 290) no interior do 1º Batalhão de Infantaria da Selva em Manaus/AM. Cuida-se, portanto, de crime praticado por militares em situação de atividade em lugar sujeito à administração militar, o que atrai a competência da Justiça Castrense para processá-los e julgá-los (CF, art. 124 c/c CPM, art. 9º, I, b). 2. O fato de os pacientes não mais integrarem as fileiras das Forças Armadas em nada repercute na esfera de competência da Justiça especializada, já que, no tempo do crime, eles eram soldados da ativa. 3. Nulidade do interrogatório dos pacientes como primeiro ato da instrução processual (CPPM, art. 302). 4. A Lei nº 11.719/08 adequou o sistema acusatório democrático, integrando-o

de forma mais harmoniosa aos preceitos constitucionais da Carta de República de 1988, assegurando-se maior efetividade a seus princípios, notadamente, os do contraditório e da ampla defesa (art. 5º, inciso LV). 5. Por ser mais benéfica (lex mitior) e harmoniosa com a Constituição Federal, há de preponderar, no processo penal militar (Decreto-Lei nº 1.002/69), a regra do art. 400 do Código de Processo Penal. 6. De modo a não comprometer o princípio da segurança jurídica (CF, art. 5º, XXXVI) nos feitos já sentenciados, essa orientação deve ser aplicada somente aos processos penais militares cuja instrução não se tenha encerrado, o que não é o caso dos autos, já que há sentença condenatória proferida em desfavor dos pacientes desde 29/7/14. 7. Ordem denegada, com a fixação da seguinte orientação: a norma inscrita no art. 400 do Código de Processo Penal comum aplica-se, a partir da publicação da ata do presente julgamento, aos processos penais militares, aos processos penais eleitorais e a todos os procedimentos penais regidos por legislação especial incidindo somente naquelas ações penais cuja instrução não se tenha encerrado. **(HC 127900, Rel. Min. Dias Toffoli, Tribunal Pleno, julgado em 03/03/2016).**

- **STJ**

Informativo nº 609.

Sexta Turma

Tráfico de entorpecentes. Momento do interrogatório. Último ato da instrução. (...). Os procedimentos regidos por leis especiais devem observar, a partir da publicação da ata de julgamento do HC 127.900/AM do STF (11.03.2016), a regra disposta no art. 400 do CPP, cujo conteúdo determina ser o interrogatório o último ato da instrução criminal. (...) **Rel. Min. Maria Thereza de Assis Moura, julgado em 3/8/2017).**

3. **Alegações finais orais.** As alegações finais das partes devem ser feitas oralmente na própria audiência. Porém, a depender da complexidade do caso concreto, o Juiz poderá permitir que as alegações sejam feitas por escrito.

4. **Parágrafo único. Esclarecimento de fatos.** Trata-se apenas de esclarecimentos sobre os fatos objetos do processo. Não pode configurar um novo interrogatório ou uma nova oitiva de testemunhas. Da mesma forma, as partes não podem inovar nesse momento, com fatos pertinentes ao caso do processo, mas que não foram deduzidos nos autos em momento algum. Na realidade, trata-se de esclarecimentos sobre fatos *já deduzidos e debatidos* nos autos. O critério de relevância e de pertinência é feito pelo Juiz.

Art. 58. Encerrados os debates, proferirá o juiz **sentença** de imediato, ou o fará em 10 (dez) dias, ordenando que os autos para isso lhe sejam conclusos.

1. **Sentença em audiência.** Tendo em vista que a audiência é de *instrução* e de *julgamento*, a sentença deve ser proferida na própria audiência, após as alegações orais das partes. Contudo, a depender da complexidade do processo, o legislador permitiu que a sentença fosse proferida em 10 dias após a audiência. Cremos que a sentença deva, preferencialmente, ser proferida na própria audiência. Somente em último caso o Juiz poderá proferi-la no prazo de 10 dias previsto no presente dispositivo legal.

2. **Laudo definitivo.** O laudo definitivo confirmando que a substância era droga deve estar nos autos até o momento imediatamente anterior ao da sentença, ou seja, até a audiência de instrução e julgamento. Quando a AIJ se iniciar, o laudo definitivo já deve constar dos autos. Contudo, o STJ admite que o laudo definitivo seja juntado aos autos mesmo após as alegações finais, desde que antes da sentença, por óbvio.

> **STJ.** PENAL E PROCESSO PENAL. RECURSO EM HABEAS CORPUS. 1. TRÁFICO DE DROGAS. (...) 3. LAUDO DEFINITIVO JUNTADO APÓS ALEGAÇÕES FINAIS. CONFIRMAÇÃO DO LAUDO PROVISÓRIO. INEXISTÊNCIA DE NULIDADE. 4. RECURSO EM HABEAS CORPUS CONHECIDO EM PARTE E IMPROVIDO. (...) A jurisprudência do STJ e do STF é assente no sentido de que, "em que pese a materialidade delitiva do crime previsto no artigo 33 da Lei 11.343/2006 ser comprovada apenas com o laudo toxicológico definitivo, não há óbices, quer na própria Lei de Drogas, quer na legislação processual penal existente, a que a referida perícia seja juntada aos autos após as alegações finais" (HC 233.111/MG, Rel. Ministro Jorge Mussi, DJe 16/10/2013). Ademais, a Terceira Seção, no julgamento dos EREsp n. 1.544.057/RJ, assentou que o laudo definitivo não se reveste de nota de imprescindibilidade, podendo ser suprido pelo laudo provisório, nos casos em que for possível a obtenção do mesmo grau de certeza. (...) **(RHC 69.242/MG, Rel. Min. Reynaldo Soares da Fonseca, julgado em 22/11/2016).**

3. **Ausência do laudo definitivo.** Como regra, o laudo definitivo atesta a materialidade do delito. Assim, a sua ausência deve implicar a absolvição do réu por falta de provas. Entretanto, excepcionalmente o STJ admite a condenação do réu mesmo que não haja o laudo definitivo, ou seja, apenas com base no laudo preliminar, desde que esse laudo preliminar ofereça um grau de certeza idêntico ao do laudo definitivo e que tenha sido elaborado por perito oficial.

> **STJ.** (...) LAUDO PRELIMINAR ASSINADO POR PERITO CRIMINAL QUE PODE EMBASAR A MATERIALIDADE DO ATO INFRACIONAL. (...) – No julgamento do ERESp n. 1544057/RJ, a Terceira Seção desta Corte pacificou o entendimento de que o laudo toxicológico definitivo é imprescindível à comprovação da materialidade dos delitos envolvendo entorpecentes, sem o qual é forçosa a absolvição do acusado, admitindo-se, no entanto, em situações excepcionais, que a materialidade do crime de drogas seja feita por laudo de constatação provisório, desde que ele permita grau de certeza idêntico ao do laudo definitivo e tenha sido elaborado por perito oficial. – O laudo preliminar de constatação, assinado por perito criminal, identificando o material apreendido como cocaína e maconha, constitui uma das exceções em que a materialidade do delito pode ser provada apenas com base no laudo preliminar de constatação. (...) **(HC 365.599/PE, Rel. Min. Reynaldo Soares da Fonseca, julgado em 01/12/2016).**

Art. 59. Nos crimes previstos nos arts. 33, caput e § 1º, e 34 a 37 desta Lei, o **réu não poderá apelar sem recolher-se à prisão**, salvo se for primário e de bons antecedentes, assim reconhecido na sentença condenatória.

1. **Exigência de recolhimento à prisão para recorrer.** Trata-se de norma que há muito foi superada, à luz do princípio da presunção de inocência. Toda prisão imposta

antes do trânsito em julgado da sentença condenatória constitui uma prisão provisória, e como tal deve ser encarada, sob pena de ser utilizada como instrumento de vingança privada do próprio Estado, bem como antecipação do cumprimento de uma pena que ainda não existe, e que pode nem existir por razões diversas. Toda e qualquer prisão provisória, medida cautelar que é, deve ser regida pelos Princípios da Necessidade e Excepcionalidade. Assim, a prisão provisória somente deve ser decretada se for necessária, e, ainda assim, de forma excepcional. Portanto, não se pode exigir o recolhimento do réu à prisão para que ele possa recorrer. Em qualquer hipótese, é preciso que seja demonstrada a necessidade da prisão, por meio da presença dos requisitos da prisão preventiva previstos no art. 312 do Código de Processo Penal. Assim, pensamos que esse artigo é inconstitucional por violar o princípio da presunção de inocência previsto no CF/88. Nada impede que o Juiz decrete a prisão preventiva na sentença, desde que – repita-se – estejam presentes os requisitos do art. 312 do Código de Processo Penal.

CAPÍTULO IV
DA APREENSÃO, ARRECADAÇÃO E DESTINAÇÃO DE BENS DO ACUSADO

Art. 60. O juiz, a requerimento do Ministério Público ou do assistente de acusação, ou mediante representação da autoridade de polícia judiciária, poderá decretar, no curso do inquérito ou da ação penal, a **apreensão e outras medidas assecuratórias** nos casos em que haja suspeita de que os bens, direitos ou valores sejam produto do crime ou constituam proveito dos crimes previstos nesta Lei, procedendo-se na forma dos arts. 125 e seguintes do Decreto-Lei nº 3.689, de 3 de outubro de 1941 – Código de Processo Penal. (Redação dada pela Lei nº 13.840, de 2019)

§ 1º Revogado. (Redação dada pela Lei nº 13.840, de 2019)

§ 2º Revogado. (Redação dada pela Lei nº 13.840, de 2019)

§ 3º Na hipótese do art. 366 do Decreto-Lei nº 3.689, de 3 de outubro de 1941 – Código de Processo Penal , o juiz poderá determinar a prática de atos necessários à conservação dos bens, direitos ou valores. (Redação dada pela Lei nº 13.840, de 2019)

§ 4º A ordem de apreensão ou sequestro de bens, direitos ou valores poderá ser suspensa pelo juiz, ouvido o Ministério Público, quando a sua execução imediata puder comprometer as investigações. (Redação dada pela Lei nº 13.840, de 2019)

§ 5º Decretadas quaisquer das medidas previstas no caput deste artigo, o juiz facultará ao acusado que, no prazo de 5 (cinco) dias, apresente provas, ou requeira a produção delas, acerca da origem lícita do bem ou do valor objeto da decisão, exceto no caso de veículo apreendido em transporte de droga ilícita. (Incluído pela Lei nº 14.322, de 2022)

§ 6º Provada a origem lícita do bem ou do valor, o juiz decidirá por sua liberação, exceto no caso de veículo apreendido em transporte de droga ilícita, cuja destinação observará o disposto nos arts. 61 e 62 desta Lei, ressalvado o direito de terceiro de boa-fé. **(Incluído pela Lei nº 14.322, de 2022).**

1. **Apreensão e outras medidas assecuratórias.** A lei permite ao Juiz decretar a apreensão ou outras medidas assecuratórias. As medidas assecuratórias decorrem

do poder geral de cautela do Juiz no processo penal, tendo como objeto os produtos dos crimes previstos nesta lei, bem como o proveito auferido com prática desses delitos. Note-se que basta que haja *suspeita* de que os bens, direitos ou valores sejam produto do crime ou constituam proveito dos crimes previstos nesta lei.

2. **Momento para a decretação.** As medidas assecuratórias podem ser decretadas tanto na fase do Inquérito Policial, quanto na fase da ação penal.

3. **§3º. Comparecimento pessoal do acusado.** Na hipótese de aplicação do art. 366, do Código de processo Penal, em que o réu, citado por edital, não comparecer, nem constituir advogado, ocasionando a suspensão do processo e do prazo prescricional, o Juiz poderá providenciar que sejam praticados atos de conservação dos bens apreendidos, para que não sejam perdidos e depois possam ter alguma destinação lícita.

4. **§4º. Suspensão da ordem de apreensão ou sequestro de bens.** Tem por finalidade a preservação da investigação, para que ela não seja atrapalhada ou frustrada.

5. **§§5º e 6º. Prova da origem lícita.** O legislador facultou ao acusado a comprovação da origem lícita do bem objeto da apreensão ou da medida assecuratória a que alude o *caput*. Comprovada a licitude da origem, o juiz deverá determinar a sua liberação, com a ressalva contida nos dois parágrafos em relação ao veículo apreendido em transporte de droga ilícita.

Art. 60-A. Se as medidas assecuratórias de que trata o art. 60 desta Lei recaírem sobre **moeda estrangeira, títulos, valores mobiliários ou cheques emitidos como ordem de pagamento**, será determinada, imediatamente, a sua conversão em moeda nacional. (Incluído pela Lei nº 13.886, de 2019)

§ 1º A moeda estrangeira apreendida em espécie deve ser encaminhada a instituição financeira, ou equiparada, para alienação na forma prevista pelo Conselho Monetário Nacional. (Incluído pela Lei nº 13.886, de 2019)

§ 2º Na hipótese de impossibilidade da alienação a que se refere o § 1º deste artigo, a moeda estrangeira será custodiada pela instituição financeira até decisão sobre o seu destino. (Incluído pela Lei nº 13.886, de 2019)

§ 3º Após a decisão sobre o destino da moeda estrangeira a que se refere o § 2º deste artigo, caso seja verificada a inexistência de valor de mercado, seus espécimes poderão ser destruídos ou doados à representação diplomática do país de origem. (Incluído pela Lei nº 13.886, de 2019)

§ 4º Os valores relativos às apreensões feitas antes da data de entrada em vigor da Medida Provisória nº 885, de 17 de junho de 2019, e que estejam custodiados nas dependências do Banco Central do Brasil devem ser transferidos à Caixa Econômica Federal, no prazo de 360 (trezentos e sessenta) dias, para que se proceda à alienação ou custódia, de acordo com o previsto nesta Lei. (Incluído pela Lei nº 13.886, de 2019)

1. **Moeda estrangeira, títulos, valores mobiliários ou cheques emitidos como ordem de pagamento.** O art. 60-A foi inserido pela lei nº 13.886/2019 e trata das medidas assecuratórias previstas no art. 60 que recaiam sobre moeda estrangeira, títulos, valores mobiliários ou cheques emitidos como ordem de pagamento, ou seja, foi

mais específico em relação ao objeto das medidas assecuratórias e determinou a imediata conversão em moeda nacional. Note-se que o requisito para a decretação das medidas assecuratórias é o mesmo do previsto no art. 60, qual seja, suspeita de que a moeda estrangeira, os títulos, os valores mobiliários ou cheques emitidos como ordem de pagamento constituam proveito dos crimes previstos nesta Lei. Nos parágrafos o legislador especificou, de forma autoexplicativa, o procedimento a ser feito em relação à moeda estrangeira.

Art. 61. A apreensão de veículos, embarcações, aeronaves e quaisquer outros meios de transporte e dos maquinários, utensílios, instrumentos e objetos de qualquer natureza utilizados para a prática, habitual ou não, dos crimes definidos nesta Lei será imediatamente comunicada pela autoridade de polícia judiciária responsável pela investigação ao juízo competente. (Redação dada pela Lei nº 14.322, de 2022)

§ 1º O juiz, no prazo de 30 (trinta) dias contado da comunicação de que trata o **caput** , determinará a alienação dos bens apreendidos, excetuadas as armas, que serão recolhidas na forma da legislação específica. (Incluído pela Lei nº 13.840, de 2019)

§ 2º A alienação será realizada em autos apartados, dos quais constará a exposição sucinta do nexo de instrumentalidade entre o delito e os bens apreendidos, a descrição e especificação dos objetos, as informações sobre quem os tiver sob custódia e o local em que se encontrem. (Incluído pela Lei nº 13.840, de 2019)

§ 3º O juiz determinará a avaliação dos bens apreendidos, que será realizada por oficial de justiça, no prazo de 5 (cinco) dias a contar da autuação, ou, caso sejam necessários conhecimentos especializados, por avaliador nomeado pelo juiz, em prazo não superior a 10 (dez) dias. (Incluído pela Lei nº 13.840, de 2019)

§ 4º Feita a avaliação, o juiz intimará o órgão gestor do Funad, o Ministério Público e o interessado para se manifestarem no prazo de 5 (cinco) dias e, dirimidas eventuais divergências, homologará o valor atribuído aos bens. (Incluído pela Lei nº 13.840, de 2019)

§ 5º (VETADO). (Incluído pela Lei nº 13.840, de 2019)

§ 6º (Revogado). (Redação dada pela Lei nº 13.886, de 2019)

§ 7º (Revogado). (Redação dada pela Lei nº 13.886, de 2019)

§ 8º (Revogado). (Redação dada pela Lei nº 13.886, de 2019)

§ 9º O Ministério Público deve fiscalizar o cumprimento da regra estipulada no § 1º deste artigo. (Incluído pela Lei nº 13.886, de 2019)

§ 10. Aplica-se a todos os tipos de bens confiscados a regra estabelecida no § 1º deste artigo. (Incluído pela Lei nº 13.886, de 2019)

§ 11. Os bens móveis e imóveis devem ser vendidos por meio de hasta pública, preferencialmente por meio eletrônico, assegurada a venda pelo maior lance, por preço não inferior a 50% (cinquenta por cento) do valor da avaliação judicial. (Incluído pela Lei nº 13.886, de 2019)

§ 12. O juiz ordenará às secretarias de fazenda e aos órgãos de registro e controle que efetuem as averbações necessárias, tão logo tenha conhecimento da apreensão. (Incluído pela Lei nº 13.886, de 2019)

§ 13. Na alienação de veículos, embarcações ou aeronaves, a autoridade de trânsito ou o órgão congênere competente para o registro, bem como as secretarias de fazenda, devem proceder à regularização dos bens no prazo de 30 (trinta) dias, ficando o arrematante isento do pagamento de multas, encargos e tributos anteriores, sem prejuízo de execução fiscal em relação ao antigo proprietário. (Incluído pela Lei nº 13.886, de 2019)

§ 14. Eventuais multas, encargos ou tributos pendentes de pagamento não podem ser cobrados do arrematante ou do órgão público alienante como condição para regularização dos bens. (Incluído pela Lei nº 13.886, de 2019)

§ 15. Na hipótese de que trata o § 13 deste artigo, a autoridade de trânsito ou o órgão congênere competente para o registro poderá emitir novos identificadores dos bens. (Incluído pela Lei nº 13.886, de 2019)

1. **Apreensão de bens.** O *caput* do artigo ora comentado trata da apreensão de veículos, embarcações, aeronaves e quaisquer outros meios de transporte e dos maquinários, utensílios, instrumentos e objetos de qualquer natureza utilizados para a prática dos crimes definidos na presente lei. Note-se que os bens elencados pelo legislador não são produtos ou proveitos dos crimes praticados, mas, sim, bens que constituem meios para a prática dos delitos, como aviões, helicópteros e carros utilizados para o transporte da droga. Uma vez apreendidos, a autoridade policial deve comunicar a apreensão realizada ao Juízo competente, que é justamente aquele que emitiu a ordem de busca e apreensão.

2. **§§1º ao 15. Alienação, avaliação e leilão dos bens apreendidos.** Tratam do procedimento para a alienação, avaliação e leilão dos bens apreendidos. Trata-se de um meio que o legislador encontrou para evitar o perecimento dos bens apreendidos.

Art. 62. Comprovado o **interesse público na utilização de quaisquer dos bens de que trata o art. 61**, os órgãos de polícia judiciária, militar e rodoviária poderão deles fazer uso, sob sua responsabilidade e com o objetivo de sua conservação, mediante autorização judicial, ouvido o Ministério Público e garantida a prévia avaliação dos respectivos bens. (Redação dada pela Lei nº 13.840, de 2019)

§ 1º (Revogado). (Redação dada pela Lei nº 13.886, de 2019)

§ 1º-A. O juízo deve cientificar o órgão gestor do Funad para que, em 10 (dez) dias, avalie a existência do interesse público mencionado no **caput** deste artigo e indique o órgão que deve receber o bem. (Incluído pela Lei nº 13.886, de 2019)

§ 1º-B. Têm prioridade, para os fins do § 1º-A deste artigo, os órgãos de segurança pública que participaram das ações de investigação ou repressão ao crime que deu causa à medida. (Incluído pela Lei nº 13.886, de 2019)

§ 2º A autorização judicial de uso de bens deverá conter a descrição do bem e a respectiva avaliação e indicar o órgão responsável por sua utilização. (Redação dada pela Lei nº 13.840, de 2019)

§ 3º O órgão responsável pela utilização do bem deverá enviar ao juiz periodicamente, ou a qualquer momento quando por este solicitado, informações sobre seu estado de conservação. (Redação dada pela Lei nº 13.840, de 2019)

§ 4º Quando a autorização judicial recair sobre veículos, embarcações ou aeronaves, o juiz ordenará à autoridade ou ao órgão de registro e controle a expedição de certificado provisório de registro e licenciamento em favor do órgão ao qual tenha deferido o uso ou custódia, ficando este livre do pagamento de multas, encargos e tributos anteriores à decisão de utilização do bem até o trânsito em julgado da decisão que decretar o seu perdimento em favor da União. (Redação dada pela Lei nº 13.840, de 2019)

§ 5º Na hipótese de levantamento, se houver indicação de que os bens utilizados na forma deste artigo sofreram depreciação superior àquela esperada em razão do transcurso do tempo e do uso, poderá o interessado requerer nova avaliação judicial. (Redação dada pela Lei nº 13.840, de 2019)

§ 6º Constatada a depreciação de que trata o § 5º, o ente federado ou a entidade que utilizou o bem indenizará o detentor ou proprietário dos bens. (Redação dada pela Lei nº 13.840, de 2019)

§ 7º (Revogado). (Redação dada pela Lei nº 13.840, de 2019)

§ 8º (Revogado). (Redação dada pela Lei nº 13.840, de 2019)

§ 9º (Revogado). (Redação dada pela Lei nº 13.840, de 2019)

§ 10. (Revogado). (Redação dada pela Lei nº 13.840, de 2019)

§ 11. (Revogado). (Redação dada pela Lei nº 13.840, de 2019)

1. **Utilização dos bens.** Os bens mencionados no *caput* do artigo podem ser utilizados pelos órgãos de polícia judiciária, militar e rodoviária, desde que autorizados pelo Juízo competente e comprovado o interesse público na utilização deles. O requisito do interesse público deve ser demonstrado, o que pode ser praticamente presumido em razão da incessante necessidade de ser aparelhar o Poder Público no combate ao crime organizado.

2. **Sistema Capitalista de Combate ao Crime Organizado.** O *Sistema Capitalista de Combate ao Crime Organizado* consiste na possibilidade de os bens apreendidos das próprias organizações criminosas especializadas no tráfico de drogas (e em outras atividades ilícitas) possam ser utilizados pelo órgão policial para a atividade investigativa e para o combate ao delito praticado. Em outras palavras, esse sistema permite à polícia combater o crime organizado valendo-se da própria riqueza gerada por ele.

3. **§§1º ao 6º.** Tratam do procedimento para o uso dos bens pelos órgãos de polícia judiciária, militar e rodoviária.

Art. 62-A. O depósito, em dinheiro, de valores referentes ao produto da alienação ou a numerários apreendidos ou que tenham sido convertidos deve ser **efetuado na Caixa Econômica Federal**, por meio de documento de arrecadação destinado a essa finalidade. (Incluído pela Lei nº 13.886, de 2019)

§ 1º Os depósitos a que se refere o *caput* deste artigo devem ser transferidos, pela Caixa Econômica Federal, para a conta única do Tesouro Nacional, independentemente de qualquer formalidade, no prazo de 24 (vinte e quatro) horas, contado do momento da realização do depósito, onde ficarão à disposição do Funad. (Incluído pela Lei nº 13.886, de 2019)

§ 2º (Revogado pela Lei nº 14.973, de 2024)

§ 3º Na hipótese de decretação do seu perdimento em favor da União, o valor do depósito será transformado em pagamento definitivo, respeitados os direitos de eventuais lesados e de terceiros de boa-fé. (Incluído pela Lei nº 13.886, de 2019)

§ 4º Os valores devolvidos pela Caixa Econômica Federal, por decisão judicial, devem ser efetuados como anulação de receita do Funad no exercício em que ocorrer a devolução. (Incluído pela Lei nº 13.886, de 2019)

§ 5º A Caixa Econômica Federal deve manter o controle dos valores depositados ou devolvidos. (Incluído pela Lei nº 13.886, de 2019)

1. **Procedimento. Dinheiro, valores referentes ao produto da alienação e numerários apreendidos.** O art. 62-A trata, de forma autoexplicativa, o procedimento sobre o depósito na Caixa Econômica Federal do dinheiro ou dos valores referentes ao produto da alienação ou a numerários, bem como da devolução ao acusado em caso de sua absolvição e, por fim, do seu perdimento em favor da União.

Art. 63. Ao proferir a **sentença**, o juiz decidirá sobre: (Redação dada pela Lei nº 13.840, de 2019)

I – o perdimento do produto, bem, direito ou valor apreendido ou objeto de medidas assecuratórias; e (Incluído pela Lei nº 13.840, de 2019)

II – o levantamento dos valores depositados em conta remunerada e a liberação dos bens utilizados nos termos do art. 62. (Incluído pela Lei nº 13.840, de 2019)

§ 1º Os bens, direitos ou valores apreendidos em decorrência dos crimes tipificados nesta Lei ou objeto de medidas assecuratórias, após decretado seu perdimento em favor da União, serão revertidos diretamente ao Funad. (Redação dada pela Lei nº 13.840, de 2019)

§ 2º O juiz remeterá ao órgão gestor do Funad relação dos bens, direitos e valores declarados perdidos, indicando o local em que se encontram e a entidade ou o órgão em cujo poder estejam, para os fins de sua destinação nos termos da legislação vigente. (Redação dada pela Lei nº 13.840, de 2019)

§ 3º (Revogado). (Redação dada pela Lei nº 13.886, de 2019)

§ 4º Transitada em julgado a sentença condenatória, o juiz do processo, de ofício ou a requerimento do Ministério Público, remeterá à Senad relação dos bens, direitos e valores declarados perdidos em favor da União, indicando, quanto aos bens, o local em que se encontram e a entidade ou o órgão em cujo poder estejam, para os fins de sua destinação nos termos da legislação vigente

§ 4º-A. Antes de encaminhar os bens ao órgão gestor do Funad, o juíz deve: (Incluído pela Lei nº 13.886, de 2019)

I – ordenar às secretarias de fazenda e aos órgãos de registro e controle que efetuem as averbações necessárias, caso não tenham sido realizadas quando da apreensão; e (Incluído pela Lei nº 13.886, de 2019)

II – determinar, no caso de imóveis, o registro de propriedade em favor da União no cartório de registro de imóveis competente, nos termos do **caput** e do parágrafo único do art. 243 da Constituição Federal, afastada a responsabilidade de terceiros prevista no inciso VI do **caput** do art. 134 da Lei nº 5.172, de 25 de outubro de 1966 (Código Tributário Nacional), bem como determinar à Secretaria de Coordenação e Governança do Patrimônio da União a incorporação e entrega do imóvel, tornando-o livre e desembaraçado de quaisquer ônus para sua destinação. (Incluído pela Lei nº 13.886, de 2019)

§ 5º (VETADO). (Incluído pela Lei nº 13.840, de 2019)

§ 6º Na hipótese do inciso II do **caput** , decorridos 360 (trezentos e sessenta) dias do trânsito em julgado e do conhecimento da sentença pelo interessado, os bens apreendidos, os que tenham sido objeto de medidas assecuratórias ou os valores depositados que não forem reclamados serão revertidos ao Funad. (Incluído pela Lei nº 13.840, de 2019)

1. ***Caput*. Perda e devolução dos bens.** O *caput*, incisos I e II, trata do destino dos bens apreendidos no momento da sentença de mérito. O inciso I trata do caso de condenação, caso em que os bens serão perdidos em favor da União. O inciso II trata da hipótese de absolvição, caso em que os bens serão devolvidos. Em caso de perda decorrente da condenação, deve-se pressupor o trânsito em julgado da sentença condenatória ou absolutória, à luz do princípio constitucional da presunção de inocência.

2. **§§1º ao 6º.** Tratam do procedimento de perda ou de devolução dos bens como efeito da condenação.

Art. 63-A. Nenhum pedido de restituição será conhecido sem o **comparecimento pessoal do acusado**, podendo o juiz determinar a prática de atos necessários à conservação de bens, direitos ou valores. (Incluído pela Lei nº 13.840, de 2019)

1. **Comparecimento pessoal do acusado.** A lei exige o comparecimento pessoal do acusado como condição para o conhecimento do pedido de restituição, com a finalidade de restituir os bens ao legítimo proprietário ou possuidor.

Art. 63-B. O **juiz determinará a liberação total ou parcial** dos bens, direitos e objeto de medidas assecuratórias quando comprovada a licitude de sua origem, mantendo-se a constrição dos bens, direitos e valores necessários e suficientes à reparação dos danos e ao pagamento de prestações pecuniárias, multas e custas decorrentes da infração penal. (Incluído pela Lei nº 13.840, de 2019)

1. **Liberação dos bens.** Comprovada a licitude da origem dos bens, objetos da apreensão e outras medidas constritivas, o Juiz deverá determinar a liberação deles.

Art. 63-C. Compete à Senad, do Ministério da Justiça e Segurança Pública, proceder à **destinação dos bens apreendidos e não leiloados em caráter cautelar**, cujo perdimento seja decretado em favor da União, por meio das seguintes modalidades: (Incluído pela Lei nº 13.886, de 2019)

I – alienação, mediante: (Incluído pela Lei nº 13.886, de 2019)

a) licitação; (Incluído pela Lei nº 13.886, de 2019)

b) doação com encargo a entidades ou órgãos públicos, bem como a comunidades terapêuticas acolhedoras que contribuam para o alcance das finalidades do Funad; ou (Incluído pela Lei nº 13.886, de 2019)

c) venda direta, observado o disposto no inciso II do **caput** do art. 24 da Lei nº 8.666, de 21 de junho de 1993; (Incluído pela Lei nº 13.886, de 2019)

II – incorporação ao patrimônio de órgão da administração pública, observadas as finalidades do Funad; (Incluído pela Lei nº 13.886, de 2019)

III – destruição; ou (Incluído pela Lei nº 13.886, de 2019)

IV – inutilização. (Incluído pela Lei nº 13.886, de 2019)

§ 1º A alienação por meio de licitação deve ser realizada na modalidade leilão, para bens móveis e imóveis, independentemente do valor de avaliação, isolado ou global, de bem ou de lotes, assegurada a venda pelo maior lance, por preço não inferior a 50% (cinquenta por cento) do valor da avaliação. (Incluído pela Lei nº 13.886, de 2019)

§ 2º O edital do leilão a que se refere o § 1º deste artigo será amplamente divulgado em jornais de grande circulação e em sítios eletrônicos oficiais, principalmente no Município em que será realizado, dispensada a publicação em diário oficial. (Incluído pela Lei nº 13.886, de 2019)

§ 3º Nas alienações realizadas por meio de sistema eletrônico da administração pública, a publicidade dada pelo sistema substituirá a publicação em diário oficial e em jornais de grande circulação. (Incluído pela Lei nº 13.886, de 2019)

§ 4º Na alienação de imóveis, o arrematante fica livre do pagamento de encargos e tributos anteriores, sem prejuízo de execução fiscal em relação ao antigo proprietário. (Incluído pela Lei nº 13.886, de 2019)

§ 5º Na alienação de veículos, embarcações ou aeronaves deverão ser observadas as disposições dos §§ 13 e 15 do art. 61 desta Lei. (Incluído pela Lei nº 13.886, de 2019)

§ 6º Aplica-se às alienações de que trata este artigo a proibição relativa à cobrança de multas, encargos ou tributos prevista no § 14 do art. 61 desta Lei. (Incluído pela Lei nº 13.886, de 2019)

§ 7º A Senad, do Ministério da Justiça e Segurança Pública, pode celebrar convênios ou instrumentos congêneres com órgãos e entidades da União, dos Estados, do Distrito Federal ou dos Municípios, bem como com comunidades terapêuticas acolhedoras, a fim de dar imediato cumprimento ao estabelecido neste artigo. (Incluído pela Lei nº 13.886, de 2019)

§ 8º Observados os procedimentos licitatórios previstos em lei, fica autorizada a contratação da iniciativa privada para a execução das ações de avaliação, de administração e de alienação dos bens a que se refere esta Lei. (Incluído pela Lei nº 13.886, de 2019)

1. **Bens apreendidos e não leiloados em caráter cautelar.** Os bens apreendidos e não leiloados em caráter cautelar serão perdidos em favor da União e o destino deles

será dado pelo SENAD, por meio de alienação ou incorporação ao patrimônio de órgão da administração pública.

2. **§§1º ao 8º.** Tratam do procedimento de alienação.

Art. 63-D. Compete ao Ministério da Justiça e Segurança Pública regulamentar os procedimentos relativos à **administração, à preservação e à destinação** dos recursos provenientes de delitos e atos ilícitos e estabelecer os valores abaixo dos quais se deve proceder à sua destruição ou inutilização. (Incluído pela Lei nº 13.886, de 2019)

1. **Recursos provenientes de delitos e atos ilícitos.** Os recursos provenientes de delitos e atos ilícitos terão a sua administração, preservação e destinação regulamentados pelo Ministério da Justiça e Segurança Pública.

Art. 63-E. O produto da alienação dos bens apreendidos ou confiscados será **revertido integralmente ao Funad**, nos termos do parágrafo único do art. 243 da Constituição Federal, vedada a sub-rogação sobre o valor da arrematação para saldar eventuais multas, encargos ou tributos pendentes de pagamento. (Incluído pela Lei nº 13.886, de 2019)

Parágrafo único. O disposto no *caput* deste artigo não prejudica o ajuizamento de execução fiscal em relação aos antigos devedores. (Incluído pela Lei nº 13.886, de 2019)

1. **Destino do produto da alienação dos bens apreendidos ou confiscados.** O Fundo Nacional Antidrogas – FUNAD é o destinatário legal do produto da alienação dos bens apreendidos ou confiscados. Note-se que o legislador deixou claro que o destinado ao FUNAD é o valor integral, não se admitindo sub-rogação sobre esse valor.

Art. 63-F. Na hipótese de condenação por infrações às quais esta Lei comine pena máxima superior a 6 (seis) anos de reclusão, **poderá ser decretada a perda**, como produto ou proveito do crime, dos bens correspondentes à **diferença entre o valor do patrimônio do condenado e aquele compatível com o seu rendimento lícito**. (Incluído pela Lei nº 13.886, de 2019)

§ 1º A decretação da perda prevista no **caput** deste artigo fica condicionada à existência de elementos probatórios que indiquem conduta criminosa habitual, reiterada ou profissional do condenado ou sua vinculação a organização criminosa. (Incluído pela Lei nº 13.886, de 2019)

§ 2º Para efeito da perda prevista no **caput** deste artigo, entende-se por patrimônio do condenado todos os bens: (Incluído pela Lei nº 13.886, de 2019)

I – de sua titularidade, ou sobre os quais tenha domínio e benefício direto ou indireto, na data da infração penal, ou recebidos posteriormente; e (Incluído pela Lei nº 13.886, de 2019)

II – transferidos a terceiros a título gratuito ou mediante contraprestação irrisória, a partir do início da atividade criminal. (Incluído pela Lei nº 13.886, de 2019)

§ 3º O condenado poderá demonstrar a inexistência da incompatibilidade ou a procedência lícita do patrimônio. (Incluído pela Lei nº 13.886, de 2019)

1. **Perda de bens.** O legislador estabeleceu neste artigo uma espécie de presunção de terem origem ilícita, como produto ou proveito do crime, os bens correspondentes à diferença entre o valor do patrimônio declarado pelo condenado e o seu rendimento lícito, determinado a perda desses bens. Assim, se por exemplo, o condenado declarou um patrimônio de R$ 100.000,00 e possui R$ 1.000.000,00 em bens (carros, imóveis etc.), haverá a perda da diferença de R$ 900.000,00.

2. **Aplicabilidade.** Infrações punidas com pena máxima superior a 6 (seis) anos de reclusão: arts. 33, 34, 35 e 36 da presente lei.

3. **§1º. Requisitos para a perda.** A perda dos bens prevista no *caput* tem como requisito a presença de elementos probatórios que indiquem que a conduta do condenado é habitual, reiterada ou profissional, ou então elementos que comprovem a vinculação a organização criminosa.

4. **§2º. Patrimônio.** Não é apenas o conjunto de bens que estejam em nome do condenado, mas, também, aqueles eventualmente transferidos a terceiros, conhecidos com o "laranjas".

5. **§3º. Procedência lícita.** Cabe ao condenado provar a procedência lícita do patrimônio ou a inexistência da incompatibilidade entre ele e a renda declarada.

Art. 64. A União, por intermédio da SENAD, poderá firmar **convênio com os Estados, com o Distrito Federal** e com organismos orientados para a prevenção do uso indevido de drogas, a atenção e a reinserção social de usuários ou dependentes e a atuação na repressão à produção não autorizada e ao tráfico ilícito de drogas, com vistas na liberação de equipamentos e de recursos por ela arrecadados, para a implantação e execução de programas relacionados à questão das drogas.

1. **Convênios firmados.** Os convênios têm por finalidade a liberação de equipamentos e de recursos arrecadados pela União, para a implantação e a execução de programas relacionados à questão das drogas, como o próprio dispositivo deixa claro.

TÍTULO V
DA COOPERAÇÃO INTERNACIONAL

Art. 65. De conformidade com os princípios da não-intervenção em assuntos internos, da igualdade jurídica e do respeito à integridade territorial dos Estados e às leis e aos regulamentos nacionais em vigor, e observado o espírito das Convenções das Nações Unidas e outros instrumentos jurídicos internacionais relacionados à questão das drogas, de que o Brasil é parte, o governo brasileiro prestará, quando solicitado, **cooperação** a outros países e organismos internacionais e, quando necessário, deles solicitará a colaboração, nas áreas de:

I – intercâmbio de informações sobre legislações, experiências, projetos e programas voltados para atividades de prevenção do uso indevido, de atenção e de reinserção social de usuários e dependentes de drogas;

II – intercâmbio de inteligência policial sobre produção e tráfico de drogas e delitos conexos, em especial o tráfico de armas, a lavagem de dinheiro e o desvio de precursores químicos;

III – intercâmbio de informações policiais e judiciais sobre produtores e traficantes de drogas e seus precursores químicos.

1. **Cooperação internacional.** A cooperação internacional recíproca é fundamental para o sucesso estatal na questão relacionada às drogas, especificamente ligadas aos temas descritos nos incisos.

TÍTULO V-A
(Incluído pela Lei nº 13.840, de 2019)
DO FINANCIAMENTO DAS POLÍTICAS SOBRE DROGAS

Art. 65-A . (VETADO). (Incluído pela Lei nº 13.840, de 2019)

TÍTULO VI
DISPOSIÇÕES FINAIS E TRANSITÓRIAS

Art. 66. Para fins do disposto no parágrafo único do art. 1º desta Lei, até que seja atualizada a terminologia da lista mencionada no preceito, denominam-se drogas substâncias entorpecentes, psicotrópicas, precursoras e outras sob controle especial, da **Portaria SVS/MS nº 344**, de 12 de maio de 1998.

1. **Conceito de drogas. Norma penal em branco.** Para evitar repetição desnecessária, remetemos o leitor aos comentários ao art. 1º, parágrafo único, da lei.

Art. 67. A **liberação dos recursos** previstos na Lei nº 7.560, de 19 de dezembro de 1986, em favor de Estados e do Distrito Federal, dependerá de sua adesão e respeito às diretrizes básicas contidas nos convênios firmados e do fornecimento de dados necessários à atualização do sistema previsto no art. 17 desta Lei, pelas respectivas polícias judiciárias.

1. **Liberação dos recursos do FUNAD.** A lei 7.560/86 criou o FUNCAB, que teve o seu nome alterado para FUNAD, conforme o art. 6º, §3º, da lei 9.649/98, com a redação que lhe deu a Medida Provisória 2.216-37/01. O artigo ora comentado dispõe sobre a liberação dos recursos do FUNCAB em favor de Estados e do Distrito Federal, desde que eles adiram às diretrizes básicas constantes dos convênios firmados e forneçam os dados necessários à atualização do sistema previsto no art. 17 da presente lei pelas respectivas polícias judiciárias. O art. 17 trata dos dados estatísticos nacionais de repressão ao tráfico ilícito de drogas que integram o sistema de informações do Poder Executivo.

Art. 67-A. Os gestores e entidades que recebam recursos públicos para execução das políticas sobre drogas deverão garantir o acesso às suas instalações, à documentação e a todos os elementos necessários à efetiva **fiscalização pelos órgãos competentes**. (Incluído pela Lei nº 13.840, de 2019)

1. **Fiscalização.** O dispositivo legal parece desnecessário, pois é evidente que todo gestor de entidades que recebam recursos públicos deve permitir o acesso aos órgãos fiscalizatórios, como forma de garantia de transparência na gestão de recursos públicos.

Art. 68. A União, os Estados, o Distrito Federal e os Municípios poderão criar **estímulos fiscais** e outros, destinados às pessoas físicas e jurídicas que colaborem na prevenção do uso indevido de drogas, atenção e reinserção social de usuários e dependentes e na repressão da produção não autorizada e do tráfico ilícito de drogas.

1. **Incentivo fiscal.** É o ato pelo qual o ente com competência tributária reduz a carga tributária, renunciando à sua receita, em troca de atividades de seu interesse. No presente caso, as atividades que configuram a retribuição pelo incentivo fiscal estão ligadas à questão das drogas.

2. **Destinatários do incentivo fiscal.** O incentivo fiscal previsto neste artigo tem como destinatárias, como o artigo deixa claro, as pessoas físicas e jurídicas que colaborem na prevenção do uso indevido de drogas, atenção e reinserção social de usuários e dependentes e na repressão da produção não autorizada e do tráfico ilícito de drogas.

Art. 69. No caso de **falência ou liquidação extrajudicial** de empresas ou estabelecimentos hospitalares, de pesquisa, de ensino, ou congêneres, assim como nos serviços de saúde que produzirem, venderem, adquirirem, consumirem, prescreverem ou fornecerem drogas ou de qualquer outro em que existam essas substâncias ou produtos, incumbe ao juízo perante o qual tramite o feito:

I – determinar, imediatamente à ciência da falência ou liquidação, sejam lacradas suas instalações;

II – ordenar à autoridade sanitária competente a urgente adoção das medidas necessárias ao recebimento e guarda, em depósito, das drogas arrecadadas;

III – dar ciência ao órgão do Ministério Público, para acompanhar o feito.

§ 1º Da **licitação** para alienação de substâncias ou produtos não proscritos referidos no inciso II do caput deste artigo, só podem participar pessoas jurídicas regularmente habilitadas na área de saúde ou de pesquisa científica que comprovem a destinação lícita a ser dada ao produto a ser arrematado.

§ 2º Ressalvada a hipótese de que trata o § 3º deste artigo, o produto não arrematado será, ato contínuo à hasta pública, **destruído** pela autoridade sanitária, na presença dos Conselhos Estaduais sobre Drogas e do Ministério Público.

§ 3º Figurando entre o praceado e **não arrematadas especialidades farmacêuticas** em condições de emprego terapêutico, ficarão elas depositadas sob a guarda do Ministério da Saúde, que as destinará à rede pública de saúde.

1. **Caso de falência ou de liquidação extrajudicial.** Em caso de falência ou de liquidação extrajudicial dos estabelecimentos descritos no dispositivo legal ora comentado, devem ser tomadas as providências descritas nos incisos, a título de controle prévio, a fim de evitar o destino ilícito das drogas. Para um maior controle, da licitação somente poderão participar pessoas jurídicas regularmente habilitadas na área de saúde ou de pesquisa científica, que comprovem a destinação lícita a ser dada ao produto a ser arrematado. O produto que não for arrematado deverá ser destruído.

Art. 70. O processo e o julgamento dos crimes previstos nos arts. 33 a 37 desta Lei, se caracterizado ilícito **transnacional**, são da competência da Justiça Federal.

Parágrafo único. Os crimes praticados nos **Municípios que não sejam sede de vara federal** serão processados e julgados na vara federal da circunscrição respectiva.

1. **Competência.** Como regra geral, a competência para o processo e o julgamento dos delitos previstos na lei é da Justiça Estadual.
2. **Tráfico transnacional.** A transnacionalidade fixa a competência na Justiça Federal.
3. **Tráfico internacional e tráfico transnacional.** Para que fique caracterizado o tráfico *internacional*, é necessário provar o vínculo existente entre dois países soberanos, como no caso de provar-se que a droga iria sair do Brasil e teria como destino a Espanha. Caso esse vínculo não seja comprovado, não se pode falar em tráfico internacional. É tráfico nacional, de competência da Justiça Estadual. Mesmo que na droga estivessem gravados o nome e o endereço do remetente em país diverso, como a Colômbia, se não houvesse prova do efetivo vínculo de traficância entre o Brasil e a Colômbia, não se pode falar que se trata de tráfico internacional. Como o nome sugere: internacional (*inter nações*). O simples fato de a droga ser oriunda de outro país não é suficiente para caracterizar o tráfico internacional. Droga comercializada no Brasil, mas de origem estrangeira, não configura tráfico internacional. É necessária a prova do vínculo entre os dois países.

   De outro giro, para a caracterização do tráfico *transnacional,* basta a prova de que a droga veio de fora do país ou que ela se destina a algum local fora do país, ou seja, não é necessário provar que a droga iria ou viria de algum país específico, não é preciso comprovar o vínculo entre dois países soberanos, bastando a comprovação de que a droga tenha como origem ou como destino qualquer local que ultrapasse a fronteira do país. Como o nome sugere: transnacional (*trans nação*. Basta que a droga transcenda o território nacional). Basta que a droga seja **oriunda de** ou **enviada para** fora do território brasileiro. Não precisa sequer que a droga ultrapasse a fronteira do país. Assim, se uma pessoa for flagrada com droga na bagagem ainda no salão de embarque de um aeroporto internacional, isso, por si só, é o suficiente para caracterizar o tráfico transnacional, pois há a evidência de que a droga se destina a algum local fora do país, mesmo que não haja nenhuma prova que permita fazer uma ligação entre a pessoa que transporta a droga e outra pessoa em algum país específico. O certo é que, se a pessoa estava no salão de embarque do aeroporto internacional, é evidente que a droga destinar-se-ia a algum local fora do território brasileiro. Da mesma forma, caso o agente seja preso em flagrante ingressando no Brasil e trazendo consigo uma espécie de droga que não seja produzida no Brasil, há a certeza de que a droga é proveniente do exterior, caso em que está caracterizado o tráfico transnacional, embora não haja nenhum elemento de prova que traga a certeza e a identificação do país específico de origem.

> **Súmula 522 do STF**: "Salvo ocorrência de tráfico para o exterior, quando, então, a competência será da Justiça Federal, compete à Justiça dos Estados o processo e julgamento dos crimes relativos a entorpecentes."

4. **Competência da Justiça Federal.** Além da transnacionalidade, caso esteja presente algum dos motivos para a fixação de competência da Justiça Federal (art. 109, da CF/88), dela será a competência para o processo e para o julgamento.

5. **Competência e crime praticado a bordo de ou de aeronave.** Nos moldes do art. 109, IX da CF/88, no delito de tráfico praticado a bordo de navio ou de aeronave, a competência é da Justiça Federal. Basta pensar na hipótese em que o agente vende a droga para alguém que se encontre dentro de um navio ou dentro de um avião. Mesmo que a aeronave esteja em solo e com a porta aberta, a competência permanece fixada da Justiça Federal, não se deslocando para a Justiça Estadual. Sobre esse tema, o STJ tem posição pacífica, como demonstra o julgado abaixo, que tratou de crime de roubo, podendo-se aplicar o mesmo entendimento ao delito de tráfico de drogas.

▶ **STJ**

> **Informativo 464**
>
> **Quinta Turma.**
>
> **COMPETÊNCIA. ROUBO. INTERIOR. AERONAVE.**
>
> Trata-se de *habeas corpus* impetrado em favor de paciente condenado por roubo e formação de quadrilha em continuidade delitiva (arts. 288 e 157, § 2º, I e II, ambos do CP). Alega o impetrante a incompetência da Justiça Federal para processar e julgar o crime, visto que, apesar de o roubo dos malotes (com mais de R$ 4 milhões) ter ocorrido a bordo de aeronave, deu-se em solo (aeroporto) contra a transportadora, sendo a vítima o banco, que possui capital privado e público; nessas circunstâncias, não deslocaria a competência para a Justiça Federal. Para o Min. Relator, não há falar em qualidade da empresa lesada diante do entendimento jurisprudencial e do disposto no art. 109, IX, da CF/1988, que afirmam a competência dos juízes federais para processar e julgar os delitos cometidos a bordo de aeronaves, independentemente de elas se encontrarem no solo. Com esse entendimento, a Turma denegou a ordem. Precedentes citados do STF: RHC 86.998-SP, DJ 27/4/2007; do STJ: HC 40.913-SP, DJ 15/8/2005, e HC 6.083-SP, DJ 18/5/1998. **HC 108.478-SP, Rel. Min. Adilson Vieira Macabu (Desembargador convocado do TJ-RJ), julgado em 22/2/2011.**

6. **Navio.** Deve-se tomar cuidado com a expressão *navio*. Tendo em vista que a CF/88 não conceituou o que seria navio, a doutrina e a jurisprudência pacificaram os seus entendimentos no sentido de conferir à expressão *navio* interpretação restritiva. Assim, *navio* não pode ser entendido como qualquer embarcação que se desloque sob águas, independentemente de qualquer outro critério. Por navio entenda-se a embarcação de grande porte, que possua tamanho e autonomia consideráveis para gerar o seu

deslocamento para águas internacionais. Além disso, o navio deve encontrar-se em situação de deslocamento internacional ou em situação de potencial deslocamento.

> **STJ.** CONFLITO DE COMPETÊNCIA. DESENVOLVIMENTO CLANDESTINO DE ATIVIDADES DE TELECOMUNICAÇÃO. CRIME COMETIDO A BORDO DE NAVIO ANCORADO NO PORTO DE PARANAGUÁ. SITUAÇÃO DE POTENCIAL DESLOCAMENTO.
>
> COMPETÊNCIA DA JUSTIÇA FEDERAL. 1. A Constituição Federal, em seu art. 109, IX, expressamente aponta a competência da Justiça Federal para processar e julgar "os crimes cometidos a bordo de navios ou aeronaves, ressalvada a competência da Justiça Militar". 2. Em razão da imprecisão do termo "navio" utilizado no referido dispositivo constitucional, a doutrina e a jurisprudência construíram o entendimento de que "navio" seria embarcação de grande porte o que, evidentemente, excluiria a competência para processar e julgar crimes cometidos a bordo de outros tipos de embarcações, isto é, aqueles que não tivessem tamanho e autonomia consideráveis que pudessem ser deslocados para águas internacionais. 3. Restringindo-se ainda mais o alcance do termo "navio", previsto no art. 109, IX, da Constituição, a interpretação que se dá ao referido dispositivo deve agregar outro aspecto, a saber, que ela se encontre em situação de deslocamento internacional ou em situação de potencial deslocamento. 4. Os tripulantes do navio que se beneficiavam da utilização de centrais telefônicas clandestinas, para realizar chamadas internacionais, pertenciam a embarcação que estava em trânsito no Porto de Paranaguá, o que caracteriza, sem dúvida, situação de potencial deslocamento. Assim, a competência, vista sob esse viés, é da Justiça Federal. 5. Conflito conhecido para declarar competente o Juízo Federal e Juizado Especial de Paranaguá – SJ/PR. **(CC 118.503/PR, Rel. Min. Rogerio Schietti Cruz, julgado em 22/04/2015).**

7. **Tráfico interestadual.** Caracteriza-se pela traficância entre dois Estados da Federação ou entre eles e o Distrito Federal. A competência é da Justiça Estadual.

8. **Envio da droga pelos correios. É tráfico transnacional. A competência é do Juízo Federal do local do destino da droga.**

   Quando a droga for enviada via Correios, a competência para o processo e o julgamento é do Juízo Federal do local do destino da droga, uma vez que, nesses casos, fica mais fácil a colheita de provas. A Súmula 528 do STJ tinha previsão diversa, mas foi cancelada pelo STJ.

▶ **STJ**

> **Informativo nº 698**
>
> **Terceira Seção**
>
> Tráfico internacional. Importação. Apreensão da droga em Centro Internacional dos Correios distante do local de destino. Facilidade para colheita de provas da autoria delitiva no endereço do destinatário do entorpecente. Competência do Juízo do local de destino da droga. Flexibilização da Súmula n. 528 do STJ. **Compete ao Juízo Federal do endereço do destinatário da droga, importada via Correio, processar e julgar o crime de tráfico internacional.** (...) A fixação da competência no local de destino da droga, quando houver postagem do exterior para o Brasil com o conhecimento do endereço designado para a entrega, proporcionará eficiência da colheita de provas relativamente à autoria e, consequentemente, também viabilizará o exercício da defesa de forma mais ampla. (...) **CC 177.882-PR, Rel. Min. Joel Ilan Paciornik, Terceira Seção, por unanimidade, julgado em 26/05/2021.**

Art. 71. (VETADO)

Art. 72. Encerrado o processo criminal ou arquivado o inquérito policial, o juiz, de ofício, mediante representação da autoridade de polícia judiciária, ou a requerimento do Ministério Público, determinará a **destruição das amostras guardadas para contraprova**, certificando nos autos. (Redação dada pela Lei nº 13.840, de 2019)

1. **Destruição das amostras guardadas para contraprova.** As amostras guardadas deverão ser destruídas após o encerramento do processo ou após o arquivamento do inquérito policial. Se a única finalidade delas era a produção probatória em sede de inquérito e de processo, uma vez que eles terminem, impõe-se a sua destruição, tendo em vista que tais amostras não têm nenhuma outra finalidade ulterior. A destruição deve ser feita mediante incineração pelo Delegado de Polícia, nos moldes do art. 50, §§4º e 5º da lei.

Art. 73. A União poderá estabelecer **convênios** com os Estados e o com o Distrito Federal, visando à prevenção e repressão do tráfico ilícito e do uso indevido de drogas, e com os Municípios, com o objetivo de prevenir o uso indevido delas e de possibilitar a atenção e reinserção social de usuários e dependentes de drogas.

1. **Convênios.** Os convênios celebrados entre a União e os demais entes federativos têm como finalidade a prevenção e repressão do tráfico ilícito e do uso indevido de drogas, bem como prevenir o uso indevido delas e possibilitar a atenção e reinserção social de usuários e dependentes de drogas.

Art. 74. Esta Lei **entra em vigor** 45 (quarenta e cinco) dias após a sua publicação.

1. ***Vacatio legis.*** Considerando os 45 dias de *vacatio legis* a partir da sua publicação ocorrida em 28 de agosto de 2006, a presente lei entrou em vigor dia 8 de outubro de 2006.

Art. 75. Revogam-se a Lei nº 6.368, de 21 de outubro de 1976, e a Lei nº 10.409, de 11 de janeiro de 2002.

1. **Revogação das leis 6.368/76 e 10.409/2009.** Tais leis eram as antigas leis de drogas, que foram expressamente revogadas com o advento da lei ora comentada.

Crime Previsto na Lei de Improbidade Administrativa. Lei nº 8.429, de 2 junho de 1992

CAPÍTULO I
Das Disposições Gerais

Art. 1º O sistema de responsabilização **por atos de improbidade administrativa** tutelará a probidade na organização do Estado e no exercício de suas funções, como forma de assegurar a integridade do patrimônio público e social, nos termos desta Lei. (Redação dada pela Lei nº 14.230, de 2021)

Parágrafo único. (Revogado).

§ 1º Consideram-se atos de improbidade administrativa as condutas dolosas tipificadas nos arts. 9º, 10 e 11 desta Lei, ressalvados tipos previstos em leis especiais. (Incluído pela Lei nº 14.230, de 2021)

§ 2º Considera-se dolo a vontade livre e consciente de alcançar o resultado ilícito tipificado nos arts. 9º, 10 e 11 desta Lei, não bastando a voluntariedade do agente. (Incluído pela Lei nº 14.230, de 2021)

§ 3º O mero exercício da função ou desempenho de competências públicas, sem comprovação de ato doloso com fim ilícito, afasta a responsabilidade por ato de improbidade administrativa. (Incluído pela Lei nº 14.230, de 2021)

§ 4º Aplicam-se ao sistema da improbidade disciplinado nesta Lei os princípios constitucionais do direito administrativo sancionador. (Incluído pela Lei nº 14.230, de 2021)

§ 5º Os atos de improbidade violam a probidade na organização do Estado e no exercício de suas funções e a integridade do patrimônio público e social dos Poderes Executivo, Legislativo e Judiciário, bem como da administração direta e indireta, no âmbito da União, dos Estados, dos Municípios e do Distrito Federal. (Incluído pela Lei nº 14.230, de 2021)

§ 6º Estão sujeitos às sanções desta Lei os atos de improbidade praticados contra o patrimônio de entidade privada que receba subvenção, benefício ou incentivo, fiscal ou creditício, de entes públicos ou governamentais, previstos no § 5º deste artigo. (Incluído pela Lei nº 14.230, de 2021)

§ 7º Independentemente de integrar a administração indireta, estão sujeitos às sanções desta Lei os atos de improbidade praticados contra o patrimônio de entidade privada para cuja criação ou custeio o erário haja concorrido ou concorra no seu patrimônio ou receita atual, limitado o ressarcimento de prejuízos, nesse caso, à repercussão do ilícito sobre a contribuição dos cofres públicos. (Incluído pela Lei nº 14.230, de 2021)

§ 8º Não configura improbidade a ação ou omissão decorrente de divergência interpretativa da lei, baseada em jurisprudência, ainda que não pacificada, mesmo que não venha a ser posteriormente prevalecente nas decisões dos órgãos de controle ou dos tribunais do Poder Judiciário. (Incluído pela Lei nº 14.230, de 2021)

Art. 2º Para os efeitos desta Lei, **consideram-se agente público o agente político**, o servidor público e todo aquele que exerce, ainda que transitoriamente ou sem remuneração, por eleição, nomeação, designação, contratação ou qualquer outra forma de investidura ou vínculo, mandato, cargo, emprego ou função nas entidades referidas no art. 1º desta Lei. (Redação dada pela Lei nº 14.230, de 2021)

Parágrafo único. No que se refere a recursos de origem pública, sujeita-se às sanções previstas nesta Lei o particular, pessoa física ou jurídica, que celebra com a administração pública convênio, contrato de repasse, contrato de gestão, termo de parceria, termo de cooperação ou ajuste administrativo equivalente. (Incluído pela Lei nº 14.230, de 2021)

1. **Previsão constitucional.** Os atos de improbidade administrativa possuem previsão constitucional, no art. 37, §4º da CF/88, que tem a seguinte redação: *"Art. 37. A administração pública direta e indireta de qualquer dos Poderes da União, dos Estados, do Distrito Federal e dos Municípios obedecerá aos princípios de legalidade, impessoalidade, moralidade, publicidade e eficiência e, também, ao seguinte:...§4º Os atos de improbidade administrativa importarão a suspensão dos direitos políticos, a perda da função pública, a indisponibilidade dos bens e o ressarcimento ao erário, na forma e gradação previstas em lei, sem prejuízo da ação penal cabível."*

2. **Ato de improbidade.** Os atos de improbidade estão elencados nos arts. 9º (*Atos de Improbidade Administrativa que Importam Enriquecimento Ilícito*), 10 (*Atos de Improbidade Administrativa que Causam Prejuízo ao Erário*), 10-A (*Atos de Improbidade Administrativa Decorrentes de Concessão ou Aplicação Indevida de Benefício Financeiro ou Tributário)* e 11 (*Atos de Improbidade Administrativa que Atentam Contra os Princípios da Administração Pública*) da presente lei, e, como dito alhures, não configuram ilícitos penais, mas sim ilícitos civis, que são apurados em ação civil própria, a ação civil pública.

3. **Conceito de agente público.** O agente público é o destinatário da conduta delituosa prevista no art. 19 desta lei. Embora semelhante, o conceito fornecido pelo art. 2º é diverso do fornecido pelo art. 327 do Código Penal. Na lei de improbidade administrativa, o conceito é mais abrangente (fazendo menção ao agente político também), não importando a forma de investidura ou vínculo com o Estado, uma vez que tal vínculo pode se dar por *eleição, nomeação, designação, contratação* ou *qualquer outra forma de investidura ou vínculo.* O conceito é tão abrangente que o legislador utilizou a fórmula de interpretação analógica nas expressões *ou qualquer outra forma de investidura ou vínculo,* para alcançar qualquer outra forma de vínculo com o Estado que não esteja prevista no dispositivo ora comentado. Note-se, ainda, que o legislador abarcou, inclusive, o cargo transitório ou sem remuneração.

(...)

CAPÍTULO VI
Das Disposições Penais

Art. 19. Constitui crime a **representação por ato de improbidade** contra agente público ou terceiro beneficiário, **quando o autor da denúncia o sabe inocente.**

Pena: detenção de seis a dez meses e multa.

Parágrafo único. Além da sanção penal, o denunciante está sujeito a **indenizar o denunciado** pelos danos materiais, morais ou à imagem que houver provocado.

1. **Bem jurídico protegido.** A honra e integridade moral do agente público.
2. **Sujeito ativo.** Crime comum, pois o legislador não exigiu nenhuma condição especial do sujeito ativo.
3. **Sujeito passivo.** É o agente público, definido no art. 2º da lei.
4. **Especialidade.** O tipo penal ora comentado configura especialidade em relação aos delitos de calúnia (art. 138) e denunciação caluniosa (art. 339), ambos previstos no Código Penal. O elemento especializante reside no dolo do agente de provocar a instauração de procedimento administrativo contra o agente público para a apuração da prática de ato de improbidade administrativa. Note-se que o art. 339, do Código Penal foi alterado pela lei nº 14.110/2020, que nele inseriu os elementos "ação de improbidade administrativa" e "ato "ímprobo". Porém, mesmo com tais elementos, o tipo penal da presente lei continua prevalecendo sobre o art. 339, em razão do princípio da especialidade, tendo em vista que em relação à ato de improbidade a presente lei é lei especial e o Código Penal é lei geral.
5. **Dolo direto.** O tipo penal exige que o autor da representação saiba da inocência do representado. Pela expressão *sabe,* utilizada, conclui-se que o tipo somente comporta o dolo direto, não abrangendo o dolo indireto eventual.
6. **Representação.** A representação a que se refere o tipo penal não guarda nenhuma relação com a representação exigida como condição de procedibilidade na ação penal pública condicionada à representação. Até porque os atos de improbidade administrativa previstos nos arts. 9º, 10, 10-A e 11 da presente lei não configuram ilícitos penais, mas sim ilícitos civis, que são apurados em ação civil própria, a ação civil pública. Para fins da presente lei, entenda por representação uma mera comunicação da ocorrência de um ato de improbidade administrativa imputado a algum agente público. A representação está prevista no art. 14 da lei: *"Art. 14. Qualquer pessoa poderá representar à autoridade administrativa competente para que seja instaurada investigação destinada a apurar a prática de ato de improbidade. § 1º A representação, que será escrita ou reduzida a termo e assinada, conterá a qualificação do representante, as informações sobre o fato e sua autoria e a indicação das provas de que tenha conhecimento. § 2º A autoridade administrativa rejeitará a representação, em despacho fundamentado, se esta não contiver as formalidades estabelecidas no § 1º deste artigo. A rejeição não impede a representação ao*

Ministério Público, nos termos do art. 22 desta lei. § 3º Atendidos os requisitos da representação, a autoridade determinará a imediata apuração dos fatos que, em se tratando de servidores federais, será processada na forma prevista nos arts. 148 a 182 da Lei nº 8.112, de 11 de dezembro de 1990 e, em se tratando de servidor militar, de acordo com os respectivos regulamentos disciplinares."

7. **Destinatário da representação.** É a autoridade administrativa com atribuição para apurar a prática do ato de improbidade administrativa.

8. **Inocência do agente público.** A inocência do agente público é elemento do tipo. Dessa forma, a sua não inocência conduzirá a conduta do autor da representação à atipicidade formal.

9. **Consumação.** O delito consuma-se no momento da realização da representação. O tipo penal não exigiu, para a sua consumação, a efetiva instauração do procedimento administrativo.

10. **Classificação.** Crime comum; doloso; formal; comissivo; instantâneo; admite tentativa.

11. **Suspensão condicional do processo.** Cabível, pois a pena mínima cominada não ultrapassa 1 ano (art. 89 da lei 9.099/95).

12. **Reparação pelos danos morais e materiais causados ao agente público.** No parágrafo único o legislador permitiu a possibilidade de reparação civil por danos morais e materiais causados ao agente público com a representação. Trata-se de dispositivo desnecessário, uma vez que a CF/88, no seu art. 5º, X, ao dispor que *são invioláveis a intimidade, a vida privada, a honra e a imagem das pessoas, assegurado o direito a indenização pelo dano material ou moral decorrente de sua violação* já assegura a reparação civil dos danos causados a qualquer pessoa.

CAPÍTULO VIII
Das Disposições Finais

Art. 24. Esta lei entra em vigor na data de sua publicação.

Art. 25. Ficam revogadas as Leis nºs 3.164, de 1º de junho de 1957, e 3.502, de 21 de dezembro de 1958 e demais disposições em contrário.

Ordem Econômica. Lei nº 8.137, de 27 de dezembro de 1990

CAPÍTULO II
Dos crimes Contra a Economia e as Relações de Consumo

Art. 4º Constitui crime contra a ordem econômica:

I – abusar do poder econômico, **dominando o mercado ou eliminando, total ou parcialmente, a concorrência** mediante qualquer forma de ajuste ou acordo de empresas;

a) (revogada);

b) (revogada);

c) (revogada);

d) (revogada);

e) (revogada);

f) (revogada);

1. **Fundamento constitucional.** A Ordem Econômica é um bem jurídico previsto constitucionalmente no art. 170 da CF/88, com a seguinte redação: "A ordem econômica, fundada na valorização do trabalho humano e na livre iniciativa, tem por fim assegurar a todos existência digna, conforme os ditames da justiça social, observados os seguintes princípios: I – soberania nacional; II – propriedade privada; III – função social da propriedade; IV – livre concorrência; V – defesa do consumidor; VI – defesa do meio ambiente, inclusive mediante tratamento diferenciado conforme o impacto ambiental dos produtos e serviços e de seus processos de elaboração e prestação; VII – redução das desigualdades regionais e sociais; VIII – busca do pleno emprego; IX – tratamento favorecido para as empresas de pequeno porte constituídas sob as leis brasileiras e que tenham sua sede e administração no País. Parágrafo único. É assegurado a todos o livre exercício de qualquer atividade econômica, independentemente de autorização de órgãos públicos, salvo nos casos previstos em lei."
2. **Bem jurídico tutelado.** A integridade e a regularidade da economia nacional.
3. **Sujeito ativo.** O empresário. Trata-se de crime próprio.

4. **Sujeito passivo.** A sociedade. Não é o Estado, tendo em vista que o Estado não sofre com o abuso, mas, sim, a sociedade.

5. **Competência.** A competência para processar e julgar esses delitos pode ser tanto da Justiça Estadual, quanto da Justiça Federal. Nesse último caso, a depender da presença de uma das hipóteses do art. 109, da CF/88, sobretudo o inciso IV.

▸ **STJ**

Informativo nº 384.

Quinta Turma.

COMPETÊNCIA. CRIME CONTRA A ORDEM ECONÔMICA.

Trata-se de *habeas corpus* preventivo em que o paciente e demais co-réus, todos representantes legais de sociedades empresariais, foram denunciados pela suposta prática dos crimes previstos no art. 4º, III, **a**, **b** e **c**, da Lei n. 8.137/1990 (cartel) (...) nos crimes contra a ordem econômica, já que a Lei n. 8.137/1990 não contém dispositivo fixando a competência da Justiça Federal, o julgamento de tais crimes compete, em regra, à Justiça estadual. Porém, a norma não afasta, de plano, a competência da Justiça Federal desde que se verifiquem as hipóteses elencadas no art. 109, IV, da CF/1988. (...). **(HC 117.169-SP, Rel. Min. Napoleão Nunes Maia Filho, julgado em 19/2/2009).**

STJ: (...) CRIMES CONTRA A ORDEM ECONÔMICA (...) Na esfera penal, somente se verifica a competência da Justiça Federal caso tenha havido ofensa direta e efetiva a bens, serviços ou interesse da União ou de suas entidades autárquicas ou empresas públicas. Apesar de a comercialização de combustível estar sujeita a fiscalização federal, basicamente de responsabilidade da ANP, a colocação desse produto adulterado no mercado, em desconformidade com as normas vigentes, tem como agentes passivos, em tese, a ordem econômica e as relações de consumo. Não tendo as Leis 8.137/90 e 8.176/91 disposto expressamente sobre a competência da Justiça Federal para o processo e o julgamento dos crimes nelas previstos, nos termos do inciso VI do art. 109 da CF, não há que se falar na incompetência do Juízo singular estadual para conduzir o feito instaurado contra os pacientes. Ordem parcialmente conhecida e denegada. **(HC 38.580/SP, Rel. Min. Gilson Dipp, julgado em 04/08/2005).**

6. **Inciso I. Abuso do poder econômico.** Configura-se pelo excesso no uso do poder econômico. Trata-se, portanto, da prática de conduta que ultrapassa os atos normais praticados pelo agente. Portanto, o uso normal não constitui fato típico.

7. **Conceito de abuso do poder econômico previsto na cartilha distribuída pelo CADE** (Conselho Administrativo de Defesa Econômica): "O abuso do poder econômico ocorre toda a vez que uma empresa se aproveita de sua condição de superioridade econômica para prejudicar a concorrência, inibir o funcionamento do mercado ou ainda, aumentar arbitrariamente seus lucros. Em outras palavras, poderíamos dizer que o agente abusivo faz mau uso ou o uso ilegítimo do poder que detém no mercado. Este abuso não se dá a partir de práticas específicas, mas sim, quando o detentor de substancial parcela do mercado age em desconformidade com os seus fins, desvirtuando, ultrapassando as fronteiras da razoabilidade. Por prejudicar a ordem econômica e os consumidores, o abuso não encontra qualquer amparo legal,

até porque é ato praticado com exercício irregular do direito de livre iniciativa e de propriedade."

8. **Domínio do mercado ou eliminação da concorrência.** Apesar de o legislador descrever as duas hipóteses, dominar o mercado e eliminar a concorrência acabam sendo causa e efeito. Isso porque o domínio do mercado gera a eliminação total ou parcial da concorrência, tendo em vista que ela perde o seu espaço dentro do mercado. Por outro lado, a ausência de concorrência gera o abuso, pois quem domina o mercado (sem concorrentes) cobra o preço que quiser e o consumidor é obrigado a pagar o valor para ter acesso àquele determinado produto ou serviço, configurando-se, portanto, o abuso. Por tais razões, o sistema capitalista deve sofrer a intervenção e o controle do Estado para evitar esse abuso. São exemplos de domínio de mercado e eliminação da concorrência: formação de cartel, sistemas seletivos de distribuição, preços predatórios etc.

9. **Trecho que trata da concorrência, previsto na cartilha distribuída pelo CADE** (Conselho Administrativo de Defesa Econômica): "É essencial a presença da concorrência no contexto de uma economia de mercado, posto que a mesma possibilita um aumento na variedade e na qualidade de produtos, e ainda corrobora para a diminuição dos preços dos mesmos. É a concorrência, o fator determinante para que os preços exprimam a relação de equilíbrio entre a oferta e a procura. Para que se obtenham os benefícios derivados da concorrência, é necessário que as empresas invistam em tecnologia, bem como realizem um estudo de mercado com o intuito de conhecer e atender as expectativas e desejos dos consumidores. Poderíamos dizer que a concorrência é um instrumento existente em benefício dos cidadãos, vez que são estes os consumidores finais dos produtos e que experimentam as melhorias decorrentes das circunstâncias concorrenciais. Além de conferir benefícios aos consumidores, a disputa entre as empresas ocasionada pelo ambiente concorrencial propicia que a economia brasileira entre com uma melhor estrutura no mercado externo."

10. **Qualquer forma de ajuste ou acordo de empresas.** Trata-se do meio executório, que significa qualquer modalidade de pacto, de combinação, de conluio entre as empresas. O presente tipo penal configura um delito de execução vinculada.

11. **Consumação.** Com o efetivo prejuízo gerado para a coletividade. Crime material.

12. **Classificação.** Crime próprio; material; doloso; comissivo; instantâneo de efeitos permanentes; de execução vinculada; admite a tentativa.

II – **formar** acordo, convênio, ajuste ou aliança entre ofertantes, **visando**:

a) à fixação artificial de preços ou quantidades vendidas ou produzidas;

b) ao controle regionalizado do mercado por empresa ou grupo de empresas;

c) ao controle, em detrimento da concorrência, de rede de distribuição ou de fornecedores.

Pena – reclusão, de 2 (dois) a 5 (cinco) anos e multa.

III – (revogado);

IV – (revogado);

V – (revogado);

VI – (revogado);

VII – (revogado).

1. **Inciso II.** Trata da conjugação de esforços entre os ofertantes de produtos ou de serviços com as finalidades específicas descritas nos incisos. Contudo, como se pode perceber pela leitura desse dispositivo legal, o inciso II é desnecessário, tendo em vista que essas condutas incriminadas já configuram o delito do inciso I.
2. **Sujeito ativo.** O empresário. Trata-se de crime próprio.
3. **Sujeito passivo.** A sociedade. Não é o Estado, tendo em vista que o Estado não sofre com o abuso, mas, sim, a sociedade.
4. **Especial fim de agir.** O agente pratica a conduta descrita no inciso II com as três finalidades específicas descritas nas alíneas *a, b* e *c*. Ausentes tais finalidades específicas, esse tipo penal não se configura.
5. **Alínea *a*. Fixação artificial de preços ou quantidades vendidas ou produzidas.** Com essa intenção específica, o agente visa a elevar ou a abaixar o preço de maneira ilusória, sem que corresponda à realidade, artificial. O agente passa uma falsa ideia da quantidade de produto ou de serviço que possa ser ofertada no mercado. Nessa modalidade os agentes dominam o mercado por meio da manipulação da oferta de bens e de serviços, conseguindo, com isso, enganar concorrência e os consumidores. Essa conduta poderia ser perfeitamente tipificada no inciso I, razão pela qual essa alínea ora comentada é desnecessária.
6. **Alínea *b*. Controle regionalizado do mercado por empresa ou grupo de empresas.** Ao formar o acordo, o convênio, o ajuste ou a aliança, os agentes pretendem dominar o espaço regionalizado do mercado de consumo de produtos ou de serviços. Note-se que esse domínio de espaço já geraria, por si só, um domínio de mercado (embora limitado ao espaço físico de determinada região), resultando na eliminação da concorrência, conduta já tipificada no inciso I, razão pela qual essa alínea também é desnecessária.
7. **Alínea *c*. Controle, em detrimento da concorrência, de rede de distribuição ou de fornecedores.** Nessa alínea, a formação do acordo, do convênio, do ajuste ou da aliança tem por finalidade controlar a rede de distribuição ou de fornecedores de determinado produto ou de serviço, de forma que haveria uma manipulação da distribuição deles e, com isso, os agentes conseguiriam manipular e controlar o mercado. Mais uma vez trata-se de domínio de mercado e de eliminação da concorrência, de forma que tal conduta já está inserida na previsão típica do inciso I. Por isso, tal alínea é, também, desnecessária.
8. **Acordo, convênio, ajuste ou aliança.** Trata-se do meio executório, que significa qualquer modalidade de pacto, de combinação, de conluio entre as empresas. Tem-se um delito de execução vinculada.

9. Consumação. Com a formação do acordo, do convênio, do ajuste ou da aliança. Crime formal.

10. Classificação. Crime próprio; formal; doloso; comissivo; instantâneo; de execução vinculada; admite a tentativa.

▶ **STJ**

Informativo nº 718

Quinta Turma

(...) O crime contra a ordem econômica disposto no art. 4º, II, da Lei n. 8.137/1990 é formal, ou seja, consuma-se com a simples formação de um acordo visando à dominação do mercado ou à eliminação da concorrência através da prática de uma das condutas descritas em suas alíneas. (...).

AREsp 1.800.334-SP, **Rel. Min. Joel Ilan Paciornik, Quinta Turma, por unanimidade, julgado em 09/11/2021, DJe 17/11/2021.**

Ordem Tributária. Lei nº 8.137, de 27 de dezembro de 1990

CAPÍTULO I
Dos Crimes Contra a Ordem Tributária

1. **Bem jurídico protegido.** Nos crimes contra a ordem tributária, o bem jurídico protegido é o erário, o patrimônio do Estado e a ordem econômica. São bens de natureza supraindividual. Por isso não pode incidir sobre esse bem jurídico o chamado consentimento do ofendido como causa de exclusão da ilicitude. O Estado pode conceder a remissão, isenção, ou incentivo fiscal, porém não pode consentir na supressão ou redução do tributo por parte do contribuinte. A lei 8.137/90, nos arts. 4º ao 6º, trata dos crimes contra a ordem econômica, e no art. 7º trata dos crimes contra as relações de consumo, que serão comentados na parte referente ao estudo desses delitos.

2. **Direito Tributário Penal x Direito Penal Tributário.** O Direito Tributário Penal estuda as infrações e sanções administrativas ligadas à sonegação de tributos. O Direito Penal Tributário estuda as infrações penais que causem lesões ao erário, ao patrimônio do Estado, à ordem econômica, ou seja, os crimes contra a ordem tributária.

3. **Competência tributária.** É a competência para instituir e majorar tributos. Todos os entes da Federação Brasileira possuem competência tributária para instituir e majorar tributos federais, estaduais e municipais.

4. **Competência para o processo e o julgamento dos crimes contra a Ordem Tributária.** A competência para o processo e o julgamento dos delitos varia de acordo com a competência tributária. É de competência da União Federal instituir, entre outros, o imposto de renda. Assim, sendo esse o tributo sonegado, a competência será da Justiça Federal. De outra forma, é da competência dos Estados instituir, entre outros, o IPVA, e, dos municípios, entre outros, o ISS, fixando a competência da Justiça Estadual para processo e julgamento no caso de sonegação desses tributos.

   Questão relevante versa sobre a competência para o processo e o julgamento da conduta delituosa envolvendo o emplacamento de automóveis em Estado diverso daquele em que o seu adquirente reside, para se reduzir o valor da alíquota do IPVA. Considerando que o IPVA é tributo de competência dos Estados, não é raro o comprador de um automóvel declarar-se residente em Estado diverso, onde a alíquota do IPVA é menor, conduta que se amolda ao art. 1º, I da presente lei, uma vez que o agente presta informação falsa ao fisco para reduzir tributo. Isso ocorre com frequência em relação aos Estados do Paraná e do Espírito Santo (nesse último a alíquota de IPVA é de 1%). Tome-se como exemplo a hipótese na qual o agente, residente em São Paulo, adquire um veículo automotor e o emplaca no Estado do Paraná. Nessa hipótese, a competência para o processo e julgamento seria do Estado lesado pelo não recolhimento do IPVA, onde a conduta delituosa foi praticada (São Paulo) ou do Estado onde o automóvel foi emplacado (Paraná)? Segundo a jurisprudência do STJ, a competência para o processo e o julgamento seguirá os critérios processuais, sendo a competência, portanto, do local onde o delito se consumou, nos moldes do art. 70 do Código de Processo Penal. Logo, no exemplo acima, a competência para o processo e o julgamento será do Estado de São Paulo.

▶ **STJ**

> **Informativo nº 388**
>
> **Terceira Seção**
>
> **SONEGAÇÃO FISCAL. IPVA.**
>
> No caso, verifica-se que a denominada "Operação de Olho na Placa" teve por objeto a investigação de empresas de locação de veículos sediadas em São Paulo que registravam seus automóveis no Estado do Paraná com a finalidade de reduzir o valor do IPVA devido, já que a alíquota da exação nesta Unidade Federativa seria de 1%. (...). Fixado tal ponto, verifica-se que o crime previsto no art. 1º da Lei n. 8.137/1990 exige, para sua consumação, a ocorrência de efetivo dano ao erário, consistente na redução ou supressão do tributo, classificando-se como delito material. Salientou o Min. Relator que o referido momento consumativo não deve ser confundido com aquele em que a fraude é praticada. *In casu*, observou que o prejuízo decorrente de eventual conduta delituosa será suportado pelo Estado de São Paulo, sede da empresa proprietária do veículo e, por conseguinte, local em que deveria ter sido recolhido o IPVA. Portanto, aplicando-se o disposto no art. 70, *caput*, do CPP, o qual determina que a competência será, de regra, determinada pelo lugar em que se consumar a infração, a Seção conheceu do conflito para declarar a competência do juízo de Direito de São Paulo, o suscitado. Precedentes citados: HC 75.599-SP, DJ 8/10/2007; CC 75.170-MG, DJ 27/9/2007; REsp 705.281-MT, DJ 1º/8/2005, e REsp 172.375-RS, DJ 18/10/1999. CC 102.866-PR, **Rel. Min. Jorge Mussi, julgado em 25/3/2009.**

5. **Conexão entre delitos de competência da Justiça Federal e Estadual.** Pode acontecer de haver conexão entre crimes de competência da Justiça Federal e Estadual, como na hipótese de em uma das condutas delituosas, haver a supressão de IR e em outra, a supressão de ICMS. Nesse caso, a competência será fixada na Justiça Federal, com fundamento na súmula 122 do STJ.

   Súmula 122 do STJ. "Compete à Justiça Federal o processo e julgamento unificado dos crimes conexos de competência federal e estadual, não se aplicando a regra do art. 78, II, *a*, do Código de Processo Penal."

6. **Conceito de tributo.** Existem quatro classificações que disputam a abrangência do gênero tributo. Para a classificação bipartida, tributo compreende impostos

e taxas. Para a classificação tripartida, tributo compreende impostos, taxas e contribuições de melhoria (art. 5º do CTN). Já para a classificação quadripartida, tributo compreende impostos, taxas, contribuições de melhoria e empréstimos compulsórios. (art. 5º. do CTN c/c 148 da CF/88). Por fim, para a classificação quinquipartida, tributo compreende impostos, taxas, contribuições de melhoria, empréstimos compulsórios e contribuições especiais (art. 5º. do CTN c/c 148 e 149 da CF/88). O STF adota a classificação quinquipartida. Portanto, a lei foi redundante no art. 1º ao dispor sobre *tributo ou contribuição social*, uma vez que essa é espécie daquele.

7. **Natureza dos delitos.** No art. 1º, há crimes materiais, pois há uma conduta instrumental, que é a fraude descrita nos incisos, e uma conduta final, que é a supressão ou redução do tributo. Portanto, além da conduta fraudulenta do agente, exige-se que a conduta produza uma modificação no mundo externo, que é a supressão ou redução do tributo. No art. 2º, há crimes formais, uma vez que, para sua consumação, basta a conduta instrumental, isto é, a fraude descrita nos incisos, independentemente de haver a supressão ou a redução do tributo.

8. **Crime contra a Ordem Tributária e estelionato.** O delito contra a ordem tributária absorve o delito de estelionato, por ser esse um crime-meio.

9. **Crime contra a Ordem Tributária e falsidade ideológica ou uso de documento falso.** De acordo com a jurisprudência do STF e do STJ, caso o delito de falsidade ou o de uso de documento falso tenha sido perpetrado como meio para a prática do delito contra a Ordem Tributária, esse (crime fim) absorve aquele (crime meio), com base no princípio da consunção, na vertente crime progressivo, como na hipótese de a falsidade ocorrer em documento destinado a prestar informações ao Fisco. Entretanto, de forma diversa, caso tais delitos não tenham nenhuma relação com o delito contra a Ordem Tributária, ou seja, se a falsidade ou o uso não se der em documento destinado exclusivamente a prática do delito tributário, não se poderá falar em absorção, deixando, portanto, de ser um meio necessário. Nessa última hipótese, haverá concurso de crimes.

▶ **STJ**

Informativo 535

Terceira Seção

DIREITO PENAL. ABSORÇÃO DOS CRIMES DE FALSIDADE IDEOLÓGICA E DE USO DE DOCUMENTO FALSO PELO DE SONEGAÇÃO FISCAL.

O crime de sonegação fiscal absorve o de falsidade ideológica e o de uso de documento falso praticados posteriormente àquele unicamente para assegurar a evasão fiscal. Após evolução jurisprudencial, o STJ passou a considerar aplicável o princípio da consunção ou da absorção quando os crimes de uso de documento falso e falsidade ideológica – crimes meio – tiverem sido praticados para facilitar ou encobrir a falsa declaração, com vistas à efetivação do pretendido crime de sonegação fiscal – crime fim –, localizando-se na mesma linha de desdobramento causal de lesão ao bem jurídico, integrando, assim, o *iter criminis* do delito fim. Cabe ressalvar que, ainda que os crimes de uso de documento falso e falsidade ideológica sejam cometidos com o intuito de sonegar o tributo, a aplicação do princípio da consunção somente tem lugar nas hipóteses em que os crimes meio não extrapolem os limites da incidência do crime fim. Aplica-se, assim, *mutatis mutandis*, o comando da Súmula 17 do STJ (*Quando o falso se exaure no estelionato, sem mais potencialidade lesiva, é por este absorvido*). Precedentes citados: AgRg no REsp 1.366.714-MG, Quinta Turma, DJe 5/11/2013; AgRg no REsp 1.241.771-SC, Sexta Turma, DJe 3/10/2013. EREsp 1.154.361-MG, Rel. Min. Laurita Vaz, julgado em 26/2/2014.

▶ **STF**

Informativo nº 601

Segunda Turma.

Princípio da Consunção: Crime contra a Ordem Tributária e Falsidade Ideológica – 1

(...) Reputou-se claro que o delito alegadamente praticado seria aquele definido no art. 1º da Lei 8.137/90, tendo em conta que o *crimen falsi* teria constituído meio para o cometimento do delito-fim, resolvendo-se o conflito aparente de normas pela aplicação do postulado da consunção, de tal modo que a vinculação entre a falsidade ideológica e a sonegação fiscal permitiria reconhecer, em referido contexto, a preponderância do delito contra a ordem tributária. HC 101900/SP, rel. Min. Celso de Mello, 21.9.2010.

10. **Responsabilidade penal das pessoas jurídicas.** O STF e o STJ têm posições firmes no sentido de que pessoas jurídicas somente podem praticar crimes ambientais, com fundamento no art. 3º da lei 9.605/98. Contudo, não é possível que a pessoa jurídica pratique crimes contra a Ordem Tributária.

Em relação aos crimes ambientais, a jurisprudência do STJ era firme no sentido de que era necessária a denominada *dupla imputação* ou *imputação simultânea* à pessoa jurídica e à pessoa física que atua em seu nome e em seu benefício, ou seja, a imputação do delito deveria ser feita às duas pessoas concomitantemente. Logo, ambas deveriam figurar na denúncia.

Posteriormente, o STJ mudou o seu posicionamento, seguindo a orientação do STF, no sentido de que não é necessária a *dupla imputação,* uma vez que a Constituição da República não fez essa exigência expressamente, ou seja, não condicionou a responsabilização penal da pessoa jurídica à responsabilização penal da pessoa física que atua em seu nome e em seu benefício.

▶ **STF**

Informativo nº 714

Primeira Turma

Crime ambiental: absolvição de pessoa física e responsabilidade penal de pessoa jurídica.

É admissível a condenação de pessoa jurídica pela prática de crime ambiental, ainda que absolvidas as pessoas físicas ocupantes de cargo de presidência ou de direção do órgão responsável pela prática criminosa. (...) No mérito, anotou-se que a tese do STJ, no sentido de que a persecução penal dos entes morais somente se poderia ocorrer se houvesse, concomitantemente, a descrição e imputação de uma ação humana individual, sem o que não seria admissível a responsabilização da pessoa jurídica, afrontaria o art. 225, § 3º, da CF. Sublinhou-se que, ao se condicionar a imputabilidade da pessoa jurídica à da pessoa humana, estar-se-ia quase que a subordinar a responsabilização jurídico-criminal do ente moral à efetiva condenação da pessoa física. Ressaltou-se que, ainda que se concluísse que o legislador ordinário não estabelecera por completo os critérios de imputação da pessoa jurídica por crimes ambientais, não haveria como pretender transpor o paradigma de imputação das pessoas físicas aos entes coletivos. Vencidos os Ministros Marco Aurélio e Luiz Fux, que negavam provimento ao extraordinário. (...). **(RE 548181/PR, rel. Min. Rosa Weber, 6.8.2013).**

▸ **STJ**

Informativo nº 566

Quinta Turma

DIREITO PENAL E PROCESSUAL PENAL. DESNECESSIDADE DE DUPLA IMPUTAÇÃO EM CRIMES AMBIENTAIS.

É possível a responsabilização penal da pessoa jurídica por delitos ambientais independentemente da responsabilização concomitante da pessoa física que agia em seu nome. Conforme orientação da Primeira Turma do STF, "O art. 225, § 3º, da Constituição Federal não condiciona a responsabilização penal da pessoa jurídica por crimes ambientais à simultânea persecução penal da pessoa física em tese responsável no âmbito da empresa. A norma constitucional não impõe a necessária dupla imputação" (RE 548.181, Primeira Turma, DJe 29/10/2014). Diante dessa interpretação, o STJ modificou sua anterior orientação, de modo a entender que é possível a responsabilização penal da pessoa jurídica por delitos ambientais independentemente da responsabilização concomitante da pessoa física que agia em seu nome. Precedentes citados: RHC 53.208-SP, Sexta Turma, DJe 1º/6/2015; HC 248.073-MT, Quinta Turma, DJe 10/4/2014; e RHC 40.317-SP, Quinta Turma, DJe 29/10/2013. **(RMS 39.173-BA, Rel. Min. Reynaldo Soares da Fonseca, julgado em 6/8/2015, DJe 13/8/2015).**

11. **Denúncia nos crimes societários.** Os delitos contra a ordem tributária são *crimes de gabinete* ou *crimes societários,* uma vez que são delitos praticados a portas fechadas, dentro de gabinetes, dificultando a descrição na denúncia da *exposição do fato criminoso, com todas as suas circunstâncias,* conforme exigido pelo art. 41 do Código de Processo Penal. Para evitar a inviabilização da persecução penal, a jurisprudência do STF e do STJ permite que a denúncia descreva o fato criminoso sem individualizar a conduta do agente com todas as suas circunstâncias, mitigando o art. 41 do Código de Processo Penal. Entretanto, a denúncia não pode deixar de descrever o *nexo de imputação,* a *vinculação mínima* entre a conduta do agente e o delito praticado, que significa descrever como o agente concorreu para a prática do delito, isso é, de que forma o agente que está denunciado teria concorrido para a prática da infração penal. Não se exige a descrição detalhada da conduta delituosa em todas as suas circunstâncias, mas um mínimo de nexo de imputação deve ser descrito na denúncia.

12. **Condição de sócio e responsabilidade penal.** A mera condição de sócio não é suficiente para caracterizar a responsabilidade penal do agente, devendo haver prova de que o agente concorreu efetivamente para a prática da infração penal, sob pena de caracterização de responsabilidade penal objetiva.

► **STF**

Informativo nº 880

Segunda Turma

Teoria do domínio do fato e autoria.

A teoria do domínio do fato não preceitua que a mera posição de um agente na escala hierárquica sirva para demonstrar ou reforçar o dolo da conduta. Do mesmo modo também não permite a condenação de um agente com base em conjecturas. Com base nessa orientação, a Segunda Turma deu provimento ao recurso de apelação a fim de absolver o réu, com base no art. 386, V, do CPP. (...) A razão para a ausência de argumentos mais concretos a comprovar o dolo e autoria, ao que tudo indica pela frequente menção à "superioridade hierárquica do réu", é a consideração pelo Ministério Público de que a adoção da teoria do domínio do fato dispensaria o aprofundamento do papel por ele desenvolvido nas fraudes denunciadas. (...) É por isso que a adoção da teoria do domínio do fato, nos moldes em que utilizada pelo juízo de primeiro grau, não socorre ao apelo acusatório. Antes disso, acaba por infirmá-lo, na medida em que restringe o conceito aberto de autor preceituado pelo art. 29 do CP. **(AP 975/AL, rel. Min. Edson Fachin, julgamento em 3.10.2017).**

► **STF**

Informativo nº 866

Segunda Turma

Crime societário, individualização da conduta e teoria do domínio do fato.

A Segunda Turma, por unanimidade, concedeu ordem em "habeas corpus" para trancar ação penal envolvendo ex-diretores de empresa de telefonia por crimes contra a Fazenda Pública [art. 1º, II, da Lei 8.137/1990 c/c. art. 71 do Código Penal]. De acordo com a denúncia, os impetrantes, com domínio dos fatos na administração da sociedade anônima, teriam fraudado a Fazenda Pública de Pernambuco por meio da inserção de elementos inexatos em livros fiscais. Créditos tributários supostamente inexistentes teriam sido destacados em notas fiscais de aquisição de serviços de telecomunicações para reduzir o valor do Imposto sobre Circulação de Mercadorias e Serviços (ICMS). Além disso, os acusados não apenas detinham poder para decidir sobre a ilicitude, como também para persuadir os funcionários contratados a executarem o ato, sendo responsáveis pela ocorrência da redução do tributo. O ministro Ricardo Lewandowski (relator) asseverou que não se pode invocar a teoria do domínio do fato, pura e simplesmente, sem nenhuma outra prova, citando de forma genérica os diretores estatutários da empresa, espalhados pelo Brasil, para lhes imputar um crime fiscal que teria sido supostamente praticado no Estado-membro. O Colegiado pontuou que, em matéria de crimes societários, a denúncia deve apresentar, suficiente e adequadamente, a conduta atribuível a cada um dos agentes, de modo a possibilitar a identificação do papel desempenhado pelos denunciados na estrutura jurídico-administrativa da empresa. Ressaltou que, no caso, a acusação feita aos pacientes deriva apenas dos cargos por eles ocupados na empresa de telefonia, estando ausente descrição mínima dos supostos atos ilícitos por eles praticados. **(HC 136250/PE, rel. Min. Ricardo Lewandowski, julgamento em 23.5.2017).**

▸ **STJ**

Informativo nº 683

Sexta Turma

Sonegação fiscal. Teoria do domínio do fato. Inexistência de nexo de causalidade. Inaplicabilidade. Dolo. Essencialidade. Descrição de culpa em sentido estrito. Incompatibilidade com o tipo penal. **A teoria do domínio do fato não permite, isoladamente, que se faça uma acusação pela prática de qualquer crime, eis que a imputação deve ser acompanhada da devida descrição, no plano fático, do nexo de causalidade entre a conduta e o resultado delituoso.** Apesar de o Código Penal prever que todo aquele que concorre para o crime é considerado autor (art. 29, caput), ainda que a sua participação seja de menor importância (art. 29, § 1º), há situações nas quais o intérprete lança mão do domínio do fato, do modo a presumir e demarcar a autoria. Entretanto, o conceito de "domínio do fato" ou "domínio final do fato" não se satisfaz com a simples referência à posição do indivíduo como administrador ou gestor (de fato ou previsto no contrato social da empresa). Vale dizer, é insuficiente considerar tal circunstância, isoladamente, para que se possa atribuir a responsabilidade penal pela prática de crime tributário. (...) **Não há, portanto, como considerar, com base na teoria do domínio do fato, que a posição de gestor, diretor ou sócio administrador de uma empresa implica a presunção de que houve a participação no delito, se não houver, no plano fático-probatório, alguma circunstância que o vincule à prática delitiva.** Também não é correto, no âmbito da imputação da responsabilidade penal, partir da premissa ligada à forma societária, ao número de sócios ou ao porte apresentado pela empresa para se presumir a autoria, sobretudo porque nem sempre as decisões tomadas por gestor de uma sociedade empresária ou pelo empresário individual, – seja ela qual for e de que forma esteja constituída – implicam o absoluto conhecimento e aquiescência com os trâmites burocráticos subjacentes, os quais, não raro, são delegados a terceiros. O delito de sonegação fiscal, previsto no art. 1º, II, da Lei n. 8.137/1990, exige, para sua configuração, que a conduta do agente seja dolosa, consistente na utilização de procedimentos (fraude) que violem de forma direta a lei ou o regulamento fiscal, com objetivo de favorecer a si ou terceiros, por meio da sonegação. Há uma diferença inquestionável entre aquele que não paga tributo por circunstâncias alheias à sua vontade de pagar (dificuldades financeiras, equívocos no preenchimento de guias etc.) e quem, dolosamente, sonega o tributo com a utilização de expedientes espúrios e motivado por interesses pessoais. Na hipótese, o quadro fático descrito na imputação é mais indicativo de conduta negligente ou imprudente. A constatação disso é reforçada pela delegação das operações contábeis sem a necessária fiscalização, situação que não se coaduna com o dolo, mas se aproxima da culpa em sentido estrito, não prevista no tipo penal em questão. **REsp 1.854.893-SP, Rel. Min. Rogerio Schietti Cruz, Sexta Turma, por unanimidade, julgado em 08/09/2020, DJe 14/09/2020.**

▸ **STJ**

Informativo 543

Sexta Turma

DIREITO PROCESSUAL PENAL. INÉPCIA DA DENÚNCIA QUE NÃO INDIVIDUALIZA A CONDUTA DE SÓCIO E ADMINISTRADOR DE PESSOA JURÍDICA.

É inepta a denúncia que, ao imputar a sócio a prática dos crimes contra a ordem tributária previstos nos incisos I e II do art. 1º da Lei 8.137/1990, limita-se a transcrever trechos dos tipos penais em questão e a mencionar a condição do denunciado de administrador da sociedade empresária que, em tese, teria suprimido tributos, sem descrever qual conduta ilícita supostamente cometida pelo acusado haveria contribuído para a consecução do resultado danoso. (...). Nesse contexto, observa-se que o simples fato de o acusado ser sócio e administrador da empresa constante da denúncia não pode levar a crer, necessariamente, que ele tivesse participação nos fatos delituosos, a ponto de se ter dispensado ao menos uma sinalização de sua conduta, ainda que breve, sob pena de restar configurada a repudiada responsabilidade criminal objetiva. Não se pode admitir que a narrativa criminosa seja resumida à simples condição de acionista, sócio, ou representante legal de uma pessoa jurídica ligada a eventual prática criminosa. Vale dizer, admitir a chamada denúncia genérica nos crimes societários e de autoria coletiva não implica aceitar que a acusação deixe de correlacionar, com o mínimo de concretude, os fatos considerados delituosos com a atividade do acusado. Não se deve admitir que o processo penal se inicie com uma imputação que não pode ser rebatida pelo acusado, em face da indeterminação dos fatos que lhe foram atribuídos, o que, a toda evidência, contraria as bases do sistema acusatório, de cunho constitucional, mormente a garantia insculpida no inciso LV do artigo 5º da Constituição Federal. **(HC 224.728-PE, Rel. Min. Rogerio Schietti Cruz, julgado em 10/6/2014).**

13. **Princípio da insignificância no STF e STJ.** O STF e o STJ, após muito tempo de divergência, pacificaram-se em relação ao valor limite para a incidência do princípio da insignificância. Assim, o princípio da insignificância aplica-se quando o valor sonegado não ultrapassar o limite de R$ 20.000,00, com fundamento na Portaria MF nº 75, de 22 de março de 2012, posteriormente alterada pela Portaria MF nº 130, de 19 de abril de 2012, que no seu art. 2º estabelece que *"o Procurador da Fazenda Nacional requererá o arquivamento, sem baixa na distribuição, das execuções fiscais de débitos com a Fazenda Nacional, cujo valor consolidado seja igual ou inferior a R$ 20.000,00 (vinte mil reais), desde que não conste dos autos garantia, integral ou parcial,* útil à satisfação do crédito". O mesmo entendimento se aplica a outros crimes de natureza tributária, como o descaminho (art. 334 do Código Penal).

▶ **STF**

Informativo nº 739

Segunda Turma

"**Princípio da insignificância: alteração de valores por portaria e execução fiscal**

(...) A Turma observou que o art. 20 da Lei 10.522/2002 determinava o arquivamento das execuções fiscais, sem cancelamento da distribuição, quando os débitos inscritos como dívidas ativas da União fossem iguais ou inferiores a R$ 10.000,00. Destacou que, no curso dos processos, advieram as Portarias 75/2012 e 130/2012, do Ministério da Fazenda, que atualizaram os valores para R$ 20.000,00. Asseverou que, por se tratar de normas mais benéficas aos réus, deveriam ser imediatamente aplicadas, nos termos do art. 5º, XL, da CF. Aduziu que, nesses julgados, além de o valor correspondente ao não recolhimento dos tributos ser inferior àquele estabelecido pelo Ministério da Fazenda, a aplicação do princípio da bagatela seria possível porque não haveria reiteração criminosa ou introdução, no País, de produto que pudesse causar dano à saúde. (...). HC 120620/RS e HC 121322/PR, rel. Min. Ricardo Lewandowski, 18.2.2014. (HC-120620)."

STJ. Esta Corte Superior de Justiça, em julgamento proferido no âmbito da Terceira Seção, no Recursos Especiais n. 1.709.029/MG e 1.688.878/SP, sob a sistemática dos recursos repetitivos, firmou o entendimento de que incide o princípio da insignificância aos crimes tributários federais e de descaminho quando o débito tributário verificado não ultrapassar o limite de R$ 20.000,00, a teor do disposto no art. 20 da Lei n. 10.522/2002, com as atualizações efetivadas pelas Portarias n. 75 e 130, ambas do Ministério da Fazenda. (...) **(RHC 119.172/PI, Rel. Ministro LEOPOLDO DE ARRUDA RAPOSO (DESEMBARGADOR CONVOCADO DO TJ/PE), QUINTA TURMA, julgado em 17/12/2019, DJe 03/02/2020)**

14. Aplicabilidade do princípio da insignificância em relação a tributos estaduais. De acordo com o STJ, aplica-se o princípio da insignificância se o delito praticado tiver como objeto um tributo estadual, como o ICMS.

STJ: HABEAS CORPUS. PENAL. ART. 1.º, INCISO II, DA LEI N. 8.137/1990. (...) APLICAÇÃO DO PRINCÍPIO DA INSIGNIFICÂNCIA. POSSIBILIDADE. TRIBUTO ESTADUAL: HIPÓTESE EM QUE TAMBÉM INCIDE A INTELIGÊNCIA DO QUE DECIDIDO POR ESTA CORTE AO APRECIAR O TEMA N. 157 DO REGIME DE RECURSOS REPETITIVOS. TESE FIRMADA NO JULGAMENTO DO HC 535.063/SP, REL. MINISTRO SEBASTIÃO REIS JÚNIOR (STJ, TERCEIRA SEÇÃO, DJe 25/08/2020). ORDEM DE HABEAS CORPUS CONCEDIDA. 1. Não se descura que na hipótese a supressão de imposto ocorreu entre os meses de janeiro a dezembro de 2010. Ocorre que o débito de ICMS de R$ 11.670,45 corresponde ao total do ano de 2010, que foi apurado em circunstância única, nos termos do que fora consignado no Auto de Infração e Imposição de Multa n. 4.020.536-8, e gerou apenas uma certidão de dívida ativa (CDA nº 1.110.422.935). 3. **Embora trate-se de tributo estadual, incide a inteligência do que decidido pela Terceira Seção do Superior Tribunal de Justiça ao julgar o Tema Repetitivo n. 157, de que está caracterizada a atipicidade material da conduta no caso de "crimes tributários federais e de descaminho quando o débito tributário verificado não ultrapassar o limite de R$ 20.000,00 (vinte mil reais),** a teor do disposto no art. 20 da Lei n. 10.522/2002, com as atualizações efetivadas pelas Portarias n. 75 e 130, ambas do Ministério da Fazenda" (REsp 1.709.029/MG, Rel. Ministro SEBASTIÃO REIS JÚNIOR, julgado em 28/02/2018, DJe 04/04/2018). 4. "Ainda que a incidência do princípio da insignificância aos crimes tributários federais e de descaminho, quando o débito tributário verificado não ultrapassar o limite de R$ 20.000,00, tenha aplicação somente aos tributos de competência da União, à luz das Portarias n. 75/2012 e n. 130/2012 do Ministério da Fazenda, **parece-me encontrar amparo legal a tese da defesa quanto à possibilidade de aplicação do mesmo raciocínio ao tributo estadual**, especialmente porque no Estado de São Paulo vige a Lei Estadual n. 14.272/2010, que prevê hipótese de inexigibilidade de execução fiscal para débitos que não ultrapassem 600 (seiscentas) Unidades Fiscais do Estado de São Paulo – UFESPs, podendo-se admitir a utilização de tal parâmetro para fins de insignificância" (STJ, HC 535.063/SP, Rel. Ministro SEBASTIÃO REIS JÚNIOR, TERCEIRA SEÇÃO, julgado em 10/06/2020, DJe 25/08/2020). (...) **(HC 564.208/SP, Rel. Ministra LAURITA VAZ, SEXTA TURMA, julgado em 03/08/2021, DJe 18/08/2021).**

15. Prisão nos crimes contra a Ordem Tributária. Embora no delito do art. 1º desta lei, bem como nos demais delitos de natureza tributária, como o descrito no art. 168-A do Código Penal, haja a sonegação, a prisão decorrente dos crimes contra a Ordem Tributária configura prisão penal, e não prisão civil, uma vez que possui a finalidade de prevenção e de retribuição típicas da prisão penal, e não finalidade coercitiva como ocorre na prisão civil do devedor de alimentos. Assim, o STF e o STJ consideram a prisão constitucional.

> **TRF, 4ª REGIÃO. SÚMULA 65:** "A pena decorrente do crime de omissão no recolhimento de contribuições previdenciárias não constitui prisão por dívida."

16. Prova nos crimes contra a Ordem Tributária. Se os vestígios da fraude praticada para suprimir ou reduzir tributo desaparecerem, como na hipótese de incineração de nota fiscal ou documento contábil, pode ser realizado o exame indireto de corpo de delito, com base no art. 167 do Código de Processo Penal.

> **TRF, 4ª REGIÃO. SÚMULA 67:** "A prova da materialidade nos crimes de omissão no recolhimento de contribuições previdenciárias pode ser feita pela autuação e notificação da fiscalização, sendo desnecessária a realização de perícia."

17. Prévio exaurimento da instância administrativa. Súmula Vinculante no 24. Justa causa e condição objetiva de punibilidade para a ação penal. O STF, na ordem de *habeas corpus* 81.611/DF, publicada no boletim informativo de jurisprudência nº 333, entendeu que a decisão definitiva no processo administrativo fiscal, concluindo pela efetiva supressão ou redução do tributo, constitui justa causa e condição objetiva de punibilidade em relação aos crimes definidos no art. 1º da lei 8.137/90, por terem a natureza de crimes materiais. Explica-se: A justa causa consiste na prova da existência do crime e indícios suficientes de autoria. A condição objetiva de punibilidade pode ser vista de duas formas: A primeira forma é a consideração dela como um acontecimento futuro e incerto, cuja realização é necessária para a integração jurídica do crime. É um elemento exterior ao tipo legal de crime, um elemento suplementar do tipo, de forma que caso não haja a sua implementação, o delito não se configura. A segunda forma é a consideração da condição objetiva de punibilidade como elemento imprescindível à punição, ao exercício do *jus puniendi*, mas não essencial à integração do crime, que já existe com todos os seus elementos constitutivos. Assim, a condição objetiva de punibilidade, como o nome sugere, é um acontecimento futuro e incerto que condiciona a punibilidade propriamente dita. O delito já existe e já se aperfeiçoou. Contudo, a sua punição fica condicionada ao advento desse acontecimento futuro e incerto. Portanto, ela influencia a punição, e não a existência do delito. Nesse julgado, o STF adotou a primeira orientação, no sentido de que as condições objetivas de punibilidade são elementos exteriores ao tipo legal de crime, elementos suplementares do tipo, de forma que caso não haja a sua implementação, o delito não se configura. Dessa forma, segundo o entendimento do STF, se a supressão ou redução do tributo é elemento do tipo legal do crime, que somente poderá ser apurada mediante o regular processo administrativo fiscal, enquanto não houver a decisão definitiva no processo administrativo fiscal concluindo pela efetiva supressão ou redução do tributo, não há prova de que o crime ocorreu (justa causa), não sendo, portanto, satisfeita a condição objetiva de punibilidade. Assim, o delito somente estará consumado após o término do processo administrativo fiscal, razão pela qual não pode o órgão acusatório oferecer denúncia por esses delitos sem que haja decisão definitiva no processo administrativo fiscal, chamado de lançamento definitivo.

Note-se que, ainda de acordo com o STF, enquanto não houver o lançamento definitivo, o prazo prescricional não corre, iniciando-se no dia da constituição definitiva do crédito tributário, ou seja, no dia em que o crime consumou-se. Essa posição também é seguida pelo STJ.

De forma contrária, caso fique apurado no curso do processo administrativo fiscal a não ocorrência de supressão ou de redução do tributo, não haverá a prática do delito.

> **STF. Súmula Vinculante nº 24**: *"Não se tipifica crime material contra a ordem tributária, previsto no artigo 1º, incisos I a IV, da Lei nº 8.137/90, antes do lançamento definitivo do tributo".*
>
> **STF.** Agravo regimental no habeas corpus. Constitucional. Penal. Prescrição da pretensão punitiva estatal. Crime de sonegação fiscal (Lei nº 8.137/90). Consumação do delito com a constituição definitiva do crédito tributário (Súmula Vinculante nº 24/STF), que é o termo a quo para a contagem do prazo prescricional. Precedentes. Regimental ao qual se nega provimento. 1. Segundo o entendimento da Corte, "a consumação do crime tipificado no art. 1º da Lei 8.137/90 somente se verifica com a constituição do crédito fiscal, começando a correr, a partir daí, a prescrição" (HC nº 85.051/MG, Segunda Turma, Relator o Ministro Carlos Velloso, DJ de 1º/7/05). Esse entendimento encontra-se cristalizado no enunciado Súmula Vinculante nº 24 da Corte. 2. É ilógico permitir que a prescrição seguisse seu curso normal no período de duração do processo administrativo necessário à consolidação do crédito tributário. Se assim o fosse, o recurso administrativo, por iniciativa do contribuinte, serviria mais como uma estratégia de defesa para alcançar a prescrição com o decurso do tempo do que a sua real finalidade, que é, segundo o Ministro Sepúlveda Pertence, propiciar a qualquer cidadão questionar, perante o Fisco, a exatidão do lançamento provisório de determinado tributo (HC nº 81.611/DF, Tribunal Pleno, DJ de 13/5/05). 3. Agravo regimental ao qual se nega provimento. **(HC 126072 AgR, Rel. Min. Dias Toffoli, julgado em 02/02/2016).**
>
> **STJ.** (...) CONTRA A ORDEM TRIBUTÁRIA. ART. 1º, I, E IV, DA LEI 8.137/1990. CRIME MATERIAL. PRESCRIÇÃO. TERMO A QUO. CONSUMAÇÃO. CONSTITUIÇÃO DEFINITIVA DO CRÉDITO TRIBUTÁRIO. DIVERGÊNCIA. (...) 3. A jurisprudência desta Corte Superior de Justiça e do Supremo Tribunal Federal é no sentido de que o crime de sonegação fiscal é crime material, exigindo para sua consumação a ocorrência de resultado naturalístico, consistente em dano ao Erário. Sujeitam-se, pois, ao enunciado 24 da Súmula Vinculante do Pretório Excelso (Não se tipifica crime material contra a ordem tributária, previsto no art. 1º, incisos I a IV, da Lei n. 8.137/1990, antes do lançamento definitivo do tributo). (...) **(AgRg no AREsp 765.951, Rel. Min. Reynaldo Soares da Fonseca, julgado em 20/09/2016).**

Note-se que, de acordo com o STJ, para a comprovação da consumação do delito, basta a prova da constituição definitiva do crétdito tributário por meio de documento hábil expedido pela Receita Federal, não se exige a juntada integral e física de todo o Processo Administrativo Fiscal.

▶ **STJ.**

Informativo nº 627.

Quinta Turma

Crime tributário. Constituição definitiva do crédito. Justa causa presente. Súmula vinculante 24. Juntada do procedimento tributário. Desnecessidade. Eventuais irregularidades. Discussão na sede própria.

Para o início da ação penal, basta a prova da constituição definitiva do crédito tributário (Súmula Vinculante 24), sendo desnecessária a juntada integral do Procedimento Administrativo Fiscal correspondente.

Cumpre informar, de início, que a materialidade dos crimes listados no art. 1º, inciso I a IV, da Lei n. 8.137/1990 apenas se verifica com a constituição definitiva do crédito tributário, situação que ocorre por meio do procedimento tributário devidamente instaurado. Assim, o direito penal apenas passa a ter lugar após verificada a adequada tipicidade da conduta imputada. Nesse contexto, não se revela indispensável a juntada dos documentos tributários, mas apenas a comprovação da constituição definitiva do crédito tributário. Eventual desconstituição do que foi averiguado tributariamente não pode ser feito no juízo criminal, cabendo ao recorrente se valer dos meios próprios para tanto. Em suma: a) para o início da ação penal, basta a prova da constituição definitiva do crédito tributário (Súmula Vinculante 24), não sendo necessária a juntada integral do Procedimento Administrativo Fiscal – PAF correspondente; b) a validade do crédito fiscal deve ser examinada no Juízo cível, não cabendo à esfera penal qualquer tentativa de sua desconstituição; c) caso a defesa entenda que a documentação apresentada pelo *Parquet* é insuficiente e queira esmiuçar a dívida, pode apresentar cópia do referido PAF ou dizer de eventuais obstáculos administrativos; e d) se houver qualquer obstáculo administrativo para o acesso ao procedimento administrativo fiscal respectivo, a parte pode sugerir ao Juiz sua atuação até mesmo de ofício, desde que aponte qualquer prejuízo à defesa, que possa interferir na formação do livre convencimento do julgador. **RHC 94.288-RJ, Rel. Min. Reynaldo Soares da Fonseca, em 22/05/2018.**

18. Natureza jurídica do delito contido no inciso V do art. 1º da lei 8.137/90. Muito embora a Súmula Vinculante no 24 não tenha contemplado o inciso V do art. 1º, em nossa opinião o inciso V continua a ser classificado como crime material, tendo em vista que se o agente nega ou deixa de fornecer, quando obrigatório, nota fiscal ou documento equivalente, relativa à venda de mercadoria ou prestação de serviço, efetivamente realizada, ou se a fornece em desacordo com a legislação, ocorre a supressão ou a redução do tributo. A conduta descrita no inciso V é a *conduta instrumental*, ao passo que a supressão ou a redução do tributo descrita no *caput* é a *conduta final*.

Entretanto, embora tenhamos a convicção de que se trata de crime material, o STJ entende que o delito do inciso V é formal, por não estar abrangido pela Súmula Vinculante nº 24.

STJ. PENAL E PROCESSO PENAL. RHC. CRIME CONTRA A ORDEM TRIBUTÁRIA (ART. 1º, V, DA LEI N. 8.137/1990). TRANCAMENTO DA AÇÃO PENAL. AUSÊNCIA DE JUSTA CAUSA. SÚMULA VINCULANTE 24. INAPLICABILIDADE. CRIME FORMAL. DESNECESSIDADE DE EXAURIMENTO DA ESFERA ADMINISTRATIVA. RECURSO DESPROVIDO.

(...) 2. Cinge-se a controvérsia à análise da necessidade de esgotamento da instância administrativo-fiscal para o desencadeamento da persecução penal na hipótese do inciso V do artigo 1º da Lei n. 8.137/1990, considerando que o Supremo Tribunal Federal, na Súmula Vinculante n. 24, reconheceu tão somente que "não se tipifica crime material contra a ordem tributária, previsto no art. 1º, incisos I a IV, da Lei n. 8.137/90, antes do lançamento definitivo do tributo". 3. Nos termos da jurisprudência desta Corte, o crime descrito no art. 1º, V, da Lei n. 8.137/1990 ostenta natureza formal, ao contrário das condutas elencadas nos incisos I e IV do referido dispositivo, e a sua consumação prescinde da constituição definitiva do crédito tributário. Por consectário, o prévio exaurimento da via administrativa não configura condição objetiva de punibilidade. Precedentes. 4. Recurso desprovido. **(RHC 31.062/DF, Rel. Min. Ribeiro Dantas, julgado em 02/08/2016).**

19. Previsão legal do teor da Súmula Vinculante no 24. Após a solidificação desse entendimento do STF com a edição da Súmula Vinculante nº 24, ocorreu o advento das leis 12.350, de 20 de dezembro de 2010 e 12.382, de 25 de fevereiro de 2011 que, entre outras providências, alteraram a redação do art. 83 da lei 9.430/96 e trataram da representação fiscal para fins penais, da suspensão da pretensão punitiva e da extinção da punibilidade pelo pagamento. No que concerne a este tópico, é importante frisar que a 12.350/2010 deu nova redação ao *caput* do art. 83 da lei 9.430/96 e positivou a orientação contida na Súmula Vinculante no 24 do STF, ao dispor que *"a representação fiscal para fins penais relativa aos crimes contra a ordem tributária previstos nos arts. 1º e 2º da Lei nº 8.137, de 27 de dezembro de 1990, e aos crimes contra a Previdência Social, previstos nos arts. 168-A e 337-A do Decreto-Lei nº 2.848, de 7 de dezembro de 1940 (Código Penal), será encaminhada ao Ministério Público depois de proferida a decisão final, na esfera administrativa, sobre a exigência fiscal do crédito tributário correspondente."* Assim, o processo criminal somente será instaurado após o término do processo administrativo fiscal, se nele ocorrer o lançamento definitivo do tributo. Embora a novel lei tenha abrangido os crimes do art. 2º, da lei 8.137/90, eles continuam tendo a natureza de crimes formais e não estão abrangidos pela Súmula Vinculante no 24.

20. Súmula Vinculante no 24. Não aplicabilidade ao Inquérito Policial. O entendimento jurisprudencial concretizado na Súmula Vinculante no 24 não se aplica à fase investigatória, ou seja, o lançamento definitivo não é necessário para a instauração do Inquérito Policial, de forma que o Inquérito pode ter início independentemente da instância administrativa, mesmo que não haja o lançamento definitivo. Em outras palavras, não se exige a conclusão do processo administrativo fiscal concluindo pela efetiva supressão ou redução do tributo, culminando no lançamento definitivo para que o Inquérito Policial seja instaurado para a apuração do crime do art. 1º da lei 8.137/90.

► **STF**

Informativo nº 819

Primeira Turma

HC: denúncias anônimas e lançamento definitivo – 3

Quanto ao argumento de nulidade da investigação porquanto iniciada antes da existência de lançamento tributário definitivo, a Turma citou a atual jurisprudência do STF, que condicionaria a persecução por crime contra a ordem tributária à realização do lançamento fiscal. O lançamento definitivo do crédito tributário constituiria atividade privativa da autoridade administrativa e, sem tributo constituído, não haveria como caracterizar o crime de sonegação tributária (HC 81.611/DF, DJU de 13.5.2005). Apesar de a jurisprudência do STF condicionar a persecução penal à existência do lançamento tributário definitivo, o mesmo não ocorreria relativamente à investigação preliminar. Crimes poderiam ser tentados e consumados e jamais se entendera pela impossibilidade da investigação preliminar durante a execução de um crime e mesmo antes da consumação. A afirmação seria válida tanto para crimes contra a ordem tributária como para qualquer outra modalidade delitiva. (..). HC 106152/MS, rel. Min. Rosa Weber, 29.3.2016.

21. **Informações prestadas pelo contribuinte em processo administrativo. Suficiência para a subsidiar a instauração de Inquérito Policial.** Em processo de fiscalização regularmente instaurado contra o contribuinte, no qual são assegurados a ampla defesa e o contraditório, os dados obtidos pela autoridade fazendária, fornecidos regularmente pelo contribuinte, podem servir de elementos probatórios para que seja instaurado Inquérito Policial para apurar a prática de crime contra a Ordem Tributária. Note-se que, embora a jurisprudência do STJ admita a quebra do sigilo bancário pelo Fisco sem a prévia autorização judicial para fins de constituição de crédito tributário, essa permissão não existe para a instauração de investigação criminal. Porém, no caso de o próprio contribuinte fornecer ao Fisco as informações dentro de um processo administrativo de fiscalização, regularmente instaurado, assegurados a ampla defesa e o contraditório, essas informações podem ser utilizadas para subsidiar a instauração de Inquérito Policial para apurar a prática de crime contra a Ordem Tributária.

► **STJ**

Informativo nº 577

Quinta Turma

DIREITO PROCESSUAL PENAL. UTILIZAÇÃO NO PROCESSO PENAL DE PROVAS OBTIDAS PELA ADMINISTRAÇÃO TRIBUTÁRIA.

Os dados bancários entregues à autoridade fiscal pela sociedade empresária fiscalizada, após regular intimação e independentemente de prévia autorização judicial, podem ser utilizados para subsidiar a instauração de inquérito policial para apurar suposta prática de crime contra a ordem tributária. De fato, a Primeira Seção do STJ, ao apreciar o REsp 1.134.665-SP (DJe 18/12/2009), submetido ao rito do art. 543-C do CPC, consolidou o entendimento de que a quebra do sigilo bancário sem prévia autorização judicial para fins de constituição de crédito tributário é autorizada pela Lei n. 8.021/1990 e pela LC n. 105/2001, normas procedimentais cuja aplicação é imediata. Contudo, conquanto atualmente o STJ admita o intercâmbio de informações entre as instituições financeiras e a autoridade fiscal para fins de constituição de crédito tributário, o certo é que tal entendimento não se estende à utilização de tais dados para que seja deflagrada a persecução penal. Isso porque, como é cediço, o sigilo bancário é garantido no art. 5º da CF, e para que haja o seu afastamento exige-se ordem judicial que, também por determinação constitucional, precisa ser fundamentada (art. 93, IX). Na hipótese, todavia, consta do termo de constatação, retenção e intimação, firmado por auditor fiscal da Receita Federal, que a sociedade empresária apresentou diversas notas fiscais e cópias dos extratos bancários das contas por ela movimentadas após ser regularmente intimada. **RHC 66.520-RJ, Rel. Min. Jorge Mussi, julgado em 2/2/2016, DJe 15/2/2016.**

22. Compartilhamento de dados obtidos pela Receita Federal com a Polícia e com o Ministério Público. De acordo com o STJ, é lícito o compartilhamento dos dados obtidos licitamente pela Receita Federal com a Polícia e com o Ministério Público em caso de constatação da prática de ilícito penal contra a Ordem Tributária, após o término do Processo Administrativo Fiscal, sem que isso ofenda o Princípio da Reserva de Jurisdição. Tal possibilidade justifica-se em razão da obrigação legal contida no art. 83 da lei nº 9.430/96, que dispõe "A representação fiscal para fins penais relativa aos crimes contra a ordem tributária previstos nos arts. 1o e 2o da Lei no 8.137, de 27 de dezembro de 1990, e aos crimes contra a Previdência Social, previstos nos arts. 168-A e 337-A do Decreto-Lei no 2.848, de 7 de dezembro de 1940 (Código Penal), será encaminhada ao Ministério Público depois de proferida a decisão final, na esfera administrativa, sobre a exigência fiscal do crédito tributário correspondente." Essa determinação legal impõe a obrigação por parte da Receita Federal, como órgão de fiscalização, de enviar às autoridades de persecução penal os elementos obtidos licitamente.

▸ **STJ**

Informativo nº 634.

Quinta Turma

Crime contra a ordem tributária. Dados bancários obtidos legitimamente pela Receita Federal. Esgotamento da via administrativa fiscalizatória. Constatação de possível crime. **Compartilhamento com o Ministério Público e a Polícia. Obrigação legal. Legalidade da prova. Ausência de ofensa à reserva de jurisdição.**

É lícito o compartilhamento promovido pela Receita Federal dos dados bancários por ela obtidos a partir de permissivo legal, com a Polícia e com o Ministério Público, ao término do procedimento administrativo fiscal, quando verificada a prática, em tese, de infração penal.

Cinge-se a controvérsia sobre a possibilidade de compartilhamento de dados obtidos legitimamente pelo Fisco com o Órgão Ministerial e com a Polícia, sem prévia autorização judicial, para uso em ação penal. Primeiramente, necessário frisar ser prescindível a autorização judicial para a requisição de informações bancárias pela Receita Federal, como meio de concretizar seus mecanismos fiscalizatórios na seara tributária, ante a constitucionalidade da disciplina contida no art. 6º da Lei Complementar n. 105/2001, reconhecida pela Suprema Corte no julgamento do RE n. 601.314/SP, sob a sistemática da repercussão geral. A seu turno, o entendimento já consagrado neste Tribunal, é no sentido de que a quebra do sigilo bancário, para fins penais, exige autorização judicial mediante decisão devidamente fundamentada. Contudo, em recente orientação firmada pela Quinta Turma deste Tribunal, no julgamento do Recurso em Habeas Corpus n. 75.532/SP assentou-se que o envio dos dados sigilosos pela Receita Federal à Polícia ou ao Ministério Público, quando do esgotamento da via administrativa e constituição definitiva de crédito tributário, decorre de mera obrigação legal de comunicar às autoridades competentes acerca de possível ilícito cometido, não representando assim ofensa ao princípio da reserva de jurisdição o uso de tais elementos compartilhados para fins penais. Com efeito, constitui obrigação dos órgãos de fiscalização tributária, prevista no art. 83 da Lei n. 9.430/96 (redação dada pela Lei n. 12.350/2010) comunicar o Ministério Público, quando do encerramento do procedimento administrativo sobre exigência de crédito tributário, eventual prática de crime. E mais, não configura quebra do dever de sigilo '*a comunicação, às autoridades competentes, da prática de ilícitos penais ou administrativos, abrangendo o fornecimento de informações sobre operações que envolvam recursos provenientes de qualquer prática criminosa*' (inc. IV do § 3º do art. 1º da Lei Complementar n. 105/2001). Como se vê, os citados dispositivos expressamente albergam o dever de remessa de dados bancários indicativos de eventual ilícito penal ao Ministério Público, a partir do término do procedimento administrativo tributário, como forma de permitir a investigação e persecução penal. Desse modo, a ação penal fundada em tais elementos não pode ser tomada como ofensiva à reserva de jurisdição, pois amparada em exceção categórica da legislação. Vale dizer, sendo legítimo os meios de obtenção da prova material e sua utilização no processo administrativo fiscal, mostra-se igualmente lícita sua utilização para fins da persecução criminal, a partir da comunicação obrigatória promovida pela Receita Federal no cumprimento de seu dever legal, quando do término da fase administrativa. **AgRg no REsp 1.601.127-SP, Rel. Min. Ribeiro Dantas, Rel. Acd. Min. Felix Fischer, julgado em 20/09/2018**.

- **STJ**

Informativo nº 623.

Sexta Turma

Crime contra a ordem tributária. Dados bancários obtidos pela Receita Federal. Compartilhamento com o Ministério Público. Licitude da prova.

É possível a utilização de dados obtidos pela Secretaria da Receita Federal, em regular procedimento administrativo fiscal, para fins de instrução processual penal.

O plenário do Supremo Tribunal Federal, ao apreciar o RE 601.314-SP, Rel. Min. Edson Fachin, DJe 16/09/2016, e após reconhecer a repercussão geral da matéria, assentou a constitucionalidade do art. 6º da Lei Complementar n. 105/2001, que autoriza o fornecimento de informações sobre movimentações financeiras diretamente ao Fisco, sem autorização judicial. Por seu turno, há reiteradas decisões do STF, afirmando que deve ser estendida a compreensão fixada no julgamento do RE 601.314-SP à esfera criminal, sendo legítimos "[...] os meios de obtenção da prova material e sua utilização no processo Administrativo fiscal, mostra-se lícita sua utilização para fins da persecução criminal. Sobretudo, quando se observa que a omissão da informação revelou a efetiva supressão de tributos, demonstrando a materialidade exigida para configuração do crime previso no art. 12, inciso I, da Lei n. 8.137/1990, não existindo qualquer abuso por parte da Administração Fiscal em encaminhar as informações ao *Parquet*" (ARE n. 953.058-SP, Ministro Gilmar Mendes). Com isso, o entendimento de que é incabível o uso da chamada prova emprestada do procedimento fiscal em processo penal, tendo em vista que a obtenção da prova (a quebra do sigilo bancário) não conta com autorização judicial, contraria a jurisprudência consolidada do Supremo Tribunal Federal de que é possível a utilização de dados obtidos pela Secretaria da Receita Federal, em regular procedimento administrativo fiscal, para fins de instrução processual penal. Nesse sentido, não há falar em ilicitude das provas que embasam a denúncia em processo penal obtidas por meio de compartilhamento pelo Fisco de informações sobre movimentação bancária obtidos sem autorização judicial, porquanto, assim como o sigilo é transferido, sem autorização judicial, da instituição financeira ao Fisco e deste à Advocacia-Geral da União, para cobrança do crédito tributário, também o é ao Ministério Público, sempre que, no curso de ação fiscal de que resulte lavratura de auto de infração de exigência de crédito de tributos e contribuições, se constate fato que configure, em tese, crime contra a ordem tributária. **HC 422.473-SP, Rel. Min. Sebastião Reis Júnior, julgado em 20/03/2018.**

23. **Prévio exaurimento da via administrativa não é condição para a concessão de extradição de estrangeiro.** O prévio exaurimento da via administrativa não é condição para a concessão de extradição de estrangeiro. Logo, a extradição pode ser levada a efeito independentemente do prévio esgotamento da via administrativa.

▶ **STF**

Informativo nº 716

Segunda Turma

Extradição e constituição de crédito tributário

Não há que se falar na exigência de comprovação da constituição definitiva do crédito tributário para se conceder extradição. Com base nesse entendimento, a 2ª Turma deferiu pedido de extradição instrutória, fundado em promessa de reciprocidade, para que nacional alemão responda por crime de sonegação de impostos. Observou-se ser necessário aplicar ao caso o que disposto no art. 89 da Lei 6.815/80 (...), tendo em vista que o extraditando fora condenado pela prática de delito diverso no Brasil. Enfatizou-se que se exigiria a tipicidade em ambos os Estados para o reconhecimento do pedido, e não que o Estado requerente seguisse as mesmas regras fazendárias existentes no Brasil. Ext 1222/República Federal da Alemanha, 20.8.2013. (Ext-1222).

24. **Possibilidade de a Súmula Vinculante no 24 ser aplicada aos delitos praticados anteriormente à sua edição.** O teor da Súmula Vinculante no 24 pode ser aplicado aos delitos praticados anteriormente à sua edição, sem que isso configure retroatividade *in malam partem*, tendo em vista que a Súmula Vinculante apenas consolidou uma interpretação que já existia na jurisprudência do STF sobre a matéria.

▶ **STF**

Informativo nº 786

Primeira Turma

Crime tributário e prescrição – 2

Não há que se falar em aplicação retroativa "in malam partem" do Enunciado 24 da Súmula Vinculante (...) aos fatos ocorridos anteriormente à sua edição, uma vez que o aludido enunciado apenas consolidou interpretação reiterada do STF sobre a matéria. Com base nessa orientação, a Primeira Turma, em conclusão de julgamento, desproveu recurso ordinário em "habeas corpus" no qual se pleiteava o reconhecimento da prescrição da pretensão punitiva estatal em razão da alegada impossibilidade de incidência retroativa do referido enunciado. Na espécie, o recorrente fora denunciado pela suposta prática do crime previsto no art. 1º, I, II e III, da Lei 8.137/1990, em virtude de condutas que teriam sido perpetradas entre 1990 e 1992. Após o recebimento da denúncia em 18.9.2009, o ora recorrente fora condenado à pena de três anos e nove meses de reclusão, por sentença proferida em 2.5.2012 — v. Informativo 753. A Turma afirmou que o Enunciado 24 da Súmula Vinculante não teria inovado no ordenamento jurídico. Com o julgamento do HC 81.611/DF (DJU de 13.5.2005), o Plenário teria assentado sua jurisprudência no sentido de que "a consumação do crime tipificado no art. 1º da Lei 8.137/1990 somente se verifica com a constituição do crédito fiscal, começando a correr, a partir daí, a prescrição" (HC 85.051/MG, DJU de 1º.7.2005). Assim, a prescrição não estaria caracterizada, tendo em conta que os crimes imputados ao recorrente teriam como termo de constituição o momento em que finalizado o processo administrativo tributário, em 24.9.2003. (HC 85.051/MG, DJU de 1º.7.2005). RHC 122774/RJ, rel. Min. Dias Toffoli, 19.5.2015.

▶ **STJ**

Informativo nº 639

Terceira Seção

Crime contra a ordem tributária. Súmula Vinculante n. 24. Fato típico anterior à sua edição. Incidência. Mera consolidação de remansosa interpretação judicial. Termo inicial do prazo prescricional. Constituição definitiva do crédito tributário. A Súmula Vinculante n. 24 tem aplicação aos fatos ocorridos anteriormente à sua edição. (...). **EREsp 1.318.662-PR, Rel. Min. Felix Fischer, por unanimidade, julgado em 28/11/2018, DJe 04/12/2018.**

25. Prévio exaurimento da instância administrativa e pessoa jurídica. Quando se tratar de pessoa jurídica, basta que em relação a ela ocorra o exaurimento da instância administrativa, não sendo necessária igual medida em relação às pessoas físicas que, sócias ou não da pessoa jurídica, tenham relação com o fato criminoso. Em outras palavras, não se exige que haja a instauração de um processo administrativo fiscal em relação a cada uma das pessoas físicas para que haja o lançamento definitivo e a consumação do crime.

▶ **STJ**

Informativo n. 462

Sexta Turma

SONEGAÇÃO FISCAL. PROCEDIMENTO ADMINISTRATIVO.

Para a promoção da ação penal referente ao delito de sonegação fiscal (art. 1º da Lei n. 8.137/1990), não é necessário que se instaure procedimento administrativo fiscal contra cada um dos corréus na qualidade de pessoas físicas, se já transcorreu outro procedimento de igual natureza em que se apurou haver a prática do crime por meio da pessoa jurídica. O fato de o paciente não ser sócio da empresa em questão não afasta a possibilidade de imputar-lhe o aludido crime, visto que há liame causal, estabelecido em razão de sua qualidade de procurador da sociedade, além de existir suficiente descrição na denúncia de sua participação no crime. Precedentes citados: HC 40.994-SC, DJ 24/4/2006; HC 41.310-MA, DJ 29/8/2005, e HC 89.386-RJ, DJe 20/10/2008. HC 86.309-MS, Rel. Min. Maria Thereza de Assis Moura, julgado em 8/2/2011.

26. Impetração de mandado de segurança e início da ação penal. O mandado de segurança constitui ação autônoma, que tem por objeto um direito líquido e certo, posto à disposição do sujeito passivo da relação jurídico tributária, que lhe permite proteger-se contra os atos estatais abusivos ou ilegais, como um lançamento abusivo ou indevido ou então uma autuação do fisco feita com aplicação de uma multa abusiva. Como visto alhures, uma vez lançado definitivamente o crédito tributário, com o esgotamento da via administrativa, o delito está consumado. Assim, a impetração de mandado de segurança, após o lançamento definitivo do crédito tributário não impede o início da ação penal.

27. Aplicabilidade do prévio exaurimento da instância administrativa a outros delitos. O mesmo entendimento é aplicado aos delitos de apropriação indébita de contribuição previdenciária (art. 168-A do Código Penal) e de sonegação de contribuição previdenciária (art. 337-A do Código Penal). Como dissemos alhures, a 12.350/2010 deu nova redação ao *caput* do art. 83 da lei 9.430/96 e positivou a orientação contida na Súmula Vinculante no 24 do STF, ao dispor que *"a representação fiscal para fins penais relativa aos crimes contra a ordem tributária previstos nos arts. 1º e 2º da Lei nº 8.137, de 27 de dezembro de 1990, e aos crimes contra a Previdência Social, previstos nos arts. 168-A e 337-A do Decreto-Lei nº 2.848, de 7 de dezembro de 1940 (Código Penal), será encaminhada ao Ministério Público depois de proferida a decisão final, na esfera administrativa, sobre a exigência fiscal do crédito tributário correspondente."* Assim, a mencionada lei abrangeu expressamente os delitos dos arts. 168-A e 337-A, ambos do Código Penal.

> **STJ.** PENAL. HABEAS CORPUS. APROPRIAÇÃO INDÉBITA PREVIDENCIÁRIA. (1) REMÉDIO HEROICO EMPREGADO COMO SUCEDÂNEO RECURSAL. IMPROPRIEDADE. (2) ART. 168-A DO CP. CRIME MATERIAL. TIPICIDADE. EXAURIMENTO DA VIA ADMINISTRATIVA. NECESSIDADE. APLICABILIDADE DA SÚMULA VINCULANTE 24. (3) MANDAMUS NÃO CONHECIDO. ORDEM CONCEDIDA DE OFÍCIO...2. É pacífico na jurisprudência desta Corte, a partir do quanto assentado pelo Plenário do STF, (Inq 2537 AgR, Relator(a): Min. MARCO AURÉLIO, Tribunal Pleno, julgado em 10/03/2008, DJe-107 DIVULG 12-06-2008 PUBLIC 13-06-2008 EMENT VOL-02323-01 PP-00113 RET v. 11, n. 64, 2008, p. 113-122 LEXSTF v. 30, n. 357, 2008, p. 430-441), que o crime do artigo 168-A do Código Penal é material, e, por força do princípio da isonomia, sujeita-se ao enunciado 24 da Súmula Vinculante do Pretório Excelso (Não se tipifica crime material contra a ordem tributária, previsto no art. 1º, incisos I a IV, da Lei nº 8.137/90, antes do lançamento definitivo do tributo). 3. Habeas corpus não conhecido. Ordem concedida, de ofício, a fim de determinar o trancamento da ação penal (com voto vencido). HC 270027. Rel. Min. Rogerio Schietti Cruz, julgado em 05/08/2014.

28. Não aplicabilidade do prévio exaurimento da instância administrativa ao delito de descaminho. O teor da súmula Vinculante nº 24 do STF, no sentido da necessidade do prévio exaurimento da via administrativa para a consumação do delito, não se aplica ao crime de descaminho, uma vez que se trata de delito formal.

▸ **STF**

Informativo nº 904
Primeira Turma
Descaminho e crédito tributário

É dispensada a existência de procedimento administrativo fiscal com a posterior constituição do crédito tributário para a configuração do crime de descaminho (CP, art. 334), tendo em conta sua natureza formal. Com base nessa orientação, a Primeira Turma denegou a ordem em "habeas corpus" no qual se pleiteava o trancamento de ação penal ante a alegada ausência de condição objetiva de punibilidade. (...) **HC 121798/BA, rel. Min. Marco Aurélio, julgamento em 29.5.2018.**

▸ **STJ**

Informativo nº 555
Quinta Turma
DIREITO PENAL. DESCAMINHO E EXTINÇÃO DA PUNIBILIDADE.

O pagamento do tributo devido não extingue a punibilidade do crime de descaminho (art. 334 do CP). A partir do julgamento do HC 218.961-SP (DJe 25/10/2013), a Quinta Turma do STJ, alinhando-se ao entendimento da Sexta Turma e do STF, passou a considerar ser desnecessária, para a persecução penal do crime de descaminho, a apuração administrativa do montante de tributo que deixou de ser recolhido, tendo em vista a natureza formal do delito, o qual se configura com o simples ato de iludir o pagamento do imposto devido pela entrada de mercadoria no país. Na ocasião, consignou-se que o bem jurídico tutelado pelo art. 334 do CP vai além do valor do imposto sonegado, pois, além de lesar o Fisco, atinge a estabilidade das atividades comerciais dentro do país, dá ensejo ao comércio ilegal e à concorrência desleal, gerando uma série de prejuízos para a atividade empresarial brasileira. Verifica-se, assim, que o descaminho não pode ser equiparado aos crimes materiais contra a ordem tributária (...). **RHC 43.558-SP, Rel. Min. Jorge Mussi, julgado em 5/2/2015, DJe 13/2/2015.**

TRF, 4ª Região. Súmula 123: "A caracterização do delito de descaminho prescinde da constituição do crédito tributário."

29. Prévio exaurimento da instância administrativa e concurso de crimes. No caso de concurso de crimes entre um crime contra a Ordem Tributária e outro delito, a ausência de lançamento definitivo por não ter sido concluído o processo administrativo fiscal, bem como a suspensão da pretensão punitiva pelo parcelamento ou extinção da punibilidade pelo pagamento, não impede que a persecução penal prossiga em relação a outros delitos praticados em concurso.

▸ **STJ**

Informativo nº 502.

Quinta Turma.

MEDIDAS INVESTIGATÓRIAS. DELITOS CONEXOS A CRIMES CONTRA A ORDEM TRIBUTÁRIA. AUSÊNCIA DE LANÇAMENTO DEFINITIVO.

Não há nulidade na decretação de medidas investigatórias para apurar crimes autônomos conexos ao crime de sonegação fiscal quando o crédito tributário ainda pende de lançamento definitivo. Conforme a jurisprudência do STF, à qual esta Corte vem aderindo, não há justa causa para a persecução penal do crime de sonegação fiscal antes do lançamento do crédito tributário, sendo este condição objetiva de punibilidade. No caso, foram decretadas medidas investigatórias (interceptação telefônica, busca e apreensão e quebra de sigilo bancário e fiscal) antes do lançamento do crédito tributário. Porém, buscava-se apurar não apenas crimes contra a ordem tributária, mas também os de formação de quadrilha e falsidade ideológica. Portanto, não há ilegalidade na autorização das medidas investigatórias, visto que foram decretadas para apurar outros crimes nos quais não há necessidade de instauração de processo administrativo-tributário. Nesse caso, incumbe ao juízo criminal investigar o esquema criminoso, cabendo à autoridade administrativo-fiscal averiguar o montante de tributo que não foi pago. Assim, a Turma entendeu que não são nulas as medidas decretadas, pois atenderam os pressupostos e fundamentos de cautelaridade, sobretudo porque, quando do oferecimento da denúncia, os créditos tributários já tinham sido definitivamente lançados. Precedentes do STF: HC 81.611-DF, DJ 13/5/2005, e do STJ: RHC 24.049-SP, DJe 7/2/2011. HC 148.829-RS, **Rel. Min. Laurita Vaz, julgado em 21/8/2012.**

30. **Invalidação do lançamento definitivo e atipicidade.** A invalidação do lançamento definitivo por ato ulterior gera a sua inexistência. Consequentemente, a conduta torna-se atípica. No caso do acórdão da ordem de *habeas corpus* abaixo citado, a denúncia foi oferecida quando já havia a constituição definitiva do crédito tributário por não ter havido o conhecimento do recurso administrativo interposto pelo paciente, em razão do descumprimento do requisito do arrolamento de bens e direitos. Sucede que posteriormente o Secretário da Receita Federal editou um ato normativo (Ato Declaratório 16/2007) declarando a nulidade das decisões de não recebimento dos recursos voluntários com fundamento no descumprimento daquele requisito. Dessa forma, o STF entendeu a invalidação dessa decisão torna sem efeito a constituição definitiva do crédito tributário, tendo em vista que ainda ocorreria o julgamento do recurso voluntário do contribuinte. Assim, enquanto o processo administrativo fiscal não tiver o seu término, não se poderá falar em constituição definitiva do crédito tributário e a conduta será atípica.

> **STF.** *Habeas Corpus.* 2. Crime contra a ordem tributária (Lei 8.137/90, art. 1º, I e II). 3. Denúncia oferecida quando o crédito tributário já havia sido devidamente constituído. Ato expedido pelo Secretário da Receita Federal declarando a nulidade das decisões que não tenham admitido o recurso voluntário dos contribuintes por descumprimento do requisito do arrolamento de bens e direitos. 4. Inexistência de lançamento definitivo. 5. Atipicidade da conduta. Trancamento da ação penal. 6. Ordem concedida. (HC N. 102.477/SP. Rel. Min. Gilmar Mendes, DJ 10/08/2011).

31. **Concurso de crimes.** Se o agente, com uma única conduta der causa à supressão ou à redução de diversos tributos, como na hipótese de suprimir ou reduzir ICMS, COFINS, CSL, mediante a única conduta de falsificar uma nota fiscal, não haverá concurso de crimes, e sim crime único, uma vez que o bem jurídico tutelado nesses delitos é a Ordem Tributária em sua totalidade e não a ordem tributária de cada entidade (União, Estados, DF e Municípios).

STJ. RECURSO ESPECIAL. DIREITO PENAL E PROCESSUAL PENAL. CRIME CONTRA A ORDEM TRIBUTÁRIA. SUPRESSÃO DE MAIS DE UM TRIBUTO. CONCURSO FORMAL. INOCORRÊNCIA. CRIME ÚNICO. 1. No crime de sonegação fiscal o bem jurídico tutelado não é o patrimônio ou erário de cada pessoa jurídica de direito público titular de competência para instituir e arrecadar tributos – fiscais (entes federativos) ou parafiscais (entidades autárquicas) – mas, sim, a ordem jurídica tributária como um todo. 2. A conduta consistente em praticar qualquer uma ou todas as modalidades descritas nos incisos I a V do art. 1 da Lei nº 8.137/90 (crime misto alternativo) conduz à consumação de crime de sonegação fiscal quando houver supressão ou redução de tributo, pouco importando se atingidos um ou mais impostos ou contribuições sociais. 3. Não há concurso formal, mas crime único, na hipótese em que o contribuinte, numa única conduta, declara Imposto de Renda de Pessoa Jurídica com a inserção de dados falsos, ainda que tal conduta tenha obstado o lançamento de mais de um tributo ou contribuição. 4. Recurso improvido. REsp 1294687. Rel. Min. Maria Thereza de Assis Moura, julgado em 15/10/2013.

32. Dificuldades financeiras como causa supralegal de inexigibilidade de conduta diversa como causa de exclusão da culpabilidade. A doutrina e a jurisprudência reconhecem a existência de outras causas de inexigibilidade de conduta diversa que não estão positivadas na legislação brasileira (art. 22, do Código Penal), razão pela qual são denominadas supralegais. Essa tese, atualmente, tem aplicabilidade nos crimes contra a Ordem Tributária previstos na lei 8.137/90, no delito de apropriação indébita de contribuição previdenciária, descrito no art. 168-A do Código Penal e no tipo penal de descaminho, previsto no art. 334 do Código Penal. Exemplo: Uma pessoa física ou jurídica vê-se em situação de dificuldade financeira, tendo de optar entre recolher o valor do tributo aos cofres públicos ou pagar o salário dos empregados; optar entre recolher o valor do tributo aos cofres públicos ou pagar os títulos protestados; optar entre recolher o valor do tributo aos cofres públicos ou pagar as despesas fixas do estabelecimento empresarial para manter a empresa funcionando; optar entre recolher o valor do tributo aos cofres públicos ou fazer o depósito elisivo porque há um requerimento de falência ajuizado. Nessas hipóteses, tem sido reconhecida e aplicada a tese da inexigibilidade de conduta diversa como causa supra-legal de exclusão da culpabilidade, afastando-se o crime, com a consequente absolvição do réu, desde que tais dificuldades financeiras estejam cabalmente comprovadas.

STF. PENAL E PROCESSUAL PENAL. HABEAS CORPUS. APROPRIAÇÃO INDÉBITA PREVIDENCIÁRIA (ART. 168, § 1º, I, DO CP). ELEMENTO SUBJETIVO DO TIPO. DOLO ESPECÍFICO. NÃO-EXIGÊNCIA. PRECÁRIA CONDIÇÃO FINANCEIRA DA EMPRESA. NÃO-COMPROVAÇÃO. EXCLUDENTE DE CULPABILIDADE. INEXIGIBILIDADE DE CONDUTA DIVERSA. INAPLICABILIDADE. ORDEM DENEGADA...A inexigibilidade de conduta diversa consistente na precária condição financeira da empresa, quando extrema ao ponto de não restar alternativa socialmente menos danosa do que o não recolhimento das contribuições previdenciárias, pode ser admitida como causa supralegal de exclusão da culpabilidade do agente. Precedente: AP 516, Plenário, Relator o Ministro Ayres Britto, DJe de 20.09.11. **HC 113418. Rel. Min. Luiz Fux, julgado em 24/09/2013.**

TRF, 4ª REGIÃO. SÚMULA Nº 68. "A prova de dificuldades financeiras, e conseqüente inexigibilidade de outra conduta, nos crimes de omissão no recolhimento de contribuições previdenciárias, pode ser feita através de documentos, sendo desnecessária a realização de perícia."

33. Suspensão da pretensão punitiva. O art. 9º, *caput* da lei 10.684/2003, lei que criou o plano de Recuperação Fiscal (REFIS), também chamado de Parcelamento Especial (PAES), trouxe o instituto da suspensão da pretensão punitiva estatal, que se dá enquanto o agente estiver incluído no regime de parcelamento. O mencionado artigo dispõe que "é suspensa a pretensão punitiva do Estado, referente aos crimes previstos nos *arts. 1º e 2º da Lei nº 8.137, de 27 de dezembro de 1990, e nos arts. 168A e 337A do Decreto-Lei n. 2.848, de 7 de dezembro de 1940 – Código Penal, durante o período em que a pessoa jurídica relacionada com o agente dos aludidos crimes estiver incluída no regime de parcelamento."* Assim, enquanto tiver suspensa a pretensão punitiva, não pode haver o oferecimento de denúncia.

▶ **STJ**

Informativo n. 477

Sexta Turma

SONEGAÇÃO FISCAL. PARCELAMENTO. DÉBITO.

Trata-se de *habeas corpus* contra acórdão que, segundo a impetrante, procedera ao julgamento *extra petita,* submetendo a ora paciente, sem justa causa, a procedimento investigatório e à circunstância de ver contra si instaurada ação penal por crime tributário cuja dívida encontra-se parcelada e regularmente adimplida. Dessarte, pretende obstar o formal prosseguimento da investigação em desfavor da paciente, bem como suspender a pretensão punitiva e o curso do prazo prescricional, segundo dispõe o art. 9º da Lei n. 10.684/2003. A Turma, entre outras questões, entendeu que o acórdão ora atacado, ao restabelecer o procedimento investigatório, providência não pleiteada na insurgência do MPF, extrapolou os limites recursais, julgando *extra petita* e divergindo do entendimento deste Superior Tribunal, qual seja, parcelado o débito fiscal nos termos do referido dispositivo, suspende-se também a pretensão punitiva e a prescrição, pois o escopo maior da norma penal é o pagamento do tributo. Observou-se, ademais, não se tratar, na hipótese, de nenhuma violação da independência das esferas administrativa e judicial. Trata-se de uma questão de competência, pois só à autoridade administrativa cabe efetuar o lançamento definitivo do tributo. Diante disso, concedeu-se a ordem para suspender o curso do procedimento investigatório até o resultado definitivo do parcelamento do débito administrativamente concedido à ora paciente pela Receita Federal. Precedentes citados do STF: HC 81.611-DF, DJ 13/5/2005; AgRg no Inq 2.537-GO, DJe 13/6/2008; do STJ: HC 29.745-SP, DJ 6/2/2006; RHC 16.218-SP, DJe 12/8/2008; HC 68.407-SP, DJ 26/3/2007, e HC 40.515-MT, DJ 16/5/2005. **HC 100.954-DF, Rel. Min. Maria Thereza de Assis Moura, julgado em 14/6/2011.**

34. Prazo para inclusão no regime de parcelamento. A lei 10.684/2003 não estabeleceu prazo para o agente aderir ao REFIS. Esse marco temporal limite ficou a cargo da jurisprudência. De acordo com o STF a inclusão no regime de parcelamento pode ser feita até o trânsito em julgado da sentença condenatória.

STF. QUESTÃO DE ORDEM NA AÇÃO PENAL. CONSTITUCIONAL. PROCESSUAL PENAL. CRIME DE APROPRIAÇÃO INDÉBITA PREVIDENCIÁRIA. SUSPENSÃO DA PRETENSÃO PUNITIVA E EXTINÇÃO DA PUNIBILIDADE. PARCELAMENTO E PAGAMENTO DO DÉBITO ANTES DO TRÂNSITO EM JULGADO DA SENTENÇA PENAL CONDENATÓRIA: EXTINÇÃO DA PUNIBILIDADE. PRECEDENTES. 1. A jurisprudência deste Supremo

Tribunal é firme no sentido da possibilidade de suspensão da pretensão punitiva e de extinção da punibilidade nos crimes de apropriação indébita previdenciária, admitindo a primeira se a inclusão do débito tributário em programa de parcelamento ocorrer em momento anterior ao trânsito em julgado da sentença penal condenatória e a segunda quando o débito previdenciário for incluído – e pago – no programa de parcelamento ordinário de débitos tributários. Precedentes. 2. Questão de ordem resolvida no sentido de declarar extinta a punibilidade do réu em relação ao crime de apropriação indébita previdenciária, pela comprovação da quitação dos débitos discutidos no presente processo-crime, nos termos das Leis ns. 10.684/03 e 11.941/09. AP 613 QO, Rel. Min. Cármen Lúcia, julgado em 15/05/2014.

► **STF**

Informativo nº 582

Primeira Turma

Parcelamento dos Débitos Tributários e Suspensão da Pretensão Punitiva – 1

A Turma deferiu, em parte, *habeas corpus* em que acusados pela suposta prática dos delitos previstos no art. 1º, II e IV, da Lei 8.137/90 — na medida em que teriam implementado atos com o objetivo de se furtarem à incidência tributária — requeriam a suspensão da pretensão punitiva em razão do parcelamento dos débitos tributários. No caso, os pacientes foram condenados em primeira instância, decisão essa confirmada pelo TRF da 3ª Região, sendo intentados, em seguida, os recursos especial e extraordinário. Ocorre que, diante do parcelamento do débito tributário, os pacientes requereram a suspensão da pretensão punitiva ao TRF, tendo seu pleito sido negado ao fundamento de que não teria sido demonstrada, a partir de prova inequívoca, a inserção do débito tributário no programa de parcelamento ou o integral pagamento da dívida fiscal. Contra essa decisão, fora impetrado *habeas corpus* no STJ, o qual fora denegado. Reitera a presente impetração, que, nos termos do art. 9º da Lei 10.684/2003, suspendem-se a pretensão punitiva e o prazo prescricional durante o período no qual a pessoa jurídica relacionada com o agente a quem imputada a prática dos crimes estiver incluída no regime de parcelamento, não se justificando, portanto, determinar o início da execução da pena. HC 96681/SP, rel. Min. Marco Aurélio, 13.4.2010.

Parcelamento dos Débitos Tributários e Suspensão da Pretensão Punitiva – 2

Assentou-se que, consoante o art. 9º da Lei 10.684/2003, fica suspensa a pretensão punitiva do Estado atinente aos crimes previstos nos artigos 1º e 2º da Lei 8.137/90 e nos artigos 168-A e 337-A do CP, durante o período no qual a pessoa jurídica relacionada com o agente dos citados delitos fizer-se incluída no regime de parcelamento. Ressaltou-se que a interpretação teleológica do preceito conduziria a assentar-se que, ainda em curso o processo penal, poderia dar-se a suspensão aludida, pouco importando já existir sentença condenatória no cenário. Registrou-se que o que caberia perquirir é se ainda não teria havido a preclusão, no campo da recorribilidade, do decreto condenatório. Salientou-se que o objetivo maior da norma seria impedir a ocorrência de glosa penal, o prosseguimento do processo-crime, esteja em que fase estiver, quando verificado o parcelamento e, portanto, o acerto de contas entre os integrantes da relação jurídica reveladora do débito fiscal. Nesta óptica, implementou-se a suspensão do título executivo judicial tal como prevista no art. 9º da Lei 10.684/2003. Enfatizou-se que a empresa aderira ao programa excepcional de parcelamento de débitos antes do trânsito em julgado da decisão, permanecendo ela na situação própria ao parcelamento, tendo jus à suspensão de eficácia do título executivo judicial, sendo que, cumpridas as condições do parcelamento, com a liquidação integral do débito, dar-se-á a extinção da punibilidade. HC 96681/SP, rel. Min. Marco Aurélio, 13.4.2010.

A lei 12.382, de 25 de fevereiro de 2011, ao dar nova redação ao art. 83, §2º da lei 9.430/96, dispôs que "é suspensa a pretensão punitiva do Estado referente aos crimes previstos no caput, durante o período em que a pessoa física ou a pessoa jurídica relacionada com o agente dos aludidos crimes estiver incluída no parcelamento, desde que o pedido de parcelamento tenha sido formalizado antes do recebimento da denúncia criminal". Na parte final do dispositivo, o legislador estabeleceu o *recebimento da denúncia* como marco temporal limite para o pedido de parcelamento gerar a suspensão da pretensão punitiva. Essa parte final deve ser confrontada com o art. 9º, *caput* da lei 10.684/2003. Tendo em vista que a lei 10.684/2003 nada dispôs sobre o assunto, a jurisprudência concluiu que o parcelamento poderia ser feito até o trânsito em julgado da sentença penal condenatória, conforme demonstrado acima. A lei 12.382/2011, ao dar nova redação ao art. 83, §2º da lei 9.430/96, estabeleceu uma restrição temporal que não existia no regime da lei 10.684/2003, qual seja: o recebimento da denúncia. Com isso, questiona-se qual lei deveria ser aplicada. Tendo em vista o quadro normativo, percebe-se que a novel lei é uma verdadeira *novatio legis in pejus,* por restringir o limite temporal do pedido de parcelamento, criando uma situação nova prejudicial para o réu. Com efeito, antes dela o parcelamento poderia ser feito até o trânsito em julgado da sentença penal condenatória. Após o seu advento, o parcelamento só pode ser pedido até o recebimento da denúncia. Dessa forma, em razão do princípio da irretroatividade da lei penal mais severa, previsto no art. 5º, XL da CRFB/88 e no art. 1º do Código Penal, esse novo marco temporal limite somente pode ser aplicado aos delitos praticados após a vigência da lei 12.382/2011. Em outras palavras, em relação aos delitos praticados antes do seu advento, o trânsito em julgado da sentença penal condenatória continua a ser o limite temporal para o parcelamento e para a suspensão da pretensão punitiva.

35. Adesão ao REFIS e bens sob constrição judicial. A adesão ao plano do REFIS não autoriza o levantamento dos bens sob constrição judicial, tendo em vista que a adesão ao REFIS implica a suspensão da pretensão punitiva, e não a extinção da punibilidade, que só ocorre com o pagamento integral dos tributos. Dessa forma, impossibilita-se o levantamento dos bens sob constrição judicial.

36. Suspensão do prazo prescricional. Dispõe o art. 9º, § 1º, da lei 10.684/2003 que *"a prescrição criminal não corre durante o período de suspensão da pretensão punitiva."* A mesma previsão está contida no art. 83, §3º, da lei 9.430/96, com a redação que lhe deu a lei 12.382/2011.

▸ **STF**

Informativo nº 911.

Segunda Turma

Suspensão do prazo prescricional e parcelamento do débito fiscal

O prazo prescricional não corre enquanto estiverem sendo cumpridas as condições do parcelamento do débito fiscal. Com base nesse entendimento, a Primeira Turma negou provimento a agravo regimental em recurso extraordinário em que se pleiteava o reconhecimento da prescrição da pretensão punitiva do Estado. O colegiado entendeu que, por estar suspensa a pretensão punitiva durante o período em que estiverem sendo cumpridas as condições do parcelamento do débito, também fica suspenso o prazo prescricional. Permitir que a prescrição siga seu curso normal durante o período de adesão voluntária do contribuinte ao programa de recuperação fiscal serviria como estratégia do réu para alcançar a impunidade. **ARE 1037087 AgR/SP, rel. Min. Dias Toffoli, julgamento em 14.8.2018.**

37. Suspensão da pretensão punitiva e sua aplicabilidade às pessoas físicas. De acordo com a jurisprudência do STJ, o art. 9º da Lei 10.684/2003 se aplica também às pessoas físicas.

Recentemente ocorreu o advento da lei 11.941 de 27 de maio de 2009, que possibilitou às pessoas físicas a realização do parcelamento ou do pagamento, positivando, assim, a jurisprudência do STJ. Eis a redação da novel lei: "***Art. 1º*** *Poderão ser pagos ou parcelados, em até 180 (cento e oitenta) meses, nas condições desta Lei, os débitos administrados pela Secretaria da Receita Federal do Brasil e os débitos para com a Procuradoria-Geral da Fazenda Nacional, inclusive o saldo remanescente dos débitos consolidados no Programa de Recuperação Fiscal – REFIS, de que trata a Lei n. 9.964, de 10 de abril de 2000, no Parcelamento Especial – PAES, de que trata a Lei n. 10.684, de 30 de maio de 2003, no Parcelamento Excepcional – PAEX, de que trata a Medida Provisória nº 303, de 29 de junho de 2006, no parcelamento previsto no art. 38 da Lei n. 8.212, de 24 de julho de 1991, e no parcelamento previsto no art. 10 da Lei n. 10.522, de 19 de julho de 2002, mesmo que tenham sido excluídos dos respectivos programas e parcelamentos, bem como os débitos decorrentes do aproveitamento indevido de créditos do Imposto sobre Produtos Industrializados – IPI oriundos da aquisição de matérias-primas, material de embalagem e produtos intermediários relacionados na Tabela de Incidência do Imposto sobre Produtos Industrializados – TIPI, aprovada pelo Decreto nº 6.006, de 28 de dezembro de 2006, com incidência de alíquota 0 (zero) ou como não-tributados...*§ 15. *A pessoa física responsabilizada pelo não pagamento ou recolhimento de tributos devidos pela pessoa jurídica poderá efetuar, nos mesmos termos e condições previstos nesta Lei, em relação à totalidade ou à parte determinada dos débitos: I – pagamento; II – parcelamento, desde que com anuência da pessoa jurídica, nos termos a serem definidos em regulamento.* ***Art. 68.*** É suspensa a pretensão punitiva do Estado, referente aos crimes previstos nos *arts. 1º e 2º da Lei nº 8.137, de 27 de dezembro de 1990, e nos arts. 168-A e 337-A do Decreto-Lei nº 2.848, de 7 de dezembro de 1940 – Código Penal, limitada a suspensão aos débitos que tiverem sido objeto de concessão de parcelamento, enquanto não forem rescindidos os parcelamentos de que tratam os arts. 1º a 3º desta Lei, observado o disposto no art. 69 desta Lei.* ***Parágrafo único****. A prescrição criminal não corre durante o período de suspensão da pretensão punitiva.* ***Art. 69.*** *Extingue-se a punibilidade dos crimes referidos no art. 68 quando a pessoa jurídica relacionada com o agente efetuar o pagamento integral dos débitos oriundos de tributos e contribuições sociais, inclusive acessórios, que tiverem sido objeto de concessão de parcelamento.* ***Parágrafo único.*** *Na hipótese de pagamento efetuado* *pela pessoa física prevista no* § 15 do art. *1º desta Lei, a extinção da punibilidade ocorrerá com o pagamento integral dos valores correspondentes à ação penal".*

A lei 12.382/2011, que alterou a redação do no art. 83, §2º, da lei 9.430/96, também concedeu às pessoas físicas a possibilidade do parcelamento, com a consequente suspensão da pretensão punitiva.

38. Suspensão da pretensão punitiva e denúncia. Suspensa a pretensão punitiva, a denúncia não pode ser oferecida, nem recebida.

39. Suspensão da pretensão punitiva pelo parcelamento e manutenção de competência. Se houver conexão entre o delito contra a Ordem Tributária a ser julgado pela Justiça Federal e outro delito qualquer, de acordo com a súmula 122 do STJ a Justiça Federal tem competência para processar e julgar os dois delitos. Caso tenha havido, em relação ao delito contra a Ordem Tributária, a suspensão da pretensão punitiva pela adesão ao parcelamento, a Justiça Federal permanece com a competência para processar e julgar o crime conexo. Assim, o parcelamento do débito referente ao crime contra a Ordem Tributária, de competência da Justiça Federal, não altera a competência modificada pela conexão para processar e julgar outro delito conexo.

► **STJ**

Informativo nº 506

Primeira Seção

DIREITO PROCESSUAL PENAL. COMPETÊNCIA. CONEXÃO ENTRE CRIMES DE PECULATO E SONEGAÇÃO FISCAL. IRRELEVÂNCIA DO PARCELAMENTO TRIBUTÁRIO.

Compete à Justiça Federal o julgamento de crime de peculato se houver possibilidade de utilização da prova do referido crime para elucidar crime de sonegação fiscal consistente na falta de declaração à Receita Federal do recebimento dos valores indevidamente apropriados, ainda que suspenso o curso da ação penal quanto ao crime fiscal por adesão ao programa de recuperação (parcelamento). Conforme preceitua o art. 76, III, do CPP, a competência será determinada pela conexão quando a prova de uma infração ou de qualquer de suas circunstâncias elementares influir na prova de outra infração. Essa conexão, chamada de probatória ou instrumental, tem como objetivo evitar decisões conflitantes, bem como contribuir para a economia processual, além de possibilitar ao Juízo uma visão mais completa dos fatos. Presente a conexão entre os fatos delituosos e sendo um deles da competência da Justiça Federal, aplica-se a Súm. n. 122/STJ. O fato de a ação penal relativa ao crime de sonegação tributária estar suspensa, em razão da adesão ao programa de recuperação fiscal, em nada altera a competência da Justiça Federal para processar e julgar o crime de peculato, aplicando-se, por analogia, o disposto no art. 81, *caput*, do CPP, segundo o qual "verificada a reunião dos processos por conexão ou continência, ainda que no processo da sua competência própria venha o juiz ou tribunal a proferir sentença absolutória ou que desclassifique a infração para outra que não se inclua na sua competência, continuará competente em relação aos demais processos." Ora, se no mais – absolvição ou desclassificação do crime – a competência permanece, não há razão para o menos – suspensão da ação penal – modificar a competência atraída pela conexão. Precedentes citados: CC 39.681-RS, DJ 2/3/2005, e AgRg no CC 111.962-AC, DJe 22/6/2012. CC 121.022-AC, **Rel. Min. Marco Aurélio Bellizze, julgado em 10/10/2012.**

40. Extinção da punibilidade pelo pagamento. O art. 9º, § 2º, da lei 10.684/2003 trouxe a possibilidade de o pagamento integral do tributo suprimido ou reduzido, inclusive acessórios, extinguir a punibilidade, dispondo que *"extingue-se a punibilidade dos crimes referidos neste artigo quando a pessoa jurídica relacionada com o agente efetuar o pagamento integral dos débitos oriundos de tributos e contribuições sociais, inclusive acessórios"*.

A lei 12.382/2011 alterou o art. 83, §4º, da lei 9.430/96 conferindo-lhe a seguinte redação: *"Extingue-se a punibilidade dos crimes referidos no caput quando a pessoa física ou a pessoa jurídica relacionada com o agente efetuar o pagamento integral dos débitos oriundos de tributos, inclusive acessórios, que tiverem sido objeto de concessão de parcelamento"*.

Verifica-se que a novel lei possibilitou a extinção da punibilidade pelo pagamento à pessoa jurídica e à pessoa física.

A parte final desse dispositivo pode gerar alguma dúvida se confrontado com o art. 9º, §2º, da lei 10.684/2003. Isso porque o art. 83, §4º, da lei 9.430/96, com a redação dada pela lei 12.382/2011, dispõe sobre o pagamento integral dos débitos oriundos de tributos, inclusive acessórios, *que tiverem sido objeto de concessão de parcelamento.* Ao assim dispor, o legislador excluiu da possibilidade de pagamento os valores referentes aos tributos que *não foram objeto de parcelamento.* Em outras palavras, no regime da lei 10.684/2003, o agente pode efetivar o pagamento de qualquer valor, independentemente de ter sido objeto de parcelamento anterior, ao passo que no regime introduzido pela lei 12.382/2011, *somente* podem ser objetos de pagamento os tributos que tiverem sido parcelados. Assim, as duas leis têm âmbitos de aplicação diversos. O pagamento do valor que tiver sido parcelado deve ser feito com base no art. 83, §4º, da lei 9.430/96, com a redação que lhe deu a lei 12.382/2011. De outro giro, o pagamento do valor que não tiver sido objeto de parcelamento deverá ser efetivado com base no art. 9º, § 2º, da lei 10.684/2003.

41. Momento para a efetivação do pagamento. De acordo com o STF e o STJ, o pagamento pode ocorrer a qualquer tempo, mesmo após o trânsito em julgado da condenação. Esse mesmo entendimento deve ser aplicado ao regime introduzido pela lei 12.382/2011, que alterou o art. 83, §4º, da lei 9.430/96, tendo em vista que ela não estabeleceu nenhum marco temporal limite para a efetivação do pagamento.

> **STF.** (...) Art. 9º, § 2º, da Lei nº 10.684/03. (...) Tratando-se de apropriação indébita previdenciária (art. 168-A, § 1º, I, CP), o pagamento integral do débito tributário, ainda que após o trânsito em julgado da condenação, é causa de extinção da punibilidade do agente, nos termos do art. 9º, § 2º, da Lei nº 10.684/03. Precedentes. **(RHC 128245, Rel. Min. Dias Toffoli, Segunda Turma, julgado em 23/08/2016).**

▶ **STF**

Informativo nº 715

Primeira Turma

Extinção da punibilidade e pagamento integral de débito – 1

O pagamento integral de débito fiscal — devidamente comprovado nos autos — empreendido pelo paciente em momento anterior ao trânsito em julgado da condenação que lhe foi imposta é causa de extinção de sua punibilidade, conforme opção político-criminal do legislador pátrio (Lei 10.684/2003: *"Art. 9º É suspensa a pretensão punitiva do Estado, referente aos crimes previstos nos arts. 1º e 2º da Lei nº 8.137, de 27 de dezembro de 1990, e nos arts. 168A e 337A do Decreto-Lei nº 2.848, de 7 de dezembro de 1940 – Código Penal, durante o período em que a pessoa jurídica relacionada com o agente dos aludidos crimes estiver incluída no regime de parcelamento. ... § 2º Extingue-se a punibilidade dos crimes referidos neste artigo quando a pessoa jurídica relacionada com o agente efetuar o pagamento integral dos débitos oriundos de tributos e contribuições sociais, inclusive acessórios"*). Com base nesse entendimento, a 1ª Turma concedeu, de ofício, *habeas corpus* para reconhecer a extinção da punibilidade de paciente condenado por supostamente fraudar a fiscalização tributária (Lei 8.137/90, art. 1º, II, c/c art. 71 do CP) (...). **(HC 116828/SP, rel. Min. Dias Toffoli, 13.8.2013).**

► **STJ**

Informativo nº 611
Quinta Turma

Crime contra a ordem tributária. Condenação transitada em julgado. Pagamento do tributo. Causa de extinção da punibilidade. Artigo 9º, § 2º, da Lei n. 10.684/2003. Coação ilegal caracterizada. O pagamento do débito tributário, a qualquer tempo, até mesmo após o advento do trânsito em julgado da sentença penal condenatória, é causa de extinção da punibilidade do acusado. (...) Com a instituição do Programa de Recuperação Fiscal (REFIS) pela Lei n. 9.964/2000, a extinção da punibilidade apenas poderia ser declarada com o pagamento integral do débito tributário, e desde que isto ocorresse antes do recebimento da denúncia, conforme a redação do art. 15, § 3º, da referida legislação. O advento da Lei n. 10.684/2003 resultou na ampliação do lapso temporal durante o qual o adimplemento do débito tributário redundaria na extinção da punibilidade do agente responsável pela redução ou supressão de tributo. Da leitura do art. 9º, § 2º, da lei supracitada, depreende-se que o legislador ordinário não fixou um limite temporal dentro do qual o adimplemento da obrigação tributária e seus acessórios significaria a extinção da punibilidade do agente pela prática da sonegação fiscal, deixando transparecer que, uma vez em dia com o Fisco, o Estado não teria mais interesse em atribuir-lhe uma reprimenda corporal em razão da sonegação verificada. (...) Portanto, se no histórico das leis que regulamentam o tema o legislador ordinário, no exercício da sua função constitucional e de acordo com a política criminal adotada, optou por retirar o marco temporal previsto para o adimplemento da obrigação tributária redundar na extinção da punibilidade do agente sonegador, é vedado ao Poder Judiciário estabelecer tal limite, ou seja, dizer o que a Lei não diz, em verdadeira interpretação extensiva não cabível na hipótese, porquanto incompatível com a *ratio* da legislação em apreço. **(HC 362.478-SP, Rel. Min. Jorge Mussi, julgado em 14/9/2017).**

42. O pagamento da penalidade pecuniária não gera a extinção da punibilidade. O pagamento de multa (penalidade pecuniária) imposta porque o contribuinte deixou de atender às exigências da autoridade tributária quanto à exibição de livros e documentos fiscais (art. 1.º, V e parágrafo único da Lei n. 8.137/90) não está inserida na causa de extinção da punibilidade prevista no art. 9º, § 2º, da lei nº 10.684/03. Com efeito, de acordo com a norma mencionada, o que gera a extinção da punibilidade é o pagamento do tributo sonegado, inclusive os acessórios, e não da multa aplicada. Dentro do conceito de tributo descrito no art. 3º do CTN, não está englobada a multa, entre outros motivos, porque tributo não pode ser sanção de ato ilícito, como ocorre com a multa imposta.

▶ **STJ**

Informativo nº 598

Sexta Turma

Direito penal tributário. Delito consistente em deixar de atender à determinação de autoridade fiscal (Art. 1.º, V e Parágrafo único da Lei n. 8.137/90). Não exibição de livros e documentos fiscais. Pagamento da penalidade pecuniária. Extinção da punibilidade. Impossibilidade. O pagamento da penalidade pecuniária imposta ao contribuinte que deixa de atender às exigências da autoridade tributária estadual quanto à exibição de livros e documentos fiscais não se adequa a nenhuma das hipóteses de extinção de punibilidade previstas no parágrafo 2º do artigo 9º da Lei n. 10.864/03. Cinge-se a controvérsia dos autos a saber se o pagamento da multa sancionatória imposta pelo descumprimento de obrigação tributária acessória gera ou não a extinção da punibilidade nos termos parágrafo 2º do art. 9º da Lei n. 10.864/03. De acordo com o artigo 3º do CTN, os tributos – por serem prestações pecuniárias compulsórias, não sancionatórias, instituídas *ex lege* – são inconfundíveis com as multas, porquanto estas têm natureza sancionatória. Quando o art. 113 do CTN estatui que a obrigação tributária principal tem por objeto o pagamento de tributo "ou penalidade pecuniária", tal disposição significa apenas que os valores devidos em razão de eventuais sanções decorrentes do inadimplemento da prestação tributária devem ser exigidos conjuntamente com a prestação tributária. A "obrigação tributária principal", portanto, compreende o tributo e eventuais acréscimos legais, dentre os quais a multa decorrente do inadimplemento da prestação tributária. As obrigações tributárias acessórias, por sua vez, são as obrigações de fazer ou não fazer fixadas na legislação tributária, existentes independentemente de uma prestação tributária. Desse modo, também o § 3º do artigo 113 do CTN significa, somente, que os valores devidos em razão de eventuais sanções decorrentes do inadimplemento dessa obrigação tributária acessória devem ser exigidos, ainda que isoladamente, como se constituíssem "obrigação principal". Assim, a penalidade pecuniária imposta ao contribuinte que deixa de atender a requisição da autoridade fiscal constitui obrigação tributária principal, mas não configura 'tributo' por força do comando expresso da norma contida no artigo 3º do Código Tributário Nacional que exclui inequivocamente do conceito de tributo a sanção decorrente de ato ilícito. Destarte, o pagamento da penalidade pecuniária imposta ao contribuinte que deixa de atender às exigências da autoridade tributária estadual quanto à exibição de livros e documentos fiscais não se adequa a qualquer das hipóteses previstas no parágrafo 2º do artigo 9º da Lei n. 10.864/03. Por fim, há de se atentar, ainda, para a intenção do legislador em prestigiar o interesse arrecadatório do Estado na instituição da causa de extinção da punibilidade do parágrafo 2º do artigo 9º da Lei n. 10.864/03. Com efeito, a par das críticas doutrinárias acerca de tal modalidade de exclusão da punibilidade, visto que o Direito Penal não constitui instrumento de coerção de inadimplentes, o certo é que quis o legislador anistiar o contribuinte que efetua o pagamento integral do débito tributário com o objetivo de aplacar a sonegação fiscal. E no delito do artigo 1º, inciso V, parágrafo único, da Lei n. 8.137/90 não há supressão ou a redução de tributos, mas, sim, desobediência das requisições da autoridade fiscal pelo contribuinte que não cumpre com obrigação de fazer, deixando de exibir livros ou documentos necessários à atividade fiscalizatória do Estado. No delito em questão, o bem jurídico tutelado é a preservação da própria função institucional do Fisco. **(REsp 1.630.109-RJ, Rel. Min. Maria Thereza de Assis Moura, julgado em 14/2/2017).**

43. Não aplicabilidade do 9º, §2º, da lei 10.684/2003 ao delito de descaminho (art. 334 do Código Penal). De acordo com a jurisprudência do STJ, a possibilidade de o pagamento extinguir a punibilidade do agente com base no 9º, §2º, da lei 10.684/2003, não se aplica ao delito de descaminho por ausência de previsão legal e porque o bem jurídico tutelado no delito de descaminho é diverso do bem jurídico tutelado nos crimes contra a Ordem Tributária (arts. 1º e 2º, da lei 8.137/90).

▶ **STJ**

Informativo nº 555

Quinta Turma

DIREITO PENAL. DESCAMINHO E EXTINÇÃO DA PUNIBILIDADE.

O pagamento do tributo devido não extingue a punibilidade do crime de descaminho (art. 334 do CP). A partir do julgamento do HC 218.961-SP (DJe 25/10/2013), a Quinta Turma do STJ, alinhando-se ao entendimento da Sexta Turma e do STF, passou a considerar ser desnecessária, para a persecução penal do crime de descaminho, a apuração administrativa do montante de tributo que deixou de ser recolhido, tendo em vista a natureza formal do delito, o qual se configura com o simples ato de iludir o pagamento do imposto devido pela entrada de mercadoria no país. Na ocasião, consignou-se que o bem jurídico tutelado pelo art. 334 do CP vai além do valor do imposto sonegado, pois, além de lesar o Fisco, atinge a estabilidade das atividades comerciais dentro do país, dá ensejo ao comércio ilegal e à concorrência desleal, gerando uma série de prejuízos para a atividade empresarial brasileira. Verifica-se, assim, que o descaminho não pode ser equiparado aos crimes materiais contra a ordem tributária, o que revela a impossibilidade de que o agente acusado da prática do crime de descaminho tenha a sua punibilidade extinta pelo pagamento do tributo. Ademais, o art. 9º da Lei 10.684/2003 prevê a extinção da punibilidade pelo pagamento dos débitos fiscais apenas no que se refere aos crimes contra a ordem tributária e de apropriação ou sonegação de contribuição previdenciária – arts. 1º e 2º da Lei 8.137/1990, 168-A e 337-A do CP. Nesse sentido, se o crime de descaminho não se assemelha aos crimes acima mencionados, notadamente em razão dos diferentes bens jurídicos por cada um deles tutelados, inviável a aplicação analógica da Lei 10.684/2003. **RHC 43.558-SP, Rel. Min. Jorge Mussi, julgado em 5/2/2015, DJe 13/2/2015.**

44. Não aplicabilidade do 9º, §2º, da lei 10.684/2003 ao delito de estelionato (171, *caput*, do Código Penal). De acordo com a jurisprudência do STF, a possibilidade de o pagamento extinguir a punibilidade do agente com base no 9º, §2º, da lei 10.684/2003, não se aplica ao delito de estelionato previsto no art. 171, *caput*, do Código Penal.

▶ STF

Informativo nº 796
Segunda Turma
Estelionato e extinção de punibilidade

A causa especial de extinção de punibilidade prevista no § 2º do art. 9º da Lei 10.684/2003, relativamente ao pagamento integral do crédito tributário, não se aplica ao delito de estelionato (CP, art. 171). Esse o entendimento da Segunda Turma, que negou provimento a recurso ordinário em "habeas corpus" em que se pleiteava a declaração da extinção da punibilidade em razão do ressarcimento integral do dano causado à vitima do estelionato. RHC 126917/SP, rel. Min. Teori Zavascki, 25.8.2015.

45. **Não aplicabilidade do 9º, §2º, da lei 10.684/2003 ao delito de estelionato previdenciário (art. 171, §3º do Código Penal).** De acordo com a jurisprudência do STJ, a possibilidade de o pagamento extinguir a punibilidade do agente com base no 9º, §2º, da lei 10.684/2003, não se aplica ao delito de estelionato previdenciário por ausência de previsão legal.

▶ STJ

Informativo nº 559
Sexta Turma
DIREITO PENAL. ESTELIONATO CONTRA A PREVIDÊNCIA SOCIAL E DEVOLUÇÃO DA VANTAGEM INDEVIDA ANTES DO RECEBIMENTO DA DENÚNCIA.

Não extingue a punibilidade do crime de estelionato previdenciário (art. 171, § 3º, do CP) a devolução à Previdência Social, antes do recebimento da denúncia, da vantagem percebida ilicitamente, podendo a iniciativa, eventualmente, caracterizar arrependimento posterior, previsto no art. 16 do CP. O art. 9º da Lei 10.684/2003 prevê hipótese excepcional de extinção de punibilidade, "quando a pessoa jurídica relacionada com o agente efetuar o pagamento integral dos débitos oriundos de tributos e contribuições sociais, inclusive acessórios", que somente abrange os crimes de sonegação fiscal, apropriação indébita previdenciária e sonegação de contribuição previdenciária, ontologicamente distintos do estelionato previdenciário, no qual há emprego de ardil para o recebimento indevido de benefícios. Dessa forma, não é possível aplicação, por analogia, da causa extintiva de punibilidade prevista no art. 9º da Lei 10.684/2003 pelo pagamento do débito ao estelionato previdenciário, pois não há lacuna involuntária na lei penal a demandar o procedimento supletivo, de integração do ordenamento jurídico. Precedente citado: AgRg no Ag 1.351.325-PR, Quinta Turma, DJe 5/12/2011. **REsp 1.380.672-SC, Rel. Min. Rogerio Schietti Cruz, julgado em 24/3/2015, DJe 6/4/2015.**

46. **Não aplicabilidade do 9º, §2º, da lei 10.684/2003 ao delito conexo ao crime contra a Ordem Tributária.** De acordo com a jurisprudência do STJ, a possibilidade de o pagamento extinguir a punibilidade do agente com base no 9º, §2º, da lei 10.684/2003, não se aplica ao delito conexo ao crime contra a Ordem Tributária, em razão da diversidade dos bens jurídicos protegidos, bem como da finalidade arrecadatória da norma que permite o pagamento como causa de extinção da punibilidade.

▸ **STJ**

Informativo nº 631.

Sexta Turma

Corrupção ativa. Emissão de guia de recolhimento de imposto em montante menor do que o devido. **Pagamento da diferença antes do recebimento da denúncia. Causa de extinção da punibilidade. Aplicação analógica ao delito de corrupção. Impossibilidade.**

O pagamento da diferença do imposto devido, antes do recebimento da denúncia, não extingue a punibilidade pelo crime de corrupção ativa atrelado ao de sonegação fiscal.

De início, é mister consignar que não há razão plausível para reconhecer que o crime de corrupção ativa tenha extinta a punibilidade porque a autora pagou, antes do recebimento da denúncia, o montante de tributo que havia elidido, indevidamente, com o oferecimento da vantagem indevida a servidor público encarregado de emitir a guia de recolhimento respectiva. São delitos totalmente distintos, com bem jurídicos tutelados igualmente diversos. A extinção da punibilidade dos crimes de cunho fiscal, pelo pagamento do tributo, antes do recebimento da denúncia, tem a ver com a proteção da ordem tributária e com a efetividade da arrecadação estatal, enquanto no crime de corrupção ativa, o bem jurídico tutelado é o normal funcionamento e o prestígio da administração pública. Nesse sentido, oferecer a funcionário público vantagem ilícita para que não emita guia com o valor realmente devido a título de tributo *causamortis*, é, em tese e sem qualquer prejulgamento, conduta de reprovabilidade patente e não merece, por isso mesmo, benefício de extinção da punibilidade, muito menos por lógica de analogia, porque subverte a ordem da administração pública, depõe contra a sua reputação e influencia o comportamento de outros agentes públicos, ainda que a diferença do *quantum* devido, tenha sido solvida antes do recebimento da denúncia. (...). **RHC 95.557-GO, Rel. Min. Maria Thereza de Assis Moura, julgado em 21/06/2018.**

47. Retroatividade da lei 10.684/2003. Por tratar-se de nova lei mais benéfica, a lei 10.684/2003 deve retroagir para alcançar os fatos praticados antes do seu início de vigência, em homenagem ao princípio constitucional da retroatividade da lei penal mais benéfica previsto no art. 5º, XL da CF/88. A retroatividade dá-se tanto em relação à suspensão da pretensão punitiva, quanto à extinção da punibilidade pelo pagamento.

48. Extinção da punibilidade com base no Regime Especial de Regularização Cambial e Tributária (RERCT). A lei 13.254/2016 estatuiu o Regime Especial de Regularização Cambial e Tributária (RERCT) e positivou no art. 5, § 1º, uma causa de extinção da punibilidade em relação aos delitos do art. 1º e do art. 2º I, II e V, da lei 8.137/90. Esse Regime Especial consiste na regularização por meio da declaração voluntária de recursos, bens ou direitos de origem lícita, não declarados ou declarados com omissão ou incorreção em relação a dados essenciais, remetidos ou mantidos no exterior, ou repatriados por residentes ou domiciliados no país, conforme a legislação cambial ou tributária. Segundo o art. 2º, II, dessa lei, consideram-se recursos ou patrimônio de origem lícita: os bens e os direitos adquiridos com recursos oriundos de atividades permitidas ou não proibidas pela lei, bem como o objeto, o produto ou o proveito dos crimes previstos no § 1º, do art. 5º, da mesma lei.

A adesão ao RERCT dá-se por meio da apresentação, pela pessoa física ou jurídica, à Secretaria da Receita Federal do Brasil (RFB) e, em cópia para fins de registro, ao Banco Central do Brasil da ***declaração única de regularização específica*** contendo a descrição pormenorizada dos recursos, bens e direitos de qualquer natureza de que seja titular em 31 de dezembro de 2014 a serem regularizados, com o respectivo valor em real, ou, no caso de inexistência de saldo ou título de propriedade em 31 de dezembro de 2014, a descrição das condutas praticadas pelo declarante que se enquadrem nos crimes previstos no § 1º, do art. 5º, da lei e dos respectivos bens e recursos que possuiu (art. 4º da lei 13.254/2016).

Por sua vez, o art. 5º da lei 13.254/2016 traz a hipótese de extinção da punibilidade, especificamente em seu § 1º. Eis a sua redação: *"a adesão ao programa dar-se-á mediante entrega da declaração dos recursos, bens e direitos sujeitos à regularização prevista no caput do art. 4º e pagamento integral do imposto previsto no art. 6º e da multa prevista no art. 8º desta Lei. §* ***1º O cumprimento das condições previstas no caput antes de decisão criminal extinguirá, em relação a recursos, bens e direitos a serem regularizados nos termos desta Lei, a punibilidade dos crimes a seguir previstos, praticados até a data de adesão ao RERCT:*** *I – no art. 1º e nos incisos I, II e V do art. 2º da Lei n. 8.137, de 27 de dezembro de 1990; II – na Lei n. 4.729, de 14 de julho de 1965; III – no art. 337-A do Decreto-Lei n. 2.848, de 7 de dezembro de 1940 (Código Penal); IV – nos seguintes arts. do Decreto-Lei n. 2.848, de 7 de dezembro de 1940 (Código Penal), quando exaurida sua potencialidade lesiva com a prática dos crimes previstos nos incisos I a III: A) 297; b) 298; c) 299; d) 304; V – (vetado); VI – no caput e no parágrafo único do art. 22 da Lei n. 7.492, de 16 de junho de 1986; VII – no art. 1º da Lei n. 9.613, de 3 de março de 1998, quando o objeto do crime for bem, direito ou valor proveniente, direta ou indiretamente, dos crimes previstos nos incisos I a VI; VIII – (vetado). § 2º A extinção da punibilidade a que se refere o § 1º: I – (vetado); II – somente ocorrerá se o cumprimento das condições se der antes do trânsito em julgado da decisão criminal condenatória; III – produzirá, em relação à administração pública, a extinção de todas as obrigações de natureza cambial ou financeira, principais ou acessórias, inclusive as meramente formais, que pudessem ser exigíveis em relação aos bens e direitos declarados, ressalvadas as previstas nesta Lei. § 3º (vetado). § 4º (vetado). § 5º Na hipótese dos incisos V e VI do § 1º, a extinção da punibilidade será restrita aos casos em que os recursos utilizados na operação de câmbio não autorizada, as divisas ou moedas saídas do País sem autorização legal ou os depósitos mantidos no exterior e não declarados à repartição federal competente possuírem origem lícita ou forem provenientes, direta ou indiretamente, de quaisquer dos crimes previstos nos incisos I, II, III, VII ou VIII do § 1º."* (grifamos).

Em relação ao rol de crimes contidos no art. 5º, § 1º, duas observações merecem ser feitas: a Lei n. 4.729/1965 está tacitamente revogada pela lei 8.137/1990; em relação ao art. 1º da Lei n. 9.613/1998 (Lavagem de Dinheiro), o rol de incisos foi suprimido pela lei 12.683/2012, não existindo mais.

Como é possível perceber, conforme a redação do art. 5º, § 1º, da lei 13.254/2016, a adesão ao RERCT nos moldes preconizados no art. 4º da mesma lei tem o condão de extinguir a punibilidade do agente.

Em relação a essa causa de extinção da punibilidade, alguns pontos merecem destaque. Em primeiro lugar, há um limite temporal para a efetivação da adesão ao RERCT (art. 4º) e o cumprimento das demais condições dispostas no art. 5º, *caput*, da lei, que é o trânsito em julgado da sentença penal condenatória (art. 5º, § 2º, II). E mais: a adesão ao RERCT deve feita no prazo disposto no art. 7º da lei (*"a adesão ao RERCT poderá ser feita no prazo de 210 (duzentos e dez) dias, contado a partir da data de entrada em vigor do ato da RFB de que trata o art. 10, com declaração da situação patrimonial em 31 de dezembro de 2014 e o consequente pagamento do tributo e da multa"*).

Em segundo lugar, o art. 5º, § 5º, traz uma restrição da extinção da punibilidade para o caso do delito de evasão de divisas previsto no art. 22, *caput* e parágrafo único, da lei 7.492/1986, ao dispor que *"a extinção da punibilidade será restrita aos casos em que os recursos utilizados na operação de câmbio não autorizada, as divisas ou moedas saídas do País sem autorização legal ou os depósitos mantidos no exterior e não declarados à repartição federal competente possuírem origem lícita ou forem provenientes, direta ou indiretamente, de quaisquer dos crimes previstos nos incisos I, II, III, VII ou VIII do § 1º."*

Em terceiro lugar, a *declaração única de regularização específica* de que trata o art. 4º da lei 13.254/2016 não pode ser, por qualquer modo, utilizada como único indício ou elemento para efeitos de expediente investigatório ou procedimento criminal (art. 4º, § 12, I, da lei 13.254/2016). Com isso, o legislador procurou impedir que a confissão espontânea do agente sirva como elemento que possa, por si só, deflagrar a persecução penal contra ele, sob pena de tornar a regularização desinteressante para o agente, que se virá alvo de investigação criminal a partir das suas declarações.

Em quarto lugar, a regularização de ativos mantidos em nome de interposta pessoa, normalmente conhecida como "laranja" ou "testa de ferro", técnica utilizada para ocultar o verdadeiro proprietário, estenderá a ela a extinção da punibilidade prevista no § 1º, do art. 5º, da lei 13.254/2016. O legislador trouxe a possibilidade de extensão da extinção da punibilidade para a interposta pessoa como forma de incentivar a regularização dos ativos mantidos em seu nome e descobrir o real proprietário dos ativos.

Em quinto lugar, conforme preconiza o art. 5º, § 1º, IV, da lei 13.254/2016, ocorre a extinção da punibilidade em relação aos delitos de falsificação de documento público (art. 297 do Código Penal), falsificação de documento particular (art. 298 do Código Penal), falsidade ideológica (art. 299 do Código Penal) e uso de documento falso (art. 304 do Código Penal), quando a potencialidade lesiva desses delitos exaurir-se no delito previsto no art. 1º e no art. 2º, I, II e V, da lei 8.137/1990, bem como no delito previsto no art. 337-A do Código Penal. Essa previsão deve-se ao fato de que cada um desses delitos de falsidade muitas vezes configura meio para a prática desses últimos delitos e fica absorvido por força do princípio da consunção, na vertente do crime progressivo, configurando, dessa forma, *ante factum* impunível, quando a sua potencialidade lesiva esgotar-se nos crimes contra a ordem tributária (lei 8.137/1990) e de sonegação de contribuição previdenciária (art. 337-A do Código Penal). É bem verdade que caso haja a extinção da punibilidade em relação ao crime contra a ordem tributária (lei 8.137/1990) e ao delito de sonegação de contribuição previdenciária (art. 337-A do Código Penal), o delito de falso não pode subsistir, justamente por já ter sido absorvido. Entretanto, para evitar qualquer entendimento diverso a ser eventualmente adotado na prática, fazendo com que o delito de falso subsista, o legislador determinou expressamente a extinção da punibilidade também em relação a essas falsidades, desde que a potencialidade lesiva deles tenha sido exaurida nos crimes contra a ordem tributária (art. 1º e art. 2º, I, II e V, da lei 8.137/1990) e de sonegação de contribuição previdenciária (art. 337-A do Código Penal), de forma a não subsistir responsabilidade penal alguma.

49. Constitucionalidade das normas que tratam do parcelamento e do pagamento. O STF declarou a constitucionalidade das normas que tratam da suspensão da pretensão punitiva pelo parcelamento e da extinção da punibilidade pelo pagamento, tendo em vista que tais normas têm por finalidade afirmar a prevalência da política de arrecadação dos tributos e do restabelecimento das atividades econômicas das empresas, estimulando a reparação do dano causado ao erário.

▶ **STF.**

Informativo nº 1.103

Plenário

Causas de extinção e suspensão da punibilidade: abrandamento da responsabilização penal decorrente da prática de crimes contra a ordem tributária - ADI 4.273/DF

São constitucionais — por não violarem os preceitos dos arts. 3o, I a IV, e 5o, "caput", ambos da CF/1988 nem o princípio da proporcionalidade, sob a perspectiva da proibição da proteção deficiente — dispositivos de leis que estabelecem a suspensão da pretensão punitiva estatal, em consequência do parcelamento de débitos tributários, bem como a extinção da punibilidade do agente, se realizado o pagamento integral.

No caso, o legislador penal-tributário, atuando em espaço de conformação que lhe é próprio, conferiu prevalência à política de arrecadação dos tributos e de restabeleci- mento das atividades econômicas das empresas.

Nesse contexto, a adoção dessas medidas de despenalização (causas suspensiva e extintiva de punibilidade, decorrentes do parcelamento ou pagamento integral dos débitos tributários), além de estimular essencialmente a reparação do dano causado ao erário, contribui para a concretização dos objetivos fundamentais da República (CF/1988, art. 3º).

Ademais, ao deixar, como ultima ratio, as sanções penais pela prática dos delitos contra a ordem tributária, em conformidade com o postulado da proporcionalidade e da intervenção mínima do direito penal, o legislador prestigia a liberdade, a propriedade e a livre iniciativa.

Com base nesse entendimento, o Plenário, por unanimidade, julgou o pedido prejudi- cado, no tocante ao art. 68 da Lei 11.941/2009, e improcedente quanto aos demais dis- positivos impugnados na inicial, declarando, por consequência, a constitucionalidade dos arts. 67 e 69 da Lei 11.941/2009 e do art. 9º, §§ 1º e 2º, da Lei 10.684/2003. **ADI 4.273/DF, relator Ministro Nunes Marques, julgamento virtual finalizado em 14.8.2023.**

50. Prescrição da cobrança do crédito tributário. Não influência na configuração do crime. Questão relevante versa sobre a influência da prescrição da cobrança do crédito tributário na configuração do crime. O fato de ter havido a prescrição da cobrança do crédito por não ter o Estado ajuizado a Execução Fiscal em tempo hábil gera alguma influência na configuração do crime do art. 1º da lei 8.137/90? É importante lembrar que prescrição tributária tem natureza jurídica de causa de extinção do crédito tributário (art.156 do CTN). Há uma absoluta independência entre a prescrição tributária e a configuração do delito, de forma que um não influencia o outro. Uma vez constituído o crédito tributário, por meio do trânsito em julgado na esfera administrativa, com a conclusão do processo administrativo fiscal concluindo pela efetiva supressão ou redução do tributo (Súmula Vinculante no 24), o delito do art. 1º da lei 8.137/90 configura-se, independentemente da posterior cobrança do crédito tributário em tempo hábil pelo Fisco. O critério estabelecido pela Súmula Vinculante no 24 é o lançamento definitivo, e não a efetiva satisfação do crédito tributário. Assim, a ocorrência da prescrição da cobrança do crédito tributário não impede a configuração do delito.

► **STJ**

Informativo no 579

Sexta Turma

DIREITO PENAL. PRESCRIÇÃO TRIBUTÁRIA EM EXECUÇÃO FISCAL E TRANCAMENTO DA AÇÃO PENAL POR CRIME MATERIAL CONTRA A ORDEM TRIBUTÁRIA.

O reconhecimento de prescrição tributária em execução fiscal não é capaz de justificar o trancamento de ação penal referente aos crimes contra a ordem tributária previstos nos incisos II e IV do art. 1º da Lei n. 8.137/1990. Isso porque a constituição regular e definitiva do crédito tributário é suficiente para tipificar as condutas previstas no art. 1º, I a IV, da Lei n. 8.137/1990, não influindo o eventual reconhecimento da prescrição tributária. De fato, são independentes as esferas penal e tributária. Assim, o fato de ter escoado o prazo para a cobrança do crédito tributário, em razão da prescrição – fato jurídico extintivo do crédito tributário -, não significa que o crime tributário não se consumou, pois a consumação dos delitos de sonegação fiscal se dá por ocasião do trânsito em julgado na esfera administrativa. É dizer, uma vez regular e definitivamente constituído o crédito tributário, sua eventual extinção na esfera tributária, pela prescrição (art. 156 do CTN), em nada afeta *o jus puniendi* estatal, que também resta ileso diante da prescrição para a ação de cobrança do referido crédito (art. 174 do CTN). (...) **RHC 67.771-MG, Rel. Min. Nefi Cordeiro, julgado em 10/3/2016, DJe 17/3/2016.**

Seção I

Dos crimes praticados por particulares

Art. 1º Constitui crime contra a ordem tributária **suprimir ou reduzir tributo, ou contribuição social** e qualquer acessório, mediante as **seguintes condutas:**

I – omitir informação, ou prestar declaração falsa às autoridades fazendárias;

II – fraudar a fiscalização tributária, inserindo elementos inexatos, ou omitindo operação de qualquer natureza, em documento ou livro exigido pela lei fiscal;

III – falsificar ou alterar nota fiscal, fatura, duplicata, nota de venda, ou qualquer outro documento relativo à operação tributável;

IV – elaborar, distribuir, fornecer, emitir ou utilizar documento que saiba ou deva saber falso ou inexato;

V – negar ou deixar de fornecer, quando obrigatório, nota fiscal ou documento equivalente, relativa à venda de mercadoria ou prestação de serviço, efetivamente realizada, ou fornecê-la em desacordo com a legislação.

Pena – reclusão de 2 (dois) a 5 (cinco) anos, e multa.

Parágrafo único. A falta de atendimento da exigência da autoridade, no prazo de 10 (dez) dias, que poderá ser convertido em horas em razão da maior ou menor complexidade da matéria ou da dificuldade quanto ao atendimento da exigência, caracteriza a infração prevista no inciso V.

1. **Art. 1º, *Caput*.** Os delitos previstos nos incisos são próprios, uma vez que só podem ser praticados pelo contribuinte. Por contribuinte entende-se a pessoa que *"tenha relação pessoal e direta com a situação que constitua o respectivo fato gerador"* (art. 121, parágrafo único, I, do CTN). Exige-se o especial fim de agir, consistente na intenção de fraudar o fisco, devendo estar presente na conduta do agente, sob pena de atipicidade da conduta. *Suprimir* significa omitir, não recolher ao fisco o que deveria ter sido recolhido. *Reduzir* é diminuir, recolher um valor menor do que aquele que deveria ter sido recolhido. Percebe-se, portanto, que na conduta *suprimir* não há o pagamento do tributo, enquanto que na conduta *reduzir*, há o pagamento do tributo, só que de forma parcial.
2. **Inciso I.** Omissão de informação ou prestação de informação falsa às autoridades fazendárias.
3. **Omitir informação.** Por *informação* entende-se qualquer dado relevante referente ao fato gerador da obrigação tributária. O agente omite a informação com a finalidade de suprimir ou de reduzir o tributo. Trata-se de conduta omissiva. Segundo a jurisprudência, a mera omissão na entrega da Declaração de Informações Econômico-Fiscais da Pessoa Jurídica (DIPJ) é suficiente para configurara o delito ora analisado.

▶ **STJ**

Informativo nº 505

Sexta Turma

DIREITO PENAL. CRIME CONTRA A ORDEM TRIBUTÁRIA. OMISSÃO DE RECEITA. TIPICIDADE.

A incompatibilidade entre os rendimentos informados na declaração de ajuste anual e valores movimentados no ano calendário caracteriza a presunção relativa de omissão de receita. Por ser relativa, a presunção pode ser afastada por prova contrária do contribuinte. O dolo do tipo manifesta-se na conduta dirigida à omissão de receita e à redução do IRPF, concretizada na apresentação de declaração de imposto de renda sem informar a realização da respectiva movimentação financeira Precedentes citados: RHC 20.438-SP, DJ 17/12/2007, e REsp 792.812-RJ, DJ 2/4/2007. REsp 1.326.034-PE, **Rel. Min. Og Fernandes, julgado em 2/10/2012.**

▶ **STJ**

Informativo no 579

Sexta Turma

DIREITO PENAL. TIPICIDADE DA OMISSÃO NA APRESENTAÇÃO DE DECLARAÇÃO AO FISCO.

A omissão na entrega da Declaração de Informações Econômico-Fiscais da Pessoa Jurídica (DIPJ) consubstancia conduta apta a firmar a tipicidade do crime de sonegação fiscal previsto no art. 1º, I, da Lei n. 8.137/1990, ainda que o FISCO disponha de outros meios para constituição do crédito tributário. O crime de sonegação fiscal, na modalidade do inciso I do art. 1º da Lei n. 8.137/1990, prescinde de fraude ou falsidade, já que, pela leitura do dispositivo, é possível deduzir que a simples omissão, apta a acarretar a supressão ou redução de tributo, revela-se suficiente, em tese, para a prática do crime (...). Essa omissão pode ser uma simples informação constante de uma declaração ou até mesmo da declaração em si; se a omissão atingir o resultado almejado pelo agente (supressão ou redução de tributo), o crime estará consumado. Ora, a constituição do crédito tributário, por vezes, depende de uma obrigação acessória do contribuinte, como declarar um fato gerador da obrigação tributária (lançamento por declaração). Se o contribuinte não realiza esse ato com vistas a não pagar o tributo devido, certamente comete o mesmo crime daquele que presta informação incompleta. De fato, não há lógica em punir quem declara, mas omite informação, e livrar aquele que sequer cumpre a obrigação de declarar. Nesse sentido, inclusive, há precedentes do STJ (AgRg no REsp 1.252.463-SP, Quinta Turma, DJe 21/10/2015). Ressalte-se, contudo, que essa assertiva não implica dizer que a simples omissão em apresentar uma declaração seja suficiente para a consumação do crime de sonegação fiscal, pois é imprescindível que exista o dolo do agente de não prestar declaração com vistas a suprimir ou reduzir determinado tributo e que o resultado almejado tenha sido efetivamente alcançado (crime material). Ademais, não há que se falar em atipicidade da conduta em decorrência da circunstância de o FISCO ter arbitrado o valor do tributo devido mesmo na falta da declaração. Isso porque o FISCO sempre possuirá meios de apurar o valor do tributo devido ante a omissão do contribuinte em declarar o fato gerador. O motivo disso é óbvio: o sistema tenta evitar a evasão fiscal. Se esse mecanismo existe, isso não quer dizer que a omissão do contribuinte é atípica. Na realidade, o arbitramento efetivado pelo FISCO para constituir o crédito tributário, ante a omissão do contribuinte em declarar o fato gerador, é uma medida para reparar o dano causado pela omissão, sendo uma evidência de que a conduta omissiva foi apta a gerar a supressão ou, ao menos, a redução do tributo na apuração. **REsp 1.561.442-SP, Rel. Min. Sebastião Reis Júnior, julgado em 23/2/2016, DJe 9/3/2016.**

4. **Prestar declaração falsa.** Declaração falsa é a que diverge em qualquer sentido da realidade dos fatos. Conduta comissiva.

5. **Autoridades fazendárias.** Agentes públicos que têm a atribuição prevista em lei para receber dos contribuintes ou responsáveis as informações e declarações necessárias, como os auditores fiscais da Receita Federal.

6. **Diferença para o art. 2º, I.** O delito do art. 1º, I é material, exigindo para a sua consumação a redução ou a supressão do tributo. Por sua vez, o delito previsto no art. 2º, I, é formal, bastando a prática da conduta fraudulenta.

7. **Princípio da especialidade.** Especialidade em relação ao art. 299 do Código Penal.

8. **Consumação.** Com o lançamento definitivo confirmando a redução ou a supressão do tributo (Súmula Vinculante no 24 do STF).

9. **Classificação.** Crime próprio, pois só pode ser praticado pelo contribuinte; material; instantâneo; doloso; omissivo próprio na conduta *omitir informação*, não admitindo a tentativa; comissivo na conduta *prestar declaração*, admitindo a tentativa.

10. **Suspensão condicional do processo.** Incabível, pois a pena mínima cominada ultrapassa 1 ano (art. 89 da lei 9.099/95).

11. **Inciso II.** Fraude à fiscalização tributária.

12. **Relação com o art. 1º, I.** O inciso II é um desdobramento do inciso I. A diferença é que no inciso II a falsidade reside em documento ou livro exigido pela lei fiscal.

13. **Inserir informação inexata.** Significa introduzir informações que não correspondem à realidade, como no caso de venda de mercadoria, o agente inserir na nota fiscal valor menor do que o realmente praticado, fraude conhecida como *nota vazada ou meia nota*. Conduta comissiva.

14. **Omitir operação de qualquer natureza.** Significa não incluir no livro ou documento exigido pela lei fiscal operação que dá nascimento ao fato gerador da obrigação tributária. Conduta omissiva.

15. **Livro ou documento exigido pela lei fiscal.** Trata-se de elemento normativo do tipo que dá a ele a natureza de norma penal em branco, devendo-se ir à legislação tributária para se saber quais são os livros ou documentos por ela exigidos.

16. **Fiscalização tributária.** Atividade desempenhada pelos agentes públicos com atribuição fiscalizatória, zelando pela regularidade das operações do sujeito passivo da obrigação tributária.

17. **Princípio da especialidade.** Especialidade em relação ao art. 299 do Código Penal.

18. **Consumação.** Com o lançamento definitivo confirmando a redução ou a supressão do tributo (Súmula Vinculante no 24 do STF).

19. **Classificação.** Crime próprio, pois só pode ser praticado pelo contribuinte; material; instantâneo; doloso; omissivo próprio na conduta *omitindo,* não admitindo a tentativa; comissivo na conduta *inserindo*, admitindo a tentativa.

20. **Suspensão condicional do processo.** Incabível, pois a pena mínima cominada ultrapassa 1 ano (art. 89 da lei 9.099/95).

21. **Inciso III.** Falsificação ou alteração de nota fiscal, fatura, duplicata, nota de venda, ou qualquer outro documento relativo à operação tributável.

22. **Falsificação.** Pode se dar por meio de *fabricação,* em que se forma um documento falso que não corresponda a um verdadeiro semelhante ou por meio da *contrafação,* em que se cria um documento falso, similar a um verdadeiro.

23. **Alteração.** Ocorre por meio de modificação de parte de um documento, mediante adição, alteração ou supressão de elementos, tornando-o diverso do original.

24. **Qualquer outro documento.** O legislador utilizou a técnica de interpretação denominada interpretação analógica para abranger outros documentos não descritos no tipo, mas relativos à operação tributável.

25. **Operação tributável.** Operação tributável é a que gera receita para os cofres públicos, excluindo-se, portanto, as operações não tributáveis, como as operações imunes, isentas e as com alíquota zero.

26. **Princípio da especialidade.** Especialidade em relação aos arts. 297 (falsificação de documento público) e 298 (falsificação de documento particular), ambos do Código Penal.

27. **Consumação.** Com o lançamento definitivo confirmando a redução ou a supressão do tributo (Súmula Vinculante no 24 do STF).

28. **Classificação.** Crime próprio, pois só pode ser praticado pelo contribuinte; material; instantâneo; doloso; comissivo; admite a tentativa.

29. **Suspensão condicional do processo.** Incabível, pois a pena mínima cominada ultrapassa 1 ano (art. 89 da lei 9.099/95).

30. **Inciso IV.** Elaboração, distribuição, fornecimento, emissão ou utilização de documento que saiba ou deva saber falso ou inexato. Busca-se, com este tipo penal, coibir o comércio e a circulação ilegal de documentos que podem servir de meio para praticar a conduta fraudulenta, com redução ou supressão de tributo.

31. **Documento falso ou inexato.** Por *documento* entende-se todo e qualquer escrito destinado a servir como meio de prova de um fato juridicamente relevante.

32. **Diferenças para o art. 172 do Código Penal.** A primeira diferença reside no bem jurídico tutelado, que, enquanto no art. 172 do Código Penal é o patrimônio, no art. 1º, IV da lei 8.137/90 é a ordem tributária, o erário. A segunda diferença reside no fato de que no art. 172 do Código Penal a duplicata é emitida sem que tenha ocorrido a operação correspondente, enquanto no art. 1º, IV, da lei 8.137/90 a operação ensejadora da criação da duplicata efetivamente ocorreu, mas não foi formalizada nesse título. A terceira diferença reside no dolo do agente, uma vez que no art. 172 do Código Penal o dolo do agente é tão-somente emitir a duplicata simulada, ao passo que no art. 1º, IV, da lei 8.137/90, o dolo do agente é suprimir ou reduzir tributo.

33. **Saiba ou deva saber.** Abrange o dolo direto e o dolo indireto eventual.

34. **Princípio da especialidade.** Especialidade em relação aos arts. 297 (falsificação de documento público), 298 (falsificação de documento particular), 299 (falsidade ideológica) e 304 (uso de documento falso), todos do Código Penal.

35. **Consumação.** Com o lançamento definitivo confirmando a redução ou a supressão do tributo (Súmula Vinculante no 24 do STF).

36. **Classificação.** Crime próprio, pois só pode ser praticado pelo contribuinte; material; instantâneo; doloso; comissivo; admite a tentativa.

37. **Suspensão condicional do processo.** Incabível, pois a pena mínima cominada ultrapassa 1 ano (art. 89 da lei 9.099/95).

38. **Inciso V.** Negativa ou não fornecimento de nota fiscal ou documento equivalente.

39. **Negar, deixar de fornecer ou fornecer.** Negar é recusar, configurando uma conduta comissiva. Deixar de fornecer significa não entregar, caracterizando conduta omissiva. Fornecer é entregar e configura conduta comissiva.

40. **Documento equivalente à nota fiscal.** O legislador utilizou a técnica de interpretação denominada interpretação analógica para abranger outros documentos equivalentes à nota fiscal.

41. **Consumação.** Com a prática da conduta.

42. **Não aplicação da Súmula Vinculante nº 24 do STF.** Por ausência de previsão expressa, a Súmula Vinculante nº 24 do STF não se aplica ao presente inciso (Súmula Vinculante nº 24: *"Não se tipifica crime material contra a ordem tributária, previsto no artigo 1º, incisos I a IV, da Lei nº 8.137/90, antes do lançamento definitivo do tributo"*).

43. **Classificação.** Crime próprio, pois só pode ser praticado pelo contribuinte; formal; doloso; comissivo nas condutas *negar e fornecer*; admitindo a tentativa; omissivo na conduta *deixar de fornecer,* não admitindo a tentativa.

44. **Suspensão condicional do processo.** Incabível, pois a pena mínima cominada ultrapassa 1 ano (art. 89 da lei 9.099/95).

45. **Parágrafo único.** Falta de atendimento às exigências da autoridade fazendária.

46. **Não atendimento da exigência da autoridade.** O agente descumpre a exigência feita. A conduta é omissiva.

47. **Exigência da autoridade.** A exigência concretiza-se e formaliza-se com a notificação do contribuinte ou responsável. Autoridade é o agente público com atribuição fiscalizatória.

48. **Prazo de 10 dias ou em horas.** Tem como termo *a quo* o recebimento da notificação.

49. **Princípio da especialidade.** Especialidade em relação ao art. 330 do Código Penal.

50. **Consumação.** Com a prática da conduta.

51. **Classificação.** Crime próprio, pois só pode ser praticado pelo contribuinte; formal; instantâneo; doloso; omissivo próprio; não admite tentativa.

52. **Suspensão condicional do processo.** Incabível, pois a pena mínima cominada ultrapassa 1 ano (art. 89 da lei 9.099/95).

Art. 2º Constitui crime da **mesma natureza:**

I – fazer declaração falsa ou omitir declaração sobre rendas, bens ou fatos, ou empregar outra fraude, para eximir-se, total ou parcialmente, de pagamento de tributo;

II – deixar de recolher, no prazo legal, valor de tributo ou de contribuição social, descontado ou cobrado, na qualidade de sujeito passivo de obrigação e que deveria recolher aos cofres públicos;

III – exigir, pagar ou receber, para si ou para o contribuinte beneficiário, qualquer percentagem sobre a parcela dedutível ou deduzida de imposto ou de contribuição como incentivo fiscal;

IV – deixar de aplicar, ou aplicar em desacordo com o estatuído, incentivo fiscal ou parcelas de imposto liberadas por órgão ou entidade de desenvolvimento;

V – utilizar ou divulgar programa de processamento de dados que permita ao sujeito passivo da obrigação tributária possuir informação contábil diversa daquela que é, por lei, fornecida à Fazenda Pública.

Pena – detenção, de 6 (seis) meses a 2 (dois) anos, e multa.

1. **Inciso I.** Fazer declaração falsa ou omitir declaração sobre rendas, bens ou fatos.
2. **Fazer declaração falsa.** Significa prestar ao fisco informação diversa da verdadeira. Conduta comissiva.
3. **Omitir declaração.** Não prestar ao fisco as informações referentes aos fatos geradores da obrigação tributária. Conduta omissiva.
4. **Emprego de outra fraude.** O legislador utilizou fórmula que permite a denominada interpretação analógica. Assim, qualquer outro meio fraudulento está inserido no tipo penal.
5. **Especial fim de agir.** O tipo exige que o agente haja com o fim de eximir-se total ou parcialmente de pagamento de tributo.
6. **Diferença para o art. 1º, I.** O delito do art. 1º, I é material, exigindo para a sua consumação a redução ou a supressão do tributo, enquanto o delito previsto no art. 2º, I é formal, bastando a prática da conduta fraudulenta.
7. **Princípio da especialidade.** Especialidade em relação ao art. 299 do Código Penal.
8. **Termo inicial do prazo prescricional.** Tendo em vista que os delitos do art. 2º da presente lei são crimes formais, o termo inicial do prazo prescricional segue a regra geral do art. 111, I, do Código Penal (*Art. 111 – A prescrição, antes de transitar em julgado a sentença final, começa a correr: I – do dia em que o crime se consumou*), de forma que o termo inicial do prazo prescricional é o dia da prática da fraude.

▶ **STJ**

Informativo nº 568

Quinta Turma

DIREITO PENAL. TERMO INICIAL DO PRAZO PRESCRICIONAL DO CRIME PREVISTO NO ART. 2º, I, DA LEI 8.137/1990.

O termo inicial do prazo prescricional da pretensão punitiva do crime previsto no art. 2º, I, da Lei 8.137/1990 (...) **é a data em que a fraude é perpetrada, e não a data em que ela é descoberta.** Isso porque o referido tipo tem natureza de crime formal, instantâneo, sendo suficiente a conduta instrumental, haja vista não ser necessária a efetiva supressão ou redução do tributo para a sua consumação, bastando o emprego da fraude. Assim, o fato de a fraude ter sido empregada em momento determinado, ainda que irradie efeitos até ser descoberta, não revela conduta permanente, mas sim, crime instantâneo de efeitos permanentes – os quais perduraram até a descoberta do engodo. Precedente citado do STJ: RHC 9.625-CE, Sexta Turma, DJ 27/8/2001. Precedente citado do STF: RHC 90.532 ED, Tribunal Pleno, DJe 5/11/2009. **RHC 36.024-ES, Rel. Min. Reynaldo Soares da Fonseca, julgado em 25/8/2015, DJe 1º/9/2015.**

9. **Consumação.** Com a prática das condutas descritas no tipo, independentemente de qualquer resultado ulterior.

10. **Classificação.** Crime próprio, pois só pode ser praticado pelo contribuinte; formal; instantâneo; doloso; omissivo próprio na conduta *omitir,* não admitindo a tentativa; comissivo na conduta *fazer,* admitindo a tentativa.

11. **Suspensão condicional do processo.** Cabível, pois a pena mínima cominada não ultrapassa 1 ano (art. 89 da lei 9.099/95).

12. **Inciso II.** Não recolhimento de tributo.

13. **Deixar de recolher.** Consiste na conduta omissiva de não repassar ao fisco o valor do tributo descontado ou cobrado do contribuinte, como ocorre, em algumas situações, no imposto de renda, em que, por exemplo, uma instituição de ensino desconta do seu professor o valor do imposto de renda para repassá-lo ao fisco, e não repassa. Outro exemplo é o IOF, tributo que a instituição financeira (banco) desconta do contribuinte para repassá-los ao fisco. Ou então o caso do administrador da pessoa jurídica que cobra o valor correspondente de ICMS do consumidor e não o repassa ao fisco estadual.

▶ **STJ**

Informativo nº 633.

Terceira Seção

ICMS. Operações próprias. Substituição tributária. Não recolhimento. Apropriação indébita tributária.

A conduta de não recolher ICMS em operações próprias ou em substituição tributária enquadra-se formalmente no tipo previsto no art. 2º, II, da Lei n. 8.137/1990 (apropriação indébita tributária), desde que comprovado o dolo. (...). **HC 399.109-SC, Rel. Min. Rogerio Schietti Cruz, julgado em 22/08/2018.**

14. **Desconto ou cobrança.** O tipo exige que o valor do tributo seja efetivamente descontado ou cobrado do contribuinte. Caso contrário, a conduta será atípica.

15. **Prazo legal.** Trata-se de tipo penal em branco, que remete o intérprete à legislação tributária para se saber qual é o prazo legal.

16. **Diferença para o art. 168-A do Código Penal.** Enquanto o art. 168-A do Código Penal tem sua aplicabilidade restrita à contribuição previdenciária, o art. 2º, II, da lei 8.137/90 é aplicado para qualquer outro tributo que não seja contribuição previdenciária.

17. **Princípio da especialidade.** O art. 168-A do Código Penal é especial em relação ao art. 2º, II, da lei 8137/90. O elemento especializante reside no objeto material do delito, que é a contribuição previdenciária.

18. **Especial fim de agir.** De acordo com o STJ, o presente tipo penal exige a presença do especal fim de agir, não bastando, portanto, o dolo do agente.

► **STJ**

Informativo nº 718

Sexta Turma

Sonegação fiscal de tributos. Art. 2º, II, da Lei n. 8.137/1990. Comprovação da conduta delitiva. Dolo genérico. Jurisprudência do Supremo Tribunal Federal. Necessidade de comprovação de dolo específico. **Para a configuração do delito previsto no art. 2º, II, da Lei n. 8.137/1990, deve ser comprovado o dolo específico.** Sobre o tema, a orientação desta Corte era no sentido de que para o delito previsto no inciso II do art. 2º da Lei n. 8.137/1980, não há exigência de dolo específico, mas apenas genérico para a configuração da conduta delitiva. Contudo, verifica-se que o Supremo Tribunal Federal firmou o entendimento que "o contribuinte que deixa de recolher, de forma contumaz e com dolo de apropriação, o ICMS cobrado do adquirente da mercadoria ou serviço incide no tipo penal do art. 2º, II, da Lei n. 8.137/1990" (RHC 163.334/SC, Rel. Ministro Roberto Barroso, Tribunal Pleno, julgado em 18/12/2019, DJe 12/11/2020). Desse modo, deve ser averiguada a existência de dolo específico de apropriação para fins de configuração do delito previsto no art. 2º, II, da Lei n. 8.137/1990, sob pena de ser reconhecida a absolvição. **HC 675.289-SC, Rel. Min. Olindo Menezes (Desembargador Convocado do TRF 1ª Região), Sexta Turma, por unanimidade, julgado em 16/11/2021.**

19. **Consumação.** Com a prática das condutas descritas no tipo, independentemente de qualquer resultado ulterior.

20. **Classificação.** Crime próprio, pois só pode ser praticado pelo contribuinte; material; instantâneo; doloso; omissivo próprio; não admite a tentativa.

21. **Suspensão condicional do processo.** Cabível, pois a pena mínima cominada não ultrapassa 1 ano (art. 89 da lei 9.099/95).

22. **Inciso III.** Exigência, pagamento ou recebimento de qualquer percentagem sobre a parcela dedutível ou deduzida de imposto ou de contribuição como incentivo fiscal.

23. **Exigir, pagar ou receber.** *Exigir* significa impor como obrigação. *Pagar* é dar dinheiro. *Receber* consiste em aceitar valor como pagamento.

24. **Incentivo fiscal.** É o ato pelo qual o ente com competência tributária reduz a carga tributária, renunciando à sua receita, em troca de atividades de seu interesse.

25. **Consumação.** Com a prática das condutas descritas no tipo, independentemente de qualquer resultado ulterior.

26. **Classificação.** Crime próprio, pois só pode ser praticado pelo contribuinte; formal; instantâneo; doloso; comissivo; admite a tentativa.

27. **Suspensão condicional do processo.** Cabível, pois a pena mínima cominada não ultrapassa 1 ano (art. 89 da lei 9.099/95).

28. **Inciso IV.** Não aplicação ou aplicação em desacordo com o estatuído, incentivo fiscal ou parcelas de imposto liberadas por órgão ou entidade de desenvolvimento.

29. **Deixar de aplicar.** Não aplicar na forma anteriormente avençada. Conduta omissiva.
30. **Aplicar em desacordo com o estatuído.** Aplicar de forma diversa da anteriormente acordada. Conduta comissiva.
31. **Incentivo fiscal.** É o ato pelo qual o ente com competência tributária reduz a carga tributária, renunciando à sua receita, em troca de atividades de seu interesse.
32. **Consumação.** Com a prática das condutas descritas no tipo, independentemente de qualquer resultado ulterior.
33. **Classificação.** Crime próprio, pois só pode ser praticado pelo beneficiário do incentivo fiscal; formal; instantâneo; doloso; omissivo próprio na conduta *deixar,* não admitindo a tentativa; comissivo na conduta *aplicar,* admitindo a tentativa.
34. **Suspensão condicional do processo.** Cabível, pois a pena mínima cominada não ultrapassa 1 ano (art. 89 da lei 9.099/95).
35. **Inciso V.** Utilização ou divulgação de programa de processamento de dados que permita ao sujeito passivo da obrigação tributária possuir informação contábil diversa daquela que é, por lei, fornecida à Fazenda Pública. Trata-se do delito denominado *contabilidade paralela* ou *contabilidade dupla,* também chamado de *caixa dois.*
36. **Utilizar ou divulgar.** *Utilizar* significa fazer uso do programa. *Divulgar* é dar-lhe publicidade.
37. **Relação com o art. 1º, I.** Se o agente utilizar o *software* e com isso suprimir ou reduzir tributo, sua conduta estará tipificada no art. 1º, I.
38. **Relação com o art. 2º, I.** O inciso V é similar ao inciso I. Entretanto, a diferença entre tais artigos reside no fato de que o inciso V especifica o meio fraudulento utilizado pelo agente, que é o *software.*
39. **Princípio da especialidade.** Se a contabilidade paralela for utilizada em instituição financeira, o crime será o do art. 11 da lei 7.492/86 (crimes contra o sistema financeiro nacional).
40. **Consumação.** Com a prática das condutas descritas no tipo, independentemente de qualquer resultado ulterior.
41. **Classificação.** Crime comum; formal; instantâneo; doloso; comissivo; admite a tentativa.
42. **Suspensão condicional do processo.** Cabível, pois a pena mínima cominada não ultrapassa 1 ano (art. 89 da lei 9.099/95).

Seção II
Dos crimes praticados por funcionários públicos

Art. 3º Constitui **crime funcional** contra a ordem tributária, além dos previstos no Decreto-Lei nº 2.848, de 7 de dezembro de 1940 – Código Penal (Título XI, Capítulo I):

I - **extraviar livro oficial, processo fiscal ou qualquer documento**, de que tenha a guarda em razão da função; sonegá-lo, ou inutilizá-lo, total ou parcialmente, acarretando pagamento indevido ou inexato de tributo ou contribuição social;

II - **exigir, solicitar** ou **receber**, para si ou para outrem, direta ou indiretamente, ainda que fora da função ou antes de iniciar seu exercício, mas em razão dela, vantagem indevida; ou **aceitar** promessa de tal vantagem, **para deixar de lançar ou cobrar tributo ou contribuição social, ou cobrá-los parcialmente**. Pena - reclusão, de 3 (três) a 8 (oito) anos, e multa.

III - patrocinar, direta ou indiretamente, **interesse privado perante a administração fazendária**, valendo-se da qualidade de funcionário público.

Pena - reclusão, de 1 (um) a 4 (quatro) anos, e multa.

1. **Art. 3º, *caput*.** O art. 3º traz crimes funcionais específicos, que causam lesão ao bem jurídico tutelado Ordem Tributária. Trata-se de norma penal em branco, uma vez que o conceito de funcionário público deve ser buscado no art. 327 do Código Penal. Assim, os delitos previstos nos três incisos configuram crimes próprios, tendo em vista que o legislador exigiu a condição de funcionário público.

2. **Concurso de pessoas.** É possível que um particular aja em concurso de pessoas com o agente público fazendário e que ambos respondam por esse delito, desde que o particular tenha consciência dessa condição, na forma do art. 30 do Código Penal.

▶ **STJ**

Informativo n. 465

Quinta turma

ADVOCACIA ADMINISTRATIVA FAZENDÁRIA. PARTÍCIPE.

A Turma, ao prosseguir o julgamento, por maioria, denegou a ordem de *habeas corpus* por entender que, no delito de advocacia administrativa fazendária (art. 3º, III, da Lei n. 8.137/1990), o particular pode figurar como partícipe, desde que saiba da condição de funcionário público do autor, a teor dos arts. 11 da mencionada lei e 29, *caput*, do CP. Em voto vista que acompanhou a Min. Relatora, o Min. Gilson Dipp consignou que a suposta participação do paciente diz respeito à condição de servidor público do autor, que é elementar do crime e da qual ele tinha conhecimento, razão por que a ele pode se comunicar nos termos do art. 30 do CP. Precedentes citados: HC 93.352-SC, DJe 9/11/2009; HC 30.832-PB, DJ 19/4/2004, e RHC 5.779-SP, DJ 1º/12/1997. HC 119.097-DF, Rel. Min. Laurita Vaz, julgado em 1º/3/2011.

3. **Inciso I.** Extravio, sonegação e inutilização de livro oficial, processo fiscal ou qualquer outro documento, acarretando pagamento indevido ou inexato de tributo.

4. **Tributo ou contribuição social.** Como visto alhures, contribuição social é espécie de tributo, tendo o legislador sido redundante ao dispor *tributo ou contribuição social.*

5. **Extraviar, sonegar e inutilizar.** *Extraviar* significa desviar do destino. *Sonegar* consiste em ocultar. *Inutilizar* é tornar inútil, imprestável.

6. **Tipo misto alternativo e cumulativo.** Em relação às condutas *extraviar* e *sonegar* ou *inutilizar*, o tipo penal é misto cumulativo, ensejando o concurso de crimes, no caso da prática das duas condutas. Entretanto, em relação às condutas *sonegar* e *inutilizar*, o tipo é misto alternativo. Logo, a prática das duas condutas não gera concurso de crimes, respondendo o agente por apenas um delito.
7. **Qualquer outro documento.** O legislador utilizou a técnica de interpretação denominada interpretação analógica, para abranger outros documentos, equivalentes a livro oficial ou processo fiscal, que contenham registros referentes aos contribuintes.
8. **Acarretando pagamento indevido ou inexato de tributo.** Não basta o extravio, a sonegação ou a inutilização de livro oficial, processo fiscal ou qualquer outro documento, pois o tipo penal exige o pagamento indevido ou inexato de tributo para a sua consumação.
9. **Princípio da especialidade.** Especialidade em relação ao art. 314 do Código Penal.
10. **Consumação.** Com a ocorrência do pagamento indevido ou inexato do tributo.
11. **Classificação.** Crime próprio, pois só pode ser praticado pelo funcionário público que tenha a guarda do livro oficial, do processo fiscal ou de qualquer outro documento; material; instantâneo; doloso; comissivo; admite a tentativa.
12. **Suspensão condicional do processo.** Incabível, pois a pena mínima cominada ultrapassa 1 ano (art. 89 da lei 9.099/95).
13. **Inciso II.** Exigência, solicitação, recebimento ou aceitação de vantagem indevida para deixar de lançar ou cobrar tributo ou contribuição social ou cobrá-los parcialmente.
14. **Exigir, solicitar, receber e aceitar.** *Exigir* significa impor como obrigação. *Solicitar* é requerer. *Receber* consiste em aceitar valor como pagamento. *Aceitar* significa concordar.
15. **Funcionário público de férias ou de licença.** Mesmo nessa hipótese, há a prática do delito, uma vez que o tipo penal utilizou as expressões *ainda que fora da função ou antes de iniciar seu exercício, mas em razão dela.*

    De acordo com o STF, o funcionário autor desse delito não precisa ter a atribuição específica para efetuar o lançamento do tributo. Nesse sentido, mesmo que o funcionário público não seja o encarregado de levar a efeito o lançamento tributário, ele pode ser autor desse delito.

▶ **STF**

Informativo nº 695

Segunda Turma

Lei 8.137/90: atribuição funcional e suspensão de débito – 1

A 2ª Turma negou provimento a recurso ordinário em habeas corpus interposto, por condenado pela prática de crime funcional contra a ordem tributária, sob a alegação de que: a) o indeferimento de diligências, pleiteadas na fase do art. 499 do CPP, o prejudicara; e b) o tipo penal em questão somente poderia ser cometido por funcionário público competente para o lançamento ou a cobrança do tributo. Consignou-se que o acórdão recorrido estaria consoante a jurisprudência do STF no sentido de que para configuração do cerceamento de defesa impenderia a demonstração de efetivo prejuízo sofrido com o indeferimento da diligência. RHC 108822/GO, rel. Min. Gilmar Mendes, 19.2.2013. (RHC-108822)

Lei 8.137/90: atribuição funcional e suspensão de débito – 2

No tocante à tese de atipicidade de conduta, inicialmente, mencionou-se o teor do dispositivo em que fundada a condenação [Lei 8.137/90: "Art. 3º Constitui crime funcional contra a ordem tributária, além dos previstos no Decreto-Lei nº 2.848, de 7 de dezembro de 1940 – Código Penal (Título XI, Capítulo I): ... II – exigir, solicitar ou receber, para si ou para outrem, direta ou indiretamente, ainda que fora da função ou antes de iniciar seu exercício, mas em razão dela, vantagem indevida; ou aceitar promessa de tal vantagem, para deixar de lançar ou cobrar tributo ou contribuição social, ou cobrá-los parcialmente. Pena – reclusão, de 3 (três) a 8 (oito) anos, e multa"]. Observou-se consistir tipo especial, mas característico da própria corrupção passiva. Esclareceu-se constar da decisão do STJ que, mesmo fora da função ou antes de iniciar seu exercício, seria possível a funcionário público perpetrar o referido crime. Frisou-se que a circunstância de não ser encarregado do lançamento tributário não impedira o paciente de suspender ilicitamente o débito de empresas que, para tanto, teriam lhe oferecido vantagem indevida. RHC 108822/GO, rel. Min. Gilmar Mendes, 19.2.2013. (RHC-108822).

16. **Tributo ou contribuição social.** Contribuição social é espécie de tributo. Assim, o legislador foi redundante ao dispor *tributo ou contribuição social.*

17. **Especial fim de agir.** O tipo exige que o agente exija, solicite, receba ou aceite a vantagem indevida *para deixar de lançar ou cobrar tributo ou contribuição social, ou cobrá-los parcialmente.* Caso o agente pratique as condutas típicas, mas não tenha essa finalidade específica, a sua conduta será penalmente atípica em relação a esse delito, podendo configurar, conforme o caso concreto, os delitos de concussão (art. 316 do Código Penal) ou corrupção passiva (art. 317 do Código Penal).

18. **Vantagem indevida.** Não se exige que tenha natureza econômica.

19. **Princípio da especialidade.** Especialidade em relação aos arts. 316 (na conduta *exigir*) e 317 (nas condutas *solicitar, receber* e *aceitar*), ambos do Código Penal.

20. **Consumação.** Com a prática das condutas típicas, não sendo necessário que o funcionário público deixe de lançar ou de cobrar tributo, ou os cobre parcialmente.

21. **Classificação.** Crime próprio, pois só pode ser praticado pelo funcionário público; formal; instantâneo; doloso; comissivo; admite a tentativa.

22. **Suspensão condicional do processo.** Incabível, pois a pena mínima cominada ultrapassa 1 ano (art. 89 da lei 9.099/95).

23. **Inciso III.** Patrocínio de interesse privado perante e administração pública fazendária.

24. **Patrocinar.** Significa defender, proteger.

25. **Interesse privado.** Mesmo que o interesse privado seja legítimo, haverá a prática do delito.

26. Valendo-se da qualidade de funcionário. Caso o agente público não se valha dessa condição, a conduta será penalmente atípica.

27. Princípio da especialidade. Especialidade em relação ao art. 321 do Código Penal.

28. Consumação. Com a prática de qualquer ato que configure a defesa de interesse privado.

29. Classificação. Crime próprio, pois só pode ser praticado pelo funcionário público; formal; instantâneo; doloso; comissivo; admite a tentativa.

30. Suspensão condicional do processo. Cabível, pois a pena mínima cominada não ultrapassa 1 ano (art. 89 da lei 9.099/95).

Os arts. 5º ao 7º tratam dos crimes contra a economia e as relações de consumo, razão pela qual não serão tratados em conjunto com a presente lei.

CAPÍTULO III
Das Multas

Art. 8º Nos crimes definidos nos arts. 1º a 3º desta lei, a **pena de multa** será fixada entre 10 (dez) e 360 (trezentos e sessenta) dias-multa, conforme seja necessário e suficiente para reprovação e prevenção do crime.

Parágrafo único. O dia-multa será fixado pelo juiz em valor não inferior a 14 (quatorze) nem superior a 200 (duzentos) Bônus do Tesouro Nacional BTN.

Art. 9º A pena de detenção ou reclusão poderá ser **convertida em multa** de valor equivalente a:

I - 200.000 (duzentos mil) até 5.000.000 (cinco milhões) de BTN, nos crimes definidos no art. 4º;

II - 5.000 (cinco mil) até 200.000 (duzentos mil) BTN, nos crimes definidos nos arts. 5º e 6º;

III - 50.000 (cinqüenta mil) até 1.000.000 (um milhão) de BTN, nos crimes definidos no art. 7º.

Art. 10. Caso o juiz, considerado o ganho ilícito e a situação econômica do réu, verifique a insuficiência ou excessiva onerosidade das penas pecuniárias previstas nesta lei, poderá diminuí-las até a décima parte ou elevá-las ao décuplo.

CAPÍTULO IV
Das Disposições Gerais

Art. 11. Quem, de qualquer modo, inclusive por meio de pessoa jurídica, concorre para os crimes definidos nesta lei, incide nas penas a estes cominadas, na medida de sua culpabilidade.

Parágrafo único. Quando a venda ao consumidor for efetuada por sistema de entrega ao consumo ou por intermédio de distribuidor ou revendedor, seja em regime de concessão comercial ou outro em que o preço ao consumidor é estabelecido ou sugerido pelo fabricante ou concedente, o ato por este praticado não alcança o distribuidor ou revendedor.

1. O art. 11 *caput* é desnecessário, em razão da norma já contida no art. 29 do Código Penal. O dispositivo ora comentado é a positivação do princípio da culpabilidade, que serve de elemento para que o Juiz aplique a pena criminal, conforme o art. 59, *caput* do Código Penal, bem como do princípio da responsabilidade penal subjetiva.

2. O parágrafo único refere-se aos delitos cometidos contra as relações de consumo, também tipificados na lei 8.137/90.

Art. 12. São **circunstâncias** que podem **agravar** de 1/3 (um terço) até a metade as penas previstas nos arts. 1º, 2º e 4º a 7º:

I - ocasionar grave dano à coletividade;

II - ser o crime cometido por servidor público no exercício de suas funções;

III - ser o crime praticado em relação à prestação de serviços ou ao comércio de bens essenciais à vida ou à saúde.

1. **Causa de aumento de pena.** Embora o legislador tenha utilizado a expressão *agravar,* trata-se, na verdade, de causa de aumento de pena, que deverá incidir na terceira fase de aplicação da pena criminal.

▶ **STJ**

Informativo nº 668

Terceira Seção

Crime contra ordem tributária. Tributos estaduais ou municipais. Causa de aumento. Art. 12, I, da Lei n. 8.137/1990. Caracterização de grave dano à coletividade. Equivalência a créditos prioritários ou grandes devedores. A majorante de grave dano à coletividade, tratando-se de tributos estaduais ou municipais, é objetivamente aferível pela admissão na Fazenda local de crédito prioritário ou destacado (como grande devedor). A controvérsia cinge-se a saber qual parâmetro deve ser adotado para a aplicação da causa de aumento prevista no art. 12, I, da Lei n. 8.137/1990 para tributos estaduais ou municipais. Para aplicar a majorante do grave dano à coletividade em relação a tributos federais adota-se, analogamente, para tributos federais o critério já administrativamente aceito na definição de créditos prioritários, critério fixado pelo art. 14, *caput,* da Portaria n. 320/PGFN. Tratando-se de tributos estaduais ou municipais, porém, o critério para caracterização do grave dano à coletividade deve ser, por equivalência, aquele definido como prioritário ou de destacados créditos (grandes devedores) para a fazenda local. Destaca-se que tratando-se de crime, o dano tributário deve considerar todos acréscimos legais (juros, multa, etc.), pois incidentes obrigatoriamente pela falta de cumprimento da obrigação legal de recolhimento adequado e tempestivo dos tributos. **REsp 1.849.120-SC, Rel. Min. Nefi Cordeiro, Terceira Seção, por maioria, julgado em 11/03/2020, DJe 25/03/2020.**

2. **Não aplicabilidade e *bis in idem.*** A causa de aumento previsto no inciso II não é aplicada aos delitos descritos no art. 3º da lei. Em primeiro lugar, porque o legislador não fez menção expressa a esse dispositivo no *caput* do artigo em análise. Em segundo lugar porque, mesmo que o fizesse, estaria incidindo em flagrante *bis in idem,* uma vez que no art. 3º da lei a condição de funcionário público figura como elemento do tipo.

Art. 13. (Vetado).

Art. 14. (Revogado pela Lei 8383/1991).

Art. 15. Os crimes previstos nesta lei são de **ação penal pública**, aplicando-se-lhes o disposto no art. 100 do Decreto-Lei nº 2.848, de 7 de dezembro de 1940 – Código Penal.

Art. 16. Qualquer pessoa poderá provocar a iniciativa do Ministério Público nos crimes descritos nesta lei, fornecendo-lhe por escrito informações sobre o fato e a autoria, bem como indicando o tempo, o lugar e os elementos de convicção.

Parágrafo único. Nos crimes previstos nesta Lei, cometidos em quadrilha ou co-autoria, o co-autor ou partícipe que através de confissão espontânea revelar à autoridade policial ou judicial toda a trama delituosa terá a sua pena reduzida de um a dois terços. (Parágrafo incluído pela Lei nº 9.080, de 19.7.1995).

1. **Ação penal.** A ação penal é pública incondicionada.

   Súmula 609 do STF: "É pública incondicionada a ação penal por crime de sonegação fiscal."

2. ***Caput.*** O *caput* do art. 16 traz o instituto da *delatio criminis*.

3. **Parágrafo único.** Trata-se do instituto da delação premiada.

....

Art. 19. O *caput* do art. 172 do Decreto-Lei nº 2.848, de 7 de dezembro de 1940 – Código Penal, passa a ter a seguinte redação:

"Art. 172. Emitir fatura, duplicata ou nota de venda que não corresponda à mercadoria vendida, em quantidade ou qualidade, ou ao serviço prestado.

Pena – detenção, de 2 (dois) a 4 (quatro) anos, e multa".

Art. 20. O § 1º do art. 316 do Decreto-Lei nº 2 848, de 7 de dezembro de 1940 Código Penal, passa a ter a seguinte redação:

"Art. 316. ....

§ 1º Se o funcionário exige tributo ou contribuição social que sabe ou deveria saber indevido, ou, quando devido, emprega na cobrança meio vexatório ou gravoso, que a lei não autoriza;

Pena – reclusão, de 3 (três) a 8 (oito) anos, e multa".

Art. 21. O art. 318 do Decreto-Lei nº 2.848, de 7 de dezembro de 1940 Código Penal, quanto à fixação da pena, passa a ter a seguinte redação:

"Art. 318. ....

Pena – reclusão, de 3 (três) a 8 (oito) anos, e multa".

Art. 22. Esta lei entra em vigor na data de sua publicação.

Art. 23. Revogam-se as disposições em contrário e, em especial, o art. 279 do Decreto-Lei nº 2.848, de 7 de dezembro de 1940 – Código Penal.

Organizações Criminosas. Lei nº 12.850, de 2 de agosto de 2013

CAPÍTULO I
DA ORGANIZAÇÃO CRIMINOSA

Art. 1º Esta Lei **define organização criminosa** e dispõe sobre a investigação criminal, os meios de obtenção da prova, infrações penais correlatas e o procedimento criminal a ser aplicado.

§ 1º **Considera-se organização criminosa** a associação de 4 (quatro) ou mais pessoas estruturalmente ordenada e caracterizada pela divisão de tarefas, ainda que informalmente, com objetivo de obter, direta ou indiretamente, vantagem de qualquer natureza, mediante a prática de infrações penais cujas penas máximas sejam superiores a 4 (quatro) anos, ou que sejam de caráter transnacional.

§ 2º Esta Lei se aplica também:

I - às **infrações penais previstas em tratado ou convenção internacional** quando, iniciada a execução no País, o resultado tenha ou devesse ter ocorrido no estrangeiro, ou reciprocamente;

II - às **organizações terroristas,** entendidas como aquelas voltadas para a prática dos atos de terrorismo legalmente definidos. (Redação dada pela lei nº 13.260, de 2016).

1. **Objeto da lei.** A lei possui cinco objetivos: Em primeiro lugar, ela traz a conceituação de organização criminosa; em segundo lugar, dispõe sobre a investigação criminal das organizações criminosas; em terceiro lugar, trata dos meios de obtenção de prova que poderão levar ao conhecimento do Poder Judiciário; em quarto lugar, cria infrações penais correlatas às organizações criminosas; por fim, em quinto lugar, trata do procedimento criminal aplicável.

2. **§1º. Norma penal explicativa.** O art. 1º, §1º positivou uma norma penal de natureza explicativa, uma vez que explicita o conceito de organização criminosa e traz os seus elementos identificadores.

3. **§1º. Conceituação de organização criminosa.** Para a perfeita compreensão desse tópico, faz-se necessário trazer a evolução histórica da noção de organização criminosa. Assim, dividiremos esse tópico em três partes. Inicialmente, trataremos

da conceituação de organização criminosa quando vigorava a lei 9.034/95. Depois, abordaremos essa questão após o advento da lei 12.694/2012. Por fim, trataremos da conceituação de organização criminosa trazida pela lei 12.850/2013.

4. §1º. Conceito de organização criminosa quando vigorava a Lei 9.034/95. Sempre houve grande crítica da doutrina no sentido de que o legislador teria violado o princípio da reserva legal, na vertente da taxatividade, em razão de não ter conceituado o que seria organização criminosa. A celeuma se instalou em razão de a lei 9.034/95 ter feito menção à *organização criminosa* na sua ementa e em diversos de seus dispositivos sem ter, entretanto, conceituado tal instituto. Na redação originária do art. 1º da lei 9.034/95, só havia menção a *bando ou quadrilha* (atualmente denominado associação criminosa), *in verbis*: *"Art. 1º Esta lei define e regula meios de prova e procedimentos investigatórios que versarem sobre crime resultante de ações de quadrilha ou bando".* Sucede que a lei 9.034/95 teve a sua redação alterada pela lei 10.217, de 11 de abril de 2001, que inseriu no seu art. 1º as *associações criminosas* e as *organizações criminosas*. Mesmo depois de muitos anos após a edição da lei 9.034/95 o legislador não havia conceituado o que seria uma organização criminosa. Não se via em nenhum dispositivo legal a conceituação, nem os elementos típicos do que seria a organização criminosa. Assim, tal conceituação ficou a cargo da doutrina, o que é inaceitável, uma vez que, segundo o princípio da legalidade penal, todo e qualquer elemento típico deve estar previsto em lei. À doutrina, como fonte de conhecimento mediata do direito penal, cabe interpretar a lei, mas não criar tipos penais, sob pena de se gerar insegurança jurídica. Tal falha legislativa tinha o condão de comprometer todos os dispositivos da lei 9.034/95, no tocante à aplicação dos mesmos às organizações criminosas. Entretanto, a jurisprudência do **STJ** considerou que o conceito de organização criminosa estava positivado no art. 2º da *Convenção das Nações Unidas contra o Crime Organizado Transnacional*, adotada em Nova York, em 15 de novembro de 2000, chamada de Convenção de Palermo, promulgada pelo Decreto 5.015, de 12 de março de 2004, que diz: *"Para efeitos da presente Convenção, entende-se por: a) "Grupo criminoso organizado" – grupo estruturado de três ou mais pessoas, existente há algum tempo e atuando concertadamente com o propósito de cometer uma ou mais infrações graves ou enunciadas na presente Convenção, com a intenção de obter, direta ou indiretamente, um benefício econômico ou outro benefício material".*

▶ **STJ**

Informativo nº 467
Sexta Turma
ORGANIZAÇÃO CRIMINOSA. DESCAMINHO. LAVAGEM. DINHEIRO.

Trata-se de paciente denunciada em decorrência de operação policial a qual investigava as atividades de sociedades empresárias pertencentes ao mesmo grupo empresarial, como incursa nos arts. 288 e 334 do CP c/c art. 1º, V e VII, da Lei n. 9.613/1998, em continuidade delitiva. Na impetração, busca-se o trancamento parcial da ação penal quanto à acusação de lavagem de dinheiro (art. 1º, VII, da Lei n. 9.613/1998) e em relação à acusação por formação de quadrilha (art. 288 do CP). Alega haver inépcia da peça vestibular no que diz respeito ao crime previsto no art. 288 do CP, sustentando que não existe conceito legal da expressão "organização criminosa". Para o Min. Relator, o trancamento da ação penal em *habeas corpus* é medida excepcional e a tese da impetração não merece prosperar. Explica que a expressão "organização criminosa" ficou estabelecida no ordenamento jurídico brasileiro com o Dec. n. 5.015/2004, o qual promulgou a Convenção das Nações Unidas contra o Crime Organizado Transnacional (Convenção de Palermo, que, no art. 2, a, definiu tal conceito), aprovado pelo Dec. Legislativo n. 231/2003. Segundo o Min. Relator, a definição jurídica de organização criminosa não se submete ao princípio da taxatividade como entende a impetração, pois o núcleo do tipo penal previsto na norma é "ocultar ou dissimular a natureza, origem, localização, disposição, movimentação ou propriedade de bens, direitos ou valores provenientes, direta ou indiretamente, de crime", sendo a expressão "organização criminosa" um complemento normativo do tipo, tratando-se, no caso, de uma norma penal em branco heteróloga ou em sentido estrito, que independe de complementação por meio de lei formal. Assevera que entender o contrário, de acordo com a tese defendida pelos impetrantes, seria não admitir a existência de normas penais em branco em nosso ordenamento jurídico, situação que implicaria o completo esvaziamento de inúmeros tipos penais. Também destaca que a Recomendação n. 3/2006 do Conselho Nacional de Justiça (CNJ) propõe a adoção do conceito de "crime organizado" estabelecido na Convenção de Palermo, bem como a jurisprudência do STF e do STJ não diverge desse entendimento. Por fim, ressalta que não procedem as alegações de inépcia da inicial, pois a denúncia aponta fatos que, em tese, configuram o crime de formação de quadrilha para prática de crimes de lavagem de dinheiro e contra a Administração Pública, bem como que somente o detalhamento das provas na instrução criminal esclarecerá se houve e qual foi a participação da paciente nos delitos imputados pelo *Parquet*. Diante do exposto, a Turma denegou a ordem. Precedentes citados do STF: RHC 102.046-SP, DJe 10/11/2010; HC 100.637-BA, DJe 24/6/2010; HC 91.516-PI, DJe 4/12/2008; do STJ: APn 460-RO, DJ 25/6/2007; HC 77.771-SP, DJe 22/9/2009; HC 63.716-SP, DJ 17/12/2007; HC 89.696-SP, DJe 23/8/2010; HC 89.472-PR, DJe 3/8/2009, e HC 102.292-SP, DJe 22/9/2008. HC 138.058-RJ, Rel. Min. Haroldo Rodrigues (Desembargador convocado do TJ-CE), julgado em 22/3/2011.

5. **§1º. Características da organização criminosa quando vigorava a lei 9.034/95.** De acordo com o disposto no Decreto 5.015/2004, são elementos caracterizadores da organização criminosa: **1.** Grupo estruturado de três ou mais pessoas; **2.** Existência do grupo há algum tempo; **3.** Propósito de cometer uma ou mais infrações graves ou enunciadas na própria Convenção de Palermo e **4.** Intenção de obter, direta ou indiretamente, um benefício econômico ou outro benefício material.

6. **§1º. Resolução nº 517 do Conselho da Justiça Federal.** Em 30 de junho de 2006, o Conselho da Justiça Federal editou a Resolução nº 517, que alterou a Resolução nº 314, de 12 de maio de 2003, autorizando a criação, pelos Tribunais Regionais Federais, de Varas Especializadas para o processo e julgamento os crimes praticados por organizações criminosas, independentemente do caráter transnacional ou não das infrações. Além disso, a Resolução nº 314, no parágrafo único do art. 1º dispõe que deverão ser adotados os conceitos previstos na Convenção das Nações Unidas contra o Crime Organizado Transnacional promulgada pelo Decreto nº 5.015, de 12 de março de 2004.

Eis as mencionadas Resoluções:

Conselho da Justiça Federal.

Resolução nº 517, de 30 de junho de 2006.

"Art. 1º O art. 1º da Resolução nº 314, de 12 de maio de 2003, passa a vigorar com a seguinte redação: "Art. 1º Os Tribunais Regionais Federais, na sua área de jurisdição, poderão especializar varas federais criminais com competência exclusiva ou concorrente para processar e julgar: I – os crimes contra o sistema financeiro nacional e de lavagem ou ocultação de bens, direitos e valores; e II – os crimes praticados por organizações criminosas, independentemente do caráter transnacional ou não das infrações." Parágrafo único. Deverão ser adotados os conceitos previstos na Convenção das Nações Unidas contra o Crime Organizado Transnacional promulgada pelo Decreto nº 5.015, de 12 de março de 2004."

Resolução nº 314, de 12 de maio de 2003.

"Dispõe sobre a especialização de varas federais criminais para processar e julgar, na Justiça Federal, crimes contra o sistema financeiro nacional e de lavagem ou ocultação de bens, direitos e valores. O PRESIDENTE DO CONSELHO DA JUSTIÇA FEDERAL, usando de suas atribuições legais e tendo em vista o decidido na sessão ordinária realizada em 31 de março de 2003, resolve: Art. 1º Os Tribunais Regionais Federais, na sua área de jurisdição, especializarão varas federais criminais com competência exclusiva ou concorrente, no prazo de sessenta dias, para processar e julgar os crimes contra o sistema financeiro nacional e de lavagem ou ocultação de bens, direitos e valores. Art. 2º Esta Resolução entrará em vigor na data de sua publicação."

7. **§1º. Recomendação nº 3 do CNJ – Conselho Nacional de Justiça.** Em 30 de maio de 2006, o CNJ editou a Recomendação número 3, na qual recomendou ao Sistema Judiciário Federal, bem como aos Tribunais de Justiça dos Estados, a criação de Varas Criminais especializadas em Organizações Criminosas, sugerindo, ainda, a adoção do disposto na Convenção das Nações Unidas contra o Crime Organizado Transnacional, conhecida como Convenção de Palermo, para fins de definição de Organização Criminosa.

"CNJ – Conselho Nacional de Justiça.

RECOMENDAÇÃO Nº 3, DE 30 DE MAIO DE 2006.

Recomenda a especialização de varas criminais para processar e julgar delitos praticados por organizações criminosas e dá outras providências.

*A **PRESIDENTE DO CONSELHO NACIONAL DE JUSTIÇA,** no uso de suas atribuições, tendo em vista o decidido na Sessão de 30 de maio de 2006, e **CONSIDERANDO** a necessidade de o Estado combater o crime organizado, mediante a concentração de esforços e de recursos públicos e informações; **CONSIDERANDO** a necessidade de resposta judicial ágil e pronta, em relação às medidas especiais de investigação aplicáveis no combate ao crime organizado, nos termos da Lei nº 9.034/95 e da Convenção de Palermo; **CONSIDERANDO** que a especialização ao combate ao crime organizado já foi levada a efeito pelo Ministério Público e pelas Forças Policiais; **CONSIDERANDO** que a especialização de varas tem se revelado medida salutar, com notável incremento na qualidade e na celeridade da prestação jurisdicional, em especial para o processamento de delitos de maior complexidade, seja quanto ao* *modus operandi, seja quanto ao número de pessoas envolvidas;* ***CONSIDERANDO*** *que os Tribunais Regionais Federais possuem autorização legal para especializar varas, de acordo com o disposto nos artigos 11 e 12 da Lei nº 5.010/66, c/c o artigo 11, parágrafo único, da Lei nº 7.727/89 e que os Tribunais de Justiça dos Estados estão também autorizados a especializar varas nos termos da legislação de organização judiciária local, resolve*

RECOMENDAR

1. *Ao Conselho da Justiça Federal e aos Tribunais Regionais Federais, no que respeita ao Sistema Judiciário Federal, bem como aos Tribunais de Justiça dos Estados, a especialização de varas criminais, com competência exclusiva ou concorrente, para processar e julgar delitos praticados por organizações criminosas.*

2. *Para os fins desta recomendação, sugere-se:*

a) a adoção do conceito de crime organizado estabelecido na Convenção das Nações Unidas sobre Crime Organizado Transnacional, de 15 de novembro de 2000 (Convenção de Palermo), aprovada pelo Decreto Legislativo nº 231, de 29 de maio de 2003 e promulgada pelo Decreto nº 5.015, de 12 de março de 2004, ou seja, considerando o "grupo criminoso organizado" aquele estruturado, de três ou mais pessoas, existente há algum tempo e atuando concertadamente com o propósito de cometer uma ou mais infrações graves ou enunciadas na Convenção das Nações Unidas sobre Crime Organizado Transnacional, com a intenção de obter, direta ou indiretamente, um benefício econômico ou outro benefício material."

8. §1º. Conceito de organização criminosa após a lei 12.694/2012. Com o advento da lei 12.694/2012, toda essa questão da ausência de definição do que seria organização criminosa ficou superada. Com efeito, o art. 2º da lei 12.694/2012 trouxe para o ordenamento jurídico brasileiro o conceito de organização criminosa ao dispor que se considera organização criminosa a associação, de 3 (três) ou mais pessoas, estruturalmente ordenada e caracterizada pela divisão de tarefas, ainda que informalmente, com objetivo de obter, direta ou indiretamente, vantagem de qualquer natureza, mediante a prática de crimes cuja pena máxima seja igual ou superior a 4 (quatro) anos ou que sejam de caráter transnacional.

9. §1º. Características da organização criminosa na lei 12.694/2012. Podemos destacar os seguintes elementos da organização criminosa, no conceito trazido pela lei 12.694/2012: **1.** Associação, de 3 (três) ou mais pessoas; **2.** Estruturalmente ordenada e caracterizada pela divisão de tarefas, ainda que informalmente; **3.** Objetivo de obter, direta ou indiretamente, vantagem de qualquer natureza e **4.** Prática de crimes cuja pena máxima seja igual ou superior a 4 (quatro) anos ou que sejam de caráter transnacional.

10. §1º. Conceito de organização criminosa na lei 12.850/2013. A lei 12.850/2013, a exemplo da lei 12.692/2012, trouxe o conceito de organização criminosa e no art. 1º, §1º dispõe que *"considera-se organização criminosa a associação de 4 (quatro) ou mais pessoas estruturalmente ordenada e caracterizada pela divisão de tarefas, ainda que informalmente, com objetivo de obter, direta ou indiretamente, vantagem de qualquer natureza, mediante a prática de infrações penais cujas penas máximas sejam superiores a 4 (quatro) anos, ou que sejam de caráter transnacional".*

11. **§1º. Características da organização criminosa na lei 12.850/2013.** Podemos destacar os seguintes elementos da organização criminosa, no conceito trazido pela lei 12.850/2013: **1.** Associação, de 4 (quatro) ou mais pessoas; **2.** Estruturalmente ordenada e caracterizada pela divisão de tarefas, ainda que informalmente; **3.** Objetivo de obter, direta ou indiretamente, vantagem de qualquer natureza e **4.** Prática de infrações penais cujas penas máximas sejam superiores a 4 (quatro) anos, ou que sejam de caráter transnacional. Note-se que nesse último elemento, caso a infração penal seja de caráter transnacional, não importará o *quantum* de pena máxima cominada.

12. **§1º. Diferenças entre o conceito de organização criminosa na lei 12.694/2012 e na lei 12.850/2013.** Como é possível notar, houve pouca modificação em relação ao conceito de organização criminosa entre as leis 12.694/2012 e 12.850/2013. Destacam-se três modificações: em primeiro lugar, o número mínimo de pessoas que compõem a organização aumentou de três para quarto; em segundo lugar, enquanto a lei 12.694/2012 referia-se a *crimes*, excluindo, dessa forma, a prática de contravenções penais, a lei 12.850/2013 refere-se a *infrações penais,* conferindo uma maior abrangência à lei para abarcar também as contravenções penais; em terceiro lugar, a lei 12.694/2012 fazia menção a *crimes com pena igual ou superior a quatro anos.* A lei 12.850/2013 foi mais restritiva ao dispor *infrações penais cujas penas máximas sejam superiores a 4 (quatro) anos.*

13. **§1º. Irretroatividade da lei 12.850/2013.** Conforme destacado acima, a lei 12.850/2013 tem um ponto no qual é mais severa do que a lei 12.694/2012, qual seja: enquanto a lei 12.694/2012 referia-se a *crimes*, excluindo, dessa forma, a prática de contravenções penais, a lei 12.850/2013 refere-se a *infrações penais,* conferindo uma maior abrangência à lei para abarcar também as contravenções penais. Portanto, trata-se, nesse ponto específico, de *novatio legis in pejus* que não pode retroagir em obediência ao princípio da irretroatividade da lei penal mais severa positivado no art. 5º, XL da CF/88.

14. **§1º. Diferenças entre Associação Criminosa no art. 288 do Código Penal e organização criminosa.** Da análise dos elementos típicos previstos no art. 288 do Código Penal e no art. 2º, §1º da lei 12.850/2013, extraem-se as seguintes diferenças entre ambos: **1.** No delito de Associação Criminosa exige-se o mínimo de 3 pessoas. Para a configuração da organização criminosa, basta a reunião de, no mínimo, 4 pessoas; **2.** O delito de Associação Criminosa somente pode estar configurado se a sua destinação for para a prática de crimes, uma vez que o legislador utilizou tal expressão *crimes* no plural, ou seja, jamais haverá uma associação criminosa com destinação à prática de apenas um delito, independentemente do *quantum* de pena cominada. A organização criminosa pode existir para a prática de infrações penais cujas penas máximas sejam superiores a 4 (quatro) anos, ou que sejam de caráter transnacional; **3.** O delito de Associação Criminosa não exige a divisão de tarefas entre os agentes para a sua configuração. A organização criminosa requer que a associação seja estruturalmente ordenada e seja também caracterizada pela divisão de tarefas, ainda que informalmente; e **4.** Na Associação Criminosa, o legislador exigiu expressamente especial fim de agir de cometer crimes. A

organização criminosa exige como especial fim de agir o objetivo de obter, direta ou indiretamente, vantagem de qualquer natureza.

Associação Criminosa	Organização criminosa
Exige-se o mínimo de 3 pessoas	Exige-se a reunião de, no mínimo, 4 pessoas
Destina-se à prática de crimes, independentemente da pena cominada.	Destina-se à prática de infrações penais cujas penas máximas sejam superiores a 4 (quatro) anos, ou que sejam de caráter transnacional
Não se exige a divisão de tarefas entre os agentes para a sua configuração.	Exige-se que a organização criminosa seja estruturalmente ordenada e seja também caracterizada pela divisão de tarefas.
Exige-se o especial fim de agir de cometer crimes.	Exige-se como especial fim de agir o objetivo de obter, direta ou indiretamente, vantagem de qualquer natureza.

15. **§1º. Revogação do art. 2º da lei 12.694/2012.** Como é possível notar, o art. 1º, §1º da lei 12.850/2013 e o art. 2º da lei 12.694/2012 tratam da mesma coisa: conceituação de organização criminosa. Está instalada, assim, uma clara antinomia entre ambas, que deve ser solucionada pelos critérios da hierarquia, especialidade ou cronológico. Como as duas normas têm a mesma hierarquia e ambas tratam especificamente de organização criminosa, não podemos utilizar o critério da hierarquia, nem o da especialidade. Assim, resta o critério cronológico como fator de resolução da antinomia. Tendo em vista que a lei 12.850/2013 é posterior, o art. 2º da lei 12.694/2012 está tacitamente revogado.

16. **§2º. Aplicabilidade da lei.** O legislador preocupou-se com a possibilidade de infrações penais previstas em tratados ou convenções internacionais ou praticadas por organizações terroristas serem, de alguma forma, praticadas no território brasileiro. O legislador positivou uma manifestação da teoria da ubiquidade adotada pelo art. 6º do Código Penal brasileiro, segundo a qual se considera praticado o crime tanto no local da conduta (ação ou omissão), quanto no local do resultado. Assim, no inciso I, tendo a execução do delito ocorrido no Brasil ou então no exterior, mas o resultado ocorra ou deva ocorrer no Brasil, a lei brasileira é aplicável, desde que a infração penal praticada seja prevista em tratados ou convenções internacionais. O inciso II determina a aplicação da presente lei às organizações terroristas, que são aquelas voltadas para a prática dos atos de terrorismo legalmente definidos, nos moldes preconizados pela lei 13.260/2016.

Art. 2º Promover, constituir, financiar ou **integrar**, pessoalmente ou por interposta pessoa, organização criminosa:

Pena – reclusão, de 3 (três) a 8 (oito) anos, e multa, sem prejuízo das penas correspondentes às demais infrações penais praticadas.

§ 1º Nas mesmas penas incorre quem **impede ou**, de qualquer forma, **embaraça a investigação** de infração penal que envolva organização criminosa.

§ 2º As penas aumentam-se até a metade se na atuação da organização criminosa houver **emprego de arma de fogo**.

§ 3º A **pena** é **agravada** para quem **exerce o comando**, individual ou coletivo, da organização criminosa, ainda que não pratique pessoalmente atos de execução.

§ 4º A pena é aumentada de 1/6 (um sexto) a 2/3 (dois terços):

I – se há participação de criança ou adolescente;

II – se há concurso de funcionário público, valendo-se a organização criminosa dessa condição para a prática de infração penal;

III – se o produto ou proveito da infração penal destinar-se, no todo ou em parte, ao exterior;

IV – se a organização criminosa mantém conexão com outras organizações criminosas independentes;

V – se as circunstâncias do fato evidenciarem a transnacionalidade da organização.

§ 5º Se houver indícios suficientes de que o **funcionário público** integra organização criminosa, poderá o juiz determinar seu **afastamento cautelar do cargo, emprego ou função**, sem prejuízo da remuneração, quando a medida se fizer necessária à investigação ou instrução processual.

§ 6º A condenação com trânsito em julgado acarretará ao funcionário público a **perda do cargo, função, emprego ou mandato eletivo** e a **interdição para o exercício** de função ou cargo público pelo prazo de 8 (oito) anos subsequentes ao cumprimento da pena.

§ 7º Se houver indícios de **participação de policial** nos crimes de que trata esta Lei, a Corregedoria de Polícia instaurará inquérito policial e comunicará ao Ministério Público, que designará membro para acompanhar o feito até a sua conclusão.

§ 8º As lideranças de organizações criminosas armadas ou que tenham armas à disposição deverão iniciar o cumprimento da pena em estabelecimentos penais de segurança máxima. (Incluído pela Lei nº 13.964, de 2019)

§ 9º O condenado expressamente em sentença por integrar organização criminosa ou por crime praticado por meio de organização criminosa não poderá progredir de regime de cumprimento de pena ou obter livramento condicional ou outros benefícios prisionais se houver elementos probatórios que indiquem a manutenção do vínculo associativo. (Incluído pela Lei nº 13.964, de 2019)

1. **Sujeito ativo.** Trata-se de crime comum, uma vez que pode ser praticado por qualquer pessoa.

2. **Sujeito passivo.** O Estado e a coletividade.

3. **Promover, constituir, financiar ou integrar.** *Promover* significa efetuar, gerar, originar, ou seja, criar, dar início à organização criminosa. *Constituir* significa formar, organizar. Ao que parece, o legislador foi repetitivo ao dispor promover e constituir, uma vez que os verbos confundem-se. *Financiar* quer dizer custear, prover as despesas. Trata-se da conduta do agente que financeiramente sustenta a organização criminosa

(No dicionário da língua portuguesa Aurélio os verbos financiar e custear aparecem como expressões sinônimas). *Integrar* é fazer parte da organização criminosa.

4. **Tipo misto alternativo.** A prática de duas ou mais condutas descritas no tipo não gera concurso de crimes, respondendo o agente por apenas um delito.

5. **Norma penal em branco.** Trata-se de norma penal em branco homogênea homovitelina, uma vez que o conceito de organização criminosa deve ser buscado no art. 1º, §1º da própria lei.

6. **Irretroatividade.** Antes dessa lei, a conduta de promover, constituir, financiar ou integrar organização criminosa nunca foi um delito na ordem jurídica brasileira. Desde quando vigorava a lei 9.034/1995, atualmente revogada pela lei ora comentada, não existia um tipo penal nesses moldes. Portanto, a criação desse tipo penal constitui uma *novatio legis in pejus*, que não pode retroagir em homenagem ao princípio da irretroatividade da lei penal mais severa positivado no art. 5º, XL da CF/88. Dessa forma, quem já promoveu, constituiu, financiou ou integrou organização criminosa antes da lei 12.850/2013 entrar em vigor não pode ser penalmente responsabilizado, salvo se a conduta admitir a forma de crime permanente, como é o caso das condutas *financiar* e *integrar*, nas quais a sua consumação pode arrastar-se no tempo. Especificamente em relação ao verbo *financiar*, a conduta pode ou não configurar um crime permanente. Não será permanente na hipótese de o financiador investir o seu capital uma única vez para depois obter o ganho de capital; será permanente no caso de o financiador constantemente, de forma repetida, injetar capital próprio na organização para obter lucro de sua atividade, fazendo o seu capital girar dentro da organização criminosa. Em relação ao verbo *integrar*, temos que ele configura um crime permanente. Dessa forma, se as condutas *financiar* (na modalidade permanente) e *integrar* estivessem sendo praticadas quando a lei 12.850/2013 entrou em vigor, o agente poderá ser penalmente responsabilizado. Na jurisprudência, confira-se a Súmula 711 do STF: *"A lei penal mais grave aplica-se ao crime continuado ou ao crime permanente, se a sua vigência é anterior à cessação da continuidade ou da permanência"*.

7. **Cumulação de penas.** De acordo com o preceito secundário do tipo penal, caso o agente pratique outro delito, além do ora comentado, haverá cumulação de penas entre esse crime e o praticado, somando-se as penas.

8. **Princípio da especialidade.** O tipo legal de crime ora estudado constitui especialidade em relação ao delito de *Associação Criminosa,* previsto no art. 288 do Código Penal, que tem a seguinte redação: *"Art. 288. Associarem-se 3 (três) ou mais pessoas, para o fim específico de cometer crimes."*

9. **Consumação.** Com a efetiva realização das condutas descritas no tipo.

10. **Classificação.** Crime comum; formal; doloso; comissivo; instantâneo nos verbos *promover, constituir* e *financiar* (se for o caso) e permanente nas condutas *financiar* (se for o caso) e *integrar*; admite tentativa.

11. **Suspensão condicional do processo.** Incabível, pois a pena mínima cominada ultrapassa 1 ano (art. 89 da lei 9.099/95).

12. **§1º. Condutas equiparadas. Impedir ou embaraçar.** *Impedir* significa obstar, não permitir. *Embaraçar* consiste em atrapalhar, perturbar. Trata-se da conduta do agente que quer obstaculizar a investigação criminal de uma infração penal praticada por uma organização criminosa.
13. **Sujeito ativo.** Trata-se de crime comum, uma vez que pode ser praticado por qualquer pessoa.
14. **Sujeito passivo.** O Estado e a coletividade.
15. **Norma penal em branco.** Trata-se de norma penal em branco homogênea homovitelina, uma vez que o conceito de organização criminosa deve ser buscado no art. 1º, §1º da própria lei.
16. **Momento da prática do crime.** De acordo com o STJ, esse delito pode ser praticado nas duas fases da persecução penal, ou seja, tanto na fase do Inquérito Policial, quanto na fase do Processo Criminal.

▶ **STJ**

Informativo nº 650

Quinta Turma

Art. 2º, §1º, da Lei n. 12.850/2013. Impedir ou embaraçar a investigação de organização criminosa. Inquérito policial e ação penal. Abrangência. O tipo penal previsto pelo art. 2º, §1º, da Lei n. 12.850/2013 define conduta delituosa que abrange o inquérito policial e a ação penal. Não é razoável dar ao art. 2º, §1º, da Lei n. 12.850/2013 uma interpretação restritiva para reconhecer como típica a conduta do agente de impedir ou embaraçar a investigação somente na fase extrajudicial. Com efeito, as investigações se prolongam durante toda a persecução criminal, que abarca tanto o inquérito policial quanto a ação penal deflagrada pelo recebimento da denúncia. Não havendo o legislador inserido no tipo a expressão estrita "inquérito policial", compreende-se ter conferido à investigação de infração penal o sentido de persecução penal como um todo, até porque carece de razoabilidade punir mais severamente a obstrução das investigações do inquérito do que a obstrução da ação penal. Frise-se que também no curso da ação penal são feitas investigações e diligências objetivando a busca da verdade real, sendo certo que as investigações feitas no curso do inquérito, como no da ação penal, se diferenciam, primordialmente, no que diz respeito à amplitude do contraditório, ampla defesa e o devido processo legal. Ressalta-se que a persecução penal é contínua não havendo de se falar em estancamento das investigações com o recebimento da denúncia. Ademais, sabe-se que muitas diligências realizadas no âmbito policial possuem o contraditório diferido, de tal sorte que não é possível tratar inquérito e ação penal como dois momentos absolutamente independentes da persecução penal. **HC 487.962-SC, Rel. Min. Joel Ilan Paciornik, Quinta Turma, por unanimidade, julgado em 28/05/2019, DJe 07/06/2019.**

17. **Consumação.** Com o efetivo ato de impedir ou embaraçar a investigação criminal.
18. **Classificação.** Crime comum; material doloso; comissivo; instantâneo; admite tentativa.

▶ **STJ**

Informativo nº 703

Quinta Turma

Impedir ou embaraçar investigação penal de organização criminosa. Art. 2º, § 1º, da Lei n. 12.850/2013. Crime material. **O delito do art. 2º, § 1º, da Lei n. 12.850/2013 é crime material, inclusive na modalidade embaraçar.** (...) A melhor interpretação para a consumação e tentativa do delito na modalidade embaraçar é de que se trata de crime material. (...) Ou seja, haverá embaraço à investigação se algum resultado, ainda que momentâneo e reversível, for constatado. **REsp 1.817.416-SC, Rel. Min. Joel Ilan Paciornik, Quinta Turma, por unanimidade, julgado em 03/08/2021.**

19. **§2º. Causa de aumento de pena.** Se a organização criminosa atuar com o emprego de arma de fogo, a pena é aumentada até a metade. Como a lei não fez distinção entre arma de fogo de uso permitido ou proibido, conclui-se que ambas estão inseridas no aumento de pena. Trata-se de causa de aumento de pena que deve incidir na 3ª fase da aplicação da pena criminal.

20. **Não incidência de concurso de crimes.** Tendo em vista que o emprego de arma de fogo já funciona como causa de aumento de pena nesse delito, não haverá concurso de crimes entre o delito ora comentado e o crime de porte de arma de fogo.

21. **§3º. Circunstância agravante para o autor intelectual.** Essa circunstância agravante é aplicada ao denominado pela doutrina autor intelectual, que é a pessoa que tem em suas mãos o comando, individual ou coletivo, da organização criminosa, mas não pratica o delito pessoalmente. Trata-se de circunstância agravante que incide na segunda fase da aplicação da pena criminal.

22. **Não incidência do art. 62, I do Código Penal.** O art. 62, I do Código Penal traz previsão semelhante ao dispor que "a pena será ainda agravada em relação ao agente que promove, ou organiza a cooperação no crime ou dirige a atividade dos demais agentes". A incidência da agravante do art. 2º, §3º da lei 12.850/2013 afasta a incidência do art. 62, I do Código Penal, em razão do princípio da especialidade, sob pena de incidência em *bis is idem*, não podendo incidir, ao mesmo tempo, as duas agravantes.

23. **§4º. Causa de aumento de pena.** Trata-se de causa de aumento de pena que deve incidir na 3ª fase da aplicação da pena criminal.

24. **Inciso I. Participação de criança ou adolescente.** A simples participação de criança ou adolescente na organização criminosa já denota uma corrupção na moral social do menor, desvirtuando o seu conceito de moralidade social. Assim, a incidência dessa causa de aumento de pena afasta a tipificação do delito de corrupção de menores previsto no art. 244-B do Estatuto da Criança e do Adolescente (lei 8.069/90), *in verbis: "Corromper ou facilitar a corrupção de menor de 18 (dezoito) anos, com ele praticando infração penal ou induzindo-o a praticá-la: Pena – reclusão, de 1 (um) a 4 (quatro) anos"*. Com efeito, se o agente induzir o menor a praticar o delito de promover, constituir, financiar ou integrar uma organização criminosa ou então induzir o menor a praticá-lo, ele já está corrompendo a moral social do

menor, bem jurídico tutelado pelo art. 244-B do Estatuto da Criança e do Adolescente. A incidência da causa de aumento de pena e do art. 244-B ao mesmo tempo configuraria *bis in idem*.

25. **Inciso II. Concurso de funcionário público.** Não basta que o agente seja funcionário público. É necessário que a organização criminosa se valha dessa condição para a prática de infração penal.

26. **Inciso III. Produto ou proveito da infração penal destinado ao exterior.** Para a incidência desta majorante não é necessário que o produto ou o proveito da infração penal seja efetivamente remetido ao exterior, bastando apenas essa finalidade por parte dos agentes.

27. **Inciso IV. Conexão com outras organizações criminosas independentes.** A conexão com outras organizações criminosas independentes gera uma maior periculosidade da organização, uma vez que elas, juntas, conseguem formar uma rede maior de prática de infrações penais, justificando, portanto, o aumento da pena.

28. **Inciso V. Transnacionalidade da organização.** A transnacionalidade da organização permite-lhe uma maior influência e facilidade na prática de infrações penais, sobretudo as infrações que possam ter caráter transnacional, como o tráfico de drogas e de armas, justificando o aumento de pena.

29. **§5º. Afastamento cautelar do funcionário público.** O legislador determinou o afastamento cautelar do funcionário público das suas funções em caso de indícios suficientes de que ele integra uma organização criminosa, quando a medida se fizer necessária à investigação ou instrução processual. Essa natureza cautelar do afastamento não oferece problemas em relação ao princípio da presunção de inocência, tendo em vista que não se trata de perda do cargo e o afastamento ocorre sem prejuízo da remuneração do funcionário público. Trata-se de medida provisória, e não definitiva. A perda definitiva do cargo somente pode ocorrer após o trânsito em julgado da condenação, com o juízo de certeza acerca da autoria do funcionário público. De qualquer forma, deve ser rigorosamente observado o requisito legal da presença de *indícios suficientes* de que o funcionário público integra organização criminosa.

30. **§6º. Perda do cargo, função, emprego ou mandato eletivo e a interdição para o exercício de função ou cargo público.** O legislador tratou da *perda* do cargo, emprego, função ou mandato eletivo e da interdição para o exercício de função ou cargo público pelo prazo de 8 anos subsequentes ao cumprimento da pena. Os institutos são distintos. A perda refere-se ao cargo que já era ocupado pelo agente. A interdição refere-se à impossibilidade de o agente vir a ocupar qualquer outra função ou cargo público pelo prazo de 8 anos, isso é, com *efeitos futuros*. Trata-se de efeito da condenação que só pode ser aplicado após o trânsito em julgado da sentença penal condenatória. Esse efeito é automático e decorre da condenação, não sendo necessária motivação expressa na sentença.

31. **Diferença entre o art. 2º, §6º da lei 12.850/2013 e o art. 92, I do Código Penal.** No art. 92, I do Código Penal, a lei trata da *perda* do cargo que já era ocupado pelo condenado. No art. 2º, §6º da lei 12.850/2013, a lei trata não só da *perda* do cargo,

como também da *interdição*, que é a impossibilidade de se vir a ocupar cargo ou função pública, com *efeitos futuros*. Ademais, no art. 92, I do Código Penal a perda do cargo não é automática, dependendo de motivação expressa na sentença, ao contrário do previsto no dispositivo em comento, em que a perda do cargo é automática.

32. **Não incidência do art. 92, I do Código Penal.** Tendo em vista que o legislador já inseriu nessa lei especial a perda do cargo, não incide o art. 92, I do Código Penal, em razão do princípio de especialidade.

33. **§7º. Indícios de participação de policial.** Havendo indícios de participação de policial nos crimes previstos na nesta lei, o inquérito policial será instaurado pela Corregedoria de Polícia e terá o acompanhamento do Ministério Público. Como o legislador foi genérico ao dispor *"nos crimes de que trata esta lei"*, esse dispositivo aplica-se no caso de indícios de participação de policial não somente no delito previsto no art. 2º, mas, também nos arts. 18, 19, 20 e 21 da lei.

34. **§8º. Cumprimento de pena.** A norma contida neste parágrafo destina-se aos *líderes* de Organizações Criminosas, que pode ser uma pessoa específica ou podem ser várias pessoas, e não a todos os integrantes dessas Organizações. Contudo, é de se notar que a obrigatoriedade de iniciar o cumprimento da pena em estabelecimento penal de segurança máxima tem como requisito a natureza da Organização Criminosa, ou seja, ela deve ser armada ou ter armas à disposição. Tendo em vista que o legislador não fez qualquer distinção, toda e qualquer arma está abrangida, ou seja, arma de fogo de uso permitido, de uso restrito de uso proibido. Além disso, embora não pareça proporcional, cremos que as armas brancas também estão englobadas na previsão legal, embora seja muito pouco provável que uma Organização Criminosa se aparelhe com armas brancas.

35. **§9º. Vedação de benefícios da execução penal.** Pela redação legal, a vedação da progressão de regime, de livramento condicional e de outros benefícios da execução penal para o condenado em sentença por integrar organização criminosa ou por crime praticado por meio dela não é uma vedação genérica e apriorística pela lei. Essa vedação exige como requisito a presença de elementos probatórios que indiquem a manutenção do vínculo associativo com a Organização Criminosa. Tal requisito será analisado pelo Juízo da Execução, que é o competente para conceder os benefícios da execução penal. Em qualquer hipótese, a previsão desse parágrafo pressupõe o trânsito em julgado da sentença condenatória.

CAPÍTULO II
DA INVESTIGAÇÃO E DOS MEIOS DE OBTENÇÃO DA PROVA

Art. 3º Em **qualquer fase** da **persecução penal**, serão permitidos, sem prejuízo de outros já previstos em lei, os seguintes **meios de obtenção da prova:**

I - colaboração premiada;

II - captação ambiental de sinais eletromagnéticos, ópticos ou acústicos;

III - ação controlada;

IV – acesso a registros de ligações telefônicas e telemáticas, a dados cadastrais constantes de bancos de dados públicos ou privados e a informações eleitorais ou comerciais;

V – interceptação de comunicações telefônicas e telemáticas, nos termos da legislação específica;

VI – afastamento dos sigilos financeiro, bancário e fiscal, nos termos da legislação específica;

VII – infiltração, por policiais, em atividade de investigação, na forma do art. 11;

VIII – cooperação entre instituições e órgãos federais, distritais, estaduais e municipais na busca de provas e informações de interesse da investigação ou da instrução criminal.

§ 1º Havendo necessidade justificada de manter sigilo sobre a capacidade investigatória, poderá ser dispensada licitação para contratação de serviços técnicos especializados, aquisição ou locação de equipamentos destinados à polícia judiciária para o rastreamento e obtenção de provas previstas nos incisos II e V. (Incluído pela lei 13.097/2015).

§ 2º No caso do § 1º, fica dispensada a publicação de que trata o parágrafo único do art. 61 da Lei nº 8.666, de 21 de junho de 1993, devendo ser comunicado o órgão de controle interno da realização da contratação. (Incluído pela lei 13.097/2015).

1. **Abrangência.** O legislador abrangeu todas as fases da persecução penal, ou seja, a primeira fase, do inquérito policial, e a segunda fase, da ação penal. O art. 3º da lei trouxe um rol de medidas que servem como meios de obtenção de prova, ou seja, meios pelos quais os órgãos de persecução penal irão obter elementos probatórios que serão levados ao Poder Judiciário para embasar a acusação.

2. **Inciso I. Colaboração premiada.** Ver comentários aos arts. 4º ao 7º da lei.

3. **Inciso II. Captação ambiental de sinais eletromagnéticos, ópticos ou acústicos.** A *captação ambiental* ocorre quando uma terceira pessoa capta os sinais **eletromagnéticos, ópticos ou acústicos** de contato não telefônico entre dois interlocutores, com a ciência de apenas um deles. Esse meio de investigação está regulamentado no art. 8º-A, da lei 9.296/96.

4. **Inciso III. Ação controlada.** Ver comentários aos arts. 8º e 9º da lei.

5. **Inciso IV. Acesso a registros de ligações telefônicas e telemáticas, a dados cadastrais constantes de bancos de dados públicos ou privados e a informações eleitorais ou comerciais.** Ver comentários aos arts. 15 ao 17.

6. **Inciso V. Interceptação de comunicações telefônicas e telemáticas, nos termos da legislação específica.** A interceptação de comunicações telefônicas e telemáticas deve ser feita nos moldes definidos na lei 9.296/96, à qual remetemos o leitor.

7. **Inciso VI. Afastamento dos sigilos financeiro, bancário e fiscal, nos termos da legislação específica.** O legislador permitiu como meio de obtenção de prova o afastamento dos sigilos financeiro, bancário e fiscal. A CF/88, no art. 5º, X, dispõe que "são invioláveis a intimidade, a vida privada, a honra e a imagem das pessoas, assegurado o direito a indenização pelo dano material ou moral decorrente de sua violação". Apesar de não haver exigência expressa, justamente em razão da

proteção constitucional que a vida privada e a intimidade recebem, é que deve ser exigida autorização judicial para o afastamento do sigilo referente às informações financeiras, bancárias e fiscais.

8. **Quebra do sigilo pelo Ministério Público.** Questão relevante versa sobre a possibilidade de o Ministério Público afastar diretamente tais sigilos, independentemente de autorização judicial. A Lei Complementar 75/93, que dispõe sobre a organização, as atribuições e o estatuto do Ministério Público da União, prevê, em seu art. 8º, incisos II, IV e VIII que "para o exercício de suas atribuições, o Ministério Público da União poderá, nos procedimentos de sua competência: II – requisitar informações, exames, perícias e documentos de autoridades da Administração Pública direta ou indireta; IV – requisitar informações e documentos a entidades privadas; VIII – ter acesso incondicional a qualquer banco de dados de caráter público ou relativo a serviço de relevância pública". Apesar da redação do dispositivo legal, o Ministério Público não pode quebrar o sigilo diretamente, independentemente de autorização judicial, em razão da cláusula de reserva de jurisdição, face à proteção constitucional da intimidade e vida privada assegurada no art. 5º, X, da CF/88.

▶ **STJ**

> **Informativo nº 482**
>
> **Quinta Turma**
>
> **SIGILO FISCAL. QUEBRA. MP. IMPOSSIBILIDADE.**
>
> A Turma reiterou o entendimento de que o Ministério Público, no uso de suas prerrogativas institucionais, não está autorizado a requisitar documentos fiscais e bancários sigilosos diretamente ao Fisco e às instituições financeiras, sob pena de violar os direitos e garantias constitucionais de intimidade da vida privada dos cidadãos. Somente quando precedida da devida autorização judicial, tal medida é válida. (...). HC 160.646-SP, Rel. Min. Jorge Mussi, julgado em 1º/9/2011.

9. **Inciso VII. Infiltração, por policiais, em atividade de investigação, na forma do art. 11.** Ver comentários aos arts. 10 ao 14 da lei.

10. **Inciso VIII. Cooperação entre instituições e órgãos federais, distritais, estaduais e municipais na busca de provas e informações de interesse da investigação ou da instrução criminal.** Trata-se de obrigação que é ínsita aos órgãos estatais, motivada pelo dever de colaboração entre entes públicos em prol da investigação criminal, para que se tenha a maior gama de informações possíveis sobre o investigado ou sobre o réu.

11. **§§ 1º e 2º. Dispensa de licitação.** As medidas investigatórias previstas nos incisos II e V (captação ambiental de sinais eletromagnéticos, ópticos ou acústicos e interceptação de comunicações telefônicas e telemáticas) demandam a contratação de serviços técnicos especializados, a aquisição ou a locação de equipamentos específicos. Para que seja mantido o sigilo das investigações, em caso de necessidade justificada, o legislador dispensou a licitação para a aquisição desses bens ou para a contratação desses serviços, ficando dispensada a publicação resumida do instrumento de contrato ou de seus aditamentos na imprensa oficial. Trata-se de medida salutar, para que seja mantido, em caso de necessidade, o sigilo da investigação criminal, que, na maioria das vezes, é necessário para o seu sucesso.

Seção I
Da Colaboração Premiada
(Redação dada pela Lei nº 13.964, de 2019)

Art. 3º-A. O acordo de colaboração premiada é **negócio jurídico processual e meio de obtenção de prova**, que pressupõe utilidade e interesse públicos. (Incluído pela Lei nº 13.964, de 2019)

1. **Colaboração premiada.** A colaboração premiada consiste em um modelo consensual de justiça, em que as partes são livres, nos limites da presente lei, para realizarem um acordo, com obrigações e benefícios. Trata-se de um negócio jurídico bilateral realizado no âmbito do inquérito policial ou do processo criminal. O investigado ou réu faz um acordo com o Estado, no sentido de obter um benefício em troca de informações prestadas por ele. Diz-se premiada porque o colaborador recebe um benefício do Estado em troca das informações prestadas. Este artigo dispõe que a colaboração é negócio jurídico *processual*, mas percebemos que o legislador foi atécnico, tendo em vista que a colaboração pode ocorrer na fase do inquérito policial.

2. **Meio de obtenção de prova.** A colaboração não é meio de prova, mas, sim, *meio de obtenção de prova*. Em outras palavras, ela é uma medida por meio da qual se buscam provas das informações prestadas pelo colaborador.

3. **Utilidade e interesse públicos.** A exigência legal da utilidade e do interesse público é salutar. Contudo, tais elementos sempre estarão presentes, uma vez que a colaboração premiada é realizada dentro de um inquérito policial ou dentro de um processo criminal, no qual o Estado exerce o interesse público na apuração da infração penal e da sua respectiva autoria. E a utilidade pública reside justamente na obtenção, por parte do Estado, de informações acerca dessa infração penal.

4. **Ausência de direito líquido e certo.** O colaborador não tem direito líquido e certo à colaboração premiada. Por se tratar de negócio jurídico bilateral, depende da vontade de ambas as partes.

▶ **STF**

Informativo nº 942.

Segunda Turma

Acordo de colaboração premiada e ausência de direito líquido e certo

(...) O colegiado entendeu inexistir direito líquido e certo a compelir o ministério público à celebração do acordo de delação premiada, diante das características do acordo de colaboração premiada e da necessidade de distanciamento do Estado-juiz do cenário investigativo. Observou que, na linha do que decidido no HC 127.483, o acordo de colaboração premiada, além de meio de obtenção de prova, constitui negócio jurídico processual personalíssimo, cuja conveniência e oportunidade não se submetem ao escrutínio do Estado-juiz. Trata-se, portanto, de ato voluntário por essência, insuscetível de imposição judicial. Ademais, no âmbito da formação do acordo de colaboração premiada, o juiz não pode participar das negociações realizadas entre as partes, por expressa vedação legal (Lei 12.850/2013, art. 4º, § 6º). Isso decorre do sistema acusatório, que desmembra os papéis de investigar e acusar e aqueles de defender e julgar e atribui missão própria a cada sujeito processual. (...). **MS 35693 AgR/DF, rel. Min. Edson Fachin, julgamento em 28.5.2019.**

5. **Vítima não pode realizar acordo de colaboração premiada.** A colaboração premiada é um negócio jurídico bilateral realizado entre as partes do processo, que são o Ministério Público e o réu. Ainda que seja realizado na fase de inquérito policial, deve haver a manifestação do Ministério Público, conforme o art. 4º-A, § 6º. A vítima não é parte na relação processual, razão pela qual não tem interesse jurídico para realizar o acordo de colaboração premiada. Note-se que, justamente por ser vítima da infração penal, ela tem interesse na punição do autor do crime, interesse esse incompatível com a natureza consensual da colaboração premiada.

▶ **STJ**

Informativo nº 755

Quinta Turma

Colaboração premiada. Acordo entre acusação e defesa. Vítima colaboradora. Impossibilidade.

A colaboração premiada é um acordo realizado entre o acusador e a defesa, não podendo a vítima ser colaboradora. Pela jurisprudência desta Corte Superior e pela legislação pertinente, a vítima não pode ser colaboradora, porque lhe faltaria interesse – haja vista que é a interessada na tutela punitiva. Ressalte-se ainda que "o Supremo Tribunal Federal, por seu Plenário, em voto da relatoria do Ministro Dias Toffoli, nos autos do HC 127.483/PR, assentou o entendimento de que a colaboração premiada, para além de técnica especial de investigação, é negócio jurídico processual personalíssimo, pois, por meio dele, se pretende a cooperação do imputado para a investigação e para o processo penal, o qual poderá redundar em benefícios de natureza penal premial, sendo necessário que a ele se aquiesça, voluntariamente, que esteja no pleno gozo de sua capacidade civil, e consciente dos efeitos decorrentes de sua realização" (APn 843/DF, Rel. Ministro Herman Benjamin, Corte Especial, julgado em 06/12/2017, DJe 01/02/2018). **HC 750.946-RJ, Rel. Min. Olindo Menezes (Desembargador convocado do TRF da 1ª Região), Sexta Turma, por maioria, julgado em 11/10/2022.**

6. **Pessoa jurídica não pode realizar acordo de colaboração premiada.** Conforme dito acima, o acordo de colaboração premiada é um negócio jurídico bilateral realizado entre as partes. Como todo negócio jurídico, exige como requisito que o agente seja capaz. A pessoa jurídica é um ente abstrato que não possui vontade própria distinta da vontade da pessoa física que a administra, razão pela qual não tem capacidade para realizar o acordo de colaboração.

▶ **STJ**

Informativo nº 747

Sexta Turma

Acordo de colaboração premiada. Lei n. 12.850/2013. Celebração por pessoa jurídica. Incapacidade. Ausência de voluntariedade e possibilidade de responsabilização penal.

Pessoa jurídica não possui capacidade para celebrar acordo de colaboração premiada, previsto na Lei n. 12.850/2013. Segundo a Lei n. 12.850/2013, não se mostra possível o enquadramento de pessoa jurídica como investigada ou acusada no tipo de crime de organização criminosa. Também não seria razoável qualificá-la como ente capaz de celebrar o acordo de colaboração nela previsto, menos ainda em relação aos seus dirigentes. Destaca-se que "o Supremo Tribunal Federal, por seu Plenário, em voto da relatoria do Ministro Dias Toffoli, nos autos do HC 127.483/PR, assentou o entendimento de que a colaboração premiada, para além de técnica especial de investigação, é negócio jurídico processual personalíssimo, pois, por meio dele, se pretende a cooperação do imputado para a investigação e para o processo penal, o qual poderá redundar em benefícios de natureza penal premial, sendo necessário que a ele se aquiesça, voluntariamente, que esteja no pleno gozo de sua capacidade civil, e consciente dos efeitos decorrentes de sua realização" (APn 843/DF, Rel. Ministro Herman Benjamin, Corte Especial, julgado em 06/12/2017, DJe 01/02/2018). **RHC 154.979-SP, Rel. Min. Olindo Menezes (Desembargador convocado do TRF 1ª Região), Sexta Turma, por unanimidade, julgado em 09/08/2022, DJe 15/08/2022.**

7. **Corréu delatado. Alegações finais após as alegações finais do delator.** Embora não haja previsão legal, o STF fixou o entendimento segundo o qual o corréu delatado tem o direito de apresentar as suas alegações finais somente após a apresentação das alegações finais do delator, para assegurar a garantia da ampla defesa e do contraditório, desde que haja requerimento expresso anterior. E isso por um motivo muito simples: se ocorreu a colaboração premiada e um corréu (colaborador) delatou o outro, o delatado tem o direito de ter ciência do que o delator afirmou sobre ele para que possa se defender.

▶ **STF**

Informativo nº 1.078.

Plenário.

O corréu delatado detém a prerrogativa de produzir suas alegações finais após a apresentação das defesas dos corréus colaboradores, desde que o requeira expressamente e no momento adequado, ou seja, quando da abertura dessa fase processual [CPP, art. 403; e Lei 8.038/1990, art. 11].

No exercício pleno da ampla defesa, está contido o direito do corréu delatado falar por último, ou seja, depois do delator ou do colaborador premiado. O indeferimento de prazo sucessivo ao réu delatado que expressamente o requer, no momento devido, equivale à supressão do seu direito de defesa e configura nulidade processual. Contudo, são absolutamente válidos os processos nos quais a defesa não tiver oportunamente solicitado a observância da mencionada sequência de apresentação das alegações finais. (...) **HC 166373/PR, relator Ministro Edson Fachin, redator do acórdão Ministro Alexandre de Moraes, julgamento finalizado em 30.11.2022.**

Art. 3º-B. O recebimento da proposta para formalização de acordo de colaboração demarca o **início das negociações** e constitui também marco de confidencialidade, configurando violação de sigilo e quebra da confiança e da boa-fé a divulgação de tais tratativas iniciais ou de documento que as formalize, até o levantamento de sigilo por decisão judicial. (Incluído pela Lei nº 13.964, de 2019)

§ 1º A proposta de acordo de colaboração premiada poderá ser sumariamente indeferida, com a devida justificativa, cientificando-se o interessado. (Incluído pela Lei nº 13.964, de 2019)

§ 2º Caso não haja indeferimento sumário, as partes deverão firmar Termo de Confidencialidade para prosseguimento das tratativas, o que vinculará os órgãos envolvidos na negociação e impedirá o indeferimento posterior sem justa causa. (Incluído pela Lei nº 13.964, de 2019)

§ 3º O recebimento de proposta de colaboração para análise ou o Termo de Confidencialidade não implica, por si só, a suspensão da investigação, ressalvado acordo em contrário quanto à propositura de medidas processuais penais cautelares e assecuratórias, bem como medidas processuais cíveis admitidas pela legislação processual civil em vigor. (Incluído pela Lei nº 13.964, de 2019)

§ 4º O acordo de colaboração premiada poderá ser precedido de instrução, quando houver necessidade de identificação ou complementação de seu objeto, dos fatos narrados, sua definição jurídica, relevância, utilidade e interesse público. (Incluído pela Lei nº 13.964, de 2019)

§ 5º Os termos de recebimento de proposta de colaboração e de confidencialidade serão elaborados pelo celebrante e assinados por ele, pelo colaborador e pelo advogado ou defensor público com poderes específicos. (Incluído pela Lei nº 13.964, de 2019)

§ 6º Na hipótese de não ser celebrado o acordo por iniciativa do celebrante, esse não poderá se valer de nenhuma das informações ou provas apresentadas pelo colaborador, de boa-fé, para qualquer outra finalidade. (Incluído pela Lei nº 13.964, de 2019)

1. **Início das negociações.** Vimos que a colaboração premiada é um negócio jurídico bilateral. As negociações entre o indiciado e o Delegado de Polícia ou entre o réu e o Ministério Público têm início no momento do recebimento da proposta para a formalização do acordo. Isso significa que antes desse recebimento qualquer cláusula firmada entre as partes não terá nenhum valor jurídico. Ao mesmo tempo em que o recebimento da proposta determina o início das negociações, ele configura, também, o marco de confidencialidade até o levantamento do sigilo, nos moldes no art. 7º, §3º. Até o momento do levantamento do sigilo por decisão judicial, é proibida a divulgação das tratativas ou de documentos que as formalize, de forma que a violação desse sigilo configura quebra de confiança e de boa-fé, podendo, inclusive, sujeitar o agente a responsabilidade criminal.

2. **§1º. Indeferimento da proposta de colaboração.** O legislador não tratou dos motivos do indeferimento, apenas disse que será justificado. Cremos que, por se tratar de negócio jurídico processual, o indeferimento somente poderia ocorrer pelos motivos legais, ou seja, por faltar utilidade ou interesse público.

3. **§2º. Termo de confidencialidade.** Se a proposta não for indeferida sumariamente, nos moldes do §1º, as partes firmam o Termo de Confidencialidade, como requisito para prosseguirem nas tratativas. A partir desse momento, os órgãos de persecução criminal envolvidos na negociação estarão vinculados, fazendo com que a proposta não possa ser indeferida posteriormente sem junta causa. Cremos que em qualquer hipótese a proposta não pode ser indeferida sem justa causa.

4. **§3º. Não suspensão da investigação.** Durante esse período mencionado no §3º, a investigação não fica suspensa, ressalvadas as hipóteses ali descritas. Note-se que o legislador dispôs "não implica, *por si só,* a suspensão da investigação". Isso significa dizer que se houver algum outro motivo relevante associado, pode haver a suspensão das investigações.
5. **§4º. Instrução prévia ao acordo.** O legislador permitiu que seja feita uma instrução prévia ao acordo de colaboração premiada. Essa instrução pode ser de interesse de ambas as partes ou de apenas uma delas.
6. **§5º. Poderes específicos.** A exigência de poderes específicos decorre da ideia de conferir uma maior segurança jurídica que o legislador quis dar ao acordo de colaboração.
7. **§6º. Não celebração do acordo.** As informações ou provas apresentadas pelo colaborador são para serem usadas especificamente no acordo. Assim, caso o acordo não seja celebrado por iniciativa do celebrante, todas as informações e provas fornecidas perdem a sua finalidade, não podendo ser utilizadas posteriormente para qualquer finalidade.

Art. 3º-C. A proposta de colaboração premiada deve estar instruída com procuração do interessado com **poderes específicos para iniciar o procedimento de colaboração e suas tratativas**, ou firmada pessoalmente pela parte que pretende a colaboração e seu advogado ou defensor público. (Incluído pela Lei nº 13.964, de 2019)

§ 1º Nenhuma tratativa sobre colaboração premiada deve ser realizada sem a presença de advogado constituído ou defensor público. (Incluído pela Lei nº 13.964, de 2019)

§ 2º Em caso de eventual conflito de interesses, ou de colaborador hipossuficiente, o celebrante deverá solicitar a presença de outro advogado ou a participação de defensor público. (Incluído pela Lei nº 13.964, de 2019)

§ 3º No acordo de colaboração premiada, o colaborador deve narrar todos os fatos ilícitos para os quais concorreu e que tenham relação direta com os fatos investigados. (Incluído pela Lei nº 13.964, de 2019)

§ 4º Incumbe à defesa instruir a proposta de colaboração e os anexos com os fatos adequadamente descritos, com todas as suas circunstâncias, indicando as provas e os elementos de corroboração. (Incluído pela Lei nº 13.964, de 2019)

1. **Procuração com poderes específicos.** Como dito nos comentários ao artigo anterior, a exigência de poderes específicos decorre da ideia de conferir uma maior segurança jurídica e autenticidade ao acordo de colaboração.
2. **§1º. Presença do advogado ou do defensor público.** A presença da defesa técnica decorre da necessidade de assistência técnica para evitar qualquer abuso ou desvio de finalidade no acordo de colaboração premiada.
3. **§2º. Conflito de interesses ou caso de hipossuficiência.** Pensamos que a solicitação da presença de outro advogado ou de defensor público vai depender da concordância prévia do colaborador, tendo em vista que a constituição de advogado, por qualquer pessoa, para a defesa de seus interesses, é ato de extrema confiança,

não podendo ser imposto ao colaborador a participação de outro advogado que não aquele que ele constituiu ou de defensor público.

4. **§3º. Narrativa de todos os fatos ilícitos.** O legislador pretendeu dar maior amplitude à colaboração premiada, exigindo não somente a narrativa dos fatos objeto daquele acordo de colaboração, mas, também, de todos os fatos ilícitos praticados pelo colaborador e que tenham relação direta com os fatos investigados. Pensamos que o prêmio a ser obtido pelo colaborador deve ser proporcional à extensão da sua colaboração, ou seja, quanto maior a abrangência da colaboração, maior deverá ser o prêmio obtido.

5. **§4º. Instrução da proposta.** Conforme dito acima, a colaboração é um meio de obtenção de prova, a partir das informações prestadas pelo colaborador. Assim, todos os elementos devem ser fornecidos e esclarecidos pelo colaborador, para que haja uma maior efetividade no resultado da colaboração premiada.

Art. 4º O juiz poderá, a requerimento das partes, **conceder o perdão judicial, reduzir** em até 2/3 (dois terços) a **pena privativa de liberdade** ou **substituí-la por restritiva de direitos** daquele que tenha **colaborado efetiva e voluntariamente** com a **investigação** e com o processo criminal, desde que dessa colaboração advenha um ou mais dos seguintes **resultados**:

I – a identificação dos demais coautores e partícipes da organização criminosa e das infrações penais por eles praticadas;

II – a revelação da estrutura hierárquica e da divisão de tarefas da organização criminosa;

III – a prevenção de infrações penais decorrentes das atividades da organização criminosa;

IV – a recuperação total ou parcial do produto ou do proveito das infrações penais praticadas pela organização criminosa;

V – a localização de eventual vítima com a sua integridade física preservada.

§ 1º Em qualquer caso, a **concessão do benefício levará em conta** a personalidade do colaborador, a natureza, as circunstâncias, a gravidade e a repercussão social do fato criminoso e a eficácia da colaboração.

§ 2º Considerando a relevância da colaboração prestada, o Ministério Público, a qualquer tempo, e o delegado de polícia, nos autos do inquérito policial, com a manifestação do Ministério Público, poderão requerer ou representar ao juiz pela **concessão de perdão judicial** ao colaborador, ainda que esse benefício não tenha sido previsto na proposta inicial, aplicando-se, no que couber, o art. 28 do Decreto-Lei nº 3.689, de 3 de outubro de 1941 (Código de Processo Penal).

§ 3º O prazo para oferecimento de denúncia ou o processo, relativos ao colaborador, poderá ser suspenso por até 6 (seis) meses, prorrogáveis por igual período, até que sejam cumpridas as medidas de colaboração, suspendendo-se o respectivo prazo prescricional.

§4º Nas mesmas hipóteses do caput deste artigo, o Ministério Público poderá deixar de oferecer denúncia se a proposta de acordo de colaboração referir-se a infração de cuja existência não tenha prévio conhecimento e o colaborador: (Redação dada pela Lei nº 13.964, de 2019)

I – não for o líder da organização criminosa;

II – for o primeiro a prestar efetiva colaboração nos termos deste artigo.

§4º-A Considera-se existente o conhecimento prévio da infração quando o Ministério Público ou a autoridade policial competente tenha instaurado inquérito ou procedimento investigatório para apuração dos fatos apresentados pelo colaborador. (Incluído pela Lei nº 13.964, de 2019)

§ 5º Se a **colaboração for posterior à sentença**, a pena poderá ser reduzida até a metade ou será admitida a progressão de regime ainda que ausentes os requisitos objetivos.

§ 6º O **juiz não participará das negociações realizadas entre as partes** para a formalização do acordo de colaboração, que ocorrerá entre o delegado de polícia, o investigado e o defensor, com a manifestação do Ministério Público, ou, conforme o caso, entre o Ministério Público e o investigado ou acusado e seu defensor.

§ 7º Realizado o acordo na forma do § 6º deste artigo, serão remetidos ao juiz, para análise, o respectivo termo, as declarações do colaborador e cópia da investigação, **devendo o juiz ouvir sigilosamente o colaborador**, acompanhado de seu defensor, oportunidade em que analisará os seguintes aspectos na homologação: Alterado pela Lei nº 13.964, de 2019)

I – regularidade e legalidade;

II – adequação dos benefícios pactuados àqueles previstos no *caput* e nos §§ 4º e 5º deste artigo, sendo nulas as cláusulas que violem o critério de definição do regime inicial de cumprimento de pena do art. 33 do Decreto-Lei nº 2.848, de 7 de dezembro de 1940 (Código Penal), as regras de cada um dos regimes previstos no Código Penal e na Lei nº 7.210, de 11 de julho de 1984 (Lei de Execução Penal) e os requisitos de progressão de regime não abrangidos pelo § 5º deste artigo;

III – adequação dos resultados da colaboração aos resultados mínimos exigidos nos incisos I, II, III, IV e V do **caput** deste artigo;

IV – voluntariedade da manifestação de vontade, especialmente nos casos em que o colaborador está ou esteve sob efeito de medidas cautelares.

§ 7º-A O juiz ou o tribunal deve **proceder à análise fundamentada** do mérito da denúncia, do perdão judicial e das primeiras etapas de aplicação da pena, nos termos do Decreto-Lei nº 2.848, de 7 de dezembro de 1940 (Código Penal) e do Decreto-Lei nº 3.689, de 3 de outubro de 1941 (Código de Processo Penal), antes de conceder os benefícios pactuados, exceto quando o acordo prever o não oferecimento da denúncia na forma dos §§ 4º e 4º-A deste artigo ou já tiver sido proferida sentença. (Incluído pela Lei nº 13.964, de 2019)

§ 7º-B. São **nulas de pleno direito** as previsões de renúncia ao direito de impugnar a decisão homologatória. (Incluído pela Lei nº 13.964, de 2019)

§ 8º O juiz poderá recusar a homologação da proposta que não atender aos requisitos legais, devolvendo-a às partes para as adequações necessárias. (Redação dada pela Lei nº 13.964, de 2019)

§ 9º **Depois de homologado o acordo**, o **colaborador** poderá, sempre acompanhado pelo seu defensor, **ser ouvido** pelo membro do Ministério Público ou pelo delegado de polícia responsável pelas investigações.

§ 10. As **partes podem retratar-se da proposta**, caso em que as provas autoincriminatórias produzidas pelo colaborador não poderão ser utilizadas exclusivamente em seu desfavor.

§ 10-A Em todas as fases do processo, deve-se garantir ao réu delatado a oportunidade de manifestar-se após o decurso do prazo concedido ao réu que o delatou. (Incluído pela Lei nº 13.964, de 2019)

§ 11. A sentença apreciará os **termos** do acordo homologado e sua **eficácia**.

§ 12. Ainda que **beneficiado por perdão judicial** ou **não denunciado**, o colaborador poderá ser ouvido em juízo a requerimento das partes ou por iniciativa da autoridade judicial.

§ 13. O registro das tratativas e dos atos de colaboração deverá ser feito pelos meios ou recursos de gravação magnética, estenotipia, digital ou técnica similar, inclusive audiovisual, destinados a obter maior fidelidade das informações, garantindo-se a disponibilização de cópia do material ao colaborador. (Redação dada pela Lei nº 13.964, de 2019)

§ 14. Nos depoimentos que prestar, o **colaborador renunciará**, na presença de seu defensor, **ao direito ao silêncio** e estará sujeito ao compromisso legal de dizer a verdade.

§ 15. Em **todos os atos** de negociação, confirmação e execução da colaboração, o **colaborador** deverá estar **assistido por defensor**.

§ 16. Nenhuma das seguintes medidas será decretada ou proferida com fundamento **apenas nas declarações do colaborador**: (Redação dada pela Lei nº 13.964, de 2019)

I - medidas cautelares reais ou pessoais; (Incluído pela Lei nº 13.964, de 2019)

II - recebimento de denúncia ou queixa-crime; (Incluído pela Lei nº 13.964, de 2019)

III - sentença condenatória. (Incluído pela Lei nº 13.964, de 2019)

§ 17. O acordo homologado poderá ser **rescindido** em caso de omissão dolosa sobre os fatos objeto da colaboração. (Incluído pela Lei nº 13.964, de 2019)

§ 18. O acordo de colaboração premiada pressupõe que o colaborador cesse o envolvimento em conduta ilícita relacionada ao objeto da colaboração, sob pena de rescisão. (Incluído pela Lei nº 13.964, de 2019)

1. **Requerimento das partes.** A colaboração premiada só pode ser concedida a requerimento das partes, não podendo ser oferecida pelo Juiz de ofício. O Juiz é apenas um espectador do acordo de colaboração que o homologará nos moldes do §7º.

2. **Beneficiário da colaboração premiada.** O beneficiário da colaboração somente pode ser um agente integrante da organização criminosa. Mesmo que um estranho à organização, como no caso de um integrante de organização criminosa rival que tenha informações relevantes sobre aquela organização e possa fornecê-las com o fim de destrui-la, ele não poderá valer-se da colaboração premiada, uma vez que o legislador deixou claro que o colaborador deve integrar a organização criminosa ao fazer menção expressa aos *"demais coautores e partícipes da organização criminosa"*, deixando claro que o colaborador deva fazer parte da organização sobre a qual ele presta as informações.

3. **Perdão judicial.** A primeira consequência da colaboração é a concessão, pelo Juiz, do perdão judicial, previsto no art. 120 do Código Penal, que constitui causa de extinção da punibilidade prevista no art. 107, IX do Código Penal. A sentença que o concede tem natureza jurídica de sentença declaratória de extinção da

punibilidade, não subsistindo qualquer efeito condenatório (súmula 18 do STJ), bem como não será considerada para efeitos de reincidência, de acordo com o art. 120 do Código Penal.

4. **Diminuição da pena.** A segunda consequência da colaboração é redução da pena privativa de liberdade em até 2/3. Essa redução de pena tem natureza jurídica de causa especial de diminuição de pena, que deve ser aplicada na terceira fase da aplicação da pena, nos moldes do art. 68 do Código Penal. Nessa fase a pena pode ficar abaixo do mínimo legal.

5. **Possibilidade de aplicação em conjunto com circunstância atenuante.** Questão relevante versa sobre a possibilidade de aplicação, a um só tempo, de uma circunstância atenuante e da causa de diminuição de pena prevista no artigo ora comentado, como na hipótese de o réu confessar a prática da infração penal e fornecer informações relevantes no acordo de colaboração premiada. Nesse caso, ele pode ter aplicada a si a atenuante da confissão e a causa de diminuição de pena em conjunto? Como sabido, a circunstância atenuante incide na segunda fase da aplicação da pena criminal, enquanto a causa de diminuição de pena incide na terceira fase. A confissão versa sobre os fatos imputados na denúncia; a colaboração premiada versa sobre as informações que o investigado ou o réu fornece sobre a organização criminosa. Tendo em vista as naturezas diversas dos dois institutos, bem como as suas incidências em momentos distintos da aplicação da pena criminal, pensamos que nada obsta a aplicação conjunta dos dois institutos.

6. **Substituição da pena privativa de liberdade por pena restritiva de direitos.** A terceira consequência da colaboração é a substituição da pena privativa de liberdade por pena restritiva de direitos. As espécies de penas restritivas de direitos e os requisitos para a substituição estão previstos, respectivamente, nos art. 43 e 44 do Código Penal.

7. **Subordinação ao requerimento das partes.** Pela redação legal percebe-se que o Juiz somente pode homologar o acordo de colaboração premiada e aplicar as suas consequências (concessão do perdão judicial, na redução da pena ou na substituição da pena privativa de liberdade por pena restritiva de direitos), se houver requerimento das partes (Ministério Público e réu), o que significa afirmar que o Juiz não pode oferecer o acordo de colaboração premiada de ofício.

8. **Possibilidade de aplicar as consequências da colaboração premiada.** Questão relevante versa sobre a obrigatoriedade ou a faculdade de o Juiz aplicar as consequências da colaboração premiada. Seria uma obrigação ou uma faculdade do Juiz? Tendo em vista que o legislador utilizou as expressões “o juiz poderá”, parece que a sua vontade foi no sentido de ser uma faculdade do Juiz.

9. **Colaboração efetiva e voluntária.** *Colaboração efetiva* é aquela que resulta, segundo o dispositivo legal, na identificação dos demais coautores e partícipes da organização criminosa e das infrações penais por eles praticadas, na revelação da estrutura hierárquica e da divisão de tarefas da organização criminosa, na prevenção de infrações penais decorrentes das atividades da organização, na recuperação total ou parcial do produto ou do proveito das infrações penais praticadas pela

organização e na localização de eventual vítima com a sua integridade física preservada. *Colaboração voluntária* é a colaboração que o agente presta por vontade própria, sem que ninguém o tenha constrangido a tal. Note-se que o legislador não exigiu que a colaboração fosse espontânea, bastando que seja voluntária. Dessa forma, não importa o motivo pelo qual o agente colabora, podendo ocorrer, por exemplo, por pedido ou influência de alguém.

10. **Momento para a colaboração premiada.** A colaboração premiada pode ser feita tanto na fase do inquérito policial, quanto na fase do processo criminal.

11. **Alternatividade dos resultados.** A colaboração premiada se sujeita ao advento dos resultados previstos nos incisos do art. 4º, que podem ser alternativos, conforme a redação legal.

12. **Incomunicabilidade.** A colaboração premiada é ato pessoal do colaborador. Portanto, em caso de concurso de pessoas, não se comunica aos outros coautores e partícipes da organização criminosa.

13. **Inciso I. Identificação dos demais coautores e partícipes da organização criminosa e das infrações penais por eles praticadas.** A identificação dos demais coautores e partícipes da organização criminosa pode se dar de qualquer forma, ou seja, por meio do fornecimento do nome, endereço, características pessoais etc, desde que seja eficaz na identificação. Basta que o delator identifique um dos coautores ou partícipes, não sendo necessária a identificação de todos. Além da identificação dos demais coautores e partícipes, o legislador exigiu que o colaborador identificasse também as infrações penais por eles praticadas. Trata-se, portanto, de requisitos cumulativos, não bastando a identificação somente de pessoas ou somente de infrações por ele praticadas.

14. **Inciso II. Revelação da estrutura hierárquica e da divisão de tarefas da organização criminosa.** A estrutura hierárquica e a divisão de tarefas são elementos da organização criminosa, segundo o conceito trazido pelo art. 1º, §1º da lei. A revelação desses elementos facilita aos órgãos de persecução penal uma forma mais eficaz de desfazimento da organização criminosa, além de permitir que se tenha acesso a todos os membros da organização, desde o "baixo escalão" até o "alto escalão".

15. **Inciso III. Prevenção de infrações penais decorrentes das atividades da organização criminosa.** No inciso III o legislador buscou uma forma de obter informações que possibilitem aos órgãos de persecução penal a prevenção da prática de infrações penais pela organização criminosa. De forma diversa do inciso I, aqui se quer evitar a prática de infrações futuras.

16. **Inciso IV. Recuperação total ou parcial do produto ou do proveito das infrações penais praticadas pela organização criminosa.** Tal requisito somente será exigido quando, a depender do delito praticado, for possível a recuperação do seu produto, como no caso do tráfico de drogas ou de receptação. Entretanto, tal requisito seria inviável em outros casos, como na hipótese do delito de extorsão mediante sequestro, em que embora consumado pela privação da liberdade da vítima, o pagamento do valor correspondente ao resgate ainda não foi efetuado.

17. **Inciso V. Localização de eventual vítima com a sua integridade física preservada.** O legislador exigiu que a vítima fosse encontrada com a sua integridade física preservada. Pensamos que essa exigência é irrazoável, uma vez que a vítima encontrar-se com a sua integridade física preservada independe da vontade do colaborador. Mesmo que o agente queira colaborar com as investigações, terá que contar com a sorte de a vítima estar com a sua integridade física preservada no momento em que for encontrada.

18. **Não revogação dos arts. 13 e 14 da lei 9.807/99.** A lei 12.850/2013 não revogou os arts. 13 e 14 da lei 9.807/99 por dois motivos: em primeiro lugar, não houve revogação expressa; em segundo lugar, os dispositivos não são incompatíveis entre si, podendo conviver perfeitamente.

19. **§1º. Elementos para a concessão do benefício da colaboração premiada.** Além de a concessão dos benefícios advindos da colaboração depender dos requisitos estabelecidos no *caput* do art. 4º, o legislador estabeleceu outros requisitos ligados à pessoa do colaborador, ao fato criminoso e à eficácia da colaboração.

20. **§2º. Concessão do perdão judicial sem previsão na proposta de colaboração.** Mesmo que o perdão judicial não faça parte da proposta de colaboração, é possível a sua aplicação ao colaborador, em razão da relevância da colaboração. O legislador não estabeleceu o que seria a relevância da colaboração. Pensamos que essa relevância deva estar ligada aos resultados descritos nos incisos do art. 4º, *caput*.

21. **§3º. Prazo para oferecimento da denúncia e suspensão do processo.** Em relação à suspensão do prazo para o oferecimento da denúncia ou suspensão do processo, se o investigado ou réu estiver solto, ela não oferece problemas. Porém, na hipótese de o investigado ou réu estar preso, a suspensão desse prazo ou do processo por 6 meses, prorrogável por igual período, é absolutamente descabida, pois haverá um alargamento indevido da prisão provisória do investigado ou réu, sendo certo que a privação da liberdade à título de prisão provisória deve estar estritamente vinculada aos requisitos descritos no art. 312 do Código de Processo Penal, e não ao cumprimento das medidas de colaboração. Assim, caso o investigado ou réu esteja preso, parece que a melhor solução seria o Juiz colocá-lo em liberdade para que o prazo ou o processo fosse suspenso; na hipótese de estarem presentes os requisitos do art. 312 do Código de Processo Penal, que impeçam a soltura do investigado ou réu, essa suspensão do prazo não pode ser aplicada.

22. **Suspensão do prazo prescricional.** Trata-se de uma causa de suspensão do prazo prescricional fora do rol do art. 116 do Código Penal, a confirmar a ideia de que esse rol é exemplificativo.

23. **§4º e §4º-A. Possibilidade de o Ministério Público não oferecer a denúncia.** Na hipótese de o colaborador não ser o líder da organização criminosa e for o primeiro a prestar a efetiva colaboração nos termos deste artigo, o Ministério Público poderá deixar de oferecer a denúncia em seu desfavor. Trata-se de mais uma hipótese de mitigação do princípio da obrigatoriedade que rege a ação penal pública, uma vez que mesmo que haja prova da existência do crime e indícios suficientes de autoria – caso em que o Ministério Público é obrigado a oferecer a denúncia -, o legislador

trouxe a possibilidade excepcional de a denúncia não ser oferecida, hipótese na qual o Ministério Público poderá promover o arquivamento dos autos do inquérito policial. A lei nº 13.964/2019 inseriu mais um requisito nesse dispositivo legal, que é a proposta de acordo de colaboração versar sobre uma infração penal da qual o Ministério Público não tenha conhecimento. Essa foi a forma que o legislador encontrou de fazer chegar ao conhecimento do Ministério Público uma infração penal desconhecida, para que possa ser apurada. A *contrario sensu* do §4º-A, a infração será desconhecida se o Ministério Público ou a autoridade policial não tiver instaurado inquérito ou procedimento investigatório para apuração dos fatos apresentados pelo colaborador.

24. §5º. Colaboração posterior à sentença. Como regra, a colaboração deve ser feita na fase de investigação e na fase processual, conforme o art. 4º, *caput*. Porém, o legislador permitiu que a colaboração fosse posterior à sentença, caso em que poderá haver a redução de metade da pena imposta ou a progressão de regime ainda que ausentes os requisitos objetivos previstos no art. 112 da LEP. Porém, o legislador não especificou se a colaboração poderia ser posterior à sentença com o processo em fase de recurso ou com o trânsito em julgado e isso altera a competência para a concessão da diminuição da pena e para a concessão da progressão de regime. Dessa forma, algumas hipóteses poderão surgir: na *primeira hipótese*, caso o processo esteja em fase recursal, caberá ao Tribunal, como órgão recursal, aplicar a redução da pena ou conceder a progressão de regime. Lembre-se que apesar de não haver ainda o trânsito em julgado, a súmula 716 do STF admite a progressão de regime antes do trânsito em julgado da sentença condenatória ao dispor que *"admite-se a progressão de regime de cumprimento da pena ou a aplicação imediata de regime menos severo nela determinada, antes do trânsito em julgado da sentença condenatória"*; na *segunda hipótese*, caso a colaboração seja posterior à sentença com o trânsito em julgado, caberá ao Juízo da Execução Penal conceder a progressão de regime ou aplicar a redução de pena.

25. §6º. Não participação do Juiz no acordo de colaboração premiada. O acordo de colaboração é celebrado entre as partes, sem a intervenção do Juiz, que se torna somente um espectador do acordo. Justamente por não ser parte do processo, o Juiz não possui nenhuma ingerência na realização dos termos do acordo e colaboração premiada. Porém, isso não significa que o Juiz é obrigado a homologar o acordo, podendo recusar a sua homologação nos termos do §8º.

26. Acordo de colaboração premiada pode ser realizado pelo Delegado de Polícia. Nos moldes definidos nos §§ 2 º e 6º, o Delegado de Polícia pode realizar acordo de colaboração premiada com o investigado e o seu defensor. É bem verdade que a Autoridade Policial não é o titular da ação penal. Contudo, o legislador conferiu-lhe legitimidade para a realização do acordo. Pensamos que tal previsão legal é salutar, tendo em vista que o Delegado de Polícia é o presidente do inquérito policial no qual se apura a infração penal e a sua respectiva autoria, estando mais perto dos elementos indiciários da prática do delito, tendo plenas condições de verificar a viabilidade e a efetividade do acordo de colaboração premiada. Note-se que, nesse caso, o legislador exigiu a manifestação posterior do Ministério Público.

▶ **STF**

Informativo nº 907.

Plenário

Acordo de colaboração premiada e delegado de polícia

O Plenário, por maioria, julgou improcedente pedido formulado em ação direta para assentar a constitucionalidade dos §§ 2º e 6º do art. 4º da Lei 12.850/2013, a qual define organização criminosa e dispõe sobre a investigação criminal, os meios de obtenção da prova, infrações penais correlatas e o procedimento criminal. A ação impugnava as expressões "e o delegado de polícia, nos autos do inquérito policial, com a manifestação do Ministério Público" e "entre o delegado de polícia, o investigado e o defensor, com a manifestação do Ministério Público, ou, conforme o caso", contidas nos referidos dispositivos, que conferem legitimidade ao delegado de polícia para conduzir e firmar acordos de colaboração premiada (Informativo 888). Prevaleceu o voto do ministro Marco Aurélio (relator), no sentido de que **o delegado de polícia pode formalizar acordos de colaboração premiada, na fase de inquérito policial, respeitadas as prerrogativas do Ministério Público, o qual deverá se manifestar, sem caráter vinculante, previamente à decisão judicial. (...) ADI 5508/DF, rel. Min. Marco Aurélio, julgamento em 20.6.2018.**

27. §§7º, 7º-A e 7º-B, . Homologação do acordo. Depois de realizado entre as partes sem a intervenção judicial, o termo do acordo de colaboração é remetido ao Juiz para a sua homologação. Como cabe ao Juiz zelar pela regularidade processual, ele deverá verificar a regularidade, a legalidade e a voluntariedade dos termos do acordo de colaboração, assegurando-se da sua perfeita realização nos moldes legais e deverá, ainda, de forma sigilosa ouvir o colaborador na presença de seu defensor, para certificar-se sobre a lealdade das informações e sobre a voluntariedade da prestação das informações pelo colaborador. Além disso, o Juiz verificará a adequação dos resultados da colaboração aos resultados mínimos descritos nos incisos I ao V do *caput* deste artigo. O Juiz também deve verificar a adequação dos benefícios pactuados àqueles previstos no *caput* e nos §§ 4º e 5º deste artigo, atento à nulidade das cláusulas do acordo nos moldes definidos no inciso II do §7º. Constatada pelo Juiz a regularidade do acordo, ele homologará o termo. Entretanto, por questões de segurança jurídica, conforme exige o §7º-A, antes da concessão dos benefícios acordados, o Juízo ou o Tribunal deverá analisar fundamentadamente o mérito da denúncia, do perdão judicial e das primeiras etapas de aplicação da pena, com as ressalvas ali contidas. Por fim, o §7º-B estabelece que as previsões de renúncia ao direito de impugnar a decisão homologatória são nulas de pleno direito, garantindo ao colaborar o direito de impugnar posteriormente a decisão que homologa o acordo.

28. Homologação do acordo em órgão colegiado. Em se tratando de órgão colegiado, compete ao relator, e não ao colegiado, a homologação do acordo de colaboração premiada. Assim, competirá ao relator a análise dos requisitos previstos no §7º.

▶ **STF**

Informativo nº 870

Plenário

Homologação de acordo de colaboração premiada e limites de atuação do relator

O Supremo Tribunal Federal (STF), em julgamento conjunto, resolveu questão de ordem e negou provimento a agravo regimental em petição em que se discutiam, respectivamente, os limites da atuação do relator em homologação de colaboração premiada e a distribuição ao ministro Edson Fachin (relator), por prevenção, da Pet 7.003/DF, em razão do Inq 4.112/DF, cujo objeto são fatos relacionados à operação Lava Jato. (...) O Plenário, por maioria, resolveu a questão de ordem no sentido de reafirmar — nos limites dos §§ 7º e 11 do art. 4º (1) da Lei 12.850/2013 e incisos I e II do art. 21 (2) do Regimento Interno do STF (RISTF) — a atribuição do relator para, monocraticamente, homologar acordos de colaboração premiada, oportunidade na qual se limita ao juízo de regularidade, legalidade e voluntariedade da avença. Reafirmou, também, a competência colegiada do STF para avaliar, em decisão final de mérito, o cumprimento dos termos bem como a eficácia do acordo. (...) **(Pet 7074/DF, rel. Min. Edson Fachin, julgamento em 21, 22, 28 e 29.6.2017).**

29. Homologação do acordo. Prevenção e conexão. Havendo conexão entre o conteúdo dos termos da colaboração premiada e o delito investigado, a competência para a homologação do acordo é do Juízo que supervisiona a investigação, ou seja, do Juízo prevento. Consequentemente, a distribuição do pedido de homologação do acordo de colaboração premiada dá-se por prevenção.

▶ **STF**

Informativo nº 870

Plenário

Colaboração premiada: prevenção e conexão

(...) verificada a existência de liame de natureza objetiva, subjetiva ou probatória entre o conteúdo de termos de depoimento prestados pelo colaborador e o objeto de investigação em curso, incumbe à autoridade judicial responsável pela supervisão do procedimento investigatório, por força da prevenção, homologar o acordo de colaboração celebrado e adotar, subsequentemente, as providências acerca de cada fato relatado. Tal conclusão resguarda o jurisdicionado dos efeitos da litispendência e da coisa julgada. O Colegiado frisou ser o juízo prevento o detentor de condições mais adequadas para analisar os pontos de contato entre as declarações dos colaboradores e as outras investigações em curso, impondo, se for o caso, a tramitação conjunta. (...) Por todas essas razões, o Plenário julgou não se verificar qualquer ilegalidade na distribuição por prevenção do pedido de homologação do acordo de colaboração premiada em análise, diante da evidente existência de fatos relatados conexos com investigações em curso sob a relatoria do ministro Edson Fachin. (..) Por fim, concluiu não haver qualquer mácula no procedimento adotado na Pet 7.003/DF, seja na sua distribuição por prevenção, seja nas providências deferidas na decisão de 18.5.2017. **(Pet 7074 QO/DF, rel. Min. Edson Fachin, julgamento em 21, 22, 28 e 29.6.2017).**

30. §8º. Recusa de homologação do acordo. Conforme mencionado acima, cabe ao Juiz assegurar a regularidade, a legalidade e a voluntariedade dos termos do acordo de colaboração, zelando pela sua realização nos moldes legais. Caso o Juiz verifique que o termo do acordo de colaboração não atende aos requisitos legais, ele poderá recusar a sua homologação e devolvê-los às partes para as adequações necessárias. Conforme a redação legal, o Juiz não pode realizar alterações no acordo , devendo devolvê-lo às partes para que façam as adequações necessárias.

31. Recurso cabível da decisão que recusa a homologação do acordo. De acordo com o STJ, da decisão que recusa a homologação do acordo de colaboração premiada é cabível o recurso de apelação.

▶ **STJ**

Informativo nº 683

Sexta Turma

Colaboração premiada. Decisão que recusa homologação do acordo. Recurso cabível. Apelação criminal. Ausência de previsão legislativa expressa. Dúvida objetiva. Princípio da fungibilidade. Incidência. A apelação criminal é o recurso adequado para impugnar a decisão que recusa a homologação do acordo de colaboração premiada, mas ante a existência de dúvida objetiva é cabível a aplicação do princípio da fungibilidade. A teor das disposições contidas na Lei n. 12.850/2013, realizado o acordo de colaboração premiada, serão remetidos ao juiz, para verificação de sua regularidade, legalidade, adequação e voluntariedade, os termos do ajuste, as declarações do colaborador e cópia da investigação. Tem-se, nessa fase, a fiscalização dos aspectos previstos no art. 4º, § 7º, do mesmo regramento legal, com redação incluída pela Lei n. 13.964/2019. O magistrado poderá recusar a homologação da proposta que não atender aos requisitos legais e esse ato judicial tem conteúdo decisório, pois impede o meio de obtenção da prova. Entretanto, não existe previsão normativa sobre o recurso cabível para a sua impugnação. Nesse contexto, ante a lacuna na lei, o operador do direito tem de identificar, entre os instrumentos recursais existentes no direito processual penal, aquele mais adequado para a revisão da decisão proferida em primeira instância. Desse modo, analisadas as espécies de recursos elencados no Código de Processo Penal, tem-se que a apelação criminal é apropriada para confrontar a decisão que recusar a homologação da proposta de acordo de colaboração premiada. Isso porque, o ato judicial: a) não ocasiona uma situação de inversão tumultuária do processo, a atrair o uso da correição parcial e b) tem força definitiva, uma vez que impede o negócio jurídico processual, com prejuízo às partes interessadas. Ademais, o cabimento do recurso em sentido estrito está taxativamente previsto no art. 581 do CPP e seus incisos não tratam de hipótese concreta que se assemelha àquela prevista no art. 4°, § 8°, da Lei n. 12.850/2013. De toda forma, ante a existência de dúvida objetiva quanto ao instrumento adequado para combater o provimento jurisdicional, não constitui erro grosseiro o manejo de correição parcial, principalmente quando esse instrumento foi aceito em situações outras pelo Tribunal de origem. Interposta a insurgência no interstício de cinco dias, sem que se possa falar em sua intempestividade, é perfeitamente aplicável o princípio da fungibilidade recursal. Assim, consoante preceitua o art. 579 do CPP: "salvo a hipótese de má-fé, a parte não será prejudicada pela interposição de um recurso por outro".

REsp 1.834.215-RS, Rel. Min. Rogerio Schietti Cruz, Sexta Turma, por unanimidade, julgado em 27/10/2020, DJe 12/11/2020.

32. **§9º. Posterior oitiva do colaborador.** O legislador trouxe a possibilidade de o colaborador ser ouvido pelo Delegado de Polícia ou pelo membro do Ministério Público após a homologação do acordo, sempre acompanhado de seu defensor. Ao que parece, nessa oitiva posterior à homologação do acordo, o colaborador poderá apenas prestar esclarecimentos sobre as informações já fornecidas anteriormente que constem do acordo, e não fornecer novas informações, pois as informações que ele se prontificou a prestar já foram colhidas no momento da elaboração dos termos do acordo antes de sua homologação. Não se trata de nova colaboração (até porque se fosse isso ela teria que ser novamente homologada pelo Juiz), e sim prestação de esclarecimentos.

33. §10. Retratação da proposta de colaboração premiada. Depois de homologado o acordo de colaboração premiada, as partes poderão retratar-se da proposta. Nesse caso, as provas autoincriminatórias produzidas pelo colaborador não poderão ser utilizadas exclusivamente em seu desfavor. Há uma questão ligada à possibilidade ou não do uso das demais provas que o legislador não resolveu, ou seja, se as provas autoincriminatórias produzidas pelo colaborador não poderão ser utilizadas exclusivamente em seu desfavor, as demais provas poderiam ser usadas? Pensamos que a resposta é negativa. A colaboração premiada é um acordo de vontade concretizado pelas partes. Se as partes resolveram realizá-lo, depois de homologado ele passará a produzir todos os seus efeitos. Porém, se após a sua homologação as partes retratam-se dele, é porque elas não o querem mais, logo ele não mais poderá produzir efeitos. Se a manifestação de vontade das partes é fundamental para a sua validade, a manifestação de vontade das partes tem também o condão de fazer com que ele não produza efeitos a partir do momento da retratação. Se houve a retratação, houve mudança de vontade das partes. Se as partes se retratam de todo o acordo, ele não pode produzir efeitos parcialmente fazendo com que somente as provas autoincriminatórias produzidas pelo colaborador não sejam utilizadas exclusivamente em seu desfavor. Assim, pensamos que ou o acordo produz efeitos em sua integralidade, ou não produz nenhum efeito no caso de retratação das partes. Ainda uma questão importante: Pode haver retratação parcial? Pensamos que não. O legislador não trouxe essa possibilidade. Quando o legislador dispôs *"as partes podem retratar-se da proposta"*, parece que ele quis referir-se à integralidade da proposta.

34. §10-A. Princípios do contraditório e da ampla defesa. O legislador garantiu ao réu delatado a oportunidade de manifestar-se após o decurso do prazo concedido ao réu que o delatou, em todas as fases do processo. Trata-se de consequência lógica e direta dos princípios do contraditório e da ampla defesa. Com efeito, embora ambos ostentem a condição de réus dentro do processo, as declarações do colaborador passam a fazer parte do acervo probatório produzido contra o delatado, fazendo com que eles tenham posições diferentes no processo. Assim, de tudo o que for dito pelo delator, e delatado deve ter tempo para tomar ciência e se manifestar a respeito.

▶ **STF**

Informativo nº 949

Segunda Turma

Colaboração premiada e ordem da apresentação de alegações finais

A Segunda Turma, por maioria, deu provimento a agravo regimental em habeas corpus para anular a condenação imposta ao paciente e assegurar-lhe nova oportunidade de apresentar memoriais escritos, após o decurso do prazo oferecido para a apresentação dessa peça aos corréus colaboradores. No caso, o paciente foi condenado, no âmbito da operação Lava Jato, pelos crimes de corrupção passiva e lavagem de dinheiro. Entretanto, na fase final da instrução processual, o juízo determinou a apresentação, em prazo comum, de alegações finais pelos corréus, independentemente de ostentarem a condição de colaboradores ou de haverem sido delatados nos acordos celebrados. (...) No mérito, prevaleceu o voto do ministro Ricardo Lewandowski, no que acompanhado pelo ministro Gilmar Mendes e pela ministra Cármen Lúcia. Entendeu evidente a ocorrência de constrangimento ilegal. Nesse sentido, o direito fundamental ao contraditório e à ampla defesa deve permear todo o processo legal, garantindo-se sempre a possibilidade de manifestações oportunas da defesa, bem como a possibilidade de se fazer ouvir no julgamento e de oferecer, por último, os memoriais de alegações finais. Pouco importa, na espécie, a qualificação jurídica do agente acusador: Ministério Público ou corréu colaborador. (...) Permitir, pois, o oferecimento de memoriais escritos de réus colaboradores, de forma simultânea ou depois da defesa — sobretudo no caso de utilização desse meio de prova para prolação de édito condenatório — comprometeria o pleno exercício do contraditório, que pressupõe o direito de a defesa falar por último, a fim de poder reagir às manifestações acusatórias. (...) Inexistente dispositivo processual expresso, é evidente que, sob pena de nulidade, os réus colaboradores não podem se manifestar por último, em razão da carga acusatória que existe em suas informações. (...) O prejuízo da defesa é, portanto, induvidoso. (...). **HC 157627 AgR/PR, rel. orig. Min. Edson Fachin, red. p/ o ac. Min. Ricardo Lewandowski, julgamento em 27.8.2019.**

35. **§11. Apreciação do acordo de colaboração na sentença.** Na sentença, o Juiz deverá novamente verificar a regularidade do acordo de colaboração e a sua eficácia, justamente por ser nessa fase processual que ele aplica o perdão judicial, a diminuição de pena ou a substituição da pena privativa de liberdade pela pena restritiva de direitos.

36. **§12. Posterior oitiva do colaborador.** Mesmo que o colaborador já tenha sido beneficiado pelo perdão judicial ou que não tenha sido denunciado nos moldes do §4º, o legislador permitiu que ele fosse ouvido em Juízo por meio de requerimento das partes ou por iniciativa do Juiz. Parece-nos que essa oitiva seja apenas para esclarecer alguns pontos sobre informações já prestadas, e não para fornecer novas informações, pois caso contrário esse dispositivo constituiria um verdadeiro abuso por parte do Estado, pois se o colaborador já forneceu anteriormente todas as informações eficazes – e tanto foram eficazes que ele foi beneficiado pelo perdão judicial ou não foi denunciado -, por qual motivo ele seria ouvido novamente em Juízo? Se a colaboração é premiada e se o colaborador já recebeu o prêmio de sua colaboração (perdão judicial ou ausência de denúncia), qual seria o prêmio para essa nova oitiva em Juízo? O Estado poderia fazer uso do colaborador *ad eternum* como meio de obtenção de prova, como se ele fizesse parte do aparelho estatal de persecução penal? A resposta só pode ser negativa. Por essas razões, pensamos que essa oitiva posterior à concessão do perdão judicial ou a ausência de denúncia somente pode ser feita para fins de prestar esclarecimentos sobre informações já fornecidas anteriormente. Da mesma forma que ocorre no §9º, não se trata de nova colaboração (até porque se fosse isso ela teria que ser novamente homologada pelo Juiz), e sim prestação de esclarecimentos.

37. **§13. Registro dos atos de colaboração.** Para a obtenção da maior fidelidade possível dos termos da colaboração, o legislador inseriu diversas possibilidades de registro dos atos de colaboração, garantindo ao colaborador cópia do material.

38. **§14. Obrigatoriedade de renúncia ao direito ao silêncio.** O legislador trouxe a obrigatoriedade de o agente colaborador renunciar ao direito ao silêncio e obrigar-se a dizer a verdade. Trata-se de dispositivo flagrantemente inconstitucional

por violação do princípio do direito ao silêncio positivado no art. 5º, LXIII da CF/88, segundo o qual *"o preso será informado de seus direitos, entre os quais o de permanecer calado, sendo-lhe assegurada a assistência da família e de advogado"*. O agente colaborador tem a posição de investigado ou réu, e não de testemunha. Se ele é investigado ou réu, tem constitucionalmente assegurado a si o direito ao silêncio, não podendo o legislador ordinário impor a sua renúncia ao direito ao silêncio. Em nenhum momento o colaborador transforma-se em testemunha. Com efeito, o art. 4º, *caput* trata da realização do acordo de colaboração *entre as partes*, bem como o inciso I do art. 4º dispõe que o colaborador deve identificar os demais coautores e partícipes, tratando-o também como réu. Em nenhum momento o legislador transformou o colaborador em testemunha. E nem poderia fazê-lo. Não se desconhece que os direitos fundamentais têm a característica da relatividade, não sendo, portanto, absolutos. Porém, a sua relatividade não implica renúncia automática a eles. Demais disso, não se desconhece também que os direitos fundamentais podem ser renunciados pelos seus titulares, mas isso depende exclusivamente de livre manifestação deles. É bem verdade que se o agente se dispuser a fazer a colaboração, é evidente que ele não ficará em silêncio. Todavia, o que não se admite é que o legislador imponha essa renúncia à garantia fundamental ao direito ao silêncio. O titular de um direito fundamental pode renunciá-lo, mas o legislador não pode impor-lhe essa renúncia de forma obrigatória. O que confirma o que dissemos é a exigência legal de voluntariedade do agente na realização da colaboração premiada, reforçando a ideia de que é uma liberalidade do agente. Por tais razões, a inconstitucionalidade do dispositivo é patente.

39. **§15. Assistência por defensor.** Em todos os atos que guardem pertinência com a colaboração premiada o colaborador deverá estar assistido por seu defensor para que seja resguardada a observância dos postulados constitucionais de proteção dos direitos individuais, bem como para que sejam evitados abusos.

40. **§16. Insuficiência das declarações do colaborador.** As medidas cautelares reais ou pessoais, a decisão de recebimento de denúncia ou da queixa-crime e a sentença condenatória são decisões judiciais que podem basear-se nas declarações do colaborador, mas não exclusivamente nelas, que deverão ser corroboradas com outros elementos probatórios. Isso porque a colaboração premiada não é um meio de prova, mas, sim, um meio de obtenção de prova.

41. **§17. Rescisão do acordo de colaboração. Omissão dolosa.** O acordo de colaboração premiada é um negócio jurídico, que pressupõe a boa-fé e a lealdade entre as partes. Assim, caso o colaborador omita dolosamente informações sobre os fatos que são objeto da colaboração, o legislador trouxe a possibilidade de sua rescisão. Deve ser destacado que o acordo não é nulo de pleno direito, nem é imposta a sua rescisão direta. O legislador trouxe a possibilidade de rescisão. Cremos que, em qualquer hipótese, o colaborador deve ser ouvido para esclarecer se realmente houve uma omissão, se foi dolosa e as consequências que tal omissão pode acarretar no acordo.

42. **§18. Rescisão do acordo de colaboração. Cessação da atividade delituosa.** Uma vez realizado o acordo de colaboração premiada, o colaborador dispõe-se a ajudar os órgãos de persecução penal fornecendo informações relevantes sobre infrações

penais. Assim, o legislador entendeu que haveria grande incompatibilidade entre a realização do acordo de colaboração premiada e a continuidade da prática da infração penal pelo colaborador, exigindo dele a cessação do seu envolvimento na conduta ilícita relacionada ao objeto da colaboração.

43. Descumprimento do acordo e prisão preventiva. O descumprimento de acordo de colaboração premiada anteriormente realizado, bem como a sua frustração, não autoriza, por si só, a decretação da prisão preventiva do colaborador. A presente lei não trouxe essa consequência do descumprimento do acordo. Ademais, é consabido que toda e qualquer prisão provisória somente pode ser decretada ou mantida se for necessária e excepcional, desde que estejam presentes os requisitos da prisão preventiva previstos no art. 312 do Código de Processo Penal.

▶ **STF**

Informativo nº 862

Segunda Turma

Prisão preventiva e acordo de colaboração premiada

A Segunda Turma concedeu "habeas corpus" para revogar prisão preventiva decretada em razão de descumprimento de acordo de colaboração premiada. A prisão preventiva do paciente foi restabelecida quando prolatada a sentença que o condenou a dezesseis anos e dois meses de prisão por corrupção ativa, lavagem de dinheiro e por integrar organização criminosa, com fundamento no descumprimento dos termos do acordo celebrado. O Colegiado entendeu não haver relação direta entre a prisão preventiva e o acordo de colaboração premiada. Por essa razão, o descumprimento do acordado não justifica a decretação de nova custódia cautelar. Na liminar confirmada pela Turma, foi determinada a substituição da prisão por medidas cautelares alternativas. Naquela ocasião, observou-se não haver, do ponto de vista jurídico, relação direta entre o acordo de colaboração premiada e a prisão preventiva. A Lei 12.850/2013 não apresenta a revogação da prisão preventiva como benefício previsto pela realização de acordo de colaboração premiada. Tampouco há previsão de que, em decorrência do descumprimento do acordo, seja restabelecida prisão preventiva anteriormente revogada. Portanto, a celebração de acordo de colaboração premiada não é, por si só, motivo para revogação de prisão preventiva. A Turma concluiu no sentido de ser necessário verificar, no caso concreto, a presença dos requisitos da prisão preventiva, não podendo o decreto prisional ter como fundamento apenas a quebra do acordo. **(HC 138207/PR, Rel. Min. Edson Fachin, julgamento em 25.4.2017).**

▶ **STJ**

Informativo nº 609

Sexta Turma

Prisão Preventiva. Fundamentação deficiente. Frustração na realização de delação premiada não autoriza a imposição de segregação cautelar. O descumprimento de acordo de delação premiada ou a frustração na sua realização, isoladamente, não autoriza a imposição da segregação cautelar. A questão controvertida consiste em analisar se a frustração na realização de acordo de delação premiada consiste em fundamentação apta a justificar a imposição de prisão preventiva. Inicialmente, vale destacar que a decretação da prisão preventiva, em qualquer hipótese, deve observar a presença dos requisitos delineados no art. 312 do Código de Processo Penal. A prisão provisória, por esse motivo, somente pode ser imposta se for necessária para garantir a ordem pública, a ordem econômica, por conveniência da instrução criminal, ou para assegurar a aplicação da lei penal. Por outro lado, o simples fato de ter sido frustrado acordo de colaboração premiada, ou mesmo o seu descumprimento, por si só, não justifica a imposição do cárcere (Nesse sentido: HC 138.207, 2ª Turma, Rel. Min. Edson Fachin). Em outras palavras, a prisão provisória não pode ser utilizada como "moeda de troca" ou punição antecipada àquele que, réu em processo penal, celebra ou está em vias de celebrar o mencionado acordo. Outrossim, como se depreende do julgado da Suprema Corte, A Lei n. 12.850/2013 não apresenta a revogação da prisão preventiva como benefício previsto pela realização de acordo de colaboração premiada. Tampouco há previsão de que, em decorrência do descumprimento do acordo, seja restabelecida prisão preventiva anteriormente revogada. Portanto, a celebração de acordo de colaboração premiada não é, por si só, motivo para revogação de prisão preventiva. **(HC 396.658-SP, Rel. Min. Antônio Saldanha Palheiro, julgado em 27/6/2017).**

44. **Compartilhamento dos termos do acordo de colaboração premiada entre o Ministério Público Federal e o Ministério Público estadual.** De acordo com o STF, é possível o compartilhamento do conteúdo do acordo de colaboração premiada entre o Ministério Público Federal e o Ministério Público estadual para a verificação da prática de ato de improbidade administrativa por parte do agente público investigado, desde que haja a delimitação dos fatos.

▶ **STF**

Informativo nº 922.

Segunda Turma

Colaboração premiada e termo de compartilhamento

Não há óbice ao compartilhamento de delação premiada desde que haja delimitação dos fatos. Com base nesse entendimento, a Segunda Turma negou provimento a agravo regimental em que se discutia a possibilidade de compartilhamento de delação premiada entre o Ministério Público Federal (MPF) e o estadual. **O Ministério Público estadual requereu acesso aos termos de depoimento de colaborador para fins de apuração de eventual prática de ato de improbidade administrativa por parte de agente público.** (...) Salientou ser pacífica a jurisprudência no sentido de se admitir, em procedimentos administrativos, o empréstimo de prova do processo penal, bem como para subsidiar apurações de cunho disciplinar. Por fim, afirmou que, reconhecidas as delimitações consubstanciadas, no caso, pelo termo de depoimento, não há causa impeditiva ao compartilhamento requerido. **PET 7065/DF, Rel. Min. Edson Fachin, julgamento em 30.10.2018.**

Art. 5º São **direitos do colaborador**:

I - usufruir das medidas de proteção previstas na legislação específica;

II - ter nome, qualificação, imagem e demais informações pessoais preservados;

III - ser conduzido, em juízo, separadamente dos demais coautores e partícipes;

IV - participar das audiências sem contato visual com os outros acusados;

V – não ter sua identidade revelada pelos meios de comunicação, nem ser fotografado ou filmado, sem sua prévia autorização por escrito;

VI – cumprir pena ou prisão cautelar em estabelecimento penal diverso dos demais corréus ou condenados. (Redação dada pela Lei nº 13.964, de 2019).

1. **Direitos do colaborador.** A fim de resguardar a integridade do agente colaborador, o legislador conferiu-lhe alguns direitos, como medidas protetivas, preservação do seu nome, qualificação, imagem, separação dos demais coautores ou partícipes da organização criminosa e o cumprimento da pena ou da prisão cautelar em estabelecimento penal diverso dos demais corréus ou condenados.

Art. 6º O **termo de acordo** da colaboração premiada **deverá** ser feito por escrito e **conter**:

I – o relato da colaboração e seus possíveis resultados;

II – as condições da proposta do Ministério Público ou do delegado de polícia;

III – a declaração de aceitação do colaborador e de seu defensor;

IV – as assinaturas do representante do Ministério Público ou do delegado de polícia, do colaborador e de seu defensor;

V – a especificação das medidas de proteção ao colaborador e à sua família, quando necessário.

1. **Forma e conteúdo do termo e colaboração.** A forma do termo de colaboração é a escrita, para que possa acompanhar os autos do inquérito policial e do processo criminal e deve conter os elementos descritos nos incisos. É importante notar que de acordo com o inciso V, as medidas de proteção do agente colaborador descritas nos incisos I, II e V do art. 5ª da lei deverão constar previamente do acordo de colaboração.
2. **Necessidade de aceitação do defensor.** A exigência pelo legislador da assinatura do defensor do colaborador no termo de acordo (inciso III) é uma garantia conferida ao próprio colaborador para que seja a ele assegurada a observância não só dos seus direitos e garantias fundamentais, como também da regularidade do ato de colaboração.

Art. 7º O **pedido de homologação** do acordo será **sigilosamente distribuído**, contendo apenas informações que não possam identificar o colaborador e o seu objeto.

§ 1º As informações pormenorizadas da colaboração serão dirigidas diretamente ao juiz a que recair a distribuição, que decidirá no prazo de 48 (quarenta e oito) horas.

§ 2º O acesso aos autos será restrito ao juiz, ao Ministério Público e ao delegado de polícia, como forma de garantir o êxito das investigações, assegurando-se ao defensor, no interesse do representado, amplo acesso aos elementos de prova que digam respeito ao exercício do direito de defesa, devidamente precedido de autorização judicial, ressalvados os referentes às diligências em andamento.

§ 3º O acordo de colaboração premiada e os depoimentos do colaborador serão mantidos em sigilo até o recebimento da denúncia ou da queixa-crime, sendo vedado ao magistrado decidir por sua publicidade em qualquer hipótese. (Redação dada pela Lei nº 13.964, de 2019)

1. **Sigilo da distribuição do termo de colaboração.** O sigilo é fundamental para o sucesso das investigações, de modo a não possibilitar a identificação do colaborador e o objeto do termo.

2. **§1º. Prazo para decidir.** Após a distribuição sigilosa do termo de colaboração, o Juiz tem o prazo de 48 horas para decidir sobre a homologação.

3. **§2º. Acesso aos autos.** Segundo o dispositivo, o acesso aos autos será restrito ao Juiz, ao Ministério Público e à Autoridade Policial. O defensor do colaborador tem amplo acesso aos elementos de prova que digam respeito ao exercício do direito de defesa, devidamente precedido de autorização judicial. A parte final do dispositivo é flagrantemente inconstitucional por violação dos princípios do contraditório e da ampla defesa, pois o defensor do colaborador deve ter acesso aos autos independentemente de autorização judicial. De acordo com a Súmula Vinculante nº 14 do STF *"é direito do defensor, no interesse do representado, ter acesso amplo aos elementos de prova que, já documentados em procedimento investigatório realizado por órgão com competência de polícia judiciária, digam respeito ao exercício do direito de defesa"*. Dessa forma, deve ser assegurado ao defensor do colaborador o amplo acesso aos autos independentemente de autorização judicial, desprezando-se a parte final do dispositivo ora comentado. Demais disso, é importante lembrar que o defensor acompanhou o colaborador em todos os momentos da prestação da colaboração. O art. 4º, §15 é categórico ao trazer a obrigatoriedade da participação do defensor *"em todos os atos de negociação, confirmação e execução da colaboração"*. Qual seria então a razão para o defensor não ter acesso direto aos autos e depender de autorização judicial? Dessa forma, deve ser garantido ao defensor o acesso direto aos autos, independentemente de autorização judicial.

▶ **STF**

Informativo nº 965

Colaboração premiada e exercício do direito de defesa – 2

A Segunda Turma, em conclusão de julgamento, deu provimento a agravo regimental para julgar parcialmente procedente reclamação a fim de assegurar ao delatado o acesso às declarações prestadas por colaboradores que o incriminem, já documentadas e que não se refiram à diligência em andamento que possa ser prejudicada. (...) Isso porque a leitura do § 2º do art. 7° da Lei 12.850/2013 determina que, antes mesmo da retirada do sigilo, será assegurado ao defensor, no interesse do representado, amplo acesso aos elementos de prova que digam respeito ao exercício do direito de defesa, devidamente precedido de autorização judicial, ressalvados os referentes às diligências em andamento. Com efeito, a jurisprudência da Segunda Turma garante o acesso a todos os elementos de prova documentados nos autos dos acordos de colaboração, incluídas as gravações audiovisuais dos atos de colaboração de corréus, com o escopo de confrontá-los, e não para impugnar os termos dos acordos propriamente ditos **(Rcl 21.258 AgR). Rcl 30742 AgR/SP, rel. Min. Ricardo Lewandowski, julgamento em 4.2.2020.**

4. **§3º. Cessação do sigilo.** O sigilo é fundamental para o sucesso das investigações, bem como pela preservação dos nomes dos investigados e do colaborador, visado a proteger os seus direitos fundamentais. Contudo, o sigilo cessa no momento do recebimento da denúncia ou da queixa-crime pelo Juiz, sendo-lhe vedado, em qualquer hipótese, determinar a publicidade do acordo ou do depoimento do colaborador.

▸ **STF**

Informativo nº 877

Primeira Turma

Delação premiada e sigilo

O sigilo sobre o conteúdo de colaboração premiada deve perdurar, no máximo, até o recebimento da denúncia. (...) O sigilo do que ajustado é elemento essencial para a efetividade da colaboração firmada, como forma de garantir o êxito das investigações (Lei 12.850/2013, art. 7º, § 2º), e para assegurar a proteção da pessoa do colaborador e das pessoas próximas (Lei 12.850/2013, art. 5º, II). A Lei, visando a consecução desses objetivos, estabeleceu diversas cautelas a serem adotadas. O art. 7º dispõe que o pedido de homologação do acordo será sigilosamente distribuído, contendo apenas informações que não revelem a identificação do colaborador e do objeto. O sigilo sobre o conteúdo da colaboração premiada, consoante versa o § 3º do citado artigo, deve permanecer, como regra, até o recebimento da denúncia. (...) **Inq 4435 AgR/DF, rel. Min. Marco Aurélio, julgamento em 12.9.2017.**

Seção II
Da Ação Controlada

Art. 8º Consiste a **ação controlada** em **retardar a intervenção policial ou administrativa** relativa à ação praticada por organização criminosa ou a ela vinculada, desde que mantida sob observação e acompanhamento para que a medida legal **se concretize no momento mais eficaz à formação de provas e obtenção de informações.**

§ 1º O retardamento da intervenção policial ou administrativa será **previamente comunicado ao juiz competente** que, se for o caso, estabelecerá os seus limites e comunicará ao Ministério Público.

§ 2º A **comunicação será sigilosamente distribuída** de forma a não conter informações que possam indicar a operação a ser efetuada.

§ 3º Até o encerramento da diligência, o acesso aos autos será restrito ao juiz, ao Ministério Público e ao delegado de polícia, como forma de garantir o êxito das investigações.

§ 4º Ao **término** da diligência, elaborar-se-á **auto circunstanciado acerca da ação controlada.**

1. **Ação controlada.** Também conhecida como flagrante retardado, flagrante diferido ou flagrante postergado, trata-se de permissivo legal para que Autoridade Policial deixe de efetuar a intervenção policial no momento em que o autor do delito já está em flagrante da prática da infração penal para intervir no momento mais eficaz do ponto de vista da formação de provas e fornecimento de informações. Assim, embora o agente esteja em flagrante delito, a Autoridade Policial poderá esperar o momento mais oportuno para intervir.

2. **Diferença entre a ação controlada e o flagrante esperado.** Na ação controlada, o agente já está em flagrante da prática do crime. No flagrante esperado, o agente ainda não está em flagrante da prática do delito, e a Autoridade Policial fica na expectativa da sua ocorrência para efetivar a prisão.

Ação controlada	Flagrante esperado
O agente já está em flagrante da prática do crime.	O agente ainda não está em flagrante da prática do delito. A Autoridade Policial fica na expectativa da sua ocorrência para efetivar a prisão.

3. **§1º. Desnecessidade de autorização judicial.** Não é necessária autorização judicial para a efetivação da ação controlada. Note-se que o dispositivo dispõe que o retardamento da intervenção policial ou administrativa somente será previamente comunicado ao juiz competente, sem que haja necessidade de autorização.

▶ **STJ**

Informativo nº 680

Sexta Turma

Organização criminosa. Desnecessidade de autorização judicial prévia para a ação controlada. Comunicação posterior que visa a proteger o trabalho investigativo. A ação controlada prevista no § 1° do art. 8° da Lei n. 12.850/2013 independe de autorização, bastando sua comunicação prévia à autoridade judicial. (...)

HC 512.290-RJ, Rel. Min. Rogerio Schietti Cruz, Sexta Turma, por unanimidade, julgado em 18/08/2020, DJe 25/08/2020

4. **Ação controlada na lei de drogas.** A lei de drogas (lei 11.343/2006) prevê no art. 53, II, a ação controlada, permitindo a não atuação policial em relação aos portadores de drogas, com a seguinte redação: *"Art. 53. Em qualquer fase da persecução criminal relativa aos crimes previstos nesta Lei, são permitidos, além dos previstos em lei, mediante autorização judicial e ouvido o Ministério Público, os seguintes procedimentos investigatórios: .II – a não-atuação policial sobre os portadores de drogas, seus precursores químicos ou outros produtos utilizados em sua produção, que se encontrem no território brasileiro, com a finalidade de identificar e responsabilizar maior número de integrantes de operações de tráfico e distribuição, sem prejuízo da ação penal cabível. Parágrafo único. Na hipótese do inciso II deste artigo, a autorização será concedida desde que sejam conhecidos o itinerário provável e a identificação dos agentes do delito ou de colaboradores."*. Como se pode deduzir da leitura do dispositivo legal citado, a diferença existente entre a ação controlada na lei de crime organizado e na lei de drogas reside na

necessidade de autorização judicial, exigida pela última, enquanto que na lei ora comentada, basta a comunicação ao Juiz.

5. **§2º. Sigilo da comunicação.** Impõe-se o sigilo da comunicação para garantir o sucesso da ação controlada sem indicar a operação a ser levada a efeito.

6. **§3º. Acesso restrito aos autos.** Com a mesma intenção do §2º, o legislador restringiu o acesso aos autos para garantir maior eficácia da medida.

7. **§4º. Termo circunstanciado.** Ao final da diligência, devem ser documentados em um termo circunstanciado todos os atos praticados na ação controlada.

Art. 9º Se a ação controlada envolver **transposição de fronteiras**, o retardamento da intervenção policial ou administrativa **somente** poderá **ocorrer** com a **cooperação das autoridades dos países** que figurem como provável itinerário ou destino do investigado, de modo a reduzir os riscos de fuga e extravio do produto, objeto, instrumento ou proveito do crime.

1. **Transnacionalidade da ação controlada.** Caso a ação controlada transponha a fronteira brasileira, as autoridades locais deverão contar com a cooperação das autoridades dos países que figurarem como possível itinerário ou destino do investigado, como forma de garantir uma maior eficácia no resultado da medida.

Seção III
Da Infiltração de Agentes

Art. 10. A **infiltração de agentes** de polícia em tarefas de investigação, representada pelo delegado de polícia ou requerida pelo Ministério Público, após manifestação técnica do delegado de polícia quando solicitada no curso de inquérito policial, será precedida de circunstanciada, motivada e sigilosa autorização judicial, que estabelecerá seus limites.

§ 1º Na hipótese de representação do delegado de polícia, o juiz competente, antes de decidir, ouvirá o Ministério Público.

§ 2º **Será admitida a infiltração** se houver indícios de infração penal de que trata o art. 1º e se a prova não puder ser produzida por outros meios disponíveis.

§ 3º A infiltração será autorizada pelo **prazo de até 6 (seis) meses**, sem prejuízo de **eventuais renovações**, desde que comprovada sua necessidade.

§ 4º Findo o prazo previsto no § 3º, o relatório circunstanciado será apresentado ao juiz competente, que imediatamente cientificará o Ministério Público.

§ 5º No curso do inquérito policial, o delegado de polícia poderá determinar aos seus agentes, e o Ministério Público poderá requisitar, a qualquer tempo, **relatório da atividade de infiltração.**

1. **Infiltração de agentes.** O legislador trouxe a figura do agente infiltrado, por meio da qual permitiu a infiltração do agente de polícia na organização criminosa com o fim de, uma vez dentro da organização, verificar o seu funcionamento, a sua

hierarquia, a sua estrutura, o funcionamento da divisão de tarefas, os delitos por ela praticados, os locais onde os seus componentes estão sediados e os locais que eles frequentam etc. Enfim, efetivar a colheita do maior número de elementos e informações possíveis que possam servir de base para investigação e repressão ao crime organizado.

2. **Obrigação assumida em Tratado Internacional.** O Brasil foi signatário da Convenção das Nações Unidas contra o Crime Organizado Transnacional, adotada em Nova York, em 15 de novembro de 2000, que trata do tema no seu art. 20. 1, com a seguinte redação: "Artigo 20. Técnicas especiais de investigação. 1. Se os princípios fundamentais do seu ordenamento jurídico nacional o permitirem, cada Estado Parte, tendo em conta as suas possibilidades e em conformidade com as condições prescritas no seu direito interno, adotará as medidas necessárias para permitir o recurso apropriado a entregas vigiadas e, quando o considere adequado, o recurso a outras técnicas especiais de investigação, como a vigilância eletrônica ou outras formas de vigilância e as operações de infiltração, por parte das autoridades competentes no seu território, a fim de combater eficazmente a criminalidade organizada".

3. **Agente da Polícia.** É o agente da Polícia Judiciária, que tem por função apurar a prática da infração penal e a sua respectiva autoria.

4. **Particular.** Não pode ser agente infiltrado, face à inexistência de previsão legal.

5. **Autorização judicial circunstanciada, motivada e sigilosa.** Autorização judicial circunstanciada e motivada é, na verdade, autorização detalhada e bem fundamentada, em consonância com o art. 93, IX da CF/88, que positivou o princípio da motivação das decisões judiciais. O sigilo imposto é necessário à garantia do sucesso das investigações, da infiltração e da segurança do próprio agente infiltrado.

6. **§1º. Necessidade da oitiva do Ministério Público.** Caso a infiltração seja representada ao Juiz pela Autoridade Policial, o Juiz ouvirá o Ministério Público, que deverá verificar o atendimento dos requisitos legais e a regularidade da infiltração, manifestando-se pelo seu deferimento ou não.

7. **§2º. Subsidiariedade da infiltração.** A autorização da infiltração está condicionada à existência de indícios de infração penal praticada por organização criminosa. Demais disso, o legislador deixou clara a natureza subsidiária do instituto, uma vez que a infiltração somente será deferida pelo Juiz se não houver outro meio de prova disponível. Essa subsidiariedade deve ser demonstrada na representação da Autoridade Policial ou no requerimento do Ministério Público dirigido ao Juiz.

8. **§3º. Tempo de duração.** Seis meses, sem prejuízo de eventuais renovações, desde que comprovada sua necessidade. Note-se que não há limite de renovações. O legislador não se limitou a permitir uma renovação. O número de renovações é ilimitado e elas poderão ocorrer tantas vezes quantas forem necessárias.

9. **§4º. Termo circunstanciado.** Ao final do prazo da infiltração, a Autoridade Policial deverá elaborar um relatório circunstanciado, detalhado, com todos os elementos que foram colhidos durante a infiltração e apresentá-lo ao Juiz, que dele dará ciência ao Ministério Público.

10. **§5º. Relatório da infiltração no curso do inquérito policial.** Pela redação legal, esse relatório de atividade de infiltração durante o curso do inquérito policial deve ser elaborado a qualquer tempo, o que nos permite concluir que ele deve ser elaborado durante a infiltração, não se confundindo com o relatório circunstanciado do qual trata o §4º. Com efeito, enquanto o relatório circunstanciado previsto no §4º é um relatório definitivo, elaborado após o prazo da infiltração (6 meses) noticiando todos os elemento colhidos durante a infiltração, o relatório de que trata o §5º é um relatório não conclusivo sobre a atividade de infiltração que está em andamento. Até porque não faria nenhum sentido o legislador permitir um relatório definitivo antes do término da infiltração que, como visto, pode durar o tempo que for necessário.

▶ **STJ**

Informativo nº 680

Sexta Turma

Agência de inteligência. Agente sob identidade falsa. Representação do ofendido em negociações de crime de extorsão. Inexistência de introdução ou infiltração em organização criminosa. Infiltração policial. Não ocorrência. Não há infiltração policial quando agente lotado em agência de inteligência, sob identidade falsa, apenas representa o ofendido nas negociações da extorsão, sem se introduzir ou se infiltrar na organização criminosa com o propósito de identificar e angariar a confiança de seus membros ou obter provas sobre a estrutura e o funcionamento do bando. A teor do art. 10 da Lei n. 12.850/2013, a infiltração de agentes de polícia em tarefas de investigação será precedida de circunstanciada, motivada e sigilosa autorização judicial, que estabelecerá seus limites.

Conforme a doutrina, a técnica consiste em se entranhar o agente "no seio da organização criminosa, passando a integrá-la como se criminoso fosse – na verdade, como se um novo integrante fosse. Agindo assim, penetrando no organismo e participando das atividades diárias, das conversas, problemas e decisões, como também por vezes de situações concretas, ele passa a ter condições de melhor compreendê-la para melhor combatê-la através do repasse de informações às autoridades". Deveras, "infiltração é a introdução de agente público, dissimuladamente quanto à finalidade investigativa (provas e informações) e/ou operacional ("dado negado" ou de difícil acesso) em quadrilha, bando, organização criminosa ou associação criminosa ou, ainda, em determinadas hipóteses (como crimes de drogas), no âmbito social, profissional ou criminoso do suposto autor de crime, a fim de obter provas que possibilitem, eficazmente, prevenir, detectar, reprimir ou, enfim, combater a atividade criminosa deles". Na hipótese, não há falar em infiltração policial, uma vez que a agente lotada em agência de inteligência, sob identidade falsa, apenas representou o ofendido nas negociações da extorsão, sem se introduzir ou se infiltrar na organização criminosa com o propósito de identificar e angariar a confiança de seus membros ou obter provas sobre a estrutura e o funcionamento do bando. (...) **HC 512.290-RJ, Rel. Min. Rogerio Schietti Cruz, Sexta Turma, por unanimidade, julgado em 18/08/2020, DJe 25/08/2020**

Art. 10-A. Será admitida a ação de **agentes de polícia infiltrados virtuais**, obedecidos os requisitos do *caput* do art. 10, na internet, com o fim de investigar os crimes previstos nesta Lei e a eles conexos, praticados por organizações criminosas, desde que demonstrada sua necessidade e indicados o alcance das tarefas dos policiais, os nomes ou apelidos das pessoas investigadas e, quando possível, os dados de conexão ou cadastrais que permitam a identificação dessas pessoas. (Incluído pela Lei nº 13.964, de 2019)

§ 1º Para efeitos do disposto nesta Lei, consideram-se: (Incluído pela Lei nº 13.964, de 2019)

I - dados de conexão: informações referentes a hora, data, início, término, duração, endereço de Protocolo de Internet (IP) utilizado e terminal de origem da conexão; (Incluído pela Lei nº 13.964, de 2019)

II - dados cadastrais: informações referentes a nome e endereço de assinante ou de usuário registrado ou autenticado para a conexão a quem endereço de IP, identificação de usuário ou código de acesso tenha sido atribuído no momento da conexão. (Incluído pela Lei nº 13.964, de 2019)

§ 2º Na hipótese de representação do delegado de polícia, o juiz competente, antes de decidir, ouvirá o Ministério Público. (Incluído pela Lei nº 13.964, de 2019)

§ 3º Será admitida a infiltração se houver indícios de infração penal de que trata o art. 1º desta Lei e se as provas não puderem ser produzidas por outros meios disponíveis. (Incluído pela Lei nº 13.964, de 2019)

§ 4º A infiltração será autorizada pelo prazo de até 6 (seis) meses, sem prejuízo de eventuais renovações, mediante ordem judicial fundamentada e desde que o total não exceda a 720 (setecentos e vinte) dias e seja comprovada sua necessidade. (Incluído pela Lei nº 13.964, de 2019)

§ 5º Findo o prazo previsto no § 4º deste artigo, o relatório circunstanciado, juntamente com todos os atos eletrônicos praticados durante a operação, deverão ser registrados, gravados, armazenados e apresentados ao juiz competente, que imediatamente cientificará o Ministério Público. (Incluído pela Lei nº 13.964, de 2019)

§ 6º No curso do inquérito policial, o delegado de polícia poderá determinar aos seus agentes, e o Ministério Público e o juiz competente poderão requisitar, a qualquer tempo, relatório da atividade de infiltração. (Incluído pela Lei nº 13.964, de 2019)

§ 7º É nula a prova obtida sem a observância do disposto neste artigo. (Incluído pela Lei nº 13.964, de 2019)

1. **Agente infiltrado virtual.** Buscando acompanhar a evolução social tecnológica, o legislador previu o agente infiltrado virtual para a investigação de infrações penais na internet, local onde a criminalidade já chegou há muitos anos, muitas vezes sendo o local propício para a prática de crimes, em razão do alcance ilimitado e do anonimato que muitas vezes é utilizado.

2. **Necessidade de autorização judicial.** Conforme o disposto no §4º, exige-se ordem judicial fundamentada autorizando a infiltração. Embora a lei não disponha expressamente, a autorização deve ser emanada pelo Juízo competente para processar e julgar a infração penal investigada. A ausência de ordem judicial torna a infiltração ilícita.

3. **Agente de polícia infiltrado.** Quem pode ser o agente de polícia infiltrado virtualmente? O policial pertencente a qualquer das Instituições policiais ou somente

o agente de polícia judiciária? É bem verdade que o legislador não fez qualquer distinção. Entretanto, deve ser buscada a finalidade da norma, que é permitir uma investigação eficiente. Logo, cremos que o agente policial infiltrado só pode ser o agente de polícia judiciária.

4. **Requisitos.** Os requisitos são: 1. Os previstos no art. 10, *caput*, da presente lei; 2. A demonstração da necessidade da infiltração; 3. A indicação do alcance das tarefas dos policiais, dos nomes ou apelidos das pessoas investigadas e, quando possível, dos dados de conexão ou cadastrais (§1º) que permitam a identificação dessas pessoas; e 4. Indícios de infração penal de que trata o art. 1º desta lei (§3º).

5. **Finalidade.** Investigação de crimes previstos nesta lei e os crimes conexos a eles, desde que praticados por organizações criminosas.

6. **§2º. Representação do Delegado de Polícia.** Embora a lei não disponha expressamente, a infiltração virtual será deferida mediante representação do Delegado de Polícia ou requerimento do Ministério Público. Na primeira hipótese, exige-se a oitiva do Ministério Público.

7. **§3º. Subsidiariedade da medida.** O legislador conferiu a essa medida o caráter subsidiário, de forma que ela tem que ser o único meio de prova disponível para a investigação, não havendo outro meio de investigação. Trata-se de um requisito para a autorização judicial da medida, que deve ser demonstrado pela Autoridade Policial ou pelo membro do Ministério Público.

8. **§4º. Prazo.** Seis meses, sendo possíveis renovações sucessivas, comprovada a sua necessidade, não podendo exceder o total de 720 dias. Após esse prazo total não pode haver renovação.

9. **§§5º e 6º. Relatório circunstanciado.** É o relatório detalhado, elaborado pela Autoridade Policial, ao final da infiltração, do qual deverão constar os detalhes do ato de infiltração, como garantia de legalidade do ato, bem como para que fiquem armazenadas as informações que poderão ser usadas futuramente. Apesar de o §5º dispor que o relatório deve ser elaborado ao final do prazo da infiltração, o §6º dispõe que o relatório de atividade de infiltração pode ser elaborado a qualquer momento no curso do inquérito policial, por determinação do Delegado de Polícia ou por requisição do Ministério Público ou do Juiz.

10. **§7º. Nulidade da prova.** Esse §7º é desnecessário, pois se o legislador estabeleceu requisitos a serem cumpridos para a infiltração virtual, caso qualquer requisito não seja cumprido, a prova será obtida por meio ilícito, e, portanto, nula.

Art. 10-B. As informações da operação de infiltração serão **encaminhadas diretamente ao juiz** responsável pela autorização da medida, que zelará por seu sigilo. (Incluído pela Lei nº 13.964, de 2019)

Parágrafo único. Antes da conclusão da operação, o acesso aos autos será reservado ao juiz, ao Ministério Público e ao delegado de polícia responsável pela operação, com o objetivo de garantir o sigilo das investigações. (Incluído pela Lei nº 13.964, de 2019)

1. **Encaminhamento das informações.** As informações da infiltração serão remetidas diretamente ao Juízo que a autorizou, que deverá assegurar o seu sigilo. Assim, não precisam ser remetidas ao Ministério Público primeiro, antes de serem remetidas ao Juiz. Contudo, nada impede que o Ministério Público tenha ciência das informações.

2. **Parágrafo único.** O sigilo é fundamental para a garantia de efetividade da infiltração, devendo ser observado antes da conclusão da infiltração, não alcançando, por evidência, o Juiz, o Ministério Público e o Delegado de Polícia.

Art. 10-C. Não comete crime o policial que oculta a sua identidade para, por meio da internet, colher indícios de autoria e materialidade dos crimes previstos no art. 1º desta Lei. (Incluído pela Lei nº 13.964, de 2019)

Parágrafo único. O agente policial infiltrado que deixar de observar a estrita finalidade da investigação responderá pelos excessos praticados. (Incluído pela Lei nº 13.964, de 2019)

1. **Excludente de crime.** Caso seja necessário que o agente policial infiltrado identifique-se durante a atividade regular de infiltração, naturalmente ele não usará a sua identidade verdadeira, sob pena de comprometer a investigação. Ele irá ocultar a sua real identidade e usará uma identidade falsa. Nesse caso, ele não responde por nenhum delito de falsidade por expressa previsão legal. Trata-se de hipótese de exclusão da tipicidade formal. Contudo, nos moldes do parágrafo único, caso o agente policial infiltrado, de alguma forma, incorra em excesso por desvio de finalidade na investigação, irá responder criminalmente por ele.

Art. 10-D. Concluída a investigação, todos os atos eletrônicos praticados durante a operação deverão ser registrados, gravados, armazenados e encaminhados ao juiz e ao Ministério Público, juntamente com relatório circunstanciado. (Incluído pela Lei nº 13.964, de 2019)

Parágrafo único. Os atos eletrônicos registrados citados no *caput* deste artigo serão reunidos em autos apartados e apensados ao processo criminal juntamente com o inquérito policial, assegurando-se a preservação da identidade do agente policial infiltrado e a intimidade dos envolvidos. (Incluído pela Lei nº 13.964, de 2019)

1. **Conclusão das investigações.** O registro, a gravação e o armazenamento de todos os atos eletrônicos praticados durante a operação é, ao mesmo tempo, uma garantia de legalidade da infiltração e uma forma de se ter a segurança do acesso futuro a esses atos eletrônicos, para que não sejam perdidos.

2. **Autos apartados e apensados.** A fim de manter o registro de todos os atos eletrônicos praticados durante a operação junto dos autos do processo criminal e do inquérito policial, o legislador determinou que o registro desses atos seja objeto de autos apartados, ou seja, diversos dos autos do processo. Embora apartados (separados), devem ficas apensados (anexados) ao processo criminal e ao inquérito

policial, garantidas a preservação da identidade do agente policial infiltrado e a intimidade de todos os envolvidos na operação de infiltração.

Art. 11. O **requerimento** do Ministério Público ou a representação do delegado de polícia **para a infiltração de agentes** conterão a **demonstração** da **necessidade da medida**, o alcance das tarefas dos agentes e, quando possível, os nomes ou apelidos das pessoas investigadas e o local da infiltração.

Parágrafo único. Os órgãos de registro e cadastro público poderão incluir nos bancos de dados próprios, mediante procedimento sigiloso e requisição da autoridade judicial, as informações necessárias à efetividade da identidade fictícia criada, nos casos de infiltração de agentes na internet. (Incluído pela Lei nº 13.964, de 2019)

1. **Necessidade e detalhamento da infiltração.** A necessidade da infiltração deve ser demonstrada pela Autoridade Policial ou pelo Ministério Público, sobretudo por tratar-se, como visto anteriormente, de uma medida de cunho subsidiário. Ademais, deve ser demonstrado o alcance das tarefas dos agentes de infiltração e, caso seja possível, os nomes ou apelidos das pessoas investigadas e o local da infiltração. A lei nº 13.964/2019 permitiu que as informações necessárias à efetividade da identidade fictícia do agente infiltrado na internet constasse dos órgãos de registro e cadastro público.

Art. 12. O pedido de infiltração será **sigilosamente distribuído**, de forma a não conter informações que possam indicar a operação a ser efetivada ou identificar o agente que será infiltrado.

§ 1º As informações quanto à necessidade da operação de infiltração serão dirigidas diretamente ao juiz competente, que decidirá no prazo de 24 (vinte e quatro) horas, após manifestação do Ministério Público na hipótese de representação do delegado de polícia, devendo-se adotar as medidas necessárias para o êxito das investigações e a segurança do agente infiltrado.

§ 2º Os autos contendo as informações da operação de infiltração acompanharão a denúncia do Ministério Público, quando serão disponibilizados à defesa, assegurando-se a preservação da identidade do agente.

§ 3º Havendo indícios seguros de que o agente infiltrado sofre risco iminente, a **operação será sustada** mediante requisição do Ministério Público ou pelo delegado de polícia, dando-se imediata ciência ao Ministério Público e à autoridade judicial.

1. **Sigilo da distribuição do pedido de infiltração.** O sigilo da distribuição, não identificando a operação a ser efetivada e o agente que será infiltrado é necessário à garantia do sucesso da medida de infiltração e da segurança do agente infiltrado.
2. **§1º. Prazo para deferimento.** O prazo de 24 horas estabelecido pelo legislador é para o deferimento ou não da medida pelo Juiz. Porém, o legislador não estabeleceu o prazo para a manifestação do Ministério Público no caso de a medida ser

representada ao Juiz pela Autoridade Policial. Por questões e coerência, pensamos que o prazo também deve ser de 24 horas.

3. **§2º. Acesso da defesa.** A defesa dos acusados somente terá acesso aos autos com as informações da infiltração após o oferecimento da denúncia pelo Ministério Público.

4. **§3º. Sustação da infiltração por indícios de risco iminente ao agente infiltrado.** A atividade de infiltração deverá ser suspensa caso haja indícios seguros de risco iminente ao agente infiltrado. O legislador não exigiu que fosse a hipótese de risco de morte, razão pela qual qualquer risco, de qualquer natureza, que o agente infiltrado possa sofrer, a infiltração será suspensa. A suspensão é uma obrigação, e não uma faculdade.

Art. 13. O agente que não guardar, em sua atuação, a devida proporcionalidade com a finalidade da investigação, responderá pelos **excessos praticados.**

Parágrafo único. Não é punível, no âmbito da infiltração, a prática de crime pelo agente infiltrado no curso da investigação, quando inexigível conduta diversa.

1. **Responsabilidade pelos excessos.** O legislador estabeleceu a responsabilidade do agente infiltrado no caso de excesso, devendo o agente guardar, em sua atuação, a devida proporcionalidade com a finalidade da investigação, o que significa afirmar que o agente não pode praticar nenhum ato com desvio de finalidade, como a morte por vingança pessoal de um desafeto que faça parte da organização criminosa, a venda de droga ilícita objetivando o lucro pessoal ou qualquer outro ato que não guarde pertinência com a finalidade da investigação.

2. **Exclusão de responsabilidade penal do agente infiltrado.** Evidentemente, uma vez infiltrado e com o dever de seguir as normas de conduta da organização criminosa, o agente poderá ver-se obrigado a praticar delitos. Evidentemente, também, não se pode atribuir responsabilidade penal ao agente infiltrado pelos delitos que vier a cometer em razão da infiltração. A natureza jurídica da exclusão da responsabilidade penal do agente infiltrado é a inexigibilidade de conduta diversa, causa excludente da culpabilidade do agente.

Art. 14. São **direitos do agente:**

I – recusar ou fazer cessar a atuação infiltrada;

II – ter sua identidade alterada, aplicando-se, no que couber, o disposto no art. 9º da Lei n. 9.807, de 13 de julho de 1999, bem como usufruir das medidas de proteção a testemunhas;

III – ter seu nome, sua qualificação, sua imagem, sua voz e demais informações pessoais preservadas durante a investigação e o processo criminal, salvo se houver decisão judicial em contrário;

IV – não ter sua identidade revelada, nem ser fotografado ou filmado pelos meios de comunicação, sem sua prévia autorização por escrito.

1. **Direitos do agente infiltrado.** A fim de resguardar a integridade do agente infiltrado, o legislador conferiu-lhe alguns direitos, como a possibilidade de recusar ou fazer cessar a infiltração, medidas de proteção à testemunha previstas na lei 9.807/99 e preservação do seu nome, identidade, qualificação, imagem, voz e demais informações pessoas.

Seção IV
Do Acesso a Registros, Dados Cadastrais, Documentos e Informações

Art. 15. O delegado de polícia e o Ministério Público terão **acesso, independentemente de autorização judicial**, apenas aos dados cadastrais do investigado que informem exclusivamente a qualificação pessoal, a filiação e o endereço mantidos pela Justiça Eleitoral, empresas telefônicas, instituições financeiras, provedores de internet e administradoras de cartão de crédito.

1. **Acesso às informações do investigado.** Trata-se da possibilidade de a Autoridade Policial e o Ministério Público terem acesso exclusivo aos dados cadastrais do investigado que informam qualificação pessoal, a filiação e o endereço, independentemente de autorização judicial, mantidos pela Justiça Eleitoral, pelas empresas telefônicas, pelas instituições financeiras, pelos provedores de internet e pelas administradoras de cartão de crédito. Questão relevante versa sobre a constitucionalidade desse dispositivo. Como é possível notar, o legislador afastou a necessidade de autorização judicial para que o acesso seja efetivado. O afastamento do prévio controle jurisdicional viola o princípio da reserva da intimidade da vida privada? O acesso a esses dados exige a cláusula de reserva de jurisdição? Cremos que os dados a que o legislador fez menção (qualificação pessoal, a filiação e o endereço) não estão inseridos na intimidade da vida privada do cidadão. Não são dados que interferem ou revelam a intimidade de uma pessoa. As informações referentes ao nome, estado civil, nacionalidade, nome do pai e da mãe e o endereço não denotam intimidade da pessoa, algo que não possa ser revelado à Autoridade Policial ou ao Ministério Público. Parece que a finalidade do legislador foi unicamente a busca do local onde o investigado possa ser encontrado, e não obter informações cobertas pela intimidade da vida privada do investigado. Assim, pensamos que o dispositivo é constitucional e não viola o princípio da reserva da intimidade da vida privada do indivíduo investigado, razão pela qual o afastamento do prévio controle jurisdicional não oferece nenhum problema no plano constitucional.

Art. 16. As **empresas de transporte** possibilitarão, pelo prazo de 5 (cinco) anos, acesso direto e permanente do juiz, do Ministério Público ou do delegado de polícia aos bancos de dados de **reservas e registro de viagens**.

1. **Acesso aos bancos de dados de reservas e registro de viagens.** O legislador impôs às empresas de transporte a obrigação de permitir, pelo prazo de 5 anos, o acesso direto e permanente por parte da Autoridade Judiciária, do Ministério Público e da Autoridade Policial, às informações sobre reservas e registros de viagens,

viabilizando, dessa forma, a ciência por parte dos órgãos de persecução penal e da Autoridade Judiciária, não só do paradeiro da pessoa investigada, mas, também, dos locais para onde a pessoa viajou. Note-se que o legislador não exigiu prévia autorização judicial para que a Autoridade Policial e o Ministério Público tenham acesso às informações, expressando, inclusive, a previsão do acesso direto. Pelas mesmas razões expostas no artigo anterior, pensamos que o dispositivo é constitucional e não viola o princípio da reserva da intimidade da vida privada do indivíduo investigado, razão pela qual o afastamento do prévio controle jurisdicional não oferece nenhum problema no plano constitucional.

2. **Espécie de transporte.** Tendo em vista que o legislador não especificou a espécie de transporte, entende-se que o dispositivo abrange qualquer espécie de transporte terrestre, aéreo e marítimo.

Art. 17. As **concessionárias de telefonia fixa ou móvel** manterão, pelo prazo de 5 (cinco) anos, à disposição das autoridades mencionadas no art. 15, registros de identificação dos números dos terminais de origem e de destino das ligações telefônicas internacionais, interurbanas e locais.

1. **Acesso aos registros telefônicos.** Da mesma forma do artigo anterior, o legislador impôs às concessionárias de telefonia fixa ou móvel a obrigação de possibilitar à Autoridade Policial e ao Ministério Público o acesso, pelo prazo de 5 anos, aos registros de identificação dos números dos terminais de origem e de destino das ligações telefônicas internacionais, interurbanas e locais, independentemente de prévia autorização judicial. Note-se que não se trata de acesso ao fluxo das comunicações telefônicas, e sim aos registros de identificação dos números dos terminais de origem e destino das ligações telefônicas, ou seja, o acesso é apenas aos registros dos números, e não ao conteúdo das conversas por meio telefônico. Por essa razão, pelas mesmas razões expostas nos dois artigos anteriores, pensamos que o dispositivo é constitucional e não viola o princípio da reserva da intimidade da vida privada do indivíduo investigado.

Seção V
Dos Crimes Ocorridos na Investigação e na Obtenção da Prova

Art. 18. Revelar a identidade, fotografar ou filmar o colaborador, **sem sua prévia autorização por escrito**:

Pena – reclusão, de 1 (um) a 3 (três) anos, e multa.

1. **Sujeito ativo.** Trata-se de crime comum, uma vez que pode ser praticado por qualquer pessoa.
2. **Sujeito passivo.** O agente colaborador.
3. **Descumprimento dos direitos do agente colaborador.** O art. 5º, V dessa lei dispõe que é direito do agente colaborador não ter a sua identidade revelada pelos meios

de comunicação, nem ser fotografado ou filmado, sem sua prévia autorização por escrito, a fim de resguardar a sua integridade física e moral. O descumprimento desse direito do agente colaborador configura o delito ora comentado.

4. **Revelar a identidade, fotografar ou filmar o colaborador.** A revelação da identidade pode dar-se de qualquer forma, com a publicação em qualquer meio de comunicação do seu nome, número de identidade, CPF e qualquer outro elemento que possa levar à identificação do agente colaborador. A fotografia ou a filmagem pode ser em local público ou privado, não havendo distinção pelo legislador.

5. **Tipo misto alternativo.** A prática de duas ou mais condutas descritas no tipo não gera concurso de crimes, respondendo o agente por apenas um delito.

6. **Autorização por escrito.** A autorização verbal ou tácita não tem validade para efeitos desse delito. A ausência de autorização escrita do agente colaborador é elemento do tipo. Assim, caso ele forneça a autorização por escrito, a conduta será atípica.

7. **Consumação.** Com a efetiva prática das condutas típicas.

8. **Classificação.** Crime comum; formal; doloso; comissivo; instantâneo; admite tentativa.

9. **Suspensão condicional do processo.** Cabível, pois a pena mínima cominada não ultrapassa 1 ano (art. 89 da lei 9.099/95).

Art. 19. Imputar falsamente, sob pretexto de colaboração com a Justiça, a prática de infração penal a **pessoa que sabe ser inocente**, ou **revelar informações** sobre a **estrutura de organização criminosa** que **sabe inverídicas**:

Pena – reclusão, de 1 (um) a 4 (quatro) anos, e multa.

1. **Sujeito ativo.** Trata-se de crime comum, uma vez que pode ser praticado por qualquer pessoa.

2. **Sujeito passivo.** A administração da Justiça e a pessoa imputada.

3. **Imputação falsa.** O agente imputa a alguém a prática de uma infração penal no âmbito de uma organização criminosa, sabendo que a pessoa é inocente.

4. **Não abrangência de dolo eventual.** Tendo em vista que o legislador empregou as expressões *"sabe ser inocente"* não se admite o dolo eventual, somente o dolo direto por parte do agente.

5. **Princípio da especialidade.** A primeira parte do tipo legal de crime ora comentado constitui especialidade em relação ao delito de *calúnia,* previsto no art. 138 do Código Penal.

6. **Revelação de informações sobre a estrutura de organização criminosa que sabe inverídicas.** O agente fornece informações inverídicas sobre a estrutura da organização criminosa. Note-se que se a informação inverídica recair sobre outro elemento que não seja a estrutura da organização criminosa não haverá a prática desse delito em razão do princípio da legalidade penal.

7. **Não abrangência de dolo eventual.** Tendo em vista que o legislador empregou as expressões "*que sabe inverídicas*" não se admite o dolo eventual, somente o dolo direto por parte do agente.

8. **Destinatário da imputação e das informações.** O legislador não deixou claro quem é o destinatário da imputação e da informação. Apesar de não estar expresso, pensamos que os destinatários são o Juiz, a Autoridade Policial e o membro do Ministério Público.

9. **Tipo misto alternativo.** A prática das duas condutas descritas no tipo (imputar e revelar) não gera concurso de crimes, respondendo o agente por apenas um delito.

10. **Norma penal em branco.** Trata-se de norma penal em branco homogênea homovitelina, uma vez que o conceito de organização criminosa deve ser buscado no art. 1º, §1º da própria lei.

11. **Consumação.** Com a conduta de imputação falsa ou com a revelação inverídica.

12. **Classificação.** Crime comum; formal; doloso; comissivo; instantâneo; admite tentativa.

13. **Suspensão condicional do processo.** Cabível, pois a pena mínima cominada não ultrapassa 1 ano (art. 89 da lei 9.099/95).

Art. 20. Descumprir determinação de sigilo das investigações que envolvam a **ação controlada e a infiltração de agentes:**

Pena – reclusão, de 1 (um) a 4 (quatro) anos, e multa.

1. **Sujeito ativo.** Trata-se de crime comum, uma vez que pode ser praticado por qualquer pessoa.

2. **Sujeito passivo.** A administração da Justiça e o agente infiltrado.

3. **Descumprimento de sigilo.** Os arts. 8º, §2 e 10, *caput* c/c 12, *caput* impõem, respectivamente, o sigilo da ação controlada e da infiltração do agente justamente para assegurar o sucesso das medidas investigatórias. O descumprimento desses sigilos configura o delito ora comentado. O descumprimento pode dar-se por meio de qualquer forma de divulgação e por qualquer veículo de comunicação.

4. **Consumação.** Com o descumprimento da determinação do sigilo.

5. **Classificação.** Crime comum; formal; doloso; comissivo; instantâneo; admite tentativa.

6. **Suspensão condicional do processo.** Cabível, pois a pena mínima cominada não ultrapassa 1 ano (art. 89 da lei 9.099/95).

Art. 21. Recusar ou omitir dados cadastrais, registros, documentos e informações **requisitadas pelo juiz, Ministério Público ou delegado de polícia**, no curso de investigação ou do processo:

Pena – reclusão, de 6 (seis) meses a 2 (dois) anos, e multa.

Parágrafo único. Na mesma pena incorre quem, de forma indevida, se apossa, propala, divulga ou faz uso dos dados cadastrais de que trata esta Lei.

1. **Sujeito ativo.** Trata-se de crime comum, uma vez que pode ser praticado por qualquer pessoa.

2. **Sujeito passivo.** A administração da Justiça.

3. **Recusar ou omitir.** Recusar significa rejeitar, não admitir. Omitir consiste em não atender. Busca-se, com o tipo legal de crime ora analisado, evitar qualquer espécie de demora ou omissão na prestação de informações referentes a dados cadastrais, registros, documentos e informações, quando requisitados pelo Juiz, pelo membro do Ministério Público ou pelo Delegado de Polícia, no curso de investigação ou do processo. A conduta *recusar* constitui um crime comissivo, por meio do qual o agente rejeita o fornecimento dos dados cadastrais, registros, documentos e informações. A conduta *omitir* configura um crime omissivo próprio, não admitindo, portanto, a figura da tentativa.

4. **Dados cadastrais, registros, documentos e informações.** Os dados, registros, documentos e informações podem constar de qualquer banco de dados ou repositório de informações, público ou particular, oficial ou extraoficial.

5. **Princípio da especialidade.** O tipo legal de crime ora estudado constitui especialidade em relação ao delito de *desobediência* previsto no art. 330 do Código Penal, que tem a seguinte redação: *"Art. 330 – Desobedecer a ordem legal de funcionário público: Pena – detenção, de quinze dias a seis meses, e multa."*

6. **Consumação.** Com a efetiva recusa ou com a omissão.

7. **Classificação.** Crime comum; formal; doloso; comissivo na conduta *recusar* e omissivo próprio na conduta *omitir*; instantâneo; admite tentativa na conduta *recusar* e não admite tentativa na conduta *omitir*.

8. **Suspensão condicional do processo.** Cabível, pois a pena mínima cominada não ultrapassa 1 ano (art. 89 da lei 9.099/95).

9. **Parágrafo único. Conduta equiparada.** O legislador buscou coibir a manipulação e a publicidade dos registros previstos no tipo penal.

10. **Sujeito ativo.** Trata-se de crime comum, uma vez que pode ser praticado por qualquer pessoa.

11. **Sujeito passivo.** A administração da Justiça.

12. **Se apossar, propalar, divulgar ou fazer uso.** *Se apossar* é tomar a coisa para si. *Propalar* e *divulgar* são expressões sinônimas e significam tornar público. Logo, o legislador foi redundante nesse aspecto. *Fazer uso* consiste em utilizar.

13. **Dados cadastrais.** Os dados cadastrais podem constar de qualquer banco de dados ou repositório de informações, público ou particular, oficial ou extraoficial.

14. **Consumação.** Com a prática das condutas descritas no tipo penal.

15. Classificação. Crime comum; material na conduta *se apossar* e formal nas condutas *propalar, divulgar* e *fazer uso*; doloso; instantâneo; admite tentativa.

16. Suspensão condicional do processo. Cabível, pois a pena mínima cominada não ultrapassa 1 ano (art. 89 da lei 9.099/95).

CAPÍTULO III
DISPOSIÇÕES FINAIS

Art. 22. Os crimes previstos nesta Lei e as infrações penais conexas serão apurados mediante **procedimento ordinário** previsto no Decreto-Lei nº 3.689, de 3 de outubro de 1941 (Código de Processo Penal), observado o disposto no parágrafo único deste artigo.

Parágrafo único. A **instrução criminal** deverá ser **encerrada** em **prazo razoável**, o qual **não** poderá **exceder a 120 (cento e vinte) dias quando** o **réu** estiver **preso, prorrogáveis** em até igual período, por decisão fundamentada, devidamente motivada pela complexidade da causa ou por fato procrastinatório atribuível ao réu.

1. Procedimento e prazo para o encerramento da instrução processual. O procedimento escolhido pelo legislador para o processo e o julgamento dos delitos previstos na lei, bem como das infrações penais que lhes forem conexas foi o procedimento comum ordinário. Estabeleceu, ainda, que a instrução criminal deverá ser encerrada em prazo razoável, em consonância com o princípio da duração razoável do processo positivado no art. 5º, LXXVIII da CF/88, segundo o qual *"a todos, no âmbito judicial e administrativo, são assegurados a razoável duração do processo e os meios que garantam a celeridade de sua tramitação"*. Porém, na hipótese de o réu encontrar-se preso o prazo máximo é de 120 dias. Esse prazo pode ser excepcionalmente prorrogado em até igual período por decisão fundamentada, motivada pela complexidade do processo ou por ato procrastinatório por parte do réu. Note-se que o mencionado prazo é para o término da fase instrutória do processo, e não para o término do processo. Ultrapassado esse prazo, o preso deverá ser posto em liberdade, uma vez que tal prisão configurará verdadeiro constrangimento ilegal.

Art. 23. O **sigilo da investigação** poderá ser decretado pela autoridade judicial competente, para garantia da celeridade e da eficácia das diligências investigatórias, assegurando-se ao defensor, no interesse do representado, amplo acesso aos elementos de prova que digam respeito ao exercício do direito de defesa, devidamente precedido de autorização judicial, ressalvados os referentes às diligências em andamento.

Parágrafo único. Determinado o depoimento do investigado, seu defensor terá assegurada a prévia vista dos autos, ainda que classificados como sigilosos, no prazo mínimo de 3 (três) dias que antecedem ao ato, podendo ser ampliado, a critério da autoridade responsável pela investigação.

1. Sigilo da investigação. O sigilo da investigação é medida necessária ao seu sucesso. Segundo o dispositivo ora comentado, o defensor, no interesse de seu representado, tem amplo acesso aos elementos de prova que digam respeito ao exercício do direito de defesa, devidamente precedido de autorização judicial. A parte final do dispositivo é flagrantemente inconstitucional por violação dos princípios do contraditório e da ampla defesa, pois o defensor deve ter acesso aos autos independentemente de autorização judicial. De acordo com a Súmula Vinculante nº 14 do STF *"é direito do defensor, no interesse do representado, ter acesso amplo aos elementos de prova que, já documentados em procedimento investigatório realizado por órgão com competência de polícia judiciária, digam respeito ao exercício do direito de defesa"*. Dessa forma, deve ser assegurado ao defensor o amplo acesso aos autos independentemente de autorização judicial, desprezando-se a parte final do dispositivo ora comentado.

Art. 24. O art. 288 do Decreto-Lei n. 2.848, de 7 de dezembro de 1940 (Código Penal), passa a vigorar com a seguinte redação:

"Associação Criminosa

Art. 288. Associarem-se 3 (três) ou mais pessoas, para o fim específico de cometer crimes:

Pena – reclusão, de 1 (um) a 3 (três) anos.

Parágrafo único. A pena aumenta-se até a metade se a associação é armada ou se houver a participação de criança ou adolescente." (NR)

Art. 25. O art. 342 do Decreto-Lei nº 2.848, de 7 de dezembro de 1940 (Código Penal), passa a vigorar com a seguinte redação:

"Art. 342. ....

Pena – reclusão, de 2 (dois) a 4 (quatro) anos, e multa.

...." (NR)

Art. 26. Revoga-se a Lei n. 9.034, de 3 de maio de 1995.

Art. 27. Esta Lei entra em vigor após decorridos 45 (quarenta e cinco) dias de sua publicação oficial.

1. **Alteração do Código Penal.** A alteração do Código Penal pela lei 12.850/2013 não será comentada por não ser o objeto desta obra.

Organizações Criminosas. Lei nº 12.694, de 24 de julho de 2012

Art. 1º Em processos ou procedimentos que tenham por objeto crimes praticados por organizações criminosas, o juiz poderá decidir pela **formação de colegiado para a prática de qualquer ato processual**, especialmente:

I – decretação de prisão ou de medidas assecuratórias;

II – concessão de liberdade provisória ou revogação de prisão;

III – sentença;

IV – progressão ou regressão de regime de cumprimento de pena;

V – concessão de liberdade condicional;

VI – transferência de preso para estabelecimento prisional de segurança máxima; e

VII – inclusão do preso no regime disciplinar diferenciado.

§ 1º O juiz poderá instaurar o colegiado, indicando os motivos e as circunstâncias que acarretam **risco à sua integridade física** em decisão fundamentada, da qual será dado conhecimento ao órgão correicional.

§ 2º O **colegiado será formado pelo juiz do processo e por 2 (dois) outros juízes** escolhidos por sorteio eletrônico dentre aqueles de competência criminal em exercício no primeiro grau de jurisdição.

§ 3º A **competência do colegiado** limita-se ao ato para o qual foi convocado.

§ 4º As reuniões poderão ser sigilosas sempre que houver risco de que a publicidade resulte em prejuízo à eficácia da decisão judicial.

§ 5º A reunião do colegiado composto por juízes domiciliados em cidades diversas poderá ser feita pela via eletrônica.

§ 6º As **decisões do colegiado**, devidamente fundamentadas e **firmadas, sem exceção, por todos os seus integrantes**, serão publicadas sem qualquer referência a voto divergente de qualquer membro.

§ 7º Os tribunais, no âmbito de suas competências, expedirão normas regulamentando a composição do colegiado e os procedimentos a serem adotados para o seu funcionamento.

1. **Objeto da formação do colegiado.** O colegiado tem por objeto processos nos quais são julgados crimes praticados por organização criminosa, independentemente do delito praticado. O critério utilizado pelo legislador foi objetivo, qual seja: espécie de crime praticado, e não um critério subjetivo a partir de características pessoais do autor do crime.

2. **Formação de colegiado para decidir questões processuais. Rol exemplificativo.** O rol disposto nos incisos é meramente exemplificativo, uma vez que o legislador, antes de elencar as hipóteses, utilizou as expressões *qualquer ato processual, especialmente.* Percebe-se com isso que apesar de haver a enumeração dos atos processuais, o legislador permitiu a interpretação analógica para abranger também outros atos que não estão dispostos no rol do art. 1º. Deve-se atentar, entretanto, que o ato a ser praticado somente pode ter natureza processual.

3. **Decisão do Juízo natural.** Quem decide sobre a formação do colegiado é o Juízo natural do processo. Na decisão sobre a conveniência da formação do colegiado não pode haver a interferência de nenhum outro órgão do Poder Judiciário. Isso se explica porque somente o Juízo natural do processo é que tem condições de saber se determinado caso concreto oferece risco à sua integridade física.

4. **Momento da formação do colegiado.** Tendo em vista que o legislador utilizou as expressões *processos ou procedimentos,* o colegiado pode ser formado não apenas durante o processo criminal, mas também no curso do Inquérito Policial. Da mesma forma, como não houve menção ao momento para a formação do colegiado, pode-se afirmar que ele pode formar-se antes do processo criminal (por exemplo, a formação do colegiado para decidir sobre uma interceptação telefônica), durante o curso do processo (como no caso da formação do colegiado para proferir a sentença) ou após o término do processo criminal (formação do colegiado para decidir sobre a concessão de livramento condicional, regressão de regime, perda dos dias remidos pelo trabalho etc.).

5. **Especificação do ato.** A decisão que formar o colegiado deverá especificar os atos que serão objetos de sua competência.

6. **Natureza do ato a ser praticado pelo colegiado.** O colegiado pode praticar tanto atos instrutórios, quanto atos decisórios. O art. 1º dispõe *ato processual*, independentemente da sua natureza.

7. **§1º Motivação da formação do colegiado.** A motivação da formação do colegiado é o risco que o julgamento do processo ou a prática de algum ato processual possa acarretar à integridade física do Juiz. Os motivos e as circunstâncias devem ser concretos, e não apenas mera possibilidade, devendo o Juiz indicá-los na decisão de formação do colegiado. Apesar de a lei mencionar apenas o risco à integridade física do Juiz, parece lógico que o dispositivo está a abranger também o risco à integridade física de seus familiares. Note-se que a formação do colegiado é uma faculdade do Juiz e ele pode decidir não o formar e correr o risco à sua integridade física.

8. **§2º Composição do colegiado.** O colegiado é formado pelo Juízo natural do processo e por outros dois Juízes com competência criminal em exercício no 1 º grau de jurisdição, sorteados de forma eletrônica. O legislador teve dois cuidados nesse

ponto: o primeiro foi determinar que a composição do colegiado fosse formada por Juízes que atuem na área criminal, em 1º grau de jurisdição; o segundo foi a obrigatoriedade do sorteio eletrônico, que é uma forma de estabelecer um critério objetivo e impessoal para a formação do colegiado.

9. **Recusa do Magistrado sorteado.** Questão relevante versa sobre a possibilidade do Juiz sorteado para compor o colegiado recusar. Pensamos que a recusa pode existir, desde que motivada, por exemplo, em motivo de foro íntimo ou outro motivo funcional plausível. A recusa do Juiz sorteado pode fundamentar-se na sua independência funcional? Parece que não. Se o Juiz foi sorteado, ele deve assumir o encargo, como em qualquer outra hipótese em que a Vara Criminal onde ele atua seja sorteada no setor de distribuição para receber um processo criminal. A negativa do Juiz com base na sua independência funcional seria negativa de prestação jurisdicional, vedada pelo princípio da inafastabilidade do Poder Judiciário.

10. **§3º Competência limitada do colegiado.** O legislador limitou a competência do colegiado à prática somente do ato para o qual foi convocado. É de se notar que o colegiado não se torna competente para prosseguir no julgamento do processo até o seu fim, limitando-se somente ao ato para o qual foi formado. E se for necessária a prática de vários atos no mesmo processo? Cremos que nada impede que a formação do colegiado seja feita para a prática de mais de um ato processual, desde todos os atos que serão praticados estejam especificados na decisão de sua formação.

11. **§4º e 5º Sigilo das reuniões do colegiado.** O sigilo das reuniões é uma faculdade, e não uma obrigação. A regra é a publicidade das reuniões. Mas o sigilo poderá ser decretado se houver risco de a publicidade causar prejuízo à eficácia da decisão. O fato de os Juízes morarem em cidades diversas não inviabiliza a reunião, devendo ele ser feita por via eletrônica. Note-se que o legislador não exigiu a videoconferência, o que nos leva a concluir que qualquer meio eletrônico pode servir para a realização da reunião, como a troca de e-mails com certificação de autenticidade.

12. **Competência para a decretação do sigilo das reuniões.** Questão relevante versa sobra a competência para a decretação do sigilo. Quem tem competência para decretar o sigilo das reuniões, o Juízo natural do processo ou o colegiado? Pela redação legal, parece que a competência é do órgão colegiado. Com efeito, primeiro forma-se o colegiado, depois da análise do caso concreto pelos três Juízes é que se poderá decretar o sigilo. A partir do momento em que o colegiado se forma a competência para decidir pelo sigilo passa a ser dele.

13. **§6º Publicação das decisões do colegiado.** A publicação da decisão sem qualquer referência a voto divergente de qualquer membro foi um meio que o legislador encontrou de manter o sigilo das votações para evitar a identificação e a individualização dos votos, por motivos de segurança dos Juízes.

14. **§7º Normatização do funcionamento do colegiado.** O legislador deixou a cargo dos Tribunais a possibilidade de regulamentação da composição do colegiado e os procedimentos a serem adotados para o seu funcionamento, de acordo com as suas necessidades e conveniências.

15. **Processos já em curso. Possibilidade da formação do colegiado.** O colegiado pode ser formado para a prática de atos processuais nos processos já em curso quando do advento da lei. A lei tem natureza processual e deve ter aplicação imediata. Entretanto, se o ato processual já foi praticado antes do seu início de vigência, ele não poderá ser novamente praticado pelo colegiado, uma vez que de acordo com o art. 2º do Código de Processo Penal, a lei processual tem aplicação imediata, mas são respeitados os atos praticados antes da sua vigência.

16. **Violação ao princípio do Juízo natural.** Questão da mais alta relevância versa sobre a formação do colegiado e o princípio do Juízo natural previsto no art. 5º, XXXVII e LIII da CF/88. Segundo esse princípio, o Juízo natural é aquele que possui a sua competência definida em lei antes da prática do fato criminoso. Em outras palavras, o Juízo natural é aquele que já tem competência para o processo e o julgamento do fato criminoso na data da sua prática. Trata-se de uma garantia constitucional para que seja assegurado um julgamento imparcial e isento por parte do Poder Judiciário. A lei 12.694/2012 permite a formação de um órgão colegiado para a prática de um ato processual. Com isso, estar-se-ia permitindo a formação do órgão judiciário após a prática do fato delituoso, trazendo para o processo dois Juízes que não eram, em tese, competentes para processar e julgar o fato quando ele ocorreu. Em face disso, surge a seguinte questão: ao se permitir a formação de um colegiado para a prática de atos processuais após o fato criminoso estar-se-ia violando o princípio do Juízo natural? Apesar de algumas vozes terem sido levantadas nesse sentido, cremos que o colegiado trazido pela novel lei não causa nenhuma violação ao princípio do Juízo natural. Ao contrário, pensamos que quando o legislador criou a possibilidade da formação do órgão colegiado, já considerou o princípio do Juízo natural. Inicialmente, deve ser ressaltado que ao criar o colegiado, o legislador teve a preocupação em manter o Juízo natural dentro dele. Note-se que é o Juízo natural que vai instaurar o colegiado, dele fazendo parte. O legislador fez questão de mantê-lo na composição do colegiado. Não há a possibilidade de o colegiado ser formado apenas por Juízes que nunca tiveram competência para processar e julgar aquele determinado fato. A formação do colegiado parte do próprio Juízo natural. Ele permanece no processo. Não se retira o Juízo natural do processo e coloca-se outro em seu lugar para efetuar o julgamento. O Juízo natural já tinha a competência para o processo e o julgamento do fato criminoso quando ele foi praticado. Não há a designação de um Juiz excepcionalmente para julgar um fato. Ao contrário. O julgamento é feito pelo Juízo natural, em conjunto com outros dois Juízes. Seria diferente se a lei permitisse a designação de outro órgão competente para processar e julgar o fato após a sua ocorrência. Mas não foi isso o que o legislador estabeleceu. Demais disso, afirmamos acima que o Juízo natural é aquele que possui a sua competência definida em lei antes da prática do fato criminoso, ou seja, aquele que já tem competência para o processo e o julgamento do fato criminoso na data da sua prática. Como sabido, a competência é do órgão jurisdicional, e não da pessoa do Juiz (aliás e por isso que utilizamos a expressão Juízo natural, e não Juiz natural). Se a competência é do órgão jurisdicional e deve estar previamente prevista em lei antes da prática do fato criminoso, a conclusão lógica é de que o colegiado é o Juízo natural para

processar e julgar o fato criminoso. Note-se que o órgão jurisdicional competente é o colegiado. Criado regularmente pela lei 12.694/2012, o colegiado passa a ser o Juízo natural para processar e julgar o fato criminoso no momento em que ele foi praticado, independentemente dos Juízes (pessoas) que irão compô-lo. É o que se passa nos julgamentos conjuntos proferidos pelos Tribunais, em que a competência é da Turma julgadora, independentemente de quem irá compô-la. Na hipótese de férias de um Desembargador ou licença por motivos de saúde etc., por exemplo, é designado outro Magistrado para compor a Turma julgadora após a prática do delito, e nunca se sustentou que essa hipótese também violaria o princípio do Juízo natural. O órgão jurisdicional continua com a competência para o processo e julgamento do fato delituoso, apesar de haver mudança na sua composição. Da mesma forma, em uma Vara Criminal, caso o Juiz titular entre em férias ou de licença outro Juiz será designado para o seu lugar para dar seguimento aos processos e praticar todos os atos processuais, e nunca se sustentou que isso violaria o princípio do Juízo natural. E a razão é lógica: a competência é do órgão jurisdicional, e não da pessoa do Juiz. Na hipótese do colegiado previsto na lei 12.694/2012, o Juízo natural passa a ser o próprio órgão colegiado, que já é obrigatoriamente composto pelo Juízo natural, independentemente dos demais Juízes que irão compô-lo. Ressalte-se, também, que o colegiado é formado por outros dois Juízes com competência criminal, mantendo-se, assim, a competência em razão da matéria, designados por sorteio eletrônico, o que garante e assegura a total objetividade e lisura do processo seletivo, não havendo que se falar em designação casuística para determinado caso concreto. Em face do exposto, pensamos que a norma ora comentada antes afirma do que contraria a existência do princípio do Juízo natural.

17. Violação ao princípio da identidade física do Juiz. Questão relevante versa sobre a possível violação do princípio da identidade física do Juiz. A formação do colegiado, permitindo o ingresso de outros Juízes nele, que não colheram as provas, não ouviram as testemunhas e não interrogaram o acusado estaria a afastar a exigência da identidade física do Juiz? O § 2º do art. 399 do CPP, com a redação que lhe deu a lei 11.719/2008, dispõe que o Juiz que presidiu a instrução processual deverá proferir a sentença. Inicialmente, deve ser destacado que a questão apenas oferece dificuldade se o colegiado for formado para proferir a sentença. Isso porque o princípio da identidade física do Juiz é tema afeto à sentença e a exigência do dispositivo processual acima mencionado está ligada à sentença. Com efeito, pode acontecer que o colegiado seja formado para praticar um ato processual antes mesmo do início da instrução processual, como a decretação de uma prisão preventiva ou então para a prática de um ato processual durante a instrução criminal. Essas hipóteses não oferecem nenhuma dificuldade, uma vez que não está a se tratar do ato de proferir a sentença. No que tange à formação do colegiado para a elaboração da sentença, cremos que não há nenhuma violação ao princípio da identidade física do Juiz. Com efeito, quando o legislador permitiu a formação do colegiado, ele manteve o Juiz que concluiu a instrução em sua composição. O Juiz que concluiu a instrução processual faz parte obrigatoriamente do colegiado. O Juiz que colheu todas as provas participará do julgamento do processo, em conjunto com mais dois Juízes com competência criminal. O legislador não afastou do julgamento o Juiz que concluiu a instrução processual. Ao contrário. O legislador o manteve dentro do colegiado. Assim, a sentença será proferida pelo juiz que concluiu a instrução processual, em conjunto com outros dois Juízes. Por essas razões, cremos que não há violação ao princípio da identidade física do Juiz.

18. **Posição do STF em caso semelhante.** O STF foi instado a manifestar-se sobre esse tema em hipótese semelhante, ao julgar a Ação Direta de Inconstitucionalidade nº 4414, na qual se impugnou a lei nº 6.806/2007 do Estado de Alagoas, que prevê hipótese semelhante no seu art. 12 e dispõe que "qualquer juiz poderá solicitar, nos casos em que esteja sendo ameaçado no desempenho de suas atividades jurisdicionais, o apoio da 17ª Vara Criminal da Capital, cujos membros assinarão, em conjunto com aquele, os atos processuais que possuam relação com a ameaça". O STF entendeu que esse dispositivo da lei alagoana é inconstitucional por violação ao princípio do Juízo Natural. Contudo, alertamos que a declaração de inconstitucionalidade foi em relação à lei alagoana, e não em relação ao art. 1º da lei 12.694/2012, embora as situações sejam muito semelhantes.

► **STF**

Informativo nº 668

Organização criminosa e vara especializada – 11

De igual modo, declarou-se a inconstitucionalidade dos artigos 7º ("Podem ser delegados a qualquer outro juízo os atos de instrução ou execução sempre que isso não importe prejuízo ao sigilo, à celeridade ou à eficácia das diligências") e 12 ("Qualquer juiz poderá solicitar, nos casos em que esteja sendo ameaçado no desempenho de suas atividades jurisdicionais, o apoio da 17ª Vara Criminal da Capital, cujos membros assinarão, em conjunto com aquele, os atos processuais que possuam relação com a ameaça"). Reconheceu-se transgressão à garantia constitucional do juiz natural, resguardo contra arbitrariedade política e judiciária. Revelou-se que o postulado asseguraria: a) a imparcialidade do julgador, a evitar designações com finalidades obscuras, em prejuízo do réu; b) o direito, a qualquer pessoa, a processo e julgamento pelo mesmo órgão; e c) o reforço à independência do magistrado, imune a ameaças por parte de superiores na hipótese de não seguir eventual determinação. Assinalou-se que os preceitos confrontar-se-iam, também, com o princípio da identidade física do juiz e com o art. 22, I, da CF. Sobressaiu-se inadmissível que o magistrado, sem justificativa calcada em sua competência territorial ou funcional, delegasse ato de instrução para ser praticado em outro órgão, o que dificultaria, inclusive, a ampla defesa. Ademais, inaceitável que o juiz responsável pelo feito, sob alegação de sofrer ameaças, instaurasse verdadeiro tribunal de exceção. **ADI 4414/AL, rel. Min. Luiz Fux, 30 e 31.5.2012.**

Art. 1º-A. Os Tribunais de Justiça e os Tribunais Regionais Federais poderão instalar, nas comarcas sedes de Circunscrição ou Seção Judiciária, mediante resolução, Varas Criminais Colegiadas com competência para o processo e julgamento: (Incluído pela Lei nº 13.964, de 2019)

I - de crimes de pertinência a organizações criminosas armadas ou que tenham armas à disposição;

II - do crime do art. 288-A do Decreto-Lei nº 2.848, de 7 de dezembro de 1940 (Código Penal); e

III - das infrações penais conexas aos crimes a que se referem os incisos I e II do **caput** deste artigo.

§ 1º As Varas Criminais Colegiadas terão competência para todos os atos jurisdicionais no decorrer da investigação, da ação penal e da execução da pena, inclusive a transferência do preso para estabelecimento prisional de segurança máxima ou para regime disciplinar diferenciado.

§ 2º Ao receber, segundo as regras normais de distribuição, processos ou procedimentos que tenham por objeto os crimes mencionados no **caput** deste artigo, o juiz deverá declinar da competência e remeter os autos, em qualquer fase em que se encontrem, à Vara Criminal Colegiada de sua Circunscrição ou Seção Judiciária.

§ 3º Feita a remessa mencionada no § 2º deste artigo, a Vara Criminal Colegiada terá competência para todos os atos processuais posteriores, incluindo os da fase de execução."

1. **Varas Criminais Colegiadas.** O art. 1º-A foi inserido pela lei nº 13.964/2019 e permitiu aos Tribunais de Justiça e aos Tribunais Regionais Federais a instalação da Varas Criminais Colegiadas por meio de resolução interna dos Tribunais. As Varas Criminais Colegiadas não se confundem com a formação do colegiado de que trata o art. 1º desta lei. Com efeito, o colegiado é formado posteriormente ao início do processo na própria Vara Criminal onde o processo tem o seu curso. As Varas Criminais Colegiadas são varas especializadas que já existem previamente ao processo, não sendo, portanto, um colegiado que se forma no curso de um processo, mas, sim, um órgão fracionário dos Tribunais com competência pré-estabelecida.

2. **§1º. Competências das Varas Criminais Colegiadas.** As Varas Criminais Colegiadas têm abrangência ampla no que toca à prática de atos jurisdicionais, na fase da investigação, da ação penal e da execução penal. Contudo, deve ser notado as Varas Criminais Colegiadas somente atuam nos casos em que se julguem os delitos mencionados nos incisos I, II e III do *caput.*

3. **§§2º e 3º. Remessa às Varas Criminais Colegiadas.** Os processos criminais não são distribuídos diretamente às Varas Criminais Colegiadas. O critério de distribuição do processo criminal é normal entre as Varas Criminais. Uma vez constatado, pelo Juiz da Vara criminal que recebeu o processo, que se trata de processo que verse sobre os delitos mencionados nos incisos I, II e III do *caput,* o Juiz deverá remeter os autos do processo à Vara Criminal Colegiada, onde o processo seguirá o seu curso normal até a fase da execução penal (§3º). Pela redação legal, parece-nos que a remessa à Vara Criminal Colegiada constitui uma obrigação legal, e não uma faculdade do Juiz da Vara Criminal.

Art. 2º Para os efeitos desta Lei, **considera-se organização criminosa** a associação, de 3 (três) ou mais pessoas, estruturalmente ordenada e caracterizada pela divisão de tarefas, ainda que informalmente, com objetivo de obter, direta ou indiretamente, vantagem de qualquer natureza, mediante a prática de crimes cuja pena máxima seja igual ou superior a 4 (quatro) anos ou que sejam de caráter transnacional.

1. **Conceito de Organização Criminosa.** Ver comentários ao art. 1º, §1º da lei 12.850/2013.

Art. 3º Os tribunais, no âmbito de suas competências, são autorizados a tomar medidas para reforçar a **segurança dos prédios da Justiça**, especialmente:

I – controle de acesso, com identificação, aos seus prédios, especialmente aqueles com varas criminais, ou às áreas dos prédios com varas criminais;

II – instalação de câmeras de vigilância nos seus prédios, especialmente nas varas criminais e áreas adjacentes;

III – instalação de aparelhos detectores de metais, aos quais se devem submeter todos que queiram ter acesso aos seus prédios, especialmente às varas criminais ou às respectivas salas de audiência, ainda que exerçam qualquer cargo ou função pública, ressalvados os integrantes de missão policial, a escolta de presos e os agentes ou inspetores de segurança próprios.

1. **Medidas de reforço da segurança.** Pela redação do dispositivo legal, percebe-se que a grande preocupação do legislador foi com a segurança dos Magistrados que atuem em Varas Criminais. O legislador preferiu deixar a cargo da cada Tribunal a decisão de quais seriam as medidas necessárias para o reforço da segurança, o que é salutar, pois somente cada Tribunal tem condições de saber quais as medidas mais necessárias e mais relevantes, sendo certo que tais medidas podem variar de acordo com a localidade do Tribunal e com o tipo de risco que o local oferece à segurança dos Magistrados.

   Os arts. 4º ao 8º tratam de alterações legislativas, razão pela qual não serão objetos de comentário.

Art. 9º Diante de **situação de risco, decorrente do exercício da função**, das autoridades judiciais ou membros do Ministério Público e de seus familiares, o fato será comunicado à polícia judiciária, que avaliará a necessidade, o alcance e os parâmetros da proteção pessoal.

§ 1º A **proteção pessoal** será prestada de acordo com a avaliação realizada pela polícia judiciária e após a comunicação à autoridade judicial ou ao membro do Ministério Público, conforme o caso:

I – pela própria polícia judiciária;

II – pelos órgãos de segurança institucional;

III – por outras forças policiais;

IV - de forma conjunta pelos citados nos incisos I, II e III.

§ 2º Será prestada **proteção pessoal imediata nos casos urgentes**, sem prejuízo da adequação da medida, segundo a avaliação a que se referem o caput e o § 1º deste artigo.

§ 3º A prestação de proteção pessoal será comunicada ao Conselho Nacional de Justiça ou ao Conselho Nacional do Ministério Público, conforme o caso.

§ 4º Verificado o descumprimento dos procedimentos de segurança definidos pela polícia judiciária, esta encaminhará relatório ao Conselho Nacional de Justiça - CNJ ou ao Conselho Nacional do Ministério Público - CNMP.

Art. 10. Esta Lei entra em vigor após decorridos 90 (noventa) dias de sua publicação oficial.

1. **Situação de risco decorrente do exercício da função.** O legislador trouxe, no presente dispositivo, a medida de proteção pessoal prestada às autoridades judiciárias e aos membros do Ministério Público, quando eles ou seus familiares estiverem diante de uma situação de risco. A situação caracterizadora do risco deve ser concreta, não podendo cingir-se ao âmbito da mera possibilidade. O legislador não limitou o risco à integridade física das pessoas mencionadas no dispositivo legal, razão pela qual deve ser abrangida qualquer espécie de risco a que a pessoa estiver sujeita.

2. **Nexo funcional.** Exige-se que o risco seja decorrente do exercício da função, de forma que o risco oriundo de um fato diverso não justifica a proteção pessoal.

3. **Destinatários da proteção pessoal.** As autoridades judiciárias, os membros do Ministério Público e os seus familiares.

4. **§ 1º. Discricionariedade da polícia judiciária.** Pela redação legal, a polícia judiciária tem a discricionariedade para avaliar a necessidade, o alcance e os parâmetros da proteção pessoal. Portanto, quem decidirá se haverá ou não a efetivação da proteção pessoal será a polícia judiciária, e não a autoridade judiciária ou o membro do Ministério Público.

5. **§ 1º. Órgãos encarregados da proteção pessoal.** A proteção pessoal será prestada pela polícia judiciária, pelos órgãos de segurança institucional, por outras forças policiais ou pelos três órgãos em conjunto. O que irá determinar a definição do órgão que prestará a proteção pessoal será a avaliação da polícia judiciária.

6. **§ 2º. Proteção pessoal imediata.** Em casos de urgência, a proteção pessoal será imediata. O que se deve entender por *imediata*? Cremos que no exato momento em que a situação de risco ficar caracterizada e a polícia judiciária tomar conhecimento dela. Estamos certos de que somente o caso concreto dirá, mas o legislador determinou a obrigatoriedade da proteção imediata, podendo ser posteriormente adequada. Em todo caso, conforme a redação legal, a avaliação da urgência é feita pela polícia judiciária.

7. **§ 3º. Obrigatoriedade da comunicação.** A comunicação ao Conselho Nacional de Justiça ou ao Conselho Nacional do Ministério Público é obrigatória, a depender do destinatário da proteção pessoal.

8. **§ 4º. Descumprimento dos procedimentos de segurança.** O encaminhamento do relatório ao Conselho Nacional de Justiça ou ao Conselho Nacional do Ministério Público tem por finalidade apurar a responsabilidade daquele que descumprir os procedimentos de segurança definidos pela polícia judiciária.

Planejamento Familiar.
Lei nº 9.263, de 12 de janeiro de 1996

Art. 1º O **planejamento familiar** é direito de todo cidadão, observado o disposto nesta Lei.

Art. 2º Para fins desta Lei, **entende-se planejamento familiar** como o conjunto de ações de regulação da fecundidade que garanta direitos iguais de constituição, limitação ou aumento da prole pela mulher, pelo homem ou pelo casal.

Parágrafo único – É proibida a utilização das ações a que se refere o caput para qualquer tipo de controle demográfico.

Art. 3º O planejamento familiar é parte integrante do conjunto de ações de atenção à mulher, ao homem ou ao casal, dentro de uma visão de atendimento global e integral à saúde.

Parágrafo único – As instâncias gestoras do Sistema Único de Saúde, em todos os seus níveis, na prestação das ações previstas no caput, obrigam-se a garantir, em toda a sua rede de serviços, no que respeita a atenção à mulher, ao homem ou ao casal, programa de atenção integral à saúde, em todos os seus ciclos vitais, que inclua, como atividades básicas, entre outras:

I – a assistência à concepção e contracepção;

II – o atendimento pré-natal;

III – a assistência ao parto, ao puerpério e ao neonato;

IV – o controle das doenças sexualmente transmissíveis;

V – o controle e prevenção do câncer cérvico-uterino, do câncer de mama e do câncer de pênis.

Art. 4º O planejamento familiar orienta-se por **ações preventivas e educativas** e pela **garantia de acesso** igualitário a informações, meios, métodos e técnicas disponíveis para a regulação da fecundidade.

Parágrafo único – O Sistema Único de Saúde promoverá o treinamento de recursos humanos, com ênfase na capacitação do pessoal técnico, visando a promoção de ações de atendimento à saúde reprodutiva.

Art. 5º – **É dever do Estado**, através do Sistema Único de Saúde, em associação, no que couber, às instâncias componentes do sistema educacional, promover condições e recursos informativos, educacionais, técnicos e científicos que assegurem o livre exercício do planejamento familiar.

Art. 6º As ações de planejamento familiar serão exercidas pelas **instituições públicas e privadas, filantrópicas ou não**, nos termos desta Lei e das normas de funcionamento e mecanismos de fiscalização estabelecidos pelas instâncias gestoras do Sistema Único de Saúde.

Parágrafo único – Compete à direção nacional do Sistema Único de Saúde definir as normas gerais de planejamento familiar.

Art. 7º – É permitida a participação direta ou indireta de empresas ou capitais estrangeiros nas ações e pesquisas de planejamento familiar, desde que autorizada, fiscalizada e controlada pelo órgão de direção nacional do Sistema Único de Saúde.

Art. 8º A realização de experiências com seres humanos no campo da regulação da fecundidade somente será permitida se previamente autorizada, fiscalizada e controlada pela direção nacional do Sistema Único de Saúde e atendidos os critérios estabelecidos pela Organização Mundial de Saúde.

Art. 9º Para o exercício do direito ao planejamento familiar, serão oferecidos todos os métodos e técnicas de concepção e contracepção cientificamente aceitos e que não coloquem em risco a vida e a saúde das pessoas, garantida a liberdade de opção.

Parágrafo único. A prescrição a que se refere o caput só poderá ocorrer mediante avaliação e acompanhamento clínico e com informação sobre os seus riscos, vantagens, desvantagens e eficácia.

Art. 10. Somente é permitida a **esterilização voluntária** nas seguintes situações:

I – em homens e mulheres com capacidade civil plena e maiores de vinte e cinco anos de idade ou, pelo menos, com dois filhos vivos, desde que observado o prazo mínimo de sessenta dias entre a manifestação da vontade e o ato cirúrgico, período no qual será propiciado à pessoa interessada acesso a serviço de regulação da fecundidade, incluindo aconselhamento por equipe multidisciplinar, visando desencorajar a esterilização precoce;

II – risco à vida ou à saúde da mulher ou do futuro concepto, testemunhado em relatório escrito e assinado por dois médicos.

§ 1º É condição para que se realize a esterilização o registro de expressa manifestação da vontade em documento escrito e firmado, após a informação a respeito dos riscos da cirurgia, possíveis efeitos colaterais, dificuldades de sua reversão e opções de contracepção reversíveis existentes.

§ 2º É vedada a esterilização cirúrgica em mulher durante os períodos de parto ou aborto, exceto nos casos de comprovada necessidade, por cesarianas sucessivas anteriores.

§ 3º Não será considerada a manifestação de vontade, na forma do § 1º, expressa durante ocorrência de alterações na capacidade de discernimento por influência de álcool, drogas, estados emocionais alterados ou incapacidade mental temporária ou permanente.

§ 4º A esterilização cirúrgica como método contraceptivo somente será executada através da laqueadura tubária, vasectomia ou de outro método cientificamente aceito, sendo vedada através da histerectomia e o oforectomia.

§ 5º Na vigência de sociedade conjugal, a esterilização depende do consentimento expresso de ambos os cônjuges.

§ 6º A esterilização cirúrgica em pessoas absolutamente incapazes somente poderá ocorrer mediante autorização judicial, regulamentada na forma da Lei.

Art. 11. Toda esterilização cirúrgica será objeto de **notificação compulsória** à direção do Sistema Único de Saúde.

Art. 12. É **vedada** a **indução ou instigamento** individual ou coletivo à prática da esterilização cirúrgica.

Art. 13. É vedada a **exigência de atestado** de esterilização ou de teste de gravidez para quaisquer fins.

Art. 14. Cabe à instância gestora do Sistema Único de Saúde, guardado o seu nível de competência e atribuições, cadastrar, fiscalizar e controlar as instituições e serviços que realizam ações e pesquisas na área do planejamento familiar.

Parágrafo único. Só podem ser autorizadas a realizar esterilização cirúrgica as instituições que ofereçam todas as opções de meios e métodos de contracepção reversíveis.

CAPÍTULO II
DOS CRIMES E DAS PENALIDADES

Art. 15. Realizar **esterilização cirúrgica** em desacordo com o estabelecido no art. 10 desta Lei.

Pena – reclusão, de dois a oito anos, e multa, se a prática não constitui crime mais grave.

Parágrafo único – A pena é aumentada de um terço se a esterilização for praticada:

I – durante os períodos de parto ou aborto, salvo o disposto no inciso II do art. 10 desta Lei.

II – com manifestação da vontade do esterilizado expressa durante a ocorrência de alterações na capacidade de discernimento por influência de álcool, drogas, estados emocionais alterados ou incapacidade mental temporária ou permanente;

III – através de histerectomia e ooforectomia;

IV – em pessoa absolutamente incapaz, sem autorização judicial;

V – através de cesária indicada para fim exclusivo de esterilização.

1. **Sujeito ativo.** O médico cirurgião que realiza a esterilização cirúrgica. Trata-se de crime próprio.

2. **Sujeito passivo.** A pessoa submetida à esterilização cirúrgica.

3. **Esterilização cirúrgica.** Por esterilização cirúrgica entenda-se o procedimento irreversível que pode ser feito no homem, por meio da chamada *vasectomia*, que consiste na secção dos canais deferentes, impedindo que os espermatozoides saiam na ejaculação, e na mulher, por meio da denominada *salpingotripsia* (ligadura das trompas), consistente no procedimento cirúrgico que tem por objetivo bloquear o trajeto das trompas uterinas, impedindo o contato entre espermatozoide e óvulo. O art. 10, §4º dispõe que "a esterilização cirúrgica como método contraceptivo somente será executada através da laqueadura tubária, vasectomia ou de outro método cientificamente aceito, sendo vedada através da histerectomia e ooforectomia".

4. **Norma penal em branco.** O presente tipo penal configura uma norma penal em branco homogênea homovitelina, pois para a sua aplicação e sua interpretação precisa ser complementada pelo art. 10 da própria lei, que estabelece as normas e procedimentos para a realização da esterilização cirúrgica. Portanto, o delito consiste na realização da esterilização de forma contrária às normas contidas no art. 10 desta lei.

5. **Subsidiariedade expressa.** O preceito secundário do tipo penal expressa a sua natureza subsidiária. Assim, caso do fato ocorrido resulte algum delito mais grave, como a lesão corporal ou o homicídio, esses delitos estarão configurados, afastando-se a incidência do tipo penal ora comentado.

6. **Parágrafo único. Causas de aumento de pena.**

7. **Inciso I. Durante os períodos de parto ou aborto, salvo o disposto no inciso II do art. 10 desta Lei.** O art. 10, §2º dispõe que é vedada a esterilização cirúrgica em mulher durante os períodos de parto ou aborto, exceto nos casos de comprovada necessidade, por cesarianas sucessivas anteriores. Tendo em vista que há proibição expressa, a esterilização realizada neste período é mais grave, razão pela qual se justifica o aumento de pena.

8. **Inciso II. Com manifestação da vontade do esterilizado expressa durante a ocorrência de alterações na capacidade de discernimento por influência de álcool, drogas, estados emocionais alterados ou incapacidade mental temporária ou permanente.** O art. 10, §1º desta lei exige a manifestação de vontade expressa e escrita como condição para a realização da esterilização cirúrgica. A pessoa que está sob a influência álcool ou drogas, ou a que está com o estado emocional alterado ou, ainda, acometida de incapacidade mental temporária ou permanente, não pode manifestar a sua vontade livremente. Isso faz com que a sua manifestação de vontade seja nula e por essa razão a pena é aumentada para o agente que realiza a esterilização cirúrgica na vítima que se encontra nessas condições. Demais disso, o art. 10, §3º dispõe que "não será considerada a manifestação de vontade, na forma do § 1º, expressa durante ocorrência de alterações na capacidade de discernimento por influência de álcool, drogas, estados emocionais alterados ou incapacidade mental temporária ou permanente".

9. **Inciso III. Através de histerectomia e ooforectomia.** Os procedimentos de histerectomia e ooforectomia são vedados pelo art. 10, §4º da lei. Dessa forma, caso a esterilização seja feita por meio de tais procedimentos, vedados pela própria lei, a reprovabilidade da conduta do agente será maior e a pena será aumentada.

10. **Inciso IV. Em pessoa absolutamente incapaz, sem autorização judicial.** Tendo em vista que a pessoa é absolutamente incapaz e não possui o discernimento mental necessário para compreender o ato de esterilização cirúrgica, o art. 10, §6º exige autorização judicial. O aumento de pena justifica-se em razão justamente da ausência de discernimento mental da vítima para consentir na esterilização, tornando a conduta do agente mais reprovável a justificar o aumento de pena.

11. **Inciso V. Através de cesárea indicada para fim exclusivo de esterilização.** Nesse inciso, há um desvio de finalidade no procedimento de cesárea, uma vez que ela é

marcada não para o parto, mas, sim, com o fim exclusivo de realizar a esterilização cirúrgica, razão pela qual a reprovabilidade do agente é maior e justifica o aumento da pena.

12. **Consumação.** O delito consuma-se com a conclusão do procedimento cirúrgico de esterilização. Trata-se de crime material.

13. **Classificação.** Crime próprio; material; doloso; comissivo; instantâneo; admite tentativa.

14. **Suspensão condicional do processo.** Incabível, pois a pena mínima cominada ultrapassa 1 ano (art. 89 da lei 9.099/95).

Art. 16. Deixar o médico de **notificar à autoridade sanitária** as esterilizações cirúrgicas que realizar.

Pena – detenção, de seis meses a dois anos, e multa.

1. **Sujeito ativo.** O médico cirurgião que realizar a esterilização cirúrgica. Trata-se de crime próprio.

2. **Sujeito passivo.** A coletividade.

3. **Notificação obrigatória.** O art. 11 dispõe que "toda esterilização cirúrgica será objeto de notificação compulsória à direção do Sistema Único de Saúde". Esse foi o meio que o legislador encontrou para controlar e fiscalizar a realização das esterilizações cirúrgicas. Assim, esse delito consiste no descumprimento da norma contida no art. 11 desta lei.

4. **Norma penal em branco.** O presente tipo penal configura uma norma penal em branco homogênea homovitelina, pois para a sua aplicação e sua interpretação precisa ser complementada pelo art. 10, §4º, desta lei.

5. **Crime omissivo.** A conduta típica consiste em "deixar o médico de notificar". Trata-se de crime omissivo próprio, uma vez que o agente deixa de agir, omitindo-se, quando deveria agir para notificar à autoridade sanitária as esterilizações que realizar.

6. **Consumação.** O delito consuma-se com a omissão do médico.

7. **Classificação.** Crime próprio; formal; doloso; omissivo próprio; instantâneo; não admite tentativa por ser omissivo próprio.

8. **Infração penal de menor potencial ofensivo.** Tendo em vista que a pena máxima não é superior a dois anos, trata-se de infração penal de menor potencial ofensivo (art. 61 da lei 9.099/95).

9. **Suspensão condicional do processo.** Cabível, pois a pena mínima cominada não ultrapassa 1 ano (art. 89 da lei 9.099/95).

Art. 17. **Induzir ou instigar** dolosamente a prática de esterilização cirúrgica.

Pena – reclusão, de um a dois anos.

Parágrafo único – Se o crime for cometido **contra a coletividade**, caracteriza-se como genocídio, aplicando-se o disposto na Lei nº 2.889, de 1º de outubro de 1956.

1. **Sujeito ativo.** Qualquer pessoa. Trata-se de crime comum, pois o legislador não exigiu nenhuma condição especial do sujeito ativo.

2. **Sujeito passivo.** A pessoa submetida à esterilização cirúrgica.

3. **Induzir ou instigar.** Na conduta *induzir*, a vítima não cogitou a possibilidade de realizar a esterilização genética, e o agente incute essa ideia em sua mente. Na conduta *instigar*, a vítima já cogitou a realização da mencionada esterilização, e o agente reforça, alimenta essa ideia em sua mente.

4. **Norma penal em branco.** O presente tipo penal configura uma norma penal em branco homogênea homovitelina, pois para a sua aplicação e sua interpretação precisa ser complementada pelo art. 10, §4º, desta lei.

5. **Tipo penal misto alternativo.** Caso o agente pratique mais de uma conduta descrita no tipo penal, responderá por um delito apenas, não havendo concurso de crimes.

6. **Princípio da Especialidade.** Se a indução ou a instigação à realização da esterilização for para fins de concessão de emprego, a conduta configura o delito previsto no art. 2º, II, alínea *a* da lei 9.029/1995: "Constituem crime as seguintes práticas discriminatórias: II – a adoção de quaisquer medidas, de iniciativa do empregador, que configurem; a) indução ou instigamento à esterilização genética".

7. **Consumação.** O delito consuma-se com a prática das condutas de induzir ou instigar a vítima à prática da esterilização cirúrgica, mesmo que a vítima não venha a efetivamente submeter-se à esterilização. Trata-se de crime formal.

8. **Parágrafo único.** Caso a indução ou a instigação seja dirigida à coletividade, estará configurado o delito de genocídio previsto no art. 1º, alínea *d,* da lei 2.889/1956, que tem a seguinte redação: "Art. 1º Quem, com a intenção de destruir, no todo ou em parte, grupo nacional, étnico, racial ou religioso, como tal: d) adotar medidas destinadas a impedir os nascimentos no seio do grupo; será punido: com as penas do art. 125, no caso da letra d". A previsão do parágrafo único é absolutamente desnecessária, uma vez que a tipificação na lei de genocídio é uma decorrência do princípio da especialidade.

9. **Classificação.** Crime comum; formal; doloso; comissivo; instantâneo; admite tentativa.

10. **Infração penal de menor potencial ofensivo.** Tendo em vista que a pena máxima não é superior a dois anos, trata-se de infração penal de menor potencial ofensivo (art. 61 da lei 9.099/95).

11. **Suspensão condicional do processo.** Cabível, pois a pena mínima cominada não ultrapassa 1 ano (art. 89 da lei 9.099/95).

Art. 18. Exigir atestado de esterilização para qualquer fim.

Pena – reclusão, de um a dois anos, e multa.

1. **Sujeito ativo.** Qualquer pessoa. Trata-se de crime comum, pois o legislador não exigiu nenhuma condição especial do sujeito ativo.
2. **Sujeito passivo.** A pessoa de quem o atestado é exigido.
3. **Exigir.** A conduta *exigir* significa ordenar, impor como uma obrigação.
4. **Norma penal em branco.** O presente tipo penal configura uma norma penal em branco homogênea homovitelina, pois, para a sua aplicação e sua interpretação, precisa ser complementada pelo art. 10, §4º, desta lei.
5. **Princípio da Especialidade.** Se a exigência de atestado de esterilização for para fins de concessão de emprego, a conduta configura o delito previsto no art. 2º, I, da lei 9.029/1995: "Constituem crime as seguintes práticas discriminatórias: a exigência de teste, exame, perícia, laudo, atestado, declaração ou qualquer outro procedimento relativo à esterilização ou a estado de gravidez". O tipo penal ora comentado constitui, também, especialidade do art. 146 do Código Penal por também consistir em uma espécie de constrangimento ilegal. Com efeito, em ambos os tipos penais, o agente realiza um constrangimento sobre a vítima, sendo que no art. 146 o constrangimento é realizado por meio de violência ou grave ameaça. No tipo penal ora comentado, o constrangimento é feito mediante a exigência, por parte do agente, de atestado de esterilização para qualquer fim.
6. **Diferença para o art. 17.** No art. 17 desta lei, o agente apenas induz ou instiga o sujeito passivo à realização da esterilização. No artigo ora comentado, o agente exige o atestado de esterilização.
7. **Consumação.** O delito consuma-se com o ato de exigir. Basta a exigência para a consumação, mesmo que a vítima não venha a entregar o atestado ou a realizar a esterilização. O crime é formal.
8. **Classificação.** Crime comum; formal; doloso; comissivo; instantâneo; admite tentativa.
9. **Infração penal de menor potencial ofensivo.** Tendo em vista que a pena máxima não é superior a dois anos, trata-se de infração penal de menor potencial ofensivo (art. 61 da lei 9.099/95).
10. **Suspensão condicional do processo.** Cabível, pois a pena mínima cominada não ultrapassa 1 ano (art. 89 da lei 9.099/95).

Art. 19. Aplica-se aos gestores e responsáveis por instituições que permitam a prática de qualquer dos atos ilícitos previstos nesta Lei o disposto no caput e nos §§ 1º e 2º do art. 29 do Decreto-lei nº 2.848, de 7 de dezembro de 1940 – Código Penal.

1. **Concurso de pessoas.** O art. 19 determina a aplicação do instituto do concurso de pessoas previsto no Código Penal a esta lei. Trata-se de norma desnecessária, uma vez que a aplicação do referido instituto decorre dos fatos praticados, e não da norma. Assim, caso algum delito previsto nesta lei seja praticado com a contribuição dos gestores e responsáveis por instituições que permitam a sua prática, haverá a incidência do instituto do concurso de pessoas, independentemente da previsão do art. 19.

Art. 20. As instituições a que se refere o artigo anterior sofrerão as seguintes **sanções**, sem prejuízo das aplicáveis aos agentes do ilícito, aos co-autores ou aos partícipes:

I – se particular a instituição:

A) de duzentos a trezentos e sessenta dias-multa e, se reincidente, suspensão das atividades ou descredenciamento, sem direito a qualquer indenização ou cobertura de gastos ou investimentos efetuados;

B) proibição de estabelecer contratos ou convênios com entidades públicas e de se beneficiar de créditos oriundos de instituições governamentais ou daquelas em que o Estado é acionista;

II – se pública a instituição, afastamento temporário ou definitivo dos agentes do ilícito, dos gestores e responsáveis dos cargos ou funções ocupados, sem prejuízo de outras penalidades.

Art. 21. Os agentes do ilícito e, se for o caso, as instituições a que pertençam ficam obrigados a reparar os danos morais e materiais decorrentes de esterilização não autorizada na forma desta Lei, observados, nesse caso, o disposto nos arts. 159, 1.518 e 1.521 e seu parágrafo único do Código Civil, combinados com o art. 63 do Código de Processo Penal.

1. **Sanção cível e administrativa.** Os arts. 20 e 21 trazem sanções de natureza cível e administrativa aplicadas às instituições a que se refere o artigo anterior. Tais sanções podem ser aplicadas em conjunto com as sanções penais previstas nos tipos penais, em razão de possuírem naturezas diversas, sem que isso implique *bis in idem*.

CAPÍTULO III
DAS DISPOSIÇÕES FINAIS

Art. 22. Aplica-se subsidiariamente a esta Lei o disposto no Decreto-lei nº 2.848, de 7 de dezembro de 1940 – Código Penal, e, em especial, nos seus arts. 29, caput, e §§ 1º e 2º; 43, caput e incisos I , II e III ; 44, caput e incisos I e II e III e parágrafo único; 45, caput e incisos I e II; 46, caput e parágrafo único; 47, caput e incisos I, II e III; 48, caput e parágrafo único; 49, caput e §§ 1º e 2º; 50, caput, § 1º e alíneas e § 2º; 51, caput e §§ 1º e 2º; 52; 56; 129, caput e § 1º, incisos I, II e III, § 2º, incisos I, III e IV e § 3º.

Art. 23. O Poder Executivo regulamentará esta Lei n. prazo de noventa dias, a contar da data de sua publicação.

Art. 24. Esta Lei entra em vigor na data de sua publicação.

Art. 25. Revogam-se as disposições em contrário.

Portadores de Deficiência. Lei nº 7.853, de 24 de outubro de 1989

Art. 1º Ficam estabelecidas **normas gerais que asseguram o pleno exercício dos direitos individuais e sociais das pessoas portadoras de deficiências**, e sua efetiva integração social, nos termos desta Lei.

§ 1º Na **aplicação e interpretação desta Lei**, serão considerados os valores básicos da igualdade de tratamento e oportunidade, da justiça social, do respeito à dignidade da pessoa humana, do bem-estar, e outros, indicados na Constituição ou justificados pelos princípios gerais de direito.

§ 2º As **normas desta Lei visam garantir às pessoas portadoras de deficiência** as ações governamentais necessárias ao seu cumprimento e das demais disposições constitucionais e legais que lhes concernem, afastadas as discriminações e os preconceitos de qualquer espécie, e entendida a matéria como obrigação nacional a cargo do Poder Público e da sociedade.

1. **Decreto regulamentador.** O Decreto 3.298, de 20 de dezembro de 1999 regulamentou a presente lei, prevendo, em relação à proteção dos portadores de deficiência, as disposições gerais, os princípios, as diretrizes, os objetivos, os instrumentos, os aspectos institucionais, a equiparação de oportunidades, a política de capacitação de profissionais especializados, a acessibilidade na Administração Pública Federal e o Sistema Integrado de Informações.

2. **Princípios da política nacional para a integração das pessoas portadoras de deficiência.** De acordo com o art. 5º do Decreto 3.298/1999, a Política Nacional para a Integração da Pessoa Portadora de Deficiência obedecerá aos seguintes princípios: o desenvolvimento de ação conjunta do Estado e da sociedade civil, de modo a assegurar a plena integração da pessoa portadora de deficiência no contexto socioeconômico e cultural; o estabelecimento de mecanismos e instrumentos legais e operacionais que assegurem às pessoas portadoras de deficiência o pleno exercício de seus direitos básicos que, decorrentes da Constituição e das leis, propiciam o seu bem-estar pessoal, social e econômico; e, por fim, o respeito às pessoas portadoras de deficiência, que devem receber igualdade

de oportunidades na sociedade por reconhecimento dos direitos que lhes são assegurados, sem privilégios ou paternalismos.

3. **Diretrizes da política nacional para a integração das pessoas portadoras de deficiência.** O art. 6º do Decreto 3.298/1999 estabeleceu as seguintes diretrizes da Política Nacional para a Integração da Pessoa Portadora de Deficiência: o estabelecimento de mecanismos que acelerem e favoreçam a inclusão social da pessoa portadora de deficiência; a adoção de estratégias de articulação com órgãos e entidades públicos e privados, bem assim com organismos internacionais e estrangeiros para a implantação desta Política; a inclusão da pessoa portadora de deficiência, respeitadas as suas peculiaridades, em todas as iniciativas governamentais relacionadas à educação, à saúde, ao trabalho, à edificação pública, à previdência social, à assistência social, ao transporte, à habitação, à cultura, ao esporte e ao lazer; a viabilidade da participação da pessoa portadora de deficiência em todas as fases de implementação da Política Nacional, por intermédio de suas entidades representativas; a ampliação das alternativas de inserção econômica da pessoa portadora de deficiência, proporcionando a ela qualificação profissional e incorporação no mercado de trabalho e garantir o efetivo atendimento das necessidades da pessoa portadora de deficiência, sem o cunho assistencialista.

4. **Objetivos da política nacional para a integração das pessoas portadoras de deficiência.** No art. 7º do Decreto 3.298/1999, ficaram consignados os objetivos da Política Nacional para a Integração da Pessoa Portadora de Deficiência, quais sejam: o acesso, o ingresso e a permanência da pessoa portadora de deficiência em todos os serviços oferecidos à comunidade; a integração das ações dos órgãos e das entidades públicos e privados nas áreas de saúde, educação, trabalho, transporte, assistência social, edificação pública, previdência social, habitação, cultura, desporto e lazer, visando à prevenção das deficiências, à eliminação de suas múltiplas causas e à inclusão social; o desenvolvimento de programas setoriais destinados ao atendimento das necessidades especiais da pessoa portadora de deficiência; a formação de recursos humanos para atendimento da pessoa portadora de deficiência e a garantia da efetividade dos programas de prevenção, de atendimento especializado e de inclusão social.

5. **Deficiência.** Para efeitos da presente lei, considera-se *deficiência* "toda perda ou anormalidade de uma estrutura ou função psicológica, fisiológica ou anatômica que gere incapacidade para o desempenho de atividade, dentro do padrão considerado normal para o ser humano". (art. 3º, I do Decreto 3.298/1999).

6. **Deficiência permanente.** Entende-se por *deficiência permanente "aquela que ocorreu ou se estabilizou durante um período de tempo suficiente para não permitir recuperação ou ter probabilidade de que se altere, apesar de novos tratamentos"* (art. 3º, II do Decreto 3.298/1999).

7. **Incapacidade.** *Incapacidade* significa *"uma redução efetiva e acentuada da capacidade de integração social, com necessidade de equipamentos, adaptações, meios ou recursos especiais para que a pessoa portadora de deficiência possa receber ou transmitir informações necessárias ao seu bem-estar pessoal e ao desempenho de função ou atividade a ser exercida."* (art. 3º, III do Decreto 3.298/1999).

8. **Categorias de deficiência.** O Decreto 3.298/1999 estabeleceu diversas categorias de deficiência, quais sejam: *deficiência física*; *deficiência auditiva*; *deficiência visual*; *deficiência mental* e *deficiência múltipla*. Todas as modalidades serão expostas abaixo.

Deficiência	Física	Auditiva	Visual	Mental	Múltipla

9. **Deficiência física.** Considera-se deficiência física a *"alteração completa ou parcial de um ou mais segmentos do corpo humano, acarretando o comprometimento da função física, apresentando-se sob a forma de paraplegia, paraparesia, monoplegia, monoparesia, tetraplegia, tetraparesia, triplegia, triparesia, hemiplegia, hemiparesia, ostomia, amputação ou ausência de membro, paralisia cerebral, nanismo, membros com deformidade congênita ou adquirida, exceto as deformidades estéticas e as que não produzam dificuldades para o desempenho de funções."* (art. 4º, I do Decreto 3.298/1999).

10. **Deficiência auditiva.** Por deficiência auditiva entenda-se a *"perda bilateral, parcial ou total, de quarenta e um decibéis (dB) ou mais, aferida por audiograma nas freqüências de 500HZ, 1.000HZ, 2.000Hz e 3.000Hz"*. (art. 4º, II do Decreto 3.298/1999).

11. **Deficiência visual.** A deficiência visual consiste na *"cegueira, na qual a acuidade visual é igual ou menor que 0,05 no melhor olho, com a melhor correção óptica; a baixa visão, que significa acuidade visual entre 0,3 e 0,05 no melhor olho, com a melhor correção óptica; os casos nos quais a somatória da medida do campo visual em ambos os olhos for igual ou menor que 60o; ou a ocorrência simultânea de quaisquer das condições anteriores."* (art. 4º, III do Decreto 3.298/1999).

12. **Deficiência mental.** Deficiência mental significa o *"funcionamento intelectual significativamente inferior à média, com manifestação antes dos dezoito anos e limitações associadas a duas ou mais áreas de habilidades adaptativas, tais como: a)* comunicação; *b) cuidado pessoal; c) habilidades sociais; d) utilização dos recursos da comunidade; e) saúde e segurança; f) habilidades acadêmicas; g) lazer; e h) trabalho."* (art. 4º, IV do Decreto 3.298/1999).

13. **Deficiência múltipla.** A deficiência múltipla é a *"associação de duas ou mais deficiências."* (art. 4º, V do Decreto 3.298/1999).

Art. 2º Ao Poder Público e seus órgãos cabe assegurar às pessoas portadoras de deficiência o **pleno exercício de seus direitos básicos**, inclusive dos direitos à educação, à saúde, ao trabalho, ao lazer, à previdência social, ao amparo à infância e à maternidade, e de outros que, decorrentes da Constituição e das leis, propiciem seu bem-estar pessoal, social e econômico.

Parágrafo único. Para o fim estabelecido no caput deste artigo, os órgãos e entidades da administração direta e indireta devem dispensar, no âmbito de sua competência e finalidade, aos assuntos objetos esta Lei, tratamento prioritário e adequado, tendente a viabilizar, sem prejuízo de outras, as seguintes medidas:

I – na área da educação:

a) a inclusão, no sistema educacional, da Educação Especial como modalidade educativa que abranja a educação precoce, a pré-escolar, as de 1º e 2º graus, a supletiva, a habilitação e reabilitação profissionais, com currículos, etapas e exigências de diplomação próprios;

b) a inserção, no referido sistema educacional, das escolas especiais, privadas e públicas;

c) a oferta, obrigatória e gratuita, da Educação Especial em estabelecimento público de ensino;

d) o oferecimento obrigatório de programas de Educação Especial a nível pré-escolar, em unidades hospitalares e congêneres nas quais estejam internados, por prazo igual ou superior a 1 (um) ano, educandos portadores de deficiência;

e) o acesso de alunos portadores de deficiência aos benefícios conferidos aos demais educandos, inclusive material escolar, merenda escolar e bolsas de estudo;

f) a matrícula compulsória em cursos regulares de estabelecimentos públicos e particulares de pessoas portadoras de deficiência capazes de se integrarem no sistema regular de ensino;

II – na área da saúde:

a) a promoção de ações preventivas, como as referentes ao planejamento familiar, ao aconselhamento genético, ao acompanhamento da gravidez, do parto e do puerpério, à nutrição da mulher e da criança, à identificação e ao controle da gestante e do feto de alto risco, à imunização, às doenças do metabolismo e seu diagnóstico e ao encaminhamento precoce de outras doenças causadoras de deficiência;

b) o desenvolvimento de programas especiais de prevenção de acidente do trabalho e de trânsito, e de tratamento adequado a suas vítimas;

c) a criação de uma rede de serviços especializados em reabilitação e habilitação;

d) a garantia de acesso das pessoas portadoras de deficiência aos estabelecimentos de saúde públicos e privados, e de seu adequado tratamento neles, sob normas técnicas e padrões de conduta apropriados;

e) a garantia de atendimento domiciliar de saúde ao deficiente grave não internado;

f) o desenvolvimento de programas de saúde voltados para as pessoas portadoras de deficiência, desenvolvidos com a participação da sociedade e que lhes ensejem a integração social;

III – na área da formação profissional e do trabalho:

a) o apoio governamental à formação profissional, e a garantia de acesso aos serviços concernentes, inclusive aos cursos regulares voltados à formação profissional;

b) o empenho do Poder Público quanto ao surgimento e à manutenção de empregos, inclusive de tempo parcial, destinados às pessoas portadoras de deficiência que não tenham acesso aos empregos comuns;

c) a promoção de ações eficazes que propiciem a inserção, nos setores públicos e privado, de pessoas portadoras de deficiência;

d) a adoção de legislação específica que discipline a reserva de mercado de trabalho, em favor das pessoas portadoras de deficiência, nas entidades da Administração Pública e do setor privado, e que regulamente a organização de oficinas e congêneres integradas ao mercado de trabalho, e a situação, nelas, das pessoas portadoras de deficiência;

IV – na área de recursos humanos:

a) a formação de professores de nível médio para a Educação Especial, de técnicos de nível médio especializados na habilitação e reabilitação, e de instrutores para formação profissional;

b) a formação e qualificação de recursos humanos que, nas diversas áreas de conhecimento, inclusive de nível superior, atendam à demanda e às necessidades reais das pessoas portadoras de deficiências;

c) o incentivo à pesquisa e ao desenvolvimento tecnológico em todas as áreas do conhecimento relacionadas com a pessoa portadora de deficiência;

V – na área das edificações:

a) a adoção e a efetiva execução de normas que garantam a funcionalidade das edificações e vias públicas, que evitem ou removam os óbices às pessoas portadoras de deficiência, permitam o acesso destas a edifícios, a logradouros e a meios de transporte.

1. **Pleno exercício dos direitos dos portadores de deficiência.** O legislador trouxe a obrigatoriedade do Poder Público e seus órgãos assegurar às pessoas portadoras de deficiência o pleno exercício de seus direitos, impondo, no parágrafo único, o tratamento prioritário e adequado, aos portadores de deficiência, tendente a viabilizar direitos e garantias na área da educação, saúde, formação profissional e do trabalho, recursos humanos e edificações.

2. **Reconhecimentos dos direitos dos portadores de deficiência.** Além dos direitos mencionados acima, previstos na presente lei, várias outras se sucederam no tempo positivando o tratamento adequado que deve ser dispensado aos portadores de deficiência. Algumas serão analisadas abaixo.

3. **Acesso a concurso público.** A lei 8.112/90, que instituiu o Estatuto dos Servidores Públicos civis da União, das Autarquias e das Fundações Públicas Federais, estabeleceu no art. 5º, §2º que "Às pessoas portadoras de deficiência é assegurado o direito de se inscrever em concurso público para provimento de cargo cujas atribuições sejam compatíveis com a deficiência de que são portadoras; para tais pessoas serão reservadas até 20% (vinte por cento) das vagas oferecidas no concurso.".

4. **Passe livre no meio de transporte interestadual.** A lei 8.894/94 estabelece no art. 1º que *"É concedido passe livre às pessoas portadoras de deficiência, comprovadamente carentes, no sistema de transporte coletivo interestadual."*

5. **Atendimento prioritário.** A lei 10.048/2000, com a redação que lhe deu o Estatuto da Pessoa Idosa (lei 10.741/2003), garante aos portadores de deficiência atendimento prioritário (art. 1º), dispondo que as repartições públicas, as empresas concessionárias de serviços públicos e as instituições financeiras ficam obrigadas a dispensar atendimento imediato e prioritário aos portadores de deficiência por meio de serviços individualizados que lhes assegurem o tratamento

diferenciado (art. 2º). Da mesma forma, as empresas públicas de transporte e as concessionárias de transporte coletivo ficam obrigadas a reservas assentos aos portadores de deficiência, inclusive com a identificação de se tratar de assentos a eles destinados (art. 3º).

6. **Condições adequadas de acessibilidade.** A lei 10.048/2000 estabelece que *os logradouros e sanitários públicos, bem como os edifícios de uso público, terão normas de construção, para efeito de licenciamento da respectiva edificação, baixadas pela autoridade competente, destinadas a facilitar o acesso e uso desses locais pelas pessoas portadoras de deficiência* (art. 4º). No que toca ao serviço de transporte coletivo, dispõe que *"os veículos de transporte coletivo a serem produzidos após doze meses da publicação desta Lei serão planejados de forma a facilitar o acesso a seu interior das pessoas portadoras de deficiência. Os proprietários de veículos de transporte coletivo em utilização terão o prazo de cento e oitenta dias, a contar da regulamentação desta Lei, para proceder às adaptações necessárias ao acesso facilitado das pessoas portadoras de deficiência."* (art. 5º, *caput* e §2º).
No mesmo ano, foi promulgada a lei 10.098/2000, que também estabeleceu normas gerais e critérios básicos para a promoção da acessibilidade das pessoas portadoras de deficiência ou com mobilidade reduzida, estabelecendo, entre ouras medidas, a supressão de barreiras e de obstáculos nas vias e espaços públicos, no mobiliário urbano, na construção e reforma de edifícios e nos meios de transporte e de comunicação. Em linhas gerais, essa lei tratou dos seguintes tópicos em benefício dos portadores de deficiência: elementos da urbanização; desenho e localização do mobiliário urbano; acessibilidade nos edifícios públicos ou de uso coletivo; acessibilidade nos edifícios de uso privado; acessibilidade nos veículos de transporte coletivo; acessibilidade nos sistemas de comunicação e sinalização; disposições sobre as ajudas técnicas; medidas de fomento à eliminação das barreiras.

7. **Critérios para o tratamento de deficiência mental.** Ao deficiente mental, a lei 10.216/2001 estabeleceu direitos e critérios que devem ser seguidos para o seu tratamento, como, entre outros, o direito a ter acesso ao melhor tratamento do sistema de saúde, consentâneo às suas necessidades; ser tratado com humanidade e respeito e no interesse exclusivo de beneficiar sua saúde, visando alcançar sua recuperação pela inserção na família, no trabalho e na comunidade; proteção contra qualquer forma de abuso e exploração; garantia de sigilo nas informações prestadas ao estabelecimento de saúde; direito à presença médica, em qualquer tempo, para esclarecer a necessidade ou não de sua hospitalização involuntária; livre acesso aos meios de comunicação disponíveis; receber o maior número de informações a respeito de sua doença e de seu tratamento; tratamento em ambiente terapêutico pelos meios menos invasivos possíveis e ser tratado, preferencialmente, em serviços comunitários de saúde mental; e a exigência de laudo médico indicando os motivos da internação psiquiátrica para a sua realização.

8. **Facilidade na votação.** O art. 135, §6º-A, do Código Eleitoral (lei 4.737/65), com a redação que lhe deu a lei 10.226/2001, estabelece que os Juízes Eleitorais devem ser orientados pelo Tribunal Regional Eleitoral a escolher o local de votação de mais fácil acesso ao eleitor deficiente físico.

9. **Língua Brasileira de Sinais – Libras.** No intuito de facilitar o entendimento da comunicação por parte de deficientes auditivos, a lei 10.436/2002 reconheceu como meio legal de comunicação e expressão a Língua Brasileira de Sinais – Libras e outros recursos de expressão a ela associados. Por *Língua Brasileira de Sinais – Libras* entenda-se "*a forma de comunicação e expressão, em que o sistema lingüístico de natureza visual-motora, com estrutura gramatical própria, constituem um sistema lingüístico de transmissão de idéias e fatos, oriundos de comunidades de pessoas surdas do Brasil.*" (art. 1º, parágrafo único).

Art. 8º Constitui crime punível com reclusão de 2 (dois) a 5 (cinco) anos, e multa: (Redação dada pela lei 13.146/2015).

1. **Redação não técnica.** Fugindo à técnica redacional das leis no Brasil, o legislador optou por trazer a pena criminal antes da conduta delituosa. As condutas criminosas estão previstas nos incisos.

I – recusar, cobrar valores adicionais, suspender, procrastinar, cancelar ou fazer cessar inscrição de aluno em estabelecimento de ensino de qualquer curso ou grau, público ou privado, **em razão de sua deficiência**;

1. **Sujeito ativo.** Trata-se de crime comum. Qualquer pessoa pode praticá-lo, tendo em vista que o legislador não exigiu nenhuma condição específica do agente.
2. **Especial fim de agir.** O tipo contém um especial fim de agir, contido na expressão *em razão de sua deficiência.* Tal elemento subjetivo específico do tipo penal deve estar presente na mente do agente, no momento da prática do delito, sob pena de atipicidade da sua conduta. Assim, caso a conduta ocorra por outro motivo que não a deficiência, a conduta será atípica.
3. **Recusar, cobrar valores adicionais, suspender, procrastinar, cancelar e fazer cessar.** *Recusar* significa rejeitar, não admitir. *Cobrar valores adicionais* consiste na cobrança de valor além do praticado para os demais alunos. *Suspender* é interromper temporariamente. Por *procrastinar* entenda-se adiar. *Fazer cessar* denota interromper de forma não temporária.
4. **Tipo misto alternativo.** A prática de duas ou mais duas condutas descritas no tipo (*recusar, cobrar valores adicionais, suspender, procrastinar, cancelar* e *fazer cessar*) não gera concurso de crimes, respondendo o agente por apenas um delito.
5. **Estabelecimento de ensino de qualquer curso ou grau, público ou privado.** O legislador procurou ser o mais abrangente possível, ao dispor sobre *estabelecimento de ensino de qualquer curso ou grau, público ou privado,* nos moldes determinados pelo Decreto 3.298/1999. A inclusão da pessoa portadora de deficiência em estabelecimento de ensino está prevista no art. 24 do Decreto 3.298/1999, ao dispor que "*os órgãos e as entidades da Administração Pública Federal direta e indireta responsáveis pela educação dispensarão tratamento prioritário e adequado aos*

assuntos objeto deste Decreto, viabilizando, sem prejuízo de outras, as seguintes medidas: I – a matrícula compulsória em cursos regulares de estabelecimentos públicos e particulares de pessoa portadora de deficiência capazes de se integrar na rede regular de ensino; II – a inclusão, no sistema educacional, da educação especial como modalidade de educação escolar que permeia transversalmente todos os níveis e as modalidades de ensino; III – a inserção, no sistema educacional, das escolas ou instituições especializadas públicas e privadas; IV – a oferta, obrigatória e gratuita, da educação especial em estabelecimentos públicos de ensino; V – o oferecimento obrigatório dos serviços de educação especial ao educando portador de deficiência em unidades hospitalares e congêneres nas quais esteja internado por prazo igual ou superior a um ano; e VI – o acesso de aluno portador de deficiência aos benefícios conferidos aos demais educandos, inclusive material escolar, transporte, merenda escolar e bolsas de estudo." Da mesma forma, o art. 25 do Decreto estabelece que *"os serviços de educação especial serão ofertados nas instituições de ensino público ou privado do sistema de educação geral, de forma transitória ou permanente, mediante programas de apoio para o aluno que está integrado no sistema regular de ensino, ou em escolas especializadas exclusivamente quando a educação das escolas comuns não puder satisfazer as necessidades educativas ou sociais do aluno ou quando necessário ao bem-estar do educando."*

6. **Consumação.** Com a prática das condutas descritas no tipo penal, ou seja, com a recusa, a cobrança de valores adicionais, a suspensão, a procrastinação, o cancelamento ou a cessação da inscrição de aluno em estabelecimento de ensino, pois se trata de crime formal.

7. **Classificação.** Crime comum; formal; doloso; comissivo; instantâneo; admite tentativa.

8. **Suspensão condicional do processo.** Incabível, pois a pena mínima cominada ultrapassa 1 ano (art. 89 da lei 9.099/95).

II – obstar inscrição em concurso público ou acesso de alguém a qualquer cargo ou emprego público, **em razão de sua deficiência;**

1. **Sujeito ativo.** Trata-se de crime comum. Qualquer pessoa pode praticá-lo, tendo em vista que o legislador não exigiu nenhuma condição específica do agente.

2. **Especial fim de agir.** O tipo contém um especial fim de agir, contido na expressão *em razão de sua deficiência.* Tal elemento subjetivo específico do tipo penal deve estar presente na mente do agente, no momento da prática do delito, sob pena de atipicidade da sua conduta. Assim, caso o agente pratique a conduta típica motivado por outra razão que não seja a deficiência da vítima, a conduta será atípica.

3. **Obstar.** *Obstar* significa impedir, negar.

4. **Inscrição em concurso público, cargo ou emprego público.** Como o legislador não especificou, está abrangido pela incriminação o óbice a qualquer espécie de

concurso público, em qualquer esfera (federal, estadual, distrital ou municipal). Da mesma forma, o tipo penal abrange qualquer espécie de cargo ou emprego público. Conforme exposto alhures, o legislador brasileiro se encarregou de editar uma série de leis, com o objetivo de integrar o portador de deficiência à sociedade. Exemplo disso foi a edição da lei 8.112/90, que, ao instituir o Estatuto dos Servidores Públicos civis da União, das Autarquias e das Fundações Públicas Federais, estabeleceu no art. 5º, §2º que "Às pessoas portadoras de deficiência é assegurado o direito de se inscrever em concurso público para provimento de cargo cujas atribuições sejam compatíveis com a deficiência de que são portadoras; para tais pessoas serão reservadas até 20% (vinte por cento) das vagas oferecidas no concurso."

5. **Consumação.** Com a prática de qualquer ato que caracterize o óbice à inscrição em concurso público ou o acesso de alguém a qualquer cargo ou emprego público, pois se trata de crime formal.

6. **Classificação.** Crime comum; formal; doloso; comissivo; instantâneo; admite tentativa.

7. **Suspensão condicional do processo.** Incabível, pois a pena mínima cominada ultrapassa 1 ano (art. 89 da lei 9.099/95).

III – negar ou obstar emprego, trabalho ou promoção à pessoa **em razão de sua deficiência**;

1. **Sujeito ativo.** Trata-se de crime comum. Qualquer pessoa pode praticá-lo, tendo em vista que o legislador não exigiu nenhuma condição específica do agente.

2. **Especial fim de agir.** O tipo contém um especial fim de agir, contido na expressão *em razão de sua deficiência*. Tal elemento subjetivo específico do tipo penal deve estar presente na mente do agente, no momento da prática do delito, sob pena de atipicidade da sua conduta. Dessa forma, conclui-se que, caso a negativa ou o óbice se dê por qualquer outro motivo que não seja a deficiência da pessoa, a conduta será atípica.

3. **Negar ou obstar.** Significa recusar, não admitir. Obstar consiste em impedir. O legislador foi redundante, tendo em vista que os dois verbos significam a mesma coisa.

4. **Emprego, trabalho ou promoção.** O legislador, no intuito de integrar o portador de deficiência no mercado formal de trabalho estabeleceu, no art. 34 do Decreto 3.298/99, como finalidade primordial da política de emprego, a inserção da pessoa portadora de deficiência no mercado de trabalho ou sua incorporação ao sistema produtivo mediante regime especial de trabalho protegido. No mesmo sentido, o art. 36 do aludido Decreto estabeleceu que a empresa que tenha, em seu quadro, cem ou mais empregados é obrigada a preencher de dois a cinco por cento de seus cargos com beneficiários da Previdência Social reabilitados ou com pessoa portadora de deficiência habilitada, nas seguintes proporções: até duzentos empregados, dois por cento; de duzentos e um a quinhentos empregados, três por cento; de quinhentos e um a mil empregados, quatro por cento; mais de mil empregados, cinco por cento.

5. **Consumação.** Com a negativa ou o óbice, de qualquer forma, ao trabalho, ao emprego ou à promoção, pois se trata de crime formal.
6. **Classificação.** Crime comum; formal; doloso; comissivo; instantâneo; admite tentativa.
7. **Suspensão condicional do processo.** Incabível, pois a pena mínima cominada ultrapassa 1 ano (art. 89 da lei 9.099/95).

IV – recusar, retardar ou dificultar internação ou deixar de prestar assistência médico-hospitalar e ambulatorial à pessoa com deficiência;

1. **Sujeito ativo.** Na primeira parte do dispositivo, o crime é comum, uma vez que qualquer pessoa pode recusar, retardar ou dificultar internação de pessoa portadora de deficiência, como o atendente da recepção do estabelecimento hospitalar. Na segunda parte, em que a conduta é deixar de prestar assistência médico-hospitalar e ambulatorial, o crime é próprio, pois somente o profissional de saúde pode deixar de prestar tal assistência, como o médico e o profissional de enfermagem.
2. **Especial fim de agir.** Embora não expresso, o tipo contém um especial fim de agir, que reside na deficiência da vítima. Tal elemento subjetivo específico do tipo penal deve estar presente na mente do agente, no momento da prática do delito, sob pena de atipicidade da sua conduta. Dessa forma, conclui-se que, caso a negativa se dê por qualquer outro motivo que não seja a deficiência da pessoa, a conduta será atípica.
3. **Recusar, retardar ou dificultar internação.** *Recusar* significa rejeitar, não admitir. *Retardar* é atrasar, demorar. *Dificultar* consiste em criar embaraço.
4. **Deixar de prestar assistência médico-hospitalar e ambulatorial.** *Deixar de prestar assistência* significa não atender, não fornecer os cuidados necessários.
5. **Acesso garantido e tratamento adequado nos estabelecimentos de saúde.** O art. 16 do Decreto 3.298/1999 dispõe que *"os órgãos e as entidades da Administração Pública Federal direta e indireta responsáveis pela saúde devem dispensar aos assuntos objeto deste Decreto tratamento prioritário e adequado, viabilizando, sem prejuízo de outras, as seguintes medidas: IV – a garantia de acesso da pessoa portadora de deficiência aos estabelecimentos de saúde públicos e privados e de seu adequado tratamento sob normas técnicas e padrões de conduta apropriados."*
6. **Tipo misto alternativo.** A prática de duas ou mais condutas descritas no tipo (*recusar, retardar, dificultar* e *deixar*) não gera concurso de crimes, respondendo o agente por apenas um delito.
7. **Consumação.** As condutas *recusar* e *dificultar* configuram crimes comissivos. A consumação ocorre no momento em que ocorrer a recusa ou com qualquer ato que caracterize a criação de dificuldades no sentido de impedir a internação. As condutas *retardar* e *deixar de prestar assistência* configuram crimes omissivos próprios e se consumam no momento em que o agente se omite.

8. **Classificação.** Crime comum nas condutas *recusar, retardar* ou *dificultar* internação e próprio na conduta *deixar de prestar assistência*; formal; doloso; comissivo nas condutas *recusar* e *dificultar* e omissivo próprio nas condutas *retardar* e *deixar de prestar assistência*; instantâneo; admite a tentativa nos verbos comissivos (*recusar* e *dificultar*), mas não a admite nos verbos que configuram crime omissivo próprio (*retardar* e *deixar de prestar*).
9. **Suspensão condicional do processo.** Incabível, pois a pena mínima cominada ultrapassa 1 ano (art. 89 da lei 9.099/95).

V – deixar de cumprir, retardar ou frustrar execução de ordem judicial expedida na **ação civil a que alude esta Lei**;

1. **Sujeito ativo.** Trata-se de crime comum. Qualquer pessoa pode praticá-lo, tendo em vista que o legislador não exigiu nenhuma condição específica do agente.
2. **Deixar de cumprir, retardar ou frustrar.** *Deixar de cumprir* significa não cumprir, se omitir. *Retardar* é atrasar, demorar. *Frustrar* consiste em enganar a expectativa, não suceder o que se esperava.
3. **Tipo misto alternativo.** A prática de duas ou mais duas condutas descritas no tipo (*deixar de cumprir, retardar* e *frustrar*) não gera concurso de crimes, respondendo o agente por apenas um delito.
4. **Execução de ordem judicial expedida na ação civil a que alude a lei.** O legislador referiu-se à ordem judicial emitida na ação civil de que trata o art. 3º desta lei.
5. **Consumação.** Com a prática das condutas típicas de *deixar de cumprir, retardar* ou *frustrar*, pois se trata de crime formal.
6. **Classificação.** Crime comum; formal; doloso; comissivo na conduta *frustrar* e omissivo próprio nas condutas *deixar de cumprir* e *retardar*; instantâneo; admite a tentativa na conduta *frustrar,* mas não admite a tentativa nas condutas *retardar* e *frustrar* por tratar de crimes omissivos próprios.
7. **Suspensão condicional do processo.** Incabível, pois a pena mínima cominada ultrapassa 1 ano (art. 89 da lei 9.099/95).

VI – recusar, retardar ou omitir dados técnicos indispensáveis à propositura da **ação civil pública objeto desta Lei**, quando requisitados.

1. **Sujeito ativo.** Trata-se de crime comum. Qualquer pessoa pode praticá-lo, tendo em vista que o legislador não exigiu nenhuma condição específica do agente.
2. **Recusar, retardar ou omitir.** *Recusar* significa rejeitar. *Retardar* é atrasar, demorar. *Omitir* consiste em deixar de fazer algo.
3. **Tipo misto alternativo.** A prática de duas ou mais duas condutas descritas no tipo (*recusar, retardar* e *omitir*) não gera concurso de crimes, respondendo o agente por apenas um delito.

4. **Dados técnicos indispensáveis à propositura de ação civil** pública. São os dados e informações que podem servir de suporte probatório para a propositura da ação civil pública.

5. **Consumação.** Com a prática das condutas de recusar, retardar ou omitir, pois se trata de crime formal. A conduta *recusar* configura conduta comissiva, como no caso de o agente responder à requisição do Ministério Público recusando-se, expressamente, ao fornecimento dos dados. As condutas *retardar* e *omitir* configuram condutas omissivas.

6. **Classificação.** Crime comum; formal; doloso; comissivo na conduta *recusar*; e omissivo próprio nas condutas *retardar* e *omitir;* instantâneo; admite a tentativa na conduta comissiva *retardar,* mas não admite a tentativa nas condutas *retardar* e *omitir,* por tratar de crimes omissivos próprios.

7. **Suspensão condicional do processo.** Incabível, pois a pena mínima cominada ultrapassa 1 ano (art. 89 da lei 9.099/95).

> § 1º Se o crime for praticado contra pessoa com deficiência menor de 18 (dezoito) anos, a pena é agravada em 1/3 (um terço).

1. **Causa de aumento de pena.** Embora o legislador tenha dito "agravante", trata-se de causa de aumento de pena, que se justifica em razão da maior reprovabilidade do agente, uma vez que a vítima, além de ser deficiente, é menor de 18 anos de idade.

> § 2º A pena pela adoção deliberada de critérios subjetivos para indeferimento de inscrição, de aprovação e de cumprimento de estágio probatório em concursos públicos não exclui a responsabilidade patrimonial pessoal do administrador público pelos danos causados.

1. **Responsabilidade patrimonial pessoal do administrador público.** Trata-se de norma voltada para a discriminação no estágio probatório nos concursos públicos. O legislador estabeleceu a responsabilidade pessoal do administrador público. Assim, em eventual condenação em ação de natureza cível, o administrador responde diretamente com o seu patrimônio.

> § 3º Incorre nas mesmas penas quem impede ou dificulta o ingresso de pessoa com deficiência em planos privados de assistência à saúde, inclusive com cobrança de valores diferenciados.

1. **Conduta equiparada.** O §3º trata de conduta equiparada às condutas criminosas previstas nos incisos. Essa incriminação deveria constar, também, de um inciso, mas o legislador, de forma atécnica, inseriu-a em um parágrafo.

2. **Sujeito ativo.** Trata-se de crime próprio. O sujeito ativo é a pessoa que trabalha na empresa de plano privado de assistência à saúde, que possua a atribuição para admitir novos clientes.

3. **Especial fim de agir.** O tipo contém um especial fim de agir, tendo em vista que o impedimento ou a dificuldade criada ocorre em razão da deficiência da vítima do delito. Assim, caso o agente pratique a conduta típica motivado por outra razão que não seja a deficiência da vítima, a conduta será atípica.

4. **Impedir ou dificultar.** *Impedir* é criar óbice, inviabilizar. *Dificultar* consiste em criar embaraço.

5. **Tipo misto alternativo.** A prática de duas ou mais duas condutas descritas no tipo não gera concurso de crimes, respondendo o agente por apenas um delito.

6. **Cobrança de valores diferenciados.** São valores que vão além dos praticados pela empresa de plano de saúde. Ou seja, valores acima dos cobrados de pessoas que não possuem deficiência, e nisso consiste a discriminação.

7. **Consumação.** Com a prática das condutas típicas impedir ou dificultar, pois se trata de crime formal. Logo, o crime estará consumado mesmo que posteriormente a pessoa consiga ingressar no plano de saúde por meio de medida judicial.

8. **Classificação.** Crime próprio; formal; doloso; comissivo; instantâneo; admite a tentativa.

9. **Suspensão condicional do processo.** Incabível, pois a pena mínima cominada ultrapassa 1 ano (art. 89 da lei 9.099/95).

§ 4º Se o crime for praticado em atendimento de urgência e emergência, a pena é agravada em 1/3 (um terço).

1. **Causa de aumento de pena.** Da mesma forma que dissemos no comentário ao §1º, embora o legislador tenha dito "agravante", trata-se de causa de aumento de pena. Essa majorante justifica-se em razão da situação concreta em que a conduta é praticada, ou seja, no local em que seja de atendimento de urgência e emergência, onde o atendimento deve ser mais célere do que o normal.

2. **Aplicabilidade.** Tendo em vista que o legislador utilizou a expressão "atendimento", essa causa de aumento de pena só pode ser aplicada aos tipos penais nos quais o objeto da incriminação seja a negativa de atendimento médico. Por essa razão, cremos que essa majorante aplica-se somente ao delito do inciso IV.

Preconceito de Raça ou de Cor. Lei nº 7.716, de 5 de janeiro de 1989

Art. 1º Serão punidos, na forma desta Lei, os crimes resultantes de discriminação ou preconceito de **raça, cor, etnia, religião** ou **procedência nacional.**

1. **Bem jurídico tutelado.** Na presente lei, o legislador pretendeu proteger a dignidade da pessoa humana, positivada como princípio e fundamento da República Federativa Brasileira no art. 1º, III da CF/88, bem como o direito à igualdade, também erigido à categoria de princípio fundamental, garantia individual de toda e qualquer pessoa, independentemente de qualquer critério distintivo entre os seres humanos (art. 5º, I da CF/88).

2. **Previsão constitucional.** A vedação ao tratamento discriminatório e o asseguramento do direito à igualdade estão previstos nos seguintes artigos da CRFB/88: art. 1º, III (*A República Federativa do Brasil, formada pela união indissolúvel dos Estados e Municípios e do Distrito Federal, constitui-se em Estado Democrático de Direito e tem como fundamentos: III – a dignidade da pessoa humana*); art. 3º, IV (*Constituem objetivos fundamentais da República Federativa do Brasil: IV – promover o bem de todos, sem preconceitos de origem, raça, sexo, cor, idade e quaisquer outras formas de discriminação*); art. 4º, VIII (*A República Federativa do Brasil rege-se nas suas relações internacionais pelos seguintes princípios: VIII – repúdio ao terrorismo e ao racismo*).

3. **Imprescritibilidade e inafiançabilidade.** Tendo em conta a gravidade do delito, o legislador constitucional entendeu por bem impedir que o instituto da prescrição penal atingisse tal delito, possibilitando ao Estado Brasileiro soberano, a qualquer momento, exercer o *jus puniendi,* contra o autor do delito. Nesse sentido, art. 5º, XLII: *"a prática do racismo constitui crime inafiançável e imprescritível, sujeito à pena de reclusão, nos termos da lei".* Como se pode perceber, a CF/88 apenas fez menção expressa ao *racismo,* como sendo imprescritível e inafiançável, nada dispondo em relação às demais formas de discriminação previstas na lei (cor, etnia, religião ou procedência nacional). Dessa forma, conclui-se que a imprescritibilidade e a inafiançabilidade se referem tão somente à discriminação em razão de *raça,* não podendo o preceito constitucional ser aplicado às demais formas de discriminação, sob pena de incidência em analogia *in malam partem.*

4. **Impropriedade do *nomen juris* da lei.** A lei ora comentada traz, em sua ementa, as seguintes expressões: *"Define os crimes resultantes de preconceitos de raça ou de cor"*. Faltou, ao legislador, técnica na elaboração da ementa, uma vez que utilizou conceito restritivo, diverso da positivação legal dos delitos. Pela ementa da lei, poder-se-ia concluir que os únicos fatores discriminantes nela dispostos seriam a *raça* ou a *cor*. Trata-se, evidentemente, de absoluto engano. A simples leitura da Lei n.s leva à conclusão diversa, uma vez que a todo o momento os tipos penais fazem menção expressa à *raça, cor, etnia, religião ou procedência nacional*. Dessa forma, melhor e mais técnica seria a opção do legislador pela seguinte ementa, para que fosse dada a correta abrangência legal: *"Define os crimes resultantes de preconceitos de raça, cor, etnia, religião ou procedência nacional"*.

5. **Discriminação.** Discriminar significa diferençar, distinguir, tratar de forma diferente e prejudicial, sempre com o dolo de discriminar, não havendo, para efeitos da presente lei, discriminação culposa. O conceito de discriminação está previsto no art. 20-C dessa lei, para onde remetemos o leitor.

6. **Preconceito.** A expressão *preconceito* deriva do latim *praejudicium. Prae* significa anterior e *judicium* quer dizer julgamento. Por preconceito entenda-se o conceito, opinião, sentimento ou juízo antecipado, formado pela pessoa antes de possuir ou formar dados e elementos adequados para formar um conceito ou uma opinião, independentemente de qualquer razão.

7. **Raça.** É o conjunto dos indivíduos identificados pela semelhança de características corporais, como estrutura, cor da pele, forma física etc., como produto de sua hereditariedade.

8. **Cor.** A expressão *cor* é utilizada para determinar o aspecto cromático de alguma matéria. No sentido da lei, cor é expressão utilizada para denotar a tonalidade da pele da pessoa, como cor branca, preta, amarela e vermelha.

9. **Etnia.** A expressão etnia é utilizada para caracterizar o conjunto de pessoas identificadas pela similitude de linguagem, cultura, traços físicos e mentais e tradição comuns.

10. **Religião.** É a crença ou doutrina religiosa. É a crença em relação a uma divindade ou a sua adoração.

11. **Procedência nacional.** É o elemento identificador da origem da pessoa.

12. **Outras formas de discriminação.** O legislador não inseriu outras formas de discriminação, como sexual, idade, filosófica, política ou preferência esportiva. Dessa forma, caso a discriminação se dê por qualquer desses motivos, a conduta será atípica em relação aos tipos penais previstos nesta lei.

13. **Atos de homofobia ou de transfobia.** Questão relevante versa sobre a tipificação nesta lei dos atos de discriminação que configurem homofobia ou transfobia. Como dissemos no item anterior, a conduta que configurar qualquer outra forma de discriminação que não esteja prevista na lei, será atípica em relação aos tipos penais previstos nela, em razão do princípio da legalidade. Caso contrário, estaríamos diante de flagrante analogia *in malam partem*.

Entretanto, o plenário do STF entendeu que enquanto as condutas que configurem discriminação por homofobia ou por transfobia não tiverem previsão específica em lei, em razão da omissão do Congresso Nacional, tais condutas serão tipificadas na presente lei.

▶ **STF**

Informativo nº 944

Plenário

Homofobia e omissão legislativa – 4

Em conclusão de julgamento, o Plenário, por maioria, julgou procedentes os pedidos formulados em ação direta de inconstitucionalidade por omissão (ADO) e em mandado de injunção (MI) para reconhecer a mora do Congresso Nacional em editar lei que criminalize os atos de homofobia e transfobia. Determinou, também, até que seja colmatada essa lacuna legislativa, a aplicação da Lei 7.716/1989 (que define os crimes resultantes de preconceito de raça ou de cor) às condutas de discriminação por orientação sexual ou identidade de gênero, com efeitos prospectivos e mediante subsunção. Prevaleceram os votos dos ministros Celso de Mello e Edson Fachin, relatores da ADO e do MI, respectivamente (Informativo 931). A corrente majoritária reconheceu, em suma, que a omissão do Congresso Nacional atenta contra a Constituição Federal (CF), a qual impõe, nos termos do seu art. 5º, XLI e XLII, inquestionável mandado de incriminação. Entendeu que as práticas homotransfóbicas se qualificam como espécies do gênero racismo, na dimensão de racismo social consagrada pelo Supremo Tribunal Federal (STF) no julgamento do HC 82.424/RS (caso Ellwanger). Isso porque essas condutas importam em atos de segregação que inferiorizam os integrantes do grupo de Lésbicas, Gays, Bissexuais e Transexuais (LGBT), em razão de sua orientação sexual ou de sua identidade de gênero. Considerou, ademais, que referidos comportamentos se ajustam ao conceito de atos de discriminação e de ofensa aos direitos e liberdades fundamentais dessas pessoas. (...) **ADO 26/DF, rel. Min. Celso de Mello, julgamento em 13.6.2019. MI 4733/DF, rel. Min. Edson Fachin, julgamento em 13.6.2019.**

14. **Princípio da especialidade. Lei de crimes de tortura.** A lei 9.455/97, que traz os delitos de tortura, no art. 1º, I, alínea *c,* dispõe sobre a denominada *tortura discriminatória, tortura preconceituosa ou tortura racismo.* Eis a redação legal: *"Art. 1º Constitui crime de tortura: I – constranger alguém com emprego de violência ou grave ameaça, causando-lhe sofrimento físico ou mental: c) em razão de discriminação racial ou religiosa".* Dessa forma, se o dolo do agente for causar sofrimento físico ou mental na vítima, por meio de violência ou grave ameaça, movido por motivo de discriminação racial ou religiosa, a sua conduta estará tipificada na lei de tortura, e não na lei ora comentada.

15. **Especial fim de agir.** Todos os tipos penais da lei ora comentada possuem um especial fim de agir, consistente na discriminação de alguém em razão de raça, cor, etnia, religião e procedência nacional. Ausente o especial fim de agir, a conduta será atípica.

16. **Outras formas de discriminação. Lei 7.437/85.** A lei 7.437/85 traz formas de discriminação em razão de *raça, cor, sexo* ou *estado civil*, que constituem con-

travenções penais. Eis a sua redação: *"Art. 1º. Constitui contravenção, punida nos termos desta lei, a prática de atos resultantes de preconceito de raça, de cor, de sexo ou de estado civil. Art. 2º. Será considerado agente de contravenção o diretor, gerente ou empregado do estabelecimento que incidir na prática referida no artigo 1º. desta lei. Das Contravenções Art. 3º. Recusar hospedagem em hotel, pensão, estalagem ou estabelecimento de mesma finalidade, por preconceito de raça, de cor, de sexo ou de estado civil. Pena – prisão simples, de 3 (três) meses a 1 (um) ano, e multa de 3 (três) a 10 (dez) vezes o maior valor de referência (MVR). Art. 4º. Recusar a venda de mercadoria em lojas de qualquer gênero ou o atendimento de clientes em restaurantes, bares, confeitarias ou locais semelhantes, abertos ao público, por preconceito de raça, de cor, de sexo ou de estado civil. Pena – Prisão simples, de 15 (quinze) dias a 3 (três) meses, e multa de 1 (uma) a 3 (três) vezes o maior valor de referência (MVR). Art. 5º. Recusar a entrada de alguém em estabelecimento público, de diversões ou de esporte, por preconceito de raça, de cor, de sexo ou de estado civil. Pena – Prisão simples, de 15 (quinze dias a 3 (três) meses, e multa de 1 (uma) a 3 (três) vezes o maior valor de referência (MVR). Art. 6º. Recusar a entrada de alguém em qualquer tipo de estabelecimento comercial ou de prestação de serviço, por preconceito de raça, de cor, de sexo ou de estado civil. Pena – prisão simples, de 15 (quinze) dias e 3 (três) meses, e multa de 1 (uma) a 3 (três) vezes o maior valor de referência (MVR). Art. 7º. Recusar a inscrição de aluno em estabelecimento de ensino de qualquer curso ou grau, por preconceito de raça, de cor, de sexo ou de estado civil. Pena – prisão simples, de 3 (três) meses a 1 (um) ano, e multa de 1(uma) a três) vezes o maior valor de referência (MVR). Parágrafo único. Se se tratar de estabelecimento oficial de ensino, a pena será a perda do cargo para o agente, desde que apurada em inquérito regular. Art. 8º. Obstar o acesso de alguém a qualquer cargo público civil ou militar, por preconceito de raça, de cor, de sexo ou de estado civil. Pena – perda do cargo, depois de apurada a responsabilidade em inquérito regular, para o funcionário dirigente da repartição de que dependa a inscrição no concurso de habilitação dos candidatos. Art. 9º. Negar emprego ou trabalho a alguém em autarquia, sociedade de economia mista, empresa concessionária de serviço público ou empresa privada, por preconceito de raça, de cor, de sexo ou de estado civil. Pena – prisão simples, de 3 (três) meses a 1 (um) ano, e multa de 1 (uma) a 3 (três) vezes o maior valor de referência (MVR), no caso de empresa privada; perda do cargo para o responsável pela recusa, no caso de autarquia, sociedade de economia mista e empresa concessionária de serviço público. Art. 10. Nos casos de reincidência havidos em estabelecimentos particulares, poderá o juiz determinar a pena adicional de suspensão do funcionamento, por prazo não superior a 3 (três) meses. Art. 11. Esta lei entra em vigor na data de sua publicação. Art. 12. Revogam-se as disposições em contrário."*

Muitos tipos penais são idênticos ou quase idênticos aos tipos penais previstos na lei ora comentada. No que toca à discriminação em razão de *raça* e *cor*, os tipos penais da mencionada lei encontram-se derrogados, em razão do critério cronológico, uma vez que a lei ora comentada é posterior à lei 7.437/85. Entretanto, os tipos penais permanecem em vigor quando se tratar de discriminação em razão de *sexo* ou *estado civil*.

Art. 2º (Vetado).

Art. 2º-A Injuriar alguém, ofendendo-lhe a dignidade ou o decoro, em razão de raça, cor, etnia ou procedência nacional. (Incluído pela Lei nº 14.532, de 2023)

Pena: reclusão, de 2 (dois) a 5 (cinco) anos, e multa.

Parágrafo único. A pena é aumentada de metade se o crime for cometido mediante concurso de 2 (duas) ou mais pessoas.

1. **Sujeito ativo.** Trata-se de crime comum. Qualquer pessoa pode praticar.
2. **Sujeito passivo.** A pessoa injuriada.
3. **Injuriar.** Injuriar significa atribuir conceitos negativos ou conceitos depreciativos contra a pessoa. A ofensa é dirigida diretamente à pessoa, atingindo-a diretamente. Aqui protege-se a honra subjetiva da pessoa, ou seja, a imagem que ela tem de si mesma.
4. **Especial fim de agir.** Este tipo penal contém um especial fim de agir, consistente na ofensa em razão de raça, cor, etnia ou procedência nacional. Ausente o especial fim de agir, a conduta será atípica.
5. **Raça, cor, etnia ou procedência nacional.** Os seus conceitos já foram destacados nos comentários ao art. 1º deste lei.
6. **Injúria em razão de religião.** É tipificada no art. 140, §3º do Código Penal, com fundamento no princípio da legalidade, uma vez que essa motivação não foi prevista no artigo ora comentado.
7. **Consumação.** Quando a vítima toma conhecimento da injúria.
8. **Princípio da especialidade.** O tipo penal ora comentado constitui especialidade em relação ao delito de injúria descrita no art. 140 do Código Penal.
9. **Parágrafo único.** Causa de aumento de pena. O parágrafo único do artigo ora comentado traz o aumento de pena para o caso de o delito ser praticado em concurso de duas ou mais pessoas. O aumento pela pluralidade de sujeitos ativos justifica-se pela maior humilhação da vítima ao ter contra si uma quantidade maior de pessoas praticando a injúria.
10. **Classificação.** Crime comum; formal; doloso; comissivo; instantâneo; admite tentativa somente se praticada por escrito.
11. **Suspensão condicional do processo.** Incabível, pois a pena mínima cominada ultrapassa 1 ano (art. 89 da lei 9.099/95).

Art. 3º Impedir ou obstar o acesso de alguém, devidamente habilitado, a qualquer **cargo da Administração Direta ou Indireta, bem como das concessionárias de serviços públicos.**

Pena: reclusão de dois a cinco anos.

Parágrafo único. Incorre na mesma pena quem, por motivo de discriminação de raça, cor, etnia, religião ou procedência nacional, **obstar a promoção funcional**. (Inserido pela lei 12.288/2010).

1. **Sujeito ativo.** Trata-se de crime próprio, uma vez que somente pode ser sujeito ativo do delito o funcionário público que tenha atribuição para a admissão da pessoa habilitada à ocupação do cargo público.
2. **Sujeito passivo.** A pessoa discriminada.
3. **Impedir ou obstar.** *Impedir* significa não permitir, obstruir, proibir. *Obstar* é causar embaraço, servir de obstáculo. Pelos significados das expressões utilizadas pelo legislador, verifica-se que houve clara redundância, uma vez que os verbos *impedir* e *obstar* significam a mesma coisa.
4. **Tipo misto alternativo.** A prática das duas condutas descritas no tipo (*impedir* ou *obstar*) não gera concurso de crimes, respondendo o agente por apenas um delito.
5. **Administração Direta e Indireta.** A Administração Direta é composta pelas pessoas jurídicas de direito público interno, que são a União, Estados membros, Distrito Federal e Municípios. Por sua vez, a Administração Pública Indireta é formada por autarquias, empresas públicas, sociedades de economia mista e fundações.
6. **Concessionárias de serviços públicos.** Concessionárias de serviços públicos são pessoas jurídicas que exercem atividades por delegação do Poder Público. A concessão é contrato administrativo, por meio do qual a Administração Pública (concedente) delega à uma pessoa jurídica (concessionário) a execução de determinada atividade de interesse coletivo.
7. **Habilitação para a ocupação do cargo.** A habilitação significa que a pessoa está apta, com todos os requisitos preenchidos, sem nenhuma condição pendente, para ocupar o cargo. Com isso, o legislador quis deixar claro que o óbice ou impedimento tem unicamente motivo discriminatório, em razão de raça, cor, etnia, religião ou procedência nacional.
8. **Cargo público.** Tanto o Direito Administrativo quanto o Direito Penal fazem menção a *cargo, emprego* ou *função pública.* Questão relevante versa sobre a abrangência, no tipo penal ora comentado, de *emprego* ou *função pública*. Em homenagem ao princípio da legalidade penal, conclui-se que o tipo penal não abrange tais formas de exercício de função pública. Assim, caso o óbice ou impedimento se dê para o acesso de alguém a *emprego* ou *função pública,* por motivos de discriminação, a conduta será atípica em relação ao tipo penal ora comentado.
9. **Especial fim de agir.** O tipo penal possui um especial fim de agir, consistente na discriminação de alguém em razão de raça, cor, etnia, religião e procedência nacional. Ausente o especial fim de agir, a conduta será atípica.
10. **Consumação.** Com a prática das condutas descritas no tipo penal, ou seja, com o impedimento ou o óbice causado ao pretendente ao acesso a cargo na Administração Pública Direta ou Indireta ou em concessionárias, pois se trata de crime formal.

Mesmo que posteriormente o pretendente consiga a ocupação do cargo por força de ação judicial, como o Mandado de Segurança, o delito estará consumado.

11. Princípio da especialidade. O tipo penal ora comentado constitui especialidade em relação aos arts. 8º e 9º da lei 7.437/85. Entretanto, a especialidade somente será aplicada, com a prevalência do artigo ora comentado, se se tratar de discriminação em razão de *raça* e *cor*. Se, todavia, a discriminação se der em razão de *sexo* ou *estado civil*, permanece a aplicação da lei 7.437/85. Outra especialidade reside no Estatuto da Pessoa Idosa (lei 10.741/2003). Assim, caso a conduta descrita no presente tipo penal tenha como vítima idoso, isso é, pessoa com idade igual ou superior a sessenta anos, o delito praticado será o previsto no art. 100, I, da lei 10.741/2003, que tem a seguinte redação: *"Art. 100. Constitui crime punível com reclusão de 6 (seis) meses a 1 (um) ano e multa: I – obstar o acesso de alguém a qualquer cargo público por motivo de idade"*.

12. Parágrafo único. Conduta equiparada. O parágrafo único do artigo ora comentado foi inserido pela lei 12.288/2010, com o fim de criminalizar a conduta de se criar óbice à *promoção funcional*, em razão das espécies de discriminação descritas no *caput* do artigo.

Seguindo a mesma linha do *caput* do artigo, o novel parágrafo exige o especial fim de agir consistente na discriminação da vítima, em razão de raça, cor, etnia, religião e procedência nacional, sem o qual a conduta do agente se torna atípica. Por *promoção funcional* entenda-se o ato de elevar o funcionário à classe imediatamente superior a que pertence, na estrutura da Administração Pública Direta ou Indireta, bem como das concessionárias de serviço público, com todas as vantagens inerentes ao cargo alcançadas pela promoção.

Disso se conclui que a vítima do delito ora comentado já deve integrar os quadros funcionais da Administração Pública Direta ou Indireta, ou das concessionárias de serviço público. Assim, fica nítida a distinção entre o *caput* e o parágrafo único do delito ora comentado. Com efeito, enquanto no *caput* do tipo legal de crime, a vítima ainda não integra os quadros funcionais da Administração Pública Direta ou Indireta, ou das concessionárias de serviço público (e o delito consiste justamente na criação de óbice ao acesso ao cargo), no parágrafo único a vítima já integra os quadros funcionais.

Questão relevante versa sobre a abrangência do delito inserido pelo novel parágrafo único, uma vez que apenas fez menção a *promoção funcional*, não especificando se a promoção seria em *cargo, emprego* ou *função pública*. Em homenagem ao princípio da legalidade penal, é forçosa a conclusão de que parágrafo único deve ser interpretado em consonância com o *caput* do artigo, razão pela qual, se o *caput* apenas menciona *cargo*, não está abrangido pela nova incriminação o óbice à promoção funcional em *emprego* ou *função pública*. Assim, caso o óbice à promoção funcional ocorra em *emprego* ou *função pública*, por motivos de discriminação, a conduta será atípica em relação ao tipo penal ora comentado.

A consumação do delito se dá com a prática da conduta descrita no parágrafo único, ou seja, com o óbice causado ao pretendente à promoção funcional, pois se trata de crime formal. Mesmo que posteriormente o pretendente consiga a ocupação do cargo por força de ação judicial, como o Mandado de Segurança, o delito estará consumado.

13. **Classificação.** Crime próprio; formal; doloso; comissivo; instantâneo; admite tentativa.

14. **Suspensão condicional do processo.** Incabível, pois a pena mínima cominada ultrapassa 1 ano (art. 89 da lei 9.099/95).

15. **Princípio da especialidade. Estatuto da Pessoa Idosa. Lei 10.741/2003.** Caso a conduta do agente seja a de impedir ou obstar o acesso de pessoa idosa, devidamente habilitada, a qualquer cargo da Administração Direta ou Indireta, bem como das concessionárias de serviços públicos, em razão dessa condição, a conduta estará tipificada no art. 100, I da lei 10.741/2003 – Estatuto da Pessoa Idosa, que possui a seguinte redação: *"Art. 100. Constitui crime punível com reclusão de 6 (seis) meses a 1 (um) ano e multa: I – obstar o acesso de alguém a qualquer cargo público por motivo de idade."*

Art. 4º Negar ou obstar emprego em **empresa privada.**

§ 1º Incorre na mesma pena quem, por motivo de discriminação de raça ou de cor ou práticas resultantes do preconceito de descendência ou origem nacional ou étnica: (Incluído pela Lei nº 12.288, de 2010)

I - deixar de conceder os **equipamentos necessários** ao empregado em igualdade de condições com os demais trabalhadores; (Incluído pela Lei nº 12.288, de 2010)

II - impedir a **ascensão funcional** do empregado ou obstar outra forma de **benefício profissional**; (Incluído pela Lei nº 12.288, de 2010)

III - proporcionar ao empregado **tratamento diferenciado** no ambiente de trabalho, especialmente quanto ao **salário.** (Incluído pela Lei nº 12.288, de 2010)

§ 2º Ficará **sujeito às penas de multa e de prestação de serviços à comunidade**, incluindo atividades de promoção da igualdade racial, quem, em anúncios ou qualquer outra forma de recrutamento de trabalhadores, exigir aspectos de aparência próprios de raça ou etnia para emprego cujas atividades não justifiquem essas exigências. (Incluído pela Lei nº 12.288, de 2010).

Pena: reclusão de dois a cinco anos.

1. **Sujeito ativo.** Trata-se de crime próprio, uma vez que somente pode ser sujeito ativo do delito o administrador da pessoa jurídica ou o funcionário que tenha a função de admitir ou não os empregados na sociedade (empresa no sentido subjetivo).

2. **Sujeito passivo.** A pessoa discriminada.

3. **Negar ou obstar.** *Negar* significa recusar, não admitir. *Obstar* é causar embaraço, servir de obstáculo.

4. **Tipo misto alternativo.** A prática das duas condutas descritas no tipo (*negar* ou *obstar*) não gera concurso de crimes, respondendo o agente por apenas um delito.

5. **Emprego.** Compreende qualquer espécie de trabalho, independentemente do título que se dê à função ou ao cargo ou duração, isso é, mesmo que se trate de estágio por prazo determinado. Segundo o art. 3º da CLT, *"considera-se empregado toda pessoa física que prestar serviços de natureza não eventual a empregador, sob a dependência deste e mediante salário."*

6. **Empresa privada.** Trata-se de pessoa jurídica que exerce qualquer atividade lícita, que não tenha natureza pública.

7. **Especial fim de agir.** O tipo penal possui um especial fim de agir, consistente na discriminação de alguém em razão de raça, cor, etnia, religião e procedência nacional. Ausente o especial fim de agir, a conduta será atípica.

8. **Consumação.** Com a prática das condutas descritas no tipo penal, ou seja, com a negação ou o óbice ao pretendente ao emprego na empresa privada, pois se trata de crime formal.

9. **Classificação.** Crime próprio; formal; doloso; comissivo; instantâneo; admite tentativa.

10. **Suspensão condicional do processo.** Incabível, pois a pena mínima cominada ultrapassa 1 ano (art. 89 da lei 9.099/95).

11. **Princípio da especialidade. Estatuto da Pessoa Idosa. Lei 10.741/2003.** Caso a conduta do agente seja a de negar ou obstar emprego em empresa privada, de idoso, em razão dessa condição, a conduta estará tipificada no art. 100, II da lei 10.741/2003 – Estatuto da Pessoa Idosa, que possui a seguinte redação: *"Art. 100. Constitui crime punível com reclusão de 6 (seis) meses a 1 (um) ano e multa: II – negar a alguém, por motivo de idade, emprego ou trabalho."*

12. § 1º. Condutas equiparadas. A lei 12.288/2010 inseriu três incisos no artigo ora comentado, que configuram condutas equiparadas ao delito positivado no *caput,* que serão objeto de comentários abaixo.

13. § 1º, inciso I. Deixar de conceder os equipamentos necessários ao empregado em igualdade de condições com os demais trabalhadores.

14. **Sujeito ativo.** Trata-se de crime próprio, uma vez que somente pode ser sujeito ativo do delito o administrador da pessoa jurídica ou o funcionário que tenha a função de distribuir os equipamentos a serem utilizados pelos empregados da pessoa jurídica.

15. **Sujeito passivo.** A pessoa discriminada.

16. **Deixar de conceder os equipamentos necessários.** O delito constitui a violação em alto grau do princípio da isonomia, uma vez que a discriminação reside justamente no tratamento diferenciado em não se proporcionar condições regulares de trabalho ao trabalhador discriminado. Trata-se de norma que visa a garantir, em primeiro lugar, a segurança do trabalhador, pois o tipo legal dispõe *equipamentos necessários*, o que faz concluir que se trata de equipamentos fundamentais, indispensáveis ao desempenho de determinada função. Naturalmente, os equipamentos necessários irão variar de acordo com a atividade desempenhada, razão pela qual

não poderia o legislador enumerar os equipamentos que considera necessários. Assim, na análise da configuração do delito, o Juiz deverá levar em consideração as normas técnicas que definem o regular desempenho daquela função.

17. **Causa de atipicidade.** A incriminação consiste em não conceder os equipamentos necessários *em igualdade de condições com os demais trabalhadores*. Pode acontecer que determinado empregador deixe de fornecer os equipamentos necessários para todos os trabalhadores, sem distinção. Basta pensar na hipótese em que o empregador de uma construtora não fornece o capacete para nenhum dos trabalhadores. Nesse caso, a sua conduta será formalmente atípica em relação ao delito ora comentado, uma vez que todos os trabalhadores estão na mesma situação, não havendo, portanto, situação de desigualdade em relação aos trabalhadores. É verdade que a conduta do empregador não obedece às determinações técnicas. Entretanto, não se amolda ao tipo legal de crime ora comentado.

18. **Crime omissivo próprio.** Trata-se de crime omissivo próprio, uma vez que o agente deixa de fazer o que está obrigado.

19. **Especial fim de agir.** O tipo penal possui um especial fim de agir, consistente na discriminação de alguém em razão de raça ou de cor ou práticas resultantes do preconceito de descendência ou origem nacional ou étnica. Ausente o especial fim de agir, a conduta será atípica.

20. **Consumação.** Com a omissão do agente.

21. **Classificação.** Crime próprio; de mera conduta; doloso; omissivo próprio; instantâneo; não admite tentativa por ser omissivo próprio.

22. **Suspensão condicional do processo.** Incabível, pois a pena mínima cominada ultrapassa 1 ano (art. 89 da lei 9.099/95).

23. § 1º, inciso II. Impedir a ascensão funcional do empregado ou obstar outra forma de benefício profissional.

24. **Sujeito ativo.** Trata-se de crime próprio, uma vez que somente pode ser sujeito ativo do delito o administrador da pessoa jurídica ou o funcionário que tenha a função de promover a ascensão funcional ou conceder benefícios profissionais.

25. **Sujeito passivo.** A pessoa discriminada.

26. **Impedir ou obstar.** *Impedir* significa atrapalhar, dificultar. *Obstar* é causar embaraço. O legislador foi repetitivo, pois os dois verbos típicos denotam o mesmo significado.

27. **Ascensão funcional e benefício profissional.** *Ascensão funcional* compreende qualquer espécie de crescimento profissional na empresa privada, como a promoção para o exercício de um cargo superior. *Benefício profissional* pode ser entendido como qualquer vantagem concedida ao empregado, vinculada ao cargo exercido e em razão dele, como uma gratificação financeira, auxílio financeiro ligado à moradia, à alimentação, ao combustível, concessão de veículo automotor para ser utilizado no emprego, custeio de cursos de especialização no país e no exterior, entre outros.

28. Especial fim de agir. O tipo penal possui um especial fim de agir, consistente na discriminação de alguém em razão de raça ou de cor ou práticas resultantes do preconceito de descendência ou origem nacional ou étnica. Ausente o especial fim de agir, a conduta será atípica.

29. Consumação. Com a prática das condutas descritas no tipo penal, ou seja, com o impedimento ou o óbice a ascensão funcional ou ao benefício profissional ao empregado discriminado, pois se trata de crime formal. Mesmo que futuramente o empregado discriminado venha a obter a ascensão ou o benefício, o delito estará consumado.

30. Classificação. Crime próprio; formal; doloso; comissivo; instantâneo; admite tentativa.

31. Suspensão condicional do processo. Incabível, pois a pena mínima cominada ultrapassa 1 ano (art. 89 da lei 9.099/95).

32. § 1º, inciso III. Proporcionar ao empregado tratamento diferenciado no ambiente de trabalho, especialmente quanto ao salário.

33. Sujeito ativo. Trata-se de crime próprio, uma vez que somente pode ser sujeito ativo do delito o administrador da pessoa jurídica.

34. Sujeito passivo. A pessoa discriminada.

35. Proporcionar. *Proporcionar* significa oferecer.

36. Tratamento diferenciado no ambiente de trabalho, especialmente quanto ao salário. Da mesma forma do inciso I, o presente delito constitui a violação do princípio da isonomia, justamente pela distinção que é feita ao empregado discriminado no ambiente de trabalho. A diferença reside justamente na maior especificidade do inciso I que faz menção específica a *equipamentos necessários*. Por *ambiente de trabalho* entenda-se o local onde a função é exercida pela pessoa discriminada. O legislador deu destaque à discriminação referente ao salário. Isso não significa que no inciso ora comentado a discriminação de refira exclusivamente ao salário, mas, também, abrange tal critério de discriminação. Pensamos que o legislador, como em tantas outras hipóteses, foi repetitivo, uma vez que a discriminação referente ao salário já está abrangida na forma genérica de discriminação.

37. Causa de atipicidade. É de se notar que, para que haja discriminação quanto ao salário, é necessário que se esteja diante de cargos equiparados. Caso não haja equivalência de cargos, não há que se falar em discriminação, uma vez que a própria distinção de cargos gerará, naturalmente, a distinção de salários.

38. Especial fim de agir. O tipo penal possui um especial fim de agir, consistente na discriminação de alguém em razão de raça ou de cor ou práticas resultantes do preconceito de descendência ou origem nacional ou étnica. Ausente o especial fim de agir, a conduta será atípica.

39. Consumação. Com a prática da conduta descrita no tipo penal, ou seja, com a concessão do tratamento diferenciado. Trata-se de crime formal.

40. Classificação. Crime próprio; formal; doloso; comissivo; instantâneo; admite tentativa.

41. **Suspensão condicional do processo.** Incabível, pois a pena mínima cominada ultrapassa 1 ano (art. 89 da lei 9.099/95).

42. § 2º. Exigência de aspectos de aparência próprios de raça ou etnia para emprego cujas atividades não justifiquem essas exigências. Esse parágrafo foi inserido pela lei 12.288/2010.

43. **Natureza da infração.** Embora o legislador tenha fugido das regras de normalidade na criação dos tipos legais de crime, pensamos que a presente infração constitui uma infração de natureza penal.

44. **Sujeito ativo.** Trata-se de crime próprio, uma vez que somente pode ser sujeito ativo do delito o administrador da pessoa jurídica ou o funcionário que tenha a função de recrutar trabalhadores.

45. **Sujeito passivo.** As pessoas que não reunirem os aspectos de aparência próprios de raça ou etnia exigidos.

46. **Exigir.** *Exigir* significa impor como condição para algo. Assim, o delito consiste na exigência feita, ligada a aspectos de aparência próprios de raça ou etnia, para a concessão de emprego.

47. **Aspectos de aparência próprios de raça ou etnia para emprego cujas atividades não justifiquem essas exigências.** Estão ligados à aparência física, como formato do rosto, do corpo, dos olhos etc.

48. **Anúncios ou qualquer outra forma de recrutamento de trabalhadores.** O *anúncio* para o recrutamento pode ser feito por qualquer meio de comunicação, como a escrita, a falada, a televisionada etc.

49. **Penas de multa e de prestação de serviços à comunidade, incluindo atividades de promoção da igualdade racial.** A pena de multa a que se refere o artigo é aquela prevista e regulamentada pelo art. 49 e seguintes do Código Penal. O mesmo se diga em relação à pena de prestação de serviços à comunidade, que está regulamentada no art. 43, IV c/c art. 46, ambos do Código Penal.

50. **Especial fim de agir.** O tipo penal possui um especial fim de agir, consistente na discriminação de pessoas que não possuem os aspectos de aparência próprios de raça ou etnia exigida. Ausente o especial fim de agir, a conduta será atípica.

51. **Consumação.** Com a exigência. Trata-se de crime formal.

52. **Classificação.** Crime próprio; formal; doloso; comissivo; instantâneo; admite tentativa.

Art. 5º Recusar ou impedir acesso a **estabelecimento comercial**, negando-se a servir, atender ou receber cliente ou comprador.

Pena: reclusão de um a três anos.

1. **Sujeito ativo.** Trata-se de crime próprio, uma vez que somente pode ser sujeito ativo do delito o administrador do estabelecimento empresarial.

2. **Sujeito passivo.** A pessoa discriminada.

3. **Recusar ou impedir.** *Recusar* consiste em rejeitar, não aceitar, *Impedir* significa não permitir, obstruir, proibir.

4. **Tipo misto alternativo.** A prática das duas condutas descritas no tipo (*recusar* ou *impedir*) não gera concurso de crimes, respondendo o agente por apenas um delito.

5. **Negativa de serviço, atendimento ou recebimento.** A negativa de servir significa não destinar à pessoa discriminada o serviço prestado pelo estabelecimento. A negativa de atender consiste em não dirigir-se à pessoa discriminada para dar-lhe o atendimento dado aos demais clientes do estabelecimento. Por fim, a negativa de receber o impedimento do ingresso ou permanência da pessoa discriminada no estabelecimento empresarial.

6. **Estabelecimento comercial.** O legislador fez menção expressa a *estabelecimento comercial.* Em observância e obediência ao princípio da legalidade, não está abrangido na incriminação a recusa ou o impedimento de acesso a estabelecimento *industrial.*

7. **Especial fim de agir.** O tipo penal possui um especial fim de agir, consistente na discriminação de alguém em razão de raça, cor, etnia, religião e procedência nacional. Ausente o especial fim de agir, a conduta será atípica.

8. **Consumação.** Com a prática das condutas descritas no tipo penal, isso é, com a recusa ou o impedimento de acesso ao estabelecimento comercial, associado à negativa de serviço, atendimento ou recebimento.

9. **Princípio da especialidade.** O tipo penal ora comentado constitui especialidade em relação ao art. 6º da lei 7.437/85. Entretanto, a especialidade somente será aplicada, com a prevalência do artigo ora comentado, se se tratar de discriminação em razão de *raça* e *cor.* Se, todavia, a discriminação se der em razão de *sexo* ou *estado civil,* permanece a aplicação da lei 7.437/85.

10. **Classificação.** Crime próprio; formal; doloso; comissivo; instantâneo; admite tentativa.

11. **Suspensão condicional do processo.** Cabível, pois a pena mínima cominada não ultrapassa 1 ano (art. 89 da lei 9.099/95).

Art. 6º Recusar, negar ou impedir a **inscrição ou ingresso de aluno em estabelecimento de ensino público ou privado** de qualquer grau.

Pena: reclusão de três a cinco anos.

Parágrafo único. Se o crime for praticado contra menor de dezoito anos a pena é agravada de 1/3 (um terço).

1. **Sujeito ativo.** Trata-se de crime próprio, uma vez que somente pode ser sujeito ativo do delito a pessoa que tiver a atribuição específica para efetivar a inscrição ou o ingresso do aluno no estabelecimento de ensino.

2. **Sujeito passivo.** A pessoa discriminada.

3. **Recusar, negar ou impedir.** *Recusar* consiste em rejeitar, não aceitar. *Negar* significa recusar, não admitir. *Impedir é* não permitir, obstruir, proibir. Mais uma vez verifica-se que houve clara redundância, uma vez que os verbos típicos têm o mesmo significado.

4. **Tipo misto alternativo.** A prática de duas ou mais condutas descritas no tipo (*recusar, negar* ou impedir) não gera concurso de crimes, respondendo o agente por apenas um delito.

5. **Estabelecimento de ensino público ou privado de qualquer grau.** O legislador quis evitar a prática de discriminação em qualquer estabelecimento de ensino, independentemente do grau, razão pela qual não fez qualquer distinção entre estabelecimentos de natureza pública ou privada, abrangendo ambas, de qualquer grau. Logo, a conduta pode ser praticada em escola de natureza pública ou privada, em qualquer nível de graduação. Tendo em vista a abrangência do tipo penal, estão abrangidos os ensinos de nível médio, superior e pós-graduação.

6. **Causa de aumento de pena.** No parágrafo único, o legislador inseriu o aumento de pena em um terço na hipótese de o crime ser praticado contra menor de dezoito anos. Embora a lei tenha utilizado a palavra *agravada,* trata-se, na verdade, de causa especial de aumento de pena, que incide na terceira fase de aplicação da pena criminal.

7. **Especial fim de agir.** O tipo penal possui um especial fim de agir, consistente na discriminação de alguém em razão de raça, cor, etnia, religião e procedência nacional. Ausente o especial fim de agir, a conduta será atípica.

8. **Consumação.** Com a prática das condutas descritas no tipo penal, ou seja, com a recusa, a negativa ou o impedimento de inscrição ou ingresso de aluno no estabelecimento mencionado no tipo penal. Trata-se de crime formal. Mesmo que posteriormente o aluno consiga a inscrição ou o ingresso no estabelecimento de ensino por força de ação judicial, como o Mandado de Segurança, o delito estará consumado.

9. **Princípio da especialidade.** O tipo penal ora comentado constitui especialidade em relação ao art. 7º da lei 7.437/85. Entretanto, a especialidade somente será aplicada, com a prevalência do artigo ora comentado, se se tratar de discriminação em razão de *raça* e *cor.* Se, todavia, a discriminação se der em razão de *sexo* ou *estado civil,* permanece a aplicação da lei 7.437/85.

10. **Classificação.** Crime próprio; formal; doloso; comissivo; instantâneo; admite tentativa.

11. **Suspensão condicional do processo.** Incabível, pois a pena mínima cominada ultrapassa 1 ano (art. 89 da lei 9.099/95).

> **Art. 7º** Impedir o acesso ou recusar **hospedagem** em **hotel**, **pensão**, **estalagem**, ou qualquer estabelecimento **similar**.
>
> Pena: reclusão de três a cinco anos.

1. **Sujeito ativo.** Trata-se de crime próprio, uma vez que somente pode ser sujeito ativo do delito o administrador do hotel, pensão ou estalagem.

2. **Sujeito passivo.** A pessoa discriminada.

3. **Impedir ou recusar.** *Impedir* significa não permitir, obstruir, proibir. *Recusar* consiste em rejeitar, não aceitar. Novamente a redundância se impõe. Os verbos impedir e recusar têm o mesmo significado.

4. **Tipo misto alternativo.** A prática das duas condutas descritas no tipo (*impedir* ou *recusar*) não gera concurso de crimes, respondendo o agente por apenas um delito.

5. **Hotel, pensão e estalagem.** *Hotel* é lugar onde as pessoas ficam alocadas por determinado espaço de tempo, por meio do aluguel de quartos ou apartamentos mobiliados, com ou sem refeições, usufruindo de sua estrutura, podendo ser utilizado como moradia ou lazer. *Pensão* consiste em um pequeno hotel de caráter familiar. Por fim, *estalagem* é o local destinado a albergue, pousada, hospedaria, normalmente utilizadas para curtas hospedagens, como hotéis localizados em beira de estradas, para os motoristas profissionais dormirem durante uma noite.

6. **Interpretação analógica.** O legislador, após elencar os locais onde o delito é praticado (Hotel, pensão e estalagem), utilizou a técnica de interpretação denominada *interpretação analógica* ao positivar as expressões *ou qualquer estabelecimento similar.* Dessa forma, estão abrangidos outros locais similares a hotel, pensão ou estalagem, como a residência localizada na beira da estrada, na qual se alugam quartos para passar um dia ou uma noite.

7. **Especial fim de agir.** O tipo penal possui um especial fim de agir, consistente na discriminação de alguém em razão de raça, cor, etnia, religião e procedência nacional. Ausente o especial fim de agir, a conduta será atípica.

8. **Consumação.** Com a prática das condutas descritas no tipo penal, ou seja, com o impedimento de acesso ou a recusa de hospedagem à pessoa discriminada, pois se trata de crime formal.

9. **Princípio da especialidade.** O tipo penal ora comentado constitui especialidade em relação ao art. 3º da lei 7.437/85. Entretanto, a especialidade somente será aplicada, com a prevalência do artigo ora comentado, se se tratar de discriminação em razão de *raça* e *cor.* Se, todavia, a discriminação se der em razão de *sexo* ou *estado civil,* permanece a aplicação da lei 7.437/85.

10. **Classificação.** Crime próprio; formal; doloso; comissivo; instantâneo; admite tentativa.

11. **Suspensão condicional do processo.** Incabível, pois a pena mínima cominada ultrapassa 1 ano (art. 89 da lei 9.099/95).

> **Art. 8º** Impedir o acesso ou recusar atendimento **em restaurantes, bares, confeitarias**, ou **locais semelhantes** abertos ao público.
>
> Pena: reclusão de um a três anos.

1. **Sujeito ativo.** Trata-se de crime próprio, uma vez que somente pode ser sujeito ativo do delito o administrador dos locais mencionados no tipo penal.

2. **Sujeito passivo.** A pessoa discriminada.

3. **Impedir ou recusar.** *Impedir* significa não permitir, obstruir, proibir. Nessa hipótese, a pessoa discriminada é impedida de ingressar no estabelecimento empresarial. *Recusar* consiste em rejeitar, não aceitar. Já nessa conduta, a pessoa discriminada ingressa no estabelecimento, mas não é atendida.

4. **Tipo misto alternativo.** A prática das duas condutas descritas no tipo (*impedir* ou *recusar*) não gera concurso de crimes, respondendo o agente por apenas um delito.

5. **Restaurantes, bares, confeitarias.** *Restaurante* é o local onde se servem refeições ao público, mediante pagamento. *Bares* são os locais onde se servem bebidas, mediante pagamento. Por fim, *confeitarias* consistem nos locais onde se fabricam ou se vendem confeitos ou outros doces. Tais estabelecimentos devem ser *abertos ao público.* Chega-se a essa conclusão pela redação do tipo penal, que, em sua parte final, ao utilizar a interpretação analógica dispõe *ou locais semelhantes abertos ao público,* o que significa que os locais definidos no tipo penal (restaurantes, bares, confeitarias) também devem ser abertos ao público, isso é, frequentáveis por qualquer pessoa.

6. **Interpretação analógica.** O legislador, após elencar os locais onde o delito é praticado (restaurantes, bares, confeitarias), utilizou a técnica de interpretação denominada *interpretação analógica* nas expressões *ou locais semelhantes abertos ao público.* Dessa forma, estão abrangidos outros locais similares, abertos ao público.

7. **Especial fim de agir.** O tipo penal possui um especial fim de agir, consistente na discriminação de alguém em razão de raça, cor, etnia, religião e procedência nacional. Ausente o especial fim de agir, a conduta será atípica.

8. **Princípio da especialidade.** O tipo penal ora comentado constitui especialidade em relação ao art. 4º da lei 7.437/85. Entretanto, a especialidade somente será aplicada, com a prevalência do artigo ora comentado, se se tratar de discriminação em razão de *raça* e *cor.* Se, todavia, a discriminação se der em razão de *sexo* ou *estado civil,* permanece a aplicação da lei 7.437/85.

9. **Consumação.** Com a prática das condutas descritas no tipo penal, ou seja, com o impedimento de acesso ou a recusa de atendimento à pessoa discriminada, pois se trata de crime formal.

10. **Classificação.** Crime próprio; formal; doloso; comissivo; instantâneo; admite tentativa.

11. **Suspensão condicional do processo.** Cabível, pois a pena mínima cominada não ultrapassa 1 ano (art. 89 da lei 9.099/95).

Art. 9º Impedir o acesso ou recusar atendimento em **estabelecimentos esportivos, casas de diversões**, ou **clubes sociais abertos ao público**.

Pena: reclusão de um a três anos.

1. **Sujeito ativo.** Trata-se de crime próprio, uma vez que somente pode ser sujeito ativo do delito o administrador dos locais mencionados no tipo penal.

2. **Sujeito passivo.** A pessoa discriminada.

3. **Impedir ou recusar.** *Impedir* significa não permitir, obstruir, proibir. Na conduta *impedir o acesso,* a pessoa discriminada é impedida de ingressar no estabelecimento empresarial. *Recusar* consiste em rejeitar, não aceitar. Na conduta *recusar atendimento,* à pessoa discriminada é permitido o ingresso no estabelecimento esportivo, casa de diversões ou clubes sociais abertos ao público, todavia ela não é atendida.

4. **Tipo misto alternativo.** A prática das duas condutas descritas no tipo (*impedir* ou *recusar*) não gera concurso de crimes, respondendo o agente por apenas um delito.

5. **Estabelecimentos esportivos.** Estabelecimentos onde se praticam esportes, como academias, salas de ginástica etc.

6. **Casas de diversões.** Por *casa de diversões* entenda-se locais de entretenimento, onde se exercem atividades destinadas ao lazer das pessoas, como teatros, cinemas etc.

7. **Clubes sociais abertos ao público.** Locais abertos ao público destinados à atividades compartilhadas por todos.

8. **Especial fim de agir.** O tipo penal possui um especial fim de agir, consistente na discriminação de alguém em razão de raça, cor, etnia, religião e procedência nacional. Ausente o especial fim de agir, a conduta será atípica.

9. **Consumação.** Com a prática das condutas descritas no tipo penal, ou seja, com o impedimento de acesso ou a recusa de atendimento à pessoa discriminada, pois se trata de crime formal.

10. **Princípio da especialidade.** O tipo penal ora comentado constitui especialidade em relação ao art. 5º da lei 7.437/85. Entretanto, a especialidade somente será aplicada, com a prevalência do artigo ora comentado, se se tratar de discriminação em razão de *raça* e *cor.* Se, todavia, a discriminação se der em razão de *sexo* ou *estado civil,* permanece a aplicação da lei 7.437/85.

11. **Classificação.** Crime próprio; formal; doloso; comissivo; instantâneo; admite tentativa.

12. **Suspensão condicional do processo.** Cabível, pois a pena mínima cominada não ultrapassa 1 ano (art. 89 da lei 9.099/95).

Art. 10. Impedir o acesso ou recusar atendimento em **salões de cabeleireiros, barbearias, termas** ou **casas de massagem** ou **estabelecimento** com as **mesmas finalidades.**

Pena: reclusão de um a três anos.

1. **Sujeito ativo.** Trata-se de crime próprio, uma vez que somente pode ser sujeito ativo do delito o administrador dos locais mencionados no tipo penal.

2. **Sujeito passivo.** A pessoa discriminada.

3. **Impedir ou recusar.** *Impedir* significa não permitir, obstruir, proibir. Na conduta *impedir o acesso,* a pessoa discriminada é impedida de ingressar nos estabelecimentos descritos no tipo penal. *Recusar* consiste em rejeitar, não aceitar. Na conduta *recusar atendimento,* à pessoa discriminada é permitido o acesso aos estabelecimentos, porém ela não é atendida.

4. **Tipo misto alternativo.** A prática das duas condutas descritas no tipo (*impedir* ou *recusar*) não gera concurso de crimes, respondendo o agente por apenas um delito.

5. **Salões de cabeleireiros.** Estabelecimentos empresariais onde se cuidam dos cabelos femininos.

6. **Barbearias.** Estabelecimentos empresariais onde se cuidam dos cabelos masculinos, barba e bigode.

7. **Termas.** Locais destinados ao relaxamento com aparatos para esse fim, como piscinas, saunas etc.

8. **Casas de massagem.** Estabelecimentos destinados ao tratamento do corpo humano por meio técnicas de manipulação.

9. **Interpretação analógica.** O legislador, após elencar os locais onde o delito é praticado (salões de cabeleireiros, barbearias, termas ou casas de massagem), utilizou a técnica de interpretação denominada *interpretação analógica* nas expressões *ou estabelecimentos com a mesma finalidade.* Dessa forma, estão abrangidos outros locais similares aos descritos no tipo penal, como locais específicos onde se exerce a técnica da acupuntura ou *shiatsu.*

10. **Especial fim de agir.** O tipo penal possui um especial fim de agir, consistente na discriminação de alguém em razão de raça, cor, etnia, religião e procedência nacional. Ausente o especial fim de agir, a conduta será atípica.

11. **Consumação.** Com a prática das condutas descritas no tipo penal, ou seja, com o impedimento de acesso ou a recusa de atendimento à pessoa discriminada, pois se trata de crime formal.

12. **Princípio da especialidade.** O tipo penal ora comentado constitui especialidade em relação ao art. 6º da lei 7.437/85. Entretanto, a especialidade somente será aplicada, com a prevalência do artigo ora comentado, se se tratar de discriminação em razão de *raça* e *cor.* Se, todavia, a discriminação se der em razão de *sexo* ou *estado civil,* permanece a aplicação da lei 7.437/85.

13. **Classificação.** Crime próprio; formal; doloso; comissivo; instantâneo; admite tentativa.

14. **Suspensão condicional do processo.** Cabível, pois a pena mínima cominada não ultrapassa 1 ano (art. 89 da lei 9.099/95).

Art. 11. Impedir o acesso às **entradas sociais** em edifícios públicos ou residenciais e **elevadores ou escada** de acesso aos mesmos:

Pena: reclusão de um a três anos.

1. **Sujeito ativo.** Trata-se de crime próprio, uma vez que somente pode ser sujeito ativo do delito a pessoa que tiver a atribuição de permitir o acesso de pessoas às entradas sociais, elevadores ou escadas dos edifícios, como o porteiro, o segurança ou o síndico.
2. **Sujeito passivo.** A pessoa discriminada.
3. **Impedir.** *Impedir* significa não permitir, obstruir, proibir.
4. **Entradas sociais.** Entrada dos prédios destinada aos moradores e visitantes em condições corriqueiras, que não estejam, por exemplo, que não estejam em trajes de banho ou acompanhados de animais.
5. **Especial fim de agir.** O tipo penal possui um especial fim de agir, consistente na discriminação de alguém em razão de raça, cor, etnia, religião e procedência nacional. Ausente o especial fim de agir, a conduta será atípica. Assim, o impedimento de acesso ao elevador social, por se tratar de uma entrega de mercadoria, transporte de material de obra, por estar acompanhado de um cachorro ou por a pessoa estar trajando roupas de banho, como comumente ocorre, não há a prática desse delito.
6. **Consumação.** Com a prática da conduta de impedimento de acesso, pois se trata de crime formal. Mesmo que posteriormente, após pequena confusão, desentendimento ou até mesmo a chegada da polícia, a pessoa discriminada consiga ter acesso, por exemplo, à entrada social do prédio, o delito estará consumado.
7. **Classificação.** Crime próprio; formal; doloso; comissivo; instantâneo; admite tentativa.
8. **Suspensão condicional do processo.** Cabível, pois a pena mínima cominada não ultrapassa 1 ano (art. 89 da lei 9.099/95).

Art. 12. Impedir o acesso ou uso de **transportes públicos**, como aviões, navios barcas, barcos, ônibus, trens, metrô ou qualquer outro meio de transporte concedido.

Pena: reclusão de um a três anos.

1. **Sujeito ativo.** Trata-se de crime próprio, uma vez que somente pode ser sujeito ativo do delito a pessoa que tiver a atribuição de permitir e/ou controlar o acesso de pessoas aos meios de transportes descritos no tipo penal.
2. **Sujeito passivo.** A pessoa discriminada.
3. **Impedir.** *Impedir* significa não permitir, obstruir, proibir. O legislador fez referência a *impedir o acesso ou o uso.* Parece que as duas expressões denotam a mesma coisa. Com efeito, em se tratando de transporte, o acesso a ele já significa o próprio uso. O fato de alguém estar dentro, por exemplo, de um ônibus, já significa usá-lo para se locomover de um local para outro.
4. **Interpretação analógica.** O legislador, após elencar os meios de transporte públicos (aviões, navios, barcas, barcos, ônibus, trens, metrô), utilizou a técnica de interpretação denominada *interpretação analógica* nas expressões *ou qualquer*

outro meio de transporte concedido. Conclui-se daí que estão abrangidos outros meios de transportes públicos não elencados no tipo penal, como táxi ou as *vans* autorizadas pelo Poder Público para o transporte de pessoas.

5. **Meios de transporte privado.** Não estão abrangidos pelo tipo penal, uma vez que o legislador fez menção expressa a *transportes públicos*, restringindo, assim, o alcance da incriminação.

6. **Especial fim de agir.** O tipo penal possui um especial fim de agir, consistente na discriminação de alguém em razão de raça, cor, etnia, religião e procedência nacional. Ausente o especial fim de agir, a conduta será atípica. Assim, o impedimento de acesso ao meio de transporte elencado no tipo penal por qualquer outro motivo que não seja a discriminação, como no caso de impedimento em razão de lotação ou de ausência de dinheiro para pagar a passagem antecipadamente, não há a prática desse delito.

7. **Consumação.** Com a prática da conduta de impedimento de acesso, pois se trata de crime formal. Assim, mesmo que após o impedimento, a pessoa discriminada consiga ingressar no meio de transporte, o delito estará consumado.

8. **Classificação.** Crime próprio; formal; doloso; comissivo; instantâneo; admite tentativa.

9. **Suspensão condicional do processo.** Cabível, pois a pena mínima cominada não ultrapassa 1 ano (art. 89 da lei 9.099/95).

10. **Princípio da especialidade. Estatuto da Pessoa Idosa. Lei 10.741/2003.** Caso a conduta do agente seja a de impedir o acesso aos meios de transporte público, de pessoa idosa, em razão dessa condição, a conduta estará tipificada no art. 96 da lei 10.741/2003 – Estatuto da Pessoa Idosa, que possui a seguinte redação: *"Art. 96. Discriminar pessoa idosa, impedindo ou dificultando seu acesso a operações bancárias, aos meios de transporte, ao direito de contratar ou por qualquer outro meio ou instrumento necessário ao exercício da cidadania, por motivo de idade: Pena – reclusão de 6 (seis) meses a 1 (um) ano e multa. § 1º Na mesma pena incorre quem desdenhar, humilhar, menosprezar ou discriminar pessoa idosa, por qualquer motivo. § 2º A pena será aumentada de 1/3 (um terço) se a vítima se encontrar sob os cuidados ou responsabilidade do agente."*

Art. 13. Impedir ou obstar o acesso de alguém ao serviço em qualquer ramo das **Forças Armadas**.

Pena: reclusão de dois a quatro anos.

1. **Sujeito ativo.** Trata-se de crime próprio, uma vez que somente pode ser sujeito ativo do delito o funcionário público que tenha atribuição para a admissão da pessoa nas Forças Armadas.

2. **Sujeito passivo.** A pessoa discriminada.

3. **Impedir ou obstar.** *Impedir* significa não permitir, obstruir, proibir. *Obstar* é causar embaraço, servir de obstáculo. Mais uma vez, o legislador foi redundante, uma vez que os verbos *impedir* e *obstar* significam a mesma coisa.

4. **Tipo misto alternativo.** A prática das duas condutas descritas no tipo (*impedir* ou *obstar*) não gera concurso de crimes, respondendo o agente por apenas um delito.

5. **Qualquer ramo das Forças Armadas.** Abrange o Exército, a Marinha e a Aeronáutica. Segundo o art. 142 da CF/88, *"as Forças Armadas, constituídas pela Marinha, pelo Exército e pela Aeronáutica, são instituições nacionais permanentes e regulares, organizadas com base na hierarquia e na disciplina, sob a autoridade suprema do Presidente da República, e destinam-se à defesa da Pátria, à garantia dos poderes constitucionais e, por iniciativa de qualquer destes, da lei e da ordem."*

6. **Especial fim de agir.** O tipo penal possui um especial fim de agir, consistente na discriminação de alguém em razão de raça, cor, etnia, religião e procedência nacional. Ausente o especial fim de agir, a conduta será atípica.

7. **Consumação.** Com a prática das condutas descritas no tipo penal, ou seja, com o impedimento ou o óbice causado ao pretendente ao acesso nas Forças Armadas, pois se trata de crime formal. Ainda que posteriormente o pretendente consiga a sua aceitação no Exército, na Marinha ou na Aeronáutica por força de ação judicial, como o Mandado de Segurança, o delito estará consumado.

8. **Princípio da especialidade.** O tipo penal ora comentado constitui especialidade em relação ao art. 8º da lei 7.437/85. Entretanto, a especialidade somente será aplicada, com a prevalência do artigo ora comentado, se se tratar de discriminação em razão de *raça* e *cor*. Se, todavia, a discriminação se der em razão de *sexo* ou *estado civil*, permanece a aplicação da lei 7.437/85.

9. **Classificação.** Crime próprio; formal; doloso; comissivo; instantâneo; admite tentativa.

10. **Suspensão condicional do processo.** Incabível, pois a pena mínima cominada ultrapassa 1 ano (art. 89 da lei 9.099/95).

Art. 14. Impedir ou obstar, por qualquer meio ou forma, o **casamento ou convivência familiar e social.**

Pena: reclusão de dois a quatro anos.

1. **Sujeito ativo.** Trata-se de crime comum.

2. **Sujeito passivo.** A pessoa discriminada.

3. **Impedir ou obstar.** *Impedir* significa não permitir, obstruir, proibir. *Obstar* é causar embaraço, servir de obstáculo. Como os verbos *impedir* e *obstar* significam a mesma coisa, o legislador incidiu novamente em desnecessária redundância.

4. **Tipo misto alternativo.** A prática das duas condutas descritas no tipo (*impedir* ou *obstar*) não gera concurso de crimes, respondendo o agente por apenas um delito.

5. **Casamento.** Consiste na união de duas pessoas de sexos opostos, reconhecida na CF/88 como uma das formas de constituição de família, ao lado da união estável e da família monoparental.

6. **Convivência familiar ou social.** *Convivência familiar* é a convivência com pessoas ligadas pelos laços de parentesco, não importando o seu grau. *Convivência social* reside na convivência com pessoas de determinada sociedade, determinada coletividade, não importando o local ou o nível social das demais pessoas.
7. **Especial fim de agir.** O tipo penal possui um especial fim de agir, consistente na discriminação de alguém em razão de raça, cor, etnia, religião e procedência nacional. Ausente o especial fim de agir, a conduta será atípica.
8. **Consumação.** Com a prática das condutas descritas no tipo penal, ou seja, com o impedimento ou o óbice causado à pessoa que queira o casamento ou a convivência familiar ou social, pois se trata de crime formal. Mesmo que posteriormente a pessoa discriminada consiga o casamento ou a convivência por qualquer meio, o delito estará consumado.
9. **Classificação.** Crime comum; formal; doloso; comissivo; instantâneo; admite tentativa.
10. **Suspensão condicional do processo.** Incabível, pois a pena mínima cominada ultrapassa 1 ano (art. 89 da lei 9.099/95).

Art. 15. (Vetado).

Art. 16. Constitui **efeito da condenação** a perda do cargo ou função pública, para o servidor público, e a suspensão do funcionamento do estabelecimento particular por prazo não superior a três meses.

Art. 17. (Vetado).

Art. 18. Os efeitos de que tratam os arts. 16 e 17 desta Lei **não são automáticos**, devendo ser motivadamente declarados na sentença.

1. **Efeito da condenação.** No art. 16, o legislador inseriu dois efeitos da condenação criminal transitada em julgado. O primeiro é a perda do cargo ou função pública para o servidor público. O segundo é a suspensão do funcionamento do estabelecimento particular por prazo não superior a três meses.
2. **Perda do cargo ou função pública.** O legislador trouxe a perda do cargo ou função pública para o servidor público, como efeito secundário da condenação, nos mesmos moldes do previsto no art. 92, I do Código Penal, que só pode produzir efeitos com o trânsito em julgado da sentença condenatória, em homenagem ao princípio constitucional da presunção de inocência, positivado no art. 5º, LVII, da CF/88, segundo o qual *ninguém será considerado culpado até o trânsito em julgado da sentença penal condenatória*.
3. **Diferença em relação ao art. 92, I do Código Penal.** O art. 92, I do Código Penal faz uma distinção, em relação ao *quantum* da pena privativa de liberdade aplicada, se delito foi praticado com abuso de poder ou violação de dever para com a Administração Pública. Assim, na primeira hipótese, prevista na *alínea a,* a perda do cargo ou função pública se dá quando aplicada pena privativa de liberdade igual ou superior a um ano, nos crimes praticados com abuso de poder ou violação de

dever para com a Administração Pública. Na segunda hipótese, prevista na *alínea b,* a perda do cargo ou função pública se dá quando aplicada pena privativa de liberdade superior a quatro anos nos demais casos, isso é, se o crime não for praticado com abuso de poder ou violação de dever para com a Administração Pública. No art. 16 da lei ora comentada, o legislador não fez tal distinção, razão pela qual é de se concluir que a perda do cargo ou função pública se dá independentemente do *quantum* de pena privativa de liberdade aplicada na sentença condenatória.

Art. 92, I do Código Penal	Art. 16 da lei 7.716/89
A perda do cargo depende do *quantum* de pena aplicada na sentença	A perda do cargo independe do *quantum* de pena aplicada na sentença

4. **Diferença em relação ao art. 43, V do Código Penal.** Dispõe o art. 43, V do Código Penal: *"Art. 43. As penas restritivas de direitos são:...V – interdição temporária de direitos;...Art. 47 – As penas de interdição temporária de direitos são: I – proibição do exercício de cargo, função ou atividade pública, bem como de mandato eletivo"* A perda do cargo prevista na lei ora comentada não se confunde com a proibição do exercício de cargo, função ou atividade pública, bem como de mandato eletivo prevista no Código Penal, uma vez que, enquanto essa tem natureza de pena criminal, aquela é efeito secundário da condenação.

Art. 43, V do Código Penal	Art. 16 da lei 7.716/89
A proibição do exercício de cargo, função, atividade pública ou mandato eletivo tem natureza de pena criminal.	A perda do cargo ou função pública tem natureza de efeito secundário da condenação

5. **Suspensão do funcionamento do estabelecimento particular.** Da mesma forma que ocorre com a perda do cargo ou função pública vista acima, a suspensão do funcionamento do estabelecimento particular constitui efeito secundário da condenação, que só pode produzir efeitos com o trânsito em julgado da sentença condenatória, em homenagem ao princípio constitucional da presunção de inocência, positivado no art. 5º, LVII, da CF/88, segundo o qual *ninguém será considerado culpado até o trânsito em julgado da sentença penal condenatória.*

6. **Prazo da suspensão do funcionamento do estabelecimento particular.** O prazo máximo é de três meses. Note-se que, segundo o disposto no art. 16, a suspensão não será por três meses, mas sim por prazo não superior a três meses. Assim, o prazo da suspensão pode ser por prazo inferior, devendo o Juiz deve definir o prazo de acordo com os princípios da razoabilidade, individualização da pena e preservação da empresa, para que tal suspensão não resulte no fechamento do estabelecimento ou a sua falência, e o efeito secundário da pena não se torne, com isso, uma "pena perpétua".

7. **Efeito não automático.** Nos mesmos moldes do art. 92, parágrafo único do Código Penal, os efeitos da perda do cargo ou função pública ou suspensão do funcionamento do estabelecimento particular não são automáticos, devendo ser declarados expressamente na sentença condenatória. Dessa forma, caso o Juiz não os estabeleça expressamente, tais efeitos não incidirão.

Art. 19. (Vetado).

Art. 20. Praticar, induzir ou incitar a discriminação ou preconceito de raça, cor, etnia, religião ou procedência nacional.

Pena: reclusão de um a três anos e multa.

§ 1º Fabricar, comercializar, distribuir ou veicular símbolos, emblemas, ornamentos, distintivos ou propaganda que utilizem a cruz suástica ou gamada, **para fins de divulgação do nazismo.**

Pena: reclusão de dois a cinco anos e multa.

§ 2º Se qualquer dos crimes previstos neste artigo **for cometido por intermédio dos meios de comunicação social**, de publicação em redes sociais, da rede mundial de computadores ou de publicação de qualquer natureza: (Redação dada pela Lei nº 14.532, de 2023)

Pena: reclusão de dois a cinco anos e multa.

§ 2º-A Se qualquer dos crimes previstos neste artigo for cometido no contexto **de atividades esportivas, religiosas, artísticas ou culturais destinadas ao público**: (Incluído pela Lei nº 14.532, de 2023)

Pena: reclusão, de 2 (dois) a 5 (cinco) anos, e proibição de frequência, por 3 (três) anos, a locais destinados a práticas esportivas, artísticas ou culturais destinadas ao público, conforme o caso. (Incluído pela Lei nº 14.532, de 2023)

§ 2º-B Sem prejuízo da pena correspondente à violência, incorre nas mesmas penas previstas no caput deste artigo quem **obstar, impedir ou empregar violência** contra quaisquer manifestações ou práticas religiosas. (Incluído pela Lei nº 14.532, de 2023)

§ 3º No caso do § 2º deste artigo, o juiz poderá determinar, ouvido o Ministério Público ou a pedido deste, ainda antes do inquérito policial, sob pena de desobediência: (Redação dada pela Lei nº 14.532, de 2023)

I – o recolhimento imediato ou a busca e apreensão dos exemplares do material respectivo;

II – a cessação das respectivas transmissões radiofônicas, televisivas, eletrônicas ou da publicação por qualquer meio;

III – a interdição das respectivas mensagens ou páginas de informação na rede mundial de computadores. (Inserido pela lei 12.288/2010).

§ 4º Na hipótese do § 2º, constitui efeito da condenação, após o trânsito em julgado da decisão, a destruição do material apreendido.

1. **Sujeito ativo.** Trata-se de crime comum, uma vez que pode ser praticado por qualquer pessoa.

2. **Sujeito passivo.** A pessoa discriminada.

3. **Praticar.** *Praticar* significa executar, realizar. Aqui houve grande impropriedade do legislador. Na verdade, em todos os tipos penais dessa lei, o agente *pratica* a discriminação. O que varia de um tipo penal para outro, é o local onde a discriminação é realizada ou o *modus operandi.* Mas, é inegável que em todos os tipos penais há a prática de discriminação. Dessa forma, o art. 20 constitui, no verbo *praticar,* verdadeira redundância, repetição de uma conduta que já é prevista nos

tipos penais anteriores. Com isso, o tipo penal ora comentado, no verbo *praticar* ficaria esvaziado. Entretanto, o mesmo pode ser utilizado de forma subsidiária, isso é, a prática de qualquer discriminação que não esteja prevista nos demais tipos penais na lei, seria tipificada no art. 20. Essa é a única forma de aplicar verbo típico *praticar* contido no o art. 20 da lei.

4. **Induzir e incitar.** *Induzir* é inspirar, fazer a ideia nascer. *Incitar* consiste em instigar. A princípio, o agente que induz ou incita a prática de discriminação seria partícipe do delito praticado pelo autor. Entretanto, o legislador entendeu por bem punir essa "participação" como crime autônomo no art. 20, por meio dos verbos típicos *induzir* e *incitar*. Disso se conclui que se A induz B a impedir o acesso de alguém ao ônibus, em razão de raça, cor, etnia, religião ou procedência nacional (art. 12), será autor do delito previsto no art. 20 da lei, e não partícipe no crime de B. Assim, as condutas serão tipificadas da seguinte forma: A será autor do delito previsto no art. 12 da lei e B será, também, autor, mas do crime descrito no art. 20 da lei.

▶ **STF**

Informativo nº 893.
Segunda Turma

Incitação à discriminação religiosa e liberdade de expressão

A incitação ao ódio público contra quaisquer denominações religiosas e seus seguidores não está protegida pela cláusula constitucional que assegura a liberdade de expressão. Com base nessa orientação, a Segunda Turma, por maioria, negou provimento a recurso ordinário em "habeas corpus", no qual se postulava a anulação ou o trancamento de ação penal que condenou o recorrente pela prática do crime de racismo em decorrência de incitação à discriminação religiosa, na forma do art. 20, § 2º, da Lei 7.716/1989. De acordo com os autos, **o acusado incitou o ódio e a intolerância contra diversas religiões**, além de ter imputado fatos criminosos e ofensivos a seus devotos e sacerdotes, tendo as condutas sido praticadas por meio da internet. (...) Portanto, não há falar na existência de teratologia apta a ensejar o trancamento da ação penal, na medida em que os fatos se enquadram na figura delitiva do art. 20, § 2º, da Lei 7.716/1989. (...). **RHC 146303/RJ, rel. Min. Edson Fachin, red. p/ o ac. Min. Dias Toffoli, julgamento em 6.3.2018.**

5. **Tipo misto alternativo.** A prática de duas ou mais condutas descritas no tipo (*praticar, induzir* ou *incitar*) não gera concurso de crimes, respondendo o agente por apenas um delito.

6. **Especial fim de agir.** O tipo penal possui um especial fim de agir, consistente na discriminação de alguém em razão de raça, cor, etnia, religião e procedência nacional. Ausente o especial fim de agir, a conduta será atípica.

7. **Consumação.** Com a prática das condutas descritas no tipo penal, ou seja, com a prática, o induzimento ou a incitação da discriminação ou preconceito, pois se trata de crime formal.

8. **Classificação.** Crime comum; formal; doloso; comissivo; instantâneo; admite tentativa.

9. **Suspensão condicional do processo.** Cabível, pois a pena mínima cominada não ultrapassa 1 ano (art. 89 da lei 9.099/95).

10. Diferença em relação ao delito de injúria discriminatória. A presente lei traz no art. 2º-A a figura da injúria discriminatória quando a ofensa for feita em razão de raça, cor, etnia ou procedência nacional.

As condutas incriminadas, embora se pareçam demais, não se confundem, em razão de suas várias distinções. A *primeira diferença* reside no bem jurídico tutelado, que, enquanto no art. 2º-A é a honra subjetiva da pessoa, no presente artigo é dignidade da pessoa humana e o direito à igualdade. A *segunda diferença* reside no dolo do agente, uma vez que no crime de injúria descrito no art. 2º-A, o dolo do agente é ofender a pessoa, emitindo conceitos depreciativos, qualidades negativas em direção à pessoa da vítima, ao passo que, no crime previsto nesse artigo, o dolo do agente é fazer a distinção da pessoa justamente em razão de sua raça, cor, etnia, religião ou procedência nacional, sem emitir qualquer conceito depreciativo. A *terceira diferença* reside no sujeito passivo do delito, uma vez que na injúria discriminatória do art. 2º-A, como o dolo do agente é de ofender a honra de pessoa determinada, ela é o sujeito passivo. No delito ora comentado, considerando que o dolo do agente é a ofensa a toda uma coletividade da mesma raça, cor, etnia, religião ou procedência nacional, não há um sujeito passivo determinado.

Lembramos que a injúria em razão de *religião* está incriminada no art. 140, §3º do Código Penal. Mas caso seja praticada nos moldes dessa lei, a tipificação será no art. 20 dessa lei.

Art. 2º-A	Art. 20
O bem jurídico tutelado é a honra subjetiva da pessoa	O bem jurídico tutelado é a dignidade da pessoa humana e o direito à igualdade
O dolo do agente é ofender a pessoa, emitindo conceitos depreciativos, qualidades negativas em direção à pessoa da vítima	O dolo do agente é fazer a distinção da pessoa justamente em razão de sua raça, cor, etnia, religião ou procedência nacional, sem emitir qualquer conceito depreciativo
Há um sujeito passivo determinado.	Não há um sujeito passivo determinado.

11. § 1º. Discriminação relacionada ao nazismo.

12. Sujeito ativo. Trata-se de crime comum, uma vez que pode ser praticado por qualquer pessoa.

13. Sujeito passivo. A coletividade.

14. Fabricar, comercializar, distribuir ou veicular. *Fabricar* significa produzir. *Comercializar* consiste em comprar ou vender, negociar. *Distribuir* é dar ou entregar a diversas pessoas. *Veicular* significa difundir, propagar.

15. Cruz suástica ou gamada. Cruz que simboliza o movimento nazista, liderado por Adolf Hitler, com os seus braços apontando para o sentido horário.

16. Tipo misto alternativo. A prática de duas ou mais condutas descritas no tipo (*fabricar, comercializar, distribuir ou veicular*) não gera concurso de crimes, respondendo o agente por apenas um delito.

17. Especial fim de agir. O tipo penal possui dois especiais fins de agir. O primeiro consiste na discriminação de alguém em razão de raça, cor, etnia, religião e procedência nacional. O segundo está relacionado à finalidade de divulgação do nazismo. Ausentes tais especiais fins de agir, a conduta será atípica.

18. Consumação. Com a prática das condutas descritas no tipo penal, ou seja, com a fabricação, a comercialização, a distribuição ou a veiculação dos símbolos, emblemas, ornamentos, distintivos ou propaganda que utilizem a cruz suástica ou gamada, para fins de divulgação do nazismo, pois se trata de crime formal.

19. Classificação. Crime comum; formal; doloso; comissivo; instantâneo; admite tentativa.

20. Suspensão condicional do processo. Incabível, pois a pena mínima cominada ultrapassa 1 ano (art. 89 da lei 9.099/95).

21. § 2º. Forma qualificada. O legislador inseriu uma forma qualificada do *caput* do artigo ora comentada, na hipótese de a sua prática se dar por intermédio dos meios de comunicação social, de publicação em redes sociais, da rede mundial de computadores ou de publicação de qualquer natureza. A forma qualificada se justifica, em razão do maior número de pessoas que a prática da discriminação pode atingir, sobretudo em razão da rede mundial de computadores, que possui um alcance ilimitado. Note-se que, ao final, o legislador utilizou a técnica de interpretação extensiva por meio das expressões "publicação de qualquer natureza".

22. Suspensão condicional do processo. Incabível, pois a pena mínima cominada ultrapassa 1 ano (art. 89 da lei 9.099/95).

23. § 2º-A. Contexto de atividades esportivas, religiosas, artísticas ou culturais destinadas ao público. O §2º-A é um tipo penal autônomo, mas poderia ser uma causa de aumento de pena. Na realidade o legislador quis ser o mais abrangente possível e não deixou dúvidas quanto ao dolo do agente, ou seja, não deixou expaço para discussão acerca da intenção do agente que pratica a conduta do art. 20 em um contexto de atividadade esportiva, um show etc. Em outras palavras, a situação fática na qual a conduta for praticada não fará nenhuma diferença, configurando crime mesmo assim. Além disso, no seu preceito secundário trouxe a proibição de frequentar locais destinados a práticas esportivas, artísticas ou culturais destinadas ao público pelo prazo de três anos, como forma de punir o agente.

24. § 2º-B. Manifestações ou práticas religiosas. O legislador equiparou ao delito do caput a conduta de obstar, impedir ou empregar violência contra quaisquer manifestações ou práticas religiosas. Cremos que houve uma nítida redundância por parte do legislador, pois obstar e impedir são expressões sinônimas, que significam a mesma coisa. Por fim, trouxe a conduta de empregar violência, que nesse caso somente pode ser a violência física. Com isso, o legislador quis garantir a prática de qualquer ato contra as manifestações ou práticas religiosas. O local onde as manifestações ou práticas religiosas ocorrem é irrelevante para fins de configuração desse tipo penal, podendo ser em local público ou privado. Por fim, o legislador trouxe uma cumulação de penas, e não um concurso de crimes, de forma que o Juiz aplicará também a pena correspondente à violência empregada no caso concreto.

25. **§ 3º.** O legislador inseriu medidas que façam cessar imediatamente a prática da discriminação. O inciso III foi inserido pela lei 12.288/2010 e trata da interdição das *mensagens* ou *páginas de informação* na rede mundial de computadores, na hipótese da prática de qualquer dos crimes previstos no *caput* por meio de rede mundial de computadores, como sites de relacionamentos exibidos na internet (*Facebook*, *Twitter* etc.). Nesse ponto específico, questão relevante versa sobre a possibilidade de o Poder Judiciário Brasileiro ter alguma forma de ingerência em sites estrangeiros, como os acima citados.

Ao que parece, andou mal o legislador ao determinar essa providência. É que não vemos como o Poder Judiciário Brasileiro teria o poder de determinar a efetiva interdição da página da internet, em se tratando de site estrangeiro. Quer nos parecer que a solução legal é inviável.

O mesmo se diga em relação à interdição de mensagens que versem sobre discriminação. É bem verdade que, caso a mensagem seja enviada do Brasil, é mais fácil e possível que o Judiciário consiga a sua efetiva interdição. Entretanto, caso a mensagem contendo a discriminação seja enviada de outro país, será bem mais difícil – para não dizer impossível – a determinação da interdição da mensagem, pelos mesmos motivos acima expostos.

Por fim, uma questão de ordem prática precisa ser tratada: como localizar o endereço da página da internet ou o computador de onde foi enviada a mensagem contendo a discriminação? Podemos afirmar com segurança que será impossível se descobrir o local, no exterior, de onde a mensagem foi enviada, uma vez que o IP (*internet protocol* – endereço que indica o local do equipamento) pode ser facilmente alterado (dificuldade encontrada pelos órgãos de execução penal, atualmente, para descobrir a autoria dos delitos praticados por meio da internet, como a pedofilia).

Dessa forma, embora salutar, a medida inserida pela novel lei parece que não passará do papel.

26. **§ 4º. Efeitos da condenação. Destruição do material apreendido.** Trata-se de efeito secundário a condenação, que somente poderá ocorrer após o trânsito em julgado da sentença penal condenatória.

Art. 20-A. Os crimes previstos nesta Lei terão as penas aumentadas de 1/3 (um terço) até a metade, quando ocorrerem em contexto ou com intuito de **descontração, diversão ou recreação**. (Incluído pela Lei nº 14.532, de 2023).

1. **Causa de aumento de pena.** Mesmo que a discriminação ocorra em contexto ou com o intuito de descontração, diversão ou recreação, ainda assim o crime existirá com a pena aumentada de um terço até a metade e não adiantará afirmar que o dolo não foi de ofender, mas apenas de descontrair ou de brincar. Essa é a norma

inserida nesse artigo, tendo o legislador aumentado a pena justamente em razão de a discriminação virar motivo de piada ou de qualquer outra brincadeira.

Art. 20-B. Os crimes previstos nos arts. 2º-A e 20 desta Lei terão as penas aumentadas de 1/3 (um terço) até a metade, **quando praticados por funcionário público**, conforme definição prevista no Decreto-Lei nº 2.848, de 7 de dezembro de 1940 (Código Penal), no exercício de suas funções ou a pretexto de exercê-las. (Incluído pela Lei nº 14.532, de 2023)

1. **Causa de aumento de pena.** O aumento refere-se ao sujeito ativo do delito, ou seja, funcionário público. Mas aqui há dois detalhes. O primeiro detalhe é que o legislador fez menção ao conceito de funcionário público previsto no Código Penal. Embora não tenha mencionado o dispositivo legal, essa previsão somente pode ser a contida no seu art. 327. O segundo detalhe é que para que o aumento de pena incida, não basta a mera condição de funcionário público, sendo necessário que a pessoa esteja no exercício de suas funções ou a pretexto de exercê-las, caso contrário o crime existirá, mas não haverá a incidência da causa de aumento de pena.

Art. 20-C. Na interpretação desta Lei, o juiz deve considerar como discriminatória qualquer atitude ou tratamento dado à pessoa ou **a grupos minoritários** que cause constrangimento, humilhação, vergonha, medo ou exposição indevida, e que usualmente não se dispensaria a outros grupos em razão da cor, etnia, religião ou procedência. (Incluído pela Lei nº 14.532, de 2023)

1. **Norma penal explicativa.** Ao final da lei o legislador trouxe uma norma autoexplicativa que deveria vir no seu início, que é justamente o conceito de ato discriminatório, considerado como qualquer atitude ou tratamento dado à pessoa ou a grupos minoritários que cause constrangimento, humilhação, vergonha, medo ou exposição indevida, e que usualmente não se dispensaria a outros grupos em razão da cor, etnia, religião ou procedência.

Art. 20-D. Em todos os atos processuais, cíveis e criminais, a vítima dos crimes de racismo **deverá estar acompanhada** de advogado ou defensor público. (Incluído pela Lei nº 14.532, de 2023)

1. **Acompanhamento de advogado ou de Defensor Público.** O fato de a vítima do crime estar acompanhada de advogado ou de Defensor Público garante que ela tenha todos os seus direitos observados e respeitados dentro do processo.

Art. 21. Esta Lei entra em vigor na data de sua publicação.

Art. 22. Revogam-se as disposições em contrário.

Propriedade Intelectual de Programa de Computador. Lei 9.609, de 19 de fevereiro de 1998

CAPÍTULO I
DISPOSIÇÕES PRELIMINARES

Art. 1º Programa de computador é a expressão de um conjunto organizado de instruções em linguagem natural ou codificada, contida em suporte físico de qualquer natureza, de emprego necessário em máquinas automáticas de tratamento da informação, dispositivos, instrumentos ou equipamentos periféricos, baseados em técnica digital ou análoga, para fazê-los funcionar de modo e para fins determinados.

....

CAPÍTULO V
DAS INFRAÇÕES E DAS PENALIDADES

Art. 12. Violar **direitos de autor** de **programa de computador:**

Pena – Detenção de seis meses a dois anos ou multa.

1. **Fundamento constitucional.** A CF/88 confere especial proteção à propriedade intelectual, no art. 5º, incisos XXVII, XXVIII e XXIX, que possuem as seguintes redações: *"XXVII – aos autores pertence o direito exclusivo de utilização, publicação ou reprodução de suas obras, transmissível aos herdeiros pelo tempo que a lei fixar; XXVIII – são assegurados, nos termos da lei: a) a proteção às participações individuais em obras coletivas e à reprodução da imagem e voz humanas, inclusive nas atividades desportivas; b) o direito de fiscalização do aproveitamento econômico das obras que criarem ou de que participarem aos criadores, aos intérpretes e às respectivas representações sindicais e associativas; XXIX – a lei assegurará aos autores de inventos industriais privilégio temporário para sua utilização, bem como proteção às criações industriais, à propriedade das marcas, aos nomes de empresas e a outros signos distintivos, tendo em vista o interesse social e o desenvolvimento tecnológico e econômico do País."*

2. **Pirataria.** A expressão *pirataria* veio da linguagem popular, para denotar formas de violação de direitos intelectuais. Entretanto, tal expressão foi positivada na legislação brasileira, estando prevista especificamente no parágrafo único do art. 2º do Decreto nº 9.875/2019, que possui a seguinte redação: "Para fins deste Decreto, considera-se pirataria a violação aos direitos autorais de que tratam *a Lei nº 9.609 de 19 de fevereiro de 1998 e a Lei nº 9.610, de 19 de fevereiro de 1998.*"

3. **Conselho Nacional de Combate à Pirataria e Delitos contra a Propriedade Intelectual.** O Conselho Nacional de Combate à Pirataria e Delitos contra a Propriedade Intelectual, órgão colegiado consultivo, integrante da estrutura básica do Ministério da Justiça e Segurança Pública, tem por finalidade elaborar as diretrizes para a formulação e proposição de plano nacional para o combate à pirataria, ao contrabando, à sonegação fiscal dela decorrente e aos delitos contra a propriedade intelectual (art. 2º do Decreto nº 9.875/2019).

4. **Competência do Conselho Nacional de Combate à Pirataria e Delitos contra a Propriedade Intelectual.** As competências do Conselho estão dispostas no art. 3º do Decreto nº 9.875/2019, para onde remetemos o leitor.

5. **Formação do Conselho Nacional de Combate à Pirataria e Delitos contra a Propriedade Intelectual.** O Conselho tem a sua composição prevista no art. 4º, do Decreto nº 9.875/2019, para onde remetemos o leitor.

6. **Prazo de duração da proteção dos direitos relativos a programa de computador.** Nos moldes do art. 2º, § 2º, da lei 9.609.98, o prazo é de 50 anos, tendo como termo *a quo* o dia 1º de janeiro do ano subsequente ao da sua publicação, ou, na ausência de publicação, da sua criação.

7. **Bem jurídico tutelado.** A propriedade intelectual, especificamente a de programa de computador.

8. **Sujeito ativo.** Qualquer pessoa, uma vez que o tipo penal não exige nenhuma condição especial do sujeito ativo.

9. **Sujeito passivo.** O autor do programa de computador.

10. **Violar.** Significa desrespeitar, infringir, devassar.

11. **Objeto material.** O objeto material do delito é o programa de computador, que, segundo o art. 1º desta lei, é a expressão de um conjunto organizado de instruções em linguagem natural ou codificada, contida em suporte físico de qualquer natureza, de emprego necessário em máquinas automáticas de tratamento da informação, dispositivos, instrumentos ou equipamentos periféricos, baseados em técnica digital ou análoga, para fazê-los funcionar de modo e para fins determinados.

12. **Especialidade.** O tipo penal ora comentado configura especialidade em relação ao delito de violação de direito autoral, previsto no art. 184 do Código Penal. O *elemento especializante* reside no objeto material, ou seja, propriedade intelectual de programa de computador.

13. **Causas de atipicidade da conduta.** O legislador, no art. 6º da lei 9.609/98, trouxe hipóteses nas quais as condutas ali elencadas não configuram violação de direitos

do titular de programa de computador. Segundo o dispositivo citado, *"não constituem ofensa aos direitos do titular de programa de computador: I – a reprodução, em um só exemplar, de cópia legitimamente adquirida, desde que se destine à cópia de salvaguarda ou armazenamento eletrônico, hipótese em que o exemplar original servirá de salvaguarda; II – a citação parcial do programa, para fins didáticos, desde que identificados o programa e o titular dos direitos respectivos; III – a ocorrência de semelhança de programa a outro, preexistente, quando se der por força das características funcionais de sua aplicação, da observância de preceitos normativos e técnicos, ou de limitação de forma alternativa para a sua expressão; IV – a integração de um programa, mantendo-se suas características essenciais, a um sistema aplicativo ou operacional, tecnicamente indispensável às necessidades do usuário, desde que para o uso exclusivo de quem a promoveu."* Pela redação legal, se poderia questionar qual seria a natureza jurídica do dispositivo, isso é, se em tais hipóteses estaria excluída a tipicidade da conduta do agente ou a sua ilicitude. Pensamos que o dispositivo exclui a própria tipicidade da conduta do agente, tornando-a um fato penalmente irrelevante. Com efeito, na mesma lei, o legislador inseriu condutas criminosas e abriu uma exceção, dispondo que *"não constituem ofensa aos direitos do titular de programa de computador..."*. Ora, se o objeto da tutela penal na presente lei é a repressão à ofensa direitos do titular de programa de computador, e se o próprio legislador dispôs que determinadas condutas não constituem tal ofensa, é sinal de que, para ele, tais condutas são penalmente irrelevantes, não chegando sequer a ser típicas, portanto.

14. **Pirataria e Princípio da Adequação Social.** O STF e o STJ foram questionados acerca da possibilidade de aplicação do princípio da adequação social ao delito de violação de direitos autorais (art. 184, § 2º, do Código Penal). Os dois Tribunais Superiores entenderam que o mencionado princípio não seria aplicado à hipótese, uma vez que o fato de a sociedade tolerar a prática do delito não implicaria dizer que a conduta delituosa poderia ser considerada lícita. Embora o STF e o STJ tenham firmado tal posicionamento em relação ao delito previsto no art. 184, § 2º, do Código Penal, o mesmo raciocínio pode ser feito para o delito ora comentado, em razão da identidade de fundamentos.

▶ **STF**

INFORMATIVO 583

PRIMEIRA TURMA

"Pirataria" e Princípio da Adequação Social

A Turma indeferiu habeas corpus em que a Defensoria Pública do Estado de São Paulo requeria, com base no princípio da adequação social, a declaração de atipicidade da conduta imputada a condenado como incurso nas penas do art. 184, § 2º, do CP (...). Sustentava-se que a referida conduta seria socialmente adequada, haja vista que a coletividade não recriminaria o vendedor de CD's e DVD's reproduzidos sem a autorização do titular do direito autoral, mas, ao contrário, estimularia a sua prática em virtude dos altos preços desses produtos, insuscetíveis de serem adquiridos por grande parte da população. Asseverou-se que o fato de a sociedade tolerar a prática do delito em questão não implicaria dizer que o comportamento do paciente poderia ser considerado lícito. Salientou-se, ademais, que a violação de direito autoral e a comercialização de produtos "piratas" sempre fora objeto de fiscalização e repressão. Afirmou-se que a conduta descrita nos autos causaria enormes prejuízos ao Fisco pela burla do pagamento de impostos, à indústria fonográfica e aos comerciantes regularmente estabelecidos. Rejeitou-se, por fim, o pedido formulado na tribuna de que fosse, então, aplicado na espécie o princípio da insignificância — já que o paciente fora surpreendido na posse de 180 CD's "piratas" — ao fundamento de que o juízo sentenciante também denegara o pleito tendo em conta a reincidência do paciente em relação ao mesmo delito. HC 98898/SP, rel. Min. Ricardo Lewandowski, 20.4.2010. (HC-98898)

▶ **STJ**

PENAL E PROCESSO PENAL. AGRAVO REGIMENTAL NO RECURSO ESPECIAL. VIOLAÇÃO DE DIREITO AUTORAL. INCIDÊNCIA DO ENUNCIADO 7/STJ. INOCORRÊNCIA. PRINCÍPIO DA ADEQUAÇÃO SOCIAL. NÃO APLICAÇÃO. (...) Em que pese a aceitação popular e certa tolerância das autoridades públicas, a prática disseminada da pirataria de CDs e DVDs não tem o condão de impedir a incidência do tipo penal, porquanto causa sérios prejuízos aos autores das obras, às indústrias fonográficas nacionais brasileiras, aos comerciantes legalmente constituídos, ao Fisco e à própria sociedade, uma vez que aumenta o desemprego e reduz o recolhimento de impostos. **(...). (AgRg no REsp 1566553/MG, Rel. Ministro RIBEIRO DANTAS, QUINTA TURMA, julgado em 02/05/2017, DJe 08/05/2017)**

15. **Infração penal de menor potencial ofensivo.** Considerando que a pena máxima cominada não ultrapassa dois anos, trata-se de infração penal de menor potencial ofensivo (art. 61 da lei 9.099/95).

16. **Suspensão condicional do processo.** Cabível, pois a pena mínima cominada não ultrapassa 1 ano (art. 89 da lei 9.099/95).

17. **Competência para processo e julgamento.** Por tratar-se de infração penal de menor potencial ofensivo, a competência para o processo e o julgamento é dos Juizados Especiais Criminais, nos moldes do art. 61 da lei 9.099/95.

18. **Consumação.** Com a prática da efetiva violação, ou seja, com a prática de qualquer conduta que configure transgressão ou desrespeito aos direitos relativos a programa de computador. O delito é de livre execução.

19. **Classificação.** Crime comum; formal; doloso; comissivo; instantâneo; admite tentativa.

§ 1º Se a violação consistir na **reprodução**, por qualquer meio, de programa de computador, no todo ou em parte, **para fins de comércio**, sem autorização expressa do autor ou de quem o represente:

Pena – Reclusão de um a quatro anos e multa.

1. **§ 1º. Reprodução de programa de computador não autorizada. Forma qualificada.** O legislador inseriu uma forma qualificada do delito, consistente na reprodução não autorizada, por qualquer meio, de programa de computador.

2. **Sujeito ativo.** Qualquer pessoa, uma vez que o tipo penal não exige nenhuma condição especial do sujeito ativo.

3. **Sujeito passivo.** O autor do programa de computador.

4. **Reprodução.** Reproduzir significa copiar, imitar. Trata-se de conduta comum atualmente, em que pessoas copiam programas de computador, com *software* e outros mais com destinação ao comércio irregular.

5. **Relação com o delito de receptação (art. 180 do Código Penal).** A pessoa que adquire, recebe, transporta ou oculta o programa de computador comercializado pratica o delito de receptação previsto no art. 180 do Código Penal, uma vez que a cópia reproduzida sem autorização expressa do autor ou de quem o represente configura produto de crime.

6. **Objeto material.** O objeto material do delito é o programa de computador, que, segundo o art. 1º desta lei, é a expressão de um conjunto organizado de instruções em linguagem natural ou codificada, contida em suporte físico de qualquer natureza, de emprego necessário em máquinas automáticas de tratamento da informação, dispositivos, instrumentos ou equipamentos periféricos, baseados em técnica digital ou análoga, para fazê-los funcionar de modo e para fins determinados.

7. **Especial fim de agir.** O tipo contém um especial fim de agir, contido na expressão *para fins de comércio.* Tal elemento subjetivo específico do tipo penal deve estar presente na mente do agente, no momento da prática do delito, sob pena de atipicidade da sua conduta.

8. **Causa de atipicidade da conduta.** O tipo penal dispõe sobre a reprodução *sem autorização expressa do autor ou de quem o represente.* A ausência de autorização configura elemento do tipo penal. Dessa forma, caso haja essa autorização, a conduta do agente será atípica.

9. **Consumação.** Com a reprodução de programa de computador não autorizada pelo autor ou por quem o represente, independentemente da obtenção de qualquer vantagem econômica.

10. **Classificação.** Crime comum; formal; doloso; comissivo; instantâneo; admite tentativa.

11. **Suspensão condicional do processo.** Cabível, pois a pena mínima cominada não ultrapassa 1 ano (art. 89 da lei 9.099/95).

> § 2º Na mesma pena do parágrafo anterior incorre quem vende, expõe à venda, introduz no País, adquire, oculta ou tem em depósito, para fins de comércio, original ou cópia de programa de computador, produzido com violação de direito autoral.

1. **Condutas equiparadas. Forma qualificada.** O legislador inseriu outra forma qualificada do delito, cominando a mesma pena do § 1º.

2. **Sujeito ativo.** Qualquer pessoa, uma vez que o tipo penal não exige nenhuma condição especial do sujeito ativo.

3. **Sujeito passivo.** O autor do programa de computador.

4. **Condutas típicas.** *Vender* significa alienar mediante certo preço; *expor à venda* consiste em oferecer ao público para a aquisição; *introduzir* é fazer entrar no país; *adquirir* significa obter; *ocultar* é encobrir, esconder; por fim, *ter em depósito* consiste em guardar, armazenar.

5. **Objeto material.** O objeto material do delito é o programa de computador, que, segundo o art. 1º desta lei, é a expressão de um conjunto organizado de instruções em linguagem natural ou codificada, contida em suporte físico de qualquer natureza, de emprego necessário em máquinas automáticas de tratamento da informação, dispositivos, instrumentos ou equipamentos periféricos, baseados em técnica digital ou análoga, para fazê-los funcionar de modo e para fins determinados.

6. **Especial fim de agir.** O tipo contém um especial fim de agir, contido na expressão *para fins de comércio.* Tal elemento subjetivo específico do tipo penal deve estar presente na mente do agente, no momento da prática do delito, sob pena de atipicidade da sua conduta.

7. **Especialidade.** O tipo penal ora comentado, nas condutas *adquirir* e *ocultar* configura especialidade em relação ao delito de receptação previsto no art. 180 do Código Penal, uma vez que o programa de computador produzido com violação de direito autoral configura produto de crime. Por sua vez, na conduta *introduzir no país,* configura especialidade em relação ao delito de contrabando previsto no art. 334-A do Código Penal. O *elemento especializante* reside no objeto material, ou seja, programa de computador produzido com violação de direito autoral.

8. **Consumação.** Com a prática das condutas típicas, independentemente da obtenção de qualquer vantagem econômica.

9. **Classificação.** Crime comum; formal; doloso; comissivo; instantâneo nas condutas *vender, introduzir* e *adquirir;* permanente nas condutas *expor à venda, ocultar* e ter em depósito; admite tentativa.

10. **Suspensão condicional do processo.** Cabível, pois a pena mínima cominada não ultrapassa 1 ano (art. 89 da lei 9.099/95).

§ 3º Nos crimes previstos neste artigo, somente se procede **mediante queixa, salvo**:

I – quando praticados em prejuízo de entidade de direito público, autarquia, empresa pública, sociedade de economia mista ou fundação instituída pelo poder público;

II – quando, em decorrência de ato delituoso, resultar sonegação fiscal, perda de arrecadação tributária ou prática de quaisquer dos crimes contra a ordem tributária ou contra as relações de consumo.

§ 4º No caso do inciso II do parágrafo anterior, a exigibilidade do tributo, ou contribuição social e qualquer acessório, processar-se-á independentemente de representação.

1. **Ação penal.** O legislador instituiu como regra geral a ação penal de iniciativa privada para os delitos previstos nesta lei, trazendo, entretanto, duas exceções nos incisos I e II. No que toca à segunda exceção, prevista no inciso II, é de se notar que no caso de resultar crime contra a ordem tributária o órgão acusatório não pode oferecer denúncia sem que haja o lançamento definitivo, por força da Súmula Vinculante 24 do STF.

Art. 13. A **ação penal e as diligências preliminares de busca e apreensão**, nos casos de violação de direito de autor de programa de computador, serão **precedidas de vistoria**, podendo o juiz ordenar a apreensão das cópias produzidas ou comercializadas com violação de direito de autor, suas versões e derivações, em poder do infrator ou de quem as esteja expondo, mantendo em depósito, reproduzindo ou comercializando.

1. **Vistoria.** O legislador impôs como condição de procedibilidade a vistoria, podendo, inclusive, haver a busca e a apreensão do material objeto do delito.

....

CAPÍTULO VI
DISPOSIÇÕES FINAIS

Art. 15. Esta Lei entra em vigor na data de sua publicação.

Art. 16. Fica revogada a Lei nº 7.646, de 18 de dezembro de 1987.

Proteção a Vítimas e a Testemunhas Ameaçadas. Lei nº 9.807, de 13 de julho de 1999

CAPÍTULO I
DA PROTEÇÃO ESPECIAL A VÍTIMAS E A TESTEMUNHAS

Art. 1º As medidas de proteção requeridas por vítimas ou por testemunhas de crimes que estejam coagidas ou expostas a grave ameaça em razão de colaborarem com a investigação ou processo criminal serão prestadas pela União, pelos Estados e pelo Distrito Federal, no âmbito das respectivas competências, na forma de programas especiais organizados com base nas disposições desta Lei.

§ 1º A União, os Estados e o Distrito Federal poderão celebrar convênios, acordos, ajustes ou termos de parceria entre si ou com entidades não-governamentais objetivando a realização dos programas.

§ 2º A supervisão e a fiscalização dos convênios, acordos, ajustes e termos de parceria de interesse da União ficarão a cargo do órgão do Ministério da Justiça com atribuições para a execução da política de direitos humanos.

1. **Decreto regulamentador.** A lei 9.807/1999 foi regulamentada pelo Decreto nº 3.518/2000, que regulamentou o Programa Federal de Assistência a Vítimas e a Testemunhas.

2. **Vítima de crime.** *Vítima* é o sujeito passivo da infração penal, o titular do direito violado ou posto em perigo pela conduta do agente.

3. **Testemunha de crime.** *Testemunha* é a pessoa não envolvida no delito que comparece a presença da autoridade policial ou autoridade judiciária para se manifestar acerca de suas impressões sobre um fato criminoso que tenha presenciado, ouvido, visto etc. O legislador exigiu que a vítima ou a testemunha esteja coagida ou exposta a grave ameaça em razão de colaborarem com a investigação ou processo criminal. Caso contrário, não será compreendida no programa de proteção.

4. **Depoente Especial.** A figura do depoente especial aparece no art. 10 do Decreto nº 3.518/2000. Segundo o mencionado artigo, ***"entende-se por depoente especial:***

I – o réu detido ou preso, aguardando julgamento, indiciado ou acusado sob prisão cautelar em qualquer de suas modalidades, que testemunhe em inquérito ou processo judicial, se dispondo a colaborar efetiva e voluntariamente com a investigação e o processo criminal, desde que dessa colaboração possa resultar a identificação de autores, co-autores ou partícipes da ação criminosa, a localização da vítima com sua integridade física preservada ou a recuperação do produto do crime; e II – a pessoa que, não admitida ou excluída do Programa, corra risco pessoal e colabore na produção da prova."

5. **Tratamento diferenciado ao Depoente Especial.** Os arts. 11 ao 14 do Decreto nº 3.518/2000 conferem ao depoente especial um tratamento diferenciado, distinto do conferido às vítimas e testemunhas. O tratamento diverso se justifica, sobretudo em relação ao inciso I do art. 10, em razão de ser ele réu na ação penal ou indiciado no inquérito policial. Eis o tratamento diferenciado previsto nos artigos mencionados: *"Art. 11. O Serviço de Proteção ao Depoente Especial consiste na prestação de medidas de proteção assecuratórias da integridade física e psicológica do depoente especial, aplicadas isoladas ou cumulativamente, consoante as especificidades de cada situação, compreendendo, dentre outras: I – segurança na residência, incluindo o controle de telecomunicações; II – escolta e segurança ostensiva nos deslocamentos da residência, inclusive para fins de trabalho ou para a prestação de depoimentos; III – transferência de residência ou acomodação provisória em local compatível com a proteção; IV – sigilo em relação aos atos praticados em virtude da proteção concedida; e V – medidas especiais de segurança e proteção da integridade física, inclusive dependência separada dos demais presos, na hipótese de o depoente especial encontrar-se sob prisão temporária, preventiva ou decorrente de flagrante delito. § 1º A escolta de beneficiários do Programa, sempre que houver necessidade de seu deslocamento para prestar depoimento ou participar de ato relacionado a investigação, inquérito ou processo criminal, será efetuada pelo Serviço de Proteção. § 2º Cabe ao Departamento de Polícia Federal, do Ministério da Justiça, o planejamento e a execução do Serviço de Proteção, para tanto podendo celebrar convênios, acordos, ajustes e termos de parceria com órgãos da Administração Pública e entidades não-governamentais. Art. 12. O encaminhamento das pessoas que devem ser atendidas pelo Serviço de Proteção será efetuado pelo Conselho e pelo Ministro de Estado da Justiça. Parágrafo único. O atendimento pode ser dirigido ou estendido ao cônjuge ou companheiro, descendente ou ascendente e dependentes que tenham convivência habitual com o depoente especial, conforme o especificamente necessário em cada caso. Art. 13. A exclusão da pessoa atendida pelo Serviço de Proteção poderá ocorrer a qualquer tempo: I – mediante sua solicitação expressa ou de seu representante legal; II – por decisão da autoridade policial responsável pelo Serviço de Proteção; ou III – por deliberação do Conselho. Parágrafo único. Será lavrado termo de exclusão, nele constando a ciência do excluído e os motivos do ato. Art. 14. Compete ao Serviço de Proteção acompanhar a investigação, o inquérito ou processo criminal, receber intimações endereçadas ao depoente especial ou a quem se encontre sob sua proteção, bem como providenciar seu comparecimento, adotando as medidas necessárias à sua segurança."*

6. **Colaboração com a investigação ou processo criminal.** O legislador abrangeu as duas fases da persecução penal, quais sejam: a fase policial e a fase processual, uma vez que usou as expressões *investigação* e *processo criminal*. Logo, as medidas protetivas às vítimas e testemunhas podem ser efetivas na fase do inquérito policial e na fase da ação penal.

7. **Requerimento.** O requerimento de inclusão no programa de proteção a vítimas e testemunhas pode ser requerido pelo próprio interessado, pelo membro do Ministério Público, pela autoridade policial que conduzir a investigação policial, pelo Juiz competente para a instrução processual e pelos órgãos e entidades com atribuição de defesa dos direitos humanos (art. 5º, *caput* do Decreto nº 3.518/2000). De acordo com o parágrafo único do art. 5º do Decreto nº 3.518/2000, os pedidos de admissão no Programa de Proteção a vítimas e testemunhas devem ser encaminhados ao Órgão Executor, instruído com a qualificação da pessoa cuja proteção se pleiteia, o breve relato da situação motivadora da ameaça ou coação, a descrição da ameaça ou coação sofrida, as informações sobre antecedentes criminais e vida pregressa da pessoa cuja proteção se pleiteia e a informação sobre eventuais inquéritos ou processos judiciais em curso, em que figure a pessoa cuja proteção se pleiteia.

8. **Destinatário do requerimento de admissão no programa de proteção.** O requerimento de admissão é encaminhado ao Conselho Deliberativo Federal, que é o órgão com atribuição para decidir sobre a admissão ou exclusão no programa de proteção a vítimas e testemunhas.

9. **Entes federativos encarregados da proteção.** O legislador estabeleceu que as medidas de proteção sejam prestadas pela União, pelos Estados e pelo Distrito Federal, no âmbito das respectivas competências. Dessa forma, a determinação da pessoa jurídica de direito público que prestará as medidas protetivas irá variar de acordo com a competência para o processo e o julgamento do delito.

Art. 2º A **proteção** concedida pelos programas **e as medidas dela decorrentes** levarão em conta a **gravidade da coação ou da ameaça à integridade física ou psicológica, a dificuldade de preveni-las ou reprimi-las pelos meios convencionais e a sua importância para a produção da prova.**

§ 1º A **proteção poderá ser dirigida ou estendida** ao cônjuge ou companheiro, ascendentes, descendentes e dependentes que tenham convivência habitual com a vítima ou testemunha, conforme o especificamente necessário em cada caso.

§ 2º **Estão excluídos da proteção** os indivíduos cuja personalidade ou conduta seja incompatível com as restrições de comportamento exigidas pelo programa, os condenados que estejam cumprindo pena e os indiciados ou acusados sob prisão cautelar em qualquer de suas modalidades. Tal exclusão não trará prejuízo a eventual prestação de medidas de preservação da integridade física desses indivíduos por parte dos órgãos de segurança pública.

§ 3º O **ingresso no programa**, as restrições de segurança e demais medidas por ele adotadas terão sempre a anuência da pessoa protegida, ou de seu representante legal.

§ 4º Após ingressar no programa, o protegido ficará obrigado ao **cumprimento das normas por ele prescritas.**

§ 5º As medidas e providências relacionadas com os programas serão adotadas, executadas e mantidas **em sigilo** pelos protegidos e pelos agentes envolvidos em sua execução.

1. **Critérios para a concessão da proteção.** O legislador elencou os seguintes critérios para a admissão da vítima ou testemunha no programa de proteção: a gravidade da coação ou da ameaça à integridade física ou psicológica; a dificuldade de preveni-las ou reprimi-las pelos meios convencionais e a sua importância para a produção da prova. Por meios convencionais entendam-se os meios já existentes colocados à disposição do Poder Público, como a intervenção policial e a decretação de prisão provisória para garantia da ordem pública, conveniência da instrução criminal ou garantia de aplicação da lei penal (art. 312 do Código de Processo Penal).

2. **§ 1º. Extensão da proteção.** As medidas de proteção podem ser estendidas ao cônjuge ou companheiro, ascendentes, descendentes e dependentes que tenham convivência habitual com a vítima ou testemunha.

3. **§ 2º. Exclusão do programa. Incompatibilidade de personalidade ou de conduta.** A proteção estatal conferida às vítimas e às testemunhas possui regras específicas a serem seguidas, para que sejam garantidas a sua segurança, a sua integridade física e a sua vida. Tais regras dependem também do comportamento do protegido. Logo, a vítima ou testemunha deve se comprometer a seguir as regras estabelecidas para a proteção, sob pena de sua exclusão. Como exemplo, podemos citar a testemunha que não quer se sujeitar à escolta para o seu deslocamento à área de seu trabalho, a vítima que não preserva o sigilo de sua imagem e identidade ou então a vítima que não mantém o sigilo em relação aos atos praticados em virtude da proteção concedida. Estão excluídos, também, os condenados que estejam cumprindo pena e os indiciados ou acusados sob prisão cautelar em qualquer de suas modalidades.

4. **§ 2º. Exclusão do programa. Condenados que estejam cumprindo pena e os indiciados ou acusados sob prisão cautelar em qualquer de suas modalidades.** Como tais pessoas já estão sob a custódia estatal, o legislador não viu necessidade de conferi-las proteção. Até porque as medidas protetivas elencadas no art. 7º são incompatíveis com o indivíduo que está preso.

5. **§ 3º. Anuência do protegido ou de seu representante legal.** A vítima ou a testemunha que estiver disposta a colaborar com a persecução penal pode obter a proteção conferida pela lei ora comentada. Entretanto, tal proteção não pode ser imposta como uma obrigação para a pessoa protegida. Isso porque as medidas protetivas implicam, em certa medida, na privação de algumas atividades da pessoa protegida. Assim somente a ele ou ao seu representante legal cabe decidir se quer ou não ser admitida no programa de proteção.

6. **§ 4º. Adequação às normas do programa de proteção.** As normas do programa de proteção a que o protegido fica obrigado a cumprir são, entre outras, a segurança nos deslocamentos; a transferência de residência ou acomodação provisória em local sigiloso, compatível com a proteção; a preservação da identidade, imagens e

dados pessoais; a ajuda financeira mensal; a suspensão temporária das atividades funcionais; a assistência social, médica e psicológica; o apoio para o cumprimento de obrigações civis e administrativas que exijam comparecimento pessoal; e alteração de nome completo, em casos excepcionais. (art. 1º, parágrafo único do Decreto nº 3.518/2000).

7. **§ 5º. Sigilo das medidas.** O sigilo das medidas está relacionado ao sucesso delas. Evidentemente, a proteção de vítimas e testemunhas só terá eficácia diante de seu sigilo. Segundo o art. 15 do Decreto nº 3.518/2000, *"o Conselho, o Órgão Executor, o Serviço de Proteção e demais órgãos e entidades envolvidos nas atividades de assistência e proteção aos admitidos no Programa devem agir de modo a preservar a segurança e a privacidade dos indivíduos protegidos. Parágrafo único. Serão utilizados mecanismos que garantam a segurança e o sigilo das comunicações decorrentes das atividades de assistência e proteção."*

Art. 3º Toda admissão no programa ou exclusão dele **será precedida de consulta ao Ministério Público** sobre o disposto no art. 2º e deverá ser subseqüentemente comunicada à autoridade policial ou ao juiz competente.

1. **Consulta ao Ministério Público.** De acordo com o art. 5º, § 1º do Decreto nº 3.518/2000, o Ministério Público manifestar-se-á sobre todos os pedidos de admissão, antes de serem submetidos à apreciação do Conselho, atuando, como fiscal da correta aplicação da lei.

Art. 4º Cada programa será dirigido por um conselho deliberativo em cuja **composição haverá representantes** do Ministério Público, do Poder Judiciário e de órgãos públicos e privados relacionados com a segurança pública e a defesa dos direitos humanos.

§ 1º A execução das atividades necessárias ao programa ficará a cargo de um dos órgãos representados no conselho deliberativo, devendo os agentes dela incumbidos ter formação e capacitação profissional compatíveis com suas tarefas.

§ 2º Os órgãos policiais prestarão a colaboração e o apoio necessários à execução de cada programa.

1. **Composição do Conselho Deliberativo Federal.** De acordo com o art. 7º, Decreto nº 3.518/2000, o Conselho Deliberativo Federal é composto por membros designados pelo Ministro de Estado da Justiça, com mandato de dois anos, sendo permitida a recondução, compreendendo, entre eles, um representante da Secretaria de Estado dos Direitos Humanos; um representante da Secretaria Nacional de Segurança Pública; um representante da Secretaria Nacional de Justiça; um representante do Departamento de Polícia Federal; um representante do Ministério Público Federal; um representante do Poder Judiciário Federal, indicado pelo Superior Tribunal de Justiça; um representante de entidade não governamental com atuação na proteção de vítimas e testemunhas ameaçadas, indicado pelo Secretário de Estado dos Direitos Humanos.

Art. 5º A solicitação objetivando ingresso no programa poderá ser encaminhada ao órgão executor:

I - pelo interessado;

II - por representante do Ministério Público;

III - pela autoridade policial que conduz a investigação criminal;

IV - pelo juiz competente para a instrução do processo criminal;

V - por órgãos públicos e entidades com atribuições de defesa dos direitos humanos.

§ 1º A solicitação será instruída com a qualificação da pessoa a ser protegida e com informações sobre a sua vida pregressa, o fato delituoso e a coação ou ameaça que a motiva.

§ 2º Para fins de instrução do pedido, o órgão executor poderá solicitar, com a aquiescência do interessado:

I - documentos ou informações comprobatórios de sua identidade, estado civil, situação profissional, patrimônio e grau de instrução, e da pendência de obrigações civis, administrativas, fiscais, financeiras ou penais;

II - exames ou pareceres técnicos sobre a sua personalidade, estado físico ou psicológico.

§ 3º Em **caso de urgência** e levando em consideração a **procedência, gravidade e a iminência da coação ou ameaça**, a vítima ou testemunha poderá ser colocada provisoriamente sob a custódia de órgão policial, pelo órgão executor, no aguardo de decisão do conselho deliberativo, com comunicação imediata a seus membros e ao Ministério Público.

1. **Órgão Executor Federal.** O Órgão Executor Federal tem atribuição para adotar as providências necessárias à aplicação das medidas do Programa, com vistas a garantir a integridade física e psicológica das pessoas ameaçadas, fornecer subsídios ao Conselho e possibilitar o cumprimento de suas decisões. Tem, ainda, as seguintes atribuições, que são exercidas pela Secretaria de Estado dos Direitos Humanos: elaborar relatório sobre o fato que originou o pedido de admissão no Programa e a situação das pessoas que buscam proteção, propiciando elementos para a análise e deliberação do Conselho; promover acompanhamento jurídico e assistência social e psicológica às pessoas protegidas; providenciar apoio para o cumprimento de obrigações civis e administrativas que exijam o comparecimento pessoal dos indivíduos admitidos no Programa; formar e capacitar equipe técnica para a realização das tarefas desenvolvidas no Programa; requerer ao Serviço de Proteção ao Depoente Especial a custódia policial, provisória, das pessoas ameaçadas, até a deliberação do Conselho sobre a admissão no Programa, ou enquanto persistir o risco pessoal e o interesse na produção da prova, nos casos de exclusão do Programa; promover o traslado dos admitidos no Programa; formar a Rede Voluntária de Proteção; confeccionar o Manual de Procedimentos do Programa; adotar procedimentos para a preservação da identidade, imagem e dados pessoais dos protegidos e dos protetores; garantir a manutenção de arquivos e bancos de dados com informações sigilosas; notificar as autoridades competentes sobre a admissão e a exclusão de pessoas do Programa; promover intercâmbio com os Estados e o Distrito Federal acerca de programas de proteção a vítimas e a testemunhas ameaçadas. (art. 8º do Decreto nº 3.518/2000).

2. **Requerimento de ingresso no Programa de Proteção.** O requerimento de inclusão no programa de proteção a vítimas e testemunhas pode ser feito pelo próprio interessado, pelo membro do Ministério Público, pela autoridade policial que conduzir a investigação policial, pelo Juiz competente para a instrução processual e pelos órgãos e entidades com atribuição de defesa dos direitos humanos (art. 5º, *caput* do Decreto nº 3.518/2000). De acordo com o parágrafo único do art. 5º do Decreto nº 3.518/2000, os pedidos de admissão no Programa de Proteção a vítimas e testemunhas devem ser encaminhados ao Órgão Executor, instruído com a qualificação da pessoa cuja proteção se pleiteia, o breve relato da situação motivadora da ameaça ou coação, a descrição da ameaça ou coação sofrida, as informações sobre antecedentes criminais e vida pregressa da pessoa cuja proteção se pleiteia e a informação sobre eventuais inquéritos ou processos judiciais em curso, em que figure a pessoa cuja proteção se pleiteia.

3. **§ 3º. Proteção provisória.** Trata-se de hipótese excepcional, justificada pela urgência da medida, procedência, gravidade e a iminência da coação ou ameaça, enquanto se aguarda a decisão do Conselho Deliberativo Federal sobre a admissão da vítima ou testemunha no Programa de Proteção.

Art. 6º O **conselho deliberativo** decidirá sobre:

I - o ingresso do protegido no programa ou a sua exclusão;

II - as providências necessárias ao cumprimento do programa.

Parágrafo único. As deliberações do conselho serão tomadas por maioria absoluta de seus membros e sua execução ficará sujeita à disponibilidade orçamentária.

1. **Conselho deliberativo.** O Conselho Deliberativo Federal, órgão de instância de direção superior, possui as seguintes atribuições: decidir sobre os pedidos de admissão e exclusão do Programa; solicitar às autoridades competentes medidas de proteção; solicitar ao Ministério Público as providências necessárias à obtenção de medidas judiciais acautelatórias; encaminhar as pessoas que devem ser atendidas pelo Serviço de Proteção ao Depoente Especial, de que trata o Capítulo II deste Decreto; adotar as providências necessárias para a obtenção judicial de alteração da identidade civil; fixar o valor máximo da ajuda financeira mensal aos beneficiários da proteção; deliberar sobre questões relativas ao funcionamento e aprimoramento do Programa. As decisões do Conselho são tomadas pela maioria dos votos de seus membros. (art. 6º, do Decreto nº 3.518/2000).

2. **Disponibilidade orçamentária.** Como o legislador estabeleceu que as medidas de proteção sejam prestadas pela União, pelos Estados e pelo Distrito Federal, no âmbito das respectivas competências, a disponibilidade orçamentária será aferida de acordo com a pessoa jurídica de direito público interno que executar o Programa de Proteção.

Art. 7º Os **programas compreendem**, dentre outras, as seguintes **medidas**, aplicáveis isolada ou cumulativamente em benefício da pessoa protegida, segundo a gravidade e as circunstâncias de cada caso:

I – segurança na residência, incluindo o controle de telecomunicações;

II – escolta e segurança nos deslocamentos da residência, inclusive para fins de trabalho ou para a prestação de depoimentos;

III – transferência de residência ou acomodação provisória em local compatível com a proteção;

IV – preservação da identidade, imagem e dados pessoais;

V – ajuda financeira mensal para prover as despesas necessárias à subsistência individual ou familiar, no caso de a pessoa protegida estar impossibilitada de desenvolver trabalho regular ou de inexistência de qualquer fonte de renda;

VI – suspensão temporária das atividades funcionais, sem prejuízo dos respectivos vencimentos ou vantagens, quando servidor público ou militar;

VII – apoio e assistência social, médica e psicológica;

VIII – sigilo em relação aos atos praticados em virtude da proteção concedida;

IX – apoio do órgão executor do programa para o cumprimento de obrigações civis e administrativas que exijam o comparecimento pessoal.

Parágrafo único. A ajuda financeira mensal terá um teto fixado pelo conselho deliberativo no início de cada exercício financeiro.

1. **Composição do Programa de Proteção.** Fazem parte do Programa o Conselho Deliberativo Federal, o Órgão Executor Federal e Rede Voluntária de Proteção. (art. 2º do Decreto nº 3.518/2000).

2. **Rede Voluntária de Proteção.** A Rede Voluntária de Proteção compreende o conjunto de associações civis, entidades e demais organizações não governamentais que se dispõem a receber, sem auferir lucros ou benefícios, os admitidos no Programa, proporcionando-lhes moradia e oportunidades de inserção social em local diverso de sua residência. Integram a Rede Voluntária de Proteção as organizações sem fins lucrativos que gozem de reconhecida atuação na área de assistência e desenvolvimento social, na defesa de direitos humanos ou na promoção da segurança pública e que tenham firmado com o Órgão Executor ou com entidade com ele conveniada, termo de compromisso para o cumprimento dos procedimentos e das normas estabelecidos no Programa. (Art. 9º do Decreto nº 3.518/2000).

3. **Medidas de proteção.** As medidas de proteção objetivam garantir a integridade física e psicológica das pessoas Outras medidas de proteção estão elencadas no art. 1º, parágrafo único do Decreto nº 3.518/2000, sendo compreendidas como tais: a segurança nos deslocamentos; a transferência de residência ou acomodação provisória em local sigiloso, compatível com a proteção; a preservação da identidade, imagens e dados pessoais; a ajuda financeira mensal; a suspensão temporária das atividades funcionais; a assistência social, médica e psicológica; o apoio para o cumprimento de obrigações civis e administrativas que exijam comparecimento pessoal; e alteração de nome completo, em casos excepcionais.

4. **Rol exemplificativo.** O rol das medidas não é taxativo, uma vez que o legislador utilizou as expressões *dentre outras,* podendo outras medidas ser tomadas com o fim de se preservar o colaborador com a persecução penal.

Art. 8º Quando entender necessário, poderá o conselho deliberativo solicitar ao Ministério Público que requeira ao juiz a concessão de **medidas cautelares** direta ou indiretamente relacionadas com a eficácia da proteção.

1. **Requerimento de medidas cautelares.** Trata-se de permissivo legal para que o Conselho Deliberativo Federal requeira ao Ministério Público que se dirija ao Juiz, pleiteando a concessão de medidas cautelares que visem a assegurar a eficácia das medidas protetivas a serem tomadas futuramente.
2. **Obrigação do Ministério Público de requerer a medida ao juiz.** Parece que o membro do Ministério Público está obrigado a dirigir-se ao Juiz, pleiteando a concessão de medidas cautelares, uma vez que a aferição da necessidade da medida cautelar compete ao Conselho Deliberativo Federal.

Art. 9º Em casos excepcionais e considerando as características e gravidade da coação ou ameaça, poderá o conselho deliberativo encaminhar requerimento da pessoa protegida ao juiz competente para registros públicos objetivando a **alteração de nome completo**.

§ 1º A alteração de nome completo poderá estender-se às pessoas mencionadas no § 1º do art. 2º desta Lei, inclusive aos filhos menores, e será precedida das providências necessárias ao resguardo de direitos de terceiros.

§ 2º O requerimento será sempre fundamentado e o juiz ouvirá previamente o Ministério Público, determinando, em seguida, que o procedimento tenha rito sumaríssimo e corra em segredo de justiça.

§ 3º Concedida a alteração pretendida, o juiz determinará na sentença, observando o sigilo indispensável à proteção do interessado:

I – a averbação no registro original de nascimento da menção de que houve alteração de nome completo em conformidade com o estabelecido nesta Lei, com expressa referência à sentença autorizatória e ao juiz que a exarou e sem a aposição do nome alterado;

II – a determinação aos órgãos competentes para o fornecimento dos documentos decorrentes da alteração;

III – a remessa da sentença ao órgão nacional competente para o registro único de identificação civil, cujo procedimento obedecerá às necessárias restrições de sigilo.

§ 4º O conselho deliberativo, resguardado o sigilo das informações, manterá controle sobre a localização do protegido cujo nome tenha sido alterado.

§ 5º Cessada a coação ou ameaça que deu causa à alteração, ficará facultado ao protegido solicitar ao juiz competente o retorno à situação anterior, com a alteração para o nome original, em petição que será encaminhada pelo conselho deliberativo e terá manifestação prévia do Ministério Público.

1. **Alteração do nome completo.** Trata-se de medida que visa a ocultar a real identidade do protegido.

2. **Excepcionalidade da medida.** A alteração do nome da pessoa obrigatoriamente gerará reflexos em toda a sua órbita dos direitos da personalidade, podendo, inclusive, gerar prejuízos a terceiros. Assim, trata-se de medida de caráter excepcional, condicionada às características e gravidade da coação ou ameaça.

3. **§ 3º, III. Remessa da sentença ao órgão nacional competente para o registro único de identificação civil.** A Lei de Registros Públicos dispõe: *"Art. 57 – Qualquer alteração posterior de nome, somente por exceção e motivadamente, após audiência do Ministério Público, será permitida por sentença do juiz a que estiver sujeito o registro, arquivando-se o mandato e publicando-se a alteração pela imprensa. § 7º Quando a alteração de nome for concedida em razão de fundada coação ou ameaça decorrente de colaboração com a apuração de crime, o juiz competente determinará que haja a averbação no registro de origem de menção da existência de sentença concessiva da alteração, sem a averbação do nome alterado, que somente poderá ser procedida mediante determinação posterior, que levará em consideração a cessação da coação ou ameaça que deu causa à alteração. Art. 58. O prenome será definitivo, admitindo-se, todavia, a sua substituição por apelidos públicos notórios. Parágrafo único. A substituição do prenome será ainda admitida em razão de fundada coação ou ameaça decorrente da colaboração com a apuração de crime, por determinação, em sentença, de juiz competente, ouvido o Ministério Público."*

4. **§ 5º. Cessação da coação ou da ameaça.** Cessada a coação ou a ameaça o retorno ao *status quo*, com o retorno ao uso do nome original por parte do protegido não é automático, dependendo se requerimento seu ao Juízo competente. Trata-se de faculdade conferida ao protegido, e não obrigação.

Art. 10. A **exclusão da pessoa protegida de programa** de proteção a vítimas e a testemunhas poderá ocorrer a qualquer tempo:

I – por solicitação do próprio interessado;

II – por decisão do conselho deliberativo, em conseqüência de:

a) cessação dos motivos que ensejaram a proteção;

b) conduta incompatível do protegido.

Art. 11. A proteção oferecida pelo programa terá a **duração máxima de dois anos.**

Parágrafo único. Em circunstâncias excepcionais, perdurando os motivos que autorizam a admissão, a **permanência poderá ser prorrogada.**

1. **Exclusão da pessoa do programa de proteção.** Compete ao Conselho Deliberativo Federal, por decisão tomada pela maioria absoluta dos votos (art. 6º, parágrafo único) de seus membros, decidir sobre a exclusão do protegido do Programa, na forma do art. 6º, do Decreto nº 3.518/2000.

2. **Inciso I.** Como dito acima, a proteção conferida à vítima ou a testemunha não pode ser imposta como uma obrigação, pois as medidas protetivas implicam, em certa

medida, na privação de algumas atividades da pessoa protegida. Assim pode o protegido manifestar, a qualquer tempo, o interesse em ser excluído do Programa de Proteção.

3. **Inciso II. Cessação dos motivos.** A duração do Programa de Proteção está condicionada à permanência das ameaças ou coações. Assim, por não se tratar de medidas eternas, uma vez que a ameaça ou coação tenha cessado, cessará também a proteção estatal concedida.

4. **Inciso II. Conduta incompatível do protegido.** Ver comentário ao art. 2º.

5. **Tempo de duração do programa e prorrogação.** O legislador estabeleceu o prazo máximo de dois anos para a duração do Programa de Proteção, permitindo a sua prorrogação em circunstâncias excepcionais, desde que perdurem os motivos que autorizaram a admissão do protegido no Programa de Proteção. É razoável que se entenda que a prorrogação também durará enquanto persistirem os motivos que a justificaram.

Art. 12. Fica instituído, no âmbito do órgão do Ministério da Justiça com atribuições para a execução da política de direitos humanos, o **Programa Federal de Assistência a Vítimas e a Testemunhas Ameaçadas**, a ser regulamentado por decreto do Poder Executivo.

1. **Programa Federal de Assistência a Vítimas e a Testemunhas Ameaçadas.** O Programa Federal de Assistência a Vítimas e a Testemunhas Ameaçadas compreende todas as medidas já comentadas nos artigos acima. O Decreto regulamentador a que o artigo ora comentado faz alusão é o já citado Decreto nº 3.518/2000.

CAPÍTULO II
DA PROTEÇÃO AOS RÉUS COLABORADORES

Art. 13. Poderá o juiz, de ofício ou a requerimento das partes, **conceder o perdão judicial e a conseqüente extinção da punibilidade** ao acusado que, sendo primário, tenha colaborado efetiva e voluntariamente com a investigação e o processo criminal, desde que dessa colaboração tenha resultado:

I – a identificação dos demais co-autores ou partícipes da ação criminosa;

II – a localização da vítima com a sua integridade física preservada;

III – a recuperação total ou parcial do produto do crime.

Parágrafo único. A concessão do perdão judicial levará em conta a personalidade do beneficiado e a natureza, circunstâncias, gravidade e repercussão social do fato criminoso.

1. **Colaboração premiada.** A colaboração premiada também é conhecida como delação premiada. Delatar significa apontar o responsável pela infração penal praticada. Pelo instituto da delação, o acusado aponta outras pessoas como igualmente responsáveis pela prática da infração penal. Diz-se premiada porque o delator recebe algum benefício do Estado em troca das informações prestadas, úteis à

elucidação do delito praticado. No artigo ora comentado, o "prêmio" consiste na concessão do perdão judicial.

2. **Momento para a realização da colaboração premiada.** A colaboração premiada pode ser feita tanto na fase do inquérito policial, quanto na fase do processo criminal.

3. **Identidade de infração penal.** O delator deve ter praticado o mesmo delito que a pessoa que ele vai delatar.

4. **Perdão judicial.** A consequência da delação efetiva é a concessão, pelo Juiz, do perdão judicial, que, previsto no art. 120 do Código Penal, constitui causa de extinção da punibilidade prevista no art. 107, IX do Código Penal. A sentença que o concede tem natureza jurídica de sentença declaratória de extinção da punibilidade, não subsistindo qualquer efeito condenatório (súmula 18 do STJ), bem como não será considerada para efeitos de reincidência, de acordo com o art. 120 do Código Penal.

5. **Primariedade do acusado.** Primário, para a lei brasileira, é aquele que não é reincidente. Importante ressaltar que o Brasil adotou a teoria bipartida da infração penal, segundo a qual infração penal é gênero que abrange duas espécies, quais sejam: crimes ou delitos (como expressões sinônimas) e contravenções. A reincidência está prevista no art. 63 do Código Penal e no art. 7º da Lei de Contravenções Penais (Decreto-Lei 3.688/41). Da conjugação desses dois dispositivos legais chega-se à seguinte conclusão: O réu será reincidente se praticar um crime (condenado com trânsito em julgado) e depois outro crime; uma contravenção penal (condenado com trânsito em julgado) e depois outra contravenção penal; um crime (condenado com trânsito em julgado) e depois uma contravenção penal. Entretanto, não será reincidente se praticar uma contravenção penal e depois um crime, por absoluta falta de previsão legal.

6. **Colaboração efetiva e voluntária.** *Colaboração efetiva* é aquela que resulta, segundo o dispositivo legal ora comentado, na identificação dos demais coautores ou partícipes da ação criminosa, na localização da vítima com a sua integridade física preservada ou na recuperação total ou parcial do produto do crime. *Colaboração voluntária* é a colaboração que o agente presta por vontade própria, sem que ninguém o tenha constrangido a tal. Note-se que o legislador não exigiu que a colaboração fosse espontânea, bastando que seja voluntária. Dessa forma, não importa o motivo pelo qual o agente colabora, podendo se dar, por exemplo, por pedido ou influência de alguém.

▶ **STJ**

> (...) DELAÇÃO PREMIADA OU PERDÃO JUDICIAL. LEI Nº 9.807/99. AUSÊNCIA DOS PRESSUPOSTOS PARA A CONCESSÃO DO BENEFÍCIO. (...). Não estão presentes, na hipótese, os requisitos para a concessão da delação premiada ou do perdão judicial (arts. 13 e 14 da Lei nº 9.807/99), uma vez que o Tribunal de origem, fundamentadamente, consignou que o depoimento do Agravante não contribuiu de forma eficaz e relevante para o deslinde do caso, mormente para o resgate das vítimas. AgRg no REsp 1254534. Rel. Min. Laurita Vaz, julgado em 23/04/2013.

7. **Inciso I. Identificação dos demais coautores ou partícipes.** A identificação pode se dar de qualquer forma, ou seja, por meio do fornecimento do nome, endereço,

características pessoais etc., desde que seja eficaz na identificação. Basta que o delator identifique um dos coautores ou partícipes, não sendo necessária a identificação de todos.

8. **Inciso II. Localização da vítima com a sua integridade física preservada.** O legislador exigiu que a vítima fosse encontrada com a sua integridade física preservada. Irrazoável tal exigência, uma vez que a vítima encontrar-se com a sua integridade física preservada independe da vontade do delator. Mesmo que o delator queira colaborar com as investigações, terá que contar com o fator sorte.

9. **Inciso III. Recuperação total ou parcial do produto do crime.** Tal requisito somente será exigido quando, a depender do delito praticado, for possível a recuperação do seu produto, como no caso do tráfico de drogas ou receptação. Entretanto, tal requisito seria inviável, por exemplo, no delito de extorsão mediante sequestro, em que ainda embora consumado pela privação da liberdade de vítima, o pagamento do valor correspondente ao resgate ainda não foi efetuado.

10. **Cumulatividade dos requisitos.** Os requisitos são cumulativos. Isso é, é necessário que todos estejam satisfeitos para que o réu delator tenha direito ao perdão judicial.

▶ **STJ**

"HABEAS CORPUS. DIREITO PENAL (...). PEDIDO DE APLICAÇÃO DO INSTITUTO DA DELAÇÃO PREMIADA. REQUISITOS NÃO PREENCHIDOS. (...). Para a configuração da delação premiada (arts. 13 e 14 da Lei 9.807/99), é preciso o preenchimento cumulativo dos requisitos legais exigidos. Precedente do Supremo Tribunal Federal. Na espécie, as instâncias ordinárias, fundamentadamente, consignaram que o depoimento do Paciente não contribuiu de forma eficaz e relevante para o deslinde do caso". HC 233855. Rel. Min. Laurita Vaz, julgado em 12/11/2013.

11. **Parágrafo único.** Trata-se dos requisitos subjetivos para a concessão do perdão judicial.

12. **Análise da configuração da delação premiada em sede de ordem de *habeas corpus*.** Tendo em vista que a ação de ordem de *habeas corpus* não comporta dilação probatória, não é possível se aferir, em seu bojo, a configuração do instituto da delação premiada.

13. **Incomunicabilidade.** A delação premiada é ato pessoal do delator. Portanto, em caso de concurso de pessoas, não se comunica aos outros coautores e partícipes.

Art. 14. O indiciado ou acusado que colaborar voluntariamente com a investigação policial e o processo criminal na identificação dos demais co-autores ou partícipes do crime, na localização da vítima com vida e na recuperação total ou parcial do produto do crime, no caso de condenação, terá **pena reduzida de um a dois terços**.

1. **Colaboração premiada.** Conforme dito no comentário feito ao artigo anterior, delatar significa apontar o responsável pela infração penal praticada. Pelo instituto da delação, o acusado aponta outras pessoas como igualmente responsáveis pela prática da infração penal. Diz-se premiada porque o delator recebe algum benefício do Estado

em troca das informações prestadas, úteis à elucidação do delito praticado. No artigo ora comentado, o "prêmio" consiste na aplicação de causa especial de diminuição da pena. Por tratar-se de *novatio legis in mellius,* a causa de diminuição de pena prevista no artigo ora comentado deve retroagir para alcançar delitos praticados antes do início de vigência desta lei, por força do princípio da retroatividade da lei penal mais benéfica, positivado no art. 5º, XL da CF/88.

2. **Diferença para o art. 13.** No art. 13, acima comentado, o legislador exigiu a primariedade do delator; no art. 14, ora comentado, não se exige tal requisito. No art. 13 há a exigência da presença dos requisitos subjetivos contidos no seu parágrafo único, o que não se exige no art. 14.

Art. 13	Art. 14
Exige-se a primariedade do delator	Não se exige a primariedade do delator
Exige-se a presença dos requisitos subjetivos descritos no parágrafo único	Não se exige a presença de requisitos subjetivos

3. **Identidade de infração penal.** O delator deve ter praticado o mesmo delito que a pessoa que ele vai delatar.
4. **Causa de diminuição da pena.** No art. 14, diferente do art. 13, a delação tem como consequência a redução da pena de um a dois terços. Trata-se de causa especial de diminuição de pena, que é aplicada na terceira fase da aplicação da pena, podendo conduzi-la a abaixo do mínimo legal.
5. **Possibilidade de aplicação em conjunto com circunstância atenuante.** Questão relevante versa sobre a possibilidade de aplicação, a um só tempo, de circunstância atenuante e da causa de diminuição de pena prevista no artigo ora comentado. Como sabido, a circunstância atenuante incide na segunda fase da aplicação da pena criminal, enquanto a causa de diminuição de pena incide na terceira fase da aplicação da pena. A confissão versa sobre os fatos imputados na denúncia; a delação premiada versa sobre as informações que o réu fornece a identificação dos demais coautores ou partícipes do crime, na localização da vítima com vida e na recuperação total ou parcial do produto do crime. Tendo em vista as naturezas diversas dos dois institutos, bem como as suas incidências em momentos distintos da aplicação da pena criminal, pensamos que nada obsta a aplicação conjunta dos dois institutos.
6. **Momento para a realização da colaboração premiada.** A colaboração premiada pode ser feita tanto na fase do inquérito policial, quanto na fase do processo criminal.
7. **Cumulatividade dos requisitos.** Os requisitos são cumulativos. Isso é, para que o delator tenha direito à redução da pena, deve satisfazer todos os requisitos elencados no artigo.

▶ **STJ**

"HABEAS CORPUS. DIREITO PENAL (...). PEDIDO DE APLICAÇÃO DO INSTITUTO DA DELAÇÃO PREMIADA. REQUISITOS NÃO PREENCHIDOS. (...). Para a configuração da delação premiada (arts. 13 e 14 da Lei 9.807/99), é preciso o preenchimento cumulativo dos requisitos legais exigidos. Precedente do Supremo Tribunal Federal.

Na espécie, as instâncias ordinárias, fundamentadamente, consignaram que o depoimento do Paciente não contribuiu de forma eficaz e relevante para o deslinde do caso". HC 233855. Rel. Min. Laurita Vaz, julgado em 12/11/2013.

8. **Colaboração voluntária e eficaz.** *Colaboração voluntária* é a colaboração que o agente presta por vontade própria, sem que ninguém o tenha constrangido a tal. Note-se que o legislador não exigiu que a colaboração fosse espontânea, bastando que seja voluntária. Dessa forma, não importa o motivo pelo qual o agente colabora, podendo se dar, por exemplo, por pedido ou influência de alguém. Ademais, a colaboração deve ser efetiva, ou seja, deve resultar identificação dos demais coautores ou partícipes do crime, na localização da vítima com vida e na recuperação total ou parcial do produto do crime.

▶ **STJ**

(...) DELAÇÃO PREMIADA OU PERDÃO JUDICIAL. LEI Nº 9.807/99. AUSÊNCIA DOS PRESSUPOSTOS PARA A CONCESSÃO DO BENEFÍCIO. (...). Não estão presentes, na hipótese, os requisitos para a concessão da delação premiada ou do perdão judicial (arts. 13 e 14 da Lei nº 9.807/99), uma vez que o Tribunal de origem, fundamentadamente, consignou que o depoimento do Agravante não contribuiu de forma eficaz e relevante para o deslinde do caso, mormente para o resgate das vítimas. AgRg no REsp 1254534. Rel. Min. Laurita Vaz, julgado em 23/04/2013.

9. **Identificação dos demais coautores ou partícipes.** Da mesma forma que no artigo anterior, a identificação pode se dar de qualquer forma, ou seja, por meio do fornecimento do nome, endereço, características pessoais etc. desde que seja eficaz na identificação. Basta que o delator identifique um dos coautores ou partícipes, não sendo necessária a identificação de todos.

10. **Localização da vítima com vida.** O legislador exigiu que a vítima fosse encontrada com vida. Da mesma forma que ocorre no artigo anterior, é irrazoável tal exigência, uma vez que isso independe da vontade do delator. Mesmo que o delator queira colaborar com as investigações, terá que contar com o fator sorte. Note-se que, mesmo que a vítima não esteja com a integridade física preservada, estando, por exemplo, com ferimentos leves ou graves, haverá a incidência da diminuição da pena.

11. **Recuperação total ou parcial do produto do crime.** Como ocorre no artigo anterior, tal requisito somente será exigido quando, a depender do delito praticado, for possível a recuperação do seu produto, como no caso do tráfico de drogas ou receptação. Entretanto, tal requisito seria inviável, por exemplo, no delito de extorsão mediante sequestro, em que ainda embora consumado pela privação da liberdade de vítima, o pagamento do valor correspondente ao resgate ainda não foi efetuado.

12. **Incomunicabilidade.** A delação premiada é ato pessoal do delator. Portanto, em caso de concurso de pessoas, não se comunica aos outros coautores e partícipes.

Art. 15. Serão aplicadas em benefício do colaborador, na prisão ou fora dela, **medidas especiais de segurança e proteção a sua integridade física**, considerando ameaça ou coação eventual ou efetiva.

§ 1º Estando sob prisão temporária, preventiva ou em decorrência de flagrante delito, o colaborador será custodiado em dependência separada dos demais presos.

§ 2º Durante a instrução criminal, poderá o juiz competente determinar em favor do colaborador qualquer das medidas previstas no art. 8º desta Lei.

§ 3º No caso de cumprimento da pena em regime fechado, poderá o juiz criminal determinar medidas especiais que proporcionem a segurança do colaborador em relação aos demais apenados.

1. **§ 1º. Delator preso.** A custódia separada dos demais presos é medida salutar, uma vez que, como consabido, a prisão é local onde impera a violência e a "lei do silêncio". Dessa forma, a custódia do delator junto com os demais reclusos ou detentos poderia implicar risco de morte para ele.
2. **§ 2º. Medidas cautelares no curso da instrução criminal.** Trata-se das medidas cautelares que o Conselho Deliberativo Federal pode requerer ao Juiz, por meio do Ministério Público, pleiteando a concessão de medidas cautelares que visem a assegurar a eficácia das medidas protetivas a serem tomadas futuramente.

DISPOSIÇÕES GERAIS

Art. 16. O art. 57 da Lei nº 6.015, de 31 de dezembro de 1973, fica acrescido do seguinte § 7º:

"§ 7º Quando a alteração de nome for concedida em razão de fundada coação ou ameaça decorrente de colaboração com a apuração de crime, o juiz competente determinará que haja a averbação no registro de origem de menção da existência de sentença concessiva da alteração, sem a averbação do nome alterado, que somente poderá ser procedida mediante determinação posterior, que levará em consideração a cessação da coação ou ameaça que deu causa à alteração."

Art. 17. O parágrafo único do art. 58 da Lei nº 6.015, de 31 de dezembro de 1973, com a redação dada pela Lei nº 9.708, de 18 de novembro de 1998, passa a ter a seguinte redação: "Parágrafo único. A substituição do prenome será ainda admitida em razão de fundada coação ou ameaça decorrente da colaboração com a apuração de crime, por determinação, em sentença, de juiz competente, ouvido o Ministério Público." (NR)

Art. 18. O art. 18 da Lei nº 6.015, de 31 de dezembro de 1973, passa a ter a seguinte redação: "Art. 18. Ressalvado o disposto nos arts. 45, 57, § 7º, e 95, parágrafo único, a certidão será lavrada independentemente de despacho judicial, devendo mencionar o livro de registro ou o documento arquivado no cartório." (NR)

Art. 19. A União poderá utilizar **estabelecimentos especialmente destinados ao cumprimento de pena de condenados que tenham prévia e voluntariamente prestado a colaboração** de que trata esta Lei.

Parágrafo único. Para fins de utilização desses estabelecimentos, poderá a União celebrar convênios com os Estados e o Distrito Federal.

1. **Cumprimento da pena pelo delator.** A medida é salutar, pois aquele que se dispõe a colaborar com o Estado, na persecução penal, além de demonstrar interesse na

ressocialização (função preventiva especial da pena), merece tratamento diferenciado, com o cumprimento de sua pena em local diverso dos demais reclusos ou detentos, além do próprio risco de morte que corre caso permaneça preso juntamente com as que forem por ele delatados.

Art. 19-A. Terão prioridade na tramitação o inquérito e o processo criminal em que figure indiciado, acusado, vítima ou réu colaboradores, vítima ou testemunha protegidas pelos programas de que trata esta Lei.

Parágrafo único. Qualquer que seja o rito processual criminal, o juiz, após a citação, tomará antecipadamente o depoimento das pessoas incluídas nos programas de proteção previstos nesta Lei, devendo justificar a eventual impossibilidade de fazê-lo no caso concreto ou o possível prejuízo que a oitiva antecipada traria para a instrução criminal. (artigo inserido pela lei 12.483/2011).

1. **Prioridade na tramitação do inquérito ou do processo criminal.** A prioridade estabelecida pelo legislador tem por finalidade dar maior celeridade ao inquérito ou processo judicial que envolva a situação da presente lei, para que a pessoa não seja exposta, bem como para que a sua vida possa voltar ao normal o mais rápido possível.

Art. 20. As despesas decorrentes da aplicação desta Lei, pela União, correrão à conta de dotação consignada no orçamento.

Art. 21. Esta Lei entra em vigor na data de sua publicação.

Relações de Consumo.
Lei nº 8.078, de 11 de setembro de 1990 e
Lei nº 8.137, de 27 de dezembro de 1990

Lei nº 8.078, de 11 de setembro de 1990

TÍTULO II
Das Infrações Penais

Art. 61. Constituem crimes contra as relações de consumo previstas neste código, sem prejuízo do disposto no Código Penal e leis especiais, as condutas tipificadas nos artigos seguintes.

Art. 62. (Vetado).

1. **Bem jurídico tutelado.** Nos crimes contra as relações de consumo protegem-se a transparência e o equilíbrio entre as pessoas envolvidas nas relações consumeristas.
2. **Fundamento constitucional da tutela do consumidor.** O legislador constituinte fez previsão da proteção do consumidor em dois lugares: em primeiro lugar, no art. 5º, XXXII ("art. 5º Todos são iguais perante a lei, sem distinção de qualquer natureza, garantindo-se aos brasileiros e aos estrangeiros residentes no País a inviolabilidade do direito à vida, à liberdade, à igualdade, à segurança e à propriedade, nos termos seguintes: XXXII – o Estado promoverá, na forma da lei, a defesa do consumidor."), e, em segundo lugar, no art. 170, V ("art. 170. A ordem econômica, fundada na valorização do trabalho humano e na livre iniciativa, tem por fim assegurar a todos existência digna, conforme os ditames da justiça social, observados os seguintes princípios: V – defesa do consumidor").
3. **Norma penal em branco.** Muitos tipos penais da presente lei configuram normas penais em branco, tendo em vista que fazem menção expressa a *consumidor, produto, serviço,* além de outros conceitos próprios da legislação consumerista.
4. **Fornecedor.** "Fornecedor é toda pessoa física ou jurídica, pública ou privada, nacional ou estrangeira, bem como os entes despersonalizados, que desenvolvem

atividade de produção, montagem, criação, construção, transformação, importação, exportação, distribuição ou comercialização de produtos ou prestação de serviços." (Art. 3º da lei).

5. **Consumidor.** "Consumidor é toda pessoa física ou jurídica que adquire ou utiliza produto ou serviço como destinatário final. Parágrafo único. Equipara-se a consumidor a coletividade de pessoas, ainda que indetermináveis, que haja intervindo nas relações de consumo." (Art. 2º da lei).

6. **Produto.** "Produto é qualquer bem, móvel ou imóvel, material ou imaterial." (Art. 3º, § 1º da lei).

7. **Serviço.** "Serviço é qualquer atividade fornecida no mercado de consumo, mediante remuneração, inclusive as de natureza bancária, financeira, de crédito e securitária, salvo as decorrentes das relações de caráter trabalhista." (Art. 3º, § 2º da lei).

Art. 63. Omitir dizeres ou sinais ostensivos sobre **a nocividade ou periculosidade de produtos**, nas embalagens, nos invólucros, recipientes ou publicidade:

Pena – Detenção de seis meses a dois anos e multa.

§ 1º Incorrerá nas mesmas penas quem **deixar de alertar**, mediante recomendações escritas ostensivas, sobre a periculosidade do serviço a ser prestado.

§ 2º Se o crime é **culposo**:

Pena Detenção de um a seis meses ou multa.

1. **Sujeito ativo.** O fornecedor do produto ou do serviço.
2. **Sujeito passivo.** O consumidor.
3. **Crime omissivo.** O verbo *omitir* confere ao tipo penal a natureza de crime omissivo próprio, uma vez que o agente deixa de inserir dizeres ou sinais ostensivos sobre a nocividade ou periculosidade do produto.
4. **Nocividade ou periculosidade de produtos e serviços.** Tudo o que possa causar dano ao consumidor.

5. **Embalagens, invólucros, recipientes ou publicidade.** A expressão *embalagens* é genérica e abrangente, de forma a englobar invólucros e recipientes. *Invólucro* é tudo o que se destina a embrulhar, cobrir o produto, a exemplo de caixas, pacotes etc. *Recipiente* é tudo o que serve para acondicionar o produto, como frascos, vidros, latas etc. Os dizeres ou sinais devem estar de forma ostensiva nas embalagens, invólucros e recipientes. Caso haja os dizeres ou os sinais, mas eles estejam escondidos, ocultos ou de forma que não seja possível vê-los, há a prática do delito. *Publicidade* significa a mensagem dirigida ao público com o objetivo de despertar ou incentivar o seu interesse por produtos ou serviços.

6. **Violação dos arts. 8º, 9º, 10 e 31 da lei.** O delito ora comentado constitui clara violação aos artigos 8º, 9º,10 e 31 do próprio Código de Defesa do Consumidor,

que possuem as seguintes redações: "Art. 8º Os produtos e serviços colocados no mercado de consumo não acarretarão riscos à saúde ou segurança dos consumidores, exceto os considerados normais e previsíveis em decorrência de sua natureza e fruição, obrigando-se os fornecedores, em qualquer hipótese, a dar as informações necessárias e adequadas a seu respeito. Parágrafo único. Em se tratando de produto industrial, ao fabricante cabe prestar as informações a que se refere este artigo, através de impressos apropriados que devam acompanhar o produto"; "Art. 9º O fornecedor de produtos e serviços potencialmente nocivos ou perigosos à saúde ou segurança deverá informar, de maneira ostensiva e adequada, a respeito da sua nocividade ou periculosidade, sem prejuízo da adoção de outras medidas cabíveis em cada caso concreto"; "Art. 10. O fornecedor não poderá colocar no mercado de consumo produto ou serviço que sabe ou deveria saber apresentar alto grau de nocividade ou periculosidade à saúde ou segurança. § 1º O fornecedor de produtos e serviços que, posteriormente à sua introdução no mercado de consumo, tiver conhecimento da periculosidade que apresentem, deverá comunicar o fato imediatamente às autoridades competentes e aos consumidores, mediante anúncios publicitários. § 2º Os anúncios publicitários a que se refere o parágrafo anterior serão veiculados na imprensa, rádio e televisão, às expensas do fornecedor do produto ou serviço. § 3º Sempre que tiverem conhecimento de periculosidade de produtos ou serviços à saúde ou segurança dos consumidores, a União, os Estados, o Distrito Federal e os Municípios deverão informá-los a respeito"; "Art. 31. A oferta e apresentação de produtos ou serviços devem assegurar informações corretas, claras, precisas, ostensivas e em língua portuguesa sobre suas características, qualidades, quantidade, composição, preço, garantia, prazos de validade e origem, entre outros dados, bem como sobre os riscos que apresentam à saúde e segurança dos consumidores."

7. **§ 1º. Serviço.** Faz menção ao serviço para englobá-lo na previsão típica. Nesse caso, o alerta deve ser feito por recomendações escritas ostensivas São exemplos de serviços que oferecem periculosidade: cirurgia, dedetização com substância tóxica etc.

8. **§ 2º. Modalidade culposa.** A modalidade culposa pode dar-se, nesse caso, por negligência, em razão da omissão ao agente.

9. **Consumação.** O delito consuma-se com a mera omissão do agente. Trata-se de crime omissivo próprio.

10. **Classificação.** Crime próprio; de mera conduta; doloso ou culposo; omissivo próprio; de perigo abstrato; instantâneo; não admite tentativa por ser omissivo próprio.

11. **Infração penal de menor potencial ofensivo.** Tendo em vista que a pena máxima não é superior a dois anos, trata-se de infração penal de menor potencial ofensivo (art. 61 da lei 9.099/95).

12. **Suspensão condicional do processo.** Cabível, pois a pena mínima cominada não ultrapassa 1 ano (art. 89 da lei 9.099/95).

Art. 64. Deixar de comunicar à autoridade competente e aos consumidores a **nocividade ou periculosidade de produtos** cujo conhecimento seja **posterior** à sua colocação no mercado:

Pena – Detenção de seis meses a dois anos e multa.

Parágrafo único. Incorrerá nas mesmas penas quem **deixar de retirar do mercado**, imediatamente quando determinado pela autoridade competente, os produtos nocivos ou perigosos, na forma deste artigo.

1. **Sujeito ativo.** O fornecedor do produto.
2. **Sujeito passivo.** O consumidor, a coletividade e o Estado.
3. **Crime omissivo.** Trata-se de crime omissivo, uma vez que o agente deixa de fazer a comunicação sobre a nocividade ou a periculosidade de produtos à autoridade competente e aos consumidores.
4. **Nocividade ou periculosidade de produtos.** Tudo o que possa causar dano ao consumidor.
5. **Violação do art. 10, § 1º da lei.** O delito ora comentado constitui violação ao artigo 10, § 1º do Código de Defesa do Consumidor, que possui a seguinte redação: "Art. 10. O fornecedor não poderá colocar no mercado de consumo produto ou serviço que sabe ou deveria saber apresentar alto grau de nocividade ou periculosidade à saúde ou segurança. § 1º O fornecedor de produtos e serviços que, posteriormente à sua introdução no mercado de consumo, tiver conhecimento da periculosidade que apresentem, deverá comunicar o fato imediatamente às autoridades competentes e aos consumidores, mediante anúncios publicitários."
6. **Comunicação. Dupla obrigação.** A comunicação deve ser feita à autoridade competente e aos consumidores, de forma que se ela for feita a apenas uma dessas pessoas, há crime. A comunicação pode ser feita por qualquer veículo, como anúncio na televisão, rádios, jornais escritos, "outdoors" etc.
7. **Autoridade competente.** É a pessoa vinculada ao Poder Público que tem a função de regular e fiscalizar a exposição de produtos à venda aos fornecedores, como o PROCON, a vigilância sanitária, entre outros órgãos.
8. **Conhecimento posterior à colocação do produto no mercado.** Neste delito, o agente não expõe à venda um produto com a consciência da nocividade ou da periculosidade do produto. Essa constatação é feita posteriormente. Trata-se do chamado *recall*.
9. **Parágrafo único.** A conduta equiparada no parágrafo único refere-se ao agente que não retira da oferta no mercado de consumo o produto nocivo ou perigoso, quando determinado pela autoridade competente. Trata-se de uma especialidade do delito de desobediência (art. 330 do Código Penal). Por *imediatamente* entenda-se no exato momento em que o fornecedor teve ciência da ordem da autoridade competente.
10. **Consumação.** Tanto no *caput,* quanto no parágrafo único, o delito consuma-se com a mera omissão do agente. Trata-se de crime omissivo próprio.

11. **Classificação.** Crime próprio; de mera conduta; doloso; omissivo próprio; de perigo abstrato; instantâneo; não admite tentativa por ser omissivo próprio.

12. **Infração penal de menor potencial ofensivo.** Tendo em vista que a pena máxima não é superior a dois anos, trata-se de infração penal de menor potencial ofensivo (art. 61 da lei 9.099/95).

13. **Suspensão condicional do processo.** Cabível, pois a pena mínima cominada não ultrapassa 1 ano (art. 89 da lei 9.099/95).

Art. 65. Executar **serviço de alto grau de periculosidade**, contrariando determinação de autoridade competente:

Pena Detenção de seis meses a dois anos e multa.

§ 1º As penas deste artigo são aplicáveis sem prejuízo das correspondentes à **lesão corporal e à morte**. (Redação dada pela Lei 13.425, de 2017).

§ 2º A prática do disposto no inciso XIV do art. 39 desta Lei **também caracteriza o crime** previsto no caput deste artigo.

1. **Sujeito ativo.** O fornecedor do serviço.

2. **Sujeito passivo.** O consumidor, a coletividade e o Estado.

3. **Executar serviço.** Significa a realização, o ato de concretizar um serviço a ser prestado pelo fornecedor. Por serviço, valemo-nos do conceito trazido pelo art. 3º, § 2º da lei, segundo o qual "serviço é qualquer atividade fornecida no mercado de consumo, mediante remuneração, inclusive as de natureza bancária, financeira, de crédito e securitária, salvo as decorrentes das relações de caráter trabalhista."

4. **Serviço de alto grau de periculosidade.** Trata-se de norma penal em branco. O legislador não esclareceu o que seria um *serviço de alto grau de periculosidade*. Entendemos que, em qualquer caso, o serviço de alto grau de periculosidade é aquele que oferece um risco de lesão corporal ou morte além do normal à pessoa que o executa, bem como a terceiras pessoas.

5. **Contradição à determinação de autoridade competente.** É a autoridade administrativa com atribuição para regulamentar e fiscalizar a espécie de serviço que será realizado. Para que haja o delito, o agente deve conhecer as normas da autoridade competente e, ao executar o serviço, violá-las.

6. **§ 1º. Cumulação de penas.** No § 1º o legislador estabeleceu expressamente que à pena prevista no tipo penal, deve ser cumulada a pena do delito de lesão corporal ou de morte.

7. **§ 2º. Conduta equiparada.** No § 2º o legislador trouxe uma conduta equiparada, afirmando que configura o delito do *caput* a conduta descrita no art. 39, XIV, da presente lei (*"Art. 39. É vedado ao fornecedor de produtos ou serviços, dentre outras práticas abusivas: (...) XIV – permitir o ingresso em estabelecimentos comerciais ou de serviços de um número maior de consumidores que o fixado pela autoridade*

administrativa como máximo"). Trata-se de forma atécnica de previsão típica. O tipo penal deve trazer os elementos típicos, e não remeter à conduta descrita em outro dispositivo legal. Essa conduta equiparada constitui norma penal em branco, uma vez que se deve buscar o número máximo de consumidores fixado pela autoridade administrativa no ato administrativo que trouxer tal previsão, a depender da espécie de estabelecimento comercial ou de serviços, a exemplo da Prefeitura, que determina um número máximo de pessoas que podem frequentar uma casa de shows ao conceder o alvará de funcionamento.

8. **Consumação.** O delito consuma-se com a execução do serviço.

9. **Classificação.** Crime próprio; formal; doloso; de perigo abstrato; instantâneo; admite tentativa.

10. **Infração penal de menor potencial ofensivo.** Tendo em vista que a pena máxima não é superior a dois anos, trata-se de infração penal de menor potencial ofensivo (art. 61 da lei 9.099/95).

11. **Suspensão condicional do processo.** Cabível, pois a pena mínima cominada não ultrapassa 1 ano (art. 89 da lei 9.099/95).

Art. 66. Fazer **afirmação falsa ou enganosa**, ou omitir **informação relevante** sobre a natureza, característica, qualidade, quantidade, segurança, desempenho, durabilidade, preço ou garantia de produtos ou serviços:

Pena – Detenção de três meses a um ano e multa.

§ 1º Incorrerá nas mesmas penas quem patrocinar a oferta.

§ 2º Se o crime é culposo;

Pena Detenção de um a seis meses ou multa.

1. **Sujeito ativo.** O fornecedor do produto ou do serviço.

2. **Sujeito passivo.** O consumidor e a coletividade.

3. **Fazer afirmação falsa ou omitir informação relevante.** O legislador reuniu neste tipo penal as duas formas de conduta relevantes para o Direito Penal: a comissiva e a omissiva. Portanto, o agente pode praticar o tipo penal tanto por ação, quanto por omissão.

4. **Natureza, característica, qualidade, quantidade, segurança, desempenho, durabilidade, preço ou garantia.** São dados referentes ao produto ou ao serviço que devem ser informados ao consumidor no momento da aquisição do produto ou do serviço. Trata-se do dever de transparência que o fornecedor do serviço ou do produto está obrigado a cumprir.

5. **Princípio da Especialidade.** O tipo penal ora comentado constitui uma especialidade do delito de falsidade ideológica previsto no art. 299 do Código Penal.

6. **Violação dos arts. 6º, III e 31.** O delito ora comentado constitui violação aos artigos 6º, III e 31 do próprio Código de Defesa do Consumidor, que possuem as seguintes

redações: "Art. 6º São direitos básicos do consumidor: III – a informação adequada e clara sobre os diferentes produtos e serviços, com especificação correta de quantidade, características, composição, qualidade, tributos incidentes e preço, bem como sobre os riscos que apresentem"; "Art. 31. A oferta e apresentação de produtos ou serviços devem assegurar informações corretas, claras, precisas, ostensivas e em língua portuguesa sobre suas características, qualidades, quantidade, composição, preço, garantia, prazos de validade e origem, entre outros dados, bem como sobre os riscos que apresentam à saúde e segurança dos consumidores".

7. **Consumação.** O delito consuma-se com a afirmação falsa ou com a omissão da informação relevante.

8. **Classificação.** Crime próprio; formal na modalidade comissiva e de mera conduta na modalidade omissiva; doloso; de perigo abstrato; instantâneo; admite tentativa na forma comissiva e não a admite na forma omissiva.

9. **§ 1º. Conduta equiparada. Patrocínio da oferta.** O legislador quis abranger também no tipo penal o agente que patrocinar a oferta do produto ou do serviço. *Patrocinar* significa favorecer, auxiliar, financeiramente ou não. O tipo abrange qualquer forma de patrocínio. A gravidade da conduta consiste no patrocínio de um produto ou de um serviço que é fornecido ou prestado de forma enganosa ao consumidor, razão pela qual o legislador optou por criminalizá-la como delito autônomo.

10. **Oferta.** Por *oferta* entenda-se "toda informação ou publicidade, suficientemente precisa, veiculada por qualquer forma ou meio de comunicação com relação a produtos e serviços oferecidos ou apresentados, obriga o fornecedor que a fizer veicular ou dela se utilizar e integra o contrato que vier a ser celebrado." (Art. 30 da lei).

11. **Consumação.** O delito consuma-se com a realização do patrocínio.

12. **Classificação.** Crime comum; formal; doloso; de perigo abstrato; instantâneo; admite tentativa.

13. **§ 2º. Modalidade culposa.** A modalidade culposa refere-se à conduta do *caput* e do § 1º.

14. **Consumação.** O delito consuma-se com a mera omissão do agente. Trata-se de crime omissivo próprio.

15. **Classificação.** Crime próprio em relação ao *caput* e comum em relação ao § 1º; de mera conduta; culposo; comissivo ou omissivo próprio; de perigo abstrato; instantâneo; não admite tentativa na forma omissiva própria.

16. **Infração penal de menor potencial ofensivo.** Tendo em vista que a pena máxima não é superior a dois anos, trata-se de infração penal de menor potencial ofensivo (art. 61 da lei 9.099/95).

17. **Suspensão condicional do processo.** Cabível, pois a pena mínima cominada não ultrapassa 1 ano (art. 89 da lei 9.099/95).

Art. 67. Fazer ou promover **publicidade** que sabe ou deveria saber ser **enganosa ou abusiva:**

Pena Detenção de três meses a um ano e multa.

Parágrafo único. (Vetado).

1. **Sujeito ativo.** O fornecedor do produto ou do serviço, bem como quem promove a publicidade deles.
2. **Sujeito passivo.** O consumidor e a coletividade.
3. **Fazer ou promover a publicidade.** *Fazer* consiste em elaborar, criar a publicidade. *Promover* significa executar, veicular na mídia. *Publicidade* é a mensagem dirigida ao público com o objetivo de despertar ou incentivar o seu interesse por produtos ou serviços.
4. **Elemento subjetivo. Sabe ou deveria saber.** Nas expressões *sabe* ou *deveria saber*, o legislador previu, respectivamente, o dolo direto e o dolo eventual.
5. **Violação do art. 37.** Este delito constitui violação ao art. 37 do Código de Defesa do Consumidor, que tem a seguinte redação: "Art. 37. É proibida toda publicidade enganosa ou abusiva. § 1º É enganosa qualquer modalidade de informação ou comunicação de caráter publicitário, inteira ou parcialmente falsa, ou, por qualquer outro modo, mesmo por omissão, capaz de induzir em erro o consumidor a respeito da natureza, características, qualidade, quantidade, propriedades, origem, preço e quaisquer outros dados sobre produtos e serviços. § 2º É abusiva, dentre outras a publicidade discriminatória de qualquer natureza, a que incite à violência, explore o medo ou a superstição, se aproveite da deficiência de julgamento e experiência da criança, desrespeita valores ambientais, ou que seja capaz de induzir o consumidor a se comportar de forma prejudicial ou perigosa à sua saúde ou segurança. § 3º Para os efeitos deste código, a publicidade é enganosa por omissão quando deixar de informar sobre dado essencial do produto ou serviço."
6. **Publicidade enganosa ou abusiva.** Ver os conceitos mencionados no item acima.
7. **Princípio da Especialidade.** O tipo penal ora comentado constitui uma especialidade do delito de falsidade ideológica previsto no art. 299 do Código Penal.
8. **Consumação.** O delito consuma-se com realização ou com a promoção da publicidade enganosa ou abusiva.
9. **Classificação.** Crime próprio; de mera conduta; doloso; de perigo abstrato; instantâneo; admite tentativa.
10. **Infração penal de menor potencial ofensivo.** Tendo em vista que a pena máxima não é superior a dois anos, trata-se de infração penal de menor potencial ofensivo (art. 61 da lei 9.099/95).
11. **Suspensão condicional do processo.** Cabível, pois a pena mínima cominada não ultrapassa 1 ano (art. 89 da lei 9.099/95).

Art. 68. Fazer ou promover **publicidade** que sabe ou deveria saber ser capaz de **induzir** o consumidor a se comportar de forma **prejudicial ou perigosa a sua saúde ou segurança**:

Pena – Detenção de seis meses a dois anos e multa:

Parágrafo único. (Vetado).

1. **Sujeito ativo.** O fornecedor do produto ou do serviço, bem como quem promove a publicidade deles.
2. **Sujeito passivo.** O consumidor e a coletividade.
3. **Fazer ou promover a publicidade.** *Fazer* consiste em elaborar, criar a publicidade. *Promover* significa executar, veicular na mídia. *Publicidade* é a mensagem dirigida ao público com o objetivo de despertar ou incentivar o seu interesse por produtos ou serviços.
4. **Elemento subjetivo. Sabe ou deveria saber.** Nas expressões *sabe* ou *deveria saber* o legislador previu, respectivamente, o dolo direto e o dolo eventual.
5. **Publicidade capaz de induzir o consumidor a se comportar de forma prejudicial ou perigosa a sua saúde ou segurança.** Existem produtos e serviços que o mero uso deles oferece um perigo à saúde ou à segurança do consumidor. Como exemplo, podemos citar a publicidade que incentiva o uso de cigarro, o ato de dirigir uma motocicleta sem o uso do capacete, andar de *skate* ou de bicicleta em alta velocidade sem o uso de equipamentos de segurança, a utilização de uma furadeira juntamente com uma criança etc. Note-se que não possui previsão legal como típica a realização de publicidade que explore alguns sentimentos humanos, como o medo, a compaixão etc.
6. **Consumação.** O delito consuma-se com realização ou com a promoção da publicidade, independentemente da produção de qualquer dano ao consumidor.
7. **Classificação.** Crime próprio; formal; doloso; de perigo abstrato; instantâneo; admite tentativa.
8. **Infração penal de menor potencial ofensivo.** Tendo em vista que a pena máxima não é superior a dois anos, trata-se de infração penal de menor potencial ofensivo (art. 61 da lei 9.099/95).
9. **Suspensão condicional do processo.** Cabível, pois a pena mínima cominada não ultrapassa 1 ano (art. 89 da lei 9.099/95).

Art. 69. Deixar de organizar **dados fáticos, técnicos e científicos** que dão base à publicidade:

Pena Detenção de um a seis meses ou multa.

1. **Sujeito ativo.** O fornecedor do produto ou do serviço.
2. **Sujeito passivo.** O consumidor e a coletividade.

3. **Crime omissivo.** O crime é omissivo, pois o agente deixa de organizar os dados quando deveria fazê-lo.
4. **Publicidade.** É a mensagem dirigida ao público com o objetivo de despertar ou incentivar o seu interesse por produtos ou serviços.
5. **Dados fáticos, técnicos e científicos que dão base à publicidade.** Existem produtos ou serviços que, em suas publicidades, são veiculadas informações que podem influenciar seriamente o consumidor a adquiri-los, em razão justamente do efeito anunciado na publicidade. O consumidor adquire-os na expectativa da produção do efeito esperado e veiculado na publicidade. Assim, o legislador criminalizou a conduta do fornecedor de produtos ou de serviços que não reúne os elementos fáticos, técnicos e científicos que são capazes de comprovar a produção do efeito anunciado. Assim, se, por exemplo, se o fornecedor faz a publicidade de um produto que faz a pessoa emagrecer, ele deve ter em seu poder, reunidos, todos os dados fáticos, técnicos e científicos que comprovem a produção do efeito emagrecedor anunciado na publicidade. O mesmo passa-se com um produto veiculado na mídia que tira a celulite, que faz a pessoa parar de fumar, a cirurgia que promete a cura, o iogurte que promove a regulação da função intestinal, o produto que retira arranhaduras da lataria do veículo, além de outros exemplos. O delito consiste justamente em o fornecedor não possuir os dados fáticos, técnicos e científicos que dão base à publicidade, ou seja, que comprovem o efeito do produto ou do serviço anunciado na publicidade.
6. **Violação do art. 36, parágrafo único.** Esse delito configura violação ao art. 36, parágrafo único do Código de Defesa do Consumidor, que possui a seguinte redação: "O fornecedor, na publicidade de seus produtos ou serviços, manterá, em seu poder, para informação dos legítimos interessados, os dados fáticos, técnicos e científicos que dão sustentação à mensagem".
7. **Consumação.** O delito consuma-se com a mera omissão do agente. Trata-se de crime omissivo próprio.
8. **Classificação.** Crime próprio; omissivo próprio; de mera conduta; doloso; de perigo abstrato; instantâneo; não admite tentativa por ser omissivo próprio.
9. **Infração penal de menor potencial ofensivo.** Tendo em vista que a pena máxima não é superior a dois anos, trata-se de infração penal de menor potencial ofensivo (art. 61 da lei 9.099/95).
10. **Suspensão condicional do processo.** Cabível, pois a pena mínima cominada não ultrapassa 1 ano (art. 89 da lei 9.099/95).

Art. 70. Empregar na reparação de produtos, peça ou componentes de reposição usados, **sem autorização do consumidor**:

Pena Detenção de três meses a um ano e multa.

1. **Sujeito ativo.** O fornecedor do serviço de reparo.

2. **Sujeito passivo.** O consumidor.

3. **Empregar na reparação de produtos.** Significa utilizar alguma peça ou componente que seja essencial ou que melhore o funcionamento do produto defeituoso.

4. **Sem autorização do consumidor.** A autorização deve ser expressa e prévia. O delito não consiste em o fornecedor do serviço de reparo utilizar uma peça ou um componente usado. Isso é lícito. Até porque em muitos casos, a única forma de consertar um produto defeituoso é o emprego de uma peça ou componente usado, por vários motivos, como no caso de a peça ou o componente não ser mais fabricado pelo fornecedor ou porque a importação deles (se se tratar de produto importado) não é mais feita pelo representante ou foi proibida por lei ou pela autoridade administrativa, além de outros motivos. Na realidade, o delito consiste no emprego da peça ou do componente usado *sem a autorização do consumidor.*

5. **Concordância posterior.** Por óbvio, a autorização é algo que se faz anteriormente. Não existe autorização posterior. Autoriza-se algo a ser feito. Caso o fornecedor do serviço de reparo do produto tenha empregado uma peça ou um componente usado sem a autorização do consumidor, mas depois o consumidor manifeste a concordância, em tese, haveria a prática desse delito. Contudo, parece que essa concordância posterior retira qualquer lesividade da conduta do fornecedor do serviço de reparo, uma vez que o suposto lesado – consumidor – manifestou a concordância com o serviço prestado, não havendo, dessa forma, a prática do crime.

6. **Violação do art. 21.** Esse delito configura violação ao art. 21 do Código de Defesa do Consumidor, que possui a seguinte redação: "Art. 21. No fornecimento de serviços que tenham por objetivo a reparação de qualquer produto considerar-se-á implícita a obrigação do fornecedor de empregar componentes de reposição originais adequados e novos, ou que mantenham as especificações técnicas do fabricante, salvo, quanto a estes últimos, autorização em contrário do consumidor."

7. **Consumação.** O delito consuma-se com o emprego das peças ou dos componentes usados.

8. **Classificação.** Crime próprio; material; doloso; de perigo abstrato; instantâneo; admite tentativa.

9. **Infração penal de menor potencial ofensivo.** Tendo em vista que a pena máxima não é superior a dois anos, trata-se de infração penal de menor potencial ofensivo (art. 61 da lei 9.099/95).

10. **Suspensão condicional do processo.** Cabível, pois a pena mínima cominada não ultrapassa 1 ano (art. 89 da lei 9.099/95).

Art. 71. Utilizar, na cobrança de dívidas, de ameaça, coação, constrangimento físico ou moral, afirmações falsas incorretas ou enganosas ou de qualquer outro procedimento que exponha o consumidor, injustificadamente, a ridículo ou interfira com seu trabalho, descanso ou lazer:
Pena Detenção de três meses a um ano e multa.

1. **Sujeito ativo.** O fornecedor do produto ou do serviço.
2. **Sujeito passivo.** O consumidor e a coletividade.
3. **Dívidas.** As dívidas a que se refere o tipo penal devem ser relacionadas à relação de consumo. Caso seja dúvida de outra natureza, não haverá a prática desse delito.
4. **Meios de cobrança. Interpretação analógica.** O legislador elencou alguns meios vexatórios ou constrangedores, como ameaça, coação, constrangimento físico ou moral, afirmações falsas incorretas ou enganosas. Mas, também, utilizou-se de interpretação analógica nas expressões "ou de qualquer outro procedimento" para abranger qualquer forma de expor o consumidor ao ridículo de forma injustificada ou que interfira em seu trabalho, descanso ou lazer.
5. **Dano moral.** Além da prática do delito, é cabível indenização por dano moral em favor do consumidor, em razão da sua exposição à situação de ridículo.
6. **Violação do art. 42.** Esse delito configura violação ao art. 42 do Código de Defesa do Consumidor, que possui a seguinte redação: "Art. 42. Na cobrança de débitos, o consumidor inadimplente não será exposto a ridículo, nem será submetido a qualquer tipo de constrangimento ou ameaça. Parágrafo único. O consumidor cobrado em quantia indevida tem direito à repetição do indébito, por valor igual ao dobro do que pagou em excesso, acrescido de correção monetária e juros legais, salvo hipótese de engano justificável."
7. **Princípio da Especialidade.** O tipo penal ora comentado constitui uma especialidade dos arts. 146 e 147 do Código Penal.
8. **Consumação.** O delito consuma-se com a utilização dos meios coercitivos, enganosos ou vexatórios descritos no tipo penal.
9. **Classificação.** Crime próprio; formal; doloso; de dano, instantâneo; admite tentativa.
10. **Infração penal de menor potencial ofensivo.** Tendo em vista que a pena máxima não é superior a dois anos, trata-se de infração penal de menor potencial ofensivo (art. 61 da lei 9.099/95).
11. **Suspensão condicional do processo.** Cabível, pois a pena mínima cominada não ultrapassa 1 ano (art. 89 da lei 9.099/95).

Art. 72. Impedir ou dificultar o acesso do consumidor às **informações que sobre ele constem** em cadastros, banco de dados, fichas e registros:
Pena Detenção de seis meses a um ano ou multa.

1. **Sujeito ativo.** O organizador das informações referentes ao consumidor.
2. **Sujeito passivo.** O consumidor.
3. **Impedir ou dificultar.** O delito consiste em o agente impedir ou dificultar o acesso do consumidor. A conduta *impedir* significa criar obstáculos. A conduta *dificultar* consiste em criar dificuldades, embaraçar.

4. **Tipo penal misto alternativo.** Caso o agente pratique mais de uma conduta descrita no tipo penal, responderá por um delito apenas, não havendo concurso de crimes.

5. **Violação do art. 43.** Esse delito configura violação ao art. 43 do Código de Defesa do Consumidor, que possui a seguinte redação: "Art. 43. O consumidor, sem prejuízo do disposto no art. 86, terá acesso às informações existentes em cadastros, fichas, registros e dados pessoais e de consumo arquivados sobre ele, bem como sobre as suas respectivas fontes".

6. **Consumação.** O delito consuma-se com a prática das condutas impedir ou dificultar.

7. **Classificação.** Crime próprio; material no verbo *impedir* e formal no verbo *dificultar*; doloso; de perigo abstrato; instantâneo; admite tentativa.

8. **Infração penal de menor potencial ofensivo.** Tendo em vista que a pena máxima não é superior a dois anos, trata-se de infração penal de menor potencial ofensivo (art. 61 da lei 9.099/95).

9. **Suspensão condicional do processo.** Cabível, pois a pena mínima cominada não ultrapassa 1 ano (art. 89 da lei 9.099/95).

Art. 73. Deixar de corrigir imediatamente **informação sobre consumidor** constante de cadastro, banco de dados, fichas ou registros que sabe ou deveria saber ser inexata:
Pena Detenção de um a seis meses ou multa.

1. **Sujeito ativo.** O possuidor das informações referentes ao consumidor.

2. **Sujeito passivo.** O consumidor.

3. **Crime omissivo.** Tendo em vista que o possuidor das informações referentes ao consumidor deixa de corrigir imediatamente a informação, violando o seu dever de agir, trata-se de crime omissivo.

4. **Imediatamente.** Por *imediatamente* entenda-se no exato momento em que o possuidor das informações referentes ao consumidor tiver ciência da inexatidão das informações.

5. **Elemento subjetivo. Sabe ou deveria saber.** Nas expressões *sabe* ou *deveria saber*, o legislador previu, respectivamente, o dolo direto e o dolo eventual.

6. **Violação do art. 43, § 3º.** Esse delito configura violação ao art. 43, § 3º do Código de Defesa do Consumidor, que possui a seguinte redação: "Art. 43. O consumidor, sem prejuízo do disposto no art. 86, terá acesso às informações existentes em cadastros, fichas, registros e dados pessoais e de consumo arquivados sobre ele, bem como sobre as suas respectivas fontes. § 3º O consumidor, sempre que encontrar inexatidão nos seus dados e cadastros, poderá exigir sua imediata correção, devendo o arquivista, no prazo de cinco dias úteis, comunicar a alteração aos eventuais destinatários das informações incorretas".

7. **Consumação.** O delito consuma-se com a mera omissão do agente. Trata-se de crime omissivo próprio.

8. **Classificação.** Crime próprio; de mera conduta; doloso; de perigo abstrato; instantâneo; não admite tentativa por ser omissivo próprio.

9. **Infração penal de menor potencial ofensivo.** Tendo em vista que a pena máxima não é superior a dois anos, trata-se de infração penal de menor potencial ofensivo (art. 61 da lei 9.099/95).

10. **Suspensão condicional do processo.** Cabível, pois a pena mínima cominada não ultrapassa 1 ano (art. 89 da lei 9.099/95).

> **Art. 74.** Deixar de entregar ao consumidor o **termo de garantia** adequadamente preenchido e com especificação clara de seu conteúdo;
>
> Pena Detenção de um a seis meses ou multa.

1. **Sujeito ativo.** O fornecedor do produto ou do serviço.
2. **Sujeito passivo.** O consumidor.
3. **Crime omissivo.** Trata-se de crime omissivo, uma vez que o fornecedor do produto ou do serviço deixa de entregar ao consumidor o termo de garantia, violando, dessa forma, o seu dever de agir.
4. **Termo de garantia.** Trata-se da garantia adicional fornecida pelo sujeito ativo, além da garantia legal.
5. **Violação do art. 50.** Esse delito configura violação ao art. 50 do Código de Defesa do Consumidor, que possui a seguinte redação: "Art. 50. A garantia contratual é complementar à legal e será conferida mediante termo escrito. Parágrafo único. O termo de garantia ou equivalente deve ser padronizado e esclarecer, de maneira adequada em que consiste a mesma garantia, bem como a forma, o prazo e o lugar em que pode ser exercitada e os ônus a cargo do consumidor, devendo ser-lhe entregue, devidamente preenchido pelo fornecedor, no ato do fornecimento, acompanhado de manual de instrução, de instalação e uso do produto em linguagem didática, com ilustrações".
6. **Consumação.** O delito consuma-se com a mera omissão do agente. Trata-se de crime omissivo próprio.
7. **Classificação.** Crime próprio; de mera conduta; doloso; omissivo próprio; de perigo abstrato; instantâneo; não admite tentativa por ser omissivo próprio.
8. **Infração penal de menor potencial ofensivo.** Tendo em vista que a pena máxima não é superior a dois anos, trata-se de infração penal de menor potencial ofensivo (art. 61 da lei 9.099/95).
9. **Suspensão condicional do processo.** Cabível, pois a pena mínima cominada não ultrapassa 1 ano (art. 89 da lei 9.099/95).

Art. 75. Quem, de qualquer forma, concorrer para os crimes referidos neste código, incide as penas a esses cominadas **na medida de sua culpabilidade**, bem como o **diretor, administrador ou gerente** da pessoa jurídica que promover, permitir ou por qualquer modo aprovar o fornecimento, oferta, exposição à venda ou manutenção em depósito de produtos ou a oferta e prestação de serviços nas condições por ele proibidas.

1. **Concurso de pessoas.** A primeira parte do artigo ora comentado constitui uma repetição do disposto no art. 29 do Código Penal, razão pela qual se torna desnecessária.

2. **Responsabilidade penal do diretor, administrador ou gerente da pessoa jurídica.** Para que se evite a imposição de uma responsabilidade penal objetiva, é necessário haver prova de que essas pessoas agiram com dolo, isso é, que tinham vontade e consciência da conduta criminosa.

Art. 76. São **circunstâncias agravantes** dos crimes tipificados neste código:

I – serem cometidos em época de grave crise econômica ou por ocasião de calamidade;

II – ocasionarem grave dano individual ou coletivo;

III – dissimular-se a natureza ilícita do procedimento;

IV – quando cometidos:

a) por servidor público, ou por pessoa cuja condição econômico-social seja manifestamente superior à da vítima;

b) em detrimento de operário ou rurícola; de menor de dezoito ou maior de sessenta anos ou de pessoas portadoras de deficiência mental interditadas ou não;

V – serem praticados em operações que envolvam alimentos, medicamentos ou quaisquer outros produtos ou serviços essenciais.

1. **Circunstâncias agravantes.** O legislador inseriu agravantes específicas que são aplicadas somente aos delitos previstos na presente lei. Como agravantes, incidem na segunda fase da dosimetria da pena criminal.

Art. 77. A **pena pecuniária** prevista nesta Seção será fixada em dias-multa, correspondente ao mínimo e ao máximo de dias de duração da pena privativa da liberdade cominada ao crime. Na individualização desta multa, o juiz observará o disposto no art. 60, § 1º do Código Penal.

1. **Pena pecuniária.** O legislador estabeleceu penas pecuniárias aos condenados pelos delitos previstos na lei e fixou como critério o mesmo do Código Penal, qual seja: sistema do dias-multa.

2. **Princípio da Especialidade em relação ao Código Penal.** De forma diversa da prevista no Código Penal, a pena pecuniária é estabelecida de acordo com o mínimo

e o máximo de dias de duração da pena privativa de liberdade cominada ao delito pelo qual o agente foi condenado. Trata-se de norma especial em relação ao critério do Código Penal, uma vez que no Código o mínimo é de 10 e o máximo é de 360 dias-multa (art. 49 do Código Penal: "A pena de multa consiste no pagamento ao fundo penitenciário da quantia fixada na sentença e calculada em dias-multa. Será, no mínimo, de 10 (dez) e, no máximo, de 360 (trezentos e sessenta) dias-multa.").

Art. 78. Além **das penas privativas de liberdade** e de **multa**, podem ser impostas, **cumulativa ou alternadamente**, observado o disposto nos arts. 44 a 47, do Código Penal:

I – a interdição temporária de direitos;

II – a publicação em órgãos de comunicação de grande circulação ou audiência, às expensas do condenado, de notícia sobre os fatos e a condenação;

III – a prestação de serviços à comunidade.

1. **Imposição de pena restritiva de direitos.** O legislador estabeleceu a possibilidade de imposição das penas restritivas de direitos previstas nos incisos do presente artigo, de forma cumulativa ou alternativa em relação à pena privativa de liberdade e à de multa. A regulamentação das penas nos incisos I e III será a prevista pelo Código Penal, o que não ocorre com a pena do inciso II por tratar-se de pena não existente no Código.

2. **Princípio da Especialidade em relação ao Código Penal.** Note-se que as penas restritivas de direitos podem ser cumuladas com as privativas de liberdade. Trata-se de uma normatização muito diferente da prevista no Código Penal. Com efeito, no Código Penal não é possível essa cumulação. Ao contrário, o art. 44 deixa claro que as penas restritivas de direitos são substitutivas das penas privativas de liberdade, não permitindo a imposição delas de forma cumulativa. Contudo, o sistema de aplicação de pena restritiva de direitos previsto no Código de Defesa do Consumidor constitui uma especialidade em relação às normas do Código Penal.

Art. 79. O **valor da fiança**, nas infrações de que trata este código, será fixado pelo juiz, ou pela autoridade que presidir o inquérito, entre cem e duzentas mil vezes o valor do Bônus do Tesouro Nacional (BTN), ou índice equivalente que venha a substituí-lo.

Parágrafo único. Se assim recomendar a situação econômica do indiciado ou réu, a fiança poderá ser:

a) reduzida até a metade do seu valor mínimo;

b) aumentada pelo juiz até vinte vezes.

1. **Valor da fiança em BTN.** O Bônus do Tesouro Nacional-BTN é um índice que atualmente está extinto. Assim, o valor da fiança deve ser fixado de acordo com o critério da vinculação ao salário-mínimo estabelecido pelo Código de Processo Penal.

Art. 80. No processo penal atinente aos crimes previstos neste código, bem como a outros crimes e contravenções que envolvam relações de consumo, **poderão intervir**, como assistentes do Ministério Público, os legitimados indicados no art. 82, inciso III e IV, aos quais também é facultado propor **ação penal subsidiária**, se a denúncia não for oferecida no prazo legal.

1. **Ação penal privada subsidiária da pública.** O legislador permitiu às pessoas a que faz menção no presente artigo, a propositura da ação penal privada subsidiária da pública.

Lei nº 8.137, de 27 de dezembro de 1990

CAPÍTULO II
Dos crimes Contra a Economia e as Relações de Consumo

Art. 7º Constitui crime contra as relações de consumo:

I – **favorecer ou preferir**, sem justa causa, comprador ou freguês, ressalvados os sistemas de entrega ao consumo por intermédio de distribuidores ou revendedores;

II – vender ou expor à venda mercadoria cuja embalagem, tipo, especificação, peso ou composição esteja em desacordo com as prescrições legais, ou que **não corresponda à respectiva classificação oficial**;

III – misturar gêneros e mercadorias de espécies diferentes, para vendê-los ou expô-los à venda **como puros**; misturar gêneros e mercadorias de qualidades desiguais para vendê-los ou expô-los à venda por **preço estabelecido para os demais mais alto custo**;

IV – **fraudar preços** por meio de:

a) alteração, **sem modificação essencial ou de qualidade**, de elementos tais como denominação, sinal externo, marca, embalagem, especificação técnica, descrição, volume, peso, pintura ou acabamento de bem ou serviço;

b) **divisão em partes** de bem ou serviço, habitualmente oferecido à venda em conjunto;

c) **junção de bens ou serviços**, comumente oferecidos à venda em separado;

d) aviso de inclusão de **insumo não empregado** na produção do bem ou na prestação dos serviços;

V – elevar o valor cobrado nas vendas a prazo de bens ou serviços, mediante a exigência de **comissão ou de taxa de juros ilegais**;

VI – sonegar insumos ou bens, recusando-se a vendê-los a quem pretenda comprá-los **nas condições publicamente ofertadas**, ou retê-los **para o fim de especulação**;

VII – **induzir o consumidor ou usuário a erro**, por via de indicação ou afirmação falsa ou enganosa sobre a natureza, qualidade do bem ou serviço, utilizando-se de qualquer meio, inclusive a veiculação ou divulgação publicitária;

VIII – destruir, inutilizar ou danificar matéria-prima ou mercadoria, **com o fim de provocar alta de preço**, em proveito próprio ou de terceiros;

IX – vender, ter em depósito para vender ou expor à venda ou, de qualquer forma, entregar matéria-prima ou mercadoria, em **condições impróprias ao consumo**;

Pena – detenção, de 2 (dois) a 5 (cinco) anos, ou multa.

Parágrafo único. Nas hipóteses dos incisos II, III e IX pune-se a **modalidade culposa**, reduzindo-se a pena e a detenção de 1/3 (um terço) ou a de multa à quinta parte.

1. **Inciso I. Favorecimento de comprador ou do freguês.**
2. **Sujeito ativo.** O fornecedor do produto ou do serviço.
3. **Sujeito passivo.** O consumidor.
4. **Favorecer ou preferir.** Os verbos *favorecer* e *preferir* possuem o mesmo significado, no sentido de beneficiar, criar privilégio, escolher. O legislador buscou evitar a discriminação entre consumidores. Nesse delito, o produto ou o serviço está ao alcance de todos, mas o fornecedor beneficia um comprador em detrimento de outro sem justa causa. O favorecimento deve ocorrer sem justa causa, ou seja, sem nenhum motivo plausível que justifique a discriminação.
5. **Tratamento VIP.** O tratamento VIP configura esse delito, desde que os consumidores estejam em igualdade de condições e o produto ou o serviço seja oferecido pelo mesmo preço. O tratamento VIP nessas condições configura, naturalmente, uma discriminação entre consumidores. Contudo, isso não ocorre quando o produto ou o serviço não for oferecido em igualdade de condições, ou seja, quando houver preços diferentes para tratamentos diferentes, como no caso do estacionamento de um shopping center que cobra mais caro para os manobristas estacionarem os carros de quem se dispuser a pagar mais caro, ou, então, no caso de um hotel oferecer um quarto luxuoso por um preço maior. Nesses casos, quem se dispuser a pagar mais caro pelo produto ou pelo serviço com algo a mais agregado, paga a mais justamente para ter o acréscimo no produto ou no serviço. Nesse caso, não se trata de discriminação, mas, sim, de uma questão mercadológica de qualquer país capitalista, de forma que não estará configurado esse delito.
6. **Ressalva.** O legislador ressalvou os sistemas de entrega ao consumo por intermédio de distribuidores ou revendedores, caso em que não haverá a prática desse delito, como no caso da fabricação de automóveis, que somente podem ser vendidos aos consumidores por meio das denominadas concessionárias ou também no caso de distribuidoras de bebidas.
7. **Revogação do art. 2º, II, da lei 1.521/51.** O tipo penal ora comentado revogou tacitamente o delito previsto no art. 2º, II, da lei 1.521/51.
8. **Consumação.** O delito consuma-se com a prática de qualquer conduta que denote o favorecimento ou a preferência.
9. **Classificação.** Crime próprio; de mera conduta; doloso; instantâneo; admite tentativa.
10. **Suspensão condicional do processo.** Incabível, pois a pena mínima cominada ultrapassa 1 ano (art. 89 da lei 9.099/95).

11. Inciso II. Venda ou exposição à venda irregular de mercadoria.

12. Sujeito ativo. O fornecedor do produto.

13. Sujeito passivo. O consumidor.

14. Vender ou expor à venda. O legislador equiparou as duas condutas: vender ou expor à venda. Na segunda conduta, para a configuração do delito, basta que o fornecedor oferte o produto, por qualquer meio, aos consumidores, mesmo que a venda não seja efetivada. O legislador antecipou a incriminação para o momento anterior à realização do contrato de compra e venda.

15. Embalagem, tipo, especificação, peso ou composição em desacordo com as prescrições legais ou que não corresponda à respectiva classificação oficial. Alguns produtos, sobretudo os alimentícios, têm a forma de venda ou exposição à venda determinada pelas autoridades administrativas (Vigilância Sanitária, entre outras) como ocorre, por exemplo, como o arroz e o feijão que somente podem ser acondicionados em embalagens transparentes. Outros possuem o peso, especificação ou composição previstos, também, em normas administrativas. A incriminação reside na não correspondência entre o produto vendido ou exposto à venda e a regulamentação deles.

16. Norma penal em branco. O tipo penal ora comentado constitui norma penal em branco, uma vez que em relação à embalagem, tipo, especificação, peso ou composição em desacordo com as prescrições legais, ou que não corresponda à respectiva classificação oficial, para definirmos o seu alcance é necessário complementar o tipo penal com as normas administrativas sobre o tema.

17. Revogação do art. 2º, III, da lei 1.521/51. O tipo penal ora comentado revogou tacitamente o delito previsto no art. 2º, III, da lei 1.521/51.

18. Necessidade de perícia. Para a comprovação de que o produto está em embalagem, tipo, especificação, peso ou composição em desacordo com as prescrições legais ou que não corresponda à respectiva classificação oficial, é necessária a realização de perícia.

▶ **STJ**

> (...) CRIME CONTRA AS RELAÇÕES DE CONSUMO. (ARTIGO 7º, INCISOS II e IX, DA LEI 8.137/1990). (...). EXISTÊNCIA DE LAUDO PERICIAL ATESTANDO QUE PARTE DAS MERCADORIAS ESTAVA EMBALADA EM DESACORDO COM AS NORMAS LEGAIS, E PARTE COM O PRAZO DE VALIDADE EXPIRADO. PROVA IDÔNEA DA MATERIALIDADE DELITIVA. DESPROVIMENTO DO RECLAMO. 1. Da leitura do artigo 7º, incisos II e IX, da Lei 8.137/1990, percebe-se que se trata de delito contra as relações de consumo não transeunte, que deixa vestígios materiais, sendo indispensável, portanto, a realização de perícia para a sua comprovação, nos termos do artigo 158 do Código de Processo Penal. Doutrina. Precedentes do STJ e do STF. 2. Na espécie, o laudo pericial acostado aos autos, ao explicitar conteúdo das embalagens dos produtos apreendidos no estabelecimento do recorrente, bem como a data de validade de algumas das mercadorias ali encontradas, é suficiente para a comprovação da materialidade do delito em tela, uma vez que, nos termos do

artigo 18, § 6º, incisos I e II, do Código de Defesa do Consumidor, são impróprios ao uso e consumo os produtos cujos prazos de validade estejam vencidos, bem como aqueles em desacordo com as normas regulamentares de distribuição e apresentação. 3. Se a própria legislação consumerista considera imprestáveis para utilização os produtos com a data de validade expirada ou em desacordo com as normas de distribuição ou apresentação, revela-se totalmente improcedente o argumento de que seria necessária a realização de exame pericial de natureza diversa da que foi realizada na hipótese, sendo suficiente a constatação de que o prazo de validade dos produtos já se encontrava expirado no momento da apreensão, bem como de que alguns deles estariam embalados em desacordo com as prescrições legais. 4. Recurso improvido. RHC 40921. Rel. Min. Jorge Mussi, julgado em 22/04/2014.

19. **Consumação.** O delito consuma-se com a efetivação da venda ou com a simples exposição à venda. Trata-se de crime formal.

20. **Parágrafo único. Forma culposa.** A modalidade culposa constitui uma causa de diminuição de pena, diferente do Código Penal em que os delitos culposos são punidos com uma pena específica mínima e máxima.

21. **Classificação.** Crime próprio; formal; doloso; de perigo abstrato; instantâneo na conduta *vender* e permanente na conduta *expor à venda*; admite tentativa.

22. **Suspensão condicional do processo.** Incabível, pois a pena mínima cominada ultrapassa 1 ano (art. 89 da lei 9.099/95).

23. **Inciso III. Mistura de gêneros e mercadorias.**

24. **Sujeito ativo.** O fornecedor do produto.

25. **Sujeito passivo.** O consumidor.

26. **Misturar gêneros e mercadorias de espécies diferentes e de qualidades desiguais.** Um mesmo produto pode ter diversas espécies, como ocorre com a gasolina comum e a gasolina aditivada e com o uísque que pode ser envelhecido 8 ou 12 anos, por exemplo. Isso também ocorre com produtos de qualidades desiguais, como grãos de café de diversas qualidades (como existem o café árabe, o colombiano, o brasileiro etc.) ou arroz de qualidades diversas. Normalmente, os produtos de espécie ou qualidade superior é mais caro, em razão da matéria-prima que é empregada neles. O tipo penal incrimina a conduta do fornecedor que mistura produtos ou gêneros de espécies diferentes ou de qualidades desiguais para vendê-los pelo preço correspondente ao de melhor espécie ou de maior qualidade. Assim, comete esse delito o fornecedor de combustível que mistura gasolina comum com aditivada para vender ou expor à venda essa mistura pelo preço da gasolina aditivada.

27. **Elemento subjetivo.** O agente faz a mistura com o intuito de vender ou expor o produto à venda por preço estabelecido para o de mais alto custo. Caso a mistura ocorra, mas a intenção do fornecedor não seja essa, a conduta será atípica em relação a esse delito.

28. **Revogação do art. 2º, V, da lei 1.521/51.** O tipo penal ora comentado revogou tacitamente o delito previsto no art. 2º, V, da lei 1.521/51.

29. **Consumação.** O delito consuma-se com a mistura.

30. **Parágrafo único. Forma culposa.** A modalidade culposa constitui uma causa de diminuição de pena, diferente do Código Penal em que os delitos culposos são punidos com uma pena específica mínima e máxima.

31. **Classificação.** Crime próprio; formal; doloso; de perigo abstrato; admite tentativa.

32. **Suspensão condicional do processo.** Incabível, pois a pena mínima cominada ultrapassa 1 ano (art. 89 da lei 9.099/95).

33. **Inciso IV. Fraude de preços.**

34. **Sujeito ativo.** O fornecedor do produto ou do serviço.

35. **Sujeito passivo.** O consumidor.

36. **Fraude de preços.** A incriminação está diretamente ligada ao preço de venda do produto. O fornecedor engana o consumidor por meio das condutas descritas nos incisos e com isso frauda o preço do produto, cobrando um preço acima do que o produto realmente vale.

37. **Alínea *a*.** Nesta modalidade ocorre a denominada venda de "gato por lebre", como diz o ditado popular. Também conhecida como "maquiagem do produto", nesta forma de conduta o agente eleva o preço do produto sem nenhuma modificação nele.

38. **Diferença para o inciso II.** Na presente alínea do inciso IV, há a fraude no preço do produto. Na conduta prevista no inciso II não há alteração do preço do produto.

39. **Alínea *b*.** Nesta modalidade, um produto ou um serviço que era vendido de forma conjunta com outro é separado em partes para que cada parte tenha o seu preço distinto, fazendo com que o fornecedor do produto ou do serviço faça a cobrança de dois valores diversos. O fornecedor separa as partes do produto ou do serviço justamente para cobrar pelos dois separadamente e aumentar o seu lucro. A título de exemplo, imaginemos que uma concessionária de automóveis ofereça na revisão de seus veículos o serviço de: alinhamento e balanceamento por R$ 200,00. Nitidamente são dois serviços prestados em conjunto por um só preço. Haverá a prática desse delito caso o fornecedor separe-os e passe a vendê-los por R$ 150,00 cada um. Note-se que o valor total de forma separada é de R$ 300,00, R$ 100,00 mais caro de quando eles eram vendidos conjuntamente. Todavia, é necessário provar que o fornecedor oferecia o produto ou o serviço comumente de forma conjunta. Caso o fornecedor separe o produto ou o serviço em partes para vendê-los separadamente, mas isso não implique alteração no preço, não há a prática desse delito, como no caso de, no exemplo acima citado, o fornecedor vender o serviço de alinhamento e de balanceamento por R$ 100,00 cada um. Nesse caso houve a separação do serviço, mas não houve a fraude no preço.

40. **Alínea *c*.** Esta modalidade constitui o inverso da anterior. Neste caso, o fornecedor junta dois produtos ou serviços que são comumente vendidos separadamente. Por exemplo, esse delito configurar-se-ia se, no exemplo da alínea anterior, o alinhamento e o balanceamento fossem vendidos separadamente por R$ 100,00

cada um e o fornecedor resolvesse juntá-los para cobrar R$ 300,00 pelo serviço de alinhamento *e* balanceamento. Da mesma forma que ocorre na alínea anterior, é necessário provar que o fornecedor oferecia o produto ou o serviço comumente de forma separada. Além disso, caso o fornecedor junte o produto ou o serviço, mas isso não implique alteração no preço, não há a prática desse delito, como no caso de, no exemplo acima citado, o fornecedor vender o serviço de alinhamento *e* de balanceamento por R$ 200,00. Nesse caso houve a junção do serviço, mas não houve a fraude no preço.

41. **Alínea *d*.** Nesta modalidade de fraude do preço, o fornecedor avisa aos consumidores que determinado produto possui um insumo (elemento que compõe algum bem) que, na verdade, ele não possui, para torná-lo mais atrativo e gerar no consumidor a vontade de adquiri-lo. É o caso, por exemplo, do anúncio de que determinado iogurte contém cálcio, mas, na verdade, ele não tem. Trata-se, portanto, de uma fraude, com a intenção de aumentar o preço.

42. **Consumação.** O delito consuma-se com a realização das condutas descritas nos incisos associada à fraude no preço do produto ou do serviço.

43. **Classificação.** Crime próprio; formal; doloso; de perigo abstrato; instantâneo; admite tentativa.

44. **Suspensão condicional do processo.** Incabível, pois a pena mínima cominada ultrapassa 1 ano (art. 89 da lei 9.099/95).

45. **Inciso V. Exigência ilegal de comissão ou de taxa de juros.**

46. **Sujeito ativo.** O fornecedor do produto.

47. **Sujeito passivo.** O consumidor.

48. **Exigência de comissão ou de taxa de juros ilegais.** *Juros* são valores pagos a alguém por utilizar o dinheiro dessa pessoa por determinado tempo. *Comissão* significa uma espécie de gratificação. Nada impede que o fornecedor cobre um valor maior na venda a prazo de um produto. Entretanto, o valor do acréscimo, a título de juros ou de comissão, não pode ser maior do que o fixado por lei.

49. **Norma penal em branco.** O tipo penal ora comentado constitui norma penal em branco, uma vez que é necessário complementar o tipo penal com a norma referente ao limite de cobrança de juros ou comissão.

50. **Consumação.** O delito consuma-se com a efetiva elevação do preço.

51. **Classificação.** Crime próprio; formal; doloso; de perigo abstrato; instantâneo; admite tentativa.

52. **Suspensão condicional do processo.** Incabível, pois a pena mínima cominada ultrapassa 1 ano (art. 89 da lei 9.099/95).

53. **Inciso VI. Sonegação de insumos ou bens.**

54. **Sujeito ativo.** O fornecedor do produto.

55. **Sujeito passivo.** O consumidor.

56. **Sonegar insumos ou bens recusando-se a vendê-los a quem pretenda comprá-los nas condições publicamente ofertadas.** *Sonegar* significa ocultar, esconder. Nesse delito, o fornecedor veicula anteriormente a oferta de determinado produto como forma de atrair os consumidores e gerar neles o desejo de adquiri-lo e depois se recusa a vendê-los nas condições anteriormente ofertadas. Note-se que para que haja a prática do delito, a dissonância deve ocorrer entre as condições da oferta anterior e as condições de venda posterior.

57. **Reter insumos ou bens para fins de especulação.** Na retenção de produtos, que significa a guarda dos produtos, o agente deve ter o especial fim de agir de especulação. Como a escassez valoriza o produto, a especulação consiste na falta do produto no mercado de forma a torná-lo mais escasso para fazer com que o valor dele aumente, com o intuito de lucro.

58. **Especial fim de agir.** Existe apenas na segunda conduta de reter os insumos ou bens.

59. **Tipo penal misto alternativo.** Caso o agente pratique mais de uma conduta descrita no tipo penal (sonegar e reter), responderá por um delito apenas, não havendo concurso de crimes.

60. **Revogação do art. 2º, I, da lei 1.521/51.** O tipo penal ora comentado revogou tacitamente o delito previsto no art. 2º, I, da lei 1.521/51.

61. **Consumação.** O delito consuma-se com a sonegação ou a retenção do produto.

62. **Classificação.** Crime próprio; formal; doloso; de perigo abstrato; instantâneo na conduta sonegar e permanente na conduta reter; admite tentativa.

63. **Suspensão condicional do processo.** Incabível, pois a pena mínima cominada ultrapassa 1 ano (art. 89 da lei 9.099/95).

64. **Inciso VII. Indução do consumidor ou do usuário a erro.**

65. **Sujeito ativo.** O fornecedor do produto ou do serviço.

66. **Sujeito passivo.** O consumidor.

67. **Induzir o consumidor ou o usuário a erro.** Induzir a erro significa plantar uma falsa noção da realidade na mente do consumidor. O agente, por meio da indicação ou da afirmação falsa ou enganosa sobre a natureza, qualidade do bem ou serviço, faz nascer na mente do consumidor uma situação que não corresponda à realidade. A informação falsa ou enganosa refere-se à natureza ou à qualidade do produto ou do serviço. Com a afirmação falsa, o fornecedor gera no consumidor a intenção de adquirir o produto. Assim, o consumidor adquire um produto pensando que ele tem determinada natureza ou qualidade que, na realidade, ele não tem.

68. **Diferença para o art. 66 da lei 8.078/90.** No art. 66 da lei 8.078/90 o fornecedor apenas faz a afirmação falsa ou enganosa, sem que seja necessário induzir o consumidor a uma situação de erro. No tipo penal ora comentado, não basta que o fornecedor faça a indicação ou a afirmação falsa sobre o bem ou o serviço, sendo necessário que o consumidor seja efetivamente induzido ao erro. No presente tipo penal a indicação ou a afirmação falsa constitui um meio executório para a indução do consumidor a uma situação de erro.

69. **Consumação.** O delito consuma-se com a efetiva indução do consumidor a erro.

70. **Classificação.** Crime próprio; formal; doloso; de perigo abstrato; instantâneo; admite tentativa.

71. **Suspensão condicional do processo.** Incabível, pois a pena mínima cominada ultrapassa 1 ano (art. 89 da lei 9.099/95).

72. **Inciso VIII. Destruição de matéria-prima ou de mercadoria.**

73. **Sujeito ativo.** O fornecedor do produto ou da matéria-prima.

74. **Sujeito passivo.** O consumidor.

75. **Destruir, inutilizar ou danificar matéria-prima ou mercadoria.** Os três verbos denotam a mesma coisa, ou seja, a perda da utilidade de mercadoria ou do produto, a sua deterioração, a impossibilidade de uso. Com a inutilização da matéria-prima ou do produto, o agente deseja provocar a alta no preço e aumentar a sua lucratividade em prejuízo do consumidor.

76. **Especial fim de agir.** Nas expressões *com o fim de provocar alta de preço, em proveito próprio ou de terceiros* reside o especial fim de agir do agente.

77. **Diferença para o art. 163 do Código Penal.** No delito ora comentado, o agente destrói a coisa própria. No delito de dano, previsto no art. 163 do Código Penal, o agente destrói coisa alheia.

78. **Revogação do art. 3º, I, da lei 1.521/51.** O tipo penal ora comentado revogou tacitamente o delito previsto no art. 3º, I, da lei 1.521/51.

79. **Consumação.** O delito consuma-se com a realização das condutas típicas.

80. **Classificação.** Crime próprio; formal; doloso; instantâneo; admite tentativa.

81. **Suspensão condicional do processo.** Incabível, pois a pena mínima cominada ultrapassa 1 ano (art. 89 da lei 9.099/95).

82. **Inciso IX. Venda de matéria-prima ou mercadoria, em condições impróprias ao consumo.**

83. **Sujeito ativo.** O fornecedor do produto ou da matéria-prima.

84. **Sujeito passivo.** O consumidor.

85. **Vender, ter em depósito para vender ou expor à venda ou, de qualquer forma, entregar matéria-prima ou mercadoria.** Preocupando-se com a saúde do consumidor, o legislador pretendeu impedir o comércio de mercadoria ou de matéria-prima em condições impróprias para serem consumidas e incriminou várias formas de condutas que possuem ligação com esse fato. Ao invés de esperar a efetiva venda da mercadoria, o legislador antecipou-se e incriminou a simples conduta de expor à venda e de manter em depósito para a venda. Mas não somente a venda é incriminada no presente tipo penal. O legislador também incluiu a conduta de entregar o produto nas condições narradas no tipo, o que significa dizer que o tipo penal alcança inclusive uma simples doação.

86. Norma penal em branco. Trata-se de norma penal em branco, uma vez que o conceito de mercadoria em condições impróprias ao consumo está no art. 18, § 3º do Código de Defesa do Consumidor (lei 8.078/90), que tem a seguinte redação: "Art. 18. Os fornecedores de produtos de consumo duráveis ou não duráveis respondem solidariamente pelos vícios de qualidade ou quantidade que os tornem impróprios ou inadequados ao consumo a que se destinam ou lhes diminuam o valor, assim como por aqueles decorrentes da disparidade, com a indicações constantes do recipiente, da embalagem, rotulagem ou mensagem publicitária, respeitadas as variações decorrentes de sua natureza, podendo o consumidor exigir a substituição das partes viciadas. § 6º São impróprios ao uso e consumo: I – os produtos cujos prazos de validade estejam vencidos; II – os produtos deteriorados, alterados, adulterados, avariados, falsificados, corrompidos, fraudados, nocivos à vida ou à saúde, perigosos ou, ainda, aqueles em desacordo com as normas regulamentares de fabricação, distribuição ou apresentação; III – os produtos que, por qualquer motivo, se revelem inadequados ao fim a que se destinam."

87. Elemento subjetivo. O tipo penal contém um especial fim de agir apenas na conduta *ter em depósito*. Nesse caso, o agente deve ter a mercadoria ou a matéria-prima em depósito com o fim específico de venda.

88. Tipo penal misto alternativo. Caso o agente pratique mais de uma conduta descrita no tipo penal (vender, ter em depósito para vender, expor à venda ou entregar) responderá por um delito apenas, não havendo concurso de crimes.

89. Revogação do art. 175, I do Código Penal. O tipo penal ora comentado revogou tacitamente o delito previsto no art. 175, I do Código Penal.

90. Necessidade de perícia. Para a comprovação de que a mercadoria ou a matéria-prima encontra-se em condições impróprias ao consumo, é necessária a realização de perícia.

▶ STJ

> **INFORMATIVO nº 560**
>
> **Quinta Turma**
>
> **DIREITO PENAL. NECESSIDADE DE PERÍCIA PARA DEMONSTRAR QUE A MERCADORIA ESTÁ IMPRÓPRIA PARA O CONSUMO EM CRIME CONTRA A RELAÇÃO DE CONSUMO.**
>
> **Para caracterizar o delito previsto no art. 7º, IX, da Lei 8.137/1990 (crime contra relação de consumo), é imprescindível a realização de perícia a fim de atestar se as mercadorias apreendidas estão em condições impróprias para o consumo, não sendo suficiente, para a comprovação da materialidade delitiva, auto de infração informando a inexistência de registro do Serviço de Inspeção Estadual (SIE) nas mercadorias expostas à venda (art. 18, § 6º, II, do CDC, c/c decreto estadual que conceitua os requisitos da propriedade ao consumo de alimentos e bebidas para fins de comercialização).** (...) Uma persecução criminal condizente com os princípios e objetivos de um Estado Democrático de Direito deve ser acompanhada de comprovação idônea da materialidade delitiva, conforme preceitua o art. 158 do CPP, não sendo admissível a presunção de impropriedade ao consumo de produtos expostos à venda com base exclusivamente no conteúdo de normas locais. **RHC 49.752-SC, Rel. Min. Jorge Mussi, julgado em 14/4/2015, DJe 22/4/2015.**

91. Consumação. O delito consuma-se com realização das condutas típicas vender, ter em depósito para vender, expor à venda ou entregar.

92. Parágrafo único. Forma culposa. A modalidade culposa constitui uma causa de diminuição de pena, diferente do Código Penal em que os delitos culposos são punidos com uma pena específica mínima e máxima.

93. Classificação. Crime próprio; formal; doloso; de perigo abstrato; instantâneo nas condutas *vender* e *entregar* e permanente nas condutas *ter em depósito* e *expor à venda*; admite tentativa.

94. Suspensão condicional do processo. Incabível, pois a pena mínima cominada ultrapassa 1 ano (art. 89 da lei 9.099/95).

(...)

CAPÍTULO IV
Das Disposições Gerais

Art. 11. Quem, de qualquer modo, inclusive por meio de pessoa jurídica, concorre para os crimes definidos nesta lei, incide nas penas a estes cominadas, na medida de sua culpabilidade.

Parágrafo único. Quando a venda ao consumidor for efetuada por sistema de entrega ao consumo ou por intermédio de distribuidor ou revendedor, seja em regime de concessão comercial ou outro em que o preço ao consumidor é estabelecido ou sugerido pelo fabricante ou concedente, o ato por este praticado não alcança o distribuidor ou revendedor.

1. *Caput*. O art. 11, *caput,* é desnecessário, em razão da norma já contida no art. 29 do Código Penal. O dispositivo ora comentado é a positivação do princípio da culpabilidade, que serve de elemento para que o Juiz aplique a pena criminal, conforme o art. 59, *caput* do Código Penal, bem como do princípio da responsabilidade penal subjetiva.

2. Parágrafo único. Trata da separação da responsabilidade entre o distribuidor ou o vendedor e o fabricante ou concedente.

Art. 12. São **circunstâncias** que podem **agravar** de 1/3 (um terço) até a metade as penas previstas nos arts. 1º, 2º e 4º a 7º:

I – ocasionar grave dano à coletividade;

II – ser o crime cometido por servidor público no exercício de suas funções;

III – ser o crime praticado em relação à prestação de serviços ou ao comércio de bens essenciais à vida ou à saúde.

1. Causa de aumento de pena. Embora o legislador tenha utilizado a expressão *agravar,* trata-se, na verdade, de causa de aumento de pena, que deverá incidir na terceira fase de aplicação da pena criminal.

2. **Inciso I.** O grave dano à coletividade significa um dano difuso, causado em um número indeterminado de pessoas. A gravidade, entretanto, deverá ser analisada no caso concreto, sendo impossível definir previamente qual seria a extensão do dano para classificá-lo como grave.

3. **Inciso II.** Pela redação legal, percebe-se que não basta que o agente seja funcionário público. Ele deve estar, no momento da conduta delituosa, exercendo a sua função, para que se faça presente o nexo funcional entre o delito praticado e a condição de funcionário público.

4. **Inciso III.** Serviços ou bens essenciais à vida ou à saúde são aqueles fundamentais para a manutenção da saúde ou da vida de qualquer pessoa, como serviços ou bens ligados à higiene pessoal, alimentos, água e medicamentos.

▶ **STJ**

INFORMATIVO nº 574

Sexta Turma

DIREITO PENAL. VENDA DE MEDICAMENTOS VENCIDOS COMO CAUSA DE AUMENTO DE PENA PREVISTA NO ART. 12, III, DA LEI 8.137/1990.

Quando o produto vendido for medicamento vencido, será possível aplicar a causa de aumento prevista no art. 12, III, da Lei n. 8.137/1990 na dosimetria da pena do crime previsto no art. 7º, IX, da mesma Lei ("vender, ter em depósito para vender ou expor à venda ou, de qualquer forma, entregar matéria-prima ou mercadoria, em condições impróprias ao consumo"). (...) Nesse contexto, não há esforço exegético capaz de infirmar que medicamento seja bem essencial, no mínimo, à saúde. (...) Portanto, a venda de medicamentos vencidos pode ensejar a causa de aumento de pena prevista no art. 12, III, da Lei n. 8.037/1990, porquanto medicamentos, *primo ictu oculi*, são bens essenciais à vida e à saúde. **REsp 1.207.442-SC, Rel. Min. Nefi Cordeiro, julgado em 1º/12/2015, DJe 11/12/2015.**

Art. 13. (Vetado).

Art. 14. (Revogado pela Lei 8383/1991).

Art. 15. Os crimes previstos nesta lei são de **ação penal pública**, aplicando-se-lhes o disposto no art. 100 do Decreto-Lei nº 2.848, de 7 de dezembro de 1940 – Código Penal.

Art. 16. Qualquer pessoa poderá provocar a iniciativa do Ministério Público nos crimes descritos nesta lei, fornecendo-lhe por escrito informações sobre o fato e a autoria, bem como indicando o tempo, o lugar e os elementos de convicção.

Parágrafo único. Nos crimes previstos nesta Lei, cometidos em quadrilha ou co-autoria, o co-autor ou partícipe que através de confissão espontânea revelar à autoridade policial ou judicial toda a trama delituosa terá a sua pena reduzida de um a dois terços. (Parágrafo incluído pela Lei nº 9.080, de 19.7.1995).

1. ***Caput.*** O *caput* do art. 16 traz o instituto da *delatio criminis*.

2. **Parágrafo único.** Trata-se do instituto da delação premiada.

Retenção de Documento.
Lei nº 5.553, de 6 de dezembro de 1968

Art. 1º – A **nenhuma pessoa física**, bem como a nenhuma **pessoa jurídica**, de direito público ou de direito privado, **é lícito reter qualquer documento de identificação pessoal**, ainda que apresentado por fotocópia autenticada ou pública-forma, inclusive comprovante de quitação com o serviço militar, título de eleitor, carteira profissional, certidão de registro de nascimento, certidão de casamento, comprovante de naturalização e carteira de identidade de estrangeiro.

Art. 2º – Quando, para a realização de determinado ato, for exigida a apresentação de documento de identificação, a pessoa que fizer a exigência fará extrair, **no prazo de até 5 (cinco) dias**, os **dados que interessarem devolvendo em seguida o documento ao seu exibidor.**

§ 1º – Além do prazo previsto neste artigo, **somente por ordem judicial** poderá ser retido qualquer documento de identificação pessoal.

§ 2º – Quando o documento de identidade for indispensável para a entrada de pessoa em órgãos públicos ou particulares, serão seus dados anotados no ato e devolvido o documento imediatamente ao interessado.

Art. 3º – **Constitui contravenção penal**, punível com pena de prisão simples de 1 (um) a 3 (três) meses ou multa de NCR$ 0,50 (cinqüenta centavos) a NCR$ 3,00 (três cruzeiros novos), a **retenção de qualquer documento a que se refere esta Lei.**

Parágrafo único – Quando a infração for praticada por **preposto ou agente de pessoa jurídica**, considerar-se-á responsável **quem houver ordenado o ato que ensejou a retenção**, a menos que haja, pelo executante, desobediência ou inobservância de ordens ou instruções expressas, quando, então, será este o infrator.

Art. 4º – O Poder Executivo regulamentará a presente Lei dentro do prazo de 60 (sessenta) dias, a contar da data de sua publicação.

Art. 5º – Revogam-se as disposições em contrário.

1. **Bem jurídico tutelado.** O direito de todo cidadão de ter consigo o documento de identidade ou os demais documentos a que o tipo penal faz menção, para que cumpram as suas respectivas funções, quais sejam: a de se identificar como indivíduo ou qualquer outra função a que o documento retido servir, como comprovar a paternidade pela certidão de nascimento, comprovar um vínculo laboral por meio da carteira de trabalho ou comprovar um matrimônio por intermédio da certidão de casamento.

2. **Sujeito ativo.** Qualquer pessoa, uma vez que o tipo penal não exige nenhuma condição especial do sujeito ativo. O parágrafo único do art. 3º dispõe quando a infração for praticada por preposto ou agente de pessoa jurídica, considerar-se-á responsável quem houver ordenado o ato que ensejou a retenção. Trata-se de hipótese bastante comum que ocorre em âmbito de pessoa jurídica, em que ordens são emanadas de superiores hierárquicos e são fielmente cumpridas por subordinados. Dessa forma, nos moldes positivados no parágrafo único do art. 3º, primeira parte, caso o preposto ou agente da pessoa jurídica emita a ordem para o preposto ou funcionário reter o documento, a responsabilidade penal recairá toda sobre ele, não havendo, portanto, que se falar em responsabilidade penal do subordinado. Trata-se de verdadeira hipótese de autoria mediata. Entretanto, é de se notar que o mesmo dispositivo traz uma exceção na segunda parte, ao dispor que, caso haja, por parte da pessoa que retém o documento, desobediência ou inobservância de ordens ou instruções expressas, ele responderá pelo delito em comento. Essa segunda parte se justifica em razão da contrariedade entre a conduta do agente que retém o documento e a ordem de superior hierárquico em sentido contrário. Em outras palavras, se há uma ordem expressa no sentido de ser proibida a retenção de documentos, o agente que a descumprir terá plenamente a consciência e a vontade (elementos do dolo) em relação à conduta que pratica; ademais, terá também a potencial consciência da ilicitude de sua conduta, sabendo que a sua conduta é ilícita, respondendo por ela penalmente.
3. **Sujeito passivo.** A pessoa que teve o documento retido indevidamente.
4. **Objeto material.** *Qualquer documento de identificação pessoal* (ainda que apresentado por fotocópia autenticada ou pública-forma); *comprovante de quitação com o serviço militar; título de eleitor; carteira profissional; certidão de registro de nascimento; certidão de casamento; comprovante de naturalização* e, por fim, *carteira de identidade de estrangeiro*. O legislador estabeleceu o objeto material da contravenção ora comentada em dois momentos. Em um primeiro momento, ao dispor sobre *qualquer documento de identificação pessoal* o legislador utilizou enumeração exemplificativa para se referir a qualquer documento que tenha por finalidade a identificação pessoal, não especificando qual seja, podendo ser o documento oficial de identificação que é expedido pela Secretaria de Segurança Pública do Estado do qual o sujeito passivo é natural ou então documento emitido por qualquer órgão público, como a Defensoria Pública, Magistratura, Ministérios ou Procuradorias. Entenda-se também abrangida nessa hipótese a Carteira Nacional de Habilitação, uma vez o art. 159 da lei 9.503/97 (Código de Trânsito Brasileiro) dispõe que ela equivale a documento de identidade em todo o território nacional. Em um segundo momento, o legislador elencou todos os documentos que são retidos indevidamente pelo agente, de forma exaustiva, quais sejam: *comprovante de quitação com o serviço militar; título de eleitor; carteira profissional; certidão de registro de nascimento; certidão de casamento; comprovante de naturalização* e, por fim, *carteira de identidade de estrangeiro*. Diferentemente da hipótese anterior, não cabe aqui o emprego de analogia para se abranger na incriminação outros documentos não previstos no tipo, sob pena de flagrante violação do princípio do *nullum crimem, nulla poena sine lege stricta,* que veda o emprego de analogia *in mallan partem,* de forma que a retenção de

qualquer outro documento que não esteja previsto no tipo penal ora comentado, não configurará essa contravenção penal, podendo configurar outro delito, como a apropriação indébita (art. 168 do Código Penal). Ademais, o legislador também não empregou a técnica da interpretação analógica, uma vez que, depois de elencar os documentos, não trouxe a fórmula que a caracteriza, pois não dispôs, por exemplo, *ou outro documento qualquer.*

5. **Infração penal de menor potencial ofensivo.** Como o próprio título da lei, bem como o seu art. 3º está a sugerir, a infração penal nela contida constitui contravenção penal, e não crime. Logo, é infração penal de menor potencial ofensivo (art. 61 da lei 9.099/95).
6. **Competência para processo e julgamento.** Por tratar-se de contravenção penal, a competência para o processo e o julgamento é dos Juizados Especiais Criminais, nos moldes do art. 61 da lei 9.099/95.
7. **Diferença entre crime e contravenção.** A infração penal prevista no art. 3º da lei ora comentada configura contravenção, e não crime. Sabe-se que o Direito Penal Brasileiro adotou a teoria bipartida acerca das infrações penais. Segundo a teoria bipartida, infração penal é gênero que comporta duas espécies: *crimes* ou *delitos* (sinônimos) e *contravenções penais*. Entretanto, a despeito de serem espécies do mesmo gênero (infração penal), há diversas diferenças entre ambas. São elas: Em *primeiro lugar*, há uma diferença *ex lege,* prevista no art. 1º da Lei de Introdução ao Código Penal (Decreto Lei nº 3.914/41), segundo o qual *"considera-se crime a infração penal que a lei comina pena de reclusão ou de detenção, quer isoladamente, quer alternativa ou cumulativamente com a pena de multa; contravenção, a infração penal a que a lei comina, isoladamente, pena de prisão simples ou de multa, ou ambas, alternativa ou cumulativamente.";* Em *segundo lugar*, os crimes podem ser de ação penal pública incondicionada, pública condicionada ou de ação penal de iniciativa privada. As contravenções penais são todas de ação penal pública incondicionada (art. 17 da LCP – Decreto Lei nº 3.688/41); Em *terceiro lugar*, as contravenções penais não admitem a tentativa (art. 4º da LCP – Decreto Lei nº 3.688/1941). Os crimes podem admitir ou não, a depender da sua natureza; Em *quarto lugar*, todas as contravenções são consideradas infrações penais de menor potencial ofensivo (art. 61 da lei 9.099/95). Nem todos os crimes são considerados infrações penais de menor potencial ofensivo; Em *quinto lugar*, nas contravenções penais, a lei brasileira só é aplicável às contravenções penais praticadas no território brasileiro, de acordo com o princípio da territorialidade positivado no art. 2º da LCP – Decreto Lei nº 3.688/1941. Em relação aos crimes, a lei brasileira pode ser aplicada aos delitos praticados no território nacional ou fora dele, nos moldes dos princípios da territorialidade e da extraterritorialidade, positivados, respectivamente, nos arts. 5º e 7º do Código Penal.

Crime	Contravenção penal
Infração penal que a lei comina pena de reclusão ou de detenção, quer isoladamente, quer alternativa ou cumulativamente com a pena de multa	Infração penal a que a lei comina, isoladamente, pena de prisão simples ou de multa, ou ambas, alternativa ou cumulativamente

Pode ser de ação penal pública incondicionada, pública condicionada ou de ação penal de iniciativa privada	São todas de ação penal pública incondicionada
Admitem ou não a tentativa, a depender da sua natureza	Não admitem tentativa
Nem todos são considerados infrações penais de menor potencial ofensivo	Todas são consideradas infrações penais de menor potencial ofensivo
A lei brasileira pode ser aplicada aos crimes praticados no território nacional ou fora dele	A lei brasileira só é aplicável às contravenções penais praticadas no território brasileiro

8. **Especialidade.** O tipo penal ora comentado configura especialidade em relação ao delito de apropriação indébita, previsto no art. 168 do Código Penal. O *elemento especializante* reside no objeto material, ou seja, os documentos mencionados no art. 1º da lei.
9. **Diferença em relação ao crime de furto.** O tipo penal em comento não tem nenhuma relação com o delito de furto. Conforme dito anteriormente, a contravenção de retenção de documento configura especialidade do delito de apropriação indébita, previsto no art. 168 do Código Penal. Com efeito, no delito de furto, o agente, por não ter a posse ou detenção anterior da coisa, a subtrai; na contravenção ora analisada, o agente não subtrai o documento, mas o retém, aproveitando-se da sua posse ou detenção anterior.
10. **Retenção devida.** Muito embora o tipo penal não faça menção expressa à retenção *indevida,* nada obsta que possa haver por parte do agente uma retenção devida do documento. Basta pensar na hipótese de haver fundada suspeita de ser falso o documento apresentado, como no caso de uma pessoa ir ao INSS para dar entrada em toda documentação referente à sua aposentadoria e o funcionário da referida autarquia desconfiar da falsidade da carteira profissional, retendo-a; ou então no caso de um agente policial reter um documento de identificação pessoal, por fundadas suspeitas de sua falsidade; ou ainda na hipótese de apreensão da Carteira Nacional de Habilitação com base no Código de Trânsito Brasileiro. Nesses casos, parece que a conduta do agente é, ao mesmo tempo, atípica e lícita. Com efeito, é atípica em razão de o dolo do agente não ser reter o documento, mas sim, impedir a circulação ou utilização de um documento falso. É, também, lícita, uma vez que o agente policial, por exemplo, estaria amparado pela excludente de ilicitude do estrito cumprimento do dever legal.
11. **Pena.** O legislador estabeleceu como pena a prisão simples de um a três meses ou multa de NCR$ 0,50 (cinqüenta centavos) a NCR$ 3,00 (três cruzeiros novos). Note-se que as sanções penais são alternativas e não cumulativas. Assim, não pode haver a aplicação conjunta de ambas. Quanto à pena de multa prevista em cruzeiros novos, deve ser aplicada nos moldes do art. 49 e seguintes do Código Penal.
12. **Consumação.** No momento da retenção do documento não o restituindo ao proprietário.
13. **Classificação.** Contravenção comum; material; dolosa; comissiva ou omissiva própria; instantânea; não admite tentativa.

Sistema Financeiro Nacional. Lei nº 7.492, de 16 de junho de 1986

Art. 1º Considera-se instituição financeira, para efeito desta lei, a pessoa jurídica de direito público ou privado, que tenha como atividade principal ou acessória, cumulativamente ou não, a captação, intermediação ou aplicação de recursos financeiros (Vetado) de terceiros, em moeda nacional ou estrangeira, ou a custódia, emissão, distribuição, negociação, intermediação ou administração de valores mobiliários.

Parágrafo único. **Equipara-se** à instituição financeira:

I – a **pessoa jurídica** que capte ou administre seguros, câmbio, consórcio, capitalização ou qualquer tipo de poupança, ou recursos de terceiros;

I-A – a pessoa jurídica que ofereça serviços referentes a operações com ativos virtuais, inclusive intermediação, negociação ou custódia; (Incluído pela Lei 14.478, de 21 de dezembro de 2022).

II – a **pessoa natural** que exerça quaisquer das atividades referidas neste artigo, ainda que de forma eventual.

1. **Fundamento constitucional.** O Sistema Financeiro Nacional tem previsão no art. 192 da CF/88 e está estruturado de forma a promover o desenvolvimento equilibrado do país e a servir aos interesses da coletividade ("Art. 192. O sistema financeiro nacional, estruturado de forma a promover o desenvolvimento equilibrado do País e a servir aos interesses da coletividade, em todas as partes que o compõem, abrangendo as cooperativas de crédito, será regulado por leis complementares que disporão, inclusive, sobre a participação do capital estrangeiro nas instituições que o integram.")

2. **Bem jurídico protegido.** O bem jurídico protegido por esta lei é o Sistema Financeiro Nacional consistente no conjunto de instituições (monetárias, bancárias e sociedades por ações) e do mercado financeiro (de capitais e valores mobiliários).

3. **Tipos penais e norma penal em branco.** Diversos tipos penais da presente lei constituem norma penal em branco homogênea homovitelina, uma vez que para que se dê a plena aplicação dos seus preceitos primários, é necessário buscar o significado de instituição financeira contido no art. 1º da lei.

4. **Norma penal explicativa.** Dentro da classificação tradicional de normas penais, podemos classificar o art. 1º desta lei como norma penal explicativa, uma vez que ela traz o conceito de instituição financeira, de forma a complementar os tipos penais que fazem menção expressa à instituição financeira, a exemplo dos arts. 3º e 4º.

5. **Instituição financeira.** O critério que o legislador utilizou para a definição de instituição financeira é um critério objetivo, qual seja: a atividade desenvolvida pela pessoa jurídica. Nos moldes do artigo ora comentado, instituição financeira é a pessoa jurídica, que pode ser de direito público (Conselho Monetário Nacional, Banco Central do Brasil, Banco do Brasil S.A., Banco Nacional do Desenvolvimento Econômico e demais instituições financeiras, conforme o art. 1º da lei 4.595/1964) ou de direito privado (instituições de seguro, previdência privada, capitalização, fundos de investimentos, de crédito imobiliário, cooperativas de crédito, de poupança, entre outras) que tenha como atividade principal ou acessória, cumulativamente ou não, a captação (reunião de capitais), a intermediação (transferência dos recursos financeiros captados de uma instituição para outra) ou a aplicação (investimento) de recursos financeiros de terceiros, em moeda nacional ou estrangeira, ou a custódia (guarda), a emissão (colocação em circulação), a distribuição (entrega), a negociação (comercialização), a intermediação (fazer a ponte de contato entre duas partes) ou a administração (gestão) de valores mobiliários. Em relação aos recursos financeiros, é de notar-se que não está abrangida a pessoa jurídica que utilize recursos financeiros próprios. No tocante aos valores mobiliários, eles constituem instrumentos de captação de recursos financeiros, por meio de títulos emitidos por uma sociedade por ações.

6. **Parágrafo único. Equiparação à instituição financeira.** O parágrafo único do art. 1º trata de outras pessoas, físicas ou jurídicas, que se equiparam à instituição financeira para efeitos da presente lei.

7. **Inciso I.** Trata da pessoa jurídica que capte (reúna) ou administre (faça a gestão) seguros, câmbio, consórcio, capitalização ou qualquer tipo de poupança, ou recursos de terceiros. O legislador foi bastante genérico para abranger qualquer pessoa jurídica que de alguma forma trabalhe com os recursos financeiros de terceiros.

8. **Inciso I-A. Ativos virtuais.** A lei 14.478/2022 inseriu o inciso I-A para incluir os ativos virtuais. O conceito de ativos virtuais está na própria lei que inseriu esse inciso, que dispõe em seu art. 3º: "Para os efeitos desta Lei, considera-se ativo virtual a representação digital de valor que pode ser negociada ou transferida por meios eletrônicos e utilizada para realização de pagamentos ou com propósito de investimento, não incluídos: I – moeda nacional e moedas estrangeiras; II – moeda eletrônica, nos termos da Lei nº 12.865, de 9 de outubro de 2013; III – instrumentos que provejam ao seu titular acesso a produtos ou serviços especificados ou a benefício proveniente desses produtos ou serviços, a exemplo de pontos e recompensas de programas de fidelidade; e IV – representações de ativos cuja emissão, escrituração, negociação ou liquidação esteja prevista em lei ou regulamento, a exemplo de valores mobiliários e de ativos financeiros. Parágrafo único. Competirá a órgão ou entidade da Administração Pública federal definido em ato do Poder Executivo estabelecer quais serão os ativos financeiros regulados, para fins desta Lei."

9. **Inciso II.** Trata da pessoa física que exerça de forma clandestina as atividades previstas no art. 1º desta lei. Tais atividades são conferidas legalmente às pessoas jurídicas, sob o estrito controle e fiscalização do Banco Central. Visando a coibir a prática dessas atividades de forma clandestina por qualquer pessoa física, o legislador fez essa equiparação.

10. **Agiotagem.** Segundo a jurisprudência, o agiota não é equiparado à instituição financeira. O delito que ele pratica é o previsto no art. 4º da lei de crimes contra a Economia Popular, lei nº 1.521/51: "Art. 4º. Constitui crime da mesma natureza a usura pecuniária ou real, assim se considerando: a) cobrar juros, comissões ou descontos percentuais, sobre dívidas em dinheiro superiores à taxa permitida por lei; cobrar ágio superior à taxa oficial de câmbio, sobre quantia permutada por moeda estrangeira; ou, ainda, emprestar sob penhor que seja privativo de instituição oficial de crédito". E não poderia ser diferente, tendo em vista que o agiota utiliza recursos financeiros próprios, e não de terceiros.

▶ **STJ**

PROCESSUAL PENAL. CONFLITO DE COMPETÊNCIA. CRIME DE USURA PECUNIÁRIA. "AGIOTAGEM". COMPETENTE A JUSTIÇA COMUM ESTADUAL. SÚMULA 498/STF. A prática de agiotagem atribuída ao indiciado configura o crime tipificado no art. 4º, da Lei 1.521/51, usura pecuniária ou real, conduta lesiva à economia popular e não ao Sistema Financeiro Nacional. Compete à Justiça dos Estados, em ambas as instâncias, o processo e o julgamento dos crimes contra a economia popular (Súmula 498/STF). Conflito conhecido. Competência da Justiça Estadual. CC 36011. Rel. Min. Vicente Leal, julgado em 25/09/2002.

DOS CRIMES CONTRA O SISTEMA FINANCEIRO NACIONAL

Art. 2º Imprimir, reproduzir ou, de qualquer modo, fabricar ou pôr em circulação, sem autorização escrita da sociedade emissora, **certificado, cautela ou outro documento representativo de título ou valor mobiliário**:

Pena – Reclusão, de 2 (dois) a 8 (oito) anos, e multa.

Parágrafo único. Incorre na mesma pena quem imprime, fabrica, divulga, distribui ou faz distribuir prospecto ou material de propaganda relativo aos papéis referidos neste artigo.

1. **Sujeito ativo.** Qualquer pessoa.

2. **Sujeito passivo.** O Estado e os investidores lesados.

3. **Imprimir, reproduzir, fabricar ou pôr em circulação.** São vários os verbos que compõem a incriminação descrita neste tipo penal. *Imprimir* significa fazer a impressão de algo em papel, reproduzir ou representar algo com sinais gráficos ou outro material qualquer. *Reproduzir* consiste em copiar, multiplicar, imitar de forma fiel. *Fabricar* quer dizer criar, produzir. Por fim, *pôr em circulação* é fazer circular livremente. O legislador pretendeu evitar qualquer forma de criação ou de circulação irregular ou clandestina de certificado, cautela ou outro documento representativo de título ou valor mobiliário no mercado sem a devida autorização

da sociedade emissora, de forma que isso pode gerar um desequilíbrio no Sistema Financeiro Nacional, dificultando, inclusive, a fiscalização pelo Banco Central.

4. **Sem autorização escrita da sociedade emissora.** A ausência da autorização da sociedade emissora foi trazida pelo legislador para dentro do tipo penal, funcionando como seu elemento. Por essa razão, caso haja a regular autorização da sociedade emissora, a conduta torna-se formalmente atípica.

5. **Certificado, cautela ou outro documento representativo de título ou valor mobiliário.** Certificado é o documento que atesta a compra e venda de ações. Cautela é o título provisório de ações, enquanto o definitivo não é expedido. Ao final, o legislador utilizou a interpretação analógica para abranger qualquer "outro documento representativo de título ou valor mobiliário". Esse tipo penal está praticamente em desuso, tendo em vista que atualmente toda a movimentação de ações é feita *online*, pelo computador estando a pessoa conectada à internet. Assim, não existem mais certificados impressos ou cautelas impressas.

6. **Tipo misto alternativo.** Caso o agente pratique mais de uma conduta descrita no tipo penal, responderá por um delito apenas, não havendo concurso de crimes.

7. **Consumação.** O delito consuma-se com a prática das condutas, independentemente de causar qualquer prejuízo aos investidores. Trata-se de crime formal.

8. **Classificação.** Crime comum; formal; comissivo; de perigo abstrato; instantâneo; admite tentativa nas condutas *imprimir, reproduzir* e *fabricar.* Não admite tentativa na conduta *pôr em circulação* por ser crime unissubsistente.

9. **Suspensão condicional do processo.** Incabível, pois a pena mínima cominada ultrapassa 1 ano (art. 89 da lei 9.099/95).

10. **Parágrafo único. Conduta equiparada.** O legislador equiparou ao *caput* a conduta ligada à divulgação, publicação do material descrito no *caput.* Portanto, além de coibir no *caput* a criação ou a circulação irregular ou clandestina de certificado, cautela ou outro documento representativo de título ou valor mobiliário no mercado sem a devida autorização da sociedade emissora, no parágrafo único incrimina a conduta de divulgar, publicar por meio de prospecto ou de material de propaganda. *Imprimir* e *fabricar* têm os mesmos significados do *caput. Divulgar* significa publicar. *Distribuir* é entregar a um número indeterminado de pessoas. *Fazer distribuir* consiste em distribuir por intermédio de outra ou outras pessoas. Todas essas condutas estão ligadas ao prospecto ou material de propaganda relativo aos papéis referidos no *caput.* Como o legislador não especificou, entende-se que pode ser qualquer espécie de material de propaganda ou prospecto, do mais simples e resumido ao mais elaborado e rico em informações sobre certificado, cautela ou outro documento representativo de título ou valor mobiliário.

11. **Tipo misto alternativo.** Caso o agente pratique mais de uma conduta descrita no tipo penal (como imprimir e distribuir o prospecto), responderá por um delito apenas, não incidindo em concurso de crimes.

12. **Consumação.** O delito consuma-se com a prática das condutas, independentemente de qualquer prejuízo causado aos investidores. Trata-se de crime formal.

13. **Classificação.** Crime comum; formal; comissivo; de perigo abstrato; instantâneo; admite tentativa.

14. **Suspensão condicional do processo.** Incabível, pois a pena mínima cominada ultrapassa 1 ano (art. 89 da lei 9.099/95).

Art. 3º Divulgar **informação falsa** ou **prejudicialmente incompleta** sobre instituição financeira:

Pena – Reclusão, de 2 (dois) a 6 (seis) anos, e multa.

1. **Sujeito ativo.** Qualquer pessoa.

2. **Sujeito passivo.** O Estado, os investidores lesados e a instituição financeira.

3. **Divulgar informação falsa ou prejudicialmente incompleta.** *Divulgar* significa publicar. Informação falsa é a que não corresponda à verdade. A falsidade da informação pode versar sobre qualquer dado da instituição financeira, como a sua saúde financeira, a realização ou o inadimplemento de um contrato etc. Informação prejudicialmente incompleta é a informação que tenha o potencial de causar alguma espécie de dano à instituição financeira. Note-se que neste caso a informação até pode ser verdadeira, mas a sua divulgação parcial pode causar um prejuízo, como no caso de divulgação de uma fusão entre as instituições financeiras A e B para que elas consigam honrar os seus contratos. Somente essa informação pode levar a uma interpretação de que a saúde financeira das duas não está boa, quando na realidade as duas instituições financeiras estão com a saúde financeira perfeita e a fusão dar-se-á como forma de ampliar os investimentos para gerar mais lucro para ambas. A sonegação da segunda parte da informação pode levar o investidor a pensar que a instituição financeira A está em situação financeira precária e, consequentemente, não investir nela. Nesse caso, a informação divulgada é incompleta e prejudicial. O delito é de livre execução, de forma que a informação pode ser divulgada por qualquer meio, como jornal, revista, televisão, e-mail, mensagem de texto SMS, publicação em algum site da internet, inclusive verbalmente.

4. **Diferença em relação ao art. 177, § 1º, I, do Código Penal.** São quatro as diferenças entre os dois tipos penais: No art. 177, § 1º, I, do Código Penal, o bem jurídico protegido é o patrimônio. No art. 3º da lei 7.492/86 o bem jurídico protegido é o Sistema Financeiro Nacional; O art. 177, § 1º, I, do Código Penal abrange qualquer Sociedade por Ações. O art. 3º da lei 7.492/86 abarca instituições financeiras, sendo, portanto, mais restrito; o art. 177, § 1º, I, do Código Penal constitui crime próprio. O art. 3º da lei 7.492/86 é crime comum; no art. 177, § 1º, I, do Código Penal o delito é de execução vinculada, uma vez que especifica os meios utilizados para fazer a afirmação falsa. O art. 3º da lei 7.492/86 é crime de livre execução. Confira-se a redação do art. 177, § 1º, I, do Código Penal: "Art. 177 – Promover a fundação de sociedade por ações, fazendo, em prospecto ou em comunicação ao público ou à assembléia, afirmação falsa sobre a constituição da sociedade, ou ocultando fraudulentamente fato a ela relativo: Pena – reclusão, de um a quatro

anos, e multa, se o fato não constitui crime contra a economia popular. § 1º – Incorrem na mesma pena, se o fato não constitui crime contra a economia popular: I – o diretor, o gerente ou o fiscal de sociedade por ações, que, em prospecto, relatório, parecer, balanço ou comunicação ao público ou à assembléia, faz afirmação falsa sobre as condições econômicas da sociedade, ou oculta fraudulentamente, no todo ou em parte, fato a elas relativo."

Art. 177, § 1º, I, do Código Penal	Art. 3º da lei 7.492/86
Protege-se o patrimônio.	Protege-se o Sistema Financeiro Nacional
Abrange qualquer Sociedade por Ações	Abrange apenas instituições financeiras
Crime próprio	Crime comum
Delito de execução vinculada	Delito de livre execução.

5. **Princípio da Especialidade.** O presente tipo penal está especializado no art. 170 da lei de Falência (lei 11.101/2005), que possui a seguinte redação: "Art. 170. Divulgar ou propalar, por qualquer meio, informação falsa sobre devedor em recuperação judicial, com o fim de levá-lo à falência ou de obter vantagem: Pena – reclusão, de 2 (dois) a 4 (quatro) anos, e multa."

6. **Norma penal em branco.** O presente tipo penal constitui norma penal em branco homogênea homovitelina, uma vez que deve ser complementado pelo art. 1º desta lei para que se determine o significado de instituição financeira.

7. **Consumação.** O delito consuma-se com a simples divulgação da informação falsa ou prejudicialmente incompleta, independentemente de causar qualquer prejuízo a ela ou aos investidores. Trata-se de crime formal.

8. **Classificação.** Crime comum; formal; comissivo; de perigo abstrato; instantâneo; admite tentativa (salvo se a divulgação for verbal).

9. **Suspensão condicional do processo.** Incabível, pois a pena mínima cominada ultrapassa 1 ano (art. 89 da lei 9.099/95).

Art. 4º Gerir **fraudulentamente** instituição financeira:

Pena – Reclusão, de 3 (três) a 12 (doze) anos, e multa.

Parágrafo único. Se a gestão é **temerária**:

Pena – Reclusão, de 2 (dois) a 8 (oito) anos, e multa.

1. **Sujeito ativo.** O administrador da instituição financeira descrito no art. 25 da lei. Trata-se de crime próprio.

2. **Sujeito passivo.** O Estado, os investidores e a instituição financeira.

3. **Gerir fraudulentamente.** *Gerir* consiste na prática de atos de gestão, ou seja, atos de administração, direção da instituição financeira, tomada de decisões

importantes. A fraude consiste em o agente induzir ou manter alguém em erro, fazendo nascer na mente de outrem ou mantendo nela uma falsa noção da realidade. Trata-se do emprego de ardil, malícia, engodo. Dessa forma, ato fraudulento é qualquer ato idôneo a plantar uma situação irreal no tocante à gestão da instituição financeira. Portanto, gere a instituição financeira fraudulentamente o agente que pratica desvio de ativos, maquiagem de balanços patrimoniais etc.

4. **Norma penal em branco.** O presente tipo penal constitui norma penal em branco homogênea homovitelina, uma vez que deve ser complementado pelo art. 1º desta lei para que se determine o significado de instituição financeira.
5. **Consumação.** O delito consuma-se com a prática de qualquer ato de gestão com fraude. Basta a prática de apenas um ato que o crime já está consumado. Trata-se de crime formal.
6. **Não incidência do princípio da insignificância.** De acordo com a jurisprudência, o princípio da insignificância não se aplica ao delito de gestão fraudulenta, uma vez que o delito tutela a credibilidade do mercado, a proteção ao investidor e a estabilidade e higidez do Sistema Financeiro Nacional. Demais disso, o Estado é o sujeito passivo principal do delito, razão pela qual a conduta do agente não possui a mínima ofensividade para fazer incidir esse princípio.
7. **Classificação.** Crime próprio; formal; comissivo; de perigo concreto, instantâneo; admite tentativa.
8. **Suspensão condicional do processo.** Incabível, pois a pena mínima cominada ultrapassa 1 ano (art. 89 da lei 9.099/95).
9. **Gestão temerária. Parágrafo único.** O conceito de *gestão* é o mesmo da conduta do *caput* do artigo. *Gestão temerária* é a gestão arriscada, que ultrapassa os limites da prudência. Nesta modalidade de gestão não há fraude, mas, sim, uma conduta de administração que gera um grau de risco à instituição financeira, como a concessão de um empréstimo sem a exigência de garantia.
10. **Sujeito ativo.** O administrador da instituição financeira descrito no art. 25 da lei. Trata-se de crime próprio.
11. **Sujeito passivo.** O Estado, os investidores e a instituição financeira.
12. **Violação do princípio da taxatividade.** O princípio da legalidade, na vertente da taxatividade, está retratado na expressão latina *nullun crimen nulla poena sine lege certa,* segundo o qual a lei penal deve ser clara, certa, precisa e taxativa, proibindo-se conceitos vagos e imprecisos. Com efeito, o que se busca com o mencionado princípio é a segurança jurídica. Não é outra a razão pela qual o tipo penal possui, entre outras, a função da garantia, no sentido de garantir ao indivíduo que ele não receberá uma sanção penal caso a sua conduta não seja criminosa, bem como garantir ao indivíduo a aplicação somente da pena prevista abstratamente na lei para o delito que for praticado. Assim, toda vez que o tipo penal utiliza conceitos vagos e imprecisos, está ferindo de morte o princípio da legalidade penal, na vertente taxatividade. O delito de gestão temerária é merecedor de críticas, uma vez que o legislador utilizou um conceito muito vago e impreciso ao dispor "se a

gestão é temerária", dificultando a sua interpretação e a sua aplicação prática. Com efeito, a noção do que seja temerário demanda uma avaliação perigosa por parte do intérprete. Se tudo o que gerar risco a uma instituição financeira é temerário, esse tipo penal vai ser aplicado em abundância e todo administrador de uma pessoa jurídica que vise ao lucro responderia por esse delito, uma vez que o risco faz parte de qualquer negócio que tenha a finalidade lucrativa.

Porém, na tentativa de suprir a falha legislativa, o STJ buscou definir o que seriam atos de gestão temerária para fins dessa lei ao afirmar que eles consistem na prática de condutas de administração que violem dolosamente os deveres extrapenais, que ultrapassem os limites das normas administrativas estabelecidas por órgãos como a Comissão de Valores Mobiliários-CVM, o Conselho Monetário Nacional--CMN ou Banco Central-BACEN.

▶ **STJ**

INFORMATIVO nº 588

Sexta Turma

DIREITO PENAL. CONTEÚDO DO DOLO NO CRIME DE GESTÃO TEMERÁRIA.

Está presente o dolo do delito de gestão temerária (art. 4º, parágrafo único, da Lei n. 7.492/1986) na realização, por alguma das pessoas mencionadas no art. 25 da Lei n. 7.492/1986, de atos que transgridam, voluntária e conscientemente, normas específicas expedidas pela CVM, CMN ou Bacen. Desde logo, frise-se que, de acordo com a jurisprudência do STJ, o delito de gestão temerária somente admite a forma dolosa, tendo em conta a inexistência de previsão expressa da modalidade culposa, nos termos do art. 18, parágrafo único, do CP (AgRg no REsp 1.205.967-SP, Quinta Turma, DJe 15/9/2015; e PExt no RHC 7.982-RJ, Quinta Turma, DJ 9/9/2002). Admitida a constitucionalidade do tipo penal, a saída que se apresenta, para compreendê-lo como válido, é submetê-lo a uma "interpretação conforme" à Constituição, através de uma redução teleológica do seu campo de incidência. Para tanto, é preciso afastar da incidência da norma penal os casos que se encontrem cobertos pelo risco permitido na esfera da atividade financeira. Desse modo, *a contrario sensu*, deve-se entender que o tipo penal de gestão temerária pressupõe a violação de deveres extrapenais. Inicialmente, destaque-se que, nos termos do art. 153 da Lei n. 6.404/1976 (Lei das S.A.) – aplicável às instituições financeiras privadas, pois, por força do art. 24 da Lei n. 4.595/1964, à exceção das cooperativas de crédito, todas elas deverão constituir-se sob a forma de sociedade anônima – "o administrador da companhia deve empregar, no exercício de suas funções, o cuidado e a diligência que todo homem ativo e probo costuma empregar na administração dos seus próprios negócios". Esse princípio, aliás, também se acha estatuído no art. 1.011 do CC. São as primeiras diretrizes a indicar o que é uma gestão responsável – e, portanto, não temerária – de uma sociedade qualquer. Mais do que cuidado e diligência, quem lida profissionalmente com bens, valores ou dinheiro alheio tem de possuir o conhecimento técnico adequado. Tais normas, porém, são ainda muito genéricas para serem utilizadas como critério de determinação do risco proibido. É preciso examinar as regras específicas, veiculadas por órgãos como o CMN, o Bacen e a CVM, para perquirir se os administradores das instituições financeiras superaram o risco admitido pelas normas pressupostas pelo tipo penal. E tal violação às normas de regência da atividade financeira tem de ser dolosa. Mas é preciso que se compreenda exatamente qual é o conteúdo do dolo de que deve estar imbuído o agente. A temeridade da gestão (art. 4º, parágrafo único, da Lei n. 7.492/1986) é elemento valorativo global do fato (Roxin), e, como tal, sua valoração é de competência exclusiva da ordem jurídica, e não do agente. Para a caracterização do elemento subjetivo do delito não é necessária a vontade de atuar temerariamente; o que se exige é que o agente, conhecendo as circunstâncias de seu agir, transgrida voluntariamente as normas regentes da sua condição de administrador da instituição financeira. O que deve ser comprovado é a "consciência e vontade da inobservância dos cuidados obrigatórios, segundo as regras do Banco Central" (HC 87.440-GO, Primeira Turma, DJ 2/3/2007) ou, de outros entes reguladores da atividade financeira. É irrelevante se o agente considera que age temerariamente. **REsp 1.613.260-SP, Rel. Min. Maria Thereza de Assis Moura, julgado em 9/8/2016, DJe 24/8/2016.**

13. **Crime doloso.** Embora a noção de gestão temerária seja de gestão imprudente, que é uma das formas de conduta culposa, esse delito somente pode ser praticado de forma dolosa, não abrangendo, portanto, a forma culposa. Isso porque o crime culposo é regido pelo princípio da excepcionalidade, positivado no art. 18, parágrafo único do Código Penal, segundo o qual um delito somente pode ser punido a título de culpa se a lei assim expressamente dispuser, o que não é o caso do delito de gestão temerária, em que não há nenhuma menção expressa à forma culposa de conduta. Confira-se a redação do art. 18, parágrafo único, do Código Penal: "Art. 18 – Diz-se o crime: ...Parágrafo único – Salvo os casos expressos em lei, ninguém pode ser punido por fato previsto como crime, senão quando o pratica dolosamente."

14. **Tipo de perigo concreto.** Os delitos de gestão fraudulenta e de gestão temerária constituem crimes de perigo concreto. Assim, não basta a prática do ato de gestão, é necessário que se prove que o bem jurídico efetivamente correu perigo com o ato fraudulento ou temerário praticado.

15. **Crime habitual impróprio.** Os delitos de gestão fraudulenta e de gestão temerária não constituem crimes habituais. Isso significa que não se exige que os atos de gestão tenham contornos de reiteração para o delito estar configurado. Basta, portanto, a prática de apenas um ato isolado para a configuração e a consumação desse delito. Para o STJ esses delitos são crimes habituais impróprios, que é a mesma coisa que afirmar que não são habituais.

16. **Diferença em relação ao art. 3º, IX da lei 1.521/51.** São três as diferenças entre os dois tipos penais: no art. 3º, IX da lei 1.521/51 o bem jurídico protegido é a Economia Popular. No art. 4º da lei 7.492/86 o bem jurídico protegido é o Sistema Financeiro Nacional; o art. 3º, IX da lei 1.521/51 é mais específico, pois enumera as instituições financeiras por ele abarcadas. O art. 4º da lei 7.492/86 é mais genérico e abrange qualquer instituição financeira que pratique as atividades enumeradas em seu art. 1º; o art. 3º, IX da lei 1.521/51 é crime material, pois exige a falência, a insolvência ou o descumprimento das cláusulas contratuais com prejuízo aos interessados. O art. 4º da lei 7.492/86 é crime formal, pois não depende de geração de prejuízo à instituição financeira, nem aos investidores. Confira-se a redação do art. 3º, IX da lei 1.521/51: "Art. 3º. São também crimes desta natureza: IX – gerir

fraudulenta ou temerariamente bancos ou estabelecimentos bancários, ou de capitalização; sociedades de seguros, pecúlios ou pensões vitalícias; sociedades para empréstimos ou financiamento de construções e de vendas e imóveis a prestações, com ou sem sorteio ou preferência por meio de pontos ou quotas; caixas econômicas; caixas Raiffeisen; caixas mútuas, de beneficência, socorros ou empréstimos; caixas de pecúlios, pensão e aposentadoria; caixas construtoras; cooperativas; sociedades de economia coletiva, levando-as à falência ou à insolvência, ou não cumprindo qualquer das cláusulas contratuais com prejuízo dos interessados."

Art. 3º, IX da lei 1.521/51	Art. 4º da lei 7.492/86
Protege-se a Economia Popular	Protege-se o Sistema Financeiro Nacional
Enumera as instituições financeiras por ele abarcadas	Abrange qualquer instituição financeira que pratique as atividades descritas no art. 1º
Crime material	Crime formal

17. **Consumação.** O delito consuma-se com a prática de qualquer ato de gestão com temeridade. Basta a prática de apenas um ato que o crime já está consumado. Trata-se de crime formal.

18. **Classificação.** Crime próprio; formal; comissivo; de perigo concreto, instantâneo; admite tentativa.

19. **Suspensão condicional do processo.** Incabível, pois a pena mínima cominada ultrapassa 1 ano (art. 89 da lei 9.099/95).

Art. 5º Apropriar-se, quaisquer das pessoas mencionadas no art. 25 desta lei, de dinheiro, título, valor ou qualquer outro bem móvel **de que tem a posse**, ou desviá-lo em proveito próprio ou alheio:

Pena – Reclusão, de 2 (dois) a 6 (seis) anos, e multa.

Parágrafo único. Incorre na mesma pena qualquer das pessoas mencionadas no art. 25 desta lei, que **negociar** direito, título ou qualquer outro bem móvel ou imóvel de que tem a posse, **sem autorização de quem de direito.**

1. **Sujeito ativo.** As pessoas enumeradas no art. 25 desta lei. Trata-se de crime próprio.

2. **Sujeito passivo.** O Estado, a instituição financeira e os investidores.

3. **Apropriar-se ou desviar.** *Apropriar-se* consiste em o agente tomar a posse de algo que pertença a outrem. *Desviar* é dar destinação diversa da que realmente deveria ter sido dada. O legislador pretendeu preservar os bens pertencentes à instituição financeira e incriminou a conduta do agente que se apropria deles ou desvia-os em proveito próprio ou alheio.

4. **Dinheiro, título, valor ou qualquer outro bem móvel de que tem a posse.** Em razão da interpretação analógica empregada pelo legislador, qualquer espécie de

bem móvel que pertença à instituição financeira pode ser objeto material desse delito. O tipo penal deve ser interpretado sistemática e restritivamente, de forma que o bem deve pertencer à instituição financeira. Caso o bem não pertença à instituição financeira, e sim, por exemplo, a um cliente dela ou a um funcionário, o delito praticado poderá ser o de apropriação indébita previsto no Código Penal (art. 168), o de peculato-apropriação (art. 312, *caput,* 1ª parte) ou o de peculato-desvio (art. 312, *caput,* 2ª parte), a depender do caso concreto.

5. **Posse anterior. Pressuposto.** A posse anterior do bem móvel é pressuposto para esse delito. Com efeito, o agente somente poderá apropriar-se ou desviar um bem se ele tiver a posse anterior.

6. **Princípio da Especialidade.** O presente tipo penal constitui especialidade em relação aos seguintes delitos: apropriação indébita previsto no art. 168 do Código Penal (Art. 168 – Apropriar-se de coisa alheia móvel, de que tem a posse ou a detenção: Pena – reclusão, de um a quatro anos, e multa); peculato-apropriação ou peculato-desvio previsto no art. 312, *caput*, do Código Penal (Art. 312 – Apropriar-se o funcionário público de dinheiro, valor ou qualquer outro bem móvel, público ou particular, de que tem a posse em razão do cargo, ou desviá-lo, em proveito próprio ou alheio: Pena – reclusão, de dois a doze anos, e multa).

7. **Tipo misto alternativo.** Caso o agente pratique mais de uma conduta descrita no tipo penal, responderá por um delito apenas, não havendo concurso de crimes.

8. **Consumação.** O delito consuma-se com a efetiva apropriação ou o efetivo desvio do bem. Trata-se de crime material.

9. **Classificação.** Crime próprio; material; comissivo; de dano, instantâneo; admite tentativa.

10. **Suspensão condicional do processo.** Incabível, pois a pena mínima cominada ultrapassa 1 ano (art. 89 da lei 9.099/95).

11. **Parágrafo único. Conduta equiparada.** No parágrafo único o legislador previu a conduta de negociar direito, título ou qualquer outro bem móvel ou imóvel de que tem a posse, sem autorização de quem de direito. Em relação ao objeto material do delito, mais uma vez empregou a interpretação analógica para abranger qualquer bem, móvel ou imóvel. *Negociar* significa comerciar, fazer negócio com o bem. Nessa conduta equiparada, o bem móvel ou imóvel deve pertencer à instituição financeira, conforme dito no *caput.* Caso contrário, poderá configurar o delito de estelionato na modalidade disposição de coisa alheia como própria prevista no art. 171, § 2º, I, do Código Penal (Art. 171 – Obter, para si ou para outrem, vantagem ilícita, em prejuízo alheio, induzindo ou mantendo alguém em erro, mediante artifício, ardil, ou qualquer outro meio fraudulento: Pena – reclusão, de um a cinco anos, e multa... § 2º – Nas mesmas penas incorre quem: I – vende, permuta, dá em pagamento, em locação ou em garantia coisa alheia como própria).

12. **Posse anterior. Pressuposto.** A posse anterior do bem móvel é pressuposto para esse delito.

13. **Consumação.** O delito consuma-se com a negociação do bem. Trata-se de crime material.

14. **Classificação.** Crime próprio; material; comissivo; de dano, instantâneo; admite tentativa.

15. **Suspensão condicional do processo.** Incabível, pois a pena mínima cominada ultrapassa 1 ano (art. 89 da lei 9.099/95).

> Art. 6º Induzir ou manter em erro, sócio, investidor ou repartição pública competente, **relativamente a operação ou situação financeira**, sonegando-lhe informação ou prestando-a falsamente:
>
> Pena – Reclusão, de 2 (dois) a 6 (seis) anos, e multa.

1. **Sujeito ativo.** Qualquer pessoa. Trata-se de crime comum.

▶ **STJ**

INFORMATIVO nº 569.

Sexta Turma

DIREITO PENAL. SUJEITO ATIVO DE CRIME CONTRA O SISTEMA FINANCEIRO NACIONAL.

Podem ser sujeitos ativos do crime previsto no art. 6º da Lei 7.492/1986 pessoas naturais que se fizeram passar por membro ou representante de pessoa jurídica que não tinha autorização do Bacen para funcionar como instituição financeira. (...) Segundo entendimento doutrinário, o tipo penal em questão visa "resguardar a confiança inerente às relações jurídicas e negociais existentes entre os agentes em atuação no sistema financeiro – sócios das instituições financeiras, investidores e os órgãos públicos que atuam na fiscalização do mercado – e, secundariamente, protegê-los contra prejuízos potenciais, decorrentes da omissão ou prestação falsa de informações pertinentes a operações financeiras da instituição, ou acerca de sua situação financeira". (...) Tutela-se, portanto, o exercício clandestino e desautorizado de atividades financeiras. Trata-se de crime comum, que não exige peculiar qualidade do sujeito ativo. **REsp 1.405.989-SP, Rel. originário Min. Sebastião Reis Júnior, Rel. para o acórdão Min. Nefi Cordeiro, julgado em 18/8/2015, DJe 23/9/2015.**

2. **Sujeito passivo.** O Estado, o sócio, o investidor e a instituição financeira.

3. **Induzir ou manter em erro sonegando informação ou prestando-a falsamente.** Os verbos *induzir* e *manter* em erro consistem no emprego de fraude. Com efeito, a fraude reside justamente na indução ou na manutenção de alguém em erro. Na conduta *induzir*, o agente faz a falsa noção da realidade nascer na mente da vítima. No verbo *manter*, a vítima já está com a falsa noção da realidade em mente e o agente apenas impede que ela descubra a verdade. A conduta *induzir* configura crime comissivo. A conduta *manter* constitui crime omissivo próprio. A sonegação da informação ou a sua prestação falsamente constitui o meio executório desse delito. Portanto, o agente induz ou mantém a vítima em erro por meio da sonegação de informação ou da prestação de informação falsa. Na conduta *sonegar* a informação é verdadeira e o agente não a presta quando deveria fazê-lo. Na conduta

prestar, as informações são falsas. Assim, o tipo deve ser interpretado da seguinte forma: sonegando-lhe informações verdadeiras ou prestando informações falsas. A informação verdadeira sonegada ou a informação falsa prestada deve referir-se, necessariamente, à operação ou à situação financeira da instituição, como esconder o ingresso de ativos no último mês ou que a instituição efetivou diversos contratos de financiamento nos últimos dois anos, ou então afirmar falsamente que a instituição financeira está com débitos impagáveis em curto prazo.

4. **Repartição pública competente.** São as instituições encarregadas da normatização e da fiscalização do Sistema Financeiro Nacional, como o Banco Central e a Comissão de Valores Mobiliários (CVM).

5. **Princípio da Especialidade.** O presente tipo penal constitui especialidade em relação ao delito de estelionato previsto no art. 171 do Código Penal.

▶ **STJ**

INFORMATIVO nº 569.

Sexta Turma

DIREITO PENAL. DIFERENÇA ENTRE ESTELIONATO E CRIME CONTRA O SISTEMA FINANCEIRO NACIONAL.

Configura o crime contra o Sistema Financeiro do art. 6º da Lei 7.492/1986 – e não estelionato, do art. 171 do CP – a falsa promessa de compra de valores mobiliários feita por falsos representantes de investidores estrangeiros para induzir investidores internacionais a transferir antecipadamente valores que diziam ser devidos para a realização das operações. Não obstante a aparente semelhança com o delito de estelionato (...), entre eles há clara distinção. O delito do art. 6º da Lei 7.492/1986 (...) constitui crime formal, e não material (não é necessária a ocorrência de resultado, eventual prejuízo econômico caracteriza mero exaurimento); não prevê o especial fim de agir do sujeito ativo ("para si ou para outrem"); não exige, como elemento obrigatório, o meio fraudulento (artifício, ardil, etc.), apenas a prestação de informação falsa ou omissão de informação verdadeira. Ademais, eventual conflito aparente de normas penais resolve-se pelo critério da especialidade do delito contra o Sistema Financeiro (art. 6º da Lei 7.492/1986) em relação ao estelionato (art. 171 do CP). Por fim, a conduta em análise, configura dano ao Sistema Financeiro Nacional, pois abalada a confiança inerente às relações negociais no mercado mobiliário, induzindo em erro investidores que acreditaram na existência e na legitimidade de quem se apresentou como instituição financeira. REsp 1.405.989-SP, **Rel. originário Min. Sebastião Reis Júnior, Rel. para o acórdão Min. Nefi Cordeiro, julgado em 18/8/2015, DJe 23/9/2015.**

6. **Tipo misto alternativo.** Caso o agente pratique mais de uma conduta descrita no tipo penal, responderá por um delito apenas, não havendo concurso de crimes.

7. **Consumação.** O delito consuma-se com a prática das condutas de induzir ou manter as vítimas em erro. Trata-se de crime formal.

8. **Classificação.** Crime comum; formal; comissivo na conduta *induzir* e omissivo próprio na conduta *manter*; de perigo abstrato; instantâneo na conduta *induzir* e permanente na conduta *manter*; admite tentativa na conduta *induzir* por ser comissiva, mas não a admite na conduta *manter* por configurar crime omissivo próprio.

9. **Suspensão condicional do processo.** Incabível, pois a pena mínima cominada ultrapassa 1 ano (art. 89 da lei 9.099/95).

Art. 7º Emitir, oferecer ou negociar, de qualquer modo, **títulos ou valores mobiliários**:

I – falsos ou falsificados;

II – sem registro prévio de emissão junto à autoridade competente, em condições divergentes das constantes do registro ou irregularmente registrados;

III – sem lastro ou garantia suficientes, nos termos da legislação;

IV – sem autorização prévia da autoridade competente, quando legalmente exigida:

Pena – Reclusão, de 2 (dois) a 8 (oito) anos, e multa.

1. **Sujeito ativo.** No verbo *emitir,* somente a pessoa que tenha essa atribuição. Nas condutas *oferecer* e *negociar*, qualquer pessoa.

2. **Sujeito passivo.** O Estado e as pessoas adquirentes dos títulos.

3. **Emitir, oferecer ou negociar, de qualquer modo, títulos ou valores mobiliários.** *Emitir* significa colocar em circulação. *Oferecer* quer dizer apresentar, dar. *Negociar* consiste em comerciar, fazer negócio com o bem. Os três verbos típicos estão ligados à circulação de títulos e valores mobiliários inidôneos. O legislador quis proibir neste tipo penal qualquer conduta que tenha por finalidade fazer circularem títulos ou valores mobiliários falsos, de forma clandestina, ainda não autorizados. A mera circulação de um título ou de um valor mobiliário inidôneo já tem o condão de causar um perigo ao equilíbrio do Sistema Financeiro Nacional. Títulos são documentos que representam algum direito. Valores mobiliários são instrumentos de captação de recursos financeiros, por meio de títulos emitidos por uma sociedade por ações. Os incisos contêm as hipóteses de inaptidão dos títulos para circularem.

4. **Inciso I. Títulos ou valores mobiliários falsos ou falsificados.** O legislador foi redundante, pois título falso e título falsificado significam a mesma coisa. Entende-se por título falso aquele que não corresponda à realidade, que contenha informações inverídicas ou que não foi emitido pela autoridade com atribuição para emiti-lo. A falsidade do título pode ser material ou ideológica.

5. **Inciso II. Títulos ou valores mobiliários sem registro prévio de emissão junto à autoridade competente, em condições divergentes das constantes do registro ou irregularmente registrados.** As autoridades competentes para o registro prévio de emissão são o Banco Central, nos termos do art. 3º da lei 4.728/65 (Compete ao Banco Central: V – registrar títulos e valores mobiliários para efeito de sua negociação nas Bolsas de Valores; VI – registrar as emissões de títulos ou valores mobiliários a serem distribuídos no mercado de capitais) e a Comissão de Valores Mobiliários-CVM, nos termos do art. 19 da lei 6.385/76 (Art. 19. Nenhuma emissão pública de valores mobiliários será distribuída no mercado sem prévio registro na Comissão). Este inciso também abarca títulos ou valores mobiliários em condições

divergentes das constantes do registro ou registrados irregularmente nas autoridades acima referidas.

6. **Inciso III. Títulos ou valores mobiliários sem lastro ou garantia suficientes, nos termos da legislação.** Lastro e garantia são a base dos títulos ou dos valores mobiliários. Incrimina-se a falta de suporte financeiro suficiente para a circulação de títulos ou de valores mobiliários, de forma a causar um desequilíbrio no Sistema Financeiro Nacional.
7. **Inciso IV. Títulos ou valores mobiliários sem autorização prévia da autoridade competente, quando legalmente exigida.** As autoridades competentes para a autorização da emissão e da circulação de títulos ou de valores mobiliários, como dito acima, são o Banco Central e a Comissão de Valores Mobiliários-CVM.
8. **Norma penal em branco.** O presente tipo penal constitui norma penal em branco homogênea heterovitelina, uma vez que deve ser complementado pelas leis 4.728/65 e 6.385/76, conforme dito anteriormente.
9. **Tipo misto alternativo.** Caso o agente pratique mais de uma conduta descrita no tipo penal (emitir e negociar), responderá por um delito apenas, não havendo concurso de crimes.
10. **Consumação.** O delito consuma-se com a prática das condutas típicas, independentemente de qualquer resultado lesivo. Trata-se de crime formal.
11. **Classificação.** Crime próprio na conduta *emitir* e comum nas condutas *oferecer* e *negociar*; formal; comissivo; instantâneo; admite tentativa.
12. **Suspensão condicional do processo.** Incabível, pois a pena mínima cominada ultrapassa 1 ano (art. 89 da lei 9.099/95).

> Art. 8º Exigir, em desacordo com a legislação (Vetado), **juro, comissão ou qualquer tipo de remuneração** sobre operação de crédito ou de seguro, administração de fundo mútuo ou fiscal ou de consórcio, serviço de corretagem ou distribuição de títulos ou valores mobiliários:
>
> Pena – Reclusão, de 1 (um) a 4 (quatro) anos, e multa.

1. **Sujeito ativo.** Qualquer pessoa. Trata-se de crime comum.
2. **Sujeito passivo.** O Estado e a pessoa lesada pela exigência.
3. **Exigir em desacordo com a legislação.** A conduta *exigir* significa ordenar, impor como obrigação. Nesse delito, o agente exige da vítima juro, comissão ou qualquer tipo de remuneração em desacordo com a legislação, ou seja, de forma ilícita.
4. **Norma penal em branco.** O presente tipo penal constitui norma penal em branco homogênea, tendo em vista que se faz necessário complementar o tipo penal com a norma específica para cada elemento contido no tipo (juro, comissão ou qualquer tipo de remuneração sobre operação de crédito ou de seguro, administração de

fundo mútuo ou fiscal ou de consórcio, serviço de corretagem ou distribuição de títulos ou valores mobiliários).

5. **Princípio da Especialidade.** O presente tipo penal constitui especialidade em relação aos seguintes delitos: extorsão, previsto no art. 158 do Código Penal (Art. 158 – Constranger alguém, mediante violência ou grave ameaça, e com o intuito de obter para si ou para outrem indevida vantagem econômica, a fazer, tolerar que se faça ou deixar fazer alguma coisa: Pena – reclusão, de quatro a dez anos, e multa); concussão, previsto no art. 316 do Código Penal (Art. 316 – Exigir, para si ou para outrem, direta ou indiretamente, ainda que fora da função ou antes de assumi-la, mas em razão dela, vantagem indevida: Pena – reclusão, de dois a oito anos, e multa); e crime contra a ordem tributária previsto no art. 3º, II, da lei 8.137/90 (Art. 3º Constitui crime funcional contra a ordem tributária, além dos previstos no Decreto-Lei nº 2.848, de 7 de dezembro de 1940 – Código Penal (Título XI, Capítulo I): II – exigir, solicitar ou receber, para si ou para outrem, direta ou indiretamente, ainda que fora da função ou antes de iniciar seu exercício, mas em razão dela, vantagem indevida; ou aceitar promessa de tal vantagem, para deixar de lançar ou cobrar tributo ou contribuição social, ou cobrá-los parcialmente. Pena – reclusão, de 3 (três) a 8 (oito) anos, e multa).

6. **Diferença em relação ao delito do art. 4º da lei 1.521/51.** O delito ora comentado é específico para a cobrança de juro, comissão ou qualquer outro tipo de remuneração referente à operação de crédito ou de seguro, administração de fundo mútuo ou fiscal ou de consórcio, serviço de corretagem ou distribuição de títulos ou valores mobiliários, sendo, portanto, mais específico. Por sua vez, o delito previsto no art. 4º da lei 1.521/51 é mais abrangente e não especifica a operação em que o juro, por exemplo, é cobrado. Confira-se a sua redação: "Art. 4º. Constitui crime da mesma natureza a usura pecuniária ou real, assim se considerando: a) cobrar juros, comissões ou descontos percentuais, sobre dívidas em dinheiro superiores à taxa permitida por lei; cobrar ágio superior à taxa oficial de câmbio, sobre quantia permutada por moeda estrangeira; ou, ainda, emprestar sob penhor que seja privativo de instituição oficial de crédito").

7. **Consumação.** O delito consuma-se com a simples exigência, independentemente da obtenção da vantagem. Trata-se de crime formal.

8. **Classificação.** Crime comum; formal; comissivo; instantâneo; admite tentativa.

9. **Suspensão condicional do processo.** Cabível, pois a pena mínima cominada não ultrapassa 1 ano (art. 89 da lei 9.099/95).

> **Art. 9º** Fraudar a fiscalização ou o investidor, inserindo ou fazendo inserir, **em documento comprobatório de investimento em títulos ou valores mobiliários**, declaração falsa ou diversa da que dele deveria constar:
>
> Pena – Reclusão, de 1 (um) a 5 (cinco) anos, e multa.

1. **Sujeito ativo.** Qualquer pessoa. Trata-se de crime comum.

2. **Sujeito passivo.** O Estado e os investidores lesados.

3. **Fraudar a fiscalização ou o investidor, inserindo ou fazendo inserir declaração falsa ou diversa da que dele deveria constar.** *Fraudar* consiste em enganar, iludir, ludibriar. A fraude ocorre por meio da inserção de declaração falsa ou diversa da que deveria constar no documento comprobatório de investimento em títulos ou valores mobiliários. No verbo *inserindo* é o próprio agente que faz a inserção; no verbo *fazer inserir*, o agente precisa de uma outra pessoa, de boa-fé, que age sem dolo, a quem ele faz inserir a declaração falsa.

4. **Princípio da Especialidade.** O presente tipo penal constitui especialidade em relação ao delito de falsidade ideológica previsto no art. 299 do Código Penal, que tem a seguinte redação: "Art. 299 – Omitir, em documento público ou particular, declaração que dele devia constar, ou nele inserir ou fazer inserir declaração falsa ou diversa da que devia ser escrita, com o fim de prejudicar direito, criar obrigação ou alterar a verdade sobre fato juridicamente relevante: Pena – reclusão, de um a cinco anos, e multa, se o documento é público, e reclusão de um a três anos, e multa, se o documento é particular."

5. **Consumação.** O delito consuma-se com a concretização da fraude, por meio da inserção da declaração falsa ou diversa da que deveria constar. Trata-se de crime formal.

6. **Classificação.** Crime comum; formal; comissivo; instantâneo; admite tentativa.

7. **Suspensão condicional do processo.** Cabível, pois a pena mínima cominada não ultrapassa 1 ano (art. 89 da lei 9.099/95).

Art. 10. Fazer inserir elemento falso ou omitir elemento exigido pela legislação, **em demonstrativos contábeis** de instituição financeira, seguradora ou instituição integrante do sistema de distribuição de títulos de valores mobiliários:
Pena - Reclusão, de 1 (um) a 5 (cinco) anos, e multa.

1. **Sujeito ativo.** Qualquer pessoa na conduta *fazer inserir*, configurando crime comum. Na conduta *omitir*, somente a pessoa que tiver essa atribuição, tratando-se de crime próprio.

2. **Sujeito passivo.** O Estado e os investidores lesados.

3. **Fazer inserir elemento falso ou omitir elemento exigido pela legislação.** Na conduta *fazer inserir* o agente precisa de outra pessoa. Ele não faz a inserção, e sim faz com que a outra pessoa insira o elemento falso. A outra pessoa age sem dolo, sem saber que está inserindo o elemento falso. O dolo pertence ao agente. Trata-se de conduta que configura crime comissivo. Na conduta *omitir* o agente deixa de inserir elemento que deveria constar dos demonstrativos contábeis, configurando delito omissivo próprio. Note-se que nessa segunda conduta, os elementos que o agente deixa de inserir são verdadeiros. São elementos que deveriam constar dos demonstrativos contábeis e o agente omite-os propositadamente. Logo, são elementos verdadeiros. Assim, o tipo requer a seguinte releitura: fazer inserir elemento falso ou omitir elemento *verdadeiro* exigido pela legislação.

4. **Princípio da Especialidade.** O presente tipo penal constitui especialidade em relação ao delito de falsidade ideológica previsto no art. 299 do Código Penal, que tem a seguinte redação: "Art. 299 – Omitir, em documento público ou particular, declaração que dele devia constar, ou nele inserir ou fazer inserir declaração falsa ou diversa da que devia ser escrita, com o fim de prejudicar direito, criar obrigação ou alterar a verdade sobre fato juridicamente relevante: Pena – reclusão, de um a cinco anos, e multa, se o documento é público, e reclusão de um a três anos, e multa, se o documento é particular."
5. **Diferença em relação ao art. 9º.** No delito do art. 10 a falsidade dá-se em demonstrativos contábeis de instituição financeira, seguradora ou instituição integrante do sistema de distribuição de títulos de valores mobiliários. No delito do art. 9º a falsidade ocorre em documento comprobatório de investimento em títulos ou valores mobiliários.
6. **Norma penal em branco.** O presente tipo penal constitui norma penal em branco homogênea, tendo em vista que se faz necessário complementar o tipo penal com as normas que especificam quais são os elementos exigidos pela legislação, em demonstrativos contábeis de instituição financeira, seguradora ou instituição integrante do sistema de distribuição de títulos de valores mobiliários.
7. **Tipo misto alternativo.** Caso o agente pratique mais de uma conduta descrita no tipo penal (se ele *fizer* um terceiro *inserir* elemento falso e posteriormente *omitir* um elemento verdadeiro), responderá por um delito apenas, não havendo concurso de crimes.
8. **Consumação.** O delito consuma-se com a efetiva inserção pelo terceiro ou com a omissão do agente. Trata-se de crime formal.
9. **Classificação.** Crime comum na conduta *fazer inserir* e crime próprio na conduta *omitir;* formal; comissivo na conduta *fazer inserir* e omissivo próprio da conduta *omitir*; instantâneo; admite tentativa na conduta *fazer inserir*, mas não admite na conduta *omitir* por configurar crime omissivo próprio.
10. **Suspensão condicional do processo.** Cabível, pois a pena mínima cominada não ultrapassa 1 ano (art. 89 da lei 9.099/95).

Art. 11. Manter ou movimentar recurso ou valor **paralelamente à contabilidade exigida pela legislação:**

Pena – Reclusão, de 1 (um) a 5 (cinco) anos, e multa.

1. **Sujeito ativo.** As pessoas constantes do art. 25 da lei. Trata-se de crime próprio.
2. **Sujeito passivo.** O Estado e os investidores.
3. **Manter ou movimentar.** *Manter* a contabilidade paralela significa conservar, sustentar essa contabilidade, dando a ela um caráter de permanência. *Movimentar* consiste em desenvolver a contabilidade paralela. O verbo *manter* configura crime habitual

e permanente. Assim, somente haverá a prática do delito se o agente mantiver a contabilidade paralela de forma reiterada. Se ele praticar um ou outro ato isolado o delito não se configura. Além disso, com a manutenção a consumação prolonga-se no tempo, possibilitando, inclusive, a prisão em flagrante a qualquer momento durante a permanência da consumação. De outro giro, o verbo *movimentar* não constitui crime habitual e basta a prática de um ato isolado para a configuração do delito.

4. **Contabilidade paralela.** Também conhecida como "caixa dois", a contabilidade paralela constitui uma maquiagem da real contabilidade da instituição financeira. A contabilidade real é aquela que retrata a verdadeira situação fiscal, financeira e econômica da instituição financeira. A contabilidade paralela é aquela que é apresentada ao fisco, resultante dos ajustes e alterações feitas na contabilidade real. Por meio dela praticam-se sonegações fiscais e outros delitos afins.
5. **Norma penal em branco.** O presente tipo penal constitui norma penal em branco, tendo em vista que se faz necessário complementar o tipo penal com as normas que especificam os moldes da contabilidade exigida pela legislação.
6. **Tipo misto alternativo.** Caso o agente pratique mais de uma conduta descrita no tipo penal (manter e movimentar) responderá por um delito apenas, não havendo concurso de crimes.
7. **Consumação.** O delito consuma-se com a simples manutenção de forma habitual ou com a simples movimentação. Trata-se de crime formal.
8. **Classificação.** Crime próprio; formal; comissivo; habitual e permanente na conduta *manter;* instantâneo na conduta *movimentar*; admite tentativa na conduta *movimentar*, mas não admite na conduta *manter* por ser crime habitual.
9. **Suspensão condicional do processo.** Cabível, pois a pena mínima cominada não ultrapassa 1 ano (art. 89 da lei 9.099/95).

Art. 12. Deixar, o ex-administrador de instituição financeira, de apresentar, ao interventor, liqüidante, ou síndico, nos prazos e condições estabelecidas em lei as informações, **declarações ou documentos de sua responsabilidade**:

Pena – Reclusão, de 1 (um) a 4 (quatro) anos, e multa.

1. **Sujeito ativo.** O ex-administrador de instituição financeira. Trata-se de crime próprio.
2. **Sujeito passivo.** O Estado e as demais pessoas prejudicadas pela omissão do agente.
3. **Crime omissivo.** O verbo *deixar* confere ao tipo penal a natureza de crime omissivo próprio, uma vez que o ex-administrador deixa de apresentar nos prazos e condições estabelecidas em lei as informações, declarações ou documentos de sua responsabilidade, violando, dessa forma, o seu dever de agir. Quando é decretada a intervenção judicial ou a liquidação, há a nomeação, respectivamente, um interventor ou um liquidante. Para que ele tenha a real noção da situação financeira da instituição, é necessário que o ex-administrador forneça a ele todas

as informações, declarações ou documentos de sua responsabilidade. O delito consiste justamente na violação desse dever por parte do ex-administrador.

4. **Norma penal em branco.** O presente tipo penal constitui norma penal em branco, uma vez que os prazos e as condições estabelecidas para a entrega das informações, declarações ou documentos de sua responsabilidade devem ser buscados nas leis de regência (intervenção, liquidação e falência).

5. **Consumação.** O delito consuma-se com a simples omissão do agente. Trata-se de crime formal.

6. **Classificação.** Crime próprio; formal; omissivo próprio; instantâneo; não admite tentativa por ser omissivo próprio.

7. **Suspensão condicional do processo.** Cabível, pois a pena mínima cominada não ultrapassa 1 ano (art. 89 da lei 9.099/95).

Art. 13. Desviar (Vetado) **bem alcançado pela indisponibilidade legal** resultante de intervenção, liqüidação extrajudicial ou falência de instituição financeira.

Pena – Reclusão, de 2 (dois) a 6 (seis) anos, e multa.

Parágrafo único. Na mesma pena incorre o interventor, o liqüidante ou o síndico que se apropriar de bem abrangido pelo caput deste artigo, ou desviá-lo em proveito próprio ou alheio.

1. **Sujeito ativo.** Qualquer pessoa. Trata-se de crime comum.

2. **Sujeito passivo.** O Estado, a instituição financeira e as pessoas prejudicadas pelo desvio.

3. **Desviar.** *Desviar* significa dar um rumo diverso. Quando é decretada a intervenção, a liquidação extrajudicial ou a falência da instituição financeira, os seus bens são arrecadados e indisponibilizados para satisfazer os créditos. Se alguém desvia os bens alcançados pela indisponibilidade resultante de lei, acaba frustrando a satisfação dos créditos.

4. **Bem alcançado pela indisponibilidade legal resultante de intervenção, liquidação extrajudicial ou falência.** A indisponibilidade a que o tipo penal refere-se é a indisponibilidade legal, que decorre das leis de regência da intervenção, da liquidação e da falência. Nesse sentido, o art. 36 da lei 6.024/74: "Art. 36. Os administradores das instituições financeiras em intervenção, em liquidação extrajudicial ou em falência, ficarão com todos os seus bens indisponíveis não podendo, por qualquer forma, direta ou indireta, aliená-los ou onerá-los, até apuração e liquidação final de suas responsabilidades. § 1º A indisponibilidade prevista neste artigo decorre do ato que decretar a intervenção, a extrajudicial ou a falência, atinge a todos aqueles que tenham estado no exercício das funções nos doze meses anteriores ao mesmo ato. § 2º Por proposta do Banco Central do Brasil, aprovada pelo Conselho Monetário Nacional, a indisponibilidade prevista neste artigo poderá ser estendida: a) aos bens de gerentes, conselheiros fiscais e aos de todos aqueles que, até o limite da responsabilidade estimada de cada um, tenham concorrido, nos últimos doze

meses, para a decretação da intervenção ou da liquidação extrajudicial, b) aos bens de pessoas que, nos últimos doze meses, os tenham a qualquer título, adquirido de administradores da instituição, ou das pessoas referidas na alínea anterior desde que haja seguros elementos de convicção de que se trata de simulada transferência com o fim de evitar os efeitos desta Lei. § 3º Não se incluem nas disposições deste artigo os bens considerados inalienáveis ou impenhoráveis pela legislação em vigor. § 4º Não são igualmente atingidos pela indisponibilidade os bens objeto de contrato de alienação, de promessa de compra e venda, de cessão de direito, desde que os respectivos instrumentos tenham sido levados ao competente registro público, anteriormente à data da decretação da intervenção, da liquidação extrajudicial ou da falência." Confira-se, também, o art. 82 da lei de falência: "Art. 82. A responsabilidade pessoal dos sócios de responsabilidade limitada, dos controladores e dos administradores da sociedade falida, estabelecida nas respectivas leis, será apurada no próprio juízo da falência, independentemente da realização do ativo e da prova da sua insuficiência para cobrir o passivo, observado o procedimento ordinário previsto no Código de Processo Civil...§ 2º O juiz poderá, de ofício ou mediante requerimento das partes interessadas, ordenar a indisponibilidade de bens particulares dos réus, em quantidade compatível com o dano provocado, até o julgamento da ação de responsabilização." Note-se que embora o art. 2º, II da lei de falência exclua da sua incidência as instituições financeiras, é possível a sua decretação, por força do art. 21, alínea *b* da lei 6.024/1974, após a intervenção e a liquidação (Art. 21. A vista do relatório ou da proposta previstos no artigo 11, apresentados pelo liquidante na conformidade do artigo anterior o Banco Central do Brasil poderá autorizá-lo a: b) requerer a falência da entidade, quando o seu ativo não for suficiente para cobrir pelo menos a metade do valor dos créditos quirografários, ou quando houver fundados indícios de crimes falimentares).

5. **Diferença para o art. 5º.** No presente tipo penal, os bens estão alcançados pela indisponibilidade legal decorrente de intervenção, de liquidação ou de falência.

6. **Norma penal em branco.** O presente tipo penal constitui norma penal em branco homogênea heterovitelina, uma vez que deve ser complementado pelos arts. 36 da lei 6.024/74 e 82 da lei 11.101/2005 para a definição de indisponibilidade legal.

7. **Consumação.** O delito consuma-se com o efetivo desvio do bem, independentemente de causar qualquer prejuízo a alguém. Trata-se de crime formal.

8. **Classificação.** Crime comum; formal; comissivo; instantâneo; admite tentativa.

9. **Suspensão condicional do processo.** Incabível, pois a pena mínima cominada ultrapassa 1 ano (art. 89 da lei 9.099/95).

10. **Parágrafo único. Conduta equiparada.** Apropriação ou desvio praticado pelo interventor, pelo liquidante ou pelo administrador judicial.

11. **Sujeito ativo.** O interventor, o liquidante ou o administrador judicial. Trata-se de crime próprio.

12. **Sujeito passivo.** O Estado, a instituição financeira e as pessoas prejudicadas pelo desvio.

13. **Apropriar e desviar.** *Apropriar-se* consiste em o agente tomar a posse de algo que pertença a outrem. *Desviar* é dar destinação diversa que realmente deveria ter sido dada. Neste delito, o agente, que justamente tem o dever de zelar pelo fiel cumprimento da finalidade da intervenção, da liquidação e da falência, frustra a finalidade desses institutos apropriando-se ou desviando bens alcançados pela indisponibilidade legal.
14. **Consumação.** O delito consuma-se com a efetiva apropriação ou com o efetivo desvio do bem. Trata-se de crime formal.
15. **Classificação.** Crime próprio; formal; comissivo; instantâneo; admite tentativa.
16. **Suspensão condicional do processo.** Incabível, pois a pena mínima cominada ultrapassa 1 ano (art. 89 da lei 9.099/95).

Art. 14. Apresentar, em liquidação extrajudicial, ou em falência de instituição financeira, **declaração de crédito ou reclamação falsa**, ou juntar a elas **título falso ou simulado**:

Pena – Reclusão, de 2 (dois) a 8 (oito) anos, e multa.

Parágrafo único. Na mesma pena incorre o ex-administrador ou falido que reconhecer, como verdadeiro, crédito que não o seja.

1. **Sujeito ativo.** Qualquer pessoa. Trata-se de crime comum.
2. **Sujeito passivo.** O Estado e as pessoas prejudicadas.
3. **Apresentar declaração de crédito ou reclamação falsa.** Apresentar significa exibir a alguém. O agente apresenta-se como credor da instituição financeira. A *reclamação* consiste na impugnação de qualquer crédito em desacordo com o realmente devido segundo o entendimento do credor. O legislador quis evitar a frustração da *par conditio creditorum* ao incriminar a conduta de apresentação de créditos falsos e inexistentes. Com efeito, a apresentação de crédito ou a reclamação falsa ocasionará uma distribuição errada dos valores entre os credores e a frustração da igualdade entre eles.
4. **Juntar título falso ou simulado.** Título falso e título simulado significam a mesma coisa. Se um título é falso, é porque ele é simulado e vice-versa. Aqui não faz diferença a falsidade ser material ou ideológica, tendo em vista que o legislador não especificou e ambas constituem falsidade. Da mesma forma que dissemos no item anterior, a apresentação de títulos falsos vai gerar uma distribuição errada dos créditos e provocará a frustração da *par conditio creditorum*.
5. **Tipo misto alternativo.** Caso o agente pratique mais de uma conduta descrita no tipo penal, responderá por um delito apenas, não havendo concurso de crimes.
6. **Princípio da Especialidade.** O presente tipo penal constitui especialidade em relação ao delito previsto no art. 175 da Lei de Falência, que tem a seguinte redação: "Art. 175. Apresentar, em falência, recuperação judicial ou recuperação extrajudicial, relação de créditos, habilitação de créditos ou reclamação falsas, ou juntar a elas título falso ou simulado: Pena – reclusão, de 2 (dois) a 4 (quatro) anos, e multa."

7. **Consumação.** O delito consuma-se com a prática das condutas típicas. Trata-se de crime formal.

8. **Classificação.** Crime comum; formal; comissivo; de perigo abstrato; instantâneo; admite tentativa.

9. **Suspensão condicional do processo.** Incabível, pois a pena mínima cominada ultrapassa 1 ano (art. 89 da lei 9.099/95).

10. **Parágrafo único. Conduta equiparada.** O legislador equiparou ao *caput* a conduta paralela a ela por parte do ex-administrador ou do falido que reconhecer, como verdadeiro, crédito que não o seja.

11. **Sujeito ativo.** O ex-administrador ou o falido. Trata-se de crime próprio.

12. **Sujeito passivo.** O Estado e as pessoas prejudicadas.

13. **Reconhecimento de crédito falso.** Reconhecer significa afirmar como verdadeiro. O ex-administrador ou o falido reconhece como verdadeiro um crédito inexistente ou falso. Nesta conduta tem-se o outro lado da moeda em relação à conduta do *caput*. Caso seja reconhecido como verdadeiro um crédito que realmente não o seja, haverá a frustração da *par conditio creditorum*.

14. **Suspensão condicional do processo.** Incabível, pois a pena mínima cominada ultrapassa 1 ano (art. 89 da lei 9.099/95).

Art. 15. Manifestar-se falsamente o interventor, o liqüidante ou o síndico, (Vetado) à respeito de assunto relativo a intervenção, liquidação extrajudicial ou falência de instituição financeira:

Pena – Reclusão, de 2 (dois) a 8 (oito) anos, e multa.

1. **Sujeito ativo.** O interventor, o liquidante ou o administrador judicial.

2. **Sujeito passivo.** O Estado e as pessoas prejudicadas.

3. **Manifestar-se falsamente.** *Manifestar* significa declarar, publicar, revelar algo. Neste tipo penal o agente emite um pronunciamento que não corresponde à verdade sobre assunto relativo à intervenção, à liquidação extrajudicial ou à falência de instituição financeira. Trata-se da mentira, da falta com a verdade por parte do agente. Com efeito, quando é decretada a intervenção, a liquidação ou a falência, o interventor, o liquidante ou o administrador judicial deve cumprir fielmente a sua tarefa da garantir a finalidade desses institutos.

4. **Princípio da Especialidade.** O presente tipo penal constitui especialidade em relação ao delito previsto no art. 171 da Lei de Falência, que tem a seguinte redação: "Art. 171. Sonegar ou omitir informações ou prestar informações falsas no processo de falência, de recuperação judicial ou de recuperação extrajudicial, com o fim de induzir a erro o juiz, o Ministério Público, os credores, a assembléia-geral de credores, o Comitê ou o administrador judicial: Pena – reclusão, de 2 (dois) a 4 (quatro) anos, e multa."

5. **Consumação.** O delito consuma-se com a simples manifestação falsa. Trata-se de crime formal.

6. **Classificação.** Crime próprio; formal; comissivo; de perigo abstrato; instantâneo; admite tentativa.

7. **Suspensão condicional do processo.** Incabível, pois a pena mínima cominada ultrapassa 1 ano (art. 89 da lei 9.099/95).

> **Art. 16. Fazer operar**, sem a devida autorização, ou com autorização obtida mediante declaração (Vetado) falsa, **instituição financeira**, inclusive de distribuição de valores mobiliários ou de câmbio:
>
> Pena – Reclusão, de 1 (um) a 4 (quatro) anos, e multa.

1. **Sujeito ativo.** Qualquer pessoa. Trata-se de crime comum.
2. **Sujeito passivo.** O Estado e as pessoas eventualmente prejudicadas.
3. **Fazer operar.** Significa fazer funcionar. O legislador quis coibir a conduta de fazer funcionar uma instituição financeira de forma clandestina, impedindo ou dificultando a fiscalização por parte do Poder Público.
4. **Sem a devida autorização ou com autorização obtida mediante declaração falsa.** Seja de forma não autorizada, seja com a autorização obtida de forma falsa, o agente faz operar instituição financeira de forma clandestina. A autorização para fazer operar uma instituição financeira é do Banco Central, nos moldes do art. 10, X da lei 4.595/1964: "Art. 10. Compete privativamente ao Banco Central da República do Brasil: X – Conceder autorização às instituições financeiras, a fim de que possam: a) funcionar no País; b) instalar ou transferir suas sedes, ou dependências, inclusive no exterior; c) ser transformadas, fundidas, incorporadas ou encampadas; d) praticar operações de câmbio, crédito real e venda habitual de títulos da dívida pública federal, estadual ou municipal, ações Debêntures, letras hipotecárias e outros títulos de crédito ou mobiliários; e) ter prorrogados os prazos concedidos para funcionamento; f) alterar seus estatutos; g) alienar ou, por qualquer outra forma, transferir o seu controle acionário."

▶ **STJ**

Informativo nº 637.

Terceira Seção

Venda premiada. Captação de recursos de terceiros. Pessoa jurídica praticante de atividade de consórcios. Equiparação a instituição financeira. Ausência de autorização do Banco Central. Caracterização de crime contra o sistema financeiro nacional. Lei n. 7.492/1986. Competência da Justiça Federal.

A simulação de consórcio por meio de venda premiada, operada sem autorização do Banco Central do Brasil, configura crime contra o sistema financeiro, tipificado pelo art. 16 da Lei n. 7.492/1986, o que atrai a competência da Justiça Federal. (...). CC 160.077-PA, Rel. Min. Joel Ilan Paciornik, por unanimidade, julgado em 10/10/2018, DJe 19/10/2018.

5. **Norma penal em branco.** O presente tipo penal constitui norma penal em branco homogênea heterovitelina, uma vez que deve ser complementado pelo art. 10, X da lei 4.595/1964.

6. **Consumação.** O delito consuma-se com o simples funcionamento da instituição financeira, independentemente de causar qualquer prejuízo a alguém. Trata-se de crime formal.

7. **Classificação.** Crime comum; formal; comissivo; de perigo abstrato; instantâneo; admite tentativa.

8. **Suspensão condicional do processo.** Cabível, pois a pena mínima cominada não ultrapassa 1 ano (art. 89 da lei 9.099/95).

Art. 17. Tomar ou receber crédito, na qualidade de qualquer das pessoas mencionadas no art. 25, ou **deferir** operações de crédito vedadas, observado o disposto no art. 34 da Lei nº 4.595, de 31 de dezembro de 1964: (Redação dada pela Lei nº 13.506, de 2017)

Pena – Reclusão, de 2 (dois) a 6 (seis) anos, e multa.

Parágrafo único. Incorre na mesma pena quem:

I – em nome próprio, como controlador ou na condição de administrador da sociedade, **conceder ou receber adiantamento** de honorários, remuneração, salário ou qualquer outro pagamento, nas condições referidas neste artigo;

II – de **forma disfarçada**, promover a distribuição ou receber lucros de instituição financeira.

1. **Sujeito ativo.** As pessoas do art. 25 desta lei, bem como a pessoa com atribuição específica para conceder créditos dentro da instituição financeira. Trata-se de crime próprio.

2. **Sujeito passivo.** O Estado e as pessoas eventualmente prejudicadas.

3. **Tomar, receber ou deferir.** *Tomar* tem o sentido de obter, contrair. *Receber* significa obter para si de outrem. Os dois primeiros verbos têm basicamente o mesmo significado. *Deferir* é conceder, outorgar. O legislador quis impedir qualquer espécie de simulação em relação às pessoas do art. 25 e a instituição financeira, tendo em vista que essa simulação poderia resultar em um desvio de ativos da instituição financeira. No verbo *deferir*, o legislador vedou a concessão de operações de crédito com as pessoas mencionadas no art. 34 e seus parágrafos da lei 4.595/64, para, também, evitar qualquer tipo de simulação.

4. **Norma penal em branco.** O presente tipo penal constitui norma penal em branco homogênea heterovitelina, uma vez que se deve buscar o conceito de *operações de crédito vedadas* no art. 34 da lei 4.595/64.

5. **Tipo misto alternativo.** Caso o agente pratique mais de uma conduta descrita no tipo penal, responderá por um delito apenas, não havendo concurso de crimes.

6. **Princípio da Especialidade.** O presente tipo penal constitui especialidade em relação ao delito previsto no art. 177, § 1º, III, do Código Penal, que tem a seguinte redação: "Art. 177 – Promover a fundação de sociedade por ações, fazendo, em

prospecto ou em comunicação ao público ou à assembléia, afirmação falsa sobre a constituição da sociedade, ou ocultando fraudulentamente fato a ela relativo: Pena – reclusão, de um a quatro anos, e multa, se o fato não constitui crime contra a economia popular. § 1º – Incorrem na mesma pena, se o fato não constitui crime contra a economia popular: III – o diretor ou o gerente que toma empréstimo à sociedade ou usa, em proveito próprio ou de terceiro, dos bens ou haveres sociais, sem prévia autorização da assembléia geral."

7. **Consumação.** O delito consuma-se com a prática das condutas, independentemente de causar qualquer prejuízo. Trata-se de crime formal.

8. **Classificação.** Crime próprio; formal; comissivo; de perigo abstrato; instantâneo; admite tentativa.

9. **Suspensão condicional do processo.** Incabível, pois a pena mínima cominada ultrapassa 1 ano (art. 89 da lei 9.099/95).

10. **Condutas equiparadas.**

11. **Inciso I.** Trata da conduta do controlador ou do administrador da instituição financeira que concede ou que recebe adiantamento de honorários, remuneração, salário ou qualquer outro pagamento, nas condições referidas neste artigo. Mais uma vez o legislador quis coibir a simulação ao incriminar essa conduta. Os verbos *conceder* e *receber* têm os mesmos significados do *caput.* A proibição é de dar ou de receber qualquer espécie de remuneração, que pode ser honorário, salário ou qualquer outro tipo. O legislador utilizou a fórmula da interpretação analógica para coibir qualquer forma de simulação que possa ser praticada.

12. **Sujeito ativo.** O controlador ou o administrador da instituição financeira. Trata-se de crime próprio.

13. **Sujeito passivo.** O Estado e as pessoas eventualmente prejudicadas.

14. **Tipo misto alternativo.** Caso o agente pratique mais de uma conduta descrita no tipo penal, responderá por um delito apenas, não havendo concurso de crimes.

15. **Consumação.** O delito consuma-se com a prática das condutas, independentemente de causar qualquer prejuízo. Trata-se de crime formal.

16. **Classificação.** Crime próprio; formal; comissivo; de perigo abstrato; instantâneo; admite tentativa.

17. **Suspensão condicional do processo.** Incabível, pois a pena mínima cominada ultrapassa 1 ano (art. 89 da lei 9.099/95).

18. **Inciso II.** Trata da distribuição disfarçada do lucro, o que não deixa de ser uma simulação. *Promover* significa favorecer, impulsionar. *Receber* tem o mesmo significado do *caput.* Neste inciso, mais uma vez, o legislador tratou de coibir a simulação com qualquer espécie de remuneração.

19. **Sujeito ativo.** Na conduta *promover a distribuição,* somente a pessoa com o poder de efetivar a distribuição do lucro dentro da instituição financeira. Trata-se de crime próprio. Na conduta *receber,* qualquer pessoa, configurando crime comum.

20. Sujeito passivo. O Estado e as pessoas eventualmente prejudicadas.

21. Tipo misto alternativo. Caso o agente pratique mais de uma conduta descrita no tipo penal, responderá por um delito apenas, não havendo concurso de crimes.

22. Consumação. O delito consuma-se com a prática das condutas, independentemente de causar qualquer prejuízo. Trata-se de crime formal.

23. Classificação. Crime próprio na conduta *promover* e comum na conduta *receber;* formal; comissivo; de perigo abstrato; instantâneo; admite tentativa.

24. Suspensão condicional do processo. Incabível, pois a pena mínima cominada ultrapassa 1 ano (art. 89 da lei 9.099/95).

Art. 18. Violar sigilo de operação ou de serviço prestado por instituição financeira ou integrante do sistema de distribuição de títulos mobiliários **de que tenha conhecimento, em razão de ofício:**

Pena – Reclusão, de 1 (um) a 4 (quatro) anos, e multa.

1. Revogação tácita. O presente tipo penal está tacitamente revogado pelo art. 10 da Lei Complementar 105/2001, para onde remetemos o leitor, que trata da violação do sigilo das operações das instituições financeiras. Confiram-se as redações dos art. 1º e 10 da Lei Complementar 105/2001: "Art. 1º As instituições financeiras conservarão sigilo em suas operações ativas e passivas e serviços prestados. § 1º São consideradas instituições financeiras, para os efeitos desta Lei Complementar: I – os bancos de qualquer espécie; II – distribuidoras de valores mobiliários; III – corretoras de câmbio e de valores mobiliários; IV – sociedades de crédito, financiamento e investimentos; V – sociedades de crédito imobiliário; VI – administradoras de cartões de crédito; VII – sociedades de arrendamento mercantil; VIII – administradoras de mercado de balcão organizado; IX – cooperativas de crédito; X – associações de poupança e empréstimo; XI – bolsas de valores e de mercadorias e futuros; XII – entidades de liquidação e compensação; XIII – outras sociedades que, em razão da natureza de suas operações, assim venham a ser consideradas pelo Conselho Monetário Nacional....Art. 10. A quebra de sigilo, fora das hipóteses autorizadas nesta Lei Complementar, constitui crime e sujeita os responsáveis à pena de reclusão, de um a quatro anos, e multa, aplicando-se, no que couber, o Código Penal, sem prejuízo de outras sanções cabíveis. Parágrafo único. Incorre nas mesmas penas quem omitir, retardar injustificadamente ou prestar falsamente as informações requeridas nos termos desta Lei Complementar."

Art. 19. Obter, **mediante fraude**, financiamento em instituição financeira:

Pena – Reclusão, de 2 (dois) a 6 (seis) anos, e multa.

Parágrafo único. A pena é aumentada de 1/3 (um terço) se o crime é cometido em detrimento de instituição financeira oficial ou por ela credenciada para o repasse de financiamento.

1. **Sujeito ativo.** Qualquer pessoa. Trata-se de crime comum.

2. **Sujeito passivo.** O Estado e a instituição financeira lesada.

3. **Obter mediante fraude.** O verbo *obter* significa alcançar, conseguir. Neste tipo penal o agente consegue efetivar um financiamento em alguma instituição financeira por meio de fraude, induzindo a instituição financeira a erro, incutindo uma falsa noção da realidade na mente da pessoa que autoriza a concessão do financiamento. Não fosse o meio fraudulento, o agente não conseguiria obter o financiamento.

4. **Financiamento.** Financiamento é uma modalidade de empréstimo, mas tem uma vinculação específica que é o custeio de algo determinado que deve ser declarado no momento da sua concessão. Em homenagem ao princípio da legalidade, a obtenção de empréstimo pessoal, empréstimo consignado, crédito direto ao consumidor e outras formas de linhas de crédito em instituição financeira não configuram esse tipo penal, e sim o delito de estelionato previsto no art. 171 do Código Penal.

▶ **STJ**

PENAL E PROCESSO PENAL. CONFLITO DE COMPETÊNCIA. 1. JUSTIÇA ESTADUAL X JUSTIÇA FEDERAL. DELITO DE ESTELIONATO X CRIME CONTRA O SISTEMA FINANCEIRO NACIONAL. DESTINAÇÃO ESPECÍFICA DO CRÉDITO. CONFIGURAÇÃO DE FINANCIAMENTO. CRIME CONTRA O SISTEMA FINANCEIRO. ART. 19 DA LEI N. 7.492/1986. PRECEDENTES. 2. CONFLITO CONHECIDO PARA RECONHECER A COMPETÊNCIA DO JUÍZO FEDERAL DA 6ª VARA CRIMINAL DA SEÇÃO JUDICIÁRIA DO ESTADO DE SÃO PAULO/SP, O SUSCITADO. 1. A jurisprudência do STJ firmou entendimento no sentido de que, a depender espécie da operação realizada, pode ou não configurar-se o crime contra o sistema financeiro. Dessa forma, caracteriza-se o crime do art. 19 da Lei n. 7.492/1986 "quando os recursos obtidos junto à instituição financeira possuem destinação específica, não se confundindo, assim, com mútuo obtido a título pessoal, conduta que caracteriza o crime de estelionato". (CC 122.257/SP). No caso, verifica-se que houve a obtenção de financiamento fraudulento perante a instituição financeira, haja vista ter ficado estabelecida destinação específica para o dinheiro. A fraude se deu exatamente pelo fato de não se ter adquirido o bem para o qual obtido o financiamento. 2. Conheço do conflito para reconhecer a competência do Juízo Federal da 6ª Vara Criminal da Seção Judiciária do Estado de São Paulo/SP, o suscitado. CC 135258. Rel. Min. Walter de Almeida Guilherme (Desembargador convocado Do TJ/SP), julgado em 22/10/2014.

▶ **STJ**

INFORMATIVO nº 436.

Terceira Seção.

COMPETÊNCIA. CRIME. SISTEMA FINANCEIRO. DESCLASSIFICAÇÃO. ESTELIONATO. Trata-se de conflito negativo de competência entre TRF e juízo de direito de vara criminal estadual (...). Para o Min. Relator, o art. 19 da Lei n. 7.492/1986 exige, para configuração do crime contra o sistema financeiro, a utilização de fraude para obter financiamento de instituição financeira, o que difere da obtenção de empréstimo. Isso porque os financiamentos são operações realizadas com destinação específica, em que, para a obtenção de crédito, existe alguma concessão por parte do Estado como incentivo, assim há vinculação entre a concessão do crédito e o patrimônio da União. Também se exige a comprovação da aplicação desses recursos, por exemplo: os financiamentos de parques industriais, máquinas e equipamentos, bens de consumo duráveis, rurais e imobiliários. Dessarte, segundo o Min. Relator, na hipótese dos autos, tem razão o suscitante, pois não houve lesão ao patrimônio da União, de suas entidades autárquicas ou empresas públicas, conforme exigido pelo art. 109, IV, da CF/1988, visto que, em todas as vezes, a ré obteve empréstimo na modalidade de crédito direto ao consumidor (CDC); isso causou lesão exclusivamente à instituição financeira, como apontou o TRF (...). Diante do exposto, a Seção conheceu do conflito para declarar competente o juízo da vara criminal, o suscitado. Precedentes citados: CC 104.893-SE, DJe 29/3/2010; CC 106.283-SP, DJe 3/9/2009, e CC 31.125-SP, DJ 1º/7/2004. **CC 107.100-RJ, Rel. Min. Jorge Mussi, julgado em 26/5/2010.**

5. **Financiamento de veículo. *Leasing* financeiro.** O financiamento de veículo obtido com fraude configura esse delito, e não o delito de estelionato (art. 171 do Código Penal).

▶ **STJ**

PENAL E PROCESSO PENAL. CONFLITO DE COMPETÊNCIA. 1. JUSTIÇA ESTADUAL X JUSTIÇA FEDERAL ESPECIALIZADA. COMPRA DE VEÍCULO. ARRENDAMENTO MERCANTIL. UTILIZAÇÃO DE FRAUDE. CRIME CONTRA O SISTEMA FINANCEIRO X ESTELIONATO. CONFIGURAÇÃO DO TIPO PENAL DO ART. 19 DA LEI N. 7.492/1986. FINANCIAMENTO EM SENTIDO AMPLO. COMPETÊNCIA DA JUSTIÇA FEDERAL ESPECIALIZADA. PRECEDENTES. 2. CONFLITO CONHECIDO PARA RECONHECER A COMPETÊNCIA DO JUÍZO FEDERAL DA 2ª VARA CRIMINAL ESPECIALIZADA DA SEÇÃO JUDICIÁRIA DO ESTADO DE SÃO PAULO/SP, O SUSCITANTE. 1. É assente no Superior Tribunal de Justiça o entendimento no sentido de que, embora o contrato de leasing – também denominado arrendamento mercantil – possua particularidades próprias, revela, na prática, verdadeiro tipo de financiamento bancário, para aquisição de bem específico, em instituição financeira. Dessa forma, tem-se que os fatos narrados se subsumem, ao menos em tese, ao tipo penal do art. 19 da Lei n. 7.492/1986, o que determina a competência da Justiça Federal, nos termos do art. 26 da referida lei. CC 114030. Rel. Min. Marco Aurélio Bellizze, julgado em 26/03/2014.

▶ **STJ**

INFORMATIVO nº 466.

Terceira Seção.

COMPETÊNCIA. DOCUMENTOS FALSOS. *LEASING*. CARRO.

Noticiam os autos que fora instaurado inquérito policial para apurar a autoria e materialidade de estelionato a partir da apresentação de documentos falsos para obtenção de recursos financeiros junto à instituição bancária em contrato de arrendamento mercantil na modalidade de *leasing* financeiro de veículo (...). Para a Min. Relatora, a matéria em exame é complexa, tendo sido apreciada neste Superior Tribunal uma única vez, na Sexta Turma, na qual o voto da relatoria do Min. Celso Limongi (Desembargador convocado do TJ-SP), com base em precedente do STF, asseverou que o fato de o *leasing* financeiro não constituir financiamento não afasta, por si só, a configuração do delito previsto no art. 19 da Lei n. 7.492/1986. Naquela ocasião, o colegiado concluiu que, ao fazer um *leasing* financeiro, obtém-se invariavelmente um financiamento e o tipo penal em análise descrito no citado art. 19 refere-se exatamente à obtenção de financiamento mediante fraude, sem exigir que isso ocorra num contrato de financiamento propriamente dito. Observa ainda a Min. Relatora que o *leasing* financeiro possui certas particularidades, mas que não se pode, de pronto, afastar a incidência do tipo penal descrito no art. 19 em comento, no qual se refere à obtenção de financiamento mediante fraude, porque, embora não seja financiamento propriamente dito, ele constitui o núcleo ou elemento preponderante dessa modalidade de arrendamento mercantil. Com esse entendimento, a Seção declarou competente para processar e julgar o feito o juízo federal da vara criminal especializada em crimes contra o sistema financeiro nacional e lavagem, ocultação de bens e direitos e valores, o suscitante. Precedentes citados do STF: RE 547.245-SC, DJe 4/3/2010; do STJ: REsp 706.871-RS, DJe 2/8/2010. **CC 114.322-SP, Rel. Min. Maria Thereza de Assis Moura, julgado em 14/3/2011.**

6. **Causa de aumento de pena.** Por instituição financeira oficial ou por ela credenciada entenda-se a instituição financeira de natureza pública, que trabalha com recursos financeiros públicos, a exemplo do BNDES e da Caixa Econômica Federal, entre outras.

▶ **STJ**

RECURSOS ESPECIAIS. CRIMES CONTRA O SISTEMA FINANCEIRO NACIONAL: Outrossim, a incidência da causa de aumento do parágrafo único do art. 19 da Lei nº 7.492/86 em nada se confunde com o caput do mesmo artigo. Ao contrário do afirmado pelos Recorrentes, não há "um duplo apenamento por fato idêntico". Basta ler o dispositivo de lei indicado: "Art. 19. Obter, mediante fraude, financiamento em instituição financeira: Pena – Reclusão, de 2 (dois) a 6 (seis) anos, e multa. Parágrafo único. A pena é aumentada de 1/3 (um terço) se o crime é cometido em detrimento de instituição financeira oficial ou por ela credenciada para o repasse de financiamento." E, no caso, o crime foi cometido em detrimento do BNDES, instituição financeira oficial, como se sabe. REsp 1290073. Rel. Min. Laurita Vaz, julgado em 13/05/2014.

7. **Princípio da Especialidade.** O presente tipo penal constitui especialidade em relação ao delito de estelionato previsto no art. 171 do Código Penal que tem a seguinte redação: "Art. 171 – Obter, para si ou para outrem, vantagem ilícita, em prejuízo alheio, induzindo ou mantendo alguém em erro, mediante artifício, ardil, ou qualquer outro meio fraudulento: Pena – reclusão, de um a cinco anos, e multa".

8. **Consumação.** O delito consuma-se com a efetiva obtenção do financiamento, especificamente no momento da assinatura do contrato de financiamento. Trata-se de crime material.

▶ **STJ.**

Informativo nº 771

Quinta Turma

Crime contra o Sistema Financeiro Nacional. Obtenção de financiamento fraudulento. Art. 19 da Lei n. 7.492/1986. Assinatura do contrato. Configuração.

O crime de "obter, mediante fraude, financiamento em instituição financeira" se consuma no momento em que assinado o contrato de obtenção de financiamento mediante fraude. **AgRg no REsp 2.002.450-SE, Rel. Min. Joel Ilan Paciornik, Quinta Turma, por unanimidade, julgado em 17/4/2023.**

9. **Classificação.** Crime comum; material; comissivo; de dano; instantâneo; admite tentativa.

10. **Suspensão condicional do processo.** Incabível, pois a pena mínima cominada ultrapassa 1 ano (art. 89 da lei 9.099/95).

Art. 20. Aplicar, **em finalidade diversa da prevista em lei ou contrato,** recursos provenientes de financiamento concedido por instituição financeira oficial ou por instituição credenciada para repassá-lo:

Pena – Reclusão, de 2 (dois) a 6 (seis) anos, e multa.

1. **Sujeito ativo.** Qualquer pessoa. Trata-se de crime comum.

2. **Sujeito passivo.** O Estado e a instituição financeira.

3. **Aplicar em finalidade diversa da prevista em lei ou contrato.** O verbo típico *aplicar* significa empregar. Neste tipo penal o agente obtém recursos financeiros de forma lícita em instituição financeira. Entretanto, após a obtenção dos recursos (repita-se: de forma lícita) ele emprega-os em finalidade diversa da prevista em lei (para os casos em que a vinculação do objeto do financiamento é legal) ou no próprio contrato de financiamento. A finalidade do legislador foi evitar que os recursos provenientes de financiamento concedido por instituição financeira oficial ou credenciada para repassá-los sejam desviados e destinados à finalidade diversa daquela que serviu de fundamento (em lei ou em contrato) para a concessão do financiamento.

4. **Financiamento.** Financiamento é uma modalidade de empréstimo, mas tem uma vinculação específica que é o custeio de algo determinado que deve ser declarado no momento da sua concessão. Em homenagem ao princípio da legalidade, a obtenção de empréstimo pessoal, empréstimo consignado, crédito direto ao consumidor e outras formas de linhas de crédito em instituição financeira não configuram esse tipo penal, e sim o delito de estelionato previsto no art. 171 do Código Penal.

5. **Diferença para o art. 19.** A diferença reside no momento em que a fraude é empregada. No art. 19 a fraude é empregada *antes* da obtenção do financiamento. No art. 20 a fraude é empregada *depois* da obtenção do financiamento.

▶ **STJ**

O tipo legal do art. 19 pressupõe a existência de fraude anterior, voltada para a finalidade de obtenção do financiamento em instituição financeira. Já o tipo inserido no art. 20 pressupõe a regular obtenção de financiamento, mas com desvio de finalidade na sua aplicação. Assim, eventualmente, pode-se admitir a absorção do art. 20 pelo art. 19, como vislumbrou a Corte Regional, quando, dentro de um mesmo contexto fático, o desvio de finalidade se apresenta como um exaurimento da conduta delituosa de fraudar a obtenção do financiamento. Ou seja: mais uma vez se está diante de uma ampliação da lesão ao bem jurídico tutelado pela norma, a ensejar a incidência da consunção. REsp 1290073. Rel. Min. Laurita Vaz, julgado em 13/05/2014.

Art. 19 da lei 7.492/86	Art. 20 da lei 7.492/86
A fraude é empregada ***antes*** da obtenção do financiamento.	A fraude é empregada ***após*** a obtenção do financiamento.

6. **Princípio da Especialidade.** O presente tipo penal constitui especialidade em relação ao delito de estelionato previsto no art. 171 do Código Penal, que tem a seguinte redação: "Art. 171 – Obter, para si ou para outrem, vantagem ilícita, em prejuízo alheio, induzindo ou mantendo alguém em erro, mediante artifício, ardil, ou qualquer outro meio fraudulento: Pena – reclusão, de um a cinco anos, e multa".
7. **Consumação.** O delito consuma-se com a efetiva aplicação dos recursos provenientes do financiamento em finalidade diversa da prevista em lei ou no contrato. Trata-se de crime material.
8. **Classificação.** Crime comum; material; comissivo; de dano; instantâneo; admite tentativa.
9. **Suspensão condicional do processo.** Incabível, pois a pena mínima cominada ultrapassa 1 ano (art. 89 da lei 9.099/95).

Art. 21. Atribuir-se, ou atribuir a terceiro, **falsa identidade**, para realização de operação de câmbio:

Pena – Detenção, de 1 (um) a 4 (quatro) anos, e multa.

Parágrafo único. Incorre na mesma pena quem, para o mesmo fim, sonega informação que devia prestar ou presta informação falsa.

1. **Sujeito ativo.** Qualquer pessoa. Trata-se de crime comum.
2. **Sujeito passivo.** O Estado e os eventuais prejudicados com a operação de câmbio.
3. **Atribuir-se ou atribuir a terceiro.** *Atribuir* significa imputar, conferir. Nesse delito o agente confere a si mesmo ou a outrem identidade diversa da verdadeira. O legislador teve por finalidade coibir a realização de operação de câmbio descontrolada, clandestina, o que inviabiliza a sua fiscalização e o controle sobre o numerário que é cambiado em outras moedas.
4. **Operação de câmbio.** É a troca de moedas de países diversos.
5. **Falsa identidade.** Identidade significa qualquer dado identificador da pessoa do agente, abrangendo o nome, o estado civil, a idade, o sexo, a profissão etc. A identidade que o agente atribui a si ou a terceiro pode ser inexistente ou pertencer a outra pessoa.

6. **Utilização de "laranjas" para aquisição de moeda estrangeira.** Trata-se de conduta que configura o presente tipo penal, tendo em vista que "laranjas" são interpostas pessoas que são utilizadas pelo verdadeiro autor do delito para desviar a atenção do órgão fiscalizador, para que ele não tenha a real ciência da identidade de quem está fazendo a operação de câmbio, burlando as regras de compra de moeda estrangeira, entre outras, do limite individual de compra.

▶ **STJ**

INFORMATIVO nº 604

Sexta Turma

Art. 21 da Lei n. 7.492/1986. Utilização de "laranjas" para aquisição de moeda estrangeira. Tipicidade configurada. A utilização de terceiros ("laranjas") para aquisição de moeda estrangeira para outrem, ainda que tenham anuído com as operações, se subsome à conduta tipificada no art. 21 da Lei n. 7.492/1986. Dos autos consta que eram realizadas operações de câmbio em favor de pessoas que se valiam de outras para fins de registro e burla legal, tratando-se os adquirentes registrados de meros "laranjas" em favor daqueles que efetivamente se beneficiavam da aquisição de moeda estrangeira. A conduta prevista no art. 21, Lei n. 7.492/86 (*Atribuir-se, ou atribuir a terceiro, falsa identidade, para realização de operação de câmbio*), pressupõe fraude que tenha o potencial de dificultar ou impossibilitar a fiscalização sobre a operação de câmbio, com o escopo de impedir ou constatar a prática de condutas delitivas diversas, ou mesmo eventuais limites legais para a aquisição de moeda estrangeira. O tipo tem como objetos jurídicos a credibilidade do mercado financeiro e a proteção do investidor. Com efeito, na busca da proteção ao mercado financeiro, é necessário que as operações de câmbio sejam fiscalizadas, sob pena de comprometimento da saúde financeira das instituições, que pode abalar a credibilidade do mercado. Assim, ainda que os terceiros tenham anuído com as operações, tal fato, por si, não é capaz de descaracterizar o tipo penal, pois o bem jurídico restou violado com a dissimulação de esconder a real identidade do adquirente da moeda estrangeira valendo-se da identidade, ainda que verdadeira, de terceiros. **(REsp 1.595.546-PR, Rel. Min. Nefi Cordeiro, julgado em 2/5/2017).**

7. **Especial fim de agir.** Este tipo contém um especial fim de agir na conduta do agente, que consiste na finalidade de realização de operação de câmbio. Ausente essa finalidade específica no momento da conduta, o delito não se configura.

8. **Norma penal em branco.** O presente tipo penal constitui norma penal em branco homogênea homovitelina, uma vez que deve ser complementado pelo art. 1º desta lei para que se determine o significado de instituição financeira.

9. **Princípio da Especialidade.** O presente tipo penal constitui especialidade em relação ao delito de falsa identidade previsto no art. 307 do Código Penal, que tem a seguinte redação: "Art. 307 – Atribuir-se ou atribuir a terceiro falsa identidade para obter vantagem, em proveito próprio ou alheio, ou para causar dano a outrem: Pena – detenção, de três meses a um ano, ou multa, se o fato não constitui elemento de crime mais grave."

10. **Tipo misto alternativo.** Caso o agente pratique mais de uma conduta descrita no tipo penal (caso o agente atribua a si próprio e atribua a terceiro a falsa identidade), responderá por um delito apenas, não havendo concurso de crimes.

11. **Consumação.** O delito consuma-se com a atribuição da falsa identidade, independentemente da obtenção de qualquer vantagem ou da realização da operação de câmbio. Trata-se de crime formal.

12. **Classificação.** Crime comum; formal; comissivo; de perigo abstrato; instantâneo; admite tentativa.

13. **Suspensão condicional do processo.** Cabível, pois a pena mínima cominada não ultrapassa 1 ano (art. 89 da lei 9.099/95).

14. **Parágrafo único. Conduta equiparada.** Sonegação de informação que devia prestar ou prestação de informação falsa.

15. **Sonegar informação ou prestar informação falsa.** O tipo penal contém duas condutas. *Sonegar* é ocultar com fraude, encobrir. *Prestar* a informação consiste em transmiti-la a outrem, fornecê-la. A conduta *sonegar* constitui crime omissivo próprio. A conduta *prestar* constitui crime comissivo. A incriminação comporta duas espécies de informações: verdadeiras e falsas. Na conduta *sonegar* a informação é verdadeira e o agente não a presta, ocultando-a. Na conduta *prestar*, as informações são falsas. Assim, o tipo deve ser interpretado da seguinte forma: sonegar informações verdadeiras ou prestar informações falsas.

16. **Sujeito ativo.** Qualquer pessoa. Trata-se de crime comum.

17. **Sujeito passivo.** O Estado e os eventuais prejudicados com a operação de câmbio.

18. **Especial fim de agir.** Este tipo contém um especial fim de agir na conduta do agente, que consiste na finalidade de realização de operação de câmbio. Ausente essa finalidade específica no momento da conduta, o delito não se configura.

19. **Tipo misto alternativo.** Caso o agente pratique mais de uma conduta descrita no tipo penal (*sonegar* e *prestar*), responderá por um delito apenas, não havendo concurso de crimes.

20. **Princípio da Especialidade.** O presente tipo penal constitui especialidade em relação ao delito de falsidade ideológica previsto no art. 299 do Código Penal, que tem a seguinte redação: "Art. 299 – Omitir, em documento público ou particular, declaração que dele devia constar, ou nele inserir ou fazer inserir declaração falsa ou diversa da que devia ser escrita, com o fim de prejudicar direito, criar obrigação ou alterar a verdade sobre fato juridicamente relevante: Pena – reclusão, de um a cinco anos, e multa, se o documento é público, e reclusão de um a três anos, e multa, se o documento é particular. Parágrafo único – Se o agente é funcionário público, e comete o crime prevalecendo-se do cargo, ou se a falsificação ou alteração é de assentamento de registro civil, aumenta-se a pena de sexta parte."

21. **Consumação.** Na conduta *sonegar* o delito consuma-se com a simples omissão do agente, pois trata-se de crime omissivo próprio. Na conduta *prestar* o delito

consuma-se quando a informação falsa chega ao conhecimento do seu destinatário. Trata-se de crime formal.

22. **Classificação.** Crime comum; formal; omissivo próprio na conduta *sonegar* e comissivo na conduta *prestar*; de perigo abstrato; instantâneo; admite tentativa na conduta *prestar*, mas não a admite na conduta *sonegar* por tratar-se de crime omissivo próprio.

23. **Suspensão condicional do processo.** Cabível, pois a pena mínima cominada não ultrapassa 1 ano (art. 89 da lei 9.099/95).

Art. 22. Efetuar operação de câmbio não autorizada, **com o fim de** promover evasão de divisas do País:

Pena – Reclusão, de 2 (dois) a 6 (seis) anos, e multa.

Parágrafo único. Incorre na mesma pena quem, a qualquer título, **promove**, sem autorização legal, a **saída de moeda ou divisa** para o exterior, ou nele **mantiver depósitos não declarados** à repartição federal competente.

1. **Sujeito ativo.** Qualquer pessoa. Trata-se de crime comum.

2. **Sujeito passivo.** O Estado.

3. **Efetuar operação de câmbio não autorizada.** O presente tipo penal prevê três modalidades da prática do delito de evasão de divisas. A conduta descrita no *caput* configura a primeira forma de evasão de divisas. *Efetuar operação de câmbio* significa realizar a troca de moedas pertencentes a países diversos. Todas as operações de câmbio devem ser autorizadas pelo Banco Central. Neste tipo penal, por operação *não autorizada* entenda-se a operação de câmbio feita de forma clandestina, sem a autorização e a fiscalização do Banco Central.

4. **Evasão de divisas.** Evasão significa a saída clandestina, sem passar pela fiscalização das autoridades. Divisas são as moedas estrangeiras, bem como as letras, cheques, ordens de pagamento, entre outras, que sejam conversíveis em moeda estrangeira. Portanto, *evasão de divisas* significa a saída clandestina de moeda do país. Protegem-se, também, com esse delito, as reservas cambiais nacionais.

5. **Especial fim de agir.** Este tipo contém um especial fim de agir na conduta do agente, que consiste na finalidade de promover evasão de divisas do país. Ausente essa finalidade específica no momento da conduta, o delito não se configura.

6. **Consumação.** O delito consuma-se com o fechamento da operação de câmbio, não sendo necessário que a divisa saia efetivamente do país. Trata-se de crime formal.

7. **Classificação.** Crime comum; formal; comissivo; instantâneo; admite tentativa.

8. **Suspensão condicional do processo.** Incabível, pois a pena mínima cominada ultrapassa 1 ano (art. 89 da lei 9.099/95).

9. **Parágrafo único. Condutas equiparadas.** No parágrafo único estão as outras duas modalidades do delito de evasão de divisas.

10. Parágrafo único. Primeira parte. Prevê a segunda modalidade de evasão de divisas.

11. Sujeito ativo. Qualquer pessoa. Trata-se de crime comum.

12. Sujeito passivo. O Estado.

13. Promoção, sem autorização legal, da saída de moeda ou divisa para o exterior. O verbo *promover* significa dar causa, executar, dar origem a algo. Nesta modalidade de evasão de divisas, o agente efetivamente concretiza a saída da moeda ou da divisa do país sem estar autorizado a tal. Trata-se efetivamente da saída clandestina de moeda do país. O fim do legislador foi proteger as reservas cambiais nacionais por meio da incriminação da remessa clandestina de dinheiro para o exterior, sem passar pela fiscalização do Banco Central. É perfeitamente possível o envio de moeda ao exterior, desde que feita de forma lícita sob o controle e a fiscalização do Banco Central. O que a incriminação abarca é a promoção de evasão de divisas para o exterior de forma clandestina. Naturalmente, o agente deve ter o dolo de efetivar a saída de dinheiro para o exterior de forma clandestina. Ausente esse dolo a conduta é atípica.

▶ **STJ**

INFORMATIVO nº 430.

Sexta Turma.

EVASÃO. DIVISAS. TRANSFERÊNCIA REGULAR.

O paciente e outras pessoas foram acusados de remeter mais de R$ 10 milhões pertencentes a uma sociedade empresária para conta de sua subsidiária situada no exterior, mediante a suposta máscara de empréstimo bancário (contratos de *loan agreement)*, o que caracterizaria a evasão de divisas do art. 22, parágrafo único, da Lei n. 7.492/1986. Sucede que, tal como consta dos documentos acostados aos autos, tanto o Banco Central quanto a Receita Federal sequer detectaram irregularidades nessas transferências internacionais, a impor que se conceda a ordem para extinguir a ação penal com extensão a todos os acusados, tal como o fez a Turma ao prosseguir o julgamento. **HC 76.336-SP, Rel. Min. Nilson Naves, julgado em 15/4/2010.**

14. Formas de saída. A saída de divisas do país pode ocorrer de forma física ou de forma escritural, normalmente pelo sistema denominado "dolar-cabo". Por meio desse sistema, alguém (normalmente um doleiro) recebe uma determinada quantia de outrem em reais no Brasil e, no exterior, deposita o equivalente em dólar na conta da mesma pessoa que entregou o montante em reais. Ou seja, o dinheiro não sai fisicamente do Brasil, e sim deposita-se o equivalente no exterior. Isso é a saída escritural, também configuradora desse delito.

▶ **STJ**

(...) LEI N. 7.492/1986. CRIMES CONTRA O SISTEMA FINANCEIRO NACIONAL. DÓLAR-CABO. EVASÃO DE DIVISAS. FIDÚCIA. OPERAÇÃO DE CÂMBIO NÃO AUTORIZADA. TIPIFICAÇÃO (...). 1. Conceitualmente, a denominada operação dólar-cabo envolve transações com moeda estrangeira à margem do conhecimento dos órgãos oficiais. Em outros termos, trata-se de um sistema alternativo e paralelo ao sistema bancário ou financeiro chamado de tradicional, de remessa de valores, por intermédio de um sistema de compensações, o qual tem por base a fidúcia. 2. As divisas circulam em um determinado território, sem entrar ou sair efetivamente de um país, de forma escritural, o que pode ocorrer das mais diversas formas. REsp 1390827. Rel. Min. Sebastião Reis Júnior, julgado em 04/09/2014.

15. **Remessa de mercadoria ao exterior.** Não configura esse delito, uma vez que a incriminação abarca somente divisas, e não mercadorias.

▶ **STJ**

(...) CRIME CONTRA O SISTEMA FINANCEIRO NACIONAL. EVASÃO DE DIVISAS. EXPORTAÇÃO DE MERCADORIAS. AUSÊNCIA DE COMPROVAÇÃO DE INGRESSO DE MOEDA ESTRANGEIRA NO PAÍS. ART. 22, PARÁGRAFO ÚNICO, DA LEI Nº 7.492/86. INADEQUAÇÃO TÍPICA. 1. A conduta de promover a saída de mercadorias para o exterior (exportação), sem comprovar o ingresso no País da moeda estrangeira correspondente, por estabelecimento autorizado a operar em câmbio, não se enquadra na figura típica prevista no art. 22, parágrafo único, da Lei nº 7.492/86. 2. O que se proíbe com o referido dispositivo legal é a saída de moedas ou divisas do país, não podendo ser abarcada nessa previsão a remessa de mercadorias, tampouco a ausência de internalização do montante recebido, sob pena de se promover nítida interpretação ampliativa, inadmissível na seara criminal, regida pelos princípios da legalidade estrita e da taxatividade. 3. Recurso ordinário em habeas corpus a que se dá provimento para trancar a ação penal de que se cuida. RHC 34059. Rel. Min. Og Fernandes, julgado em 19/03/2013.

16. **Ingresso de divisas no Brasil.** O Ingresso de divisas no Brasil é conduta atípica, em homenagem ao princípio da legalidade.

17. **Dosimetria da pena. Organização criminosa.** O tipo penal ora comentado é de livre execução, de forma que a remessa de divisas ao exterior pode ser praticada de qualquer forma. De acordo com a jurisprudência do STJ, o fato de a remessa de divisas para o exterior ser praticado por meio de organização criminosa estruturada pode ser utilizado para aumentar a pena-base do delito, como fundamento no elemento "circunstâncias" previsto no art. 59 do Código Penal.

▶ **STJ**

INFORMATIVO nº 578

Sexta Turma

DIREITO PENAL. COMPLEXIDADE DO ESQUEMA CRIMINOSO COMO CIRCUNSTÂNCIA NEGATIVA NA DOSIMETRIA DA PENA DO CRIME DE EVASÃO DE DIVISAS.

Na fixação da pena do crime de evasão de divisas (art. 22, parágrafo único, da Lei n. 7.492/1986), o fato de o delito ter sido cometido por organização criminosa complexa e bem estrutura pode ser valorado de forma negativa a título de circunstâncias do crime. Apesar de a Quinta Turma do STJ, no HC 123.760-SP (DJe 28/11/2011) ter decidido que a sofisticação e a complexidade do esquema voltado à prática de operações financeiras clandestinas não poderiam ser consideradas circunstâncias judiciais desfavoráveis, pois seriam ínsitas ao tipo penal, tal entendimento não deve prosperar. Isso porque a evasão de divisas pode ser praticada de diversas formas, desde meios muito rudimentares – como a simples saída do país com porte de dinheiro em valor superior a dez mil reais sem comunicação às autoridades brasileiras – até a utilização de complexos esquemas de remessas clandestinas. Assim, não parece justo apenar da mesma forma condutas tão distintas como a mera saída física com valores não declarados e um sofisticado esquema de remessa ilícita, sendo correta, neste último caso, a valoração negativa da vetorial das circunstâncias do delito na fixação da pena-base do delito de evasão de divisas. REsp 1.535.956-RS, **Rel. Min. Maria Thereza de Assis Moura, julgado em 1º/3/2016, DJe 9/3/2016.**

18. Operação "dólar-cabo." Saída virtual do dinheiro do país por meio de transferência bancária. Princípio da insignificância. O art. 65 da lei 9.069/95 dispõe que a entrada ou a saída de moeda nacional ou estrangeira do país deve ser realizada exclusivamente por meio de instituição autorizada a operar no mercado de câmbio, excepcionando o porte, em espécie, de valor até R$ 10.000,00. Assim, o delito ora comentado pode ser praticado de duas formas: evasão física do dinheiro ou evasão virtual, essa última podendo realizar-se por meio de transferência bancária (operação denominada "dólar-cabo"). Em relação à saída física do dinheiro, como dito, há exceção legal possibilitando a saída de valor até R$ 10.000,00 em espécie, caso em que não estará configurado esse delito. Contudo, tal exceção não se aplica à saída virtual. Portanto, a saída virtual de moeda do país, por meio da operação "dólar-cabo", de forma ilícita, configura o delito ora comentado e, mesmo que o valor não supere R$ 10.000,00, não pode ser considerada insignificante, não incidindo o princípio da insignificância.

▶ **STJ**

INFORMATIVO nº 578

Sexta Turma

DIREITO PENAL. OPERAÇÕES "DÓLAR-CABO" E PRINCÍPIO DA INSIGNIFICÂNCIA.

Nos casos de evasão de divisas praticada mediante operação do tipo "dólar-cabo", não é possível utilizar o valor de R$ 10 mil como parâmetro para fins de aplicação do princípio da insignificância. Conforme entendimento adotado pelo STF na AP 470, as transações conhecidas como operações "dólar-cabo" – nas quais são efetuados pagamentos em reais no Brasil, com o objetivo de disponibilizar, por meio de quem recebe tal pagamento, o respectivo montante em moeda estrangeira no exterior – preenchem os elementos do delito de evasão de divisas, na forma do art. 22, parágrafo único, primeira parte, da Lei n. 7.492/1986, que tipifica a conduta daquele que, "a qualquer título, promove, sem autorização legal, a saída de moeda ou divisa para o exterior". As regras que disciplinam a transferência internacional de valores – e que, portanto, estabelecem o significado de saída de divisa ou moeda sem autorização legal – são diversas em relação à saída física e à saída eletrônica. Para bem compreender tais diferenças, transcreve-se integralmente o art. 65 da Lei n. 9.069/1995, com a redação vigente à época dos fatos: "Art. 65. O ingresso no País e a saída do País, de moeda nacional e estrangeira serão processados exclusivamente através de transferência bancária, cabendo ao estabelecimento bancário a perfeita identificação do cliente ou do beneficiário. § 1º Excetua-se do disposto no *caput* deste artigo o porte, em espécie, dos valores: I – quando em moeda nacional, até R$ 10.000,00 (dez mil reais); II – quando em moeda estrangeira, o equivalente a R$ 10.000,00 (dez mil reais); III – quando comprovada a sua entrada no País ou sua saída do País, na forma prevista na regulamentação pertinente. § 2º O Conselho Monetário Nacional, segundo diretrizes do Presidente da República, regulamentará o disposto neste artigo, dispondo, inclusive, sobre os limites e as condições de ingresso no País e saída do País da moeda nacional. § 3º A não observância do contido neste artigo, além das sanções penais previstas na legislação específica, e após o devido processo legal, acarretará a perda do valor excedente dos limites referidos no § 1º deste artigo, em favor do Tesouro Nacional". O referido dispositivo excetua apenas o porte, em espécie, do valor de até R$ 10 mil ou o equivalente em moeda estrangeira, além de remeter ao estabelecimento de outras hipóteses, na forma prevista na regulamentação pertinente. Assim, não prospera a tese de que deve ser considerado atípico o envio de moeda ou divisas ao exterior se o volume de cada operação não exceder a R$ 10 mil. Isso porque, em primeiro lugar, ressalvada a hipótese do porte de valores em espécie, o ingresso no país e a saída do país, de moeda nacional e estrangeira "serão processados exclusivamente através de transferência bancária, cabendo ao estabelecimento bancário a perfeita identificação do cliente ou do beneficiário" (art. 65, *caput*, da Lei n. 9.069/1995). Ou seja, a legislação excepcionou, em relação ao valor inferior a R$ 10 mil (ou seu equivalente em moeda estrangeira), apenas a saída física de moeda. No caso de transferência eletrônica, saída meramente escritural da moeda, a lei exige, de forma exclusiva, o processamento através do sistema bancário, com perfeita identificação do cliente ou beneficiário. Além disso, no caso da transferência clandestina internacional, por meio de operações do tipo "dólar-cabo" ou equivalente, existe uma facilidade muito grande na realização de centenas ou até milhares de operações fragmentadas sequenciais. É muito mais simples do que a transposição física, por diversas vezes, das fronteiras do país com valores inferiores a R$ 10 mil. Admitir a atipicidade das operações do tipo "dólar-cabo" com valores inferiores a R$ 10 mil é fechar a janela, mas deixar a porta aberta para a saída clandestina de divisas. REsp 1.535.956-RS, **Rel. Min. Maria Thereza de Assis Moura, julgado em 1º/3/2016, DJe 9/3/2016.**

19. **Consumação.** O delito consuma-se com a efetiva saída da moeda ou da divisa do país. Trata-se de crime material.

20. **Classificação.** Crime comum; material; comissivo; instantâneo; admite tentativa.

21. **Suspensão condicional do processo.** Incabível, pois a pena mínima cominada ultrapassa 1 ano (art. 89 da lei 9.099/95).

22. **Parágrafo único. Segunda parte.** Prevê a terceira modalidade de evasão de divisas.

23. **Sujeito ativo.** Qualquer pessoa. Trata-se de crime comum.

24. **Sujeito passivo.** O Estado.

25. **Manter depósitos no exterior não declarados à repartição federal competente.** *Manter* significa conservar, preservar algo no estado em que se encontre. Nessa última modalidade de evasão de divisas, o agente não efetua operação de câmbio (conduta do *caput*) e não promove a saída de divisas do país clandestinamente (conduta do parágrafo único, 1ª parte). Na realidade, as divisas já se encontram no exterior e o agente apenas as mantém lá, só que de forma clandestina. É perfeitamente possível a manutenção de divisas no exterior, desde que feita de forma

lícita, sob o controle e a fiscalização do Banco Central. Nada impede, portanto, que uma pessoa receba um dinheiro no exterior, como remuneração de um trabalho ou fruto de uma herança, e mantenha esse dinheiro lá. O que essa modalidade de delito incrimina é a manutenção ilegal, clandestina. A manutenção de divisas no exterior assume caráter habitual para fins dessa incriminação. Assim, a manutenção deve ser feita de forma reiterada, de forma que a eventual manutenção de valores no exterior não é suficiente para a configuração deste delito. Além disso, a manutenção de divisas no exterior constitui crime permanente.

26. Depósitos. A expressão depósitos denota a forma de manutenção das divisas no exterior, normalmente depositadas em alguma instituição financeira. Note-se que termo "depósitos" não se restringe a depósitos em conta corrente, mas abrange qualquer forma de aplicação ou investimento que seja feito no exterior.

▶ **STJ**

> **Informativo nº 648.**
> **Quinta Turma**
> Lei n. 7.492/1986. Art. 22, parágrafo único, parte final. Manutenção de depósito não-declarado à repartição federal competente no exterior. Aplicação financeira em fundo de investimento. Conduta que se subsume ao tipo legal. A aplicação financeira não declarada à repartição federal competente no exterior se subsume ao tipo penal previsto na parte final do parágrafo único do art. 22 da Lei n. 7.492/1986. (...) Para a interpretação do termo "depósito" deve-se considerar o fim a que se destina a norma, pois visa à proteção do Sistema Financeiro Nacional – SFN. A lei não restringiu o local de depósito no exterior. Assim, não deve ser considerado apenas o depósito em conta bancária no exterior, mas também o valor depositado em aplicação financeira no exterior, em razão da disponibilidade da moeda e do interesse do SFN. (...) Portanto, a suposta aplicação financeira realizada por meio da aquisição de cotas do fundo de investimento no exterior e não declarada à autoridade competente preenche a hipótese normativa do art. 22, parágrafo único, parte final, da Lei n. 7.492/1986. Ressalte-se que o BACEN, ainda na Circular 3.071 de 2001, já estabelecia que os valores dos ativos em moeda detidos no exterior deveriam ser declarados, conforme art. 1º e art. 2º. **AREsp 774.523-SP, Rel. Min. Joel Ilan Paciornik, Quinta Turma, por unanimidade, julgado em 07/05/2019, DJe 13/05/2019.**

27. Repartição Federal competente. Banco Central e Receita Federal.

28. Consumação. O delito consuma-se com a simples manutenção dos valores no exterior de forma reiterada. Trata-se de crime formal.

29. Classificação. Crime comum; formal; comissivo; habitual; permanente; não admite tentativa por ser delito habitual.

30. Suspensão condicional do processo. Incabível, pois a pena mínima cominada ultrapassa 1 ano (art. 89 da lei 9.099/95).

31. Concurso de crimes. Caso o agente efetue operação de câmbio com o fim de promover evasão de divisas (1ª modalidade), depois efetivamente promova a saída clandestina das divisas para o exterior (2ª modalidade), haverá apenas um delito, tendo em vista que o bem jurídico protegido pelas duas condutas é o mesmo, de forma que a segunda conduta será considerada *post factum* impunível. Da mesma forma, caso o agente efetue a remessa de divisas ao exterior (2ª modalidade) e depois as mantenha no exterior, sem declarar à repartição federal competente (3ª modalidade), a solução é idêntica pelos mesmos fundamentos.

Evasão de divisas.		
1ª modalidade. Art. 22, *caput*.	**2ª modalidade. Art. 22, parágrafo único, 1ª parte.**	**3ª modalidade. Art. 22, parágrafo único, 2ª parte.**
Efetuar operação de câmbio não autorizada, com o fim de promover evasão de divisas do país.	**Promover a saída clandestina de divisas do país.**	**Manter depósitos clandestinos no exterior.**

32. Extinção da punibilidade com base no Regime Especial de Regularização Cambial e Tributária (RERCT). A lei 13.254/2016 estatuiu o Regime Especial de Regularização Cambial e Tributária (RERCT) e positivou no art. 5, § 1º, uma causa de extinção da punibilidade em relação ao presente tipo penal. Esse Regime Especial consiste na regularização por meio da declaração voluntária de recursos, bens ou direitos de origem lícita, não declarados ou declarados com omissão ou incorreção em relação a dados essenciais, remetidos ou mantidos no exterior, ou repatriados por residentes ou domiciliados no país, conforme a legislação cambial ou tributária. Segundo o art. 2º, II, dessa lei, consideram-se recursos ou patrimônio de origem lícita: os bens e os direitos adquiridos com recursos oriundos de atividades permitidas ou não proibidas pela lei, bem como o objeto, o produto ou o proveito dos crimes previstos no § 1º, do art. 5º, da mesma lei.

A adesão ao RERCT dá-se por meio da apresentação, pela pessoa física ou jurídica, à Secretaria da Receita Federal do Brasil (RFB) e, em cópia para fins de registro, ao Banco Central do Brasil da ***declaração única de regularização específica*** contendo a descrição pormenorizada dos recursos, bens e direitos de qualquer natureza de que seja titular em 31 de dezembro de 2014 a serem regularizados, com o respectivo valor em real, ou, no caso de inexistência de saldo ou título de propriedade em 31 de dezembro de 2014, a descrição das condutas praticadas pelo declarante que se enquadrem nos crimes previstos no § 1º, do art. 5º, da lei e dos respectivos bens e recursos que possuiu (art. 4º da lei 13.254/2016).

Por sua vez, o art. 5º da lei 13.254/2016 traz a hipótese de extinção da punibilidade, especificamente em seu § 1º. Eis a sua redação: *"a adesão ao programa dar-se-á mediante entrega da declaração dos recursos, bens e direitos sujeitos à regularização prevista no caput do art. 4º e pagamento integral do imposto previsto no art. 6º e da multa prevista no art. 8º desta Lei.* ***§ 1º O cumprimento das condições previstas no caput antes de decisão criminal extinguirá, em relação a recursos, bens e direitos a serem regularizados nos termos desta Lei, a punibilidade dos crimes a seguir previstos, praticados até a data de adesão ao RERCT:*** *I – no art. 1º e nos incisos I, II e V do art. 2º da Lei nº 8.137, de 27 de dezembro de 1990; II – na Lei nº 4.729, de 14 de julho de 1965; III – no art. 337-A do Decreto-Lei nº 2.848, de 7 de dezembro de 1940 (Código Penal); IV – nos seguintes arts. do Decreto-Lei nº*

2.848, de 7 de dezembro de 1940 (Código Penal), quando exaurida sua potencialidade lesiva com a prática dos crimes previstos nos incisos I a III: a) 297; b) 298; c) 299; d) 304; V – (vetado); VI – no caput e no parágrafo único do art. 22 da Lei nº 7.492, de 16 de junho de 1986; VII – no art. 1º da Lei nº 9.613, de 3 de março de 1998, quando o objeto do crime for bem, direito ou valor proveniente, direta ou indiretamente, dos crimes previstos nos incisos I a VI; VIII – (vetado). § 2º A extinção da punibilidade a que se refere o § 1º: I – (vetado); II – somente ocorrerá se o cumprimento das condições se der antes do trânsito em julgado da decisão criminal condenatória; III – produzirá, em relação à administração pública, a extinção de todas as obrigações de natureza cambial ou financeira, principais ou acessórias, inclusive as meramente formais, que pudessem ser exigíveis em relação aos bens e direitos declarados, ressalvadas as previstas nesta Lei. § 3º (vetado). § 4º (vetado). § 5º Na hipótese dos incisos V e VI do § 1º, a extinção da punibilidade será restrita aos casos em que os recursos utilizados na operação de câmbio não autorizada, as divisas ou moedas saídas do País sem autorização legal ou os depósitos mantidos no exterior e não declarados à repartição federal competente possuírem origem lícita ou forem provenientes, direta ou indiretamente, de quaisquer dos crimes previstos nos incisos I, II, III, VII ou VIII do § 1º." (grifamos).

Em relação ao rol de crimes contidos no art. 5º, § 1º, duas observações merecem ser feitas: a lei nº 4.729/1965 está tacitamente revogada pela lei 8.137/1990; em relação ao art. 1º da lei nº 9.613/1998 (Lavagem de Dinheiro), o rol de incisos foi suprimido pela lei 12.683/2012, não existindo mais.

Como é possível perceber, conforme a redação do art. 5º, § 1º, da lei 13.254/2016, a adesão ao RERCT nos moldes preconizados no art. 4º da mesma lei tem o condão de extinguir a punibilidade do agente.

Em relação a essa causa de extinção da punibilidade, alguns pontos merecem destaque. Em primeiro lugar, há um limite temporal para a efetivação da adesão ao RERCT (art. 4º) e o cumprimento das demais condições dispostas no art. 5º, *caput*, da lei, que é o trânsito em julgado da sentença penal condenatória (art. 5º, § 2º, II). E mais: a adesão ao RERCT deve feita no prazo disposto no art. 7º da lei (*"a adesão ao RERCT poderá ser feita no prazo de 210 (duzentos e dez) dias, contado a partir da data de entrada em vigor do ato da RFB de que trata o art. 10, com declaração da situação patrimonial em 31 de dezembro de 2014 e o consequente pagamento do tributo e da multa"*).

Em segundo lugar, o art. 5º, § 5º, traz uma restrição da extinção da punibilidade para o caso especificamente do delito de evasão de divisas, ora por nós comentado, ao dispor que *"a extinção da punibilidade será restrita aos casos em que os recursos utilizados na operação de câmbio não autorizada, as divisas ou moedas saídas do País sem autorização legal ou os depósitos mantidos no exterior e não declarados à repartição federal competente possuírem origem lícita ou forem provenientes, direta ou indiretamente, de quaisquer dos crimes previstos nos incisos I, II, III, VII ou VIII do § 1º."*

Em terceiro lugar, a *declaração única de regularização específica* de que trata o art. 4º da lei 13.254/2016 não pode ser, por qualquer modo, utilizada como único indício ou elemento para efeitos de expediente investigatório ou procedimento criminal (art. 4º, § 12, I, da lei 13.254/2016). Com isso, o legislador procurou impedir que a confissão espontânea do agente sirva como elemento que possa, por si só, deflagrar a persecução penal contra ele, sob pena de tornar a regularização desinteressante para o agente, que se virá alvo de investigação criminal a partir das suas declarações.

Em quarto lugar, a regularização de ativos mantidos em nome de interposta pessoa, normalmente conhecida como "laranja" ou "testa de ferro", técnica utilizada para ocultar o verdadeiro proprietário, estenderá a ela a extinção da punibilidade prevista no § 1º, do art. 5º, da lei 13.254/2016. O legislador trouxe a possibilidade de extensão da extinção da punibilidade para a interposta pessoa como forma de incentivar a regularização dos ativos mantidos em seu nome e descobrir o real proprietário dos ativos.

Em quinto lugar, conforme preconiza o art. 5º, § 1º, IV, da lei 13.254/2016, ocorre a extinção da punibilidade em relação aos delitos de falsificação de documento público (art. 297 do Código Penal), falsificação de documento particular (art. 298 do Código Penal), falsidade ideológica (art. 299 do Código Penal) e uso de documento falso (art. 304 do Código Penal), quando a potencialidade lesiva desses delitos exaurir-se no delito previsto no art. 1º e no art. 2º, I, II e V, da lei 8.137/1990, bem como no delito previsto no art. 337-A do Código Penal. Essa previsão deve-se ao fato de que cada um desses delitos de falsidade muitas vezes configura meio para a prática desses últimos delitos e fica absorvido por força do princípio da consunção, na vertente do crime progressivo, configurando, dessa forma, *ante factum* impunível, quando a sua potencialidade lesiva esgotar-se nos crimes contra a ordem tributária (lei 8.137/1990) e de sonegação de contribuição previdenciária (art. 337-A do Código Penal). É bem verdade que caso haja a extinção da punibilidade em relação ao crime contra a ordem tributária (lei 8.137/1990) e ao delito de sonegação de contribuição previdenciária (art. 337-A do Código Penal), o delito de falso não pode subsistir, justamente por já ter sido absorvido. Entretanto, para evitar qualquer entendimento diverso a ser eventualmente adotado na prática, fazendo com que o delito de falso subsista, o legislador determinou expressamente a extinção da punibilidade também em relação a essas falsidades, desde que a potencialidade lesiva deles tenha sido exaurida nos crimes contra a ordem tributária (art. 1º e art. 2º, I, II e V, da lei 8.137/1990) e de sonegação de contribuição previdenciária (art. 337-A do Código Penal), de forma a não subsistir responsabilidade penal alguma.

Art. 23. Omitir, retardar ou praticar, o funcionário público, **contra disposição expressa de lei, ato de ofício** necessário ao regular funcionamento do sistema financeiro nacional, bem como a preservação dos interesses e valores da ordem econômico-financeira:

Pena – Reclusão, de 1 (um) a 4 (quatro) anos, e multa.

Art. 24. (VETADO).

1. **Sujeito ativo.** O funcionário público. Trata-se de crime próprio.
2. **Sujeito passivo.** O Estado e a pessoa eventualmente prejudicada.

3. **Omitir, retardar ou praticar.** *Omitir* significa deixar de praticar. *Retardar* consiste em atrasar, não praticar a conduta no tempo devido. *Praticar* é cometer, efetivar, levar a efeito. As duas primeiras condutas constituem crimes omissivos próprios. A conduta *praticar* constitui crime comissivo. Este delito consiste na violação do dever funcional por parte do funcionário público.

4. **Ato de ofício contra disposição expressa de lei.** Ato de ofício é o ato que está inserido legalmente dentro das atribuições do agente. Caso o ato omitido, retardado ou praticado não seja de atribuição do sujeito ativo desse delito, o crime não se configura. Ademais, pela expressão *lei* devemos entender lei em sentido formal. Logo, se o ato omitido, retardado ou praticado contrariar expressamente outra espécie normativa, como decreto, portaria, medida provisória ou qualquer outro que não seja uma lei em sentido formal, esse delito não estará configurado.

5. **Norma penal em branco.** O presente tipo penal constitui norma penal em branco homogênea, pois deve ser complementado pela lei que prevê expressamente o dever de ofício do autor desse delito, a depender do caso concreto.

6. **Princípio da Especialidade.** O presente tipo penal constitui especialidade em relação ao delito de prevaricação previsto no art. 319 do Código Penal, que tem a seguinte redação: "Art. 319 – Retardar ou deixar de praticar, indevidamente, ato de ofício, ou praticá-lo contra disposição expressa de lei, para satisfazer interesse ou sentimento pessoal: Pena – detenção, de três meses a um ano, e multa."

7. **Tipo misto alternativo.** Caso o agente pratique mais de uma conduta descrita no tipo penal (omitir, retardar e praticar), responderá por um delito apenas, não havendo concurso de crimes.

8. **Consumação.** Nas condutas *omitir* e *retardar,* o delito consuma-se com a simples omissão do agente, tendo em vista que configuram crimes omissivos próprios. Na conduta *praticar,* com a efetiva prática do ato de ofício. Trata-se de crime formal.

9. **Classificação.** Crime próprio; formal; omissivo próprio nos verbos *omitir* e *retardar* e comissivo no verbo *praticar*; instantâneo; não admite tentativa nas condutas *omitir* e *retardar* por configurarem crimes omissivos próprios, mas admite tentativa na conduta *praticar.*

10. **Suspensão condicional do processo.** Cabível, pois a pena mínima cominada não ultrapassa 1 ano (art. 89 da lei 9.099/95).

DA APLICAÇÃO E DO PROCEDIMENTO CRIMINAL

Art. 25. São penalmente responsáveis, nos termos desta lei, o **controlador** e os **administradores** de instituição financeira, assim considerados os diretores, gerentes (Vetado).

§ 1º **Equiparam-se** aos administradores de instituição financeira (Vetado) o interventor, o liqüidante ou o síndico.

§ 2º Nos crimes previstos nesta Lei, cometidos em quadrilha ou co-autoria, o co-autor ou partícipe que através de **confissão espontânea** revelar à autoridade policial ou judicial toda a trama delituosa terá a sua pena reduzida de um a dois terços. (Incluído pela Lei nº 9.080, de 19.7.1995)

1. **Atribuição de responsabilidade penal.** O *caput* do presente artigo fez uma previsão desnecessária, ao estabelecer a responsabilidade penal do controlador e dos administradores da instituição financeira. O § 1º equiparou o interventor, o liquidante e o administrador judicial à figura do administrador, norma também desnecessária. Isso porque a responsabilidade penal de cada pessoa que concorra para o delito está prevista no tipo penal e depende do caso concreto. Não é necessário que um dispositivo da lei estabeleça quais são os responsáveis pelo delito. A regra geral é que qualquer pessoa possa ser autor da infração penal, como ocorre nos crimes comuns. Quando o legislador quiser uma condição específica do agente, ele exige expressamente, como ocorre nos chamados crimes próprios. Mesmo outras pessoas que não figuram no art. 25 podem ter responsabilidade penal, seja como coautores, seja como partícipes, à luz do art. 30 do Código Penal, a depender do caso concreto, independentemente da previsão contida nesse dispositivo legal.

2. **Denúncia nos crimes societários.** Os delitos contra o Sistema Financeiro Nacional são classificados como *crimes de gabinete* ou *crimes societários,* uma vez que são delitos praticados a portas fechadas, dentro de gabinetes, salas etc., dificultando a descrição na denúncia da *exposição do fato criminoso, com todas as suas circunstâncias,* conforme exigido pelo art. 41 do Código de Processo Penal. Para evitar a inviabilização da persecução penal, a jurisprudência do STF e do STJ permite que a denúncia descreva o fato criminoso sem individualizar a conduta do agente com todas as suas circunstâncias, mitigando o art. 41 do Código de Processo Penal. Entretanto, embora essa mitigação seja possível, a denúncia não pode deixar de descrever o *nexo de imputação,* a *vinculação mínima* entre a conduta do agente e o delito praticado, que significa descrever como o agente concorreu para a prática do delito, isso é, de que forma o agente que está denunciado teria concorrido para a prática da infração penal. Não se exige a descrição detalhada da conduta delituosa em todas as suas circunstâncias, mas um mínimo de nexo de imputação deve ser descrito na denúncia.

▶ **STF**

INFORMATIVO nº 758

Segunda Turma

Crime societário e recebimento da denúncia

A 2ª Turma recebeu, em parte, denúncia oferecida contra deputado federal pela suposta prática dos crimes previstos no art. 55 da Lei 9.605/1998 (...) e no art. 2º da Lei 8.176/1991 (...). Com relação ao crime previsto no art. 2º da Lei 8.176/1991, o Colegiado recebeu a denúncia. Consignou, primeiramente, que a jurisprudência do STF seria no sentido de que, mesmo em relação aos delitos societários, a denúncia deveria conter, ainda que minimamente, a descrição individualizada da conduta supostamente praticada pela pessoa física dela integrante. Acrescentou que seria suficiente, para a aptidão da denúncia por crimes societários, a indicação, na peça acusatória, de que a pessoa física denunciada tivesse participação na gestão da pessoa jurídica, e que não fosse infirmada, de plano, pelo ato constitutivo desta última, a responsabilidade daquela na condução da sociedade. (...). Inq 3644/AC, rel. Min. Cármen Lúcia, 9.9.2014.

▶ **STJ**

(...) CRIMES CONTRA O SISTEMA FINANCEIRO NACIONAL (ARTIGO 5º, CAPUT E PARÁGRAFO ÚNICO, DA LEI 7.492/1986) (...). Nos chamados crimes societários, embora a vestibular acusatória não possa ser de todo genérica, é válida quando, apesar de não descrever minuciosamente as atuações individuais dos acusados, demonstra um liame entre o seu agir e a suposta prática delituosa, estabelecendo a plausibilidade da imputação e possibilitando o exercício da ampla defesa, caso em que se consideram preenchidos os requisitos do artigo 41 do Código de Processo Penal. RHC 49497. Rel. Min. Jorge Mussi, julgado em 07/10/2014.

▶ **STJ**

INFORMATIVO nº 475.

Quinta Turma.

CRIMES. SFN. GESTÃO FRAUDULENTA.

In casu, os recorrentes e outros foram condenados pelos crimes previstos nos arts. 4º, *caput*, 5º, *caput*, e 7º, III, c/c o art. 25 da Lei n. 7.492/1986 em concurso material (...). Observou-se que este Superior Tribunal, na linha do entendimento do STF, tem decidido que, nos crimes de autoria coletiva, é prescindível a descrição minuciosa e individualizada da ação de cada acusado, bastando a narrativa das condutas delituosas e da suposta autoria, com elementos suficientes para garantir o direito à ampla defesa e ao contraditório, tal como verificado na hipótese. (...). **REsp 946.653-RJ, Rel. Min. Laurita Vaz, julgado em 2/6/2011.**

3. **Condição de controlador ou de administrador e responsabilidade penal.** A mera condição de controlador ou de administrador não é, por si só, suficiente para caracterizar a responsabilidade penal do agente, devendo haver prova de que o agente concorreu efetivamente para a prática da infração penal, sob pena de caracterização de responsabilidade penal objetiva.

▶ **STF**

INFORMATIVO Nº 607

Primeira Turma.

Delitos Societários – Acusação Genérica – Inadmissibilidade (Transcrições)

EMENTA: CRIME CONTRA A ORDEM TRIBUTÁRIA. IMPUTAÇÃO PENAL DEDUZIDA CONTRA SÓCIOS DA EMPRESA. ACUSAÇÃO QUE DEVE NARRAR, *DE MODO INDIVIDUALIZADO*, A CONDUTA ESPECÍFICA QUE VINCULA CADA SÓCIO AO EVENTO SUPOSTAMENTE DELITUOSO. A QUESTÃO *DOS DELITOS SOCIETÁRIOS* E A INADMISSÍVEL FORMULAÇÃO DE ACUSAÇÕES GENÉRICAS. OFENSA AOS POSTULADOS CONSTITUCIONAIS DA PLENITUDE DE DEFESA E DA PRESUNÇÃO DE INOCÊNCIA. MEDIDA CAUTELAR DEFERIDA. – A invocação da condição de sócio e/ou de administrador de organização empresarial, sem a correspondente e individualizada descrição de determinada conduta típica que os vincule, *de modo concreto*, ao evento alegadamente delituoso, não se revela fator suficiente apto a justificar, *nos delitos societários*, a formulação de acusação estatal genérica ou a prolação de sentença penal condenatória. Precedentes (STF). (HC 105953 MC/SP). Relator. Min. Celso de Mello, julgado em 11/11/20110.

4. **§ 2º. Delação premiada.** Exige-se que o delito tenha sido praticado na modalidade de associação criminosa (embora o artigo disponha "quadrilha", o delito do art. 288 do Código Penal passou a ter o *nomen juris* de associação criminosa, com a redação que lhe deu a lei 12.850/2013). Note-se que a delação alcança qualquer concorrente para o delito, isso é, tanto o coautor, quanto o partícipe. Além disso, o legislador exigiu que a delação fosse espontânea, não bastando que seja voluntária. Tendo em vista que segundo a redação legal o delator "terá" a sua pena reduzida, cremos que a redução da pena constitui uma obrigação para o julgador, caso preenchidos os requisitos legais, e não uma faculdade.

Art. 26. A ação penal, nos crimes previstos nesta lei, será promovida pelo Ministério Público Federal, **perante a Justiça Federal.**

Parágrafo único. Sem prejuízo do disposto no art. 268 do Código de Processo Penal, aprovado pelo Decreto-lei nº 3.689, de 3 de outubro de 1941, será admitida a **assistência da Comissão de Valores Mobiliários – CVM**, quando o crime tiver sido praticado no âmbito de atividade sujeita à disciplina e à fiscalização dessa Autarquia, e do **Banco Central do Brasil** quando, fora daquela hipótese, houver sido cometido na órbita de atividade sujeita à sua disciplina e fiscalização.

1. **Competência da Justiça Federal.** O *caput* do dispositivo determina a competência da Justiça Federal para o processo e o julgamento dos crimes contra o Sistema Financeiro Nacional, dando cumprimento ao comando constitucional contido no art. 109, VI, da CF/88: "Art. 109. Aos juízes federais compete processar e julgar: VI – os crimes contra a organização do trabalho e, nos casos determinados por lei, contra o sistema financeiro e a ordem econômico-financeira."
2. **Assistência.** O parágrafo único positivou a possibilidade de assistência da Comissão de Valores Mobiliários-CVM e do Banco Central do Brasil, como pessoas jurídicas, inovando em relação ao art. 268 do Código de Processo Penal que faz previsão apenas de pessoas físicas como assistentes (Art. 268. Em todos os termos da ação pública, poderá intervir, como assistente do Ministério Público, o ofendido ou seu representante legal, ou, na falta, qualquer das pessoas mencionadas no Art. 31).

Art. 27. Quando a denúncia não for intentada no prazo legal, o ofendido poderá **representar ao Procurador-Geral da República**, para que este a ofereça, designe outro órgão do Ministério Público para oferecê-la ou determine o arquivamento das peças de informação recebidas.

1. **Representação ao Procurador-Geral da República.** Na hipótese de o prazo para o oferecimento da denúncia esgotar-se sem o seu oferecimento, o legislador possibilitou ao ofendido pela prática do delito fazer uma representação ao Procurador-Geral da República para que ele tome três atitudes: oferecer a denúncia;

designar outro membro da instituição para fazê-lo; ou determinar o arquivamento das peças de informação. Note-se que se trata de uma simples representação, uma provocação para que o Procurador-Geral da República tome alguma providência. Não se trata de ação penal privada subsidiária da pública, pois o legislador não possibilitou ao ofendido oferecer a queixa-crime, mas somente representar ao Procurador-Geral da República.

Art. 28. Quando, no exercício de suas atribuições legais, o Banco Central do Brasil ou a Comissão de Valores Mobiliários - CVM, **verificar a ocorrência de crime previsto nesta lei**, disso deverá informar ao Ministério Público Federal, enviando-lhe os documentos necessários à comprovação do fato.

Parágrafo único. A conduta de que trata este artigo será observada pelo interventor, liqüidante ou síndico que, no curso de intervenção, liqüidação extrajudicial ou falência, verificar a ocorrência de crime de que trata esta lei.

1. **Comunicação ao Ministério Público.** A previsão é parecida com a redação constante do art. 40 do Código de Processo Penal ("quando, em autos ou papéis de que conhecerem, os juízes ou tribunais verificarem a existência de crime de ação pública, remeterão ao Ministério Público as cópias e os documentos necessários ao oferecimento da denúncia."). Contudo, a previsão feita nesta lei dirige-se ao Banco Central do Brasil, à Comissão de Valores Mobiliários-CVM, ao interventor, ao liquidante e ao administrador judicial.

Art. 29. O órgão do Ministério Público Federal, sempre que julgar necessário, poderá **requisitar**, a qualquer autoridade, informação, **documento ou diligência**, relativa à prova dos crimes previstos nesta lei.

Parágrafo único O **sigilo** dos serviços e operações financeiras **não pode ser invocado** como óbice ao atendimento da requisição prevista no caput deste artigo.

1. **Requisição do Ministério Público.** O poder de requisição previsto neste artigo decorre da natureza de titular da ação penal que o Ministério Público ocupa no sistema acusatório vigente no Processo Penal brasileiro. Esse poder de requisição está contido, também, na Lei Orgânica do Ministério Público (Lei Complementar 75/1993), no art. 8º, incisos II ao VII: "Art. 8º Para o exercício de suas atribuições, o Ministério Público da União poderá, nos procedimentos de sua competência: II – requisitar informações, exames, perícias e documentos de autoridades da Administração Pública direta ou indireta; III – requisitar da Administração Pública serviços temporários de seus servidores e meios materiais necessários para a realização de atividades específicas; IV – requisitar informações e documentos a entidades privadas; V – realizar inspeções e diligências investigatórias; VII – expedir notificações e intimações necessárias aos procedimentos e inquéritos que instaurar".
2. **Sigilo.** O parágrafo único dispõe que o sigilo não pode constituir um óbice à requisição do Ministério Público. Cremos que esse dispositivo deve ser interpretado à

luz da Ordem Constitucional. Assim, caso a informação, documento ou diligência esteja abrangido pelo direito constitucional à intimidade, positivado no art. 5º, X (*"são invioláveis a intimidade, a vida privada, a honra e a imagem das pessoas, assegurado o direito a indenização pelo dano material ou moral decorrente de sua violação"*), cremos ser necessária a autorização judicial para a obtenção desses elementos de prova. Inegavelmente, a requisição do Ministério Público nesses casos constitui verdadeira restrição ao direito fundamental à intimidade. Ao Juiz, isento e imparcial, cabe velar pela observância do respeito aos direitos e garantias fundamentais, em busca do devido processo legal. Assim, a restrição de direitos, sobretudo de direitos fundamentais, só pode ser feita por um órgão imparcial. Só o Juiz tem condições de avaliar, caso a caso, com isenção, ponderação e equilíbrio, a necessidade de restringir-se um direito fundamental, como na hipótese de restringir-se o direito fundamental à intimidade. A intervenção judicial prévia dá-se como fator de conformação constitucional do ato a ser praticado, evitando-se os abusos e excessos estatais que colocam em perigo os direitos fundamentais. Há tempos o processo deixou de ser um mero instrumento para a satisfação do direito material, de exercício do *jus puniendi,* de satisfação da pretensão punitiva estatal e passou a ser um instrumento de exercício de garantias constitucionais que funciona como um escudo contra o arbítrio estatal. O processo penal não é um instrumento colocado somente a serviço da única finalidade de satisfação da pretensão punitiva estatal. O processo deve desempenhar a sua dupla função de, por um lado, tornar viável a aplicação da pena, e, de outro, servir de instrumento de garantia dos direitos e liberdades individuais, tendo em vista que o direito processual não é outra coisa senão o direito constitucional aplicado. Os direitos fundamentais são marcados pela característica da relatividade, que significa que não são absolutos, mas, sim, relativos, razão pela qual podem sofrer limitações em face de outros direitos. Contudo, essa relatividade, associada à necessidade de dar-se mais efetividade à busca de elementos probatórios dentro do processo penal, não pode conduzir à supressão de direitos e garantias fundamentais fora dos moldes constitucionais. A exigência da autorização judicial, por meio da prévia intervenção do Poder Judiciário, como órgão independente, autônomo, isento e desinteressado na investigação criminal, é fruto da ponderação desses direitos envolvidos, para que esse meio de obtenção de prova seja praticado dentro das balizas constitucionais. Por isso, o controle da violação de um direito fundamental pelo Poder Judiciário deve ser sempre prévio, razão pela qual é indispensável a autorização judicial para a requisição de informação, documento ou diligência que esteja abrangido pelo direito constitucional à intimidade.

Art. 30. Sem prejuízo do disposto no art. 312 do Código de Processo Penal, aprovado pelo Decreto-lei nº 3.689, de 3 de outubro de 1941, a **prisão preventiva** do acusado da prática de crime previsto nesta lei poderá ser decretada em razão da magnitude da lesão causada (VETADO).

1. **Prisão preventiva.** Este dispositivo deve ser interpretado à luz do princípio da presunção de inocência positivado no art. 5º, LVII, da CF/88. Embora o dispositivo

disponha que a "magnitude da lesão causada" enseja a possibilidade de decretação da prisão preventiva, cremos que isso, por si só, não é suficiente para a decretação dessa modalidade de prisão provisória. Pensamos que deve ser aplicado o art. 312 do Código de Processo Penal, de forma que, em qualquer hipótese, devem ser observados os requisitos ali previstos, e não somente a "magnitude da lesão causada".

Art. 31. Nos crimes previstos nesta lei e **punidos com pena de reclusão**, o réu não poderá prestar fiança, nem apelar antes de ser recolhido à prisão, ainda que primário e de bons antecedentes, se estiver configurada situação que autoriza a prisão preventiva.

Art. 32. (VETADO).

§ 1º (VETADO).

§ 2º (VETADO).

§ 3º (VETADO).

1. **Inafiançabilidade.** Ao vedar a fiança o legislador quis proibir que o preso em flagrante por qualquer delito previsto nesta lei permanecesse em liberdade. Entretanto, esqueceu-se de que, ao lado da liberdade provisória com fiança, existe a liberdade provisória sem fiança, não tendo vedado essa última. Assim, tem-se por inócua a vedação da fiança, uma vez que, se o preso não pode livrar-se solto com fiança, poderá livrar-se solto *sem fiança,* nos moldes do art. 310, III do Código de Processo Penal, com a redação que lhe deu a lei 12.403/2011.

2. **Proibição do apelo em liberdade se configurada situação que autoriza a prisão preventiva.** Trata-se de uma previsão legal inócua, pois em todo o sistema processual penal, caso estejam presentes os requisitos que autorizam a decretação da prisão preventiva contidos no art. 312 do Código de Processo Penal, o Juiz poderá decretá-la.

Art. 33. Na **fixação da pena de multa** relativa aos crimes previstos nesta lei, o limite a que se refere o § 1º do art. 49 do Código Penal, aprovado pelo Decreto-lei nº 2.848, de 7 de dezembro de 1940, pode ser estendido até o décuplo, se verificada a situação nele cogitada.

1. **Pena de multa.** O limite do valor do dia-multa previsto pelo art. 49, § 1º do Código Penal, com o mínimo de um trigésimo do valor do salário-mínimo mensal vigente ao tempo do fato, e o máximo de cinco vezes esse valor, pode ser aumentado até o décuplo. Note-se que não é *no* décuplo, mas, sim, *até* o décuplo. Na realidade, a "situação nele cogitada" a que o legislador referiu-se é a situação do art. 60, § 1º, do Código Penal, que dispõe sobre o aumento da pena de multa se o Juiz considerar que, em virtude da situação econômica do réu, é ineficaz, embora aplicada no máximo.

Art. 34. Esta lei entra em vigor na data de sua publicação.

Art. 35. Revogam-se as disposições em contrário.

Tortura.
Lei nº 9.455, de 7 de abril de 1997

Art. 1º Constitui crime de **tortura**:

1. **Tratados Internacionais.** O Brasil é signatário de dois tratados internacionais, por meio dos quais se obrigou a reprimir os crimes de tortura. O primeiro tratado foi a Convenção contra a Tortura e outros Tratamentos ou Penas Cruéis, Desumanos e Degradantes, de 1984. O segundo tratado foi a Convenção Interamericana para Prevenir e Punir a Tortura, de 1985.
2. **Previsão constitucional.** A CF/88, no art. 5º, foi o primeiro ato normativo da nova Ordem Constitucional a fazer menção expressa ao delito de tortura. Em um primeiro momento, no inciso III, segundo o qual *"ninguém será submetido a tortura nem a tratamento desumano ou degradante"*. Em um segundo momento, no inciso XLIII, ao dispor que *"a lei considerará crimes inafiançáveis e insuscetíveis de graça ou anistia a prática da tortura, o tráfico ilícito de entorpecentes e drogas afins, o terrorismo e os definidos como crimes hediondos, por eles respondendo os mandantes, os executores e os que, podendo evitá-los, se omitirem"*.
3. **Conceito de tortura.** O art. 1º da Convenção contra a Tortura e outros Tratamentos ou Penas Cruéis, Desumanos e Degradantes traz o conceito de tortura, e dispõe que *"Para os fins da presente Convenção, o termo "tortura" designa qualquer ato pelo qual dores ou sofrimentos agudos, físicos ou mentais, são infligidos intencionalmente a uma pessoa a fim de obter, dela ou de uma terceira pessoa, informações ou confissões; de castigá-la por ato cometido; de intimidar ou coagir esta pessoa ou outras pessoas; ou por qualquer motivo baseado em discriminação de qualquer natureza; quando tais dores ou sofrimento são infligidos por um funcionário público ou outra pessoa no exercício de funções públicas, ou por sua instigação, ou com o seu consentimento ou aquiescência. Não se considerará como tortura as dores ou sofrimentos conseqüência unicamente de sanções legítimas, ou que sejam inerentes a tais sanções ou delas decorram."*
4. **Bem jurídico tutelado pela lei.** A dignidade da pessoa humana, bem como a integridade física e psíquica da pessoa.
5. **Equiparação a crime hediondo.** Tanto a CF/88 no art. 5º, XLIII, quanto a lei de crimes hediondos no art. 2º, *caput* equipararam o delito de tortura a crimes hediondos,

dando-lhes o mesmo tratamento penal e processual penal. Note-se que a tortura não é considerada crime hediondo, pois não figura no rol do art. 1º da lei 8072/90, mas apenas equiparada ou assemelhada a hediondos.

6. **Competência para processo e julgamento.** Compete à Justiça Comum, Federal ou Estadual processar e julgar o delito de tortura. Caso a prática do delito cause violação a algum bem, interesse ou serviço da União Federal, suas entidades autárquicas ou empresas públicas, a competência será da Justiça Federal, na forma do art. 109, IV da CF/88, como na hipótese de a tortura ser praticada dentro de uma Delegacia de Polícia Federal ou dentro do INSS, autarquia federal. Caso contrário, a competência para processo e julgamento será da Justiça Estadual. Deverão ser seguidas as regras de competência do Código de Processo Penal, sendo, portanto o local da consumação do crime o competente para processar e julgar o autor da tortura (art. 70).

▶ **STJ**

INFORMATIVO Nº 436

Terceira Seção

COMPETÊNCIA. TORTURA. PM. PF.

In casu, o indiciado foi preso em flagrante pela suposta prática de crime de roubo e, em depoimento, alegou ter sido torturado para que confessasse os fatos a ele imputados. Feito o exame de corpo de delito, comprovaram-se as lesões corporais supostamente praticadas por policiais militares na dependência de delegacia da Polícia Federal. Esses fatos denotariam indícios de crime de tortura. Noticiam os autos que, no momento do recebimento da notícia do suposto delito de roubo, os policiais militares estavam em diligência de apoio a policiais federais. Daí o juizado especial criminal, ao acolher parecer do MP estadual, remeteu os autos à Justiça Federal de Subseção Judiciária. Por sua vez, o juízo federal de vara única, ao receber os autos, suscitou o conflito de competência ao considerar que os policiais federais não participaram do suposto ato de tortura. Para o Min. Relator, com base na doutrina, o crime de tortura é comum, porém se firma a competência conforme o lugar em que for cometido. Assim, se o suspeito é, em tese, torturado em uma delegacia da Polícia Federal, deve a Justiça Federal apurar o débito. Destaca, ainda, que a Lei n. 9.455/1997 tipifica também a conduta omissiva daqueles que possuem o dever de evitar a conduta criminosa (art. 1º, I, **a**, § 2º, da citada lei). Quanto à materialidade e autoria do suposto crime de tortura, embora não haja, nos autos, informações de que os policiais federais teriam participado ativamente do crime de tortura, os fatos, em tese, foram praticados no interior de delegacia da Polícia Federal, o que, segundo o Min. Relator, atrai a competência da Justiça Federal nos termos do art. 109, IV, da CF/1988. Nesse contexto, a Seção conheceu do conflito para declarar competente o juízo federal suscitante. **CC 102.714-GO, Rel. Min. Jorge Mussi, julgado em 26/5/2010.**

7. **Competência para processo e julgamento e ocorrência de resultado qualificador.** Questão relevante versa sobre a competência a ser fixada no caso de tortura da qual resulte lesão corporal grave ou gravíssima ou morte da vítima (art. 1º, § 3º da lei de tortura). Em outras palavras, de quem será a competência na hipótese da presença do resultado qualificador, se a conduta de tortura ocorrer em um local

e a morte da vítima, em outro local? Por exemplo, em tortura praticada no Rio de Janeiro, a vítima é transferida para São Paulo para realização de uma cirurgia e lá vem a morrer. Nesse caso, aplica-se a regra geral da competência nos crimes qualificados pelo resultado, sendo, portanto, competente o juízo criminal do local onde se verificou o resultado qualificador. Assim, no exemplo acima citado, a competência será do Juízo Criminal de São Paulo.

8. **Competência para processo e julgamento no caso de conexão entre tortura e homicídio doloso.** Outra questão relevante versa sobre a competência no caso de conexão entre esses delitos, como na hipótese de o agente torturar a vítima, causando-lhe intenso sofrimento físico ou mental para obter informação e depois matá-la, como *queima de arquivo*. Nesse caso, aplica-se a norma contida no art. 78, I do CPP, sendo o Tribunal do Júri o órgão competente para processar e julgar os dois delitos, uma vez que a conexão, como *causa de modificação de competência* que é, modificará a competência para processo e julgamento da tortura.

9. **Questão probatória.** Caso a prática da tortura deixe vestígios, a vítima deverá ser submetida a exame de corpo de delito, direto ou indireto, previstos respectivamente nos arts. 158 e 167 do Código de Processo Penal. Entretanto, não é raro ser esse delito praticado de forma clandestina, sem que haja testemunhas do fato ou qualquer outro vestígio que possa servir de base para o exame de corpo de delito. Nesta hipótese, devem ser utilizadas como elemento probatório a prova indiciária e também as palavras da vítima.

10. **Crime comum.** O delito de tortura, salvo as exceções legais, é crime comum, podendo ser praticado por qualquer pessoa, não se exigindo a condição especial de funcionário público.

I – constranger alguém com emprego de violência ou grave ameaça, **causando-lhe sofrimento físico ou mental**:

1. **Constranger.** Significa obrigar alguém a fazer algo que não queira, forçar, tolher a liberdade de alguém, anular por completo a sua voluntariedade.

2. **Violência ou grave ameaça.** Por *violência* entenda-se constrangimento físico ou agressão física. Por *grave ameaça* entenda-se intimidação, promessa de mal injusto e grave, promessa de castigo. Note-se que a violência e a grave ameaça figuram como elementos do tipo penal de tortura e ficam absorvidas pela tortura, não sendo possível, portanto, a punição delas como delito autônomo.

3. **Sofrimento físico ou mental.** É o sofrimento exasperado, atroz, desnecessário e cruel do ser humano, que pode se dar em seu corpo (sofrimento físico) ou em sua mente (sofrimento mental), por meio da inflição de tormentos.

4. **Diferença para o art. 146 do Código Penal.** O inciso I do art. 1º da lei ora estudada é especial em relação ao delito de constrangimento ilegal, previsto no art. 146 do Código Penal. A especialidade reside no dolo do agente, uma vez que a sua pretensão é obter da vítima ou de terceira pessoa informação, declaração ou

confissão; obrigar a vítima a praticar um crime ou discriminá-la em razão de raça ou religião.

5. **Substituição da pena privativa da liberdade por restritiva de direitos.** O STJ entende incabível a referida substituição, em razão da violência contida no crime de tortura, o que não satisfaz o requisito do art. 44, I do Código Penal.

▶ **STJ**

Nos crimes definidos na Lei de Tortura há óbice à substituição da pena privativa de liberdade por restritivas de direitos, com base no art. 44, inciso I, do Código Penal. HC 131828. Rel. Min. Laurita Vaz, julgado em 19/11/2013.

a) **com o fim de obter** informação, declaração ou confissão da vítima ou de terceira pessoa;

1. **Tortura probatória, tortura persecutória, tortura institucional ou tortura inquisitorial.** A alínea *a* trata de denominada *tortura probatória, persecutória, institucional ou inquisitorial.* Nessa modalidade de tortura, o agente causa à vítima sofrimento físico ou mental para obter dela ou de terceira pessoa informação, declaração ou confissão.

2. **Sujeito ativo.** Trata-se de delito comum, uma vez que a lei não fez exigência expressa de nenhuma condição especial do sujeito ativo. Portanto, seu autor pode ser funcionário público ou qualquer outra pessoa.

3. **Sujeito passivo.** A vítima da tortura pode ser qualquer pessoa, uma vez que o legislador se referiu a *alguém* no inciso I.

4. **Especial fim de agir.** O tipo contém um especial fim de agir, contido na expressão *com o fim de.* Assim, muito embora não seja necessária a obtenção da informação, declaração ou confissão da vítima ou de terceira pessoa para a consumação do delito, o especial fim de agir deve estar presente na conduta do agente, sob pena de atipicidade da conduta, caso em que se poderá configurar outro delito, como lesão corporal.

5. **Prova ilícita.** Embora não seja necessária a obtenção da informação, declaração ou confissão da vítima ou de terceira pessoa, para a consumação do delito, é certo que, uma vez obtidas, constituirão provas obtidas por meio ilícito, vedadas na forma do art. 5º, LVI da CF/88, e deverão ser desentranhadas dos autos do processo ou do inquérito policial.

6. **Consumação.** Trata-se de crime formal, que se consuma com o sofrimento físico ou mental causado à vítima.

7. **Especialidade em relação ao delito de abuso de autoridade.** O presente tipo penal é especial em relação ao abuso de autoridade, de forma que mesmo que o autor seja autoridade pública, se o dolo dele for de causar intenso sofrimento físico ou mental na vítima para obter informação, declaração ou confissão, o delito de tortura absorve o delito de abuso de autoridade. Da mesma forma, o delito de

tortura absorve também o delito de lesão corporal, tendo em vista que a lesão já é elemento do tipo.

8. **Classificação.** Crime comum; doloso; formal; comissivo; de dano; instantâneo; admite tentativa.

9. **Suspensão condicional do processo.** Incabível, pois a pena mínima cominada ultrapassa 1 ano (art. 89 da lei 9.099/95).

b) para provocar **ação ou omissão** de **natureza criminosa;**

1. **Tortura crime.** A alínea *b* trata de denominada *tortura crime.* Nesta modalidade de tortura, o agente causa à vítima sofrimento físico ou mental para obrigá-la a praticar um crime.

2. **Sujeito ativo.** Trata-se de delito comum, uma vez que a lei não fez exigência expressa de nenhuma condição especial do sujeito ativo. Portanto, seu autor pode ser funcionário público ou qualquer outra pessoa.

3. **Sujeito passivo.** A vítima da tortura pode ser qualquer pessoa, uma vez que o legislador se referiu a *alguém* no inciso I.

4. **Coação moral irresistível.** A alínea *b* trata de hipótese de coação moral irresistível, por meio da qual o agente emprega violência ou grave ameaça contra a vítima, causando-lhe sofrimento físico ou mental, coagindo-a a praticar um crime. Trata-se de coação moral irresistível, que funciona, a um só tempo, como espécie de autoria mediata e causa de *inexigibilidade de conduta diversa,* prevista no art. 22 do Código Penal, o que implica a absolvição do coagido por esse fundamento. Recairá a responsabilidade penal somente sobre o autor da tortura, que responderá pelos dois delitos, quais sejam: tortura, como autor imediato, e o delito praticado pelo coagido, como autor mediato, em concurso material (art. 69 do Código Penal).

5. **Contravenções penais.** Não são referidas no tipo penal, razão pela qual não haverá o delito de tortura se o agente constranger a vítima, causando-lhe sofrimento físico ou mental, coagindo-a a praticar uma contravenção penal, sob pena de analogia *in malam partem.*

6. **Especial fim de agir.** O tipo contém um especial fim de agir, contido na expressão *para provocar,* que deve estar presente na conduta do agente, sob pena de atipicidade da conduta, caso em que poderá estar configurado outro delito, como lesão corporal.

7. **Consumação.** Trata-se de crime formal, que se consuma com o sofrimento físico ou mental causado à vítima.

8. **Classificação.** Crime comum; doloso; formal; comissivo; de dano; instantâneo; admite tentativa.

9. **Suspensão condicional do processo.** Incabível, pois a pena mínima cominada ultrapassa 1 ano (art. 89 da lei 9.099/95).

c) em razão de **discriminação racial ou religiosa;**

1. **Tortura discriminatória, tortura preconceituosa ou tortura racismo.** A alínea *c* trata de denominada *tortura discriminatória, tortura preconceituosa ou tortura racismo.* Nessa modalidade, a discriminação é o motivo determinante da prática da tortura.
2. **Outras formas de discriminação.** O legislador não inseriu outras formas de discriminação, como sexual ou política, caso em que a conduta será atípica, podendo-se configurar outro delito, como lesão corporal.
3. **Sujeito ativo.** Trata-se de delito comum, uma vez que a lei não fez exigência expressa de nenhuma condição especial do sujeito ativo. Portanto, seu autor pode ser funcionário público ou qualquer outra pessoa.
4. **Sujeito passivo.** A vítima da tortura pode ser qualquer pessoa, uma vez que o legislador se referiu a *alguém* no inciso I.
5. **Consumação.** Trata-se de crime formal, que se consuma com o sofrimento físico ou mental causado à vítima.
6. **Classificação.** Crime comum; doloso; formal; comissivo; de dano; instantâneo; admite tentativa.
7. **Suspensão condicional do processo.** Incabível, pois a pena mínima cominada ultrapassa 1 ano (art. 89 da lei 9.099/95).

II – submeter alguém, sob sua guarda, poder ou autoridade, com emprego de violência ou grave ameaça, a intenso sofrimento físico ou mental, **como forma de aplicar castigo pessoal ou medida de caráter preventivo.**

Pena – reclusão, de dois a oito anos.

1. **Tortura castigo ou tortura punitiva.** O inciso II do art. 1º trata de denominada *tortura castigo ou tortura punitiva.* Como a própria redação legal está a sugerir, nesta modalidade de tortura, a violência ou grave ameaça provocada na vítima gerando intenso sofrimento físico ou mental, são empregadas como forma de castigar a vítima ou aplicar-lhe medida de caráter preventivo.
2. **Sujeito ativo.** Trata-se de crime próprio, que somente pode ser praticado por quem se encontre em relação de guarda, poder ou autoridade em relação à vítima.
3. **Sujeito passivo.** A vítima da tortura deve estar sob a guarda, poder ou autoridade do agente.
4. **Guarda, poder ou autoridade.** *Guarda* significa vigilância permanente. *Poder* decorre de exercício de cargo ou função pública. *Autoridade* está ligada às relações privadas, como ocorre com o tutelado, curatelado, filhos etc.
5. **Violência ou agrave ameaça.** Por *violência* entenda-se constrangimento físico ou agressão física; por *grave ameaça* significa intimidação, promessa de mal injusto e grave, promessa de castigo.

6. **Sofrimento físico ou mental.** É o sofrimento exasperado, atroz, desnecessário e cruel do ser humano, que pode se dar em seu corpo (sofrimento físico) ou em sua mente (sofrimento mental), por meio da inflição de tormentos.

7. **Especial fim de agir.** O tipo contém um especial fim de agir, contido na expressão *como forma de aplicar castigo pessoal ou medida de caráter preventivo,* que deve estar presente na conduta do agente, sob pena de atipicidade da conduta, caso em que se poderá configurar outro delito, como lesão corporal.

8. **Diferença para o art. 136 do Código Penal.** O tipo penal ora analisado se parece muito com o tipo penal do art. 136 do Código Penal, que trata do crime de maus tratos. O conflito aparente de normas deve ser resolvido pelo princípio da especialidade. Com efeito, a distinção entre ambos reside em diversos pontos, sobretudo no dolo do agente. Em relação ao dolo, enquanto o delito do art. 136 do Código Penal tem caráter educativo e o dolo do agente é a repreensão a uma indisciplina e se aperfeiçoa com a simples exposição a perigo a vida ou a saúde da vítima, em razão de excesso no uso dos meios de correção ou disciplina, no delito de tortura ora estudado, o dolo do agente é causar o padecimento à vítima, causando-lhe sofrimento físico ou mental, sem nenhum cunho educativo. A outra distinção reside no fato de que o crime do art. 136 do Código Penal é de perigo, ao passo que o delito de tortura é de dano.

9. **Possibilidade de aplicação da agravante do art. 61, II, *e*, do Código Penal.** De acordo com a jurisprudência, é possível a aplicação da circunstância agravante prevista no art. 61, II, *e,* do Código Penal (crime praticado contra descendente) ao presente tipo penal, sem que isso implique *bis in idem,* tendo em vista que se trata de hipóteses com naturezas diversas. Isso porque o presente delito exige uma condição especial do agente, ou seja, somente pode ser praticado por uma pessoa que tenha a vítima sob sua guarda, poder ou autoridade. Já a agravante prevista no art. 61, II, alínea *e,* do Código Penal diz respeito à prática do crime contra um descendente, independentemente de estar ou não sob a guarda, poder ou autoridade do autor do delito.

▶ **STJ.**

Informativo nº 799

Quinta Turma

Crime de tortura-castigo. Art. 1°, II, da Lei n. 9.455/1997. Incidência da agravante genérica do art. 61, II, *e* (contra descendente), do Código Penal. *Bin in idem.* Não ocorrência.

A incidência da circunstância agravante do art. 61, inciso II, *e,* do Código Penal no crime de tortura, previsto no art. 1°, inciso II, da Lei n. 9.455/1997, não configura *bis in idem.*

O elemento fundamental do delito de tortura, delineado no art. 1°, inciso II (tortura-castigo), da Lei n. 9.455/1997, não deve ser confundido com a agravante genérica do art. 61, inciso II, *e* (contra descendente), do Código Penal. O dispositivo legal em questão diz que constitui crime de tortura "submeter alguém, sob sua guarda, poder ou autoridade, com emprego de violência ou grave ameaça, a intenso sofrimento físico ou mental, como forma de aplicar castigo pessoal ou medida de caráter preventivo." Nota-se que o tipo penal descrito no art. 1°, II, da Lei n. 9.455/1997 caracteriza-se como um crime específico, uma vez que requer uma condição especial do agente, ou seja, é um delito que somente pode ser perpetrado por uma pessoa que tenha a vítima sob sua guarda, poder ou autoridade. Já a agravante prevista no art. 61, II, alínea *e*, do Código Penal diz respeito à prática do crime contra um descendente, independentemente de estar ou não sob a guarda, poder ou autoridade do autor do delito. Essa circunstância objetiva não constitui um elemento essencial do tipo penal que resultou na condenação do acusado. A finalidade dessa agravante é majorar a pena daqueles que violam o dever legal e moral de apoio mútuo entre parentes. No caso, observa-se uma maior censurabilidade na conduta do réu, uma vez que ele perpetrara o crime de tortura contra sua própria filha adolescente, o que contraria sua função de garantidor, que impõe o dever de zelar pelo bem-estar e proteção da menor. Portanto, a agravante descrita no art. 61, II, alínea *e*, do Código Penal, prevê a prática do crime contra descendente, que pode ou não estar sob aguarda, poder ou autoridade do autor do delito de tortura castigo previsto no art. 1°, II, da Lei n. 9.455/1997, não se confundido com elementar do tipo, bem como não caracterizando *bis in idem*. **Processo em segredo de justiça, Rel. Ministro Ribeiro Dantas, Quinta Turma, por unanimidade, julgado em 12/12/2023.**

10. **Consumação.** Com sofrimento físico ou mental causado à vítima.
11. **Classificação.** Crime próprio; doloso; material; comissivo; de dano; instantâneo; admite tentativa.
12. **Suspensão condicional do processo.** Incabível, pois a pena mínima cominada ultrapassa 1 ano (art. 89 da lei 9.099/95).

> § 1º Na mesma pena incorre quem submete pessoa presa ou sujeita a medida de segurança a sofrimento físico ou mental, por intermédio da **prática de ato não previsto em lei ou não resultante de medida legal**.

1. **Submeter.** Significa subjugar, dominar.
2. **Sujeito ativo.** Trata-se de crime próprio, que somente pode ser praticado por quem tiver a guarda da pessoa presa ou submetida a medida de segurança.
3. **Sujeito passivo.** Pessoa presa ou sujeita a medida de segurança.
4. **Pessoa presa.** Como o legislador não fez qualquer distinção, quis abranger qualquer espécie de prisão. Portanto, em primeiro lugar, abrange todas as espécies de prisão cautelar, quais sejam: prisão em flagrante; prisão preventiva e prisão temporária. Em segundo lugar, a prisão definitiva, que decorre de sentença condenatória transitada em julgado. Em terceiro lugar, a prisão administrativa.

▶ **STJ**

INFORMATIVO Nº 433

Quinta Turma.

TORTURA. PRESO. LESÕES GRAVES.

A vítima encontrava-se detida sob responsabilidade de agentes estatais (delegacia da polícia civil) por ter ameaçado a vida de um terceiro. Contudo, lá apresentou comportamento violento e incontido: debatia-se contra as grades, agredia outros detentos e dirigia impropérios contra os policiais. Após, os outros detentos foram retirados da cela e a vítima foi algemada, momento em que passou a provocar e ofender o policial que a guardava, que, em seguida, adentrou a cela e lhe desferiu vários golpes de cassetete, o que lhe causou graves lesões (constatadas por laudo pericial), agressão que somente cessou após a intervenção de outro policial. Então, é inegável que a vítima, enquanto estava detida, foi submetida a intenso sofrimento físico por ato que não estava previsto em lei, nem resultava de medida legal, o que configurou a tortura prevista no art. 1º, § 1º, da Lei n. 9.455/1997. Essa modalidade de tortura, ao contrário das demais, não exige especial fim de agir por parte do agente para configurar-se, bastando o dolo de praticar a conduta descrita no tipo objetivo. Já o Estado democrático de direito repudia o tratamento cruel dispensado por seus agentes a qualquer pessoa, inclusive presos. Conforme o art. 5º, XLIX, da CF/1988, os presos mantêm o direito à intangibilidade de sua integridade física e moral. Desse modo, é inaceitável impor castigos corporais aos detentos em qualquer circunstância, sob pena de censurável violação dos direitos fundamentais da pessoa humana. (...). Precedente citado: REsp 184.156-SP, DJ 9/11/1998. **REsp 856.706-AC, Rel. originária Min. Laurita Vaz, Rel. para acórdão Min. Felix Fischer, julgado em 6/5/2010.**

5. **Pessoa sujeita a medida de segurança.** Mais uma vez, como o legislador não fez distinção, entende-se que ele quis se referir a todas as espécies de medida de segurança. Portanto, abrange a medida de segurança *detentiva,* que é aquela na qual há a internação (art. 96, I do Código Penal), bem como a medida de segurança *restritiva,* em que o agente é submetido a um tratamento ambulatorial (art. 96, II do Código Penal).

6. **Sofrimento físico ou mental.** É o sofrimento exasperado, atroz, desnecessário e cruel do ser humano, que pode se dar em seu corpo (sofrimento físico) ou em sua mente (sofrimento mental), por meio da inflição de tormentos.

7. **Ato não previsto em lei ou não resultante de medida legal.** É o ato do agente que não tem previsão em lei. Ato que não está previsto, por exemplo, na Lei de Execução Penal (lei 7210/84), como a colocação do preso no Regime Disciplinar Diferenciado sem fundamento para tal.

8. **Consumação.** Com o sofrimento físico ou mental causado na vítima.

9. **Classificação.** Crime próprio; doloso; material; comissivo; de dano; instantâneo; admite tentativa.

10. **Suspensão condicional do processo.** Incabível, pois a pena mínima cominada ultrapassa 1 ano (art. 89 da lei 9.099/95).

§ 2º Aquele que se omite em face dessas condutas, quando tinha o **dever de evitá-las ou apurá-las**, incorre na pena de detenção de um a quatro anos.

1. **Omitir.** Omitir é deixar de fazer algo a que estava obrigado. Nessa modalidade de tortura, o agente deve evitar ou apurar a prática dos delitos descritos anteriormente, e não o faz.

2. **Sujeito ativo.** Trata-se de crime próprio, que somente pode ser praticado por quem tiver o dever de evitar ou de apurar a ocorrência da prática de qualquer modalidade de tortura descrita na lei.

3. **Sujeito passivo.** Qualquer pessoa.

4. **Dever de evitar.** Consiste no dever de impedir a ocorrência da prática de qualquer modalidade de tortura descrita na lei. Nessa modalidade, o agente deve ter um vínculo legal com a vítima da tortura, sendo, portanto, agente garantidor, como ocorre com os agentes de segurança pública que têm o dever de evitar a prática de infrações penais ou então os pais, que têm o dever de evitar a prática da tortura em relação aos filhos.

5. **Dever de apurar.** Reside no dever de averiguar, investigar a ocorrência da prática de qualquer modalidade de tortura descrita na lei. Trata-se de dever que está inserido dentro das atribuições de funcionário público, sobretudo Autoridade Policial. Nessa hipótese, não deverá ser aplicada a causa de aumento de pena prevista no art. 1º, § 4º, I, da lei, sob pena de incidência em *bis in idem*.

6. **Princípio da especialidade.** Na conduta omitir-se em relação à apuração da tortura, configura especialidade em relação aos delitos de prevaricação (art. 319 do Código Penal) e condescendência criminosa (art. 320 do Código Penal).

7. **Consumação.** Com a omissão do agente.

8. **Classificação.** Crime próprio; doloso; formal; omissivo próprio; instantâneo; não admite tentativa por ser unissubsistente.

9. **Suspensão condicional do processo.** Cabível, pois a pena mínima cominada não ultrapassa 1 ano (art. 89 da lei 9.099/95).

§ 3º Se resulta **lesão corporal de natureza grave ou gravíssima**, a pena é de reclusão de quatro a dez anos; se resulta **morte**, a reclusão é de oito a dezesseis anos.

1. **Formas qualificadas.** O parágrafo traz duas qualificadoras aplicáveis ao delito de tortura, que são a *lesão corporal grave* (art. 129, § 1º do Código Penal) ou *gravíssima* (art. 129, § 2º do Código Penal) e a *morte*. Tais resultados decorrem da violência empregada para a prática da tortura.

2. **Crime preterdoloso.** Tais resultados sempre decorrerão de culpa do agente, por tratar-se de delito preterdoloso, que é aquele em que o agente age com *dolo* na conduta, gerando um resultado qualificador mais grave à título de *culpa*. Caso o agente tenha dolo em relação à lesão corporal ou à morte, aplica-se o concurso de crimes entre esses e a tortura.

3. **Lesão corporal leve.** Se o agente causar à vítima lesões corporais leves, não incidirá a qualificadora, uma vez que a lesão corporal leve já integra o tipo penal de tortura como elemento.

§ 4º Aumenta-se a pena de um sexto até um terço:

I – se o crime é cometido por **agente público;**

II – se o crime é **cometido contra criança, gestante, portador de deficiência, adolescente** ou **maior de 60 (sessenta) anos;** (Redação dada pela Lei nº 10.741, de 2003)

III – se o crime é cometido **mediante seqüestro.**

1. **§ 4º.** Traz causas de aumento de pena, que devem incidir na terceira fase do critério trifásico de aplicação da pena. São aplicáveis a todas as modalidades de tortura.

2. **Inciso I.** Crime cometido por agente público. Considera-se agente público toda pessoa que possua um vínculo formal com o Estado para o exercício de cargo, emprego ou função pública na administração pública direta ou indireta. Não se aplica ao delito previsto no art. 1º, § 1º, caso seja praticado por agente público, nem ao art. 1º, § 2º, segunda parte, sob pena de incidência em *bis in idem,* uma vez que a condição de agente público já figura como elemento daqueles tipos penais.

3. **Inciso II.** Considera as condições pessoais da vítima. Em todas as hipóteses, para que incida o aumento da pena, o agente deve ter ciência da condição da vítima referida no tipo.

4. **Criança e adolescente.** De acordo com art. 2º da lei 8.069/90, que instituiu o Estatuto da Criança e do Adolescente, *"considera-se criança, para os efeitos desta Lei, a pessoa até doze anos de idade incompletos, e adolescente aquela entre doze e dezoito anos de idade."* Não incidirá a circunstância agravante prevista no art. 61, II, alínea *h,* do Código Penal, sob pena de incidência em *bis in idem.*

5. **Gestante.** Mulher grávida, em qualquer estágio da gravidez. Não incidirá a circunstância agravante prevista no art. 61, II, alínea *h,* do Código Penal sob pena de incidência em *bis in idem.*

6. **Portador de deficiência.** Abrange qualquer espécie de deficiência humana, permanente ou duradoura, física ou psíquica, visível ou invisível.

7. **Maior de 60 anos.** Não incidirá a circunstância agravante prevista no art. 61, II, alínea *h,* do Código Penal sob pena de incidência em *bis in idem.*

8. **Possibilidade de aplicação conjunta com a agravante do art. 61, II, *f,* do Código Penal.** A causa de aumento de pena prevista no art. 1º, § 4º, II da presente lei pode ser aplicada em conjunto com a agravante do art. 61, II, *f,* do Código Penal, sem que isso implique *bis in idem.* Isso porque os dois dispositivos legais possuem fundamentos de incidência diversos. Com efeito, enquanto a majorante do 1º, § 4º, II, versa sobre a maior reprovabilidade da conduta do agente que pratica o delito de tortura contra as pessoas que nitidamente possuem uma menor capacidade de resistência, a circunstância agravante do art. 61, II, *f,* justifica-se em razão de o agente violar o dever de apoio mútuo existente entre parentes e pessoas ligadas por liames domésticos, de coabitação ou hospitalidade, além dos casos de violência doméstica praticada contra a mulher. Portanto, a aplicação conjunta dos dois dispositivos não configura *bis is idem.*

▶ **STJ**

INFORMATIVO nº 589

Sexta Turma

DIREITO PENAL. AUSÊNCIA DE BIS IN IDEM NA DOSIMETRIA DA PENA DE CRIME DE TORTURA.

No caso de crime de tortura perpetrado contra criança em que há prevalência de relações domésticas e de coabitação, não configura *bis in idem* a aplicação conjunta da causa de aumento de pena prevista no art. 1º, § 4º, II, da Lei n. 9.455/1997 (Lei de Tortura) e da agravante genérica estatuída no art. 61, II, *f*, do Código Penal. (...) De fato, a citada majorante prevista na Lei de Tortura busca punir de forma mais rígida o autor de crime que demonstrou maior covardia e facilidade no cometimento da infração penal, justamente pela menor capacidade de resistência das vítimas ali elencadas. Há, pois, um nexo lógico entre a conduta desenvolvida e o estado de fragilidade da vítima. Em sentido diametralmente oposto, descortina-se a referida agravante prevista pelo Código Penal, punindo com maior rigor a violação aos princípios de apoio e assistência que deve haver nas situações em que há relação de autoridade entre a vítima e o agressor, bem como a maior insensibilidade moral do agente, que viola o dever de apoio mútuo existente entre parentes e pessoas ligadas por liames domésticos, de coabitação ou hospitalidade, sem prejuízo dos crimes praticados com violência doméstica contra a mulher. Em suma, a majorante tem por finalidade punir de forma mais severa aquele que se favorece da menor capacidade de resistência da vítima, ao passo que a agravante tem por desiderato a punição mais rigorosa do agente que afronta o dever de apoio mútuo existente entre parentes e pessoas ligadas por liames domésticos, de coabitação ou hospitalidade, além dos casos de violência doméstica praticada contra a mulher. Portanto, em se tratando de circunstâncias e objetivos distintos, não há falar na ocorrência de *bis in idem*. HC 362.634-RJ, **Rel. Min. Maria Thereza de Assis Moura, por unanimidade, julgado em 16/8/2016, DJe 29/8/2016.**

9. **Inciso III. Crime cometido mediante sequestro.** Para que incida essa causa de aumento, a privação da liberdade deve ser utilizada como meio para a prática da tortura. Caso contrário, haverá concurso de crimes entre tortura e sequestro ou cárcere privado (art. 148 do Código Penal).

§ 5º A condenação acarretará a **perda do cargo, função ou emprego público e a interdição para seu exercício** pelo dobro do prazo da pena aplicada.

1. **Perda do cargo e interdição para seu exercício.** Trata-se de efeito da condenação, que só pode ser aplicado após o trânsito em julgado da sentença penal condenatória. Esse efeito é automático e decorre da condenação, não sendo necessária motivação expressa na sentença.
2. **Diferença entre o § 5º da lei de tortura e o art. 92, I do Código Penal.** No art. 92, I do Código Penal, a lei trata da *perda* do cargo que já era ocupado pelo condenado. No art. 1º § 5º da lei 9.455/97, a lei trata não só da *perda* do cargo, como também

da *interdição*, que é a impossibilidade de se vir a ocupar cargo ou função pública, com *efeitos futuros*. Ademais, no art. 92, I do Código Penal a perda do cargo não é automática, dependendo de motivação expressa na sentença, ao contrário do previsto na lei de tortura, em que a perda do cargo é automática.

▶ **STJ**

> **Informativo 549**
>
> **Sexta Turma**
>
> **DIREITO PENAL E PROCESSUAL PENAL. NECESSIDADE DE FUNDAMENTAÇÃO DA SENTENÇA PENAL QUE DETERMINE A PERDA DO CARGO PÚBLICO.**
>
> **A determinação da perda de cargo público fundada na aplicação de pena privativa de liberdade superior a 4 anos (art. 92, I, b, do CP) pressupõe fundamentação concreta que justifique o cabimento da medida.** De fato, para que seja declarada a perda do cargo público, na hipótese descrita no art. 92, I, *b*, do CP, são necessários dois requisitos: a) que o *quantum* da sanção penal privativa de liberdade seja superior a 4 anos; e b) que a decisão proferida apresente-se de forma motivada, com a explicitação das razões que ensejaram o cabimento da medida (...). Por fim, registre-se que o tratamento jurídico-penal será diverso quando se tratar de crimes previstos no art. 1º da Lei 9.455/1997 (Lei de Tortura). Isso porque, conforme dispõe o § 5º do art. 1º deste diploma legal, a perda do cargo, função ou emprego público é efeito automático da condenação, sendo dispensável fundamentação concreta. REsp 1.044.866-MG, Rel. Min. Rogerio Schietti Cruz, julgado em 2/10/2014.

§ 6º O crime de tortura é **inafiançável** e **insuscetível** de **graça ou anistia.**

1. **Vedação de fiança.** No tocante à proibição de concessão de fiança, a jurisprudência já se consolidou no sentido de que toda e qualquer prisão provisória somente deve ser decretada ou mantida se for necessária, e, ainda assim, de forma excepcional. Portanto, não se mantém a prisão do preso em flagrante, automaticamente, só porque a lei proíbe a fiança abstratamente. Em qualquer hipótese, é preciso que seja demonstrada a necessidade da prisão, por meio da presença dos requisitos da prisão preventiva previstos no art. 312 do Código de Processo Penal. Portanto, a fiança é cabível no delito de tortura.

▶ **STJ**

> RECURSO ORDINÁRIO EM HABEAS CORPUS. TRÁFICO DE DROGAS. PRISÃO PREVENTIVA. ART. 312 DO CPP. PERICULUM LIBERTATIS. INDICAÇÃO NECESSÁRIA. FUNDAMENTAÇÃO INSUFICIENTE. RECURSO PROVIDO. 1. A jurisprudência desta Corte Superior é remansosa no sentido de que a determinação de segregar o réu, antes de transitada em julgado a condenação, deve efetivar-se apenas se indicada, em dados concretos dos autos, a necessidade da cautela (periculum libertatis), à luz do disposto no art. 312 do CPP. 2. Assim, a prisão provisória se mostra legítima e compatível com a presunção de inocência somente se adotada, em caráter excepcional, mediante decisão suficientemente motivada. Não basta invocar, para tanto, aspectos genéricos, posto que relevantes, relativos à modalidade criminosa

atribuída ao acusado ou às expectativas sociais em relação ao Poder Judiciário, decorrentes dos elevados índices de violência urbana. 3. O juiz de primeira instância – não obstante tenha relatado minuciosamente os indícios de autoria, bem como a materialidade do delito – apontou genericamente a presença dos vetores contidos no art. 312 do Código de Processo Penal, sem indicar motivação suficiente para justificar a necessidade de colocar o recorrente cautelarmente privado de sua liberdade, uma vez que se limitou a afirmar – equivocadamente, diga-se – que o delito de tráfico, "segundo [a Lei n. 8072/1990], [é] insuscetível de fiança, estando a liberdade provisória reservada a situações excepcionalíssimas, como o caso em que não se vislumbre, desde logo, qualquer envolvimento do autuado, o que não caracteriza o caso destes autos". 4. Recurso provido para que o recorrente possa responder ao processo em liberdade até o trânsito em julgado da ação penal, se por outro motivo não estiver preso, sem prejuízo da possibilidade de nova decretação da prisão preventiva, se concretamente demonstrada sua necessidade cautelar, independentemente de imposição de medida alternativa, nos termos do art. 319 do CPP. **(RHC 48.230/MG, Rel. Min. Rogerio Schietti Cruz, julgado em 18/09/2014).**

2. **Vedação da graça e da anistia.** Em relação à vedação da graça e da anistia, STF e o STJ entendem que a vedação é compatível com a CF/88. Além desses benefícios, embora a não trate expressamente do **indulto**, o STF e o STJ entendem que ele também não é cabível, em razão da vedação contida no art. 2º, I, a lei de crimes hediondos (8.072/90).

▶ **STF**

AGRAVO REGIMENTAL NO RECURSO EXTRAORDINÁRIO COM AGRAVO. MATÉRIA CRIMINAL. CRIME DE TRÁFICO ILÍCITO DE ENTORPECENTES. IMPOSSIBILIDADE DE CONCESSÃO DE INDULTO. PRECEDENTES. AGRAVO REGIMENTAL A QUE SE NEGA PROVIMENTO. 1. A jurisprudência do STF segue no sentido de reputar inconstitucional a concessão de indulto a condenado por tráfico de drogas, independentemente da pena imposta. 2. Agravo regimental a que se nega provimento. (ARE 899195 AgR, Rel. Min. Edson Fachin, Primeira Turma, julgado em 03/05/2016).

▶ **STJ**

(...) TRÁFICO ILÍCITO DE ENTORPECENTES. (...) Na hipótese vertente, mostra-se inviável a concessão de indulto ao paciente, uma vez que a legislação de regência da matéria veda, expressamente, a concessão da benesse aos condenados por crimes hediondos e equiparados. (...) **(HC 357.401/SP, Rel. Min. Reynaldo Soares da Fonseca, julgado em 16/06/2016).**

3. **Cabimento de livramento condicional aos condenados pelo crime de tortura.** De acordo com o art. 83, V do Código Penal, o condenado pelo delito de tortura só poderá obter o livramento condicional se tiver cumprido mais de dois terços da pena privativa de liberdade. Caso o apenado seja reincidente específico, não será cabível o livramento condicional.

§ 7º O condenado por crime previsto nesta Lei, **salvo** a hipótese do **§ 2º**, **iniciará** o cumprimento da pena em **regime fechado**.

1. **Regime inicial do cumprimento da pena.** Trata do regime inicial fechado de cumprimento de pena privativa de liberdade, sendo possível, posteriormente, a progressão de regimes. Entretanto, tendo em vista que o STF entende que o regime inicial fechado é inconstitucional por violar o princípio constitucional da individualização da pena, da mesma forma que entendeu em relação ao regime integralmente fechado, não se exige a obrigatoriedade de o condenado pelo delito de tortura iniciar a pena privativa de liberdade em regime fechado. Note-se que o Plenário do STF entendeu nesse sentido ao julgar a ordem de *Habeas Corpus* 111.840.

▶ **STF**

Habeas corpus. Penal. Tráfico de entorpecentes. Crime praticado durante a vigência da Lei nº 11.464/07. Pena inferior a 8 anos de reclusão. Obrigatoriedade de imposição do regime inicial fechado. Declaração incidental de inconstitucionalidade do § 1º do art. 2º da Lei nº 8.072/90. Ofensa à garantia constitucional da individualização da pena (inciso XLVI do art. 5º da CF/88). Fundamentação necessária (CP, art. 33, § 3º, c/c o art. 59). Possibilidade de fixação, no caso em exame, do regime semiaberto para o início de cumprimento da pena privativa de liberdade. Ordem concedida. 1. Verifica-se que o delito foi praticado em 10/10/09, já na vigência da Lei nº 11.464/07, a qual instituiu a obrigatoriedade da imposição do regime inicialmente fechado aos crimes hediondos e assemelhados. 2. Se a Constituição Federal menciona que a lei regulará a individualização da pena, é natural que ela exista. Do mesmo modo, os critérios para a fixação do regime prisional inicial devem-se harmonizar com as garantias constitucionais, sendo necessário exigir-se sempre a fundamentação do regime imposto, ainda que se trate de crime hediondo ou equiparado. 3. Na situação em análise, em que o paciente, condenado a cumprir pena de seis (6) anos de reclusão, ostenta circunstâncias subjetivas favoráveis, o regime prisional, à luz do art. 33, § 2º, alínea b, deve ser o semiaberto. 4. Tais circunstâncias não elidem a possibilidade de o magistrado, em eventual apreciação das condições subjetivas desfavoráveis, vir a estabelecer regime prisional mais severo, desde que o faça em razão de elementos concretos e individualizados, aptos a demonstrar a necessidade de maior rigor da medida privativa de liberdade do indivíduo, nos termos do § 3º do art. 33, c/c o art. 59, do Código Penal. 5. Ordem concedida tão somente para remover o óbice constante do § 1º do art. 2º da Lei nº 8.072/90, com a redação dada pela Lei nº 11.464/07, o qual determina que "[a] pena por crime previsto neste artigo será cumprida inicialmente em regime fechado". Declaração incidental de inconstitucionalidade, com efeito ex nunc, da obrigatoriedade de fixação do regime fechado para início do cumprimento de pena decorrente da condenação por crime hediondo ou equiparado. HC 111.840. Plenário. Rel. Min. Dias Toffoli, julgado em 27/06/2012).

▶ **STJ**

Informativo 540

Quinta Turma

DIREITO PENAL. REGIME INICIAL DE CUMPRIMENTO DE PENA NO CRIME DE TORTURA.

Não é obrigatório que o condenado por crime de tortura inicie o cumprimento da pena no regime prisional fechado. Dispõe o art. 1º, § 7º, da Lei 9.455/1997 – lei que define os crimes de tortura e dá outras providências – que "O condenado por crime previsto nesta Lei, salvo a hipótese do § 2º, iniciará o cumprimento da pena em regime fechado". Entretanto, cumpre ressaltar que o Plenário do STF, ao julgar o HC 111.840-ES (DJe 17.12.2013), afastou a obrigatoriedade do regime inicial fechado para os condenados por crimes hediondos e equiparados, devendo-se observar, para a fixação do regime inicial de cumprimento de pena, o disposto no art. 33 c/c o art. 59, ambos do CP. Assim, por ser equiparado a crime hediondo, nos termos do art. 2º, *caput* e § 1º, da Lei 8.072/1990, é evidente que essa interpretação também deve ser aplicada ao crime de tortura, sendo o caso de se desconsiderar a regra disposta no art. 1º, § 7º, da Lei 9.455/1997, que possui a mesma disposição da norma declarada inconstitucional. (...). Portanto, seguindo a orientação adotada pela Suprema Corte, deve-se utilizar, para a fixação do regime inicial de cumprimento de pena, o disposto no art. 33 c/c o art. 59, ambos do CP e as Súmulas 440 do STJ e 719 do STF. (...). Precedente citado: REsp 1.299.787-PR, Quinta Turma, DJe 3/2/2014. HC 286.925-RR, Rel. Min. Laurita Vaz, julgado em 13/5/2014.

2. **Súmula 698 do STF.** A súmula 698 do STF dispõe o seguinte: *"Não se estende aos demais crimes hediondos a admissibilidade de progressão no regime de execução da pena aplicada ao crime de tortura."* Essa súmula foi editada quando ainda vigorava o regime integralmente fechado para os crimes hediondos, na redação originária do art. 2º, § 1º da lei de crimes hediondos (8.072/90). Isso se deu porque, quando surgiu a lei de tortura, o parágrafo ora estudado trouxe o *início* do cumprimento da pena privativa de liberdade em regime fechado, possibilitando, portanto, a progressão. Dessa forma, criou-se a seguinte celeuma: se tortura é crime equiparado a hediondo e para ela o regime é *inicialmente fechado,* permitindo a progressão de regimes, por ser lei posterior à de crimes hediondos e mais benéfica, teria revogado o regime *integralmente fechado,* previsto na lei de crimes hediondos. Com isso, a partir da lei de tortura, todos os crimes hediondos e equiparados passariam a admitir a progressão de regimes. Após muita controvérsia na doutrina, o STF pacificou a celeuma ao editar a súmula 698, adotando claramente o princípio da especialidade. Entretanto, a lei 11.464, de 28 de março de 2007, deu nova redação ao art. 2º, § 1º da lei de crimes hediondos, para inserir o regime **inicialmente** fechado, possibilitando, dessa forma, a progressão de regimes para todos os crimes hediondos ou equiparados. Com isso, a súmula perdeu aplicabilidade.

Art. 2º O disposto nesta Lei aplica-se ainda quando o crime não tenha sido cometido em território nacional, sendo a **vítima brasileira** ou **encontrando-se o agente em local sob jurisdição brasileira**.

1. **Exceção ao princípio da territorialidade previsto no art. 5º do Código Penal.** Adotou-se o princípio da personalidade passiva, segundo o qual a lei penal brasileira aplica-se fora do seu território, quando a vítima do crime for brasileira (art. 7º, § 3º do Código Penal). Trata-se de extraterritorialidade incondicionada, uma vez que a presente lei, por ser lei especial, não impôs qualquer condição.
2. **Competência para o processo e o julgamento do crime de tortura praticado contra brasileiros no exterior.** A competência para o processo e o julgamento

do crime de tortura praticado contra brasileiros no exterior não deve ser fixada automaticamente na Justiça Federal somente em razão de o delito ter sido praticado no exterior. Devem ser seguidos os critérios do art. 109 da CF/88 para a determinação da competência da Justiça Federal.

▶ STJ

Informativo 549

Terceira Seção

DIREITO PROCESSUAL PENAL. COMPETÊNCIA PARA PROCESSAR E JULGAR CRIME DE TORTURA COMETIDO FORA DO TERRITÓRIO NACIONAL.

O fato de o crime de tortura, praticado contra brasileiros, ter ocorrido no exterior não torna, por si só, a Justiça Federal competente para processar e julgar os agentes estrangeiros. De fato, o crime de tortura praticado integralmente em território estrangeiro contra brasileiros não se subsume, em regra, a nenhuma das hipóteses de competência da Justiça Federal previstas no art. 109 da CF. Esclareça-se que não há adequação ao art. 109, V, da CF, que dispõe que compete à Justiça Federal processar e julgar "os crimes previstos em tratado ou convenção internacional, quando, iniciada a execução no País, o resultado tenha ou devesse ter ocorrido no estrangeiro, ou reciprocamente", pois não se trata de crime à distância. De igual modo, não há possibilidade de aplicar o inciso IV do art. 109 da CF, visto que não se tem dano direto a bens ou serviços da União, suas entidades autárquicas ou empresas públicas. Ademais, ressalte-se que o deslocamento de competência para a jurisdição federal de crimes com violação a direitos humanos exige provocação e hipóteses extremadas e taxativas, nos termos do art. 109, V-A e § 5º, da CF. Desse modo, o incidente só será instaurado em casos de grave violação aos direitos humanos, em delitos de natureza coletiva, com grande repercussão, e para os quais a Justiça Estadual esteja, por alguma razão, inepta à melhor apuração dos fatos e à celeridade que o sistema de proteção internacional dos Direitos Humanos exige (AgRg no IDC 5-PE, Terceira Seção, DJe 3/6/2014; IDC 2-DF, Terceira Seção, DJe 22/11/2010; e IDC 1-PA, Terceira Seção, DJ 10/10/2005). CC 107.397-DF, Rel. Min. Nefi Cordeiro, julgado em 24/9/2014.

Art. 3º Esta Lei entra em vigor na data de sua publicação.

Art. 4º Revoga-se o art. 233 da Lei nº 8.069, de 13 de julho de 1990 – Estatuto da Criança e do Adolescente.

Transplante de Órgãos e Tecidos. Lei nº 9.434, de 4 de fevereiro de 1997

CAPÍTULO I
DAS DISPOSIÇÕES GERAIS

Art. 1º A **disposição gratuita** de tecidos, órgãos e partes do corpo humano, em vida ou post mortem, para fins de transplante e tratamento, é permitida na forma desta Lei.

Parágrafo único. Para os efeitos desta Lei, não estão compreendidos entre os tecidos a que se refere este artigo o sangue, o esperma e o óvulo.

Art. 2º A realização de **transplante ou enxertos de tecidos, órgãos ou partes do corpo humano** só poderá ser realizada por estabelecimento de saúde, público ou privado, e por equipes médico-cirúrgicas de remoção e transplante previamente autorizados pelo órgão de gestão nacional do Sistema Único de Saúde.

"Parágrafo único. A realização de transplantes ou enxertos de tecidos, órgãos e partes do corpo humano só poderá ser autorizada após a realização, no doador, de todos os testes de triagem para diagnóstico de infecção e infestação exigidos em normas regulamentares expedidas pelo Ministério da Saúde. (Redação dada pela Lei nº 10.211, de 23.3.2001)

CAPÍTULO II
DA DISPOSIÇÃO POST MORTEM DE TECIDOS, ÓRGÃOS E PARTES DO CORPO HUMANO PARA FINS DE TRANSPLANTE

Art. 3º A **retirada *post mortem*** de tecidos, órgãos ou partes do corpo humano destinados a transplante ou tratamento deverá ser precedida de diagnóstico de morte encefálica, constatada e registrada por dois médicos não participantes das equipes de remoção e transplante, mediante a utilização de critérios clínicos e tecnológicos definidos por resolução do Conselho Federal de Medicina.

§ 1º Os prontuários médicos, contendo os resultados ou os laudos dos exames referentes aos diagnósticos de morte encefálica e cópias dos documentos de que tratam os arts. 2º, parágrafo único; 4º e seus parágrafos; 5º; 7º; 9º, §§ 2º, 4º, 6º e 8º, e 10, quando couber, e detalhando os atos cirúrgicos relativos aos transplantes e enxertos, serão mantidos nos arquivos das instituições referidas no art. 2º por um período mínimo de cinco anos.

§ 2º Às instituições referidas no art. 2º enviarão anualmente um relatório contendo os nomes dos pacientes receptores ao órgão gestor estadual do Sistema único de Saúde.

§ 3º Será admitida a presença de médico de confiança da família do falecido no ato da comprovação e atestação da morte encefálica.

Art. 4º A retirada de tecidos, órgãos e partes do corpo de pessoas falecidas **para transplantes ou outra finalidade terapêutica**, dependerá da autorização do cônjuge ou parente, maior de idade, obedecida a linha sucessória, reta ou colateral, até o segundo grau inclusive, firmada em documento subscrito por duas testemunhas presentes à verificação da morte. (Redação dada pela Lei nº 10.211, de 23.3.2001).Parágrafo único. (VETADO) (Incluído pela Lei nº 10.211, de 23.3.2001).

Art. 5º A remoção *post mortem* de tecidos, órgãos ou partes do corpo de **pessoa juridicamente incapaz** poderá ser feita desde que permitida expressamente por ambos os pais, ou por seus responsáveis legais.

Art. 6º É vedada a remoção *post mortem* de tecidos, órgãos ou partes do corpo de **pessoas não identificadas**.

Art. 7º (VETADO)

Parágrafo único. No caso de morte sem assistência médica, de óbito em decorrência de causa mal definida ou de outras situações nas quais houver indicação de verificação da causa médica da morte, a remoção de tecidos, órgãos ou partes de cadáver para fins de transplante ou terapêutica somente poderá ser realizada após a autorização do patologista do serviço de verificação de óbito responsável pela investigação e citada em relatório de necrópsia.

Art. 8º Após a retirada de tecidos, órgãos e partes, o **cadáver será imediatamente necropsiado**, se verificada a hipótese do parágrafo único do art. 7º, e, em qualquer caso, condignamente recomposto para ser entregue, em seguida, aos parentes do morto ou seus responsáveis legais para sepultamento. (Redação dada pela Lei nº 10.211, de 23.3.2001).

CAPÍTULO III
DA DISPOSIÇÃO DE TECIDOS, ÓRGÃOS E PARTES DO CORPO HUMANO VIVO PARA FINS DE TRANSPLANTE OU TRATAMENTO

Art. 9º É permitida à pessoa juridicamente capaz **dispor gratuitamente** de tecidos, órgãos e partes do próprio corpo vivo, para fins terapêuticos ou para transplantes em cônjuge ou parentes consangüíneos até o quarto grau, inclusive, na forma do § 4º deste artigo, ou em qualquer outra pessoa, mediante autorização judicial, dispensada esta em relação à medula óssea. (Redação dada pela Lei nº 10.211, de 23.3.2001)

§ 1º (VETADO)

§ 2º (VETADO)

§ 3º Só é permitida a doação referida neste artigo quando se tratar de órgãos duplos, de partes de órgãos, tecidos ou partes do corpo cuja retirada não impeça o organismo do doador de continuar vivendo sem risco para a sua integridade e não represente grave comprometimento de suas aptidões vitais e saúde mental e não cause mutilação ou deformação inaceitável, e corresponda a uma necessidade terapêutica comprovadamente indispensável à pessoa receptora.

§ 4º O doador deverá autorizar, preferencialmente por escrito e diante de testemunhas, especificamente o tecido, órgão ou parte do corpo objeto da retirada.

§ 5º A doação poderá ser revogada pelo doador ou pelos responsáveis legais a qualquer momento antes de sua concretização.

§ 6º O indivíduo juridicamente incapaz, com compatibilidade imunológica comprovada, poderá fazer doação nos casos de transplante de medula óssea, desde que haja consentimento de ambos os pais ou seus responsáveis legais e autorização judicial e o ato não oferecer risco para a sua saúde.

§ 7º É vedado à gestante dispor de tecidos, órgãos ou partes de seu corpo vivo, exceto quando se tratar de doação de tecido para ser utilizado em transplante de medula óssea e o ato não oferecer risco à sua saúde ou ao feto.

§ 8º O auto-transplante depende apenas do consentimento do próprio indivíduo, registrado em seu prontuário médico ou, se ele for juridicamente incapaz, de um de seus pais ou responsáveis legais.

Art. 9º-A É garantido a toda mulher o acesso a informações sobre as possibilidades e os benefícios da doação voluntária de sangue do **cordão umbilical e placentário** durante o período de consultas pré-natais e no momento da realização do parto. (Incluído pela Lei nº 11.633, de 2007).

CAPÍTULO IV
DAS DISPOSIÇÕES COMPLEMENTARES

Art. 10. O transplante ou enxerto só se fará com o consentimento expresso do receptor, assim **inscrito em lista única de espera**, após aconselhamento sobre a excepcionalidade e os riscos do procedimento.(Redação dada pela Lei nº 10.211, de 23.3.2001).

§ 1º Nos casos em que o receptor seja juridicamente incapaz ou cujas condições de saúde impeçam ou comprometam a manifestação válida da sua vontade, o consentimento de que trata este artigo será dado por um de seus pais ou responsáveis legais. (Parágrafo incluído pela Lei nº 10.211, de 23.3.2001).

§ 2º A inscrição em lista única de espera não confere ao pretenso receptor ou à sua família direito subjetivo a indenização, se o transplante não se realizar em decorrência de alteração do estado de órgãos, tecidos e partes, que lhe seriam destinados, provocado por acidente ou incidente em seu transporte. (Parágrafo incluído pela Lei nº 10.211, de 23.3.2001).

Art. 11. É proibida a veiculação, através de qualquer meio de comunicação social de **anúncio** que configure:

a) publicidade de estabelecimentos autorizados a realizar transplantes e enxertos, relativa a estas atividades;

b) apelo público no sentido da doação de tecido, órgão ou parte do corpo humano para pessoa determinada identificada ou não, ressalvado o disposto no parágrafo único;

c) apelo público para a arrecadação de fundos para o financiamento de transplante ou enxerto em benefício de particulares.

Parágrafo único. Os órgãos de gestão nacional, regional e local do Sistema único de Saúde realizarão periodicamente, através dos meios adequados de comunicação social, campanhas de esclarecimento público dos benefícios esperados a partir da vigência desta Lei e de estímulo à doação de órgãos.

Art. 12. (VETADO)

Art. 13. É obrigatório, para todos os estabelecimentos de saúde notificar, às centrais de notificação, captação e distribuição de órgãos da unidade federada onde ocorrer, o **diagnóstico de morte encefálica** feito em pacientes por eles atendidos.

Parágrafo único. Após a notificação prevista no caput deste artigo, os estabelecimentos de saúde não autorizados a retirar tecidos, órgãos ou partes do corpo humano destinados a transplante ou tratamento deverão permitir a imediata remoção do paciente ou franquear suas instalações e fornecer o apoio operacional necessário às equipes médico-cirúrgicas de remoção e transplante, hipótese em que serão ressarcidos na forma da lei. (Incluído pela Lei nº 11.521, de 2007).

Art. 13-A. Os órgãos públicos civis, as instituições militares e as empresas públicas e privadas que **operem ou utilizem veículos de transporte de pessoas e cargas, por via terrestre, aérea ou aquática**, são obrigados a dar prioridade ao transporte de órgãos, tecidos e partes do corpo humano para fins de transplante e tratamento e de integrantes da equipe de captação e distribuição de órgãos que acompanhará o transporte do material. (Incluído pela Lei nº 14.858, de 2024)

§ 1º O transporte previsto no *caput* deste artigo será gratuito e coordenado pelo Sistema Nacional de Transplantes (SNT), por meio da Central Nacional de Transplantes (CNT), realizado de forma articulada entre o remetente, o transportador e o destinatário, nos termos de acordo firmado para esse fim, em tempo e condições adequados para cada tipo de órgão, tecido ou parte do corpo, garantindo-se a qualidade, a segurança e a integridade do material, conforme as disposições de regulamento. (Incluído pela Lei nº 14.858, de 2024)

§ 2º Constitui justa causa o cancelamento de reserva de espaço e de vaga de passageiro, em virtude de lotação esgotada no veículo, realizado para fins do disposto no *caput* deste artigo, o que isenta a empresa de responder por descumprimento de contrato de transporte. (Incluído pela Lei nº 14.858, de 2024)

§ 3º O disposto no *caput* deste artigo não se aplica às instituições militares quando as aeronaves, os veículos e as embarcações estiverem em missão de defesa aeroespacial ou engajados em operações militares, conforme definido pelo respectivo Comando da Força Militar competente. (Incluído pela Lei nº 14.858, de 2024)

CAPÍTULO V
DAS SANÇÕES PENAIS E ADMINISTRATIVAS

Seção I
Dos Crimes

Art. 14. Remover tecidos, órgãos ou partes do corpo de pessoa ou cadáver, em desacordo com as disposições desta Lei:

Pena – reclusão, de dois a seis anos, e multa, de 100 a 360 dias-multa.

§ 1º Se o crime é cometido mediante **paga** ou **promessa de recompensa** ou por outro motivo **torpe**:

Pena – reclusão, de três a oito anos, e multa, de 100 a 150 dias-multa.

§ 2º Se o crime é praticado em pessoa viva, e resulta para o ofendido:

I - incapacidade para as **ocupações habituais**, por mais de trinta dias;

II - **perigo** de vida;

III - **debilidade** permanente de membro, sentido ou função;

IV - **aceleração** de parto:

Pena - reclusão, de três a dez anos, e multa, de 100 a 200 dias-multa

§ 3º Se o crime é praticado em pessoa viva e resulta para o ofendido:

I - Incapacidade para o **trabalho**;

II - Enfermidade **incurável**;

III - **perda ou inutilização** de membro, sentido ou função;

IV - **deformidade** permanente;

V - aborto:

Pena - reclusão, de quatro a doze anos, e multa, de 150 a 300 dias-multa.

§ 4º Se o crime é praticado em pessoa viva e resulta **morte**:

Pena - reclusão, de oito a vinte anos, e multa de 200 a 360 dias-multa.

1. **Decreto regulamentador.** O Decreto nº 9.175/2017 regulamentou a lei ora comentada.
2. **Sujeito ativo.** Qualquer pessoa. Trata-se de crime comum, pois o legislador não exigiu nenhuma condição especial do sujeito ativo.
3. **Sujeito passivo.** A pessoa viva e a coletividade.
4. **Remoção ilegal.** A remoção de tecidos, órgãos ou partes do corpo de pessoa ou cadáver é permitida por esta lei e somente pode ser feita nos moldes preconizados nos arts. 1º ao 9º-A. A remoção feita fora desses parâmetros é considerada ilegal e objeto desse delito.
5. **Sanção administrativa do art. 21.** O art. 21 prevê como sanção administrativa que o estabelecimento de saúde e as equipes médico-cirúrgicas envolvidas poderão ser desautorizadas temporária ou permanentemente pelas autoridades competentes. Trata-se de sanção que pode ser imposta cumulativamente com a sanção penal do tipo penal ora comentado, em razão de possuírem naturezas diversas.
6. **§ 1º. Motivos qualificadores. Paga ou promessa de recompensa ou por outro motivo torpe.** A *paga* significa a vantagem que já foi dada ao agente *antes* da prática do delito. A *promessa de recompensa* consiste na vantagem futura, ou seja, é dada ao agente *depois* da prática da infração penal e o agente é movido por ela. Em razão da *mens legislatoris,* pensamos que a paga ou a recompensa prometida deve ter natureza econômica direta. Motivo torpe constitui o motivo repugnante, egoístico. A jurisprudência reconhece o motivo patrimonial como motivo torpe.
7. **§ 2º. Resultados qualificadores.** O legislador trouxe resultados qualificadores que são produzidos na pessoa viva como decorrência da remoção ilegal de tecidos, órgãos ou partes do seu corpo.

8. **Inciso I. Incapacidade para as ocupações habituais por mais de trinta dias.** Ocupações habituais são as atividades desenvolvidas rotineiramente pelos indivíduos, com ou sem fins lucrativos, desde que lícitas, como o trabalho, o lazer, o estudo, os afazeres domésticos etc. O resultado qualificador pode decorrer de dolo ou de culpa. A prova de incapacidade por mais de 30 dias é provada por meio do exame complementar de corpo de delito a que se refere o art. 168 §§ 2º e 3º do Código de Processo Penal.

9. **Inciso II. Perigo de vida.** Perigo de vida significa probabilidade de morte. É a concreta possibilidade de a vítima morrer em face da remoção ilegal de tecidos, órgãos ou partes do corpo de pessoa viva. Esta qualificadora somente pode decorrer de culpa. Trata-se de crime preterdoloso. Caso ela decorra de dolo do agente, haverá tentativa de homicídio.

10. **Inciso III. Debilidade permanente de membro, sentido ou função.** Debilidade é o enfraquecimento, a redução ou a diminuição da capacidade funcional. Por permanente entenda-se duradouro, e não perpétuo, bastando, portanto, que seja de longa duração. *Membros* dividem-se em superiores (braço, antebraço e mão) e inferiores (coxa, perna e pé). Por *sentido* entendam-se as faculdades perceptivas (visão, audição, olfato, paladar, tato). *Função* é a atividade específica desempenhada por cada órgão, aparelho ou sistema do corpo humano, como a função digestória, circulatória, respiratória, reprodutora e locomotora. A qualificadora pode decorrer de dolo ou de culpa.

11. **Inciso IV. Aceleração de parto.** Aceleração de parto significa a antecipação do nascimento do feto com vida, o nascimento prematuro. Não se trata de aborto. Se for aborto, será a qualificadora do § 3º, V. O sujeito passivo só pode ser mulher grávida. Essa qualificadora pode decorrer de dolo ou de culpa. Não incide a agravante prevista no art. 61, II, *h* do Código Penal (crime contra mulher grávida), sob pena de *bis in idem*.

12. **§ 3º. Resultados qualificadores.** O legislador trouxe resultados qualificadores que são produzidos na pessoa viva como decorrência da remoção ilegal de tecidos, órgãos ou partes do corpo de pessoa viva. Pela sanção penal cominada, percebe-se que tais qualificadoras são mais graves do que as do § 2º.

13. **Inciso I. Incapacidade para o trabalho.** O trabalho é a atividade remunerada ligada ao sustento da vítima. Consiste no desempenho de uma atividade profissional. Por estar ligada ao sustento da vítima, a qualificadora incide se a vítima ficar incapacitada para qualquer trabalho, e não apenas para o trabalho específico que ela desempenhava. Essa qualificadora pode decorrer de dolo ou de culpa.

14. **Inciso II. Enfermidade incurável.** É a doença com séria probabilidade de incurabilidade com base no atual estágio da medicina. Essa qualificadora pode decorrer de dolo ou de culpa.

15. **Inciso III. Perda ou inutilização de membro, sentido ou função.** A *perda* ocorre com a cessação do sentido ou função, ou com a mutilação ou amputação do membro. A mutilação ocorre no momento da conduta, ao passo que a amputação decorre de intervenção cirúrgica. Em caso de órgãos duplos, como os rins, a perda de apenas

um deles configura debilidade permanente da função renal (§ 2º, III), e não perda. Mas caso a vítima tenha apenas um rim, estará configurada a perda. A *inutilização* consiste na perda funcional do membro, sentido ou função, tornando-os inaptos para exercer suas funções, a exemplo da paralisia, da perda da visão, da perda de todo o movimento do braço, ainda que continue preso ao corpo etc. *Membros* dividem-se em superiores (braço, antebraço e mão) e inferiores (coxa, perna e pé). Por *sentido* entendam-se as faculdades perceptivas (visão, audição, olfato, paladar, tato). *Função* é a atividade específica desempenhada por cada órgão, aparelho ou sistema do corpo humano, como a função digestória, circulatória, respiratória, reprodutora e locomotora. A qualificadora pode decorrer de dolo ou de culpa.

16. **Inciso IV. Deformidade permanente.** É a deformidade física, que altera a forma original do corpo humano. Essa qualificadora incidirá mesmo que a deformidade seja reparada por cirurgia plástica. A qualificadora pode decorrer de dolo ou de culpa.

17. **Inciso V. Aborto.** O aborto consiste na interrupção da gravidez com a consequente morte do feto, havendo ou não a sua expulsão, qualquer que seja o seu estado evolutivo, desde a nidação até momentos antes do parto. O sujeito passivo só pode ser mulher grávida. A qualificadora somente pode decorrer de culpa. Trata-se de crime preterdoloso. Caso ela decorra de dolo do agente, o agente responderá pelo delito ora comentado e pelo crime de aborto em concurso formal impróprio. Não incide da agravante prevista no art. 61, II, *h* do Código Penal (crime contra mulher grávida), sob pena de *bis in idem.*

18. **§ 4º. Resultado qualificador. Morte.** O resultado qualificador da morte só pode decorrer de culpa. Se houver dolo em relação à morte, há crime de homicídio.

19. **Consumação.** O delito consuma-se com a efetiva remoção dos tecidos, órgãos ou partes do corpo da pessoa viva ou do cadáver. Trata-se de crime material. No caso dos resultados qualificadores previstos nos parágrafos, eles consumam-se com o advento dos resultados ali previstos.

20. **Competência.** A competência para o processo e julgamento do presente delito é do Juízo singular, e não do Tribunal do Júri, por não se tratar de crime contra a vida.

▶ **STF**

Informativo nº 1.030

Plenário

Crime de remoção ilegal de órgãos com resultado morte e competência.

É do juízo criminal singular a competência para julgar o crime de remoção ilegal de órgãos, praticado em pessoa viva e que resulta morte, previsto no art. 14, § 4º, da Lei 9.434/1997 (Lei de Transplantes). O objeto jurídico tutelado pelo tipo penal em questão é a incolumidade pública, a ética e a moralidade, no contexto da doação e do transplante de órgãos e tecidos, e a preservação da integridade física das pessoas e respeito à memória dos mortos. A proteção da vida apresenta-se como objeto de tutela do tipo penal de forma mediata, não se podendo estabelecer que se cuida de crime doloso contra a vida a fixar a competência do Júri, tal como posto no art. 5º, XXXVIII, **d**, da Constituição Federal (CF).Com base nesse entendimento, a Turma, por maioria, deu provimento ao recurso extraordinário para fixar a competência do juízo criminal singular para processar e julgar a causa, afastando a competência do Tribunal do Júri, nos termos do voto do relator. Vencida a ministra Cármen Lúcia. **RE 1313494/MG, relator Min. Dias Toffoli, julgamento em 14.9.2021**

21. **Classificação.** Crime comum; material; doloso; comissivo; instantâneo; admite tentativa, salvo nas hipóteses do § 2º, II, do § 3º, V, e do § 4º, por configurarem crimes preterdolosos.

22. **Suspensão condicional do processo.** Incabível, pois a pena mínima cominada ultrapassa 1 ano (art. 89 da lei 9.099/95).

Art. 15. Comprar ou vender tecidos, órgãos ou partes do corpo humano:

Pena – reclusão, de três a oito anos, e multa, de 200 a 360 dias-multa.

Parágrafo único. Incorre na mesma pena quem promove, intermedeia, facilita ou aufere qualquer vantagem com a transação.

1. **Sujeito ativo.** Qualquer pessoa. Trata-se de crime comum, pois o legislador não exigiu nenhuma condição especial do sujeito ativo.
2. **Sujeito passivo.** A pessoa viva e a coletividade.
3. **Comércio ilegal.** Com o presente tipo penal o legislador buscou coibir a comercialização ilegal de tecidos, órgãos e partes do corpo humano. Note-se que o legislador incriminou não só a venda, mas, também, a compra.
4. **Tipo penal misto alternativo.** Caso o agente pratique mais de uma conduta descrita no tipo penal, responderá por um delito apenas, não havendo concurso de crimes. Questão relevante versa sobre a tipificação da conduta do agente que faz do comércio ilegal o seu meio de vida, ou seja, ele compra e vende tecidos, órgãos e partes do corpo humano. Nesse caso, a cada operação de compra e venda realizada, o agente pratica apenas um crime ou pratica dois crimes em concurso? Como se trata de tipo misto alternativo haverá apenas um delito. Contudo, se essa operação for realizada diversas vezes, haverá concurso material entre as várias condutas de comprar e vender, ou, então, crime continuado, a depender da presença dos requisitos previstos no art. 71 do Código Penal.

5. **Parágrafo único. Conduta equiparada.** O legislador equiparou à conduta do *caput* a ação do agente que promover, intermediar, facilitar ou auferir qualquer vantagem com a transação. Os verbos *promover, intermediar, facilitar* ou *auferir vantagem* denotam meios de participação no crime ora comentado. Assim, a princípio, o agente que promover, intermediar, facilitar ou auferir vantagem da compra e venda de tecidos, órgãos ou partes do corpo humano seria partícipe desse delito. Contudo, a opção do legislador foi tratar esse agente como autor do delito ora comentado equiparando a conduta do agente que seria, a princípio, partícipe, à conduta do

caput. Dessa forma, em relação a esses verbos, esse tipo penal não admite a figura da participação, pois quem praticar essas condutas será autor desse delito.

6. **Sanção administrativa do art. 21.** O art. 21 prevê como sanção administrativa que o estabelecimento de saúde e as equipes médico-cirúrgicas envolvidas poderão ser desautorizadas temporária ou permanentemente pelas autoridades competentes. Trata-se de sanção que pode ser imposta cumulativamente com a sanção penal do tipo penal ora comentado, em razão de possuírem naturezas diversas.

7. **Consumação.** O delito consuma-se com o fechamento do negócio de compra ou de venda dos tecidos, órgãos ou partes do corpo humano.

8. **Classificação.** Crime comum; material; doloso; comissivo; instantâneo; admite tentativa.

9. **Suspensão condicional do processo.** Incabível, pois a pena mínima cominada ultrapassa 1 ano (art. 89 da lei 9.099/95).

Art. 16. Realizar **transplante ou enxerto** utilizando tecidos, órgãos ou partes do corpo humano de que se tem ciência terem sido obtidos em desacordo com os dispositivos desta Lei:
Pena – reclusão, de um a seis anos, e multa, de 150 a 300 dias-multa.

1. **Sujeito ativo.** O médico responsável pelo transplante ou pelo enxerto. Trata-se de crime próprio.

2. **Sujeito passivo.** A pessoa que recebe os tecidos, órgãos ou partes do corpo humano.

3. **Tecidos, órgãos e partes do corpo humano obtidos em desacordo com a lei.** Os tecidos, órgãos ou partes do corpo humano são os objetos materiais desse delito. Nada obsta que o médico responsável pelo transplante ou pelo enxerto utilize tecidos, órgãos ou partes do corpo humano. Contudo, ele deve fazê-lo nos moldes preconizados por esta lei. A incriminação consiste na realização do transplante ou do enxerto utilizando tecidos, órgãos ou partes do corpo humano dos quais se sabe serem obtidos em desacordo com a presente lei. Assim, por exemplo, pratica esse delito, o médico que utiliza um órgão que tenha sido comprado de um estranho, que, por sua vez, praticou o delito do art. 15 desta lei. Caso o médico tenha comprado um órgão ilegalmente e tenha utilizado-o em um transplante, ele pratica os crimes do art. 15 e art. 16 desta lei em concurso material de crimes (art. 69 do Código Penal).

4. **Dolo direto.** Tendo em vista que o legislador utilizou as expressões *"de que se tem ciência terem sido obtidos em desacordo com os dispositivos desta Lei"*, conclui-se que o agente deve ter a plena consciência sobre a obtenção ilegal dos tecidos, órgãos ou partes do corpo humano, razão pela qual o tipo penal não admite o dolo eventual.

5. **Diferença para o art. 18.** O art. 18 desta lei incrimina a conduta de "realizar transplante ou enxerto em desacordo com o disposto no art. 10 desta Lei e seu parágrafo único", que, por sua vez, dispõe que *"O transplante ou enxerto só se fará com o*

consentimento expresso do receptor, assim inscrito em lista única de espera, após aconselhamento sobre a excepcionalidade e os riscos do procedimento. § 1º Nos casos em que o receptor seja juridicamente incapaz ou cujas condições de saúde impeçam ou comprometam a manifestação válida da sua vontade, o consentimento de que trata este artigo será dado por um de seus pais ou responsáveis legais. § 2º A inscrição em lista única de espera não confere ao pretenso receptor ou à sua família direito subjetivo a indenização, se o transplante não se realizar em decorrência de alteração do estado de órgãos, tecidos e partes, que lhe seriam destinados, provocado por acidente ou incidente em seu transporte". Assim, o crime do art. 18 consiste na realização do transplante ou do enxerto em desconformidade com essas normas. O tipo penal do art. 16 consiste na realização do transplante ou do enxerto atendendo-se a essas normas, porém, utilizando-se o médico de tecidos, órgãos ou partes do corpo humano que sabe terem sido obtidos ilicitamente, de forma contrária à presente lei.

6. **Norma penal em branco.** O presente tipo penal configura uma norma penal em branco homogênea homovitelina, pois para a sua aplicação e sua interpretação precisa ser complementada por outras normas constantes da presente lei que tratam da forma de obtenção de órgãos, tecidos ou partes do corpo humano.

7. **Sanção administrativa do art. 21.** O art. 21 prevê como sanção administrativa que o estabelecimento de saúde e as equipes médico-cirúrgicas envolvidas poderão ser desautorizadas temporária ou permanentemente pelas autoridades competentes. Trata-se de sanção que pode ser imposta cumulativamente com a sanção penal do tipo penal ora comentado, em razão de possuírem naturezas diversas.

8. **Consumação.** O delito consuma-se com a conclusão do transplante ou do enxerto. Trata-se de crime material.

9. **Classificação.** Crime próprio; material; doloso; comissivo; instantâneo; admite tentativa.

10. **Suspensão condicional do processo.** Cabível, pois a pena mínima cominada não ultrapassa 1 ano (art. 89 da lei 9.099/95).

Art. 17. Recolher, transportar, guardar ou **distribuir** partes do corpo humano de que se tem ciência terem sido obtidos em desacordo com os dispositivos desta Lei:

Pena – reclusão, de seis meses a dois anos, e multa, de 100 a 250 dias-multa.

1. **Sujeito ativo.** Qualquer pessoa. Trata-se de crime comum, pois o legislador não exigiu nenhuma condição especial do sujeito ativo.

2. **Sujeito passivo.** A coletividade.

3. **Recolher, transportar, guardar, distribuir.** *Recolher* significa arrecadar para si. *Transportar* consiste em levar as partes do corpo humano de um local específico para outro local específico. *Guardar* é manter consigo, ou seja, o agente mantém em seu poder as partes do corpo humano. Por *distribuir* entenda-se a conduta de dar, entregar.

4. **Crime permanente.** Nas condutas *transportar* e *guardar* o crime torna-se permanente. Logo, a prisão em flagrante pode ocorrer a qualquer momento.

5. **Partes do corpo humano obtidos em desacordo com a lei.** O legislador, por meio dessas condutas criminosas, pretendeu abarcar ao máximo a conduta do agente que manipula ilegalmente as partes do corpo humano sabendo que foram obtidas por meio ilícito. Tais condutas certamente favorecem o comércio ilegal de partes do corpo humano, devendo ser objeto de incriminação.

6. **Dolo direto.** Tendo em vista que o legislador utilizou as expressões *"de que se tem ciência terem sido obtidos em desacordo com os dispositivos desta Lei"*, conclui-se que o agente deve ter a plena consciência sobre a obtenção ilegal de partes do corpo humano, razão pela qual o tipo penal não admite o dolo eventual.

7. **Tipo penal misto alternativo.** Caso o agente pratique mais de uma conduta descrita no tipo penal, responderá por um delito apenas, não havendo concurso de crimes. Assim, se o agente guardar e depois transportar as partes do corpo humano, responderá por um delito apenas.

8. **Sanção administrativa do art. 21.** O art. 21 prevê como sanção administrativa que o estabelecimento de saúde e as equipes médico-cirúrgicas envolvidas poderão ser desautorizadas temporária ou permanentemente pelas autoridades competentes. Trata-se de sanção que pode ser imposta cumulativamente com a sanção penal do tipo penal ora comentado, em razão de possuírem naturezas diversas.

9. **Consumação.** O delito consuma-se com a efetiva prática das condutas descritas no tipo penal. Trata-se de crime material.

10. **Classificação.** Crime comum; material; doloso; comissivo; instantâneo nas condutas *recolher* e *distribuir* e permanente nas condutas *transportar* e *guardar*; admite tentativa.

11. **Infração penal de menor potencial ofensivo.** Tendo em vista que a pena máxima não é superior a dois anos, trata-se de infração penal de menor potencial ofensivo (art. 61 da lei 9.099/95).

12. **Suspensão condicional do processo.** Cabível, pois a pena mínima cominada não ultrapassa 1 ano (art. 89 da lei 9.099/95).

Art. 18. Realizar **transplante** ou **enxerto** em desacordo com o disposto no art. 10 desta Lei e seu parágrafo único:

Pena – detenção, de seis meses a dois anos.

1. **Sujeito ativo.** O médico responsável pelo transplante ou pelo enxerto. Trata-se de crime próprio.

2. **Sujeito passivo.** A pessoa que recebe os tecidos, órgãos ou partes do corpo humano e a coletividade.

3. **Diferença para o art. 16.** Ver comentários ao art. 16.

4. **Violação do art. 10 da lei.** O art. 10 dispõe que *"o transplante ou enxerto só se fará com o consentimento expresso do receptor, assim inscrito em lista única de espera, após aconselhamento sobre a excepcionalidade e os riscos do procedimento. § 1º Nos casos em que o receptor seja juridicamente incapaz ou cujas condições de saúde impeçam ou comprometam a manifestação válida da sua vontade, o consentimento de que trata este artigo será dado por um de seus pais ou responsáveis legais. § 2º A inscrição em lista única de espera não confere ao pretenso receptor ou à sua família direito subjetivo a indenização, se o transplante não se realizar em decorrência de alteração do estado de órgãos, tecidos e partes, que lhe seriam destinados, provocado por acidente ou incidente em seu transporte"*. Assim, o delito ora comentado consiste na realização do transplante ou do enxerto em desconformidade com essas normas. Os órgãos, tecidos e partes do corpo humano são obtidos em conformidade com as normas desta lei, mas o médico não observa o disposto no art. 10. Note-se que embora o presente tipo penal faça expressa menção ao parágrafo único do art. 10, ele não existe mais, em razão da alteração promovida pela lei 10.211/2001, de forma que o seu teor passou a estar previsto no § 1º.

5. **Norma penal em branco.** O presente tipo penal configura uma norma penal em branco homogênea homovitelina, pois para a sua aplicação e sua interpretação precisa ser complementada pelo art. 10 e seu parágrafo único.

6. **Consumação.** O delito consuma-se com a conclusão do transplante ou do enxerto. Trata-se de crime material.

7. **Classificação.** Crime próprio; material; doloso; comissivo; instantâneo; admite tentativa.

8. **Infração penal de menor potencial ofensivo.** Tendo em vista que a pena máxima não é superior a dois anos, trata-se de infração penal de menor potencial ofensivo (art. 61 da lei 9.099/95).

9. **Suspensão condicional do processo.** Cabível, pois a pena mínima cominada não ultrapassa 1 ano (art. 89 da lei 9.099/95).

Art. 19. Deixar de **recompor cadáver**, devolvendo-lhe aspecto condigno, para sepultamento ou deixar de entregar ou retardar sua **entrega aos familiares ou interessados**:

Pena – detenção, de seis meses a dois anos.

1. **Sujeito ativo.** A pessoa responsável pela recomposição do cadáver ou a sua entrega aos familiares ou interessados. Trata-se de crime próprio.

2. **Sujeito passivo.** A família da pessoa morta.

3. **Deixar de recompor cadáver, devolvendo-lhe aspecto condigno, para sepultamento ou deixar de entregar ou retardar a entrega do cadáver aos familiares ou interessados.** O tipo penal ora comentado consiste no descumprimento do art. 8º desta lei, que dispõe que "após a retirada de tecidos, órgãos e partes, o cadáver será imediatamente necropsiado, se verificada a hipótese do parágrafo único do

art. 7º, e, em qualquer caso, condignamente recomposto para ser entregue, em seguida, aos parentes do morto ou seus responsáveis legais para sepultamento".

4. **Crime omissivo próprio.** Os verbos *deixar* e *retardar* conferem ao tipo penal a natureza de crime omissivo próprio, uma vez que o agente deixa de fazer algo a que é obrigado em virtude de lei.

5. **Consumação.** O delito consuma-se com a mera omissão do agente, independentemente de qualquer resultado ulterior.

6. **Classificação.** Crime próprio; formal; doloso; omissivo próprio; instantâneo; não admite tentativa por ser omissivo próprio.

7. **Infração penal de menor potencial ofensivo.** Tendo em vista que a pena máxima não é superior a dois anos, trata-se de infração penal de menor potencial ofensivo (art. 61 da lei 9.099/95).

8. **Suspensão condicional do processo.** Cabível, pois a pena mínima cominada não ultrapassa 1 ano (art. 89 da lei 9.099/95).

Art. 20. Publicar **anúncio** ou apelo público em desacordo com o disposto no art. 11:
Pena – multa, de 100 a 200 dias-multa.

1. **Sujeito ativo.** Qualquer pessoa. Trata-se de crime comum, pois o legislador não exigiu nenhuma condição especial do sujeito ativo.

2. **Sujeito passivo.** A coletividade.

3. **Publicar anúncio ou apelo público.** O legislador incriminou a conduta de tornar público qualquer espécie de anúncio ou apelo em desconformidade com os ditames legais preconizados no art. 11 desta lei. O anúncio e o apelo estão ligados a qualquer conduta que tenha por finalidade divulgar os estabelecimentos autorizados a realizar transplantes e enxertos, bem como sensibilizar outras pessoas em relação à doação de tecido, órgão ou parte do corpo humano ou à arrecadação de fundos para o financiamento de transplante ou enxerto em benefício de particulares.

4. **Norma penal em branco.** O presente tipo penal configura uma norma penal em branco homogênea homovitelina, pois para a sua aplicação e sua interpretação precisa ser complementada pelo art. 11 desta lei, que por sua vez dispõe que "é proibida a veiculação, através de qualquer meio de comunicação social de anúncio que configure: a) publicidade de estabelecimentos autorizados a realizar transplantes e enxertos, relativa a estas atividades; b) apelo público no sentido da doação de tecido, órgão ou parte do corpo humano para pessoa determinada identificada ou não, ressalvado o disposto no parágrafo único; c) apelo público para a arrecadação de fundos para o financiamento de transplante ou enxerto em benefício de particulares. Parágrafo único. Os órgãos de gestão nacional, regional e local do Sistema único de Saúde realizarão periodicamente, através dos meios adequados de comunicação social, campanhas de esclarecimento público

dos benefícios esperados a partir da vigência desta Lei e de estímulo à doação de órgãos".

5. **Infração administrativa.** A prática do presente delito também configura a infração administrativa prevista no art. 23 da presente lei, que tem a seguinte redação: *"Art. 23. Sujeita-se às penas do art. 59 da Lei nº 4.117, de 27 de agosto de 1962, a empresa de comunicação social que veicular anúncio em desacordo com o disposto no art. 11."* Pensamos que as duas sanções podem ser aplicadas cumulativamente, em razão de possuírem naturezas diversas.
6. **Consumação.** O delito consuma-se com a efetivação do anúncio ou do apelo.
7. **Classificação.** Crime comum; material; doloso; comissivo; instantâneo; admite tentativa.
8. **Sanção penal.** Fugindo da tradição, o legislador cominou para esse tipo penal apenas a pena de multa.

Seção II
Das Sanções Administrativas

Art. 21. No caso dos crimes previstos nos arts. 14, 15, 16 e 17, o estabelecimento de saúde e as equipes médico-cirúrgicas envolvidas poderão ser **desautorizadas temporária ou permanentemente** pelas autoridades competentes.

§ 1º Se a instituição é particular, a autoridade competente poderá multá-la em 200 a 360 dias-multa e, em caso de reincidência, poderá ter suas atividades suspensas temporária ou definitivamente, sem direito a qualquer indenização ou compensação por investimentos realizados.

§ 2º Se a instituição é particular, é proibida de estabelecer contratos ou convênios com entidades públicas, bem como se beneficiar de créditos oriundos de instituições governamentais ou daquelas em que o Estado é acionista, pelo prazo de cinco anos.

Art. 22. As instituições que deixarem de manter em arquivo relatórios dos transplantes realizados, conforme o disposto no art. 3.º § 1.º, ou que não enviarem os relatórios mencionados no art. 3.º, § 2.º ao órgão de gestão estadual do Sistema único de Saúde, estão sujeitas a multa, de 100 a 200 dias-multa.

§ 1º Incorre na mesma pena o estabelecimento de saúde que deixar de fazer as notificações previstas no art. 13 desta Lei ou proibir, dificultar ou atrasar as hipóteses definidas em seu parágrafo único. (Redação dada pela Lei nº 11.521, de 2007)

§ 2.º Em caso de reincidência, além de multa, o órgão de gestão estadual do Sistema Único de Saúde poderá determinar a desautorização temporária ou permanente da instituição.

Art. 23. Sujeita-se às penas do art. 59 da Lei n.º 4.117, de 27 de agosto de 1962, a empresa de comunicação social que veicular anúncio em desacordo com o disposto no art. 11.

Art. 23-A. As empresas e as instituições que se recusarem, sem justa causa, a fazer o transporte de órgãos, tecidos ou partes do corpo humano para fins de transplante e tratamento, estando autorizadas a fazê-lo, nos termos legais, regulamentares ou contratuais, estão sujeitas a multa, de 100 (cem) a 150 (cento e cinquenta) dias-multa. (Incluído pela Lei nº 14.858, de 2024)

Parágrafo único. Se da infração prevista no *caput* deste artigo resultar a perda do material, a multa será de 150 (cento e cinquenta) a 360 (trezentos e sessenta) dias-multa. (Incluído pela Lei nº 14.858, de 2024)

Art. 23-B. Transportar órgãos, tecidos ou partes do corpo humano para fins de transplante e tratamento em desacordo com o disposto nesta Lei ou em regulamento: (Incluído pela Lei nº 14.858, de 2024)

Pena – as previstas no inciso XXIII do *caput* do art. 10 da Lei nº 6.437, de 20 de agosto de 1977. (Incluído pela Lei nº 14.858, de 2024)

CAPÍTULO VI
DAS DISPOSIÇÕES FINAIS

Art. 24. (VETADO)

Art. 25. Revogam-se as disposições em contrário, particularmente a Lei n.º 8.489, de 18 de novembro de 1992, e Decreto n.º 879, de 22 de julho de 1993.

1. **Sanção administrativa.** Os arts. 21 ao 23-B trazem sanções de natureza administrativa, que não serão comentados por não fazerem parte do escopo dessa obra.

Violação de Sigilo das Operações de Instituições Financeiras. Lei Complementar nº 105, de 10 de janeiro de 2001

Art. 10. A **quebra de sigilo**, fora das hipóteses autorizadas nesta Lei Complementar, constitui crime e sujeita os responsáveis à pena de reclusão, de um a quatro anos, e multa, aplicando-se, no que couber, o Código Penal, sem prejuízo de outras sanções cabíveis.

Parágrafo único. Incorre nas mesmas penas quem omitir, retardar injustificadamente ou prestar falsamente as informações requeridas nos termos desta Lei Complementar.

1. **Bem jurídico tutelado.** O sigilo referente às operações financeiras, bem jurídico protegido constitucionalmente, inserido no direito fundamental à intimidade e vida privada, positivado no art. 5º, X, da CF/88.

2. **A proteção constitucional do sigilo.** O sigilo referente às operações financeiras está protegido constitucionalmente, uma vez que inserido no direito fundamental à *intimidade* e *vida privada*, positivado no art. 5º, X, da CF/88: *"são invioláveis a intimidade, a vida privada, a honra e a imagem das pessoas, assegurado o direito a indenização pelo dano material ou moral decorrente de sua violação."*

3. **Sujeito ativo.** Trata-se de crime próprio, uma vez que somente pode praticá-lo o funcionário da instituição financeira que tenha o dever de manutenção do sigilo.

4. **Sujeito passivo.** O indivíduo que teve o seu sigilo violado fora dos casos permitidos em lei.

5. **O dever de manutenção do sigilo.** A lei complementar 105/2001 determina que as instituições financeiras conservem o sigilo em suas operações ativas e passivas e serviços prestados, considerando instituição financeira as seguintes instituições: os bancos de qualquer espécie; as distribuidoras de valores mobiliários; as corretoras de câmbio e de valores mobiliários; as sociedades de crédito, financiamento e investimentos; as sociedades de crédito imobiliário; as administradoras de cartões de crédito; as sociedades de arrendamento mercantil; as administradoras de mercado de balcão organizado; as cooperativas de crédito; as associações de poupança e empréstimo; as bolsas de valores e de mercadorias e futuros; as entidades de

liquidação e compensação; as outras sociedades que, em razão da natureza de suas operações, assim venham a ser consideradas pelo Conselho Monetário Nacional e as empresas de fomento comercial ou factoring (art. 1º). O dever de manutenção do sigilo também é extensivo ao Banco Central do Brasil, em relação às operações que realizar e às informações que obtiver no exercício de suas atribuições.

6. **Hipóteses em que a lei autoriza a violação do sigilo. Causa de atipicidade formal da conduta.** Conforme a própria lei dispõe, nas hipóteses em que ela autorizar a violação do sigilo, não haverá a prática do delito ora comentado, resolvendo-se a questão no plano da tipicidade formal, razão pela qual a conduta será formalmente atípica. De acordo com a lei ora comentada, a violação do sigilo é autorizada nos seguintes casos: **I.** Troca de informações entre instituições financeiras, para fins cadastrais, inclusive por intermédio de centrais de risco, observadas as normas baixadas pelo Conselho Monetário Nacional e pelo Banco Central do Brasil; fornecimento de informações constantes de cadastro de emitentes de cheques sem provisão de fundos e de devedores inadimplentes, a entidades de proteção ao crédito, observadas as normas baixadas pelo Conselho Monetário Nacional e pelo Banco Central do Brasil; fornecimento das informações de que trata o § 2º do art. 11 da Lei nº 9.311, de 24 de outubro de 1996; comunicação, às autoridades competentes, da prática de ilícitos penais ou administrativos, abrangendo o fornecimento de informações sobre operações que envolvam recursos provenientes de qualquer prática criminosa; revelação de informações sigilosas com o consentimento expresso dos interessados; a prestação de informações nos termos e condições estabelecidos nos artigos 2º, 3º, 4º, 5º, 6º, 7º e 9 desta Lei Complementar (art. 1º, § 3º); **II.** Quando necessária para apuração de ocorrência de qualquer ilícito, em qualquer fase do inquérito ou do processo judicial, e especialmente nos crimes de terrorismo; de tráfico ilícito de substâncias entorpecentes ou drogas afins; de contrabando ou tráfico de armas, munições ou material destinado a sua produção; de extorsão mediante sequestro; contra o sistema financeiro nacional; contra a Administração Pública; contra a ordem tributária e a previdência social; lavagem de dinheiro ou ocultação de bens, direitos e valores; praticado por organização criminosa (art. 1º, § 4º); **III.** O fornecimento, ao Banco Central do Brasil, de informações referentes à contas de depósitos, aplicações e investimentos mantidos em instituições financeiras, nos seguintes casos: I – no desempenho de suas funções de fiscalização, compreendendo a apuração, a qualquer tempo, de ilícitos praticados por controladores, administradores, membros de conselhos estatutários, gerentes, mandatários e prepostos de instituições financeiras; II – ao proceder a inquérito em instituição financeira submetida a regime especial. (art. 2º, § 1º, I e II). Nesse último caso (procedimento de inquérito em instituição financeira submetida a regime especial), as comissões encarregadas desses inquéritos poderão examinar quaisquer documentos relativos a bens, direitos e obrigações das instituições financeiras, de seus controladores, administradores, membros de conselhos estatutários, gerentes, mandatários e prepostos, inclusive contas correntes e operações com outras instituições financeiras (art. 2º, § 2º). Tudo o que se disse nesse item III aplica-se, também, à Comissão de Valores Mobiliários, quando se tratar de fiscalização de operações e serviços no mercado de valores

mobiliários, inclusive nas instituições financeiras que sejam companhias abertas (art. 2º, § 3º).

7. **Condutas. Quebrar o sigilo, omitir, retardar ou prestar informações falsamente.** A conduta *quebrar o sigilo* significa ter acesso às informações sigilosas. Omitir consiste em não atender. *Retardar* é atrasar, demorar. *Prestar* significa fornecer a informação. Busca-se, com o tipo legal de crime ora analisado, evitar o acesso ilícito às informações sigilosas, bem como qualquer espécie de demora ou omissão no fornecimento de informações requeridas com base na lei complementar ora comentada; ou a prestação falsa de tais informações. Nas condutas *omitir* e *retardar,* o crime é omissivo próprio, não admitindo a tentativa; nas condutas *quebrar* e *prestar* informação falsa o delito é comissivo. Note-se que o legislador utilizou as expressões *omitir ou retardar injustificadamente.* Dessa forma, caso haja uma causa lícita que justifique a conduta do agente em omitir ou retardar a prestação das informações, a conduta será formalmente atípica.

8. **Especialidade.** O tipo legal de crime ora estudado, no seu *caput,* especializa o delito de violação de sigilo funcional, tipificado no art. 325 do Código Penal, que dispõe: *"Revelar fato de que tem ciência em razão do cargo e que deva permanecer em segredo, ou facilitar-lhe a revelação: Pena – detenção, de seis meses a dois anos, ou multa, se o fato não constitui crime mais grave. § 1º Nas mesmas penas deste artigo incorre quem: – permite ou facilita, mediante atribuição, fornecimento e empréstimo de senha ou qualquer outra forma, o acesso de pessoas não autorizadas a sistemas de informações ou banco de dados da Administração Pública; II – se utiliza, indevidamente, do acesso restrito. § 2º Se da ação ou omissão resulta dano à Administração Pública ou a outrem: Pena – reclusão, de 2 (dois) a 6 (seis) anos, e multa".* Já no seu parágrafo único, constitui especialidade em relação ao delito de *desobediência* previsto no art. 330 do Código Penal, que tem a seguinte redação: *"Art. 330 – Desobedecer a ordem legal de funcionário público: Pena – detenção, de quinze dias a seis meses, e multa."*, bem como na conduta *prestar falsamente as informações,* especializa o delito de falsidade ideológica positivado no art. 299 do Código Penal, que possui a seguinte redação: *"Art. 299 – Omitir, em documento público ou particular, declaração que dele devia constar, ou nele inserir ou fazer inserir declaração falsa ou diversa da que devia ser escrita, com o fim de prejudicar direito, criar obrigação ou alterar a verdade sobre fato juridicamente relevante: Pena – reclusão, de um a cinco anos, e multa, se o documento é público, e reclusão de um a três anos, e multa, se o documento é particular. Parágrafo único – Se o agente é funcionário público, e comete o crime prevalecendo-se do cargo, ou se a falsificação ou alteração é de assentamento de registro civil, aumenta-se a pena de sexta parte."* Por fim, o tipo legal de crime ora comentado especializa o art. 18 da lei 7.492/86, que dispõe: *"violar sigilo de operação ou de serviço prestado por instituição financeira ou integrante do sistema de distribuição de títulos mobiliários de que tenha conhecimento, em razão de ofício: Pena – Reclusão, de 1 (um) a 4 (quatro) anos, e multa."*

9. **Competência para o processo e o julgamento.** A competência para o processo e o julgamento desse delito é da Justiça Federal, com fundamento no art. 109, VI da CF/88.

10. **Consumação.** No *caput* do artigo, o delito se consuma com o acesso à informação sigilosa. No parágrafo único, nas condutas *omitir* e *retardar,* o delito se consuma com a mera omissão do agente; na conduta *prestar* informação falsa, o delito se consuma com o fornecimento da informação.
11. **Classificação.** Crime próprio; formal; doloso; comissivo nas condutas *quebrar o sigilo* (*caput)* e *prestar* informação falsa (parágrafo único), admitindo a tentativa; omissivo próprio nas condutas *omitir* e *retardar* (parágrafo único), não admitindo a tentativa por ser omissivo próprio; instantâneo.
12. **Suspensão condicional do processo.** Cabível, pois a pena mínima cominada não ultrapassa 1 ano (art. 89 da lei 9.099/95).
13. **Conduta equiparada. Lei 13.254/2016.** A lei 13.254/2016 estatuiu o Regime Especial de Regularização Cambial e Tributária (RERCT), que consiste na regularização por meio da declaração voluntária de recursos, bens ou direitos de origem lícita, não declarados ou declarados com omissão ou incorreção em relação a dados essenciais, remetidos ou mantidos no exterior, ou repatriados por residentes ou domiciliados no país, conforme a legislação cambial ou tributária.

    A adesão ao RERCT dá-se por meio da apresentação, pela pessoa física ou jurídica, à Secretaria da Receita Federal do Brasil (RFB) e, em cópia para fins de registro, ao Banco Central do Brasil da ***declaração única de regularização específica*** contendo a descrição pormenorizada dos recursos, bens e direitos de qualquer natureza de que seja titular em 31 de dezembro de 2014 a serem regularizados, com o respectivo valor em real, ou, no caso de inexistência de saldo ou título de propriedade em 31 de dezembro de 2014, a descrição das condutas praticadas pelo declarante que se enquadrem nos crimes previstos no § 1º, do art. 5º, da lei e dos respectivos bens e recursos que possuiu (art. 4º da lei 13.254/2016).

    Uma vez feita a adesão ao RERCT e apresentada a *declaração única de regularização específica*, a opção de repatriação pelo declarante de ativos financeiros no exterior deverá ocorrer por intermédio de instituição financeira autorizada a funcionar no país e a operar no mercado de câmbio, mediante apresentação do protocolo de entrega da declaração única de regularização específica (art. 4º, § 4º, da lei 13.254/2016).

    Nos moldes do art. 7º, § 1º, da lei 13.254/2016, *"a divulgação ou a publicidade das informações presentes no RERCT implicarão efeito equivalente à quebra do sigilo fiscal, sujeitando o responsável às penas previstas na Lei Complementar nº 105, de 10 de janeiro de 2001, e no art. 325 do Decreto-Lei nº 2.848, de 7 de dezembro de 1940 (Código Penal), e, no caso de funcionário público, à pena de demissão."*

    Vê-se, portanto, que o legislador inseriu na lei 13.254/2016 uma conduta equiparada à conduta de violação de sigilo prevista na presente lei, inclusive fazendo menção expressa a ela, no mesmo intuito de preservação do sigilo das informações constantes do RERCT.

Violência Doméstica e Familiar Contra a Mulher. Lei nº 11.340, de 7 de agosto de 2006

TÍTULO I
DISPOSIÇÕES PRELIMINARES

Art. 1º Esta Lei cria **mecanismos para coibir e prevenir a violência doméstica e familiar contra a mulher**, nos termos do § 8º do art. 226 da Constituição Federal, da Convenção sobre a Eliminação de Todas as Formas de Violência contra a Mulher, da Convenção Interamericana para Prevenir, Punir e Erradicar a Violência contra a Mulher e de outros tratados internacionais ratificados pela República Federativa do Brasil; dispõe sobre a criação dos Juizados de Violência Doméstica e Familiar contra a Mulher; e estabelece medidas de assistência e proteção às mulheres em situação de violência doméstica e familiar.

1. **Previsão constitucional.** A coibição da violência doméstica e familiar contra a mulher atende ao comando constitucional positivado no art. 226, § 8º da CF/88 (*"Art. 226. A família, base da sociedade, tem especial proteção do Estado. § 8º – O Estado assegurará a assistência à família na pessoa de cada um dos que a integram, criando mecanismos para coibir a violência no âmbito de suas relações"*). Apesar de a norma constitucional ser genérica e tratar de violência no âmbito de suas relações familiares de forma ampla, a presente lei especificou o seu objeto de incidência relacionado à violência doméstica contra *a mulher*, que tem a sua abrangência delineada nos artigos posteriores da lei.

2. **Natureza da lei.** Não se pode dizer que a presente lei tem conteúdo exclusivamente penal. Na realidade, esta lei tem conteúdo misto, ou seja, penal e processual penal (arts. 12, 15, 18, 19, 20, entre outros), mas, também trata de questões ligadas ao direito civil (arts. 23, 24, 25, ente outros). Assim, pode-se dizer que a lei tem conteúdo misto.

3. **Objeto da lei.** A lei nº 11.340/2006 positivou no Direito brasileiro a coibição da violência doméstica e familiar contra a mulher e disciplinou diversas questões ligadas a essa temática, como a assistência à mulher em situação de violência doméstica, as medidas de integração e de prevenção, o atendimento da mulher pela autoridade

policial e os procedimentos a serem adotados, a competência para o processo e o julgamento de casos que envolvam a violência doméstica e familiar contra a mulher, as medidas protetivas de urgência, a atuação do Ministério Público, a assistência judiciária e a equipe de atendimento multidisciplinar, além de outras questões.

4. **Conceito de violência doméstica e familiar contra a mulher.** O conceito de violência doméstica e familiar contra a mulher será delineado quando da análise do art. 7º desta lei.

Art. 2º Toda mulher, independentemente de classe, raça, etnia, orientação sexual, renda, cultura, nível educacional, idade e religião, goza dos **direitos fundamentais inerentes à pessoa humana**, sendo-lhe asseguradas as oportunidades e facilidades para viver sem violência, preservar sua saúde física e mental e seu aperfeiçoamento moral, intelectual e social.

Art. 3º Serão asseguradas às mulheres as condições para o exercício efetivo dos direitos à vida, à segurança, à saúde, à alimentação, à educação, à cultura, à moradia, ao acesso à justiça, ao esporte, ao lazer, ao trabalho, à cidadania, à liberdade, à dignidade, ao respeito e à convivência familiar e comunitária.

§ 1º O poder público desenvolverá **políticas que visem garantir os direitos humanos das mulheres** no âmbito das relações domésticas e familiares no sentido de resguardá-las de toda forma de negligência, discriminação, exploração, violência, crueldade e opressão.

§ 2º Cabe à família, à sociedade e ao poder público criar as condições necessárias para o efetivo exercício dos direitos enunciados no *caput*.

1. **Assento constitucional.** Os arts. 2º e 3º retratam o reconhecimento dos direitos fundamentais às mulheres, bem como asseguram às mulheres as condições para o exercício efetivo dos direitos à vida, à segurança, à saúde, à alimentação, à educação, à cultura, à moradia, ao acesso à justiça, ao esporte, ao lazer, ao trabalho, à cidadania, à liberdade, à dignidade, ao respeito e à convivência familiar e comunitária. Trata-se de norma que decorre do princípio da igualdade constitucional previsto no art. 5º, *caput* da CF/88 (*"todos são iguais perante a lei, sem distinção de qualquer natureza, garantindo-se aos brasileiros e aos estrangeiros residentes no País a inviolabilidade do direito à vida, à liberdade, à igualdade, à segurança e à propriedade, nos termos seguintes")*, da igualdade entre o homem e a mulher na sociedade conjugal, conforme previsto no art. 226, § 5º da CF/88 (*"a família, base da sociedade, tem especial proteção do Estado. § 5º – Os direitos e deveres referentes à sociedade conjugal são exercidos igualmente pelo homem e pela mulher"*), e, por fim, do princípio da dignidade da pessoa humana, positivado no art. 1º, III da CF/88 (*"a República Federativa do Brasil, formada pela união indissolúvel dos Estados e Municípios e do Distrito Federal, constitui-se em Estado Democrático de Direito e tem como fundamentos: III – a dignidade da pessoa humana"*). Justamente porque já há norma constitucional tratando desse tema, pensamos que os artigos ora comentados são absolutamente desnecessários.

2. **Aplicação da Lei de Violência Doméstica à mulher trans.** O STJ conferiu interpretação teleológica aos dispositivos da presente lei. Nesse sentido, afastou o

critério puramente biológico e, com base na distinção entre sexo e gênero, aplicou a presente lei à mulher trans. Assim, ao afastar o critério puramente biológico, concluiu que a mulher trans é mulher e a presente lei deve ser aplicada em caso de violência praticada no âmbito doméstico.

▶ **STJ**

Informativo nº 732

Sexta Turma

Violência doméstica contra mulher trans. Aplicação da Lei n. 11.340/2006. Lei Maria da Penha. Afastamento de aplicação do critério exclusivamente biológico. Distinção entre sexo e gênero. Identidade. Relação de poder e *modus operandi*. Alcance teleológico da lei.

A Lei n. 11.340/2006 (Maria da Penha) é aplicável às mulheres trans em situação de violência doméstica. A aplicação da Lei Maria da Penha não reclama considerações sobre a motivação da conduta do agressor, mas tão somente que a vítima seja mulher e que a violência seja cometida em ambiente doméstico, familiar ou em relação de intimidade ou afeto entre agressor e agredida. Importa enfatizar que o conceito de gênero não pode ser empregado sem que se saiba exatamente o seu significado e de tal modo que acabe por desproteger justamente quem a Lei Maria da Penha deve proteger: mulheres, crianças, jovens, adultas ou idosas e, no caso, também as trans. Para alicerçar a discussão referente à aplicação do art. 5º da Lei Maria da Penha quando tratar-se de mulher trans, necessária é a diferenciação entre os conceitos de gênero e sexo, assim como breves noções de termos transexuais, transgêneros, cisgêneros e travestis, com a compreensão voltada para a inclusão dessas categorias no abrigo da Lei em comento, tendo em vista a relação dessas minorias com a lógica da violência doméstica contra a mulher. A balizada doutrina sobre o tema leva à conclusão de que as relações de gênero podem ser estudadas com base nas identidades feminina e masculina. Gênero é questão cultural, social, e significa interações entre homens e mulheres. Uma análise de gênero pode se limitar a descrever essas dinâmicas. O feminismo vai além, ao mostrar que essas relações são de poder e que produzem injustiça no contexto do patriarcado. Por outro lado, sexo refere-se às características biológicas dos aparelhos reprodutores feminino e masculino, bem como ao seu funcionamento, de modo que, o conceito de sexo, como visto, não define a identidade de gênero. Em uma perspectiva não meramente biológica, portanto, mulher trans mulher é. Estabelecido entendimento de mulher trans como mulher, para fins de aplicação da Lei n. 11.340/2006, vale lembrar que a violência de gênero é resultante da organização social de gênero, a qual atribui posição de superioridade ao homem. A violência contra a mulher nasce da relação de dominação/subordinação, de modo que ela sofre as agressões pelo fato de ser mulher. Com efeito, a vulnerabilidade de uma categoria de seres humanos não pode ser resumida à objetividade de uma ciência exata. As existências e as relações humanas são complexas e o Direito não se deve alicerçar em argumentos simplistas e reducionistas. Assim, é descabida a preponderância de um fator meramente biológico sobre o que realmente importa para a incidência da Lei Maria da Penha, com todo o seu arcabouço protetivo, inclusive a competência jurisdicional para julgar ações penais decorrentes de crimes perpetrados em situação de violência doméstica, familiar ou afetiva contra mulheres. **Processo sob segredo judicial, Rel. Min. Rogerio Schietti Cruz, Sexta Turma, por unanimidade, julgado em 05/04/2022.**

Art. 4º Na **interpretação** desta Lei, serão considerados os **fins sociais a que ela se destina** e, especialmente, as condições peculiares das mulheres em situação de violência doméstica e familiar.

1. **Interpretação teleológica da lei.** O legislador determinou que a interpretação da presente lei atendesse aos fins a que ela se destina. Se a presente lei tem a finalidade de coibir a violência doméstica e familiar contra a mulher, os seus dispositivos devem ser interpretados de forma a melhor atender a essa finalidade. Na realidade, o legislador está a exigir do intérprete faça, em qualquer hipótese, a interpretação teleológica, que consiste na busca da finalidade da norma, ou seja, busca-se o que o legislador quis quando a elaborou. Trata-se de dispositivo desnecessário, uma vez que qualquer intérprete irá analisar as normas da presente lei com a interpretação voltada à proteção da mulher em situação de violência doméstica e familiar.

TÍTULO II
DA VIOLÊNCIA DOMÉSTICA E FAMILIAR CONTRA A MULHER

CAPÍTULO I
DISPOSIÇÕES GERAIS

Art. 5º Para os efeitos desta Lei, **configura violência doméstica e familiar contra a mulher** qualquer ação ou omissão baseada no gênero que lhe cause morte, lesão, sofrimento físico, sexual ou psicológico e dano moral ou patrimonial:

I – no **âmbito da unidade doméstica**, compreendida como o espaço de convívio permanente de pessoas, com ou sem vínculo familiar, inclusive as esporadicamente agregadas;

II – no **âmbito da família**, compreendida como a comunidade formada por indivíduos que são ou se consideram aparentados, unidos por laços naturais, por afinidade ou por vontade expressa;

III – em **qualquer relação íntima de afeto**, na qual o agressor conviva ou tenha convivido com a ofendida, independentemente de coabitação.

Parágrafo único. As relações pessoais enunciadas neste artigo **independem de orientação sexual.**

1. **Configuração da violência doméstica e familiar contra a mulher.** O legislador discriminou o que configura a violência doméstica e familiar contra a mulher. Nesse sentido, abrangeu qualquer ação ou omissão, o que significa que estão abrangidas as duas formas de conduta relevante para o Direito Penal (comissão e omissão), que possa configurar a morte, a lesão, o sofrimento físico, sexual ou psicológico e o dano moral ou patrimonial na mulher em situação de violência doméstica e familiar. O legislador apenas disse o que configura a violência doméstica e familiar contra a mulher. Porém, deixou para o art. 7º a sua conceituação.

2. Âmbitos da configuração da violência doméstica e familiar contra a mulher. Estabeleceram-se nos incisos os três âmbitos onde estará configurada a violência doméstica e familiar contra a mulher.

3. Inciso I. Âmbito da unidade doméstica. No âmbito da *unidade doméstica* o legislador abrangeu o espaço de convívio permanente de pessoas, com ou sem vínculo familiar, inclusive as esporadicamente agregadas. Nessa hipótese, o importante é que a mulher deve fazer parte desse convívio permanente. O problema é que não há um conceito do que seja *permanente* e é justamente esse o requisito para configurar a violência doméstica contra a mulher. Na ausência de especificação legal, pensamos que o convívio permanente significa um convívio habitual, duradouro, e não fugaz, passageiro. Não há um limite de tempo pré-determinado. Não se exige o vínculo familiar, o que significa dizer que a violência doméstica contra a mulher pode ocorrer fora dos casos de marido e mulher, podendo ocorrer entre irmãos, pai e filha, amigos, namorados, noivos, neto e avó etc.

▶ **STJ**

Informativo nº 803
Quinta Turma.

Lesão corporal no âmbito doméstico praticado por irmão contra irmã. Incidência da Lei n. 11.340/2006. Desnecessidade de demonstração da motivação de gênero. Presunção de vulnerabilidade da mulher. Competência do Juizado de Violência Doméstica e Familiar contra a Mulher.

A orientação mais condizente com o espírito da Lei n. 11.340/2006 é no sentido de que a vulnerabilidade e a hipossuficiência da mulher são presumidas, sendo desnecessária a demonstração da motivação de gênero para que incida o sistema protetivo da lei Maria da Penha e a competência da vara especializada.

O Tribunal de origem, diante de uma situação de violência doméstica e familiar contra a mulher, praticada por irmão contra irmã, rechaçou a competência do Juizado de Violência Doméstica e Familiar contra a Mulher, bem como a incidência da Lei Maria da Penha, sob o fundamento de que não teria sido constatada relação de dominação ou poder do acusado sobre a vítima, o que afastaria, por conseguinte, a motivação de gênero na ação delituosa.

Contudo, a orientação mais condizente com o espírito protetivo da Lei n. 11.340/2006, que restou evidenciada pela inovação legislativa promovida pela Lei n. 14.550/2023 e abraçada pelos precedentes mais recentes desta Corte, é no sentido de que a vulnerabilidade e a hipossuficiência da mulher são presumidas, em todas as relações previstas no seu art. 5º, ou seja, no âmbito das relações domésticas, familiares ou íntimas de afeto.

Nesse sentido, o novel art. 40-A da Lei Maria da Penha passou a prever que o diploma protetivo será aplicado "a todas as situações previstas no seu art. 5º, independentemente da causa ou da motivação dos atos de violência e da condição do ofensor ou da ofendida ".

Na mesma toada, "[o] Superior Tribunal de Justiça entende ser presumida, pela Lei n. 11.340/2006, a hipossuficiência e a vulnerabilidade da mulher em contexto de violência doméstica e familiar. É desnecessária, portanto, a demonstração específica da subjugação feminina para que seja aplicado o sistema protetivo da

Lei Maria da Penha, pois a organização social brasileira ainda é fundada em um sistema hierárquico de poder baseado no gênero, situação que o referido diploma legal busca coibir" (AgRg na MPUMP 6/DF, relatora Ministra Nancy Andrighi, Corte Especial, DJe de 20/5/2022).

Assim, no contexto em que o irmão, "segundo as declarações da ofendida, atacou-a pelas costas com socos, enquanto ela lavava louça e, depois, apossou-se de uma faca com a intenção de feri-la", denota-se existir situação de violência doméstica e familiar contra a mulher a ser apurada no caso, apta a justificar a incidência do diploma protetivo pertinente e a competência da vara especializada, nos termos do art. 5º, I e II, da Lei n. 11.340/2006.

AgRg no REsp 2.080.317-GO, Rel. Ministro Joel Ilan Paciornik, julgado em 4/3/2024, DJe 6/3/2024.

▶ **STJ**

Informativo nº 671

Quinta Turma

Violência doméstica e familiar contra mulher. Delito praticado por neto contra avó. Situação de vulnerabilidade. Lei n. 11.340/2006. Aplicabilidade. **Constatada situação de vulnerabilidade, aplica-se a Lei Maria da Penha no caso de violência do neto praticada contra a avó.** A Lei Maria da Penha objetiva proteger a mulher da violência doméstica e familiar que, cometida no âmbito da unidade doméstica, da família ou em qualquer relação íntima de afeto, cause-lhe morte, lesão, sofrimento físico, sexual ou psicológico, e dano moral ou patrimonial. Estão no âmbito de abrangência do delito de violência doméstica, podendo integrar o polo passivo da ação delituosa as esposas, as companheiras ou amantes, bem como a mãe, as filhas, as netas, a sogra, a avó, ou qualquer outra parente que mantenha vínculo familiar ou afetivo com o agressor. Ainda nesse sentido, é necessária a demonstração da motivação de gênero ou da situação de vulnerabilidade que caracterize a conjuntura da relação íntima do agressor com a vítima. Com efeito, se, no âmbito da unidade doméstica, a vítima encontrar-se em situação de vulnerabilidade decorrente de vínculo familiar, configura-se o contexto descrito no artigo 5º da Lei n. 11.340/2006. **AgRg no AREsp 1.626.825-GO, Rel. Min. Felix Fischer, Quinta Turma, por unanimidade, julgado em 05/05/2020, DJe 13/05/2020.**

▶ **STJ**

INFORMATIVO nº 499.
Sexta Turma
LEI MARIA DA PENHA. BRIGA ENTRE IRMÃOS.

A hipótese de briga entre irmãos – que ameaçaram a vítima de morte – amolda-se àqueles objetos de proteção da Lei n. 11.340/2006 (Lei Maria da Penha). *In casu*, caracterizada a relação íntima de afeto familiar entre os agressores e a vítima, inexiste a exigência de coabitação ao tempo do crime, para a configuração da violência doméstica contra a mulher. Com essas e outras ponderações, a Turma, por maioria, denegou a ordem de *habeas corpus*. Precedentes citados do STF: HC 106.212-MS, DJe 13/6/2011; do STJ: HC 115.857-MG, DJe 2/2/2009; REsp 1.239.850-DF, DJe 5/3/2012, e CC 103.813-MG, DJe 3/8/2009. **HC 184.990-RS, Rel. Min. Og Fernandes, julgado em 12/6/2012.**

▶ **STJ**

INFORMATIVO nº 491.

Quinta Turma

LEI MARIA DA PENHA. CRIME DE AMEÇA ENTRE IRMÃOS.

A Turma, cassando o acórdão recorrido, deu provimento ao recurso para estabelecer a competência de uma das varas do Juizado de Violência Doméstica e Familiar contra a Mulher para examinar processo em que se apura a prática do crime de ameaça. Na hipótese, o recorrido foi ao apartamento da sua irmã, com vontade livre e consciente, fazendo várias ameaças de causar-lhe mal injusto e grave, além de ter provocado danos materiais em seu carro, causando-lhe sofrimento psicológico e dano moral e patrimonial, no intuito de forçá-la a abrir mão do controle da pensão que a mãe de ambos recebe. Para os integrantes da Turma, a relação existente entre o sujeito ativo e o passivo deve ser analisada em face do caso concreto, para verificar a aplicação da Lei Maria da Penha, tendo o recorrido se valido de sua autoridade de irmão da vítima para subjugar a sua irmã, com o fim de obter para si o controle do dinheiro da pensão, sendo desnecessário configurar a coabitação entre eles. Precedentes citados: CC 102.832-MG, DJe 22/4/2009, e HC 115.857-MG, DJe 2/2/2009. **REsp 1.239.850-DF, Rel. Min. Laurita Vaz, julgado em 16/2/2012.**

4. **Inciso II. Âmbito da família.** Como *família*, o legislador conceituou a comunidade formada por indivíduos que são ou se consideram aparentados, unidos por laços naturais, por afinidade ou por vontade expressa. Nesse caso, entende-se por família o casamento, a união estável (heterossexual ou homossexual) e a família monoparental.

5. **Inciso III. Qualquer relação íntima de afeto.** Ao referir-se a *qualquer relação íntima de afeto*, o legislador abarcou a necessidade de o agressor conviver ou ter convivido com a ofendida, independentemente de coabitação. Na relação íntima de afeto, o importante é que haja um relacionamento entre duas pessoas, seja ele baseado na amizade, seja ele baseado em qualquer sentimento que um tiver pelo outro, mesmo que não seja duradoura. É possível o reconhecimento da violência doméstica e familiar contra a mulher entre filha e mãe, desde que os fatos tenham sido praticados em razão da relação de intimidade e afeto existente entre ambas.

▶ **STJ**

Informativo nº 824

Sexta Turma

Estupro de vulnerável. Relacionamento efêmero. Presunção de vulnerabilidade da mulher. Incidência da Lei n. 11.340/2006. Competência do Juizado de Violência Doméstica e Familiar contra a Mulher.

O fato de não haver relação duradoura de afeto não afasta a incidência do sistema protetivo da Lei Maria da Penha.

O Superior Tribunal de Justiça entende "ser presumida pela Lei n. 11.340/2006 a hipossuficiência e a vulnerabilidade da mulher em contexto de violência doméstica e familiar. É desnecessária, portanto, a demonstração específica da subjugação feminina para que seja aplicado o sistema protetivo da Lei Maria da Penha, pois a organização social brasileira ainda é fundada em um sistema hierárquico de poder baseado no gênero, situação que o referido diploma legal busca coibir" (AgRg na MPUMP 6/DF, relatora Ministra Nancy Andrighi, Corte Especial, DJe de 20/5/2022).

A violência contra a mulher provém de um aspecto cultural do agente no sentido de subjugar e inferiorizar a mulher, de forma que, ainda que o envolvimento tenha se dado de modo efêmero entre vítima e ofensor, não é possível afastar a ocorrência de violência doméstica praticada contra mulher.

É dizer, a "própria Lei n. 11.340/2006, ao criar mecanismos específicos para coibir e prevenir a violência doméstica praticada contra a mulher, buscando a igualdade substantiva entre os gêneros, fundou-se justamente na indiscutível desproporcionalidade física existente entre os gêneros, no histórico discriminatório e na cultura vigente. Ou seja, a fragilidade da mulher, sua hipossuficiência ou vulnerabilidade, na verdade, são os fundamentos que levaram o legislador a conferir proteção especial à mulher e por isso têm-se como presumidos" (AgRg no AREsp 1.439.546/RJ, Ministro Reynaldo Soares da Fonseca, Quinta Turma, DJe 5/8/2019).

Ademais, no caso, consoante destacado pelo Ministério Público, constatou-se violência de gênero nos elementos de informação advindos do caderno investigativo, razão pela qual se tem que o delito foi praticado dentro de um contexto de violência doméstica e familiar, ainda que de modo efêmero. O fato de não haver relação duradoura de afeto não afasta a incidência da Lei n. 11.340/2006.

Processo em segredo de justiça, Rel. Ministro Antonio Saldanha Palheiro, julgado em 12/8/2024, DJe 15/8/2024.

► **STJ**

INFORMATIVO nº 551
Quinta Turma

DIREITO PENAL E PROCESSUAL PENAL. APLICAÇÃO DA LEI MARIA DA PENHA NA RELAÇÃO ENTRE MÃE E FILHA.

É possível a incidência da Lei 11.340/2006 (Lei Maria da Penha) nas relações entre mãe e filha. Isso porque, de acordo com o art. 5º, III, da Lei 11.340/2006, configura violência doméstica e familiar contra a mulher qualquer ação ou omissão baseada no gênero que lhe cause morte, lesão, sofrimento físico, sexual ou psicológico e dano moral ou patrimonial em qualquer relação íntima de afeto, na qual o agressor conviva ou tenha convivido com a ofendida, independentemente de coabitação. Da análise do dispositivo citado, infere-se que o objeto de tutela da Lei é a mulher em situação de vulnerabilidade, não só em relação ao cônjuge ou companheiro, mas também qualquer outro familiar ou pessoa que conviva com a vítima, independentemente do gênero do agressor. Nessa mesma linha, entende a jurisprudência do STJ que o sujeito ativo do crime pode ser tanto o homem como a mulher, desde que esteja presente o estado de vulnerabilidade caracterizado por uma relação de poder e submissão. Precedentes citados: HC 175.816-RS, Quinta Turma, DJe 28/6/2013; e HC 250.435-RJ, Quinta Turma, DJe 27/9/2013. **HC 277.561-AL, Rel. Min. Jorge Mussi, julgado em 6/11/2014.**

► **STJ**

(...) CRIMES PRATICADOS POR PADRASTO CONTRA ENTEADA. LEI MARIA DA PENA. INCIDÊNCIA. DESNECESSIDADE DE COABITAÇÃO. EXISTÊNCIA DE

RELAÇÃO DE INTIMIDADE E AFETO ENTRE AGRESSOR E VÍTIMA. (...). Nos termos do artigo 5º, inciso III, da Lei 11.340/2006, é perfeitamente possível a prática de violência doméstica e familiar nas relações entre o convivente da mãe e a filha desta, ainda que não tenham coabitado, exigindo-se, contudo, que os fatos tenham sido praticados em razão da relação de intimidade e afeto existente entre o agressor e a vítima. Precedente. RHC 42092. Rel. Min. Jorge Mussi, julgado em 25/03/2014.

6. **Parágrafo único. Irrelevância da orientação sexual.** O legislador pretendeu excluir qualquer forma de discriminação e dar à lei a maior abrangência possível.

7. **Desnecessidade de coabitação entre autor e vítima.** A coabitação não é requisito para a configuração da violência doméstica e familiar contra a mulher.

▶ **STJ**

Súmula 600: Para a configuração da violência doméstica e familiar prevista no artigo 5º da Lei n. 11.340/2006 (Lei Maria da Penha) não se exige a coabitação entre autor e vítima.

8. **Diferença entre a violência doméstica e familiar contra mulher na lei 11.340/2006 e a violência doméstica no art. 129, § 9º do Código Penal.** A violência doméstica e familiar contra a mulher prevista na lei 11.340/2006 refere-se, como o nome sugere, à violência contra a *mulher* especificamente. Leva-se em consideração a condição da vítima, que tem que ser necessariamente do sexo feminino. O critério definidor é o sexo da vítima-mulher. Ademais, o termo "violência" é empregado de forma ampla, englobando qualquer espécie de violência, como descrito no art. 7º desta lei. De outro giro, a violência doméstica prevista no art. 129, § 9º do Código Penal refere-se à violência no âmbito doméstico, independentemente da condição da vítima, podendo essa violência ser exercida contra ascendente, descendente, irmão, cônjuge ou companheiro, ou com quem conviva ou tenha convivido, ou, ainda, prevalecendo-se o agente das relações domésticas, de coabitação ou de hospitalidade. Assim, a vítima da violência doméstica do Código Penal pode ser qualquer pessoa que se encaixe na previsão legal, inclusive o homem. Demais disso, a violência aqui prevista é a violência configuradora da lesão corporal, que consiste somente na ofensa à integridade corporal ou à saúde de outrem. Confira-se a redação do art. 129, § 9º, do Código Penal: "§ 9º Se a lesão for praticada contra ascendente, descendente, irmão, cônjuge ou companheiro, ou com quem conviva ou tenha convivido, ou, ainda, prevalecendo-se o agente das relações domésticas, de coabitação ou de hospitalidade: Pena – detenção, de 3 (três) meses a 3 (três) anos."

Art. 6º A violência doméstica e familiar contra a mulher constitui uma das formas de violação dos direitos humanos.

Violação dos direitos humanos. Trata-se de dispositivo desnecessário, uma vez que qualquer agressão contra qualquer pessoa, seja homem, seja mulher, configura violação dos direitos humanos.

CAPÍTULO II
DAS FORMAS DE VIOLÊNCIA DOMÉSTICA E FAMILIAR CONTRA A MULHER

Art. 7º São **formas de violência doméstica e familiar contra a mulher**, entre outras:

I – a **violência física**, entendida como qualquer conduta que ofenda sua integridade ou saúde corporal;

II – a **violência psicológica**, entendida como qualquer conduta que lhe cause dano emocional e diminuição da auto-estima ou que lhe prejudique e perturbe o pleno desenvolvimento ou que vise degradar ou controlar suas ações, comportamentos, crenças e decisões, mediante ameaça, constrangimento, humilhação, manipulação, isolamento, vigilância constante, perseguição contumaz, insulto, chantagem, violação de sua intimidade, ridicularização, exploração e limitação do direito de ir e vir ou qualquer outro meio que lhe cause prejuízo à saúde psicológica e à autodeterminação; (Redação dada pela Lei nº 13.772, de 2018)

III – a **violência sexual**, entendida como qualquer conduta que a constranja a presenciar, a manter ou a participar de relação sexual não desejada, mediante intimidação, ameaça, coação ou uso da força; que a induza a comercializar ou a utilizar, de qualquer modo, a sua sexualidade, que a impeça de usar qualquer método contraceptivo ou que a force ao matrimônio, à gravidez, ao aborto ou à prostituição, mediante coação, chantagem, suborno ou manipulação; ou que limite ou anule o exercício de seus direitos sexuais e reprodutivos;

IV – a **violência patrimonial**, entendida como qualquer conduta que configure retenção, subtração, destruição parcial ou total de seus objetos, instrumentos de trabalho, documentos pessoais, bens, valores e direitos ou recursos econômicos, incluindo os destinados a satisfazer suas necessidades;

V – a **violência moral**, entendida como qualquer conduta que configure calúnia, difamação ou injúria.

1. **Formas de violência doméstica e familiar contra a mulher.** Para dar uma maior abrangência ao conceito de violência no âmbito da violência doméstica e familiar contra a mulher e não ter um alcance restrito, o legislador elencou as diversas formas de violência, quais sejam: física; psicológica, sexual; patrimonial e moral.

2. **Rol exemplificativo.** Apesar de o legislador ter enumerado diversas formas de violência, o rol do presente artigo é exemplificativo, em razão das expressões "entre outras" contidas no *caput*.

3. **Inciso I. Violência física.** A violência física é entendida como qualquer conduta que ofenda a integridade ou à saúde corporal da vítima. É a conduta por meio da qual qualquer pessoa, sem *animus necandi,* ofende o bem jurídico integridade corporal humana, ou agrava uma situação já existente, produzindo, por qualquer meio, uma alteração física prejudicial, anatômica ou funcional, local ou generalizada em outrem. A ofensa à integridade corporal é a lesão que afeta órgãos, tecidos ou aspectos externos do corpo, como fraturas, ferimentos, equimoses e lesão de um músculo.

4. **Inciso II. Violência psicológica.** A violência psicológica foi conceituada pelo legislador como qualquer conduta que cause dano emocional e diminuição da autoestima da mulher ou que lhe prejudique e perturbe o pleno desenvolvimento ou que vise a degradar

ou controlar suas ações, comportamentos, crenças e decisões. Logo depois, o legislador enumerou os meios pelos quais essa violência é praticada, como a ameaça, o constrangimento etc. Note-se que a lei 13.772/2018 inseriu a violação da intimidade da mulher como meio de exercício da violência psicológica. Trata-se da ofensa que consiste na lesão causada por mecanismos não violentos e consiste na perturbação das funções fisiológicas do organismo, inclusive a alteração do psiquismo, a exemplo de neuroses, depressão, entre outras, ainda que de forma transitória. Logo após esse conceito, o legislador elencou os meios executórios em um rol exemplificativo, em razão das expressões "ou qualquer outro meio que lhe cause prejuízo à saúde psicológica e à autodeterminação".

5. **Inciso III. Violência sexual.** Pelo longo conceito fornecido pelo legislador, percebe-se que a violência sexual consiste em qualquer conduta ligada à dignidade sexual da mulher de forma não consentida por ela.

6. **Inciso IV. Violência patrimonial.** Por violência patrimonial entenda-se qualquer conduta ligada aos objetos, instrumentos de trabalho da vítima, bem como seus documentos pessoais, bens, valores e direitos ou recursos econômicos, incluindo os destinados a satisfazer suas necessidades. Note-se que nesse caso não deverá haver a incidência das imunidades absolutas e relativas previstas, respectivamente, nos arts. 181 e 182 do Código Penal, em razão do maior rigor de punição dos delitos praticados em âmbito de violência doméstica e familiar contra a mulher. Isso porque deve ser considerado o âmbito de proteção da norma e a intenção do legislador de impedir a aplicação de qualquer espécie de benefício ao autor da infração penal no âmbito de violência contra a mulher, como fê-lo expressamente no art. 41 da presente lei ao afastar a incidência das medidas despenalizadoras previstas na lei nº 9.099/95, dispositivo que já foi declarado constitucional pelo STF. Ver comentários ao art. 41 desta lei.

7. **Inciso V. Violência moral.** A violência moral consiste na conduta ofensiva à honra da vítima, tendo em vista que ao referir-se a ela o legislador elencou os crimes contra a honra: calúnia, difamação ou injúria.

8. **Princípio da insignificância.** Em razão da gravidade e da expressiva ofensividade da conduta delituosa praticada no âmbito da violência doméstica e familiar contra a mulher, não se aplica o princípio da insignificância.

▶ **STJ**

Súmula 589: É inaplicável o princípio da insignificância nos crimes ou contravenções penais praticados contra a mulher no âmbito das relações domésticas.

▶ **STF**

INFORMATIVO nº 825

SEGUNDA TURMA

Princípio da insignificância e violência doméstica

Inadmissível a aplicação do princípio da insignificância aos delitos praticados em situação de violência doméstica. Com base nessa orientação, a Segunda Turma negou provimento a recurso ordinário em "habeas corpus" no qual se pleiteava a incidência de tal princípio ao crime de lesão corporal cometido em âmbito de violência doméstica contra a mulher (Lei 11.340/2006, Lei Maria da Penha). **RHC 133043/MT, rel. Min. Cármen Lúcia, 10.5.2016.**

TÍTULO III
DA ASSISTÊNCIA À MULHER EM SITUAÇÃO DE VIOLÊNCIA DOMÉSTICA E FAMILIAR

CAPÍTULO I
DAS MEDIDAS INTEGRADAS DE PREVENÇÃO

Art. 8º A política pública que visa coibir a violência doméstica e familiar contra a mulher far-se-á por meio de um **conjunto articulado de ações** da **União**, dos **Estados**, do **Distrito Federal** e dos **Municípios** e de **ações não-governamentais**, tendo por diretrizes:

I – a integração operacional do Poder Judiciário, do Ministério Público e da Defensoria Pública com as áreas de segurança pública, assistência social, saúde, educação, trabalho e habitação;

II – a promoção de estudos e pesquisas, estatísticas e outras informações relevantes, com a perspectiva de gênero e de raça ou etnia, concernentes às causas, às conseqüências e à freqüência da violência doméstica e familiar contra a mulher, para a sistematização de dados, a serem unificados nacionalmente, e a avaliação periódica dos resultados das medidas adotadas;

III – o respeito, nos meios de comunicação social, dos valores éticos e sociais da pessoa e da família, de forma a coibir os papéis estereotipados que legitimem ou exacerbem a violência doméstica e familiar, de acordo com o estabelecido no inciso III do art. 1º, no inciso IV do art. 3º e no inciso IV do art. 221 da Constituição Federal;

IV – a implementação de atendimento policial especializado para as mulheres, em particular nas Delegacias de Atendimento à Mulher;

V – a promoção e a realização de campanhas educativas de prevenção da violência doméstica e familiar contra a mulher, voltadas ao público escolar e à sociedade em geral, e a difusão desta Lei e dos instrumentos de proteção aos direitos humanos das mulheres;

VI – a celebração de convênios, protocolos, ajustes, termos ou outros instrumentos de promoção de parceria entre órgãos governamentais ou entre estes e entidades não-governamentais, tendo por objetivo a implementação de programas de erradicação da violência doméstica e familiar contra a mulher;

VII – a capacitação permanente das Polícias Civil e Militar, da Guarda Municipal, do Corpo de Bombeiros e dos profissionais pertencentes aos órgãos e às áreas enunciados no inciso I quanto às questões de gênero e de raça ou etnia;

VIII – a promoção de programas educacionais que disseminem valores éticos de irrestrito respeito à dignidade da pessoa humana com a perspectiva de gênero e de raça ou etnia;

IX – o destaque, nos currículos escolares de todos os níveis de ensino, para os conteúdos relativos aos direitos humanos, à eqüidade de gênero e de raça ou etnia e ao problema da violência doméstica e familiar contra a mulher.

1. **Política pública de coibição à violência doméstica e diretrizes.** O presente artigo, autoexplicativo, trata da política pública que visa a coibir a violência doméstica e familiar contra a mulher por meio da articulação entre ações da União, dos Estados, do Distrito Federal e dos Municípios e de ações não governamentais, com as diretrizes enumeradas nos incisos.

2. **Delegacias de Atendimento à Mulher.** Merece destaque o inciso IV que trata da implementação de Delegacias especializadas no atendimento à mulher vítima de

violência doméstica e familiar contra a mulher, denominadas em determinados locais DEAM. A vítima de violência doméstica e familiar contra a mulher deve ser encaminhada a esta Delegacia especializada para que lá seja adequadamente atendida e para que lá sejam tomadas todas as providências em relação a essa espécie de delito. Nos locais em que não houver Delegacia especializada, a vítima deve ser encaminhada à Delegacia comum. Assim, por exemplo, é a autoridade policial da Delegacia especializada no atendimento à mulher vítima de violência doméstica que tomará as providências contidas nos arts. 10 a 12 desta lei, entre outras.

CAPÍTULO II
DA ASSISTÊNCIA À MULHER EM SITUAÇÃO DE VIOLÊNCIA DOMÉSTICA E FAMILIAR

Art. 9º A assistência à mulher em situação de violência doméstica e familiar será prestada em caráter prioritário no Sistema Único de Saúde (SUS) e no Sistema Único de Segurança Pública (Susp), de forma articulada e conforme os princípios e as diretrizes previstos na Lei nº 8.742, de 7 de dezembro de 1993 (Lei Orgânica da Assistência Social), e em outras normas e políticas públicas de proteção, e emergencialmente, quando for o caso. (Redação dada pela Lei nº 14.887, de 2024)

§ 1º O juiz determinará, por prazo certo, a **inclusão da mulher** em situação de violência doméstica e familiar no **cadastro de programas assistenciais do governo federal, estadual e municipal.**

§ 2º O **juiz assegurará à mulher** em situação de violência doméstica e familiar, para preservar sua integridade física e psicológica:

I – **acesso prioritário à remoção** quando **servidora pública**, integrante da administração direta ou indireta;

II – **manutenção do vínculo trabalhista**, quando necessário o afastamento do local de trabalho, por até seis meses.

III – encaminhamento à assistência judiciária, quando for o caso, inclusive para eventual ajuizamento da ação de separação judicial, de divórcio, de anulação de casamento ou de dissolução de união estável perante o juízo competente. (Incluído pela Lei nº 13.894, de 2019)

§ 3º A assistência à mulher em situação de violência doméstica e familiar compreenderá o acesso aos benefícios decorrentes do desenvolvimento científico e tecnológico, incluindo os serviços de contracepção de emergência, a profilaxia das Doenças Sexualmente Transmissíveis (DST) e da Síndrome da Imunodeficiência Adquirida (AIDS) e outros procedimentos médicos necessários e cabíveis nos casos de violência sexual.

§ 4º Aquele que, por ação ou omissão, causar lesão, violência física, sexual ou psicológica e dano moral ou patrimonial a mulher fica obrigado a ressarcir todos os danos causados, inclusive ressarcir ao Sistema Único de Saúde (SUS), de acordo com a tabela SUS, os custos relativos aos serviços de saúde prestados para o total tratamento das vítimas em situação de violência doméstica e familiar, recolhidos os recursos assim arrecadados ao Fundo de Saúde do ente federado responsável pelas unidades de saúde que prestarem os serviços. (Incluído pela lei nº 13.871, de 2019)

§ 5º Os dispositivos de segurança destinados ao uso em caso de perigo iminente e disponibilizados para o monitoramento das vítimas de violência doméstica ou familiar amparadas por medidas protetivas terão seus custos ressarcidos pelo agressor. (Incluído pela lei nº 13.871, de 2019)

§ 6º O ressarcimento de que tratam os §§ 4º e 5º deste artigo não poderá importar ônus de qualquer natureza ao patrimônio da mulher e dos seus dependentes, nem configurar atenuante ou ensejar possibilidade de substituição da pena aplicada. (Incluído pela lei nº 13.871, de 2019)

§ 7º A mulher em situação de violência doméstica e familiar tem prioridade para matricular seus dependentes em instituição de educação básica mais próxima de seu domicílio, ou transferi-los para essa instituição, mediante a apresentação dos documentos comprobatórios do registro da ocorrência policial ou do processo de violência doméstica e familiar em curso. (Incluído pela lei nº 13.882, de 2019)

§ 8º Serão sigilosos os dados da ofendida e de seus dependentes matriculados ou transferidos conforme o disposto no § 7º deste artigo, e o acesso às informações será reservado ao juiz, ao Ministério Público e aos órgãos competentes do poder público. (Incluído pela lei nº 13.882, de 2019)

1. **§§ 1º e 2º. Assistência à mulher em situação de violência doméstica e familiar.** Ao tratar da assistência à mulher que se encontre em situação de violência doméstica e familiar, o legislador estabeleceu a possibilidade de o Juiz determinar, por prazo certo, a inclusão da mulher no cadastro de programas assistenciais do governo federal, estadual e municipal, desde que seja por prazo determinado (§1º), bem como assegurar à mulher, a fim de preservar sua integridade física e psicológica, o acesso prioritário à remoção quando servidora pública, integrante da administração direta ou indireta e a manutenção do vínculo trabalhista, quando necessário o afastamento do local de trabalho, por até seis meses, e, por fim, encaminhá-la à assistência judiciária para o ajuizamento das ações descritas no inciso III (§2º). O legislador trouxe medidas que impeçam que a mulher seja prejudicada pela sua inclusão nos programas de assistência do governo, evitando o risco de ela perder o seu emprego e assegurando-lhe a remoção prioritária quando ela for servidora pública, sem que ela, em qualquer caso, fique impedida de tomar as medidas judiciais cabíveis.

   A competência para a manutenção do vínculo trabalhista é do Juizado de Violência Doméstica e Familiar contra a Mulher, e não da Justiça do Trabalho, por não se tratar de conflito derivado do contrato de trabalho.

   ▶ **STJ.**

   Informativo nº 655.

   Sexta Turma

   Medida protetiva. Art. 9º, § 2º, II, da Lei n. 11.340/2016 (Lei Maria da Penha). Manutenção do vínculo trabalhista. Afastamento do local de trabalho. Vara especializada em violência doméstica e familiar. Competência. Compete ao juízo da vara especializada em violência doméstica e familiar a apreciação do pedido de imposição de medida protetiva de manutenção de vínculo trabalhista, por até seis meses, em razão de afastamento do trabalho de ofendida decorrente de violência doméstica e familiar. (...) **REsp 1.757.775-SP, Rel. Min. Rogerio Schietti Cruz, Sexta Turma, por unanimidade, julgado em 20/08/2019, DJe 02/09/2019.**

2. **§§ 4º ao 6º. Ressarcimento pelo agressor.** O legislador criou, por meio da lei nº 13.871/2019, a obrigatoriedade de o agressor ressarcir todos os danos causados pela violência praticada, inclusive com o ressarcimento ao SUS pelos custos do tratamento da vítima. Essa foi uma forma que o legislador encontrou de responsabilizar diretamente o agressor, no âmbito civil, pelos transtornos decorrentes da sua agressão, inclusive custear os dispositivos de segurança colocados à disposição das vítimas. Esse ressarcimento não pode, em hipótese alguma, ser feito com prejuízo para a vítima ou para os seus dependentes, como seria a hipótese de o agressor utilizar o valor depositado na conta corrente conjunta com a vítima, onde esteja depositado o valor do salário dela, para custear as despesas. Por fim, esse ressarcimento não pode implicar uma atenuante em eventual pena privativa de liberdade a que o agressor seja condenado, nem viabilizar a substituição da pena privativa de liberdade por pena restritiva de direitos.

3. **§§ 7º e 8º. Prioridade de matrícula dos dependentes da vítima em instituição de educação básica**. Inseridos pela lei nº 13.882/2019, os §§ 7º e 8º garantem à vítima a prioridade de matrícula dos seus dependentes em instituição de educação básica, como forma de manter a vida normal da vítima e dos seus dependentes, sem que eles (que muitas vezes são dependentes também do agressor) fiquem prejudicados pela violência sofrida pela vítima. O §2º, I e II, tratam da remoção da mulher que for servidora pública ou da garantia do vínculo trabalhista por até seis meses, na hipótese de ela precisar mudar de endereço e afastar-se do local do trabalho. Só que isso não é tão simples assim quando existem filhos ou dependentes em idade escolar. Para que isso não represente um entrave a essa medida, o legislador garantiu à mulher a prioridade na matrícula dos seus dependentes em instituição de educação básica, com a garantia do sigilo os dados da ofendida e de seus dependentes matriculados ou transferidos. Note-se que, nos termos do art. 23, V, também inserido pela mesma lei, a falta de vagas no estabelecimento de ensino também não será um entrave nesses casos, uma vez que o Juiz poderá determinar a matrícula dos dependentes da vítima em instituição de educação básica mais próxima do seu domicílio, ou a transferência deles para essa instituição, independentemente da existência de vaga.

CAPÍTULO III
DO ATENDIMENTO PELA AUTORIDADE POLICIAL

Art. 10. Na hipótese da **iminência ou da prática de violência doméstica** e familiar contra a mulher, a **autoridade policial** que tomar conhecimento da ocorrência **adotará, de imediato, as providências legais cabíveis.**

Parágrafo único. Aplica-se o disposto no caput deste artigo ao **descumprimento de medida protetiva de urgência deferida.**

1. **Providências da autoridade policial.** O art. 10 é genérico e determina à autoridade policial que tome "as providências legais cabíveis". Trata-se de dispositivo desnecessário, uma vez que o Delegado de Polícia sempre deve tomar todas as medidas

legais cabíveis quando tiver conhecimento da prática de qualquer infração penal, conforme determinam os arts. 4º a 20 do Código de Processo Penal, no que não conflitarem com a presente lei, à luz do princípio da especialidade. Demais disso, há ainda as providências legais a que se referem os arts. 11 e 12 da presente lei.

Art. 10-A. É **direito da mulher** em situação de violência doméstica e familiar o **atendimento policial e pericial especializado**, ininterrupto e prestado por servidores – preferencialmente do sexo feminino – previamente capacitados. (Redação dada pela lei nº 13.505, de 2017)

§ 1º A inquirição de mulher em situação de violência doméstica e familiar ou de testemunha de violência doméstica, quando se tratar de crime contra a mulher, obedecerá às seguintes diretrizes:

I – salvaguarda da integridade física, psíquica e emocional da depoente, considerada a sua condição peculiar de pessoa em situação de violência doméstica e familiar;

II – garantia de que, em nenhuma hipótese, a mulher em situação de violência doméstica e familiar, familiares e testemunhas terão contato direto com investigados ou suspeitos e pessoas a eles relacionadas;

III – não revitimização da depoente, evitando sucessivas inquirições sobre o mesmo fato nos âmbitos criminal, cível e administrativo, bem como questionamentos sobre a vida privada.

§ 2º Na inquirição de mulher em situação de violência doméstica e familiar ou de testemunha de delitos de que trata esta Lei, adotar-se-á, preferencialmente, o seguinte procedimento:

I – a inquirição será feita em recinto especialmente projetado para esse fim, o qual conterá os equipamentos próprios e adequados à idade da mulher em situação de violência doméstica e familiar ou testemunha e ao tipo e à gravidade da violência sofrida;

II – quando for o caso, a inquirição será intermediada por profissional especializado em violência doméstica e familiar designado pela autoridade judiciária ou policial;

III – o depoimento será registrado em meio eletrônico ou magnético, devendo a degravação e a mídia integrar o inquérito.

1. **Atendimento policial e pericial especializado e ininterrupto.** O legislador inseriu o art. 10-A para trazer para a ordem jurídica, como direito da mulher, a obrigatoriedade de atendimento policial e pericial especializado e ininterrupto. A preferência de servidores do sexo feminino é salutar para que a vítima e as testemunhas sintam-se mais à vontade para contribuir com a persecução penal nos casos de violência doméstica. Note-se que não basta que o servidor público seja preferencialmente do sexo feminino. Além disso, ele deve passar por um processo prévio de capacitação nos moldes definidos na parte final do *caput*.

2. **§ 1º. Diretrizes da inquirição de mulher em situação de violência doméstica e familiar.** As diretrizes são os passos a serem seguidos pelo servidor público quando da inquirição da vítima, bem como da oitiva de testemunhas em sede policial. Tais diretrizes devem ser observados por qualquer servidor em sede policial, inclusive pela autoridade

policial que conduzir as investigações. Essa *inquirição* a que o § 1º faz menção é a oitiva da vítima e das testemunhas em sede policial, nos moldes do art. 12, I e V, da presente lei. A não observância dessas diretrizes pode implicar falta funcional.

3. **Inciso I. Salvaguarda da integridade da vítima.** O legislador determinou a salvaguarda da integridade física, psíquica e emocional da depoente como forma de preservação de tais fatores em relação à vítima que já está em uma situação de vulnerabilidade decorrente da violência sofrida. Tal medida visa a evitar um maior abalo da situação peculiar da ofendida, causado pelo ato de violência contra ela exercido.

4. **Inciso II. Ausência de contato direto com investigados ou suspeitos e pessoas a eles relacionadas.** A ausência de contato com investigados ou suspeitos e pessoas a eles relacionadas é uma garantia legal que não comporta exceções e que tem duas finalidades: evitar qualquer tipo de constrangimento que possa ser gerado à vítima, bem como evitar qualquer tentativa de fazer a mulher desistir de dar prosseguimento às suas declarações ou à prestação de informações em sede policial, para não comprometer as investigações.

5. **Inciso III. Não revitimização da depoente.** A não revitimização consiste em evitar perguntas e reperguntas sobre o mesmo fato que possam gerar algum tipo de constrangimento na vítima, evitando-se que ela seja obrigada a, a todo momento, revisitar o constrangimento pelo qual passou. Embora o legislador tenha inserido essa norma, a autoridade policial deverá fazer todas as perguntas que entender estritamente necessárias para a elucidação dos fatos e da autoria da infração penal. Caso a autoridade policial entenda que uma mesma pergunta deva ser feita várias vezes, de formas diferentes, ela estará a agir no estrito cumprimento de sua função, sem que tal conduta viole essa diretriz. A análise da necessidade ou não de perguntas cabe exclusivamente à autoridade policial, ainda que tais perguntam refiram-se à vida privada da vítima.

6. **§ 2º. Procedimento da inquirição da vítima.** O § 2º trata do procedimento a ser observado quando da inquirição da vítima e das testemunhas. Note-se que, embora pareça uma imposição legal, esse procedimento deve ser observado *preferencialmente*, como dispõe a lei.

7. **Inciso I. Recinto especial.** Trata-se de local especificamente preparado para o atendimento à mulher, adequado às condições pessoais da vítima ou das testemunhas. A projeção especial e os equipamentos próprios, de acordo com a gravidade da violência sofrida, têm a função de fornecer à mulher ou à testemunha uma maior liberdade para que a oitiva seja o mais proveitosa possível.

8. **Inciso II. Intermediação por profissional especializado.** O profissional especializado é aquele capacitado para o atendimento em situações em violência doméstica e familiar, que saberá conduzir a oitiva da vítima ou da testemunha para que a oitiva não represente um trauma ou para que a vítima ou a testemunha profira seus depoimentos de forma mais detalhada e completa possível. Nos moldes definidos no *caput,* esse profissional especializado deve ser preferencialmente mulher. Essa medida, embora salutar, não é uma imposição legal, mas, sim, sempre que seja possível no caso concreto, a depender de diversos fatores como, entre outros, a disponibilidade de profissionais na localidade etc. Esse profissional pode de

oriundo da área pública ou da área privada. Como expresso no dispositivo legal ora comentado, o profissional pode ser designado pela autoridade policial ou pela autoridade judiciária. A autoridade policial com atribuição é a Delegada de Polícia da Delegacia Especializada de Atendimento à Mulher-DEAM (art. 8º, IV c/c art. 12-A da lei). A autoridade judiciária competente é o Juiz do Juizado de Violência Doméstica e Familiar contra a Mulher (art. 14 da lei).

9. **Inciso III. Registro em meio eletrônico ou magnético.** O registro do depoimento em meio eletrônico ou magnético tem a finalidade de manter o registro do depoimento prestado, para que todos os elementos fornecidos pela vítima ou pela testemunha fiquem registrados e não se perca nenhum detalhe, devendo tal registro integrar o inquérito policial.

Art. 11. No **atendimento à mulher** em situação de violência doméstica e familiar, a **autoridade policial deverá**, entre outras providências:

I – garantir **proteção policial**, quando necessário, comunicando de imediato ao Ministério Público e ao Poder Judiciário;

II – **encaminhar** a **ofendida** ao hospital ou posto de saúde e ao Instituto Médico Legal;

III – fornecer **transporte** para a ofendida e seus dependentes para abrigo ou local seguro, quando houver **risco de vida**;

IV – se necessário, **acompanhar a ofendida** para assegurar **a retirada de seus pertences** do local da ocorrência ou do domicílio familiar;

V – **informar à ofendida os direitos** a ela conferidos nesta Lei e os serviços disponíveis, inclusive os de assistência judiciária para o eventual ajuizamento perante o juízo competente da ação de separação judicial, de divórcio, de anulação de casamento ou de dissolução de união estável. (Redação dada pela Lei nº 13.894, de 2019)

1. **Providências da autoridade policial.** Este dispositivo legal trata das providências que devem ser tomadas pela autoridade policial que tenha atuação na Delegacia especializada no atendimento à mulher vítima de violência doméstica e familiar contra a mulher, ou da Delegacia de Polícia comum, nos locais em que não houver a Delegacia especializada.

2. **Rol exemplificativo.** Tendo em vista que o legislador utilizou a expressão "entre outras" no *caput* deste dispositivo legal, conclui-se que o rol deste artigo é exemplificativo. Assim, a autoridade policial poderá adotar qualquer providência de proteção da vítima que o caso concreto requerer, mesmo que não tenha sido previsto pelo legislador.

3. **Inciso I. Proteção policial.** A proteção policial a que se refere o inciso I é genérica e abrange, portanto, o acompanhamento físico da vítima. Contudo, o problema é de cunho prático, uma vez que não há policiais em número suficiente para acompanhar todas as vítimas de violência doméstica.

4. **Inciso II. Encaminhamento ao hospital ou posto de saúde e ao Instituto Médico Legal.** O encaminhamento ao hospital ou posto de saúde e ao Instituto Médico Legal decorre da necessidade de realização de perícia, para que se forme o conjunto

probatório ligado à prova de existência da infração penal, nos moldes do art. 158 do Código de Processo Penal.

5. **Inciso III. Transporte para abrigo ou local seguro.** A providência contida no presente inciso já não depende mais da autoridade policial, e sim do Poder Executivo Estadual, uma vez que o Estado deve criar essa estrutura para a realização do transporte da vítima para um abrigo ou para um local seguro. O transporte até pode ser efetivado com a viatura policial que estiver à disposição da Delegacia. Contudo, o abrigo ou local seguro depende de atuação do Estado, de forma que se não houver esses lugares, para onde a vítima possa ser transportada, a autoridade policial nada poderá fazer e não poderá ser responsabilizada pelo descumprimento dessa providência.

6. **Inciso IV. Acompanhamento da ofendida para a retirada de seus pertences.** A vítima pode voltar ao local da ocorrência ou ao local do seu domicílio e ser impedida pelo agressor de retirar os seus pertences, sob ameaça ou constrangimento. Para evitar tal situação, a autoridade policial deverá acompanhar a vítima para garantir que ela consiga retirar os seus pertences.

7. **Inciso V. Informações sobre os direitos e serviços.** A lei nº 13.894/2019 inseriu o inciso V para garantir que a vítima tenha a plena ciência dos seus direitos, bem como das ações judiciais que ela pode ajuizar contra o seu agressor, quais sejam: separação judicial, divórcio, anulação de casamento ou dissolução de união estável. Cremos que esse rol é exemplificativo, de forma a abranger a ciência pela vítima acerca das outras ações judiciais não descritas nesse inciso.

8. **Inciso IV. Acompanhamento da vítima para a retirada de seus pertences.** Esta medida é importante porque o agressor ainda pode estar no local e tentar impedir, novamente com violência ou com qualquer espécie de ameaça, que a vítima retire os seus pertences do local na tentativa de impedir que ela deixe o seu convívio.

9. **Inciso V. Dever de informar à vítima os seus direitos contidos nesta lei.** A princípio, esse dispositivo parece inútil. Porém, não é. A vítima de violência doméstica e familiar contra a mulher pode não saber de todas as medidas que a protegem, e, normalmente, não sabe, sobretudo em razão do nervosismo e do desespero que toma a sua consciência na situação de ser vítima de agressão. Na imensa maioria dos casos a vítima não saberá que ela tem, por exemplo, direito à remoção ou manutenção do seu vínculo trabalhista (art. 9º), que ela tem à sua disposição as medidas protetivas de urgência contidas no art. 22, sobretudo com o afastamento do agressor do lar ou do estabelecimento da distância mínima ou que ela, com medo de voltar ao local da agressão, pode ser acompanhada pela autoridade policial para a retirada de seus pertences. Dessa forma, uma vez informada sobre os direitos a ela conferidos nesta lei e os serviços disponíveis, ela, melhor do que ninguém, pode escolher em usufruir desses direitos e serviços.

Art. 12. Em todos os casos de violência doméstica e familiar contra a mulher, feito o registro da ocorrência, **deverá a autoridade policial adotar**, de imediato, os **seguintes procedimentos**, sem prejuízo daqueles previstos no Código de Processo Penal:

I – **ouvir a ofendida**, lavrar o boletim de ocorrência e tomar a representação a termo, se apresentada;

II – **colher todas as provas** que servirem para o esclarecimento do fato e de suas circunstâncias;

III – **remeter**, no prazo de 48 (quarenta e oito) horas, **expediente** apartado **ao juiz** com o pedido da ofendida, para a **concessão de medidas protetivas de urgência**;

IV – determinar que se proceda ao **exame de corpo de delito** da ofendida e requisitar outros exames periciais necessários;

V – **ouvir** o **agressor** e as **testemunhas**;

VI – ordenar a **identificação do agressor** e fazer juntar aos autos sua folha de antecedentes criminais, indicando a existência de mandado de prisão ou registro de outras ocorrências policiais contra ele;

VI-A – verificar se o agressor possui registro de porte ou posse de arma de fogo e, na hipótese de existência, juntar aos autos essa informação, bem como notificar a ocorrência à instituição responsável pela concessão do registro ou da emissão do porte, nos termos da Lei nº 10.826, de 22 de dezembro de 2003 (Estatuto do Desarmamento); (Incluído pela Lei nº 13.880, de 2019)

VII – remeter, no prazo legal, os autos do inquérito policial ao juiz e ao Ministério Público.

§ 1º O **pedido da ofendida** será tomado a termo pela autoridade policial e deverá conter:

I – qualificação da ofendida e do agressor;

II – nome e idade dos dependentes;

III – descrição sucinta do fato e das medidas protetivas solicitadas pela ofendida.

IV – informação sobre a condição de a ofendida ser pessoa com deficiência e se da violência sofrida resultou deficiência ou agravamento de deficiência preexistente. (Incluído pela Lei nº 13.836, de 2019)

§ 2º A autoridade policial deverá anexar ao documento referido no § 1º o boletim de ocorrência e cópia de todos os documentos disponíveis em posse da ofendida.

§ 3º Serão admitidos como **meios de prova** os **laudos ou prontuários médicos** fornecidos por hospitais e postos de saúde.

1. **Procedimentos a serem adotados pela autoridade policial.** Para garantir que não haja qualquer abuso de poder por parte da autoridade policial, o legislador impôs como requisito para a adoção dos procedimentos previstos no presente a realização do registro de ocorrência.

2. **Procedimentos previstos nos incisos.** Todos os incisos tratam de procedimentos que conduzirão ao esclarecimento da verdade sobre a infração penal cometida contra a mulher em situação de violência doméstica e familiar contra a mulher e a respectiva autoria. Trata-se de um dispositivo legal redigido nos moldes do art. 6º do Código de Processo Penal. Assim, verifica-se que a lei de violência doméstica e familiar contra a mulher não inseriu nenhuma novidade relevante, mas apenas tratou de procedimentos a serem adotados pela autoridade policial.

3. **Inciso III. Pedido de imposição de medidas de urgência.** Apesar de termos dito que o artigo ora comentado não constitui nenhuma grande novidade no ordenamento

jurídico processual penal brasileiro, merece destaque, entre todos os incisos, o inciso III que trata da remessa, pela autoridade policial, no prazo de 48 horas, de expediente apartado ao Juiz com o pedido da ofendida para a concessão de medidas protetivas de urgência. As medidas protetivas de urgência estão previstas no art. 22 desta lei e consistem em meios pelos quais se evitam contatos pessoais entre a vítima e o agressor. Trata-se de uma inovação positiva na legislação processual penal brasileira. Quem fará o encaminhamento será a autoridade policial que estiver em exercício na Delegacia especializada de atendimento à Mulher-DEAM. Note-se que, como o prazo é de 48 horas, ganha relevância a norma contida no inciso V do art. 11, uma vez que a ofendida, informada desse direito, poderá requerer à autoridade policial que ela represente ao Juiz competente pela decretação dessas medidas de urgência. O prazo é curto e a decisão por parte de ofendida deve ser tomada o mais rápido possível.

Art. 12-A. Os Estados e o Distrito Federal, na formulação de suas políticas e planos de atendimento à mulher em situação de violência doméstica e familiar, darão **prioridade, no âmbito da Polícia Civil**, à criação de Delegacias Especializadas de Atendimento à Mulher (Deams), de Núcleos Investigativos de Feminicídio e de equipes especializadas para o atendimento e a investigação das violências graves contra a mulher. (Redação dada pela lei nº 13.505, de 2017).

1. **Prioridade no atendimento à mulher.** Este dispositivo legal trata da prioridade no atendimento à mulher no âmbito da Polícia Civil. Trata-se de norma que já estava prevista no art. 8º, IV, da presente lei, que já fazia menção, inclusive, à Delegacia de Atendimento à Mulher, de forma que tal repetição é desnecessária. É verdade que a presente norma parece ser mais abrangente, por fazer referência à *criação de Delegacias Especializadas de Atendimento à Mulher (DEAMS)*, de *Núcleos Investigativos de Feminicídio* e de *equipes especializadas para o atendimento e a investigação das violências graves contra a mulher.* Entretanto, pensamos que tudo isso já estava abrangido pela *implementação de atendimento policial especializado* à mulher disposto no art. 8º, IV dessa lei.

Art. 12-B. (VETADO). (Redação dada pela lei nº 13.505, de 2017)

§ 1º (VETADO).

§ 2º (VETADO.

§ 3º A autoridade policial poderá **requisitar os serviços públicos necessários** à defesa da mulher em situação de violência doméstica e familiar e de seus dependentes.

1. **Requisição de serviços públicos.** Embora o *caput* do dispositivo tenha sido vetado, o § 3º foi sancionado trazendo o poder de requisição do Delegado de Polícia em relação a serviços públicos, como o atendimento hospitalar imediato, a realização de exames, a inclusão em programas de proteção à vítima de delito, entre outros. Trata-se de providência de extrema importância, pois garante ao Delegado tomar medidas imediatas em favor da vítima do delito, no momento em que tomar conhecimento da prática do delito praticado no âmbito de violência

doméstica e familiar contra a mulher. Note-se que até o advento dessa alteração isso é reservado ao Juiz, nos moldes do art. 9º, §§ 1º e 2º. Cremos que a norma contida no presente parágrafo poderia ser mais um inciso do art. 12. É importante notar que o legislador quis dar maior amplitude ao âmbito de proteção da mulher ao abranger também os seus dependentes, pois são pessoas mais próximas dela que sofrem os efeitos colaterais da violência exercida contra ela. Por se tratar de requisição, o não atendimento da ordem do Delegado de Polícia configura o delito de desobediência previsto no art. 330 do Código Penal.

Art. 12-C. Verificada a existência de risco atual ou iminente à vida ou à integridade física ou psicológica da mulher em situação de violência doméstica e familiar, ou de seus dependentes, o agressor será imediatamente afastado do lar, domicílio ou local de convivência com a ofendida: (Incluído pela Lei nº 13.827, de 2019). (Redação dada pela Lei nº 14.188, de 2021)

I – pela autoridade judicial; (Incluído pela Lei nº 13.827, de 2019)

II – pelo delegado de polícia, quando o Município não for sede de comarca; ou (Incluído pela Lei nº 13.827, de 2019)

III – pelo policial, quando o Município não for sede de comarca e não houver delegado disponível no momento da denúncia. (Incluído pela Lei nº 13.827, de 2019)

§ 1º Nas hipóteses dos incisos II e III do caput deste artigo, o juiz será comunicado no prazo máximo de 24 (vinte e quatro) horas e decidirá, em igual prazo, sobre a manutenção ou a revogação da medida aplicada, devendo dar ciência ao Ministério Público concomitantemente. (Incluído pela Lei nº 13.827, de 2019)

§ 2º Nos casos de risco à integridade física da ofendida ou à efetividade da medida protetiva de urgência, não será concedida liberdade provisória ao preso. (Incluído pela Lei nº 13.827, de 2019)

1. **Medida protetiva de urgência.** A lei nº 13.827/2019 inseriu o art. 12-C para possibilitar afastamento do agressor do lar, do domicílio ou do local de convivência com a ofendida, em caso de risco atual ou iminente à vida ou à integridade física ou psicológica (incluída pela lei nº 14.188/2021) da mulher em situação de violência doméstica e familiar ou de seus dependentes. Nos incisos o legislador especificou quem pode efetivar o afastamento. Trata-se de alteração que tardava a ser efetivada para permitir que o Delegado de Polícia ou que o agente policial efetivasse esse afastamento. Sabemos que muitas vezes a ação rápida das autoridades públicas é a única medida eficaz que pode garantir a vida da vítima de violência doméstica contra a mulher. Muitas vezes, quando o agressor já iniciou a agressão, a sua intensificação ou o risco de morte da vítima é uma questão de tempo, e pouco tempo. As autoridades públicas devem agir o mais rápido possível para afastar o agressor da vítima, retirando-o do lar, domicílio ou local de convivência com a ela.
2. **Incisos I, II e III.** No inciso I há a previsão da autoridade judiciária. Note-se que previsão já constava do art. 22. II da lei, razão pela qual não é uma novidade. Os incisos II e III trazem a possibilidade de essa medida protetiva ser efetivada pelo Delegado de Polícia (quando o Município não for sede de comarca) ou pelo policial

(quando o Município não for sede de comarca e não houver delegado disponível no momento da denúncia). Deve-se ter um cuidado: o legislador não permitiu que o Delegado de Polícia e o policial efetivassem genericamente medidas protetivas de urgência, mas tão somente a medida de afastamento do lar, do domicílio ou do local de convivência com a vítima. Pensamos que o legislador poderia ter ido muito além, aumentando as possibilidades de o Delegado de Polícia efetivar mais medidas protetivas de urgência, mas infelizmente não foi. Há uma ordem de preferência na fixação dessa medida protetiva de urgência nos incisos, de forma que o Delegado só poderá efetivá-la quando o Município não for sede de comarca, o que é explicável, segundo o entendimento do legislador, porque se o Município não for sede de comarca não haverá uma autoridade judiciária no local. Da mesma forma, o policial poderá efetivar a medida protetiva quando o Município não for sede de comarca e não houver delegado disponível no momento da denúncia. O inciso III faz menção a policial. Deve ser questionado que policial é esse, se é o membro da polícia ostensiva (Polícia Militar) ou da Polícia Judiciária. Dois fatores nos levam a afirmar que é qualquer policial. O primeiro fator é a interpretação da norma, porque se o legislador não fez qualquer distinção ou não especificou quem seria o policial, foi porque quis abranger qualquer policial, independentemente da Instituição a que ele pertencer. O segundo fator é a natureza e a finalidade da norma. Trata-se de norma que tem como âmbito de proteção a mulher e os seus dependentes, vítimas de violência doméstica e familiar e com a finalidade de fazer cessar rapidamente a agressão à vítima, bem como impedir que um mal maior possa lhes acontecer. Assim, independentemente da Instituição policial a qual o agente pertencer, o importante é que seja um policial e que possa agir rapidamente para garantir que a vítima não será mais agredida ou, como em muitos casos, que ela continue viva.

▶ **STF**

Informativo nº 1.048

Plenário

Lei Maria da Penha e afastamento do agressor por delegados e policiais.

É válida a atuação supletiva e excepcional de delegados de polícia e de policiais a fim de afastar o agressor do lar, domicílio ou local de convivência com a ofendida, quando constatado risco atual ou iminente à vida ou à integridade da mulher em situação de violência doméstica e familiar, ou de seus dependentes, conforme o art. 12-C inserido na Lei 11.340/2006 (Lei Maria da Penha)

A inclusão dos dispositivos questionados na Lei Maria da Penha — art. 12-C, II, III e § 1º — é razoável, proporcional e adequada. Ela permite a retirada imediata do algoz, sem ordem judicial prévia, mediante a atuação de delegados de polícia, quando o município não for sede de comarca, e de policiais, quando o município não for sede de comarca e não houver delegado disponível no momento da denúncia. Em ambos os casos, o juiz deverá ser comunicado no prazo máximo de 24 horas e decidirá sobre a manutenção ou revogação da medida protetiva de urgência. O afastamento ocorre de forma excepcional, supletiva e ad referendum do magistrado. Esse importante mecanismo visa garantir a efetividade da retirada do agressor e inibir a violência no âmbito das relações domésticas e familiares. Ademais, a opção do legislador não contraria a cláusula da inviolabilidade de domicílio, tampouco ofende o devido processo legal (CF, art. 5º, XI e LIV). As mudanças estão em consonância com o texto constitucional, que não exige ordem judicial prévia para o afastamento, bem como determina a criação de mecanismos para coibir a violência no âmbito das relações familiares (CF, art. 226, § 8º). Além disso, a legislação está de acordo com o sistema internacional de proteção aos direitos humanos das mulheres e de combate à violência contra a mulher, que evoluiu no sentido de recomendar a criação de mecanismos preventivos e repressivos eficazes e, dentre outras considerações, a outorga de prioridade à segurança sobre os direitos de propriedade. Com esses entendimentos, o Plenário julgou improcedente pedido formulado em ação. **ADI 6138/DF, relator Min. Alexandre de Moraes, julgamento em 23.3.2022.**

3. **Existência de risco atual ou iminente à vida ou à integridade física da mulher.** O legislador estabeleceu como requisito a existência de risco atual ou iminente à vida ou à integridade física da mulher ou de seus dependentes. Esse risco pode ser constatado de qualquer forma, como uma denúncia anônima, uma ligação da vítima ou de um vizinho para a Polícia Militar, um vizinho ou alguém que esteja passando pela rua naquele momento e ouça a situação de agressão e vá à Delegacia de Polícia para relatar o ocorrido etc.

4. **§1º. Controle judicial.** Caso a medida protetiva de afastamento não seja decretada pelo Juiz, o legislador exigiu o controle posterior pelo Poder Judiciário, com a comunicação à autoridade judiciária em 24 horas, que decidirá pela manutenção ou não do afastamento, fazendo, ao final, a comunicação ao Ministério Público. Note-se que o legislador não quis que o Ministério Público emitisse um parecer opinativo prévio sobre a manutenção ou a revogação da medida, apenas estabeleceu que deverá ser dada ciência ao Ministério Público após a decisão judicial.

5. **§2º. Vedação de liberdade provisória.** A vedação da liberdade provisória justifica-se pelo risco à integridade física da ofendida ou à efetividade da medida protetiva de urgência, conforme expresso no §2º. Isso porque caso persista o risco à integridade física, à vida da vítima ou à efetividade da medida protetiva, a medida de afastamento levada a efeito anteriormente seria inócua.

TÍTULO IV
DOS PROCEDIMENTOS

CAPÍTULO I
DISPOSIÇÕES GERAIS

Art. 13. Ao **processo**, ao **julgamento** e à **execução** das **causas cíveis e criminais** decorrentes da prática de violência doméstica e familiar contra a mulher aplicar-se-ão as normas dos Códigos de Processo Penal e Processo Civil e da legislação específica relativa à criança, ao adolescente e ao idoso que não conflitarem com o estabelecido nesta Lei.

1. **Aplicação subsidiária.** Trata-se de dispositivo desnecessário, uma vez que a aplicação subsidiária dos Códigos de Processo Penal e Processo Civil e da legislação específica relativa à criança, ao adolescente e à pessoa idosa decorre do próprio sistema de interpretação da ordem jurídica, e não do mandamento legal. Mesmo

que não houvesse esse dispositivo legal, a aplicação subsidiária ocorreria normalmente como o intérprete do Direito já faz naturalmente.

Art. 14. Os **Juizados de Violência Doméstica e Familiar contra a Mulher**, órgãos da Justiça Ordinária com **competência cível e criminal**, poderão ser criados pela União, no Distrito Federal e nos Territórios, e pelos Estados, para o **processo, o julgamento e a execução das causas decorrentes da prática de violência doméstica e familiar contra a mulher**.

Parágrafo único. Os **atos processuais** poderão realizar-se em **horário noturno**, conforme dispuserem as normas de organização judiciária.

1. **Juizado de Violência Doméstica e Familiar contra a Mulher.** O Juizado de Violência Doméstica e Familiar contra a Mulher é um órgão fracionário do Poder Judiciário que teve a sua criação autorizada por esta lei. Cabe aos Tribunais de Justiça dos Estados a criação desse órgão dentro das suas estruturas, de acordo com as normas de organização judiciária de cada Estado.
2. **Competência mista.** O Juizado de Violência Doméstica e Familiar contra a Mulher tem competência mista, ou seja, cível e criminal. Trata-se de uma norma que vai de encontro à tradicional elaboração de normas de especialização de competência, mas a intenção do legislador foi facilitar o acesso da vítima à Justiça, bem como otimizar e dar maior celeridade ao processo. Assim, ao mesmo tempo em que se julga o delito praticado em situação de violência doméstica e familiar contra a mulher, praticam-se atos de natureza cível, como a separação judicial, entre outros.

▶ **STJ**

RECURSO ESPECIAL. AÇÃO DE EXECUÇÃO DE ALIMENTOS. LEI MARIA DA PENHA. MEDIDA PROTETIVA DE URGÊNCIA EM TRÂMITE JUNTO À VARA ESPECIALIZADA DE VIOLÊNCIA DOMÉSTICA E FAMILIAR CONTRA A MULHER. ART. 14, DA LEI Nº 11.340/2006. COMPETÊNCIA HÍBRIDA. POSSIBILIDADE DE JULGAMENTO PELO JVDFM. ACÓRDÃO ESTADUAL MANTIDO. RECURSO IMPROVIDO. 1. Os Juizados de Violência Doméstica e Familiar contra a Mulher, órgãos da justiça ordinária têm competência cumulativa para o julgamento e a execução das causas decorrentes da prática de violência doméstica e familiar contra a mulher, nos termos do art. 14, da Lei nº 11.340/2006. 2. Negar o julgamento pela Vara especializada, postergando o recebimento dos provisionais arbitrados como urgentes, seria não somente afastar o espírito protetivo da lei, mas também submeter a mulher a nova agressão, ainda que de índole diversa, com o prolongamento de seu sofrimento ao menos no plano psicológico. 3. Recurso especial não provido. REsp 1475006. Rel. min. Moura Ribeiro, julgado em 14/10/2014.

3. **Crime doloso contra a vida.** Em se tratando de crime doloso contra a vida, há competência constitucional positivada no art. 5º, XXXVIII, alínea *d,* da CF/88 (*"É reconhecida a instituição do júri, com a organização que lhe der a lei, assegurados: d) a competência para o julgamento dos crimes dolosos contra a vida"*). Por tratar-se de competência constitucional, ela deve prevalecer sobre a competência determinada na presente lei. Assim, em se tratando de crime doloso contra a vida, a exemplo

do homicídio doloso tentado ou consumado, em situação de violência doméstica e familiar contra a mulher, a competência para o processo e o julgamento será do Tribunal do Júri. Contudo, a jurisprudência faz uma distinção entre as duas fases do julgamento pelo Tribunal do Júri da seguinte forma: até a fase da pronúncia, o processo tem o seu curso no Juizado de Violência Doméstica e Familiar contra a Mulher. Após a pronúncia, o processo tem o seu curso no Tribunal do Júri.

▶ **STJ**

INFORMATIVO nº 465.

Quinta Turma.

COMPETÊNCIA. VIOLÊNCIA DOMÉSTICA.

Trata-se de *habeas corpus* em que se discute a competência para o processamento e julgamento de crimes dolosos contra a vida em se tratando de violência doméstica. No caso, cuida-se de homicídio qualificado tentado. (...). A Turma concedeu a ordem ao entendimento de que, consoante o disposto na própria lei de organização judiciária local (art. 19 da Lei n. 11.697/2008), é do tribunal do júri a competência para o processamento e julgamento dos crimes dolosos contra a vida, ainda que se trate de delito cometido no contexto de violência doméstica. Precedentes citados: HC 163.309-DF, DJe 1º/2/2011, e HC 121.214-DF, DJe 8/6/2009. **HC 145.184-DF, Rel. Min. Laurita Vaz, julgado em 3/3/2011.**

▶ **STJ**

HABEAS CORPUS – CRIME DOLOSO CONTRA A VIDA PROCESSADO PELO JUIZADO DE VIOLÊNCIA DOMÉSTICA E FAMILIAR CONTRA A MULHER (...). Ressalvada a competência do Júri para julgamento do crime doloso contra a vida, seu processamento, até a fase de pronúncia, poderá ser pelo Juizado de Violência Doméstica e Familiar contra a Mulher, em atenção à Lei 11.340/06. (HC 73.161. Rel. Min. Jane Silva (Desembargadora convocada do TJ/MG, julgado em 29/08/2007).

4. **Crime praticado a bordo de navio e aeronave.** Imagine-se a hipótese de violência doméstica e familiar contra a mulher a bordo de um navio ou de uma aeronave, como no caso de um casal que decide viajar de férias e, logo após o início de uma discussão dentro da aeronave ou dentro de um navio, o homem agride a esposa. Nesse caso, de quem será competência para o processo e para o julgamento? O art. 109, IX da CF/88 dispõe que compete à Justiça Federal processar e julgar crimes praticados a bordo de navios ou aeronaves (*"Aos juízes federais compete processar e julgar: IX – os crimes cometidos a bordo de navios ou aeronaves, ressalvada a competência da Justiça Militar"*). Tendo em vista que se trata de uma competência constitucional, ela deve prevalecer sobre a competência prevista na presente lei e, nesse caso, competirá à Justiça Federal o processo e o julgamento desse delito.

5. **Navio.** Deve-se tomar cuidado com a expressão *navio*. Tendo em vista que a CF/88 não conceituou o que seria navio, a doutrina e a jurisprudência pacificaram os seus entendimentos no sentido de conferir à expressão *navio* interpretação restritiva. Assim, *navio* não pode ser entendido como qualquer embarcação que se desloque sob águas, independentemente de qualquer outro critério. Por navio entenda-se a embarcação de grande porte, que possua tamanho e autonomia consideráveis para gerar o seu deslocamento para águas internacionais. Além disso, o navio

deve encontrar-se em situação de deslocamento internacional ou em situação de potencial deslocamento.

▶ **STJ**

CONFLITO DE COMPETÊNCIA. DESENVOLVIMENTO CLANDESTINO DE ATIVIDADES DE TELECOMUNICAÇÃO. CRIME COMETIDO A BORDO DE NAVIO ANCORADO NO PORTO DE PARANAGUÁ. SITUAÇÃO DE POTENCIAL DESLOCAMENTO. COMPETÊNCIA DA JUSTIÇA FEDERAL. 1. A Constituição Federal, em seu art. 109, IX, expressamente aponta a competência da Justiça Federal para processar e julgar "os crimes cometidos a bordo de navios ou aeronaves, ressalvada a competência da Justiça Militar". 2. Em razão da imprecisão do termo "navio" utilizado no referido dispositivo constitucional, a doutrina e a jurisprudência construíram o entendimento de que "navio" seria embarcação de grande porte o que, evidentemente, excluiria a competência para processar e julgar crimes cometidos a bordo de outros tipos de embarcações, isto é, aqueles que não tivessem tamanho e autonomia consideráveis que pudessem ser deslocados para águas internacionais. 3. Restringindo-se ainda mais o alcance do termo "navio", previsto no art. 109, IX, da Constituição, a interpretação que se dá ao referido dispositivo deve agregar outro aspecto, a saber, que ela se encontre em situação de deslocamento internacional ou em situação de potencial deslocamento. 4. Os tripulantes do navio que se beneficiavam da utilização de centrais telefônicas clandestinas, para realizar chamadas internacionais, pertenciam a embarcação que estava em trânsito no Porto de Paranaguá, o que caracteriza, sem dúvida, situação de potencial deslocamento. Assim, a competência, vista sob esse viés, é da Justiça Federal. 5. Conflito conhecido para declarar competente o Juízo Federal e Juizado Especial de Paranaguá – SJ/PR. **(CC 118.503/PR, Rel. Min. Rogerio Schietti Cruz, julgado em 22/04/2015)**

6. **Medida cautelar de interceptação telefônica.** É possível a realização de interceptação telefônica para investigar a prática de um delito em âmbito de violência doméstica e familiar contra a mulher, desde que, por exigência do art. 2º, II, da lei 9.296/96 (*"Não será admitida a interceptação de comunicações telefônicas quando ocorrer qualquer das seguintes hipóteses: II – a prova puder ser feita por outros meios disponíveis"*), seja o único meio disponível para a formação da prova da infração penal. Isso porque, tendo em vista que a medida de interceptação telefônica viola o direito fundamental à intimidade e ao sigilo das comunicações telefônicas, o legislador conferiu à essa medida o caráter subsidiário, de forma que ela tem que ser o único meio de prova disponível para a investigação de determinado delito, sendo, portanto, um requisito para a autorização judicial da medida. O art. 1º da lei 9.296/96 dispõe que *"a interceptação de comunicações telefônicas, de qualquer natureza, para prova em investigação criminal e em instrução processual penal, observará o disposto nesta Lei e dependerá de ordem do juiz competente da ação principal, sob segredo de justiça."* A previsão legal no sentido de que a interceptação telefônica depende de autorização do Juiz competente é uma decorrência do princípio do Juízo natural previsto no art. 5º, XXXVII (*"não haverá juízo ou tribunal de exceção"*) e LIII (*"ninguém será processado nem sentenciado senão pela autoridade competente"*) da CF/88. Segundo esse princípio, o Juízo natural é aquele que possui a sua competência definida em lei antes da prática do fato criminoso. Dessa

forma, caso seja necessária a interceptação telefônica para a investigação de um delito praticado em âmbito de violência doméstica e familiar contra a mulher, o Juízo competente para a sua concessão será o do Juizado de Violência Doméstica e Familiar contra a Mulher, onde houver. Onde não houver, será o Juízo das Varas Criminais, nos moldes do art. 33 desta lei.

7. **Medida cautelar de interceptação telefônica e Tribunal do Júri.** Na hipótese vista no item anterior, caso o delito investigado seja um crime doloso contra a vida, como no caso de um homicídio doloso, o Juízo competente para a autorização da interceptação telefônica será o Tribunal do Júri, por meio do Juiz presidente.

8. **Ameaça feita pelo Facebook. Agressor no exterior. Competência para a imposição das medidas protetivas de urgência.** Em caso de ameaça feita contra a mulher, por meio da rede social denominada Facebook, estando o agressor no exterior, a competência para a imposição de medida protetiva de urgência é da Justiça Federal, com fundamento no art. 109, V, da CF/88.

▶ **STJ**

Informativo nº 636.

Terceira Seção

Ameaças de ex-namorado à mulher via *facebook*. Crime à distância. Internacionalidade configurada. Pedido de medidas protetivas de urgência ao Poder Judiciário brasileiro. Lei Maria da Penha. Concretude às convenções internacionais firmadas pelo Brasil. Competência da justiça Federal.

Compete à Justiça Federal apreciar o pedido de medida protetiva de urgência decorrente de crime de ameaça contra a mulher cometido, por meio de rede social de grande alcance, quando iniciado no estrangeiro e o seu resultado ocorrer no Brasil.

Inicialmente, cumpre salientar que, segundo o art. 109, V, da Constituição Federal, aos juízes federais compete processar e julgar "os crimes previstos em tratado ou convenção internacional, quando iniciada a execução no País, o resultado tenha ou devesse ter ocorrido no estrangeiro, ou reciprocamente". Encontrando-se o suposto autor das ameaças em território estrangeiro, uma vez que não se tem notícia do seu ingresso no país, tem-se um possível crime à distância, tendo em vista que as ameaças foram praticadas nos EUA, mas a suposta vítima teria tomado conhecimento do seu teor no Brasil. Observe-se que, de fato, não se tem, propriamente, crime previsto em tratado ou convenção internacional. Isto porque, embora o Brasil seja signatário de acordos internacionais que asseguram os direitos das mulheres, tais convenções não descrevem tipos penais. Em outras palavras, referidas convenções apenas apresentam conceitos e recomendações sobre a erradicação de qualquer forma de discriminação e violência contra as mulheres. Entretanto, em situação semelhante ao caso concreto, o argumento de ausência de tipificação em convenção internacional foi derrubado pelo Supremo quando da análise de crimes de pedofilia na *Internet* (RE 628.624). Segundo a tese vencedora, o Estatuto da Criança e do Adolescente é produto de tratado e convenção internacional subscritos pelo Brasil. Dessarte, à luz do entendimento firmado pelo Supremo Tribunal Federal, embora as convenções internacionais firmadas pelo Brasil não tipifiquem ameaças à mulher, a Lei Maria da Penha, que prevê medidas protetivas, veio concretizar o dever assumido pelo Estado Brasileiro de proteção à mulher. Assim, é evidente a internacionalidade das ameaças que tiveram início nos EUA, por meio de rede social de grande alcance, o que resulta na competência da Justiça Federal. **CC 150.712-SP, Rel. Min. Joel Ilan Paciornik, julgado em 10/10/2018.**

9. **Indenização por danos morais.** É possível que haja a fixação, na sentença penal condenatória, do valor mínimo de indenização por danos morais, nos moldes dispostos no art. 397, IV, do Código de Processo Penal, desde que tenha havido pedido expresso da acusação ou da ofendida, independentemente de instrução probatória, pois se trata de dano *in re ipsa*. Mesmo tendo o Juizado de Violência Doméstica e Familiar contra a Mulher competência mista, é na sentença criminal que o valor é fixado. Note-se que, ainda que haja a posterior reconciliação entre a vítima e o agressor, tal reconciliação não tem o condão de afastar a necessidade de fixação do valor mínimo de indenização.

▶ **STJ**

Informativo nº 621.

Recursos repetitivos

Violência doméstica e familiar contra a mulher. Danos morais. Indenização mínima. Art. 397, IV, do CPP. Pedido necessário. Produção de prova específica dispensável. Dano *in re ipsa*.

Nos casos de violência contra a mulher praticados no âmbito doméstico e familiar, é possível a fixação de valor mínimo indenizatório a título de dano moral, desde que haja pedido expresso da acusação ou da parte ofendida, ainda que não especificada a quantia, e independentemente de instrução probatória.

Cinge-se a controvérsia a definir a necessidade ou não de indicação de um montante mínimo pelo postulante, bem como a necessidade ou não da produção de prova, durante a instrução criminal, para a fixação, em sentença condenatória, da indenização por danos morais sofridos pela vítima de violência doméstica. Em relação à primeira questão, cumpre salientar que ambas as Turmas desta Corte Superior já firmaram o entendimento de que a imposição, na sentença condenatória, de indenização, a título de danos morais, para a vítima de violência doméstica, requer a dedução de um pedido específico, em respeito às garantias do contraditório e da ampla defesa. Entretanto, a Quinta Turma possui julgados no sentido de ser necessária a indicação do valor pretendido para a reparação do dano sofrido. Já a Sexta Turma considera que o juízo deve apenas arbitrar um valor mínimo, mediante a prudente ponderação das circunstâncias do caso concreto. Nesse sentido, a fim de uniformizar o entendimento, conclui-se que o pedido expresso por parte do Ministério Público ou da ofendida, na exordial acusatória, é, de fato, suficiente, ainda que desprovido de indicação do seu *quantum*, de sorte a permitir ao juízo sentenciante fixar o valor mínimo a título de reparação pelos danos morais, sem prejuízo, evidentemente, de que a pessoa interessada promova, no juízo cível, pedido complementar, onde, então, será necessário produzir prova para a demonstração do valor dos danos sofridos. Já em relação à segunda questão, é importante destacar que no âmbito da reparação dos danos morais, a Lei Maria da Penha, complementada pela reforma do Código de Processo Penal através da Lei n. 11.719/2008, passou a permitir que o juízo único – o criminal – possa decidir sobre um montante que, relacionado à dor, ao sofrimento, à humilhação da vítima, de difícil mensuração, deriva da própria prática criminosa experimentada. Assim, não há razoabilidade na exigência de instrução probatória acerca do dano psíquico, do grau de humilhação, da diminuição da autoestima, etc, se a própria conduta criminosa empregada pelo agressor já está imbuída de desonra, descrédito e menosprezo ao valor da mulher como pessoa e à sua própria dignidade. O que se há de exigir como prova, mediante o respeito às regras do devido processo penal – notadamente as que derivam dos princípios do contraditório e da ampla defesa –, é a própria imputação criminosa – sob a regra, decorrente da presunção de inocência, de que o *onus probandi* é integralmente do órgão de acusação –, porque, uma vez demonstrada a agressão à mulher, os danos psíquicos dela resultantes são evidentes e nem têm mesmo como ser demonstrados. Diante desse quadro, a simples relevância de haver pedido expresso na denúncia, a fim de garantir o exercício do contraditório e da ampla defesa, é bastante para que o Juiz sentenciante, a partir dos elementos de prova que o levaram à condenação, fixe o valor mínimo a título de reparação dos danos morais causados pela infração perpetrada, não sendo exigível produção de prova específica para aferição da profundidade e/ou extensão do dano. O merecimento à indenização é ínsito à própria condição de vítima de violência doméstica e familiar. O dano, pois, é *in re ipsa*. **REsp 1.643.051-MS, Rel. Min. Rogerio Schietti Cruz, julgado em 28/02/2018.**

▶ **STJ**

Informativo nº 657.
Sexta Turma.
Violência doméstica e familiar contra a mulher. Dano moral *in re ipsa*. Valor mínimo para a reparação civil. Art. 387, IV, do CPP. Posterior reconciliação. Irrelevância. Execução do título. Opção da vítima. (...) A posterior reconciliação entre a vítima e o agressor não é fundamento suficiente para afastar a necessidade de fixação do valor mínimo previsto no art. 387, inciso IV, do Código de Processo Penal, seja porque não há previsão legal nesse sentido, seja porque compete à própria vítima decidir se irá promover a execução ou não do título executivo, sendo vedado ao Poder Judiciário omitir-se na aplicação da legislação processual penal que determina a fixação de valor mínimo em favor da vítima. **REsp 1.819.504-MS, Rel. Min. Laurita Vaz, Sexta Turma, por unanimidade, julgado em 10/09/2019, DJe 30/09/2019.**

Art. 14-A. A **ofendida tem a opção** de propor ação de divórcio ou de dissolução de união estável no Juizado de Violência Doméstica e Familiar contra a Mulher. (Incluído pela Lei nº 13.894, de 2019)

§ 1º Exclui-se da competência dos Juizados de Violência Doméstica e Familiar contra a Mulher a pretensão relacionada à partilha de bens. (Incluído pela Lei nº 13.894, de 2019)

§ 2º Iniciada a situação de violência doméstica e familiar após o ajuizamento da ação de divórcio ou de dissolução de união estável, a ação terá preferência no juízo onde estiver. (Incluído pela Lei nº 13.894, de 2019)

1. **Opção de foro pela vítima.** O *caput* deste artigo trata da opção da vítima por ajuizar ação de divórcio ou de dissolução de união estável no Juizado de Violência Doméstica e Familiar contra a Mulher. Trata-se de previsão legal que em nada inovou na ordem jurídica, uma vez que o art. 14 já prevê a competência mista do Juizado de Violência Doméstica e Familiar contra a Mulher. Contudo, o legislador excluiu do Juizado qualquer pretensão relacionada à partilha de bens, nos moldes expressos no §1º, que é autoexplicativo. O §2º, também autoexplicativo, mantém a preferência da competência no juízo de família onde o processo já tiver seu curso, caso a violência seja iniciada após o ajuizamento da ação de divórcio ou da dissolução da união estável, fazendo com que não haja a modificação da competência anteriormente fixada.

Art. 15. É competente, por **opção da ofendida**, para os processos **cíveis** regidos por esta Lei, o Juizado:

I – do seu domicílio ou de sua residência;

II – do lugar do fato em que se baseou a demanda;

III – do domicílio do agressor.

1. **Competência por opção da vítima.** O legislador deixou a cargo da vítima do delito a opção pela competência, podendo ela escolher entre o Juizado de seu domicílio ou residência, do lugar do delito ou do domicílio do agressor. Ao que parece, a opção que o legislador conferiu à vítima teve a finalidade de beneficiá-la, com o intuito de evitar possíveis danos à sua imagem enquanto vítima de violência doméstica.

Art. 16. Nas ações penais públicas condicionadas à representação da ofendida de que trata esta Lei, **só será admitida a renúncia à representação perante o juiz,** em audiência especialmente designada com tal finalidade, antes do recebimento da denúncia e ouvido o Ministério Público.

1. **Retratação da representação.** O que o legislador chamou de renúncia, na realidade é uma *retratação* do direito de representação que já foi exercido. É comum mulheres vítimas de violência doméstica oferecerem a representação contra os seus agressores, logo após a agressão, em um momento de fúria, de fragilidade, de raiva ou de vingança e, posteriormente, reconciliadas com o agressor, manifestarem as suas vontades no sentido não verem o agressor processado criminalmente. De outro giro, também é comum mulheres vítimas de violência doméstica sofrerem ameaças e serem constrangidas pelos seus agressores mesmo depois de oferecerem a representação. Dessa forma, nos delitos de ação penal pública condicionada à representação, para evitar qualquer espécie de vício na vontade da vítima de oferecer a retratação justamente pelo constrangimento ou ameaça do agressor e garantir a sua espontaneidade, o legislador exigiu que essa retratação seja feita em audiência específica para esse fim, na presença do Juiz, com a oitiva do Ministério Público. Note-se que esse artigo ficou sem aplicabilidade em relação especificamente aos delitos de lesão corporal leve e culposa praticados no âmbito de violência doméstica e familiar contra a mulher, tendo em vista que a ação penal nos nesses delitos é pública incondicionada (ver comentários ao art. 41 desta lei).

▶ **STJ**

Súmula nº 542: A ação penal relativa ao crime de lesão corporal resultante de violência doméstica contra a mulher é pública incondicionada.

▶ **STJ**

Informativo nº 656.

Quinta Turma

Violência doméstica. Lesão corporal leve. Representação. Retratação no cartório da Vara. Irrelevância. Art. 16 da Lei n. 11.340/2006. Audiência específica.

Necessidade. Não atende ao disposto no art. 16 da Lei Maria da Penha, a retratação da suposta ofendida ocorrida em cartório de Vara, sem a designação de audiência específica necessária para a confirmação do ato. (...) **HC 138.143-MG, Rel. Min. Ribeiro Dantas, Quinta Turma, por unanimidade, julgado em 03/09/2019, DJe 10/09/2019.**

2. **Limite temporal para a audiência.** Segundo o STJ, a audiência mencionada no artigo ora comentado somente será realizada se houver manifestação da vítima da violência doméstica e familiar contra a mulher antes de a denúncia ser recebida.

▶ **STJ**

Informativo nº 743

Sexta Turma

Violência contra a mulher. Art. 16 da Lei n. 11.340/2006 (Lei Maria da Penha). Designação de audiência para retratação da representação. Manifestação da vítima em momento anterior ao recebimento da denúncia. Necessidade.

A realização da audiência prevista no art. 16 da Lei n. 11.340/2006 somente se faz necessária se a vítima houver manifestado, de alguma forma, em momento anterior ao recebimento da denúncia, ânimo de desistir da representação. (...) **AgRg no REsp 1.946.824-SP, Rel. Min. Joel Ilan Paciornik, Quinta Turma, por unanimidade, julgado em 14/06/2022, DJe 17/06/2022.**

3. **A realização da audiência depende de manifestação da vítima.** A audiência prevista nesse artigo não é obrigatória e automática para confirmar a representação. Na realidade, a audiência é para confirmar a retratação da vítima, razão pela qual a sua realização depende de manifestação da vítima ao expor a sua vontade de se retratar da representação feita anteriormente, não podendo ser designada de ofício pelo Juiz.

▶ **STF**

Informativo nº 1.104

Plenário

Lei Maria da Penha: obrigatoriedade de designação da audiência de retratação e do comparecimento da vítima – ADI 7.267/DF

A interpretação no sentido da obrigatoriedade da audiência prevista no artigo 16 da Lei Maria da Penha (Lei 11.340/2006), sem que haja pedido de sua realização pela ofendida, viola o texto constitucional e as disposições internacionais que o Brasil se obrigou a cumprir, na medida em que discrimina injustamente a própria vítima de violência.

A audiência perante o juiz, de que trata o referido dispositivo para as ações penais públicas condicionadas à representação da ofendida, tem a finalidade de viabilizar que a vítima, devidamente assistida por uma equipe multidisciplinar, expresse, de forma livre, a sua vontade. Não se trata da mera avaliação da presença de um requisito procedimental, de modo que não cabe ao magistrado delegar a realização da audiência a outro profissional, ou designá-la de ofício ou a requerimento de outra parte.

Visto que a garantia da liberdade somente é assegurada caso a própria vítima, de forma exclusiva, solicite a realização dessa solenidade, determinar o seu comparecimento ao ato configura desrespeito a sua intenção, que, nesse caso, deve prevalecer.

Com base nesse entendimento, o Plenário, por unanimidade, julgou parcialmente procedente a ação para dar interpretação conforme a Constituição ao artigo 16 da Lei 11.340/2006, no sentido de reconhecer a inconstitucionalidade (i) da designação, de ofício, da audiência nele prevista; e (ii) do reconhecimento de que eventual não com- parecimento da vítima de violência doméstica implique "retratação tácita" ou "renúncia tácita ao direito de representação". **ADI 7.267/DF, relator Ministro Edson Fachin, julgamento virtual finalizado em 21.8.2023.**

▶ **STJ.**

Informativo nº 766

Recursos Repetitivos

Audiência do art. 16 da Lei n. 11.340/2006 (Lei Maria da Penha). Realização. Necessidade de prévia manifestação do desejo da vítima de se retratar. Designação de ofício pelo magistrado. Impossibilidade.

A audiência prevista no art. 16 da Lei n. 11.340/2006 tem por objetivo confirmar a retratação, não a representação, e não pode ser designada de ofício pelo juiz. Sua realização somente é necessária caso haja manifestação do desejo da vítima de se retratar trazida aos autos antes do recebimento da denúncia.

A controvérsia consiste em definir se a audiência preliminar prevista no art. 16 da Lei n. 11.340/2006 (Lei Maria da Penha) é ato processual obrigatório determinado pela lei ou se configura apenas um direito da ofendida, caso manifeste o desejo de se retratar. A Lei Maria da Penha disciplina procedimento próprio para que a vítima possa eventualmente se retratar de representação já apresentada. Dessarte, dispõe o art. 16 da Lei n. 11.340/2006 que, "nas ações penais públicas condicionadas à representação da ofendida de que trata esta lei, só será admitida a renúncia à representação perante o juiz, em audiência especialmente designada com tal finalidade, antes do recebimento da denúncia e ouvido o Ministério Público". Nesse sentido, é imperativo que a vítima, *sponte propria*, revogue sua declaração anterior e leve tal revogação ao conhecimento do magistrado para que se possa cogitar da necessidade de designação da audiência específica prevista no art. 16 da Lei Maria da Penha. Pode-se mesmo afirmar que a intenção do legislador, ao criar tal audiência, foi a de evitar ou pelo menos minimizar a possibilidade de oferecimento de retratação pela vítima em virtude de ameaças ou pressões externas, garantindo a higidez e autonomia de sua nova manifestação de vontade em relação à persecução penal do agressor. Assim, não há como se interpretar a regra contida no art. 16 da Lei n. 11.340/2006 como uma audiência destinada à confirmação do interesse da vítima em representar contra seu agressor, pois a letra da lei deixa claro que tal audiência se destina à confirmação da retratação. Tudo isso ponderado, ressalta nítido que a audiência prevista no art. 16 da Lei n. 11.340/2006 não pode ser designada de ofício pelo magistrado, até porque uma iniciativa com tal propósito corresponderia à criação de condição de procedibilidade (ratificação da representação) não prevista na Lei Maria da Penha, viciando de nulidade o ato praticado de ofício pelo juiz. **REsp 1.977.547-MG, Rel. Ministro Reynaldo Soares da Fonseca, Terceira Seção, por unanimidade, julgado em 8/3/2023.**

Art. 17. **É vedada** a aplicação, nos casos de violência doméstica e familiar contra a mulher, de **penas de cesta básica ou outras de prestação pecuniária**, bem como a **substituição** de pena que implique o **pagamento isolado de multa**.

1. **Pena de cesta básica.** O que é a pena de cesta básica a que o legislador se referiu nesse dispositivo? Existe essa pena de cesta básica? A CF/88, no art. 5º, XLVI estabeleceu as espécies de penas que existem no ordenamento jurídico penal brasileiro (*"A lei regulará a individualização da pena e adotará, entre outras, as seguintes: a) privação ou restrição da liberdade; b) perda de bens; c) multa; d) prestação social alternativa; e) suspensão ou interdição de direitos."*). Não se vê no dispositivo constitucional a *pena de cesta básica*, o que leva parcela da doutrina a sustentar a sua inconstitucionalidade por ausência de previsão constitucional. Contudo, de outro giro, outra parcela doutrinária sustenta que ela é constitucional, em razão de o constituinte ter utilizado as expressões "entre outras", o que denota um rol exemplificativo de penas. Na realidade, a *pena de cesta básica* é uma criação baseada no art. 45, § 2º do Código Penal, como espécie de prestação pecuniária, pena restritiva de direitos prevista no art. 43, I, do Código Penal (*"Art. 43. As penas restritivas de direitos são: I – prestação pecuniária"*) e regulada pelo art. 45, §§ 1º e 2º (*"Art. 45. Na aplicação da substituição prevista no artigo anterior, proceder-se-á na forma deste e dos arts. 46, 47 e 48. § 1º A prestação pecuniária consiste no pagamento em dinheiro à vítima, a seus dependentes ou a entidade pública ou privada com destinação social, de importância fixada pelo juiz, não inferior a 1 (um) salário mínimo nem superior a 360 (trezentos e sessenta) salários mínimos. O valor pago será deduzido do montante de eventual condenação em ação de reparação civil, se coincidentes os beneficiários. § 2º No caso do parágrafo anterior, se houver aceitação do beneficiário, a prestação pecuniária pode consistir em prestação de outra natureza."*). Portanto, percebe-se que a *pena de cesta básica* funciona como alternativa à pena restritiva de direitos de prestação pecuniária, e desse dispositivo decorre a sua previsão legal. A intenção do legislador, ao proibir a *pena de cesta básica* ou outras de prestação pecuniária, bem como a substituição de pena que implique o pagamento isolado de multa, foi evitar que ao autor de um delito praticado em âmbito de violência doméstica e familiar contra a mulher não seja aplicada uma pena severa e seja aplicada apenas uma pena de multa ou de prestação pecuniária. A preocupação do legislador foi com a função preventiva geral da pena, no sentido de dar mostras à coletividade de que o agressor não vai receber apenas uma pena de multa ou uma prestação pecuniária. Em outras palavras, o legislador não admitiu que uma agressão à mulher pudesse custar ao agressor somente uma doação de cesta básica, uma prestação pecuniária ou uma multa. Isso não quer dizer que não caibam outras penas restritivas de direitos previstas no art. 43 do Código Penal.

2. **Impossibilidade de substituição da pena privativa de liberdade por pena restritiva de direitos que implique o pagamento isolado de multa.** Nas infrações penais (crimes ou contravenções) cometidas em âmbito de violência doméstica e familiar contra a mulher, não cabe substituição da pena privativa de liberdade por pena restritiva de direitos que implique o pagamento isolado de multa. Note-se que, em razão da violência ou da grave ameaça praticada. É bem verdade que quando o legislador no art. 44, I, do Código Penal, elencou a ausência de violência ou grave ameaça como um dos requisitos, entre outros,

para a substituição da pena privativa de liberdade por pena restritiva de direitos, ele pensou na violência física. Entretanto, a presente lei ampliou o conceito de violência para fins de sua configuração quando praticada no âmbito doméstico contra a mulher e no art. 7º estabeleceu as seguintes formas de violência: física, psicológica, sexual, patrimonial e moral. Em princípio, poderia pensar-se que a impossibilidade de substituição somente incidiria diante da violência física, e não diante das demais formas de violência (psicológica, sexual, patrimonial e moral). Porém, pensamos que a impossibilidade ocorre em relação a todas as formas de violência elencadas no art. 7º da presente lei. Isso porque no art. 44, I, do Código Penal, o legislador usou a expressão genérica "violência", não a especificando. Demais disso, o próprio legislador ampliou o conceito de violência no âmbito doméstico contra a mulher. Assim, parece-nos que a impossibilidade de substituição da pena privativa de liberdade por pena restritiva de direitos alcança todas as espécies de violência elencadas no art. 7º da presente lei, e não somente a violência física. Ademais, deve ser considerado o âmbito de proteção da norma e a intenção do legislador de impedir a aplicação de qualquer espécie de benefício ao autor da infração penal no âmbito de violência contra a mulher, como fê-lo expressamente no art. 41 da presente lei ao afastar a incidência das medidas despenalizadoras previstas na lei nº 9.099/95, dispositivo que já foi declarado constitucional pelo STF. Ver comentários ao art. 41 desta lei.

▶ STJ

Súmula 588: A prática de crime ou contravenção penal contra a mulher com violência ou grave ameaça no ambiente doméstico impossibilita a substituição da pena privativa de liberdade por restritiva de direitos.

▶ STF

INFORMATIVO nº 884

Primeira Turma

Violência doméstica: contravenção penal e possibilidade de substituição da pena.

A Primeira Turma, por maioria, indeferiu a ordem de "habeas corpus" em que solicitada a substituição da pena privativa de liberdade por restritiva de direitos em caso de contravenção penal envolvendo violência doméstica. (...). A Turma julgou improcedente o pedido, com base em interpretação extensiva do art. 44, I do Código Penal, no caso de violência doméstica e familiar contra a mulher, em que a noção de crime abarcaria qualquer conduta delituosa, inclusive contravenção penal. (...). **(HC 137888/MS, rel. Min. Rosa Weber, julgamento em 31.10.2017).**

3. **Pena de multa imposta isoladamente.** A proibição contida neste artigo aplica-se ainda que o tipo penal tenha previsão de cominação da pena de multa de forma isolada, como ocorre no delito de ameaça previsto no art. 147 do Código Penal, em que a pena é de detenção de um a seis meses *ou* multa.

▶ STJ.

Informativo nº 779

Recursos Repetitivos

Violência doméstica contra a mulher. Ameaça. Pena de multa. Aplicação isolada. Impossibilidade. Art. 17 da Lei n. 11.340/2006 (Lei Maria da Penha).

A vedação constante do art. 17 da Lei n. 11.340/2006 (Lei Maria da Penha) obsta a imposição, nos casos de violência doméstica e familiar contra a mulher, de pena de multa isoladamente, ainda que prevista de forma autônoma no preceito secundário do tipo penal imputado.

A controvérsia consiste em definir se a vedação constante do art. 17 da Lei n. 11.340/2006 (Lei Maria da Penha) obsta a imposição, nos casos de violência doméstica e familiar contra a mulher, de pena de multa isoladamente, ainda que prevista de forma autônoma no preceito secundário do crime de ameaça. A intenção do legislador ao impedir a aplicação exclusiva da pena de multa foi a de ampliar a função de prevenção geral das penas impostas nos casos de crimes cometidos nesse contexto. Dessa forma, pretende-se demonstrar à sociedade que a prática de agressão contra a mulher acarreta consequências graves para o autor, que vão além do aspecto financeiro. Tal interpretação implica na compreensão de que a proibição legal também se aplica à hipótese de multa estabelecida como uma pena autônoma na parte secundária do tipo penal, como é o caso do crime de ameaça (art. 147 do Código Penal). Com efeito, a imposição desse tipo de penalidade (multa) em crimes cometidos de acordo com o artigo 5º da Lei n. 11.340/2006 só pode ocorrer de forma cumulativa, nunca de maneira isolada. **REsp 2.049.327-RJ, Rel. Ministro Sebastião Reis Júnior, Terceira Seção, por unanimidade, julgado em 14/6/2023.**

Art. 17-A. O nome da ofendida ficará sob **sigilo nos processos** em que se apuram crimes praticados no contexto de violência doméstica e familiar contra a mulher. (Incluído pela Lei nº 14.857, de 2024)

Parágrafo único. O sigilo referido no caput deste artigo não abrange o nome do autor do fato, tampouco os demais dados do processo. (Incluído pela Lei nº 14.857, de 2024)

Sigilo. Conferindo proteção à mulher, o legislador exigiu expressamente o sigilo do nome da vítima de violência doméstica contra a mulher. Note-se que o sigilo não é uma faculdade conferida ao Juiz, que depende de requerimento da ofendida nos autos. O sigilo é uma imposição legal, que deve ser garantido desde a distribuição do processo no Poder Judiciário. Nos moldes do parágrafo único, o legislador restringiu o sigilo ao nome da ofendida, não abrangendo o nome do autor do fato ou os demais dados do processo.

CAPÍTULO II
DAS MEDIDAS PROTETIVAS DE URGÊNCIA

Seção I
Disposições Gerais

Art. 18. Recebido o expediente com o pedido da ofendida, **caberá ao juiz**, no prazo de 48 (quarenta e oito) horas:

I – conhecer do expediente e do pedido e decidir sobre as **medidas protetivas de urgência**;

II – determinar o encaminhamento da ofendida ao órgão de assistência judiciária, quando for o caso, inclusive para o ajuizamento da ação de separação judicial, de divórcio, de anulação de casamento ou de dissolução de união estável perante o juízo competente; (Redação dada pela Lei nº 13.894, de 2019);

III – comunicar ao Ministério Público para que adote as providências cabíveis.

IV – determinar a apreensão imediata de arma de fogo sob a posse do agressor. (Incluído pela Lei nº 13.880, de 2019)

Providências judiciais. O legislador tratou o caso com a urgência que o tema requer e estabeleceu o prazo de 48 horas para o Juiz do Juizado de Violência Doméstica e Familiar contra a Mulher (onde houver) tomar as providências descritas no dispositivo. As medidas protetivas de urgência a que se refere o inciso I estão positivadas no art. 22, para onde remetemos o leitor.

Art. 19. As **medidas protetivas de urgência** poderão ser concedidas pelo juiz, a requerimento do Ministério Público ou a pedido da ofendida.

§ 1º As medidas protetivas de urgência poderão ser concedidas de imediato, independentemente de audiência das partes e de manifestação do Ministério Público, devendo este ser prontamente comunicado.

§ 2º As medidas protetivas de urgência serão aplicadas isolada ou cumulativamente, e poderão ser substituídas a qualquer tempo por outras de maior eficácia, sempre que os direitos reconhecidos nesta Lei forem ameaçados ou violados.

§ 3º Poderá o juiz, a requerimento do Ministério Público ou a pedido da ofendida, conceder novas medidas protetivas de urgência ou rever aquelas já concedidas, se entender necessário à proteção da ofendida, de seus familiares e de seu patrimônio, ouvido o Ministério Público.

§ 4º As medidas protetivas de urgência serão concedidas em juízo de cognição sumária a partir do depoimento da ofendida perante a autoridade policial ou da apresentação de suas alegações escritas e poderão ser indeferidas no caso de avaliação pela autoridade de inexistência de risco à integridade física, psicológica, sexual, patrimonial ou moral da ofendida ou de seus dependentes. (Incluído pela Lei nº 14.550, de 2023).

§ 5º As medidas protetivas de urgência serão concedidas independentemente da tipificação penal da violência, do ajuizamento de ação penal ou cível, da existência de inquérito policial ou do registro de boletim de ocorrência. (Incluído pela Lei nº 14.550, de 2023).

§ 6º As medidas protetivas de urgência vigorarão enquanto persistir risco à integridade física, psicológica, sexual, patrimonial ou moral da ofendida ou de seus dependentes. (Incluído pela Lei nº 14.550, de 2023).

1. **Medidas protetivas de urgência.** São as previstas no art. 22, para onde remetemos o leitor.

2. **Concessão de ofício pelo Juiz.** Apesar de o dispositivo não prever expressamente, seria possível que as medidas protetivas fossem concedidas pelo Juiz de ofício? Certamente, alguns dirão que não à luz do sistema acusatório. Contudo, parece-nos

que, nesse caso, não seria esse o melhor caminho a ser seguido. Poderíamos basear nosso raciocínio no poder geral de cautela do Juiz, e, se fizéssemos, estaríamos, a nosso ver, corretos. Porém, a questão ultrapassa esse fundamento que é geralmente usado. Sustentamos a possibilidade de o Juiz poder conceder as medidas protetivas de urgência de ofício porque ele não está promovendo a persecução penal contra o acusado, buscando um elemento de prova contra ele, nem exercendo a função de acusador. Ao contrário, o Juiz está apenas tomando medidas de ofício que visam a beneficiar a vítima de violência doméstica contra a mulher. Note-se que todas as medidas protetivas de urgência visam a proteção da mulher enquanto vítima.

3. **§ 1º. Imediatidade na concessão das medidas.** Por questões de coerência interpretativa, a previsão do parágrafo primeiro no sentido de que as medidas protetivas de urgência poderão ser concedidas de imediato, independentemente de audiência das partes e de manifestação do Ministério Público, confirma a possibilidade de o Juiz poder concedê-las de ofício, uma vez que ele pode concedê-las sem oitiva das partes. Não fosse assim, sempre haveria a prévia oitiva da parte que fez o requerimento.

4. **§ 2º. Formas de aplicação das medidas protetivas de urgência.** A aplicação das medidas protetivas de urgência de forma isolada ou cumulativamente irá depender da necessidade que o caso concreto demandar. Da mesma forma ocorre com a possibilidade de substituição por outras de maior eficácia. Tudo irá depender de necessidade que o caso concreto requerer. A aplicação cumulativa ou a sua modificação por outras de maior eficácia também pode ser realizada pelo Juiz de ofício, mediante requerimento do Ministério Público ou a pedido da vítima.

5. **§ 3º. Revisão das medidas protetivas de urgência.** Para mantermos a coerência com o que dissemos linhas atrás, pensamos que a revisão das medidas protetivas de urgência pode ser feita também pelo Juiz, de ofício, sempre visando à proteção da vítima, de seus familiares ou de seu patrimônio.

6. **§ 4º. Concessão das medidas protetivas em juízo de cognição sumária.** O juízo de cognição sumária consiste na análise de uma probabilidade de risco. Essa probabilidade é aferida a partir das alegações da vítima, sejam elas verbais, sejam elas por escrito. No juízo de cognição sumária não se busca a *certeza* da existência de um risco. O Juiz fica um passo atrás da certeza e faz a sua análise com base na *probabilidade* da existência de um risco. Em outras palavras, o Juiz concede as medidas protetivas com base no juízo de probabilidade de as alegações da vítima serem reais. Por essa razão, no caso de violência doméstica, as medidas protetivas de urgência são concedidas a partir desse juízo de probabilidade com base apenas nas palavras da vítima. É verdade que as suas alegações podem ser falsas. Porém, se realmente o forem, essa análise é feita posteriormente e a medida protetiva, por sua natureza cautelar, pode ser revogada. Essa previsão legal veio com o advento da lei 14.550/2033. Porém, trata-se de uma novidade meramente formal, uma vez que na prática a concessão da medida protetiva sempre foi feita com base no juízo de cognição sumária a partir tão somente das alegações da vítima.

7. **§ 5º. Autonomia das medidas protetivas.** O §5º, também inserido pela lei 14.550/2033 positivou na lei a autonomia das medidas protetivas. Isso significa que a medida protetiva pode ser concedida mesmo que não haja Registro de Ocorrência lavrado na Delegacia de Polícia, inquérito policial instaurado ou ação penal proposta. Inclusive, ainda que não haja a tipificação da conduta pela autoridade policial, a medida protetiva pode ser concedida. Não é raro vermos na prática uma medida protetiva vigorando por um ano ou mais sem que sequer haja ação penal proposta pelo Ministério Público. Mais uma vez, trata-se de novidade meramente formal, tendo em vista que na prática sempre funcionou dessa forma.

8. **§ 6º. Vigência das medidas protetivas.** A inclusão desse parágrafo pela lei 14.550/2033 trouxe a ausência de prazo máximo de vigência das medidas protetivas. Antes do advento desse parágrafo, era comum o Juiz estabelecer um limite de tempo de vigência, como 60 dias, 90 dias ou algum outro prazo determinado. Com o término do prazo de vigência, a vítima tinha que pedir a renovação da medida protetiva, que era feita também com um prazo determinado. Com o advento desse parágrafo, não existe mais prazo limite para a vigência da medida protetiva, ou seja, ela vigorará enquanto durar o risco à integridade física, psicológica, sexual, patrimonial ou moral da ofendida ou de seus dependentes. Dessa forma, a medida protetiva somente será revogada quando a vítima disser que não existe mais o risco que justificou a sua concessão.

▶ **STJ**

Informativo nº 832

Quinta Turma

Medidas protetivas de urgência. Natureza jurídica. Índole cível, satisfativa e inibitória. Alterações pela Lei n. 14.550/2023 com a inclusão dos §§ 5º e 6º no art. 19 da Lei Maria da Penha. Medidas protetivas não sujeita a prazo determinado. Possibilidade de fixação de prazo. Revogação Automática. Impossibilidade. Necessária oitiva da ofendida. Garantia de proteção contínua da vítima.

A revogação ou modificação das medidas protetivas de urgência demanda comprovação concreta da mudança nas circunstâncias que ensejaram sua concessão, não sendo possível a extinção automática baseada em presunção temporal.

Cinge-se a controvérsia sobre a possibilidade de atribuir limite temporal à eficácia das medidas protetivas de urgência concedida em prol da vítima, sob a luz das recentes inovações legislativas.

A autonomia conferida às medidas protetivas de urgência, reforçada pelos §§ 5º e 6º do art. 19 da Lei n. 11.340/2006, sublinha a função inibitória dessas medidas, que visam a impedir a reincidência de atos de violência por meio da imposição de restrições específicas ao agressor. Simultaneamente, a dimensão satisfativa dessas medidas se manifesta na capacidade de proporcionar à vítima uma resposta jurídica eficaz e tempestiva, garantindo a sua segurança e integridade, independentemente da instauração de processos judiciais.

Diferentemente das medidas cautelares no espectro processual penal, as medidas protetivas instituídas pela Lei Maria da Penha não se sujeitam a uma determinação temporal para sua validade. Imperativo é que perdurem enquanto houver o temor de que o direito almejado esteja sob ameaça ou que a conduta de risco visada seja efetivada. Ao preconizar um termo para a duração das medidas protetivas, o julgador inadvertidamente restringe e debilita essa tutela, presumindo, sem a devida sustentação fática, que o contexto de risco findará pelo simples decurso do período estabelecido.

Sobre o tema, o Superior Tribunal de Justiça, no precedente firmado no REsp 2.036.072/MG, adota a interpretação de que a natureza jurídica das medidas protetivas se afasta da temporalidade fixa. Esta orientação impede que ocorra revogação sem um exame meticuloso quanto à persistência do estado de risco que fundamentou a aplicação das medidas protetivas, evitando assim expor a mulher a possíveis novas agressões.

Adicionalmente, diferentemente das medidas cautelares elencadas no art. 282 do CPP, a Lei n. 11.340/2006 não estipulou um lapso temporal para a vigência dessas medidas, tampouco impôs a obrigação de revisão periódica para sua continuidade. Sua vigência deve se estender enquanto subsistir a situação de perigo, uma vez que as medidas protetivas possuem validade enquanto perdurar a situação de risco e a decisão judicial que as determina submete-se à cláusula *rebus sic stantibus*, isto é, para sua eventual revogação ou modificação, mister se faz que o Juízo se assegure de que ocorreu a mudança do panorama fático e jurídico. No silêncio da vítima e do agressor, presume-se a continuidade da situação de risco, em alinhamento com o princípio interpretativo firmado no art. 4º da Lei n. 11.340/2006.

Contudo, com o objetivo de prevenir a prorrogação desnecessária das medidas protetivas de urgência, facultado está ao juízo, caso julgue apropriado, fixar um prazo específico, de acordo com as peculiaridades do caso, e revisar periodicamente a necessidade de manutenção das medidas protetivas estabelecidas. Este procedimento deve assegurar, invariavelmente, a oportunidade para a manifestação prévia das partes, antes da eventual cessação das medidas.

Nessa perspectiva, a jurisprudência desta Corte estabelece que a revogação das medidas protetivas de urgência exige a prévia oitiva da ofendida, procedimento essencial para avaliar a efetiva cessação da situação de risco à integridade física, moral, psicológica, sexual e patrimonial da vítima. (AgRg no REsp 1.775.341/SP, Ministro Sebastião Reis Júnior, Terceira Seção, DJe de 14/4/2023).

REsp 2.066.642-MG, Rel. Ministro Ribeiro Dantas, julgado em 13/8/2024, DJe 4/10/2024.

▶ **STJ**

Informativo nº 836

Terceira Seção

Lei Maria da Penha. Medidas protetivas de urgência. Natureza jurídica. Tutela inibitória. Duração por prazo indeterminado. Eventual reconhecimento de extinção de punibilidade, arquivamento do inquérito ou absolvição do acusado não acarreta, necessariamente, a extinção da medida protetiva. Possibilidade de persistência da situação de risco. Ausência de prazo obrigatório de revisão periódica. Reavaliação a pedido da pessoa interessada, quando constatado concretamente o esvaziamento da situação de risco. Necessidade de prévia oitiva da vítima. Indispensabilidade da comunicação da ofendida em caso de extinção da medida. Tema 1249.

I - As medidas protetivas de urgência (MPUs) têm natureza jurídica de tutela inibitória e sua vigência não se subordina à existência (atual ou vindoura) de boletim de ocorrência, inquérito policial, processo cível ou criminal.

II - A duração das MPUs vincula-se à persistência da situação de risco à mulher, razão pela qual devem ser fixadas por prazo temporalmente indeterminado;

III - Eventual reconhecimento de causa de extinção de punibilidade, arquivamento do inquérito policial ou absolvição do acusado não origina, necessariamente, a extinção da medida protetiva de urgência, máxime pela possibilidade de persistência da situação de risco ensejadora da concessão da medida.

IV - Não se submetem a prazo obrigatório de revisão periódica, mas devem ser reavaliadas pelo magistrado, de ofício ou a pedido do interessado, quando constatado concretamente o esvaziamento da situação de risco. A revogação deve sempre ser precedida de contraditório, com as oitivas da vítima e do suposto agressor. Em caso de extinção da medida, a ofendida deve ser comunicada, nos termos do art. 21 da Lei n. 11.340/2006.

Inicialmente cumpre salientar que, o Protocolo para Julgamento com Perspectiva de Gênero, do Conselho Nacional de Justiça, afirma que as medidas protetivas de urgência "são autônomas em relação ao processo principal, com dispensa da vítima quanto ao oferecimento de representação em ação penal pública condicionada". As medidas protetivas previstas na Lei n. 11.340/2006, por visarem resguardar a integridade física e psíquica da ofendida, possuem conteúdo satisfativo, e não se vinculam, necessariamente, a um procedimento principal. Elas têm como objeto a proteção da vítima e devem permanecer enquanto durar a situação de perigo.

Tal posição parece haver sido partilhada pelo legislador com a publicação da Lei n. 14.550/2023, que incluiu o parágrafo 5º no art. 19 da Lei Maria da Penha para afirmar que "as medidas protetivas de urgência serão concedidas independentemente da tipificação penal da violência, do ajuizamento de ação penal ou cível, da existência de inquérito policial ou do registro de boletim de ocorrência".

Não se trata de mudança originária no sentido do art. 19, mas de interpretação autêntica, que pretende afastar a possibilidade de acepções restritivas e, em última análise, violadoras dos direitos das mulheres. Nessa conjectura, a exposição de motivos do PL n. 1.604/2022: "este projeto de lei busca tornar inquestionável a proteção que oferece à mulher mesmo na hipótese de atipicidade criminal do ato de violência, de ausência de prova cabal, de risco de lesão à integridade psicológica por si só e independentemente da instauração de processo cível ou criminal".

É indene de dúvidas, portanto, que a recente alteração legislativa almejou rechaçar, de uma vez por todas, a suposta natureza cautelar/preparatória das medidas protetivas de urgência. Defender a natureza pré-cautelar das medidas protetivas importa retirar da mulher o direito de ser protegida quando não se dispuser a processar criminalmente o ofensor, ou quando, por outro motivo qualquer, inexistir atos formais de persecução penal contra o agressor.

Segundo a doutrina, "o fim das medidas protetivas é proteger direitos fundamentais, evitando a continuidade da violência e das situações que a favorecem. Não são, necessariamente, preparatórias de qualquer ação judicial. Não visam processos, mas pessoas".

Por isso, a configuração das medidas protetivas deve ser considerada como tutela inibitória, porquanto tem por escopo proteger a ofendida, independentemente da existência de inquérito policial ou ação penal, não sendo necessária a realização de um dano, tampouco a prática de uma conduta criminalizada. Neste ponto, já decidiu o Superior Tribunal de Justiça no sentido de que se deve "compreender a medida protetiva como tutela inibitória que prestigia a sua finalidade de prevenção de riscos para a mulher, frente à possibilidade de violência doméstica e familiar" (CC 156.284/PR, Rel. Ministro Ribeiro Dantas, Quinta Turma, DJe 6/3/2018).

Nesse contexto, a natureza jurídica da medida protetiva de urgência deferida em favor da mulher é de tutela inibitória, por ser essa a única interpretação compatível com os objetivos de proteção que a Lei Maria da Penha visou conferir às mulheres vítimas de violência em razão do gênero.

Como espécie de tutela inibitória, as medidas protetivas têm caráter provisório, e como tal, devem vigorar enquanto subsistir o risco à integridade física, psicológica, sexual, patrimonial ou moral da vítima. Esse é o entendimento retratado na Lei Maria da Penha com a inclusão do art. 19, § 6º, pela Lei n. 14.550/2023, que estabelece que "as medidas protetivas de urgência vigorarão enquanto persistir risco à integridade física, psicológica, sexual, patrimonial ou moral da ofendida ou de seus dependentes".

Cumpre aclarar que o legislador, justamente por não haver subordinado as medidas protetivas de urgência à existência de um procedimento principal, tampouco correlacionou sua duração ao resultado do processo penal. Assim, eventual arquivamento do inquérito policial, absolvição do acusado ou reconhecimento de causa de extinção de punibilidade não origina, necessariamente, a extinção da medida protetiva de urgência, máxime pela possibilidade de persistência da situação de risco.

Nem se diga que, ao assim proceder, seriam aniquilados os direitos do imputado ou criada uma sanção ilimitada. A um, porque as medidas protetivas não visam punir o agressor, mas proteger a mulher. A dois, porque a restrição parcial à liberdade de locomoção não é eterna; ela cessa no exato momento em que findar a situação de risco. Nessa ordem de ideias, é irrefutável que, apesar do caráter provisório inerente às medidas protetivas de urgência, não há como quantificar, de antemão, em dias, semanas, meses ou anos, o tempo necessário à cessação do risco, a fim de romper com o ciclo de violência instaurado.

Com efeito, a fim de se evitar a perenização das medidas, a pessoa interessada, quando entender não mais ser pertinente a tutela inibitória, poderá provocar o juízo de origem a se manifestar e este, ouvindo a vítima, decidirá acerca da manutenção ou extinção da medida protetiva, e que, em caso de revogação da medida, a ofendida deve ser comunicada, nos termos do art. 21 da Lei n. 11.340/2006.

O que não parece adequado, e muito menos conforme ao desejo de proteção e acolhimento da mulher vítima de violência em razão do gênero, é dela exigir um reforço periódico de seu desejo de manter-se sob a proteção de uma medida protetiva de urgência. A renovação de sua iniciativa - dirigir-se ao Fórum ou à Delegacia de Polícia para insistir, a cada 3 ou 6 meses, na manutenção da medida protetiva - implicaria uma revitimização e, consequentemente, uma violência institucional que precisa ser coibida.

A iniciativa para eventual revisão ou mesmo retirada da medida protetiva de urgência deve partir de quem esteja sob o compromisso de abster-se de algum ato que possa turbar a tranquilidade ou segurança da ofendida, hipótese em que esta será ouvida antes de uma decisão judicial. Foi assim que, a propósito, decidiu recentemente a Terceira Seção deste Superior Tribunal, ao assentar a imprescindibilidade da oitiva da ofendida "para que a situação fática seja devidamente apresentada ao Juízo competente, que diante da relevância da palavra da vítima, verifique a necessidade de prorrogação/concessão das medidas, independente da extinção de punibilidade do autor" (AgRg nos EDcl no RHC 184.081/SP, Rel. Ministro Sebastião Reis Jr, Terceira Seção, DJe 10/10/2023).

Isso posto, são fixadas as seguintes teses sobre as questões:

I - As medidas protetivas de urgência (MPUs) têm natureza jurídica de tutela inibitória e sua vigência não se subordina à existência (atual ou vindoura) de boletim de ocorrência, inquérito policial, processo cível ou criminal.

II - A duração das MPUs vincula-se à persistência da situação de risco à mulher, razão pela qual devem ser fixadas por prazo temporalmente indeterminado.

III - Eventual reconhecimento de causa de extinção de punibilidade, arquivamento do inquérito policial ou absolvição do acusado não origina, necessariamente, a extinção da medida protetiva de urgência, máxime pela possibilidade de persistência da situação de risco ensejadora da concessão da medida.

IV - Não se submetem a prazo obrigatório de revisão periódica, mas devem ser reavaliadas pelo magistrado, de ofício ou a pedido do interessado, quando constatado concretamente o esvaziamento da situação de risco. A revogação deve sempre ser precedida de contraditório, com as oitivas da vítima e do suposto agressor. Em caso de extinção da medida, a ofendida deve ser comunicada, nos termos do art. 21 da Lei n. 11.340/2006.

REsp 2.070.717-MG, Rel. Ministro Joel Ilan Paciornik, Rel. para acórdão Ministro Rogerio Schietti Cruz, julgado em 13/11/2024. (Tema 1249).

REsp 2.070.857-MG, Rel. Ministro Joel Ilan Paciornik, Rel. para acórdão Ministro Rogerio Schietti Cruz, julgado em 13/11/2024 (Tema 1249).

REsp 2.070.863-MG, Rel. Ministro Joel Ilan Paciornik, Rel. para acórdão Ministro Rogerio Schietti Cruz, julgado em 13/11/2024 (Tema 1249).

REsp 2.071.109-MG, Rel. Ministro Joel Ilan Paciornik, Rel. para acórdão Ministro Rogerio Schietti Cruz, julgado em 13/11/2024 (Tema 1249).

Art. 20. Em qualquer fase do inquérito policial ou da instrução criminal, caberá a **prisão preventiva do agressor**, decretada pelo juiz, de ofício, a requerimento do Ministério Público ou mediante representação da autoridade policial.

Parágrafo único. O juiz poderá **revogar** a prisão preventiva se, no curso do processo, verificar a falta de motivo para que subsista, bem como **de novo decretá-la**, se sobrevierem razões que a justifiquem.

1. **Finalidade da decretação da prisão preventiva do agressor.** O dispositivo legal ora comentado está em consonância com o art. 313, III do Código de Processo Penal, com a redação que lhe deu a lei 12.403/2011, que dispõe o seguinte: *nos termos do art. 312 deste Código, será admitida a decretação da prisão preventiva:*

III – se o crime envolver violência doméstica e familiar contra a mulher, criança, adolescente, idoso, enfermo ou pessoa com deficiência, para garantir a execução das medidas protetivas de urgência. Pela redação do diploma processual, fica claro que a única finalidade da prisão preventiva é garantir a execução das medidas protetivas de urgência. Nenhuma outra. Como medida cautelar que é, o Juiz sempre deverá observar os princípios da necessidade, da excepcionalidade e da adequação ao caso concreto.

▶ **STJ**

(...) VIOLÊNCIA DOMÉSTICA E FAMILIAR. PRISÃO PREVENTIVA. FUNDAMENTAÇÃO SUFICIENTE. RECURSO ORDINÁRIO DESPROVIDO (...). No caso, o decreto prisional encontra-se devidamente fundamentado em dados concretos extraídos dos autos, a evidenciar a necessidade de garantia da ordem pública, tendo em vista o descumprimento de medida protetiva de urgência anteriormente estabelecida, o que, nos termos do art. 313, inciso III, do Código de Processo Penal, constitui motivo suficiente para embasar a segregação cautelar (Precedentes). Recurso ordinário desprovido. RHC 48942. Min. Rel. Felix Fischer. Julgado em 02/10/2014.

2. **Contravenção penal e não cabimento de prisão preventiva.** Havendo a prática da contravenção penal de vias de fato, não será cabível a decretação da prisão preventiva, em razão do disposto no art. 313, III, do Código de Processo Penal, que faz menção expressa a *crime*, não abrangendo, a contravenção penal.

▶ **STJ**

Informativo nº 632.

Sexta Turma

Contravenção penal. Vias de fato. Violência doméstica. Prisão preventiva. Não cabimento.

A prática de contravenção penal, no âmbito de violência doméstica, não é motivo idôneo para justificar a prisão preventiva do réu.

Inicialmente cumpre destacar que a prática de vias de fato é hipótese de contravenção penal (art. 21 do Decreto-Lei n. 3.688/1941), e não crime, o que contraria o disposto no art. 313, II, do Código de Processo Penal. Deste modo, em se tratando de aplicação da cautela extrema, não há campo para interpretação diversa da literal, uma vez que não há previsão legal que autorize a prisão preventiva contra autor de uma contravenção, mesmo na hipótese específica de transgressão das cautelas de urgência já aplicadas. **HC 437.535-SP, Rel. Min. Maria Thereza de Assis Moura, Rel. Acd. Min. Rogerio Schietti Cruz, julgado em 26/06/2018.**

3. **Momento.** A prisão preventiva poderá ser decretada a qualquer tempo na persecução criminal, seja na fase do inquérito policial, seja na fase da ação penal.

4. **Decretação de ofício pelo Juiz.** Pensamos que a possibilidade de o Juiz decretar a prisão preventiva de ofício não viola o sistema acusatório, uma vez que, como dito acima, a única finalidade da prisão preventiva nesse caso é garantir a execução das medidas protetivas de urgência. Quando o Juiz decreta a prisão preventiva de ofício, ele não está promovendo a persecução penal contra o acusado, nem exercendo a função de acusador, mas, apenas, tomando uma providência que visa a garantir

o cumprimento das medidas protetivas de urgência que ele mesmo impôs, com o fim de proteger a vítima da violência doméstica e familiar contra a mulher.

5. **Revogação e nova decretação.** O parágrafo único retrata o princípio de necessidade que rege a decretação dessa medida cautelar. O que irá determinar a revogação ou a nova decretação da prisão preventiva é a presença ou a ausência de motivos que a justifiquem. Na linha do que dissemos acima, pensamos que a nova decretação pode ser feita de ofício pelo Juiz.

Art. 21. A **ofendida** deverá ser **notificada** dos **atos processuais** relativos ao agressor, especialmente dos pertinentes ao ingresso e à saída da prisão, sem prejuízo da intimação do advogado constituído ou do defensor público.

Parágrafo único. A ofendida não poderá entregar intimação ou notificação ao agressor.

1. **Notificação da ofendida.** O legislador quis informar à vítima de violência doméstica e familiar contra a mulher todos os atos processuais praticados em relação ao seu agressor. A obrigação é salutar, em razão do medo que ela pode sentir de deparar-se com ele novamente. A vítima sabendo que, por exemplo, o agressor encontra-se preso, terá mais liberdade para sair de casa ou retornar à vizinhança. Da mesma forma, ao saber que o seu agressor foi solto, terá mais cautela no dia a dia. Aliás, a vítima saber, além de uma obrigação a ser cumprida pelo Juiz, é uma necessidade, pois imagine-se a hipótese em que foi decretada a medida protetiva de o agressor manter distância da vítima (art. 22, III, *a*). Se a vítima não tiver conhecimento de tal medida, ela não terá como informar ao Juiz o seu descumprimento. A notificação é de *qualquer* ato processual, e não somente em relação à prisão ou libertação do agressor. Ao proibir no parágrafo único que a vítima entregue a notificação ou a intimação ao agressor, o legislador quis evitar qualquer tipo de contato entre ambos. Demais disso, a vítima não é agente do Estado para cumprir esse papel.

Seção II
Das Medidas Protetivas de Urgência que Obrigam o Agressor

Art. 22. Constatada a prática de violência doméstica e familiar contra a mulher, nos termos desta Lei, o juiz poderá aplicar, de imediato, ao agressor, em conjunto ou separadamente, as seguintes **medidas protetivas de urgência**, entre outras:

I – **suspensão da posse ou restrição do porte de armas**, com comunicação ao órgão competente, nos termos da Lei nº 10.826, de 22 de dezembro de 2003;

II – **afastamento** do lar, domicílio ou local de convivência com a ofendida;

III – proibição de determinadas condutas, entre as quais:

a) **aproximação da ofendida**, de seus familiares e das testemunhas, fixando o limite mínimo de distância entre estes e o agressor;

b) **contato com a ofendida**, seus familiares e testemunhas por qualquer meio de comunicação;

c) **freqüentação de determinados lugares** a fim de preservar a integridade física e psicológica da ofendida;

IV – **restrição ou suspensão de visitas aos dependentes menores**, ouvida a equipe de atendimento multidisciplinar ou serviço similar;

V – prestação de **alimentos provisionais ou provisórios.**

VI – comparecimento do agressor a programas de recuperação e reeducação; e (Incluído pela Lei nº 13.984, de 2020)

VII – acompanhamento psicossocial do agressor, por meio de atendimento individual e/ou em grupo de apoio. (Incluído pela Lei nº 13.984, de 2020)

§ 1º As medidas referidas neste artigo não impedem a **aplicação de outras previstas** na legislação em vigor, sempre que a segurança da ofendida ou as circunstâncias o exigirem, devendo a providência ser comunicada ao Ministério Público.

§ 2º Na hipótese de aplicação do inciso I, encontrando-se o agressor nas condições mencionadas no caput e incisos do art. 6º da Lei nº 10.826, de 22 de dezembro de 2003, o juiz comunicará ao respectivo órgão, corporação ou instituição as medidas protetivas de urgência concedidas e determinará a restrição do porte de armas, ficando o superior imediato do agressor responsável pelo cumprimento da determinação judicial, sob pena de incorrer nos crimes de prevaricação ou de desobediência, conforme o caso.

§ 3º Para **garantir a efetividade das medidas protetivas de urgência**, poderá o juiz requisitar, a qualquer momento, **auxílio da força policial.**

§ 4º Aplica-se às hipóteses previstas neste artigo, no que couber, o disposto no caput e nos §§ 5º e 6º do art. 461 da Lei no 5.869, de 11 de janeiro de 1973 (Código de Processo Civil).

1. **Medidas protetivas de urgência.** As medidas protetivas de urgência não têm natureza de sanção penal e têm a finalidade de proteção da vítima. De acordo com o dispositivo legal, o Juiz poderá aplicá-las imediatamente, independentemente da manifestação da vítima ou do Ministério Público, devendo o Juiz, apenas, comunicar ao Ministério Público posteriormente.

2. **Rol exemplificativo.** O legislador fez menção expressa às medidas previstas no *caput* e depois empregou a expressão "entre outras", deixando claro que o rol contido no artigo é exemplificativo. Assim, o Juiz pode decretar outras medidas que entender necessárias de acordo com o caso concreto.

3. **Destinatário.** O agressor. Não faria nenhum sentido impor tais medidas à vítima.

4. **Inciso I. Suspensão da posse ou restrição do porte de armas.** Inegavelmente, quem tem a posse ou o porte de uma arma de fogo tem a potencialidade de vir a usá-la, causando a morte ou a lesão corporal na vítima. A medida é salutar, uma vez que evita qualquer dano posterior ao delito praticado nos moldes de violência doméstica e familiar contra a mulher.

5. **Inciso II. Afastamento do lar, domicílio ou local de convivência com a ofendida.** O legislador pretendeu manter a distância entre o agressor e a agredida, para que seja evitada uma nova agressão durante o curso da persecução criminal.

6. **Inciso III. Proibição da prática de determinadas condutas.** A primeira conduta proibida está na alínea *a,* e consiste na proibição de aproximação da ofendida, de seus familiares e das testemunhas, fixando o limite mínimo de distância entre estes e o agressor. de seus familiares e das testemunhas, fixando o limite mínimo de distância entre estes e o agressor. A proibição de aproximação tem por finalidade evitar qualquer nova agressão à vítima ou qualquer tipo de ameaça, bem como tentativa de manipulação de prova testemunhal ou coisas do gênero em relação às pessoas descritas no inciso. Na decisão que decretar essa medida protetiva o Juiz deve especificar exatamente a distância mínima, normalmente fixada em metros. A segunda conduta proibida está na alínea *b,* que trata da vedação de contato entre o agressor e a ofendida, seus familiares e testemunhas por qualquer meio de comunicação e que possui as mesmas finalidades da proibição de aproximação contida na alínea anterior. Pela redação legal, a proibição abrange qualquer maio de comunicação, como telefone, e-mail, aplicativos de mensagens instantâneas, redes sociais etc. Por fim, a terceira conduta reside na alínea *c,* que é a proibição de o agressor frequentar determinados lugares, evitando-se que a vítima encontre o agressor por acaso, de forma inesperada, a fim de preservar a integridade física e psicológica da ofendida.

7. **Inciso IV. Restrição ou suspensão de visitas aos dependentes menores.** Com essa medida, o legislador pretendeu evitar que o agressor tenha o contato pleno com os filhos menores e isso lhe proporcione algum tipo de contato com a vítima do delito, em razão do interesse comum de ambos na criação dos filhos.

8. **Inciso V. Prestação de alimentos provisionais ou provisórios.** A prestação de alimentos é uma forma de manter a subsistência da vítima e de seus dependentes, para que a violência doméstica contra ela não acabe prejudicando-os.

9. **Inciso VI. Comparecimento do agressor a programas de recuperação e reeducação.** O inciso V foi inserido pela lei nº 13.984/2020 com a intenção de que o agressor compareça a programas de recuperação e reeducação, como medida protetiva de urgência que obriga o agressor. Não é raro o agressor estar sob efeito de álcool ou de drogas no momento da agressão. Nesses casos, o programa de recuperação pode ser salutar para que seja tratado eventual problema de uso contínuo ou até mesmo de dependência de álcool ou de drogas. Em relação ao programa de recuperação, embora a lei não tenha sido expressa nesse sentido, cremos que o programa deva ter relação com o tema violência doméstica.

10. **Inciso VII. Acompanhamento psicossocial do agressor, por meio de atendimento individual e/ou em grupo de apoio.** É possível que o agressor tenha algum transtorno que gere nele a prática de atos de violência ou que intensifique a violência. Nesse sentido, a lei 13.984/2020 inseriu o inciso VII, que trouxe a medida protetiva de urgência que obriga o agressor a realizar o acompanhamento psicossocial, que consiste na análise da vida social do agressor sob o ponto de vista da psicologia.

11. **§ 1º. Rol exemplificativo.** A previsão desse parágrafo confirma o que dissemos acima no sentido de que o Juiz pode decretar outras medidas que entender necessárias de acordo com o caso concreto, com a comunicação posterior ao Ministério Público.

12. **§ 2º. Porte funcional de arma de fogo.** Caso o agressor figure no rol contido no art. 6º, I, do Estatuto do Desarmamento, instituído pela lei 10.826/2003 e por isso tenha garantido o porte funcional de arma de fogo, o Juiz comunicará a medida tomada ao respectivo órgão, corporação ou instituição e determinará a restrição do porte de armas, ficando o superior imediato do agressor responsável pelo cumprimento da determinação judicial. O superior imediato do agressor torna-se responsável por dar efetividade ao cumprimento da medida no sentido de suspensão da posse ou da restrição do porte da arma, sob pena de incorrer nos crimes de prevaricação ou de desobediência.

13. **§ 3º. Requisição de auxílio policial.** O auxílio policial não é a regra, uma vez que o agressor pode comprometer-se a cumprir as medidas impostas pelo Juiz. A requisição somente será possível na hipótese de necessidade para a garantia da efetividade das medidas.

14. **§ 4º. Aplicação do art. 461, *caput* e §§ 5º e 6º do Código de Processo Civil de 1973.** Trata-se da norma que dispõe sobre a tutela judicial para o cumprimento de obrigação de fazer ou não fazer regida pelo Código de Processo Civil de 1973. No Código de Processo Civil de 2015 (lei 13.105/2015), o tema está disposto no art. 497, *caput* e parágrafo único, com a seguinte redação: *"Art. 497. Na ação que tenha por objeto a prestação de fazer ou de não fazer, o juiz, se procedente o pedido, concederá a tutela específica ou determinará providências que assegurem a obtenção de tutela pelo resultado prático equivalente. Parágrafo único. Para a concessão da tutela específica destinada a inibir a prática, a reiteração ou a continuação de um ilícito, ou a sua remoção, é irrelevante a demonstração da ocorrência de dano ou da existência de culpa ou dolo."*

15. **Cabimento de ordem de *habeas corpus*.** É cabível a impetração de ordem de *habeas corpus* para analisar eventual ilegalidade na fixação das medidas protetivas de urgência. Assim, tendo em vista que o descumprimento de uma medida protetiva de urgência imposta de forma ilegal pode representar uma restrição da liberdade do agressor, é cabível a impetração de ordem de *habeas corpus*. Contudo, é importante frisar que essa possibilidade somente ocorre se a medida protetiva de urgência foi ilegal.

▶ **STJ**

INFORMATIVO nº 574

Quinta Turma

DIREITO PROCESSUAL PENAL. HC E MEDIDAS PROTETIVAS PREVISTAS NA LEI MARIA DA PENHA.

Cabe *habeas corpus* para apurar eventual ilegalidade na fixação de medida protetiva de urgência consistente na proibição de aproximar-se de vítima de violência doméstica e familiar. O eventual descumprimento de medidas protetivas arroladas na Lei Maria da Penha pode gerar sanções de natureza civil (art. 22, § 4º, da n. Lei 11.340/2006, c/c art. 461, §§ 5º e 6º do CPC), bem como a decretação de prisão preventiva, de acordo com o art. 313, III, do CPP (HC 271.267-MS, Quinta Turma, DJe 18/11/2015). Ademais, prevê o CPP o seguinte: "Art. 647. Dar-se-á *habeas corpus* sempre que alguém sofrer ou se achar na iminência de sofrer violência ou coação ilegal na sua liberdade de ir e vir, salvo nos casos de punição disciplinar". Se o paciente não pode aproximar-se da vítima ou de seus familiares, decerto que se encontra limitada a sua liberdade de ir e vir. Assim, afigura-se cabível a impetração do *habeas corpus*. **HC 298.499-AL, Rel. Min. Reynaldo Soares da Fonseca, julgado em 1º/12/2015, DJe 9/12/2015.**

16. **Ameaça feita pelo Facebook. Agressor no exterior. Competência para a imposição das medidas protetivas de urgência.** Ver comentários ao art. 14 da presente lei.

17. **Conclusão do inquérito policial sem indiciamento do suposto autor do fato. Revogação da medida protetiva.** A medida protetiva tem natureza cautelar e deve durar enquanto houver a necessidade da sua manutenção. Na hipótese de ter sido fixada a medida cautelar no início ou durante o inquérito, ela não pode continuar a existir caso o inquérito policial seja concluído sem o indiciamento do suposto agressor. Não faz sentido manter uma medida cautelar oriunda de uma agressão ou ameaça (ou outro delito qualquer) se o procedimento investigatório próprio para apurar a infração penal conclui que ela não ocorreu.

▶ **STJ**

Informativo nº 750

Sexta Turma

Violência doméstica. Medidas protetivas de urgência. Conclusão do inquérito policial sem indiciamento do recorrente. Revogação.

É indevida a manutenção de medidas protetivas na hipótese de conclusão do inquérito policial sem indiciamento do acusado. O STJ possui o entendimento segundo o qual "as medidas de urgência, protetivas da mulher, do patrimônio e da relação familiar, somente podem ser entendidas por seu caráter de cautelaridade – vigentes de imediato, mas apenas enquanto necessárias ao processo e a seus fins" (AgRg no REsp 1.769.759/SP, relator Ministro Nefi Cordeiro, Sexta Turma, julgado em 07/05/2019, DJe de 14/05/2019). No caso, foram deferidas medidas protetivas pelo prazo de seis meses. Ao término, as medidas foram prorrogadas por mais seis meses. Todavia, apesar de as medidas protetivas terem sido devidamente fundamentadas, ocorreu a conclusão do inquérito policial sem indiciamento do recorrente. Nesse sentido, tem-se que "a imposição das restrições de liberdade ao recorrente, por medida de caráter cautelar, de modo indefinido e desatrelado de inquérito policial ou processo penal em andamento, significa, na prática, infligir-lhe verdadeira pena sem o devido processo legal, resultando em constrangimento ilegal" (RHC 94.320/BA, Rel. Ministro Felix Fischer, Quinta Turma, julgado em 09/10/2018, DJe 24/10/2018). **Processo sob segredo de justiça, Rel. Min. Antonio Saldanha Palheiro, Sexta Turma, por maioria, julgado em 20/09/2022.**

Seção III
Das Medidas Protetivas de Urgência à Ofendida

Art. 23. Poderá o juiz, quando necessário, sem prejuízo de outras medidas:

I – **encaminhar a ofendida e seus dependentes** a programa oficial ou comunitário de proteção ou de atendimento;

II – determinar a **recondução da ofendida e a de seus dependentes** ao respectivo domicílio, após afastamento do agressor;

III – determinar o **afastamento da ofendida do lar**, sem prejuízo dos direitos relativos a bens, guarda dos filhos e alimentos;

IV – determinar a **separação de corpos**.

V – determinar a matrícula dos dependentes da ofendida em instituição de educação básica mais próxima do seu domicílio, ou a transferência deles para essa instituição, independentemente da existência de vaga.

VI – conceder à ofendida auxílio-aluguel, com valor fixado em função de sua situação de vulnerabilidade social e econômica, por período não superior a 6 (seis) meses. (Incluído pela Lei nº 14.674, de 2023).

Art. 24. Para a **proteção patrimonial** dos bens da sociedade conjugal ou daqueles de propriedade particular da mulher, o juiz poderá determinar, liminarmente, as seguintes medidas, entre outras:

I – restituição de bens indevidamente subtraídos pelo agressor à ofendida;

II – proibição temporária para a celebração de atos e contratos de compra, venda e locação de propriedade em comum, salvo expressa autorização judicial;

III – suspensão das procurações conferidas pela ofendida ao agressor;

IV – prestação de caução provisória, mediante depósito judicial, por perdas e danos materiais decorrentes da prática de violência doméstica e familiar contra a ofendida.

Parágrafo único. Deverá o juiz oficiar ao cartório competente para os fins previstos nos incisos II e III deste artigo.

1. **Destinatário das medidas.** A vítima.

2. **Rol exemplificativo.** No art. 23 o legislador utilizou as expressões “sem prejuízo de outras medidas” e no art. 24, as expressões “entre outras”. Com isso, deixou evidente que o rol contido nos dois artigos é exemplificativo, podendo o Juiz decretar outras medidas que entender necessárias de acordo com o caso concreto.

3. **Natureza das medidas.** As medidas descritas nos dois artigos têm natureza cível, o que confirma a competência mista do Juizado de Violência Doméstica e Familiar contra a Mulher.

4. **Auxílio-aluguel.** Merece destaque a inclusão do inciso VI no art. 23 pela lei 14.674/2023 que incluiu o auxílio-aluguel entre as medidas protetivas concedidas à vítima de violência doméstica. O benefício terá um valor fixo de acordo com a situação de vulnerabilidade social e econômica da vítima a ser aferida em cada caso concreto e terá período máximo de seis meses de duração. Não é raro a vítima de violência doméstica ser obrigada a sair do seu lar, muitas vezes com os seus filhos, sem ter para onde ir. Nesse caso, o legislador garantiu esse benefício pelo prazo de seis meses, por entender que esse prazo é suficiente para que a vítima consiga se estabelecer em algum outro lugar.

Seção IV
(Incluído pela Lei nº 13.641, de 2018)
Do Crime de Descumprimento de Medidas Protetivas de Urgência
Descumprimento de Medidas Protetivas de Urgência

Art. 24-A. Descumprir **decisão judicial** que defere **medidas protetivas de urgência** previstas nesta Lei:

Pena – reclusão, de 2 (dois) a 5 cinco) anos, e multa. (Redação dada pela lei nº 14.994, de 2024)

§ 1º A configuração do crime independe da competência civil ou criminal do juiz que deferiu as medidas.

§ 2º Na hipótese de prisão em flagrante, apenas a autoridade judicial poderá conceder fiança.

§ 3º O disposto neste artigo não exclui a aplicação de outras sanções cabíveis.

1. **Crime de descumprimento de medidas protetivas de urgência.** A lei 13.641/2018 inseriu a seção IV, no capítulo II, da presente lei e criou o delito de descumprimento de medidas protetivas de urgência. Trata-se, na verdade, de um delito de desobediência, em que o agressor descumpre a restrição imposta pelo Juízo a título de medida protetiva de urgência fixada em favor da ofendida, prevista no art. 22 da presente lei.

2. **Bem jurídico tutelado.** O bem jurídico tutelado nesse delito é a Administração da Justiça, justamente pelo descumprimento e pelo desprezo em relação à autoridade da decisão judicial por parte do autor do delito anterior, que gerou a medida protetiva, agora por ele descumprida. Não se trata de crime praticado com violência doméstica e familiar contra a mulher. Trata-se de crime contra a Administração da Justiça. A infração penal praticada com violência doméstica e familiar contra a mulher foi a infração anterior, que gerou a imposição da medida protetiva de urgência, posteriormente descumprida pelo agressor, fato que gera a prática do presente delito. E tanto é verdade que antes do advento do presente tipo penal, o delito configurado pelo descumprimento da medida protetiva de urgência era o delito de desobediência previsto no art. 330 do Código Penal, que é um crime contra a Administração da Justiça. Deve ser feita a ressalva em relação ao entendimento anterior do STJ, segundo o qual, à luz dos princípios da intervenção mínima e da subsidiariedade do Direito Penal, a conduta não chegava a configurar o delito de desobediência porque a própria lei, em seu art. 20, já estabelece a decretação da prisão preventiva como consequência do descumprimento das medidas protetivas fixadas, (STJ, RHC 41.970). Contudo, ressalvado esse entendimento do STJ, o crime configurado era o de desobediência, que, repita-se, é crime contra a Administração da Justiça. Por essa razão, não se aplica a restrição contida no art. 41 da presente lei, que dispõe: *"Aos crimes praticados com violência doméstica e familiar contra a mulher, independentemente da pena prevista, não se aplica a Lei nº 9.099, de 26 de setembro de 1995."* Com efeito, como dito acima, não se trata de crime praticado com violência contra a mulher, mas, sim, crime contra a Administração da Justiça.

Ademais, pela mera leitura do art. 24-A, percebe-se que o tipo penal não contém nenhuma espécie de violência como elemento do tipo, não sendo, portanto, um crime praticado "com violência doméstica e familiar contra a mulher", como dispõe expressamente o art. 41. Por tais razões, trata-se de infração penal de menor potencial ofensivo e pode ser aplicada a lei 9.099/95 em relação a esse delito. Contudo, deve-se tomar o seguinte cuidado: caso o agente descumpra a medida protetiva de urgência e pratique algum tipo de violência contra a mulher (por exemplo, uma ameaça), nesse caso estaremos diante de dois delitos: o crime do art. 24-A e o crime de ameaça previsto no art. 147 do Código Penal – esse sim – praticado com violência doméstica e familiar contra a mulher, em concurso material de crimes. De qualquer forma, isso não significa que será automaticamente cabível o instituto da transação penal, tendo em vista que o art. 76, §2º, III, da lei 9.099/95, estabelece requisitos de ordem subjetiva. Em relação ao instituto da suspensão condicional do processo, ele não será cabível, uma vez que o art. 89, *caput*, da lei 9.099/95, exige que o agente não esteja sendo processado por outro crime, o que não se aplica nessa hipótese, tendo em vista que o agente já estará sendo processado pelo crime anteriormente praticado com violência doméstica e familiar contra a mulher.

3. **Sujeito ativo.** O agressor destinatário da medida protetiva de urgência. Trata-se de crime próprio.

4. **Sujeito passivo.** Em primeiro lugar a Administração da Justiça. Secundariamente, a vítima.

5. **Abrangência.** A presente lei prevê duas espécies de medidas protetivas de urgência, com destinatários diferentes. No art. 22 a lei prevê as medidas protetivas de urgência que obrigam o agressor. De outro lado, no art. 23, a lei estabelece as medidas protetivas de urgência à ofendida. O presente delito tem por finalidade criminalizar a conduta do agressor que descumpre a medida protetiva imposta a ele. Não faria nenhum sentido criminalizar o descumprimento da medida protetiva imposta à ofendida, tendo em vista que ela é a vítima do delito anteriormente praticado e que gerou a imposição da medida protetiva. Assim, esse delito abrange apenas o descumprimento das medidas protetivas de urgência que obrigam o agressor, previstas no art. 22.

6. **Norma penal em branco.** O presente tipo penal constitui norma penal em branco, uma vez que se faz necessário complementar o seu preceito primário para a verificação das medidas protetivas de urgência previstas no art. 22 desta lei.

7. **Princípio da especialidade.** O presente tipo penal é especial em relação ao delito de desobediência previsto no art. 330 do Código Penal.

8. **Princípio da irretroatividade da lei mais severa.** Tendo em vista que essa lei criou um novo tipo penal, trata-se de nova lei mais severa, não sendo possível a sua retroatividade para alcançar as condutas praticadas antes da sua entrada em vigor, em homenagem ao princípio da irretroatividade da lei penal mais severa, positivado no art. 5º, XL, da CF/88.

9. **Consentimento da vítima. Fato atípico.** Caso o agressor, a quem foi imposta a medida protetiva de afastamento da vítima, se aproxime dela de forma consentida, a

conduta dele não configura o presente tipo penal, uma vez que se a vítima permite que o agressor volte a ter contato com ela, está a demonstrar que não subsiste o risco de ameaça ou de lesão ao bem jurídico protegido.

▶ **STJ.**

Informativo nº 785

Quinta Turma

Lei Maria da Penha. Descumprimento de medidas protetivas de urgência. Art. 24-A da Lei n. 11.340/2006. Aproximação do réu com o consentimento da vítima. Lesão ou ameaça ao bem jurídico tutelado. Inexistência.

A aproximação do réu com o consentimento da vítima torna atípica a conduta de descumprir medida protetiva de urgência.

O Tribunal de origem afastou o argumento de causa supralegal de exclusão de tipicidade asseverando que "No crime de descumprimento de medida protetiva de urgência, o bem jurídico tutelado é a administração da justiça e, apenas indiretamente, a proteção da vítima. Trata-se, portanto, de bem indisponível. O consentimento da vítima na aproximação do agressor não tem o condão de afastar a tipicidade do fato". Todavia, o entendimento adotado pelo Tribunal *a quo* não encontra amparo na jurisprudência do STJ, no sentido de que o consentimento da vítima para aproximação do réu afasta eventual ameaça ou lesão ao bem jurídico tutelado pelo crime capitulado no art. 24-A da Lei n. 11.340/2006. No caso, sendo incontroverso que a própria vítima permitiu a aproximação do réu, autorizando-o a residir com ela no mesmo lote residencial, em casas distintas, é de se reconhecer a atipicidade da conduta. Com efeito, "Ainda que efetivamente tenha o acusado violado cautelar de não aproximação da vítima, isto se deu com a autorização dela, de modo que não se verifica efetiva lesão e falta inclusive ao fato dolo de desobediência." (HC 521.622/SC, relator Ministro Nefi Cordeiro, Sexta Turma, DJe de 22/11/2019). **AgRg no AREsp 2.330.912-DF, Rel. Ministro Ribeiro Dantas, Quinta Turma, por unanimidade, julgado em 22/8/2023.**

10. **Consumação.** Com a prática da conduta de descumprir a medida imposta. Não é necessário que o agente cause algum dano à ofendida. Trata-se de crime formal.

11. **Classificação.** Crime próprio; formal; doloso; comissivo; instantâneo; admite a tentativa.

12. **Pena criminal.** A pena desse delito era de detenção de três meses a dois anos. Porém, a lei 14.994/2024 alterou a redação legal gerando três modificações: 1. A pena que era de detenção passou a ser de reclusão; 2. A pena que era de três meses a dois anos foi aumentada para dois a cinco anos; 3. O legislador cumulou a pena de multa, que anteriormente não existia. Trata-se, portanto, de novatio legis in pejus, não podendo retroagir à luz do princípio constitucional de irretroatividade da lei penal mais severa, não se aplicando essa nova sanção penal ao delito praticado antes da vigência dessa lei.

13. **§1º. Competência do Juízo que deferiu as medidas protetivas de urgência.** A própria lei prevê no art. 14 que o Juizado de Violência Doméstica e Familiar contra a Mulher tem competência mista. Assim, como regra geral, as medidas protetivas

de urgência serão sempre fixadas pelo Juízo do Juizado de Violência Doméstica e Familiar contra a Mulher, o que tornaria esse parágrafo sem nenhuma aplicabilidade. Contudo, como alerta-nos o art. 33 desta lei, enquanto não estruturados os Juizados de Violência Doméstica e Familiar contra a Mulher, as Varas Criminais acumularão as competências cível e criminal para processar e julgar as causas decorrentes da prática de violência doméstica e familiar contra a mulher, caso em que esse parágrafo poderia ser aplicado. De qualquer forma, mesmo que as medidas tenham sido fixadas por um Juízo diverso do Juizado de Violência Doméstica e Familiar contra a Mulher, o crime estará configurado.

14. **§2º. Concessão de fiança.** Apenas a autoridade judiciária pode arbitrar a fiança em caso de prisão em flagrante. Trata-se de norma ligada ao instituto da fiança, diversa da regra geral contida no art. 322, parágrafo único, do Código de Processo Penal (em que o Juiz concede a fiança nas infrações penais com pena privativa de liberdade superior a 4 anos). Na presente lei, somente o Juiz pode conceder a fiança, independentemente da pena máxima cominada ou de qualquer outro critério. Note-se que, nesse caso, somente o Juízo do Juizado de Violência Doméstica e Familiar contra a Mulher pode conceder a fiança, por ser o Juízo competente para processar e julgar o delito pelo qual o agente foi preso em flagrante. A prisão em flagrante deve ser comunicada ao Juízo competente (art. 306 do Código de Processo Penal) e nesse caso só ele tem competência para conceder a fiança.

15. **§3º. Aplicação de outras sanções cabíveis.** O legislador não quis que a sanção criminal afastasse outra sanção diversa, como uma possível sanção administrativa, como na hipótese de o agressor ser funcionário público. Nesse caso, não há *bis in idem*, tendo em vista que as sanções possuem naturezas diversas.

CAPÍTULO III
DA ATUAÇÃO DO MINISTÉRIO PÚBLICO

Art. 25. O **Ministério Público intervirá, quando não for parte**, nas causas cíveis e criminais decorrentes da violência doméstica e familiar contra a mulher.

Art. 26. Caberá ao Ministério Público, sem prejuízo de outras atribuições, nos casos de violência doméstica e familiar contra a mulher, quando necessário:

I – requisitar força policial e serviços públicos de saúde, de educação, de assistência social e de segurança, entre outros;

II – fiscalizar os estabelecimentos públicos e particulares de atendimento à mulher em situação de violência doméstica e familiar, e adotar, de imediato, as medidas administrativas ou judiciais cabíveis no tocante a quaisquer irregularidades constatadas;

III – cadastrar os casos de violência doméstica e familiar contra a mulher.

1. **Natureza da intervenção do Ministério Público.** Além da posição de autor na persecução penal, promovendo a ação penal contra o agressor, o legislador tratou na presente lei da intervenção do Ministério Público como fiscal da correta aplicação da lei, tendo em vista que no art. 25 usou as expressões "quando não for parte" e

no art. 26 tratou de outras providências a serem tomadas pelo Ministério Público "sem prejuízo de outras atribuições". O membro do Ministério Público que intervirá deverá ser o que tiver atribuição para atuar no Juizado de Violência Doméstica e Familiar contra a Mulher, acumulando, portanto, as atribuições cível e criminal.

CAPÍTULO IV
DA ASSISTÊNCIA JUDICIÁRIA

Art. 27. Em **todos os atos processuais, cíveis e criminais**, a mulher em situação de violência doméstica e familiar deverá estar acompanhada de advogado, ressalvado o previsto no art. 19 desta Lei.

Art. 28. É **garantido** a toda mulher em situação de violência doméstica e familiar o **acesso aos serviços de Defensoria Pública ou de Assistência Judiciária Gratuita**, nos termos da lei, em sede policial e judicial, mediante atendimento específico e humanizado.

1. **Assistência judiciária.** O legislador impôs a obrigação de a mulher estar acompanhada de um advogado. Caso ela não possa contratar um advogado ou não queira por qualquer motivo, será assistida pela Defensoria Pública. A assistência alcança as duas fases da persecução penal, seja a do inquérito policial, seja a da fase processual.

TÍTULO V
DA EQUIPE DE ATENDIMENTO MULTIDISCIPLINAR

Art. 29. Os **Juizados de Violência Doméstica e Familiar contra a Mulher** que vierem a ser criados poderão contar com uma equipe de atendimento multidisciplinar, a ser integrada por profissionais especializados nas áreas psicossocial, jurídica e de saúde.

Art. 30. Compete à equipe de atendimento multidisciplinar, entre outras atribuições que lhe forem reservadas pela legislação local, fornecer subsídios por escrito ao juiz, ao Ministério Público e à Defensoria Pública, mediante laudos ou verbalmente em audiência, e desenvolver trabalhos de orientação, encaminhamento, prevenção e outras medidas, voltados para a ofendida, o agressor e os familiares, com especial atenção às crianças e aos adolescentes.

Art. 31. Quando a **complexidade do caso** exigir avaliação mais aprofundada, o juiz poderá determinar a manifestação de profissional especializado, mediante a indicação da equipe de atendimento multidisciplinar.

Art. 32. O Poder Judiciário, na elaboração de sua proposta orçamentária, poderá prever recursos para a criação e manutenção da equipe de atendimento multidisciplinar, nos termos da Lei de Diretrizes Orçamentárias.

1. **Equipe multidisciplinar.** A equipe multidisciplinar que auxiliará os Juizados de Violência Doméstica e Familiar contra a Mulher é formada por uma equipe de atendimento integrada por profissionais especializados nas áreas psicossocial, jurídica e de saúde, com diversas atribuições, entre outras, fornecer subsídios por escrito ao Juiz, ao Ministério Público e à Defensoria Pública, mediante laudos ou verbalmente em audiência, e desenvolver trabalhos de orientação, encaminhamento,

prevenção e outras medidas, voltados para a ofendida, o agressor e os familiares, com especial atenção às crianças e aos adolescentes. O custeio da manutenção da equipe multidisciplinar pode ser feito pelo próprio Poder Judiciário, com recursos financeiros próprios, destacados da sua lei orçamentária.

TÍTULO VI
DISPOSIÇÕES TRANSITÓRIAS

Art. 33. Enquanto não estruturados os **Juizados de Violência Doméstica e Familiar contra a Mulher**, as **varas criminais acumularão as competências cível e criminal** para conhecer e julgar as causas decorrentes da prática de violência doméstica e familiar contra a mulher, observadas as previsões do Título IV desta Lei, subsidiada pela legislação processual pertinente.

Parágrafo único. Será garantido o direito de preferência, nas varas criminais, para o processo e o julgamento das causas referidas no caput.

1. **Locais onde não haja Juizado de Violência Doméstica e Familiar contra a Mulher.** Nos Estados em que ainda não houver a criação do Juizado de Violência Doméstica e Familiar contra a Mulher, apesar dos tantos anos de vigência desta lei, a competência será das Varas Criminais, que acumularão as competências cível e criminal.

TÍTULO VII
DISPOSIÇÕES FINAIS

Art. 34. A instituição dos Juizados de Violência Doméstica e Familiar contra a Mulher poderá ser acompanhada pela implantação das **curadorias necessárias e do serviço de assistência judiciária.**

Art. 35. A União, o Distrito Federal, os Estados e os Municípios poderão criar e promover, no limite das respectivas competências:

I – centros de atendimento integral e multidisciplinar para mulheres e respectivos dependentes em situação de violência doméstica e familiar;

II – casas-abrigos para mulheres e respectivos dependentes menores em situação de violência doméstica e familiar;

III – delegacias, núcleos de defensoria pública, serviços de saúde e centros de perícia médico-legal especializados no atendimento à mulher em situação de violência doméstica e familiar;

IV – programas e campanhas de enfrentamento da violência doméstica e familiar;

V – centros de educação e de reabilitação para os agressores.

Art. 36. A União, os Estados, o Distrito Federal e os Municípios promoverão a adaptação de seus órgãos e de seus programas às diretrizes e aos princípios desta Lei.

Art. 37. A defesa dos interesses e direitos transindividuais previstos nesta Lei poderá ser exercida, concorrentemente, pelo Ministério Público e por associação de atuação na área, regularmente constituída há pelo menos um ano, nos termos da legislação civil.

Parágrafo único. O requisito da pré-constituição poderá ser dispensado pelo juiz quando entender que não há outra entidade com representatividade adequada para o ajuizamento da demanda coletiva.

Art. 38. As estatísticas sobre a violência doméstica e familiar contra a mulher serão incluídas nas bases de dados dos órgãos oficiais do Sistema de Justiça e Segurança a fim de subsidiar o sistema nacional de dados e informações relativo às mulheres.

Parágrafo único. As Secretarias de Segurança Pública dos Estados e do Distrito Federal poderão remeter suas informações criminais para a base de dados do Ministério da Justiça.

Art. 38-A. O juiz competente providenciará o registro da medida protetiva de urgência. (Incluído pela Lei nº 13.827, de 2019)

Parágrafo único. As medidas protetivas de urgência serão, após sua concessão, imediatamente registradas em banco de dados mantido e regulamentado pelo Conselho Nacional de Justiça, garantido o acesso instantâneo do Ministério Público, da Defensoria Pública e dos órgãos de segurança pública e de assistência social, com vistas à fiscalização e à efetividade das medidas protetivas. (Incluído pela Lei nº 14.310, de 2022)

Art. 39. A União, os Estados, o Distrito Federal e os Municípios, no limite de suas competências e nos termos das respectivas leis de diretrizes orçamentárias, poderão estabelecer dotações orçamentárias específicas, em cada exercício financeiro, para a implementação das medidas estabelecidas nesta Lei.

Art. 40. As obrigações previstas nesta Lei não excluem outras decorrentes dos princípios por ela adotados.

Art. 40-A. Esta Lei será aplicada **a todas as situações previstas no seu art. 5º**, independentemente da causa ou da motivação dos atos de violência e da condição do ofensor ou da ofendida. (Incluído pela Lei nº 14.550, de 2023).

Art. 41. Aos crimes praticados com violência doméstica e familiar contra a mulher, independentemente da pena prevista, **não se aplica a Lei nº 9.099**, de 26 de setembro de 1995.

1. **Aplicação da lei de forma incondicional.** O art. 40-A foi inserido pela lei 14.550/2023 e a intenção do legislador foi dar a maior abrangência possível à presente lei. Assim, a sua aplicação abrange todos os âmbitos de violência doméstica contidos no art. 5º dessa lei, independentemente da motivação da violência ou das condições do agressor e da vítima.

2. **Não aplicação da lei 9.099/95 aos crimes praticados com violência doméstica e familiar contra a mulher.** O art. 41 dispõe que a lei nº 9.099/95 é inaplicável aos crimes praticados com violência doméstica e familiar contra a mulher, independentemente da pena prevista. Esse dispositivo possui dois comandos: o primeiro comando é no sentido de as infrações penais praticadas nos moldes dessa lei não se considerarem infrações penais de menor potencial ofensivo; o segundo comando é evitar a aplicação das medidas despenalizadoras. Com efeito, a lei nº 9.099/95 trouxe para a ordem jurídica brasileira quatro medidas despenalizadoras: a composição civil dos danos (art. 74); a transação penal (art. 76); a representação (art. 88); e a suspensão condicional do processo (art. 89). Todas essas medidas visam a evitar o processo ou evitar uma condenação. Como o legislador deu um

tratamento mais severo aos crimes praticados no âmbito da violência doméstica e familiar contra a mulher, ele quis que não fossem aplicadas medidas que permitam uma alternativa ao processo ou que impliquem uma alternativa à condenação, que são justamente as medidas despenalizadoras previstas na lei nº 9.099/95. Questão relevante versa sobre a constitucionalidade do artigo ora comentado. Isso porque o art. 98, I da CF/88 dispõe que "a União, no Distrito Federal e nos Territórios, e os Estados criarão: I – juizados especiais, providos por juízes togados, ou togados e leigos, competentes para a conciliação, o julgamento e a execução de causas cíveis de menor complexidade e infrações penais de menor potencial ofensivo, mediante os procedimentos oral e sumariíssimo, permitidos, nas hipóteses previstas em lei, a transação e o julgamento de recursos por turmas de juízes de primeiro grau." Assim, questiona-se se a lei ora comentada, por ser uma lei ordinária, poderia afastar a incidência da lei 9.099/95 nos casos de violência doméstica e familiar contra a mulher. Apesar de muita discussão, as jurisprudências do STF e do STJ pacificaram-se no sentido da constitucionalidade do art. 41.

▶ **STJ**

Súmula nº 542: A ação penal relativa ao crime de lesão corporal resultante de violência doméstica contra a mulher é pública incondicionada.

▶ **STJ**

Súmula nº 536: A suspensão condicional do processo e a transação penal não se aplicam na hipótese de delitos sujeitos ao rito da Lei Maria da Penha.

▶ **STF**

VIOLÊNCIA DOMÉSTICA – LEI Nº 11.340/06 (...). O artigo 41 da Lei nº 11.340/06, a afastar, nos crimes de violência doméstica contra a mulher, a Lei nº 9.099/95, mostra-se em consonância com o disposto no § 8º do artigo 226 da Carta da República, a prever a obrigatoriedade de o Estado adotar mecanismos que coíbam a violência no âmbito das relações familiares. ADC 19. AÇÃO DECLARATÓRIA DE CONSTITUCIONALIDADE. Rel. Min. Marco Aurélio, julgado em 09/02/2012.

▶ **STF**

AÇÃO PENAL – VIOLÊNCIA DOMÉSTICA CONTRA A MULHER – LESÃO CORPORAL – NATUREZA. A ação penal relativa a lesão corporal resultante de violência doméstica contra a mulher é pública incondicionada – considerações. ADI 4424. Rel. Min. Marco Aurélio, julgado em 09/02/2012.

▶ **STJ**

AGRAVO REGIMENTAL NO RECURSO ESPECIAL. PENAL. VIAS DE FATO. VIOLÊNCIA DOMÉSTICA CONTRA A MULHER. REPRESENTAÇÃO DA VÍTIMA. DESNECESSIDADE. LEI 9.099/1995. (...) 1. "Seja caso de lesão corporal leve, seja de vias de fato, se praticado em contexto de violência doméstica ou familiar, não há falar em necessidade de representação da vítima para a persecução penal" (...) 2. Nas infrações penais cometidas com violência doméstica contra a mulher, sejam elas crimes ou contravenções, não se aplicam as disposições da Lei n. 9.099/1995. (...) **(AgRg no REsp 1628271/SP, Rel. Min. Reynaldo Soares da Fonseca, julgado em 23/05/2017).**

▶ **STJ**

INFORMATIVO nº 509.

Quinta Turma

DIREITO PENAL E PROCESSUAL PENAL. LESÃO CORPORAL LEVE OU CULPOSA NO ÂMBITO DOMÉSTICO. AÇÃO PENAL PÚBLICA INCONDICIONADA.

O crime de lesão corporal, mesmo que leve ou culposa, praticado contra a mulher, no âmbito das relações domésticas, deve ser processado mediante ação penal pública incondicionada. No julgamento da ADI 4.424-DF, o STF declarou a constitucionalidade do art. 41 da Lei n. 11.340/2006, afastando a incidência da Lei n. 9.099/1995 aos crimes praticados com violência doméstica e familiar contra a mulher, independentemente da pena prevista. Precedente citado do STF: ADI 4.424-DF, DJe 17/2/2012; do STJ: AgRg no REsp 1.166.736-ES, DJe 8/10/2012, e HC 242.458-DF, DJe 19/9/2012. **AREsp 40.934-DF, Rel. Min. Marilza Maynard (Desembargadora convocada do TJ-SE), julgado em 13/11/2012.**

3. **Contravenção penal praticada com violência doméstica e familiar contra a mulher.** Infração penal é gênero, que abrange duas espécies: *crimes* e *contravenções penais*. Quando o legislador empregou a expressão *crimes* disse menos do que queria, cabendo interpretação extensiva para, na expressão *crimes*, serem abrangidas, também, as contravenções penais. Logo, tratando-se de contravenção penal, também não se aplica a lei 9.099/95.

▶ **STJ**

(...) CONTRAVENÇÃO PENAL. LEI MARIA DA PENHA. DENÚNCIA REJEITADA POR AUSÊNCIA DE MANIFESTAÇÃO DA VÍTIMA. RECURSO EM SENTIDO ESTRITO PROVIDO PARA DETERMINAR O PROSSEGUIMENTO DA DEMANDA. NATUREZA INCONDICIONADA DA AÇÃO. INAPLICABILIDADE DA LEI N. 9.099/1995 ÀS INFRAÇÕES PENAIS COMETIDAS COM VIOLÊNCIA DOMÉSTICA OU FAMILIAR CONTRA A MULHER. EXPRESSÃO QUE ENGLOBA AS DUAS ESPÉCIES: CRIME E CONTRAVENÇÃO PENAL. (...) 2. No contexto dos crimes praticados com violência doméstica ou familiar contra a mulher, a palavra "crime" deve englobar toda e qualquer infração penal, conceito mais amplo que abrange as duas espécies: crime e contravenção penal. 3. Seja caso de lesão corporal leve, seja de vias de fato, se praticado em contexto de violência doméstica ou familiar, não há falar em necessidade de representação da vítima para a persecução penal. 4. Agravo regimental improvido. **(AgRg no AREsp 703.829/MG, Rel. Min. Sebastião Reis Júnior, julgado em 27/10/2015).**

▶ **STJ**

INFORMATIVO nº 539.

Sexta Turma.

DIREITO PENAL E PROCESSUAL PENAL. INAPLICABILIDADE DA TRANSAÇÃO PENAL ÀS CONTRAVENÇÕES PENAIS PRATICADAS CONTRA MULHER NO CONTEXTO DE VIOLÊNCIA DOMÉSTICA.

A transação penal não é aplicável na hipótese de contravenção penal praticada com violência doméstica e familiar contra a mulher. De fato, a interpretação literal do art. 41 da Lei Maria da Penha (...) viabilizaria, em apressado olhar, a conclusão de que os institutos despenalizadores da Lei 9.099/1995, entre eles a transação penal, seriam aplicáveis às contravenções penais praticadas com violência doméstica e familiar contra a mulher. Entretanto, o legislador, ao editar a Lei 11.340/2006, conferiu concretude ao texto constitucional (art. 226, § 8º, da CF) e aos tratados e as convenções internacionais de erradicação de todas as formas de violência contra a mulher, a fim de mitigar, tanto quanto possível, qualquer tipo de violência doméstica e familiar contra a mulher, abrangendo não só a violência física, mas, também, a psicológica, a sexual, a patrimonial, a social e a moral. Desse modo, à luz da finalidade última da norma (Lei 11.340/2006) e do enfoque da ordem jurídico-constitucional, considerando, ainda, os fins sociais a que a lei se destina, a aplicação da Lei 9.099/1995 é afastada pelo art. 41 da Lei 11.340/2006, tanto em relação aos crimes quanto às contravenções penais praticados contra mulheres no âmbito doméstico e familiar. Ademais, o STJ e o STF já se posicionaram no sentido de que os institutos despenalizadores da Lei 9.099/1995, entre eles a transação penal, não se aplicam a nenhuma prática delituosa contra a mulher no âmbito doméstico e familiar, ainda que configure contravenção penal. Precedente citado do STJ: HC 196.253-MS, Sexta Turma, DJe 31/5/2013. Precedente citado do STF: HC 106.212-MS, Tribunal Pleno, DJe 13/6/2011. **(HC 280.788-RS, Rel. Min. Rogerio Schietti Cruz, julgado em 3/4/2014).**

Art. 42. O art. 313 do Decreto-Lei nº 3.689, de 3 de outubro de 1941 (Código de Processo Penal), passa a vigorar acrescido do seguinte inciso IV:

"Art. 313. ....

IV – se o crime envolver violência doméstica e familiar contra a mulher, nos termos da lei específica, para garantir a execução das medidas protetivas de urgência." (NR)

Art. 43. A alínea f do inciso II do art. 61 do Decreto-Lei nº 2.848, de 7 de dezembro de 1940 (Código Penal), passa a vigorar com a seguinte redação:

"Art. 61. ....

....

II – ....

....

f) com abuso de autoridade ou prevalecendo-se de relações domésticas, de coabitação ou de hospitalidade, ou com violência contra a mulher na forma da lei específica;

.... " (NR)

Art. 44. O art. 129 do Decreto-Lei nº 2.848, de 7 de dezembro de 1940 (Código Penal), passa a vigorar com as seguintes alterações:

"Art. 129. ....

....

§ 9º Se a lesão for praticada contra ascendente, descendente, irmão, cônjuge ou companheiro, ou com quem conviva ou tenha convivido, ou, ainda, prevalecendo-se o agente das relações domésticas, de coabitação ou de hospitalidade:

Pena – detenção, de 3 (três) meses a 3 (três) anos.

....

§ 11. Na hipótese do § 9º deste artigo, a pena será aumentada de um terço se o crime for cometido contra pessoa portadora de deficiência." (NR).

Art. 45. O art. 152 da Lei nº 7.210, de 11 de julho de 1984 (Lei de Execução Penal), passa a vigorar com a seguinte redação:

"Art. 152. ....

Parágrafo único. Nos casos de violência doméstica contra a mulher, o juiz poderá determinar o comparecimento obrigatório do agressor a programas de recuperação e reeducação." (NR).

Art. 46. Esta Lei entra em vigor 45 (quarenta e cinco) dias após sua publicação.

1. **Alteração legislativa.** Os arts. 42 ao 45 operaram alterações legislativas no Código Penal e na Lei de Execução penal, que não são objetos do presente livro.

Violência Doméstica e Familiar Contra a Criança e o Adolescente. Lei nº 14.344, de 24 de maio de 2022

Art. 1º Esta Lei cria mecanismos para a **prevenção e o enfrentamento da violência doméstica e familiar contra a criança e o adolescente**, nos termos do § 8º do art. 226 e do § 4º do art. 227 da Constituição Federal e das disposições específicas previstas em tratados, convenções e acordos internacionais ratificados pela República Federativa do Brasil, e altera o Decreto-Lei nº 2.848, de 7 de dezembro de 1940 (Código Penal), e as Leis nºs 7.210, de 11 de julho de 1984 (Lei de Execução Penal), 8.069, de 13 de julho de 1990, (Estatuto da Criança e do Adolescente), 8.072, de 25 de julho de 1990 (Lei de Crimes Hediondos), e 13.431, de 4 de abril de 2017, que estabelece o sistema de garantia de direitos da criança e do adolescente vítima ou testemunha de violência.

1. **Previsão constitucional.** A coibição da violência doméstica e familiar contra a criança e o adolescente decorre da norma contida no art. 227, da CF/88, que afirma que "é dever da família, da sociedade e do Estado assegurar à criança, ao adolescente e ao jovem, com absoluta prioridade, o direito à vida, à saúde, à alimentação, à educação, ao lazer, à profissionalização, à cultura, à dignidade, ao respeito, à liberdade e à convivência familiar e comunitária, além de colocá-los a salvo de toda forma de negligência, discriminação, exploração, violência, crueldade e opressão."

2. **Natureza da lei.** A presente lei tem conteúdo penal e processual penal, razão pela qual ela tem conteúdo misto.

3. **Objeto da lei.** A lei nº 13.344/2022 trouxe para a ordem jurídica brasileira a coibição da violência doméstica e familiar contra a criança e o adolescente e disciplinou diversas questões ligadas a essa temática, como a assistência ao menor em situação de violência doméstica, o atendimento da criança e do adolescente pela autoridade policial e os procedimentos a serem adotados, as medidas protetivas de urgência, a atuação do Ministério Público e a assistência judiciária, além de outras questões.

CAPÍTULO I
DA VIOLÊNCIA DOMÉSTICA E FAMILIAR CONTRA A CRIANÇA E O ADOLESCENTE

Art. 2º Configura violência doméstica e familiar contra a criança e o adolescente qualquer ação ou omissão que lhe cause morte, lesão, sofrimento físico, sexual, psicológico ou dano patrimonial:

I – no âmbito do domicílio ou da residência da criança e do adolescente, compreendida como o espaço de convívio permanente de pessoas, com ou sem vínculo familiar, inclusive as esporadicamente agregadas;

II – no âmbito da família, compreendida como a comunidade formada por indivíduos que compõem a família natural, ampliada ou substituta, por laços naturais, por afinidade ou por vontade expressa;

III – em qualquer relação doméstica e familiar na qual o agressor conviva ou tenha convivido com a vítima, independentemente de coabitação.

Parágrafo único. Para a caracterização da violência prevista no *caput* deste artigo, deverão ser observadas as definições estabelecidas na Lei nº 13.431, de 4 de abril de 2017.

1. **Configuração da violência doméstica e familiar contra a criança e o adolescente.** O legislador discriminou o que configura a violência doméstica e familiar contra a criança e o adolescente, ao abranger qualquer ação ou omissão, o que significa que estão abrangidas as duas formas de conduta relevante para o Direito Penal (comissão e omissão), que possa configurar a morte, a lesão, o sofrimento físico, sexual ou psicológico e o dano patrimonial à criança e o adolescente em situação de violência doméstica e familiar. Trata-se de uma norma geral que define a violência doméstica e familiar contra a criança e o adolescente, de forma que o legislador deixou para os incisos a especificação do âmbito de convivência para maior concretização desse tipo de violência.

2. **Âmbitos da configuração da violência doméstica e familiar contra a criança e o adolescente.** Estabeleceram-se nos incisos os três âmbitos onde estará configurada a violência doméstica e familiar contra a criança e o adolescente.

3. **Inciso I. Âmbito do domicílio ou da residência.** No âmbito do domicílio ou da residência, o legislador abrangeu o espaço de convívio permanente de pessoas, com ou sem vínculo familiar, inclusive as esporadicamente agregadas. Nessa hipótese, o importante é que a criança ou o adolescente deve fazer parte desse convívio permanente. O problema é que não há um conceito do que seja *permanente* e é justamente esse o requisito para configurar a violência doméstica contra o menor. Como não há especificação legal, pensamos que o convívio permanente significa um convívio habitual, duradouro, e não fugaz, passageiro. Não há um limite de tempo pré-determinado. Não se exige o vínculo familiar, o que significa dizer que a violência doméstica contra a criança e o adolescente pode ocorrer fora dos casos de pais e filhos.

4. **Inciso II. Âmbito da família.** Como *família*, o legislador conceituou a comunidade formada por indivíduos que compõem a família natural, ampliada ou substituta,

por laços naturais, por afinidade ou por vontade expressa. O legislador foi bastante amplo ao abranger não apenas a família natural, dando um maior âmbito de proteção pela norma. Dessa forma, a verificação da presença do elemento âmbito da família independe da forma ou na nomenclatura que se dê à família, conferindo-se maior proteção à criança e ao adolescente.

5. **Inciso III. Qualquer relação doméstica e familiar.** Ao referir-se a *qualquer relação doméstica e familiar*, o legislador abarcou a necessidade de o agressor conviver ou ter convivido com o menor, independentemente de coabitação. Ausente essa convivência passada ou presente, não está configurada a hipótese do inciso III.

6. **Parágrafo único. Caracterização da violência.** Ao encerrar o artigo, o legislador fez menção expressa à lei 13.431/2017, que trata do sistema de garantia de direitos da criança e do adolescente vítima ou testemunha de violência, que recomendamos a leitura para não sermos repetitivos, escrevendo nas linhas abaixo o que a lei dispõe.

Art. 3º A violência doméstica e familiar contra a criança e o adolescente constitui uma das formas de **violação dos direitos humanos**.

1. **Violação dos direitos humanos.** Trata-se de dispositivo desnecessário, uma vez que qualquer agressão contra qualquer pessoa, seja criança, seja adolescente, seja adulto, configura violação dos direitos humanos.

Art. 4º As **estatísticas** sobre a violência doméstica e familiar contra a criança e o adolescente serão incluídas nas bases de dados dos órgãos oficiais do Sistema de Garantia dos Direitos da Criança e do Adolescente, do Sistema Único de Saúde, do Sistema Único de Assistência Social e do Sistema de Justiça e Segurança, de forma integrada, a fim de subsidiar o sistema nacional de dados e informações relativo às crianças e aos adolescentes.

§ 1º Por meio da descentralização político-administrativa que prevê o Sistema de Garantia dos Direitos da Criança e do Adolescente, os entes federados poderão remeter suas informações para a base de dados do Ministério da Justiça e Segurança Pública e do Ministério da Mulher, da Família e dos Direitos Humanos.

§ 2º Os serviços deverão compartilhar entre si, de forma integrada, as informações coletadas das vítimas, dos membros da família e de outros sujeitos de sua rede afetiva, por meio de relatórios, em conformidade com o fluxo estabelecido, preservado o sigilo das informações.

§ 3º O compartilhamento completo do registro de informações será realizado por meio de encaminhamento ao serviço, ao programa ou ao equipamento do sistema de garantia de direitos da criança e do adolescente vítima ou testemunha de violência, que acolherá, em seguida, a criança ou o adolescente vítima ou testemunha de violência.

§ 4º O compartilhamento de informações de que trata o § 3º deste artigo deverá zelar pelo sigilo dos dados pessoais da criança e do adolescente vítima ou testemunha de violência.

§ 5º Será adotado modelo de registro de informações para compartilhamento do sistema de garantia de direitos da criança e do adolescente vítima ou testemunha de violência, que conterá, no mínimo:

I – os dados pessoais da criança ou do adolescente;

II – a descrição do atendimento;

III – o relato espontâneo da criança ou do adolescente, quando houver;

IV – os encaminhamentos efetuados.

Art. 5º O **Sistema de Garantia dos Direitos** da Criança e do Adolescente intervirá nas situações de violência contra a criança e o adolescente com a finalidade de:

I – mapear as ocorrências das formas de violência e suas particularidades no território nacional;

II – prevenir os atos de violência contra a criança e o adolescente;

III – fazer cessar a violência quando esta ocorrer;

IV – prevenir a reiteração da violência já ocorrida;

V – promover o atendimento da criança e do adolescente para minimizar as sequelas da violência sofrida; e

VI – promover a reparação integral dos direitos da criança e do adolescente.

VII - promover a parentalidade positiva e o direito ao brincar como estratégias de prevenção à violência doméstica contra a criança e o adolescente. (Incluído pela Lei nº 14.826, de 2024)

1. **Estatísticas e Sistema de Garantia dos Direitos da Criança e do Adolescente.** Sem conteúdo de Direito Penal, os arts. 4º e 5º são autoexplicativos. O art. 4º trata da inclusão das estatísticas sobre a violência contra a criança e o adolescente nas bases de dados dos órgãos oficiais do Sistema de Garantia dos Direitos da Criança e do Adolescente, do Sistema Único de Saúde, do Sistema Único de Assistência Social e do Sistema de Justiça e Segurança, de forma integrada, com a finalidade de subsidiar o sistema nacional de dados e informações relativo às crianças e aos adolescentes. O art. 5º define as finalidades de intervenção do Sistema de Garantia dos Direitos da Criança e do Adolescente.

CAPÍTULO II
DA ASSISTÊNCIA À CRIANÇA E AO ADOLESCENTE EM SITUAÇÃO DE VIOLÊNCIA DOMÉSTICA E FAMILIAR

Art. 6º A **assistência** à criança e ao adolescente em situação de violência doméstica e familiar será prestada de forma articulada e conforme os princípios e as diretrizes previstos nas Leis nºs 8.069, de 13 de julho de 1990 (Estatuto da Criança e do Adolescente), e 8.742, de 7 de dezembro de 1993, no Sistema Único de Saúde, no Sistema Único de Segurança Pública, entre outras normas e políticas públicas de proteção, e emergencialmente, quando for o caso.

Art. 7º A **União, o Distrito Federal, os Estados e os Municípios** poderão criar e promover, para a criança e o adolescente em situação de violência doméstica e familiar, no limite das respectivas competências e de acordo com o art. 88 da Lei nº 8.069, de 13 de julho de 1990 (Estatuto da Criança e do Adolescente):

I – centros de atendimento integral e multidisciplinar;

II – espaços para acolhimento familiar e institucional e programas de apadrinhamento;

III – delegacias, núcleos de defensoria pública, serviços de saúde e centros de perícia médico-legal especializados;

IV – programas e campanhas de enfrentamento da violência doméstica e familiar;

V – centros de educação e de reabilitação para os agressores.

Art. 8º O **Sistema de Garantia dos Direitos** da Criança e do Adolescente, juntamente com os sistemas de justiça, de saúde, de segurança pública e de assistência social, os Conselhos Tutelares e a comunidade escolar, poderão, na esfera de sua competência, adotar ações articuladas e efetivas direcionadas à identificação da agressão, à agilidade no atendimento da criança e do adolescente vítima de violência doméstica e familiar e à responsabilização do agressor.

Art. 9º Os Estados e o Distrito Federal, na formulação de suas políticas e planos de atendimento à criança e ao adolescente em situação de violência doméstica e familiar, darão prioridade, no âmbito da Polícia Civil, à criação de **Delegacias Especializadas de Proteção à Criança e ao Adolescente.**

Art. 10. A União, os Estados, o Distrito Federal e os Municípios poderão estabelecer **dotações orçamentárias específicas**, em cada exercício financeiro, para a implementação das medidas estabelecidas nesta Lei.

1. **Assistência à criança e ao adolescente em situação de violência doméstica e familiar.** Nos arts. 6º ao 10 o legislador tratou de forma ampla da assistência à criança e ao adolescente em situação de violência doméstica e familiar, estabelecendo diretrizes e políticas públicas de proteção, por meio da integração entre a União, os Estados, o DF e os Municípios.

CAPÍTULO III
DO ATENDIMENTO PELA AUTORIDADE POLICIAL

Art. 11. Na hipótese de ocorrência de **ação ou omissão** que implique a ameaça ou a prática de violência doméstica e familiar contra a criança e o adolescente, a autoridade policial que tomar conhecimento da ocorrência adotará, de imediato, as providências legais cabíveis.

Parágrafo único. Aplica-se o disposto no *caput* deste artigo ao descumprimento de medida protetiva de urgência deferida.

1. **Providências da autoridade policial.** O art. 10 é genérico e determina à autoridade policial que tome “as providências legais cabíveis”. Trata-se de dispositivo desnecessário, uma vez que o Delegado de Polícia sempre deve tomar todas as medidas legais cabíveis quando tiver conhecimento da prática de qualquer infração penal, conforme determinam os arts. 4º a 20 do Código de Processo Penal, no que não conflitarem com a presente lei, à luz do princípio da especialidade. Demais disso, há ainda as providências legais a que se refere o art. 13 da presente lei.

Art. 12. O **depoimento** da criança e do adolescente vítima ou testemunha de violência doméstica e familiar será colhido nos termos da Lei nº 13.431, de 4 de abril de 2017, observadas as disposições da Lei nº 8.069, de 13 de julho de 1990 (Estatuto da Criança e do Adolescente).

1. **Depoimento da criança e do adolescente.** Visando a conferir maior proteção à criança e ao adolescente, o legislador determinou que os seus depoimentos devessem seguir as normas e diretrizes da lei 13.431/2017 (que trata do sistema de garantia de direitos da criança e do adolescente vítima ou testemunha de violência). O Título III, que abrange os arts. 7º ao 12, dispõe sobre tais exigências e formalidades, ao tratar da *escuta especializada* (procedimento de entrevista sobre situação de violência com criança ou adolescente perante órgão da rede de proteção, limitado o relato estritamente ao necessário para o cumprimento de sua finalidade) e do *depoimento especial* (procedimento de oitiva de criança ou adolescente vítima ou testemunha de violência perante autoridade policial ou judiciária), para onde remetemos o leitor.

Art. 13. No **atendimento** à criança e ao adolescente em situação de violência doméstica e familiar, a autoridade policial deverá, entre outras providências:

I – encaminhar a vítima ao Sistema Único de Saúde e ao Instituto Médico-Legal imediatamente;

II – encaminhar a vítima, os familiares e as testemunhas, caso sejam crianças ou adolescentes, ao Conselho Tutelar para os encaminhamentos necessários, inclusive para a adoção das medidas protetivas adequadas;

III – garantir proteção policial, quando necessário, comunicados de imediato o Ministério Público e o Poder Judiciário;

IV – fornecer transporte para a vítima e, quando necessário, para seu responsável ou acompanhante, para serviço de acolhimento existente ou local seguro, quando houver risco à vida.

1. **Providências da autoridade policial.** Este dispositivo legal trata das providências que devem ser tomadas pela autoridade policial no atendimento da criança ou do adolescente em situação de violência doméstica e familiar.
2. **Rol exemplificativo.** Tendo em vista que o legislador utilizou a expressão "entre outras providências" no *caput*, conclui-se que o rol deste artigo é exemplificativo. Assim, a autoridade policial poderá adotar qualquer providência de proteção da vítima que o caso concreto requerer, mesmo que não tenha sido previsto pelo legislador.
3. **Inciso I. Encaminhamento ao Sistema Único da Saúde e ao Instituto Médico-Legal imediatamente.** O encaminhamento ao Sistema Único da Saúde e ao Instituto Médico-Legal decorre da necessidade de tratamento e de realização de perícia, para que se forme o conjunto probatório ligado à prova de existência da infração penal, nos moldes do art. 158 do Código de Processo Penal. Note-se que o legislador utilizou

a expressão *imediatamente*, que significa sem delongas e independentemente de qualquer outra formalidade ou providência a ser cumprida no âmbito policial.

4. **Inciso II. Encaminhamento ao Conselho Tutelar.** O Conselho Tutelar é o órgão permanente e autônomo, não jurisdicional, encarregado pela sociedade de zelar pelo cumprimento dos direitos da criança e do adolescente previstos na lei 8.069/90 – Estatuto da Criança e do Adolescente, conforme a previsão do Título V do Estatuto, para onde remetemos o leitor para evitarmos repetições desnecessárias.

5. **Inciso III. Proteção policial.** A proteção policial a que se refere o inciso III é genérica e abrange, portanto, o acompanhamento físico da vítima. Contudo, o problema é de cunho prático, uma vez que não há policiais em número suficiente para acompanhar todas as vítimas.

6. **Inciso IV. Transporte para local seguro.** A providência contida no presente inciso já não depende mais da autoridade policial, e sim do Poder Executivo estadual, uma vez que o Estado deve criar essa estrutura para a realização do transporte da vítima para um abrigo ou para um local seguro. O transporte até pode ser efetivado com a viatura policial que estiver à disposição da Delegacia. Contudo, o abrigo ou local seguro depende de atuação do Estado, de forma que se não houver esses lugares, para onde a vítima possa ser transportada, a autoridade policial nada poderá fazer e não poderá ser responsabilizada pelo descumprimento dessa providência.

Art. 14. Verificada a ocorrência de ação ou omissão que implique a ameaça ou a prática de violência doméstica e familiar, com a existência de risco atual ou iminente à vida ou à integridade física da criança e do adolescente, ou de seus familiares, o agressor será **imediatamente afastado do lar, do domicílio ou do local de convivência com a vítima**:

I – pela autoridade judicial;

II – pelo delegado de polícia, quando o Município não for sede de comarca;

III – pelo policial, quando o Município não for sede de comarca e não houver delegado disponível no momento da denúncia.

§ 1º O Conselho Tutelar poderá representar às autoridades referidas nos incisos I, II e III do *caput* deste artigo para requerer o afastamento do agressor do lar, do domicílio ou do local de convivência com a vítima.

§ 2º Nas hipóteses previstas nos incisos II e III do *caput* deste artigo, o juiz será comunicado no prazo máximo de 24 (vinte e quatro) horas e decidirá, em igual prazo, sobre a manutenção ou a revogação da medida aplicada, bem como dará ciência ao Ministério Público concomitantemente.

§ 3º Nos casos de risco à integridade física da vítima ou à efetividade da medida protetiva de urgência, não será concedida liberdade provisória ao preso.

1. **Medida protetiva de urgência.** Este dispositivo legal trata de medida protetiva em favor da vítima, no sentido de possibilitar afastamento do agressor do lar, do domicílio ou do local de convivência com a criança ou o adolescente vítima de violência doméstica. Nos incisos o legislador especificou quem pode efetivar o afastamento.

2. **Incisos I, II e III.** No inciso I há a previsão da autoridade judiciária. Os incisos II e III trazem a possibilidade de essa medida protetiva ser efetivada pelo Delegado de Polícia (quando o Município não for sede de comarca) ou pelo policial (quando o Município não for sede de comarca e não houver delegado disponível no momento da denúncia). Deve-se ter um cuidado: o legislador não permitiu que o Delegado de Polícia e o policial efetivassem genericamente medidas protetivas de urgência, mas tão somente a medida de afastamento do lar, do domicílio ou do local de convivência com a vítima. Pensamos que o legislador poderia ter ido muito além, aumentando as possibilidades de o Delegado de Polícia efetivar mais medidas protetivas de urgência, mas infelizmente não foi. Há uma ordem de preferência na fixação dessa medida protetiva de urgência nos incisos, de forma que o Delegado só poderá efetivá-la quando o Município não for sede de comarca, o que é explicável, segundo o entendimento do legislador, porque se o Município não for sede de comarca não haverá uma autoridade judiciária no local. Da mesma forma, o policial poderá efetivar a medida protetiva quando o Município não for sede de comarca e não houver delegado disponível. O inciso III faz menção a *policial*. Deve ser questionado que policial é esse, se é o membro da polícia ostensiva (Polícia Militar) ou da Polícia Judiciária. Dois fatores nos levam a afirmar que é qualquer policial. O primeiro fator é a interpretação da norma, porque se o legislador não fez qualquer distinção ou não especificou quem seria o policial, foi porque quis abranger qualquer policial, independentemente da Instituição a que ele pertencer. O segundo fator é a natureza e a finalidade da norma. Trata-se de norma que tem como âmbito de proteção a criança e o adolescente vítimas de violência doméstica e com a finalidade de fazer cessar rapidamente a agressão à vítima, bem como impedir que um mal maior possa lhes acontecer. Assim, independentemente da Instituição policial a qual o agente pertencer, o importante é que seja um policial e que possa agir rapidamente para garantir a cessação da violência.

3. **Existência de risco atual ou iminente à vida ou à integridade física da criança e do adolescente.** O legislador estabeleceu como requisito a existência de risco atual ou iminente à vida ou à integridade física da criança e do adolescente. Esse risco pode ser constatado de qualquer forma, como uma denúncia anônima, uma ligação da vítima ou de um vizinho para a Polícia Militar, um vizinho ou alguém que esteja passando pela rua naquele momento e ouça a situação de agressão e vá à Delegacia de Polícia para relatar o ocorrido etc.

4. **§1º. Legitimidade do Conselho Tutelar.** Visando a dar maior proteção à vítima, o legislador conferiu ao Conselho Tutelar a legitimidade para representar às autoridades previstas nos incisos pelo afastamento do agressor do lar, do domicílio ou do local de convivência com a criança ou o adolescente vítima da violência doméstica.

5. **§2º. Controle judicial.** Caso a medida protetiva de afastamento não seja decretada pelo Juiz, o legislador exigiu o controle posterior pelo Poder Judiciário, com a comunicação à autoridade judiciária em 24 horas, que decidirá pela manutenção ou não do afastamento, fazendo, ao final, a comunicação ao Ministério Público. Note-se que o legislador não quis que o Ministério Público emitisse um parecer opinativo prévio sobre a manutenção ou a revogação da medida, apenas estabeleceu que deverá ser dada ciência ao Ministério Público após a decisão judicial.

6. **§3º. Vedação de liberdade provisória.** A vedação da liberdade provisória justifica-se pelo risco à integridade física da ofendida ou à efetividade da medida protetiva de urgência, conforme expresso no §3º. Isso porque caso persista o risco à integridade física, à vida da vítima ou à efetividade da medida protetiva, a medida de afastamento levada a efeito anteriormente seria inócua.

CAPÍTULO IV
DOS PROCEDIMENTOS

Seção I
Das Medidas Protetivas de Urgência

Art. 15. Recebido o expediente com o pedido em favor de criança e de adolescente em situação de violência doméstica e familiar, **caberá ao juiz**, no prazo de 24 (vinte e quatro) horas:

I – conhecer do expediente e do pedido e decidir sobre as medidas protetivas de urgência;

II – determinar o encaminhamento do responsável pela criança ou pelo adolescente ao órgão de assistência judiciária, quando for o caso;

III – comunicar ao Ministério Público para que adote as providências cabíveis;

IV – determinar a apreensão imediata de arma de fogo sob a posse do agressor.

1. **Providências judiciais.** O legislador tratou o caso com a urgência que o tema requer e estabeleceu o prazo de 48 horas para o Juiz tomar as providências descritas no dispositivo. As medidas protetivas de urgência a que se refere o inciso I estão positivadas no art. 20, para onde remetemos o leitor.

Art. 16. As **medidas protetivas de urgência** poderão ser concedidas pelo juiz, a requerimento do Ministério Público, da autoridade policial, do Conselho Tutelar ou a pedido da pessoa que atue em favor da criança e do adolescente.

§ 1º As medidas protetivas de urgência poderão ser concedidas de imediato, independentemente de audiência das partes e de manifestação do Ministério Público, o qual deverá ser prontamente comunicado.

§ 2º As medidas protetivas de urgência serão aplicadas isolada ou cumulativamente e poderão ser substituídas a qualquer tempo por outras de maior eficácia, sempre que os direitos reconhecidos nesta Lei forem ameaçados ou violados.

§ 3º Poderá o juiz, a requerimento do Ministério Público ou do Conselho Tutelar, ou a pedido da vítima ou de quem esteja atuando em seu favor, conceder novas medidas protetivas de urgência ou rever aquelas já concedidas, se entender necessário à proteção da vítima, de seus familiares e de seu patrimônio, ouvido o Ministério Público.

1. **Medidas protetivas de urgência.** São as previstas no art. 20, para onde remetemos o leitor.

2. **Concessão de ofício pelo Juiz.** Apesar de o dispositivo não prever expressamente, seria possível que as medidas protetivas fossem concedidas pelo Juiz de ofício?

Certamente, alguns dirão que não à luz do sistema acusatório. Contudo, parece-nos que, nesse caso, não seria esse o melhor caminho a ser seguido. Poderíamos basear nosso raciocínio no poder geral de cautela do Juiz, e, se o fizéssemos, estaríamos, a nosso ver, corretos. Porém, a questão ultrapassa esse fundamento que é geralmente usado. Sustentamos a possibilidade de o Juiz poder conceder as medidas protetivas de urgência de ofício porque ele não está promovendo a persecução penal contra o acusado, buscando um elemento de prova contra ele, nem exercendo a função de acusador. Ao contrário, o Juiz está apenas tomando medidas de ofício que visam a beneficiar a vítima.

3. **§ 1º. Imediatidade na concessão das medidas.** Por questões de coerência interpretativa, a previsão do parágrafo primeiro no sentido de que as medidas protetivas de urgência poderão ser concedidas de imediato, independentemente de audiência das partes e de manifestação do Ministério Público, confirma a possibilidade de o Juiz poder concedê-las de ofício, uma vez que ele pode concedê-las sem oitiva das partes. Não fosse assim, sempre haveria a prévia oitiva da parte que fez o requerimento.

4. **§ 2º. Formas de aplicação das medidas protetivas de urgência.** A aplicação das medidas protetivas de urgência de forma isolada ou cumulativamente irá depender da necessidade que o caso concreto demandar. Da mesma forma ocorre com a possibilidade de substituição por outras de maior eficácia. Tudo irá depender de necessidade que o caso concreto requerer. A aplicação cumulativa ou a sua modificação por outras de maior eficácia também pode ser realizada pelo Juiz de ofício, mediante requerimento do Ministério Público ou a pedido da vítima.

5. **§ 3º. Revisão das medidas protetivas de urgência.** Para mantermos a coerência com o que dissemos linhas atrás, pensamos que a revisão das medidas protetivas de urgência pode ser feita também pelo Juiz, de ofício, sempre visando à proteção da vítima, de seus familiares ou de seu patrimônio.

Art. 17. Em qualquer fase do inquérito policial ou da instrução criminal, caberá a **prisão preventiva** do agressor, decretada pelo juiz, a requerimento do Ministério Público ou mediante representação da autoridade policial.

Parágrafo único. O juiz poderá revogar a prisão preventiva se, no curso do processo, verificar a falta de motivo para que subsista, bem como decretá-la novamente, se sobrevierem razões que a justifiquem.

1. **Finalidade da decretação da prisão preventiva do agressor.** O dispositivo legal ora comentado está em consonância com o art. 313, III do Código de Processo Penal, com a redação que lhe deu a lei 12.403/2011, que dispõe o seguinte: *nos termos do art. 312 deste Código, será admitida a decretação da prisão preventiva: III – se o crime envolver violência doméstica e familiar contra a mulher, criança, adolescente, idoso, enfermo ou pessoa com deficiência, para garantir a execução das medidas protetivas de urgência.* Pela redação do diploma processual, fica claro que a única finalidade da prisão preventiva é garantir a execução das medidas protetivas de urgência. Nenhuma outra. Como medida cautelar que é, o Juiz sempre deverá

observar os princípios da necessidade, da excepcionalidade e da adequação ao caso concreto.

2. **Contravenção penal e não cabimento de prisão preventiva.** Havendo a prática da contravenção penal de vias de fato contra a vítima, não será cabível a decretação da prisão preventiva, em razão do disposto no art. 313, III, do Código de Processo Penal, que faz menção expressa a *crime*, não abrangendo, a contravenção penal.

3. **Momento.** A prisão preventiva poderá ser decretada a qualquer tempo na persecução criminal, seja na fase do inquérito policial, seja na fase da ação penal.

4. **Decretação de ofício pelo Juiz.** Pensamos que a possibilidade de o Juiz decretar a prisão preventiva de ofício não viola o sistema acusatório, uma vez que, como dito acima, a única finalidade da prisão preventiva nesse caso é garantir a execução das medidas protetivas de urgência. Quando o Juiz decreta a prisão preventiva de ofício, ele não está promovendo a persecução penal contra o acusado, nem exercendo a função de acusador, mas, apenas, tomando uma providência que visa a garantir o cumprimento das medidas protetivas de urgência que ele mesmo impôs, com o fim de proteger a vítima.

5. **Revogação e nova decretação.** O parágrafo único retrata o princípio de necessidade que rege a decretação dessa medida cautelar. O que irá determinar a revogação ou a nova decretação da prisão preventiva é a presença ou a ausência de motivos que a justifiquem. Na linha do que dissemos acima, pensamos que a nova decretação pode ser feita de ofício pelo Juiz.

Art. 18. O responsável legal pela criança ou pelo adolescente vítima ou testemunha de violência doméstica e familiar, desde que não seja o autor das agressões, deverá ser **notificado** dos atos processuais relativos ao agressor, especialmente dos pertinentes ao ingresso e à saída da prisão, sem prejuízo da intimação do advogado constituído ou do defensor público.

1. **Notificação.** O legislador quis informar ao responsável legal pela criança ou pelo adolescente vítima ou testemunha de violência doméstica e familiar todos os atos processuais praticados em relação ao seu agressor. A notificação é de *qualquer* ato processual, e não somente em relação à prisão ou libertação do agressor.

Art. 19. O juiz competente providenciará o **registro** da medida protetiva de urgência.

Parágrafo único. As medidas protetivas de urgência serão, após sua concessão, imediatamente registradas em banco de dados mantido e regulamentado pelo Conselho Nacional de Justiça, garantido o acesso instantâneo do Ministério Público, da Defensoria Pública, dos órgãos de segurança pública e de assistência social e dos integrantes do Sistema de Garantia dos Direitos da Criança e do Adolescente, com vistas à fiscalização e à efetividade das medidas protetivas.

1. **Registro da medida protetiva de urgência.** O registro a que este artigo faz menção tem por finalidade dar publicidade interna à medida protetiva fixada, possibilitando

o acesso pelo Ministério Público, pela Defensoria Pública, pelos órgãos de segurança pública e de assistência social e dos integrantes do Sistema de Garantia dos Direitos da Criança e do Adolescente. O registro permite, também, a fiscalização do cumprimento da medida protetiva fixada.

Seção II
Das Medidas Protetivas de Urgência que Obrigam o Agressor

Art. 20. Constatada a prática de violência doméstica e familiar contra a criança e o adolescente nos termos desta Lei, o juiz poderá determinar ao agressor, de imediato, em conjunto ou separadamente, a aplicação das seguintes **medidas protetivas de urgência**, entre outras:

I – a suspensão da posse ou a restrição do porte de armas, com comunicação ao órgão competente, nos termos da Lei nº 10.826, de 22 de dezembro de 2003;

II – o afastamento do lar, do domicílio ou do local de convivência com a vítima;

III – a proibição de aproximação da vítima, de seus familiares, das testemunhas e de noticiantes ou denunciantes, com a fixação do limite mínimo de distância entre estes e o agressor;

IV – a vedação de contato com a vítima, com seus familiares, com testemunhas e com noticiantes ou denunciantes, por qualquer meio de comunicação;

V – a proibição de frequentação de determinados lugares a fim de preservar a integridade física e psicológica da criança ou do adolescente, respeitadas as disposições da Lei nº 8.069, de 13 de julho de 1990 (Estatuto da Criança e do Adolescente);

VI – a restrição ou a suspensão de visitas à criança ou ao adolescente;

VII – a prestação de alimentos provisionais ou provisórios;

VIII – o comparecimento a programas de recuperação e reeducação;

IX – o acompanhamento psicossocial, por meio de atendimento individual e/ou em grupo de apoio.

§ 1º As medidas referidas neste artigo não impedem a aplicação de outras previstas na legislação em vigor, sempre que a segurança da vítima ou as circunstâncias o exigirem, e todas as medidas devem ser comunicadas ao Ministério Público.

§ 2º Na hipótese de aplicação da medida prevista no inciso I do *caput* deste artigo, encontrando-se o agressor nas condições referidas no art. 6º da Lei nº 10.826, de 22 de dezembro de 2003, o juiz comunicará ao respectivo órgão, corporação ou instituição as medidas protetivas de urgência concedidas e determinará a restrição do porte de armas, e o superior imediato do agressor ficará responsável pelo cumprimento da determinação judicial, sob pena de incorrer nos crimes de prevaricação ou de desobediência, conforme o caso.

§ 3º Para garantir a efetividade das medidas protetivas de urgência, poderá o juiz requisitar, a qualquer momento, auxílio da força policial.

1. **Medidas protetivas de urgência.** As medidas protetivas de urgência não têm natureza de sanção penal. Elas têm a finalidade de proteção da vítima. De acordo com o dispositivo legal, o Juiz poderá aplicá-las imediatamente, independentemente

da manifestação da vítima ou do Ministério Público, devendo o Juiz, apenas, comunicar ao Ministério Público posteriormente.

2. **Rol exemplificativo.** O legislador fez menção expressa às medidas previstas no *caput* e depois empregou a expressão "entre outras", deixando claro que o rol contido no artigo é exemplificativo. Assim, o Juiz pode decretar outras medidas que entender necessárias de acordo com o caso concreto.

3. **Destinatário.** O agressor.

4. **Inciso I. Suspensão da posse ou restrição do porte de armas.** Inegavelmente, quem tem a posse ou o porte de uma arma de fogo tem a potencialidade de vir a usá-la, causando a morte ou a lesão corporal na vítima. A medida é salutar, uma vez que evita qualquer dano posterior ao delito praticado nos moldes de violência doméstica e familiar contra a criança ou o adolescente.

5. **Inciso II. Afastamento do lar, domicílio ou local de convivência com a vítima.** O legislador pretendeu manter a distância entre o agressor e a vítima, para que seja evitada uma nova agressão durante o curso da persecução criminal.

6. **Inciso III. Proibição de aproximação da vítima, de seus familiares, das testemunhas e de noticiantes ou denunciantes.** A proibição de aproximação tem por finalidade evitar qualquer nova agressão à vítima ou qualquer tipo de ameaça, bem como tentativa de manipulação de prova testemunhal ou coisas do gênero em relação às pessoas descritas no inciso. Na decisão que decretar essa medida protetiva o Juiz deve especificar exatamente a distância mínima, normalmente fixada em metros.

7. **Inciso IV. Proibição de contato.** A proibição de contato possui as mesmas finalidades da proibição de aproximação contida no inciso anterior. Pela redação legal, a proibição abrange qualquer meio de comunicação, como telefone, e-mail, aplicativos de mensagens instantâneas, redes sociais etc.

8. **Inciso V. Proibição de frequentar determinados lugares.** Essa proibição tem por finalidade evitar que a vítima encontre o agressor por acaso, de forma inesperada, preservando-se a integridade física e psicológica da vítima.

9. **Inciso VI. Restrição ou suspensão de visitas à vítima.** Esta medida é óbvia, pois o legislador pretendeu evitar que o agressor tenha o contato com a vítima e lhe cause nova agressão de qualquer espécie.

10. **Inciso VII. Prestação de alimentos provisionais ou provisórios.** A prestação de alimentos é uma forma de manter a subsistência da vítima.

11. **Inciso VIII. Comparecimento do agressor a programas de recuperação e reeducação.** A intenção do legislador foi que o agressor compareça a programas de recuperação e reeducação, como medida protetiva de urgência que obriga o agressor. Não é raro o agressor estar sob efeito de álcool ou de drogas no momento da agressão. Nesses casos, o programa de recuperação pode ser salutar para que seja tratado eventual problema de uso contínuo ou até mesmo de dependência de álcool ou de drogas. Em relação ao programa de recuperação, embora a lei não

tenha sido expressa nesse sentido, cremos que o programa deva ter relação com o tema violência doméstica contra a criança ou o adolescente.

12. **Inciso IX. Acompanhamento psicossocial do agressor, por meio de atendimento individual e/ou em grupo de apoio.** É possível que o agressor tenha algum transtorno que gere nele a prática de atos de violência ou que intensifique a violência, razão dessa medida protetiva de urgência que obriga o agressor a realizar o acompanhamento psicossocial, que consiste na análise da vida social do agressor sob o ponto de vista da psicologia.

13. **§ 1º. Rol exemplificativo.** A previsão desse parágrafo confirma o que dissemos acima no sentido de que o Juiz pode decretar outras medidas que entender necessárias de acordo com o caso concreto, com a comunicação posterior ao Ministério Público.

14. **§ 2º. Porte funcional de arma de fogo.** Caso o agressor figure no rol contido no art. 6º do Estatuto do Desarmamento, instituído pela lei 10.826/2003 e por isso tenha garantido o porte funcional de arma de fogo, o Juiz comunicará a medida tomada ao respectivo órgão, corporação ou instituição e determinará a restrição do porte de armas, ficando o superior imediato do agressor responsável pelo cumprimento da determinação judicial. O superior imediato do agressor torna-se responsável por dar efetividade ao cumprimento da medida no sentido de suspensão da posse ou da restrição do porte da arma, sob pena de incorrer nos crimes de prevaricação ou de desobediência.

15. **§ 3º. Requisição de auxílio policial.** O auxílio policial não é a regra, uma vez que o agressor pode comprometer-se a cumprir as medidas impostas pelo Juiz. A requisição somente será possível na hipótese de necessidade para a garantia da efetividade das medidas.

Seção III
Das Medidas Protetivas de Urgência à Vítima

Art. 21. Poderá o juiz, quando **necessário**, sem prejuízo de outras medidas, determinar:

I – a proibição do contato, por qualquer meio, entre a criança ou o adolescente vítima ou testemunha de violência e o agressor;

II – o afastamento do agressor da residência ou do local de convivência ou de coabitação;

III – a prisão preventiva do agressor, quando houver suficientes indícios de ameaça à criança ou ao adolescente vítima ou testemunha de violência;

IV – a inclusão da vítima e de sua família natural, ampliada ou substituta nos atendimentos a que têm direito nos órgãos de assistência social;

V – a inclusão da criança ou do adolescente, de familiar ou de noticiante ou denunciante em programa de proteção a vítimas ou a testemunhas;

VI – no caso da impossibilidade de afastamento do lar do agressor ou de prisão, a remessa do caso para o juízo competente, a fim de avaliar a necessidade de acolhimento familiar, institucional ou colação em família substituta;

VII – a realização da matrícula da criança ou do adolescente em instituição de educação mais próxima de seu domicílio ou do local de trabalho de seu responsável legal, ou sua transferência para instituição congênere, independentemente da existência de vaga.

§ 1º A autoridade policial poderá requisitar e o Conselho Tutelar requerer ao Ministério Público a propositura de ação cautelar de antecipação de produção de prova nas causas que envolvam violência contra a criança e o adolescente, observadas as disposições da Lei nº 13.431, de 4 de abril de 2017.

§ 2º O juiz poderá determinar a adoção de outras medidas cautelares previstas na legislação em vigor, sempre que as circunstâncias o exigirem, com vistas à manutenção da integridade ou da segurança da criança ou do adolescente, de seus familiares e de noticiante ou denunciante.

1. **Medidas protetivas.** As medidas previstas nesse dispositivo legal são autoexplicativas e de compreensão óbvia, sobretudo após os comentários ao artigo anterior, razão pela qual não achamos necessário tecer comentários para não sermos repetitivos.
2. **Destinatário das medidas.** A criança ou o adolescente vítima de violência doméstica.
3. **Rol exemplificativo.** No art. 21 o legislador utilizou as expressões "sem prejuízo de outras medidas", bem como no §2º afirma que o Juiz poderá adotar outras medidas cautelares. Com isso, deixou evidente que o rol contido é exemplificativo, podendo o Juiz decretar outras medidas que entender necessárias de acordo com o caso concreto.

CAPÍTULO V
DO MINISTÉRIO PÚBLICO

Art. 22. Caberá ao **Ministério Público**, sem prejuízo de outras atribuições, nos casos de violência doméstica e familiar contra a criança e o adolescente, quando necessário:

I – registrar em seu sistema de dados os casos de violência doméstica e familiar contra a criança e o adolescente;

II – requisitar força policial e serviços públicos de saúde, de educação, de assistência social e de segurança, entre outros;

III – fiscalizar os estabelecimentos públicos e particulares de atendimento à criança e ao adolescente em situação de violência doméstica e familiar e adotar, de imediato, as medidas administrativas ou judiciais cabíveis no tocante a quaisquer irregularidades constatadas.

1. **Natureza da intervenção do Ministério Público.** Além da posição de autor na persecução penal, promovendo a ação penal contra o agressor, o legislador tratou na presente lei da intervenção do Ministério Público como fiscal da correta aplicação da lei, com atribuição de natureza mista.

CAPÍTULO VI
DA PROTEÇÃO AO NOTICIANTE OU DENUNCIANTE DE VIOLÊNCIA DOMÉSTICA E FAMILIAR

Art. 23. Qualquer pessoa que tenha conhecimento ou presencie ação ou omissão, praticada em local público ou privado, que constitua violência doméstica e familiar contra a criança e o adolescente tem o dever de **comunicar o fato imediatamente** ao serviço de recebimento e monitoramento de denúncias, ao Disque 100 da Ouvidoria Nacional de Direitos Humanos do Ministério da Mulher, da Família e dos Direitos Humanos, ao Conselho Tutelar ou à autoridade policial, os quais, por sua vez, tomarão as providências cabíveis.

Art. 24. O poder público garantirá meios e estabelecerá **medidas** e ações para a proteção e a compensação da pessoa que noticiar informações ou denunciar a prática de violência, de tratamento cruel ou degradante ou de formas violentas de educação, correção ou disciplina contra a criança e o adolescente.

§ 1º A União, os Estados, o Distrito Federal e os Municípios poderão estabelecer programas de proteção e compensação das vítimas, das testemunhas e dos noticiantes ou denunciantes das condutas previstas no caput deste artigo.

§ 2º O noticiante ou denunciante poderá requerer que a revelação das informações de que tenha conhecimento seja feita perante a autoridade policial, o Conselho Tutelar, o Ministério Público ou o juiz, caso em que a autoridade competente solicitará sua presença, designando data e hora para audiência especial com esse fim.

§ 3º O noticiante ou denunciante poderá condicionar a revelação de informações de que tenha conhecimento à execução das medidas de proteção necessárias para assegurar sua integridade física e psicológica, e caberá à autoridade competente requerer e deferir a adoção das medidas necessárias.

§ 4º Ninguém será submetido a retaliação, a represália, a discriminação ou a punição pelo fato ou sob o fundamento de ter reportado ou denunciado as condutas descritas no caput deste artigo.

§ 5º O noticiante ou denunciante que, na iminência de revelar as informações de que tenha conhecimento, ou após tê-lo feito, ou que, no curso de investigação, de procedimento ou de processo instaurado a partir de revelação realizada, seja coagido ou exposto a grave ameaça, poderá requerer a execução das medidas de proteção previstas na Lei nº 9.807, de 13 de julho de 1999, que lhe sejam aplicáveis.

§ 6º O Ministério Público manifestar-se-á sobre a necessidade e a utilidade das medidas de proteção formuladas pelo noticiante ou denunciante e requererá ao juiz competente o deferimento das que entender apropriadas.

§ 7º Para a adoção das medidas de proteção, considerar-se-á, entre outros aspectos, a gravidade da coação ou da ameaça à integridade física ou psicológica, a dificuldade de preveni-las ou de reprimi-las pelos meios convencionais e a sua importância para a produção de provas.

§ 8º Em caso de urgência e levando em consideração a procedência, a gravidade e a iminência da coação ou ameaça, o juiz competente, de ofício ou a requerimento do Ministério Público, determinará que o noticiante ou denunciante seja colocado provisoriamente sob a proteção de órgão de segurança pública, até que o conselho deliberativo decida sobre sua inclusão no programa de proteção.

§ 9º Quando entender necessário, o juiz competente, de ofício, a requerimento do Ministério Público, da autoridade policial, do Conselho Tutelar ou por solicitação do órgão deliberativo concederá as medidas cautelares direta ou indiretamente relacionadas à eficácia da proteção.

1. ***Delatio criminis* e proteção do denunciante.** Os arts. 23 e 24 tratam da *delatio criminis*, que consiste na possibilidade de qualquer pessoa que presencie ou que tenha conhecimento de qualquer ato que configure violência contra a criança ou o adolescente o comunique às autoridades públicas, obtendo a devida proteção do Estado.

CAPÍTULO VII
DOS CRIMES

Art. 25. Descumprir decisão judicial que defere medida protetiva de urgência prevista nesta Lei:

Pena – detenção, de 3 (três) meses a 2 (dois) anos.

§ 1º A configuração do crime independe da competência civil ou criminal do juiz que deferiu a medida.

§ 2º Na hipótese de prisão em flagrante, apenas a autoridade judicial poderá conceder fiança.

§ 3º O disposto neste artigo não exclui a aplicação de outras sanções cabíveis.

1. **Crime de descumprimento de medidas protetivas de urgência.** Esse artigo criou o delito de descumprimento de medidas protetivas de urgência. Trata-se, na verdade, de um delito de desobediência, em que o agressor descumpre a restrição imposta pelo Juízo a título de medida protetiva de urgência fixada em favor da vítima prevista no art. 20 da presente lei.

2. **Bem jurídico tutelado.** O bem jurídico tutelado nesse delito é a Administração da Justiça, justamente pelo descumprimento e pelo desprezo em relação à autoridade da decisão judicial por parte do autor do delito anterior, que gerou a medida protetiva, agora por ele descumprida. Não se trata de crime praticado com violência doméstica e familiar contra a criança ou o adolescente. Trata-se de crime contra a Administração da Justiça. A infração penal praticada com violência doméstica e familiar contra a criança ou o adolescente foi a infração anterior, que gerou a imposição da medida protetiva de urgência, posteriormente descumprida pelo agressor, fato que gera a prática do presente delito. Por essa razão, não se aplica a restrição contida no art. 226, §1º, do Estatuto da criança e do adolescente. Ademais, pela mera leitura do art. 25, percebe-se que o tipo penal não contém nenhuma espécie de violência como elemento do tipo, não sendo, portanto, um crime cometido "contra a criança e o adolescente", como dispõe expressamente o art. 226, §1º, do Estatuto da criança ou do adolescente. Por tais razões, trata-se de infração penal de menor potencial ofensivo e pode ser aplicada a lei 9.099/95 em relação a esse delito. Contudo, deve-se tomar o seguinte cuidado: caso o agente

descumpra a medida protetiva de urgência e pratique algum tipo de violência contra a criança ou o adolescente (por exemplo, uma ameaça), nesse caso estaremos diante de dois delitos: o crime do art. 25 e o crime de ameaça previsto no art. 147 do Código Penal – esse sim – praticado com violência doméstica e familiar contra a criança ou o adolescente, em concurso material de crimes. De qualquer forma, isso não significa que será automaticamente cabível o instituto da transação penal, tendo em vista que o art. 76, §2º, III, da lei 9.099/95, estabelece requisitos de ordem subjetiva. Em relação ao instituto da suspensão condicional do processo, ele não será cabível, uma vez que o art. 89, *caput*, da lei 9.099/95, exige que o agente não esteja sendo processado por outro crime, o que não se aplica nessa hipótese, tendo em vista que o agente já estará sendo processado pelo crime anteriormente praticado com violência doméstica e familiar contra a criança ou o adolescente.

3. **Sujeito ativo.** O agressor destinatário da medida protetiva de urgência. Trata-se de crime próprio.

4. **Sujeito passivo.** Em primeiro lugar a Administração da Justiça. Secundariamente, a vítima.

5. **Abrangência.** A presente lei prevê duas espécies de medidas protetivas de urgência, com destinatários diferentes. No art. 20 a lei prevê as medidas protetivas de urgência que obrigam o agressor. De outro lado, no art. 21, a lei estabelece as medidas protetivas de urgência à vítima. O presente delito tem por finalidade criminalizar a conduta do agressor que descumpre a medida protetiva imposta a ele. Não faria nenhum sentido criminalizar o descumprimento da medida protetiva imposta à vítima, tendo em vista que ela é a vítima do delito anteriormente praticado e que gerou a imposição da medida protetiva. Assim, esse delito abrange apenas o descumprimento das medidas protetivas de urgência que obrigam o agressor, previstas no art. 20.

6. **Norma penal em branco.** O presente tipo penal constitui norma penal em branco, uma vez que se faz necessário complementar o seu preceito primário para a verificação das medidas protetivas de urgência previstas no art. 20 desta lei.

7. **Princípio da especialidade.** O presente tipo penal é especial em relação ao delito de desobediência previsto no art. 330 do Código Penal.

8. **Princípio da irretroatividade da lei mais severa.** Tendo em vista que essa lei criou um novo tipo penal, trata-se de nova lei mais severa, não sendo possível a sua retroatividade para alcançar as condutas praticadas antes da sua entrada em vigor, em homenagem ao princípio da irretroatividade da lei penal mais severa, positivado no art. 5º, XL, da CF/88.

9. **Consumação.** Com a prática da conduta de descumprir a medida imposta. Não é necessário que o agente cause algum dano à vítima. Trata-se de crime formal.

10. **Classificação.** Crime próprio; formal; doloso; comissivo; instantâneo; admite a tentativa.

11. **Infração penal de menor potencial ofensivo.** Tendo em vista que a pena máxima não é superior a dois anos, trata-se de infração penal de menor potencial ofensivo

(art. 61 da lei 9.099/95). No presente caso não se aplica a restrição contida no art. 226, §1º, do Estatuto da criança e do adolescente (que afasta a incidência da lei 9.099/95), tendo em vista que esse delito é contra a Administração da Justiça, e não contra a criança ou o adolescente.

12. **Suspensão condicional do processo.** Incabível pelos fundamentos acima descritos.

13. **§1º. Irrelevância da competência do Juízo que deferiu as medidas protetivas de urgência.** O legislador não quis que a configuração do delito ora comentado ficasse a depender da natureza do Juízo que fixou as medidas protetivas de urgência, razão da previsão desse parágrafo.

14. **§2º. Concessão de fiança.** Apenas a autoridade judiciária pode arbitrar a fiança em caso de prisão em flagrante. Trata-se de norma ligada ao instituto da fiança, diversa da regra geral contida no art. 322, parágrafo único, do Código de Processo Penal (em que o Juiz concede a fiança nas infrações penais com pena privativa de liberdade superior a 4 anos). Na presente lei, somente o Juiz pode conceder a fiança, independentemente da pena máxima cominada ou de qualquer outro critério. A prisão em flagrante deve ser comunicada ao Juízo competente (art. 306 do Código de Processo Penal) e nesse caso só ele tem competência para conceder a fiança.

15. **§3º. Aplicação de outras sanções cabíveis.** O legislador não quis que a sanção criminal afastasse outra sanção diversa, como uma possível sanção administrativa, caso o agressor seja por exemplo, funcionário público. Nesse caso, não há *bis in idem*, tendo em vista que as sanções possuem naturezas diversas.

Art. 26. Deixar de comunicar à autoridade pública a prática de violência, de tratamento cruel ou degradante ou de formas violentas de educação, correção ou disciplina contra criança ou adolescente ou o abandono de incapaz:

Pena – detenção, de 6 (seis) meses a 3 (três) anos.

§ 1º A pena é aumentada de metade, se da omissão resulta lesão corporal de natureza grave, e triplicada, se resulta morte.

§ 2º Aplica-se a pena em dobro se o crime é praticado por ascendente, parente consanguíneo até terceiro grau, responsável legal, tutor, guardião, padrasto ou madrasta da vítima.

1. **Sujeito ativo.** Qualquer pessoa. Crime comum.

2. **Sujeito passivo.** A criança ou o adolescente vítima do delito.

3. **Crime omissivo.** Trata-se de crime omissivo, uma vez que o agente, tendo o dever de fazer a comunicação, deixa de fazê-la, violando, assim, o seu dever de agir contido no art. 23 da presente lei.

4. **Violência, tratamento cruel ou degradante ou formas violentas de educação, correção ou disciplina contra criança ou adolescente ou o abandono de incapaz.** O legislador foi o mais abrangente possível trazendo para a previsão típica qualquer espécie de violência contra a criança ou o adolescente.

5. **§1º. Causa de aumento de pena.** O legislador trouxe como causas de aumento de pena a ocorrência dos resultados lesão corporal grave e morte. Para que incida essa majorante, cremos que tais resultados somente poderão decorrer de culpa.

6. **§2º. Causa de aumento de pena.** As pessoas descritas no parágrafo têm a obrigação de zelar pelo bem-estar e de proteger o menor, de forma que caso sejam os autores do delito, a culpabilidade deles é maior justificando, portanto, o aumento de pena.

7. **Consumação.** O delito consuma-se com a mera omissão do agente, pois se trata de crime omissivo próprio. Trata-se de crime formal.

8. **Classificação.** Crime comum; formal; doloso; omissivo próprio; de perigo abstrato; instantâneo; não admite tentativa por ser omissivo próprio.

9. **Suspensão condicional do processo.** Cabível, pois a pena mínima não ultrapassa 1 ano.

CAPÍTULO VIII
DISPOSIÇÕES FINAIS

Art. 27. Fica instituído, em todo o território nacional, o dia 3 de maio de cada ano como **Dia Nacional** de Combate à Violência Doméstica e Familiar contra a Criança e o Adolescente, em homenagem ao menino Henry Borel.

Art. 28. O *caput* do art. 4º da Lei nº 13.431, de 4 de abril de 2017, passa a vigorar acrescido do seguinte inciso V:

"Art. 4º ....

....

V – violência patrimonial, entendida como qualquer conduta que configure retenção, subtração, destruição parcial ou total de seus documentos pessoais, bens, valores e direitos ou recursos econômicos, incluídos os destinados a satisfazer suas necessidades, desde que a medida não se enquadre como educacional.

...." (NR)

Art. 29. Os arts. 18-B, 70-A, 70-B, 136, 201 e 226 da Lei nº 8.069, de 13 de julho de 1990 (Estatuto da Criança e do Adolescente), passam a vigorar com as seguintes alterações:

"Art. 18-B. ....

....

VI – garantia de tratamento de saúde especializado à vítima.

...." (NR)

"Art. 70-A. ....

....

VII – a promoção de estudos e pesquisas, de estatísticas e de outras informações relevantes às consequências e à frequência das formas de violência contra a criança e o adolescente para a sistematização de dados nacionalmente unificados e a avaliação periódica dos resultados das medidas adotadas;

VIII – o respeito aos valores da dignidade da pessoa humana, de forma a coibir a violência, o tratamento cruel ou degradante e as formas violentas de educação, correção ou disciplina;

IX – a promoção e a realização de campanhas educativas direcionadas ao público escolar e à sociedade em geral e a difusão desta Lei e dos instrumentos de proteção aos direitos humanos das crianças e dos adolescentes, incluídos os canais de denúncia existentes;

X – a celebração de convênios, de protocolos, de ajustes, de termos e de outros instrumentos de promoção de parceria entre órgãos governamentais ou entre estes e entidades não governamentais, com o objetivo de implementar programas de erradicação da violência, de tratamento cruel ou degradante e de formas violentas de educação, correção ou disciplina;

XI – a capacitação permanente das Polícias Civil e Militar, da Guarda Municipal, do Corpo de Bombeiros, dos profissionais nas escolas, dos Conselhos Tutelares e dos profissionais pertencentes aos órgãos e às áreas referidos no inciso II deste *caput*, para que identifiquem situações em que crianças e adolescentes vivenciam violência e agressões no âmbito familiar ou institucional;

XII – a promoção de programas educacionais que disseminem valores éticos de irrestrito respeito à dignidade da pessoa humana, bem como de programas de fortalecimento da parentalidade positiva, da educação sem castigos físicos e de ações de prevenção e enfrentamento da violência doméstica e familiar contra a criança e o adolescente;

XIII – o destaque, nos currículos escolares de todos os níveis de ensino, dos conteúdos relativos à prevenção, à identificação e à resposta à violência doméstica e familiar.

...." (NR)

"Art. 70-B. As entidades, públicas e privadas, que atuem nas áreas da saúde e da educação, além daquelas às quais se refere o art. 71 desta Lei, entre outras, devem contar, em seus quadros, com pessoas capacitadas a reconhecer e a comunicar ao Conselho Tutelar suspeitas ou casos de crimes praticados contra a criança e o adolescente.

...." (NR)

"Art. 136. ....

....

XIII – adotar, na esfera de sua competência, ações articuladas e efetivas direcionadas à identificação da agressão, à agilidade no atendimento da criança e do adolescente vítima de violência doméstica e familiar e à responsabilização do agressor;

XIV – atender à criança e ao adolescente vítima ou testemunha de violência doméstica e familiar, ou submetido a tratamento cruel ou degradante ou a formas violentas de educação, correção ou disciplina, a seus familiares e a testemunhas, de forma a prover orientação e aconselhamento acerca de seus direitos e dos encaminhamentos necessários;

XV – representar à autoridade judicial ou policial para requerer o afastamento do agressor do lar, do domicílio ou do local de convivência com a vítima nos casos de violência doméstica e familiar contra a criança e o adolescente;

XVI – representar à autoridade judicial para requerer a concessão de medida protetiva de urgência à criança ou ao adolescente vítima ou testemunha de violência doméstica e familiar, bem como a revisão daquelas já concedidas;

XVII – representar ao Ministério Público para requerer a propositura de ação cautelar de antecipação de produção de prova nas causas que envolvam violência contra a criança e o adolescente;

XVIII – tomar as providências cabíveis, na esfera de sua competência, ao receber comunicação da ocorrência de ação ou omissão, praticada em local público ou privado, que constitua violência doméstica e familiar contra a criança e o adolescente;

XIX – receber e encaminhar, quando for o caso, as informações reveladas por noticiantes ou denunciantes relativas à prática de violência, ao uso de tratamento cruel ou degradante ou de formas violentas de educação, correção ou disciplina contra a criança e o adolescente;

XX – representar à autoridade judicial ou ao Ministério Público para requerer a concessão de medidas cautelares direta ou indiretamente relacionada à eficácia da proteção de noticiante ou denunciante de informações de crimes que envolvam violência doméstica e familiar contra a criança e o adolescente.

...." (NR)

"Art. 201. ....

....

XIII – intervir, quando não for parte, nas causas cíveis e criminais decorrentes de violência doméstica e familiar contra a criança e o adolescente.

...." (NR)

"Art. 226. ....

§ 1º Aos crimes cometidos contra a criança e o adolescente, independentemente da pena prevista, não se aplica a Lei nº 9.099, de 26 de setembro de 1995.

§ 2º Nos casos de violência doméstica e familiar contra a criança e o adolescente, é vedada a aplicação de penas de cesta básica ou de outras de prestação pecuniária, bem como a substituição de pena que implique o pagamento isolado de multa." (NR)

Art. 30. O parágrafo único do art. 152 da Lei nº 7.210, de 11 de julho de 1984 (Lei de Execução Penal), passa a vigorar com a seguinte redação:

"Art. 152. ....

Parágrafo único. Nos casos de violência doméstica e familiar contra a criança, o adolescente e a mulher e de tratamento cruel ou degradante, ou de uso de formas violentas de educação, correção ou disciplina contra a criança e o adolescente, o juiz poderá determinar o comparecimento obrigatório do agressor a programas de recuperação e reeducação." (NR)

Art. 31. Os arts. 111, 121 e 141 do Decreto-Lei nº 2.848, de 7 de dezembro de 1940 (Código Penal), passam a vigorar com as seguintes alterações:

"Art. 111. ....

....

V – nos crimes contra a dignidade sexual ou que envolvam violência contra a criança e o adolescente, previstos neste Código ou em legislação especial, da data em que a vítima completar 18 (dezoito) anos, salvo se a esse tempo já houver sido proposta a ação penal." (NR)

"Art. 121. ....

....

§ 2º ....

....

Homicídio contra menor de 14 (quatorze) anos

IX – contra menor de 14 (quatorze) anos:

....

§ 2º-B. A pena do homicídio contra menor de 14 (quatorze) anos é aumentada de:

I – 1/3 (um terço) até a metade se a vítima é pessoa com deficiência ou com doença que implique o aumento de sua vulnerabilidade;

II – 2/3 (dois terços) se o autor é ascendente, padrasto ou madrasta, tio, irmão, cônjuge, companheiro, tutor, curador, preceptor ou empregador da vítima ou por qualquer outro título tiver autoridade sobre ela.

....

§ 7º ....

....

II – contra pessoa maior de 60 (sessenta) anos, com deficiência ou com doenças degenerativas que acarretem condição limitante ou de vulnerabilidade física ou mental;

...." (NR)

"Art. 141. ....

....

IV – contra criança, adolescente, pessoa maior de 60 (sessenta) anos ou pessoa com deficiência, exceto na hipótese prevista no § 3º do art. 140 deste Código.

...." (NR)

Art. 32. O inciso I do *caput* do art. 1º da Lei nº 8.072, de 25 de julho de 1990 (Lei de Crimes Hediondos), passa a vigorar com a seguinte redação:

"Art. 1º ....

I – homicídio (art. 121), quando praticado em atividade típica de grupo de extermínio, ainda que cometido por um só agente, e homicídio qualificado (art. 121, § 2º, incisos I, II, III, IV, V, VI, VII, VIII e IX);

...." (NR)

Art. 33. Aos procedimentos regulados nesta Lei aplicam-se subsidiariamente, no que couber, as disposições das Leis nºs 8.069, de 13 de julho de 1990 (Estatuto da Criança e do Adolescente), 11.340, de 7 de agosto de 2006 (Lei Maria da Penha), e 13.431, de 4 de abril de 2017.

Art. 34. Esta Lei **entra em vigor** após decorridos 45 (quarenta e cinco) dias de sua publicação oficial.

1. **Disposições finais.** O art. 37 institui o Dia Nacional de Combate à Violência Doméstica e Familiar contra a Criança e o Adolescente, que dispensa comentários em razão de ser autoexplicativo e não ter conteúdo de Direito Penal. Os arts. 28 ao 32 tratam de alterações legislativas, que não demandam comentários nesse livro. O art. 33 trata de aplicação subsidiária das leis 8.069/90, 11.340/2006 e 13.431/2017, de forma autoexplicativa. Por fim, o art. 34 trata da *vaccatio legis*, que também não demanda qualquer tipo de comentário.

Bibliografia Consultada

ANDRADE FILHO. Edmar Oliveira. **Direito Penal Tributário. Crimes Contra a Ordem Tributária e Contra a Previdência Social**, 5ª ed. São Paulo: Atlas, 2007.

BEMFICA. Thaís Vani. **Crimes Hediondos e Assemelhados**. Questões Polêmicas. Rio de Janeiro: Forense, 2001.

BIERRENBACH, Sheila; LIMA, Walberto Fernandes. **Comentários à Lei de Tortura. Aspectos Penais e Processuais Penais**, in: Coleção Leis Especiais Criminais, LIMA, Marcellus Polastri; BIERRENBACH, Sheila (coord.). Rio de Janeiro: Lumen Juris, 2006.

BONFIM, Marcia Monassi Mougenot; BONFIM, Edilson Mougenot. **Lavagem de Dinheiro**, 2ª ed. São Paulo: Malheiros, 2008.

BRAGA, Aureo Rogério Gil; VELASQUES, Renato Vinhas. **Crimes Contra a Ordem Tributária. Medidas Acautelatórias.** Porto Alegre: Livraria do Advogado, 2008.

CAPEZ, Fernando. **Curso de Direito Penal, legislação penal especial, volume 4, de acordo com as leis n. 12.234 e 12.258, de 2010**, 6ª edição São Paulo: Saraiva, 2011.

COSTA JR. Paulo José da; QUEIJO, M. Elisabeth; MACHADO, Charles M. **Crimes do Colarinho Branco**, 2ª ed. São Paulo: Saraiva, 2002.

DECOMAIN, Pedro Roberto. **Crimes Contra a Ordem Tributária**, 3ª ed. Revista, atualizada e ampliada. Florianópolis: Obra Jurídica, 1997.

FERREIRA, Roberto dos Santos. **Crimes Contra a Ordem Tributária. Comentários aos arts. 1º a 3º, 11, 12, 15 e 16 da Lei n. 8.137, de 27.12.1990 e 34 da lei n. 9.249, de 26.12.1995**, 2ª edição, revista e ampliada. São Paulo: Malheiros, 2002.

FRANCO, Alberto Silva. **Crimes hediondos**. 6ª ed. Revista, atualizada e ampliada. São Paulo: RT, 2007.

JESUS, Damásio E. de. **Estatuto do Desarmamento. Anotações à parte criminal da Lei n 10.826, de 22 de dezembro de 2003**, 6ª ed. São Paulo: Saraiva, 2007.

______, Crimes de Trânsito. **Anotações à parte criminal do Código de Trânsito (Lei n. 9.503, de 23 de setembro de 1997)**, 6ª ed. Revista e atualizada. São Paulo: Saraiva, 2006.

LOVATTO, Alecio Adão. **Crimes Tributários. Aspectos Criminais e Processuais.** 3ª ed. Reista e ampliada. Porto Alegre: Livraria do Advogado, 2008.

MACHADO, Hugo de Brito. **Crimes Contra a Ordem Tributária**. São Paulo: Atlas, 2008.

______, Estudos de Direito Penal Tributário. São Paulo: Atlas, 2002.

MAIA, Rodolfo Tigre. **Lavagem de Dinheiro (lavagem de ativos provenientes de crime). Anotações às disposições criminais da lei n. 9.613/98,** 1ª edição, 2ª tiragem. São Paulo: Malheiros, 2004.

MARCÃO, Renato. **Estatuto do Desarmamento. Anotações e interpretação jurisprudencial da parte criminal da Lei n. 10.826, de 22 de dezembro de 2003.** São Paulo: Saraiva, 2008.

______, **Crimes de Trânsito. Anotações e interpretação jurisprudencial da parte criminal do Código da Lei n. 9.503, de 23-9-1997**, 6ª ed. Revista e atualizada. São Paulo: Saraiva, 2009.

______, **Tóxicos. Lei nº 11.343, de 23 de Agosto de 2006 – Anotada e Interpretada**, 11ª ed. São Paulo: Saraiva, 2017.

MONTEIRO, Antonio Lopes. **Crimes Hediondos. Texto, comentários e aspectos polêmicos**, 9ª edição revista e atualizada de acordo com a Lei n. 12.015/2009. São Paulo: Saraiva, 2010.

NUCCI, Guilherme de Souza. **Leis Penais e Processuais Penais Comentadas** vol. 1. 8ª ed. Rio de Janeiro: Gen/Forense, 2014.

______. **Leis Penais e Processuais Penais Comentadas** vol. 2. 8ª ed. Rio de Janeiro: Gen/Forense, 2014.

PIMENTEL. Manoel Pedro. **Crimes contra o Sistema Financeiro Nacional: Comentários à Lei 7.492**. São Paulo: RT, 1987.

PRADO. Luiz Regis. **Direito Penal do Ambiente,** 6ª ed. São Paulo: RT, 2016.

QUEIROZ, Rafael Mafei Rabelo, Extinção da Punibilidade e Suspensão da Pretensão Punitiva nos Crimes Contra a Ordem Tributária: os Efeitos Penais do Pagamento e do Parcelamento, *in:* **Direito Penal Tributário**. TANGERINO, Davi da Paiva Costa; GARCIA, Denise Nunes (coord.). São Paulo: Quartier Latin, 2007.

RIBAS. Lídia Maria Lopes Rodrigues. **Direito Penal Tributário, questões relevantes,** 2ªed. São Paulo: Malheiros, 2004.

SCHMIDT, Andrei Zenkner; FELDENS, Luciano. **O Crime de Evasão de Divisas. A Tutela Penal do Sistema Financeiro Nacional na Perspectiva da Política Cambial Brasileira**. Rio de Janeiro: Lumen Juris, 2006.

SILVA, Juary C. **Elementos de Direito Penal Tributário**. São Paulo: Saraiva, 1998.

TEIXEIRA. Flávia Camello. **Da Tortura.** Belo Horizonte: Del Rey, 2004.

THUMS. Gilberto. **Estatuto do Desarmamento. Fronteiras entre racionalidade e razoabilidade. Comentários por artigos (análise técnica e crítica)**, 2ª ed. Rio de Janeiro: Lumen Juris, 2005.

TORON, Alberto Zacharias. **Crimes Hediondos. O mito da repressão penal**. São Paulo: RT, 1996.

TÓRTIMA, José Carlos. **Crimes contra o Sistema Financeiro Nacional (Uma contribuição ao Estudo da Lei 7.492/86),** 2ª ed. Rio de Janeiro: Lumen Juris, 2002.

TÓRTIMA, José Carlos; TÓRTIMA, Fernanda Lara. **Evasão de Divisas. Uma crítica ao conceito territorial de saída de divisas contido no parágrafo único do art. 22 da Lei 7.492**. Rio de Janeiro: Lumen Juris, 2006.

EDITORA
JusPODIVM
www.editorajuspodivm.com.br

COLOR
system

JUS4204